Gero Arnscheidt / Pere Joan Tous (eds.)
«Una de las dos Españas...»

«UNA DE LAS DOS ESPAÑAS...»

Representaciones de un conflicto identitario
en la historia
y en las literaturas hispánicas

Estudios reunidos en homenaje a Manfred Tietz

Gero Arnscheidt / Pere Joan Tous
(editores)

Iberoamericana • Vervuert • 2007

Bibliographic information published by Die Deutsche Nationalbibliothek.
Die Deutsche Nationalbibliothek lists this publication in the Deutsche
Nationalbiografie; detailed bibliographic data are available on the Internet at
http://dnb.ddb.de

Publicación financiada con ayuda del Programa
de Cooperacion Cultural «ProSpanien».

Reservados todos los derechos

© Iberoamericana, 2007
Amor de Dios, 1 – E-28014 Madrid
Tel.: +34 91 429 35 22
Fax: +34 91 429 53 97
info@iberoamericanalibros.com
www.ibero-americana.net

© Vervuert, 2007
Wielandstr. 40 – D-60318 Frankfurt am Main
Tel.: +49 69 597 46 17
Fax: +49 69 597 87 43
info@iberoamericanalibros.com
www.ibero-americana.net

ISBN 978-84-8489-292-2 (Iberoamericana)
ISBN 978-3-86527-315-4 (Vervuert)
D.L: B-4.871-2007

Cubierta: J. C. García Cabrera
Foto de la cubierta: Toni Catany

Impreso en España por Cargraphics

The paper on which this book is printed meets the requirements of ISO 9706

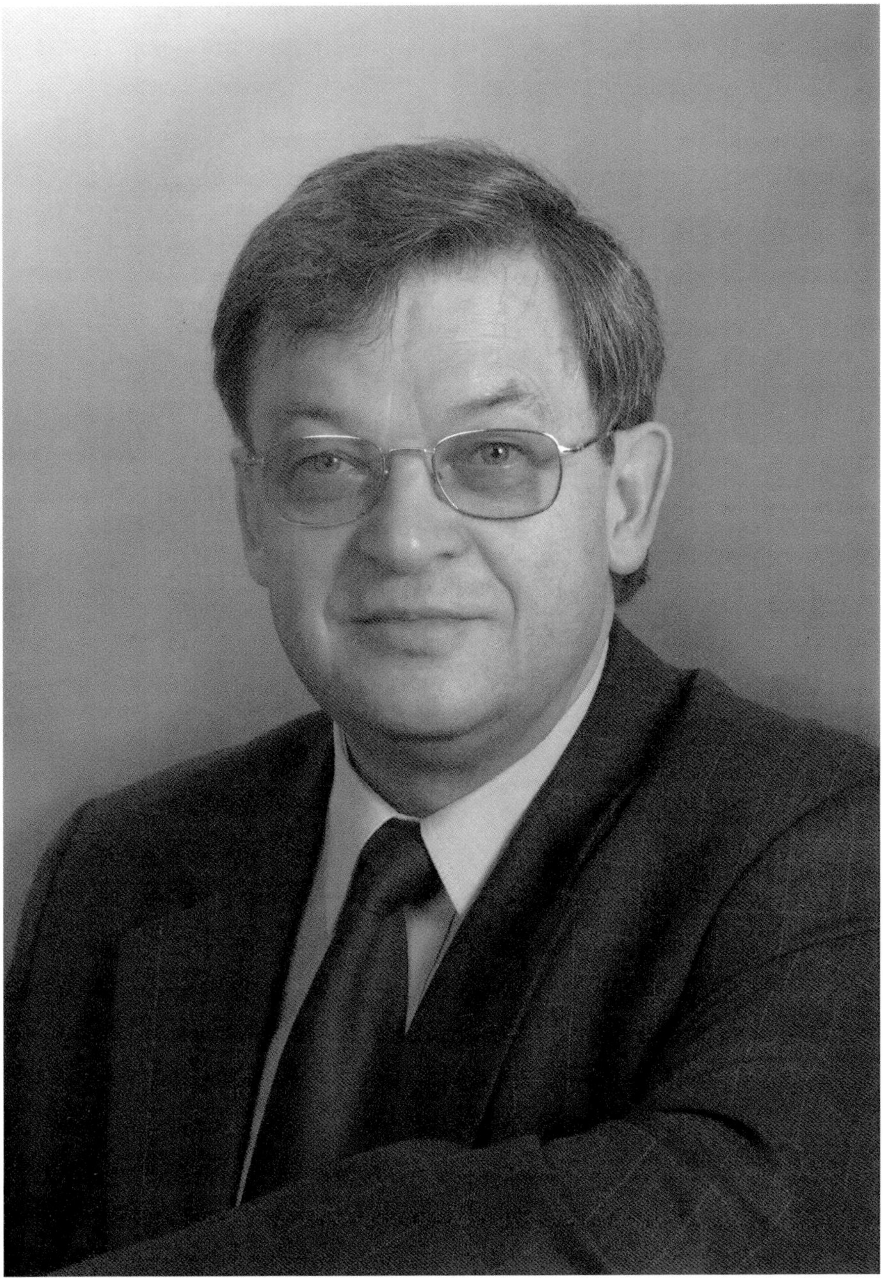

M. Tietz

Índice

A modo de prólogo 11
Ulrich Winter
    Las «tres Españas»: un (im)posible lugar de memoria español 15
Walther L. Bernecker
    Los papeles de la discordia. La polémica en torno al Archivo de la Guerra Civil 25
Angelica Rieger
    Milenio o la «tercera España» según Manuel Vázquez Montalbán 45
Randolph D. Pope
    Las dos Españas, *Historias del Kronen* y la Danza de la Muerte 63
Ingrid Simson
    Memorias de una vaca de Bernardo Atxaga: ¿novela para jóvenes o metáfora política? 71
Wolfgang Matzat
    Historia e identidad en *El jinete polaco* de Antonio Muñoz Molina 85
Hans-Jörg Neuschäfer
    Miguel Delibes y las dos Españas. Releyendo *Madera de héroe* 99
Marie-Linda Ortega
    Inscripciones de las «dos Españas» en *Primera memoria* de Ana María Matute: la unidad de nunca jamás 103
Christoph Rodiek
    Memoria y metaficción en Carme Riera. Los intertextos de *El reportaje* (1982) 113
Monika Schmitz-Emans
    Conjuros de espíritus. Metáforas de la memoria en Miguel Delibes (*Cinco horas con Mario*), Antonio Tabucchi (*Sostiene Pereira*), Peter Härtling (*Finden und Erfinden*) y Marcel Beyer (*Spione*) 127
Eberhard Geisler
    La crítica de la España tradicionalista y el problema de la espiritualidad. Sobre la obra de Juan Goytisolo 147
Manfred Lentzen
    Mariano José de Larra en el teatro español del siglo XX. Piezas de Antonio Buero Vallejo, Francisco Nieva y Luis Fernández Ardavín 167
José Manuel López de Abiada (con la colaboración de Roland Minder)
    «Nosotros somos estos / que aquí estamos reunidos / y los demás no importan.» Para una interpretación del poema «Discurso a los jóvenes», de Ángel González 179
Rosamna Pardellas Velay
    Crítica civil y poesía de los 70: el caso de Aníbal Núñez 191
Carmen Becerra
    Un dramaturgo para un pueblo: Roberto Vidal Bolaño 219
Juan Cano Ballesta
    Jorge Guillén y su voz menos pura (*Sátiras* y *Guirnalda civil*) 229
Gero Arnscheidt
    Uno de los otros: Manuel Lamana y la otra España a través de su novela *Otros hombres* 239

Lucienne Domergue
    Toulouse, años 50. La España negra vista por la España roja y negra en la prensa del exilio republicano 257
José Rodríguez Richart
    Manuel Andújar y Pere Vives. Dos testimonios del exilio republicano en Francia 277
Harald Wentzlaff-Eggebert
    Entre melodrama y vanguardia. El teatro de Jardiel Poncela 291
Jesús G. Maestro
    Cervantes y Casona, dos liberales: el cervantismo del *Retablo jovial* 309
Dieter Ingenschay
    La capital dividida entre las dos Españas: Madrid en la literatura de la Guerra Civil 327
Pilar Arnau i Segarra
    Diversidad lingüística y cultural de la Iberia republicana: «Las lenguas de España» de Joan Torrendell 351
Karl Braun
    Las Hurdes. Tierra sin pan. Etnografía de una relación de dependencia social 373
Vittoria Borsò
    El difícil camino hacia la modernidad. Miradas entrecruzadas, polarizaciones y transacciones culturales en la poesía de Antonio Machado 381
Mechthild Albert
    Esteticismo neoclásico y vitalismo prefascista. Felipe Ximénez de Sandoval: *Robinsón* 403
Javier Herrero
    El sol como Padre y el agua como Madre. Estructura icónica de *Camino de perfección* 423
Bert Hofmann
    Ferrer en Bruselas 433
Martin Franzbach
    Mitos de la Generación del 98: Don Juan 441
Marcella Trambaioli
    Ramón del Valle-Inclán y las dos Españas teatrales (con unas notas sobre la recepción de la dramaturgia calderoniana) 447
Friedrich Wolfzettel
    No hay paraíso sin serpiente: mito y folclore en *Electra* de Pérez Galdós 463
Frauke Gewecke
    De leyendas blancas y negras: los avatares del Colón «póstumo» en la coyuntura de las «dos Españas» 477
David T. Gies
    La reacción antifeminista en algunas obras teatrales del siglo XIX español 499
Ursula Jung
    El costumbrismo: ¿descripción realista de la sociedad española? Sobre los artículos costumbristas de Ramón de Mesonero Romanos 517
Ángel San Miguel
    La recepción de Larra en el ámbito cultural de lengua alemana 537
Dietrich Briesemeister
    Napoleón, las dos Españas y el levantamiento de Alemania (1806-1813) 563

Pere Joan Tous
   Madre España. Matriarcalismo fantasmático y nostalgia narcisista en la poesía
   patriótica e ilustrada de Juan Meléndez Valdés 585
Helmut C. Jacobs
   Aspectos de la imagen utópica de España en la literatura española del siglo
   XVIII 619
Norbert Rehrmann
   En el «país nebuloso de los mitos físicos»: Alexander von Humboldt y la
   naturaleza «inferior» de América. Recuerdos de una disputa de la ciencia – casi
   – olvidada 635
Inmaculada Fernández Arrillaga
   Recelos y reacciones de los jesuitas desterrados por Carlos III ante «La causa de
   Palafox» 651
Enrique Giménez López
   La Antigüedad en triunfo. El influjo de Winckelmann en el ilustrado Juan Andrés 665
Antonio Juárez Medina
   Un estudio de la lista de suscriptores a la *Historia de España* de Juan de
   Mariana, Valencia, 1783, desde la hipótesis de las dos Españas 687
Hans-Joachim Lope
   Observaciones sobre las *Odas de Filópatro* (1778-1779) de Pedro Montengón 707
Maria Grazia Profeti
   Para la fortuna de Lope en el siglo XVIII 729
Rinaldo Froldi
   Cadalso y su visión del problema de la conquista española de América 743
Pierre Béhar
   L'Espagnol selon Martin Opitz, ou l'ennemi de Dieu 755
Verena Dolle
   Tiburones, caníbales e hijos pródigos: encuentros con el otro y nociones de
   patria en el primer poema épico novohispano *Nuevo Mundo y Conquista* de
   Francisco de Terrazas 763
Jean Canavaggio
   «Aquel segundo que sólo pudo darse a sí tercero»: Cervantes y Felipe II 783
Udo L. Figge
   Más de dos Españas. La identidad semiótica de las Comunidades Autónomas en
   comparación con la de otras entidades territoriales 793
Johannes Kabatek
   Dos Españas, dos normalidades: visiones bipolares sobre la situación lingüística
   en la España actual 803
Franz Lebsanft
   ¿Europeización de los conflictos lingüísticos españoles? Las Españas central y
   periférica ante la «Carta europea de las lenguas regionales o minoritarias» 817
Lieselotte Steinbrügge
   ¿De verdad te llamas Jesús? Enseñanza intercultural de lenguas extranjeras.
   Posiciones y perspectivas 831

Miscelánea aurisecular 843
Christoph Strosetzki
   El reformador J. L. Vives en la psicología y pedagogía alemana a comienzos del
   siglo XX 845

Bernardo Teuber
   Acerca de confesión y de contemplación. La escritura autobiográfica de Santa Teresa de Jesús considerada como estética de la existencia mística 859
Georges Güntert
   Cervantes y la tradición lucianesca: sugerencias temáticas y estructurales en el *Curioso impertinente* 883
Ignacio Arellano
   Adaptaciones en la España de Ultramar de modelos dramáticos auriseculares: *El entremés de los compadres*, de la colección de Potosí (Convento de Santa Teresa) 897
José M.ª Díez Borque
   Pastores en Tirso (III): El pastor enamorado. El pastor navideño. Textos significativos 915
A. Robert Lauer
   Los Segismundos de *La vida es sueño* de Calderón según las versiones de Zaragoza y Madrid 925

En vez de una bibliografía de Manfred Tietz 935

Tabula gratulatoria 937

A modo de prólogo

Debió de ser pocos meses después de que, en nombre de su España Sagrada (de todas las Españas, sin duda la más triste), un charolado teniente coronel de la Guardia Civil, pistola en mano y con malos modales, quisiera renovar el gesto del general Pavía, irrumpiendo en el congreso y disolviendo el parlamento. Y fue en Múnich, en el congreso de la asociación de los hispanistas alemanes, donde abundaban los corrillos sobre el frustrado golpe de estado, cuando el mayor de los abajo firmantes conoció al homenajeado, a quien se había encargado una de las conferencias plenarias de aquellas jornadas. Nada tenía que ver su tema con el espejismo siniestro de los golpistas, ya que no podía ser más convencional en aquella hispanística alemana todavía mayormente anclada en la fervorosa devoción aurisecular: los autos sacramentales del mismísimo Calderón de la Barca. Su enfoque era mostrar cómo había podido funcionar la poética de ese singular género dramático, eso es cómo había podido transportar un mensaje religioso pastoralmente efectivo un teatro de tal complejidad retórica, dado que debía satisfacer tanto la demanda estética-intelectual del público más docto y exigente como el horizonte de espera y apetencia de espectáculo del vulgo ignorante. De hecho, en esta conferencia Manfred Tietz hizo converger la tradición alemana, primordialmente filológica, con la inglesa, desde siempre atenta al espectáculo como función esencial del teatro, pero también con la tradición francesa, esta que negocia los textos como fautores de una mentalidad y de una trama ideológica. Lo que resultó fue una lectura cabal de la poética de los autos sacramentales, sin duda alguna el género más ejemplar de aquella cultura aureosecular en la que se pristinizó la España Sagrada que, en su versión más totalitaria, habían querido remozar los golpistas de 1981. En aquella sonada conferencia, ya se pudo apreciar lo que desde siempre caracteriza a Manfred Tietz como investigador y docente: su capacidad de planteamiento, el rigor de su argumentación que nunca se desvirtúa en mero histrionismo erudito, sino que busca dar respuesta a lo cuestionado. No menos memorable resultó aquella multitudinaria clase de investidura que Manfred Tietz impartió en Bochum algunos años más tarde. Versaba sobre la época de la cultura española que, junto al barroco, iba ya perfilándose como la otra gran pasión investigadora del homenajeado: el siglo XVIII. Ilustración y barroco son, bien se sabe, épocas antagónicas y, por tanto, complementarias. Y bien lo mostró aquella clase magistral que, al negociar el pauperismo novelesco del Siglo de las Luces buscaba sus causas en la incompatibilidad, en la disfuncionalidad de este género literario con los prepuestos antropológicos del pensamiento religioso en su versión contrarreformista, tal y como lo había consagrado el barroco y continuaba configurando la mentalidad mayormente levítica del XVIII español, evidenciándose así una correspondencia entre pauperismo novelesco y pauperismo ilustrado.

Quien haya seguido una de sus conferencias o leído algo suyo, puede hacerse una idea de las virtudes docentes de Manfred Tietz: su ya mentada sagacidad a la hora de plantear un problema histórico-literario, cuestionándolo en lo esencial, sin fetichismo de escuela y sin conceptivismos, su agudeza a la hora de buscar el ejemplo que mejor ilustre alguna aseveración abstracta y mejor concretice alguna divagación teórica, su capacidad de entusiasmo y su fascinación por las culturas hispánicas en lo que ofrecen de luz y sombra. Esta fascinación y este entusiasmo, Manfred Tietz ha sabido transmitirlos a generaciones de estudiantes: en Maguncia primero, luego en Bamberg, y por último en Bochum, así como en las muchas universidades dentro y fuera de Alemania, en las que ha impartido clases como profesor invitado. Bien puede avalarlo el más joven de los abajo firmantes, por ejemplo en recuerdo de aquel magnífico curso que en buena parte decidió su vocación hispanista y que versaba sobre *La Celestina*, un texto ciertamente complejo, capaz de imponer respeto, incluso a los estudiantes más adelantados. Y también recuerda con nostalgia aquellas clases sobre la Ilustración, clases luminosas sobre el siglo supuestamente menos español y que Manfred Tietz nos ayudaba a comprender en todas sus contingencias y esperanzas. Tres eran los principios que nos instaba internalizar como otros tantos momentos del asedio interpretativo: primero, la autonomía del texto, luego su entramado con otros textos, y por fin lo que todo texto evidencia como contribución suya a una cultura y a una mentalidad esencialmente otras. Aprendimos así a conjugar la lectura filológica, celosamente atenta a no extraterritorializar el texto, con la lectura cultural, obviamente transdisciplinar en su empeño hermenéutico.

«Una de las dos Españas»: nunca, que sepamos, ha trabajado Manfred Tietz sobre el autor de los versos que ponen título a su propio libro de homenaje: Antonio Machado. Pero no es, obviamente, para señalar una asignatura pendiente al homenajeado que hemos elegido tal lema para los trabajos aquí reunidos en su honor, sino porque nos parecía quintaesenciar un aspecto importante de la labor de Manfred Tietz como investigador y como docente. Cabe recordar aquí el mentado verso en su estrofa:

> Españolito que vienes
> al mundo, te guarde Dios.
> Una de las dos Españas
> ha de helarte el corazón.[1]

---

1 Antonio Machado (2006): *Campos de Castilla*. Edición de Arturo Ramoneda. Madrid: Alianza Editorial (Biblioteca Machado), p. 175.

Como bien se sabe, el mito *qua* relato metahistórico de las dos Españas ha recorrido, en diversas figuraciones y semánticas los tres últimos siglos, de la Ilustración al franquismo, para al fin culminar en una última narración que lo confirma y consagra en el mismo momento de redimirlo: el mito de una España consigo misma reconciliada en el marco y por obra de una Transición pactada que reintegró en una sola las dos Españas partidas por la Guerra Civil.[2] También tienen (o quizás ya puede decirse que tuvieron) estas dos Españas sus premisas y prefiguraciones, sus genealogías y tradiciones de las que se reclaman o a las que implícitamente suscriben. La España que se preciaba de ser evangelizadora de la mitad del orbe, martillo de herejes, luz de Trento, espada de Roma, cuna de San Ignacio y Fray Luis de Granada, de Calderón y Fernán Caballero – y esta otra España de la rabia y la idea que creía aquella muerta, hueca y carcomida, y temía por ello, como versificara el mismo Machado, ahogarse en su bostezo y helarse en su mortaja, tendiendo, como tendía, hacia la vida, hacia la dignidad del hombre y su fundamental derecho a obtener aquí, en tierra, su parte de felicidad, hacia el bien común y la tolerancia, por el camino de la razón y de la cultura: no creemos desvirtuar el enfoque de Manfred Tietz si afirmamos que una de sus más consecuentes líneas de investigación ha sido, precisamente, asediar aspectos y momentos esenciales de estas dos tradiciones y genealogías en la historia de la cultura española, interesándose también por su respectiva recepción en Alemania e incluso por su muy concreta impronta en la historia del hispanismo alemán. Manfred Tietz se ha interesado tanto por la España zurbaranesca, ascética y mística, barroca y teatral, que por la España goyesca con sus sueños de la razón y sus melancolías ilustradas. Tanto le ha interesado el pensamiento reaccionario decimonónico como los improperios y escatologías de Torrente Ballester, tanto le han fascinado las aguerridas heterodoxias de un Juan Goytisolo como el racionalismo escrupuloso de un Feijoo. En sus muchos trabajos, bajo la aparente variedad de autores y obras que trata, late siempre el afán por dilucidar cuáles han sido los hábitos mentales, las poéticas y los géneros literarios en los que se ha plasmado el conflicto de las dos Españas. De ahí que haya sido éste el marco temático elegido para nuestra convocatoria.

Creemos, pues, que hubiera sido traicionar en algo el proyecto de Manfred Tietz, si hubiéramos renunciado a un marco temático que diera validez a la convocatoria más allá del propio homenaje. Pero también hubiera sido desvirtuar buena parte de su labor investigadora, si no hubiéramos abierto, en este homenaje a quien tanto empeño ha puesto en promocionar los estudios calderonistas en Alemania, una sección de miscelánea aurisecular. Gracias sean dadas a todas las colegas y todos los colegas que se sumaron a nuestra convocatoria y pacientaron el largo tiempo de edición. Gracias también a la Fundación *Pro Spanien* por haber hecho posible que se materializara este libro de homenaje. Gracias obviamente al mismo homenajeado, a

---

2   Juliá, Santos (2005): *Historias de las dos Españas*. Madrid: Taurus ([1]2004), pp. 148s.

Manfred Tietz, maestro y amigo, por tantos años de investigación, por tantos foros de debate científico que ha alentado y por tantas pugnas institucionales que ha librado para promocionar los estudios hispánicos en Alemania.

Septiembre de 2006   Gero Arnscheidt y Pere Joan Tous

Las «tres Españas»:
un (im)posible lugar de memoria español

Ulrich Winter
(Philipps-Universität Marburg)

1. De las «dos Españas» a las «tres Españas»

De haber una enciclopedia de los «lugares de memoria» españoles, comparable a las ya existentes sobre Francia, Italia o Alemania,[1] la entrada «las dos Españas» no faltaría; tendría su sitio consagrado entre «Don Quijote» y la «Guerra Civil» y los demás mitos e iconos de la historia que se han convertido, de un modo u otro, en «lieux de mémoire», esto es, en puntos de concentración simbólicos, materiales o históricos del imaginario de la nación, en metáforas de su historia, en expresión de su presunta «esencia».[2] Si bien es verdad que los acontecimientos, figuras, obras o ideas susceptibles de convertirse en símbolos de memoria colectiva parten de una realidad histórico-cultural concreta, la cual determina perfectamente su significado histórico, su sentido imaginario se superpone a su sentido histórico al transformarse en lugares de memoria. Por consiguiente, los lugares de memoria tienen trascendencia no tanto para la historia en sí, aunque también lo puedan tener, sino para el análisis de la iconografía de la nación, del discurso (con)memorativo de un colectivo, o sea, de su política de la memoria. El que el lugar de las «dos Españas», «imagen polisémica» de la bipolarización de la comunidad nacional cuyo origen remonta cuando menos a la mitad del siglo XIX,[3] precisamente, evoque asociaciones negativas de discordia y de división, no perjudica su valor de lugar de memoria. Lo que cuenta para el lugar de memoria en cuanto agente sociocultural es su valor de catalizador del discurso identitario o nacional, es decir, su disposición de posibilitar un acuerdo sobre identidades colectivas arraigadas en la historia (o la memoria) de un colectivo o bien de abrir una arena para la lucha del reconocimiento entre identidades y memorias colectivas. No cabe duda alguna que el tópico de «las dos Españas» tiene esa función.[4] Pero ¿vale lo mismo para el de las «tres Españas»?

Desde hace algunos años, este tópico ha vuelto acompañando y hasta sustituyendo el de las «dos Españas». Para los que afirman la existencia de una «tercera

---

1   Véanse a este respecto Nora 1984-1992/1997, Isnenghi 1996/1997, François / Schulze 2001.
2   Para una definición del «lieu de mémoire» véase Nora 1997/I: 23-43.
3   Véase Cacho Viu 1986: 53.
4   Véanse, entre otros, Madrazo Madrazo 1969, García Escudero 1974/1975, Juliá 2004, aunque no hagan uso explícito del término «lugar de memoria».

España», ésta la constituyen personajes históricos como Manuel Azaña o Salvador de Madariaga, que se mantuvieron, por distintos modos y razones, al margen de las «dos Españas» – fueran éstos los católicos y los no católicos, o los nacionales y los republicanos, etc. – representando así el progreso y la reconciliación. 65 años después de terminada la Guerra Civil, y 30 años después de la muerte de Franco, el auge reciente de este tópico no sorprende.[5] No por casualidad (re-)surge la idea de una España ideológicamente tripartita en una época en la que por razones políticas, culturales y generacionales el sectarismo de derechas e izquierdas, de vencedores y vencidos parece superado,[6] y, en general, el pensamiento marxista con su idea de un materialismo dialéctico debilitado. Hay quienes afirman incluso que el presente constituye algo así como una época de la generalizada «tercera España», marcada por la «reconciliación», como lo era el caso durante la Transición, o por el reconocimiento político y cultural de grupos subyugados durante la dictadura.[7] En cuanto «relato metahistórico»,[8] sin embargo, – y es esto lo que nos interesa aquí – la categoría se revela como más difícil. En primer lugar porque, paradójicamente, el tópico del sectarismo por fin superado (o superado por antelación) conlleva implicaciones ideológicas arraigadas en su propia estructura argumentativa y refuerza las ya presentes en el tópico de las «dos Españas». Reconocer esta paradoja puede causar cierto malestar al usarlo o aceptarlo como lugar de memoria verdaderamente aceptable para todos los grupos ideológicos y comunidades de memoria que constituyen las naciones y nacionalidades de España.

Salvo algunas excepciones, los lugares de memoria implican narrativas elementales constitutivas para su funcionamiento. Estas narrativas son como su sustrato mítico. En el caso de la Guerra Civil, por ejemplo, se trata de la narrativa de la lucha trágica, por involuntaria y mortal, entre hermanos. El *mitema* de la división fratricida se presta a instrumentalizaciones de varia índole: desde la «guerra santa», hasta la guerra contra el fascismo europeo pasando por la «guerra trágica» etc.[9] A este respecto, los lugares de memoria equivalen a mitos, es decir, narrativas arcaicas que expresan conflictos básicos del hombre y que se actualizan según las fuerzas dominantes de la época. Por otro lado, los lugares de memoria se distinguen de los mitos, entre otras cosas, en la medida en que se refieren a la historia nacional y son susceptibles de posibilitar un imaginario de la identidad colectiva arraigada en la historia de este colectivo figurando al mismo tiempo como metáforas de su historia; además, los

---

5   Santos Juliá recuerda que a partir de 1956 el «relato» de la reconciliación «vino a ser [...] como un relato que liquidaba todos los grandes relatos» (Juliá 2004: 446, 462). Como se sabe, Pedro Laín Entralgo, en su obra *¿A qué llamamos España?* (Madrid: Espasa-Calpe, 1971), se refiere a la «tercera España» ya en el tardofranquismo.
6   Cfr. Fernández Santos 1982.
7   Vidal 1998: 219ss., Preston 1998: 25.
8   Juliá 2004: 148.
9   Cfr. Aguilar Fernández 1996, Reig Tapia 1999.

lugares de memoria en general pertenecen a la época posnacional, en el sentido de ser posteriores a la historiografía nacionalista decimonónica aunque sigan siendo instrumentalizables para cualquier dogma nacionalista.

Cabe señalar, a este respecto, que el lugar de las «tres Españas» representa además un término derivado, no un hecho histórico. Es una abstracción de segundo grado, dado que los lugares de memoria cuentan, en general, ya con un primer grado de abstracción con respecto a la realidad histórica de la que surgen, si no de tercer grado, teniendo en cuenta que «las dos Españas», a diferencia de acontecimientos, personajes u obras concretas como «La Guerra Civil» o «Don Quijote» nunca fue y jamás será otra cosa que una idea, un concepto. En todo caso, la idea de una España tripartita no tiene sentido sin la idea de una España dividida en dos. Más que un comentario «las tres Españas» es en realidad un lugar de memoria complementario. En cuanto tal, tiene una estructura argumentativa distinta de la de las «dos Españas». Incita a la síntesis identitaria y otras figuras de pensamiento ternarias como la *Aufhebung* hegeliana, la *thirdness* (Ch. S. Peirce) o la triangularización del deseo (R. Girard). De hecho, si las «dos Españas» designan las fuerzas a(nta)gónicas de la historia de España, postular la existencia de una «tercera España», conlleva la tentación teleológica de leer la política de la «splendid isolation» seguida por sus protagonistas como apuesta (consciente o no) por los valores atemporales e ilustrados – la libertad, la tolerancia, la democracia, la paz, los perennes valores humanos – y de considerar estos valores como la meta más lógica de la historia, por lo que se realizarán tarde o temprano. Si «las dos Españas» describen un sectarismo de bandos sumergido en lo temporal e inconsciente de las supuestas metas teleológicas de las respectivas épocas históricas, la «tercera España» se inscribe en la *filosofía de la historia*, en la medida en que considera el antagonismo de «dos Españas» como parte de una oculta entelequia de la historia hispánica.[10]

Voy a analizar el uso de las premisas argumentativas y/o narrativas del tópico de una España tripartita en dos obras historiográficas muy diferentes en cuanto a seriedad y alcance crítico (y casi incomparables en cuanto al prestigio intelectual y académico de sus respectivos autores), aparecidas casi al mismo tiempo, en 1998: *La tercera España*, de César Vidal, y *Las tres Españas del 36*, de Paul Preston.

2. César Vidal: *La tercera España* (1998)

En su ensayo *La tercera España*, César Vidal, escritor y controvertido historiador español, traza la evolución de las «tres Españas» a través de los siglos y sus respectivos protagonistas. El caldo de cultivo de la «tercera España», según Vidal, es la existencia de «dos Españas», división surgida con la ortodoxia católica a partir de

---

10 Véase para la evolución de la filosofía de la historia y sus respectivos modelos la obra de Löwith 1949.

1492. Hasta el comienzo de la Guerra Civil en 1936, la «tercera España» se mantuvo viva a través de ciertos personajes escogidos y en contra de las fuerzas divisoras de cada época: en el humanismo de Juan de Valdés, en Cervantes y su visión de tolerancia religiosa e ideológica, expuesta en el *Don Quijote*; en el Jovellanos ilustrado; en Larra, durante el combate entre liberalismo y reacción; finalmente en Joaquín Costa frente al regeneracionismo. El fin de la Segunda República, época de unión entre la «segunda» y la «tercera España», marca un eclipse de esta última, que personificaba Azaña y que, terminada la dictadura franquista, renace en el *Descargo de conciencia* (1976) de Laín Entralgo para imponerse luego como desafío para el futuro de la España democrática.

Vidal propone una visión de la historia española, en la cual la «primera», la «segunda» y la «tercera España» actúan como personajes alegóricos en el gran teatro de la historia. «Desde una perspectiva simplificadora» – que, no obstante, el propio Vidal adopta a lo largo del libro –

> la primera España vendría caracterizada por el tradicionalismo, por la cerrazón ante las innovaciones y ante las corrientes extranjeras y por el culto a la división patria entre ‹ellos› – los verdaderos españoles – y los «otros», es decir, los malos españoles, los sin-Dios, los descreídos, los infieles. En cuanto a la segunda, encontraría su definición en la apertura a otras corrientes, en la disposición a considerar la historia pasada como un cúmulo de errores que explicarían el desastroso presente patrio y en la disposición a emprender cambios políticos y sociales que cambiaran totalmente el país.[11]

La «tercera España», en cambio, se define por su «tolerancia integradora» y su «visión global de la nación española», que se lleva al cabo mediante un «esfuerzo cultural y educativo que alcan[ce] la totalidad de la nación» y la «absorción del progreso extranjero»; se basa en «un enamoramiento del pasado español» y posee una «médula trascendente y ética».[12]

Ni que decir tiene que tal dramatización mecanicista y simplista de la historia, por ser efecto de la coerción dialéctica de las «dos Españas», excluye ya de antemano toda matización y resistirá cualquier prueba de falsificación. Pero Vidal no sólo se vale de recursos simplificadores; el sistema argumentativo se basa además en algunas premisas, tan silenciadas como sectarias e imprescindibles. La primera es la unidad preestablecida de España, la segunda la oculta teleología dirigida hacia dicha unidad.

Para hacer valer la tesis de la división ideológica como constante histórica, Vidal está obligado a postular la unidad previa del país. Por eso, el capítulo sobre la «prehistoria de las dos Españas»[13] es, aunque preliminar, en realidad fundamental para el argumento del libro. Esta unidad Vidal la encuentra en la época precristiana bajo el nombre de *Hispania*, o *Spania*. A pesar de que este término haya designado

---

11 Vidal 1998: 11s.
12 Vidal 1998: 220-224.
13 Vidal 1998: 12-15.

en realidad tan sólo una unidad geográfica, ni política ni cultural, «esa visión de España como un todo»[14] se mantiene hasta la invasión musulmana de 711. A lo largo de la Reconquista perdura la escisión en parte cultural, en parte política, del conjunto que Vidal no duda en llamar ya «España». El momento clave para el establecimiento de las «dos Españas» propiamente dichas, sin embargo, sólo ha llegado en 1492, al comenzar la ortodoxia religiosa, marcada por la expulsión y la supresión de los llamados «heterodoxos». De modo que la base histórica de las «dos Españas» la constituye el conflicto religioso,[15] que, a su vez, da paso a la intolerancia cultural. Como se ve claramente repasando la argumentación de Vidal, el truco retórico para fundamentar la idea de las «dos Españas» consiste en postular una unidad de «España», aunque ésta no sea más que «Hispania», es decir, un nombre o una visión, y luego tratarla como si siempre hubiera sido una unidad nacional, y como si su recuperación fuera la meta indispensable e ineludible de toda futura política cultural. En principio, esta artimaña historiográfica no es más que un imperceptible deslizamiento metonímico de base léxica, de «Hispania» (nombre sin implicaciones de unidad política ni nacional) a «España» (designando la unidad nacional). La división, insinúa Vidal, es el destino trágico de la nación española, defraudada por su falta de unidad. Es más. Como abarca épocas de unidad verdaderamente nacional y otras de unidad tan sólo geográfica, la escisión y el anhelo de superarla hacia una unidad nacional llamada España, que se llevaría a cabo con la Constitución de 1978, parece que surgen directamente de las fuerzas ctónicas reinantes en la Península ibérica. Claro está que este «real maravilloso» de España, recuperable más bien por la mitología central-nacionalista que por la historiografía independiente, pasa por alto generosamente el territorio de Portugal y las reivindicaciones de las naciones no castellanas como Galicia, el País Vasco, y Cataluña. Al eludir el problema de la histórica falta de la unidad de la nación española, y con esto, el problema de la incongruencia entre estado, nación y territorio en la España constitucional,[16] Vidal llega incluso a presentar la «recuperación» de la unidad nacional bajo el nombre de «España», en los confines de la España constitucional de 1978, como el colmo de la tolerancia ilustrada. Según el autor, las reivindicaciones, tachadas con desprecio «de los denominados nacionalismos periféricos»,[17] contradicen el edicto de tolerancia, en la medida en que ponen en tela de juicio la legitimidad y la necesidad de una España unida. Ésta, por su parte, aunque sea una unidad política bien cuestionable, tiene su legitimidad en la unidad geográfica. Según la aritmética ideológica de Vidal, nacionalismo equivale a tolerancia cuando el nacionalismo es centralista, y a reaccionario cuando se trata del llamado «nacionalismo periférico».

---

14 Vidal 1998: 13.
15 Vidal 1998: 15-18.
16 Véase Fusi 2001: 273ss.
17 Vidal 1998: 231.

Lamentablemente, el ensayo excluye perspectivas interesantes sobre la idea de tolerancia en la historia española. Pero aun así, Vidal tiende, si no a ocultar, a subestimar los motivos de la tolerancia ejercida por sus protagonistas de la «tercera España». Un botón de muestra. A Miguel de Cervantes, en un principio representante y defensor de la «primera España», que lucha contra los turcos y mantiene los ideales del Siglo de Oro, las decepcionantes experiencias con la justicia humana convierten al futuro autor de *Don Quijote* paulatinamente en partidario de la «tercera España». En cuanto tal, en la segunda parte de *Don Quijote*, apuesta por la tolerancia frente a los llamados heterodoxos. Vidal olvida mencionar, sin embargo, que esta postura de Cervantes, posiblemente de origen converso, puede ser también un intento de hacer reconocer a culturas no oficiales en España, o sea, la «segunda España» del Siglo de Oro.

El ensayo de César Vidal está impregnado fuertemente por el idealismo trascendental-teleológico, con tintes de un panfleto de nacionalismo centralista, disfrazado de historiográfico e ilustrado. La portada de la edición de 1998 que comporta un subtítulo así como dos fechas de año, 1492 y 1789, es como una alegoría perfecta de esa idea que debe leerse de manera siguiente: el «sueño de tolerancia a través de sus protagonistas», (así el subtítulo), en España se lo sueña ya desde antes de comenzar la Gran Revolución de 1789, a saber desde 1492, aunque sólo se realizó en 1978.

3. Paul Preston: *Las tres Españas del 36* (1998)

En su obra *Las tres Españas del 36*, el conocido historiador inglés presenta el panorama ideológico de la Guerra Civil mediante el prisma de nueve personas, cuyas vidas están marcadas por las complicaciones y los enredos entre actitud intelectual y tragedia histórica ejemplificando así las experiencias y posturas de la totalidad de los españoles. Los protagonistas se reparten en tres grupos: el extremismo de derechas, el extremismo de izquierdas, y la «tercera España». Al contrario de lo que podría suponerse, Preston no pretende reducir la contienda bélica a la gestión de nueve personas importantes que formen el círculo de las posiciones políticas del momento. Se trata más bien de demostrar la precariedad del esquematismo ideológico mismo en cuanto modelo historiográfico. Este modelo no sólo da una imagen incompleta – si no falsa – de la época en cuestión, en la medida en que descarta a grandes sectores de la población e incluso a líderes políticos que se mantuvieron «más allá del bien y del mal»; sino también contribuye a banalizar el dolor sufrido por los españoles, cuyas vidas – al igual que las vidas ejemplares de los protagonistas de libro (con la excepción de Franco y Millán Astray) – quedaron trágicamente marcadas por la existencia misma del dualismo ideológico.[18] La narración tiene, pues, un doble objetivo: por un lado ejemplificar, a través de la vida de personajes individuales, la pro-

---

18 Preston 1998: 13-25.

blemática y el destino de muchos de los protagonistas de la Guerra Civil así como de grandes sectores de la población, y, por el otro lado, atribuir al dualismo ideológico la causa de los enredos trágicos en las vidas contadas. Al resaltar estas realidades de la guerra, Preston pretende precisar y enriquecer aspectos de la guerra todavía subestimados o suprimidos. Hay pocos recursos historiográficos – y, en realidad, literarios – que se presten tan perfectamente a una mezcla de objetivos difícilmente compatibles como el biografismo. El relato biográfico enlaza procedimientos deductivos, basados en el carácter y circunstancias vitales particulares relacionados con la biografía individual con otros, más bien inductivos, relacionados con el contexto social. Si bien es cierto que el biografismo proporciona un formato original al libro, es precisamente este método historiográfico el que representa la mayor tentación de literarizar la historia. En este aspecto es ilustrativo, el relato de la vida de Salvador de Madariaga, junto con Julián Besteiro el representante auténtico de la «tercera España».

Preston monta su narración en base a una sola idea: el que Madariaga fue «un Quijote en la política».[19] Como se sabe, esta identificación nos la sugiere el propio Madariaga. En este sentido el biografismo historiográfico se basa en un hecho real. Pero una cosa es la coquetería noventayochista tardía de usar personajes míticos de la literatura como modelo de la propia época o vida; y otra asumir esa metáfora tan cargada de simbolismo identitario, convirtiéndola en imagen central dentro de una obra historiográfica. La narrativa quijotesca proporciona la idea-guía del relato biográfico. En varios momentos se superpone incluso a la vida del biografiado. A través de los mitemas y narrativas propias del quijotismo (imperturbable idealismo, inevitable fracaso, etc.) éste se convierte en matrice del esbozo biográfico. En efecto, se narra un lugar de memoria – la «tercera España» –, encarnado en Madariaga, a través de otro – don Quijote –. La superposición de la narración simbólica quijotesca sobre la real lleva inmediatamente a una paradoja constructiva: mientras más individuales se manifiestan los rasgos de carácter de Madariaga, según Preston, en sus gestiones diplomáticas y políticas – en general, fracasadas, como era de suponer en un Quijote moderno – más quijotesco se muestra el personaje. Los elementos reales del mosaico biográfico componen en realidad una imagen poética del protagonista. Se nos presenta un hombre que «encaj[a] tan poco en las realidades cotidianas de la política como en las de la vida académica». Carece de «cinismo político», provoca el oprobio de la izquierda al igual que de la derecha «y nunca comprendió cuáles eran las razones». Tiene la «fatal propensión [....] de meterse en los campos minados de la política sin una clara dirección hacia la derecha o hacia la izquierda».[20] A lo largo del relato cobra forma la imagen de un hombre extremamente individualizado – a causa

---

19 Preston 1998: 179.
20 Ibíd.

de la explicación biográfica de sus rasgos de carácter –,[21] pero que Preston al mismo tiempo nos presenta como la encarnación del destino de todo un sector de la sociedad española.

Como en todos los Quijotes, el idealismo absoluto es la causa del fracaso real y al mismo tiempo condición de triunfo final (aunque tan sólo espiritualmente). Madariaga encarna a un segundo Quijote también porque «[s]u buen sentido y su humanidad ayudaban a mantener viva [durante la guerra y el franquismo] en la Península la idea de una España civilizada, humanitaria y democrática».[22] Según Preston, fue precisamente el idealismo quijotesco lo que le salvó a su héroe de incorporarse a un lado u otro de las fuerzas ideológicas del momento, y lo que le convirtió en visionario de una Europa liberal y democrática y, por lo tanto, en hombre político completamente inadecuado para la *realpolitik*: «Su ilusión fue la quijotesca busca de un orden mundial perfecto basado en la libertad».[23] El idealismo fracasado conecta a Madariaga con los ideales atemporales de tolerancia y democracia, prefiguración de lo que se realizaría sólo en la España posfranquista. Madariaga, «el más europeo de los españoles»,[24] incorpora estos valores y los salva para una época mejor. A partir de 1962, de hecho, Madariaga se convierte en el profeta de la España democrática: «[P]reveía, con notable presciencia, la futura democratización del país con la entrada en ambas organizaciones [i.e. Europa y la OTAN].» Dio pie, junto a otros, al IV congreso del Movimiento Europeo que se celebró en Múnich del 5 al 8 junio de 1962, reunión que, «[d]e no ser por la exclusión de los comunistas [...] podría verse de muchas maneras como la prefiguración del gran movimiento de consenso democrático que daría sus frutos en los años setenta».[25]

4. Conclusión

En ambos autores la narrativa de la «tercera España» es esencialmente idealista y teleológica y se opone al a(nta)gonismo propio de las «dos Españas». En su conjunto, los dos constructos llevan a una visión bipolar de la historia española: por un lado lo condicionado por las fuerzas históricas de la época (esto es, las diversas formas en las que aparece el dualismo antitético histórico), y por el otro, la síntesis superadora del dualismo, la cual se realizará en una época futura pero que conoce prefiguracio-

---

21 Baste un ejemplo (aunque posiblemente irónico): «Pese a las críticas de la derecha y de la izquierda, [al estallar la Guerra Civil, Salvador de Madariaga] se entregó a un intento, loable aunque condenado al fracaso, de llevar la paz a España. Lo hizo con una mezcla de idealismo que no tenía en cuenta la realidad, lo cual podría explicarse, acaso, por la curiosa combinación de su nacimiento en las brumas celtas de Galicia y su educación científica en Francia.» Preston 1998: 194.
22 Preston 1998: 204.
23 Preston 1998: 180.
24 Preston 1998: 207.
25 Preston 1998: 205.

nes en ciertos protagonistas predilectos de la historia. El protagonismo de personajes es otro rasgo común en los dos autores.[26] Ambos, Vidal y Preston, siguen la tradición de contar la «tercera España» a través de las vidas de personas históricas que la encarnan, en vez de hechos, acontecimientos u obras. En esto, la «tercera España» se manifiesta en sus protagonistas menos por el intento de realizarla espontáneamente dentro de una situación histórico-cultural dada, sino más bien como reacción a un sentimiento de malestar o insatisfacción con lo real o con las respectivas escisiones producidas por la España dividida. Se puede discutir si un protagonista histórico debe o no formar parte de la «tercera España» (el caso más cuestionable es el de Manuel Azaña, Vidal le incluye, Preston le excluye), pero lo esencial es comprender que el biografismo es un procedimiento eficaz, aunque más bien literario que historiográfico, porque permite narrativas míticas y la inclusión de valores humanos y espirituales como fuerzas de la historia. Lo que sí distingue a Vidal de Preston a este respecto es el procedimiento figurativo seguido en el respectivo relato biográfico. Ambos se valen del *pars pro toto* y la *antonomasia*: Vidal considera las personas constituyentes de la «tercera España» como agentes susceptibles de avivar las ideas atemporales de la ilustración durante la totalidad de la historia de la Península, y por tanto las retrata de forma idealizada. Para Preston, las personas, al margen de tener cada una un valor propio como individuo, representan grupos sociales y fuerzas ideológicas de una época específica, la Guerra Civil. Esto explica el gran interés histórico y sociohistórico de su libro, susceptible de matizar y retocar las imágenes simplificadoras de la Guerra Civil. Como se vio en el análisis precedente, el biografismo de Preston, sin embargo, lleva consigo algunas paradojas producidas por la propensión, oculta y casi imperceptible, a la literarización de los protagonistas.

En el marco de la memoria cultural oficial, institucionalizada, los lugares de memoria tienen la función de asentar y asegurar las identidades colectivas basadas en la historia. Según el caso pueden formar parte de la cultura de la conmemoración, pero también ser objeto de nostalgia y mitificación. Al margen de esta funcionalidad afirmativa, los lugares de memoria pueden también servir de arena en que se ponga en escena el posible conflicto de memorias colectivas en un país. Volviendo a la pregunta inicial del ensayo, esto es, su posible valor de lugar de memoria, puede constatarse que Vidal realiza preferentemente los lados afirmativos y mitificadores del lugar de memoria, y, por lo tanto, sigue una argumentación ideológica, legitimadora, sobre todo con respecto a la España definida por la Constitución de 1978. Preston, en cambio, aunque tiende a la literarización de sus personajes, contribuye al conocimiento histórico sobre la Guerra Civil. Para él también, la transición a la de-

---

26   Se inserta en una larga tradición de contar la identidad cultural a través de las vidas de hombres ilustres, fundada por Plutarco y sus *Vidas paralelas*, y conoce, como muestra Tietz (1991), un hito decisivo en las *Vidas de españoles célebres* (1807/1830/1833) de José Manuel Quintana.

mocracia es la piedra angular de la «tercera España», pero sobre todo porque aquélla asegura la reconciliación y la democracia. De no ser por la propensión a la cerrazón dialéctica-sintética y por lo tanto mitificadora, la «tercera España» podría encajar en la galería de los lugares de memoria españoles en la medida en que da paso al reconocimiento de memorias colectivas suprimidas u olvidadas, tal como propone Preston. Sólo entonces el lugar de memoria, como agente socio-cultural, puede asumir su función integradora y representativa de las sensibilidades identitarias en un país.

Bibliografía

Aguilar Fernández, Paloma (1996): *Memoria y olvido de la Guerra Civil española.* Madrid: Alianza.
Cacho Viu, Vicente (1986): «La imagen de las dos Españas», en: *Revista de Occidente* 60 (mayo), pp. 49-77.
Fernández Santos, Francisco (1982): «España y las Españas», en: *El País*, 1-VIII-1982.
François, Etienne / Schulze, Hagen (eds.) (2001): *Deutsche Erinnerungsorte.* 3 vols. München: C.H. Beck.
Fusi, Juan Pablo (2000): *España: la evolución de la identidad nacional.* Madrid: Temas de Hoy.
García Escudero, José María (1974-75): *Historia política de las dos Españas.* 4 vols. Madrid: Ed. Nacional.
Isnenghi, Mario (ed.) (1987/1998): *I luoghi della memoria.* Roma et al.: Laterza.
Juliá, Santos (2004): *Historia de las dos Españas.* Madrid: Taurus.
Löwith, Karl (1949): *Meaning in History. The Theological Implications of the Philosophy of History.* Chicago: Chicago University Press.
Madrazo Madrazo, Santos (1969): *Las dos Españas. Burguesía y nobleza. Los orígenes del precapitalismo español.* Algorta et al.: Zero.
Nora, Pierre (ed.) (1997 [1984-1992]): *Les lieux de mémoire.* 3 vols. Paris: Gallimard.
Preston, Paul (1998): *Las tres Españas del 36.* Barcelona: Plaza y Janés.
Reig Tapia, Alberto (1999): *Memoria de la guerra civil. Los mitos de la tribu.* Madrid: Alianza.
Tietz, Manfred (1991): «Quintanas *Vidas de españoles célebres*. Zur Frage der nationalen Identität in der spanischen Spätaufklärung», en Jüttner, Siegfried (ed.): *Spanien und Europa im Zeichen der Aufklärung.* Internationales Kolloquium an der Universität-GH-Duisburg vom 8.-11. Oktober 1986. Frankfurt am Main / Bern / New York / Paris: Peter Lang, vol. II, pp. 319-345.
Vidal, César (1998): *La tercera España.* Madrid: Espasa Calpe.

Los papeles de la discordia.
La polémica en torno al Archivo de la Guerra Civil

Walther L. Bernecker
(Friedrich-Alexander-Universität Erlangen-Nürnberg)

Los archivos suelen dar la sensación de ser algo estéril, seco, aburrido, a donde sólo van a trabajar algunos historiadores alejados de los problemas «reales» de la sociedad. En el fondo, a la gran mayoría de la población no le interesan los papeles viejos y empolvados que se encuentran en los archivos, y en consecuencia, por lo general, se puede hablar de una clara oposición archivo-sociedad.

En España, la situación es bien diferente. Desde hace un cuarto de siglo está teniendo lugar a muchos niveles una polémica en la que están involucrados partidos políticos, regiones, ayuntamientos, científicos, muchas otras instituciones y personas, y esta polémica versa sobre un archivo, concretamente el Achivo de la Guerra Civil en Salamanca. Contemplando el desarrollo del debate y leyendo la larga lista de insultos y descalificaciones – muchos de los agravios verbales hacen uso de un léxico marcial – se puede llegar a la conclusión que las «dos Españas» siguen enfrentadas en un campo, aparentemente de poca trascendencia, pero capaz de movilizar sentimientos nacionalistas cerrados por ambos lados de la contienda. ¿De qué se trata?

La creación del Archivo de Salamanca

El origen de la polémica está en la reivindicación de la Generalitat de Cataluña, que quiere recuperar los documentos catalanes depositados en el Archivo de Salamanca, y llevarlos al Archivo Nacional de Cataluña. Cataluña se siente legitimada a exigir la devolución de sus «papeles», ya que nunca los entregó voluntariamente, sino sólo a punta de pistola. Esta situación violenta se debía a la confrontación en la Guerra Civil: a partir de junio de 1937, las tropas franquistas, a medida que iban conquistando la zona republicana, requisaban cuanto documento encontraban en las sedes de los partidos políticos, sindicatos, casas del pueblo, asociaciones y organismos de la República. Se llevaban lo que podían, y el resto lo quemaban sin demasiado criterio. Donde sí fueron sistemáticos, fue en el caso de los masones, uno de los colectivos que más sufrió la represión. En abril de 1938, se creó la *Delegación Especial para la Recuperación de Documentos* para «unificar e intensificar la recogida, custodia y clasificación de documentos aptos para obtener antecedentes sobre las actuaciones de los enemigos del Estado».

Las incautaciones siguieron el recorrido del ejército de Franco. Pero como los republicanos – a medida que iban perdiendo la guerra – se llevaban sus archivos con ellos, la documentación incautada finalmente en Madrid, Barcelona y Valencia cubre casi todo el territorio nacional. Por eso, la documentación de muchas provincias está incluida en las carpetas de Madrid o Barcelona.

En el caso de Cataluña, el expolio documental se inició en abril de 1938, con la ruptura del frente de Aragón y la entrada de las tropas de Franco en la provincia de Lérida, y concluyó en octubre del año siguiente, seis meses después del final de la Guerra Civil.[1] A partir del 28 de enero de 1939, dos equipos realizaron unos 1.800 registros en Barcelona, sobre todo en la Generalitat, a organizaciones políticas y sindicales, diputados y cargos del Gobierno catalán, personalidades de la cultura y entidades.

Tuvo que pasar mucho tiempo hasta que apareciera un estudio detallando los pormenores de la expoliación de los documentos catalanes. Josep Cruanyes i Tor se ha sometido a esta tarea, y su libro[2] sirve para probar la legalidad y legitimidad de la reivindicación catalana. El autor enumera los detalles burocráticos de un aparato de control en ciernes. La institución encargada de la confiscación de documentos en territorio antaño «enemigo» (es decir, republicano), se llamaba eufemísticamente *Delegación de Recuperación de Documentos*. Un amigo del «cuñadísimo» Serrano Súñer, el vasco Marcelino Ulibarri, estaba encargado de la organización del expolio. Tras la caída de Barcelona el 26 de enero de 1939, se crearon en la capital catalana cuatro *Delegaciones de Recuperación* con 81 empleados. Éstos no sólo saquearon 140 ayuntamientos, sino además colegios, editoriales, redacciones de periódicos y casas particulares. Junto a la sede central de la *Delegación del Estado para la Recuperación de Documentos* fueron requisados otros 14 locales en distintos puntos de la capital catalana que sirvieron para almacenar provisionalmente todo el material incautado, siguiendo un plan de más de 2.000 registros diseñados desde Salamanca. En los registros colaboró también el departamento de Prensa y Propaganda de Falange, que expurgó y destruyó fondos de editoriales y bibliotecas, tras entregar diez ejemplares de cada publicación a la *Delegación*.

Tras haber reunido los materiales, se organizó el transporte. En verano y otoño de 1939 se transportaron, en tren, 160 toneladas de documentos a Salamanca, y éstos fueron depositados en lo que era el antiguo caserón barroco de San Ambrosio, hasta hoy sede del Archivo. El recién creado *Tribunal Especial para la Represión de la Masonería y el Comunismo* podía empezar a trabajar en Madrid. Hasta 1963 – fecha en que se disolvió el Tribunal, siendo sustituido por el no menos tristemente famoso *Tribunal de Orden Público* (TOP) – se estima que el Archivo de Salamanca facilitó informes al Tribunal en unos 200.000 casos. El Archivo conserva, en total, fichas de

---

1   «Los papeles de la represión», en: *El Periódico*, 24-XII-2004, 16.
2   Cruanyes i Tor 2003.

tres millones de personas (no sólo procedentes de Cataluña) y más de 300.000 expedientes de miles de ciudadanos afiliados a un sindicato o partido político, que se habían significado a favor de la República.

La dictadura no tenía ningún interés en los documentos requisados, si no servían para la represión y persecución de «rojos» y masones. De las 160 toneladas de documentos, sólo se archivó una décima parte. Personas conocidas de derechas, afectas al régimen, pudieron recuperar sus papeles. En otros casos, se dio largas al asunto. Y de un 90% del material se hizo, según Cruanyes, pasta de papel.[3] Este hecho ha sido esgrimido como una de las pruebas más irrefutables de que el Archivo de Salamanca nunca tuvo la naturaleza de un verdadero archivo, sino que cumplió únicamente una función represora.

La formación de los fondos del Archivo salmantino no tenía como finalidad, pues, el atesoramiento, porque lo que buscaban los franquistas al requisar los papeles de un partido o un sindicato no era un botín, sino hacer posible la «operación quirúrgica» sobre el cuerpo social español de la que Franco había hablado antes de empezar la Guerra Civil, extirpando del mismo a los cientos de miles de ciudadanos que constituían para él la anti-España.

El fondo utilizado para la represión por la rebautizada *Delegación Nacional de Servicios Documentales* comenzó a constituirse a partir de 1937 y llegó, dependiente de Presidencia de Gobierno, hasta 1977. Los servicios represores nunca trasladaron a Salamanca archivos completos, sino documentos seleccionados expresamente por ellos para aportar información sobre personas.[4]

Entre los partidos políticos más afectados por el expolio figuran *Esquerra Republicana de Catalunya* (ERC), el *Partit Socialista Unificat de Catalunya* (PSUC) y el *Estat Català*, entre los sindicatos la *Confederación Nacional del Trabajo* (CNT) y la *Unión General de Trabajadores* (UGT). Muchos particulares fueron también víctimas directas de la requisa, como Antoni Rovira i Virgili, que sufrió el expolio completo de su biblioteca, y el cartelista Carles Fontserè. (Éste visitó en 2002 la polémica exposición *Propaganda en guerra* organizada en Salamanca, donde buscó infructuosamente su obra más emblemática, el cartel titulado *Llibertat*.)

En 1977, el Archivo de Salamanca pasó a depender del Ministerio de Cultura. En 1978, un Real Decreto dispuso que la Delegación para la Recuperación de Documentos se adscribiese a la Sección Guerra Civil del Archivo Histórico Nacional. Desde 1999 es, finalmente, Archivo General de la Guerra Civil.

---

3   El resumen del libro de Cruanyes según el artículo de Paul Ingendaay: «Tonnen Dokumente wurden Papierbrei», en: *Frankfurter Allgemeine Zeitung*, 16-VII-2003, 40; cfr. también íd.: «Francos willige Helfer. Deutsch-spanische Amtshilfe 1940: Das Archiv von Salamanca», en: *Frankfurter Allgemeine Zeitung*, 17-VII-2002, 36.
4   Cfr. Ignacio Francia: «El Archivo de Salamanca, testimonio histórico sobre la represión y el franquismo», en: *El País*, 1-VII-2002, 38.

Con un presupuesto de 160.000 euros (para 2003), el Archivo cuenta hoy por hoy con una plantilla estable de 30 personas (cinco de ellas archiveros). El Archivo está dividido en dos secciones: una especial o masónica, y otra político-social. La sección «especial» recoge la documentación incautada a las instituciones masónicas y la que se elaboró sobre las mismas; la sección «político-social», siendo de mucho mayor volumen, conserva documentación recogida en todo tipo de instituciones u organizaciones republicanas, estructurada por zonas de procedencia. Hasta hoy, los centenares de cajas siguen catalogadas como en el franquismo, es decir por el lugar de procedencia. Por eso, el Archivo es un testimonio histórico sobre la represión y el franquismo, pues la documentación no ha sido descrita de nuevo; permanece el sistema que empleó el servicio de represión de la dictadura tras incautarse de documentos previamente seleccionados.

En los últimos años, el Archivo ha dado grandes pasos hacia su renovación y modernización. Actualmente, los fondos están disponibles para su consulta a través de internet; se puede acceder a casi un millón de registros informáticos; mediante correo electrónico, se puede pedir y recibir documentación. Los fondos mejor descritos del Archivo son los referidos a la masonería; esta documentación está totalmente informatizada. Los servicios documentales de la dictadura facilitaron la informatización debido al interés «especial» que se puso en la persecución sistemática de los masones. Las 180.000 fichas de masones pueden consultarse sin restricciones.

Comienzo y escalada del contencioso

Muerto Franco, y después de haber sido restituida la Generalitat de Cataluña, no tardó en surgir el pleito. Cuando ya la entonces «Sección Guerra Civil» del Archivo Histórico Nacional, ubicada en Salamanca, era un centro de documentación relativamente moderno, organizado entretanto con criterios profesionales, salió a la luz pública la reclamación de la documentación de la Generalitat, allí conservada. En 1980, Antoni de Senillosa, diputado de Coalición Democrática, elaboró una proposición no de ley que Manuel Fraga, de Alianza Popular, presentó en el Congreso para que se devolviera la «documentación incautada» a personas y organismos de Cataluña. Con esta reclamación, estaba servida la «guerra de los archivos» entre Barcelona y Salamanca, si bien de momento sin consecuencias prácticas, ya que los políticos tanto en Madrid como en Barcelona estaban ocupados en afianzar la naciente democracia y no se interesaban demasiado por viejos legajos en un archivo provinciano.

La disputa volvió a florecer a mediados de los años noventa, y desde entonces ha ido subiendo de tono ininterrumpidamente. En marzo de 1995, la ministra de Cultura Carmen Alborch (PSOE) anunció que iba a devolver los papeles a la Generalitat. Pero inmediatamente se abrió la caja de los truenos. El alcalde de Salamanca por aquel entonces, el también socialista Jesús Málaga, respondió convocando una manifestación en la Plaza Mayor de la ciudad a la que asistieron más de 55.000 personas. La polémica fue subiendo de tono, el gobierno se echó atrás, y ninguna de las sucesivas comisiones convocadas durante la etapa de gobierno del PP por las ministras Esperanza Aguirre y Pilar del Castillo logró apaciguar los ánimos.

En los años que siguieron, no pasó nada; no hubo devolución de documentos, y el Ministerio de Cultura se comportó pasivamente, con excepción de nombrar (sin consulta previa) un Patronato, rechazado por muchos como «localista». En él sólo había un historiador de la Guerra Civil (Carlos Seco); ningún catalán formaba parte del Patronato.

En febrero de 2001 empezó a funcionar una Comisión Técnica Paritaria, compuesta por cuatro historiadores: Carlos Dardé y Antonio Morales, designados por el Ministerio de Cultura; y Joan B. Culla y Borja de Riquer, nombrados por la Generalitat de Cataluña.[5] El objetivo de la Comisión consistía en tratar de llegar a un acuerdo sobre qué papeles del fondo catalán del Archivo de Salamanca podrían ser depositados en el Archivo Nacional de Cataluña. Como era de esperar, los historiadores no se pusieron de acuerdo. La discrepancia no surgía en lo referente a los papeles de la guerra misma, sino en cuanto a los antecedentes. En enero de 2002, los dos historiadores catalanes entregaron su propuesta sobre los documentos que consideraban susceptibles de ser depositados en el archivo catalán; cuatro meses después, siguió la propuesta de los historiadores designados por el Ministerio, y ésta reducía el monto de los documentos de forma considerable. Volvían a abrirse los frentes de la Guerra Civil. Los historiadores «ministeriales» consideraban irrenunciable que el Archivo salmantino mantuviera los fondos datados con posterioridad a la proclamación de la Segunda República, el 14 de abril de 1931.

En julio de 2002, se tomó una decisión preliminar: en una resolución aprobada por el Patronato se afirmó que el Archivo salmantino se quedaría los papeles expoliados por Franco en Cataluña, porque su devolución resultaba «incompatible con la unidad de archivo».[6] Esta decisión del Patronato, bien acogida en Salamanca, causó indignación en Cataluña y entre los restantes afectados. Convergència i Unió acusó al Partido Popular (PP) – de nuevo Cataluña versus Castilla – de ahogar los sentimientos de Cataluña.

Entretanto, el asunto ya no era un debate entre historiadores y archiveros, sino que se había entablado toda una batalla mediática. Una *Comisión de la Dignidad* catalana había pedido el apoyo de distinguidos intelectuales internacionales, y 500 personalidades de la cultura y de la universidad de 47 países habían solicitado la devolución a Cataluña de los papeles salmantinos; la petición fue publicada en junio de 2002 en formato publicitario de doble página en varios periódicos.

---

5 Cfr. Catalina Serra: «La comisión sobre el fondo catalán del Archivo de Salamanca evidencia hoy su desacuerdo», en: *El País*, 25-VI-2002, 36.

6 Jordi Busquets: «El Archivo de Salamanca se quedará los papeles expoliados por Franco en Cataluña», en: *El País*, 23-VII-2002, 26.

Naturalmente, la resolución del Patronato no fue la última palabra en este asunto, ni mucho menos. En octubre de 2002, más de un centenar de personas convocadas por la *Comisión de la Dignidad* viajaron a Salamanca para exigir la devolución de los documentos expoliados. Estuvieron representados todos los partidos, excepto el PP.[7] Las autoridades salmantinas no parecieron interesarse por los argumentos catalanes, pues no asistieron a la rueda de prensa convocada por la Comisión. Esta visita puso de relieve que la línea divisoria en el asunto del Archivo de Salamanca no iba tanto entre los partidos, sino entre las regiones. Pues mientras el vicepresidente del Gobierno de Castilla y León, Tomás Villanueva, del PP, insistía en que el tema estaba «cerrado, zanjado», su correligionario, el ministro Josep Piqué (que por aquel entonces aspiraba a la presidencia del PP en Cataluña), se mostró abierto a una solución consensuada. Y mientras el secretario general del Partido Socialista Obrero Español (PSOE) de Castilla y León, Ángel Villalba, se mostraba decidido a defender la «integridad» del Archivo, en la delegación reivindicativa catalana también había un representante del Partido Socialista de Cataluña.

Con tanta polémica por detrás, conviene cerciorarse de qué se habla, cuando los bandos contrincantes se refieren al «fondo catalán» del Archivo de Salamanca. Según el actual director del Archivo, Miguel Ángel Jaramillo, que aboga por la «unidad» del Archivo y quisiera impedir la devolución de los papeles a Cataluña, en el fondo de la polémica subyace un error. Pues las 507 cajas con la documentación relativa a la Generalitat catalana – de un total de 20.000 cajas con documentos en todo el Archivo – rompen de por sí la estructura que había existido antes durante el franquismo. En diciembre de 1982 se firmó un convenio entre el Ministerio de Cultura y la Generalitat. Según Jaramillo, «entonces el Ministerio cometió el error de sacar físicamente todos los documentos relativos a la Generalitat, porque se hizo un fondo físico nuevo, con lo que se destruyeron una parte de las referencias que existieron en su día»; las famosas 507 cajas de la Generalitat «nunca existieron como tal en el archivo, es algo falso: no es ni lo que estuvo en el archivo de la Generalitat ni es el fondo de los Servicios Documentales franquistas, sino que es algo totalmente nuevo, creado de manera artificial».[8] Según un informe de la Alcaldía salmantina, más del 80% de los legajos contenidos en las 507 cajas reclamadas por Cataluña, fue requisado en Madrid, y años más tarde se agruparon en el «mal llamado fondo de la Generalitat».[9]

Independientemente de esta crítica, con la que se quiere apoyar la postura de los defensores de la «unidad» del Archivo, los 507 archivadores contienen documentos

---

7   Ignacio Francia / Jordi Busquets: «Todos los partidos, menos el PP, exigen la devolución del archivo expoliado a Cataluña», en: *El País*, 15-X-2002, 38.

8   Ignacio Francia: «Un antiguo error convertido hoy en polémica», en: *El País*, 1-VII-2002, 38.

9   Francisco Cantalapiedra / Ignacio Francia: «El Gobierno de Castilla y León inicia una batalla ‹jurídica y política› por el Archivo», en: *El País*, 31-XII-2004, 36.

producidos o recibidos por la Generalitat y el Parlamento de Cataluña entre 1931 y 1939. La mayoría de estos documentos se refieren a los departamentos de Justicia (213 legajos) y Defensa (170 legajos). Entre otros, hay documentos relativos a las sesiones parlamentarias previas y posteriores a la proclamación del Estatuto de Autonomía de Cataluña de 1932, el texto del Estatuto aprobado por las Cortes, la correspondencia dirigida a los presidentes de la Generalitat, Francesc Macià y Lluis Companys, las transferencias de competencias tras la aprobación del Estatuto, documentación relativa a las actividades del comité de apropiaciones e incautaciones realizadas durante la Guerra Civil, listas de patrullas de control y de detenidos en la retaguardia catalana durante la guerra, etc.

Los documentos susceptibles de ser devueltos a Cataluña están estudiados y archivados: entre marzo de 1983 y diciembre de 1986 fueron clasificados, a cuenta de la Generalitat de Cataluña, y después se fueron microfilmando en un proceso que finalizó en 1993. El listado de los documentos fue publicado en 1992 por el Archivo Nacional de Cataluña, centro que ahora ya cuenta con un microfilm de los documentos, y que en el futuro espera conservar los originales. Científicamente hablando, los documentos no aportarán, pues, sorpresas.[10]

Considerando esta situación archivística, se puede entender la interpretación del historiador Enric Ucelay-Da Cal, que ha resumido la esencia de la polémica de la siguiente manera:

> Los «papeles de Salamanca» no son más que una pugna por la posesión simbólica del objeto físico, dado que su contenido (las palabras) está ya microfilmado en el caso de la documentación confiscada en Cataluña por las fuerzas franquistas y la misma reproducción (u otras técnicas) se pueden extender al resto, si existe la voluntad del poder público de pagar el esfuerzo. El debate, pues, no es historiográfico, sino político: ¿qué vale más, la esencia de la Generalitat de Catalunya republicana o la troncalidad estatal del Tribunal para la Represión de la Masonería y el Comunismo y sus objetivos en una Salamanca que fue capital del Caudillo? Los «papeles» son una reliquia, en su sentido más literal y religioso.[11]

---

10 «507 archivadores con documentos de la Generalitat entre 1931 y 1939», en: *El País*, 29-XII-2004, 39. También los papeles del Archivo de Salamanca, provenientes de Asturias, han sido microfilmados. Hoy, el Archivo Histórico de Asturias en Oviedo alberga 1.590 rollos de microfilmación que reproducen todos los documentos asturianos de la Guerra Civil que fueron incautados y trasladados a Salamanca. Las copias se concluyeron en 1998, tras siete años de trabajos, fruto de un convenio suscrito en junio de 1991 entre el entonces presidente del Principado, Pedro de Silva, y el que fue ministro de Cultura, Jorge Semprún. Cfr. Javier Cuartas: «El Principado tiene copia de todos los papeles asturianos de Salamanca», en: *La Nueva España*, 10-I-2005, 17; Luis Miguel Piñera: «Los ‹papeles› gijoneses en el Archivo de Salamanca», en: *La Nueva España*, 14-I-2005, 17 (con valiosas indicaciones para la investigación).

11 Cita apud Nuria Azancot: «El archivo de Salamanca», en: *El Mundo*, 1-VII-2004, 8.

Confrontaciones políticas, jurídicas y físicas

El siguiente paso en el asunto de los papeles se dio después del cambio de gobierno en Madrid en marzo/abril de 2004. El 18 de mayo de ese año, el Congreso votó una proposición no de ley en la que se instaba al Ejecutivo a resolver el contencioso que colea desde hace un cuarto de siglo. La nueva ministra de Cultura, Carmen Calvo (PSOE), se mostró dispuesta a reunirse con la *Comisión de la Dignidad* para iniciar conversaciones.[12] Y fue ahora cuando el asunto empezó a cobrar marcha.

A principios de noviembre de 2004, el pleno del Patronato del Archivo aprobó dar vía libre a una comisión de 18 expertos para que elaborara un informe que sirviera de asesoramiento sobre el contencioso.[13] (La consejera de Cultura de Castilla y León y el alcalde de Salamanca, ambos del PP, votaron en contra.) El grupo de asesores estaba integrado por juristas, historiadores y archiveros y contaba con el apoyo de la Generalitat de Cataluña. La labor de este «comité de sabios» consistía en emitir un informe técnico-jurídico (no vinculante) que permitiera al Ministerio de Cultura dar cumplimiento a la proposición del pasado mayo que instaba al gobierno a negociar una resolución definitiva.

Augurando probablemente un voto de la comisión favorable a las reivindicaciones catalanas, el PP se movilizó en los próximos días para impedir la salida de papeles del Archivo. Así, las Cortes de Castilla y León aprobaron el 22 de diciembre de 2004, con los votos a favor del Partido Popular y de la Unión del Pueblo Leonés (UPL), dos reformas legales – una sobre la Ley de Archivo y otra sobre la Ley de Patrimonio Cultural – con las que el gobierno presidido por Juan Vicente Herrera pretendía «blindar» el Archivo de la Guerra Civil e impedir la salida de cualquier documento.[14] Las razones argumentadas por el PP para modificar la Ley de Archivos eran lograr un incremento de la protección del centro salmantino «ante una posible salida de documentos». Los socialistas votaron en contra aduciendo que dicha reforma era inconstitucional porque suponía asumir la gestión de un centro documental que no era competencia de la Junta. La segunda reforma legislativa abría la posibilidad de catalogar los documentos del Archivo salmantino como «Bienes de Interés Cultural» (BIC).

Un día después de haber sido decididas las reformas en las Cortes de Castilla y León, la comisión de expertos presentó su dictamen. Los «sabios» aconsejaron (con tres abstenciones y los demás votos a favor) devolver a la Generalitat sus papeles depositados en Salamanca. El presidente de la comisión, Federico Mayor Zaragoza,

---

12 Camilo Valdecantos: «El Congreso pide un acuerdo sobre el Archivo de la Guerra Civil», en: *El País*, 19-V-2004, 36.
13 Amelia Castilla: «El patronato del Archivo de la Guerra Civil da vía libre al comité de 18 expertos», en: *El País*, 4-XI-2004, 49.
14 Francisco Cantalapiedra: «Las Cortes de Castilla y León ‹blindan› el Archivo de Salamanca», en: *El País*, 23-XII-2004, 41.

declaró: «Consideramos justas y legítimas las razones que avalan la devolución de los fondos documentales de la Generalitat de Cataluña [...]. La prioridad absoluta en esta materia extraordinariamente compleja es la custodia de los documentos históricos y su adecuada conservación, descripción y accesibilidad, tanto para los ciudadanos interesados en la defensa de sus derechos, como para los historiadores.»[15] Si bien los originales debían ser devueltos a Cataluña, una copia debía permanecer en Salamanca, y se debía garantizar, en su nueva residencia – el Arxiu Nacional de Sant Cugat del Vallès –, la total accesibilidad a los mismos. También la Generalitat hizo algunas cesiones: Joan Rigol aseguró que el Gobierno catalán estaba dispuesto a dejar una copia en Salamanca de todos los documentos de la Guerra Civil que guardaba en Cataluña.

El informe remitido por la comisión a la ministra de Cultura se divide en cuatro secciones. La primera detalla los antecedentes históricos de la situación: allí se explica que la documentación reclamada por Cataluña se incautó en 1939, siendo trasladada inmediatamente al depósito de la Delegación del Estado para la Recuperación de Documentación, en Salamanca. Algunos papeles fueron destruidos, otros salieron del Archivo para servir de pruebas en la «Causa General» instruida por la Fiscalía del Tribunal Supremo en los años cuarenta.

La segunda sección ofrece una perspectiva archivística y valora los antecedentes de la cuestión; recuerda que el principio fundamental de la archivística es el principio de procedencia que vincula los documentos con las personas físicas o jurídicas que los generaron.

La tercera sección, la más extensa, es el informe jurídico y dice que la Generalitat ha ejercido su derecho a reivindicar los bienes muebles incautados en tiempo y forma.

Y la cuarta sección, las conclusiones, aconseja la devolución de las 507 cajas de la Generalitat y propone que se cree un gran centro documental de la Guerra Civil y de la represión franquista en Salamanca.[16]

A los pocos días, la ministra de Cultura, Carmen Calvo (PSOE), anunció que el gobierno asumía el informe del comité como propio y que se devolverían a la Generalitat los documentos incautados. Sólo habría que esperar un dictamen jurídico sobre la forma en que debía llevarse a cabo.[17] Además, la ministra puso de relieve

---

15 Jesús Ruiz Mantilla: «El comité de expertos aconseja devolver a la Generalitat sus papeles de Salamanca», en: *El País*, 24-XII-2004, 34.
16 «El polémico informe», en: *El País*, 9-I-2005, 41. En la página web de la Confederación de Asociaciones de Archiveros, Bibliotecarios, Museólogos y Documentalistas puede encontrarse una versión del informe. También está reproducido en la página web de la Asociación de Familiares y Amigos de Represaliados de la II República por el Franquismo: www.afar2rep.org/documentos/expertos.htm.
17 J. Ruiz Mantilla: «La ministra anuncia que los ‹papeles de Salamanca› volverán a Cataluña», en: El País, 29-XII-2004, 39.

que Salamanca, lejos de perder algo, aún ganaba, pues el gobierno iba a «poner futuro en Salamanca con el Archivo de la Memoria Compartida [...] Contendrá documentos no sólo de la guerra y la represión, sino de todo el período del franquismo y de la transición, con papeles de particulares que conseguiremos con donaciones o compras. Eso es lo que interesa a Salamanca».[18] Unas semanas más tarde concretó su oferta, indicando que el palacio de Orellana, en León, sería expropiado por el gobierno central para que sirva como ampliación del actual Archivo de la Guerra Civil; insistió en la idea que el Ejecutivo quería convertir el Archivo de Salamanca en un archivo de la memoria para todos los españoles con los documentos sobre la tragedia y la represión franquista que puedan servir para que los historiadores aborden con todas garantías esa etapa de la historia de España.[19]

Las reacciones al dictamen de la comisión fueron encontradas. El presidente de la Generalitat catalana, el socialista Pasqual Maragall, hablaba de un «regalo de Navidad», mientras que el alcalde de Salamanca, Julián Lanzarote (PP), repetía que del Archivo no iba a salir «ningún papel». Por otro lado, el PP catalán celebró el dictamen, apoyando el retorno de la documentación a Cataluña.[20] La Comisión de la Dignidad recomendó la rápida devolución de los papeles para evitar mayor crispación. Al mismo tiempo, el presidente de la Junta de Castilla y León descalificaba a los miembros de la comisión de expertos llamándoles «una lástima de personalidades del mundo de la cultura».

Si alguien había creído que con las decisiones de la navidad de 2004 el contencioso estaba resuelto, se había equivocado. La batalla entraba sólo en una nueva fase. El 29 de diciembre, el edificio del Archivo apareció reciamente vallado. Oficialmente, se trataba de reparar el pavimento y de reponer losetas en mal estado; pero desde un principio estaba claro que para ese tipo de reparación hubiera sido suficiente colocar unas vallas aisladas, sin instalar un cerramiento continuo y consistente, ceñido sólo al edificio barroco del Archivo. Se trataba, pues, de toda una manifestación visible de la decidida voluntad de «defender» el Archivo contra «ataques» foráneos y deseos de «saqueo». Además, los políticos locales y regionales dieron inmediatamente la interpretación necesaria: el portavoz popular del Ayuntamiento salmantino reiteró la decisión impertérrita de impedir la salida de documentos del Archivo, aunque ello requiriera «llegar al borde del abismo, sin caer en el precipicio». El Ayuntamiento estaba dispuesto a adoptar «toda una batería de medi-

---

18 Ibíd. Véase también la argumentación de los expertos con respecto a su informe, en Andrés Padilla: «Las 507 cajas de la discordia», en: *El País*, 9-I-2005, 40.
19 «Calvo anuncia en León que el palacio de Orellana servirá para ampliar el Archivo de la Guerra Civil», en: *El País*, 23-I-2005, 37.
20 E. Company / A. Morales: «Satisfacción general en Cataluña mientras en Salamanca se prepara la resistencia», en: *El País*, 24-XII-2004, 36.

das para, efectivamente, impedir físicamente la salida de documentos, y que no quepa la menor duda de que nosotros las vamos a adoptar».[21]

Volvió a escucharse el léxico de la Guerra Civil: los socialistas eran «traidores», habían «vendido Salamanca» y se ponían «de rodillas» ante la demanda de Cataluña. Se trataba de un «atentado cultural sin precedente» (Julián Lanzarote) al que había que plantar batalla «jurídica y política» porque se estaba «desmantelando España».

El Gobierno de Castilla y León promovió una movilización a todos los niveles: convocó a todos los presidentes de Comunidades Autónomas para debatir en Salamanca el futuro del Archivo; avisó al gobierno central de José Luis Rodríguez Zapatero del inicio de un procedimiento contencioso si optaba por devolver los papeles; se presentó en la Unesco un informe sobre el caso; se enviaron cartas e informes a instituciones políticas y culturales; se recogieron 85.000 firmas individuales y 200 de colectivos a favor de la permanencia de los papeles en Salamanca.[22]

Si la fracción «conservadora» se declaraba opuesta al dictamen de la comisión de expertos y a la decisión gubernamental, ésta también recibía duras críticas del lado «izquierdista», de un colectivo de agrupaciones y organizaciones de derechos humanos, de libertades civiles y de víctimas del franquismo como la *Asociación de Familiares y Amigos de Represaliados de la II República por el Franquismo* o la *Asociación Salamanca por la Memoria y la Justicia*. Publicaron, a comienzos de 2005, un documento conjunto en el que enmarcan el problema de los «papeles de Salamanca» en el «modelo de impunidad impuesto por la denominada transición».[23] Según ellos, la no resolución de la cuestión jurídica de los archivos era una condición necesaria para no permitir el acceso a la justicia de las víctimas, para permitir la desaparición de pruebas fundamentalmente del aparato del entonces denominado «Movimiento Nacional» y de los servicios de inteligencia franquistas, y para permitir el control político y social de la verdad histórica. Llaman la atención sobre dos aspectos: el derecho a saber como derecho colectivo de una sociedad, y el deber del Estado de recordar con el objeto de preservar del olvido la memoria colectiva.

Como todo el debate se concentra exclusivamente en los «papeles» de la Generalitat, «no se está dando una solución integral y concordante con el Derecho Internacional de los Derechos Humanos por parte del gobierno, dando lugar por lo tanto a un claro incumplimiento de su responsabilidad única frente a las víctimas de los delitos de saqueo cometidos y que son la base de la constitución de dicho archivo, lo que tiene como consecuencia una discriminación más a las víctimas del franquismo,

---

21 Cita apud Ignacio Francia: «El Ayuntamiento de Salamanca valla la sede del Archivo de la Guerra Civil», en: *El País*, 30-XII-2004, 37.
22 Francisco Cantalapiedra / Ignacio Francia: «El Gobierno de Castilla y León inicia una batalla ‹jurídica y política› por el Archivo», en: *El País*, 31-XII-2004, 36.
23 Declaración «Archivos e impunidad», 1-I-2005, en: www.afar2rep.org/documentos/archivoseimpunidad.htm.

confirmando la sistemática negación del derecho a reparación y restauración de los daños.» Además, las organizaciones critican severamente que no se tomen medidas adecuadas para la recuperación de los soportes físicos de todos los archivos, ya que existe el peligro de la «práctica destrucción de los materiales archivados»; esta lenidad estatal y gubernamental significa «un intento más de consolidación del modelo de impunidad implantado y es una violación flagrante al derecho individual y colectivo a la verdad y la memoria».[24]

El alegato de las organizaciones de derechos humanos es claro: abogan por una solución integral para que los archivos sean conservados, tratados y utilizados en condiciones materiales seguras, enmarcados en medidas legislativas y reglamentarias que protejan tanto los intereses del Estado como los de los ciudadanos.

También la Abogacía General del Estado consideró que la cesión de la titularidad de los «papeles de Salamanca» a la Generalitat de Cataluña debía hacerse mediante una norma con rango de ley.[25] Por otro lado, el grupo parlamentario del PP en el Congreso de los Diputados informó que se opondrá a cualquier decisión, aunque sea una norma con rango legal, que establezca el traslado de fondos. A comienzos de 2005, las posturas opuestas parecían estar más petrificadas que nunca; la batalla cultural no tenía una salida consensuada.

La resolución del contencioso

La pugna por los papeles de Salamanca iría a prolongarse por todo el año 2005. Fue una batalla tanto política como jurídica. El 15 de abril de 2005, el Consejo de Ministros aprobó el proyecto de ley que debía permitir el traslado a Cataluña, desde el Archivo salmantino, de los documentos que habían sido confiscados a la Generalitat catalana. La vicepresidenta del Gobierno, María Teresa Fernández de la Vega, indicó que «sólo sale un 3% de los originales y permanece el 100% de los documentos. Y a Salamanca llega el mayor centro de documentación y estudio de una época trágica de nuestra historia y también el principal punto para la reflexión sobre los horrores de la guerra.»[26] La restitución de los documentos debía realizarse en el plazo de tres meses desde la aprobación de la ley, y en el plazo de un año debía crearse y poner en funcionamiento un «Centro Documental de la Memoria Histórica» con sede en Salamanca, en el que debían integrarse los fondos del actual Archivo. El Ministerio de Cultura tenía prevista una inversión plurianual de 11,2 millones de euros para este centro.

---

24 Ibíd.
25 Ignacio Francia: «La Abogacía del Estado pide que se regule por ley la cesión de los ‹papeles de Salamanca›», en: *El País*, 19-I-2005, 34.
26 Cita apud «Cataluña recupera sus documentos expoliados», en: *El País*, 16-IV-2005, 36. Vid. allí también extractos del proyecto de ley de restitución.

La ministra de Cultura, Carmen Calvo, explicó la finalidad del Centro Documental de la Memoria: «Será más que un archivo; la bandera de los archivos españoles dará más espacio y dignidad a nuestra memoria fundamental, desde el período más triste de nuestra historia, la guerra, la represión y el exilio, hasta la más luminosa de la transición y la democracia. No será un lugar de vencedores y vencidos, sino de la memoria histórica y el presente».[27] Contradiciendo plenamente esta interpretación, un portavoz del ayuntamiento de Salamanca, del PP, dijo que el proyectado Centro Documental respondía «al espíritu de confrontación de la Guerra Civil, que es el que parece anidar en la propuesta».[28]

Mientras se debatían, en círculos políticos madrileños, los pormenores del proyecto de Ley de Restitución, en Cataluña surgió entretanto otra incógnita. Se trataba de la pregunta sobre qué se iría a devolver: sólo los documentos oficiales de la Generalitat o también los documentos de particulares y entidades. En opinión de la consejera catalana de Cultura, Caterina Mieres, el proyecto de ley afectaba a «todos los documentos», si bien la devolución se realizaría de gobierno a gobierno, y sería después la Generalitat la que debía decidir si se distribuían, y cómo, los documentos a los particulares que así lo solicitaran.[29] El proyecto de ley preveía que debían restituirse a la Generalitat tanto los documentos oficiales como los que pertenecieron a personas físicas o jurídicas particulares.

Aparte de la polémica política, también se entabló una lucha legal por los papeles de Salamanca. El primer paso jurídico para evitar el traslado de los fondos a Cataluña lo dio el 21 de marzo de 2005 la Junta de Castilla y León presentando ante la Audiencia Nacional un recurso contencioso-administrativo contra la desestimación por parte del Ministerio de Cultura de declarar el Archivo bien de interés cultural (para así blindar la unidad de los fondos). En junio de 2005, la Sala de lo Contencioso-Administrativo de la Audiencia Nacional desestimó en un auto la inmovilización cautelar de los fondos documentales.[30] El 1 de mayo, el Grupo Parlamentario Popular en el Congreso había presentado una enmienda (rechazada por el Parlamento) a la totalidad del proyecto de ley. Y el equipo de gobierno del Ayuntamiento de Salamanca presentó una demanda civil contra el gobierno de la nación «con el objeto de obtener la tutela sumaria de la posesión de los fondos documentales» que integran el Archivo; también esta pretensión fue rechazada por un Juzgado de Primera Instancia. Ya aprobada la ley por las Cortes, la Junta de Castilla y León volvió a interponer, el

---

27 Cita apud «Salamanca alojará la memoria del exilio y asistirá a las víctimas», en: *El País*, 9-VI-2005, 49.
28 Cita apud Ignacio Francia: «El Archivo se convierte en arma política», en: *El País*, 11-VI-2005, 34.
29 Cfr. C. Serra / I. Salvador: «El Gobierno aprueba hoy el retorno a Cataluña de los ‹papeles de Salamanca›», en: *El País*, 15-IV-2005, 39.
30 Cfr. Ignacio Francia: «La Audiencia Nacional desestima el recurso de la Junta sobre el Archivo», en: *El País,* 18-VI-2005, 47.

12 de diciembre de 2005, un recurso contra ella, argumentando que la ley vulneraba artículos de la Constitución Española y que se producía una discriminación a favor de Cataluña.

Paralelamente a estas iniciativas jurídicas, a lo largo de todo el año 2005 el PP se movilizó también políticamente contra el proyecto de ley y convocó para el 11 de junio una manifestación en Salamanca a favor de la «unidad de España y del Archivo». La pancarta de cabecera de la manifestación salmantina, que reunió entre 30.000 y 75.000 personas (las estimaciones varían mucho), rezaba: «Por nuestra historia común. Por nuestra dignidad.» Tomó parte la plana mayor del PP, y no faltaron insultos al presidente del Gobierno y el PSOE.

Pero ni las manifestaciones políticas ni las interposiciones judiciales lograron parar el proyecto: el 15 de septiembre de 2005, el Congreso de los Diputados aprobó, con los votos en contra del Partido Popular, el proyecto de ley para devolver a la Generalitat los documentos aprehendidos en la Guerra Civil. El 3 de noviembre siguiente, también el Senado aprobó definitivamente la ley, tras un bronco debate sobre la Guerra Civil entre el PP y todos los demás grupos parlamentarios. Los populares insistían en la idea de que la ley «reabría» las heridas de la guerra, mientras que el PSOE dejaba claro que pretendía «cerrarlas».[31]

Mientras en Madrid se aprobaba la ley, tanto el Ayuntamiento de Salamanca como la Junta de Castilla y León (ambos del PP) anunciaron al mismo tiempo que se opondrían con todas sus fuerzas a la retirada de los documentos, y el alcalde salmantino, Julián Lanzarote, calificó de «nazi» la ley y pronosticó una «batalla legal documento a documento». En las semanas siguientes a la aprobación de la ley, el PP colocó pancartas en el balcón del Ayuntamiento salmantino y en vallas de carreteras de Castilla y León que rezaban: «Venceréis, pero no convenceréis.» La utilización de la famosa frase de Miguel de Unamuno inmediatamente levantó polémica, y en un escrito al Ayuntamiento, 55 familiares del pensador rechazaron categóricamente la utilización de esta frase para los fines políticos del PP.

El Ministerio de Cultura fijó el 19 de enero de 2006 como fecha para formalizar la devolución de los documentos a la Generalitat. Hasta el último momento, el Ayuntamiento salmantino trató de impedir la salida de los papeles. Así, no concedió autorización para la carga de la documentación; además anunció que impediría por todos los medios la salida de los papeles. Y un día antes de la salida prevista, presentó un recurso ante el Juzgado de lo Contencioso de Salamanca solicitando la aplicación de una medida cautelar para impedir la salida de documentación alegando que el traslado previsto incumplía la Ley de Restitución. Asimismo, el Ayuntamiento ordenó un «dispositivo especial» de la policía local para custodiar las dependencias del Archivo.

---

31 Carlos Cué: «El Senado aprueba definitivamente la devolución de los papeles de Salamanca», en: *El País*, 4-XI-2005, 36.

No obstante estas medidas, a primera hora del 19 de enero, se realizó el traslado de las 500 cajas a Madrid, donde fueron depositadas en una cámara acorazada del Ministerio de Cultura hasta su definitiva salida hacia Cataluña. El alcalde de Salamanca aseguró que el traslado suponía un «expolio a sangre y fuego», y el secretario general del PP, Ángel Acebes, habló de una humillación de todos los españoles. Además, el alcalde Julián Lanzarote interpuso otro recurso ante la Audiencia Nacional para paralizar desde Madrid la operación;[32] la Audiencia Nacional, en efecto, paralizó un día más tarde el envío de la documentación a Cataluña. Se trataba de una decisión excepcional que paralizó la ejecución de la ley para admitir a trámite una medida cautelarísima. La medida sorprendió profundamente en medios jurídicos, ya que una decisión de ese tipo se había adoptado en muy contadas situaciones.

Las razones que los representantes del Ayuntamiento salmantino alegaron en su recurso para paralizar el cumplimiento de la orden de la ministra de Cultura de remisión de los documentos a la Generalitat fueron que las cajas habían sido sacadas del Archivo «sin título para ello y al margen del procedimiento legalmente establecido».[33] Por su parte, el jefe de la Abogacía del Estado en la Audiencia Nacional, Manuel Pacheco, reclamó que se levantara la medida cautelarísima alegando que no había «perjuicio irreversible y daño irreparable» si se producía la entrega a la Generalitat; además, dijo, el Ayuntamiento no debería ser parte en el procedimiento puesto que el Archivo no era de titularidad municipal, sino estatal. El 26 de enero de 2006, los cinco magistrados de la Sala Séptima de la Audiencia Nacional levantaron por unanimidad la inmovilización de las 500 cajas, haciendo suyos los argumentos defendidos por Manuel Pacheco durante la vista pública.[34] Y pocos días más tarde, el 31 de enero, a primera hora de la mañana, los papeles fueron depositados en el Archivo Nacional de Cataluña, en Sant Cugat del Vallés. El traslado se había realizado de noche y sin previo aviso, dando así fin a una reclamación catalana que se remontaba a 1977. Pocos días después del regreso de los papeles, el presidente de la Generalitat, Pasqual Maragall, inauguró en el Palau Moja de Barcelona una exposición documental sobre el retorno de estos papeles. Durante la inauguración, Maragall dijo que en esta exposición «Cataluña se reencuentra con un fragmento de su propia historia y cierra una vieja herida durante demasiado tiempo innecesariamente abierta.»[35]

---

32 Agustí Fancelli: «Un viaje histórico y tortuoso», en: *El País*, 20-I-2006, 36.
33 José Yoldi / Julio M. Lázaro: «La Audiencia decide hoy en sesión pública el traslado de los papeles de Salamanca», en: *El País*, 24-I-2006, 35.
34 José Yoldi: «Los ‹papeles› ya pueden viajar a Cataluña», en: *El País*, 27-I-2006, 31.
35 Cita apud Catalina Serra: «Cataluña celebra el retorno de los papeles», en: *El País*, 5-II-2006, 42.

Reflexión final

Cuando en 1996, gobernando todavía Felipe González, la Generalitat reclamó «sus» papeles de Salamanca, los salmantinos reaccionaron de forma visceral: consideraron, de su parte, la reivindicación de devolución también como un expolio, en este caso de «su» patrimonio cultural e histórico. Desde un principio, el debate estaba lastrado por profundas emociones; ello se debía a que en el caso de los papeles de Salamanca no se trata de una materia impersonal, archivística, sino que tiene un profundo sentido simbólico y sentimental. En 1996, el Patronato tomó una primera decisión según la cual los papeles no saldrían de Salamanca. Comentarios críticos sobre esta resolución del Patronato resaltaron que reflejaba una tendencia creciente hacia un «españolismo centralista»,[36] que hería profundamente sentimientos catalanistas. Naturalmente, no se trataba de una cuestión técnico-cultural, sino política. Hay que preguntarse por qué el Ministerio de Cultura y la Generalitat pactaron en junio de 2000 formar una Comisión Técnica paritaria que – si bien no alcanzó unanimidad – por lo menos emitió dictámenes paralelos que tenían muchas cosas en común y cuyas recomendaciones fueron ignoradas completamente.[37] Surge la impresión de que el gobierno del PP en ningún momento tenía la intención de seguir las recomendaciones emanadas de la Comisión. Más bien, los responsables del Archivo – resultado éste de la victoria franquista en la Guerra Civil – parecían querer perpetuar el agravio colectivo cometido desde 1937 en adelante.

Ocho años después de aquella resolución del Patronato del Archivo, de 1996, el Patronato volvió a tomar una decisión, esta vez, en 2004, a base de un dictamen de una comisión de expertos. Esta segunda «solución» era inversa a la primera: ahora se abogaba por la devolución de los papeles.

Con algunas excepciones – voces provenientes ante todo del PP castellano-leonés y del Ayuntamiento salmantino –, los comentarios sobre la solución dada a la pugna por los papeles de Salamanca fueron positivos. Donde no había igualdad de pareceres, era en la interpretación que había que dar a esta solución.

El historiador catalán Borja de Riquer, miembro de la Comisión de Expertos, interpretó la Ley de Restitución de la siguiente manera:

> La aprobación y publicación de esta ley significa un paso más para la superación – no el olvido – de la Guerra Civil y de la represión franquista. Es una clara señal de concordia, de madurez democrática y de auténtica reconciliación. Se acaba así con una irregularidad jurídica flagrante en una sociedad democrática. Estamos ante un acto de justicia his-

---

36 Javier Tusell: «Más que una cuestión de papeles de archivo», en: *El País*, 26-VII-2002, 12. Tusell interpreta todo el debate (no exclusiva, pero sí primordialmente) como un conflicto entre el nacionalismo catalán y un españolismo castellanocéntrico, granítico y absurdo. Cfr. Javier Tusell: «¿Conflicto concluido?», en: *El País*, 26-XII-2004, 33.
37 Joan B. Culla i Clara: «Salamanca y el rey Canuto», en: *El País*, 27-VII-2002, 12.

tórica y de sensatez, y también ante un auténtico ejercicio de pedagogía ética, de respeto y de convivencia.[38]

Los representantes del nacionalismo catalán vieron toda la pelea desde un principio como un asunto que confrontaba a la Cataluña vencida en la Guerra Civil, con el resto de España. Y los papeles arrebatados eran un botín de guerra que debía ser recuperado.

A esta interpretación se opone, entre otros, Antonio Elorza, exmiembro de la Junta Nacional de Archivos (depuesto por la administración del PP), que sostiene que no hubo y no hay un «España contra Cataluña», sino un legado compartido de los demócratas que juntos sufrieron una represión generalizada. Tampoco se puede hablar de un «botín» en el sentido tradicional de la palabra, sino de incautaciones con el fin primordial de encarcelar y fusilar. Si bien Elorza no deja lugar a dudas que también para él es de justicia que los fondos institucionales de la Generalitat sean devueltos a Cataluña, añade otra reflexión: «La cuestión es dar con una fórmula susceptible de impedir que semejante acto a favor de una institución del Estado abra el camino al desmantelamiento del Archivo.» Si se les permitiera a sindicatos o partidos exigir la devolución de «sus» fondos, eso significaría el fin del Archivo «y una catástrofe para la memoria colectiva de los españoles».[39]

José Álvarez Junco fue uno de los miembros de la comisión de expertos, y también él – como toda la comisión – estuvo preocupado con el tema de una desmembración del Archivo. Él hubiera preferido «un blindaje más claro del resto del Archivo ante futuras reclamaciones. Pero no había manera de justificarlo jurídicamente».[40] De todas maneras, el peligro le parece pequeño, pues dadas las condiciones estrictas que la comisión recomendó al gobierno para toda devolución, el total afectado nunca superaría el doble del que la comisión aconsejaba entregar; en total, pues, no pasaría de un 5% de todos los fondos del Archivo.

Este aspecto, el peligro de una diseminación generalizada de los fondos del Archivo, es el tema central de una reflexión por parte de Antonio González Quintana, uno de los miembros de la «comisión de expertos» y exdirector del Archivo de Salamanca entre 1986 y 1994. Como los demás miembros, también él votó por la devolución de los papeles a Cataluña, pero desde un punto de vista archivístico está a favor de mantener la integridad del archivo. Para él, «la pregunta clave era si podía darse satisfacción a la legítima reivindicación de la Generalitat con la devolución de los originales de sus propios documentos sin asumir la obligatoriedad de, sentado el precedente, actuar del mismo modo con el resto de instituciones, asociaciones y particulares que también sufrieron la incautación de sus documentos.» Lo verdaderamente funesto sería, dice, si los documentos pudiesen dejar de cumplir la función

---

38 Borja de Riquer: «Justicia histórica y sensatez», en: *El País*, 4-XI-2005, 36.
39 Antonio Elorza: «El archivo como botín», en: *El País*, 30-XII-2004, 25.
40 José Álvarez Junco: «Expertos y papeles», en: *El País*, 31-XII-2004, 13-14.

social que en la actualidad desempeñan.⁴¹ A lo largo de las discusiones en el pleno de la Comisión, sus dudas sobre este tema se fueron despejando, hasta que finalmente los juristas le convencieron de que se podría valorar de forma distinta unas reclamaciones de otras. «En la mayor parte de los casos, a la hora de ponderar los intereses en presencia, debería primar la defensa de la integridad del archivo, como bien público de interés general, sobre la restitución de los originales de los documentos a su procedencia.»⁴²

A principios de 2005, el ministro de Trabajo, Jesús Caldera (PSOE), advirtió claramente que el gobierno de España no aceptaría ninguna otra petición, ya que a nadie – excepto a la Generalitat de Cataluña – le asistía título alguno para poder pedir más documentos. Como era de esperar, esta postura rápidamente provocó un claro rechazo. Así, José Miguel Sebastián Carrero, abogado de los descendientes de Angel Ossorio y Gallardo, eminente jurista y político de la Segunda República, rechazó los argumentos del dictamen y del gobierno para negar el derecho de los herederos de los particulares expoliados a que se les restituyan los documentos, ya que no se ajustan ni al derecho internacional ni al ordenamiento jurídico español.⁴³

Cuán justificados estaban los recelos de los que temían una paulatina disolución del Archivo a través de continuas devoluciones, lo demostró también todavía a finales de 2004, la Chunta aragonesa reclamando formalmente la devolución de los papeles de la comunidad aragonesa, depositados en el Archivo salmantino. Se trata de 145 cajas.⁴⁴ Y los representantes de la provincia de Castellón presentaron una moción al pleno de su corporación provincial para instar a la Generalitat Valenciana a reclamar la devolución de 365 legajos de Castellón, depositados en el Archivo de Salamanca, que recogen documentación acerca de actividades de colectivos políticos, sindicatos y entidades públicas, como la misma Diputación de Castellón, o privadas. Estos «papeles de Castellón» fueron trasladados a Salamanca en un vagón de carga el 16 de septiembre de 1938; los documentos aún están por catalogar. El 4 de mayo de 2004, las Cortes Valencianas acordaron en pleno reclamar ese patrimonio.⁴⁵ A pesar de este acuerdo, el Consell valenciano – bajo el control del PP – parece no haber reclamado con la debida insistencia la devolución del patrimonio de la Comunidad Valenciana, de donde salieron aproximadamente 80 toneladas de documentos

---

41   Antonio González Quintana: «La pregunta clave del archivo de Salamanca», en: *ABC* (digital), 6-I-2005.
42   Ibíd.
43   Cartas al Director: «Expolio franquista», en: *El País* (Opinión), 14-I-2005, 10.
44   Concha Monserrat: «Aragón reclama sus documentos depositados en Salamanca», en: *El País*, 31-XII-2004, 36.
45   «Trescientas cajas con ‹papeles de Castelló› están pendientes de catalogar en Salamanca», en: *Levante. El Mercantil Valenciano*, 5-I-2005, 16.

que nunca volvieron.[46] Por lo menos eso fue lo que la *Comisión de la Dignidad* reprochó a principios de 2005 al gobierno valenciano, cuando ya 45 ayuntamientos de la Comunidad Valenciana habían aprobado mociones a favor del retorno de los documentos del Archivo de Salamanca. La *Comisión de la Dignidad* había instado a los ayuntamientos y entidades «afectados por el expolio» a iniciar los procedimientos administrativos de reclamaciones concretas de «sus» documentos; en opinión de la *Comisión*, esta reclamación era un paso importante hacia la recuperación de la normalidad democrática del Estado, ya que se había conseguido el reconocimiento del derecho a la legítima potestad y al retorno del patrimonio documental expoliado a los valencianos y a sus instituciones.

La lucha por los «papeles» de Salamanca fue resuelta por expertos y políticos responsables que después de muchas vacilaciones tomaron una clara decisión, aplaudida mayoritariamente,[47] pero no aceptada por el PP, cuyos representantes insisten en la idea de que el Ayuntamiento de Salamanca irá a reclamar la devolución de los documentos.

Si bien es completamente legítimo tener discrepancias de pareceres, en el caso de los «papeles» de Salamanca el Partido Popular hizo uso de una politización abusiva que por su parte alentó sentimientos nacionalistas. Llama la atención el grado de emocionalidad e irracionalidad subyacente a la polémica, las posturas violentamente enfrentadas, el lenguaje bélico usado para intimidar al bando opuesto: toda una secuela, triste y peligrosa, de lo que fueron las «dos Españas».

Bibliografía

Aróstegui, Julio (1988) (coord.): *Historia y memoria de la guerra civil: encuentro en Castilla y León*. Salamanca, 24-27 de septiembre de 1986. Valladolid: Junta de Castilla y León.

Cruanyes i Tor, Josep (2003): *Els papers de Salamanca. L'expoliació del patrimoni documental de Catalunya, 1938-1939*. Barcelona: Edicions 62.

Desantes Fernández, Blanca (1990): «Fuentes documentales para el estudio de la Administración de Justicia durante la guerra civil española conservadas en el Archivo Histórico Nacional, Sección Guerra Civil», en: *Justicia en Guerra. Jornadas sobre la Administración de Justicia durante la Guerra Civil Española: instituciones y fuentes documentales*. Madrid: Ministerio de Cultura, pp. 497-528.

---

46 «La memoria aún está en Salamanca», en: *Levante. El Mercantil Valenciano*, 3-I-2005, 14.

47 La Real Academia de Historia, sin embargo, en un informe realizado a petición de la Junta de Castilla y León y basado en criterios «estrictamente archivísticos», se pronunció a favor de la unidad del Archivo General de la Guerra Civil. Cf. «La Academia de Historia pide que el Archivo de Salamanca siga unido», en: *El País*, 25-I-2005, 37. Gran parte de la polémica sobre el Archivo de Salamanca puede consultarse en la página web de la Asociación de Familiares y Amigos de Represaliados de la II República por el Franquismo: www.afar2rep.org/Noticias/2005/papeles.htm.

Díez de los Ríos, María Teresa (1985): «La sección Guerra Civil del Archivo Histórico Nacional», en: *Archivos para la Historia del Movimiento Obrero Español*. Madrid: Editorial Pablo Iglesias, pp. 53-72.

Fundación de Estudios Libertarios Salvador Seguí (1988): «Materiales libertarios en el Archivo Nacional, Sección Guerra Civil, Salamanca», en: *Perspectiva Contemporánea*, vol. I, núm. 1, pp. 195-239.

Gaite, Jesús (1994): «Fondos de Guerra Civil y posguerra en la Sección Fondos Contemporáneos del Archivo Histórico Nacional», en: *Espacio, Tiempo y Forma*. Serie V. *Historia Contemporánea*, t. 7, pp. 455-477.

García Durán, Juan (1985): *La guerra civil española: Fuentes (Archivos, bibliografía y filmografía)*. Barcelona: Crítica.

González Quintana, Antonio (1994): «Fuentes para el estudio de la represión franquista en el Archivo Histórico Nacional, sección Guerra Civil», en: *Espacio, Tiempo y Forma*. Serie V, *Historia Contemporánea*, t. 7, pp. 479-508.

González Quintana, Antonio (1997-98): «Bases para un debate profesional en torno a la Sección Guerra Civil del Archivo Histórico Nacional», en: *The International Newsletter of Historical Studies on Comintern, Communism and Stalinism*, vol. IV/V, núms. 9-13, pp. 231-245.

Jaramillo, Miguel Antonio (2000): «Documentación militar en el Archivo Histórico Nacional, Sección Guerra Civil», en: *Fuentes para la Historia Militar en los archivos españoles*. Madrid: Deimos, pp. 35-47.

Martín Nájera, Aurelio / González Quintana, Antonio (1988): *Fuentes para la Historia de la Unión General de Trabajadores*. Madrid: Editorial Pablo Iglesias.

Salas Larrazábal, Ramón (1980): «Los archivos para el estudio de la guerra civil», en: *Los archivos para la Historia del siglo XX*. Madrid: Ministerio de Cultura, pp. 17-31.

Milenio o la «tercera España» según Manuel Vázquez Montalbán

Angelica Rieger
(RWTH Aachen)

¿Se puede partir de la base de que a finales del siglo XX – y no para mejor – se hayan perdido progresivamente las diferencias entre «las dos Españas»?[1] El amargo pronóstico que esboza Manuel Vázquez Montalbán ya en *El hombre de mi vida*, y a gran escala lo desarrolla en su última novela, *Milenio Carvalho*, parece sugerir esto. Su camino hacia el tercer milenio se debe seguir aquí con el ejemplo del desarrollo del protagonista en estas dos últimas novelas de la serie Carvalho.[2]

Parto principalmente de la certeza de esta apreciación: la idea de dos Españas paralelas y claramente diferenciadas se va perdiendo cada vez más en la medida en que las antiquísimas oposiciones binarias, por ejemplo entre la España comunista y la católica, dejan de existir. Esto obliga a que los integrantes de ambas partes se tengan que orientar nuevamente. En su primera conversación sobre la religión de los cátaros, Biscuter, el asistente y amigo de Carvalho, da una prueba irónica de este hecho: «Ahora que ya no hay comunismo, jefe, que ya no podemos esperar que vengan Kruschev y la Pasionaria en moto a liberarnos, tal vez haya que espabilarse de otra manera.»[3] Ésta «otra manera» encuentra su expresión posmoderna en *En el mismo barco* de Sloterdijk, leído y observado con sarcasmo a través de un «filtro irónico»[4] por Carvalho:

> La posmodernidad es la época «después de Dios» y después de los imperios clásicos y de todas sus sucursales locales. Con todo, el huérfano género humano ha intentado formular un nuevo principio para la copertenencia de todos en un nuevo horizonte de unidad: los derechos humanos.[5]

---

1 Véase p.ej. Gimber 2003: 36: «[...] die Gegensätze zwischen den beiden Spanien [haben sich] nach Diktatur und *transición* eingeebnet» («las oposiciones entre las dos Españas se han nivelado después de la dictadura y la transición»).
2 Ediciones citadas: Vázquez Montalbán 2000, íd. 2004. A propósito de esta última novela véase p.ej. http://www.vespito.net/mvm/milenio00.html (fecha de consulta: 17/10/2004).
3 Vázquez Montalbán 2000: 80. Para los antagonistas la situación es absolutamente comparable, según el «especialista de sectas», Anfrúns: «Los neonazis se van metiendo en las sectas porque no saben dónde meterse. [...] hay que ser de algo». Vázquez Montalbán 2000: 38.
4 Vázquez Montalbán 2000: 47.
5 Ibíd.

Si no es posible identificarse con una o la otra de las dos Españas, esta pérdida de identidad condiciona automáticamente la «otra manera» de búsqueda de identidad, la ansiedad por nuevos ideales, por lo que aquí se apoyan ejemplarmente en los «derechos humanos»; desembocando, para el uno – Carvalho – en la negación total y para el otro – Biscuter – en el sectarismo.

A sí mismo, esta elección, de hecho, no es libre, pues está dirigida por un poder superior nuevo, el que se aprovecha de esta búsqueda por el sentido: la globalización y sus representantes que reaccionan totalmente desprendidos de las antiguas constelaciones políticas e ideológicas. Son los creadores de una «nueva modernidad» compatible con esta globalización, evocada por Anfrúns, uno de los antagonistas de Carvalho en *El hombre de mi vida*: «Se está construyendo una nueva modernidad y por lo tanto una nueva síntesis entre Dios y Satanás.»[6] Su realización – «Hay que tener la audacia de construir neonacionalismos alternativos metabolizables por la globalización»[7] – es, sin embargo, en opinión de Carvalho simplemente «construida por mafias».[8]

Quien, como Carvalho reconoce esta peligrosa omnipotencia, se va a decidir por la primera opción: la denegación total. En las dos últimas novelas de la serie Carvalho se da poco a poco por vencido. El que cree, como Biscuter, en una renovación espiritual, después de la superación de las antiguas oposiciones binarias, va a decaer en el sectarismo y se va a exponer a la ridiculez. Además, paradójicamente va a buscar esta renovación en los cátaros, la que precisamente es una secta con un Credo claramente binario.[9]

Una breve presentación del héroe de la serie Carvalho aclara la envergadura de la puesta en tela de juicio de sus posiciones al final de la serie. No existe ninguna duda al respecto de que el héroe del siglo XX en la serie Carvalho de Manuel Vázquez Montalbán sólo podía pertenecer a la España de la izquierda liberal, surgida del comunismo y del antifascismo y sólo podía moverse oponiéndose al «sistema», a todos los sistemas totalitarios y, sobre todo, al del franquismo y así mismo al posfranquismo, en el sentido literal de la supervivencia del franquismo por encima del franquismo.

Después de 20 años en un mundo que está cambiando en torno a él, tiene que volver a encontrar su lugar al acercarse el tercer milenio, aunque *Milenio* aquí no sólo indique un cambio de época, sino que es la cifra periódica para una crisis general de pensamiento motivada por el propio proceso de envejecimiento. Tanto la conducta y la personalidad de Carvalho como también su relación con Biscuter cambian

---

6 Vázquez Montalbán 2000: 265.
7 Vázquez Montalbán 2000: 264.
8 Vázquez Montalbán 2000: 265.
9 Con respecto a los cátaros y su padrenuestro antepuesto a la novela y recitado teatral – pero injustificadamente por Anfrúns (Vázquez Montalbán 2000: 182) – véase p.ej. Nelli 1969: 47s.; Duvernoy 1982: 244s.; y Brenon: 74s.

drásticamente en el curso de este reposicionamiento. La figura de este luchador incondicional por la libertad y del cronista, crítico-cínico, sobre el pasado de la *transición* y *postransición* ya no está de moda. Esto también se ve corroborado en su conversación con la joven catalanista Magalida en la playa de la Vila Olímpica: «¿De dónde sales tú? –De la Transición. –Del Diluvio, vamos.»[10] Ha perdido el contacto con el mundo de lo que se da cuenta repentinamente caminando por la Vila Olímpica:

> Carvalho encaminó hacia allí sus pasos en un deseo de releer la ciudad, [...]. Todas las metáforas de la ciudad se habían hecho inservibles: [...] Barcelona se había convertido en una ciudad hermosa pero sin alma, como algunas estatuas, o tal vez tenía un alma nueva que Carvalho perseguía en sus paseos hasta admitir que tal vez la edad ya no le dejaba descubrir el espíritu de los nuevos tiempos [...].[11]

Manuel Vázquez Montalbán demuestra con su nuevo concepto de la figura de Carvalho en *El hombre de mi vida*, sin compasión alguna, que el Carvalho que había creado para su exitosa serie, estaba pasado de moda. De la pérdida de su papel como observador crítico y cronista de la sociedad española en general y de la catalana en especial,[12] se puede deducir también un cambio de mentalidad de esa sociedad, que ya no necesita de él.

Con motivo de este cambio se borran cada vez más las oposiciones binarias que son todavía muy actuales en casi todos los primeros veinte Carvalhos, en especial aquéllas, perpetuas, entre los de izquierdas y de derechas o entre los pobres y los ricos. Dejan el campo libre para un sistema globalizado no sólo en toda España, sino también a nivel internacional. De los antiguos valores, ya sean aquellos de la izquierda o la derecha, de los pensadores libres o católicos, ya no queda nada en absoluto. Lo único que cuenta para los representantes de esta nueva sociedad es el dinero y el poder, que les ayuda a conseguirlo. Ellos actúan en una España globalizada en la que el lema «España es otra» hace mucho tiempo que ya no tiene más sentido. Y esto vale también para las «Españas de las regiones» y sus grandes centros culturales y económicos y, sobre todo, para Cataluña y Barcelona, en cuyo círculo cultural se había situado la mayor parte de los casos anteriores del detective privado Carvalho.

En la España del siglo XXI existe tan sólo una oposición binaria, la que se diferencia esencialmente de aquella de los siglos anteriores, pero no por eso es menos categórica: aquella entre «globalizados» y «globalizadores». Esta oposición binaria es, en última instancia, no menos simplificadora que las anteriores: se trata de la oposición fundamental entre lo «bueno» – este papel lo reclaman los «globalizados» para sí – y lo «malo» – representado sin excepción por los «globalizadores» –. Y así se mueve Carvalho – en un género, sin duda en la mayoría de los casos poco comple-

---

10 Vázquez Montalbán 2000: 85.
11 Vázquez Montalbán 2000: 19.
12 Véase Rieger 2001.

jo como la novela policíaca – al final de sus aventuras en un mundo que le deja solamente la oportunidad de elección entre la lucha contra el satanismo global y la capitulación. En vista de esta situación sin salida, no es sorprendente al fin y al cabo que el héroe envejecido se rinda.

Del final de la novela policíaca en la posmodernidad[13]

Los comienzos de este suicidio moral están ya establecidos en *El hombre de mi vida*, donde Manuel Vázquez Montalbán en 38 episodios extremadamente cortos une cuatro cabos de acción de la vida de Carvalho con el cambio de milenio, con una búsqueda en vano de una nueva espiritualidad y con la «nueva modernidad» de la globalización:

1. Veinticinco años después de *Tatuaje* (1974), se encuentran nuevamente Carvalho y su amiga de muchos años Charo, después de una separación de siete años teniendo teóricamente una última oportunidad para un comienzo nuevo en común.
2. Al mismo tiempo, veinte años después de *Los mares del sur* (1979) Jessica «Yes» Stuart-Pedrell y Carvalho reavivan una aventura corta, que ha quedado atrás hace tantos años y Carvalho recibe su primera y última oportunidad de enamorarse de veras. Ambas historias de amor son, sobre todo, un gancho para el proceso de envejecimiento, al que Carvalho se ve cada vez más expuesto.
3. Él entra por el amante de Charo, Quimet, al círculo del servicio secreto catalán y recibe una última oportunidad de un cambio de trabajo y de una posición segura.
4. Después de *Quinteto de Buenos Aires* (1997) y su vuelta de Argentina Carvalho, resolviendo su hasta ahora único y último caso, acaba en el mundo de las nuevas sectas catalanas y del nuevo satanismo.[14]

---

13   Éste no es el lugar de llevar la prueba de la pertenecencia generalmente aceptada de *Milenio Carvalho* al género de la novela posmoderna. Un ejemplo indicando esa dirección se deja deducir, en efecto, directamente de una reflexión poetológica de Carvalho: «Tengo algunas tendencias conservadoras. Me gusta que la gente tenga la misma cara y las mismas ideas que en el momento en que nos conocimos. No importa el paso del tiempo. Y me gusta que las aventuras terminen con todos su componentes iniciales. Una buena aventura se nota en que no deja cabos sueltos» (Vázquez Montalbán 2004/I: 223s.). Visto así seguramente no es *Milenio Carvalho* una «buena aventura», en el sentido de una obra narrativa convencional, pues deja – por lo menos un indicio para su concepción posmoderna – muchos «cabos sueltos».

14   Éste tampoco es el lugar de copiar el complejo cuadro que esboza Manuel Vázquez Montalbán en *El hombre de mi vida* de las sectas catalanas. Esta representación esquemática aclara la situación solamente a grandes rasgos para permitir una orientación global en *El hombre de mi vida*:

Delmira Mata i Delapau lo ha contratado para la investigación del asesinato de su hijo único, Alexandre. Carvalho descubre que el motivo que lo lleva a su muerte no es su pertenencia a una secta satánica, en la que mantiene una relación homosexual con Albert Pérez i Ruidoms, sino que fue meramente el último golpe iniciado por Pérez i Ruidoms padre contra el que fuera por mucho tiempo su rival, Mata i Delapau padre: «[...] todo es un montaje de oligarcas para hundir a otro oligarca, el todopoderoso Pérez i Ruidoms, Gran Oriente o Gran Rabino del Opus Dei y padre del profeta satánico.»[15] Pérez i Ruidoms personifica de esta manera, al instigador y al dueño absoluto de todos los poderes de la «nueva modernidad», al mal por antonomasia. Ambos antagonistas son los últimos de su clase, una circunstancia que ilustra definitiva e irónicamente la relación homosexual de ambos hijos en el seno de una secta satánica. Son símbolos del «antiguo orden» de las «dos Españas»: su confrontación termina con el triunfo de la subida de Pérez i Ruidoms[16] sobre el gran burgués barcelonés Mata i Delapau.

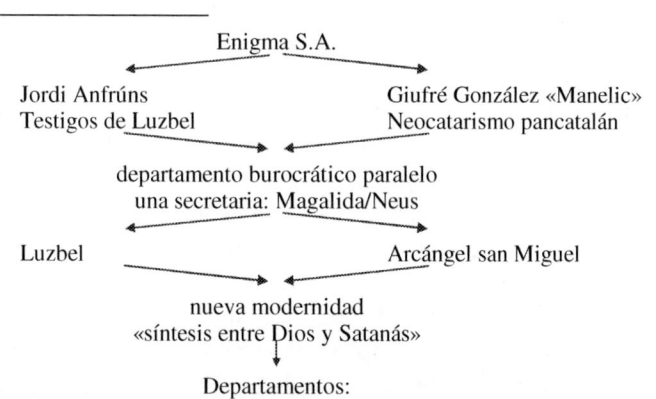

```
                          Enigma S.A.
                       ←             →
      Jordi Anfrúns                       Giufré González «Manelic»
      Testigos de Luzbel                  Neocatarismo pancatalán
                       →             ←
                  departamento burocrático paralelo
                   una secretaria: Magalida/Neus
                       ←             →
      Luzbel                              Arcángel san Miguel
                       →             ←
                      nueva modernidad
                  «síntesis entre Dios y Satanás»
```

Departamentos:
«Ejército de Salvación, Pentecostés, Testigos de Jehová, Darbistas, Cienciología y Rosacruz, Cristian [sic] Science, Espiritistas, Cuáqueros, Niños de Dios, Satánicos, Nuevo Diseño, Catarismo, Islámicos, Orientales y EPC [Església Països Catalans, Vázquez Montalbán 2000: 78].» Vázquez Montalbán 2000: 73.

Anfrúns diseña los Testigos de Luzbel «como una secta modesta, pero con mucha capacidad creativa, que sin modestia alguna me atribuyo, porque yo soy un profesional de la imaginación teórica y me gusta izquierdizar un poco la propuesta, no porque espere hacer la revolución a través de la religión, sino para tocarle los cojones a la burguesía» (Vázquez Montalbán 2000: 38). Los neocátaros ambicionan a través de la adaptación de «una fórmula de cristianismo primitivo a la nueva situación» (Vázquez Montalbán 2000: 252) una «nueva espiritualidad, inteligentemente laica, es lo que se necesita para que prospere un nuevo humanismo» (Vázquez Montalbán 2000: 182).

15 Vázquez Montalbán 2000: 38.
16 Véase la confesión de Pérez i Ruidoms: «Me he criado en la calle y empecé llamándome Pérez a secas hasta que tuve el suficiente dinero como para llamarme Pérez i Ruidoms. Y me he ciscado en las Mata i Delapeu, una pandilla de señoritos que nacieron señoritos. Me lo debo todo a mí mismo y nadie me va a quitar nada de lo que me pertenece. Yo no soy un señorito como Mata i Delapeu. Yo no he sabido lo que era cambiarme de ropa interior cada día hasta que cumplí los treinta años. En mi casa no

Por un momento parece que el envejecido detective, que se quería decidir por Yes, veinte años más joven que Charo, se hubiera decidido a coger la oferta de un trabajo estable como espía del servicio secreto catalán, casi treinta años después de trabajar para la CIA en Y*o maté a Kennedy* (1972). Incluso su amigo de tantos años, el intelectual Fuster, trata de animarle: «Soy tu gestor y sé lo que me digo. Con toda la crudeza, no tienes dónde caerte muerto y un empleo fijo, con un poco de blindaje, podría ser algo así como una jubilación asegurada.»[17]

Sin embargo, después del asesinato de Jessica decide Carvalho exactamente para «el primer cambio del milenio» (1999/2000),[18] renunciar a una vejez asegurada e invierte todos sus ahorros en un viaje por el mundo con Biscuter. Jessica muere – por así decirlo, como un aviso – en relación con la solución de su último caso, el que lo lleva no sólo al mundo del satanismo y de las nuevas sectas catalanas sino también hasta el círculo central del mal, personificado por Pérez i Ruidoms. Por este motivo Carvalho mata a su adversario de muchos años, Anfrúns, a pesar de saber que éste también es sólo una pieza de ajedrez en este juego malicioso.[19]

Milenio Carvalho continúa ininterrumpidamente después de este asesinato: habiéndose quedado en Barcelona Pérez i Ruidoms le pide al comisario Lifante que persiga al asesino Carvalho, mientras que éste ya se encuentra junto con Biscuter en el trasbordador hacia Génova. Las siguientes más de 800 páginas, sin embargo tienen – bajo los augurios contrapuestos a los de antes – casi nada que ver con el género de la novela policíaca. Es decir que aquí también se entrelazan, sin mucho entusiasmo, episodios de perseguidores, se manipulan los frenos del coche de Carvalho y se llena secretamente su maletero con cocaína. En Grecia se dispara también una vez contra los viajeros, a Carvalho le anestesian dos veces en Oriente Próximo y el dúo Carvalho/Biscuter tiene que escaparse en varias ocasiones – en Australia y Chile – a la persecución impuesta sobre ellos por Pérez i Ruidoms. Pero eso ya es todo.

En vez de eso, la novela se convierte cada vez más en un informe sobre un viaje; desde un punto de vista crítico destacaría que se trata visiblemente de una versión superficialmente literarizada de un tipo de diario de viaje personal y el viaje por el mundo de Carvalho, el que va a buscar por última vez los escenarios de sus antiguos casos y lugares míticos de su imaginación se convierte paralelamente en una decepcionante gira de despedida. Mientras tanto Biscuter se emancipa, en efecto, aparen-

---

había ducha.» Vázquez Montalbán 2000: 258.
17   Vázquez Montalbán 2000: 190.
18   «Faltaban veinticuatro horas para el primer final del milenio, abierta la posibilidad de que el 31 de diciembre del 2000 se volviera a celebrar […].» Vázquez Montalbán 2000: 294.
19   Carvalho en «su intención de cumplir consigo mismo» (Vázquez Montalbán 2000: 296), le dispara a Anfrúns que es responsable de la muerte de Yes, con estas palabras: «Por fin he adivinado qué papel nos han dado a usted y a mí en todo esto.» Vázquez Montalbán 2000: 297.

temente de su antiguo jefe, pero se enreda en realidad a escondidas cada vez más en las redes de los neocátaros. Puntualmente en el segundo, en realidad, cambio de milenio (2000/2001),[20] cree Biscuter que puede abandonar la tierra con ellos en dirección a Marte, mientras que Carvalho, totalmente desilusionado, regresa a su casa en Vallvidrera para que el comisario Lifante le lleve sin resistencia desde allí a la cárcel Modelo, al único lugar lógico y posible, donde todo había comenzado.

Bouvard/Carvalho y Péchuchet/Biscuter

Bajo las numerosas alusiones inter- e intratextuales en ambos volúmenes,[21] escojo la referencia de la novela fragmentaria de Flaubert, *Bouvard et Pécuchet* (1872/1880) para aclarar brevemente el desarrollo de estas dos figuras principales en *Milenio Carvalho*. Anteponiendo la cita que tematiza el término del proceso de desilusión total de la pareja de amigos de Flaubert,[22] así como también la identidad oscilante de ambos protagonistas, los que en más de una ocasión viajan con papeles falsos, usando sus nombres, Manuel Vázquez Montalbán guía la lectura en una dirección muy

---

20 Irónicamente, Charo anticipa este segundo cambio de milenio que se va a consumar al final de *Milenio Carvalho* en la noche de año nuevo 1999/2000: «Entrar en otro milenio es como entrar en otro mundo. Es como llegar a Marte.» Vázquez Montalbán 2000: 272.

21 Referencia a obras clásicas del mundo y literatura de viajes valen, por ejemplo para *Robinson Crusoe* (Vázquez Montalbán 2004/I: 283-288) de Defoe y *La vuelta al mundo en ochenta días* de Jules Verne en el balance de Biscuter en Darwin: «Lo que hemos hecho es una pillería. Tampoco quisiera que esta experiencia viajera, tan lejana ya de *La vuelta al mundo en ochenta días* como de *Don Quijote* o de *Bouvard et Pécuchet*, se convirtiera en *La vuelta al mundo de dos pilletes*, uno de los libros que más me han gustado en toda mi vida» (Vázquez Montalbán 2004/II: 115). Además se encuentran numerosas referencias a novelas anteriores de la serie Carvalho p.ej. (en el orden de su aparición en el camino de viaje, pero sin pretensión de totalidad): *Los mares del sur* (Vázquez Montalbán 2004/I: 64, 266, 355); *Roldán, ni vivo ni muerto* (Vázquez Montalbán 2004/I: 148); *Asesinato en el Comité Central* (Vázquez Montalbán 2004/I: 218; Vázquez Montalbán 2004/II: 75), *Los pájaros de Bangkok* (Vázquez Montalbán 2004/1: 399-405 y 415-421), *Quinteto de Buenos Aires* (Vázquez Montalbán 2004/II: 209-228), y *La rosa de Alejandría* (Vázquez Montalbán 2004/II: 275-288).

22 Vázquez Montalbán 2004/I: 7; Flaubert 1979: 258; aquí en francés:
[Bouvard:] –«Hein, le Progrès, quelle blague!» Il ajouta: –«Et la Politique, une belle saleté!»
–«Ce n'est pas une science» reprit Pécuchet. «L'art militaire vaut mieux, on prévoit ce qui arrive. Nous devrions nous y mettre?»
–«Ah! Merci!» répliqua Bouvard. «Tout me dégoûte. Vendons plutôt notre baraque – et allons au tonnerre de Dieu, chez les sauvages!»
–«Comme tu voudras!».
Para la interpretación de la obra que busca – como otro paralelo con *Milenio Carvalho* – constantemente desconcertar al lector, véase el *Dictionnaire des littératures de langue française* 1994: 885s.: «[I]l est impossible de savoir si Bouvard et Pécuchet sont des imbéciles dont Flaubert se moque, ou s'ils sont ses porte-parole; incertitude qui met en cause le sens même de tout le livre, et les conclusions qu'il faudrait en tirer».

determinada: lo que hagan Bouvard/Carvalho y Pécuchet/Biscuter está condenado al fracaso y expuesto a la ridiculez. Manuel Vázquez Montalbán divide estos dos componentes y los reparte a cada uno de sus protagonistas: la larga despedida de Carvalho de este mundo lo lleva de vuelta a sus comienzos, siendo totalmente consciente de la fatalidad de este fracaso. El intento ridículo de Biscuter de realizar el viaje por el mundo, entendiéndolo en un sentido humanista anticuado como viaje de formación, y su intención de querer transformar al final – con ayuda del catarismo – su despedida de este mundo en «Ascensión» le conduce a la nada.

La «Ascensión» de Biscuter

Es paradójico que justamente Carvalho sea el que lleve a Biscuter a los brazos de los neocátaros. Con relación a su último caso envía a su asistente Biscuter:[23] «Me interesa que te metas en alguna secta, Biscuter: ¿Qué tal va eso de los cátaros? [...] Me interesa que vayas a por una que se llama neocatarismo o Universo Cátaro. Compóntelas como puedas.»[24] Primero Biscuter le consigue una documentación detallada sobre los Cátaros[25] y también lleva a su jefe poco más tarde a una conferencia de los neocátaros,[26] que no solamente hace en ocasiones de sátira grotesca de ponencias científicas y ciclos de conferencias, sino que también revela la maraña de nuevas sectas catalanas con el servicio secreto catalán.[27]

Por consiguiente, sin ser percibido o valorado equívocamente por Carvalho, Biscuter empieza a participar cada vez más profundamente en el catarismo. Un primer indicio conduce a un comentario, lanzado por Biscuter en Bursa, percibido con leve cinismo por Carvalho, que ha perdido el sentido de una trascendencia de cualquier tipo que fuera:

> Tal vez se esté escribiendo mi destino en lo más alto del firmamento.
> Le parecía a Carvalho demasiada altura para el destino de Biscuter pero lo estimuló cabeceando y llenándole la copa de *raki*.

---

23 Vázquez Montalbán 2000: 79-86 y 126-133.
24 Vázquez Montalbán 2000: 129.
25 Vázquez Montalbán 2000: 162.
26 Vázquez Montalbán 2000: 178-184.
27 Con asombro comenta Carvalho la conferencia a su amigo Fuster: «Carvalho le expuso sus nuevos horizontes religiosos y su sorpresa de que estuvieran tan conectados con reivindicaciones nacionalistas» (Vázquez Montalbán 2000: 189). El significado de los neocátaros como único poder que sustrae el absoluto control a Pérez i Ruidoms muestra también aquella sospecha de que Albert Mata i Delapau se ha retirado a unos de sus nuevos centros en el sur de Francia (Manuel Vázquez Montalbán alude aquí a un hecho incontrovertido): «Por la infraestructura de quienes le ayudaron a huir debe estar en algún lugar del sur de Francia, en uno de esos enclaves neocátaros que se están reconstituyendo.» Vázquez Montalbán 2000: 258.

–Jefe, a veces pienso que todo lo que podemos hacer en la Tierra ya está hecho y no es bueno, y que habría que explorar más allá. Un más allá material. ¿Qué le parecería a usted la posibilidad de una diáspora por los cielos e incluso más allá de los cielos?
–¿Para qué? La maldad y la impotencia viajaría con nosotros.[28]

En este punto ya está claro que Carvalho no acompañará a Biscuter en su futura Ascensión. Únicamente le molesta que Biscuter se haga cada vez más independiente: «y aunque ironizaba, algo le entristecía la creciente independencia de criterio de Biscuter, [...]. Biscuter parecía haber cambiado las relaciones de dependencia, como si estuviera despertando a la adolescencia y quisiera construir su propio yo.»[29] Pero estos indicios a un desprendimiento total de Biscuter de su antiguo «jefe» se van acumulando: él tiene largas conversaciones telefónicas con su teléfono móvil, tiene sus propios contactos con compañeros de viaje, en especial con Caroline Lissieux, tiene éxito como cocinero en el crucero *Queen Guillermina*.[30]

Hacia el final del viaje, Biscuter intenta preparar a Carvalho para su transformación y pronta Ascensión, a través de diferentes insinuaciones. Pero aquí como en Buenos Aires recibe solamente calumnias de Carvalho:

> Algún día le comunicaré mis conclusiones, pero puedo anticiparle que ese día está ya cercano y que enlaza con la cuestión de la resurrección de la carne, pero sin curas ni dioses.
> –Cuando llegues al cielo, guárdame un sitio en la zona menos aburrida.
> –En verdad, en verdad le digo que usted se sentará a mi lado, incluso es posible que a mi derecha.[31]

También la visita a los estudios cinematográficos de Ouarzazate da Carvalho en el clavo sobre el objetivo de Biscuter: «A la entrada figuraba el rótulo: ‹La gran indagación› y como subtítulo: ‹Tal vez la solución esté en las estrellas› [...].»[32] Allí se separan los caminos de los viajeros y Carvalho – como ejecutor teledirigido de las instrucciones de Biscuter – se deja llevar el 24 de diciembre a un nuevo encuentro a Carcassonne. Sin embargo, la feliz espera de Biscuter permanece impotente ante el sarcasmo de Carvalho: «Le invito a un acontecimiento que cambiará la historia de la humanidad. –Menos mal que alguien está dispuesto a cambiar la historia de la humanidad.»[33]

Y cuando Biscuter y su acompañante Caroline Lissieux le manifiestan por fin los pormenores de la «gran aventura»[34] reciben como respuesta sólo un cabeceo:

---

28 Vázquez Montalbán 2004/I: 173s.
29 Vázquez Montalbán 2004/I: 175.
30 Vázquez Montalbán 2004/II: 87.
31 Vázquez Montalbán 2004/II: 214.
32 Vázquez Montalbán 2004/II: 345.
33 Vázquez Montalbán 2004/II: 356s.
34 Vázquez Montalbán 2004/II: 384s.

Hablaban en serio. Hablaban como alienados perfectos, dispuestos a asumir una huida hacia adelante, materialista y atea, desde un escenario cátaro y utilizando la fe y la esperanza como virtudes sospechosamente no del todo laicas. Carvalho estuvo tentado de decirle que el campamento marroquí al que iban probablemente era un apéndice del Hollywood magrebí adlátere [...].[35]

Todos los intentos de convicción son inútiles, Carvalho no quiere ningún «pasaporte milenio».[36] No quiere saber nada de la «operación Puivert»[37] ni de la «expedición» o del «comando Milenio»[38] e insiste diciendo: «Estáis alienados. Nunca llegaréis a Marte.»[39] Convencido de que no van a llegar más allá de los estudios cinematográficos de Ouarzazate, tiene que observar sin poder hacer nada como suben y alzan el vuelo en su nave espacial, en una puesta en escena espectacular, con grandes jaleos de los medios entre los bastidores del castillo cátaro de Puivert.

Sin embargo, le retumban durante mucho tiempo las últimas palabras de Biscuter antes de subirse a la nave espacial: «Sepa que allí donde esté lo esperaré, mientras sea posible. Usted no tiene nada que hacer aquí. Ninguna finalidad establecida es la suya. [...] Fue entonces cuando Carvalho pensó que no tenía ni sabía adónde ir ni cómo ir [...].»[40] Algo parecido ya había tenido que escuchar de su amigo Fuster. Carvalho comprende que a Biscuter le queda sólo esa opción al final del viaje y a ambos sólo la separación:

[...] estaba claro que sólo les quedaba la oportunidad de ir a Marte o de volver a la monótona realidad unilateral de todas las mañanas, dos años más viejo que Carvalho. Imposible reconstruir nada de lo que había sido estimulante, e imposible esperar nada que volviera a ser estimulante. Biscuter, en Marte; él, en Vallvidrera.[41]

El largo viaje de despedida de Carvalho

Esta despedida de Biscuter destaca especialmente un punto: en ambas novelas el gran tema de Carvalho es el envejecimiento. Él no sólo ya no entiende el espíritu

---

35 Vázquez Montalbán 2004/II: 385.
36 Vázquez Montalbán 2004/II: 395.
37 Vázquez Montalbán 2004/II: 363 y 385.
38 Vázquez Montalbán 2004/II: 399.
39 Vázquez Montalbán 2004/II: 387. Carvalho es ya desde hace mucho tiempo de la opinión de que todo el mundo a su alrededor estaría loco: ya en *Los mares del sur* escribe en una carta citada por Yes en *El hombre de mi vida*: «Aún volverás a tiempo de comprobar que aquí todo el mundo se ha vuelto o mezquino o loco o viejo. Son las tres únicas posibilidades de sobrevivir [...]» (Vázquez Montalbán 2000: 144). Al comienzo de su penúltima aventura él interpreta su entorno en forma muy similar: «Todos se habían vuelto locos, como si el mundo recuperara un maniqueísmo esencial entre Dios y el Diablo, como si hubiera fracasado cualquier otra explicación del horror o de la estupidez de sobrevivir para morir que no pasara por el esencialismo religioso o tribal.» Vázquez Montalbán 2000: 81.
40 Vázquez Montalbán 2004/II: 401s.
41 Vázquez Montalbán 2004/II: 387.

joven de su ciudad, sino que también comienza cada vez más a despedirse de su vida propia. En la playa de la Vila Olímpica, ya evocada al inicio como símbolo de los tiempos modernos, asocia Carvalho el final de su Era a los cambios de época: «Las deudas están pagadas y ya enterré a mis muertos. Perfecto fin de milenio y de vida.»[42] A Magalida, su joven compañera y apasionada catalanista y sectaria, le niega la compañía en la búsqueda de nuevos caminos: «Pero ya no tengo patrias trascendentales, ni voto, ni me quedan banderas.»[43] Los miedos existenciales de Carvalho van a ser cada vez más insistentes: «[...] sentía por primera vez inseguridad, miedo a ir demasiado lejos, a tener noción de excederse, una noción que más bien le había estimulado que reprimido. Hasta ahora. La angustia de estar angustiado. El miedo de tener miedo.»[44] Ya antes de finalizar el que será literalmente su último caso, está claro que no va a poder practicar más la profesión de detective y que va a perder su base existencial materialista. Por la muerte de Yes se le niega también un nuevo comienzo emocional. El plazo de gracia que le queda para despedirse del mundo es corto por sus escasos ahorros; sólo con la ayuda de Biscuter va a durar, por lo menos, casi un año, hasta el segundo *Milenio*.

Carvalho ha perdido la fe por completo, incluso una agrupación como Slow Food, a primera vista aparentemente atractiva, ya no es una alternativa para él, cocinero apasionado y gourmet. En el encuentro con representantes del grupo en un restaurante romano critica duramente: «Me falta fe. En el fondo, estos gastrónomos ecólogos militan en una religión. Son optimistas, tienen el futuro como religión, aunque sean materialistas.»[45]

Él es sólo un *angry old man* que lucha contra los síntomas negativos del envejecimiento (achaques – medicamentos)[46] y con los sentimientos y pensamientos que esto conlleva (melancolía – desengaño – nostalgia – muerte).

A sí mismo los monumentos en su ruta de viaje, como el canal de Suez, no le demuestran nada más que este proceso de envejecimiento: «En Suez percibían un nuevo tipo de ruina, la ruina de la modernidad o el envejecimiento de la modernidad, para ser más justos. –Nuestro propio envejecimiento» comenta Carvalho amargamente.[47]

---

42 Vázquez Montalbán 2000: 46.
43 Vázquez Montalbán 2000: 84.
44 Vázquez Montalbán 2000: 191.
45 Vázquez Montalbán 2004/I: 32.
46 Dos ejemplos: en el trasbordador de Brindisi a Patras desiste «por motivos de salud» de «una tanda de dry martinis» (Vázquez Montalbán 2004/I: 46). En un tour por Estambul «by night» tiene que recurrir al fortalecedor «Redoxom» de Biscuter (Vázquez Montalbán 2004/I: 183).
47 Vázquez Montalbán 2004/I: 96.

Las nuevas experiencias no pueden resistir la comparación con el pasado: en su visita a un restaurante en Jerusalén evoca Carvalho recuerdos nostálgicos de sus mejores tiempos en París en los años sesenta.

> Siempre supo que su emocionalidad y su capacidad de sorpresa se había quedado en el París de Sartre, en la Roma de Rossellini o en aquella cárcel a la que vuelve el personaje poético de Pavese «cada vez que muerde un pedazo de pan». Y luego un lento gasto de los ahorros culturales, como si partiera de la evidencia de que saber era inútil y jamás ayuda a superar la sensación de estafa que implica el fracaso, la humillación, la muerte.[48]

Su crisis de envejecimiento alcanza su punto culminante en Patmos tras las huellas de su viaje de bodas, hacía cuarenta años: «El viaje llegaba demasiado tarde. ‹A estas edades – se dijo –, no vale la pena conservar nada de lo que vives ni de lo que temes [...].›»[49]

Cada vez más este proceso adopta rasgos demenciales cuando Carvalho le cuenta a Biscuter por enésima vez la misma historia como en el caso de *Los pájaros de Bangkok*, en el cual Biscuter no se puede contener más: «Lo sé, jefe, porque en veinte años me lo ha contado usted dos mil veces. [...] Era un aviso del final de la capacidad de sorpresa. No ya del final de la aventura, sino incluso de la sorpresa.»[50]

Este proceso de envejecimiento ilustra también la pérdida de dos costumbres características del joven Carvalho: quemar libros y cocinar, o sea, comer. A veces, con motivo de la ocasión del balance provisional en Darwin, Carvalho forma aún planes al respecto, pero sin llevarlos nunca a cabo: «Libros. Hace tiempo que no quemo ningún libro. Tampoco cocino. [...] Algún día quemaré un libro de esos cínicamente considerados fundamentales.»[51] Cuando Alma le pregunta en Buenos Aires por esa manía, el motivo se hace más evidente: «– Ya es pura retórica. Ya quemo sin argumentar. A veces incluso compro para quemar, pero sin pasión.»[52] También en el encuentro en Tánger con el escritor Mohammed el Chukri se queda solo con el plan: «A pesar de que Carvalho percibía en Chukri un alma gemela, o precisamente por eso, tomó la decisión de adquirir alguna de sus obras para quemarla.»[53] Carvalho va a quemar solamente un último libro como final lógico de su viaje:

> «Hete aquí que hay libros que no llegan a escribirse y que, por tanto, no pueden quemarse», pensó Carvalho, a diferencia del que [...] estaba dispuesto a incinerar como colofón del viaje: *Bouvard y Pécuchet*, de Gustave Flaubert.[54]

---

48   Vázquez Montalbán 2004/I: 124.
49   Vázquez Montalbán 2004/I: 170.
50   Vázquez Montalbán 2004/I: 404.
51   Vázquez Montalbán 2004/II: 113.
52   Vázquez Montalbán 2004/II: 218.
53   Vázquez Montalbán 2004/II: 361.
54   Vázquez Montalbán 2004/II: 407s.

El ex gourmet pierde paralelamente el gusto por la comida y la cocina. Al principio planea todavía verdaderas degustaciones de gourmets en los restaurantes con estrellas como el «Cecchino dal 1887» en Roma,[55] pero a lo largo de su viaje desembocan, él y su compañero, rara vez en un «verdadero» restaurante y toman sus comidas cada vez más frecuentemente en forma de comida rápida. Lo peor que le podía pasar a Carvalho todavía en *Tatuaje* era simplemente comer «cualquier cosa»,[56] pero desde entonces parece no encontrar ninguna diferencia entre «cualquier cosa» que compre Biscuter en la calle o un plato fresco preparado con cariño por este último. Con una única excepción, quedándose de hecho en el plan hipotético, de prepararle el plato a su vuelta a Vallvidrera: en Xauen se anota Carvalho una última receta nostálgica de *tayine*: «[…] Carvalho anotó la receta de su conservación porque era fácil y algún día regresaría a Vallvidrera para poder realizarla en homenaje a su abuela Paca, cartagenera y muy adicta a la cocina de cazuela.»[57]

Carvalho es conocido por las novelas anteriores de la serie como amante de la fina seducción, preferentemente después (o antes) de una bonita cena junto a la chimenea de su casa en Vallvidrera. Al final de *Milenio Carvalho* su sexualidad ha quedado olvidada muchos meses atrás y se limita a un beso con lengua con la espía Malena como despedida y a un *tossing* con la profesora de literatura Obratzowa en el retrete de un tren entre Ashjabad y Chardzou.[58] Así mismo en Bangkok renuncia a acompañar a Biscuter a un *body-body*.[59]

Poco antes del final de su viaje, en Marrakech, Carvalho pierde aun sus convencimientos políticos, hasta entonces inmutables. No sólo llega a esta conclusión: «[…] todas las izquierdas son suicidas, de palabra, obra, pensamiento, omisión y memoria»;[60] sino que pierde aun, también en Xauen, la imagen del peor enemigo, desarrollando – por lo menos parcialmente – un tipo de comprensión por Franco: «[…] Carvalho comprendió por qué Franco, el aprendiz de dictador, aquel joven oficial canijo, chuleta y gallego, que sólo conocía El Ferrol, Toledo y Melilla o Ceuta, podía haber quedado maravillado por Xauen.»[61]

El viaje de Biscuter figura bajo el lema del «más allá», mientras que para el viaje de Carvalho vale como lema el «nunca más». Paso a paso seguimos la incesante

---

55   Vázquez Montalbán 2004/I: 25-31.
56   Vázquez Montalbán 1998: 149s. La propuesta de Teresa Marsé de ir a comer «cualquier cosa» gana no sólo el comentario de: «Era lo que Carvalho jamás quería comer», sino que va a servir como un motivo a Carvalho para un análisis crítico de la sociedad: «En cuestiones de comida Teresa Marsé se reveló idéntica a las presunciones que se había hecho Carvalho. Pertenecía a ese sector social que ha aburrido el pato a la naranja a los diez años» (Vázquez Montalbán 1998: 150).
57   Vázquez Montalbán 2004/II: 358.
58   Vázquez Montalbán 2004/I: 243.
59   Vázquez Montalbán 2004/II: 9.
60   Vázquez Montalbán 2004/II: 353.
61   Vázquez Montalbán 2004/II: 358.

gira de despedida de Carvalho bajo los tétricos presagios de la constante repetición de este «nunca más». Ya al comienzo de su viaje mundial en Italia expresa sus primeras dudas: «¿Tendría tiempo de volver a Italia?»[62] En el Mar Negro ya está casi seguro: «[...] Carvalho consideró que estaba a punto de hacer algo que nunca más podría hacer, bañarse en un mar que formaba parte de su educación mitológica más profunda.»[63] En este sentido se despide también de Jerusalén con un: «No pienso volver [...].»[64] Este sentimiento se convierte en depresión en Patmos.[65] Carvalho huye de Samarkand con la decisión definitiva de que él «nunca volvería a la ciudad, un obsoleto yacimiento más de sus ensueños»[66] y en el Triángulo Dorado lo pronuncia por primera vez: «Es que nunca volveré aquí. Tú, no sé, pero yo sé que nunca volveré.»[67] Esta conversación se repite periódicamente en las siguientes estaciones del viaje como en Darwin: «Biscuter, nunca volveremos a Australia.»[68] Y ni siquiera el intento de consuelo de Biscuter en el autobús de Iguazú a São Paolo pueden disuadirlo de ello:

> –No se puede ver todo. Hay que dejar cosas para otra ocasión. Algún día haremos otro viaje parecido y veremos cosas nuevas.
> Carvalho, en cambio, se despedía de los lugares sin melancolía pero para siempre. Era consciente de que nunca más volvería a ver y a vivir lo que estaba viendo y viviendo.[69]

Biscuter resume el objetivo diferente de este viaje en común con la fórmula: «Yo hago el viaje para crecer, jefe, y usted para despedirse.»[70] Y el diálogo con Charoen, el antiguo colega de Carvalho en Bangkok, y su madurez del lejano oriente, trae una certeza definitiva:[71]

> Carvalho le transmitió el empeño de dar la vuelta al mundo.
> –¿De qué se despide usted?
> Nada había dicho de despedida, pero Charoen había acertado en el sentido de su viaje.
> –De todo y de nada.
> –Así es. El todo no existe; la nada tampoco.[72]

El círculo se cierra. Carvalho ha terminado su gira de despedida, después de la separación de Biscuter en la noche de navidad cuando decide obstinadamente regre-

---

62 Vázquez Montalbán 2004/I: 25.
63 Vázquez Montalbán 2004/I: 104.
64 Vázquez Montalbán 2004/I: 133.
65 Vázquez Montalbán 2004/I: 167s.
66 Vázquez Montalbán 2004/I: 266.
67 Vázquez Montalbán 2004/I: 415.
68 Vázquez Montalbán 2004/II: 116.
69 Vázquez Montalbán 2004/II: 254.
70 Vázquez Montalbán 2004/I: 176.
71 El hecho, muchas veces comentado, de que el creador de Carvalho, inminentemente después de la muerte simbólica de su protagonista en *Milenio Carvalho*, muere justamente en Bangkok no está aquí para el debate, pero no carece de cierta picantería.
72 Vázquez Montalbán 2004/II: 17.

sar a Barcelona, a pesar de las advertencias de Charo de que su casa todavía estaría siendo vigilada:

> Todos los medicamentos estaban ya caducados, si no farmacéuticamente, sí emocionalmente. No le ofrecían ninguna esperanza de salvación, a punto de cumplirse casi doscientos días de su vuelta al mundo – al día siguiente se ultimaban –, y era lo ético en toda vuelta al mundo volver al lugar de donde se partió.[73]

Un último rayo de esperanza deduce Carvalho con todo al (provisional) final de *Bouvard y Pécuchet*, los que se acuerdan de su antigua profesión como copistas y mandan construir un escritorio doble en el que se puedan dedicar en común a esta actividad:

> Los planes de seguimiento que Flaubert nunca pudo cumplir se detenían en el momento en que todos traicionan a Bouvard y a Pécuchet, ya no tienen ningún interés en la vida, pero tanto el uno como el otro han tramado volver a su pulsión vital inicial y a fabricar un escritorio doble, un pupitre doble, para ambos, a manera de final feliz de los dos urdidores de experiencias interesantes, de síntesis entre estupideces y genialidades ensoñadas más que de ensueños geniales. Eran imposibles ya los ensueños geniales, y algún día Biscuter volvería para darle la razón, en cuanto abandonara la última posibilidad de religiosidad razonable, atea, material, aunque espacial, y tal vez para ese momento sería necesario un escritorio doble o una cocina igualmente doble o cualquier ámbito de reencuentro en el que desapareciera la relación amo-esclavo que, ahora adivinaba, había guiado la convivencia entre ambos.[74]

No llegará a tanto. Y esto lo sabe muy bien Carvalho, lo más tarde cuando se deje llevar por el comisario Lifante a la cárcel Modelo:

> Y algo de alivio le alteró el rostro cuando ya subía a la furgoneta «[...] tal como soy yo, tal como está el mundo, ese mundo por el que acabo de dar una vuelta de escandalizada inspección, el único lugar lógico a mi alcance es la cárcel. No debería haber salido nunca de ella. [...] El mundo [...] se divide en víctimas y verdugos, algunas veces llamados presos y carceleros, bombardeados y bombardeadores, globalizados y globalizadores.»[75]

En *El hombre de mi vida* y *Milenio*, Carvalho se ha retirado poco a poco de este mundo, inapreciable para él; quiere pertenecer a los «globalizados», que ya no mueven nada, sino que «son movidos»: «No se mueve usted, le mueven. Interesante que se haya dado cuenta»[76] lo certifica el comisario Lifante y el detective replica: «No nos movemos, nos mueven.»[77]

---

73 Vázquez Montalbán 2004/II: 404.
74 Vázquez Montalbán 2004/II: 405.
75 Vázquez Montalbán 2004/II: 413.
76 Vázquez Montalbán 2000: 99.
77 Vázquez Montalbán 2000: 228. Sólo es amargo, otro ejemplo para el creciente sarcasmo de Manuel Vázquez Montalbán, que conecta tal conocimiento fatalista directamente con principios fachistas como: «Es que en las guerras es así: o matas o te matan» (Vázquez Montalbán 2004/II: 69).

Conclusión

A Manuel Vázquez Montalbán le queda sólo al final la opción de dejar morir a un Carvalho hundido en el pesimismo, la lástima y el abandono de sí mismo, como se va anunciando con cierta regularidad, durante toda la serie. Efectivamente le prepara una lenta muerte simbólica desde varias perspectivas. Por un lado, le ha dado un final radical al género de la novela policíaca en *Milenio Carvalho*. La novela policíaca o de «detectives» es reemplazada por un género de estructura totalmente diferente, cuya pertenecencia a la novela es cuestionable y que es mucho más cercano a una especie de diario de viajes. Por el otro, transforma a su detective en un personaje pasivo y pesimista que deja cada vez más toda iniciativa en manos de Biscuter. Manuel Vázquez Montalbán le quita paso a paso todas las funciones vitales que forman la esencia de su personalidad. Una mirada de reojo – que legitima la referencia repetitiva en la literatura francesa al ejemplo de *Bouvard et Pécuchet* de Flaubert – en la autobiografía ficticia del emperador moribundo Hadrian de Marguerite Yourcenar lo confirma enfáticamente: ahí describe Hadrian detalladamente como durante su lenta agonía debe abandonar una parte de su vida después de la otra: la caza, la equitación, la comida, el amor, el sueño – «tous les bonheurs qui lentement m'abandonnent» –.[78] Igualmente Carvalho pierde poco a poco las ganas de cocinar, de quemar libros, de hacer el amor. En raras ocasiones habla aún en condicionales sobre planes de ese tipo – tendría ganas de quemar un libro, de probar una receta, de tener sexo –, pero sin realizarlos.

Después de la muerte simbólica de Carvalho en la cárcel Modelo y de la «caída» de Biscuter en la ridiculez con su supuesto rescate por medio de su Ascensión neocátara, al final de la serie no queda ningún rayo de esperanza. El destino personal de Carvalho simboliza el total pesimismo cultural de Manuel Vázquez Montalbán. La visión de una «tercera España» es la de una España completamente globalizada, expuesta e indefensa ante los poderes del mal, sin antagonistas adecuados, capaces de establecer un cierto equilibrio de las fuerzas – como era pensable, por lo menos en las «dos Españas» –. Además se trata de una visión universal pesimista más allá de España: «Todo el siglo XXI será así. Las violencias guerrilleras, plurifoquistas, periféricas contra la violencia de los globalizadores. Es la nueva lucha de clases.»[79]

Bibliografía

Beaumarchais, Jean-Pierre de / Couty, Daniel y Rey, Alain (eds.) (1994): *Dictionnaire des littératures de langue française*. Paris: Bordas.
Brenon, Anne (1988): *Le vrai visage du catharisme*. Portet-sur-Garonne: Loubatières.

---

78 Yourcenar 1974: 13-28; esp. 25: «Todos los momentos de felicidad que me abandonan lentamente».
79 Vázquez Montalbán 2004/II: 139.

Duvernoy, Jean (1982): «La religion cathare en Occitanie», en Lafont, Robert (ed.): *Les cathares en Occitanie*. Paris: Fayard, pp. 205-268.
Flaubert, Gustave (1979): *Bouvard et Pécuchet, avec un choix de scénarios, du «Sottisier», «L'Album de la Marquise» et «Le Dictionnaire des idées reçues»*. Paris: Gallimard.
Gimber, Arno (2003): *Einführung in die spanische Kulturwissenschaft*. Stuttgart: Klett.
Nelli, René (1969): *La vie quotidienne des cathares du Languedoc au XIIIe siècle*. Paris: Hachette.
Rieger, Angelica (2001): «Der Detektiv an der Jahrtausendwende: Manuel Vázquez Montalbáns Carvalho-Zyklus als Chronik des epochalen Wandels», en: *Tranvía. Revue der iberischen Halbinsel* 62, pp. 29-33.
Vázquez Montalbán, Manuel (1990): *Los pájaros de Bangkok*. Barcelona: Planeta.
Vázquez Montalbán, Manuel (1992): *Los mares del sur*. Barcelona: Planeta.
Vázquez Montalbán, Manuel (1998): *Tatuaje*. Barcelona: Planeta.
Vázquez Montalbán, Manuel (1998): *Yo maté a Kennedy*. Barcelona: Planeta.
Vázquez Montalbán, Manuel (1999): *Quinteto de Buenos Aires*. Barcelona: Planeta.
Vázquez Montalbán, Manuel (2000): *El hombre de mi vida*. Barcelona: Planeta.
Vázquez Montalbán, Manuel (2004): *Milenio Carvalho*. Tomo I: *Rumbo a Kabul*; Tomo II: *En las antípodas*. Barcelona: Planeta.
Yourcenar, Marguerite (1974): *Mémoires d'Hadrien*. Paris: Gallimard.

Página Web

http://www.verspito.net; http://www.vespito.net/mvm/milenio00.html

Las dos Españas, *Historias del Kronen* y la Danza de la Muerte

Randolph D. Pope
(University of Virginia)

Como punto de partida, la expresión «dos Españas» tiene el encanto de lo arcaico, como los audaces instrumentos de cirugía precolombina en un museo o la máquina de escribir manual en un desván. Ciertamente cumplieron su cometido, pero aparecen cargados ahora no de utilidad inmediata – nadie trepanaría un cráneo o escribiría una tesis doctoral con estos instrumentos – sino de iluminaciones marginales. En una época plural y mestiza, cuando se vota sobre una constitución europea y son múltiples las nacionalidades dentro de la Península ibérica, cuando el país concreto, con sus casas, calles, tiendas, fábricas y oficinas, contiene dentro de sí infinitos caballos de Troya, por ejemplo en forma de objetos de consumo de origen incierto, productos internacionales de la industria del entretenimiento, viajeros innumerables, o pantallas de ordenador abiertas a una red sin fronteras, el referente «España» difícilmente invoca el concepto de unidad que podría enfrentarse con una oposición también unitaria.

Sin embargo, no hemos dejado de perseguir la salud ni de producir textos, aunque lo hagamos en quirófanos de refinadísima técnica y con electrones en vez de tinta, al igual que subsiste la tendencia a considerar un tema con una inquietante maniobra inicial en la cual primero se proclama una igualdad – digamos, España – y luego se la escinde en dos buscando la diferencia. El punto de partida es efectivamente una escisión en que se parte un todo en dos, ante la cual las cautelas del postestructuralismo y la deconstrucción parecen ineficaces. Se toma parte en este proceso con aparente, pero sospechosa, objetividad, pues no cabe duda que los investigadores, mientras tengan corazón, se inclinarán más por el rojo o el azul, el presente o el pasado, la realización o el proyecto fallido. La poderosa intuición de Machado contiene una advertencia: no hay más que una barrera ilusoria entre las dos partes y no estamos protegidos de que el sector que nos deja fríos no acabe ocupándonos del todo con un zarpazo de hielo.

En *Antonio Azorín* (obra publicada en 1903), el narrador describe al presidente del Círculo Industrial de Madrid, a quien encuentra en una fonda irritado ante la lentitud del servicio y lo malo de la comida, que consiste en «viandas exiguas, mal guisadas, servidas en vajilla desconchada y sucia, sobre el hórrido mantel de hule».[1]

---

1 Azorín 1992: 191. Todas las citas de Azorín vienen de esta misma página.

Pobreza, ineptitud, descuido, y mal gusto enervan al narrador, quien ve en cambio al presidente como «uno de los hombres más enérgicos y emprendedores de la España laboriosa». Es el pensamiento oposicional en marcha. El lugar de este enfrentamiento entre la desidia y el trabajo es, apropiadamente, un antiguo convento, dentro del cual se polariza la nación entre un tiempo agotado, desconchado, y otro cargado de energía: «Y su figura [la del presidente del Círculo Industrial de Madrid], en este ambiente de inercia, de renunciación, de ininteligencia, marca un contraste inevitable entre las dos Españas». No cabe duda de dónde residen las simpatías del narrador: «¡Qué diferencia [...] entre estos pueblos inactivos de la Meseta y los pueblos rientes y vivos de Levante!».

En una conferencia pronunciada en 1914, Ortega hace la misma distinción en párrafos deslumbrantes que han sido sobradamente citados cuando surge el tema de las dos Españas, pero que me es necesario recordar aquí:

> Yo no digo que estas corrientes de la vitalidad nacional sean muy vigorosas (dentro de poco veremos que no lo son), pero robustas o débiles, son las únicas fuentes de energía y posible renacer. Lo que sí afirmo es que todos esos organismos de nuestra sociedad – que van del Parlamento al periódico y de la escuela rural a la Universidad –, todo eso que, aunándolo en un nombre, llamaremos la España oficial, es el inmenso esqueleto de un organismo evaporado, desvanecido, que queda en pie por el equilibrio material de su mole, como dicen que después de muertos continúan en pie los elefantes...
> Y entonces sobreviene lo que hoy en nuestra nación presenciamos: dos Españas que viven juntas y que son perfectamente extrañas; una España oficial, que se obstina en prolongar los gestos de una edad fenecida, y otra España aspirante, germinal, una España vital, tal vez no muy fuerte, pero vital, sincera, honrada, la cual, estorbada por la otra, no acierta a entrar de lleno en la historia.[2]

Podemos observar que para Ortega, como para Azorín, una España está viva, riente y honrada, mientras que la otra está inactiva pues ha fenecido. Éstas parecerían categorías estables, pues ¿qué investigador no prefiere la seda al hule y elefantes vivos a otros que continúan en pie después de muertos? Casi un siglo más tarde, sin embargo, durante el período que se asoció con la Movida, se escuchan voces disidentes que hablan de un desplazamiento profundo en las creencias de las cuales se parte y se toma partido. Se trata precisamente de escuchar a la gente joven, a esa generación emergente de la cual el mismo Ortega supo hablar tan bien, si acaso no comprenderla del todo.

Radio Futura (un grupo formado en 1979 y disuelto en 1992), por ejemplo, en 1990 describe en «Veneno en la piel» a una mujer fatal novedosa, no porque su contacto sea ponzoñoso, que esto es tradicional, sino porque está «hecha de plástico fino». Es, pues, de un material superior al hule despreciable pero no pertenece al territorio de lo vital y orgánico, sino al de la producción industrial y las alquimias del petróleo. Alaska, posiblemente la figura que se asocia más a la Movida, interpretó

---

2 Ortega y Gasset 1983: 135.

memorablemente «Mi novio es un zombi», canción en la cual se declara enamorada de un personaje que habría hecho palidecer a Azorín: «Sus dientes no son blancos / Sólo tiene tres / Su piel es transparente y verde a la vez / Sus ojos amarillos me hacen enloquecer… / Está muerto, aunque lo niegue / Él es un zombi pero me quiere». El vuelco puede naturalmente explicarse porque una generación que se ha beneficiado del progreso industrial y conoce cierta relativa abundancia necesita encontrar para sí misma un espacio oposicional alternativo, donde lo anteriormente desdeñado cobra valor precisamente como irritación de lo establecido. No fue muy diferente la pasión romántica por los cementerios y la noche, luego de la fascinación por la ciencia, la industria y la claridad que propició la Ilustración. El adjetivo *light* que se ha aplicado a este período contestatario de la temprana democracia se basa en una impresión superficial: plástico, zombis, rock, no pertenecen a la alta cultura... pero se olvida que tras la expresión ingeniosa, la ironía y el desparpajo – y las funcionarias asesinas de que también cantaba Alaska – hay un enérgico rechazo del posible anquilosamiento y el repudio de la satisfacción de una sociedad acomodada. También fue Alaska quien cantó, en 1982, «Bailando», canción escrita por Carlos Berlanga y que aparentemente es pura superficie, la queja de una muchacha contra sus vecinos que protestan por su ruidosa y alegre vida social: «Bailando, / me paso el día bailando, / y los vecinos mientras tanto / no paran de protestar».[3] Pero pronto el desenfado va rozando el viejo tópico de la Danza de la Muerte: «Tengo los huesos desencajados, / el fémur tengo muy dislocado; tengo el cuerpo muy mal, / pero una gran vida social». Se puede escuchar aquí un ligero eco de la música que Bécquer evocó en su «Miserere», cuya partitura da instrucciones tales como «Crujen..., crujen los huesos, y de sus médulas ha de parecer que salen los alaridos»,[4] música de raigambre medieval, retomada por el romanticismo, y puesta al día por el repudio *punk* que brevemente enredó en guitarras eléctricas y otros instrumentos de magnificación lo que a algunos puede haber parecido, como lo oyó el peregrino de Bécquer que tuvo la suerte o el infortunio de escuchar a los monjes zombis, «un grito horroroso formado de todos los lamentos del infortunio, de todos los aullidos de la desesperación, de todas las blasfemias de la impiedad»[5] que llevan finalmente con sus últimos acordes a un «himno de gloria».[6]

No quiero cargar las tintas sobre esta danza de la muerte que se adivina detrás del jolgorio, pues no deseo restarle importancia a la voluntad positiva de tener una gran vida social que alteró radicalmente el comportamiento de un vasto sector de la población, especialmente juvenil, no sólo en España, sino en todo ese mundo inter-

---

3   En el excelente libro de Rafa Cervera sobre *Alaska y otras historias de la movida* se cuenta cómo el enorme éxito de esta canción le ocasionó a Alaska muchas críticas de quienes pensaban que se había vendido al ritmo discotequero. Cervera 2003: 221-222.
4   Bécquer 1995: 161.
5   Bécquer 1995: 168.
6   Bécquer 1995: 169.

conectado por el vinilo y enganchado a la danza, frecuentemente asociado al atajo del placer inmediato que proporcionan las drogas. Pero debemos constatar que las antiguas distinciones entre Españas, progresista y tradicional, de derechas y de izquierdas, religiosa y laica, todas ellas basadas en una cierta ideología – perfectamente representada por Galdós en su *Doña Perfecta* y recientemente descrita por Santos Juliá en *Historias de las dos Españas* – se ven de pronto diluidas y desplazadas por corrientes muy diversas que reconstruyen la oposición a partir de un modo de vida que «pasa» de argumentaciones filosóficas o discursos políticos, que prescinde de utopías y fronteras, y prefiere mover los huesos aspirando un placer inmediato que no por químico deja de ser efectivo. En su álbum *Tercer Asalto*, Def Con Dos había cantado en «Veraneo en Puerto Hurraco», «España ya no es roja, España no es azul, / España ahora y siempre es negra como el betún. / Morir o matar por hacer trampas en el mus». Cuando se apagan los colores a un negro profundo no desaparecen del todo, sino que se ocultan, las diferencias. Obviamente sobreviven las justificaciones trascendentes al individuo, los nacionalismos, la religión, la solidaridad social, pero de ser el discurso mayoritario y motivador, *ya no es* la categoría demarcadora más general y profunda. Fernando Savater propuso atinadamente en *Contra las patrias* que la España de hoy es principalmente un estado de derecho que permitiría extinguir las pasiones que produjeran antaño las patrias. Y, sin embargo, me parece que con cualquier nombre que se les dé, estas «patrias» o nidos existenciales se reconstruyen en oposición, y que de una manera desplazada, como la anticuada máquina de escribir o los instrumentos prehistóricos de cirugía, el término actúa como una forma de alerta: *ya no son* las mismas dos Españas, pero los que se asoman a la adolescencia siguen enfrentando alternativas de enorme importancia.

Así como las otras Españas de antaño produjeron cosechas de muertos – Pepe Rey en Orbajosa, pero también republicanos y nacionales a mansalva en todo el territorio nacional – esta España más reciente encuentra sus muertos en el Madrid de *Historias del Kronen* y en la habitación sobre el invernadero de la casa de Seattle en la cual Kurt Cobain acabó su carrera en 1994, en Lola y Rosa de *Todo sobre mi madre*, víctimas del SIDA, y en Jim Morrison, muerto en París en 1971. La batalla no es contra individuos de ideas encontradas, en la que puede darse, como en la popular (y ciertamente excelente) novela de Javier Cercas, *Soldados de Salamina*, un momento de piedad que perdona al enemigo, sino contra los límites del placer y la contaminación del cuerpo. Más que simplemente un cambio generacional, donde se oponen unas ideas a otras, se ha producido un cambio de paradigma, en que un nuevo modo de vida es realmente la respuesta a las antiguas filosofías.

Historias del Kronen presenta el abismo generacional que es ya conocido de los años cincuenta, pero la gran distancia del protagonista, Carlos, con su padre y su abuelo, es más que una diferencia de gustos y opiniones. Para Carlos «los viejos son personajes del pasado, fósiles. Hay una inadecuación entre ellos y el tiempo que les rodea».[7] No existe aquí un rebelde con o sin causa, porque a Carlos todo le está permitido y su contacto con los mayores es a lo más el que tiene el estudiante a quien han llevado a pasar unas horas al museo y contempla con intermitente curiosidad los restos petrificados de una vida prehistórica. En el refugio que le permiten sus cascos estereofónicos, en la comodidad de un verano sin obligaciones, desplazándose incesantemente por las calles de Madrid, estimulado por diversas drogas, experimentando un sexo indiferente, Carlos es una ansiedad itinerante pero desconectada. Ante la irritación de su padre de que todo sea «un coñazo» para Carlos, éste considera responder, pero acaba pensando, «paso de discutir con él»,[8] pues, como afirma, no necesita comprensión, sino dinero. Con un fósil no hay diálogo posible, aunque se lo pueda explotar, transformándolo en mercadería con la cual hay sólo una relación transitoria que es poco más que puramente utilitaria. Una relación semejante se establece con la poesía, a la que Carlos clasifica de «género en extinción» y «cultura muerta».[9] Otro fósil.

Pero, como ocurre en «Bailando», la vida social de Carlos, a pesar del sexo, las drogas y el rock'n roll no consigue bloquear la irrupción de la muerte, primero arriesgando la vida en el quinto piso de un edificio derruido, luego encajando el golpe de la muerte del abuelo – sorprendiéndolo con la revelación tardía de que al fósil le quedaba vida y su extinción era conmovedora – conduciendo más tarde en la dirección contraria para experimentar el golpe de adrenalina y el terror de los demás conductores, y más tarde con la muerte de su amigo Fierro. En la película se añadió la escena de Carlos y un amigo colgando de un puente sobre la autopista, claramente notable pues llegó a ser la imagen que la publicidad asoció con el film. Siempre, pues, se revela que las otras alternativas son secundarias a la que sostiene y permite a todas las demás: vida/muerte, existencia/nada. En el concierto de Nirvana al que asiste Carlos en Madrid, en el momento de abandonarlo escucha que están tocando «Licium» – la forma en que transcribe «Lithium» en la deformadora ortografía con que aparecen todas las palabras inglesas en la novela – una canción de altibajos anímicos (manía depresiva que los médicos tratarían con litio) en la cual el refrán va reiterando el temor a ser destruido:

> I like it – I'm not gonna crack
> I miss you – I'm not gonna crack
> I love you – I'm not gonna crack
> I killed you – I'm not gonna crack
> I like it – I'm not gonna crack
> I miss you – I'm not gonna crack

---

7   Mañas 1998: 47.
8   Mañas 1998: 67.
9   Mañas 1998: 42.

I love you – I'm not gonna crack
I killed you – I'm not gonna crack

Lo que le gusta, lo que echa de menos, lo que ama y la muerte que ocasiona (pues todo esto se aplica perfectamente a Carlos), son amenazas de disgregación, intimaciones de la propia mortalidad. No puede ser casual que, en el abigarrado mundo de referencias a la música del rock que se encuentran a cada paso en *Historias del Kronen*, el concierto de Nirvana en Madrid, que tuvo lugar el 3 de julio de 1992, ocupe un lugar tan destacado. En abril de 1994, Kart Cobain se suicidaría (o, según algunas versiones, sería asesinado).

Así como tras «Bailando» se adivina la Danza de la Muerte, así también se trasluce tras *Historias del Kronen* esa otra novela clave del pasado siglo, en la cual también un grupo de gente joven pasa el día conversando y bailando – aunque sin más drogas que un poco de alcohol –: *El Jarama* de Sánchez Ferlosio. Ahí el río no es el tráfico incesante de los automóviles por las calles, ya que la bicicleta es el modo de transporte, sino el gran río ancestral que, antes de ser simbólico y recordar al de los versos de Manrique, es imagen de una de las grandes batallas de la Guerra Civil, del enfrentamiento de aquellas dos Españas. Un cementerio junto al cual los jóvenes se encuentran con unos guardias civiles subraya la alusión, pero se remacha al final con el sacrificio de una víctima inocente. De la misma manera, Fierro será la víctima inocente en *Historias del Kronen* que, como lo verían fácilmente Freud y Girard, viene, como Lucita en *El Jarama*, a crear la solidaridad de los sobrevivientes y a garantizar la continuidad del orden, perforado brevemente por el escándalo (y escándalo es partir en dos, escindir) de la muerte.

Retomando esta historia y confirmando, creo, mi interpretación, Lucía Etxebarria publicó en el año 2004 *Courtney y yo*, un curioso libro que es dos, ya que contiene el libro que con el título de *¡Aguanta esto!: La Historia de Kurt y Courtney* había publicado en 1996 y que comenta en la obra más reciente. En otras novelas, principalmente *Amor, curiosidad, Prozac y dudas* (1997), describe una vida del mismo círculo que la de Carlos, con rock, sexo y drogas, pero es en este libro doble donde se deja ver mejor su desasosiego. Es notable que prácticamente no se cita para nada la música de estos dos cantantes y guitarristas, ni de sus grupos, Nirvana y Hole. Esto no es muy diferente de la deformación del inglés que hace sospechar en *Historias del Kronen* que poco importa la letra de las canciones, que la rebeldía está en el estruendo y el ritmo, el baile y la ruta del bacalao. Al contrario, es más bien una historia del corazón con toques de novela negra y Etxebarria afirma, «me divertí escribiendo la historia»,[10] lo que hubiera sido asombroso si hubiera tomado en consideración canciones de Cobain como «Rape Me» o la misma «Lithium», o «Rock Star» o «Doll Parts» de Courtney Love, que no tienen absolutamente nada de divertidas y son grandes hitos del rock. Pero de lo que se trata es de algo diferente y apa-

---

10 Etxebarria 2004: 23.

rece, como en un sueño, dentro de un paréntesis: «(Me daba terror reconocerlo ante mí misma y ni bajo tortura medieval lo habría reconocido ante los demás, pero en muchos aspectos así era. La veía muy parecida a mí)».[11] En este proceso de supresiones y desplazamientos que postergan un reconocimiento de algo que ya se sabe, y por ello no es conocer, sino reconocer, el parecido más importante no es realmente con Courtney Love, sino con quien es borrado del título en el 2004, pero que estaba allí en 1996, Kurt Cobain. Entonces Etxebarria había criticado el suicidio de Cobain afirmando que era incomprensible, especialmente porque Cobain y Love acababan de tener una hija. Por ello había hablado extensamente de la posibilidad de un asesinato. Pero en el 2004 Etxebarría cambia de opinión y, basada en su propia experiencia con la fama, *entiende* a Cobain, su frustración al transformarse en un objeto más de consumo en el hipermercado del entretenimiento. El suicidio le parece ahora razonable y, por lo tanto, inquietante. El rock se silencia. Las drogas se critican: «Lo que sí me interesa aclarar es que, pese a todas las leyendas urbanas y las idealizaciones, lo cierto es que los drogadictos suelen ser gente de lo más desagradable»,[12] añadiendo luego que al menos uno de sus mejores amigos y tres conocidos muy cercanos «junto a los que había conocido viajes delirados y largas noches de marcha, murieron por culpa de las drogas».[13]

Con toda razón, Etxebarria reclama su propio espacio ante las figuras que analiza:

> [...] aun creo, o me gustaría creer, que pese al imperialismo cultural en el que vivimos inmersos, sigue habiendo muchas diferencias entre alguien criado en la cultura yanqui y alguien crecido en la española, de forma que las preocupaciones del tándem Cobain-Love y las mías diferían bastante.[14]

Esta dicotomía, dos países, ya que no dos Españas, no tarda un segundo en colapsarse, ya que añade a continuación: «La pregunta que me hacen acto seguido es por qué acepté escribir el libro. Respuesta obvia: porque necesitaba dinero».[15] Está claro que el tono de estas preocupaciones se manifestará en formas diferentes. Una de las canciones más memorables del tiempo de la Movida fue «Horror en el hipermercado», cantada por Alaska y los Pegamoides, que dice en parte:

> Terror en el hipermercado
> Horror en el ultramarinos
> Mi chica ha desaparecido
> Y nadie sabe cómo ha sido
> no, oh.

---

11   Ibíd.
12   Etxebarria 2004: 44.
13   Etxebarria 2004: 44-45.
14   Etxebarria 2004: 16.
15   Ibíd.

Naturalmente hay aquí un toque *light*, que se aprecia plenamente cuando se compara con canciones contemporáneas con el mismo tema, como «Supermarket» de Iggy Pop o «Lost in the Supermarket» de The Clash, pero se reconoce la misma preocupación, la de que la rebeldía *punk* se transforme en puro espectáculo y entretenimiento y el cuerpo en una mercadería más del hipermercado. En una de las últimas notas publicadas en su diario, Cobain escribió:

> The early 80's saw the white-male-corporate oppressors acceptance of a new musical counterculture stemmed from the birth of Punk Rock. [...] Nirvana will put out a couple of more brilliant albums on their own terms and then become frustrated with being so close to general public acceptance and so financially in debt, that they will eventually result in releasing spineless dance music like Gang of Four.[16]

Cobain no parece haber podido aceptar el éxito que lo dejó perdido en los cuarenta principales. Etxebarria claramente ha recapacitado sobre las virtudes y defectos de la gran vida social y ésta ha perdido su brillo. La novela de Mañas acaba con Carlos silenciado – la narración pasa a otra persona – y adaptándose a la cómoda vida de su clase. Más notablemente, pero al comienzo quizás de forma imperceptible, esta novela de frustrada rebeldía juvenil está dedicada «A mi padre». El vagabundo vuelve a casa, como don Quijote al final de sus aventuras, para el último encuentro y baile. Por encima de todas las divisiones y con músicas muy diversas, en todas las Españas, países y tiempos, la última pareja sigue siendo la que a la villa de Ocaña vino a llamar a la puerta.

Bibliografía

Azorín, Antonio (1992): *Antonio Azorín*. Edición de Inman Fox. Madrid: Castalia.
Bécquer, Gustavo Adolfo (1995): «El Miserere: Leyenda religiosa», en íd.: *Obras completas II*. Madrid: Turner, pp. 161-170.
Cervera, Rafa (2003): *Alaska y otras historias de la movida*. Prólogo de Pedro Almodóvar. Barcelona: DeBolsillo.
Cobain, Kurt (2003): *Journals*. New York: Riverhead Books.
Etxebarria, Lucía (2004): *Courtney y yo*. Madrid: Espasa-Calpe.
Mañas, José Ángel (1998): *Historias del Kronen*. Comentado por Germán Gullón. Barcelona: Destino.
Ortega y Gasset, José (1983): *Artículos (1917-1933)*. Madrid: Alianza Editorial-Revista de Occidente.

---

16 Cobain 2003: 277.

Memorias de una vaca de Bernardo Atxaga: ¿novela para jóvenes o metáfora política?

Ingrid Simson
(Oxford Brookes University)

1. Bernardo Atxaga

> Escribo en una lengua extraña. [...]
> Lengua de una nación diminuta,
> lengua de un país que no se ve en el mapa,
> nunca pisó los jardines de la Corte
> ni el mármol de los edificios de gobierno;
> no produjo, en cuatro siglos, más que un centenar de libros:
> el primero en 1545; el más importante en 1643;
> el Nuevo Testamento, calvinista, en 1571;
> La Biblia completa, católica, allá por 1869.
> El sueño fue largo, la biblioteca breve;
> Pero en el siglo veinte, el erizo despertó.[1]

Con estas líneas de su poema «Escribo en una lengua extraña», de la colección *Nueva Etiopía* de 1996, el escritor vasco Bernardo Atxaga indica los problemas que tienen los que escriben en vasco. Y uno de los problemas más graves es la poca atención que recibe la literatura vasca fuera del País Vasco. Hasta la fecha, no es conocida esta literatura, ni en el contexto europeo, ni en el contexto mundial. Y no solamente fuera de la Península ibérica no se sabe nada de la literatura vasca; tampoco en España los lectores muestran gran interés en la producción literaria de esta región del norte.

El obstáculo más importante que evita un acercamiento fácil a la literatura vasca, es el lenguaje, antiguo y no romano, extraño, como lo llama el mismo Atxaga. Pero las razones por las que no hay suficientes traducciones al español para llegar a una mayor difusión de la literatura vasca, señalan más al terreno político.

Fue enorme el daño que causó el período del franquismo al lenguaje vasco y su literatura, debido a su prohibición. Sin embargo, como dice Atxaga en su poema, es el siglo veinte el que contribuyó más y el que da esperanza: «el erizo despertó». En primer lugar, es el campo de la poesía el que ofrece una serie de textos literarios, con Gabriel Aresti (1933-1975) como poeta más conocido y estimado.[2] Pero poco a poco

---

1 Atxaga 1996: 23.
2 Hasta el día de hoy falta una historia de la literatura vasca detallada. Para un resumen de la literatura vasca véase Olaziregi Alustiza 2002: 25-33; Kortázar Uriarte 2003: 15-22, 36-52; Olaziregi Alustiza 2001; Cillero Goiriastuena 1999; Lasagabaster 1990; Kor-

empieza a establecerse también una producción literaria narrativa. Ramón Saizarbitoria fue uno de los primeros que escribió novelas experimentales en lenguaje vasco. Hoy es Bernardo Atxaga el exponente más conocido y apreciado de la novelística vasca moderna.

Bernardo Atxaga, nacido en 1951, escribió y publicó poemas, cuentos, novelas, literatura para niños y jóvenes y ensayos desde mediados de los años setenta, todo en vasco.[3] Tomó parte en la vida cultural del País Vasco con la fundación de revistas y con la colaboración con músicos y grupos de teatro. Varias de sus obras han sido traducidas al español. Uno de sus libros más importantes es *Obabakoak*, publicado en 1988, una colección de 27 cuentos acerca del lugar imaginado y mítico, pero claramente vasco, de Obaba. «Obaba is the country of my past, a mixture of the real and the emotional»,[4] declara el autor en una entrevista. Los textos se basan en la tradición oral de la cultura vasca y tratan los temas de la memoria y de la infancia. Sobresale un tono lleno de ironía y sarcasmo que ayuda evitar la nostalgia y la sentimentalidad. Es la obra vasca moderna la que – en palabras de Kortázar Uriarte – «puso a la literatura vasca en el mapa literario de Europa» y cuya «importancia para la identidad moderna vasca es innegable».[5]

Después de un primer período vanguardista, durante el cual se dedicó principalmente a la poesía, el autor trató en un segundo período los temas de la memoria y de la infancia en textos narrativos fantásticos que sin embargo radicaban esencialmente en la región vasca. A este período siguió un tercero que muestra claramente una evolución hacia la realidad y los aspectos políticos del País Vasco.

> Los lugares de la memoria buscan ahora el espacio del presente conflictivo de los problemas actuales del País Vasco, sobre todo los que tienen que ver con la situación política y el terrorismo.[6]

En una entrevista, Atxaga comenta este cambio de interés y escritura:

> Antes me ocupaba del pasado mítico, en el último libro, sin embargo, me he acercado a la actualidad. Antes ofrecía al lector un trozo de sueño, ahora le ofrezco un trozo de vida.[7]

---

tázar Uriarte 1990.
3   Todavía no abundan las obras críticas sobre Bernardo Atxaga. Gran parte de la información recibida sobre el autor se basa en entrevistas y artículos en periódicos y revistas. Véase además Ascunce 2000; Kortázar Uriarte 2003; Olaziregi Alustiza 2002; Apalategui 2000.
4   Eaude 2001.
5   Kortázar Uriarte 2003: 11. Sobre *Obabakoak* véase Ascunce 2000: 37-80; Kortázar Uriarte 2003: 52-60; Olaziregi Alustiza 2002: 60-65, 69-117.
6   Kortázar Uriarte 2003:60.
7   Citado en traducción española por Kortázar Uriarte 2003: 62.

Esta evolución a lo real y político determinó la producción literaria del autor durante los años 90 y sigue hasta hoy cuando leemos su libro recién publicado de 2004, *El hijo del acordeonista*.

A continuación quiero dedicarme a un libro de Atxaga que parece ser escrito entre estas dos fases de su creación, la de una producción literaria más fantástica sobre la memoria de la infancia y la más realista y política: *Memorias de una vaca*. En esta novela aplica un procedimiento especial que encontramos también en otras obras del autor: la narración de una historia desde la perspectiva de un animal.

Este procedimiento apunta al género de la literatura infantil y, de hecho, tanto el original vasco como la traducción española del libro fueron publicados en series de literatura juvenil. El autor mismo adjuntó la novela al género de la literatura para jóvenes, mayores de doce años.[8] Ya que el texto no solamente narra historias sobre animales, sino que también incluye tanto contenidos históricos y políticos como reflexiones filosóficas, cabe preguntarse si se trata verdaderamente de un texto de literatura infantil o más bien de una novela histórico-política para adultos que hace uso de caracteres animales en forma de metáfora.

2. *Memorias de una vaca*

Memorias de una vaca, publicadas en vasco en 1991 y en su versión española en 1992, narra en nueve capítulos la historia de la vaca Mo[9] desde su propia perspectiva.[10] De esta forma, Mo es la autora ficticia de las memorias. Nació en 1940, cuando terminó la Guerra Civil. Nació en Balanzategui, un pequeño caserío en un típico valle vasco: una casa modesta rodeada de montañas, verdes prados, bosques, riachuelos y cerca de un molino. La descripción del paisaje parece idílica y realista al mismo tiempo. «Valles pequeños entre montañas»:[11] así, tan sencilla y acertadamente, describió su tierra natal vasca el intelectual y escritor Miguel de Unamuno.

La vaca Mo, que tiene cincuenta años cuando comienza la novela, vive en un convento en Francia y reflexiona sobre su pasado: su nacimiento y su primer año en

---

8   Así dice el texto de la solapa del texto español: «[...] dedicaría una parte de un tiempo a la literatura para niños o para jóvenes. Creo que, hasta la fecha, he escrito unos veinticinco libros pertenecientes al género, buena parte de los cuales ya han sido traducidos al castellano. El último de todos es éste que el lector tiene ahora entre sus manos, *Memorias de una vaca*».

9   Este nombre es una «denominación onomatopéyica del mugido de dichos animales» (Ascunce 2000: 81).

10 El texto básico para este ensayo es la traducción española de la novela realizada por Aránzazu Sabán. La traducción correcta del título vasco, *Behi Euskaldun Baten Memoriak*, es «Memorias de una vaca vasca». Vamos a reflexionar sobre la omisión del adjetivo «vasco» en el título español durante el transcurso de este estudio.

11 Unamuno 1940: 72.

Balanzategui en compañía de las otras vacas del establo.[12] Como desdeña la vida confortable y tonta que llevan las otras vacas, decide abandonarlas y, después de un período de soledad, traba amistad con *La Vache qui Rit*,[13] una criatura salvaje y feroz que odia a las vacas tontas, ataca a los hombres y al final se une al bando de unos jabalíes salvajes.

La parte más importante de la historia de Mo trata los acontecimientos políticos del período que transcurre poco después de la Guerra Civil. Narra con el suspense de un *thriller* revelando poco a poco los sucesos y su desenlace. Las dos vacas, Mo y *La Vache qui Rit*, caminan por el valle y observan a sus habitantes. Como descubre Mo gracias a *La Vache qui Rit*, había tenido lugar una guerra y hacía poco que había terminado, aunque parecía continuar de alguna extraña manera. Existen dos partidos formados por la gente que vive en el valle. Por un lado está Gafas Verdes, un viejo extranjero con gafas verdes que habla un lenguaje que Mo no llega a entender y que siempre lleva una escopeta. Trabaja para el general. Da órdenes a los hermanos gemelos, los Dentudos, quienes viven en el molino. Siguiendo las órdenes de Gafas Verdes, los dos hermanos instalan un telescopio en el techo de su molino para vigilar a Balanzategui. Balanzategui pertenece a Genoveva, una mujer mayor que perdió a su esposo junto a dos amigos durante la guerra. Los tres hombres fueron fusilados y están enterrados detrás del caserío. A Mo le gusta Genoveva y la admira porque es una mujer tranquila y fuerte. Pero Mo duda si Balanzategui es una granja verdadera, ya que no hay perros, ni cerdos, ni gallinas. Ayuda a Genoveva un hombre viejo, el Encorvado.

> En realidad, *El Encorvado* era una de las rarezas de aquella casa. Una rareza entre muchas, porque otra era que no había perros, ni gallinas, ni cerdos; animales muy habituales en las demás casas del valle. Y también resultaba raro que allí nadie supiera segar bien, porque ni Genoveva ni el criado eran capaces de cortar [...] sino medianamente bien.[14]

En Balanzategui las vacas rojas o las vacas negras, pero nunca los dos tipos de vacas juntos, están invitadas regularmente a un banquete donde les ofrecen pienso. Les sorprende a Mo y a *La Vache qui Rit* que les den pienso en verano cuando hay suficiente hierba fresca. Poco a poco, las dos vacas descubren que Genoveva y el

---

12 Para un resumen del contenido de *Memorias de una vaca* véase Ascunce 2000: 82-84.
13 El nombre de *La Vache qui Rit* se refiere a la imagen de la famosa vaca de los anuncios de un queso francés, *La vaca que ríe*. Esta imagen fue creada ya en los años veinte y es conocida en toda Europa. Olaziregi Alustiza describe tanto el nombre de *La Vache qui Rit* como del título de la novela de la manera siguiente: «Al parecer, el autor escribió el libro en París y, durante aquel verano, la conocida marca de quesos *La Vache qui Rit* inició una campaña de gran repercusión. Además, estaba leyendo el libro *Memorias de un revolucionario* de P.A. Kropotkin para su novela *El hombre solo*. Y de la coincidencia de esos dos hechos surgió el título: *Memorias de una vaca*» (Olaziregi Alustiza 2001: 126).
14 Atxaga 1992: 75.

Encorvado apoyan con comida a algunos rebeldes que viven en las montañas, los maquis. Éstos son restos del ejército republicano que siguen combatiendo contra la dictadura con actos de sabotaje. Los observan Gafas Verdes y los dos hermanos que saben lo que pasa, pero no logran encontrar a los rebeldes. Finalmente, cuando Genoveva y el Encorvado organizan la última entrega de comida para los maquis, Mo y Gafas Verdes en el mismo momento entienden el sistema de comunicación entre Genoveva y los rebeldes: si las vacas rojas se encuentran fuera del establo mientras las negras disfrutan de su banquete, es la señal para los rebeldes de bajar de las montañas para recoger sus víveres; si las vacas negras están fuera del establo, es un aviso a los rebeldes de que Gafas Verdes está cerca vigilando la región.

Habiendo entendido este sistema de comunicación entre Genoveva y los maquis, es fácil para Gafas Verdes intervenir. Mata a tiros al Encorvado y detiene a Genoveva. Mientras los dos hermanos saquean el caserío y matan a las vacas, Mo y *La Vache qui Rit* logran a escapar. Después de algunas aventuras en una aldea donde deberían tomar parte en una fiesta, huyen a las montañas donde *La Vache qui Rit* se une al bando de los jabalíes salvajes. Durante algún tiempo, Mo vive en soledad. Después decide vivir otra vez en compañía y va a Francia. Ahí, en un pueblo pequeño, el vasco-francés Altzürükü, observa a un hombre que cada tarde suele cantar bajo el balcón de su querida, quien nunca aparece. La muchacha, Pauline Bernadette, no quiere casarse y preferiría vivir en un convento. Una tarde Pauline Bernadette salta sobre la espalda de Mo y le ofrece lo siguiente: si Mo acepta y le permite a Pauline utilizarla como dote para entrar en el convento, Pauline promete cuidar a Mo hasta que terminen sus días. Mo acepta y junto con la monja suletina Pauline Bernadette vive felizmente en un convento francés.

Como la historia se centra en los acontecimientos de Balanzategui y de la guerra entre los dos partidos, Mo narra solamente algunos sucesos de su vida en el convento. Así, por ejemplo, nos enteramos de la entrega de papeles importantes a la Resistencia francesa durante la Segunda Guerra Mundial.[15] Aunque los episodios más importantes de la novela siguen un orden cronológico, Mo a veces interrumpe su historia para insertar digresiones y sucesos de su vida actual. Como Mo nos informa cuando concluye su historia, ella, como San Agustín, solamente presenta una primera parte de sus memorias. Ahora tiene unos cincuenta años y tiene miedo de morir después de terminar su trabajo. Cuando se entera del caso de San Agustín, y que éste necesitó tanto tiempo para completar sus *Confesiones*, Mo siente alivio:

> Por mi parte, me quedé más tranquila, respirando mejor que otras veces. Luego fui a tumbarme en el césped del jardín del couvent y tomé la decisión: corregiría, puliría y re-

---

15 «Porque la pequeña monja, en aquella otra guerra de Europa que tuvo lugar en Francia, Inglaterra, Alemania y otros sitios trabajó para los maquis; es decir, para los batallones que no querían rendirse» (Atxaga 1992: 124).

tocaría la primera parte de mi vida. Algún día, en caso de que surgiera la necesidad, seguiría con el resto. Y así hasta hoy.[16]

3. La vaca como narradora y protagonista

Como revela ya la lectura de las primeras páginas de la novela, las vacas son los caracteres centrales de este texto de Atxaga. Esto es menos extraordinario de lo que parece, ya que – como dice el autor – se trata de una novela para niños, las cuales muchas veces presentan historias sobre animales.[17] Aunque no hay muchos ejemplos de vacas introducidas en cuentos y novelas, parece que la vaca ha adquirido mejor reputación durante los últimos años en las artes del País Vasco, que desde hace siglos vive de la ganadería como fuente importante de ingresos.[18]

En la novela de Atxaga encontramos vacas en tres diferentes niveles de la narración. El primer nivel radica en la historia misma: las vacas sirven como un sistema de comunicación entre los maquis y los que los apoyan, Genoveva y el Encorvado. Este nivel presenta un aspecto realista y verosímil, fácil de imaginar. Hay otros episodios de la historia en los cuales las vacas son los caracteres más importantes: por ejemplo cuando Mo va al convento con Pauline Bernadette o cuando torturan a Mo y a *La Vache qui Rit* en la aldea como parte de una fiesta.

Un segundo nivel remite a la narración misma. Es Mo quien narra la historia: una vaca que escribe sus memorias, un método narrativo extraordinario. Ella es el yo narrador y cuenta su historia desde su propia perspectiva. Recibe el apoyo de su voz interior, que desempeña un papel muy importante en toda su vida, y que tiene un carácter propio e independiente. La voz interior ya aparece en el primer capítulo de la novela cuando Mo busca información sobre su origen. Es una voz dentro de Mo, pero más que solamente la conciencia de la protagonista, es una voz independiente con sus propias ideas y pensamientos. La voz interior habla en lenguaje esmerado, ofrece muchas informaciones a Mo y además cumple tareas de educación y consejo.

---

16 Atxaga 1992: 204.
17 *Memorias de una vaca* no es la única historia de Atxaga que presenta animales como protagonistas. En 1985 publicó *Bi anai* (*Dos hermanos*), donde narra las historia de los dos hermanos a través de varios animales: ardillas, pájaros y una culebra. Estos animales en diálogo con sus voces interiores describen a las figuras principales de la novela y las comentan. Olaziregi Alustiza da otros ejemplos: «podemos señalar al burro Mauricio del cuento *Un burro en el hipódromo* (1984), los burros rockeros del libro *Los burros en la carretera* (1990) o, recordando ejemplos más recientes, la glotona perrita de *Shola y los leones* y *Shola y los jabalíes* (1994; 1996), así como el goloso perro de *El mundo y Marconi* (1995)» (2002: 128).
18 Una de las películas más recientes que incluye la vaca, que desempeña un papel importante en varios niveles incluyendo un nivel simbólico, es *Vacas*, de Julio Medem, del año 1992. Olaziregi Alustiza relaciona la presentación bovina de Atxaga al *pop-art*, con el ejemplo de Andy Warhol, argumento no muy convincente. Véase Olaziregi Alustiza 2002: 127.

Estimula a Mo para pensar de manera lógica y llegar a sus propias conclusiones. La voz interior incluso logra salvar la vida de Mo en dos ocasiones: primero, cuando algunos lobos la persiguen, y, después, cuando escapa a Francia, pero pierde su camino. Mientras que las otras vacas, que también tienen voces interiores, las consideran como sus ángeles de la guarda, Mo al principio la rechaza y se comporta testarudamente. Se queja de la compañera poco querida, a la cual llama constantemente «el Pesado». Solamente cuando llega casi al final de su narración, Mo admite que aprecia a su voz interior:

> Pues eso, que cuando hablo del Pesado tengo costumbre de hacerlo con aspereza, sobre todo porque me da mucho la lata y no me deja en paz. Y es cierto, mi Voz, Ángel de la Guarda o lo que sea, habla demasiado y siempre como un sabihondo; pero tengo que reconocer que ha sido para mí un amigo bueno e inteligente. Muy inteligente y astuto. Y fiel.[19]

La voz interior de Mo tiene la estructura de un personaje independiente. Esto resulta obvio por su diálogo permanente con la protagonista bovina,[20] por sus disputas y por las respuestas de la voz interior: a veces Mo insulta a su voz interior y entonces ésta rechaza su apoyo, su consuelo y sus ideas. La independencia de la voz interior es también evidente por su capacidad de prever el futuro. Además, es responsable del hecho de que Mo escriba sus memorias:

> Escucha, hija mía, ¿acaso no ha llegado la hora? ¿Acaso no es el momento adecuado, correcto y conveniente? – me llamó El Pesado, La Voz o quien sea ese viejo conocido de mi interior una noche de rayos y truenos, y a continuación me mandó escribir estas memorias.[21]

El procedimiento de confrontar el yo narrador Mo con un comentarista omnisciente, la voz interior, parece una genialidad narrativa. De esta manera, el autor puede crear una distancia irónica entre las dos posiciones, y al mismo tiempo, por las intromisiones de la voz interior, puede guiar a Mo y corregir su mirada al mundo, al principio todavía ingenua.

Otro aspecto esencial de la historia de Mo es su búsqueda de identidad. Al principio de su vida le extraña su naturaleza. Preferiría ser un caballo o un gato, y finalmente se siente decepcionada cuando comprende, a través de la voz interior, que solamente es una vaca.

A partir de la toma de conciencia de su «vacunidad» con sus secuelas emocionales, emerge como reacción compensatoria un sentimiento de inconformismo que le lleva a

---

19 Atxaga 1992: 172.
20 «Aunque en este tipo de narración los pensamientos de los personajes se presentan en estilo directo, Atxaga introduce una variación interesante al transcribirlos de forma dialogada. Planteado de esta forma, el discurrir de los personajes resulta más racional y hace que los lectores nos convirtamos en espectadores inquietos de ese debate interior» (Olaziregi Alustiza 2002: 141).
21 Atxaga 1992: 199.

asumir estados de clara rebeldía contra su propio ser y contra sus condiciones personales. Niega su naturaleza, su «vacunidad», y sueña con la condición de otros animales como los caballos o los gatos, animales emblemáticos de la belleza y de la elegancia.[22]

Más tarde Mo acepta su naturaleza, pero no quiere ser una vaca tonta. «En este mundo no hay cosa más tonta que una vaca tonta». Esta frase se repite varias veces en la novela y tiene función de *leitmotiv*. A las vacas tontas les interesa solamente su comida y su descanso y no reflexionan sobre el universo y sobre lo que pasa en el mundo. Después de vivir confortablemente con las vacas tontas durante algún tiempo, Mo decide dejar la vida autocomplaciente y a las vacas. Mo no quiere ser una vaca tonta y así la novela muestra su evolución, de una vaca joven y tonta a una vaca guiada por la razón. Similar a una novela de formación, *Memorias de una vaca* presenta el camino de Mo hacia la madurez, la sabiduría y la razón. En este camino la ayudan su voz interior, *La Vache qui Rit* y Pauline Bernadette.

> [...] queda patente que en esta novela se nos relata el viaje de aprendizaje que la vaca realiza para poder actuar racionalmente. [...] esta apuesta a favor del razonamiento evidencia la función social de la novela, y de hecho, si *MV* nos sugiere algo es, precisamente, la postura crítica que hay que adoptar ante la vida. Para ello, es decir, para conseguir la autonomía intelectual, la reflexión se convierte en vía de conocimiento para la vaca y, en lo que a esto se refiere, es justamente eso lo que será *Mo* en su madurez: una vaca muy «ilustrada» que es capaz de decidir por sí misma.[23]

Es éste el nivel, el nivel de la narración y de las reflexiones de Mo, donde la imagen del animal que la novela presenta, deja de ser realista. No solamente no conocemos a ninguna vaca que escriba sus memorias; tampoco conocemos a ninguna vaca, ni siquiera salvaje de las montañas, que viva hasta los cincuenta años. Esta presentación poco realista de la vaca Mo como narradora lleva a otro nivel de la novela, el de la interpretación.

4. La novela como metáfora política

Considerando la presentación poco realista de Mo y de su historia, es posible plantearse si la vaca y sus compañeras podrían ser entendidas como metáforas de los seres humanos. ¿Será posible entender el texto como parábola de la vida humana? ¿Tiene sentido interpretar a las vacas como metáforas del conflicto vasco?

Primero, hay que constatar que la relación de la novela con el País Vasco es clara y absoluta. Tanto los nombres de varios lugares vascos que existen en la realidad[24] como las descripciones del paisaje facilitan la identificación de regiones vascas. Además hay muchas alusiones a la cultura vasca: «es evidente la referencia al

---

22 Ascunce 2000: 108.
23 Olaziregi Alustiza 2002: 138.
24 «Al mencionar explícitamente el caserío Balanzategui de Bidania, o las localidades vasco-francesas de Altzürükü, Urdinarbe o Lakoeta, el argumento principal de la narración se sitúa en un entorno vasco» (Olaziregi Alustiza 2002: 160).

mundo y a los textos vascos que hay en esta novela».[25] El nombre del Encorvado por ejemplo, Usandizaga, indica al músico J.M. Usandizaga Soraluze, compositor de la ópera vasca *Mendimendiyan,* noción que significa «en pleno monte», estado en el cual se encuentran las vacas Mo y *La Vache qui Rit* durante su fuga.[26] También menciona el texto al sacerdote Père Larzabal, alusión al escritor vasco-francés P. Lartzabal (1915-1988).[27] Además, se incluye en la novela varios poemas vascos como por ejemplo los que canta el novio de Pauline Bernadette, Pierre.[28] Se trata de canciones populares y tradicionales de la región. Mientras que la serie de proverbios que contiene el texto es creada por el autor mismo, «la relación de intertextos se completaría con las paráfrasis de poemas de G. Aresti, J. Sarrionandia y J. M. Iparragirre».[29]

Varias partes de la novela discuten temas filosóficos que preocupan a todos los seres humanos.[30] Uno de estos temas ya lo hemos mencionado aquí: la cuestión de la identidad. El aspecto de la identidad también es uno de los temas claves del conflicto del País Vasco. Mo no quiere ser una vaca; en cambio, quisiera ser un caballo o un gato. Aunque finalmente acepta su identidad, le parece importante no ser una vaca tonta. Por la voz interior Mo descubre que en la India y en Pakistán tratan a las vacas como a animales santos, y así se entera de las diferentes valoraciones de varias especies de animales y de la relatividad de tales valoraciones.[31]

Relacionada con el aspecto de la identidad se encuentra la conciencia de la realidad. De joven, Mo piensa que vive en un palacio, pero poco a poco se da cuenta de que se trata de un establo modesto. Es esencial su

> evolución interior desde un estado de felicidad intranscendente, a pesar de su rebeldía innata, hasta la toma de conciencia de su realidad existencial y socio-política en su contexto de fuertes tensiones motivado por un estado de guerra real.[32]

Todas estas características del libro nos permiten concluir que las vacas en la novela de Atxaga pueden ser entendidas como personificaciones de diferentes caracteres humanos y de seres humanos en general. Ahí tenemos las vacas tontas, las masas felices, los súbditos obedientes, felices cuando pueden disfrutar de una comida buena y cuando pueden dormir en un establo confortable. Tenemos a *La Vache qui Rit,* el *outsider* rebelde, salvaje, peligroso que se convierte en jabalí salvaje, otro

---

25   Olaziregi Alustiza 2002: 147.
26   Véase Olaziregi Alustiza 2002: 145, sobre todo la nota al pie 16.
27   Véase Olaziregi Alustiza 2002: 146.
28   Véase Atxaga 1992: 191-194. Véase también Olaziregi Alustiza 2002: 148-149.
29   Olaziregi Alustiza 2002: 147. Como indica claramente la lectura de literatura crítica sobre *Memorias de una vaca*, faltan algunos de los textos tradicionales de la versión vasca en la traducción española. Véase para un ejemplo Ascunce 2000: 32-33.
30   Para algunos ejemplos de tales preocupaciones filosóficas en *Memorias de una vaca* véase Olaziregi Alustiza 2002: 131, nota al pie 5.
31   Véase Atxaga 1992: 186-187.
32   Ascunce 2000: 82.

animal importante de la región vasca. Y tenemos a Mo, que radicalmente rechaza su vida confortable para convertirse en una vaca «de verdad». Mo obviamente se niega a aceptar una vida tradicional. Apoyada por la voz interior y *La Vache qui Rit,* se entera de cuál es su identidad y aprende a aceptarla. Mo es ávida de conocimientos y prefiere una vida contemplativa a una vida activa. Implicada en la guerra del valle, sin hesitar, se une al bando correcto, pero pronto abandona cualquier plan de venganza. En vez de esto se marcha al exilio, donde no puede hacer otra cosa más que soñar con su país natal e idealizar sus memorias.

Estas reflexiones sugieren la posibilidad de interpretar la historia como parábola del conflicto vasco. Tenemos a *La Vache qui Rit*, el *outsider* agresivo que se metamorfosea en jabalí y así se une al bando de los jabalíes salvajes, ansiosos de la violencia, mientras que Mo se decide por la razón.[33] *La Vache qui Rit* puede ser entendida como una metáfora de los grupos violentos del conflicto vasco. No falta un aspecto irónico en la concepción de *La Vache qui Rit*: ella, cuyo nombre hace referencia a la vaca feliz de los anuncios de un queso francés, representa todo lo contrario, una posición de desilusión y violencia. Y tenemos a Mo: aunque consciente de su implicación política, no acepta la violencia. Después de encontrar su identidad, guiada hacia la razón, está orgullosa de ser una vaca y quiere vivir en paz. Para muchos vascos conscientes de su identidad vasca, no les fue posible vivir en paz en su país natal, situados entre un gobierno ansioso de hispanizar sus tradiciones y grupos violentos, como ETA, en plena lucha contra el Gobierno. Como Mo, muchos vascos se exiliaron en Francia. La novela termina revelando un aspecto triste: Mo sabe que ya no puede regresar a su país natal y por ello solamente le quedan las memorias y los sueños de ese país tan hermoso, una realidad vivida por muchos vascos exiliados en Francia.[34]

5. La novela como libro político

Para resumir, podemos constatar que en la novela de Atxaga hay tres diferentes niveles donde los animales – las vacas – son importantes. En el nivel de la historia misma, las vacas desempeñan un papel esencial. En el nivel de la narración, tenemos una vaca como yo narrador y protagonista. Y en el nivel de la interpretación, es

---

33 «La amistad entre ambas [Mo y *La Vache qui Rit*] termina con esta afirmación: *J'avais une copine* [...]. No es difcíl hacer una lectura política de las dos opciones que se presentan en el libro, una a favor de la razón, otra a favor de la violencia» (Olaziregi Alustiza 2002: 144).

34 Como indica Ascunce, le ayuda a sobrevivir a Mo la escritura de sus memorias. *Memorias de una vaca* es una «historia atrayente y viva, que expone con toda crudeza la realidad espiritual de un sujeto desencantado, que sólo encuentra refugio y oxígeno espiritual en el hecho de la creación literaria. *Memorias de una vaca* es una confesión apasionada del desarraigo existencial de la persona y una historia de la superación personal a través del poder creador de la literatura» (Ascunce 2000: 121).

posible considerar a las vacas como personificaciones de caracteres y conductas humanas, y al mismo tiempo como metáforas de un contexto político-histórico real.

Mientras que los primeros dos niveles apuntan a una lectura del libro como literatura infantil, el tercer nivel invita a entender el libro como político. Además de la inclusión de animales humanizados, hay más características de la literatura juvenil en la novela. La búsqueda de una propia identidad por ejemplo, es uno de los temas preferidos de libros para jóvenes que tienen más de diez años. Tanto el humor como el suspense son rasgos esenciales de la literatura juvenil.

> *Memorias de una vaca* está, por tanto, repleto de esas características atribuibles a los textos de Literatura Juvenil. El itinerario de *Mo* hacia su madurez se salpica de los problemas y anhelos que cualquier lector conoce en su juventud: la amistad, el grupo de iguales, la obligatoriedad de cumplir las normas, la aventura, el deseo de conocer cosas nuevas, la huida...[35]

Pero ¿de veras la historia de Mo es solamente interesante para jóvenes? ¿No señala que es posible interpretar la historia como parábola del conflicto vasco y que el libro debería ser entendido más como libro político que como libro para jóvenes?

En entrevistas Atxaga ha revelado que su propia situación fue similar a la de Mo.[36] Aunque nunca vivió en el exilio, siente identificación e identidad claramente vascas, pero ninguna simpatía por los grupos políticos que favorecen la violencia. Cuando publicó *Memorias de una vaca* en 1991, el conflicto vasco había llegado a uno de sus momentos más graves. Artistas, y especialmente intelectuales y autores, se encontraban entre un Gobierno español que les acusaba de simpatizar con grupos violentos, y estos grupos violentos que los persiguieron como renegadores y por no apoyarlos. Durante este período a finales de los años 80 y principios de los 90 era especialmente difícil para un vasco manifestar su opinión sobre el conflicto.[37] Así que parece bien probable que el autor se decidiera por las formas de parábola y metáfora para expresar sus pensamientos e ideas. Y esconde su mensaje detrás del género de la literatura para jóvenes.

Así que se puede bien concluir con José Ángel Ascunce que «*Memorias de una vaca* es un libro para adultos, aunque en apariencia uno lo tome como novela para jóvenes».[38] Mientras que en el País Vasco los lectores entienden claramente las alusiones a la cultura vasca y también al simbolismo político, la interpretación política parece ser de menor importancia para los lectores de las traducciones. Esto no es de sorprender, ya que la traducción española renunció a una gran parte de las alusiones

---

35 Olaziregi Alustiza 2002: 126.
36 Ascunce indica las similaridades entre la biografía de Mo y el autor, concluyendo que la novela es en realidad la autobiografía de Atxaga, argumentación que no llega a convencer. Véase Ascunce 2000: 111-121.
37 Para el fondo histórico del conflicto vasco véase Mees 2003; Heiberg 1989; Sullivan 1988; Trask 1997.
38 Ascunce 2000: 120.

a la cultura vasca y logró hispanizar otras. De esta forma faltan tanto varios de los poemas vascos de la versión original como alusiones y nombres vascos. En algunos casos se puede entender que no existe traducción directa y hay que adaptar el texto al español. Así, por ejemplo, no parece posible traducir el dialecto vasco que habla Pauline Bernadette de otra manera que como la mezcla de castellano y francés que ofrece la traducción española. Pero en el caso de una canción que aparece en el segundo capítulo de *Memorias de una vaca* se trata de un claro caso de hispanización. El original vasco de Atxaga cita una conocida canción de Iparraguirre con pequeños cambios.[39] La versión española, a su vez, introduce una estrofa de la conocida canción «Cuando salí de Cuba», canción sin ninguna relación con el País Vasco.[40] No es el único ejemplo de tal procedimiento que Ascunce resume de la manera siguiente:

> Los ejemplos se pueden multiplicar, ya que hay otros casos dignos de ser analizados, pero los mencionados son suficientes para descubrir las técnicas de transformación narrativa. El uso sistemático de estas fórmulas de adecuación nos permite hablar de versiones diferentes, aunque mantengan un mismo campo de significado. El cambio de destinatario está exigiendo, primero, la traducción al idioma del lector y, segundo, la adecuación de lo traducido al contexto cultural del nuevo receptor.[41]

Ascunce habla correctamente de recreaciones en vez de traducciones de *Memorias de una vaca*. De esta forma es más difícil para el lector español entender el contenido y simbolismo político de la novela. Este procedimiento de los responsables de la versión española muestra claramente que fue uno de sus objetivos eliminar las relaciones evidentes con la cultura vasca y así universalizar y despolitizar el contenido de la novela. En este sentido es de entender la eliminación del adjetivo «vasco» del título en la traducción española.[42] Así, esta novela esencialmente política de contenido vasco se convierte en su versión castellana más en un libro para jóvenes que trata temas universales como la identidad y la memoria, sin precisar los contextos regionales.

Para los lectores vascos que pueden leer el original quedan claras las relaciones del libro con su cultura y el simbolismo político propuesto por el autor. Hoy, cuando la situación para los intelectuales vascos ha mejorado y otra vez es posible expresarse públicamente, Atxaga sin embargo sigue con alusiones y referencias a la situación política que el lector necesita entender e interpretar. Cuando le preguntaron en una entrevista que por qué no nombra directamente a ETA en su libro recién publicado, *El hijo del acordeonista,* el autor responde:

> Cuando se ponen todos los detalles se cae en el costumbrismo o en el naturalismo, en considerar que la realidad es la realidad apariencial, cosa que es falsa. O sea, se mezcla

---

39 Véase Ascunce 2000: 32.
40 Véase Ascunce 2000: 33.
41 Ascunce 2000: 34.
42 Dice *Memorias de una vaca* en vez de *Memorias de una vaca vasca*, que sería la traducción correcta del título del original vasco.

lo necesario con lo innecesario. A la entrada de mi pueblo natal hay una escultura muy bonita. A cien metros ves a un hombre y a una mujer. Me gusta, vale para los lapones, para cualquiera. Cuando te acercas ves que cada uno tiene en la mano una laya, esa herramienta para levantar la tierra. Ese detalle convierte la escultura en anecdótica y costumbrista. El detalle la lleva a un terreno trivial. Lo sustantivo es una organización que practica la violencia contra personas, contra casas... ¿Por qué no cito el nombre de esa organización? Porque aquí es innecesario, todo el mundo sabe a qué me refiero.[43]

Bibliografía

Apalategui, Ur (2000): *La naissance de l'écrivain basque. L'évolution de la problématique littéraire de Bernardo Atxaga*. Paris / Montréal: Harmattan.

Ascunce, José Ángel (2000): *Bernardo Atxaga. Los demonios personales de un escritor.* San Sebastián: Editorial Saturrarán.

Atxaga, Bernardo (1992): *Memorias de una vaca*. Madrid: Ediciones SM.

Atxaga, Bernardo (1996): *Nueva Etiopía*. Madrid: El Europeo.

Cillero Goiriastuena, Javier (1999): «*Contemporary Basque Fiction* Revisited», en: Douglass, William A. et al. (eds.): *Basque Cultural Studies*. Reno: University of Nevada Press, pp. 84-105.

Eaude, Michael (2001): «A Bridge across the Great Divide. Michael Eaude talks to Bernardo Atxaga, Basque's strongest Literary Voice», en: *The Guardian*, 20-X-2001.

Heiberg, Marianne (1989): *The Making of the Basque Nation*. Cambridge: CUP.

Kortázar Uriarte, Jon (1990): *Literatura vasca. Siglo XX*. Donostia: Etor.

Kortázar Uriarte, Jon (2003): *Literatura vasca desde la Transición*. Madrid: Ediciones del Orto.

Lasagabaster, Jesús María (1990): *Contemporary Basque Fiction*. Reno: University of Nevada Press.

Mees, Ludger (2003): *Nationalism, Violence and Democracy. The Basque Clash of Identities*. Basingstoke / New York: Palgrave Macmillan.

Olaziregi Alustiza, Mari Jose (2001): «La literatura vasca en Europa», en Amado Castro, Víctor Manuel / Pablo, Santiago de (eds.): *Los vascos y Europa*. Vitoria: Fundación Sancho El Sabio, pp. 125-155.

Olaziregi Alustiza, Mari Jose (2002): *Leyendo a Bernardo Atxaga*. Bilbao: Servicio Editorial, Universidad del País Vasco.

Rodríguez Marcos, Javier (2004): «Bernardo Atxaga: ‹En el País Vasco estamos a punto de llegar al fin del siglo XIX›», en: *El País*, 4-IX-2004, *Babelia*, pp. 1-4.

Sullivan, John (1988): *ETA and Basque Nationalism. The Fight for Euskadi, 1890-1986*. London: Routledge.

Trask, Robert-Lawrence (1997): *The History of Basque*. London: Routledge.

Unamuno, Miguel de (1940): *Andanzas y visiones españolas*. Madrid: Espasa-Calpe.

---

43 Rodríguez Marcos 2004: 3.

Historia e identidad en *El jinete polaco* de Antonio Muñoz Molina

Wolfgang Matzat

(Eberhard Karls Universität Tübingen)

1. *El jinete polaco* como novela de la memoria: consideraciones estructurales

Considero *El jinete polaco* una novela de la memoria ya que presenta la historia narrada como el contenido de la memoria de su protoganista Manuel, un español de 35 años, oriundo de la ficticia ciudad andaluza Mágina, que tiene la profesión de intérprete. Forman parte de los recuerdos del propio Manuel los que otros personajes le comunican, sobre todo, los recuerdos de los miembros de su familia y los de su amante Nadia, la hija de un oficial español que abandonó España después de la Guerra Civil. Para presentar estos recuerdos Muñoz Molina se sirve de una estructura narrativa típica elaborada en novelas como *A la recherche du temps perdu* de Proust, *Absalom! Absalom!* de Faulkner o – en el ámbito español – *Señas de identidad* de Juan Goytisolo. Esta estructura consiste en la yuxtaposición de dos niveles temporales: el nivel del tiempo recordado y el nivel del tiempo en el que tiene lugar el proceso del recordar. Es así que Proust al comienzo de su gran novela narra – mediante un relato en primera persona – cómo el protagonista durante sus noches de insomnio recuerda otras noches, otras habitaciones y otros tiempos de su vida. Una versión diferente de esta estructura, que tuvo una influencia si no igual mayor, la encontramos en *Absalom! Absalom!* donde el proceso del recuerdo se inicia a través de un diálogo entre Quentin y su amigo Shreve; juntos evocan durante sus estudios en la Universidad de Harvard las historias del pueblo natal de Quentin en el sur de los Estados Unidos, sobre todo, la historia de la familia Sutpen. Es este modelo[1] el que Muñoz Molina utilizó ya en *El invierno en Lisboa* narrando la historia de Biralbo y Lucrecia a partir de los diálogos posteriores entre Biralbo y el narrador anónimo y que vuelve a utilizar en *El jinete polaco*. Así el primer nivel temporal, que podemos llamar con Gérard Genette el nivel del *récit premier*,[2] comprende en primer lugar algunos días de enero de 1991 que Manuel pasa con Nadia, la amante que conoció en Madrid unos meses antes, en el piso de ella en Nueva York, y durante los cuales los amantes se cuentan sus recuerdos. Luego se extiende unos días más en los que

---

1 Otro ejemplo ilustre de este procedimiento es la novela *Sobre héroes y tumbas* de Ernesto Sábato en la cual las conversaciones entre Martín y Bruno constituyen un primer nivel temporal.
2 Genette 1972: 90.

Manuel regresa a Bruselas y después viaja a Mágina con motivo de la muerte de su abuela Leonor.

Esta estructura típica de los ejemplos mencionados[3] se complica por el hecho de que el proceso del recuerdo se puede vincular de manera diversa con el acto de narrar.[4] Se puede combinar con una narración en primera persona, como en Proust, o en tercera persona, como en *Absalom! Absalom!*, y esta narración puede ser ulterior (Proust, Faulkner) o asumir la forma de un monólogo interior que parece desarrollarse simultáneamente al acto de recordar, como por ejemplo en *La muerte de Artemio Cruz* de Carlos Fuentes, que presenta los recuerdos de Artemio durante su agonía. La variante elegida por Muñoz Molina en *El jinete polaco* es una combinación de todas estas posibilidades. El texto alterna una narración en tercera persona, presentada a través de los tiempos verbales en parte como ulterior y en parte como simultánea al proceso del recuerdo, y una narración en primera persona en su mayor parte simultánea a los acontecimientos que constituyen el *récit premier*[5] y que termina en la última página del libro, en el momento en que Manuel espera a Nadia, que viene a visitarle, en la estación de autobuses de Mágina. Este cambio de situación narrativa, que se encuentra por ejemplo de manera parecida en *La route des Flandres* de Claude Simon, se podría explicar, como se sugiere en el texto mismo, por la lejanía que existe entre el protagonista y su pasado.[6] Sin embargo esta explicación, que considera al protagonista como fuente de todo el texto, acentúa el carácter inverosímil de la situación narrativa que así se presentaría como una fusión de la narración y de la rememoración. Ya la elaboración estilística de los pasajes en primera persona no tiene rasgos ni de un monólogo interior ni de una narración oral que formaría parte del diálogo de los dos amantes. Tanto más el uso de la tercera persona supone un hiato entre los actos del recordar y del narrar.

El nivel del *récit premier* sirve así de marco para las analepsis en las que se evoca un pasado en su mayor parte vinculado a la ciudad de Mágina. Este pasado se compone por una parte de los recuerdos personales que Manuel tiene de su juventud en la ciudad natal y por otra de las historias contadas en su familia que se remontan

---

3 En *Señas de identidad* de Juan Goytisolo el nivel del *récit premier* está constituido por la estancia de Álvaro Mendiola, convaleciente de un infarto, en la casa de sus padres cerca de Barcelona, hecho que motiva la evocación de su vida pasada.

4 Compárese la tipología, limitada a las narraciones en primera persona, de Cohn 1978: 143-265.

5 Un pasaje donde Manuel parece narrar desde un punto de vista ulterior se encuentra en las páginas 193-204 (el texto se cita de la edición Planeta, Madrid, 1999). Cfr. Muñoz Molina 1999: 194: «Le dije a Nadia: por qué no nos encontramos definitivamente entonces [...]»; «[...] si me he encontrado con Nadia, no he sido del todo infiel a la solitaria locura de aquel adolescente a quien ya no se le parece mi cara.» Muñoz Molina 1999: 204.

6 «Ya no soy quien fui, y por eso puedo hablar de mí mismo en tercera persona [...]», Muñoz Molina 1999: 535.

hasta el bisabuelo materno Pedro Expósito. También Nadia puede aportar recuerdos de Mágina tanto personales como transmitidos por relatos familiares, ya que pasó allí a la edad de 17 años algunos meses con su padre, visitando la ciudad donde él había decidido su suerte durante la Guerra Civil. De esta manera la distancia espacial entre Nueva York y la pequeña ciudad en el sur de España se añade a la distancia temporal propia de la memoria y da al tiempo recordado el aspecto de un pasado muy remoto con la consiguiente calidad imaginaria. Mientras que en una novela como *Señas de identidad* la obsesión por los recuerdos es motivada por el regreso del protagonista a su patria, en *El jinete polaco* es una situación de alejamiento total la que suscita el retorno del pasado y sólo al final de la novela el viaje de Manuel a Mágina hace posible la comparación entre la ciudad recordada y la ciudad actual. Sin embargo, aun en Nueva York, no faltan los estímulos típicos – se pueden considerar como *topoi* de la novela de la memoria – que abren las puertas del pasado. No sólo es el encuentro con una amante que también guarda recuerdos de Mágina, al principio sin que Manuel lo sepa, sino también una serie de objetos que el padre de Nadia se llevó de Mágina y que legó a su hija antes de morir. Se trata de un baúl lleno de fotografías que Ramiro Retratista, el fotógrafo de Mágina, regaló al comandante Galaz durante su última visita en el año 1973, de una vieja biblia que perteneció al médico don Mercurio, que al final de la novela se revela como antepasado posible de Manuel, y del grabado de Rembrandt con el título *El jinete polaco* comprado por el comandante Galaz el día de su llegada a Mágina antes de la Guerra Civil. Es así que a causa de la relación entre Nadia y Mágina y de la presencia de los objetos que atestiguan esta relación, el piso de Nueva York puede transformarse en un lugar de la memoria[7] donde Manuel inicia la búsqueda del tiempo perdido.

2. Historia privada e historia española

El procedimiento moderno de presentar la historia narrada a través de la perspectiva subjetiva de la memoria individual – que por cierto también tiene la función de espejo para la memoria de la familia – y por una evocación simultánea de diferentes capas temporales se vincula en *El jinete polaco* al procedimiento más tradicional, típico de la novela realista, de desarrollar la historia de los individuos en el marco de la historia política y social del país.[8] Es de esta manera que hallamos en la historia de Manuel y de su familia múltiples referencias a la historia española que dan a los episodios de las vidas privadas y a la evolución de la familia una significación más amplia para representar cierta visión de la historia nacional. Pero, como veremos

---

7 Es decir, en un *lieu de mémoire* según el término acuñado por Pierre Nora (1990).
8 Esta característica de la novela realista ha sido destacada sobre todo por Erich Auerbach (1971: 422ss.). En cuanto a esta vuelta al realismo cfr. también Lawrence Rich 1999: 105ss.

ahora, no se trata de una visión estable, sino más bien de un juego con varias posibilidades de enfocar esta historia.

El primer episodio con tales significaciones históricas concierne al médico don Mercurio, el padre posible o probable del bisabuelo Pedro Expósito, que lo engendró – si es posible dar fe al relato de su cochero Julián, al que Manuel escucha en una residencia geriátrica de Mágina – en una relación adúltera con una joven aristócrata que fue hallada setenta años más tarde en los sótanos de una vieja torre en un estado totalmente momificado. Sobre don Mercurio se dice en el texto que llegó de Madrid a Mágina huyendo «de una persecución política» por motivos que «acaso no eran ajenos a la desbandada de internacionales y republicanos que tuvo lugar tras el asesinato del general Prim en la calle del Turco».[9] Con el asesinato de Prim, que sucedió a finales de diciembre de 1870, no sólo se evoca un desastre con rasgos míticos para la España liberal, ya que contribuyó de manera decisiva al fracaso de la Revolución de 1868, sino también se nos lleva a un ámbito literario bien marcado, el de la novela galdosiana que desarrolla el destino de sus personajes una y otra vez sobre el trasfondo histórico de la Revolución Liberal y la siguiente Restauración.[10] También hay que recordar que Galdós gusta de ilustrar de modo alegórico la incapacidad de la sociedad española para encontrar una nueva unión nacional a través del tema de hijos bastardos, ilegítimos y abandonados. Pedro Expósitio tiene así una parentela literaria a la que pertenecen tanto la falsa «expósita» Isidora en *La desheredada* como el hijo de Fortunata y Juanito en *Fortunata y Jacinta*[11] o también, en las novelas de *Torquemada*, Valentín, hijo del usurero Torquemada y de la noble Fidela del Águila y que, como el hijo de Isidora, está marcado por una enfermedad hereditaria. La figura de Pedro Expósito se vincula a continuación con otro desastre nacional, la Guerra de Cuba, en la que participa con otros habitantes de Mágina, entre ellos también don Mercurio.

Como es de esperar, la Guerra Civil constituye el hito histórico más importante en la crónica familiar. En primer lugar la guerra se evoca a través del abuelo Manuel, yerno de Pedro Expósito y marido de su hija Leonor. El abuelo Manuel permanece durante la mayor parte de la guerra en Mágina, ciudad fiel a la República gracias a la iniciativa del comandante Galaz, pero a la llegada de los franquistas al final de la guerra es llevado preso a un campo de concentración del que regresará uno o dos años más tarde.[12] El abuelo Manuel no es sin embargo de ninguna manera un héroe

---

9 Muñoz Molina 1999: 33.
10 El asesinato de Prim se evoca en un episodio central de *La desheredada* en el que Isidora pone fin a una vida honrada para hacerse amante de Joaquín Pez.
11 El hijo real de esta pareja es por lo demás precedido por el falso *expósito* Pituso, inventado por Ido del Sagrario, autor de novelas por entregas, para engañar a Jacinta.
12 Se encuentran indicaciones diferentes en el texto. En un lugar se dice que Manuel pasó «un año de cautiverio en un campo de concentración», y más tarde que «tardó más de dos años en volver» a Mágina. Muñoz Molina 1999: 26, 47.

de la causa republicana. No tiene ninguna conciencia política y se entusiasma tanto por la monarquía como por la república.[13] Su cautiverio se debe sólo a la ingenuidad de creer que el abstenerse del combate le libraría de la persecución de los vencedores. Otros miembros de la familia que padecen la Guerra Civil son los tíos Rafael y Pepe, hermanos mayores del padre de Manuel. Mientras que Rafael sirve durante largos años en el ejército republicano, participa en las batallas más feroces y sufre durante toda su vida las consecuencias de la guerra, el tío Pepe – que también combate en el bando republicano – logra regresar a Mágina sin dificultades o daños mayores. En el conjunto del texto se desarrolla una visión más bien clemente de la Guerra Civil[14] y de la represión franquista. Esto se desprende incluso de la biografía del teniente Chamorro, amigo de los tíos, que al contrario de ellos es un representante fervoroso del partido de los vencidos. Aunque pasó varios años en la cárcel después de la guerra, no quiere renunciar a sus convicciones socialistas y libertarias, así que es un personaje notorio de la oposición y es encarcelado cada vez que Franco se aproxima a la región de Mágina. Sin embargo Chamorro es amigo en secreto del jefe de policía de Mágina, Florencio Pérez, personaje absolutamente inofensivo cuyo entusiasmo por la España eterna se reduce a la creación de sonetos ridículos marcados por la retórica fascista. Así el representante más importante del régimen franquista en Mágina es presentado desde una perspectiva claramente cómica. Los aspectos crueles de la Guerra Civil se mencionan sólo a través de alusiones fugitivas, como por ejemplo la del ciego Domingo González, que escapó a duras penas a la persecución republicana, se convirtió en juez implacable de la jurisdicción franquista y sufrió la venganza cuando fue cegado por disparos de sal en los ojos. El cuadro del tiempo de la guerra se completa por el caso del comandante Galaz, padre de Nadia, que Manuel ya conoce a través de los relatos de sus tíos y del teniente Chamorro. Admiran a Galaz como a un héroe, ya que impidió que la guarnición de Mágina pasara al lado franquista. Por mediación de Nadia, a la que el padre cuenta su historia en el lecho de muerte, Manuel se entera de la versión de los hechos desde el punto de vista del propio Galaz. Aunque descendiente de una familia de militares, que representa la parte conservadora de la burguesía española, Galaz se negó a apoyar el golpe de estado franquista y no vaciló en matar a un oficial que desobedecía sus órdenes. Pero esta decisión no fue motivada por convicciones políticas, sino por el puro sentido del deber. Por tanto, este episodio elude toda interpretación posibilitadora de una apropiación ideológica. Galaz le da más bien un sentido existencialista, y por ende muy personal, de acto imprevisible y libre, lo que le facilitó romper con su familia y elegir su propio destino.

---

13   Muñoz Molina 1999: 115.
14   A este respecto *El jinete polaco* difiere claramente de *Beatus ille*, igualmente situada en Mágina, donde se describen las atrocidades cometidas por ambas partes de manera detallada.

Al contrario de Galaz, que es para Nadia un padre bastante mayor, los padres de Manuel vivieron la Guerra Civil de niños, niños que tuvieron que reemplazar a los hombres ausentes y que fueron así defraudados en una parte de su infancia. Más que la guerra es la primera fase del franquismo, las décadas de los cuarenta y los cincuenta, la que se vislumbra en su historia. La imagen que se da de estos años está menos marcada por la represión política que por las difíciles condiciones de vida de una gente que trabaja en el campo – en la mayoría de los casos como jornaleros – y por el atraso cultural que hace que las comodidades modernas alivien muy paulatinamente la dura existencia de los campesinos andaluces. Sobre todo es el padre de Manuel el que lleva una vida correspondiente a estos presupuestos. De carácter duro y callado trabaja con una voluntad de hierro para realizar el gran objetivo de su vida, la posesión de un pedazo de tierra donde poder cultivar sus propias hortalizas para venderlas en el mercado de Mágina. A partir de los años sesenta son los recuerdos del propio Manuel los que suministran los datos para reconstruir la historia social de Mágina desarrollada en el texto. Exceptuando algunas alusiones a los primeros adelantos técnicos, como la hornilla de gas, hay pocas referencias al clima cultural hasta el año del último curso de Manuel – del otoño de 1972 al verano de 1973[15] – que será su último año en Mágina antes de viajar a Madrid para estudiar. Este espacio de tiempo asume una importancia especial, ya que es también la fecha de la estancia de Nadia con su padre en Mágina, dando lugar a un primer encuentro entre los amantes futuros. Focalizando los años 1972 y 1973 Muñoz Molina tematiza el franquismo tardío y ya menos riguroso. Es así que los alumnos de la última clase del instituto no tienen grandes preocupaciones políticas. Todos sus esfuerzos se dirigen a participar en la cultura pop de los años sesenta, que llegó a Mágina con el debido retraso, llevando el pelo largo, escuchando las canciones de Jim Morrison u Otis Reading[16] y reuniéndose en bares y discotecas para beber y tomar drogas. En este tiempo Mágina va asumiendo rasgos de una ciudad más moderna y abierta: calles anchas, suburbios constituidos por chalets y edificios altos, el nuevo parque adornado por una fuente que se ilumina de noche.[17] Esta imagen de la España de los últimos años del franquismo, que, como veremos, da una impresión netamente más positiva que la evolución ulterior, tiene su contrapunto en una visión bastante crítica de la oposición antifranquista. Esta crítica se centra en el personaje del *Praxis*, el joven profesor de Manuel que lleva este apodo a causa del uso constante que hace del discurso marxista y que se presenta como una verdadera caricatura de los intelectuales de la izquierda. Sus ademanes progresistas, sentándose en «una banca cualquiera en vez de en la mesa de profesor» y buscando «otra manera de enseñar, otra praxis» no encuentran el

---

15 En el momento de narrar, que coincide con la Primera Guerra del Golfo en 1991, Manuel constata que han pasado dieciocho años. Muñoz Molina 1999: 204.
16 Sobre el papel de la música pop en *El jinete polaco* véase Ibáñez Ehrlich 2000.
17 Muñoz Molina 1999: 241.

eco esperado. Mientras «lee en voz alta unos versos sobre la guerra que no terminan nunca», Manuel observa a Marina, otra alumna, durante la clase de gimnasia en el patio, totalmente fascinado por la «agitación de sus pechos bajo su camiseta blanca».[18] Pinceladas más fuertes se añaden al retrato satírico del *Praxis* cuando se describe su relación con Nadia. Ella se deja seducir por el joven profesor atraída no en último término por las actividades clandestinas de las que él hace alarde. Sin embargo perderá muy pronto su prestigio cuando, lleno de remordimientos, confiesa a Nadia que tiene en Madrid a una «compañera» a la que le une un «compromiso» tanto «más fuerte y más sincero» que el estar casados.[19] Es una ironía suplementaria que el episodio termine con la intervención benévola del régimen en la persona de Florencio Pérez. Después de que Nadia ha sido detenida en el piso del *Praxis* por dos inspectores de la policía secreta, Florencio Pérez la deja ir generosamente, aunque sabe muy bien que es la hija del héroe republicano de Mágina.

Teniendo en cuenta la indiferencia política que el texto atribuye a la generación de Manuel no es de extrañar que la muerte de Franco y la transición a la democracia no dejen huellas profundas en su memoria. El final de la dictadura se menciona sólo de paso así como las primeras elecciones democráticas y el intento de golpe de estado del coronel Tejero. En vez de participar en la renovación de su país, Manuel, al que su profesión de intérprete lleva fuera de España, sentirá un alejamiento creciente hacia su patria. En sus visitas esporádicas le parece un país cada vez más desagradable: «[…] un país zafio y ruidoso donde todo el mundo fumaba en todas partes y hablaba siempre a gritos».[20] Este sentimiento de enajenación tampoco lo abandona cuando regresa a Mágina después de haber repasado su juventud en compañía de Nadia. Es cuando se queja de los estragos en el paisaje urbano que son los síntomas de la nueva libertad y de la participación en la evolución económica internacional: «[…] calles sucias, intransitables por el tráfico, los caminos de los campos cegados por el abandono y la basura [...], tiendas de lujo y jardines devastados, garabatos de spray en las fachadas de casas en ruinas, letreros de tenebrosos videoclubs en callejones desiertos, latas aplastadas de coca-cola flotando en el agua podrida de aquella fuente del parque Vandelvira que ya no se ilumina por las noches».[21] La mención del parque Vandelvira y de su fuente es particularmente significativa, ya que son testimonios de la evolución de la ciudad bajo el franquismo que entonces habían llenado a «las familias de Mágina» con «asombro y orgullo» y que ahora se evocan de manera nostálgica. Se trata de otro giro irónico del texto: el que mucho tiempo renegara de su ciudad natal debido a su atraso provinciano acusa a la «barbarie» moderna que

---

18 Muñoz Molina 1999: 226.
19 Muñoz Molina 1999: 362.
20 Muñoz Molina 1999: 393.
21 Muñoz Molina 1999: 545-546.

destruye lo que él ahora llama «mi ciudad, mi país, la residencia privilegiada y única de mi memoria».[22]

3. Historia, memoria e identidad

¿Cuál es la significación que se confiere a esta vida – en verdad media vida, ya que Manuel no tiene más de 35 años cuando termina la novela en 1991 – mediante el proceso del recuerdo? En primer lugar la vida de Manuel se presenta como un intento, a fin de cuentas erróneo y por ende fallido, de desprenderse del pasado, con el que no podía identificarse hasta su encuentro con Nadia. Ya durante su juventud en Mágina Manuel se sentía diferente y soñaba con una existencia independiente lejos de la ciudad natal. Odiaba la idea de «quedarse en Mágina y trabajar en el campo»,[23] se avergonzaba de su «cara de palurdo, cara de hortelano»[24] y anhelaba un «porvenir no atado a la tierra».[25] Los proyectos de vida que concibió en aquel tiempo tienen en parte un aspecto romántico, ya que Manuel quería «ser una figura solitaria y novelesca»,[26] y en parte corresponden al ideal existencialista de «no estar atado a nada y nadie, y no tener raíces».[27] Pero aunque logra emprender una carrera que cuadra con los sueños de su juventud, Manuel no encuentra la felicidad anhelada. Más bien, viviendo como soltero en Bruselas y viajando continuamente, se siente agobiado por la soledad y el miedo dándose cuenta de que «no quiere ser extranjero, y que si no regresa pronto lo será sin remedio al cabo de unos pocos años» y que «por más que quiera uno tiene un solo idioma y una sola patria, aunque reniegue de ella, hasta es posible que una sola ciudad y un solo paisaje».[28] Es en el momento cumbre de su alienación, después de escapar en el último instante a la muerte en un accidente de carretera, donde la relación con Nadia, relación que primero consiste sólo en una noche fugitiva en Madrid y que se renueva algunos meses más tarde en Nueva York, le brinda la ocasión deseada de reconciliarse con su vida pasada. En el curso del diálogo amoroso encuentra de nuevo el tiempo perdido y al mismo tiempo su identidad: «Ahora sé quién soy porque tú me miras y me nombras y me haces aprender cosas de mí que había olvidado».[29]

Sin embargo, esta lectura sencilla de la novela, que acabo de esbozar, no da cuenta de su complejidad ni de las ambivalencias que acompañan el esfuerzo de encontrarse a sí mismo en el pasado. El efecto casi terapéutico que Manuel confiere

---

22 Muñoz Molina 1999: 545.
23 Muñoz Molina 1999: 259.
24 Muñoz Molina 1999: 227.
25 Muñoz Molina 1999: 255.
26 Ibíd.
27 Muñoz Molina 1999: 259.
28 Muñoz Molina 1999: 401.
29 Muñoz Molina 1999: 419.

a sus recuerdos es puesto en entredicho por dudas recurrentes que afectan tanto a la cuestión de la fidelidad de la memoria como a la pregunta de si vale la pena revivir el pasado. Cotejando sus recuerdos con los de Nadia y las fotografías de Ramiro Retratista, Manuel descubre que no tienen ninguna significación profunda, sino que «permanecieron sin motivo flotando sobre la gran laguna oscura de la desmemoria, como manchas de aceite, como esos residuos arrojados a la playa por el azar de las mareas con los que el náufrago debe mal que bien arreglarse para urdir en su isla un simulacro de conformidad con las cosas».[30] Esta conclusión escéptica no le impide ver en el pasado imaginado e inventado «una forma invulnerada de la memoria»[31] dando así a sus invenciones la función de la *mémoire involontaire* de Proust.[32] Aún más dura es la crítica a la memoria al final de la novela, cuando Manuel pone en duda todo el proceso del recuerdo anterior. Ahora advierte el «peligro de aventurarse demasiado en la memoria o en las mentiras de otros, incluso en las de uno mismo» y de nuevo reniega del ideal de la patria: «no quiero escuchar otra voz que la tuya y no tener más patria que tú ni más pasado que los últimos meses».[33]

Esta renuncia final a crearse una identidad a través de la memoria[34] está vinculada estrechamente a la búsqueda del origen de la saga familiar, ya que en este momento Manuel acaba de escuchar por boca de Julián una nueva versión de la historia de la *mujer emparedada*.[35] En la primera versión, basada en informaciones dadas por Mercurio a Ramiro Retratista, transmitidas a Galaz y después a Nadia, la *mujer emparedada* da a luz a un niño muerto que es el fruto de una relación adúltera con el joven capellán de la casa. En la segunda versión el propio don Mercurio es el amante de la dama y padre de un niño sano que llevan al orfelinato al nacer y que no es otro – por lo menos ésa es la conclusión sugerida por el texto – que el bisabuelo de Manuel, Pedro Expósito. Sin embargo, esta nueva versión se asemeja a la primera por su carácter inverosímil y literario suscitando el mismo comentario. Mercurio califica de «leyendas», «novelas por entregas» y «pliego de folletín» tanto el relato que comunica a Ramiro Retratista como la versión que transmite a Julián,[36] y el mismo

---

30 Muñoz Molina 1999: 193.
31 Muñoz Molina 1999: 194.
32 Sobre la relación entre la memoria y la imaginación en los textos de Muñoz Molina véase Rich 1999: 11-33.
33 Muñoz Molina 1999: 572.
34 Con esta constatación difiero de la tesis de David Herzberger según la que «Manuel embraces recollection over oblivion and does so by replacing a period of dearth with a period of plenitude». Herzberger 2000: 136.
35 Si la momia de la *mujer emparedada* se considera como una alegoría del pasado, como lo propone Joan Ramon Resina (2000: 97), no es posible ver en la novela «the Bildungsroman-like cycle of a Spaniard's first unhappy but finally reintegrated national consciousness» (ibíd.). Ya que el cuerpo momificado se disuelve poco después de ser hallado y se reemplaza por una estatua de cera, se acentúa más bien la imposibilidad de resucitar el pasado auténtico y la necesidad de servirse de sustitutos artificiales.
36 Muñoz Molina 1999: 131, 132 y 569.

Julián admite que la historia de amor entre el médico y la dama noble le sonaba «a cosa de película, o de aquellas novelas verdes que alquilaban en los soportales de la plaza antes de la guerra».[37] El carácter dudoso que así se confiere a esta historia afecta al proyecto que Manuel y Nadia persiguen al remontar el curso del tiempo de manera decisiva. Se sienten empujados por la «necesidad de encontrarse en los hechos que los precedieron y los originaron»[38] y su meta es explorar «una parte de los motivos de sus vidas, de la tarea asidua, colectiva, impremeditada y ciega que ahora es la forma de sus destinos».[39] Pero justamente el origen en el que esperan hallar el sentido de su vida se pierde en una confabulación literaria. Con este encubrimiento del origen, el texto se refiere de manera irónica a una tradición venerable de la crónica familiar que funda el destino de la cadena de las generaciones en un delito, una maldición o una desgracia primordiales frecuentemente envueltos en un misterio. Este esquema marca ya los mitos consagrados de la Antigüedad y se renueva tanto en el Romanticismo como en el Naturalismo como lo demuestran los *Rougon-Macquart* de Émile Zola. También en las versiones modernas de la saga familiar, en lengua española sobre todo las novelas latinoamericanas del *boom*, se utiliza este procedimiento ya sea seriamente como en *Sobre héroes y tumbas* de Ernesto Sábato[40] o de manera irónica como en *Cien años de soledad* de Gabriel García Márquez.[41] Al respecto se puede mencionar también *Corazón tan blanco* de Javier Marías, donde el protagonista, intérprete como Manuel, descubre que su padre asesinó hace años a su primera esposa. Rechazando este esquema, Muñoz Molina rompe con una tendencia central del pensamiento moderno que según Michel Foucault confiere una importancia trascendental al origen.[42] Por lo tanto, *El jinete polaco* se puede comprender menos como una celebración de la memoria que como testimonio de la crisis de la memoria.[43]

Queda por averiguar en qué medida se trata no sólo de la consabida crisis de la memoria moderna, sino también de una crisis de la memoria particularmente española. Es decir, hay que dar una respuesta a la pregunta de en qué medida el intento del héroe de fundar su identidad en el pasado se pone en peligro por el hecho de que este pasado es un pasado español. Por supuesto, también debemos tener en cuenta que no

---

37 Muñoz Molina 1999: 568.
38 Muñoz Molina 1999: 32.
39 Muñoz Molina 1999: 33.
40 La familia de Alejandra está marcada por las disensiones nacionales que hostigan el país desde el tiempo del dictador Rosas.
41 La familia de los Buendía vive bajo la amenaza del incesto que se hará realidad al fin por el nacimiento de un niño con cola de cerdo.
42 Cfr. Foucault 1966: 229ss., 339ss.
43 Como lo demuestran Pierre Nora (1990) y Richard Terdiman (1993), el excesivo interés por el pasado personal y colectivo que caracteriza la cultura moderna es un síntoma de la crisis de la memoria que acompaña a la disolución de las estructuras tradicionales de la sociedad.

es un pasado español cualquiera, sino un pasado vinculado a una pequeña ciudad andaluza y a una familia de extracción modesta y campesina. Una primera conclusión sería que la modernización tiene, debido a estas condiciones de vida, un carácter más abrupto y que así se acentúa la impresión de discontinuidad entre el pasado y el presente. Ya los padres de Manuel reaccionan a los cambios de la vida moderna con un asombro que es «la derivación del miedo de siempre»,[44] y el mismo miedo ancestral – en este miedo consiste el lazo más importante entre las generaciones[45] – se apodera de Manuel en su vida solitaria en el extranjero[46] debido quizás no en último término a «su complejo de inferioridad español».[47] Visto de esta manera, el malestar de Manuel en el mundo moderno sería la consecuencia del famoso atraso cultural, que obviamente se dejaría observar de manera parecida en muchas otras partes de Europa. Más interesante es la cuestión de cómo las constelaciones políticas y sociales que caracterizan el país a nivel nacional durante el siglo que comprende la historia de la familia influyen en la construcción de la identidad que intenta Manuel. En primer lugar hay que constatar que el texto parece adherirse una vez más al tópico de las dos Españas y al sistema discursivo correspondiente. La historia de la familia arranca, como hemos visto, con el asesinato del general Prim y la persecución consiguiente a los liberales y, después de una alusión fugitiva al desastre del 98, muestra una familia que durante la Guerra Civil, tanto por su situación social como por la afiliación republicana de Mágina, pertenece a la facción de los vencidos.[48] Sin embargo, ni el abuelo ni los tíos, que participaron en la guerra, ni los padres que pasan la mayor parte de sus vidas bajo el franquismo, tienen una conciencia política marcada. Esto vale tanto más para Manuel que, por cierto, toma partido en la admiración de su generación por los héroes del socialismo internacional como Che Guevara,[49] pero que al mismo tiempo se burla con sus camaradas de clase de su profesor, que es miembro militante de la izquierda española. Al final tampoco el encuentro con la hija de un oficial exiliado, que disfruta en Mágina del prestigio propio de un héroe republicano, logra despertar una memoria histórica que traspasara la historia personal. El texto presenta así elementos de una historia de la España heterodoxa[50] que se inscribe en la tradición discursiva del liberalismo del siglo XIX, de la Generación

---

44 Muñoz Molina 1999: 247.
45 Cfr. Muñoz Molina 1999: 90: «[...] es el miedo que más firmemente sigue aliándome a ellos [...].»
46 Muñoz Molina 1999: 396ss.
47 Muñoz Molina 1999: 460.
48 A esta perspectiva histórica corresponde el título *El porvenir de los vencidos* bajo el cual se presentó la novela para el Premio Planeta. El hecho de que este título fuera sustituido después es un indicio de la posición ambigua que Muñoz Molina toma con respecto al pasado franquista en esta novela. Cf. Arnscheidt 2005: 245ss., 290ss.
49 Muñoz Molina 1999: 257.
50 También hay que mencionar en este contexto que don Mercurio posee una biblia protestante del siglo XVI.

del 98 y de las corrientes republicanas y socialistas de la Guerra Civil y del franquismo, pero sólo para restarle importancia en la construcción de una identidad actual.[51]

Es interesante comparar el tratamiento de la búsqueda de la identidad en *El jinete polaco* con *Señas de identidad*, publicada 25 años antes. El protagonista de la novela de Goytisolo padece de un desarraigo parecido al de Manuel en *El jinete polaco*, pero, al mismo tiempo, adquiere algo así como una contra-identidad porque representa todo lo que es rechazado por la España conservadora: intelectualismo crítico, interés por las tendencias actuales de la cultura europea, costumbres libres en cuanto a la sexualidad.[52] Al mismo tiempo, este texto presenta todavía el modelo positivo de una identificación política con la izquierda contrastando el exilio de Juan con la decisión del amigo, Antonio, de quedarse en España para participar en la lucha antifranquista. Antonio, que al contrario del *Praxis* de Muñoz Molina es un personaje ejemplar, también puede compararse con Félix, el amigo de Manuel, en el sentido de que este último también sabe encontrar un lugar dentro de las posibilidades que le brinda la sociedad española sin perder su rectitud personal. De extracción aún más modesta que Manuel, logra crearse una existencia estable y amena – profesión académica, matrimonio feliz y niños – bajo las condiciones de la España actual. A pesar de este ejemplo positivo el texto puede comprenderse como testimonio de una crisis de la memoria que tiene tanto aspectos comunes de la edad moderna o posmoderna como aspectos particularmente españoles. En cuanto a la dimensión española, la novela de Muñoz Molina sugiere la conclusión de que en la España actual el pasado ofrece todavía menos posibilidades para la construcción de la identidad que en otros países.[53] En el caso de Manuel se ensayan dos soluciones y ambas parecen poco satisfactorias. Por una parte la renuncia total a la memoria, que le expone a una existencia desamparada en el mundo posmoderno para la que parece estar poco preparado, por otra parte una reconciliación ingenua con el pasado, que pasa por alto sus implicaciones políticas e ideológicas. Queda como tercera solución el amor, que no voy a comentar ya que me parece el aspecto menos interesante del texto.

Bibliografía

Arnscheidt, Gero (2005): *Schreiben für den Markt. Der Erfolgsautor Antonio Muñoz Molina im spanischen Literaturbetrieb*. Frankfurt am Main: Vervuert.

---

51 Esta tendencia ya se ve en *Beatus ille* donde la imagen mítica que el protagonista Minaya tiene de Jacinto Solana como héroe republicano se revela errónea.
52 Al «ya clásico amancebamiento con la hija de una notoria personalidad del exilio» (Goytisolo 1999: 11) – otra paralela con *El jinete polaco* – se unen tendencias homosexuales.
53 Por supuesto hay casos parecidos, como el de Alemania, que ahora se ve confrontada por segunda vez con la necesidad de reajustar la perspectiva sobre el pasado reciente.

Auerbach, Erich (⁵1971): *Mimesis. Dargestellte Wirklichkeit in der abendländischen Literatur*. Bern: Francke.
Cohn, Dorrit (1978): *Transparent Minds. Narrative Modes for Presenting Consciousness in Fiction*. New Jersey: Pricenton University Press.
Foucault, Michel (1966): *Les mots et les choses. Une archéologie des sciences humaines*. Paris: Gallimard.
Genette, Gérard (1972): «Discours du récit», en: *Figures III*. Paris: Éd. du Seuil, pp. 65-282.
Goytisolo, Juan (1999): *Señas de identidad*. Madrid: Alianza.
Herzberger, David K. (2000): «Oblivion and Remembrance: the Double Desire of Muñoz Molina's *El jinete polaco*», en Resina, Joan Ramon (ed.): *Disremembering the Dictatorship: The Politics of Memory in the Spanish Transition to Democracy*. Amsterdam: Rodopi, pp. 127-138.
Ibáñez Ehrlich, María-Teresa (2000): «‹Jinete en la tormenta›: Música y metáfora», en íd. (ed.): *Los presentes pasados de Antonio Muñoz Molina*. Frankfurt am Main / Madrid: Iberoamericana, pp. 117-134.
Muñoz Molina, Antonio (1999): *El jinete polaco*. Madrid: Planeta.
Nora, Pierre (1990): «Entre Mémoire et Histoire. La problématique des lieux», en íd. (ed.): *Les lieux de mémoire*. Vol. 1. Paris: Gallimard, pp. 17-42.
Resina, Joan Ramon (2000): «Short of Memory: the Reclamation of the Past Since the Spanish Transition to Democracy», en íd. (ed.): *Disremembering the Dictatorship: The Politics of Memory in the Spanish Transition to Democracy*. Amsterdam: Rodopi, pp. 83-125.
Rich, Lawrence (1999): *The Narrative of Antonio Muñoz Molina: Self-Conscious Realism and ‹El Desencanto›*. Frankfurt am Main / New York: Peter Lang.
Terdiman, Richard (1993): *Present Past: Modernity and the Memory Crisis*. Ithaca / London: Cornell University Press.

Miguel Delibes y las dos Españas. Releyendo *Madera de héroe*[*]

Hans-Jörg Neuschäfer
(Universität des Saarlandes)

Que las diferencias entre las dos Españas no están, ni mucho menos, vencidas lo muestran dolorosamente las tensiones entre los grandes partidos políticos que, incluso con calumnias mutuas, se han recrudecido notablemente después de la tragedia del 11M del 2004. Esto es algo que preocupa a uno que, sin ser español, quiere a España.

En esta situación es importante acordarse de un autor cuya obra, en gran parte, está condicionada precisamente por esa tensión. Sin embargo, y a pesar de no disimular nunca hacia qué lado tienden sus simpatías, ha contribuido siempre a la distensión. Basta enumerar sus títulos más importantes – *Cinco horas con Mario*, *Las guerras de nuestros antepasados*, *Los Santos Inocentes*, *El hereje* – para darnos cuenta cómo logra en cada caso, gracias a una original perspectiva narrativa, abrir los ojos al lector y liberarle así de prejuicios.

También forma parte de sus textos sobre las dos Españas *377A, madera de héroe*. Esta novela, sin embargo, publicada en 1986, no alcanzó tanta difusión como las mencionadas anteriormente. Pero al releerla casi 20 años después, nos damos cuenta de su gran interés y de su carácter de advertencia para hoy. Sólo hoy podemos comprender también por qué, en una época en la que se silenciaba aún oficialmente todo lo que podía herir la sensibilidad de uno u otro bando, tenía que suscitar ciertas reservas un texto como *Madera de héroe*. Demasiado concreta y detalladamente llamaba Delibes por su nombre los espantosos hechos de ambos bandos.

El protagonista de la novela es Gervasio. Su formación nos la presenta, con cierta ironía y a veces con detalles incluso grotescos, un narrador que sigue estrictamente el orden cronológico. Al principio – estamos en 1927 – tiene Gervasio 7 años. Al final – que es también el término de la Guerra Civil – 19. Se narra primero la educación del niño en el seno de una familia ultraconservadora, mimado – de un lado – por mamá Zita y las tías; y – del otro – destinado prematuramente a ser un héroe patriótico por papá León, el abuelo, y Felipe Neri, el tío, ambos exmilitares. Por el contrario, el padre – papá Telmo –, no cuenta con el aprecio de la familia. Procede del «pequeño comercio», y, sobre todo, sostiene, aunque de manera discreta, opinio-

---

[*] Este texto saldrá, al mismo tiempo que el del homenaje, también en el diario *El Norte de Castilla*. De ahí su corta extensión y la falta de notas.

nes liberales, hasta heréticas a veces, y no va a la iglesia. Que mamá Zita, no sin dudas, se haya casado con él, se debe únicamente a su brillante carrera de medicina y al hecho de que con ello ha aportado un título académico a la familia que ésta antes no poseía. Pero pronto todos coinciden en que Telmo ha malgastado su gran talento haciéndose médico naturista y homeópata, lo que, en la opinión del clan conservador, equivale a ser curandero o brujo por cuya salvación hay que rezar. No es de extrañar, pues, que el niño, poco a poco, se vaya alejando de su padre.

En el primer lustro de los años treinta, la situación se agrava. En la misma medida en la que la «atea» República (saludada por Telmo) amenaza los «valores eternos» y la hegemonía de la Iglesia, Gervasio está dominado cada vez más por los elementos «sanos» de la familia y por sus educadores en el colegio de los jesuitas. Hasta tal punto que, apenas cumplidos los 17 años, se alista como voluntario en la armada nacional. A partir de ahora se pasa a narrar sobre todo las vivencias de Gervasio en la marina. Éstas le impresionan tan profundamente que poco a poco apagan en él el espíritu heroico implantado por los mayores. Al final incluso vuelve a acercarse a su padre que, sin ser un héroe, ha sabido quedar siempre fiel a sí mismo.

La historia está llena de coincidencias autobiográficas: Gervasio tiene la misma edad que Delibes; la ciudad en la que vive se puede identificar fácilmente como Valladolid; y la entrada voluntaria en la marina de guerra nacional no ha sido ocultada nunca por el autor. En la ironía del narrador hay, pues, mucho de autoironía. Al mismo tiempo, gracias precisamente a la perspectiva irónica, se desencanta la figura del «joven héroe» y se desprestigia el ambiente familiar en el que se ha formado. En éste priva el nacionalismo fantasmal de los hombres y la beatería de las mujeres que transmiten a los niños una imagen falseada del mundo, sobre todo del mundo de la sexualidad.

Hasta qué punto quiso Delibes, con *Madera de héroe*, deconstruir el heroísmo falso y el nacionalismo arrogante se muestra en el cómico *leitmotiv* de la novela: la «erección» periódica del pelo y de la piel de Gervasio. Este fenómeno que se produce por vez primera al escuchar una marcha militar en el fonógrafo del abuelo, es interpretado en seguida por tío Felipe Neri como señal de vocación heroica. El niño, sin embargo, deja entrever, desde el principio, inconsciente- pero claramente, que lo único importante para él es el «heroísmo de supervivencia»: «Papá León» – esto son sus primeras palabras en la novela – «¿puedo ser héroe sin morirme?» Así se abre, desde el comienzo, una fisura entre lo fisiológico y lo ideológico – fisura que, en el transcurso de la novela, se agranda cada vez más, sin que la familia se dé cuenta de ello –. La música de una procesión en Semana Santa origina por primera vez una reacción ambigua: ¿es heroísmo, es miedo? Y ya en la guerra el fenómeno se convierte definitivamente en señal sólo de miedo, de terror. Y entonces Gervasio se da cuenta, definitivamente, de que la fisiología engaña menos que la ideología.

Con *Madera de héroe* fue Delibes uno de los primeros que trató el tema de las dos Españas de una manera desmitificadora. La ironía y el sarcasmo, disparatado a veces, no es solamente un medio de autodistanciamento. Es al mismo tiempo la manera de poder arrojar luz sobre cosas que, en el fondo, son incomprensibles e inenarrables. Con ello logra Delibes algo dificilísimo – y lo logra mejor que Begnini en «La vita è bella» –: un equilibrio entre lo cómico y lo trágico, sin que lo trágico pierda su fuerza.

Inscripciones de las «dos Españas» en *Primera memoria* de Ana María Matute: la unidad de nunca jamás

Marie-Linda Ortega
(Université de Toulouse-Le Mirail)

Ana María Matute recibe en 1959 el prestigioso Premio Nadal por *Primera memoria*,[1] novela en primera persona en la que una mujer relata los acontecimientos de su adolescencia situados entre el verano de 1936 y los primeros meses de 1937 en la isla de Mallorca. De adolescente, Matia fue recogida por su abuela doña Práxedes cuando su aya Mauricia, con la que vivía sola desde la muerte de su madre y la ausencia prolongada de su padre alistado del lado republicano, hubo enfermado de gravedad. En la casa de su abuela en la isla de Mallorca también se habían refugiado su tía Emilia y su primo Borja, que vivían normalmente en Navarra con el tío Álvaro, militar en las tropas franquistas. La Guerra Civil, aunque presente, queda alejada, al otro lado del mar, en la medida en que la isla desconoce las batallas y los bombardeos, mas no los conflictos que vienen a plasmar metafóricamente y a trasponer una realidad más profunda y transhistórica a la que parece remitir Ana María Matute en esta novela: la existencia, más allá de las apariencias, de «dos Españas» de fronteras fluctuosas y movedizas desde los tiempos más remotos.

Emblemáticamente la novela nos presenta una narradora desdoblada entre el ayer de los acontecimientos de sus catorce años y un hoy indefinido que corresponde al momento de la escritura. Desdoblada, sí, ya que encuentra el lector en abundancia escenas dialogadas o la transcripción precisa y minuciosa de los pensamientos de la narradora adolescente. Aunque quizá tendríamos que coger la situación del revés insistiendo sobre la falta de presencia de la narradora actual que desaparece casi enteramente detrás de la Matia pasada, como si pudiésemos acceder a las vivencias de la joven sin que mediaran los inevitables retoques propios de cualquier reconstrucción del pasado.

A través de lo que se da como la conciencia de una adolescente, Ana María Matute consigue explorar las distintas metamorfosis que puede cobrar el enfrentamiento de las dos Españas, lo que en su día Germán Gullón expresó así: «La sociedad en que esta tragedia personal se sitúa, la española, exhibe una capacidad para escindirse en dos, un complejo cainita, que impide a los espíritus libres vivir libres, a no ser existan en los márgenes, en un exilio interior.»[2]

---

1   Matute 1996.
2   Matute 1996: XXXVIII.

A mi modo de ver, Matute lleva este «cainismo», muy presente ya en escritores del 98 como Unamuno o Azorín, hacia nuevos derroteros, apuntando unos comportamientos durante el franquismo que sólo en estos últimos años han empezado a encontrar expresión y voz: toda la novela está orientada hacia su desenlace, violento y cruel, en el que, por su silencio, la protagonista-narradora deja condenar a Manuel, víctima de la mentira inventada por el envidioso Borja. En la pareja de hermanos-enemigos[3] ha sido introducido un tercero, la propia Matia, que viene a representar el sujeto que duda sin conseguir determinarse por uno u otro lado, ocupando una postura conforme al propósito del escritor tal como lo define Ana María Matute: «El escritor enciende luces rojas. Porque el escritor no es un moralista, ni un sociólogo, ni un doctrinario. El escritor es un hombre que duda, se pregunta a sí mismo y provoca en el lector una angustia, recelos y repulsa que pueden ser beneficiosas.»[4]

Cuando la frontera opone dos mundos

El arranque de la novela constituye un momento determinante para sellar en la mente del lector el universo en el que se desenvuelve la protagonista-narradora, universo dominado por la figura despótica de la abuela:

> Mi abuela tenía el pelo blanco, en una ola encrespada sobre la frente, que le daba cierto aire colérico. Llevaba casi siempre un bastoncillo de bambú con puño de oro, que no le hacía ninguna falta, porque era firme como un caballo. [...] Después de las comidas arrastraba su mecedora hasta la ventana de su gabinete (la calígine, el viento abrasador y húmedo desgarrándose en las pitas, o empujando las hojas castañas bajo los almendros; las hinchadas nubes de plomo borrando el brillo verde del mar). Y desde allí, con sus viejos prismáticos de teatro incrustados de zafiros falsos, escudriñaba las casas blancas del declive, donde habitaban los colonos; o acechaba el mar, por donde no pasaba ningún barco, por donde no aparecía ningún rastro de aquel horror que oíamos de labios de Antonia, el ama de llaves. («Dicen que en el otro lado están matando...»)[5]

Doña Práxedes, la abuela, reina sobre su casa, el entorno geográfico y sobre los demás notables de la isla como lo sugieren su bastón, el cual, ya que no le sirve para ayudarla a andar, bastón de mando será, así como su actitud despectiva e indagadora hacia los colonos cuyas casas pueblan simbólicamente «el declive», es decir la parte que baja hacia el mar. Figura inaugural, despótica, que despierta a la fuerza la imagen de su alter ego masculino, imposible de plasmar en aquellos años de censura, la del dictador Francisco Franco. Sentada en su mecedora en la parte alta de una casa muy amplia, en la que vive la familia y la servidumbre, como lo descubriremos más adelante, la abuela parece asistir a una representación: los hombres y mujeres que trabajan duramente en unas condiciones climáticas difíciles, las indicaciones entre

---

3 De cierto modo, Manuel y Borja son hermanos al ser Jorge de Son Major el padre legítimo del primero y el padre posible y anhelado del segundo.
4 Roma 1971: 77.
5 Matute 1996: 13-14.

paréntesis, más allá de la belleza verbal, lo aseveran, parecen para ella personajes o títeres. En cuanto a la guerra, el empleo del deíctico y de la metáfora «aquel horror» la aleja en el tiempo y en el espacio. Se sitúa como una presencia fantasmal y amenazadora a lo largo del relato en los comentarios de los distintos personajes:

> –La guerra no debe interrumpir más nuestra normalidad. La guerra es una cosa horrible.
> «¿La guerra? –me dije–. ¿Qué guerra? Este silencio podrido, este horrible silencio de muertos.»
> –Odio la guerra –continuó la abuela–. Debemos vivir, en lo posible, ignorándola. (134)

La oposición entre notables de la isla y colonos se ha ensanchado inmediatamente hasta oponer dos lados: «Dicen que en el otro lado», mas de qué «lado» se tratará: ¿del otro lado del mar, o sea de la península?, ¿o del otro lado de los contendientes, es decir de los republicanos ya que en la casa de doña Práxedes están a favor de los nacionalistas? De todos modos, con relación al «complejo cainita» evocado por Germán Gullón, el reparto en un primer momento parece clásicamente claro: los colonos, pobres, son las víctimas de los notables partidarios del franquismo, que celebran sus victorias con un tedeum y viven en la nostalgia de su pasado glorioso, como la abuela que conserva «las porcelanas, la plata y la vajilla que regaló el rey al bisabuelo, cuando se casó» (70-71).

Pero la isla es el lugar de otra oposición, la suya propia, vivaz desde el siglo XVII, entre los chuetas, descendientes de los judíos conversos víctimas de las últimas persecuciones, y el resto de la población, oposición de la que son herederos, de cierto modo, los jóvenes de la isla. Matia y su primo Borja han encontrado y robado un libro del abuelo que trata de este asunto y del que la narradora incorpora una cita cruenta a su propio texto: «Era de ver cómo prendían en el fuego sus carnes, cómo las llamas lamían sus entrañas: cómo se rasgaba su vientre en dos, de arriba abajo, con un brillo demoníaco...» (140). Como podemos notar, en el centro de esta descripción se destaca «se rasgaba su vientre en dos», haciéndose eco del entorno: la población de una isla «rasgada» en dos bandos. En el pueblo, la plaza deja constancia de los hechos pasados con sus ruinas en derredor y «era la misma plaza donde ocurrieron, siglos atrás, aquellas escenas» que vuelve a ser el teatro de nuevas hogueras, las que dan su título a la tercera parte de la novela, levantadas esta vez por los chicos opuestos en dos bandos, en los que ya no es válida la oposición chueta/no chueta, señalados hasta tipográficamente con bastardillas «*ellos*» y «*nosotros*» en su primera presentación, simbólicamente situada en la segunda secuencia del primer capítulo de la segunda parte «la escuela del sol».[6] Se enfrentan en combates sangrientos, *ellos* con ganchos de carnicería cual nuevos capitanes Garfios (141) mien-

---

6 Simbolismo del dos, cifra a la que se tienen que añadir el tres y el cuatro: cuatro partes, con capítulos y secuencias componen la novela y se reparten de la forma siguiente: «El declive» y sus 6 capítulos (o sea 2x3), «La escuela del sol» con 5 (2+3), «Las hogueras» con 3 y «El gallo blanco» también con 3.

tras Borja «estaba solo, de pie (*adiós, Peter Pan, adiós, ya no podré ir contigo la próxima limpieza de primavera: tendrás que barrer solo todas las hojas caídas*), quieto y dorado en medio de la plaza» (143). En este caso tampoco es único el modelo sino doble: la historia de *Peter Pan* y sus enfrentamientos con el capitán Garfio en la isla de *Nunca Jamás* por un lado y, del otro, la referencia a la historia de la isla y las persecuciones de los chuetas. Modelo doble que recalca el período en el que se hallan los protagonistas de estas batallas, la adolescencia, entre niñez y edad adulta, entre cuentos infantiles y relatos históricos.

Queda excluida de los combates Matia, la narradora, así como le es vedado un lugar apartado, *El Naranjal*, al que sólo acceden los chicos: «la abuela decía que ya era demasiado crecida para ir al Naranjal sola con ellos y pasar tres noches fuera de casa» (87). Y es que una de las oposiciones más soterradas en el relato,[7] pues, por su evidencia casi no se menciona salvo en los casos en los que la protagonista se rebela contra ella, la constituye la barrera de la distinción entre los sexos, particularmente activa a partir de la pubertad. Matia ha sido criada en un ambiente liberal, su madre era una mujer libre, y nunca le impusieron limitaciones por ser chica. Al entrar en el mundo de su abuela cambiaron las cosas y sólo mantiene un espacio de libertad cuando se escapa con su primo a la hora de la siesta o, por la noche, en la logia, cuando ambos fuman cigarrillos robados a la tía Emilia. Matia, por sí sola, representa en la isla la nueva generación femenina frente a todos los de su edad que son chicos, y la falta de libertad la lleva con frecuencia a «odiar ser mujer» (87).

Con *Peter Pan* nos hallamos frente a una constante de esta novela, la referencia a cuentos infantiles, principalmente a dos cuentos de Andersen, *La Reina de las Nieves* y *La Joven Sirena*, y al relato de Lewis Caroll *Alicia en el país de las maravillas*. Los dos últimos recalcan la oposición entre dos mundos, trátese del mundo de los humanos enfrentado al mundo submarino, o el mundo de Alicia opuesto al del conejo blanco; pero hay más ya que presentan los intentos o posibilidades de la protagonista para pasar de uno a otro universo. Si bien podemos entender el empleo de *Alicia* como una metáfora de la adolescencia, y Peter Pan, el niño que no quiso crecer, nos invita a hacerlo, la presencia de la sirenita dramatiza el pasaje. La novela se puede perfectamente leer como la historia del paso de la infancia a la edad adulta, paso que corresponde a la conciencia de una mancha expresada con frecuencia por Matia metafóricamente como «las sucias cosas de los hombres y de las mujeres» o «el pozo al que todos estábamos ya resbalando».

En varias ocasiones, Matia se pregunta y pregunta con tristeza «¿Por qué la *Joven Sirena* desearía tanto un alma inmortal?» (189 por ejemplo) sugiriéndonos la pregunta subsiguiente: ¿y por qué no se conformaría con ser sirena y con el mundo al que pertenece? Matia está rodeada por personas satisfechas o insatisfechas pero que

---

[7] El lector consigue identificar la voz narradora como femenina sólo cinco páginas después del inicio de la novela.

se quedan en el mundo en el que nacieron, sacándole incluso ventajas como su abuela, Borja o su tía Emilia. A Matia la insatisfacción la lleva a trabar amistad y hasta enamorarse de Manuel, hijo ilegítimo de Jorge de Son Major y de Malene, mujer chueta cuyo pelo rojo heredó su hijo, lo que le delata como chueta, a él también. Este movimiento que la empuja a franquear los límites de su clase social con «aquel pobre muchacho, un chueta de la clase más baja del pueblo, con un padre asesinado y una madre de fama dudosa» (120), se produce no sin remordimientos que la llevan a retroceder o a quedarse a medias en la otra parte. Vuelve con insistencia sobre rasgos que indican que pese a su presencia en la familia de la abuela también pertenece al otro lado por pensar de manera distinta, la influencia de «las malas ideas» de su padre según su abuela, llegando incluso a identificarse con los chuetas: «A contraluz parezco pelirroja como Manuel, y todo el mundo se cree que soy morena» (112), recibiendo confirmación del propio Jorge de Son Major: «Desató mi trenza, que me resbalaba sobre la nuca, [...] y le oí decir: –¡Qué raro! No es negro, es como rojo...» (173).

La actitud ambigua del propio Borja, que sueña que no es quien es sino hijo de Jorge de Son Major al que admira perdidamente, es muy diferente en este caso de la de Matia: sólo es envidia porque no rechaza a los suyos ni sus valores. Todo lo contrario, tal como no lo presenta la narradora es de suponer que Borja siga el camino abierto por su padre, coronel del ejército rebelde, con su autoritarismo «también Borja tenía a veces su misma forma de mirar, de torcer la boca, su expresión de filo dañino» (107) y la herencia de su abuela: «Borja heredó su gallardía, su falta absoluta de piedad» (13), «sonriendo con su labio alzado, encogido sobre los pequeños colmillos de caníbal (doña Práxedes, ferozmente indiferente, catando uvas ácidas, despidiendo preceptores inútiles)» (143).

La unidad partida

Ana María Matute en este conjunto de dualidades introduce dos formas de perturbaciones: el tránsito, o cambio de un lado a otro, así como la presencia en cada lado de rupturas y fragmentaciones. Sin embargo, las líneas divisorias de la isla percibidas por Matia no siempre separan dos entidades distintas antes bien las encontramos obrando solapadamente y fragmentado unidades. Una misma cosa puede tener dos caras como lo aprende Matia a su pesar enfrentada a la belleza del declive: «Quizá no lo supe entonces, pero la sorpresa del declive fue punzante y unida al presentimiento de un gran bien y de un dolor unidos» (19) o a la realidad isleña: ¡cuántas veces no soñó ella con las islas de su Atlas «recordé las manchas castañas de las islas sobre el azul pálido de mis mapas»! (18) ¡Qué exotismo y perfume de libertad se desprenden de los relatos de los viajes de Jorge de Son Major por las islas a bordo del *Delfín*! Mas estas islas, entrevistas y soñadas, bien poco tienen que ver con la isla de la abuela. Así por ejemplo dentro de la isla se ha creado Matia la suya propia situada dentro de su armario:

Contra todos ellos, y sus duras o indiferentes palabras; contra el mismo Borja y Guiem, y Juan Antonio; contra la ausencia de mis padres, tenía yo mi isla: aquel rincón de mi armario donde vivía, bajo los pañuelos, los calcetines y el Atlas, mi pequeño muñeco negro. [...] Pero vivíamos en otra isla. Se veía, sí, que en la isla estábamos como perdidos, rodeados del pavor azul del mar y, sobre todo, de silencio. (100-101)

Un único término abarca realidades distintas, opuestas incluso y este mismo fenómeno se puede aplicar a los seres y a algunos personajes de la novela, que son dobles y mienten como lo anuncia la cita bíblica del epígrafe: «A ti el Señor no te ha enviado, y, sin embargo, tomando Su nombre has hecho que este pueblo confiase en la mentira».[8]

En el retrato inaugural citado anteriormente que enlaza con el epígrafe de la novela, la hipocresía y la falsedad de la abuela son denunciadas de paso por la voz narradora: el bastón «no le hacía ninguna falta, porque era firme como un caballo», los zafiros de los prismáticos son «falsos». La abuela aparenta una fragilidad que no siente, una riqueza que ya no posee. El lector no tarda en darse cuenta de que esta característica invade absolutamente todo el espacio, «la hipócrita paz de la isla» (15), así como todas las relaciones. En unas cuantas páginas, Ana María Matute ha conseguido crear un mundo en el que las oposiciones vienen a ser dobladas por la doblez, incluso en el mundo de los niños: «Los dos [Carlos y León] parecían devotos, o por lo menos lo fingían, para complacer a su padre, y su padre lo hacía para complacer a la abuela. (En la isla todo iba así)» (85).

Ahora bien, dentro de esta estructura de la división, Ana María Matute alude en varias ocasiones a otro fenómeno bastante corriente durante la Guerra Civil, el compromiso de algunos miembros de una misma familia en el otro bando, partiendo así una unidad, al menos aparente y nominal. En la novela, se trata de la familia Taronjí a la que pertenecen el padre de Manuel pero también, para mayor confusión, sus asesinos:

Los Taronjí, con sus botas altas, sus guerreras a medio abotonar, rubios y pálidos, con sus redondos ojos azules, de bebés monstruosos y sus grandes narices judaicas. (Ah, los Taronjí. La isla, el pueblo, los sombríos carboneros, apenas se atrevían a mirarles un poco más arriba de los tobillos, cuando pasaban a su lado.) Los Taronjí llevaban los sospechosos a la cuneta de la carretera, junto al arranque del bosque, más allá de la plaza de los judíos. O a la vuelta del alcantilado, tras rebasar Son Major. (28)

El cadáver del padre de Manuel será descubierto en la playita debajo del alcantilado víctima de aquel «odio antiguo y grande» que existía entre él y sus primos:

«El odio, recuerdo bien, alimentaba como una gran raíz el vivir del pueblo, y los hermanos Taronjí clamaban con él de una parte a la otra, desde los olivares hasta el espaldar de la montaña, y aún hasta los encinares altos donde vivían los carboneros. Los Taronjí

---

8 Hoy día parece impensable que la censura no viese la alusión directa a la ilegitimidad de Franco que pretendía actuar en nombre de Dios con su Cruzada. La rivalidad entre Borja y Manuel también se puede leer como la oposición de Franco a Manuel Azaña, acusándolo de haber robado y perdido a España.

y el marido de Malene tenían el mismo nombre, eran parientes, y sin embargo nadie se aborrecía más que ellos. El odio estaba en medio del silencio.» (36)

La heterogeneidad parece ser la ley, no puede uno fiarse de las apariencias que son dobles y sin embargo con el odio surge la imposibilidad de que esta misma heterogeneidad exista, ya que el odio, o la envidia, concurren a la destrucción del otro, a su eliminación mediante la guerra y la traición. Por lo tanto resulta esencial conocer el lado al que pertenece una persona, saber «¿de quién es?». Con esta pregunta tan sumamente acostumbrada en los pueblos españoles para vincular genealógicamente a una persona, mas adaptándola también a otros contextos como el de la guerra entre nacionalistas y republicanos o entre el grupo de chicos dirigido por Borja y el de Guiem, Matute consigue crear el hojaldre constitutivo de *Primera memoria*, que sólo simplificándolo se puede llamar «los dos lados», y mostrar las consecuencias cruentas y terribles de unas palabras anodinas.

Más que la pregunta la atribución de la pertenencia es la que impacta: «Eres de los nuestros» o «Tú ya no eres de los nuestros», como le pasa a Matia cuando por su amistad con Manuel decide Borja rechazarla. La complejidad de la realidad procede de la dificultad para entender, por parte de la narradora, las leyes que la rigen aunque haya podido percibir que Manuel, al ayudar a su madre Sa Malene después de la muerte de José Taronjí, ha cambiado de lado: «Ahora también estás tú fuera. Quiero decir, fuera de la barrera. Me entiendes, ¿no? De los Taronjí, el delegado y todos los demás. Y, acaso, de mi abuela también... –Ya lo sé –dijo. –¿Y no tienes miedo?» (126). Esta exclusión significa el mayor peligro, estar del lado de los perseguidos y carecer de cualquier protección. Ese mismo miedo, la cobardía dice ella, profundamente sentido por Matia al observar, al final de la novela, cómo su primo «Con aquella sonrisa, [...] (la) había colocado ya, definitivamente, al otro lado de la barrera», la llevará a callarse traicionando a su amigo Manuel.

No hemos hablado hasta ahora de esta figura, la traición, rápidamente céntrica en el relato de Ana María Matute, incluso antes de leer el título de la última parte «El gallo blanco», con el animal bíblico que asiste y acompaña la triple negación de Cristo por Pedro (*San Marcos*, 14-66, *San Mateo*, 26-69) y que en la novela anuncia la traición de la que será víctima Manuel. Una lectura atenta revela que ningún personaje escapa de la traición, ni siquiera los niños: Borja, cuyas trampas y artimañas ocupan gran parte del texto, es un pequeño Pilatos (sic) (133); a Lauro el Chino le llaman Judas los de Guiem, seguramente por no estar en el bando que por nacimiento le corresponde; y está también Matia, que por el mero hecho de crecer tiene la sensación de traicionar al mundo de su infancia y hasta de traicionarse ella misma: «Era yo, sólo yo, la que me traicionaba a cada instante. Era yo, yo misma, y nadie más, la que traicionaba a Gorogó y a la Isla de Nunca Jamás. Pensé: ‹¿qué clase de monstruo soy ahora?› Cerré los ojos» (128).

Este aspecto en el que insiste la narradora no ha de ocultar que traiciona a Borja llevando a Manuel a la *Joven Simón* y a Manuel, desatando consecuencias gravísimas para éste, con su silencio de las últimas páginas, su incapacidad de pronunciar palabra, de moverse, traición que, mirándolo bien, empezó antes ya. En las escasas escenas en las que aparecen ambos personajes solos, el afecto de Matia por Manuel conoce momentos de crisis en los que Matia desea ser mala y cruel con él y le obliga a hacer cosas molestas, como acercarse a Son Major al final de «La escuela del sol», o de manera mucho más cruel, llevarle a la *Joven Simón* en el sitio mismo donde murió su padre, José Taronjí: «Aquí murió José Taronjí, y yo he obligado a Manuel... Aún se podían ver los agujeros de las balas en la barca. Y yo le había obligado a sentarse encima» (193). El amor de Matia por Manuel deja de ser exclusivo con la visita a Son Major y el encuentro con Jorge con quien vive su primera emoción sensual; mas el lector descubre en el segundo capítulo de la última parte que Matia quiere a tres personajes masculinos: «Debajo del jersey estaba la medalla de oro. ‹Se la pondré al cuello y le diré: toma esto, es algo mío.› (Pero no sabía si a Jorge, a Manuel, o acaso al mismo Borja)» (190). Esta hipótesis, que le pueda dar la medalla de oro a Borja, ilumina el final de otra forma: además de la cobardía frente a las amenazas de Borja, ¿no intervendrá el cariño que siente por él?

El lugar de nunca jamás
Corre a lo largo de toda la novela otra pregunta angustiada y cruel, soterrada cual bicho malo, dentro de la primera: ¿cómo se puede ser de dos lados a la vez, siendo una única persona? Crecer, al fin y al cabo, ¿no significará escoger un lado traicionando al otro? Ya lo dijimos, Matute no reduce esta interrogación al mero campo de la genealogía o de la familia, antes lo deja expandirse hasta ocupar todos los estratos de la reflexión y de la experiencia como lo acabamos de ver con el amor de Matia por Manuel y Borja a la vez, dos seres tan distintos y opuestos.

La «primera memoria» podría ser entonces la conciencia de aquella línea divisoria que nos hace dobles desde nuestra concepción, fruto de un padre y una madre, imponiéndonos el sufrimiento de vacilar de un lado a otro sin poder permanecer en la «tierra de nadie» de la frontera, del medio, porque no escoger entre un lado y otro resulta imposible. En varias ocasiones, Matute sitúa a su protagonista y narradora Matia frente a circunstancias de la vida que imponen escoger y este acto de escoger es inmediatamente traducido como traición, como ruptura definitiva menos con la otra parte que con aquel sueño imposible de mantener los opuestos juntos.

En este panorama, Manuel constituye una excepción al respecto: hijo natural de Jorge de Son Major, ha escogido el lado de José Taronjí, su padrastro, renunciando a los privilegios y derechos que le otorgaba su padre y trabajando duramente la tierra. Se lo explica a Malene señalando que no por eso quiere menos a su padre o ha dejado éste de quererle, mientras Matia suponía que esa elección había provocado una ruptura total con Jorge: «–Y el de Son Major, ¿no te llama a veces? ¿Ya no quiere saber nada de ti? Pensará que le has traicionado. –Sí, me ha llamado dos veces» (128).

La voluntad de no escoger quizá pueda aclarar el silencio final de Matia: sería su manera de no escoger entre dos seres queridos, no decir nada en contra de Manuel ni de Borja puesto que defender a Manuel es acusar a Borja y hablar con Borja participa de la mentira que culpa a Manuel. Mas esta solución no lo es puesto que, como dice el refrán, «quien calla otorga». Matute señala el silencio como productor de un significado que supone una elección: pensando no escoger permaneciendo en silencio se escoge a pesar de todo. En este aspecto se convierte Matia en representante de parte de la población española durante la guerra y la posguerra, «adolescente» en la vida política, que callará cediendo a las amenazas y seducida de cierto modo por la fuerza despótica.[9]

Aquel lugar imposible tan anhelado por Matia que podemos ver expresado en este rechazo de la oposición binaria fundamental: «El día y la noche, el día y la noche siempre. ¿No habrá nunca nada más?» (155), Ana María Matute le da cuerpo y forma mediante su escritura, una escritura que desarrolla el tenue hilo de los parecidos[10] y consigue lo imposible: mantener en un mismo momento los opuestos sin que la razón razonable del propio lector se estremezca. Recordemos el retrato de la abuela: «En el índice y el anular de la derecha le bailaban dos enormes brillantes sucios» (13). Estos cuatro adjetivos en fila resultan un verdadero milagro estilístico: dos oposiciones brillantes ≠ sucios, enormes ≠ brillantes,[11] ambas compartiendo un mismo término, coexisten en la mano de la abuela, un dedo sí, un dedo no, o sea cada dos dedos. Cómo extrañarse, después, de que acabe el retrato de la abuela con otra oposición mucho más llamativa: «Parecía un Buda apaleado» (14), donde se mezclan esta vez la fuerza y el decaimiento, la majestad y la fragilidad. El lector atento podrá sorprender otras ocasiones en que el principio de contradicción deja de valer, como cuando surge un lagarto verde debajo de una piedra y dirige hacia Matia su «mirada diminuta-enorme» (128). En este lugar de nunca jamás, porque existe la duda de que haya existido y de que pueda volver a ser (¿cómo puede volver a ser lo que no existió?), el tener una mirada diminuta no excluye que pueda ser enorme, así como el estar partido en dos no exige que tenga que desaparecer una parte. ¿Será esto la tolerancia?

---

9   La cobardía encuentra aquí una de sus mayores expresiones y es de notar que tendremos que esperar las voces de Manuel Vázquez Montalbán, Antonio Muñoz Molina o Rafael Chirbes para volver a leer páginas tan sutiles sobre un sentimiento tan radicalmente humano.
10 Los parecidos entre los seres de la familia tienen equivalentes en el mundo circundante: la casa de la abuela y la iglesia, la iglesia y el vientre de la ballena, Borja y el santito de la vidriera.
11 Los diamantes tallados en brillante suelen ser de tamaño reducido.

Bibliografía

Matute, Ana María (1996): *Primera memoria*. Barcelona: Ediciones Destino.
Roma, Rosa (1971): *Ana María Matute*. Madrid: EPESA.

Memoria y metaficción en Carme Riera.
Los intertextos de *El reportaje* (1982)

Christoph Rodiek
(Technische Universität Dresden)

> Memory is the writer's eyes. Whoever loses memory loses identity. Words give us rationality, but memory makes us individuals.[1]

Carme Riera (*1948), una de las narradoras más conocidas de la España contemporánea, es al mismo tiempo catedrática de literatura. Teniendo en cuenta este hecho, nadie se sorprenderá del carácter fuertemente intertextual de su obra. La erudición no es, sin embargo, una carga inútil en sus textos, sino que los enriquece de manera original e ingeniosa. C. Riera se define a sí misma como «escritora de una ambición ilimitada» que trata siempre de escribir tan bien como Cervantes. Al mismo tiempo quiere ser leída y escribe «con la primordial intención de llegar a la inmensa mayoría».[2] Ambas tendencias marcan la escritura del relato breve *El reportaje* (1982)[3] que, por lo temático y la técnica narrativa, se encuentra a mitad de camino entre los volúmenes *Te deix, amor, la mar com a penhora*[4] y *Contra l'amor en companyia i altres relats*.[5] El objetivo principal de nuestro estudio consiste en mostrar en qué medida la interpretación del relato depende de la cooperación del lector a la hora de activar la información conformada y cifrada en referencias de tipo intertextual.[6]

Podemos resumir el argumento de *El reportaje* de la manera siguiente: Una periodista estadounidense (Stephani) quiere escribir un reportaje sobre aquella estancia en las Baleares de la escritora Anaïs Nin que es el tema del texto *Mallorca*, incluido en el volumen *Delta of Venus*. Stephani está convencida de que el relato de A. Nin está basado en hechos reales que encierran un misterio. Apoyándose en un artículo

---

1 Carme Riera, en Dupláa 1999: 61.
2 Riera 1999: 23 y 28s.
3 Edición utilizada: Riera 1999: 179-191. El original mallorquín se considera perdido (ver Masoliver 1993: 55).
4 Riera 1975.
5 Riera 1991b.
6 Los textos de referencia pueden considerarse elementos virtuales del texto base (*El reportaje*). A diferencia de los «capítulos fantasma» de Eco (1987: 288s.), se trata de unos textos periféricos reales, anclados en la estructura del texto base. Forman parte del potencial semántico de *El reportaje*, independientemente de si el lector empírico los actualice o no.

de periódico y la declaración de una testigo, la periodista hace indagaciones y logra reconstruir un caso espeluznante. En 1941, dos hermanos estadounidenses (Evelyn y George), a los que une un amor aparentemente incestuoso, y una joven mallorquina (María) se aman en la cala de Deyá en una relación a la vez lesbiana y heterosexual. Cuando, tras un año de ausencia, los tres precursores del movimiento *hippie* vuelven a amarse en la playa nocturna de Deyá, los autóctonos les dan una terrible paliza que da por resultado que los tres, no teniendo otra salida que el mar, acaben por ahogarse. Los isleños silencian el incidente, pero viven atemorizados y deprimidos por una serie de acontecimientos misteriosos. La hijita de los tres ahogados sobrevive a la fatídica noche y es entregada a sus abuelos estadounidenses. Cuarenta años después, la periodista Stephani trata de entrar en contacto con esa sobreviviente.

Recepción productiva

El artificio central que usa C. Riera en *El reportaje* consiste en aseverar la facticidad del relato *Mallorca* lo que implica que A. Nin, en 1941, habría estado realmente en la isla y habría narrado un suceso real. A este suceso C. Riera le inventa una continuación que, en principio, debe considerarse igualmente como fáctica. Para vencer la potencial incredulidad del lector, C. Riera se sirve de un truco. Hace que, de repente, la periodista cambie de idea y dude del carácter autobiográfico del relato de A. Nin, inculpándose a sí misma de cándida.

> Nunca se debe creer al pie de la letra la afirmación de un escritor cuando dice que la historia que va a narrarnos la escuchó de labios ajenos. Pero en el caso de la Nin me costaba trabajo no tomarlo en serio: «Estaba yo pasando el verano en Mallorca, en Deyá… Los pescadores me contaron una extraña historia…» Estas dos frases, con las que inicia su relato *Mallorca*, se me antojaron suficientemente fiables.[7]

Durante algún tiempo, Stephani ve en el relato de A. Nin un mero producto de la imaginación y tiende a dejar de escribir el reportaje. Sus conclusiones no carecen de plausibilidad, pero acaban por ser desechadas. Como el editor de la revista donde debe publicarse el reportaje la insta a entregar el artículo, la periodista multiplica las pesquisas y tiene suerte. Gisèle, una amiga suya que vive precisamente en la casa donde dicen que se había alojado A. Nin, le recomienda que vaya a la hemeroteca de Palma. Allí, Stephani descubre una noticia que le corta la respiración.

> Bajé a Palma y consulté en la pequeña hemeroteca los periódicos del verano del 41. Anaïs había estado en Deyá aquellos meses. No encontré nada de interés. Luego los del 42… En el ejemplar del *Correo* de 21 de septiembre de 1942 aparecía una breve noticia: Habían sido encontrados tres cadáveres flotando en las aguas de la cala de Deyá. Se trataba de los cuerpos de dos mujeres, María Sarrió Companys, hija de pescadores del pueblo, y Evelyn MacDonald, súbdita norteamericana, y el de un hombre, George MacDonald, hermano de Evelyn. Al parecer un golpe de mar les arrebató de las rocas por donde

---

7   Riera 1999: 184-185.

paseaban. Nadie contempló el desgraciado accidente ni, por tanto, pudo prestarles auxilio.[8]

Analizando el artículo, Gisèle y Stephani llegan a la conclusión de que A. Nin no tuvo conocimiento del trágico accidente y escribió su relato antes. A partir de ahora, la periodista ya no dudará de la facticidad del relato *Mallorca* y hace nuevas investigaciones. Aunque la ex maestra, en cuya casa está alojada, se muestra tan huraña y cerril como los demás isleños, le da finalmente una pista. Dice que siempre cuando un extranjero tenía una relación con una isleña pasaba una desventura.

> Cada vez que se llevaba a cabo una unión de esta clase sucedía alguna desgracia en el pueblo [...] –¿Desde cuándo ocurre? –Desde que ellos murieron. –¿Quiénes? –Estos por los que usted se interesa... Pero no le diré nada más.[9]

La historia que la ex maestra – a pesar de su firme propósito de no hacerlo – le contará a Stephani será una continuación del relato *Mallorca* de A. Nin. El texto de C. Riera resulta, pues, de un acto de recepción productiva. Echemos un vistazo al pretexto de esta recepción.

Casi todos los relatos del volumen *Delta of Venus* llevan como título un nombre de persona (Marianne, Pierre, Manuel, Linda, etc.). A pesar de ello, los protagonistas no suelen ser personas, sino genitales de ambos sexos. Otro rasgo de *Delta of Venus* es el hecho de que los escenarios de los encuentros eróticos son perfectamente arbitrarios e intercambiables. No se trata de reproducir ambientes concretos, sino de evocar vagamente sitios y espacios donde se pueda llevar a cabo el acto sexual. Esa arbitrariedad tiene como consecuencia que en aquellos relatos que A. Nin prepublicó en sus diarios, el lugar y la nacionalidad de los personajes no suelen coincidir con los de la versión definitiva en *Delta of Venus*. Así, por ejemplo, en *The Hungarian Adventurer* una brasileña en Perú es suplantada por una argentina en Argentina. Lo esencial es, evidentemente, la distancia y el exotismo.[10] Aquí, precisamente, está el punto de partida de C. Riera, que se propone reescribir el texto *Mallorca* para añadirle aquella dimensión histórico-social que falta en el original (ver abajo). Por otro lado, hay que insistir en que C. Riera está lejos de rechazar la escritura erótica de A. Nin. Con respecto a *Epitelis tendríssims* declara, a mediados de los años ochenta, que el relato *Mallorca* del volumen *Delta of Venus* fue para ella el punto de partida.[11] Su actitud ante la escritura erótica en general la esboza así:

> Entiendo por literatura erótica sobre todo aquella que puede ser la insinuación más que la plasmación de una serie de actos, porque en este caso ya estaríamos cerca de la por-

---

8   Riera 1999: 186-187.
9   Riera 1999: 186.
10 Cfr. Nin 2000: 1-7.
11 Ver Nichols 1989: 214.

nografía. Lo genital a mí me interesa menos que el proceso; precisamente para mí lo erótico es juego y tiene un aspecto lúdico.[12]

Como queda dicho, en *El reportaje* se esfuma la frontera entre lo ficcional y lo fáctico. La estrategia narrativa de barajar datos biográficos y autobiográficos con otros imaginarios provoca una determinada actitud receptiva. Se le pide al lector que colabore, que haga pesquisas y que trate de contestar a preguntas del tipo: ¿Estuvo A. Nin realmente en Deyá durante el verano de 1941? ¿Hasta qué punto es fiable la periodista Stephani cuando declara el relato *Mallorca* perfectamente compaginable con los *Diarios* de A. Nin? ¿Hay paralelos entre el personaje (Stephani)[13] y la autora (C. Riera)[14]?

Ahora bien, el problema de la supuesta facticidad de la estancia mallorquina de 1941 tiene fácil solución. Hojeando las entradas correspondientes de los *Diarios* nos damos cuenta de que A. Nin no pasó este verano en Deyá sino en Woods Hole (Massachusetts), en casa de Dorothy Norman. Allí, apuntó, entre otras, las siguientes escenas:

> We stood on the beach, looking out to sea, yearning for Europe. [...] When all the men followed Luise Rainer, who wanted to swim at midnight, Dorothy would not go and she asked me to stay with her. [...] I wanted to be with the others. Their cries and laughter reached me.[15]

No nos parece inverosímil que una de esas situaciones la haya estimulado a A. Nin a escribir el relato erótico *Mallorca*. (En la isla balear estuvo, probablemente, antes de 1939 para ver a su madre y su hermano.) En cuanto al artículo del *Correo de Mallorca*, basta con echar un vistazo a las pocas hojas que abarca la edición del 21 de septiembre de 1942, para convencerse de su carácter ficticio.[16]

Cuando decimos que *El reportaje* cuenta entre los textos metaficcionales nos referimos al paralelismo entre el propósito de Stephani de escribir un reportaje (nivel del personaje) y el propósito de C. Riera de escribir una continuación del relato *Mallorca* (nivel del autor). Fijémenos un poco en cómo actúan las dependencias e

---

12   Ver Nichols 1989: 212.
13   Para el tema de lo autobiográfico en la ficción ver, p.ej., Mayoral 1990: 102: «Con frecuencia pienso que los personajes novelescos no son más que desdoblamientos de la personalidad de su autor, manifestación de posibilidades no realizadas. [...] Pero, al mismo tiempo [...] sé por experiencia que el personaje tiene una entidad autónoma y que, en determinado momento del proceso narrativo, se independiza de su creador y comienza a vivir una vida propia, de la cual el novelista ya sólo puede ser testigo y nunca manipulador.»
14   C. Riera (1994: 93) declara con respecto a la supuesta estancia en Deyá de A. Nin: «Del viaje a Mallorca de Anaïs Nin apenas tengo datos».
15   Nin 1969: 122-124.
16   Amable y generosamente, la Biblioteca Municipal de Palma de Mallorca puso a nuestra disposición una copia de este número del *Correo*.

interferencias entre los tres relatos (A. Nin, C. Riera, Stephani) y los tres impulsos de producción textual.

1. Se prueba – no sin ironía – la facticidad del texto de A. Nin. Esto significa que la relación jerárquica entre *Mallorca* y *El reportaje* se invierte porque la versión de C. Riera (completa y definitiva) resulta ser superior a la versión de A. Nin (inconclusa y provisional).
2. El empleo de documentos falsos es la base de un ingenioso juego narrativo que repercute en la fiabilidad de Stephani como testigo y garante de información. Dentro del mundo del texto, la periodista es fiable, mientras que en la realidad del lector sus afirmaciones dejan de ser dignas de crédito.[17]
3. Algo sorprendente e inaudito pasa, no obstante, al final del texto cuando la misma Stephani subvierte la fiabilidad intradiegética de sus declaraciones al insistir en haber presenciado la vuelta de los ahogados a la playa.[18]

Discursos de posguerra

Como hemos dicho, C. Riera completa y *corrige* el relato de A. Nin (*Mallorca*), añadiéndole una dimensión de crucial importancia. En *El reportaje*, la situación y los sucesos se trasladan a la realidad social de la época de Franco. Por otro lado, el escándalo de las escenas playeras (*nudismo, incesto*) se agrava y extrema mediante el ingrediente *lesbianismo*. Naturalmente, cuando la ex maestra le cuenta a la periodista lo que pasó, lo valora desde el punto de vista de una mallorquina de aquel entonces.

> Se tendieron allí y se abrazaron. Sus jadeos nos llegaban entre el rumor de las olas. Era una inmundicia ver el movimiento de sus cuerpos amándose. Algunos hombres salieron de sus escondrijos con estacas y se les acercaron para amenazarles. Ellos ni se inmutaron. Tuvieron que separarles a golpes. Los tres, magullados, corrieron hacia el mar.[19]

Esta versión es, de cierto modo, un contramodelo verista del texto de A. Nin, que se interesa preferentemente por lo frívolo de la superficie y lo excitante de los encuentros eróticos. Como hemos dicho, en *Delta of Venus* lo geográfico, lo social, lo nacional, etc. son intercambiables. C. Riera, para corregir la inevitable unidimensionalidad de tal escritura, anula la reducción de entornos sociales, revoca la nivelación de mentalidades y restituye así los requisitos imprescindibles de una escritura literaria seria. El personaje clave, en este contexto, es la ex maestra, a la que incumbe reproducir la mentalidad de los isleños del año 1942.

> Murieron a causa de sus terribles pecados. Fue un castigo de arriba, no hay duda. La embrujaron, señorita, embrujaron a María… […] Hacían el amor en la playa los tres, desnudos y juntos. ¿Comprende? Sin importarles si alguien les miraba, del modo más obsceno. Nunca en el pueblo había ocurrido una cosa así… Ellos, los dos extranjeros

---

17 Ver también el apartado sobre *Escenarios para la felicidad*.
18 Ver abajo sobre los elementos (para-)fantásticos del relato.
19 Riera 1999: 189.

eran los culpables. [...] Nosotros creíamos que estaban casados. Solían abrazarse en público, sin ningún respeto para con nosotros. El señor cura les amonestó y fue peor.[20]

Este discurso le devuelve a los acontecimientos su compleja historicidad psicosocial. Se trata de la perspectiva de una mallorquina que condenaba tanto los excesos violentos de sus compatriotas como el comportamiento de los extranjeros. Ambas cosas le dolían en el alma. Su testimonio, no libre de xenofobia y mojigatería, equivale a una confesión. Con remordimientos, usando el discurso moralizante de la época franquista, trata de reducir la envergadura de un crimen colectivo. Cuando menciona la amonestación del cura se refiere a un rasgo sumamente característico de la era de Franco.

Como es sabido, la posguerra[21] española era una época caracterizada por hambrunas, enfermedades y la brutal represión de los vencedores. En el centro de la ideología oficial franquista estaba el neotomismo. Uno de los pilares del régimen era la Iglesia. Amplios sectores del sistema educativo, sobre todo la enseñanza privada, estaban en la mano de órdenes religiosas. Desde 1942, las *misiones populares* debían catequizar ciudades como Barcelona. En Mallorca hubo *Cursillos de Cristiandad*. El control social que ejercía la Iglesia era prácticamente total. Así, por ejemplo, el cardenal Segura Sáez excomulgaba en su diócesis a las parejas que bailaban abrazadas. Inculpaba sobre todo al sexo femenino: «La joven que penetra en una sala de baile, nada más cruzar la puerta ya se ha manchado [...] y es cómplice de todos los pecados que los muchachos cometan por su culpa.»[22] A principios de los años 60, cuando empieza el *boom* turístico, el obispo de Ibiza se indigna aún más de las *impúdicas* extranjeras:

> Nadie se explica por qué se autoriza aquí la estancia de féminas extranjeras, corrompidas, corruptoras, que, sin cartilla ni reconocimiento médico, vienen para ser lazo de perdición física y moral de nuestra inexperta juventud.[23]

El blanco de las críticas más exasperadas era el bikini y la exhibición de los encantos femeninos. Por eso, el insobornable cardenal Pla y Deniel condena los concursos de *miss* de la manera más contundente:

> En los concursos de ganado se atiende sólo al cuerpo de los animales que carecen de alma racional, pero en los concursos de hombres o de mujeres, por ser personas humanas, hay que atender a algo más que su cuerpo. En consecuencia, reputamos contrario a la moral y culpable del pecado de escándalo cualquier certamen en el que se glorifiquen y premien los atributos estrictamente corporales de las personas.[24]

---

20 Riera 1999: 187-188.
21 Ver Tamames 1977, Abella 1996, Payne 1997 y Eslava 2002.
22 Eslava 2002: 88.
23 Abella 1996: 249.
24 Abella 1996: 250.

Esta – por cierto muy arbitraria – selección de citas debe evidenciar hasta qué punto tenía que chocar a los mallorquines lo que vieron a principios de los años 1940 en la playa de Deyá.[25]

Volvamos ahora a *El reportaje* para ver cómo la atrasada sociedad isleña trataba de *digerir* los sucesos. El juez de instrucción averigua el caso y descubre una fatal imprudencia por parte de los que – como afirma – se bañaron un día de temporal. El asunto se considera pronto aclarado, pero la culpa colectiva no deja de roer las conciencias. Como puede deducirse de la declaración de la ex maestra, la desmemoria de unos acontecimientos cuidadosamente encubiertos produce traumas y depresiones.

> Durante años he padecido fuertes insomnios y terribles pesadillas, como todos los del pueblo, por culpa de esta historia, aunque nadie se atreva a confesarlo. Muchas noches de temporal hemos oído sus gritos, pidiendo auxilio desde la cala [...] Durante los años que siguieron a la desgracia ningún pescador del lugar pudo tirar las redes cerca de la cala sin exponerse a un grave peligro: Un enorme peso las lastraba hacia el fondo...[26]

La ex maestra está convencida de que su aldea está maldita y quiere hacer creer a la periodista que, todos los años en septiembre, los tres ahogados vuelven a la playa: «Quédese junto a la orilla y mire bien: A medianoche les verá salir de las aguas y tenderse desnudos en la playa para amarse hasta el amanecer...»[27] ¿Puede ver Stephani en estas elucubraciones otra cosa que el producto de la superstición y el remordimiento?

Técnica narrativa

Según Gisèle, amiga de Stephani, la ex maestra no es una supersticiosa, sino una loca que perdió el cargo de enseñante precisamente por sus depresiones y alucinaciones.[28] No obstante, la periodista espera pacientemente el aniversario de la desgracia y acaba por ver, con sus propios ojos, lo que la ex maestra le había anunciado.

---

25 Una escena parecida (una pareja desnuda en la playa) aparece en la película *Avanti* (1972) de Billy Wilder. Naturalmente, la censura franquista suprimió la correspondiente secuencia por obscena e intolerable. Hoy en día se puede ver la versión completa y restaurada en DVD (*¿Qué ocurrió entre mi padre y tu madre?*), pero la secuencia recriminada no está doblada, sino que viene del original hollywoodiense, con subtítulos en español.
26 Riera 1999: 189-190.
27 Riera 1999: 190.
28 El interés de Stephani por la marginación de la casera recuerda la curiosidad que siente la misma C. Riera por todo tipo de gente no integrada. En una entrevista declaró (Glenn 1999: 53): «I'm attracted to strange people, not to people who are *normal*. Perhaps this is another manifestation of my interest in the mysterious. I think that behind every madman there may be a sane individual, and one must search him out. Those who have been marginalized are particularly interesting.»

> Ayer fui [i.e. Stephani] a la cala. Había luna llena. El mar centelleaba. De pronto les vi. Avanzaban nadando hacia la playa, jóvenes, bellísimos como si ni la muerte ni el tiempo hubieran podido nada contra ellos. Y allí junto a la orilla iniciaron un juego amoroso que duró hasta el amanecer...[29]

No cabe duda: esta irrupción de lo fantástico desconcierta al lector. ¿Se trata acaso de una parodia del periodismo de investigación o de una ficción que se autoanula? Aunque esto, en un texto posmoderno, no se puede excluir del todo, no creemos que sea la interpretación más adecuada de *El reportaje*.

En lo puramente formal, el elemento fantástico se debe a la escena final del relato de A. Nin. Allí, sin embargo, se trata de la presencia *imaginada* de los amantes, no de su presencia real.[30] Por eso, para entender mejor *El reportaje* hay que tomar en consideración la interferencia de otro texto. Se trata del relato *Y pongo por testigo a las gaviotas*[31] de la propia C. Riera. Aquí también hay un personaje que sufre el martirio de una memoria enfermiza y deprimente. La narradora en primera persona, una ex profesora de instituto, se encuentra en un sanatorio, donde quiere liberarse del trauma de su vida, recordándolo y narrándolo a una ausente. Hace tiempo, por miedo a la moral reinante, renunció al amor que sentía por una joven, posiblemente una alumna suya. Ésta interpretó la actitud de reserva e indecisión como rechazo y se quitó la vida, echándose al mar. Así, la renuncia a un amor proscrito y el miedo al qué dirán (conformismo) llevan a una catástrofe similar a aquel amor que, en *El reportaje*, se vive como provocación y sin miramiento alguno (inconformismo). La protagonista de *Y pongo por testigo a las gaviotas* caracteriza su dilema de la manera siguiente:

> Un tipo de amor, que era capaz de saltarse los preceptos establecidos, generaba desorden, llevaba consigo un germen de revolución que debía ser, inexorablemente, aplastado. No fui lo suficiente fuerte para desoír tantas voces airadas – las de tus padres incluidas –, tantas amonestaciones crispadas, tantos gestos amenazantes. Y cedí. Cedí deshecha y humillada, desperdiciando así la más bella de todas las historias.[32]

Como la ex maestra de *El reportaje*, la ex profesora de *Y pongo por testigo a las gaviotas* termina viendo espectros. En su cuarto aparece regularmente aquella joven que, hace quince años, se suicidó en el mar. Los médicos tratan de explicarle que los muertos no pueden hacer visitas. Pero estos argumentos racionales y *masculinos* no convencen a la paciente, que se queda sola con su desesperación.[33]

---

29   Riera 1999: 190.
30   Ver Nin 2000: 27: «When I went down to the beach at night, I often felt as though I could see them, swimming together, making love.»
31   Ver Riera 1980: 33-43.
32   Riera 1980: 37.
33   En 1980, C. Riera escribe tanto *El reportaje* (publicado en 1982) como la adaptación castellana de *Jo pos per testimoni les gavines* (1977). (La traducción literal de Luisa Cotoner se publicará tan sólo en 1991.) En esta adaptación, el motivo de la alucinación femenina como manifestación de luto se contrasta y subraya mediante una postura racio-

Cuando C. Riera declara en un texto poetológico[34] que el mero acto de escribir supone la inconformidad del autor y que la creación de un mundo ficcional, concebido como contrarrealidad, ha de considerarse un gesto de protesta, se trata de afirmaciones aplicables a *El reportaje*. Hemos visto que la autora, para criticar la superficialidad e inconsistencia de un mundo ficcional A (*Mallorca*) inventa un mundo ficcional B más plausible (*El reportaje*). En este mundo B, las mujeres – por ejemplo, la ex maestra – sufren obsesiones y descalabros, mientras que los hombres tan sólo tienen que arreglárselas con un problemilla de pesca. En tal situación, un personaje de fuera de la isla (la periodista) encarna las nuevas cualidades femeninas (profesionalidad, seriedad, emancipación). Pero ¿cómo interpretar su actitud ante los espectros? Posiblemente se trate de insinuar que Stephani, lejos de desaprobar fría y racionalmente la postura de la ex maestra, ostenta simpatía y comprensión ante un sufrimiento extremo que se debe a largos años de rechazar y ocultar la verdad. Cuando la periodista afirma que ella también pudo ver a los espectros se muestra solidaria. Como mujer utiliza la cabeza y, al mismo tiempo, el corazón. Por eso, su enfoque es distinto al de los médicos de *Y pongo por testigo a las gaviotas*. Ella no sólo reconstruye pragmáticamente los sucesos de los años 1941-42, sino comparte, con sensibilidad femenina, el dolor de la ex maestra. Así, la visión de espectros llega a ser un símbolo de autenticidad humana. (Volveremos sobre esto.)

Para demostrar cómo C. Riera transforma el texto de A. Nin conviene que nos fijemos un momento en la técnica narrativa. En *Mallorca* hay que distinguir entre los niveles extra- e intradiegético, o sea, hay un relato marco y un relato enmarcado. En el nivel extradiegético, la instancia narrativa en primera persona cuenta cómo llegó a la cala de Deyá y le da al lector una breve información *etnológica* acerca de las costumbres playeras y el comportamiento puritano de los autóctonos.[35] Los protagonistas de la narración intradiegética – se trata del relato de unos pescadores – son tres jóvenes: una mallorquina (María) y dos estadounidenses (Evelyn y su hermano). Se muestran desnudos en la playa, donde María termina por ser desvirgada por el hermano de Evelyn. Aunque se trata de unos sucesos acechados desde lejos, los pescadores no los cuentan de forma global y resumida, sino con muchos detalles, sirviéndose de medios narrativos y estilísticos que de ningún modo podían estar a su alcance. Así, resulta posible la descripción de acciones invisibles – por ejemplo, las acti-

---

    nalista masculina (los médicos del sanatorio). Parece evidente que el tratamiento del motivo de los espectros en *El reportaje*, derivado de *Jo pos per testimoni les gavines* (1977), repercutió en la adaptación castellana de este último texto.

34 Ver Riera 1997: 288.

35 Ver Nin 2000: 25: «The fishermen also condemned the modern bathing suits and obscene behavior of Europeans. They thought of Europeans as nudists, who waited for only the slightest opportunity to get completely undressed and lie naked in the sun like pagans. They also looked with disapproval on the midnight bathing parties innovated by Americans.»

vidades sexuales debajo de la superficie del agua – y procesos psíquicos, ambos ocultos a un observador no dotado de omnisciencia.

> The water and the penis and the hands conspired to arouse her body. [...] His penis touched her over and over again in the most vulnerable tip of her sex, and Maria was losing her strength.[36]

También el estilo resulta incompatible con la instancia narrativa, es decir, los pescadores de Deyá. Hablando de María, se expresan como sigue: «The water swung her breasts back and forth like two heavy water lilies floating. He kissed them.»[37] Unos rudos pescadores analfabetos, ¿sabrían realmente formular su *protesta* en una dicción tan florida y placentera? Nos parece que no. En *Mallorca*, A. Nin se sirve de una instancia narrativa inconsistente[38] porque su escritura, lejos de ser realista, procura la estimulación erótica del lector.

¿Cómo se cuentan estos sucesos en el texto de C. Riera (*El reportaje*)? En lo estructural, hay una analogía entre el papel de la ex maestra y el de los pescadores. Pero la funcionalidad y eficacia literarias del relato enmarcado son distintas. La ex maestra es, además de testigo ocular, amiga de la ahogada. Su punto de vista es el de un observador privilegiado. A diferencia de los pescadores, la versión de la ex maestra es plausible por breve y sobria. Además, su relato se presenta en estilo directo. La oralidad y viveza se reflejan en comentarios, valoraciones y preguntas dirigidas a Stephani, por ejemplo:

> ¿Comprende? Sin importarles si alguien les miraba, del modo más obsceno. Nunca en el pueblo había ocurrido una cosa así... Ellos, los dos extranjeros, fueron los culpables.[39]

Los hechos propiamente dichos se condensan mucho. La desfloración de María, por ejemplo, se resume en dos sobrias frases. «Un día se unió a ellas George. Nadó a su lado y junto a ellas, desnudo, se tumbó en la playa. María se dejó amar por los dos.»[40] Naturalmente, en la narración de la ex maestra no hay estilo indirecto libre ni monólogo interior ni tampoco descripciones poéticas. Todo lo contrario ocurre en el relato artificial y tendencioso de los pescadores: «She [Maria] had long black hair, a pale face, slanted green eyes, greener than the sea. She was beautifully formed, with high breasts, long legs, a stylized body.»[41]

Cuando el personaje de C. Riera dice sobria y sencillamente «María paseaba por las rocas de la cala»,[42] los pescadores de *Mallorca* formulan: «Walking thus and

---

36 Nin 2000: 27.
37 Ibíd.
38 Esto se ve claramente en la frase final, donde se funden las instancias narrativas extra- e intradiegética.
39 Riera 1999: 187-188.
40 Riera 1999: 188.
41 Nin 2000: 26.
42 Riera 1999: 188.

dreaming and watching the effects of the moon on the sea, the soft lapping of the waves at her feet, she came to a hidden cove.»[43] Podemos constatar que el relato marco, que en *El reportaje* tiene una función explicativa, es en *Mallorca* un elemento esencialmente retórico dentro de una acumulación de artificios enfáticos.

El reportaje

En el mundo ficcional del relato *El reportaje* se hace referencia a tres textos de la periodista Stephani: una carta, una narración y un reportaje. La *carta* es algo como un prólogo. Inmediatamente después del título, al lector se le comunica que Stephani, a punto de dejar la isla, escribe a su amiga Hellen que trate de localizar a una tal María Evelyn MacDonald, de unos cuarenta años de edad. En la *narración*, o sea, en el relato propiamente dicho, Stephani cuenta detalladamente sus experiencias en la isla. El *reportaje*, finalmente, que está sin escribir, tendrá probablemente dos partes. En la primera, la periodista expondrá al público estadounidense que A. Nin escribió su relato *antes* de la trágica muerte de los tres jóvenes, que calló los aspectos incestuoso y lesbiano de aquellos amores, etc. La segunda parte será, seguramente, una entrevista a María Evelyn MacDonald. Naturalmente, estamos hablando aquí de un texto que no es sino un mero proyecto dentro de un mundo de ficción. No se puede excluir, sin embargo, que el equivalente empírico de este reportaje exista materialmente en el mundo del lector. Esta hipótesis puede derivarse de un *remake* no ficcional que C. Riera publicó en 1994. Se trata de la guía literaria *Escenarios para la felicidad*, cuyo capítulo XXX[44] empieza así:

> Hace unos años, creo [i.e. C. Riera] que a principios de los ochenta, conocí en Deià a una periodista norteamericana, Stephani Partner, que llegó al pueblo con la intención de investigar qué había de cierto en el relato de Anaïs Nin titulado *Mallorca*.[45]

Si se comparan el relato corto (*El reportaje*) y el capítulo de la guía (*Escenarios*) que acabamos de mencionar salta a la vista que ambos textos coinciden tan sólo respecto de la narración (intradiegética) de la ex maestra. El personaje Stephani se idealiza considerablemente, mientras que la persona real, Stephani Partner, se retrata con sarcasmo y palabras poco halagüeñas. Así, por ejemplo, saltan a la vista su torpeza e ingenuidad cuando quiere probarles a los habitantes de Deyá el carácter supuestamente fáctico del relato de A. Nin:

> En cuanto a la historia de amor, ni siquiera ofreciendo dinero consiguió [Stephani Partner] sacarles una palabra. Era, sin duda, inventada, le insistían, cuando ella trataba de

---

43 Nin 2000: 25.
44 *Tras las huellas de Anaïs Nin*, en Riera 1994: 94-95.
45 Riera 1994: 94.

repetirles en su rudimentario español hasta el tamaño exacto de la luna descrita por Nin, como principal testigo de la escena amorosa.[46]

En el mundo posible de *El reportaje* la cosa cambia. Aquí, la narración (en primera persona) se lleva a cabo desde el punto de vista de Stephani. Así, el personaje goza del privilegio de controlar el enfoque del lector y de construir una totalidad de sentido. La superioridad del doble ficcional repercute, sobre todo, en la postura ante los fantasmas. Veamos cómo se comportó la periodista real.

> Stephani [...] me [i.e. Carme Riera] suplicó que la acompañara a la cala la noche en que habrían de cumplirse nada menos que cuarenta años de los acontecimientos. Naturalmente me negué. En las últimas noches de septiembre suele refrescar y yo no estaba para espiar fantasmas. Así que bajó sola. El temporal era muy fuerte y las olas la arrastraron mar adentro. Por suerte unos pescadores llegaron a tiempo de salvarla. Fui a verla al hospital donde se reponía. En cuanto entré me espetó: «No me creerás, pero ha valido la pena. Pude verles perfectamente... sólo que Anaïs se equivocaba, igual que mi casera. Eran tres muchachos, bastante amanerados, por cierto...»[47]

Mientras que la Stephani de la realidad no merece apenas confianza, su doble ficcional consigue incluso transferir un valor simbólico a la visión de espectros. En un ensayo, C. Riera califica el mar que se ve desde Deyá de «desmemoriado».[48] Este carácter reacio y versátil del Mediterráneo se opone diametralmente a los recuerdos imborrables que causan las depresiones de la ex maestra. Aquí hay una memoria que – en el sentido goyesco (*Caprichos*, núm. 43)[49] – produce monstruos. La Stephani del relato interviene en este trance, exponiéndose al poder nocturno de los espectros. Espera controlar aquellos monstruos gracias a una memoria activa y valiente. Simulando las visiones de la ex maestra se propone un acto terapéutico: el de domesticar los espectros y someterlos al control de un análisis que los reduzca a lo que han de ser: horrores de un pasado cada vez menos patógeno.

Resumimos: *El reportaje* es un extraordinario homenaje a Anaïs Nin, heroína del movimiento feminista, muerta en 1977. Recurriendo a mentalidades y discursos de la era de Franco, C. Riera reescribe un texto de *Delta of Venus*. Se trata, al mismo tiempo, de refundir, subvertir y superar el texto original. La escritura se caracteriza por técnicas intertextuales y metaficcionales que tienden, ante todo, a difuminar la frontera entre lo real y lo ficcional. Hay varios tipos de intertexto que el lector ha de constituir en el acto de lectura (referencias a textos ficcionales de Riera, a textos no

---

46 Riera 1994: 95.
47 Riera 1994: 95.
48 Ver Riera 1999a: 26: «Mi vinculación desde la niñez a un determinado paisaje de la costa norte de la isla de Mallorca es para mí tan fundamental que constituye un omnipresente recuerdo. Recuerdo que ha motivado la presencia del mar en casi todos mis libros, algunos escritos en la casa que mi familia tiene en Deià [...]. El mar ofrece rostros diferentes, alterna y casi simultanea gestos distintos, cosa que nunca ocurre con la tierra. Desmemoriado, nos impide dejar rastro alguno sobre su superficie.»
49 Goya 1978: 59.

ficcionales de Riera, a textos ficcionales ajenos, a textos factuales implicados en el contexto social). Los textos de referencia pertenecen a la periferia inmediata de *El reportaje*, aunque no siempre se trata de referencias o alusiones marcadas. Por su relevancia hermenéutica el análisis de los intertextos resulta imprescindible porque le permite al lector acercarse a la «intentio auctoris»,[50] una categoría fundamental y, aun en la *época del lector*, perfectamente intacta.

Bibliografía

Abella, Rafael (1996): *La vida cotidiana bajo el régimen de Franco*. Madrid: Temas de Hoy
Aldrich, Mark C. (1997): «*El reportaje* de Carme Riera y las reglas del juego», en: *Hispanófila* 120, pp. 57-65.
Arnau Segarra, Pilar (2000): «La recepción crítica de la obra de Carme Riera en Alemania en la década de los noventa», en Cotoner, Luisa (ed.): *El espejo y la máscara. Veinticinco años de ficción narrativa en la obra de Carme Riera.*. Barcelona: Destino, pp. 319-351.
Dupláa, Christina (1999): «Interview with Carme Riera», en Glenn, Kathleen M. / Servodidio, Mirella / Vásquez, Mary S. (eds.): *Moveable margins. The narrative art of Carme Riera*. London: Associated University Presses, pp. 58-62.
Eco, Umberto (1987): *Lector in fabula. La cooperación interpretativa en el texto narrativo*. Barcelona: Lumen.
Eco, Umberto (1992): *Los límites de la interpretación*. Barcelona: Lumen.
Eslava Galán, Juan (2002): *Santos y pecadores. Álbum de recuerdos de los españolitos del siglo XX*. Barcelona: Planeta.
Glenn, Kathleen M. (1999): «Conversation with Carme Riera», en Glenn, Kathleen M. / Servodidio, Mirella / Vásquez, Mary S. (eds.): *Moveable margins. The narrative art of Carme Riera*. London: Associated University Presses, pp. 39-57.
Glenn, Kathleen M. / Servodidio, Mirella / Vásquez, Mary S. (eds.) (1999): *Moveable margins. The narrative art of Carme Riera*. London: Associated University Presses.
Goya, Francisco de (1978): *Radierungen*. Edición de Sigrun Paas-Zeidler. Stuttgart: Hatje.
Masoliver, Juan Antonio (ed.) (1993): *The Origins if Desire. Modern Spanish Short Stories*. London: Serpent's Tail.
Mayoral, Marina (1990): «La autonomía del personaje novelesco», en íd. (coord.): *El personaje novelesco*. Madrid: Cátedra, pp. 101-108.
Nichols, Geraldine C. (1989): *Escribir, espacio propio: Laforet, Matute, Moix, Tusquets, Riera y Roig por sí mismas*. Minneapolis: Institute for the Study of Ideologies and Literature.
Nin, Anaïs (1969): *The Journals. 1939-1944*. Edición de Gunther Stuhlmann. London: Peter Owen.
Nin, Anaïs (2000): «Mallorca», en íd.: *Delta of Venus*. London: Penguin, pp. 25-27.
Payne, Stanley G. (1997): *El primer franquismo. Los años de la autarquía*. Madrid: Temas de Hoy.
Riera, Carme (1975): *Te deix, amor, la mar com a penhora*. Barcelona: Laia.
Riera, Carme (1980): «Y pongo por testigo a las gaviotas», en íd.: *Palabra de mujer. Bajo el signo de una memoria impenitente*. Barcelona: Laia, pp. 33-43.

---

50   Ver Eco 1992: 21-46.

Riera, Carme (1981): *Epitelis tendríssims*. Barcelona: Edicions62.
Riera, Carme (1990): «Grandeza y miseria de la epístola», en Mayoral, Marina (coord.): *El oficio de narrar*. Madrid: Cátedra, pp. 147-158.
Riera, Carme (1991): *Contra el amor en compañía y otros relatos*. Barcelona: Destino.
Riera, Carme (1991a): «Y pongo por testigo a las gaviotas», en íd.: *Te dejo el mar*. Traducción e introducción Luisa Cotoner. Madrid: Espasa Calpe, pp. 129-139.
Riera, Carme (1991b): *Contra l'amor en companyia i altres relats*. Barcelona: Destino.
Riera, Carme (1994): *Escenarios para la felicidad. Estampas de Mallorca*. Palma de Mallorca: Olañeta.
Riera, Carme (1994a [[1]1977]): «Jo pos per testimoni les gavines», en íd.: *Jo pos per testimoni les gavines*. Barcelona: Planeta, pp. 9-19.
Riera, Carme (1997): «Para continuar los cuentos de mi abuela», en: Percival, Anthony (ed.): *Escritores ante el espejo. Estudio de la creatividad literaria*. Barcelona: Lumen, pp. 287-290.
Riera, Carme (1999 [[1]1982]): «El reportaje», en: *Doce relatos de mujeres*. Prólogo y compilación de Ymelda Navajo. Madrid: Alianza Editorial, pp. 179-191.
Riera, Carme (1999a): «Una ambición sin límites», en Glenn, Kathleen M. / Servodidio, Mirella / Vásquez, Mary S. (eds.): *Moveable margins. The narrative art of Carme Riera*. London: Associated University Presses, pp. 21-29.
Rössler, Andrea (1996): *Imitation und Differenz. Intertextualität bei Carme Riera, Adelaida García Morales und Paloma Díaz-Mas*. Berlin: Tranvía.
Salber, Linde (1995): *Anaïs Nin*. Reinbek: Rowohlt.
Sobejano-Morán, Antonio (2003): *Metaficción española en la postmodernidad*. Kassel: Reichenberger.
Tamames, Ramón (1977): *La República. La Era de Franco*. Madrid: Alfaguara (Historia de España Alfaguara, VII).

Conjuros de espíritus. Metáforas de la memoria en Miguel Delibes (*Cinco horas con Mario*), Antonio Tabucchi (*Sostiene Pereira*), Peter Härtling (*Finden und Erfinden*) y Marcel Beyer (*Spione*)

Monika Schmitz-Emans
(Ruhr-Universität Bochum)

1. Literatura y memoria

En la literatura moderna el tema de la memoria se ha convertido con frecuencia en motivo de experimentos narrativos. Éstos parten de la idea de que el pasado recordado no sólo no está clausurado sino que se adentra en el presente de la narración, donde constantemente adquiere formas nuevas. La memoria se encuentra bajo el signo de una percepción en perspectiva facilitando así su manifestación en las imágenes más variadas. Asimismo no está sometida al control por el sujeto responsable del recuerdo: lo recordado se puede independizar y llevar una vida propia hasta tal grado que incluso el mismo sujeto sea incapaz de comprenderlo. Estrechamente ligados a la memoria se encuentran el olvido y la represión consciente de ésta, ya que lo recordado se encuentra en todo momento rodeado del olvido intentando diferenciarse de éste.

Entre aquellos sustratos de los que depende tanto la memoria individual como la de todo un colectivo, las imágenes y los textos ocupan un puesto privilegiado. Textos e imágenes son la realización concreta de la memoria de las culturas. Relatos sobre textos e imágenes son en la literatura moderna a menudo explícitamente relatos sobre la memoria.

Los recuerdos no están a nuestra disposición: no es posible ni evitarlos, ni forzarlos, ni eliminarlos ni mantenerlos disponibles según nuestra voluntad.[1] Teniendo presente el proceso rememorativo no da resultado la diferenciación convencional entre lo real y lo imaginario. Textos importantes de la literatura moderna reflejan actos rememorativos en los cuales lo imaginario se mezcla con lo experimentado, sin que sea posible, en este contexto, mantener el concepto de una cronología lineal.

La contribución de la literatura al proceso rememorativo individual y colectivo no sólo consiste en que los contenidos sean movilizados, sino que al mismo tiempo

---

[1] Cfr. Stierle 1993. Stierle recuerda denominaciones de memoria en diferentes lenguas, las cuales se refieren a la no disposición de los recuerdos: «Il me souvient», «mi soviene» (Stierle 1993: 117).

es necesaria la reflexión sobre las suposiciones, las condiciones posibles y los rendimientos de la capacidad rememorativa. Esto es sobre todo válido teniendo en cuenta la necesidad de un enfrentamiento crítico con la historia contemporánea. Muchas veces en los textos literarios se une la exposición de procesos del olvido y de la represión con una revocación indirecta y sin embargo efectiva de recuerdos abrumadores y vergonzosos. La literatura, como administradora de recuerdos reprimidos, insiste en su dimensión tanto política como crítica frente a la sociedad.

La memoria – y también a este tema se dedican muchas obras de la literatura moderna – está sujeta a medios y marcada por éstos tanto en cuanto al contenido como a la estructura: por una parte a medios en sentido estricto, a medios de memoria, los cuales fijan los momentos en forma visual, acústica o escrita y los mantienen disponibles, por otra parte a aquellos objetos de la experiencia sensorial que hacen volver los recuerdos situativos y que cumplen su función medial sólo en contextos determinados y para sujetos individuales de la rememoración como la famosa *madeleine* en la *Recherche* de Marcel Proust. Un medio, en ambos sentidos, hace cada texto literario volver a resurgir en el lector lo pasado. Se dirige a la capacidad de memoria colectiva tanto con informes explícitos sobre el pasado como también con alusiones e insinuaciones. Además cumple su función medial individual dependiendo de los conocimientos culturales respectivos y de la experiencia de la vida de cada lector.

La literatura como medio de la memoria busca semejanzas de sí misma en otros medios. Esto aclara la importancia que adquieren los medios visuales como tema y motivo en multitud de textos literarios, especialmente la fascinación de muchos autores por la fotografía. La foto parece ser, desde su invención, como un umbral entre el ayer y el hoy, o con más agudeza: como umbral entre el reino de los vivos y de los muertos. El discurso fotográfico-estético está marcado hasta hoy mediante la acentuación de la relación entre fotografía y muerte. Se refiere aquí al famoso ensayo de Roland Barthes sobre *La chambre claire*. Hay que ver en relación con esto la importancia de la fotografía como metáfora de la memoria, como símbolo de un pasado invisible pero presente, como lo que guarda un sitio libre para representantes de aquellos que poblaron nuestro pasado y finalmente, también en muchos autores contemporáneos, como símbolo de la penetración de lo presente con recuerdos actuales o virtuales.

En numerosas ocasiones los procesos de memoria se modelan en textos literarios como enfrentamiento en forma de diálogo con los muertos. Motivo para esto pueden ser fotos que hacen tener presente la figura del muerto como una imagen del pasado. También el cuerpo del fallecido como tal puede ser un medio del recuerdo, como muestra nuestro primer ejemplo.

2. Miguel Delibes: *Cinco horas con Mario* (1966)

Responsables de que muchas veces la memoria vaya por otros caminos, son multitud de tabús, presiones externas y medidas de censura. Regímenes totalitarios, los cuales limitan en el campo político la libertad de acción y decisión de sus habitantes, comienzan con el control de la memoria, tanto individual como colectiva, así como con el del uso lingüístico que se refiere al pasado. No hasta 1978, cuando España adquirió una constitución democrática, fue abolida la censura en ese país. En la era franquista repercutió en la vida literaria, junto a la limitación política de libertad de publicaciones, también de forma inhibitoria la censura moral y religiosa. Por una parte, directamente impidiendo la creación y publicación de textos no conformes con la censura, por otra, llevó al desarrollo de tácticas de encubrimiento y de engaño.[2]

La novela de Miguel Delibes *Cinco horas con Mario*, publicada en 1966, muestra qué estrategias tan refinadas pueden ser desarrolladas bajo la presión de la censura para recordar lo que no se puede decir directamente. Los protagonistas del texto son el matrimonio formado por Carmen y Mario, cuyos perfiles político-ideológicos se comportan de forma contrastiva. Carmen es religiosa, conservadora de derechas y cree en la autoridad; Mario representa un punto de vista laicista y liberal de izquierdas. En un primer momento, Delibes planeó llegar a tratar en contraposición directa a estos representantes de posiciones políticas divergentes en una España dividida ideológicamente. Sin embargo, temió con razón que su libro fuera víctima de la censura. Así se le ocurrió dar la palabra a la única voz que hablaría en forma conforme con la censura: la voz de la esposa Carmen. En cambio Mario, la voz de la oposición liberal, será convertido en un muerto. Al pie de su cama la viuda velará al difunto cinco horas. La novela es introducida por una esquela, siguiéndole un monólogo interno de la viuda compuesto sobre todo por recuerdos del tiempo pasado en común y que llena las cinco horas de la vela del difunto. Delibes trabaja de forma original con el principio constructivo del «narrador que no merece confianza».[3] Carmen habla el lenguaje de la reacción y defiende sus ideas.

> Pero tú les das demasiadas alas a los niños, Mario, y con los niños hay que ser inflexibles [...]. [...] pero la mayor parte de los chicos son hoy medio rojos, que yo no sé lo que

---

2   Cfr. Neuschäfer 2006: 377.
3   Wayne C. Booth en su obra sobre *The Rhetorik of Fiction* ha explicado la instancia del «unreliable narrador» de forma teórica y la ha explicado con ejemplos. A sus explicaciones se han atenido posteriores narratólogos, así Seymour Chatman 1978, Gerald Prince 1982 y 1987, Shlomith Rimmon-Kenan 1983, y Paul Ricoeur 1985. Booth llama a un narrador «unreliable» siempre y cuando infringe las «normas» de la obra o de su autor implícito; según Booth, esto conlleva un entendimiento secreto entre el autor implícito y el lector que se da cuenta de ello. Por cierto, se ha criticado esta explicación del narrador que no merece confianza; sin embargo, el concepto como tal sigue siendo interesante e incitante. Cfr. Jünke 2003.

les pasa, tienen la cabeza loca, llena de ideas estrambóticas sobre la libertad y el diálogo y esas cosas de que hablan ellos.[4]

Comentarios como éste llevan a un desenmascaramiento continuo que roza a veces con lo cómico. Un ejemplo de esto es cómo los pensamientos de Carmen, justamente con motivo de una oración que exhorta a la modestia (comienzo del capítulo II, 47), la llevan al reproche que le hace a Mario después de muerto: el de que no le dejara realizar su sueño de un coche propio.

Considerando que, de forma explícita, sólo se trata el punto de vista de la reacción, y precisamente refiriéndose a las más diversas preguntas y temas de la vida privada y pública, se perfila, entre líneas como texto mudo, la posición de Mario que debido a su muerte se ha convertido en imposible. Siguiendo el camino de la negación – el cual, por supuesto, se escapa a la demanda de la censura –, se mencionan las ideas liberales de Mario de forma absolutamente precisa, y a la vez se autodesenmascara Carmen, en su posición conservadora y conforme al sistema, a través de sus ingenuidades, trivialidades y limitaciones. Cuando piensa que puede debilitar la posición de Mario despierta de forma indirecta simpatía por ella; al ofrecer sus soluciones para cuestiones que tienen que ver con la vida política e individual hace que el lector se dé cuenta de los problemas que se esconden detrás. Y retrospectivamente es justamente la callada y, en sentido positivo, no representada figura de Mario la que trae a la memoria las normas de silencio del tiempo aquí retratado. El libro está escrito para su propio tiempo de creación, para los lectores que están preparados para escuchar entre líneas la voz de Mario y para aquellos que conocen las frases que no podían ser escritas. No obstante, está también escrito para el tiempo «después» para dar testimonio del modo político permitido de expresarse y de aquello que se intentaba esconder, pasar por alto o aniquilar por medio del lenguaje.

Parece ejemplar para el modo de proceder de Delibes cómo los pensamientos de Carmen vuelven a una refriega de Mario con un guardia. Pasando por el parque, Mario había infringido como ciclista las normas del parque, es descubierto y pegado por un guardia de tal manera que cae de la bicicleta. Carmen le reprocha una y otra vez su infracción pero sobre todo el que no se hubiera callado.

> Pero aun dando por supuesto que te pegase y que fuesen ciertos esos cuentos chinos de la pistola, tú debiste callar, Mario, que si un guardia en un arrebato te da un mojicón no creas que lo hace por divertirse, qué va, sino por tu bien, lo mismo que hacemos con los niños. Hay una cosa evidente, Mario, que nos guste o no tenemos que aceptar, y es que un país es como una familia, lo mismito, quitas la autoridad y ¡catapum!, la catástrofe.[5]

Finalmente un familiar le convenció de retirar su denuncia contra el guardia. Al mismo tiempo no había podido olvidar lo ocurrido y seguía aferrado a la idea de que un día iba a llegar la «hora de hablar». Mientras que su muerte le quita a Mario la

---

4   Delibes 1983: 6.
5   Delibes 1983: 244.

posibilidad de mantener despierto el recuerdo de la violencia sufrida, es precisamente Carmen, la defensora de la subordinación callada, la que habla de lo sucedido: del caso absurdo de un ciudadano que es pegado por estar de paso como ciclista por el parque, y cuando la viuda de Mario vota por el olvido trabaja desintencionadamente precisamente en contra.

> [...] todavía no has olvidado lo del guardia, que ahí está el busilis, y eso de que te pegase no me lo creo, ni aunque me lo jures en cruz, fíjate, que no soy yo sola, ya ves Ramón Figueira lo que te dijo, lógico, y además en esos sitios y a la hora que era no se van a andar con miramientos, que aviados estarían en el Cuartelillo y en la Comisaría si fuesen a guardar consideraciones con cada granuja que se presenta. Y tú que «a callar; ya llegará la hora de hablar», pensabas, pero ni en el Cuartelillo ni en la Prevención te dejaron, natural, ellos son la ley y tú chitón, en esos momentos un delincuente [...].[6]

Esfuerzos por rememorar los hay incluso en casos en que debería ser suprimido lo desagradable. La novela de Delibes demuestra de forma ejemplar el potencial de memoria de un lenguaje que burla en la propia boca de los que lo usan las intenciones de éstos y los convierte en medios de la memoria en contra de su voluntad.

3. Antonio Tabucchi: *Sostiene Pereira* (1994)

Silencio político decretado y el poder subversivo de memorias encubiertas son el centro también de la novela *Sostiene Pereira. Una testimonianza*, un testimonio que tiene lugar en 1938 en Portugal, es decir en el tiempo de la dictadura de Salazar, y cuyo retrato de la situación política interna de Portugal se asocia con referencias a la España de Franco. Por cierto, se narra según la perspectiva del protagonista Pereira, pero en tercera persona y con gesto protocolario. Pereira era periodista como el Mario de Delibes, su día a día laboral también había consistido mucho tiempo en tomar en consideración la censura política para evitar conflictos. Como el mismo Delibes había encontrado así poco a poco caminos de articulación indirecta de crítica y protesta. Como en Delibes parece en Tabucchi la situación de expresión como tal significante: mientras que Mario toma la palabra indirectamente a través de la voz de su esposa, Pereira ha hecho sus declaraciones aparentemente después de muerto. Sobre todo el modismo repetido formalmente «sostiene Pereira» sugiere la idea de un rendimiento de cuentas al final de la vida. Esto corresponde al ámbito ficticio, según el cual Pereira se le apareció al narrador como una figura en sueños estimulándole a escribir.[7] Según su declaración, Pereira había llevado mucho tiempo una

---

6   Delibes 1983: 243.
7   Tabucchi 1996. La historia, según explica Tabucchi en el epílogo, llegó a formarse, entre otros, a base del recuerdo de un periodista de avanzada edad, el cual vivió exiliado en Francia durante la época Salazar, volvió a su tierra en 1974 y murió allí; no se hace mención de su nombre, pero Tabucchi le aprecia por haber sido un adversario activo de la dictadura. Pereira, como personaje literario en busca de un autor, habría ido a verle por primera vez después de la muerte del viejo periodista (no mencionado por nombre),

vida sin llamar la atención, retrayéndose de la realidad política en sus propios recuerdos. Su interlocutor más importante fue en este tiempo el retrato de su mujer fallecida.

Durante decenios Pereira trabaja en la sección de cultura de un periódico. Su actuación como periodista que evita momentáneamente cualquier controversia se efectúa a la sombra de la dictadura: ya no hay una prensa independiente en Portugal. Los propietarios de los órganos de prensa se congracian con el régimen, que a su vez se congracia con la Alemania nazi e intenta igualarla. Muchos periódicos portugueses practican voluntariamente la autocensura, los otros arriesgan intervenciones de censura del gobierno, habiéndose publicado ya varias veces ediciones en las que los artículos tachados son sustituidos por espacios en blanco. El papel de los escritores en tiempos de la dictadura y de la represión política lo recuerdan en la novela los nombres de Bernanos, Claudel y Mauriac.[8]

Como redactor de la página cultural Pereira es responsable entre otras cosas de las necrologías de personajes ilustres. Se censura a sí mismo como todos sus compañeros aunque le repugna profundamente la necesidad de mitos nacionales que sienten los fascistas y a la que ha de corresponder. De mala gana escribe artículos sobre aniversarios y figuras históricas cuya valoración – incluso en contra de los datos históricos verdaderos – tiene como objeto acrecentar la fama de la nación portuguesa. *Sostiene Pereira* es una historia sobre *Necrologías*, es decir sobre un tipo de texto que se encuentra bajo el signo de la memoria. En el escrito necrológico como una forma del trabajo de rememoración explícito se refleja, junto a la ocupación cotidiana periodística y la sospechosa producción de mitos engañosos, al fin y al cabo el acto literario crítico mismo, ya que existen las formas más variadas del trabajo de rememoración necrológica después de la muerte. Ahí está primeramente el escribir de los oportunistas políticos que se adapta y es conforme al sistema. En segundo lugar, el escribir que intenta evitar mediante consideración o astucia la confrontación directa con el poder (Pereira elige durante mucho tiempo esta forma). En tercer lugar, uno que busca también esta confrontación en nombre de lo suprimido. Desde la perspectiva del que recuerda, llegan a expresarse cosas que hasta ahora no fueron dichas. Así le revolotea a Pereira, a su escritorio, un artículo conmemorativo sobre García Lorca que él, no obstante, no considera publicable. Aquí se dice sobre el muerto:

---

    a quien, según afirma, había conocido, de cuya muerte se había enterado y al que había visto por última vez en la capilla ardiente.

8 Pereira se entera de que Bernanos, escritor católico, acusó en público al régimen de Franco, lo cual, entre otros, llegó a producir un escándalo en el Vaticano. Un sacerdote le explica el papel que Mauriac y Claudel juegan como adversarios del régimen franquista y defensores de los vascos, a su vez católicos y antifranquistas.

> Due anni fa, in circostanze oscure, ci ha lasciati il grande poeta spagnolo Federico García Lorca. Si pensa ai suoi avversari politici, perché è stato assassinato. Tutto il mondo si chiede ancora come sia potuta avvenire una simile barbarie.[9]

El artículo, que Pereira le presenta al autor decepcionado a continuación como no publicable, habla un texto claro siendo por esto peligroso.

> Pericoloso, sostiene [sc. Pereira], l'articolo era pericoloso. Parlava della profonda Spagna, della cattolicissima Spagna che García Lorca aveva preso come obiettivo per i suoi strali nella *Casa di Bernarda Alba*, parlava della «Barraca», il teatro ambulante che García Lorca aveva portato al popolo. E qui c'era tutto un elogio del popolo spagnolo, che aveva sete di cultura e di teatro, e che García Lorca aveva soddisfatto.[10]

El autor de la necrología de Lorca había esperado hasta entonces poder publicar por lo menos en Portugal su evaluación de la situación política y cultural de España, siendo informado por Pereira sobre la verdadera situación en ambos países:

> [...] non so se lei si rende conto, caro Monteiro Rossi, che in questo momento in Spagna c'è una guerra civile, che le autorità portoghesi la pensano come il generale Francisco Franco e che García Lorca era un sovversivo, questa è la parola: sovversivo.[11]

Sus propias palabras producen en Pereira un proceso de reflexión que se opone a la represión: en el mismo momento en el que usa la palabra que toma de la lengua oficial «sovversivo», subversivo, toma conciencia más que nunca de en qué manera él mismo se amolda y empieza a presentir que no puede cerrar más los ojos ante las realidades políticas. Monteiro Rossi, el autor del texto oprimido sobre Lorca, escribe en lo sucesivo para Pereira (que le da dinero de su propio bolsillo) diversas necrologías de personas que todavía viven: todos son textos no publicables, valoraciones de artistas vanguardistas y de la oposición. Estos textos rememorativos son por una parte la encarnación de los recuerdos prohibidos, ya que hablan de lo que se prohíbe decir, y por otra están dirigidos al futuro como necrologías anticipadas y a los lectores de un tiempo futuro en el que quizás sea posible crearse una opinión libremente que pueda ser publicada.[12] Mientras que en Delibes lo no dicho habla a través de la voz de una figura amoldada a las circunstancias, en Tabucchi encuentra un almacén provisional en el cajón del periodista Pereira. Su retrospectiva de la vida ficticia no necesita entonces respetar más la censura, ya que Pereira ha logrado sustraerse al poder de la dictadura de Salazar. Al contrario que en la novela de Delibes, que no

---

9 Tabucchi 1996: 37.
10 Tabucchi 1996: 37.
11 Tabucchi 1996: 38.
12 De F.T. Marinetti, que de hecho no morirá antes de 1944, compone Rossi, en el verano de 1938, un artículo necrológico en el que M. es caracterizado como criminal peligroso, como glorificador de la guerra y belicista, siendo reprobado, al mismo tiempo que Marinetti, también el fascismo italiano. Pereira, que considera no haber aún llegado el tiempo de rememorarse de tal manera, por supuesto no destruye el artículo, sino que lo guarda, en una carpeta que lleva el título «necrologías» y adonde llegará pronto también un artículo de Rossi sobre Mayakovski.

deja caer nunca la máscara, puede la novela de Tabucchi, publicada en la Italia democrática, reflejar explícitamente la tensión entre lo dicho y no dicho, lo recordado y lo oprimido.

La vida de Pereira cambia profundamente como consecuencia de conocer a Monteiro Rossi. Rossi está relacionado con la oposición española, trabajando también en la clandestinidad. Este contacto se convertirá pronto en peligroso para Pereira especialmente porque Monteiro intenta hacer uso de su ayuda. Así le ruega a Pereira que ayude a esconder a un primo (supuestamente) suyo que había venido de España a Portugal para reclutar a voluntarios para las brigadas republicanas. Pereira vacila en un primer momento en cooperar con la oposición republicana, pero entonces ayuda al «primo» clandestino por lo menos económicamente, y poco tiempo después hospeda en su casa al también buscado Monteiro Rossi. Policías secretos de civil descubren su escondite, muelen a palos a Pereira y asesinan a su protegido. El envejecido periodista decide en consecuencia ir al exilio bajo nombre falso. Pero antes de esto pone en circulación con un truco una necrología de Monteiro Rossi, redactada por él mismo, que informa abiertamente sobre el acto de violencia cometido por la policía secreta y que puede ser publicada únicamente como consecuencia de un truco engañoso a la censura del periódico.

Toda narración literaria vive de recuerdos concretos sobre sucesos reales, aunque no está determinada por éstos y teniendo abiertos todos los caminos que conducen hacia lo fantástico. Esto se expresa en el epílogo de Tabucchi; éste está dedicado a la memoria de un periodista portugués, que permanece anónimo y cuya persona histórica se mezcla en el relato con la inventada por Pereira. Representantes fantasmagóricos de lo pasado y de lo olvidado acosan a los protagonistas de Tabucchi una y otra vez, hacen ser recordados e insisten en su realidad. Los temas memoria e imaginación son válidos también para la novela de Tabucchi *Il filo dell'orizzonte* (1986), la cual vuelve a desarrollarse, a la vez, en el límite franqueable entre lo realmente vivido y lo fantasmagórico. El protagonista Spino, que de forma parecida al escritor de necrologías Pereira, es responsable, como empleado en un depósito de cadáveres, de legados de la vida humana, se hace a la búsqueda de huellas de un muerto desconocido y anónimo que se había dado el nombre de «Nobodi». Este muerto toma una función medial en muchos respectos. Especialmente parece mostrarle al héroe un camino hacia su propio pasado. La persona misteriosa de Nobodi se encuentra, evidentemente, en íntima relación con el propio Yo de Spino. Es como si hubiera hecho experiencias que le pertenecen a Spino y que sin embargo éste ha olvidado. Spino da en su búsqueda entre otras cosas con el negativo de una foto que él mismo revela, no se deja claro si se puede ver a Nobodi (de niño) verdaderamente. El proceso del revelado de fotos se convierte por una parte en una metáfora de la repetición consumada de lo pasado. La elaboración de la fotografía se convierte en conjuro de fantasmas haciendo alusión a la práctica establecida de fotografía de fantasmas en las postrimerías del siglo XIX. En ésta se refleja el trabajo de rememoración de la misma narración:

> Nella vasca del reagente i contorni sembrava stentassero a delinearsi, come se un reale lontano e trascorso, irrevocabile, fosse riluttante a essere resuscitato, si opponesse alla profanazione di occhi curiosi ed estranei, al risveglio in un contesto che non gli apparteneva. Quel gruppo di famiglia, l'ha sentito, si rifiutava di tornare a esibirsi sul palco delle immagini [...]. Ha capito anche che stava evocando dei fantasmi [...].[13]

4. Peter Härtling: *Der spanische Soldat oder Finden und Erfinden* (1984)[14]

Hace veinte años Peter Härtling presentó en Frankfurt un compendio de sus conferencias sobre poética con el título *Der spanische Soldat oder Finden und Erfinden* (1984). Con este título, el autor insiste en que su trabajo literario está estrechamente ligado a su experiencia vital y a la realidad vivida: «[...] mi intención no es inventar lo que se puede encontrar.»[15] Esta retro-relación con la experiencia toma forma física en la figura de un soldado español, cuya foto se puede ver en la cubierta de dicho compendio. Se trata del famoso retrato fotográfico realizado por Robert Capa a un soldado de la Guerra Civil española, en el mismo momento en el que es abatido de un tiro. Durante todo el tiempo que duraron los preparativos de este trabajo sobre la relación entre la búsqueda y la invención, Härtling siempre estuvo acompañado por la foto del desafortunado soldado español, hasta que llegó un momento en el que la instantánea se apoderó de él:

> [...] das Bild vom Soldaten, dessen Namen ich noch nicht weiß, dem ich vielleicht einen Namen geben muß. Habe ich das Bild gefunden, fand es mich? Immer wieder reißt jemand in mir die Arme so hoch wie er. Ich darf mich nicht überwältigen lassen, muß von dem andauernden Schrecken Abstand gewinnen, wenn ich erst einmal den Spuren Capas nachgehe, alles über ihn erkunde. Mir schwebt vor, zwei Wege zu beschreiben, die so verlaufen, daß sie sich nicht kreuzen müßten, aber plötzlich wie von einer magnetischen Kraft aneinandergerissen werden. Und dann das Entsetzen, der stockende Atem.[16]

Los dos caminos que el autor decide describir a continuación, basados en los recuerdos, son por una parte el del fotógrafo Capa y por otro el del soldado español. La relación entre ambos personajes desconocidos para él, constituye para Härtling

---

13 Tabucchi 1999: 54-55.
14 *El soldado español o cómo buscar e inventar*. Los títulos de obras así como las citas de Peter Härtling en alemán han sido traducidos con motivo de esta publicación.
15 «[...] ich will nicht erfinden, was sich finden läßt.» Härtling 1984: 21.
16 Härtling 1984: 9. «[…] la imagen del soldado cuyo nombre todavía no conozco y al que quizás debo dar un nombre. ¿He encontrado yo el retrato fotográfico o me encontró él a mí? Siempre de nuevo alguien dentro de mí levanta los brazos tan altos como él. No debo dejarme impresionar, primero tengo que distanciarme del susto continuo si quiero seguir las huellas de Capa, si quiero averiguar todo sobre él. Pienso en describir dos caminos que discurren de tal manera que no deberían cruzarse pero que repentinamente como por fuerza magnética se juntan. Y entonces el horror, la respiración que cesa.»

precisamente un símbolo que caracteriza al autor y a una realidad que se cruza de pronto por el camino del artista y que le obliga a reaccionar ante semejante reto. En opinión de Härtling, en esta foto se repite esa manera imprevista de hallar precisamente el propio material.

> Ich stecke in einer Geschichte [...]. Im Augenblick wird sie noch wortlos von einem Foto erzählt. [...] Das Foto, das einen Soldaten im spanischen Bürgerkrieg im Augenblick seines Todes zeigt und das von Robert Capa aufgenommen wurde, ist nur der Ausgangspunkt für eine Recherche nach zwei Menschen: dem, der so kaltblütig war, auf den Auslöser seiner Kamera zu drücken, und dem, der, von einer Kugel getroffen, im Lauf innehält. Das Bild hat sie auf immer verbunden, der Tod des einen trug auf entsetzliche Weise zum Ruhm des andern bei. [...] Was werde ich von ihnen erfahren und was läßt sich erzählen?[17]

Las reflexiones de Härtling sobre los propios motivos ponen en evidencia, tanto para el autor como para el lector, que la búsqueda de la historia del soldado español supone una confrontación con el pasado y las experiencias vitales de uno mismo. El denominador común de esos recuerdos vividos y de la escena retratada en la fotografía, reside en el hecho de la experiencia de la guerra y de la violencia.[18] Mediante la recapitulación de las experiencias concretas vividas en guerras, el autor acaba comprendiendo el significado que ha adquirido la fotografía para él: equivale a una experiencia personal, aunque no haya vivido ningún episodio de la Guerra Civil española.

> Da nähere ich mich meinem Fund. Genauer: Ich beschreibe, in welchem Zustand ich mich befinde. Ich bin das Kind, das zum ersten Mal in das Gesicht eines toten Soldaten sieht, im Frühjahr 1945. Er liegt am Rande eines Bahngleises, nicht wie einer, der schläft, nicht wie der besungene Kamerad an meiner Seite, sondern hingeschlagen, die

---

17 Härtling 1984: 8. «Me encuentro sumido en una historia [...]. De momento es contada sin palabras por una fotografía. [...]. La fotografía que muestra un soldado en la Guerra Civil en el momento de su muerte y que fue tomada por Robert Capa es solamente el punto de partida para una indagación sobre dos individuos; el que con tanta sangre fría presiona el disparador de su cámara y el que siendo abatido por una bala se detiene. La imagen los ha unido para siempre, la muerte de uno contribuyó de una manera espantosa a la fama del otro. ¿Qué me contarán y qué se puede contar?»

18 «Meine Wut sucht nach ihrer Vergangenheit. Wie fing für mich diese Geschichte an. Nicht nur für mich, für uns alle, die wir nach dem Zweiten Weltkrieg noch sehr jung waren. Inmitten von Ruinen, umgeben von den Schatten der Toten, schworen wir uns, nie mehr eine Waffe in die Hand zu nehmen und unsere Kinder sollten nie Kriegsspielzeug in die Hände bekommen. Viele von uns haben rasch vergessen. Sie lassen ihre Kinder bei militärischen Schautagen auf Panzer und Raketen klettern, haben nichts dagegen, daß sie, so angefeuert, Kriege und Siege erfinden.» Härtling 1984: 19. («Mi ira está buscando su pasado, el cómo empezó esta historia para mí. No solamente para mí sino para todos nosotros que todavía éramos muy jóvenes después de la Segunda Guerra Mundial. En medio de escombros, rodeados de las sombras de los muertos, nos juramos no volver a tomar un arma en la mano. Tampoco nuestros hijos deberían jugar nunca con juguetes bélicos. Muchos de nosotros hemos olvidado con rapidez. En demostraciones militares les dejan a sus hijos trepar a tanques y a cohetes, no tienen nada en contra de que ellos, tan enardecidos, imaginen guerras y victorias.»)

blicklosen Augen halb geöffnet, den Mund aufgerissen, als hätte er verzweifelt Luft holen wollen. Jemand reißt den Jungen weg, sagt: Das ist nichts für dich. So, als läge der Soldat unerlaubt auf dem Schotter und als dürften Kinder nicht wissen, wie im Krieg gestorben wird. / Der Soldat von damals: Ich sah ihn, Jahre später, auf dem Bild Capas in der Sekunde seines Todes. Eben rannte er noch, eben hörte er noch seinen Atem, eben sah und fühlte er noch. / Ich hielt mit ihm den Atem an. / Und ich erinnere mich, wie er dann dalag. / Es brauchte Jahre, bis ich mir zutraute, von ihm und von Capa zu erzählen, von zweien, die aufeinander zuliefen und nichts voneinander wußten. Und von dem Bild, das sie hinterließen wie ein Testament. / Ich habe diese Fotografie für mich gefunden, aber die Fotografie fand auch mich. / Die Gespräche der letzten Monate über Krieg und Frieden, die vielen Berichte über Kriege, Bilder im Fernsehen, die mich in meiner Ohnmacht aufwühlten, die Fragen der Kinder und meine zunehmende Verzweiflung über den apokalyptischen Gang der Geschichte bereiteten mich auf sie vor. Manchmal kommt eines der Kinder in mein Zimmer, betrachtet wortlos das Bild des spanischen Soldaten. / Ich muß wissen, woher er kam, wer er war. / Auch von Capa weiß ich viel zu wenig. / Denn ich will nicht erfinden, was sich finden läßt.[19]

Sus investigaciones le llevan primero a un librería, donde encuentra un libro que contiene un reportaje fotográfico sobre la obra de Capa, y cuya portada la constituye el retrato del soldado español. Por una parte, el autor basa su búsqueda en la necesidad de escribir una historia. Sin embargo, por otra, parece evidente que no se trata de una historia determinada, sino de retrotraerse a un pasado aún no archivado por su memoria. Como un sombra incorpórea avanza espectralmente el soldado en la imaginación del autor; tanto su nombre, como su apariencia o historia han pasado al olvido, de modo que deben ser reinventadas, dado que ella, la sombra, existe a pesar de carecer de nombre.

Über ihn finde ich keinen Hinweis. Nichts. Auch nicht den Namen. Da ich mich in Uniformen nicht auskenne, weiß ich nicht einmal, ob er Francist oder Republikaner war.

---

19 Härtling 1984: 20-21. «Entonces me acerco a mi hallazgo. Más detalladamente: describo en qué situación me encuentro. Yo soy el niño que mira por primera vez en la cara de un soldado muerto, en la primavera de 1945. Yace al borde de una vía ferroviaria, no como uno que duerme, no como el camarada sobre el que se canta sino como uno al que han tirado, los ojos medio abiertos, la boca abierta como si hubiera querido desesperadamente tomar aire. Alguien aparta al joven, dice: esto no es para ti. Así como si el soldado yaciese sin permiso en la grava y como si no debieran saber los niños cómo se muere en la guerra. / El soldado de entonces: yo le vi, años después, en la imagen de Capa a la hora de su muerte. En este momento todavía corría, en este momento todavía oía su respiración, en este momento todavía veía y sentía. / Contuve la respiración con él. / Y me acuerdo de cómo yacía entonces. / Necesité años hasta que me creí capaz de contar sobre él y sobre Capa, sobre dos que se encuentran sin saber nada el uno del otro y de la imagen que legaron como un testamento. He encontrado esta fotografía para mí pero la fotografía también me encontró a mí. / Las conversaciones de los últimos meses sobre guerra y paz, los muchos informes sobre guerra, imágenes en la televisión que me emocionaron en mi impotencia, las preguntas de los niños y mi desesperación creciente sobre la marcha apocalíptica de la historia me prepararon para ella. A veces viene uno de los niños a mi habitación, mira sin palabras la imagen del soldado español. / Tengo que saber de dónde vino, quién era. / También sobre Capa sé muy poco. / Ya que no quiero inventar lo que se puede encontrar.»

Die Bildunterschrift lautet: Robert Capas berühmteste Fotografie, aufgenommen während der Schlacht in der Sierra, August oder September 1936. / August. / Heute, gestern, morgen vor siebenundvierzig Jahren. Ich war drei Jahre alt. / Und wie alt war er? / Fünfundzwanzig? Fünfunddreißig? / Auch wenn ich seinen Namen nicht herausbekomme, denke ich, muß ich ihm einen Namen geben, denn ich will ihn nicht namenlos lassen. Es sollte ein einfacher Name sein. Einer, der ihn mir vertraut macht, mich ihn ohne Vorbehalt anreden läßt. / Doch ich muß mich hüten, jetzt schon zu grübeln, darf nicht vorgreifen und mich voreilig festlegen. Ich sollte auf jeden Fall noch weiter suchen, vielleicht nach einer Notiz, irgendeinem Hinweis auf den Soldaten. Allmählich werde ich ruhig und sicherer. Er ist einer, von dem ich erzählen muß, weil er schon lange zu jenen Gestalten gehört, mit denen ich umgehe, die mich mit Trauer erfüllen, aber auch mit dem Wunsch, die nicht aus der Erinnerung zu verlieren, nicht aus dem Wort fallen zu lassen. Irgendwann, in den nächsten Tagen oder Wochen werde ich die Erzählung beginnen, mit einem Satz, der ein Echo auslöst oder einem, den ich wieder und wieder revidiere. Ich werde sehen.[20]

Para alivio de Härtling, el soldado resulta ser un miliciano, aunque no debería aportar esa información, ya que, simpatías políticas aparte, se trata de la función catalizadora que provocan los recuerdos residuales en la tarea literaria.[21] La literatu-

---

20 Härtling 1984: 22. «Sobre él no encuentro ningún indicio. Nada. Tampoco el nombre. Ya que no entiendo de uniformes, ni sé si era franquista o republicano. La leyenda dice así: la fotografía más famosa de Robert Capa tomada durante el combate en la Sierra, agosto o septiembre de 1936. / Agosto. / Hoy, ayer, mañana hace cuarenta y siete años. Tenía 3 años. / ¿Y cuántos años tenía él? / ¿Veinticinco? ¿Treinta y cinco? / Aunque no averigüe su nombre, tiene que existir un nombre porque yo no lo quiero dejar sin nombre. Debería ser un nombre sencillo. Uno para poder familiarizarme con él, uno que me deje tratarlo sin reserva. / Sin embargo, tengo que librarme de empezar a cavilar ya, no debo anticiparme ni comprometerme precipitadamente. De cualquier manera debería seguir buscando, quizás una nota, algún indicio sobre el soldado. Poco a poco me vuelvo tranquilo y más seguro. Él es uno sobre el que tengo que contar porque pertenece ya desde hace tiempo a aquellos personajes, con las que trato, aquellas que me llenan de tristeza teniendo también el deseo de no perderlas de mi memoria y de que no dejen de ser mencionadas. Algún día, en los próximos días o semanas empezaré la narración con una frase que provoca un eco o con una que reviso una y otra vez. Ya veré.»
21 «‹Death of a Loyalist Soldier› steht unter dem Bild. Spanien, August oder September 1936. Mehr nicht. Er gehörte also zu den Soldaten, die der Republik dienten, sich nicht Franco angeschlossen hatten. Eine weile hatte ich angenommen, er sei Francist, wollte es aber schon nicht wahrhaben, obwohl dieser Augenblick, sein Tod, jede Parteilichkeit aufhebt und mich in meiner Parteilichnahme noch nachträglich beschämt. Vielleicht kämpfte er für die Sache der Republik. Vielleicht tat er auch nur seinen Dienst, denn er wird schon vor dem Aufstand der Faschisten Soldat gewesen sein. Vielleicht war seine Familie zerrissen wie viele damals in Spanien, und einer seiner Brüder stand in der Sierra, an der Guadarrama-Front, gegen ihn.» Härtling 1984: 61. («Bajo el retrato fotográfico pone: ‹Death of a Loyalist Soldier›. España, agosto o septiembre de 1936. Nada más. Por consiguiente, pertenecía a los soldados que sirvieron en el ejército de la República, a los que no se unieron a Franco. Durante un tiempo supuse que era franquista pero sin embargo no quería admitirlo aunque ese momento, el de su muerte, anula cualquier parcialidad sintiéndome más tarde avergonzado por mis simpatías por un partido. Quizás luchó por la causa de la República, quizás sólo cumplía con su obligación ya que ya sería soldado antes del alzamiento fascista, quizás estaba dividida su familia como tantas

ra, destaca Härtling, no es simplemente un continuo «inventar» sin consistencia, muy al contrario debe basarse en la propia experiencia vivida. Esta reflexión adquiere máxima credibilidad, cuando se constata que el autor ha diseñado su conferencia sobre poética como un relato basado en la búsqueda por él emprendida a propósito de la fotografía hallada. La tarea central del autor la constituye la acumulación de experiencias, cercanas todas ellas al olvido más completo. La literatura surge de trabajar los recuerdos, luchando permanentemente con figuras carentes de nombre, cara o historia. Allí donde se pierde la historia, aparecen las conjeturas e hipótesis, es decir se comienza a experimentar con posibles historias. En todas las historias, incluso las ajenas, el Yo escribiente siempre avanza en pos de relatar su propia historia.[22] Al mismo tiempo se forman grandes núcleos entretejidos de historias. La búsqueda sobre Capa hace que el autor tope con la autobiografía de éste. No obstante ésta no le será de mucha ayuda, ya que plasma a un reportero cruel y al mismo tiempo inocente,[23] en la que no obstante se cita que Capa nació en Budapest en el seno de una familia judía, y que tuvo que huir de los nazis a París, donde renunció al primer apellido, pasando a llamarse ya simplemente Robert Capa. Irritado por la posibilidad de que la fotografía pudiera haberse tomado en unas circunstancias diferentes a las supuestas, o que pudiera tratarse incluso del retrato engañoso de una lucha simulada,

---

    en España en aquellos tiempos y su hermano estaba en la Sierra, en el frente de Guadarrama, contra él.»)

22 Mientras duró el estancamiento en la búsqueda de la realidad que se escondía tras la foto, el escritor sufrió una crisis de lectura y escritura. Era incapaz de acercarse normalmente a otros textos, incluso a aquellos escritos por otros.
«Allmählich begreife ich. Ich muß den Soldaten finden. Er könnte mir helfen, über diese Kluft zu gelangen. Mir ist, als falle der ins Riesenhafte gewachsene Schatten des Soldaten auf uns alle. Er wird zum Boten unserer Geschichte, die uns über den Kopf wächst. Ein Bote zwischen Leben und Tod, zwischen Atmen und Ersticken, zwischen Sprache und Verstummen. Einer von ungezählten. Und immer unser Stellvertreter. Wir könnten er sein und sind es, aus Zufall, noch nicht. Wer hat ihn ausgeschickt, wer hat ihm den Befehl gegeben, aus dem Graben zu springen, über das karstige Plateau zu rennen auf die kugeln zu, von denen eine ihn treffen wird? Wer schaut ihm nach, wer wird betroffen sein und wer fängt ihn auf? Wohin fällt er? Auf die schrundige Erde, in unser Gedächtnis, ins Nichts? Geht seine Seele verloren? Er hat mir beigebracht, weshalb die Bücher nichts mehr taugen. Er ist das Inbild meiner Kränkung.» Härtling 1984: 42. («Poco a poco comprendo. Tengo que encontrar al soldado. Podría ayudarme a salir de este abismo. Me da la impresión de que la creciente sombra gigantesca del soldado cae sobre todos nosotros. Se convierte en mensajero de nuestra historia con la que no damos abasto. Un mensajero entre la vida y la muerte, entre el respirar y el ahogarse, entre el hablar y el callar. Uno entre innumerables. Y él es siempre nuestro representante. Podríamos ser él y todavía, de casualidad, no lo somos. ¿Quién lo envió, quién le dio la orden de saltar de la trinchera, de correr sobre la meseta calcárea hacia la balas de las cuales una un día le alcanzará? ¿Quién le sigue con la mirada, quién estará consternado y quién se ocupa de él? ¿Adónde cae? ¿Al suelo agrietado, en nuestra memoria, en nada? ¿Se pierde su alma? Él me ha enseñado por qué los libros no son buenos para nada. Es el símbolo de mi humillación.»)

23 Cfr. Härtling 1984: 65.

Härtling decide reinventar también a Capa, el reportero, como un personaje literario. El relato recitado al final de la conferencia está compuesto por párrafos separados y cuenta una historia doble: por un lado la del soldado y por otro la del fotógrafo. La del soldado está escrita en presente, la del reportero en pasado.

En opinión de Härtling (48), dada la historia más reciente arrojada por las guerras más cercanas en el tiempo, «ya no resulta suficiente el lenguaje de la literatura antigua [...].» Continúa exponiendo que del miedo nace la necesidad de buscar nuevas palabras para plasmar una experiencia en la que el individuo ya no tiene importancia, una experiencia en la que éste ya forma parte de la historia. El escritor interrumpe sus reflexiones sobre la imposibilidad de reflejar la experiencia contemporánea, para volver a centrarse en Capa y su soldado; éste último aún sin nombre.[24] El objetivo de la búsqueda sobre el soldado español, es tratar de hallar un emplazamiento a la literatura contemporánea, que ha agotado todos sus recursos. Lo que nos ofrece para leer, es sin duda una historia inventada, en la que soldado y fotógrafo vuelven a resucitar.[25] En la conferencia, la fotografía retratada por Capa encarna el

---

24 «Braucht er einen, damit ich ihn rufen, ihn ansprechen kann? / Ich will von ihm erzählen, von ihm und Capa. / Doch wie? / Mir wird nichts anderes übrig bleiben, als es so zu tun wie immer, wie ich es kenne und kann, nach den Mustern, die ich geübt habe, mit der Sprache, die ich halbwegs beherrsche, in den Bildern, die wir verstehen [...]. Wir alle schreiben, ob wir es wahrhaben wollen oder nicht, eine Endzeit-Literatur [...]. Dabei erwarten wir insgeheim eine neue Ästhetik, eine andere Literatur. / Ich weiß nicht, wie sie aussehen soll. Ich weiß aber, unsere Sprache und unsere Phantasie sind dem Zeitbruch, in dem wir uns befinden, nicht gewachsen. Vielleicht sollten wir die traditionellen Formen und Formeln vergessen, uns nicht mehr um die hohe Sprache und den tiefen Sinn bemühen, sondern uns auf den Schmutz der vielsprachigen Sprachlosigkeit einlassen [...].» Härtling 1984: 50-51. («¿Necesita un nombre para poder tratarlo, para poder llamarlo? / Quiero contar sobre él, sobre él y sobre Capa. / ¿Pero cómo? / No me queda más remedio que hacerlo como siempre, como conozco y soy capaz, según el modelo que he practicado, con el lenguaje que domino medianamente, en imágenes que entendemos. [...] Todos nosotros escribimos, tanto si queremos admitirlo o no, una literatura de fin de tiempo. Generalmente ansiamos una nueva estética, una nueva literatura. No sé a qué debe parecerse, lo único que sé es que nuestro lenguaje y fantasía no están a la altura de la época en que nos encontramos. Quizás deberíamos olvidar las formas y fórmulas tradicionales, quizás no deberíamos esforzarnos más por un lenguaje elevado y por un sentido profundo y aceptar la impureza de la ausencia de habla plurilingüe.»)

25 Compárese el grueso de la cuarta conferencia: «Capa und der Soldat – Vorgefunden für eine Erzählung». «Seit Wochen beschäftige ich mich, um Capa und dem Soldaten näher zu kommen, um zu erfahren, wie sie sich einander näherten, mit Büchern, Broschüren über den spanischen Bürgerkrieg. Manche lese ich ein zweites, drittes Mal: Die Erinnerungen von Koestler, Bernanos, Orwell und Malraux, Enzensbergers Durruti-Montage. Die Stimmen geraten durcheinander und wieder überkommen mich wie jedes Mal, wenn ich auf sie höre, Trauer und Wut. Können diese Bruchstücke, diese oft nüchternen Mitteilungen, in denen sich Kürzel wie CEDA, CNT, JCU, PCE, POUM und SIM häufen, Kürzel, die ihre oft tödliche Wirklichkeit besaßen, können diese Ausschnitte von Vergangenheit mir helfen? Ich denke an die Internationalen Brigaden, an die Erzählungen von Ludwig Renn und Alfred Kantorowicz, ich höre die aufmunternden oder melancholischen Lieder, die Ernst Busch sang, versuche mich in die Aufbruchsstimmung zu ver-

símbolo de la realidad «muerta», sobre la que el autor hace un esfuerzo de imaginación, para devolverles a la vida. La fotografía hace de médium, uniendo pasado y presente, pero también realidad y ficción literaria. Härtling reviste la foto de una historia, un pasado inventado: la historia del soldado español se relata al final de la conferencia como un relato doble de ficción, sobre dos hombres, cuyos caminos se cruzaron en aquel preciso instante que retrata la fotografía.

5. Marcel Beyer: *Spione* (2000) [26]

En el centro de la novela de Marcel Beyer se encuentra un álbum de fotografías, un álbum de fotografías de familia. Cuatro adolescentes, el narrador, sus primas Nora y Paulina así como su primo Carl encuentran un álbum que se interrumpe bruscamente y cuya fotografía más antigua fue tomada cuando su abuelo y abuela eran jóvenes. El flujo de informaciones de las fotografías parece alterado en muchos aspectos dando únicamente como resultado una imagen fragmentada de los antecedentes de los adolescentes, debido tanto a la documentación interrumpida de la historia familiar, como a la eliminación posterior de fotografías. Las fantasías de los jóvenes giran alrededor de las fotografías desaparecidas mezclándose además de forma estrecha con su vida y con la de otros miembros de la familia. Objeto de sus fantasías son especialmente

---

setzen, in der schon Zweifel und Verzweiflung sich eingenistet hatten, lese Kommentare zu Picassos Guernica. / Muß ich das alles für Capa und den Soldaten wissen? Ja, sage ich mir, denn es ist ihre Zeit, die sie aufeinander zutreibt; die sie denken und handeln aus ihrer Gegenwart, sind durchdrungen von momentanen Erfahrungen und Parolen. / Greift an! wird einer gerufen haben, greift an! und der Soldat wird, vielleicht mühsam und ängstlich, aus dem Graben geklettert sein und den anderen, die schneller waren als er, nachgerannt sein. Beinahe blind, auf seinen Atem lauschend. Er spürt den Druck seines Bluts im Kopf, hörte es rauschen im Ohr.» Härtling 1984: 60s. («Para saber más sobre Capa y el soldado, para saber cómo se acercaron el uno al otro, me dedico desde hace dos semanas a leer libros y folletos sobre la Guerra Civil. Algunos los leo dos, tres veces: los recuerdos de Koestler, Bernanos, Orwell y Malraux, Durruti de Enzensberger. Las opiniones se entreversan y como siempre la tristeza y la rabia se apoderan de mí al escucharlas. ¿Me pueden ayudar estos fragmentos, estos comunicados escuetos en los que se amontonan abreviaciones como CEDA, CNT, JCU, PCE, POUM y SIM, abreviaciones que poseían muchas veces una realidad mortal, me pueden ayudar estos fragmentos del pasado? Pienso en las Brigadas Internacionales, en las narraciones de Ludwig Renn y Alfred Kantorowicz, oigo canciones animadas o melancólicas que cantaba Ernst Busch, intento ponerme en este estado de ánimo en el que ya se habían establecido la duda y la desesperación, leo los comentarios sobre el *Guernica* de Picasso. / ¿Tengo que saber todo esto para Capa y para el soldado? / Sí, me digo a mí mismo ya que es su época la que los lleva el uno al otro; piensan y actúan según su presente, están penetrados de experiencias y parolas. / Alguno habrá gritado: ¡Atacar!, ¡atacar!, y el soldado quizás temeroso y a duras penas habrá salido de la trinchera, habrá corrido, casi ciego y escuchando su propia respiración, detrás de los que eran más rápidos que él. Siente la presión de la sangre en su cabeza, la oye zumbar en su oído.»)

26 *Espías*. El título y los pasajes del libro han sido traducidos con motivo de esta publicación.

su abuela, cantante en tiempos de ópera, y la segunda mujer de su abuelo llamada «la vieja». ¿Eliminó «la vieja» las fotografías de la abuela del álbum para borrar el pasado de su marido? ¿Es que está muerta la abuela de verdad? Con este secreto, todavía sin revelar, de la historia familiar que tiene que ver con la abuela, está asociado otro secreto político-histórico que por otra parte parece darse a entender a partir de la ausencia de las fotografías. Según la reconstrucción llevada a cabo por los jóvenes, el abuelo era miembro de la Legión Cóndor. Esta y misiones precedentes para la creación de una nueva aviación en la Alemania nacionalsocialista estaban sujetas a la más estricta obligación de mantener el secreto. Retrospectivamente, la negación de conceder informaciones sobre esta parte de la historia del abuelo, significa también otra clase de mistificación: una negada culpa colectiva e individual, lo oprimido del pasado no sólo del individuo sino del conjunto de los alemanes. Los jóvenes reconstruyen, exclusivamente de forma hipotética y de fábula, junto a la historia del abuelo la historia de la abuela, que no debía saber nada sobre la misión militar de su prometido en la Legión Cóndor. Según las especulaciones de los que miran el álbum, ella recibía sólo cartas en las cuales él, por consideración a la censura de cartas, no decía nada sobre sí mismo, su lugar de estacionamiento y sus experiencias. Solamente los rumores dejaban entrever la misión. Los comunicados oficiales descartaban una participación de la aviación en la Guerra Civil española. Los intentos de la joven mujer de hacerse una imagen de su prometido eran acompañados de represión y censura de imagen. El «álbum de fotografías» de su memoria había grabado solamente imágenes ambiguas y todavía más, de acuerdo con la reconstrucción hipotética de lo sucedido a través de los nietos, el soldado alemán tampoco había visto nada.

> Sie weiß ihren Verlobten in der Luft, aber sie will ihn nicht im Anflug auf spanische Städte sehen, wie er in der Kabine hockt und sich die Richtung noch einmal bestätigen läßt, wie er die Zielkoordinaten weitergibt oder die Zeit bis zum geplanten Abwurf. [...] Sie will ihren Verlobten nicht da oben sehen, auf einem seiner ruhigsten Flüge der letzten Wochen [...]. Sie will nicht dieses Pfeifen in den Ohren haben, das nun aus allen Richtungen zu kommen scheint, das Platzen und Zerbersten will sie auch nicht hören, den Krach, vor dem alles andere vergeht. Die Taubheit möchte sie nicht spüren, beim Blick hinauf durch Staub und Rauch und Trümmer, wo nun in der Kabine eines abdrehenden Flugzeugs ihr Verlobter sich nicht einmal mehr erahnen läßt. / Gesehen hat er nichts, kein Dorf und keine Brücke. [...] Aber die Kamera am Flugzeugrumpf hat jeden Schritt in Einzelbilden festgehalten. Sobald die Filmrollen aus den Kanistern kommen, sobald die ersten Abzüge getrocknet sind, versammelt sich das fliegende Personal, um den zurückliegenden Einsatz zu bewundern, die Aufnahmen werden gleich an die Wand geheftet. Das ist die ausgeklinkte Munition über der Landschaft. Da sind selbst Schatten anderer Maschinen zu erkennen. Es folgt ein stilles Bild, nichts außer den bekannten Punkten. Und dann der Rauch, die Flammen und die Trümmer. Es heißt, die Brücke hätte es sein sollen. Es ist das Dorf geworden. / Das kann auch ihr Verlobter deutlich sehen, obwohl die Luftbilder ein gutes Auge und ein wenig Übung erfordern, der Abstand zwischen Kamera und dem Objekt ist immer ausgesprochen groß. Da sieht er aufgeris-

sene Straßen mit Fahrzeugkolonnen, da sieht er brennende Gebäude und die vielen frischen Lücken, Tote jedoch nicht.[27]

Esta construcción describe el contramodelo directo a la tradición de memoria positiva: el soldado no ha visto nada, sólo las imágenes hacen alusión a la misión aérea. Su novia no sabía nada y deduce lo ocurrido sólo en sus ocurrencias. Los nietos hacen también hipótesis sobre estas ocurrencias. No obstante, hay nombres que como huellas vuelven al pasado dando igual si sus imágenes están nubladas o son imprecisas. El nombre de Guernica se deja caer después. Una noticia de París informó también, inmediatamente después de la misión aérea, a alemanes por separado sobre la desaparición del pueblo, donde sólo se encontraban personas civiles, mujeres y niños. No obstante de manera oficial, Guernica permanece en Alemania, un secreto que se documenta con un tabú de imagen que debido a su encubrimiento radical deja también huecos en el álbum de fotos privado y en los recuerdos de los soldados y sus familias. Las fotografías ausentes permanecen así de forma duradera, por una parte como una carga y por otra advierten sobre una culpa no expiable. Los parientes de diversas generaciones intentan, de forma compensatoria con imágenes ficticias, acercarse a la horrenda verdad.

> [...] keinerlei Überraschungen [...]. Wie unangenehm solch eine Überraschung auch immer sein könnte, sie hätte doch eine Erleichterung bedeuten können, sämtliche erfundene Bilder lösen sich vor den Augen auf [...]. Doch nun stellt sich im nachhinein heraus, ihre erfundenen Bilder werden in allen Einzelheiten von der Wirklichkeit bestätigt.[28]

---

27 Beyer 2002: 161-163. «Sabe que su prometido está en el aire pero no quiere verlo, aproximándose a las ciudades españolas, agachado en la cabina y dejándose confirmar otra vez la dirección, dando las coordinadas del objetivo o el tiempo hasta el planeado lanzamiento. [...] No quiere ver a su prometido ahí arriba, en uno de sus vuelos más tranquilos de las últimas semanas [...]. No quiere tener este silbido en el oído que entretanto parece llegar de todas las direcciones ni tampoco quiere oír el estallido y la explosión, el ruido que hace desaparecer todo lo demás. No quiere sentir la sordera al mirar arriba, a través del polvo, humo y escombros, donde entretanto, en la cabina de un avión que gira, su prometido no se puede entrever. Ver no ha visto nada, ningún pueblo y ningún puente. [...]. Pero la cámara en el fuselaje del avión ha fotografiado cada paso en imágenes únicas. Tan pronto como salen los carretes de los recipientes, tan pronto como están secas las primeras copias, se junta el personal de vuelo para admirar la misión pasada y se fijan inmediatamente las fotografías en la pared. Esto es la munición arrojada sobre el paisaje. Ahí incluso se reconocen sombras de otros aviones. Continúa una imagen silenciosa, nada además de los conocidos puntos. Y entonces el humo, las llamas y las ruinas. Se dice que tenía que haber sido el puente. Ha sido el pueblo. / Esto lo puede ver también claramente su prometido a pesar de que las tomas desde el aire requieren un buen ojo y un poco de práctica, la distancia entre la cámara y el objeto es siempre realmente grande. Ahí él ve calles destruidas con convoyes, ahí ve edificios en llamas y los muchos huecos vacíos recientes, muertos, sin embargo no.»

28 Beyer 2002: 179. «[...] ninguna sorpresa [...]. Igual que desagradable podría ser una sorpresa así, hubiera podido significar sin embargo un alivio, el conjunto de las imágenes ficticias se resuelve delante de los ojos [...]. No obstante se muestra posteriormente que sus imágenes ficticias son confirmadas en todos sus detalles por la realidad.»

Al no poder presentarse de forma positiva lo ocurrido, esto permanece como una sombra espectral sobre la vida de los implicados y no implicados. El recuerdo oprimido se pega a símbolos e indicios misteriosos. Como uno de éstos, un relicto sólo superficial e inofensivo del pasado, una muñequita que ha traído el soldado acompaña al matrimonio durante su vida posterior. Sólo ellos mismos saben a qué secreto hace alusión este recuerdo. Recuerdo no superado porque los recuerdos no mostrados se heredan hasta en las próximas generaciones.

De la misma manera en que la abuela inventa imágenes para sustituir las vivencias de guerra de su prometido, hasta que después se hace evidente la conformidad de estas imágenes con la realidad, los nietos, teniendo presente el álbum de fotos en el que faltan trozos enteros de la historia de los abuelos, se imaginan fotografías para sustituir a las ausentes. Y estas imágenes ficticias poseen energía propia.

> Ich weiß, wie hartnäckig erfundene Bilder sein können, sie legen sich über einen Anblick, und während man sie anfangs noch wie einen Schleier wahrnehmen mag, der leicht zu lüften wäre, haben sie sich schon festgesetzt, sind ins Gesehene eingedrungen, haften dort wie eine tiefere Schicht.[29]

También este procedimiento conjetural es sobre todo una circunlocución del trabajo de rememoración de la literatura. Ésta crea imágenes donde faltan las verdaderas para exteriorizar una realidad que no debería ser negada.

Conclusión

La memoria es uno de los temas esenciales de la literatura moderna. La tematización de la memoria se encuentra bajo el signo del conocimiento de la complejidad de toda experiencia temporal. Quien recuerda lo pasado, vive en un orden temporal doble (como mínimo): en el del presente y en el del tiempo que se busca, que en un principio está perdido.

El presente está lleno de recuerdos que afloran a la superficie y se vuelven a escapar; lo alucinatorio y lo que se puede experimentar a través de los sentidos se mezclan hasta no poder diferenciarlos. La literatura moderna se entiende especialmente como el recuerdo de lo reprimido, como articulación de aquello que de lo contrario es olvidado sin intención o puesto intencionadamente en manos del olvido. Se abre camino en los ámbitos de lo no mencionado: en los ámbitos de lo que hasta ahora no ha sido pronunciado y quizá ni siquiera sea pronunciable, pero también en los ámbitos de lo totalmente silenciado. Su dimensión política se basa sobre todo en este último punto.

---

29 Beyer 2002: 185-186. «Sé lo obstinadas que pueden ser las imágenes inventadas, se colocan sobre una escena y mientras parece que uno todavía al principio las ve como un velo fácil de descorrer ya se han establecido, se han infiltrado en lo ocurrido y están fijadas allí como una capa profunda.»

En relación con el interés de la literatura moderna por el tema del recuerdo se presenta la actualidad de un motivo que sólo aparentemente pertenece a una época ilustrada y que fue hecho desaparecer cuando la luz de la razón llegó a los hogares de los autores y lectores: el motivo del fantasma. Los fantasmas siguen estando en servicio hasta en la actualidad: como metáforas del recuerdo, como símbolos del pasado presente aunque invisible, como espíritus de los muertos que no permiten que los dejen fuera porque pertenecen a la vida colectiva y exigen su lugar en ésta. En la intersección del interés por la fotografía y por la actividad fantasmal de los espíritus sólo aparentemente conjurados y desterrados, se encuentra el motivo de la fotografía de fantasmas. En distintos representantes de la modernidad literaria, remite a un pasado que de una manera misteriosa, irritante y tranquilizadora, surge de repente en el campo visual del observador, ya sea en forma de imágenes borrosas o de apariciones poco nítidas. Lo presente que es poco nítido pero sin embargo salta a la vista, se convierte en parábola de la exposición literaria. Las fotos, los fantasmas y las fotos de fantasmas se convierten, sobre todo aquí, en símbolo de una exposición que se encuentra en una relación tirante con sus propios objetos, cuando se trata de la no disponibilidad de la memoria. Las fotos borrosas, las colecciones fotográficas incompletas o las fotos de espectros expresan del mismo modo qué difícil es atrapar lo pasado y mirarlo de manera objetiva. Las fotografías sirven también de imágenes del reino fantasmal del pasado y de los muertos, incluso aunque no representen fantasmas ni nos recuerden nada fantasmal por estar borrosas: son puertas, en toda la diversidad de sus formas de manifestación, hacia un pasado que no se puede silenciar. Su interpretación sin embargo se queda a menudo en una pura hipótesis. Y allí donde no se pueden detectar historias demostrables, hay que inventarlas. También ellas recuerdan experiencias pasadas y permiten que éstas se puedan articular.

Sobre todo los textos literarios se entienden como medios de comunicación de la memoria, independientemente de cualquier postulado de un realismo superficial. Las imágenes inventadas pueden ser tan verdaderas como las «encontradas» si sirven para darle forma a fragmentos de recuerdos todavía no elaborados. Las historias inventadas son tan verdaderas como las documentables. Leídas como una constelación, las narraciones estudiadas de Delibes, Tabucchi, Härtling y Beyer, que por caminos diversos pero también de forma ejemplar, buscan la pista para volver a la España de la era franquista, ilustran que el proyecto memoria sobrepasa las fronteras del propio texto y las fronteras de lo nacional.

Texto traducido del alemán por Carmen Ruiz Cía

Bibliografía

Beyer, Marcel (2002 [2000]): *Spione*. Frankfurt am Main: Fischer.
Chatman Seymour (1978): *Story and Discourse. Narrative Structure in Fiction and Film*. Ithaca: Cornell University Press.

Delibes, Miguel (1983): *Cinco horas con Mario*. Barcelona: Destino (Colección Destinolibro, 144).
Härtling, Peter (1984): *Der spanische Soldat oder Finden und Erfinden*. Darmstadt / Neuwied: Luchterhand.
Jünke, Claudia (2003): «Unzuverlässiges Erzählen und Subjektkritik. *Cinco horas con Mario* von Miguel Delibes», en Geyer, Paul / Schmitz-Emans, Monika (eds.): *Proteus im Spiegel. Kritische Theorie des Subjekts im 20. Jahrhundert*. Würzburg: Königshausen & Neumann, pp. 497-518.
Neuschäfer, Hans-Jörg (^{3}2006): «Das 20. Jahrhundert», en íd. (ed.): *Spanische Literaturgeschichte*. Stuttgart / Weimar: J.B. Metzler, pp. 315-432.
Prince, Gerald (1982): *Narratology. The Form and Fuction of Narrative*. Berlin et al.: Mouton.
Prince, Gerald (1987): *A Dictionary of Narratology*. Lincoln: University of Nebraska Press.
Ricoeur, Paul (1985): *Temps et récit*. T. 3: *Le temps raconté*. Paris: Éditions du Seuil.
Rimmon-Kenan, Shlomith (1983): *Narrative Fiction: Contemporary Poetics*. London / New York: Methuen.
Stierle, Karlheinz (1993): «Die Unverfügbarkeit der Erinnerung und das Gedächtnis der Schrift. Über den Ursprung des Romans bei Chrétien de Troyes», en Haverkamp, Anselm / Lachmann, Renate (eds.): *Memoria. Vergessen und Erinnern*, München 1993 (= Poetik und Hermeneutik XV), pp. 117-159.
Tabucchi Antonio (^{26}1996 [1994]): *Sostiene Pereira. Una testimonianza*. Milano: Feltrinelli.
Tabucchi, Antonio (^{11}1999 [1986]): *Il filo dell'orizzonte*. Milano: Feltrinelli (*Der Rand des Horizonts*. Dt. v. Karin Fleischanderl. München / Wien: 1988).

La crítica de la España tradicionalista y el problema de la espiritualidad. Sobre la obra de Juan Goytisolo

Eberhard Geisler
(Johannes-Gutenberg-Universität Mainz)

Es interesante citar a Julián Marías quien, en los años cincuenta del siglo XX y desde Buenos Aires, resumía una serie de convicciones intelectuales que se exigían de todos los que se veían enfrentados con la necesidad de integrarse en la sociedad española de aquel entonces:

> Hay que adoptar determinadas posiciones políticas de las que no se sienten solidarios los católicos del resto del mundo; hay que ser tomista en filosofía, hay que creer que Balmes es un gran filósofo, que la solución de los problemas españoles está ya en los libros de Menéndez Pelayo; tiene que preferirse la poesía de Gabriel y Galán a la de Jorge Guillén; hay que pensar que el arte español es necesariamente realista, que Amor Ruibal es más importante que Unamuno, que es mejor pintor Gonzalo Bilbao que Picasso, mejor novelista Navarro Villoslada que Baroja [...]; hay que opinar que el cine español está lleno de espiritualidad, que si interesa Donoso Cortés no puede interesar Valera, que la única lógica posible es la aristotélica, que hay planes de bachillerato intangibles, que la moral cristiana es idéntica con los usos de la pequeña burguesía de las provincias españolas [...].[1]

La cita ilustra no sólo la situación política y mental en la que Goytisolo empezó a escribir, sino que evidencia también que toda su obra, en lo esencial, se explica desde la lucha contra aquella España. Tras perder, de joven, la fe cristiana, desconfía de todo nexo entre religión y poder, y arremete contra cualquier forma de dogmatismo. El padre Vosk (*Juan sin tierra*, 1975) muestra que para ciertas sociedades el cristianismo puede estar acompañado perfectamente de una moral de negreros. En el lugar de la rígida moral pequeño burguesa pone un erotismo exento de deberes procreativos, ensalzando además, con toda franqueza, la homosexualidad. En esta actitud se revela la rebelión general de Goytisolo contra todo exclusivismo, tan notorio en los defensores de la España sagrada («decid que España no tiene por qué ser un sistema de exclusiones y veréis cómo se os excluye», agrega Marías).[2] Reanuda la visión de Américo Castro de un pasado multirracial y multicultural de España y, convencido de que una cultura no nace sino en contacto con otras, muestra las raíces musulmanas o judías de la cultura española e intenta difundir entre sus lectores un conocimiento más amplio, sobre todo, de las culturas árabes, culturas reprimidas por

---

1 Citado según García Escudero 1976: 1926s.
2 Citado según García Escudero 1976: 1927.

la España cristiana y su voluntad de homogeneidad cultural. También estéticamente, Goytisolo no se queda en casa – dejando aparte sus novelas primerizas, no sigue la llamada al realismo tradicionalista – sino que toma parte en la vanguardia europea (Nouveau Roman, Tel Quel).

Marías hace hincapié en el orgullo de la sociedad franquista sobre su pretendida espiritualidad. Hasta sus películas deben pasar por espirituales. Goytisolo cita a un poeta falangista que, en este sentido, canta «la patria española, crisol de la fe y el espiritualismo.»[3]

A muchos puede extrañar, por lo tanto, encontrar una clara inquietud espiritual también en algunas obras de Goytisolo. ¿En estos textos, se da el chaquetón y se entrega a un campo genuino del enemigo?

Por supuesto, este no es el caso. También en sus indagaciones espirituales, Goytisolo busca posturas opuestas a las de la España sagrada. Hay, eso sí, ciertas ideas que parecen avecinarse a posturas del conservadurismo español. Pero hay fuertes razones para que el autor vea realizadas estas ideas, en última instancia, fuera de su patria: en el mundo árabe. – En los años noventa, Goytisolo escribe unos ensayos en los que manifiesta su convicción de que el hombre es un ser con necesidades espirituales. Siguiendo unas palabras del escritor bosnio Dzevad Karahasán, define la poesía como «producto del hombre integral: fruto del hombre material y espiritual», como «obra del hombre en quien anidan los sueños y el afán inconfesado y confeso de transcendencia y cuyo agnosticismo racional se complementa con la inteligencia intuitiva del corazón.»[4] Esta espiritualidad tiene tres aspectos. El primer aspecto de la espiritualidad reivindicada por Goytisolo es de orden tradicional: es la trascendencia. El autor lo dice claramente en ocasión de la obra de Lezama Lima: «Sólo quien aspira a trascender lo humano, parece decirnos, alcanza la dignidad de los humanos; el que se contenta con ser humano cae en la infrahumanidad.»[5] Una de las tareas de la literatura, pues, puede consistir en «reinventar las visiones escatológicas que consuelan o atormentan nuestro perenne anhelo de trascendencia en un universo cruelmente privado por los científicos de una metafísica de la naturaleza».[6] Pretende, en su segundo aspecto, contrarrestar los efectos infaustos de la sociedad mundial actual, es decir, critica su cosificación de las relaciones humanas, o sea su tendencia a volver todo mercancía. La poesía defendida por el autor es entonces una «[p]alabra liberada merced a la cual puede escapar [sc. el hombre] a la cosificación, a la decretada condición de cliente de la llamada Tienda Global».[7] El tercer aspecto de la espiritualidad es su vuelta contra la desenfrenada dominación técnica del mundo.

---

3   Goytisolo 1997: 127.
4   Goytisolo 1995: 12.
5   Goytisolo 1995: 106.
6   Goytisolo 1995: 214.
7   Goytisolo 1995: 12.

Son los «contemplativos y poetas», pues, los que pueden salvarnos de «la modernidad incontrolada que inexorablemente conduce a la agonía de nuestro planeta.»[8] Hablando de los textos de Lezama Lima, los alaba como la «mejor respuesta de la poesía al fundamentalismo de la tecnociencia y a ese nuevo orden mundial que atrofia el espíritu, destruye la biosfera, saquea los recursos limitados del orbe, perfecciona las armas mortíferas».[9] La literatura se convierte, así, en un remedio eficaz «contra la tiranía racional de una época impermeable a las realidades espirituales, atrofiadas y anuladas por los continuos ‹avances› tecnológicos».[10]

En el centro de estos apuntes están tres obras en las que el autor indaga por el primer aspecto, la transcendencia, corroyendo en sus propuestas las mismas bases de la España tradicionalista. El primer libro es *Las virtudes del pájaro solitario* (1988) que el autor pretende haber basado en el *Cántico Espiritual* y uno de cuyos protagonistas es San Juan de la Cruz (o una figura que representa al carmelita). Para leer esta novela se puede remitir, mientras tanto, a un gran número de trabajos críticos. Mencionemos aquí tan sólo los estudios de Javier Escudero (1994) y Friederike Heitsch (1998) que hacen hincapié, entre otros aspectos, en la espiritualidad y la intertextualidad de la novela con textos islámicos. Es nuestro propósito destacar, en lo que sigue, que, en este libro, Goytisolo lleva a cabo una crítica de la metafísica occidental en general. La España tradicionalista aparece como caso muy representativo de tal metafísica. Así, Goytisolo muestra no sólo que ella se aferra a unos principios que, a nivel europeo, se encuentran puestos en tela de juicio desde hace tiempo, sino también que este aferramiento puede tener consecuencias violentas en el mundo político y social. – Recordemos que para Jacques Derrida, la metafísica occidental estriba, sobre todo, en la idea de la prioridad del origen sobre el derivado. Esta idea se hace patente, por ejemplo, en el fonocentrismo de la cultura occidental. La voz es la expresión de la absoluta relación de la conciencia consigo misma, ella comunica un significado de manera absolutamente pura. La escritura, por lo contrario, no puede sino remitir a la voz ausente y pasa, por lo tanto, por algo secundario, defectuoso y dudoso. Ahora bien, esta oposición jerárquica entre origen y derivado no se da tan sólo entre lenguaje hablado y escritura, sino entre muchas otras oposiciones que en su conjunto determinan el pensamiento occidental. Nombramos aquí tan sólo algunas: espíritu/cuerpo, Dios/hombre, identidad/diferencia, original/copia, univocidad/ambigüedad.

Si bien Derrida desarrolla la deconstrucción como técnica hermenéutica que permite hacer estremecer el dominio de aquella estructura metafísica – él parte del descubrimiento de que el primer término, pretendidamente dotado de soberanía sobre el segundo, se debe desde el principio siempre también al término pretendida-

---

8   Goytisolo 1995: 107.
9   Goytisolo 1995: 108.
10 Goytisolo 1995: 214.

mente secundario –, Goytisolo derriba estas oposiciones jerárquicas mediante sus medios de narrador. Lo que primero salta a los ojos en esta novela es la interferencia entre el discurso místico y el discurso erótico. Es esta interferencia en su poesía lo que hace la figura de San Juan tan atractiva para el autor. Mientras que el erotismo de San Juan no sirve para la ortodoxia sino como alegoría de la experiencia religiosa, para Goytisolo constituye como tal un acceso a la unión mística. Revaloriza, pues, el papel del cuerpo en esta experiencia. Tres años antes, Luce López Baralt había destacado en su estudio sobre San Juan de la Cruz y el islam (1985) los paralelos sorprendentes entre los lenguajes poéticos de San Juan y de los poetas sufíes, hecho que le llevaba a afirmar la influencia que los musulmanes tuvieron en el carmelita. Es en el sufismo donde Goytisolo encuentra precursores para su revalorización del cuerpo en la unión mística. Apunta, por ejemplo, que en ciertas comunidades de derviches la danza representaba la «simbiosis del amor pagano y experiencia mística: sus adeptos recurrían a la presencia de mancebos cuya esbeltez reflejaba la belleza divina y propiciaba el éxtasis»[11]. Varios críticos han coincidido en afirmar que «la intención del escritor es la de otorgar a lo erótico un nuevo rol dentro de la experiencia espiritual»[12]. Así, pues, rige en esta novela una ambigüedad fundamental entre erotismo y amor divino. En la relación entre lo trascendental y lo sensual, ya no hay dominio del uno sobre el otro.

Goytisolo subraya el arraigo de las experiencias místicas en lo más íntimo de los individuos. A los superiores de San Juan que le acosan y encarcelan, se les reprocha una fe superficial que se limita a formalidades:

> cristianos muertos más que cristianos viejos, obedientes a reglas de coro y campanilla [...] buscaban la presencia del Amado en un templo de cantos y no la hallaban en su fuero interior, en la sustancia de sus templos vivos![13]

La Iglesia ha formado una casta que ejerce su poder sobre los fieles. Por eso no puede «admitir la inclusión de todos los valores espirituales en la conciencia individual como pretendían unos cuantos poetas e iluminados».[14] Pero hay más. Entre el alma y Dios se establece, en la cumbre de la experiencia mística, una identidad. Goytisolo alude a esta identidad en la asamblea de los pájaros – de los iluminados, heterodoxos, homosexuales y nefandos que han aparecido a lo largo del libro – que cierra la novela. Cita la leyenda del rey Simurg, que procede de los *Coloquios de los pájaros* de Attar, poeta místico persa. Los pájaros de Goytisolo coinciden con los treinta pájaros – o sea, almas – que en la leyenda emprenden el viaje hacia el rey Simurg, quien representa al ser divino. Las almas, en Attar, se dan cuenta finalmente de que forman juntas su Dios: son *si murg* (= treinta pájaros), es decir, son Simurg.

---

11 Citado según Escudero 1994: 86s.
12 Escudero 1994: 104.
13 Goytisolo 1990b: 81.
14 Goytisolo 1990b: 116.

Goytisolo habla del Simurg, por cierto, como del «pájaro etéreo, incoloro y extático que alegoriza el alma desasida del mundo en las visiones y deliquios del santo»,[15] pero su alusión a la leyenda no permite otra interpretación que la de ver en el rey de los pájaros el ser divino.[16] Esta identidad entre el alma y su Dios es un rasgo común de la mística, también de la cristiana. El Maestro Eckehart, por ejemplo, escribe (y cabe añadir que este místico fue perseguido por la ortodoxia de su tiempo precisamente por haber negado cualquier diferencia de rango entre creador y criatura):[17]

> No se debe considerar a Dios como ente fuera de uno mismo, sino como algo que me es propio... Hay gente ingenua que piensa que debe ver a Dios como si estuviera allá, y ellos aquí. No es el caso. Dios y yo, somos *uno*.[18]

Con esto, la relación jerárquica entre Dios y hombre, creador y criatura, queda abolida.

Igualmente, cae la jerarquía tradicional entre original y copia. Uno de los protagonistas, narrador en primera persona, se ve recluido en una mansión de reposo tras haber sufrido un accidente. En el mismo lugar se reúnen varios personajes en un congreso que tiene por objetivo indagar la influencia de la mística islámica sobre el *Cántico espiritual*. El protagonista enfermo se va identificando progresivamente con San Juan de la Cruz, encerrado en su celda de convento y acosado por sus superiores. Las médicos o guardas le reprochan, aparte de la imagen heterodoxa del santo, ser un impostor: «recita versos del fundador entreverados con los de sectarios mahometanos, se identifica de modo impío con el santo, desvaría, blasfema, sigue delirando».[19] Para el novelista, sin embargo, ya no hay preferencia del original sobre la copia. Le basta con el reflejo. Todo intento de presentar la verdad es ya una falsificación.

La España tradicionalista está presente no sólo por los inquisidores que persiguen a San Juan, sino también por el franquismo. Hay escenas con elementos autobiográficos en los que el narrador recuerda su infancia cuando la mayoría de su familia saludó la victoria de los franquistas. Hay una escena en la que se mezclan recuerdos con la visión de una España en que aún muchos años después de la Guerra Civil, sigue en pie la ideología tradicionalista. El narrador es invitado por la embajadora de su país a tomar parte en una reunión, y ella cree poder presentarlo como alguien que «comparte nuestros principios e ideas, cree en la perennidad de nuestras esencias y las virtudes del Movimiento regenerador».[20] Aparte de los principios metafísicos de la esencia y la perennidad, salta a la vista la preferencia de la identidad sobre la

---

15 Goytisolo 1990b: 169.
16 Schimmel 1992: 434.
17 Véase la incriminación de 28 sentencias del Maestro por parte del papa Juan XXII; Maestro Eckehart 1979: 453.
18 Maestro Eckehart 1979: 186 (la trad. es mía, E.G.).
19 Goytisolo 1990b: 163.
20 Goytisolo 1990b: 65.

diferencia, de la homogeneidad sobre la heterogeneidad. Esta preferencia cobra violencia material cuando la embajadora festeja el que su patria haya «vencido a sus enemigos seculares de dentro y de fuera, barrido a escobazos su ilustre solar, extirpado las semillas de desunión e impiedad sembradas por doctrinas funestas».[21] Además, hay una quema de libros y manuscritos indeseados. Don Blas, que pertenece a la familia del narrador y que lleva camisa azul, forma parte de los investigadores contra San Juan. La familia también tiene su «rojo», una persona excluida no sólo de la derecha sino también, por ideas heterodoxas, de su propia organización izquierdista; es fusilado por la derecha. Los tradicionalistas no sólo se jactan de «guardianes de la ortodoxia», sino que tratan de acapararse de la misma benevolencia divina para justificar su poder: «Dios está con nosotros».[22]

Otra oposición jerárquica destruida por Goytisolo es la de univocidad y ambigüedad. Hay una escena que lo hace especialmente patente. El autor alude a la persecución de la Iglesia perpetrada por la izquierda durante la Guerra Civil. Una dama yerra por las calles, apretando contra su pecho «una cajita de obleas consagradas que un alma piadosa había logrado salvar del tabernáculo antes de que la chusma irrumpiera en la parroquia».[23] Por una parte, esta señora, como muestra ya la cita, representa el discurso de la derecha. En una escena anterior a ésta, la familia franquista se había referido igualmente a la persecución de la Iglesia por la izquierda: «evocación de crímenes y abominaciones del adversario, turbas, incendios, checas, sacerdotes y monjas cobardemente asesinados».[24] Las turbas reaparecen en el discurso de la señora: «las turbas prendían fuego a las iglesias, santas imágenes eran destrozadas, cadáveres de sacerdotes fusilados yacían en las aceras».[25] La perspectiva desde la cual la señora ve la situación es la de la clase alta con simpatías franquistas: va por las calles para averiguar el destino de «las demás familias decentes», la «población decorosa» es sometida a un rudo cacheo, las «personas pudientes y dignas» parecen haberse esfumado.[26] Por otra parte, la señora sorprendentemente forma parte del discurso libertario y espiritual que el autor mantiene a lo largo de la novela. La señora se refleja en otra mujer que, al principio del libro, sale a la calle tras una catástrofe – aquí ha estallado una bomba neutrónica – igualmente con la intención de averiguar el destino de los demás. Esta mujer es perseguida por el contagio que ha sufrido y experimenta, por ello, la exclusión social. Pertenece, pues, a las figuras positivas de la novela. Para subrayar este reflejo de la señora en su precursora, ambas llevan el mismo atuendo: «traje de organdí de color lila con vuelos de encaje y grandes lazos,

---

21 Goytisolo 1990b: 66.
22 Goytisolo 1990b: 139.
23 Goytisolo 1990b: 145.
24 Goytisolo 1990b: 137.
25 Goytisolo 1990b: 145.
26 Ibíd.

collares de abalorios, medallas y camafeos, medias blancas de seda, zapatos de tacón alto abrochados en el empeine con joyas y diamantes falsos».[27] Además, la señora en la escena que comentamos, se encuentra superpuesta por otra figura femenina, perseguida ésta o por ser judía, alumbrada o por el posible contagio de sida, destinada, de todos modos, a formar parte del círculo de los «pájaros». Por el cambio de las personas gramaticales de tercera a primera en el sintagma «una anticuada señora de derechas inflamada por la inmediatez a Aquel que resguardaba en mi pecho [lleva las hostias, E.G.]» se anuncia la intimidad del discurso místico. Finalmente, se le ponen en boca a la señora las mismas palabras que a la figura que representa a San Juan. Ambos son caracterizados por el «afán de trascendencia y unión, misterios de gozo y dolor, extática travesía fecunda».[28] Pocas páginas más adelante, el autor observa que San Juan en las glosas a su poesías, «en vez de aclarar su sentido conforme a una interpretación ortodoxa», las ha envuelto en una «compleja red hermenéutica redundante y contradictoria».[29] Describe, con esto, su propio principio poetológico. Echa por tierra la preferencia de la univocidad, y afirma el propio discurso permitiendo la contradicción.

Goytisolo no deja lugar a dudas de que considera la poesía de San Juan como texto que carece de un sentido primero y unívoco. Es un texto – como cualquier texto, visto desde la perspectiva de Derrida – cuya interpretación no se cierra nunca, abierto para lecturas siempre nuevas. Habla, refiriéndose a la poesía de San Juan, de «una expansión infinita del sentido de los vocablos captados por los comentaristas»,[30] recomienda «anegarse de una vez en la infinitud del poema» y «admitir pluralidad y simultaneidad de sentidos»,[31] y subraya «el lenguaje multiforme e infinitas posibilidades significativas de sus versos».[32] En un lugar, el autor habla de un grupo de personas que buscan la iluminación de los sufíes. Logran, al final, hallar «el lenguaje inefable de los pájaros»[33]. La formulación de tal comunicación paradójica que al comunicar forma parte de la inefabilidad nos lleva a preguntarnos si Goytisolo con el concepto de un lenguaje que nunca da con lo que se propone encontrar, no se mueve en cierta vecindad al pensamiento de la teología negativa.[34] La tradición de la *via negationis* trata de acercarse a Dios mediante la enumeración de todo aquello que Dios no es. Vemos un indicio para esta interpretación de nuestra novela en la referencia a los *Coloquios de los pájaros* de Attar, que se encuentra al final del libro.

---

27 Goytisolo 1990b: 25 y 145s.
28 Goytisolo 1990b: 146 y 95.
29 Goytisolo 1990b: 151.
30 Goytisolo 1990b: 88.
31 Goytisolo 1990b: 59.
32 Goytisolo 1990b: 84.
33 Goytisolo 1990b: 98.
34 Bernhard Teuber (2003) mantiene esta tesis para la obra de San Juan de la Cruz, afirmando la influencia de la teología de Dionisio Areopagita en aquél: 67ss.

En el momento de encontrar al rey Simurg, los iluminados – «con recogimiento y fervor» – escuchan este texto:

> emprende el vuelo sin dejar de estar inmóvil, viaja sin cubrir la menor distancia, se aproxima y no recorre espacio alguno, todos los colores dimanan de él pero carece de color, anida en Oriente sin que su lugar en Occidente quede vacuo [...][35]

Si bien la paradoja se distingue de la *via negationis*, ambas figuras coinciden en evitar atribuciones unívocas. Especial atención merece la descripción del ser divino como pájaro incoloro que, al mismo tiempo, hace surgir los colores. Siendo un ente sin cualidades, Dios es la condición que hace que haya cualidades. El persa Attar, en esto, coincide con el Maestro Eckehart. Escribe este último, refiriéndose, a su vez, a un autor pagano: «Aquello que conocemos o decimos de la primera causa, aquello vale más para nosotros mismos que para la primera causa; ella está por encima de toda afirmación y todo entendimiento.»[36] No se puede decir, explica, que Dios sea bueno; tan sólo un hombre puede ser bueno. Dios está por encima de todos los atributos. Para indicar la idea de que un Dios sin cualidades pueda ser condición de las cualidades, el Maestro Eckehart recurre curiosamente a una imagen muy parecida a la usada por Attar. Para él, es el ojo incoloro que viene a ser la condición de que se vean colores. «Aquello que es sin color, sirve a ver todo color».[37] Pájaro y ojo, incoloros, tienen en común el permitir algo que no son ellos mismos. «Dios es, de esta manera, un ser que contiene todo el ser».[38] «Es un ser», en el caso de Dios vale decir que es un «ser sin ser».[39] Es lógico, entonces, que el alma que ve a aquel «de cuya luz proviene toda luz, de cuyo ser proviene todo ser», vea una nada.[40] – «Anida en Oriente sin que su lugar en Occidente quede vacuo»: es de dudar que Attar, con esta paradoja, se haya referido a los mundos opuestos de los cristianos y musulmanes. No obstante, el mensaje queda claro: el Simurg no se deja acaparar por nadie ni por ninguna región del mundo. «A quien dice, Dios está aquí o allá, no le creáis» (Maestro Eckehart).[41] Goytisolo tiene este universalismo de los suffíes en especial aprecio. En otro contexto escribe, refiriéndose a Jalaluddin Rumi (Mawlana):

> He aprendido mucho con los poetas suffíes porque llegaron a un grado de plenitud artística que no se alcanzó en Occidente sino muchos siglos después. Esto ha sido para mí un descubrimiento. Tenían una concepción de tolerancia, de ecumenismo, de apertura que sigue siendo un ideal que no se ha realizado. Rumi es un poeta que se dirige a la totali-

---

35   Goytisolo 1990b: 169.
36   Maestro Eckehart 1979: 353 (la trad. es mía, E.G.).
37   Maestro Eckehart 1979: 334.
38   Ibíd.
39   Ibíd.
40   Ibíd.
41   Maestro Eckehart 1979: 331.

dad de las religiones, incluso a los incrédulos, su mensaje no hace distinciones de razas ni de religiones.[42]

Hay un poema famoso de Ibn Arabi en que el autor nacido en Murcia subraya su capacidad de encontrar la iluminación en cualquier religión. Goytisolo lo cita en la novela que sigue a *Las virtudes del pájaro solitario*, en *La cuarentena* (1991): «Pero ya mi corazón asume todas las formas: / claustro del monje, templo de los ídolos, / prado de gacelas, Kaaba del peregrino, / tablas de la Tora, texto del Corán. / Yo profeso el credo del amor, / y, doquiera que él dirija sus pasos, / será siempre mi fe y mi doctrina.»[43] Es este espíritu de apertura el que el autor opone a la cerrazón de toda ortodoxia. – Remitimos finalmente al contexto filosófico en el cual Goytisolo se inscribe con su idea de una espiritualidad anterior a las ortodoxias. Jacques Derrida ha dedicado un estudio a los textos de Heidegger en los que éste emplea la noción de espíritu, noción que, en el fondo, solía evitar para no confundir sus ideas con la noción platónico-cristiana del espíritu. Derrida hace hincapié en el ensayo del filósofo sobre la poesía de Georg Trakl. En éste, Heidegger habla de una espiritualidad anterior a las metafísicas, pregunta por una *Frühe*, algo más temprano que el origen. Derrida le pone a Heidegger las siguientes palabras en la boca: «Mais en affirmant que le *Gedicht* de Trakl – et tout ce que je dis avec lui – n'est ni métaphysique ni chrétien, je ne m'oppose à rien, surtout pas au christianisme, ni à tous les discours de la chute, de la malédiction, de la promesse, du salut, de la résurrection, ni aux discours sur *pneuma* et *spiritus*, ni même, j'avais oublié, sur la *ruah* [palabra hebrea por «espíritu», E.G.]. J'essaie seulement, modestement, discrètement, de penser ce *à partir de* quoi tout cela est possible. Cela (ce à partir de quoi...), pour avoir été voilé depuis toujours, *n'est pas encore ce qu'il rend possible*. Ce ‹à partir de quoi›, cette *Frühe* plus qu'originaire, n'est pas encore pensable, elle reste à venir.»[44]

En *La cuarentena*, Goytisolo prosigue su empeño en esbozar una espiritualidad heterodoxa. La novela se basa en la convicción islámica de que, después de su muerte, le es concedido al individuo un espacio de cuarenta días durante los cuales puede estar en un reino intermedio entre el mundo y el Más Allá. Al final, escuchará la sentencia sobre su vida, y sabrá su paradero definitivo. Goytisolo dedica esta novela a la memoria de una amiga americana recién fallecida, estudiante suya que asistió a los cursos sobre literatura que el autor impartió en Estados Unidos. El narrador, alter ego de Goytisolo, acompaña a su amiga durante su cuarentena. Juntos recuerdan sus lecturas comunes y conversaciones. Gustan, sobre todo, de dos místicos, considerados ambos como heterodoxos en su entorno respectivo: Miguel de Molinos e Ibn Arabi. El interés de Goytisolo consiste en rescatar del olvido a su compatriota, el autor de la *Guía espiritual* (1675), parangonándole con los «místicos musulmanes,

---

42 Citado según Escudero 1994: 64.
43 Goytisolo 1991: 99.
44 Derrida 1987: 182.

cristianos y hebreos», con Dante, Ibn Arabi y el autor del *Libro de la escala* (cuya descripción de un descenso al infierno, según la tesis de Asín Palacios, compartida por Goytisolo, sirvió de fuente de inspiración a Dante en su *Comedia*).[45] Curiosamente, Goytisolo aquí no se detiene mucho en la teología de Miguel de Molinos. Resume tan sólo que el alma, en su ascenso a la unión mística, atraviesa «las etapas de pasiva sequedad, tinieblas, angustias, contradicciones, repugnancia continua, interior desamparo, desolación pugnaz», y que su meta es la «fe pura, sin imagen, forma ni figura», inmersa ella en su nada y devuelta a su núcleo.[46] Si bien Manfred Tietz opina que Molinos, hoy en día, ya no tendría que pasar por heterodoxo,[47] en el pasado sí sufrió persecución: prohibieron su libro en España, murió en las cárceles de la Inquisición y fue objeto del anatema de Menéndez Pelayo, quien le tachó de secuaz del «nirvana búdico».[48] Parece que le ha interesado a Goytisolo solamente el presentar a Molinos como víctima de la ortodoxia. El caso de Ibn Arabi es diferente. Aquí, Goytisolo prefiere detenerse en exponer la argumentación teológica. Mientras que Dante, en su infierno, da más bien la visión de un Dios inmisericorde – Goytisolo le achaca al poeta «dureza e insensibilidad»,[49] «la implacable ferocidad de sus descripciones, que la expresión ocasional no podía paliar»[50] –, Ibn Arabi, en cambio, destacó la «inconmensurable misericordia del Único»,[51] concibiendo, así, una teología más afín a los «ideales de tolerancia y caridad que hoy nos esclarecen»[52]. Para ilustrar esta teología, Goytisolo alega el argumento de los seres ígneos que se regocijan en el infierno:

> La gehena existe, dijo, pero la eternidad de su estancia [la del alma, E.G.] en ella no implica la perdurabilidad de las penas. La Misericordia se extiende a todos los seres y el fuego de los réprobos se transmutará en paz y frescura. Si existen criaturas terrestres, aéreas y acuáticas, ¿por qué no ígneas? ¿No es acaso el fuego el más bello y activo de los cuatro elementos? Los seres ardientes, por graves que hayan sido sus culpas, viven de acuerdo a la ley de su naturaleza y sufrirían si se les privara de lo que exige ésta, como el pez que se asfixia cuando lo sacamos del agua. El fuego es su ámbito y en él conocerán la felicidad perpetua.[53]

Es de subrayar, sin embargo, que Goytisolo respecto a Ibn Arabi no se hace adepto cien por ciento. No busca una nueva ortodoxia. El pensar abierto que contrapone a toda ortodoxia, se muestra en su forma de tratar el panteísmo del santo musulmán. Refiere que, para éste, «la multiplicación de las formas es la modulación

---

45 Goytisolo 1991: 33.
46 Goytisolo 1991: 20.
47 Tietz 1989: 361.
48 Menéndez Pelayo 1967: 184.
49 Goytisolo 1991: 40.
50 Goytisolo 1991: 49.
51 Goytisolo 1991: 42.
52 Goytisolo 1991: 49.
53 Goytisolo 1991: 68.

compleja de una misma Presencia.»[54] Le cita: «si nos miramos sólo a Él miramos; si nos oímos, sólo a Él oímos. En todo rostro se epifaniza y el ojo nada mira sino a Él mira.»[55] Es por este panteísmo probablemente que el narrador que asiste a la danza de unos derviches giróvagos, pueda experimentar una unión erótico-religiosa con ellos.[56] Por otra parte, empero, no deja lugar a dudas que Ibn Arabi no resuelve el problema del mal en el mundo. Hace alegar a la amiga americana la violencia del universo que contrarresta la teología optimista del santo. Dice que vivimos en un «mundo fundado en el caos, litigio, devoración», que asistimos a un «encuentro ciego de fuerzas opuestas».[57] Entre el panteísmo y la duda, la respuesta queda en suspenso: «En el aire flotaba una pregunta que no llegó a formular: ¿podía existir una partícula de amor y dulzura en aquel orbe sin límites de aniquilación y terror?»[58]

También el tercer libro elegido aquí – el último que Goytisolo ha publicado hasta el momento: *Telón de boca* (2003) – corroe las suposiciones básicas de la sociedad española tradicional. Es la misma creencia en Dios que el autor pone ahora en tela de juicio. – El libro fue escrito después de la muerte de la esposa del autor, Monique Lange, y reflexiona sobre la inconstancia cruel de las cosas humanas, el olvido progresivo aun de las personas más amadas en su tiempo, y la creencia de los hombres en la trascendencia. El autor sorprende al lector con una confesión: ha renunciado a sus ideas misticistas. Recuerda, sin precisar más, una época en la que «se había ilusionado con la idea de una quimérica trascendencia»[59] y otra fase en que se había reconfortado con la lectura de San Juan de la Cruz. La segunda fase era un «periodo de angustia»:[60] temía haberse contagiado con el sida y evitaba afrontar los análisis médicos. En la retrospectiva, sigue con cierta comprensión para estas fases espirituales: «Su razón era agnóstica mas su corazón se resistía a serlo y había que seguir a veces, pensaba, la inteligencia del corazón.»[61] Dejó sus lecturas místicas en el momento en que se convenció de que, así, se alejaba demasiado de la vida social y de la realidad política. «Poco a poco se apartó de sus lecturas y se sumergió en la brutalidad de lo real: viajó a ciudades asediadas, países en guerra, a los paisajes caucasianos de barbarie».[62] Notamos una contradicción: las declaraciones fervientes del autor en favor de la espiritualidad que hemos citado de entrada son publicadas *después* de sus viajes, al menos, a Sarajevo. Pero queremos destacar otro aspecto. En

---

54　Goytisolo 1991: 59.
55　Goytisolo 1991: 60.
56　Goytisolo 1991: 56.
57　Goytisolo 1991: 100.
58　Ibíd.
59　Goytisolo 2003: 27.
60　Ibíd.
61　Ibíd.
62　Goytisolo 2003: 28.

otro contexto en este libro, el autor afirma el carácter fragmentado de su vida y concluye:

> No quería ser modelo ni estatua. Su tentativa de escapar a una definición o moraleja aceptables respondía a esa voluntad. Su escritura no sembraba pistas sino borraba huellas: él no era la suma de sus libros sino la resta de ellos.[63]

Vemos en esta negatividad una razón también para el hecho de que el autor declare tan tajantemente su renuncia al misticismo: quiere guardar la apertura, no quiere pasar por nada, ni tampoco por místico. Estamos ante un impulso irreconciliable que, en última instancia, proviene de su aversión antigua contra la España tradicionalista: la aversión contra la grey, contra la vanidad de haber encontrado una base, contra el engreimiento de tener una identidad, contra la comodidad de compartir unas creencias. – Para con la idea de Dios, la novela es un verdadero ajuste de cuentas. También aquí entra el problema del mal en el mundo, pero ahora es un argumento expreso contra la existencia de Dios. La creación no es sino violencia y destrucción. Dios – «el Uno o Mefisto», el «tramoyista» o el «gran demiurgo», como le llama el autor – parece tan perverso que usa epidemias y genocidios para paliar los excesos irresponsables de su propia creación.[64] Además, la religión es un negocio con el miedo. La autoridad del demiurgo se funda en la intimidación.[65] Domina a los niños con la amenaza terrorífica de quemarlos en el infierno por nimios pecados. Finalmente, la creencia es, en última instancia, una proyección narcisista. El hombre no aguanta su propia caducidad e inventa a Dios para ser salvado de ella. Se imagina un puesto en el centro del universo y espera poder ser objeto de la perenne atención divina. Pero esta esperanza es infantil, como el mismo demiurgo insinúa: «¿O creéis de verdad que estoy atento a todos vuestros pensamientos, palabras y hechos por pueriles o malignos que sean para anotarlos en un registro a fin de no olvidarlos?»[66] Como se ve, Goytisolo reúne los argumentos modernos desde la Ilustración hasta Freud. – No obstante estos argumentos contra la fe, Goytisolo sigue manteniendo cierta apertura. En primer lugar, hay que nombrar su fascinación por la montaña nevada que ve desde Marraquech donde escribe. Esta montaña tiene la función de un paisaje espiritual: atrae hacia sí el interés sobre un posible o imposible Más Allá. Invitado por el demiurgo, el narrador se traslada en sueños hacia la cordillera y experimenta, a la hora de la puesta del sol sobre el áspero paisaje, una profunda duda: «La corona de luz había alcanzado su perfección reiterada y efímera. ¿El Gran Desalmado era asimismo el Supremo Artista? En su mente confusa [...] alternaban la afirmación y la negación.»[67] Sabe que, si el telón de boca se alza de veras, se enfren-

---

63 Goytisolo 2003: 55.
64 Goytisolo 2003: 58.
65 Goytisolo 2003: 79.
66 Goytisolo 2003: 86s.
67 Goytisolo 2003: 96.

tará al «vértigo del vacío»,⁶⁸ pero el demiurgo le promete una escena de «belleza oculta».⁶⁹ En segundo lugar, hay que ver que la aversión del autor contra la grey – herencia de su aversión contra la España tradicionalista – se avecina a ciertos conceptos musulmanes de la santidad. Hay que nombrar, sobre todo, al grupo de los malamatíes, una cofradía sufí otomana del siglo XIV. Para éstos, «all outward appearence of piety or religiosity, including good deeds, is ostentation» (F. de Jong).⁷⁰ Tienen que alejar su religiosidad del reconocimiento social, con tal de preservarla con mayor pureza. Más aún: infringen las leyes de la buena conducta, provocan el desdén de los otros, para encubrir su verdadera virtud. Forman una «catégorie de saints qui font profession de mauvaise renommée et de non-conformisme» (Dermenghem).⁷¹ Goytisolo, en una cita de *Paisajes después de la batalla* (1982), resume los motivos de la moral del malamatí y la proclama como su ideal. El malamatí se resuelve a

> practicar abiertamente lo que las leyes y costumbres reprueban, infringir normas de recato y prudencia, admitir con impavidez el escarnio y los alfilerazos de la murmuración: renunciar al prestigio de una conducta fundada en el conformismo o el ejercicio de la bondad oficial: escudarse, al revés, en el desdén para mantener la virtud secreta, perseguir la extinción paulatina de la presunta decencia, sacrificar ventajas y honra a la fidelidad escrupulosa de sí mismo: vivir en fin sin veneración ni discípulos en el acendramiento y perfección de la puridad.⁷²

Es cierto que el autor en esta cita – anterior a su fase espiritual – da una interpretación más bien secular del santo sufí, y que, además, ha desarrollado un concepto muy propio del santo, llamando, por ejemplo, santos a Jean Genet y Severo Sarduy.⁷³ Pero hay que admitir que, si el autor declara su negativa a mantener una definición de su persona y escritura, socialmente aceptada, dentro de un contexto de preguntas espirituales como el *Telón de boca*, entonces se puede suponer una cierta vecindad con el sentido original del malamatí. Además, el gesto de deshacerse de toda la individualidad, característico del narrador de la novela, coincide con la convicción musulmana de que el alma, despidiéndose de todo lo terrestre, se prepara para el encuentro con Dios. El demiurgo lo reconoce: «Ya has desaprendido cuanto sabías y eres un extraño al mundo.»⁷⁴ En tercer lugar, hay que subrayar el hecho de que Goytisolo hable de un demiurgo. Con esto, por supuesto, alude al discurso gnóstico, heterodoxo, naturalmente. Como es sabido, la gnosis – lejos del panteísmo de un Ibn Arabi, por cierto – creía, por una parte, en una deidad creadora del mundo y

---

68   Goytisolo 2003: 99.
69   Goytisolo 2003: 89.
70   Heitsch 1998: 85.
71   Ibíd.
72   Citado según Escudero 1994: 67.
73   Heitsch 1998: 85s.
74   Goytisolo 2003: 97.

responsable, por lo tanto, del fracaso de la creación y, por otra parte, en un Dios verdadero, pero oculto. El demiurgo se burla de los hombres porque, a nivel de su escritura, no llegan nunca a una revelación divina: «Textos bíblicos, actas conciliares y libros revelados no merecen el menor crédito: fueron contrahechos, reescritos, borrados de nuevo.»[75] Pero hay zonas de luz gnóstica, encerradas dentro de las tinieblas generales, que sirven de signos sublimes a cuya lectura el hombre es invitado: «El cielo desplegaba su magnificencia e inventaba a descifrar el álgebra y silabario de las estrellas.»[76]

El segundo aspecto que Goytisolo en sus ensayos ve en el concepto de la espiritualidad, es su capacidad de negar la cosificación de las relaciones humanas, su negación de un mundo vuelto mercancía. La literatura dispone de medios poderosos para luchar contra tal cosificación: la imaginación y el desarrollo de estructuras complicadas que se entienden, en la mayoría de los casos, tan sólo por una segunda o tercera lectura. El autor se niega así a la exigencia de presentar mercancías de fácil consumo. Un ejemplo de este tipo de escritura «difícil» que el autor mismo denomina como «laberíntica»,[77] es la novela anterior a *Telón de boca*, *Carajicomedia* (2000). El libro desarrolla una densa red de alusiones intertextuales, crea dobles y emplea acronías y atopías. Además, contiene la parodia de un conferenciante francés quien proclama la euronovela exenta de complicaciones, juegos y digresiones, escrita para un gran mercado: «un euro-roman ou roman de l'euro».[78]

Como se ve, la espiritualidad en su segundo aspecto, concebida como cualidad de una escritura literaria pretenciosa, adquiere claros rasgos seculares y subversivos. Aunque aquí podrían citarse muchas obras del autor, *Carajicomedia* es especialmente interesante porque, con sus juegos literarios, vuelve sobre el mundo español y, con él, sobre la espiritualidad en su forma más tradicional, es decir, la Iglesia. El héroe de la novela es un cura, el père de Trennes, miembro obediente del Opus Dei. Fuente de inspiración de la novela ha sido el libro de máximas religiosas, *Camino* (1939), del fundador del Opus, «Monsignore» José María Escrivá de Balaguer. Goytisolo ha hecho el descubrimiento de algo que llama la «libido textual»[79] de estas máximas del «Kempis de nuestros tiempos»: huellas de una sexualidad subconsciente y reprimida. En el libro da varios ejemplos de esta libido textual, sacados de *Camino*: «¡No deis un paso atrás, no me seáis flojos!»;[80] o: «Meteos por los caminos de oración y de amor, buscad el volumen, el peso, el relieve»;[81] o: «¡Creced para adentro!»;[82] o:

---

75 Goytisolo 2003: 84.
76 Goytisolo 2003: 99.
77 Goytisolo 2000: 20.
78 Goytisolo 2000: 101.
79 Goytisolo 2000: 20.
80 Goytisolo 2000: 110.
81 Ibíd.
82 Ibíd.

«Buscad un santo, colocaos bajo su protección y sentiréis la eficacia de su poder curativo... Su fe inconmovible aquietará vuestras ansiedades»;[83] o: «Vamos tú y yo a dar y darnos sin tacañería»;[84] o: «Abramos, con la ayuda de Dios, las Anchas Vías de la Consolación a la enjundia de la verdad y su virtud maciza»[85]. Goytisolo parodia estos textos, volviendo lo subconsciente consciente y el lenguaje religioso código para una rica vida sexual. El père de Trennes, por lo tanto, colecciona con fervor varones magrebíes, empleando palabras religiosas para sus encuentros amorosos variados. «Orar» o «corear las preces» equivale así a hacer el amor, teniendo su papel la «vara de apóstol». Otro ejemplo de esta parodia: «El fervor de nuestros cirios votivos se derritió y transmutó en lagunejas de cera».[86] Con esto, Goytisolo vuelve a otro gran texto suyo en que ajusta las cuentas con la Iglesia española – para él, «la fuerza represora por antonomasia»[87] –: *Reivindicación del Conde don Julián* (1970). En este libro, escrito antes del resurgimiento de ideas espiritualistas en su obra, recurre también a la parodia del discurso religioso, citando a San Juan: el momento de una unión sexual es descrito en términos de la «noche oscura».[88]

El père de Trennes no tiene tan sólo trato con homosexuales e intelectuales entre el Magreb, Barcelona y París sino que re-presenta también figuras de la historia literaria española. Su reencarnación más importante es la de Fray Bugeo, autor de una breve «Carajicomedia» que apareció dentro del *Cancionero de coplas de burla* en 1519 en Valencia. Este cancionero – según Menéndez Pelayo «libro, más que inmoral y licencioso, cínico, grosero y soez»[89] – fue reeditado en Londres, 1841, por el protestante español Luis de Usoz y Río. La pequeña «Carajicomedia» contiene las hazañas sexuales de un cierto Diego Fajardo, eclesiástico, quien había recibido de los Reyes Católicos en recompensa de sus servicios el privilegio de vender indulgencias y bulas, y quien, además, cobraba las rentas de unas mancebías a las que acudía a menudo para ponerse al tanto sobre el comportamiento de sus pupilas. Era tan activo, escribe el autor, que hubiera sido capaz de colmar las ansias de una puta de la vitalidad de la lozana andaluza, puta en Roma, descrita por Francisco Delicado. El père de Trennes se encarna también en Francisco Ortiz, quien ante la Inquisición tuvo que confesar sus amores carnales con una monja encarcelada, y en el paje del conde de Villamediana, amigo y colega este último de Góngora y amante de la reina; el paje fue quemado en la hoguera por homosexual. También se encarna en figuras ficticias, así en Sietecoñicos, compañero de la lozana andaluza, y en Guzmán de Alfarache, quien de joven recibe las caricias especiales de un cierto monseñor. Se

---

83 Goytisolo 2000: 111.
84 Goytisolo 2000: 155.
85 Goytisolo 2000: 232.
86 Goytisolo 2000: 49.
87 Tietz 1985: 11.
88 Goytisolo 1985: 150.
89 Menéndez Pelayo 1967: 902.

reencarna, finalmente, en una chica que se niega a tratar con hombres y es acusada de haberse acostado con otra muchacha.

La España tradicionalista, por supuesto, no muestra su carácter represivo solamente en cuanto a la sexualidad, sino también en cuanto a la libertad política e intelectual. Aparecen aquí famosos espíritus libertarios como el abate Marchena (1768-1821) y José María Blanco White (1775-1841), exiliados los dos e incluidos en la *Historia de los heterodoxos españoles* de Menéndez Pelayo (el segundo ha sido editado y prologado por el mismo Goytisolo en 1972). Es cierto que los dos libertarios defienden también la vida sexual libre – Marchena arguye contra el celibato, a Blanco White le acusan de tener trato con mujeres, siendo sacerdote –, pero su atención principal se pone en propagar la libertad intelectual y religiosa. Marchena, hecho contemporáneo de Fray Bugeo redivivo, añade el aspecto político, criticando al clero español por haber apoyado a la derecha durante la Guerra Civil: «La posibilidad de una España moderna, abierta a los aires de la época, se vino abajo».[90] Cita a Valle-Inclán con su dicho de que España era un reflejo grotesco de la civilización europea.[91] De las máximas de «Monsignore» Escrivá de Balaguer no se citan tan sólo las que revelan su «libido textual», sino también algún dicho político como aquel en que el fundador del Opus proclama lo que debe ser el objetivo de los fieles: la reconquista del antiguo poder mundano de la Iglesia.[92] Así queda claro que el Opus continúa las ideas de la España sagrada, aunque se le concede en el libro haber obrado cierta modernización tecnócrata: la reconciliación del catolicismo español con el dinero.[93] En un artículo sobre *Camino*, publicado aparte, Goytisolo subraya las simpatías de Escrivá de Balaguer con el caudillo.[94]

No obstante estas perspectivas, la liberación de la vida sexual queda en esta novela en primer plano. Hay al final del libro una escena que en su ataque contra la Iglesia y su represión sexual recuerda las páginas más furibundas de *Reivindicación*. Aparece un grupo de travestidos y homosexuales españoles, constituido por miembros de todas las épocas, desde los tiempos de la Inquisición hasta nuestros tiempos. No sólo lamentan el haber nacido en España – «Desdicha grande fue la de nacer en la católica España a lo largo de siglos de persecución implacable! Ojalá nuestras madres nos hubieran cagado a mil leguas de ella, en tierras otomanas o de negros bozales! Allí hubiéramos crecido libres y lozanos...»[95] – sino que blasfeman también contra Cristo y los sacramentos. Aunque el autor habla de los ojos vacíos de las vírgenes y los santos – formulación que insinúa cierta falta de fe –, vemos aquí me-

---

90 Goytisolo 2000: 167s.
91 Goytisolo 2000: 168.
92 Goytisolo 2000: 218.
93 Goytisolo 2000: 173.
94 Goytisolo 2001: 132.
95 Goytisolo 2000: 220.

nos una toma de postura ante cuestiones teológicas que una rebelión contra la represión y persecución eclesiásticas de muchos siglos:

> a fuerza de envilecernos asumíamos el reto, invocábamos al demonio y sus obras de carne, celebrábamos aquelarres y coyundas bestiales, nos hacíamos encular junto a los altares por los matones más brutos del hampa, escupíamos su espesa lechada en los cálices, la consagrábamos con la misma unción de los Divinos Misterios
> las obleas eran nuestros preservativos! [...]
> sangre, esperma, mierda, esputos, meadas, cubrían las ricas alfombras de la iglesia ante la mirada vacía de sus Vírgenes y santos de palo
> inventábamos ritos y ceremonias bárbaros, coronábamos con flores a los sementales más alanceadores, los proclamábamos Vicarios de Cristo en la Tierra, exprimíamos hasta la última gota del sagrado licor de sus vergas en noches inolvidables que evocábamos con místico rapto mientras prendían fuego a las piras y nos reducían a materia de hoguera[96]

El tercero y último aspecto de la espiritualidad que habíamos destacado en los ensayos de Goytisolo, es el que se define por su negación de la técnica moderna y de un progresismo desenfrenado. En él, el autor vuelve a acercarse más bien a la acepción tradicional de la noción de la espiritualidad, abierta ésta para convicciones religiosas o experiencias trascendentes, no siguiendo, pues, el camino hacia una espiritualidad secular, basada exclusivamente en la imaginación literaria, y sobre la cual ya hemos llamado la atención en ocasión de *Carajicomedia*. – Los encantos del mundo preindustrial, los encuentra el autor en los países árabes y en Turquía. Recuérdense sus observaciones recogidas en el libro de ensayos *Aproximaciones a Gaudí en Capadocia* (1990) que Javier Escudero resume con estas palabras: «Frente al Occidente capitalista, representante de un progreso deplorable, el escritor opone el mundo árabe, caracterizado por él mismo como un entorno más ‹primitivo›, no contaminado por el progreso y la industrialización, donde se conservan ciertos valores humanos esenciales como la espiritualidad, la humildad, la solidaridad y la hospitalidad».[97] Goytisolo habla ahí de una «contramodernidad» cuyos ritos y costumbres religiosos (romerías a santuarios, danzas rituales) son capaces de curar la alienación que sufren las personas en las sociedades industriales.[98]

Ahora bien, cabe preguntarse si el autor con esta espiritualidad antimoderna no se aproxima a determinadas posturas del conservadurismo español. Hay que pensar, por supuesto, en Unamuno y Azorín, que veían la esencia de España en un espacio fuera del progreso científico e industrial. Ambos describían el paisaje, sobre todo, de la meseta castellana, parco y áspero, con tal de ensalzar una contemplación y espiritualidad típicas de estos parajes. De hecho, también Goytisolo confiesa su fascinación por el paisaje preindustrial. Destaca que ha sido uno de los primeros españoles que ha descubierto, en su reportaje sobre un barrio popular de Almería, La Chanca,

---

96 Goytisolo 2000: 221s.
97 Escudero 1998: 96.
98 Goytisolo 1990a: 105.

el «encanto un tanto salvaje y áspero del paisaje preindustrial» de los alrededores de Almería.[99] Pero describe esta fascinación como muy ambigua. También en otro testimonio, escrito alrededor de 1982, es decir, veinte años tras publicar su reportaje sobre La Chanca, el autor habla de un dilema insoluble entre su gusto antimoderno y la moral progresista que sigue profesando. Y esta moral es todavía tan fuerte en el autor que hace que tilde de hedonista su inclinación hacia una sociedad preindustrial:

> Desde entonces he vivido atrapado en un dilema insoluble: el que opone la visión estética y hedonista del mundo a un enfoque exclusivamente moral. Mi indignación ante las condiciones de pobreza y desamparo en que viven los hombres y mujeres a los que más cercano me siento chocan de frente con la seducción íntima de un paisaje desnudo y áspero, de una serie de virtudes primitivas inexorablemente barridas por el progreso e industrialización.[100]

A pesar de la ambigüedad, dentro de España Goytisolo mantiene una moral que opta por el desarrollo de las sociedades. Así, ha criticado a los noventayochistas ya en la *Reinvindicación* donde parodia el interés de éstos por el paisaje castellano y sus pueblos destartalados, reprochándoles el que proclamen «su santa alegría de vivir fuera de la historia».[101] Aunque en los escritos citados sobre sus inquietudes espirituales hay, de hecho, cierta aproximación entre él y los dos noventayochistas, el autor jamás ha revocado su negativa frente a éstos, declarada en *Reivindicación*. Como ya se puede suponer, hay una razón fuerte por la cual Goytisolo ha ido al mundo árabe en lugar de volverse adepto de Unamuno o Azorín. Para él, los dos escritores siguen demasiado cerca del ideal de la España tradicionalista, es decir, del caballero cristiano, estoicista y paciente en el sufrir, quien en su desprecio de las cosas materiales condena no tan sólo la industria, sino también la sensualidad. Contra el subjetivismo asceta de Unamuno, quien usa los parajes de la meseta como espejo de su propia espiritualidad, contra la soledad de las figuras o, si no ésta, la tertulia de la burguesía provinciana de Azorín, el autor proclama la vida rebosante de la plaza Xemáa-el-Fná en Marraquech o de otros lugares populares del mundo árabe, reinos de la sensualidad y de la promiscuidad, mundos fraternos.[102] Es como si Goytisolo quisiera expresar la convicción de que la espiritualidad corre el peligro de volverse enfermiza, y que, para evitarlo, necesita unirse a la vitalidad. Dentro de España, ve realizada esta unión tan sólo en figuras singulares como Santa Teresa,[103] San Juan de la Cruz y, probablemente, Miguel de Molinos. En el mundo árabe, pare-

---

99 Goytisolo 1979: 140.
100 Citado según Escudero 1994: 78.
101 Goytisolo 1985: 228.
102 Hay que ver, sin embargo, que Azorín es un autor profundamente ambiguo. Escribe un *Don Juan* casi asceta que ha renegado de su actividad sexual, pero alaba al Arcipreste de Hita – tan caro también a Goytisolo – precisamente por su sensualidad.
103 Se confiesa influido también por la santa: «La experiencia de la poesía mística, tanto musulmana como la de San Juan de la Cruz o de autores como Molinos o Santa Teresa, me ha influido mucho». Citado según Escudero 1993: 127.

ce, en cambio, opinar el autor, corresponden a esta necesidad las vastas capas populares.

Bibliografía

Derrida, Jacques (1987): *De l'esprit. Heidegger et la question*, Paris: Galilée.
Escudero, Javier (1993): «Muerte, erotismo y espiritualidad: entrevista con Juan Goytisolo», en: *Revista de Estudios Hispánicos* XXVII,1, pp. 123-139.
Escudero, Javier (1994): *Eros, mística y muerte en Juan Goytisolo (1982-1992)*. Almería: Instituto de Estudios Almerienses.
Escudero, Javier (1998): «Juan Goytisolo: de apóstata a iluminado», en: *Revista Hispánica Moderna* LI, 1, pp. 87-101.
García Escudero, José María (1976): *Historia política de las dos Españas*. Madrid: Ed. Nacional.
Goytisolo, Juan (1979): *España y los españoles*. Barcelona: Lumen.
Goytisolo, Juan (1985): *Reivindicación del Conde don Julián*. Ed. de Linda Gould Levine. Madrid: Cátedra.
Goytisolo, Juan (1990a): *Aproximaciones a Gaudí en Capadocia*. Madrid: Mondadori.
Goytisolo, Juan (1990b): *Las virtudes del pájaro solitario*. Barcelona: Seix Barral.
Goytisolo, Juan (1991): *La cuarentena*. Madrid: Mondadori.
Goytisolo, Juan (1995): *El bosque de las letras*. Madrid: Alfaguara.
Goytisolo, Juan (1997): *Las semanas del jardín. Un círculo de lectores*. Madrid: Alfaguara.
Goytisolo, Juan (2000): *Carajicomedia*. Barcelona: Seix Barral.
Goytisolo, Juan (2001): «La libido textual de *Camino*», en íd.: *Pájaro que ensucia su propio nido*. Barcelona: Círculo de lectores, pp. 132-136.
Goytisolo, Juan (2003): *Telón de boca*. Barcelona: El Aleph.
Heitsch, Friederike (1998): *Imagologie des Islam in der neueren und neuesten spanischen Literatur*. Kassel: Reichenberger.
Maestro Eckehart (1979): *Deutsche Predigten und Traktate*. Zürich: Diogenes.
Menéndez Pelayo, Marcelino (1967): *Historia de los heterodoxos*, vol. II. Madrid: Biblioteca de Autores Cristianos.
Schimmel, Annemarie (1992): *Mystische Dimensionen des Islam. Die Geschichte des Sufismus*. München: Diederichs.
Teuber, Bernhard (2003): *Sacrificium litterae. Allegorische Rede und mystische Erfahrung in der Dichtung des heiligen Johannes vom Kreuz*. München: Fink.
Tietz, Manfred (1985): «La búsqueda de la identidad española en la obra de Juan Goytisolo y Gonzalo Torrente Ballester», en: *Iberoamericana* 9, 2/3, pp. 5-18.
Tietz, Manfred (1989): «Art. Miguel de Molinos», en Dinzelbacher, Peter (ed.): *Wörterbuch der Mystik*. Stuttgart: Kröner, pp. 360s.

Mariano José de Larra en el teatro español del siglo XX. Piezas de Antonio Buero Vallejo, Francisco Nieva y Luis Fernández Ardavín

Manfred Lentzen
(Westfälische Wilhelms-Universität Münster)

En su ensayo del año 1963 intitulado *La actualidad de Larra*, Juan Goytisolo caracteriza al periodista, crítico y autor de los *Artículos de costumbres*, Mariano José de Larra como el «autor más vivo, más entrañablemente actual de la hora presente» y ve en él un precursor de tiempos futuros y un «auténtico director de conciencia».[1] Ya los representantes de la Generación del 98, en particular Azorín y Unamuno, habrían descubierto en él un símbolo de la oposición contra la represión, la censura y el exilio, y más todavía Goytisolo hace un paralelo entre, por un lado, los primeros decenios del siglo diecinueve con la época del reinado de Fernando VII y la regencia de María Cristina y, por otro, los años sesenta del dominio de Franco. Así como en aquellos tiempos Larra en su famoso artículo *El día de difuntos de 1836* no veía en Madrid nada más que un inmenso cementerio, también en los momentos actuales la capital no sería más que un montón de muertos; se tendría que colocar a Larra en la larga fila de los «escritores comprometidos» que se dieron cuenta de la realidad histórica, se hicieron escuchar por los contemporáneos y se propusieron con sátira e ironía, un cambio de las condiciones políticas y sociales; muy lejos de una orientación fatalista, Larra no habría renunciado nunca a la esperanza de un porvenir mejor.

Es muy interesante ver que a finales del dominio de Franco y en los primeros años de la «transición», cuando no estaba todavía perfectamente claro por dónde iba el desarrollo político de España, dos renombrados dramaturgos españoles recordaron la figura de Larra y la elevaron a protagonista en sus piezas teatrales, pero interpretando al «Fígaro» cada vez de una manera diferente. Se trata, por un lado, de *Sombra y quimera de Larra (Representación alucinada de «No más mostrador»)* de Francisco Nieva y, por otro, de *La detonación* de Antonio Buero Vallejo. Buero Vallejo empezó a escribir su pieza todavía en la época de la dictadura, la terminó en el año 1977 en el período de la «transición» y la estrenó el 20 de septiembre del mismo año en el teatro Bellas Artes de Madrid. El autor la clasifica como su primera obra postfranquista. La pieza de Francisco Nieva data del año 1976 y fue estrenada ya en enero del mismo año en el Teatro Nacional de la Princesa de Valencia y un poco más

---

1   El artículo se encuentra en Juan Goytisolo 1976: 21-38, especialmente 21s.

tarde el 4 de marzo de 1976 en el Teatro María Guerrero de Madrid. Por la cronología de la creación de las piezas queremos dedicarnos primeramente a la obra de Antonio Buero Vallejo.[2] Después del análisis de la valoración de Larra por Buero Vallejo y Nieva echamos una mirada a una pieza ya estrenada en 1922, que examina la figura del autor del siglo diecinueve desde una perspectiva esencialmente distinta.

A la pieza *La detonación* con el subtítulo *Fantasía en dos partes* de Antonio Buero Vallejo precede un texto de prosa más largo (*El decorado*), en el que el autor da una descripción minuciosa del escenario. Según ésta, la escena se divide en tres zonas principales; en el centro se encuentra el despacho de Larra, por la derecha y por la izquierda, accesibles por una escalera, por un lado, el Café del Príncipe, llamado El Parnasillo, lugar de reunión para los literatos e intelectuales, y, por otro, la oficina lujosamente decorada del ministro. La acción, muy densa y compleja, cambia de una zona a otra, de vez en cuando se desarrolla también simultáneamente en varios recintos del escenario, llamando la atención de los espectadores a las zonas respectivas por efectos de luz. La acción representada en el escenario consta en total de una secuencia de recuerdos alucinadores del protagonista Larra, que se coloca, poniéndose la pistola a la cabeza, delante de los espectadores y pasa revista, antes de apretar el gatillo y quitarse la vida, en una serie de «flashbacks», a los acontecimientos más importantes entre el año 1826 y el 13 de febrero de 1837, día de su suicidio. Buero Vallejo atribuye particular importancia a poner de manifiesto las condiciones políticas de la época del reinado de Fernando VII y de la regencia de María Cristina (desde 1833 hasta 1840), período que está caracterizado por represiones de todo tipo, especialmente por medidas de censura, por la cárcel y el destierro, y en el que en parte también los intelectuales se dejan seducir por puro oportunismo. Todos los jefes de gobierno de entonces entran en escena, comenzando con Calomarde, que asumió el poder todavía bajo Fernando VII, pasando por Cea Bermúdez, Martínez de la Rosa, Toreno, Mendizábal, Istúriz hasta Calatrava, y de todos Larra queda al fin y al cabo desilusionado, a pesar de que pusiera todas sus esperanzas para una mejora de las condiciones sociales y políticas en ellos. Todos faltaron a sus promesas y aun cuando propusieron la abolición de la censura y otras reformas, no cumplieron sus proclamas.[3] El funcionario competente para la censura, don Homobono en la pieza de Buero Vallejo, es el que siempre mañosamente llega a captarse las simpatías de los ministros en el momento dominantes y no pierde nunca su cargo. Aun cuando al principio Larra acoge con satisfacción la distribución de la tierra por Mendizábal, reconoce dentro de poco el absurdo y la tontería de la subasta del terreno, porque por esta manera sólo los adinerados pueden comprar, de modo que se

---

2   Tomamos por base la edición Buero Vallejo 1979. Las indicaciones de la página se refieren a esta edición.
3   Un esbozo instructivo del reinado de Fernando VII lo presenta el artículo de Ángel Martínez de Velasco sobre este rey. Martínez de Velasco 1997: 209-223.

vuelven todavía más ricos, un reproche al que Mendizábal reacciona con las cínicas palabras: «¡Nuestra revolución se apoya en la libertad de acumular bienes!» (149) Es interesante ver que Buero Vallejo ha previsto para todos los ministros el mismo actor, con lo que quiere seguramente hacer patente que para él los políticos en sus acciones al fin y al cabo son todos iguales, aun cuando sus programas, vistos por fuera, parecen ser diferentes.

Como literato vacilante, acomodaticio y oportunista es desenmascarado Mesonero Romanos a quien Larra quiere arrancar la máscara de la cara para poder reconocer su verdadero carácter («Don Ramón, yo le suplico que me hable sin máscara»; 60). En general es importante que todas las figuras con excepción de Larra, Espronceda y del criado Pedro llevan semi-máscaras, con lo que el autor quiere ilustrar la hipocresía, el disimulo y la insinceridad de las personas en el escenario. Para Buero Vallejo el periodista Larra es el que con sus acciones y sus escritos intenta examinar a fondo lo que es la «verdadera» verdad, para alcanzar de este modo un mejoramiento de la situación.

Prescindiendo de la ilustración de la represión política y social en España en los primeros decenios del siglo diecinueve (a este respecto llegan a discutirse también las guerras carlistas, las disputas entre los «moderados» y los «exaltados» así como los debates sobre la sucesión femenina al trono), en la pieza de Buero desempeña además un papel importante la presentación del fracaso de la vida privada de Larra. El protagonista quiere separarse de su mujer, Pepita Wetoret, y comenzar una nueva vida con su amante, Dolores Armijo, pero ésta le abandona en el momento decisivo y vuelve a su marido:

> Volveré con mi marido y te olvidaré. ¡En una sociedad mentirosa, sí! La vida no es otra cosa ni puede serlo. ¡Y yo tengo muchas ganas de vivir! Adiós.

Y Larra reconoce que también Dolores ha llevado siempre una careta:

> ¿Cómo pude creer que tú no llevabas máscara? Al fin te veo tal y como eres. Y eres ... Pepita. Sois la misma. [...] Te he visto de pronto desenmascarada y mi pasión se ha apagado. (189s.)

Como el mismo actor siempre representa a los distintos jefes de gobierno, así lo hace siempre la misma actriz con las dos mujeres en la vida de Larra, con lo que Buero Vallejo de nuevo quiere hacer evidente que también en las relaciones entre los hombres la verdad muchas veces está velada y enmascarada. Y al final Larra mismo se ve como máscara («Quizá sólo hay máscaras»; 190), justamente en el momento en que reconoce en Pedro, quien pierde en la guerra a su pequeño hijo Juanín, al representante del pueblo sencillo que tiene que hacer siempre los sacrificios de los que los intelectuales saben escapar, y precisamente cuando se da cuenta de que siempre ha descuidado a su hija, Adelita. A Larra no le queda otro remedio que el suicidio, puesto en escena por Buero Vallejo de una manera genial: Larra toma la pistola y todos los que desempeñaron un papel en su vida y le desengañaron – los políticos, algunos literatos así como Pepita y Dolores – la acercan cada vez más a su sien hasta que él mismo aprieta el gatillo; no se oye nada, más bien reina una oscuridad absoluta y silenciosa. Después Pedro entra en escena y habla las palabras características:

> Es curioso. Tantos disparos y cañonazos que he oído en mi vida, apenas los recuerdo. Y aquella detonación que casi no oí, no se me borra ... ¡Y se tiene que oir, y oir, aunque pasen los años! ¡Como un trueno... que nos despierte! (194)

Con su pieza original y singular, cuya acción parece acelerarse y precipitarse cada vez más hacia el final, Buero Vallejo intenta presentar a Larra seguramente no como modelo que sirve para exponer una manera de vivir, más bien como un literato, quien en busca de la verdad, no se acobarda de arrancar las máscaras a los hombres y denunciar la injusticia, la violencia y el terror. «Intentaré denunciar esa ignominia en que vivimos. Por nuestro pobre pueblo, que sólo conoce el hambre y que nos sostiene a todos», destaca Larra en su diálogo con Mesonero Romanos (62). Buero establece un paralelo entre el tiempo de Fígaro y el de su propia época, cuando en los primeros años después de la muerte de Franco no se podía todavía constatar ningún cambio en la práctica de la censura, que no se suprimió, en cuanto al teatro, antes de marzo de 1978. Además, Buero ya considera a Larra como un defensor del concepto del «posibilismo» (a diferencia del «imposibilismo» de Alfonso Sastre) que de ninguna manera se debe confundir con una adaptación oportunista a las circunstancias políticas del tiempo, sino que se debe entender en el sentido de que dentro del marco de las condiciones de censura actualmente dominantes, la literatura, en nuestro caso es decir: el teatro, tiene que ser «posible», un teatro que de modo escondido e indirecto transmite mensajes para un cambio cauteloso y paulatino.[4] Por eso Buero no presenta en su pieza a Espronceda, quien actúa de una manera precipitada, muy celosa y petulante, como modelo de una conducta inteligente y discreta, sino a Larra; con Larra el espectador tiene que identificarse, lo que el autor llega a realizar por el principio de la «inmersión», un concepto por el que el público es llevado cada vez más al mundo de las ideas y los pensamientos del protagonista atormentado por sus recuerdos y sus alucinaciones, de modo que el espectador siente con él y por fin se identifica con él.[5]

Mientras Buero Vallejo en *La detonación* presenta a Larra en total como una figura positiva y digna de ser imitada, Francisco Nieva, al contrario, en su pieza *Sombra y quimera de Larra*, escrita aproximadamente en el mismo tiempo, llega a otro

---

4 La polémica entre Buero Vallejo y Alfonso Sastre sobre «posibilismo» e «imposibilismo» fue desencadenada por el artículo «Teatro imposible y pacto social» de Sastre publicado en 1960 en *Primer acto*. Sastre hace un llamamiento a una oposición incondicional con la consecuencia de que a partir de mediados de los años sesenta le prohibieron toda representación de su teatro; Buero Vallejo, al contrario, se muestra como autor de integración, quien de esta manera cuenta con cambios. Respecto a eso cfr. Ruggeri Marchetti 1984: 315-326, y Härtinger 1997, especialmente 53ss.; también Bernhard 2001, especialmente 80ss.

5 Relativo al efecto de «inmersión» cfr. entre otros Halsey 1994, especialmente 101-129.

resultado. La pieza se basa en la comedia de cinco actos *No más mostrador* de Larra que se estrenó en 1831 en el Teatro de la Cruz de Madrid y que, por su parte, se orienta en el vodevil *Les adieux au comptoir* del año 1824 de Eugène Scribe.[6] En la pieza de Larra, que conduce en el mundo de la pequeña burguesía madrileña, la ambiciosa comerciante Bibiana, que súbitamente quiere ser llamada Concha, intenta subir a clases sociales superiores, buscando para su hija Julia por todos los medios un noble de marido. Su existencia hasta ahora detrás del mostrador de su tienda no le gusta más, y está decidida a abandonar de una vez para siempre su comercio. Su marido Deogracias se queda en el terreno de la realidad. Para poder casar, a pesar de todo, a su hija con Bernardo, el hijo de un comerciante honorable, se sirve de una serie de trucos que deben apartar a su mujer de sus planes absurdos. En primer lugar Bernardo finge ser un noble rico para impresionar a su futura suegra, después se pone de manifiesto que el conde del Verde Saúco se interesa sólo por la dote de Julia. Deogracias, no obstante, simula su ruina total de manera que muy rápidamente se reconocen los falsos y los verdaderos amigos, o sea, amantes. La comedia finaliza con el desenlace de que se juntan Julia y Bernardo y que Deogracias sale vencedor de los planes e ideas extravagantes y disparatadas de su mujer.

Este enredo extremadamente banal es transformado por Nieva en su adaptación compuesta de dos partes de una manera extraordinariamente singular y original, de modo que el autor presenta al espectador (y lector) al fin y al cabo una pieza completamente nueva con un nuevo mensaje. Se podrían diferenciar tres distintos niveles de acción que se superponen y se mezclan y que exigen del espectador (y del lector) no poco esfuerzo para la comprensión de la pieza. En primer lugar encontramos una acción de marco. La primera escena, que conduce en el ambiente del año 1837, empieza con la creación de un escenario en el que, al lado de una tumba con la inscripción «Mariano José de Larra (Fígaro) año de 1837», aparece con el toque a muerto una figura femenina lloradora y que está de luto, mientras don Pedro (que hace el papel de Deogracias) recita algunos versos del famoso poema fúnebre declamado por José Zorrilla delante del sepulcro de Larra. Después se aparta la tumba y detrás de ella se muestra la sombra de Larra, quien con una copa de champán en la mano, en un monólogo más largo, pasa revista a su vida (una analogía a los «flashbacks» de Buero Vallejo es evidente), que se quitó por causa de la «Parca» Dolores Armijo, su amante. Dice que quiere retirarse a un palco del teatro para presenciar la representación de su pieza *No más mostrador*. A los espectadores (y al fin y al cabo, también a los actores) los anima a articular la crítica, así como él mismo lo hizo en su tiempo.[7] La figura femenina lloradora y de luto aparece de nuevo al final de la pieza, exactamente cuando Larra se mata de un tiro en su palco, bailando un bolero y mostrando la cara de una calavera sonriente. Estas escenas absurdas y grotescas, que encuadran

---

6   Relativo a *Sombra y quimera de Larra* en total cfr. Lentzen 2003a: 281-291.
7   La pieza se encuentra en Nieva 1991/II: 1155-1207; especialmente 1157.

la pieza, evidencian la exuberante fuerza imaginativa del autor, quien fascina a los espectadores por sus ideas inventivas y sorprendentes.[8] Especialmente en su *Breve poética teatral* (y en otros ensayos), Nieva ha destacado, prescindiendo de los efectos mímicos, ópticos, acústicos y decorativos, los elementos surrealistas, oníricos y alucinadores, que contribuyen a la «teatralidad» de su teatro.[9]

El segundo nivel de acción consta de la representación de la comedia *No más mostrador* de Larra delante de los ojos de los espectadores y delante del autor en su palco. Se presenta prácticamente el primer acto de la pieza de Larra con las posiciones contrarias de Bibiana (que quiere ser llamada Concha) y Deogracias respecto a la elección del novio para la hija Julia. En la segunda parte de la comedia de Nieva, la acción de la pieza de Larra pasa cada vez más a segundo término, porque los actores ya no parecen interesarse por sus propios papeles, sino que discuten como «seres reales» entre bastidores sobre el autor, es decir Larra, y sobre los papeles que tienen que hacer, de modo que tenemos delante de nosotros prácticamente una forma de teatro dentro del teatro o una especie de metateatro. Este tercer nivel, que es el más importante de toda la pieza, representa por lo tanto la acción de los actores entre ellos en su relación con el autor de la comedia a quien miran de vez en cuando y de quien reclaman su opinión. Por eso Nieva ya no se interesa por el «happy-end» de la comedia, es decir la reunión feliz de Julia y Bernardo, a la que ya no se alude explícitamente, sino por la disputa crítica de los espectadores con el autor, es decir Larra. Y en él no tienen confianza, porque sus ideas están llenas de contradicciones. Para ellos Larra no toma una posición inequívoca; ataca tanto a los liberales «moderados» como a los liberales «exaltados», así como a los carlistas, y no se puede averiguar exactamente cuál es su concepto político. Le insultan a él, al «afrancesado», como «audaz y vivaracho», quien con sus «Parises de Francia y su política de la humanidad y el buen gusto» sí que fanfarronea de modo jactancioso y arrogante, pero en principio no es más que un «bailarín de los espíritus modernos», un charlatán y un hombre veleidoso (1161s.).

También por su «escandalosa» vida privada se acaloran los actores. Así le reprochan de hacer saber por cierto su parecer moralizador sobre el adulterio, pero de separarse al mismo tiempo de su mujer, Pepita Wetoret, y de establecer relaciones amorosas ilícitas con Dolores Armijo. Hasta se difunde el rumor de intento de un amorío con la regenta María Cristina, y como absurdo punto culminante Nieva construye una aventura galante del espectador Larra (en el palco) con Julia a quien se le entrega una carta anónima en la que es prevenida contra este «burlón» e «inmoral»

---

8   Lo mismo se puede constatar prácticamente en todas las piezas de Nieva, sobre todo en la *Trilogía italiana* (que consta de *Los españoles bajo tierra o El infame jamás*, *El baile de los ardientes o Poderoso Cabriconde* y *Salvator Rosa o El artista*); respecto a eso cfr. Lentzen 2003b: 773-788.
9   La poética se encuentra en Nieva 1980: 93ss.; especialmente 94.

(1170s.; 1175). Después de todo Julia está tan desilusionada que ve también en Bernardo, quien hace el papel del noble elegante, nada más que a un engañador (1182).

Por último Nieva presenta a un Larra que no sabe arreglarse no solamente con la situación depresiva de España (descrita por la inserción de varias reflexiones formuladas por el crítico del siglo diecinueve en sus *Artículos de costumbres*), sino tampoco consigo mismo, de modo que no ve otro recurso que quitarse voluntariamente la vida con un tiro en su palco, mientras los actores le insultan con las palabras más contradictorias: «No tiene resignación», «Es un incordio», «Un disconforme», «Un infeliz», «Un triunfador que fracasa», «Un fracasado que triunfa», «Es un español sin patria», «Un patriota sin España», «Un papel que arroja el viento», «Un pobre viento de papel», [...] «¡Muera el acusón pedante!», etc. (1205s.).

Con su adaptación imaginativa y original de la pieza de Larra, Nieva seguramente tiene por objeto – análogamente a Buero Vallejo – un paralelo entre los primeros decenios del siglo diecinueve y los años poco después de la muerte de Franco, cuando comenzó la fase de la «transición» política y no se podía todavía reconocer claramente el camino y el desarrollo futuro de España. Sin duda alguna la pieza debe propagar el grito por la libertad, lo que enérgicamente pone en claro la declaración de Bernardo en el cementerio: «Aquí yace el pensamiento», «Aquí yace la emigración» (1199). Pero en la *Breve poética teatral* de Nieva se lee sobre Larra también esta frase característica: «En *Sombra y quimera de Larra* la sociedad mata o hace que se suicide un psicópata inteligente, simpático, hedonista y refinado.»[10] A pesar de toda su simpatía Nieva ve en el literato del siglo diecinueve además una figura patológica, y las numerosas declaraciones críticas por parte de los actores sobre el personaje presente en el palco durante la representación de la pieza dan a conocer su escepticismo ante esta figura contradictoria, veleidosa, indecisa y ambivalente, que al fin y al cabo no ha conseguido nada. No por último la calavera sonriente al final de la pieza acentúa esta interpretación. Por lo tanto para Nieva Larra es sin duda un personaje de buena voluntad, pero a causa de sus contradicciones internas, débil y poco afortunado y triunfador. Para poder realizar un verdadero cambio, hacen falta, sin embargo, figuras enérgicas que saben lo que quieren, pero que Nieva aparentemente no cree encontrar entre los intelectuales. De este modo parece poner en duda en general un papel político eficaz por parte de los literatos.[11]

Haciendo un resumen se puede constatar que la figura del periodista, crítico y autor de los *Artículos de costumbres* en la época inmediata a la muerte de Franco es recibida y tratada de modo distinto. Antonio Buero Vallejo, por un lado, interpreta a Larra como un intelectual «posibilista», con quien puede identificarse y a quien presenta como modelo de su propio tiempo; Francisco Nieva, por otro lado, pone de

---

10 Nieva 1980: 105.
11 Por una identificación de Nieva con Larra abogan entre otros Zalin 1991/II: 1139ss., y Peña 2001/II: 455ss.

relieve el carácter contradictorio y ambivalente del personaje, que ciertamente persigue fines honorables, pero que parece poco útil e idóneo para los rudos negocios políticos, llenos de oportunismo y intrigas.

Como ya hemos indicado al principio, la figura de Larra es tematizada también en una pieza de teatro de comienzos del siglo XX, pero de una manera que no tiene nada que ver con implicaciones políticas. Aquí Larra no es estilizado como símbolo de la oposición contra la represión de los poderosos, tampoco como «escritor comprometido» en un sentido político, en lo cual precisamente Juan Goytisolo reconocía la importancia del autor de los *Artículos de costumbres* para el presente. Se trata de la pieza *El doncel romántico* de Luis Fernández Ardavín, escrita en 1921/22 y estrenada el 18 de noviembre de 1922 en el teatro de la Princesa de Madrid.[12] Ardavín la caracteriza como «folletín escénico en cinco actos», con lo que quiere dar a entender que se tiene que comprender en cierto modo como un cuento por entregas elaborado para el escenario en cinco capítulos, es decir actos. Ardavín pertenece con sus piezas escritas en su mayoría en verso al llamado teatro «poético» de los primeros decenios del siglo pasado, comparable por eso con Eduardo Marquina y Francisco Villaespesa. Los años veinte del siglo XX son dominados, en cuanto al arte escénico, esencialmente todavía por el teatro de ilusión tradicional, por el melodrama sentimental y por las piezas costumbristas que triunfaron de forma grandiosa en el escenario.[13] En el caso del «folletín escénico» de Ardavín se trata de un drama de amor dominado por una pasión cercana a la locura que acaba en la desgracia y la catástrofe. La acción se traslada al Madrid del año 1837, retomando los temas del teatro romántico. Los protagonistas de la pieza son el joven Ariel, atormentado por el mal de amores, y la orgullosa y hermosa Carmen Sevillano, admirada por todos, pero ya acercándose al otoño de la vida, una mujer que se revela, por fin, como la madre del amante impetuoso y fogoso. El primer «capítulo» (*El caballero misterioso*) lleva al espectador al vestíbulo del Teatro Español, donde están representando el drama *El Trovador* de Antonio García Gutiérrez. Ariel está esperando junto con su amigo Lauro a Carmen Sevillano, a quien ha visto por casualidad en el parque del Prado y de quien se ha

---

12 Edición manejada: Fernández Ardavín 1922. Las indicaciones de las páginas en el texto se refieren a esta edición. La pieza tenía 23 representaciones (cfr. Dougherty / Vilches de Frutos 1990: 263). Fernández Ardavín (1891-1962) es un autor prácticamente caído en el olvido, a quien vale la pena redescubrir. Trabajó como poeta, dramaturgo, traductor y realizador de películas (de una serie de sus propias obras de teatro), y en 1952 fue elegido presidente de la Sociedad de Autores Dramáticos de España. Entre sus piezas de teatro más conocidas destacan *La dama del armiño* (1922), *Doña Diabla* (1925) y *Rosa de Madrid* (1926).

13 En los años veinte del siglo pasado se discute intensivamente y a veces polémicamente sobre una renovación del teatro; en este debate, entre otras cosas, el «teatro de muchedumbres» rivaliza con el «teatro de arte» experimental. La discusión se agrava durante la Segunda República. Con respecto a eso cfr. Dougherty 1984, y Lentzen 1988, así como íd. 1998.

enamorado locamente. Cuando el capitán Villena en el *foyer* se expresa sobre la Sevillano de una manera despectiva e insultante, Ariel le provoca a un duelo, y cuando poco después Carmen aparece con su nieta Carolina, se queda tan impresionada con el joven admirador encantador que le invita a su casa.

En el segundo «capítulo» (*El ruiseñor y la serpiente*), que se representa en el salón de la Sevillano, Ariel por fin confiesa su amor a la hermosa adorada, mientras Lauro se interesa por Carolina, que hace versos románticos; pero ella se siente más atraída por Ariel, quien, por su parte, no quita los ojos de Carmen, que para él significa «la quimera hecha carne» (100) y le deja casi perder el juicio:

> ¡...
> porque adoro el peligro y amo lo extraordinario;
> porque voy, como un rápsoda o como un visionario,
> en pos de la imposible tentación ...;
> cuanto más pretendáis alzar una muralla
> entre vos – la quimera – y yo – el romanticismo –,
> más sangrienta será la espantosa batalla
> en que constantemente estoy conmigo mismo! (98s.)

Por fin, Carmen pide al joven inflamado por un amor apasionado y loco que venga a ella por la noche.

El tercer «capítulo» (*Revelación y castigo*) entabla y prepara la catástrofe, porque don Diego de Saldaña, el tutor de Ariel, abre los ojos a Carmen sobre la identidad del enamorado impetuoso, a quien él mismo, después de la muerte del padre, había criado como su propio niño, pero que sería su hijo carnal. Se tendría que alejar de Ariel a toda costa, para curarle de este modo de su loco amor. Cuando Carmen le escribe una carta para distanciarse de él, se queda profundamente desilusionado y desengañado y no ve en ella más que a una traidora.

En el cuarto «capítulo» (*La sombra de Larra*) nos encontramos en la casa de Ariel, que, entre tanto, se batió en duelo con Villena y que, herido, es cuidado solícitamente por sus compañeros y amigos. Don Diego procura convencerle de la imposibilidad de su amor; tendría que perdonar a su madre, quien le abandonó, a lo cual finalmente está dispuesto. Pero cuando poco después, para escapar de la desgracia y del desastre, confiesa un amor presunto y fingido por Carolina, se desploma desmayado diciendo en el delirio las palabras «¡Carmen! ¡Carmen! ¡Te adoro y serás mía!» (209), por las que Carolina se queda llena de horror y espanto.

El quinto y último «capítulo» (*Mañana de primavera*) desemboca por fin en la catástrofe. En vísperas de las bodas con Carolina, Ariel escribe su testamento; quiere tomarse la vida. Su doncella Filomena, quien le regala un medallón con la imagen de su madre, le informa de que la mujer adorada por él y su madre son idénticas. Entonces toma la pistola, aprieta el gatillo y se suicida por su amor apasionado por Carmen, un amor que desafortunadamente no puede cumplirse. Carmen Sevillano, su madre, se desploma sobre el cuerpo sin vida de su hijo.

Ahora bien, este drama de amor escrito en versos listos y ágiles y de una acción cautivadora, pero al mismo tiempo también un poco demasiado sentimental y emocionante, este drama, digo, ¿qué tiene que ver con Mariano José de Larra? No debería de haber pasado inadvertido que el cuarto «capítulo» (o acto) de la pieza está intitulado *La sombra de Larra*. Aquí el autor del siglo diecinueve, por cierto, no aparece como figura misma en el drama, pero está evocado indirectamente cuando Ariel, en su amor apasionado y casi loco por Carmen, ve un paralelo entre sí mismo y Larra, quien se suicidó (el 13 de febrero de 1837) por su amor por Dolores Armijo, que por fin le abandona y vuelve a su marido. Ariel insiste en saber algo sobre la muerte de Larra, y Ardavín a todos los que asistieron a su entierro les deja hablar. Así Lauro informa de cómo Larra estaba amortajado en la iglesia, y termina sus palabras con la observación:

> Fuera de él vivió siempre. Más tarde o más temprano,
> tenía que librarse del peso de la vida.
> Lo de menos fué el hecho. No era *Fígaro* humano,
> y siendo de sí mismo vasallo y soberano,
> dió al alma, cuando quiso, para volar, salida. (168)

Y don Diego de Saldaña enumera a todos los que se encontraron en la comitiva fúnebre, destacando sobre todo a un «pálido mancebo», que con una voz emocionante y conmovedora recitó algunos versos delante del sepulcro del autor muerto, versos[14] que les saltaron a todos las lágrimas:

> Empieza a hablar. Al pronto su voz es insegura.
> Tiembla, duda, vacila; pero al segundo verso,
> la voz se hace más dulce, más cálida y más pura,
> y el tono más vibrante, más nítido y más terso.
> Le oímos asombrados. La voz es ya divina.
> Se olvida donde estamos y a lo que hemos venido.
> Frente a un cisne que calla, un ruiseñor que trina.
> ¡Si un corazón ha muerto, un pájaro ha nacido!
> Larra parece oírle y humanizar su gesto.
> Quizá, por vez primera, serena está su alma.
> ¡Se ha adueñado, el poeta, del paraje funesto,
> y recita, creciéndose, con admirable calma!
> Y cuando, con la rima de la final cuarteta,
> el sublime conjuro de la voz del poeta
> hace correr el llanto sobre cada mejilla,
> mientras de un nicho oscuro llena *Fígaro* el hueco,
> se estremecen las almas, y perdiéndose el eco,
> pregona por los campos de la vieja Castilla:
> ¡Si *Fígaro* se ha muerto, ha nacido Zorrilla![15] (171s.)

---

14 Se trata de los versos: «Ese vago clamor que rasga el viento».
15 Zorrilla mismo observa en sus *Recuerdos* un referente a este acontecimiento: «El silencio era absoluto: el público, el más a propósito y el mejor preparado; la escena solemne,

Para Luis Fernández Ardavín, por tanto, Larra es el gran autor romántico que se suicida por un amor desafortunado, no aquel que se compromete en las disputas políticas del tiempo y defiende sus opiniones, como es el caso en las piezas de Antonio Buero Vallejo y Francisco Nieva, que datan de tiempos mucho más posteriores. Para Luis Fernández Ardavín, Larra es el modelo ejemplar del enamorado apasionado que se conforma con la muerte, así como en su «folletín escénico», hace tomar a Ariel, en su delirio de amor y siguiendo el ejemplo tanto de Larra como también de Werther (mencionado repetidas veces en la pieza), la pistola. Además, Ardavín rinde reverencia a la gran poesía romántica (y con eso quizá a la poesía en general), cuando glorifica a José Zorrilla como la estrella saliente del arte de hacer versos. El amor apasionado y exaltado es la temática de *El doncel romántico*. La evocación de Larra, por cierto, no es necesaria para el enredo de la acción y no parece ser – no solamente dentro de la pieza en su totalidad, sino también en el mismo cuarto acto («capítulo») – más que una digresión. Que Ardavín haya incorporado la escena en su drama, subraya precisamente su admiración por la gran tradición poética del romanticismo, una tradición que en el contexto de las tendencias modernistas y vanguardistas de los años veinte de ninguna manera es rechazada por superada y anticuada.[16]

Bibliografía

Albert, Mechthild (1996): *Avantgarde und Faschismus. Spanische Erzählprosa 1925-1940*. Tübingen: Niemeyer.

Bernhard, Katrin C. (2001): *Zensurbedingte Strategie oder ästhetisches Konzept? Das dramatische Werk von Antonio Buero Vallejo im franquistischen und demokratischen Spanien*. Frankfurt am Main et al.: Lang.

Buero Vallejo, Antonio (1979): *La detonación. Las palabras en la arena*. Prólogo de Luciano García Lorenzo. Madrid: Austral.

Dougherty, Dru (1984): «Talía convulsa: la crisis teatral de los años 20», en: Lima, Robert / Dougherty, Dru: *2 ensayos sobre teatro español de los 20*. Murcia: Universidad de Murcia, pp. 87-155.

Dougherty, Dru / Vilches de Frutos, María Francisca (1990): *La escena madrileña entre 1918 y 1926. Análisis y documentación*. Madrid: Fundamentos.

Nieva, Francisco (1991): *Teatro completo*. 2 vols. Toledo: Servicio de Publicaciones de la Junta de Comunidades de Castilla-La Mancha.

---

y la ocasión, sin par. Tenía yo entonces una voz juvenil, fresca y argentinamente timbrada, y una manera nunca oída de recitar. Y rompí a leer..., pero según iba leyendo aquellos mis tan mal hilvanados versos, iba leyendo en los semblantes de los que absortos me rodeaban, el asombro que mi aparición y mi voz les causaba. Imagineme que Dios me deparaba aquel extraño escenario, aquel auditorio tan unísono con mi palabra ...: Creí ya imposible que mi padre y mi amada no oyesen la voz de mi fama ... y se me embargó la voz y se arrasaron mis ojos en lágrimas ... Y Roca de Togores, junto a quien me hallaba, concluyó de leer mis versos»; cfr. Zorrilla 1961: I, 35s.

16 Por ejemplo, el romántico Larra es festejado y homenajeado por la tertulia de Ramón Gómez de la Serna en el Café Pombo como un trágico moderno. Cfr. Albert 1996: 10.

Goytisolo, Juan (1976): *El furgón de cola*. Barcelona: Seix Barral (primera edición, París 1967), pp. 21-38.

Halsey, Martha T. (1994): *From Dictatorship to Democracy: the recent plays of Buero Vallejo* (from *La fundación* to *Música cercana*). Ottawa: Dovehouse Ed. Canada.

Härtinger, Heribert (1997): *Oppositionstheater in der Diktatur. Spanienkritik im Werk des Dramatikers Antonio Buero Vallejo vor dem Hintergrund der franquistischen Zensur*. Wilhelmsfeld: Egert.

Lentzen, Manfred (1988): «Zur Diskussion über das Theater am Anfang der dreißiger Jahre in Spanien», en: *Romanistisches Jahrbuch* 39, pp. 342-351.

Lentzen, Manfred (1998): «¿Teatro de masas o teatro de mito, mágica, misterio? En torno a la discusión sobre el teatro a mediados de los años treinta en España», en Albert, Mechthild (ed.): *Vencer no es convencer. Literatura e ideología del fascismo español*. Frankfurt am Main: Vervuert, pp. 121-130.

Lentzen, Manfred (2003a): «*¡Muera el acusón pedante!* Francisco Nievas Stück *Sombra y quimera de Larra* (Representación alucinada de *No más mostrador*)», en Perl, Matthias / Pöckl, Wolfgang (eds.): *Die ganze Welt als Bühne. Todo el mundo es un escenario. Homenaje a Klaus Pörtl*. Frankfurt am Main et al.: Lang, pp. 281-291.

Lentzen, Manfred (2003b): «Der Ruf nach Freiheit. Francisco Nievas *Trilogía italiana*», en Tappert, Birgit / Jung, Willi (eds.): *Heitere Mimesis. Homenaje a Willi Hirdt*. Tübingen / Basel: Francke, pp. 773-788.

Martínez de Velasco, Ángel (1997): «Ferdinand VII. (1808/1814-1833)», en Bernecker, Walther L. / Collado Seidel, Carlos / Hoser, Paul (eds.): *Die spanischen Könige. 18 historische Porträts vom Mittelalter bis zur Gegenwart*. München: C.H. Beck, pp. 209-223.

Nieva, Francisco (1980): *Malditas sean Coronada y sus hijas. Delirio del amor hostil*. Edición de Antonio González. Madrid: Cátedra.

Peña, Juan Francisco (2001): *El teatro de Francisco Nieva. Estudios sobre teoría y crítica teatral*. 2 vols. Alcalá: Universidad de Alcalá de Henares.

Ruggeri Marchetti, Magda (1984): «Sobre *La detonación* de Antonio Buero Vallejo», en: *Estudios sobre Buero Vallejo*. Edición de Mariano de Paco. Murcia: Universidad de Murcia, pp. 315-326.

Zalin, Phyllis (1991): «Teatro de crónica y estampa. Teatro en clave de brevedad», en Nieva, Francisco: *Teatro completo*. 2 vols. Toledo: Servicio de Publicaciones de la Junta de Comunidades de Castilla-La Mancha, vol. II, pp. 1139-1153.

Zorrilla, José (1961): *Recuerdos del tiempo viejo*. Madrid: Publicaciones españolas.

«Nosotros somos estos / que aquí estamos reunidos / y los demás no importan.» Para una interpretación del poema «Discurso a los jóvenes», de Ángel González

José Manuel López de Abiada (con la colaboración de Roland Minder)
(Universität Bern)

Introito

Se suele olvidar que la veterana dicotomía nacional de las dos Españas no es exclusivamente hispana y probablemente ni siquiera europea. Lo que sí parece seguro es que la imagen de «las dos naciones» cuajó mucho antes en Inglaterra, y que sobre las hormas de esa idea o representación se configuraron otras expresiones afines («las dos Francias», «las dos Alemanias», «las dos Italias», etc.). De más está decir que, al menos en las últimas siete décadas, la pareja dicotómica ha tenido más presencia en el ensayismo político y literario hispánico que en el de otras naciones de la Europa occidental, debido a la memoria «colectiva» de la Guerra Civil y a los desmanes de la dictadura del general que eligió la forma superlativa como autorreferencia. Por lo demás, el mismo año que Mérimée publicó *Carmen* (1845), el joven parlamentario Benjamin Disraeli recogía en la imprenta los primeros ejemplares de su novela *Sybil, or the Two Nations*, cuya tesis capital era que la reina Victoria ejercía su soberanía sobre dos naciones que se ignoraban recíprocamente, dos naciones distintas y distantes en formación, hábitos, alimentos y legislación. Disraeli aludía con su concepto a la pareja antitética pobres *versus* ricos o, si consideramos que la sociedad inglesa se hallaba ya en plena revolución industrial, oligarquía *versus* desheredados. En Francia, Ernest Renan volvía sobre el asunto en sus *Cuestiones contemporáneas* (1868), a raíz de las que se acuñaría la imagen de las «dos Francias», la legal y la real, en las que se encarnaría casi de inmediato la conciencia de haber perdido el papel (o al menos la categoría) de «grande nation». En Italia, Pasquale Turiello se apoyaría en las tesis de Stefano Jacini (*Sulle condizioni della cosa pubblica in Italia dopo il 1866*) para desarrollar los argumentos con los que trataba de explicar las razones que habían abierto la brecha entre «gobierno» y «gobernados», y calibrar las consecuencias. Como se desprende de varios de sus escritos, los regeneracionistas y los escritores españoles del 98 y el 14 estaban bien informados sobre las obras que trataban las problemáticas de las bipolarizaciones nacionales, pero es Joaquín Costa quien logra sacar el concepto de las «dos Españas» del estrecho círculo de los estudiosos, divulgarlo y convertirlo en cita obligada bajo formas de semántica afín («escuela y despensa», la España «del estudio y el trabajo», la «España del porvenir» o – más tarde – el «cirujano de hierro»). Una España que debía ser «regenerada» de manera muy distinta a la que proponía, por ejemplo, Pereda por boca del protagonista (Marcelo) en el último párrafo de *Peñas arriba* (1895). Las aportaciones de Unamuno, Ganivet, Giner de los Ríos, Ortega y muchos otros en el debate son bien conocidas a los estudiosos, pero son los versos de Machado los que están al alcance de muchos y son citados con frecuencia fuera de contexto: «Ya hay un español que quiere / vivir y a vivir empieza, / entre una España que muere / y otra España que bosteza. / [...] Una de las dos Españas / ha de helarte el corazón.»

I. Una de las dos Españas

La realidad de las «dos naciones» no parece ser, por tanto, una «característica» exclusiva de España y, menos aún y a despecho del tópico, un «elemento» intrínseco del «carácter»[1] español, sino de desheredados y privilegiados o, si se prefiere, de una lucha que venía de lejos y que a partir del siglo XIX será definida como «lucha de clases». El llamado «alzamiento nacional» de 1936 fue, precisamente, la respuesta violenta de quienes querían seguir perpetuando sus privilegios de clase contra la voluntad mayoritaria de quienes habían dado su voto a los partidos políticos que ganaron las elecciones de 1931 y 1936. El desenlace de la contienda vuelve a acrecentar la antigua brecha que, a partir de 1939, dividiría sin ambages – y, para mayor escarnio de los demócratas, de una «oficialidad» transida de penosos esparajismos y ampulosa retórica – a los vencedores de los vencidos. Ése es, quizá, el argumento principal del poema de Ángel González que aquí analizamos. Por lo demás, sabido es, muchos españoles estuvieron obligados a participar en la contienda y en un determinado bando debido al azar de la geografía. Paul Preston refleja bien esta situación en el título de uno de sus libros: *Las tres Españas del 36*. Sí eran distintos, sin embargo, comparados con otros países europeos, dos factores que se revelarían determinantes: a) el conservadurismo y la marcada influencia de la Iglesia; y b) a comienzos de 1936, los países europeos uncidos al yugo del totalitarismo eran varios y ocupaban vastos territorios de una geografía que se extendía desde Portugal a las repúblicas de la Unión Soviética.

II. Nuestro poema «Discurso a los jóvenes»[2]

    De vosotros,
    los jóvenes,
    espero

---

1 Para mayor información, véanse los trabajos de Beller 2004: 75-91 y López de Abiada: 2004: 13-62.
2 Escrito en torno a 1958-1959, «Discurso a los jóvenes» forma parte del segundo poemario de Ángel González: *Sin esperanza, con convencimiento*, aparecido en 1961.

no menos cosas grandes que las que realizaron
5   vuestros antepasados.
       Os entrego
       una herencia grandiosa:
       sostenedla.
       Amparad ese río
10   de sangre,
       sujetad con segura
       mano
       el tronco de caballos
       viejísimos,
15   pero aún poderosos,
       que arrastran con pujanza
       el fardo de los siglos
       pasados.

       Nosotros somos estos
20   que aquí estamos reunidos,
       y los demás no importan.

       Tú, Piedra,
       hijo de Pedro, nieto
       de Piedra
25   y biznieto de Pedro,
       esfuérzate
       para ser siempre piedra mientras vivas,
       para ser Pedro Petrificado Piedra Blanca,
       para no tolerar el movimiento,
30   para asfixiar en moldes apretados
       todo lo que respira o que palpita.

       A ti,
       mi leal amigo,
       compañero de armas,
35   escudero,
       sostén de nuestra gloria,
       joven alférez de mis escuadrones
       de arcángeles vestidos de aceituna,
       sé que no es necesario amonestarte:
40   con seguir siendo fuego y hierro,
       basta.
       Fuego para quemar lo que florece.
       Hierro para aplastar lo que se alza.

       Y finalmente,
45   tú, dueño
       del oro y de la tierra,
       poderoso impulsor de nuestra vida,
       no nos faltes jamás.
       Sé generoso
50   con aquellos a los que necesitas,
       pero guarda,
       expulsa de tu reino,

```
                    mantenlos más allá de tus fronteras,
                    déjalos que se mueran,
55                  si es preciso,
                    a los que sueñan,
                    a los que no buscan
                    más que luz y verdad,
                    a los que deberían ser humildes
60                  y a veces no lo son, así es la vida.

                    Si alguno de vosotros
                    pensase
                    yo le diría: no pienses.

                    Pero no es necesario.
65                  Seguid así,
                    hijos míos,
                    y yo os prometo
                    paz y patria feliz,
                    orden,
70                  silencio.
```

III. La ironía como recurso salvador

En sus lecturas públicas comentadas, Ángel González suele referirse a la necesidad que sintió de abandonar, hacia la mitad de su segundo poemario (*Sin esperanza, con convencimiento*, 1961), la poesía que él define como «confesión personal»[3], muy presente en *Áspero mundo*, 1956, su primer libro. El propio escritor ve la razón del cambio en la angustia creciente que le producía «poetizar» sus propias flaquezas y en la paulatina repulsa que llegó a sentir ante su realidad de hombre de carne y hueso. Se imponía, por tanto, un cambio, que cuajaría, sobre todo, en la decisión de abandonar un subjetivismo asfixiante, en la urgente búsqueda y en el afortunado hallazgo de un nuevo venero poético; un hallazgo que yacía en la inmediatez de la realidad (política, histórica, social, etc.) del día a día de la España en que vivía y, también, en

---

3 El poema que mejor se presta para ilustrarlo es «Para que yo me llame Ángel González», en el que el autor abre las compuertas de la represa de sufrimientos e indigencias que, nos dice, se fueron sumando en el sucederse de las vidas de sus ancestros hasta llegar a él. El poema dice así: «Para que yo me llame Ángel González, / para que mi ser pese sobre el suelo, / fue necesario un ancho espacio / y un largo tiempo: / hombres de todo mar y toda tierra, / fértiles vientres de mujer, y cuerpos / y más cuerpos, fundiéndose incesantes / en otro cuerpo nuevo. / Solsticios y equinoccios alumbraron / con su cambiante luz, su vario cielo, / el viaje milenario de mi carne / trepando por los siglos y los huesos. / De su pasaje lento y doloroso / de su huida hasta el fin, sobreviviendo / naufragios, aferrándose / al último suspiro de los muertos, / yo no soy más que el resultado, el fruto, / lo que queda, podrido, entre los restos; / esto que veis aquí, / tan sólo esto: / un escombro tenaz, que se resiste / a su ruina, que lucha contra el viento, / que avanza por caminos que no llevan / a ningún sitio. El éxito / de todos los fracasos. La enloquecida / fuerza del desaliento...» (González 1956).

algunos «modos de escribir», entre los que figura en primer lugar el recurso a la ironía. González hace algunas observaciones al respecto en el prólogo a la antología de sus poemas que reunió para Cátedra:

> Como es sobradamente sabido, los textos irónicos exigen que el lector invierta el recto significado de las palabras; operación mental que, aunque sencilla, desbordaba de hecho la capacidad intelectiva de muchos censores, primera ventaja de un procedimiento que implica además la relación y consiguiente comparación evaluativa de dos puntos de vista opuestos. Así, el procedimiento resultaba doblemente útil: permitía burlar las normas vigentes en materia de censura, y era de una gran eficacia crítica. El poema titulado «Discurso a los jóvenes» cumplió satisfactoriamente, a mi modo de ver, esos objetivos, aunque yo había intentado en él una simple parodia divertida de las irritantes arengas políticas entonces habituales. El poema fue para mí, en ese aspecto, un hallazgo. Desde entonces, la ironía pasó a ser uno de los más constantes componentes de mi poesía[4].

En los años que median entre la publicación de sus dos primeros poemarios, la poesía social española alcanza su mayor apogeo, con títulos como *Ancia* (1958) y *En castellano* (1960), de Blas de Otero, *Poesía urgente* (1960), de Gabriel Celaya, *Pomas a Lázaro* (1960), de José Ángel Valente, *Salmos al viento* (1958), de José Agustín Goytisolo, *Poesía del momento* (1957) y *Poesías escogidas* (1960), de José Hierro. (Es justo señalar que la poesía social de posguerra tiene su arranque en algunos poemarios de Eugenio de Nora, escritos en la segunda mitad de la década de los años cuarenta y la primera de los cincuenta).[5]

IV. Texto y contexto

La comprensión de un texto irónico exige un desciframiento de las alusiones y, por tanto, un conocimiento de los contextos a los que alude. La cita antes reproducida señala con claridad cuáles son los aspectos que más le importaban al poeta: las «irritantes arengas entonces habituales» y poder «burlar las normas vigentes en materia de censura». Si, además, el autor considera que «Discurso a los jóvenes» había sido un «hallazgo» y que tenía «una gran eficacia crítica», nuestro análisis debería develar las claves y los mecanismos de la ironía, aquí rayana casi en el sarcasmo. La primera constatación es el recurso a la reticencia (figura que deja incompleta la «información» o que «calla» aspectos cuyos sentidos se puede, sin embargo, vislumbrar, presumir o incluso deducir) o a la antífrasis (recurso mediante el cual se designa a «personas o cosas con voces que signifiquen lo contrario de lo que se debiera decir» y, por supuesto, de lo que el poeta siente). Son figuras retóricas con las que el poeta nombra lo innombrable, alude eludiendo, señala lo que no desearía tener que señalar, aunque esté casi por doquier y concierna muy de cerca a quienes sufren sus consecuencias. Una situación que nace con el desenlace de la Guerra Civil como uno más

---

4 González 1980: 18-19, edición del autor.
5 Para mayor información, véase López de Abiada 2001: 463-473.

de los «desastres de la guerra», dicho sea mediante el título de la serie de los sobrecogedores grabados de Goya. Efectivamente, «No se puede mirar», título de uno de los grabados más inquietantes de la serie de los *Desastres de la guerra*, no deja espacio a la ambigüedad interpretativa: lo que no se puede mirar, no se puede ver, por lo que el modo de nombrarlo es el indirecto, aunque sea a través de la antífrasis o elusión. Goya concibió los desastres de la guerra desde la perspectiva de los perjudicados, por lo que el esfuerzo que han de hacer las víctimas para nombrar lo innombrable es ingente; sin embargo, era el único modo de recobrar la voz silenciada, una voz de testigos directos de los hechos y las vicisitudes. Ángel González, nacido en Oviedo en 1925, es, recordémoslo, un niño de la guerra y, además, hijo y hermano de vencidos.

V. Comentario del poema

En la primera estrofa, la ironía se percibe en el tono «preferencial» con que se dirige a los jóvenes y en el recurso al hipérbaton o a la clara inversión del orden de los términos que constituyen los versos 3-4, cuyo orden «gramatical» hubiese debido ser el siguiente: «no espero cosas menos grandes [e.d., *menores*] que las que [...]». La ironía se vislumbra así mismo en el uso de los sintagmas «cosas grandes» (en lugar de elegir, por ejemplo, el término *hazañas*), «herencia grandiosa», que el lector de la época asociaba a la desastrosa situación económica del país en los años finales del período autárquico (e.d., 1958-1959, fecha de la composición del poema) y «caballos viejísimos», que como tales no pueden ser «poderosos», y arrastrar «con pujanza» el «fardo» de la secular herencia.

La segunda estrofa refleja la crueldad con que quedaron excluidos y fueron tratados los «otros», los vencidos, los que lucharon por la «otra» España, exclusión cruel y letal persecución que vuelven a ser repetidas en los versos 51-58 («pero guarda, / expulsa de tu reino, / mantenlos más allá de tus fronteras, / déjalos que se mueran, / si es preciso, / a los que sueñan, / a los que no buscan / más que luz y verdad»). Son excluidos y perseguidos so pretexto de su (supuesta) soberbia que al «personaje hablante» se le antoja además transida de ingratitud (v. 60, «así es la vida»).

Si en la primera estrofa o introito el tribuno hablante echa mano de ampulosos tópicos (cayendo incluso en deslices semánticos, que corrige en seguida: «pero aún poderosos»), cuando se dirige a los jóvenes de la España «una» en las arengas que siguen queda claro a cuáles estamentos pertenecen los cachorros en cuestión: la Iglesia, el Ejército y los que detentan privilegios y riquezas, y están decididos a defenderlos a capa y espada.

En la estrofa referida a la Iglesia (vv. 22-31), el tribuno consigna una serie de preceptos en perfecta sintonía con la añeja tradición inquisitorial que había asfixiado *in nuce*, siempre que pudo, los repetidos intentos de reformas, incluidos los que se podrían llamar, *sensu lato* y en el sector religioso, la *reformatio iberica* del siglo

XVI. El mandato es claro y contundente, pese a la polisemia del verso 29, en el que, para más inri, el poeta escribe el término *movimiento* sin otorgarle la deferencia de la mayúscula que el momento político exigía. Efectivamente, González dice bien en su introducción cuando afirma que su ironía «desbordaba de hecho la capacidad intelectiva de muchos censores». El sarcasmo impregna incluso la alusión al conocido pasaje del Evangelio de San Mateo en el que Cristo le revela a Simón el secreto,[6] como se desprende de los versos 22-25 («Tú, Piedra, hijo de Pedro, nieto / de Piedra / y biznieto de Pedro»). En ellos se subraya, con «anafórica» insistencia y «tono» de letanía (vv. 27-29: «para ser [...], / para ser [...] / para no [...] / para asfixiar [...]») la continuidad deseada por Cristo, pero en los versos que siguen queda claramente anotado que la intención del Maestro ha sido profanada, que el mal («las puertas del infierno») *campea* victorioso en las tierras en las que se libró una *batalla*[7] encarnizada:

> esfuérzate
> para ser siempre piedra mientras vivas,
> para ser Pedro Petrificado Piedra Blanca,
> para no tolerar el movimiento,
> para asfixiar en moldes apretados
> todo lo que respira o que palpita.

En suma: a la par que el Pedro de los Evangelios se fue perpetuando en sus sucesores, la Iglesia fue relegando alguno de los preceptos y mandatos divinos, por lo que «la Piedra Blanca» no es sólo sinónimo de pureza, sino que también puede tener significado de tumba, de losa sepulcral que paraliza el movimiento (v. 29) de sus fieles, a los que sofoca (v. 30) y entorpece su desarrollo y crecimiento (v. 31), en flagrante discordancia con el espíritu de los tiempos; una losa que les priva de las

---

6 «Jesús le respondió: Bienaventurado eres, Simón, hijo de Juan, porque no te lo ha revelado la carne, ni la sangre, sino mi Padre que está en los cielos. Yo te lo digo que tú eres Pedro, y sobre esta piedra edificaré mi Iglesia, y las puertas del infierno no prevalecerán contra ella. Te daré las llaves del Reino de los Cielos, y lo que atares en la tierra será atado en los Cielos, y lo que desatares en la tierra, será desatado en los cielos.» (San Mateo 16, 17-19)

7 Los términos subrayados aluden al título y a algunos versos de «El campo de batalla», que pertenece al mismo poemario que «Discurso a los jóvenes»: «Hoy voy a describir el campo / de batalla / tal como yo lo vi, una vez decidida / la suerte de los hombres que lucharon / muchos hasta morir, / otros / hasta seguir viviendo todavía. // No hubo elección: / murió quien pudo, / quien no pudo morir continuó andando, / los árboles nevaban lentos frutos, / era verano, invierno, todo un año / o más quizá: era la vida / entera / aquel enorme día de combate. // [...] Quietos, pegados a la dura / tierra, / cogidos entre el pánico y la nada, / los hombres esperaban el momento / último, / sin oponerse ya, / sin rebeldía. // Algunos se murieron, / como dije, / y los demás, tendidos, derribados, / pegados a la tierra en paz al fin, / esperan / ya no sé qué / – quizá que alguien les diga: / «amigos, podéis iros, el combate...» // Entre tanto, / es verano otra vez, / y crece el trigo / en el que fue ancho campo de batalla.»

libertades básicas desde un rancio conservadurismo y la alianza secular con el poder clasista y reaccionario.

El Ejército, «leal amigo» y «compañero de armas» vestido «de aceituna», no precisa ser «amonestado», puesto que tiene en su haber el «fuego» que ha calcinado los brotes de esperanza desde tiempos casi inmemoriales y ha aplastado, con mano de «hierro», a los que se habían levantado contra el poder; parece existir, empero, una excepción que confirma la regla: el alzamiento del 18 de julio, fecha aciaga que, aunque no sea mencionada explícitamente, se vislumbra en el verbo que cierra la estrofa (v. 43: «alza»). La alusión irónica «joven alférez» de complemento avala la validez de esta lectura, refrendada además por los «escuadrones de arcángeles» uniformados («vestidos de aceituna», v. 38) que, en lugar de ser portadores de la buena nueva, anuncian muerte y destrucción. Su función de «sostén» de «nuestra gloria» no parece ser otra que la actividad destinada a «helar» el corazón de la otra España («Una de las dos Españas / ha de helarte el corazón»). La ironía se revela también en esta estrofa como un instrumento eficiente.

Los versos dedicados al capital (en cuyas filas no sólo figuran la oligarquía y la banca, sino también la nobleza de alta alcurnia y de medio pelo, el latifundio y los agricultores y ganaderos de menor cuantía, la Iglesia [cual ente propietario de inmuebles y bienes raíces]), los empresarios y los caciques locales. La ironía se vislumbra de modo especial en los vv. 47-48 («poderoso impulsor de nuestra vida / no nos faltes jamás») y, en menor medida y debido al tono severo y «grave» a la vez del v. 59 («los que deberían ser humildes»), que hace que la referencialidad sea menos perceptible a primera vista.

La condición o suposición que podría denotar el término que abre el verso 61 se revela en seguida cual afirmación terminante en la forma del imperativo que cierra la estrofa («no pienses», v. 63), apoyada además por el verso 64, que constituye por sí solo la penúltima estrofa («Pero no es necesario»).

Por lo demás, el orador «abre» el último fragmento de su arenga con otro imperativo (los dos primeros nos habían salido al paso en los versos 8-9: «sostenedla» y «amparad»), para cerrarlo con un término «contundente», que además coincide con el que cierra *La casa de Bernarda Alba*, obra que ya entonces era considerada canónica: «Silencio, silencio he dicho. ¡Silencio!». Pero a la vez, el término que cierra el poema está en «cínica» contraposición semántica con el que «inaugura» el título («Discurso» *versus* «silencio»), con lo que el cierre pone en evidencia, una vez más, a modo de broche final, la cadura moral del «orador».

He aquí el cenit de la insolencia y la desvergüenza («la desvergüenza en España / se ha hecho caballería» dice un personaje de *El burlador de Sevilla*), pérfidamente arropadas, para mayor inri, en el eco de una intertextualidad conocida y venerada por muchos de quienes se sabían contrarios al régimen; una intertextualidad cuyo último significado se situaba en las coordenadas de una cotidianidad menesterosa y «prosaica», y en una realidad y un contexto políticos en los que el silencio era sepulcral para los vencidos, la paz una entelequia y el orden fruto de la conminación, del miedo, de la pusilanimidad o la cautela. Una cotidianidad que llamábamos «prosaica» no en cuanto sinónimo de insulsa o vulgar – para los perseguidos era, huelga recordarlo, pavorosa, atroz –, sino con el sentido figurado y a la vez recto y preciso de «escrito en prosa», en concordancia con la forma del poema, que es lírico, elegíaco y épico a la vez y, de más está recordarlo, altamente rítmico. Un ritmo que, sin embargo, puede ser «despojado» de la forma del verso y ser «escrito» en prosa. Un «prosaísmo», por tanto, muy *sui generis*, en sintonía con el prosaísmo natural de la oralidad señalada arriba y, en sentido alegórico, con la cualidad del día a día «políticamente» incorrecto, amén de vulgar, trivial y con «futuro», pues ya estaba claro que el dictador moriría en la cama. (Vázquez Montalbán solía decir que el régimen fue «el único fascismo que cumplió un ciclo biológico, parsimonioso y armónico – nacimiento, crecimiento, culminación, decadencia» y «muerte natural» –.) De ahí que no consideremos excesivo «cambiar la forma» del poema sin forzar el ritmo como sigue:

> De vosotros, los jóvenes, espero no menos cosas grandes que las que realizaron vuestros antepasados. Os entrego una herencia grandiosa: sostenedla. Amparad ese río de sangre, sujetad con segura mano el tronco de caballos viejísimos, pero aún poderosos, que arrastran con pujanza el fardo de los siglos pasados. Nosotros somos estos que aquí estamos reunidos, y los demás no importan. Tú, Piedra, hijo de Pedro, nieto de Piedra y biznieto de Pedro, esfuérzate para ser siempre piedra mientras vivas, para ser Pedro Petrificado Piedra Blanca, para no tolerar el movimiento, para asfixiar en moldes apretados todo lo que respira o que palpita. A ti, mi leal amigo, compañero de armas, escudero, sostén de nuestra gloria, joven alférez de mis escuadrones de arcángeles vestidos de aceituna, sé que no es necesario amonestarte: con seguir siendo fuego y hierro, basta. Fuego para quemar lo que florece. Hierro para aplastar lo que se alza. Y finalmente, tú, dueño del oro y de la tierra, poderoso impulsor de nuestra vida, no nos faltes jamás. Sé generoso con aquellos a los que necesitas, pero guarda, expulsa de tu reino, mantenlos más allá de tus fronteras, déjalos que se mueran, si es preciso, a los que sueñan, a los que no buscan más que luz y verdad, a los que deberían ser humildes y a veces no lo son, así es la vida. Si alguno de vosotros pensase yo le diría: no pienses. Pero no es necesario. Seguid así, hijos míos, y yo os prometo paz y patria feliz, orden, silencio.

Retomemos el último término del poema, menos para insistir en lo consabido (la expresión última de toda dictadura es el *silencio*) que para subrayar que el penúltimo verso «cambia» de género si se lo considera desde el último: el orden (la alabanciosa disciplina férrea que tanto envanecía a los altos mandos del Ejército español que, dicho sea de paso, en las últimas décadas sólo habían ganado «guerras» contra el propio pueblo, para lo que además, en la última, tuvieron que recurrir a la ayuda de quienes los habían «humillado» en Annual) se convierte en la orden o el mandato final («orden/silencio»). Una homonimia que revela su significado real en el último verso.

Para concluir, volvamos a la métrica del poema, cuya «irregularidad» es perceptible a «simple forma». Efectivamente, el cómputo de sílabas confirma lo que percibimos a simple vista: el metro o medida de los versos es plural, pues oscilan entre 2 y 14 sílabas, aunque con marcada presencia de los heptasílabos y endecasílabos. Sin embargo, si disponemos los versos de la forma que sigue para que el poema sea más regular, tendríamos un poema con absoluto predominio de endecasílabos y heptasílabos:

	De vosotros, / los jóvenes, / espero	11
	no menos cosas grandes que las que realizaron	14
	vuestros antepasados. / Os entrego	11
	una herencia grandiosa: / sostenedla.	11
5	Amparad ese río / de sangre,	9
	sujetad con segura / mano	9
	el tronco de caballos / viejísimos,	11
	pero aún poderosos,	7
	que arrastran con pujanza	7
10	el fardo de los siglos	7
	pasados.	3
	Nosotros somos estos	7
	que aquí estamos reunidos,	7
	y los demás no importan.	7
15	Tú, Piedra,	3
	hijo de Pedro, nieto	7
	de Piedra	3
	y biznieto de Pedro	7
	esfuérzate	3
20	para ser siempre piedra mientras vivas,	11
	para ser Pedro Petrificado Piedra Blanca,	11
	para no tolerar el movimiento,	11
	para asfixiar en moldes apretados	11
	todo lo que respira o que palpita.	11
25	A ti,	3
	mi leal amigo, / compañero de armas,	11
	escudero / sostén de nuestra gloria,	11
	joven alférez de mis escuadrones	11
	de arcángeles vestidos de aceituna,	11
30	sé que no es necesario amonestarte:	11
	con seguir siendo fuego y hierro, / basta.	11
	Fuego para quemar lo que florece.	11
	Hierro para aplastar lo que se alza.	11
	Y finalmente,	5
35	tú, dueño / del oro y de la tierra,	11
	poderoso impulsor de nuestra vida,	11
	no nos faltes jamás. / Sé generoso	11
	a aquellos a los que necesitas,	11
	pero guarda, / expulsa de tu reino,	11
40	mantenlos más allá de tus fronteras,	11
	déjalos que se mueran, / si es preciso,	11
	a los que sueñan, / a los que no buscan	11
	más que luz y verdad,	7
	a los que deberían ser humildes	11

```
45      y a veces no lo son, así es la vida.            11
        Si alguno de vosotros                            7
        pensase / yo le diría: no pienses.              11
        Pero no es necesario.                            7
        Seguid así, / hijos míos,                        7
50      y yo os prometo                                  5
        paz y patria feliz,                              7
        orden, / silencio.                               5
```

En esta «libre» disposición, el cómputo de los 52 versos daría un resultado de 28 endecasílabos y 13 heptasílabos. Este «juego» de permutas formales tiene un claro paralelismo en las marcadas permutaciones vocálicas, visibles desde los primeros versos (cfr., por ejemplo, a partir del verso 25: a-i/i-a, a-i/o-a, e-o, ea-a/e-u, e-o/o-e, e-ue-a, o-ia/o-e, a-e, e-e, i-e, ua-o-e/ etc.), que se repiten con variaciones, creando un «clima» difuso, en sintonía con el estado político confuso, oscuro e incomprensible (tanto más incomprensible si se consideraba desde una Europa que había vencido a los regímenes nazi-fascistas en 1945) de la España en la que González escribía el poema. Pero ésta es una historia en la que el homenajeado sabe moverse como pez en el agua.

Hoc erat in votis, amice Manfrede. Reflexionar, desde un poema querido, sobre las dos Españas que, aunque sigan existiendo (*¡mercatus imperat!*), han hallado justicia en la enmienda aprobada en la Comisión Constitucional del Congreso de los Diputados el 20 de noviembre de 2002, fecha del aniversario de la muerte del general superlativo. En esa fecha los miembros de la Cámara acordaron por unanimidad de todos los partidos una resolución en la que, por fin, se condenaba el golpe de estado del 18 de julio de 1936 contra la legalidad republicana. A juzgar por las intervenciones en el debate de los varios grupos parlamentarios, con la enmienda se enterraba de manera definitiva la idea de las dos Españas que denunció Antonio Machado.

¡Vale! ¡Que cumplas muchos y que la salud te acompañe!

Bibliografía

Beller, Manfred (2004): «La unidad del género humano y la pluralidad de los pueblos a la luz y desde la perspectiva de la teoría del clima», en López de Abiada, José Manuel / López Bernasocchi, Augusta (eds.): *Imágenes de España en culturas y literaturas europeas (siglos XVI-XVII)*. Madrid: Verbum, pp. 75-91.

González, Ángel (1956): *Áspero mundo*. Madrid: Rialp.

González, Ángel (1961): *Sin esperanza, con convencimiento*. Barcelona: Literaturasa.

González, Ángel (1980): *Poemas*. Madrid: Cátedra.

López de Abiada, José Manuel (2001): «Eugenio de Nora: *Recordaré primero*», en Fröhlicher, Peter / Güntert, Georges / Imboden, Rita Catrina / López Guil, Itziar (eds.): *Cien años de poesía. 72 poemas españoles del siglo XX: estructuras poéticas y pautas críticas*. Bern et al.: Lang, pp. 463-473.

López de Abiada, José Manuel (2004): «Teoría y práctica de los estudios imagológicos: hacia un estado de la cuestión», en López de Abiada, José Manuel / López Bernasocchi, Augusta (eds.): *Imágenes de España en culturas y literaturas europeas (siglos XVI-XVII)*. Madrid: Verbum, pp. 13-62.

Crítica civil y poesía de los 70: el caso de Aníbal Núñez

Rosamna Pardellas Velay
(Universität Duisburg-Essen)

Siempre se ha partido a lo largo de las últimas tres décadas de estudios novísimos, con mucha razón, de que el grupo de los poetas de los 70, que superó con creces la nómina de los novísimos castelletianos y fue mucho más heterogéneo de lo que esta primera antología de impacto afirmaba, rechazó en términos claros la poesía social-realista que tanto había abundado en la posguerra o, cuando menos, la literatura social de los epígonos, cuyos presupuestos estéticos y artísticos habían sido primero adoptados hasta cierto punto por la Generación de los 50, el grupo de José Ángel Valente, Jaime Gil de Biedma, Ángel González, Claudio Rodríguez, por citar los más significativos, y luego igualmente abandonados. Por eso cabría preguntarse, leyendo este título, si no será una contradicción o incluso si resulta lícito hablar de una crítica civil en relación con la poesía mal llamada *novísima*.[1]

Desde luego hay que estar absolutamente de acuerdo con los citados presupuestos, si bien se trata de una categorización matizable que ha fomentado un tipo de interpretación o crítica determinada en relación con estos poetas de los 70, así como una más o menos voluntaria desatención de algunos de sus poemas. En cualquier caso, nos encontramos, pues, ante un tema más que espinoso, de influencias no aceptadas y de rechazos que no lo son tanto.

Para poder hablar con sensatez de este período literario hay que tener en cuenta dos cosas: por una parte, que cuando los poetas de los 70 empiezan a publicar con

---

[1] A pesar de las objeciones que el concepto «generación» plantea, se utilizará aquí en su acepción tradicional, consciente de que puede ser un instrumento útil para aludir al panorama general de la poesía de la segunda mitad del siglo XX. La denominación *novísima* procede de la antología que José María Castellet publicó en 1970, *Nueve novísimos poetas españoles*. No obstante, Castellet la adoptó de la antología italiana de Alfredo Giuliani: *I novissimi*, publicada en 1965. Hoy día está más o menos aceptado que esta denominación es restrictiva, puesto que el conjunto de poetas superó los nueve castelletianos. No obstante, a veces se utiliza para denominar a toda la generación y se ha *fosilizado* hasta cierto punto en los medios de la crítica. Otras denominaciones para este grupo de poetas fueron «Generación del 68», aportada por Juan José Lanz (1994) por razones evidentemente históricas, «Generación del Lenguaje», creada por Luis Alberto de Cuenca en su artículo homónimo de 1970, debido a cuestiones estéticas. Quizás una de las más neutras sea la de «Generación del 70» o «Poetas de los 70», utilizada, entre otros, por Mari Pepa Palomero en la antología publicada en Hiperión en 1987, y que se remonta a la fecha de consolidación de estos poetas. Aquí se utilizará generalmente esta última denominación más neutra y, al mismo tiempo, más amplia.

éxito y a ser conocidos, en la segunda mitad de la década de los años 60 – antes de sus desplantes «rupturistas», a partir de 1970² – los poetas sociales y sus imitadores epigonales siguen publicando obras, si bien ya con menos «gancho» para la tribu minoritaria de lectores de poesía del país, y los poetas de los 50 están ya en su madurez literaria. Esto es muy importante a la hora de establecer influencias y lecturas. Como veremos más adelante, no es de poca significación que, más o menos simultáneamente a las primeras publicaciones de los poetas de los 70, Gil de Biedma publique *Moralidades* en 1966 y *Poemas póstumos* en 1968, que Claudio Rodríguez publique *Alianza y condena* en 1965, que Carlos Barral publique *Diecinueve figuras de mi historia civil* en 1961 o que Ángel González publique *Grado elemental* en 1962, *Palabra sobre palabra* en 1965 y *Tratado de urbanismo* en 1967. Tal vez algunos de estos títulos den una pista de por dónde van los tiros.³

Por otra parte, hay que tener en cuenta que en esta década empiezan a surgir los llamados *cantautores* urbanos, lo que es de especial relevancia para el desarrollo de la poesía en esos años, pues su música, la denominada *canción-protesta*, pasa a cumplir en cierto modo la función que en la década anterior habían cumplido los poetas sociales, si bien con muchísimo más éxito de público y, por tanto, de interacción social.⁴

Otro aspecto que influye indudablemente en el desarrollo de la poesía en los años 60 es la sociedad española en ebullición y el momento histórico a nivel internacional muy relevante del que forman parte estos poetas, que se proyectarán en los poemas de esta época, como se verá en breve.

---

2   Algunas de las declaraciones del primer momento relevante de esta generación son casi insolencias, como ellos mismos reconocieron poco después. Así, Guillermo Carnero, en la poética escrita para la antología de Concepción G. Moral y Rosa María Pereda (1979, ⁶1993: 307) afirma que «[l]a promoción de poetas en la que se me incluye irrumpió hace diez o doce años en la tierra baldía de nuestra literatura como caballo en cacharrería. Apareció con algunos de los rasgos externos que se consideran usualmente síntomas de un relevo ‹generacional›: rechazo del pasado, manifestaciones colectivas, comunes características formales. Creo que el primero de ellos estaba plenamente justificado: a medida que mis necesidades profesionales me han ido obligando a profundizar en la historia de la poesía castellana posterior a la guerra civil me he ido confirmando en esa idea. Salvando algunos casos aislados [...] la herencia poética que se nos ofrecía en 1965 me pareció entonces y me parece ahora rechazable en términos generales.» Antonio Martínez Sarrión (1983: 148), por su parte, reconoce que las declaraciones novísimas, a las que denomina «suspirillos», eran «en mi caso más bien exabruptos».
3   Para un panorama amplio y completo de la lírica de la posguerra en España, véase el artículo introductorio de Manfred Tietz («Zur Entwicklung der spanischen Lyrik der Moderne: 1870-1980») en su volumen conjunto de interpretaciones de textos poéticos, *Die spanische Lyrik der Moderne. Einzelinterpretationen* (1990). Por su parte, el volumen de Pilar Yagüe López (1997) se ocupa más en concreto de los poetas de los 70.
4   Para la canción de autor en la España de la dictadura y la transición, véanse los volúmenes de Fernando González Lucini (1984-1987). Para un estudio de la canción de autor tras la muerte de Franco consúltese el trabajo de Marcella Romano (2002).

Todos ellos son factores que ayudan a comprender o que clarifican la cuestión de la poesía en las décadas de los 60 y 70 y que sin duda tienen mucho que ver con el compromiso cívico que, en mi opinión, está presente en muchos de estos poetas que en la mitad de los años 60 están iniciando su carrera literaria (algunos ya con mucho éxito editorial y crítico).[5] Como buen ejemplo de esta tendencia se puede situar al salmantino Aníbal Núñez (1945-1987), que, como miembro de esta promoción, aunque poco conocido y, en cierta medida, uno de los «heterodoxos», no renunció a exhibir en muchos de sus poemas un compromiso civil con el presente en el que se encontraba inmerso.

Los poetas de los 70 y la crítica civil: rechazos e influencias

Se ha mencionado ya que los poetas de los 70 rechazaron claramente la poesía social-realista de la posguerra,[6] cuyos presupuestos estéticos se basaron fundamentalmente en una concepción positivista de la poesía, en la que ésta podía cambiar el mundo. Así, esta poesía de estética realista – poesía colectiva, testimonio del aquí y ahora – mostró un carácter patriótico y solidario en sus poemas, cuyos temas fundamentales eran la denuncia de los problemas más inmediatos del hombre de la posguerra española, esto es, el hambre, el frío, la pobreza, la explotación laboral y, en definitiva, la desigualdad y la injusticia social, y mostraban en ellos su solidaridad con los afectados. Esta poesía estaba, claro está, ligada a una situación histórica y social concreta, no siempre adaptable a otras situaciones o naciones del mundo, y en la que el compromiso era conscientemente con los vencidos de la Guerra Civil, cuyos horrores y posterior represión estaban también presentes en los poemas.[7] La

---

5   Como botón de muestra, Pere Gimferrer consigue en 1966 el Premio Nacional de Poesía con su obra *Arde el mar*. Tenía 21 años y éste era su segundo poemario.
6   Así lo muestran las declaraciones de Carnero en «Lo que no es exactamente una poética» en *Nueve novísimos*, donde la alusión a Celaya es más que evidente: «no hay ningún asunto, ninguna idea, ninguna razón de orden superior, ningún sentimiento respetable (quedan poquísimos), ningún catálogo de palabras nobles, ninguna filosofía (aunque esté cargada de futuro) que por el hecho de estar presentes en un escrito lo justifiquen desde el punto de vista del Arte.» Castellet 1970: 199. Las de Gimferrer se referían al desgaste del lenguaje: «Parece llegado el momento de denunciar, después de treinta años, la intolerable fosilización del lenguaje literario español – ofensivo sin más para cualquier lector no estragado – que, en el campo de la poesía, se ha petrificado en una *fórmula* tan vacua, recurrente e inamovible como la que caracterizaba a los poetas de la Restauración.» Gimferrer 1971: 95. Son sólo dos ejemplos que hablan por sí mismos de la atmósfera que regía la aparición de los poetas de los 70.
7   Guillermo Carnero alista en ocho puntos los contenidos de la poesía social: a) referencias a la Guerra Civil española; b) crónica de la represión; c) sátira de la integración; d) manifestación de solidaridad, humano-afectiva e ideológica, con el proletariado; e) voluntad de lucha política; f) agitación política; g) el tema de España; h) internacionalización de la poesía social hacia temas europeos, entre ellos la II Guerra Mundial, la crítica del neocapitalismo, o movimientos revolucionarios en otros países (Cuba, Vietnam, Chi-

poesía se convertía así en un arma, cuya munición era la arenga esperanzada o la imprecación. La poesía se entendía como un medio para dirigirse a «la inmensa mayoría», según el título del poema de Blas de Otero. Una de las consecuencias fue una expresión descuidada, poco lírica, el deterioro del lenguaje al servicio de un fin, que era hacer «poesía de urgencia».[8]

La generación posterior, los poetas de los 50, si bien adoptaron el compromiso de acercarse en su poesía a la experiencia humana (lo que Carme Riera [2002: 27] denominó «conciencia cívica»), evitaron los dogmas de la poesía social, desarrollaron contra ella una conciencia crítica, especialmente en la cuestión del lenguaje, al que dotaron de todos los medios a su alcance para conseguir una mayor expresividad. Se trataba de hacer una poesía crítica, pero desde los recursos del lenguaje poético.[9] Esta actitud, que fue (mal)entendida por los jóvenes como un apéndice de la poesía social (Carnero integra a muchos de estos poetas dentro de ese grupo) fue, no obstante, el germen de lo que después se vendría a confirmar como una revolución estética a finales de los años 60.

Por lo que respecta a los poetas de los 70, se puede constatar más de una contradicción. Estos poetas se enfrentan a una situación escindida, lo que hace que su poesía hasta cierto punto también lo sea. Si bien por una parte promulgaron una ruptura estética que modernizó sin duda la literatura española y la unió irremisiblemente a las corrientes europeas (de la misma manera que los del 27 lo habían logrado en el primer tercio del siglo XX), al promulgar la autonomía del hecho artístico, al promover de nuevo la primacía de la forma sobre el contenido en el arte, entendiendo que la poesía ya no podía salvar al mundo, por otra parte, sin embargo, no podían renunciar y de hecho no lo hicieron, a una reflexión sobre el momento histórico que vivían, fundamentalmente porque esta situación anómala no se correspondía con la situación democrática europea de los mismos años.

Como he anticipado, el cambio social, anterior al político, que se produce en la España de los años 60, con una mejora de las condiciones económicas de vida y algunas medidas gubernamentales que parecían querer «exportar» una imagen de liberalización del régimen dictatorial franquista (y adviértase que se utiliza conscien-

---

    le). Como se verá, algunos de estos puntos serán desarrollados por los poetas de los 70. Carnero 1989b: 315-318.

8 A la poesía social y su lenguaje se dedicaron en el citado volumen de Tietz las interpretaciones de Christoph Strosetzki del poema «La poesía es un arma cargada de futuro» de Gabriel Celaya (1990) y la de Siegried Jüttner acerca del poema «Cuando digo» de Blas de Otero (1990) en el segundo volumen de lírica española del homenajeado.

9 Las interpretaciones de los poemas «Apología y petición» de Gil de Biedma por Thomas Scheerer, «Un canto» de José Ángel Valente por Klaus Dirscherl, «Colofón» de José María Valverde por Francisco Sánchez-Blanco y «Sin noche» de Claudio Rodríguez por Heike Nottebaum están recogidas en el volumen de lírica española de la modernidad de Manfred Tietz (1990).

temente el término «imagen» de liberalización, que no liberalización),[10] hacen de ésta una sociedad «en ebullición», con más medios económicos, de donde ha desaparecido en buena parte la miseria de los años 40 y donde los medios de comunicación de masas – dirigidos, claro está, por el régimen – empiezan a divulgar un mensaje positivo de «normalidad» (se podría considerar como la primera campaña del «España va bien» de la derecha en el siglo XX). Se trata de una sociedad abierta a los cambios, que acoge con entusiasmo la posibilidad del consumo, y en cierto modo un poco apolítica o, en general, poco politizada.

Pues bien, ante el cambio de la situación social y de las expectativas políticas en los años 60, en la que es patente la autocomplacencia de una sociedad de consumo que se acerca a la modernidad, los poetas de los 70 abandonan la lucha social – así lo expresan de forma muy clara en sus declaraciones teóricas: sus poéticas, entrevistas, etc. –, lo que les valió las críticas ácidas de Ángel González, por ejemplo,[11] aunque, no obstante, ellos siguen sufriendo la represión en sus propias carnes (en sus

---

10 Por poner un ejemplo, la conocida Ley de Prensa e Imprenta de 1966, en la que se suprimía la censura previa (pero que no obstaba para que la «consulta voluntaria» siguiese en activo y con éxito), por una parte (véase el volumen de Pohl 2003); por otra, el Referéndum llevado a cabo en este mismo año sobre la Ley Orgánica del Estado, que intentó suprimir la retórica franquista (es decir, otro lavado de cara, pero no una reforma política creíble), así como el paso de la autarquía a una mínima liberalización económica mediante los Planes de Desarrollo son algunas de estas medidas, que pretendían mostrar un proceso de apertura que, desde un punto de vista objetivo, no se llevó realmente a cabo hasta después de la muerte del dictador Francisco Franco.

11 En su artículo «Poesía española contemporánea» Ángel González arremete contra el grupo novísimo por oponerse, según su opinión, a la corriente de oposición al franquismo y no al franquismo mismo. Mucho más impactante es su poema «Oda a los nuevos bardos» recogido en su libro publicado en 1976 con el título *Muestra, corregida y aumentada, de algunos procedimientos narrativos y de las actitudes sentimentales que habitualmente comportan*, donde acusa a este grupo de ocuparse solamente de sus intimidades, del lujo y de tiempos pasados esplendorosos (^{2}2002: 334-335). Philip W. Silver atribuye este abandono de la poesía social a la pérdida de hegemonía cultural que había sufrido el Partido Comunista paulatinamente en la década de los 60 y 70. Silver 1988: 78. Contra este argumento se puede aportar que incluso aquellos autores jóvenes que apoyaban al PC no escribieron poesía social: Jenaro Talens es el mejor ejemplo de ello. El cambio en la poesía se fraguó durante los primeros años de los 60 y en esto poco pudo influir el PC. El episodio de polémicas literarias entre generaciones en la posguerra empieza ya mucho antes entre poetas del 36 (poesía existencial y religiosa), los componentes esteticistas de Garcilaso y los sociales, como se encarga de analizar Bert Hofmann mediante el ejemplo de «Los celestiales» de José Agustín Goytisolo. Hofmann 1990: 303-318.

obras, la censura o consulta previa;[12] en su vida cotidiana, la clandestinidad, la falta de libertades básicas).[13]

La primera contradicción es, pues, patente: ante una situación nueva, que arrastra no obstante las inmundicias y la precariedad del régimen, las manifestaciones de los poetas se radicalizan teóricamente en sus escritos de poética en una dirección no crítica.

La segunda contradicción no es difícil de deducir. A pesar de sus poemas venecianos, del sándalo y del lujo decadente, algunos de estos poetas ven con preocupación esta sociedad consumista y ven con preocupación esta campaña de manipulación, de comedia de «apariencias» que el régimen difunde con el beneplácito de los ciudadanos que se muestran con ello satisfechos. A pesar de sus manifestaciones incendiarias, el alejamiento de la lucha o, cuando menos, de la protesta social no puede ser, con todo, absoluto. Es decir, la práctica desmiente la teoría – o viceversa –, aunque hay que constatar que la crítica no se lleva a cabo de la misma manera que la habían realizado sus predecesores.

Aquí entra en juego lo que he denominado al principio una *crítica civil*. Los jóvenes poetas tienen una actitud ética, heredera del grupo anterior (piénsese en *Moralidades* de Biedma), de tal manera que ya no hacen en su poesía una crítica social en los términos en que se hacía en los años 40 ó 50, ya no se habla de la injusticia social, del hambre, de la explotación – porque ya no tendría sentido en el contexto que hemos descrito –. Estos poetas ya no llaman a la rebelión ni dan gritos esperanzados.

12　Aunque Lanz afirma que «la temida censura [...], a lo que parece ser, sólo actuó en un poema [uno de José María Álvarez]», la realidad es otra, especialmente con respecto a Aníbal Núñez. Lanz 2002: 48. Naturalmente los poetas llevaron sus obras a la censura previa, y tuvieron que sufrir cortes en muchos de sus poemas, especialmente, esto es lógico, en aquellos donde la crítica era menos velada. Sarrión, por ejemplo, habla de su experiencia con la censura previa: «Mi editor envió el original, el cual le fue devuelto con una veintena de versos tachados de un solo poema. [..] Batlló me sugirió, práctica usual entonces, que previa petición de audiencia [...] intentara negociar con el funcionario competente, y en alzada, una reconsideración del veredicto [...]». Sarrión 1983: 149. (Añado la respuesta del funcionario a la petición, que no tiene desperdicio: «Lo que no te voy a pasar, y eso lo tienes que entender, es ese verso donde figura la palabra ‹hostias›. A Rimbaud, con ser quien es, en la última traducción de Celaya, he tenido que ordenarle otro corte blasfemo. Estoy seguro de que no te consideras poeta mayor y más respetable que Rimbaud».) Para un análisis del fenómeno de la censura en el franquismo es ya clásico el volumen de Neuschäfer (1991) y los volúmenes de Abellán (1980 y 1987). Por su parte, el valioso volumen de Burkhard Pohl (2003) analiza el fenómeno en relación con la producción editorial y Gabriele Knetsch (1999) se ocupa de las estrategias de los creadores a la hora de burlar la censura franquista.

13　Como se sabe, Vázquez Montalbán – militante del clandestino Frente de Liberación Popular – fue detenido y le correspondió una pena de cárcel por sus actividades antifranquistas (en concreto, su participación en una manifestación – donde se expresaba la solidaridad con la situación de los mineros – en 1962).

No se dirigen a los colectivos que sufren, a aquel «Sancho-pueblo; Sancho-bueno» de Celaya.

Al mismo tiempo, al contrario de lo que cantaba Blas de Otero, estos poetas son conscientes de que una poesía bajo los condicionamientos citados sólo puede dirigirse a una minoría – de la que no forman parte en absoluto el proletario urbano, ni el trabajador rural. No se trata de hacer «poesía social», que ya ha periclitado. Ni mucho menos aspiran a cambiar el mundo con sus poemas, porque han perdido la convicción de que la poesía pueda transformar algo, como la praxis de los poetas sociales no deja de confirmar. Al igual que se viene ya reconociendo en las corrientes líricas europeas desde principios del siglo XX – e incluso finales del XIX –, se asienta en ellos el sentimiento o la creencia de la inutilidad de la literatura, porque ésta es, al contrario que otros medios, inefectiva para crear una conciencia crítica en el público.[14] Así, la poesía ha dejado de ser un medio, un instrumento, para pasar a ser un fin en sí mismo.

De lo que se trata, muy al contrario, es de la observación y la constatación de individuos de una sociedad acomodada o acomodaticia que se ven con preocupación. No se trata ya de una mirada compasiva y solidaria con el estereotipo del «pobre bueno». La del 68 es una mirada profundamente irónica, pues observa las pequeñas mezquindades diarias y pone de manifiesto que esos individuos son al mismo tiempo – podríamos expresarlo así – víctimas y verdugos. Víctimas de un sistema opresor, pero perfectamente amoldados a las mismas convenciones. Víctimas del consumismo que los pone a disposición de usureros y abusadores y, al mismo tiempo, ávidos de consumir cualquier producto ofertado en el catálogo de turno.

El título de Vázquez Montalbán «Liquidación de restos de serie» no podría ser más explícito. En esta sección de *Una educación sentimental* (escrito en 1963 y publicado en 1967) hay varios poemas que tratan de poner en evidencia esa conciencia consumista por medio de la ironía.[15] Se citan productos ridículos, en ocasiones inútiles, como en el primer poema, «Suave es la noche», donde se alude a los «dentífricos / destructores de la nicotina» (2001: 149-150). Mucho más provocador es el titulado «Pablo y Virginia» (2001: 161), donde este «Boceto de una novela neo-

---

14 Ya se ha citado el éxito de la canción protesta, que sí podía llegar a un número de público más significativo. De la misma forma, y en la dirección contraria, sería interesante discernir hasta qué punto el papel de la literatura – de la poesía en concreto – es tomado por los medios de comunicación de masas, ya que la importancia de la radio, de la televisión y del cine a partir de los años 50 es fundamental para crear corrientes de conciencia en grupos mayores de la sociedad, lo que evidentemente fue aprovechado por el régimen.

15 Estos poemas publicitarios de Montalbán recuerdan claramente algunos de Ángel González incluidos en *Tratado de urbanismo* (1967), como «Centro comercial» (2002: 223-224) o «Civilización de la opulencia» (2002: 225-226), cuyos títulos ya revelan el contenido crítico. No obstante, la coincidencia intertextual es únicamente temática. Los poemas de González renuncian al tipo de ironía y al léxico paródico de Montalbán.

romántica», cuyos adolescentes protagonistas se aman al principio, termina con la separación ineludible de los amantes: «[...] Virginia se casó / con un multimillonario propietario de avioneta / en cambio Pablo escogió el destino de poeta / años después Virginia regresó sola y marxista / en cambio Pablo era ya un perfecto consumista». El tono humorístico de la rima llena de ripios, el estilo conscientemente narrativo, la subversión del título de la novela francesa y el trastorno antitético de los protagonistas aumentan el efectismo de la crítica.

Sin duda el poema que de modo más señalado toca el tema del consumismo es «Variaciones sobre un 10% de descuento» (2001: 166-169). Dividido en cuatro partes, la primera de ellas establece la comparación entre el *drugstore* y las cuevas de Simbad el marino – comparación que también aparece en la cuarta parte, fundido también con Alí Babá; en ella, las cajeras son «registradoras doncellas [que] prometen la llegada de Simbad tras tesoros de drugstores sumergidos». De nuevo se encuentra el procedimiento de nombrar productos absurdos, como «un collar de cebollas azules». En el mundo del consumo todo puede conseguirse: «todo / absolutamente todo lo que se ve / o se toca / está en las cuevas del drugstore» –. La ironía concluye con la referencia al 10% de descuento. En la segunda parte del poema, nos encontramos con una amenaza: «Si Vd. no hace regalos le asesinarán / vea las películas de Losey y convénzase / o regala o muere»; el consumo se convierte por medio de la ironía en una especie de medicina o droga que salva, de tal modo que «los plazos [...] aplazarán su muerte / los relojes del drugstore alargarán su vida». La parodia del consumo incluye también una parodia de las estrategias publicitarias: «pero aún hay más / en las cuevas del Drugstore / están todos los tesoros que Vd. había olvidado / todo un catálogo de mercancías de felicidad / regalos que nadie ha imaginado regalarle / que sólo Vd. podía haberlos imaginado / porque se dirigen al centro de su frustración // y si presenta el bono adjunto / le haremos un 10 % de descuento». El último extremo de la parodia de la publicidad es el titulado «Poema publicitario» (2001: 175), donde el uso de un lenguaje plagado de tecnicismos intensifica el sentido ridículo del mensaje: «Tras una larga etapa experimental, estos poemas consiguieron despertar el deseo de la limpieza en cuatro de cada cinco mujeres sometidas a la repetición métrica. Incluso consiguieron despertar algunas vocaciones vestales.» Pero más allá de la puesta en ridículo de las estrategias publicitarias es indiscutible aquí la ridiculización de la poesía como arte didáctica. Bien al contrario, Vázquez Montalbán pone en evidencia la inutilidad de la poesía y la pone al mismo nivel que otros tipos de lenguajes no «artísticos».

No sólo Vázquez Montalbán se ocupa del tema del consumismo, así como de la situación económica frágil de los españoles de a pie. Antonio Martínez Sarrión en «Ahora es el momento» (2003: 168) alude a la decadencia de una pareja «ahora / las lentas tardes las gastadas voces / los gastados abrazos unas frases cogidas / al vuelo sin nadie ya sin nada / mantas raídas gestos esquivos [...]» y a su desconcierto porque «[...] ya ves / lo que es la vida // subieron el descuento y el banco no aceptó / traición de la memoria / de irrisión escorados en el limo // perdidos». El mismo Antonio Colinas, en cuya poesía intimista no hay lugar para el compromiso, en relación con el tema económico, se ocupa de la pobreza y de los mendigos. En el poema «Llegada del invierno» (1999: 39) la atmósfera opresiva y helada del invierno y de la muerte se refuerza mediante la alusión a la pobreza de la gente del campo: «Dicen que hoy ha nacido un niño moribundo / y que en algún hogar no hay leña, no hay aceite / para el corvo candil», en llamativo contraste con la propaganda fascista que incluía la cita del mismo Franco «ni un hogar sin lumbre, ni un español sin pan».

Dentro de esta sociedad neocapitalista incipiente cobra gran importancia en poesía el tema de los suburbios, las personas en la periferia, las tragedias diarias alejadas del centro físico, pero sobre todo psicológico. Estas pequeñas miserias que tan lejanas quedan de los centros económicos, sociales y culturales cobran importancia en los poetas novísimos. Así, un poeta tan poco «social» o, cuando menos, comprometido como Guillermo Carnero en «El movimiento continuo» (1998: 111), niega el sentido de las vidas normales de «honestos padres de familia y demás gentes de principios (fotógrafos profesionales, profesores de baile y otros agentes de la autoridad)» viviendo «[e]n las afueras, después de haber dejado atrás las últimas viviendas del suburbio». La vida de estas gentes es comparada con los restos de una feria vacía, con un circo en donde todo se repite, en el que están destinados a una muerte anónima, sin pena ni gloria. La vulgaridad no es aceptada por Carnero, que pregunta en el poema «Vosotros, mientras en la noche resuena / la rutilante música de circo, / decidme si merecía la pena haber vivido para esto, / para seguir girando en el suave chirrido de las tablas alquitranadas, / para seguir girando hasta la muerte».

Para evitar cualquier malentendido hay que puntualizar que no se trata de una crítica al capitalismo emergente, porque a estos poetas no les interesa hablar de sistemas, sino de individuos «civiles», es decir, sujetos inmersos en una sociedad, sí, pero que actúan individualmente, no siguiendo – al menos consciente y deliberadamente – las pautas de una determinada disciplina de partido, clan, secta, etc.[16]

---

16 Por otra parte, sería ridículo hablar de crítica al capitalismo en autores que fueron denominados «poetas neocapitalistas» por algunos de sus detractores, como los poetas del grupo Claraboya en un volumen de 1971, *Teoría y poemas*, el mismo Aníbal Núñez (1970: 40), que acusó la frivolidad de la nueva actitud «neo-capitalina» (entendiendo el término local y económicamente), o José-Miguel Ullán, otro poeta «periférico», que también echó leña al fuego de la polémica novísima. En 1970 aludió irónicamente al «sano alivio al ver renacer una poesía providencial, esteticista y neodecadente, a tono con los balbuceos precapitalistas de un país mentalmente medieval». Jean-Michel Fossey: «La poesía heterodoxa de José-Miguel Ullán», en: *El Norte de Castilla* (22-11-1970), 19 (cit. por Juan José Lanz [2002]). Ullán fue aceptado, no obstante, después en el grupo de la Generación de poetas de los 70, mientras que la línea poética de Núñez – que se acercó en los ochenta cada vez más al silencio – no encontró repercusión suficiente y lo relegó al lugar de los «heterodoxos» (en el sentido más negativo) del grupo.

Frente al *boom* de la normalidad española, la situación política internacional pasa como «de puntillas» entre la gran parte de la sociedad del país. La minoría culta, de formación universitaria, a la que pertenecen los jóvenes poetas, está, no obstante, bien informada sobre el desarrollo de la Guerra de Vietnam y las manifestaciones de protesta contra ella que se producen en los EEUU, conoce los acontecimientos del Mayo francés, y está al tanto de los intentos reformistas de la Primavera de Praga y la represión soviética. Los poetas naturalmente conocen todos estos movimientos de revuelta, al tiempo que en muchos casos participan del movimiento universitario clandestino de los años 60 en España, de las huelgas estudiantiles, lo que sin duda tenía que influir, como lo hizo, en su producción poética.[17] La preocupación política se observa en la recurrencia al *napalm* y a los *yanquis* en algunos poemas de Antonio Martínez Sarrión (en «La grande verre (Duchamp)», 2003: 174-175, después de hacer una radiografía de Nueva York se alude al «arma colosal contra el estiércol / ya no biodegradable»); de Vázquez Montalbán («Jamboree», 2001: 101-102); o el poema que más pone de relieve la problemática de Vietnam y al mismo tiempo, la ironía de no poder hacer nada mediante la poesía, de José-Miguel Ullán, «Lamentaciones de una muchacha yanqui a eso de la medianoche» (1994: 185).[18] Carnero no evita tampoco la alusión a «Las ruinas de Disneylandia» (1998: 206).

Otra preocupación de los poetas del 70 trata del pasado: estos jóvenes poetas ya no son los «niños de la guerra», denominación que caracterizaba a los autores de la generación o generaciones anteriores: Valente, Gil de Biedma, González, Barral,[19] y

---

17 Ya hemos citado como ejemplo la actividad política de Vázquez Montalbán.
18 Me permito citar el texto completo: «A Vietnam se fue mi amor. / Ye, ye, ye... / A Vietnam se fue mi amor. // Luchando lleva ya un año. / Ye, ye, ye... / Y solita quedé yo. / Regresa a bailar conmigo, / haz una tregua de amor. / Regresa en paracaídas, / mátame de corazón. // Luchando lleva otro año. / Ay del Pentágono! / Y no regresa mi amor. // Llorando paso los días. / Ay del Pentágono! / Llorando, mi amor, llorando. / Dicen que la selva tiene / color de sangre y rencor. / Pero mi amor aún no viene / a bailar conmigo el rock. // A Vietnam se fue mi amor. / Ye, ye, ye... / Y se ha pasado al Vietcong.» Es inevitable la alusión a la imitación humorística de las cantigas de amigo medievales con el tema de la mal-casada, también recreado por Góngora en una de sus canciones más conocidas, a la cual este poema recuerda enormemente («La más bella niña / de nuestro lugar / hoy viuda y sola / y ayer por casar, / viendo que sus ojos / a la guerra van, / a su madre dice, / que escucha su mal: // *Dejadme llorar / orillas del mar*»). Góngora 1986 (1580): 85.
19 «Intento formular mi experiencia de la guerra» de Gil de Biedma (2000: 104-105) es uno de los poemas más famosos cuya temática es la de los niños que sufrieron las consecuencias de la guerra. Del mismo autor son, entre otros, «Años triunfales» (2000: 101), o «Asturias, 1962» ([2]1989: 80), poemas de corte mucho más social, que recuerdan la división de España y la atmósfera represiva y ensordecedora de la guerra. Ángel González, en el apartado «Ciudad cero» ([2]2002: 247-255) de *Tratado de urbanismo* (1967), expresa también sus recuerdos personales de la guerra. No doy más ejemplos de estos y otros autores para no extenderme innecesariamente.

cuando escriben lo hacen en una pletórica «sociedad de consumo». No obstante, en sus poemas aparecen las «consecuencias» más o menos cercanas de la Guerra Civil, e igualmente también las atrocidades de la II Guerra Mundial.[20] Y aún más, la infancia de estos chicos, si bien no está marcada por los horrores de la guerra, sí estuvo marcada – a veces de modo traumático – por la brutalidad de la educación de la posguerra, que, como ya se ha dicho, era una formación dentro de una sociedad abrumada por el nacionalcatolicismo. Por ello, muestran sus traumas infantiles y escolares como los demás, es decir, hablan de su experiencia personal, mostrando con ello también los engranajes del sistema en el que estaban envueltos. Al final del poema «Invocación en Ginebra» de Gimferrer, Agrippa d'Auvigné, trasunto de Gimferrer, en su trance de muerte recuerda el miedo de su infancia, proveniente de una educación religiosa marcada por el fanatismo: «oh jardín de mis años, lo que soy, lo que fui / algo me aguarda, cuándo, Agrippa, muerte / primer viernes, y aún sin confesarme, / [...] / tened piedad de mí, mi colegio, mis versos [...]». En «Primera visión de marzo» el yo lírico, recordando una llegada de la primavera en el pasado dice: «Todavía no he hablado, ni lo haré, / de otros prodigios, alcotán o ninfa Egeria, / clases de francés a mis doce años o recuerdos de una guerra no vivida, / primeras horas con Montaigne o inútiles lecciones de solfeo [...]». Panero, por su parte, enseña la experiencia de la disciplina escolar en su poema «Elegía» ([2]2000: 69): «Los osos de trapo. Los caza-mariposa. Los erizos en cajas de zapatos. [...] Cómo ha pasado el tiempo. La noche de Reyes. Expulsado fuera del colegio. No podrá ingresar en ninguna otra escuela. [...]». Así también en el más famoso poema de Montalbán, «Conchita Piquer» (2001: 86-87): «[...] finalmente el himno, por Dios / por la patria y / murieron nuestros padres, ellas / algo humilladas, ofendidas sobre todo, / maldecían las gachas quemadas, breves sopapos / en la coronilla del niño poco entregado / a las Lecciones de Cosas o las Lecturas Graduadas / entre el Padre Coloma, el Padre Balmes y / el Padre Claret [...]».

A la educación escolar se unen asimismo las experiencias de los tebeos, las películas en el cine, los primeros televisores (en 1956 se crea el servicio de la televisión pública), el *rock & roll*... Se podría citar el conocidísimo poema de Martínez Sarrión «el cine de los sábados» (2003: 137), en donde el yo lírico recuerda las sesiones de cine (Marilyn Monroe, Scherezade, Ivonne de Carlo se pasean entre los versos), y presenta plásticamente el tiempo posterior, mediante dos imágenes visuales, «la cena desabrida y fría / y los ojos ardiendo como faros». Este magma cultural

---

20 Ésta estaba presente en muchos poemas de la generación anterior. Algunos ejemplos son el poema «Pasillos» de Carlos Barral (1998: 141), donde el recuerdo de «los peores tiempos de la historia» se refieren a Auschwitz – y por extensión al fascismo español –. Otro poema es «Ruinas del Tercer Reich» de Gil de Biedma ([2]1989: 88-89), incluido en *Moralidades* (de 1966), en el que aparecen retazos de la canción interpretada por Marlene Dietrich «Lili Marleen», recurrente también en poemas de Montalbán.

servirá de base, al menos inicial, para los poemas de los poetas de los 70 – lo que se denomina normalmente la estética *camp*.[21]

En definitiva, la temática de la «crítica civil» en la poesía más joven es una opción a sus propias contradicciones personales o la expresión de sus experiencias, divididas entre su formación vital dentro de la clase «media», de la «vida del barrio», su formación intelectual universitaria y su aceptación – más o menos consciente o voluntaria – de una visión burguesa consumista. De tal forma que, al mostrar la realidad observada, se muestra también esa escisión del propio sujeto que observa, y al ironizar sobre esos individuos, además de ironizar sobre el sistema que sustenta esa forma de vida, se está ironizando también sobre la propia división del poeta.

Aunque ya no se trata de la mala conciencia del autor burgués de la que nos hablaba Gil de Biedma en los conocidos versos de «En el nombre de hoy» («a vosotros [sc. sus compañeros de promoción], pecadores / como yo, que me avergüenzo / de los palos que no me han dado, / señoritos de nacimiento / por mala conciencia escritores / de poesía social»),[22] es más que evidente – pese al inicial «parricidio»[23] – la conexión de esta actitud ética con la crítica civil de la generación novísima.

La crítica civil desde la estética: la renovación formal

Dice Jordi Gracia en su reciente volumen *La resistencia silenciosa* (2004) que la oposición al régimen fascista por parte de los intelectuales españoles en los años 40 y 50 se realizó desde el presupuesto lingüístico de la «austeridad retórica», fundamentalmente para poner en evidencia y anular los excesos fascistas (ya que al término de la guerra y durante mucho tiempo en España sólo fue posible el lenguaje de la victoria), por medio de una lengua alejada de la propaganda.

La renovación formal de los poetas de los 60 funcionó, en cierto modo, desde la misma estrategia, el uso del lenguaje. Pero los jóvenes ya no eran los mismos y, al menos en un primer momento, la austeridad no fue precisamente una de sus virtudes. A ello hay que añadir que para estos poetas no valía con censurar al régimen. Ellos extendieron la crítica al lenguaje de la oposición: el páramo baldío de la retórica social no les parecía mejor terreno que el desierto de la retórica nacionalcatólica.

---

21 La denominación y la descripción del término procede del artículo de Susan Sontag de 1966 (en la bibliografía, 1996).
22 Gil de Biedma [2]1989: 57-58. Otro de los poetas de esta promoción que tematizaron su origen burgués es Carlos Barral en *Diecinueve figuras de mi historia civil*. El citado «Pasillos», «Apellido industrial» y «Discurso» son buenos ejemplos de ello. Barral 1998: 141, 142-143, 115-116, respectivamente.
23 El término proviene de Félix Grande (1970). Los novísimos, especialmente después del éxito de la antología castelletiana, renegaron del magisterio de estos poetas inmediatamente anteriores, por parecerles que eran el último fogonazo de la poesía social-realista. Nada más lejos. Todos ellos reconocieron más tarde el indudable influjo estético de Gil de Biedma, Carlos Barral, José Ángel Valente.

El problema del lenguaje se ha convertido en esencial para estos poetas, que asumen – consciente o inconscientemente – la cuestión que había propuesto Adorno en su crítica de la cultura y que dominó el panorama cultural de la segunda mitad del siglo XX en Europa: por una parte, la «recolocación», el nuevo papel del lenguaje poético tras el triunfo de un lenguaje ensuciado por las retóricas fascistas («nach Auschwitz ein Gedicht zu schreiben, ist barbarisch», 1977: 30); por otra, el papel de la poesía en una industria cultural que pervierte asimismo el lenguaje. Así, los poetas de los 70 se concentran en cuatro estrategias – no todas utilizadas por todos – para intentar solucionar o, al menos, hacer frente a la cuestión del lenguaje, las cuales, a su vez, no son totalmente originales, sino que hunden sus raíces en la tradición artística europea.

Por una parte, adoptaron unas estrategias «defensivas» que se apoyan en la conciencia de la poesía o, por analogía, del arte como lo Sublime. De este modo, la primera conmoción fue el culturalismo *novísimo*, que, además de exigir del lector un esfuerzo máximo a la hora de leer e interpretar sus poemas, puso en evidencia la pobreza cultural del régimen, las prohibiciones, la censura ignorante y chapucera en muchos de los casos,[24] y la uniformidad sesgada de la cultura oficial, mientras que al mismo tiempo censuraba también la pobreza en la que había caído la intelectualidad opuesta al régimen, que había olvidado que, una vez que se descuida la forma, se destruye con ello el arte.

La huida a espacios lujosos, decadentistas, era evidentemente una huida de la realidad que les rodeaba. Una «poesía de evasión» – la poesía del preciosismo, de Venecia, del sándalo, del acanto – que ponía de relieve la pobreza y el asfixio de la España franquista. Como afirma Lanz, «[f]rente a esos modelos [sc. el modelo cultural franquista y al modelo de la oposición], los novísimos ofrecieron una escritura fuertemente culturizada, cargada de referencias, que, más allá de su valor mítico, indirectamente mostraban la postración cultural a la que el Régimen había sometido a sus súbditos» (2002: 10). Así principalmente la poesía de Gimferrer, Carnero y sobre todo, José María Álvarez. También era una forma de reescribir la historia y la historia del arte: frente a la historiografía franquista, imperialista y nacionalista del Cid, de Carlos I y Felipe II, por citar unos ejemplos, proponían una historia europea (y, en menor medida, americana), con mitos europeos, generalmente figuras heterodoxas o decadentes.

La segunda estrategia defensiva estaba ligada con la reducción del lenguaje poético a la mínima expresión, lo cual anulaba los excesos retóricos del régimen, como hemos dicho, pero al mismo tiempo anulaba la profusión publicitaria y comercial de la industria cultural. Esta tendencia al minimalismo expresivo fue desarrollada por estos poetas, no desde el inicio sino sólo a medida que se acercaban a su

---

24 En el ya citado volumen de Neuschäfer (1991) se cuentan algunos casos anecdóticos realmente graciosos por absurdos y otros tristes.

madurez, como corriente del silencio.[25] El poeta vuelve en cierto modo al balbuceo originario, al esencialismo.

Existen además dos estrategias «ofensivas», que tienen que ver con la creencia en la pérdida de la funcionalidad de la poesía – cuyo papel de compromiso en España había sido absorbido por la canción protesta –. Como se ha dicho, la poesía ya no sirve para nada, no puede salvar al mundo. Bajo este presupuesto, la segunda conmoción o, cuando menos, sacudida fue la práctica de un lenguaje irracionalista, que removía los cimientos de la grandilocuente y vacía retórica franquista,[26] pero también los cimientos del lenguaje pesado y repetitivo de la oposición, sobre todo el lenguaje realista y prosaico que estaba tan extremadamente politizado como el del régimen que querían destruir. Revivían así las corrientes surrealistas anteriores a la Guerra Civil (el recuerdo del grupo del 27 en España) y que habían sido silenciadas, lógicamente, por el franquismo.[27] Los mejores ejemplos serán algunos poemas humorísticos y absurdos de Leopoldo María Panero y de Antonio Martínez Sarrión, que hasta cierto punto ridiculizan la poesía y su inutilidad.[28] Asimismo resultaba inusual la poesía visual de José Miguel Ullán, que retomaba las corrientes vanguardistas experimentalistas del periodo de entreguerras y el movimiento postista – en el cual era posible reconocer asimismo una resistencia velada al franquismo.

Otra estrategia a la «ofensiva» consiste en poner en evidencia a la industria cultural mediante el uso de sus mismos métodos lingüísticos (en donde subyace asimismo la creencia de la inutilidad del lenguaje poético). Así aparece en tercer lugar la conmoción que supuso el uso de lenguajes no propiamente literarios, entre ellos el publicitario (los poemas citados de Montalbán), o el ensayístico (recordemos los títulos «Ensayo de una teoría de la visión» o «Variaciones y figuras sobre un tema de La Bruyère» de Carnero), que era algo poco frecuente – casi inaudito – en la poesía de posguerra. El hecho de incluir estos lenguajes tenía que ver con la puesta en cuestión del discurso literario o poético actual, así como el sistema autoritario que lo sustentaba.

---

25 La introducción sistemática de esta corriente en la literatura española se debe, como es sabido, a Valente: otra vez, las conexiones con las generaciones anteriores, es fundamental en la obra de los poetas de los 70. Esta tendencia en los *novísimos*, por ser más tardía, no fue acogida como una voluntad de «convulsión» de la poesía anterior.

26 Habría que recordar aquí que el franquismo destruyó, por ejemplo, toda referencia al Surrealismo. No sólo porque algunos de sus representantes más destacados pertenecieron a la «maldita» Generación del 27, sino por lo que significaba el uso del subconsciente, por la libertad individual que el Surrealismo encarnaba y que chocaba contra los muros de la cerrazón franquista.

27 La suerte (miserable) del Surrealismo en la España del franquismo fue también tratada por Carnero 1989b.

28 Recordemos el incendiario poema de Sarrión, donde declara que: «se está quemando toda la CULTURA». Sarrión 2003: 162.

Contra las voces autoritarias y represivas, los poetas jóvenes hacen visible la autonomía del decir: la poesía no sirve para nada, es inútil o ineficaz, razón además por la que está – al menos teóricamente – fuera del control de las instancias oficiales. Es un revulsivo similar al de las vanguardias históricas. Al desaparecer la importancia del objeto que se quiere vigilar, los sistemas de vigilancia y represivos se revelan asimismo inútiles, incoherentes o sin sentido.

Ha quedado patente que el problema del lenguaje es, si bien desde otra perspectiva, una cuestión de compromiso en estos poetas. Por una parte, de compromiso con el individuo anónimo, el cual es afrentado mediante un lenguaje pervertido a lo largo de los últimos siglos desde distintos flancos y, por otra parte, de compromiso con la función de poeta y con el arte mismo.

Aníbal Núñez y sus *Fábulas domésticas* (1972)

Fábulas domésticas es el primer libro con el que el salmantino Aníbal Núñez (1945-1987) consiguió en su momento gran éxito de público y crítica. El libro fue diseñado y empezado en 1968,[29] y salió a la luz en 1972 en la editorial barcelonesa Llibres de Sinera, en la entonces muy conocida y prestigiosa Colección Ocnos. Nacido al calor de las polémicas con los poetas novísimos castelletianos, contiene no obstante muchas de las innovaciones que estos poetas mostraban a su salida al ruedo poético de finales de los años 60 e inicios de los 70. La ruptura de Aníbal Núñez con la poesía social no se da en forma de declaraciones agresivas – ya que fue uno de los poetas que siempre defendió la labor y la función de los sociales en el contexto de la posguerra[30] –, sino que se vio matizada por sus declaraciones en relación con la antología de Castellet y se expresó en la renovación de su forma poética, como se verá en *Fábulas domésticas*. Por ello no es tampoco casualidad que uno de sus modelos

---

29 Así lo declara el autor en una entrevista con Ramón L. Chao publicada en *Triunfo* 1972: 45-46.

30 Aníbal Núñez, junto con Julián Chamorro Gay, en una carta al director de *Triunfo* (1970: 40), criticaba la actitud *novísima* de rechazo del socialrealismo, que, para ambos autores salmantinos constituía – a pesar de su anquilosamiento, el cual denunciaban – «lo mejor de la poesía de posguerra». Frente a esta actitud proponían una renovación de formas más actuales de comunicación, pero siempre partiendo de una actitud realista, pues ésta sería una «poesía adecuada a la real situación socioeconómica del país», es decir, que su defensa del socialrealismo está unida, según se desprende de una segunda carta a *Triunfo* (s.f.: 42), irremediablemente a la situación histórica, en palabras del salmantino, «más fea de lo que parece». Núñez defiende esta corriente ya que considera que estos poetas sociales «persisten en dar testimonio del zapato que nos aprieta», aunque al mismo tiempo es uno de los detractores de su anquilosamiento, es decir, que en su opinión estos autores sociales pretenden seguir denunciando la situación sociocultural de los años de la dictadura, que, en aquel momento, no parecía llegar a su término con tanta rapidez. La crítica de estos autores salmantinos a la antología castelletiana se debía a que no podían aceptar que Castellet hubiese encontrado, «sin salir de la geografía metropolitana [...], la representación idónea de una generación poética nacional».

reconocidos sea Ángel González (el cual, como ya se ha dicho, criticó duramente a los poetas jóvenes).[31]

La trayectoria posterior de Aníbal Núñez se caracteriza por un alejamiento de las modas literarias y el rechazo del negocio editorial que ello conlleva (como ejemplo, la mayoría de sus obras posteriores sólo se publicó póstumamente) y su acercamiento progresivo a partir de la mitad de la década de los 70 a la tendencia del hermetismo y del silencio.[32]

Crítica civil en *Fábulas domésticas*

Como se desprende de la entrevista citada anteriormente, Aníbal Núñez nunca consideró la supuesta apertura de la última década franquista una situación normalizada, sino que la calificó como «más fea de lo que parece» (1970: 42). Una muestra de ello es la represión llevada a cabo por el régimen que tocó de lleno su obra, en concreto *Fábulas domésticas*, las cuales, debido a su «mala intención» o a su «crítica», fueron censuradas por la entonces denominada *consulta voluntaria* a la que la editorial presentó el manuscrito con el objeto de evitar males (económicos) mayores.[33] Cuatro poemas fueron totalmente tachados y excluidos de la primera edición, y bastantes más fueron parcialmente modificados.

Por esta creencia, entre otras razones, no es difícil encontrar en la obra de Aníbal Núñez, y especialmente en la inicial, ejemplos claros de crítica civil. Al igual que otros compañeros de promoción, Núñez no evitará la crítica a la represión de la «España eterna».

Se ha visto hasta aquí en los poetas una preocupación importante por el pasado, especialmente por el pasado inmediato de la infancia en la posguerra, consecuencia directa de la Guerra Civil. Aníbal Núñez, como sus coetáneos poetas de los 70, no fue uno de los *niños de la guerra*, aunque sí es cierto que tuvo que sufrir en propia carne la represión de la posguerra franquista en una infancia marcada por las pautas de la religión y la ideología nacionalcatólica. En su caso concreto, a ello se unía la

---

31 Por una parte, por el carácter irónico de gran parte de la obra de González; por otra, por su carácter cívico de denuncia, ambos aspectos presentes en las *Fábulas domésticas* del autor salmantino, el cual en la entrevista con Ramón Chao afirmaba: «En mi poesía (por lo menos en la que exudaba en el sesenta y ocho, cuando comencé y premedité el libro que nos ocupa [sc. *Fábulas domésticas*] reconozco sin sonrojos una influencia de Ángel González. Su *Grado elemental*, fabulístico y eso, hizo que mi poesía derivara a un rumbo más acorde con mi pobre barquilla.» Chao 1972: 45.

32 Para un estudio de las distintas poéticas de Aníbal Núñez consúltese el trabajo de Miguel Casado (1999).

33 Éstos son algunos de los comentarios que recibieron las *Fábulas domésticas* por parte de los censores de la consulta voluntaria. He podido acceder a los manuscritos que se enviaron al Ministerio de Información y Turismo, a la denominada «Sección de Ordenación Editorial», en donde se encontraba el servicio de «Consulta Voluntaria», y a los informes que a éstos acompañaron.

pertenencia de su familia al bando de los vencidos.[34] Este hecho marcará uno de los poemas fundamentales de *Fábulas domésticas*, como es el «Tríptico de la infancia», censurado totalmente en la primera edición, en el que se pone de manifiesto su memoria de la infancia.

Las tres partes de «Tríptico» hacen alusión a tres momentos distintos de la infancia del yo poético, la más tierna infancia, el ingreso en la escuela y la preparación a la celebración de la Primera Comunión, es decir, la edad entre los 3 ó 4 años hasta los 8 ó 9.

En el primero de ellos, mediante diversos cambios de perspectiva (del niño al adulto y viceversa) pero, sobre todo, con el contraste de la percepción a través de los ojos inocentes de un niño y el adulto, el yo puede ofrecer una crítica más o menos velada a la situación excepcional que tras la Guerra Civil se produce en España, de la separación de vencedores y vencidos: «nos llevaron al tubo de la risa / ya bajo las banderas que ganaron el mapa / al tubo de la risa y qué alegría [...]», «recién ganado el vértigo descalza la esperanza / los tiros de la guerra aunque nosotros / chupando un pirulí [...]» (1995: 47).[35]

La crítica al sistema educativo franquista – gestionado en gran parte por la Iglesia (brazo poderoso de la «España eterna») – es evidente en la segunda parte del «Tríptico», en la que el yo poético cuenta su ingreso en la escuela: la amenaza, el miedo, el saber religioso por encima del saber humanístico son algunos de los valores que este poema nos transmite: «y la escuela después / donde aprendimos / a ser buenos cristianos por la gracia / de dios y las calderas sulfurosas / de aquél pedro botero / los himnos nacionales en columna de a dos / la interminable tabla / del siete que aún nos sigue / robándonos el sueño tanto cuento / de niños ejemplares y de mártires / precoces [...]». Pero sobre todo, al final de esta segunda parte, se da buena cuenta del terror psicológico y la coacción a la que se sometía a los más pequeños, si pertenecían al bando de los vencidos: se trataba de ir «[...] con ella a coger lilas / para el altar de mayo (quien más diera / ganaba / un peldaño hacia el cielo / con papá y con mamá si no eran rojos)». El yo adulto recuerda su amargura al tener que reconocer: «(y, a nuestro pesar, eran)» (1995: 48). La imagen de las dos Españas y de la crueldad de un bando con respecto al otro quedan muy claras en el vocabulario escolar y en las consecuencias silenciadas en el final abrupto de esta segunda parte del poema.

En la tercera parte se alude asimismo a la escuela, al catecismo previo a la Primera Comunión y a la decepción que dejó en el yo poético ese día: «por aquel tiem-

---

34 Como se encarga de explicar Ángela San Francisco, madre del escritor, en una entrevista con Juan Manuel Prada (13-11-1995): «Memoria de dos artistas geniales», en: *El Mundo* [ed. de Castilla-León], 8.

35 Las citas de la obra de Núñez pertenecen de aquí en adelante al primer volumen de su *Obra poética*.

po fuimos instruidos / por las buenas conciencias se acercaban / nuestro día más feliz nos prometieron / y ante el pan celestial nos desvelamos / – los zapatos lustrosos mordiéndonos los pies / cercados los pasteles por encajes – / el misterio anunciado». La crítica al papel domesticador de la Iglesia tampoco se ahorra: «palabras / solemnes que inculcaron en nosotros / las costumbres decentes: / la sarta dolorosagloriosa del rosario / la visita al santísimo [...]» (1995: 49).[36]

Curiosamente el yo poético individual se transforma en un «nosotros», que son todos los niños – en la feria, en la escuela, en el catecismo – que compartieron esos momentos, y puede convertirse en la voz de todos aquellos que por la época tuvieron las mismas experiencias.

A la denuncia del sistema represivo y revanchista del régimen, del poder arbitrario de la Iglesia en la posguerra, y las consecuencias que para la población corriente esto conllevaba, se añade en *Fábulas domésticas* la crítica de las actitudes serviles frente a los poderes constituidos ilegalmente. Así se encuentran con una serie de poemas, entre otros, aquellos que en su título llevan la denominación *fábula*, *parábola* o *cuento*,[37] cuyos protagonistas no son, frente a lo que uno se podría imaginar, animales personificados, sino tipos humanos animalizados o incluso cosificados (ya sean masculinos, como el tigre, el perro, el cordero, ya femeninos, como la pantera o la araña). Algunos ejemplos son la «Fábula del tigre que fue rebelde», la «Fábula del perro policía», la «Fábula del espectador», o la «Parábola del puñetazo». Para los modelos femeninos son representativos los poemas «Fumando espero al hombre que yo quiero», «Caperucita Roja» u «Otro final para el cuento de la lechera», por citar alguno de ellos.

Todos estos modelos son personajes de la clase media o de la clase burguesa, que se dejan seducir por los cantos de sirena franquistas: en un caso, el dinero y una posición social acomodada, en otro caso, el poder policial, en otros, la pasividad de aceptar lo que los medios de comunicación o el sistema burocrático del régimen les ofrecen; su característica común es la falta de una conciencia crítica y, por tanto, de resistencia, la pasividad y el hecho de traicionar sus propios ideales. Los modelos femeninos presentan estas características también, si bien en ellos la finalidad de «encontrar un buen marido» es la motivación externa, con todo lo que ello lleva consigo: la búsqueda de la belleza – aunque ésta sea artificial y aunque la mujer posea un (inútil) título universitario – y la adecuación al modelo femenino tradicio-

---

36 Compárese con el poema de Sarrión «Crueles ojos de Telémaco», donde se recoge también la incomodidad, la decepción del «recuerdo de primera comunión / lazo de seda ajado / flecos rituales sollozaban de envidia». Sarrión 2003: 176.

37 Al igual que sus compañeros de promoción, en especial Sarrión y Panero, el uso de este tipo de textos se da desde la subversión (tanto en la expresión del contenido – personajes, intención –, como en la forma del poema – por ejemplo, en la desaparición de una de las partes configurantes de la fábula, como es la moraleja).

nal (físico y psíquico).[38] Es evidente tanto en unos como en otros la crítica civil (de individuos civiles, que no encarnan el ideal y que se sitúan dentro del sistema, infelices, pero incapaces de plantarle cara).

Otra de las cuestiones más criticadas por Aníbal Núñez – tema que va a estar presente en la mayoría de sus libros posteriores de un modo u otro – es el topos del «menosprecio de corte y alabanza de aldea» tradicional, adaptado, como es lógico, a la situación social y cultural de la España contemporánea del autor. En uno de estos poemas, por ejemplo, titulado «Donde su yunta deja», se confrontan la naturaleza con la civilización en la figura de un labrador en su era que va arando con sus bueyes y se encuentra en su propio terreno con un anuncio publicitario que no sabe leer. La oposición entre ciudad y campo, entre progreso y tradición, se muestra como una usurpación de la primera del espacio del segundo, o como una intromisión en el ámbito del otro, que, a su vez, estoicamente, no opone ninguna resistencia, sino que permite pasivamente este exceso.

De modo más gráfico se expresa este abuso en el poema «Reflexiones morales ante una foto de una niña vestida de Primera Comunión», en el que mediante una estructura circular (que comienza con la descripción del traje de la niña), el lector está casi obligado a reflexionar sobre la injusticia laboral en el ámbito agrícola: «el labrador que labra la patata / vela su crecimiento subterráneo / acaba malvendiéndola / para usos industriales o privados / el labrador que guarda sus ahorros / para decir / ‹la cofia era de perlas...› / de su hija de seis años» (1995: 62).

En este poema, así como en «Donde su yunta deja», se ve el aspecto publicitario y la existencia de las modas como una afrenta al mundo *natural*. La denuncia del consumismo que afecta a la sociedad española durante los años 60 ocupa un puesto destacado en *Fábulas domésticas*. De hecho, toda la parte tercera se dedica a desarrollar este tema en forma de poemas-anuncio, los cuales constituyen la principal novedad y los que aportan al libro un tono sarcástico, humorístico y prosaico que lo enlaza con la obra de otros autores coetáneos suyos, como, en primera línea, Manuel Vázquez Montalbán.

Los poemas de Núñez pretenden mostrar esa presencia persistente del mercado y denunciar los intentos del mismo de manipular y falsear la cultura preexistente.

---

38 Todos los tipos femeninos de *Fábulas domésticas* están influidos por la conocida visión de la mujer que el franquismo imprimió en la sociedad española, donde el destino trascendente de la mujer era el cuidado de la familia: «la concepción de Falange y Sección Femenina sobre la mujer: un ser etéreo, fantasmal, sumiso, vinculado irremisiblemente a la figura masculina, portadora, ésta si, de corporeidad, de fuerza y destino propio. El suyo será el de seguirle fatalmente, como la sombra siempre al cuerpo al que pertenece.» En el libro de Rosario Sánchez López (1990: 95) se estudia el desarrollo y las actividades de la Sección Femenina, como cuerpo fascista que más influyó en la formación de la mujer en el período franquista. En el poema de Martínez Sarrión «maripili en casa de manolo» (2003: 134) se observa asimismo la visión irónica de este reparto de roles durante el franquismo.

Para ello utilizan todas las estrategias publicitarias conocidas, desde la estructura de un recurso retórico más o menos perfecto, como en el poema «Si su actual oficio no le llena», con sus correspondientes *exordium* y *captatio benevolentiae*, *narratio*, *argumentatio* y *peroratio*, hasta la ejemplificación en forma narrativa del poema «Todo fue sobre ruedas», en el cual una pareja, al calor de una taza de té, empieza a conocerse. Pero desdichadamente la chica empieza a transpirar y lo que era una cita amorosa se convierte en fiasco, porque debido a su olor, él con sutileza se despide de ella. Ella vuelve a su casa llorando, y más tarde una amiga le da a conocer el jabón desodorante. La siguiente secuencia ofrece la imagen de los dos protagonistas fundidos en un gran abrazo. El anuncio finaliza con un eslogan y la marca del anuncio que se elude pero se transcribe con los puntos suspensivos: «(las sillas se fundieron / definitivamente / en un fragante abrazo / y vivieron felices gracias a...)» (1995: 68).

En los poemas-anuncio se pueden distinguir dos niveles distintos. Por una parte, la publicidad del anuncio – cuyo emisor es una empresa cuya única finalidad es la venta – y por otra, irónicamente, la «propaganda» del poema, cuyo emisor es el (a veces inexistente en el texto) yo poético, y cuya finalidad es hacer reflexionar al lector sobre una serie de hechos políticos o sociales, en la mayoría de las ocasiones de manera velada o incluso por omisión. Por ejemplo, en el poema «Ya lo sabes, amada» el amante ofrece a la amada la posibilidad de dejarse llevar por uno de esos anuncios y realizar un viaje de luna de miel bajo todas esas condiciones fabulosas que siempre forman parte de un catálogo de viajes: un «cielo exótico», «todo incluido», «vistas al mar» y «crepúsculos íntimos», «cómodos pagos a plazos», en fin, un sueño que puede hacerse realidad. Pero se trata de un regalo en cierto modo envenenado, pues tras esa posibilidad le da otra: «[...] a escoger / islas privilegiadas o lugares / de gran mundo [...] / (o bien quedarse aquí junto a la brecha / al lado de la lucha que aún hay tiempo / de jugarse el pellejo para algo) / una de dos, amada mía, no olvides / que elegir es el único problema / que este sistema ofrece» (1995: 65). La lucha contra el sistema que seduce – político, social, pero por supuesto también publicitario – es la segunda posibilidad.[39] Como es habitual en los poemas de Núñez, el yo poético ofrece la libertad para escoger su propio futuro.

---

39   En el poema «Oh, náyade, nereida, ninfa, sirena, tía buena» se parodia incluso el efecto de los anuncios. Un yo poético en primera persona que se detiene a contemplar en un escaparate un cartel publicitario donde se encuentra la foto de una mujer. El apetito sexual aflora incesante hasta que el desencanto se hace palpable en la medida en que el yo poético es consciente de que el deseo no se podrá satisfacer porque la realidad no corresponde a esa imagen falsa que la publicidad trata de vendernos. El espectador frustrado consume otra cosa («y acabamos comprando cualquier cosa / en desagravio, buenas tardes, / por nuestros malos pensamientos», 1995: 70) para compensar el desencanto que le ha causado el cartel, lo que tampoco le devuelve la alegría. La renuncia es otra de las posibilidades, si bien, criticada por el autor en forma paródica.

Los poemas-anuncio[40] transmiten – mediante el recurso fundamental de la ironía – los valores contrarios a lo que los mismos poemas literalmente expresan, mediante la reproducción de discursos fijados de antemano por una finalidad y unas estrategias concretas, como es el discurso publicitario. La crítica evidentemente se dirige a los responsables de esos discursos, pero sobre todo actúa como advertencia al público potencial consumidor, es decir, como crítica civil, para que no se deje seducir emocionalmente por estos discursos, sino que desarrolle una actitud crítica – como la que desarrolla el lector de los poemas – ante algunas cuestiones que se dan como sobreentendidas en las sociedades actuales.

Otro aspecto de la crítica en *Fábulas domésticas* es la política internacional. Al igual que en otros poetas de su generación, la Guerra de Vietnam y sus consecuencias para la población civil está presente en muchos de los poemas: en «La distinción de un cigarrillo largo» se admira el uso del tabaco de los marines en todo el mundo. No obstante dando un giro de 180 grados aparecen yuxtapuestos los elementos que conforman la crítica al sistema político (imperialista) americano y su participación en esa guerra: «internacionalmente / encender cien milímetros de fresco / sabor joven regar / la jungla de napalm es un detalle / de personalidad tanto en la calle / como en torno a la mesa de negocios / en una plácida velada / o en el regazo cálido de un b-52» (1995: 69). Asimismo en el poema «En primavera especialmente», en el que se dan consejos a la mujer para tratar su piel, se recomiendan medidas para el tratamiento de la piel, que van ganando en grado de importancia hasta llegar al clímax de la prohibición de las autolesiones, que, por otra parte, hacen alusión velada a las autoinmolaciones en protesta por la situación represiva que se llevaron a cabo durante la Guerra de Vietnam, de donde procede la expresión española «quemarse a lo bonzo»: «[...] desde luego / hay que evitar en la estación florida / someterse a los rayos infrarrojos [...] / y – particularmente – rociarse / con gasolina el cuerpo / prenderse fuego y arder vivo / por causas totalmente / ajenas al cuidado de la piel / contrarias al control de la belleza» (1995: 65). La frivolidad del sistema de belleza unida a la tragedia de Vietnam provoca un rechazo en el lector, y de la seriedad y la coherencia inicial, la enumeración de consejos *ad absurdum* conduce al sitio en el que el lector tiene que reflexionar sobre algunos hechos políticos y su posición propia.

---

40 Claro está, no es posible analizar e interpretar aquí todos los poemas. No obstante, no puede dejarse de citar «Todos los desperdicios», donde se indica que la eliminación de la basura se puede hacer «sin preocupaciones»; o «Algunas gotas simplemente», anuncio de loción «after shave», cuya fragancia produce – siempre según el anuncio – tal efecto en la mujer que, tras ir directamente a besarla, «la amansará caerá / la fiera a vuestros pies» (1995: 67). El éxito sexual está asegurado con esta loción. «Buenas noches», cuyo producto es un colchón, es un anuncio en el que se promete no sólo un sueño reparador, sino sobre todo, la solución también a los conflictos del hogar y la transformación de la vida anodina en una vida de cuento de hadas. Como se observa, los ejemplos son muy numerosos y la elección de los motivos (o productos) de Núñez es enormemente ingeniosa.

Renovación formal

Todos estos temas de crítica civil vienen además avalados por una renovación en la forma poética que, como se ha dicho, es una crítica a la poesía anterior, una crítica a la industria cultural (su polémica por la publicación de *Nueve novísimos* es sólo un ejemplo palpable de ello) y, no menos importante, una crítica al lenguaje manipulador fascista.

En *Fábulas domésticas* sobre todo está presente la estrategia experimentalista, con una finalidad humorística importante. Comenzando por el uso de la métrica para sorprender, ya que, curiosamente la métrica de *Fábulas domésticas* está repleta de endecasílabos y heptasílabos, si bien sin rima y sin un esquema fijo, en oposición clara a la métrica tradicional, a la línea clasicista de los garcilasistas o a la métrica épica de la apología franquista.[41] Tiras de versos con una medida tradicional que una y otra vez se interrumpen por una cesura de un verso trisílabo, por citar un ejemplo, o por un encabalgamiento abrupto que hace que la sintaxis se desajuste de la medida del verso o, más importante, que multiplica los significados existentes de los versos con intención lúdica o humorística.[42] Más frecuentes aún, las digresiones, con pausas intercaladas que interrumpen el desarrollo rítmico de los versos. Los endecasílabos y heptasílabos son una marca propia de Núñez en una época en donde prima el versolibrismo – especialmente los versículos, recordemos *Arde el mar* de Gimferrer o los poemas de Carnero – o los poemas visuales experimentales de Ullán. Aníbal Núñez recurrirá siempre a ellos, incluso en sus libros posteriores, como *Definición de savia* (compuesto en 1974 pero publicado en 1991), o en *Cuarzo* (escrito entre 1974 y 1979 y cuya primera versión fue publicada por primera vez en 1981), donde la poética del silencio es la base de los poemas. Se ha atribuido esta preferencia métrica a un gusto por lo barroco, como una referencia velada a esta época literaria. Es posible que esto sea así. En cualquier caso, pasa a ser una marca que identifica claramente los poemas de este autor en comparación con otros contemporáneos suyos, que prescinden de una métrica más o menos constante – siempre teniendo en cuenta que lo que se construye en *Fábulas domésticas* como cimiento estable es destruido una y otra vez en todos los poemas.

---

41 Todo ello justifica la opinión primera del lector-censor en 1971, que hace constancia del carácter novedoso de esta poesía, cuando dice: «Nos encontramos ante una poesía insólita, porque, para empezar, no es poética, según lo que tradicionalmente se asigna a este concepto.»

42 Por ejemplo, en la segunda parte del «Tríptico», donde los versos dicen: «y la escuela después / donde aprendimos / a ser buenos cristianos por la gracia / de dios y las calderas sulfurosas / de aquél pedro botero». Núñez 1995: 48. El encabalgamiento y la falta de signos de puntuación multiplican los significados: el primero de ellos, los alumnos aprendieron a ser buenos cristianos y también aprendieron la existencia del infierno; el segundo, lúdico, a la amenaza del infierno se une asimismo la insinuación irónica: aprendieron a ser buenos cristianos por la gracia de Dios, sí, pero también por la gracia de Pedro Botero, que se lo permitió.

Uno de los elementos de la crítica es, además, la subversión de los modelos tradicionales. Frente a esta estructura fija tradicional de la fábula, las *Fábulas* de Aníbal Núñez carecen de la segunda parte, la moraleja – que es, para ser exactos, la parte fundamental de la fábula, sin la cual ésta se convierte en cuento o narración infantil o simplemente anecdótica, de tal forma que pierde el elemento capital del género –. Además, la primera parte de la fábula tradicional, aquella cuyo núcleo es la narración – el *exemplum* –, se sitúa siempre en la ficción. Esta narración breve es siempre de carácter fantástico y sigue un desarrollo lineal, y así es acogida por el lector o el auditorio. Por el contrario, las *Fábulas domésticas* parten de una situación realista, no en vano se alude en el título al hogar, a la cotidianeidad. En ellas se subvierten los personajes protagonistas y pasan a ser, en algunos casos, personas animalizadas, como se ha dicho, en otros casos, personas sin ningún tipo de animalización. Las fábulas tradicionales suelen ser de carácter dialéctico y se caracterizan por su maniqueísmo. Mientras los personajes tradicionales son tipos maniqueos, en las *Fábulas domésticas* de Aníbal Núñez éstos no existen, porque no existe tampoco la intención didáctica. Los personajes que se presentan son individuos, que en algunos casos son criticados, pero en ningún momento se enfrentan a los tipos de las «virtudes». En otros casos lo que se critica no es el individuo sino el sistema en el que se encuentran inmersos y al que no pueden sustraerse, al que no presentan oposición, sino que se acomodan a él y en él sin presentar ningún tipo de crítica.

Bien al contrario, estas fábulas son tremendamente irónicas, en realidad casi sarcásticas y revelan la realidad que rodea al sujeto lírico (de ahí también el adjetivo «domésticas», como se había dicho más arriba). Este sujeto observa desde una posición alejada y algo cínica, a la manera de un *voyeur* divertido la «fauna» que se le muestra a sus ojos. Esta distancia además propicia que la función de persuasión e intimidación que toda fábula tradicional tenía, se pierda en el libro de Núñez.

Por lo que se refiere al lenguaje poético, la poesía de Núñez utiliza un lenguaje poco convencional. Era evidente en la métrica, pero se observa también en los juegos de palabras, en la disposición tipográfica humorística, por ejemplo, ya desde los primeros versos del «Prólogo a las fábulas domésticas» – que dicen «Hay cosas que saltan a la vista, / cabronadas urdida-s-utilmente» – donde el poeta, basándose en el modelo lingüístico de la amalgama, pero utilizándolo como aglutinante de signos – como adición pero no como sintetizador – une el significado de «sutil» y de «útilmente», ambos valores que caracterizan la actitud de los grandes comerciantes o empresarios: la agudeza o la astucia y el lucro.

Como la de Montalbán o la de Martínez Sarrión, es una poesía que incluye la mitología popular (los versos de canciones como «Adiós muchachos» o «Fumando espero», versos que escenifican fragmentos de películas o figuras como Mickey Mouse son algunos de estos motivos *camp*) y el lenguaje cotidiano en el espacio del poema.

La poesía de Núñez se caracteriza asimismo por el uso de lenguajes específicos, como el publicitario o el lenguaje técnico. Este uso de lenguajes no propiamente literarios responde asimismo a la necesidad de evidenciar la manipulación lingüística mediante los mismos métodos. Darle la vuelta al lenguaje para evidenciar su corrupción.

Se trata, pues, de una poesía heterogénea, donde el uso del *collage* o las imágenes visuales de corte surrealista están presentes con una incitación lúdica y humorística evidente. Además, es una poesía experimentalista que busca mediante el uso del lenguaje la mayor expresividad posible. Bajo este objetivo se sitúa el uso de mecanismos como la crasis, el anagrama, la aglutinación expresiva o los recursos aliterativos (volviendo al «Prólogo», por ejemplo, en los siguientes versos: «...cosas que saltan a la vista / como el aceite hirviendo» la repetición de la sibilante sorda /s/ nos recuerda al ruido del aceite hirviendo en la sartén). No es infrecuente en el autor este tipo de recursos fónicos y visuales con el objetivo citado. Él mismo en sus ensayos estilísticos se ocupó con frecuencia de estos mecanismos y, más aún, tenía conocimiento de la poesía visual que se estaba realizando, lo que se muestra no sólo en su amistad con José-Miguel Ullán, poeta coetáneo muy interesado por la poesía visual, sino también en las fuentes variadas, tanto teóricas como primarias, que cita en su tesis.[43] Por otra parte, los recursos visuales no serían raros en la obra de un poeta-pintor.[44]

De una estrategia «ofensiva», de actuar con revulsivos, pasa en su madurez a otras estrategias de tipo ‹defensivo›. En otras obras de Núñez como *Naturaleza no recuperable* (redactado entre 1972 y 1974), *Estampas de ultramar* o, sobre todo, *Figura en un paisaje* (ambos escritos en 1974 si bien publicados con posterioridad) el poeta vuelve su atención sobre el discurso culturalista, que acoge sólo a partir de entonces con mayor entusiasmo. Muchos de sus modelos culturales, al igual que en sus compañeros de promoción, proceden de la pintura y la literatura europeas, es decir, que por medio de ellos también abre – pone en evidencia – el horizonte cultural restringido que ofrecía el régimen, al tiempo que se aleja del modelo socialrealista.

La opción del silencio – no presente todavía en *Fábulas*, pero que obtiene sus primeros frutos en 1974 – llegará tras una preocupación metapoética creciente, y será el resultado de su análisis del hecho poético, que tendrá asimismo su origen en corrientes europeas anteriores. La inutilidad del lenguaje, el conflicto entre un lenguaje natural y un lenguaje usurpado o pervertido, serán algunas de las reflexiones fundamentales en su aproximación al silencio, el cual, por negación, pondrá en evi-

---

43 Algunos ensayos, que estaba planeado que conformasen su tesis doctoral sobre estilística, se recogen en el volumen II de la *Obra poética*.
44 Muchas de sus obras plásticas se pueden observar en el catálogo de la exposición póstuma de sus obras publicada en 1990 bajo el título *Antológica*.

dencia la «charlatanería», la palabrería vacía de un régimen caduco y próximo ya a su fin y, simultáneamente, la retórica de una poesía comprometida anquilosada, así como de una industria cultural que envilece el lenguaje poético, con el que Aníbal Núñez muestra un compromiso real, más que evidente.

Final

La crítica civil más explícita de la Generación de los 70 y, en concreto, de Aníbal Núñez, había sido atribuida hasta ahora a un último residuo de la poesía social ante una situación contextual dictatorial en sus poemas. Así, se había explicado como imposibilidad de los *novísimos* «seniors» de desligar el cordón umbilical que los unía a los entonces todavía en activo maestros de la poesía española. Se veía más o menos como *faux-pas* en el desarrollo poético de los jóvenes, algunos de los cuales, como el mismo Núñez, fueron desterrados en cierto modo de las «mieles del éxito» *novísimo* por esa razón.

Sin embargo, incluso aquellos jóvenes poetas que habían hecho uso de esta tendencia eran conscientes, como se ha visto, de la orientación anquilosada de la poesía social, contra la que se revuelven con un lenguaje poético que hunde sus raíces en modelos más o menos relegados al olvido durante casi tres décadas. Con esta actitud poética en el aspecto político se ganaban las acusaciones de ser poetas más o menos afines o conformes con el régimen, ya que se veía en su crítica a la poesía social un movimiento que favorecía al régimen.

Sin embargo, aunque su estrategia revulsiva – culturalismo, irracionalismo, experimentalismo, popularismo, silencio – se basaba en las estrategias de modelos anteriores, como los movimientos decadentista, vanguardista o surrealista, sus medios de «resistencia» fueron acogidos como novedosos en el terreno en el que aparecían. Su reforma estética logró así un triple objetivo: en primer lugar, renovar el lenguaje y los contenidos de la poesía española y liberarla del lastre socialrealista; en segundo lugar, poner en cuestión la retórica nacionalcatólica de cuatro décadas; en tercer lugar, hacer evidente la mercantilización imparable de la industria cultural, que corrompe así el sentido original del arte. En este sentido, el compromiso con el lenguaje es el aspecto más novedoso de la joven poesía de los 70.

Con estas tres acciones, los poetas jóvenes habían abierto irremisiblemente la posibilidad de devolver a la poesía española al horizonte, sólo entonces ya más cercano, de las corrientes estéticas europeas al que había estado ligada antes de la Guerra Civil, y que al menos «una de las dos Españas» había contribuido a desdibujar. Sólo en este sentido se puede comprender la radical importancia que alcanza, tanto en su vertiente temática como formal, la crítica civil de los poetas de los 70.

Bibliografía primaria

Barral, Carlos (1998): *Poesía completa*. Edición y prólogo de Carme Riera. Barcelona: Lumen.
Carnero, Guillermo (1998): *Dibujo de la muerte. Obra poética*. Introducción de Ignacio-Javier López. Madrid: Cátedra.
Colinas, Antonio (1999): *El río de sombra. Treinta años de poesía, 1967-1997*. Madrid: Visor.
Gil de Biedma, Jaime (^{2}1989): *Antología poética*. Prólogo de Javier Alfaya y selección de Shirley Mangini González. Madrid: Alianza Editorial.
Gil de Biedma, Jaime (2000): *Volver*. Edición de Dionisio Cañas. Madrid: Cátedra.
Gimferrer, Pere (1994): *Arde el mar*. Edición de Jordi Gracia. Madrid: Cátedra.
Góngora, Luis de (1986): *Antología poética*. (*Polifemo, Soledad primera, Fábula de Píramo y Tisbe*, y otros poemas). Con cuadros cronológicos, introducción, bibliografía, notas, [...] a cargo de Antonio Carreira. Madrid: Castalia.
González, Ángel (^{2}2002): *Palabra sobre palabra*. [Recopilación de su obra poética completa]. Barcelona: Seix Barral.
Martínez Sarrión, Antonio (2003): *Última fe. Antología poética, 1965-1999*. Edición de Ángel L. Prieto de Paula. Madrid: Cátedra.
Núñez, Aníbal (1990): *Antológica*. [Catálogo de la exposición antológica realizada en el Museo de Salamanca en marzo y abril de 1990]. Salamanca: Museo de Salamanca / Varona.
Núñez, Aníbal (1995): *Obra poética*. 2 vols. Edición de Fernando R. de la Flor y Esteban Pujals Gesalí. Madrid: Hiperión.
Panero, Leopoldo María (^{2}2000): *Agujero llamado Nevermore (Selección poética, 1968-1999)*. Edición de Jenaro Talens. Madrid: Cátedra.
Rodríguez, Claudio (2001): *Poesía completa (1953-1991)*. Barcelona: Tusquets.
Talens, Jenaro (2002): *Cantos rodados (Antología poética, 1960-2001)*. Edición de Juan Carlos Fernández Serrato. Madrid: Cátedra.
Ullán, José-Miguel (1994): *Ardicia*. Edición de Miguel Casado. Madrid: Cátedra.
Vázquez Montalbán, Manuel (2001): *Una educación sentimental. Praga*. Edición de Manuel Rico. Madrid: Cátedra.

Bibliografía secundaria

Abellán, Manuel L. (1980): *Censura y creación literaria en España (1939-1976)*. Barcelona: Península.
Abellán, Manuel L. (1987): *Censura y literatura peninsulares*. Amsterdam: Rodopi.
Adorno, Theodor W. (1977): «Kulturkritik und Gesellschaft», en íd.: *Kultur und Gesellschaft I. Prismen. Ohne Leitbild*. [Gesammelte Schriften. Band 10.I]. Herausgegeben von Rolf Tiedemann. Frankfurt am Main: Suhrkamp, pp. 9-30.
Carnero, Guillermo (1989a): «Apuntes para la historia del Superrealismo en la poesía en español de la alta postguerra», en íd: *Las armas abisinias. Ensayos sobre literatura y arte del siglo XX*. Barcelona: Anthropos, pp. 337-362.
Carnero, Guillermo (1989b): «La poética de la poesía social en la postguerra española», en íd.: *Las armas abisinias. Ensayos sobre literatura y arte del siglo XX*. Barcelona: Anthropos, pp. 299-336.
Casado, Miguel (1999): *La puerta azul. Las poéticas de Aníbal Núñez*. Madrid: Hiperión.
Castellet, José María (1970): *Nueve novísimos poetas españoles*. Barcelona: Barral.

Chao, Ramón L. (1972): «Aníbal Núñez o la fértil ambigüedad», en: *Triunfo* 507 (17 de junio), pp. 45-46.
Cuenca, Luis Alberto de (1979-1980): «La generación del lenguaje», en: *Poesía* 5/6, 245-251.
García Moral, Concepción / Pereda, Rosa María (eds.) (^{6}1993 [^{1}1979]): *Joven poesía española. Antología*. Madrid: Cátedra.
Gimferrer, Pere (1971): «Notas parciales sobre poesía española de posguerra», en Clotas, Salvador / Gimferrer, Pere: *30 años de literatura en España*. Barcelona: Kairós, pp. 87-108.
Giuliani, Alfredo (1965): *I novissimi. Poesie per gli anni '60*. Torino: Giulio Einaudi.
González, Ángel (1980): «Poesía española contemporánea», en: *Los Cuadernos del Norte* 3 (s.p.).
González Lucini, Fernando (1984-1987): *Veinte años de canción en España (1963-1983)*. 4 vols. [1. *De la esperanza. Apéndices*. (1984). 2. *Libertad, identidad y amor*. (1985). 3. *Los problemas sociales y la solidaridad*. (1986). 4. *De un tiempo, de un país*. (1987)]. Madrid: Ediciones de la Torre.
Gracia, Jordi (2004): *La resistencia silenciosa. Fascismo y cultura en España*. Barcelona: Anagrama.
Grande, Félix (1979): «La poesía española desde 1970. ¿Parricidio para ser? Mejor vivir para ver», en: *El Viejo Topo* 30 (marzo), pp. 60-62.
Hofman, Bert (1990): «José Agustín Goytisolo. Los celestiales», en Tietz, Manfred (ed.): *Die spanische Lyrik der Moderne. Einzelinterpretationen*. Frankfurt am Main: Vervuert, pp. 303-318.
Jüttner, Siegfried: «Blas de Otero. Cuando digo», en Tietz, Manfred (ed.): *Die spanische Lyrik der Moderne. Einzelinterpretationen*. Frankfurt am Main: Vervuert, pp. 352-370.
Knetsch, Gabriele (1999): *Die Waffen der Kreativen. Bücherzensur und Umgehungsstrategien im Franquismus (1939-1975)*. Frankfurt am Main: Vervuert.
Lanz, Juan José (1994): *La llama en el laberinto. Poesía y poética en la generación del 68*. Mérida: Editora Regional de Extremadura.
Lanz, Juan José (2002): «‹Himnos del tiempo de las barricadas›: Sobre el compromiso en los poetas novísimos», en: *Ínsula* 671-672 (noviembre-diciembre), pp. 8-13.
Martínez Sarrión, Antonio (1983): «Pautas para conjurados», en: *República de las letras* 24 [Monográfico: *1939-1989. Medio siglo de literatura en España*] (abril), pp. 148-150.
Neuschäfer, Hans Jörg (1991): *Macht und Ohnmacht der Zensur. Literatur, Theater und Film in Spanien (1933-1976)*. Stuttgart: Metzler.
Núñez, Aníbal (s.f.): «Sobre el socialrealismo», en: *Triunfo*, pp. 41-42.
Núñez, Aníbal / Chamorro Gay, Julián (1970): «Cultura e industria», en: *Triunfo* 397 (10 de enero), pp. 39-40.
Palomero, Mari Pepa (ed.) (1987): *Poetas de los 70. Antología de poesía española contemporánea*. Madrid: Hiperión.
Pohl, Burkhard (2003): *Bücher ohne Grenzen. Der Verlag Seix Barral und die Vermittlung lateinamerikanischer Erzählliteratur im Spanien des Franquismus*. Frankfurt am Main: Vervuert.
Riera, Carme (2002): «La herencia de la Escuela de Barcelona», en: *Cervantes* [Revista Cervantes del Instituto Cervantes de Milán] 2 (marzo), p. 27. http://artesplasticas.cervantes.es/PdfRevista/EscuelaBarcelona.pdf (consultado 15 de noviembre de 2006).
Romano, Marcella (2002): «La canción de autor después de Franco. (Reflexiones críticas sobre un objeto crítico)», en: *Ínsula* 671-672 (noviembre-diciembre), pp. 13-16.

Sánchez López, Rosario (1990): *Mujer española, una sombra de destino en lo universal. Trayectoria histórica de Sección Femenina de Falange (1934-1977)*. Murcia: Universidad.

Silver, Philip W. (1988): «La poesía de los últimos diez años», en Amell, Samuel / García Castañeda, Salvador (eds.) (1988): *La cultura española en el posfranquismo*. Madrid: Playor.

Sontag, Susan (1996): «Notas sobre lo «camp»», en íd. (1996): *Contra la interpretación* [Traducción de Horacio Vázquez Rial]. Madrid: Alfaguara, pp. 355-376. [La primera edición en España fue la de 1969 en Barcelona: Seix Barral, pp. 323-343].

Strosetzki, Christoph (1990): «Gabriel Celaya. La poesía es un arma cargada de futuro», en Tietz, Manfred (ed.) (1990): *Die spanische Lyrik der Moderne. Einzelinterpretationen*. Frankfurt am Main: Vervuert, pp. 292-302.

Tietz, Manfred (1990): «Zur Entwicklung der spanischen Lyrik der Moderne: 1870-1980», en íd. (ed.) (1990): *Die spanische Lyrik der Moderne. Einzelinterpretationen*. Frankfurt am Main: Vervuert, pp. 7-18.

Yagüe López, Pilar (1997): *La poesía en los setenta: los novísimos, referencia de una época*. A Coruña: Universidade da Coruña.

Un dramaturgo para un pueblo: Roberto Vidal Bolaño

Carmen Becerra
(Universidade de Vigo)

Tras el alzamiento militar de 1936, que provoca la Guerra Civil española, se inaugura un período de represión política, social y cultural de funestas y bien conocidas consecuencias para todo el país y también, claro está, para Galicia. Los miembros del Partido Galleguista, partido fundado en 1931, que gestionaba por entonces en Madrid la puesta en marcha de su Estatuto de Autonomía, aprobado en referéndum popular el 28 de junio de 1936, fueron perseguidos, represaliados y muchos de ellos asesinados. El régimen franquista puso en marcha una operación de destrucción de las conquistas logradas en todos los órdenes. Se inicia así una larga noche de silencios, mordazas y resistencias.

La lengua gallega sufrió el ataque más fuerte de su historia. Prohibido su uso público, silenciado por la Iglesia y las instituciones del Estado, se refugió entre las clases populares rurales sobreviviendo allí, a pesar de la escolarización exclusivamente en castellano y de ser considerado su uso, y por ello tolerado, como síntoma de la incultura de una parte importante del país.

En 1950, se crea la primera editorial gallega de posguerra, la Editorial Galaxia. Sus fundadores[1] fijaron entre sus objetivos la tarea de la reconstrucción espiritual de Galicia, y la de recoger un legado cultural, truncado por avatares históricos, para transmitírselo a las nuevas generaciones. La reivindicación de la cultura popular, como nutriente esencial de los saberes de un pueblo, y la preocupación por el estudio científico de la lengua gallega se situaron entre sus propósitos editoriales.[2] Desde su creación, el protagonismo cultural de Galaxia resulta evidente: en las páginas de sus distintas colecciones y de la revista *Grial* nuevas generaciones de autores expresaron su voz narrativa, poética, ensayística o teatral; por otra parte, las traducciones al gallego, de clásicos o de contemporáneos, iniciaron el camino de recuperación de una cultura, al contribuir a romper su aislamiento. Durante varios años Galaxia se afirmó como el único órgano impulsor de la cultura gallega. Su labor resultó fecunda no sólo por su propia contribución, sino también por convertirse, de manera más o

---

1 Emilio Álvarez Blázquez, Antón Beiras García, Francisco Fernández del Riego, Ricardo García Suárez, Xaime Isla Couto, Xosé Meixide González, Rufo Pérez González y Luis Viñas Cortegoso. Entre los impulsores más destacados de esta idea editorial, se encontraba Ramón Piñeiro.
2 Resumo en este párrafo, y traduzco libremente, las palabras de Dónega 1974: 7.

menos indirecta, en la causa generadora de otras iniciativas: agrupaciones y asociaciones culturales, nuevas editoriales, etc.

A comienzos de los años 70 los españoles asistíamos esperanzados a los últimos coletazos del régimen franquista. En el noroeste, donde el mundo rural empieza lentamente a despoblarse, un grupo de jóvenes intelectuales y galleguistas comenzaba a sentar las bases para la recuperación de una identidad democrática y libre, mientras agonizaba el dictador. Vinculado a estos movimientos político-sociales surge una iniciativa que, indiscutiblemente, significa el nacimiento y consolidación del teatro actual en Galicia.[3] En 1973, la Asociación cultural Abrente de Ribadavia (Ourense) organiza la primera *Mostra de Teatro en Galego* y convoca el primer *Concurso de Textos Teatrais,* marcando un rumbo imparable en la conciencia de la necesidad de recuperación del teatro escrito en lengua gallega, rumbo cuyo aliento se mantiene en la actualidad. Para Dolores Vilavedra,[4] lo que denomina «fenómeno Abrente» va a funcionar «como catalizador da dispersa e tantarañante vida teatral galega [...] Ribadavia foi por aqueles anos unha caixa de resonancias sociopolíticas e estéticas da xente máis nova».[5] Pero el acuerdo unánime en considerar 1973 como fecha clave para el teatro gallego contemporáneo, va siempre acompañado de la aseveración de que ese proceso no surge de la nada. El mismo Damián Villalaín, en el artículo antes citado, advierte de la existencia de un caldo de cultivo anterior, que sitúa a mediados de los años sesenta. Por aquellos años aparece un número importante de colectivos y agrupaciones teatrales muy heterogéneos, entre los que podríamos destacar el *Grupo de Cámara Ditea* (1960), en Santiago de Compostela, el *Teatro Popular Keizán* (1966), en Vigo, *Histrión 70,* en Ourense e *Teatro Circo* (1967), en A Coruña, que van, poco a poco, trazando un camino que desembocará más adelante en los planteamientos del Teatro Independiente; pero esto no es todo, porque si bien la mayoría de estos grupos desarrollaban su trabajo en lengua castellana o en castellano y gallego, van evolucionando hasta utilizar exclusivamente la lengua gallega como vehículo de su expresión. En suma, la actividad desarrollada por todas estas organizaciones proporciona, sin duda, la base indispensable en la que se apoya el llamado

---

3   Esto es lo que afirma, por ejemplo, Villalaín 1988: 85, afirmación ratificada por la práctica totalidad de los estudiosos del tema; si bien algunos la matizan, como Manuel F. Vieites, quien considera que 1958, fecha de publicación de *O incerto señor don Hamlet,* de Álvaro Cunqueiro, supuso el comienzo de la recuperación y la demostración de que la lengua gallega tenía enormes potencialidades, incluso en aquellos géneros que habían tenido un menor desarrollo; mientras que 1973 señala el momento en el que se inicia un camino de consolidación. «Por primera vez en nuestra historia, creación dramática y creación teatral van de la mano, y al tiempo que nace un *nuevo teatro,* se inicia el período más trascendental en la historia de nuestra dramática, en la que nosotros situamos el nacimiento de la nueva dramaturgia.» Vieites 1996: 10.
4   Vilavedra 1994: 209.
5   «[...] como catalizador de la dispersa y balbuceante vida teatral gallega [...] Ribadavia fue por aquellos años una caja de resonancias sociopolíticas y estéticas de la gente más joven» (traducción mía).

Teatro Independiente, corriente que, de manera generalizada, se instala en la escena española en los últimos años del franquismo

Punto de obligada referencia, en Ribadavia, y al abrigo de sus convocatorias, se dieron a conocer un grupo de autores que muy pronto se erigieron en referentes para otros dramaturgos más jóvenes, y ajenos por su edad, que no por compromiso, a la resistencia cultural. Ese grupo, que conforma lo que podríamos considerar rasgos centrales del sistema teatral gallego, está integrado fundamentalmente por tres dramaturgos: Manuel Lourenzo, Euloxio Ruibal y Roberto Vidal Bolaño.

El análisis de las características de este grupo permite establecer paralelismos con la generación que, refiriéndose a los autores españoles, César Oliva denomina «nuevos autores».[6] Se trata de una serie de dramaturgos, la mayoría universitarios, de diferentes edades y formación, que presentan como principal rasgo común el rechazo al sistema político establecido. Todos ellos estrenan y se dan a conocer antes de la muerte de Franco, constituyendo un importante núcleo de resistencia o de lucha contra el sistema cultural y político dominante, y jugando un importante papel en la transición política. Sus obras se estrenan en el marco del Teatro Independiente y, en el caso concreto de los dramaturgos gallegos, participan como actores o directores en la puesta en escena de sus textos, estando además vinculados, de una u otra forma, con la práctica teatral. La diferencia sustancial entre el teatro independiente en Galicia y el de otras zonas de España – fundamentalmente, por razones obvias, Madrid y Barcelona – se explica si se tiene en cuenta que en Galicia, al no existir un sistema escénico contra el que reaccionar, se intentaba poner en marcha un movimiento teatral que alcanzase la categoría de normal para el teatro gallego, para la puesta en escena de obras en lengua gallega, pero también para difundirlo y dar a conocer su existencia.

Así contempla este período Roberto Vidal Bolaño, quien, por otra parte, fue testigo y protagonista del mismo:

> A finales de los años sesenta, y como respuesta a un panorama teatral esclerosado, al servicio sobre todo de los intereses del régimen y de las clases que lo sostenían, surge un movimiento teatral presidido por el rechazo, por un lado, de las normas que regulaban el hecho escénico en el conjunto del estado español y que reducían al silencio a las nuevas voces y a las nuevas corrientes estéticas. Y por otro lado, por el cuestionamiento de los métodos de creación desde los que ese teatro se venía haciendo, del repertorio en el que comúnmente se asentaba y de la función misma del teatro respecto de la sociedad. Nace así lo que se llamó teatro independiente, corriente a la que se sumaría, aunque desde postulados muy diferentes, toda una generación de hombres y mujeres de nuestro teatro, esencialmente interesados por su desarrollo en cuanto hecho escénico.
> Ese impulso revitalizador de la escena española tendrá entre nosotros, y en general en todas y cada una de las nacionalidades históricas, unos matices diferenciadores que retomaban el viejo deseo de muchos de nuestros antepasados, de dotar a Galicia de un teatro propio. Un teatro que, en lo artístico, fuese expresión de su ser, y en lo social no sólo

---

6 Oliva 1989: 337-338.

una puesta en cuestión de la dictadura, sino un argumento más en defensa de nuestra identidad cultural y de nuestros derechos nacionales.[7]

La situación con la que se enfrentaban los dramaturgos del grupo de Ribadavia también es descrita detalladamente por otro de sus miembros, Manuel Lourenzo, cuyas palabras resumo a continuación: una carencia total de tradición fomentada por unas instituciones que nunca apoyaron el teatro, y que provoca la escasa formación, tanto artística como técnica, de los que a él se dedican; a estos factores se suman otros, de tipo sociopolítico, que se plasman en una división interna entre nacionalistas y centralistas, en un medio lingüístico caracterizado por la diglosia e inmerso en un marco político sometido por la represión.[8]

Lourenzo, Ruibal y Vidal Bolaño inauguran con sus textos, editados o estrenados, una nueva tradición, universalizando el teatro gallego, por medio de la utilización de nuevas temáticas y una renovación formal y estética. Los tres autores evolucionan hacia un teatro actual, que abandona el marco rural y se mueve en un espacio urbano y cosmopolita, situando como objeto fundamental de interés los problemas de la sociedad gallega contemporánea del final del siglo XX.

En lo que sigue, voy a centrar mi atención en el último de esos autores, Roberto Vidal Bolaño[9], el más joven del grupo y tristemente desaparecido en el año 2002; sin embargo, y para evitar incorrectas interpretaciones, me apresuro a dejar claro que si mi atención se dirige hacia este autor no es sólo por rendirle un bien merecido, aunque modesto homenaje, sino también porque fue, a mi juicio, el más prolífico, innovador y versátil hombre de teatro de ese trío fundacional al que perteneció.

Autor, director, actor y crítico, Vidal Bolaño funda en 1974 el grupo independiente «Teatro Antroido» (primer grupo gallego que se convertirá en compañía profesional) que, en los años noventa, será «Teatro do Aquí», compañía cuya actividad representa una de las más sólidas propuestas del panorama teatral gallego. Vidal Bolaño trabajó también para el cine y la televisión como actor, director y guionista. Fue además actor de doblaje. Miembro de jurados teatrales. Conferenciante y participante en numerosos encuentros, seminarios y coloquios. Articulista en la prensa diaria, así como en revistas especializadas en teatro. Un hombre que pensaba y vivía para el teatro, concebido como un hecho integral y totalizador, al que se aproximó desde todos sus ángulos, siempre con la misma intensidad y entrega.

---

7   La cita, quizá larga en demasía, pero creo que muy interesante para conocer de primera mano lo que pensaban protagonistas comprometidos con ese movimiento, como Vidal Bolaño, procede de una intervención del autor en las *I Xornadas das Letras Galegas en Lisboa*, titulada «Perspectivas do teatro galego actual», y publicadas en *Actas* por la Xunta de Galicia, en 1988 (la traducción, del gallego, es mía).
8   Lourenzo 1980: 15-16.
9   Para una visión global de la obra de Roberto Vidal Bolaño pueden consultarse los trabajos de Becerra Suárez 2000 y de López Silva 2001.

Probablemente la característica más sobresaliente de este autor, provocada, quizás, por causas inherentes a su propia personalidad artística o, tal vez, por su personal manera de concebir la actividad teatral, es que su teatro está escrito pensando directamente en la representación, atendiendo a su puesta en escena. Es posible que la razón estribe en que Vidal Bolaño siempre tuvo compañía propia, de manera que la representación de las obras estaba garantizada. Sea por esas u otras causas, el hecho es que se trata de piezas que, salvo muy contadas excepciones, no están pensadas para el lector, sino que están escritas y creadas para la escena, a veces para ser interpretadas por determinados actores, e incluso para ser desarrolladas en determinados espacios escénicos; no hay que olvidar que esta forma de teatralidad suele ser el resultado de la confluencia del autor y el director de escena en la misma persona, como en el caso que aquí nos ocupa.

La obra de Vidal Bolaño, teniendo como referente la tradición teatral gallega, en la que voluntariamente se inscribe (recordemos el significativo nombre de su compañía «Teatro do Aquí»), pone de manifiesto un carácter claramente innovador, que evoluciona desde una atención preferente al mensaje – a veces elemental e incluso panfletario, pero sin descuidar nunca la forma, que presenta cierta complejidad –, hasta un estadio en el que se evidencia un marcado cuidado formal, mayor complejidad técnica, así como una profundización y matización en los contenidos. En la lectura atenta de sus obras, respetando el orden cronológico de la producción, se descubre esa evolución progresiva en la que, sin embargo, se mantiene inalterado un sentido crítico muy visible y un tono pesimista teñido, paradójicamente, de humor.

En la primera etapa de su producción, los textos de Vidal Bolaño intentan incorporar a las experiencias de la vanguardia europea personajes, acciones y técnicas de la cultura popular procedentes de la tradición teatral (*Farsas para Títeres*, de Eduardo Blanco Amor, *Teatro de Máscaras*, de Ramón Otero Pedrayo), y de la tradición parateatral gallegas. Estoy refiriéndome a manifestaciones festivas caracterizadas por un tono satírico y burlesco de, todavía hoy, gran arraigo en Galicia, como el carnaval, por ejemplo,[10] que convierten al espectáculo en algo comunitario y ritual. El deseo de reivindicar la dramaturgia nacional gallega, casi olvidada por estar silenciada, y conseguir para el teatro una dimensión comunitaria, frente al teatro comercial, alienta tras las producciones de la compañía «Teatro Antroido» y se manifiesta en las primeras obras del autor, obras que obtienen de la crítica una valoración desigual.[11] Al margen de las valoraciones críticas, me interesa destacar ahora que en

---

10 En Galicia el carnaval se conoce con el nombre de «Antroido». Recuérdese que la primera compañía del autor se llamaba «Teatro Antroido».

11 Así por ejemplo, para Vilavedra (1994: 209), la pieza *Laudamuco, señor de ningures* (1977) se sitúa entre aquellas obras del autor que atienden prioritariamente a su potencial perlocutivo (sigue aquí la teoría de los «actos de habla» que formula John L. Austin); es decir, a lograr sobre el receptor un efecto determinado, en detrimento, o incluso ignorancia, de otras dimensiones. Por el contrario, para Manuel Vieites esta obra, entre

estas primeras obras, como *Laudamuco, señor de ningures* y *Ledaíñas pola morte do meco* (1977) se observa una misma preocupación temática: la alienación y las relaciones entre opresores y oprimidos, entre el siervo y el señor, temas muy en concordancia con las posiciones ideológicas sostenidas por el autor, y condicionadas por la situación política de la época. De hecho, el propio Vidal Bolaño se refiere a su obra *Ledaíñas*, calificándola de «panfleto ben feito».

Sin embargo, estas primeras obras del autor contienen elementos de interés más que suficiente como para que puedan ser despachadas con un simple sustantivo mejor o peor calificado: «panfleto bien hecho». Dejaré para otra ocasión títulos como *Ledaíñas pola morte do meco* (1977),[12] *Ruada das papas e do unto* (1979),[13] *Bailadela da morte ditosa* (1980)[14] o *Touporroutou da lúa e do sol* (1982),[15] por tratarse de piezas en las que, a mi juicio, el aspecto de mayor importancia es su estrecha relación con la tradición parateatral gallega, relación que justificaría los elementos alegóricos y/o simbólicos que tales obras contienen. Por el contrario, no podemos situar en el origen de *Laudamuco*, esa misma tradición parateatral, ajena a su fondo y a su forma. A mi juicio, lleva razón Pedro P. Riobó cuando señala sus deudas con el teatro gallego anterior, así como la evidente huella de Ubu Rey de Jarry; pero es desde mi punto de vista matizable su consideración de esta obra como «fora de contexto das súas preocupacións posteriores»,[16] consideración que no toda la crítica suscribe.

Desde una perspectiva temática, *Laudamuco, señor de ningures* representa una propuesta sobre la alienación y sobre el poder y, más concretamente, sobre las complejas y, a menudo sorprendentes, relaciones entre los opresores y los oprimidos; pero este mismo tema estructura obras como *Bailadela*, o está presente en otras como *Cochos* (estrenada en 1988) o *Saxo Tenor* (Premio Álvaro Cunqueiro, 1991), por ejemplo. Inmersos en ese marco general, Vidal Bolaño crea personajes fracasados, perdedores, derrotados, en torno a los cuales construye situaciones críticas, en las que el/los personaje/es reflexionan, recuerdan y aceptan, con impotencia, y siempre con dignidad, lo que inevitablemente va a suceder. Ese retrato de fracasados abarca desde los personajes más poderosos (Laudamuco) hasta los más humildes (Sebastián Rilo, protagonista de *Cochos*).

---

otras, representa una línea de trabajo del autor caracterizada por una mayor complejidad formal y temática. Vieites 1996: 16.
12   Año de su publicación por la editorial Pico Sacro. Fue estrenada por un grupo aficionado, *As Traíñas,* en 1978.
13   Año en el que consiguió una mención en el concurso «O Facho». Estrenada por el grupo *Antroido* en 1981, sigue hoy sin publicar.
14   Año en el que se le concedió el Premio Abrente. Estrenada por *Teatro do Estaribel* en ese mismo año, no fue publicada hasta 1992, por la editorial Sotelo Blanco.
15   Fecha de su estreno a cargo del grupo *Antroido*. Fue publicada por AS-PG en 1992.
16   Riobó 2003: 110.

Estructurada alrededor de los últimos momentos de la vida de dos personajes – el rey Laudamuco y su fiel servidor Rouco –, momentos que recogen la crisis provocada por la toma del poder por el pueblo y la condena a muerte del rey, la obra traduce una reflexión sobre la aniquiladora influencia del poder despótico, que representa – por medio de la hipérbole y la ironía – la etapa histórica vivida durante cuarenta años, en el Estado español y, particularmente, en Galicia. Los momentos de crisis que viven los personajes están subrayados ya desde el comienzo de la pieza por el estado ruinoso de la escena,

> Á dereita, unha morea de traxes estragados e cheos de carraxe en algunhas perchas con pé, feitas paizocamente. No centro, un cagadoiro enfeitado como se fose unha cadeira real. E á esquerda, unha cama vellona e moi escangallada.
> [A la derecha, un montón de trajes estropeados y llenos de porquería en algunas perchas con pie, hechas toscamente. En el centro, un váter adornado como si fuese un trono real. Y a la izquierda, una cama vieja y muy desvencijada.][17]

por el evidente deterioro de las vestimentas del rey, o el objeto utilizado por el criado para anunciar la entrada de alguien, que no es otra cosa que una escoba.

Pero, por encima de estos efectos, de clara intención cómica y grotesca, el lector, o el espectador, enseguida pueden advertir otra interesante dimensión del texto: se trata de un juego farsesco, jugado por los personajes, y del que son perfectamente conscientes. Laudamuco desarrolla el rol del que detenta el poder, aunque sabe que no tiene ya poder sobre nada, ni sobre nadie («señor de ningures» = «señor de ninguna parte»), y Rouco juega el papel de servidor, a pesar de que no ignora que no tiene ya que obedecerle. Ambos, pues, actúan «como si», como si nada hubiera cambiado. Así, por ejemplo, Laudamuco finge estar ciego y cojo para aceptar su derrota sin que hiera su orgullo:

> ¿Cómo cres que ese fato de traidores puido engaiolarnos neste fedorento cortello? Cego e coxo. Foi como quen recolle do chan a cría dun vencello.
> [¿Cómo crees que ese grupo de traidores pudo encarcelarnos en esta hedionda cuadra? Ciego y cojo. Fue como quien recoge del suelo una cría de vencejo.]

La primera respuesta del criado es de incredulidad, pero pronto acepta seguir el juego. A partir de ese momento la farsa se enseñorea de la escena. Rouco, el criado, aceptado el juego, ha de interpretar una serie de papeles – sumo sacerdote, mariscal y magistrado –, que alterna con el suyo, siendo en todo momento consciente de la realidad en la que se mueve. De manera que cuando Minia, su mujer (tercer y último personaje de la obra, cuya función estriba fundamentalmente en establecer relaciones entre Rouco y la realidad exterior), entra en escena y le pide que abandone a Laudamuco, la respuesta de Rouco no puede ser más significativa:

---

17 Así describe la escena la acotación. Todas las traducciones son mías.

Faríao se poidera. Pro non podo. Teño que reconstruír para el o mundo que vós derrubáchedes.
[Lo haría si pudiera. Pero no puedo. Tengo que reconstruir para él el mundo que vosotros derribasteis.]

Pero el juego de Rouco no es sólo eso, a medida que la acción avanza descubrimos que no estamos sólo ante un caso de fidelidad, sino que somos testigos de un ejemplo explícito de alienación progresiva y sin retorno. Incluso cuando Minia le advierte de que le matarán si cuando vengan a buscar a Laudamuco le encuentran a su lado, Rouco acepta su destino resignado,

Non podo deixar a esta groria de Deus, no derradeiro día da súa vida, sóio, como se fora un can. Teño que estar con el até que remate todo.
[No puedo dejar a esta gloria de Dios, en el último día de su vida, solo, como si fuera un perro. Tengo que estar con él hasta que todo termine.]

El más alto grado de alienación de Rouco se manifiesta cuando obliga a Minia, su mujer, a quien él quiere, a acostarse con Laudamuco. En este punto, suscribo totalmente la sugerencia de Pedro P. Riobó cuando, en su estudio sobre esta obra, afirma que en esta escena se introducen elementos esperpénticos porque «nela xa non hai farsa nin finximento senón unha perversión dolorosa da realidade»;[18] de hecho mientras dura la escena Rouco vuelve sus ojos hacia otro lado, para que su mirada no pueda contemplarla.

Tras la muerte de Laudamuco, Rouco, que continúa con su esquizofrénico juego de papeles, desempeña el papel de reo, juez y verdugo de sí mismo. Reo del crimen de no haber acompañado a su señor en el último viaje, el juez dictamina la sentencia y el verdugo la ejecuta: Rouco-verdugo mata a Rouco-criado, quien, agonizante ya, arrastra el cadáver de Laudamuco hasta su trono-váter real, como señala la acotación:

Chántase o sabre quebrado no bandullo e cae ó chan, ó pé do finado Rei. Como boamente pode turra do cadáver de Laudamuco ata levalo ó cagadoiro. Facendo un esforzo sobrehumano ergue o espolio real e séntao no símbolo fedorento da súa egrexia condición.
[Se clava el sable en la barriga y cae al suelo, al pie del fallecido Rey. Como puede empuja el cadáver de Laudamuco hasta llevarlo al váter. Haciendo un esfuerzo sobrehumano lo levanta y lo sienta en el símbolo maloliente de su egregia condición.]

La lectura de *Laudamuco, señor de ningures*, escrita cuando Roberto Vidal Bolaño tenía veinticinco años, revela el talento dramático de su autor, su destreza en la elaboración de la arquitectura de la pieza, así como en la construcción de personajes. Laudamuco pone de manifiesto además las preocupaciones ideológicas del autor, su cercanía a la realidad histórica vivida, su denuncia de los abusos del poder, posiciones que mantuvo a lo largo de toda su vida y que expresa en la totalidad de sus

---

18   Riobó 2003: 108.

obras, obras que van adquiriendo una mayor complejidad formal, pero mantienen una temática y unos personajes recurrentes: personajes fracasados, perdedores, alegatos políticos, denuncia social y una visión pesimista de un mundo, en el que se constata la imposición de un pensamiento político antiutópico.

Para Manuel Vieites, Vidal Bolaño va conformando, a medida que escribe, una poética propia, personal, que ya formulaba, de manera incipiente, en sus primeras obras, en las que se puede documentar una reflexionada interrelación entre tradición y modernidad. En palabras de este especialista, extraídas de la crónica que reseña el estreno de una de las piezas del autor – *Rastros* («Teatro do Aquí». Villagarcía 1998) –, Vidal Bolaño «exemplifica, mellor que ningún outro, o compromiso co momento histórico no que cada obra nace, a fidelidade cun determinado xeito de afrontar a escrita, pois a súa materia dramática sempre reflicte, con independencia do rexistro escollido, a crónica dunha derrota, sempre constitúe o informe dunha frustración, estados terminais que en Galicia teñen especial relevo».[19]

En suma, la obra de Roberto Vidal Bolaño podría muy bien representar una de las dos Españas, la sometida y reprimida por cuarenta años de dictadura, con el ingrediente añadido de la represión ejercida sobre la cultura y la lengua de un pueblo: el pueblo gallego, que, poco a poco, con el esfuerzo de muchos, ha ido recuperando sus señas de identidad y trabaja denodadamente para mantenerlas.

Bibliografía

Becerra, Carmen (2000): «A coherente aventura teatral de Roberto Vidal Bolaño», en Vidal Bolaño, Roberto: *A burla do galo*. Santiago de Compostela: CDG-IGAEM, pp. 55-89.
Dónega, Marino (1974): «Galaxia 1950-1975», en: *Galaxia Almanaque 1950-1975*. Vigo: Galaxia.
López Silva, Inmaculada (2001): «Roberto Vidal Bolaño na (re)construccion do teatro galego. De Abrente a Mar Revolto», en Vidal Bolaño, Roberto: *Mar Revolto*. Santiago de Compostela: CDG-IGAEM, pp. 47-134.
Lourenzo, Manuel (1980): *Pipirijaina* 15 (número monográfico dedicado al teatro gallego).
Oliva, César (1989): *Historia de la literatura española actual 3: El teatro desde 1936*. Madrid: Alhambra.
Riobó, Pedro P. (2003): «O velorio de *Laudamuco, señor de ningures*. Crónica dunha transición contada á miña maneira», en: *Daquel Abrente*. Santiago de Compostela: CDG-IGAEM, pp. 59-130.
Vieites, Manuel F. (1996): «Una nueva dramaturgia para un nuevo teatro. Ribadavia 1973-1980», en: *Primer Acto* 262, pp. 9-17.

---

19 Vieites 2003: 106. Traducción de la cita: «ejemplifica, mejor que ningún otro, el compromiso con el momento histórico en el que cada obra nace, la fidelidad a una determinada manera de afrontar la escritura, pues su materia dramática siempre refleja, con independencia del registro elegido, la crónica de una derrota, siempre constituye el informe de una frustración, estados terminales que en Galicia tienen especial relieve».

Vieites, Manuel F. (2003): «Retrato dunha xeración. *Rastros*, de Roberto Vidal Bolaño», en íd. (2003): *Crónica do teatro galego*. Vigo: Servicio de Publicaciones de la Universidad de Vigo.

Vilavedra, Dolores (1994): «A escrita dramática galega contemporánea», en: *Grial* 122, p. XXXII.

Villalaín, Damián (1998): «O grupo de Ribadavia: Roberto Vidal Bolaño, Manuel Lourenzo, Euloxio Ruibal», en Vieites, Manuel F. (ed.): *Do novo teatro á nova dramaturxia*. Vigo: Xerais.

Jorge Guillén y su voz menos pura
(*Sátiras* y *Guirnalda civil*)

Juan Cano Ballesta
(University of Virginia)

Jorge Guillén es conocido como extraordinario poeta que durante años parecía resistirse a manchar su poesía con las impurezas y salpicaduras de la historia contemporánea a pesar de la violenta sacudida de acontecimientos que conmovieron el mundo durante su larga trayectoria vital. Como tal se le reprochó, desde diversos frentes, su actitud ante el acontecer histórico, y su famoso verso «el mundo está bien hecho» provocó a veces intensas reacciones de indignación. Guillén ha dicho sobre esta tan comentada cita: «El universo está bien hecho. Algunos han creído que yo me refería a este mundo que es una porquería. El mundo social es un atajo de abusos y de injusticias. No me refería a ese mundo. Quería decir el universo, nada más.»[1] Se atacó su hermoso libro *Cántico*, entregado al gozoso disfrute de la existencia y de las más comunes y bellas cosas de la vida diaria a lo largo de años de grandes conmociones políticas e incluso en momentos históricos marcados por la guerra, la injusticia y la sangre. Se le acusó de escasa sensibilidad social, de falta de solidaridad y de pretender encerrarse en su torre de marfil mientras el mundo parecía arder en llamas. Díaz de Castro ha señalado con lucidez cómo ya Antonio Machado se distanciaba en los años veinte de «la nueva poesía» y de Jorge Guillén en particular, a quien acusaba de frigidez, de rehuir la intimidad y los «sueños humanos», para expresar a continuación la convicción de que el poeta vallisoletano experimenta un progresivo y lento acercamiento a la estética machadiana (la del gran héroe del compromiso) conforme avanzan los años:

> En la obra de Jorge Guillén se advierte un proceso de progresiva asimilación del pensamiento poético y de la actitud intelectual de Antonio Machado, que sin menoscabo de la clarividencia y la coherencia propias del vallisoletano, contribuyen a la inflexión humanista y a la mayor amplitud de registros que se producen en *Aire nuestro* desde la tercera edición de *Cántico*, en 1945.[2]

Es un hecho que leyendo con más atención y cuidado la obra total de Jorge Guillén podemos ver cómo esta inhibición del poeta vallisoletano ante la realidad histórica de su tiempo no es del todo cierta ni es permanente. En su extensa obra poética

---

1   Villanueva 1996: 51.
2   Díaz de Castro 1990: 31.

hallamos también una voz crítica, una voz de protesta en numerosos poemas que son testimonio de su compromiso con el ser humano y con su existencia en la historia.

En primer lugar, Jorge Guillén no es, en modo alguno, indiferente a los problemas de su entorno, no se siente tan despegado de la historia como pudiera parecer. José Luis Aranguren en un precioso ensayo nos hablaba de la respuesta de Jorge Guillén a la crisis de valores de su tiempo.[3] Yo diría que toda su poesía está motivada por el mundo en que vivió y de él arranca: edad escéptica, descreída, alejada de la tradicional religiosidad, edad considerada decadente. Toda su poesía es una tentativa de respuesta a este desafío histórico: de ahí su vigorosa «fe de vida», su afirmación del ser, de ahí su cántico a la vida y a su «alrededor». Jorge Guillén «cree en la vida, en la Creación, y en la creación poética dentro de ella, cree en la luz, la luz de la verdad, en el amor, en la esperanza, en la felicidad».[4] Lo histórico, lo temporal, lo conflictivo va irrumpiendo paulatinamente en su obra ya desde *Cántico*.

Es cierto que durante décadas Jorge Guillén parecía haber decidido no hurgar en la tremenda herida de sentirse arrancado de su país tras el desastroso desenlace de la Guerra Civil española. Más bien parecía buscar el consuelo en actitudes y temas que nos recuerdan *Cántico* (la fascinación ante los objetos y el acontecer de la vida diaria). Sólo por excepción hallamos en *Clamor* (libro que, por cierto, lleva por subtítulo las significativas palabras «Tiempo de historia») algún poema como «Potencia de Pérez», feroz denuncia de la dictadura franquista:

> Hay ya tantos cadáveres
> Sepultos e insepultos,
> Casi vivientes en concentraciones
> Mortales,
> Hay tanto encarcelado y humillado
> Bajo amontonamientos de injusticia,
>
> Hay tanta patria reformada en tumba
> Que puede proclamarse
> La paz.
> Culminó la Cruzada. ¡Viva el Jefe![5]

El poeta señala la alianza entre el Régimen y la Iglesia que todo lo santifica («Adalid de su Dios, / La victoria es santísima»; «Oh Jefe, nunca sólo: Dios te encubre»), denuncia el dogmatismo doctrinal y los crímenes en nombre de Dios:

> La Verdad se desposa con el Régimen,
> Está infusa en el Jefe,
> Desciende a las cabezas elegidas,
> Es lujo de uniformes,

---

3   Aranguren 1974: 21-35.
4   Aranguren 1974: 25.
5   Guillén 1987/II: 40. Cito en adelante esta obra con la sigla AN seguida del número del volumen y de la página.

> Dirige los fusiles:
> Donde ponen la bala está el error. (AN II, 42)

Los poemas parecen constituir un cuaderno de memorias, sentimientos o experiencias en el acontecer diario, a veces en viajes o hasta en un crucero. Otras veces son breves reflexiones filosóficas, o meditaciones sobre la ciudad moderna, temas mitológicos o bíblicos, o los recuerdos asociados a una fotografía (AN II, 304). Habla de la amistad, la risa, apariencias y realidades, la muerte; escribe preciosos versos a ilustres poetas, escritores, pensadores o filósofos, reconstruye escenas bíblicas o vuelve al tema mitológico o histórico. Excepcionalmente se incluye en el vol. 3 un poema de marcado carácter histórico en que Jorge Guillén recuerda su encarcelamiento en 1936:

> Fue muy breve mi paso por la cárcel.
> Cárcel en horas de mortal peligro.
> Nos rodeaban sólo fratricidas [...]
> Confiar en mi estrella fue mi ayuda.
> – ¿No en Dios? – Andaba con los asesinos,
> Según los asesinos y sus cómplices. (AN III, 326)

Pero es en el vol. 4 de su obra completa, *Aire nuestro y otros poemas,* donde hallamos en el apartado «Sátiras» toda una serie de poemas en que se nos revela ese Guillén menos puro, más ligado a las turbulencias de la historia y al acontecer político, singularmente el español. En unos versos que introducen esta serie trata de definir sus intenciones (echar una mirada amable al caos y al desorden del mundo) y revelar al lector su visión crítica mientras se confiesa manchado por esa realidad:

> Tal barahúnda es el mundo humano
> Frente a mirada irónica de amigo.
> No soy puro. (AN IV, 108)

Guillén se siente viviendo «en estos años de tormentas» y conmocionado por las noticias que llegan de Vietnam en uno de los más sangrientos momentos de escalada bélica. Un alto mando militar norteamericano ha afirmado: «podría ser destruida cualquier nación como sociedad visible» (Informe del General E. G. W.), palabras que, como lema, le sirven al poeta de apoyo para un poema breve que dice:

> Es un experto quien correctamente,
> Sin levantar la voz, anuncia el acto
> Posible.
> Si el demonio existiera...
> Aquí no hay magia.
> Es nada más Historia.
> Mil novecientos ya sesenta y ocho. (AN IV, 115)

Denuncia la manipulación del lenguaje y la tergiversación de las palabras por gobiernos opresores poseídos por la furia de la guerra:

> Llamas orden a tu desorden,
> Llamas justicia a tu injusticia,

> Llamas verdad a tus embustes,
> Llamas guerra a tus homicidios,
> Llamas salvación a la muerte.
> ¿Fatalidad de los Estados? (AN IV, 118)

También sabe denunciar cómo el dinero y las armas son las fuerzas que promueven tales injusticias y cómo los uniformes perturban el fluir pacífico de la historia humana, que eternamente se repite:

> Esta farsa cruel, cruel como una noria...
> Los negocios deciden. Abruman los potentes.
> Las armas con moneda se oponen a la historia
> Libre y justa de muchos. (AN IV, 123)

Jorge Guillén, que conoce la sociedad norteamericana y que vive sus crisis y controversias, no puede ignorar el problema de la discriminación racial. El negro, al mirarse en el espejo, descubre «el implacable error de piel no blanca» y al cobrar conciencia de su diferencia se organiza en grupos de lucha como el de «los panteras negras», a los que alude: «Basta ya, se acabó. / Y la imagen, entera, / Es hoy una pantera». El poeta evoca el clima de violencia («Un odio absoluto exige / muertes, ruinas, bancarrotas») que la civilización blanca ha suscitado entre los negros:

> Esos negros furiosos, destructores,
> Arrebato de cólera infinita,
> Son los más humillados de la Tierra,
> Nietos de abuelos – cosas,
> Vendidas por cristianos
> Infames a cristianos correctísimos,
> Correctamente infames. (AN IV, 129s.)

El poeta señala con indignación el triunfo del crimen con fines políticos que practican ciertos sistemas de gobierno fundados en la injusticia organizada y total. Guillén en estas reflexiones parece estar pensando ya en el régimen franquista, del cual va a hablar más directamente en las páginas de *Guirnalda civil*. Pero ya aquí describe la esencia de ese sistema:

> El establecimiento de ese Régimen
> Exigía un sistema – muy sumario –
> De inevitables crímenes continuos.
>
> Triunfo total.
>   Los crímenes, impunes,
> Los criminales, prósperos. ¡Arriba!
> Arriba ¿qué? (AN IV, 138)

El poeta señala con amarga ironía y fiero sarcasmo los medios de actuación de diversos grupos sociales, desde «el civilizado» («Con sus aviones»), «el desconocido» («Con una pistola») y «el blanco» («Con algunas balas»), hasta los mismos gobernantes:

> Opina un gobierno fuerte.
> ¿Como? Con tanque en la calle.
> Muerte, muerte, muerte, muerte. (AN IV, 138)

Pero esta denuncia generalizada del crimen de estado, referido en concreto al escenario español y al régimen de Franco, aparece, sobre todo en *Guirnalda civil*, como el mismo poeta nos avisa en el lema inicial:

> En la difícil España
> Nací. Curiosa aventura.
> Embrollo en una maraña. (AN IV, 144)

A esto sigue la dedicatoria a Leopoldo Alas, novelista, crítico y espíritu libre, «legalmente asesinado el 20 de febrero de 1937». Estos datos nos van introduciendo en el ambiente de odio y cainismo de la Guerra Civil española y del franquismo, hechos a los que aludirá con frecuencia el poeta. Guillén denuncia con vigor la alianza de la iglesia con la tiranía:

> Dirigido atropello.
> La Providencia al quite.
> Dios y una tiranía. (AN IV, 146)

Hace uso de los conocidos versos de León Felipe («Aquí el hacha es la ley... / Y el hacha es la que triunfa») para formular con mayor fuerza esa explosión de odio cainita encarnado y simbolizado en ese hacha que se ha blandido para salvar patrias «al servicio de Dios y de los jefes»:

> *Un hacha antigua. ¿Criminal? Sagrada.*
> Al servicio de Dios y de los jefes
> Que en su nombre, deidad inexorable,
> Van salvando a los vivos y a los muertos. (AN IV, 146)

Guillén alude a ese «movimiento horizontal» en que se propaga el crimen, que es, a su vez, vertical, ya que se ejecuta a las órdenes que emanan de arriba y que convierten «en gloria el delito»:

> Verticalmente se propaga
> La destrucción que el mando orienta (AN IV, 147).

El poeta vallisoletano desarrolla una voz lírica que es sobria, civil, clara, sin apasionamiento ni sentimentalismos, pero que plasma en un lenguaje, lógico, racional y sin adornos – y en eso sí que coincide con la primera poesía del autor de *Cántico* – la terrible tragedia de las dos Españas:

> ¿Crímenes en cada bando?
> De diferente sentido:
> Hacia un pasado bramando,
> Al porvenir dirigido.
>
> ¿Dos Españas? En efecto.
> Una asesinó a la otra.
> Y el país quedó perfecto.
> ¿Un poeta asesinado?

> Mucha gente asesinada.
> Sobre el crimen un Estado.
> Aquí no ha ocurrido nada. (AN IV, 147)

Guillén denuncia a un gobierno edificado sobre el terror y el crimen, un gobierno que manipula y protege las fuerzas de la revancha y de los odios:

> Los terroristas logran imponerse.
> El gran poder arraiga en muchos miedos.
> Todos, por fin, bendicen – resignados –
> A Jehová. Su Sinaí ya es Gredos. (AN IV, 148)

El poeta trata de explicarse el «gran fracaso» y la «gran confusión» del presente de su país lanzando una mirada a su historia moderna desde la constitución liberal de 1812 y Fernando VII, que la juró y la perjuró, hasta los acontecimientos de nuestro siglo, en que se amontonan enfrentamientos, fracasos y una sangrienta guerra civil que nos ha llevado a la dictadura de Franco:

> Fracasó la Monarquía,
> Ay, fracasó la República,
> Fracasó toda la Historia
> De España en aquella furia
> Final. ¡Oh guerra civil
> En demoníaca yunta!
> Quedó, cola de catástrofe,
> Un rastro de dictadura.
> Cada español, uno a uno,
> Comenzó a buscar fortuna. (AN IV, 149)

El gran maestro de la poesía pura ante hechos tan horrorosos tiene al fin que confesar que es imposible sentirse indiferente y despreocupado ante el acontecer histórico que le asedia:

> Quien se dice tranquilo y puro miente,
> Bien sumergido en bruma,
> Para no contemplarse en el espejo,
> Y ver su faz de víctima, de cómplice,
> De verdugo a su modo. (AN IV, 150)

El poeta continúa evocando con nostalgia aquel sueño de una España mejor, forjado por escritores del 98 y por otros de la época republicana, hundido por la sangre y violencia de la Guerra Civil:

> ¿Quién no sabe y no siente
> Que hubo también derrota de un gran ímpetu,
> Que ese difícil sueño de una mejor España
> Murió en la violencia
> De un vasto asesinato? (AN IV, 150)

Guillén va recordando catástrofes de la guerra y posguerra: vidas truncadas, huidos, desterrados, cadáveres sepultados no se sabe dónde (ya que «no hay cementerios de vencidos»). Pero el poeta no sería Jorge Guillén si, al cerrar esta colección de poemas de *Guirnalda civil*, no volviera a señalar cómo, al fin, triunfa la fuerza y el poder feroz de la vida:

> Y poco a poco,
> Y sin cesar, inexorablemente
> Se reanudan las formas cotidianas,
> Se inventan soluciones.
> La vida es implacable. (AN IV, 151)

La sección «Arte rupestre» reúne otra serie de poemas, también de fondo histórico, que el poeta sitúa entre los años 1939-1969. Habla de la patria «prisionera sin lamento», de la España secuestrada por el dictador, que la ha convertido en una colonia:

> La metrópoli, al fin, gloriosa empresa,
> Fue la postrer colonia. ¡Sometida! (AN IV, 156)

La voz del poeta es implacable con el tirano, al que describe con los más duros epítetos, como déspota y corruptor del país:

> Aplaudid, aplaudid al Jefe de los Miedos.
>
> Frío, cruel, sanguinario, vulgar,
> Trasformador de las vidas en muertes,
> Gran corruptor del país aterrado,
> Simulador de la paz en la guerra,
> Déspota, déspota, déspota puro. (AN IV, 157)

Actúa siempre sembrando el terror y trata al pueblo como a un menor de edad:

> El pueblo es siempre un niño
> Que el Jefe salva.
> Con mano amable queda
> Como una malva. (AN IV, 158)

El poeta trata también de describir al ciudadano que ha hecho posible ese país, a ese personaje, forjador y fruto de tal régimen:

> Español a machamartillo:
> El anatema en el bolsillo.
> De pronto defiende su fe
> Con la pistola o con el pie.
>
> Chispea, a veces, sin embargo,
> A la luz de su sol amargo.
>
> En torno siempre de una noria,
> Se queda al margen de la Historia.
>
> Español a machamartillo:
> Los zapatos con mucho brillo. (AN IV, 159)

El veredicto sobre el franquismo a los treinta años de su victoria – el poema lleva la fecha «Primero de abril, 1969» – es severo y diáfano en su condena:

> Son treinta años de paz – con su victoria
> Sin cesar recordada: vencedores
> Sobre vencidos, sobre asesinados,
> Sobre opresos, continua tiranía.
> «Ahora sí que se acaban nuestras luchas.
> Los delitos de guerra han caducado».
> ¿Y los delitos de los gobernantes? (AN IV, 160)

El poeta recuerda el miedo y terror a ser asesinado que mantuvo en su escondite a un alcalde de la República durante treinta años (AN IV, 161). En un derroche de humor irónico habla de las cortes franquistas como de una grotesca farsa:

> El poder absoluto dicta su propia ley.
> Todos los atropellos se truecan en artículos.
> La farsa de las Cortes dice amenes ridículos.
> Y el dictador anuncia quién debe ser el rey. (AN IV, 162)

También, a veces, entra en las batallas literarias de las jóvenes generaciones, atentas a derrocar todo lo antiguo dando «pataditas de generación» sin más argumento que el biológico para intentar alcanzar el triunfo. Guillén lo denuncia con leve ironía y les exige algo más para conseguir imponerse:

> Mozos pretenciosillos, pedantuelos,
> Como en la urgencia de una gran acción,
> Reparten fatalmente a los abuelos
> Sus pataditas de generación.
> No es frívolo un ataque
> Biológico.
> Es menester jugar con mucho saque. (AN IV, 169)

Conforme avanza esta sección el poeta se vuelve a planteamientos desligados del acontecer histórico y político para analizar al «animal humano» en su vileza y su degradación (AN IV, 173) o satiriza a la sociedad de consumo (AN IV, 175), el afán de dinero («Quiere cifras que arrastren ceros» (AN IV, 176), o la institución de la esclavitud por los «blancos civilizados, sí, cristianos» (AN IV, 180).

Si bien en toda la obra de Jorge Guillén hallamos, aunque dispersas, abundantes referencias a esa implicación de su poesía en la historia y en la vida cívica y política de su tiempo,[6] me ha parecido que los poemas comprendidos en *Sátiras* y en *Guirnalda civil* (tal vez se debería añadir *A la altura de las circunstancias*) merecían una consideración muy especial.[7] Tras analizar estos libros resulta difícil afirmar que los poetas de la Generación del 27 (y Guillén entre ellos) forman una generación de

---

6   Díez de Revenga 1993. Hay otros estudios que tocan de modo más o menos tangencial y con enfoques variados el tema que nos ocupa.
7   La implicación de la poesía guilleniana en el cambio político de la Transición (una prueba más de la tesis que defendemos en este trabajo) y un análisis de sus manifestaciones a la prensa y de algunos poemas relacionados con el acontecer político se puede ver Gómez Yebra 1994: 191-205.

estetas. Más bien constatamos que Jorge Guillén es un poeta que no evita en su obra poética el contacto con la realidad cotidiana e histórica, sino que más bien la suya es «poesía de un hombre plenamente instalado en la realidad, en una realidad muy precisa: el mundo del siglo veinte».[8] Podemos, pues, concluir con José Luis Aranguren que «Jorge Guillén lejos de ser poeta intemporal, en la acepción, más bien peyorativa, que en la época del existencialismo se daba a esta palabra, es poeta que vive la crisis de los valores de nuestro tiempo».[9] Creo que precisamente esa vivencia y esa atmósfera escéptica e incierta en que está sumergida Europa tras la primera Guerra Mundial (recordemos que son los años de la gran divulgación de *La decadencia de Occidente* de Oswald Spengler) es la posible raíz de esa búsqueda y hallazgo de una fe, no religiosa o confesional sino de una entusiasta fe en la vida, en el ser y en el universo. No es la torre de marfil la fuente de su poesía y de su mensaje, sino la inmersión en la vida y en su entorno lo que le inspira y motiva. Su poesía canta el amor, la vida con sus vicisitudes y sorpresas, las alegrías y la inseguridad, la esperanza, la muerte y todo lo humano. Jorge Guillén a lo largo de su extensa obra y en un conocido ensayo rechaza enérgicamente la fórmula orteguiana de un arte deshumanizado aplicada a la poesía de su generación.[10]

Bibliografía

Aranguren, José Luis (1974): «La poesía de Jorge Guillén ante la actual crisis de los valores», en: *Revista de Occidente* 130 (enero 1974), pp. 21-35.

Ciplijauskaité, Biruté (1973): *Deber de plenitud. La poesía de Jorge Guillén*. México D.F.: SepSetentas.

Díaz de Castro, Francisco J. (1990): «Antonio Machado y Jorge Guillén», en íd.: *Ensayos sobre poesía hispánica contemporánea*. Palma de Mallorca: Servei de Publicacions i Intercanvi Científic de la Universitat de les Illes Balears, p. 31.

Díez de Revenga, Francisco Javier (1993): *Jorge Guillén: el poeta y nuestro mundo*. Barcelona: Anthropos.

Gómez Yebra, Antonio A. (1994): «Jorge Guillén y la transición política española», en Díez de Revenga, Francisco Javier / Paco, Mariano de: *La claridad en el aire. Estudios sobre Jorge Guillén*. Murcia: CajaMurcia (Obra Cultural), pp. 191-205.

Guillén, Jorge (1969): *Lenguaje y poesía*. Madrid: Alianza.

Guillén, Jorge (1987): *Poesía completa. Aire nuestro y otros poemas*. Edición de Claudio Guillén y Antonio Piedra. Valladolid: Centro de Creación y Estudios Jorge Guillén.

Villanueva, Tino (1996): «Sólo tengo un odio: a las motocicletas. Una entrevista con Jorge Guillén», en: *Nexos* 217 (enero 1996), p. 51.

---

8   Ciplijauskaité 1973: 139.
9   Aranguren 1974: 33.
10 Guillén 1969: 190-191.

Uno de los otros: Manuel Lamana y la otra España a través de su novela *Otros hombres*

Gero Arnscheidt
(Ruhr-Universität Bochum)

> ¿Qué hace, pues, este escritor cuando escribe?
> ¿Puede acaso darse el lujo de ponerse a inventar?
>
> Manuel Lamana

Una semana en la vida de Manuel Lamana (1921-1996) pertenece a la mediatizada memoria colectiva de la sociedad española de la democracia. Se trata de aquella en que tuvo lugar la sonada y rocambolesca fuga del destacamento de Cuelgamuros, sitio de construcción del mausoleo faraónico que el dictador se hacía erigir para conmemorar la victoria de los insurrectos y sus muertos. Esta fuga, ideada desde el exilio parisino por Paco Benet, el célebre hermano mayor del no menos célebre ingeniero de pantanos y novelista Juan Benet, fue llevada a cabo por el mismo Benet y dos muchachas americanas, las dos Bárbaras – Barbara Mailer, la hermana de Norman Mailer, y Barbara Probst Solomon – y posibilitó que tanto Lamana como Nicolás Sánchez Albornoz, el hijo del entonces presidente del Gobierno republicano en el exilio, Claudio Sánchez Albornoz, no sólo escaparan del campo de trabajo forzado para fugarse a Francia sino que a la vez burlaran el estado policial franquista. El plan de extraer a dos presos de un campo de trabajo en 1948 – cuando la represión franquista estaba lejos de aflojar – y hacerles aparecer como señoritos españoles acaudalados que se iban de viaje con ganas de diversión en un coche extranjero con matrícula de turista acompañados por dos chicas americanas, era «so obviously crazy, illogical, and so filled with insane risk as to be almost guaranteed to work.»[1] Se entiende que especialmente el cariz de un desafío a las autoridades del régimen totalitario, un desafío entre ingenuo y descarado pero coronado de un éxito contundente, no podía sino suscitar el interés de la industria cinematográfica, primero de Hollywood[2] y luego del realizador español Fernando Colomo quien finalmente

---

1   Probst Solomon 1998: 72.
2   Barbara Probst Solomon declaró en una entrevista a Jordi Rovira haber recibido una oferta de Hollywood años antes de producir ella misma el documental *When the war was over* en 1997. Este documental consta en gran parte del material rodado por Probst Solomon en los años 40 y 50 con una cámara de 16 milímetros que había traído de EEUU y ha sido emitido en España varias veces por Canal+ en 1998. Cfr. Rovira 2002 y Molina Foix 1998.

llevó la materia – muy a su manera, es decir, transformada en comedia – a la pantalla.[3] Pese a la popularización de la fuga, que era toda una demostración de que – como destacó Manuel Vázquez Montalbán al estrenarse el largometraje *Los años bárbaros* – «Lamana [...] era de película», la obra de este autor parecía inexistente en España. Si bien Colomo había aprovechado el cincuenta aniversario de la célebre fuga para asegurar una favorable acogida de su película por parte de los medios de comunicación, muy en contra de las reglas del juego del comercio cultural español, el espectador, al salir del cine, no pudo dar en las librerías con ninguna edición de la novela que el avance y los créditos habían nombrado como fuente de la acción.[4] De hecho la novela *Otros hombres*, después de la *editio princeps* por la editorial Losada en Buenos Aires en 1956, sólo había sido reeditada una vez en una edición de corto alcance en Zaragoza,[5] lo cual llevó Vázquez Montalbán a opinar:

> No sé si la palabra inadmisible es excesiva, pero resulta difícilmente admisible que las novelas de Lamana [sc. *Otros hombres* y *Los inocentes* (1959)] no sean republicadas y reasumidas por la sociedad literaria española [...], como ejercicio de recuperación de un escritor que nos faltaba para entender la travesía del desierto de los años cuarenta y cincuenta.[6]

Este desperfecto fue corregido en vísperas del 70 aniversario del comienzo de la Guerra Civil, cuando en el 2005 la editorial Viamonte – que se dedica a la recuperación de escritos de la España republicana[7] – reeditó primero *Los inocentes* y luego también *Otros hombres*. Si bien este acontecimiento editorial puede considerarse como poco casual, ya que las novelas en principio se insertan perfectamente en el debate sobre la memoria, es de notar que pasó casi desapercibido por la crítica literaria. No obstante el intento ostentativo por parte de la editorial de establecer un nexo entre la película y la novela a través de los «paratextos editoriales», una portada dominada por una imagen de un coche de los años cuarenta y la mención explícita de la película de Colomo en la contraportada, la recepción en los medios – y es de suponer que también por parte del público lector – ha sido relativamente «moderada».[8]

---

3   *Los años bárbaros*, España 1998.
4   Esto se echó aún más en falta cuando se desató una polémica sobre el uso y la inclusión de fuentes y personajes en la película entre la familia Benet Goitia y Barbara Probst Solomon por un lado, y Colomo, Sánchez Albornoz y los familiares de Lamana por el otro. De esta querella quedó ampliamente constancia en las páginas – especialmente en las cartas al director – de *El País*.
5   En 1989 conjuntamente por el diario *El Día de Aragón* y la Diputación de Zaragoza.
6   Vázquez Montalbán 1998.
7   A modo de ejemplo se remite a un caso vistoso, la edición facsímil de la *Cartilla Escolar Antifascista* en 1997 que el Ministerio de Instrucción Pública y Bellas Artes de la República había hecho publicar en 1937. La *Cartilla* estaba originalmente destinada a la alfabetización de los soldados que combatían en el frente.
8   La única reseña accesible parece ser la de *El País* (Aguilar 2005).

A pesar de que los bajíos del mercado hacen imposible pronosticar el éxito de una apuesta editorial, no es arriesgado decir que la novela de Lamana – que alberga mucho más que una fuga espectacular – carece de las tonalidades de reconciliación tan emblemáticas del *zeitgeist* actual que favorecieron que una novela como por ejemplo *Soldados de Salamina* (2002) de Javier Cercas triunfase en las librerías. La comparación de *Otros hombres* con la obra de Cercas no es fortuita ya que ambas novelas se basan en «hechos reales» – Cercas pretende escribir «un relato real», mientras la novela de Lamana es calificada de «no imaginada, sino testimonial»[9] – y por tanto parecen responder ambas a una demanda del momento. Sin embargo, y ahí reside una gran diferencia que nos advierte que estamos ante obras de épocas diferentes, Lamana toma partido. Sin ambages, ya en el título – que será corroborado por dos citas programáticas – Lamana deja constancia de una visión bipolar que parece evidenciar que el autor sale en defensa de «otra España», la oprimida y desterrada España de la República, visión que está lejos de la equiparación de los dos «bandos» que se muestra interesada en repartir responsabilidades a partes iguales.

Recepción de una novela testimonial

Si ya es difícil cuantificar la recepción de la obra de Lamana en España en la actualidad,[10] lo es aún más para los años cincuenta. Al menos aparentemente, no se hallan pruebas fehacientes de una prohibición del libro de Lamana por parte de la censura franquista. Ya en los años cuarenta el régimen hizo, como escribió en 1949 el autor anónimo de un testimonio de la represión franquista, «la vista gorda acerca de la presencia en los escaparates de las librerías de ciertas ediciones argentinas de nuestros escritores republicanos».[11] Si bien esto se explica como «libertad [...] dosificada cuidadosamente» que iba a la par con un «embrutecimiento» general aunque primordialmente de la generación de estudiantes educados bajo el franquismo que «se le había prohibido pensar»[12] – tampoco se debería olvidar que el alto coste del libro lo convertía en objeto de lujo en tiempos de penuria –, se dispone por otra parte de datos que indican que la censura franquista centraba frecuentemente su atención en la editorial argentina Losada. Dicha casa editorial, fundada en 1938 por el español Gonzalo Losada, antiguo director de Espasa-Calpe en Buenos Aires y fundador de la célebre colección Austral, era considerada «la editorial de los exiliados»[13] o incluso «de la resistencia»[14] ya que se dedicaba principalmente a la publicación de autores

---

9   Sánchez Albornoz 1989: 9.
10 Cartas al respecto a la editorial Viamonte quedaron sin respuesta.
11 Hermanos (seudónimo) [i.e. – según Sánchez Albornoz (1989: 15) – Marcelo Saporta] 1998: 163.
12 Ibíd.
13 Pochat 1991: 166.
14 Viola 2003.

del exilio español residentes en Argentina – entre ellos Rafael Alberti, Arturo Barea, Ramón Gómez de la Serna – y aquellos de reputación marcadamente republicana como Miguel Hernández o incluso Unamuno. Es además la primera editorial que publica a partir de 1938 las *Obras Completas* de Federico García Lorca «cuando era impensable pronunciar su nombre en España».[15] Esta política editorial puede haber sido la causa por la cual, según fuentes que cita Burkhard Pohl, a mediados de los años cuarenta alrededor del 55% del programa editorial de Losada estaba compuesto por libros prohibidos en España.[16] Todavía en 1963 un representante del ministerio español de Información se refiría a Gonzalo Losada como un «viejo español que publicó, preferentemente, la mayor producción de los rojos».[17]

Lamana, que había escrito la primera versión de su novela en 1951 durante el pasaje de Inglaterra a la Argentina para finalmente tirar el manuscrito a las aguas del Atlántico poco antes de arribar al puerto rioplatense, se ganó la vida trabajando para la editorial Losada mientras acababa la carrera de letras. Era natural que el que luego fuera el primer traductor de Sartre y Camus al español, cuyas ediciones siguen todavía hoy formando parte íntegra del programa de la editorial, también publicara su primera novela bajo el mismo sello. Aunque esto, pues, pudiera agudizar las sospechas de la censura franquista, la publicación en Losada también le permitía a este escritor novato hacerse partícipe del prestigio del que gozaba la editorial tanto en el ámbito del exilio como en círculos de la oposición española. El gran interés que suscitó la novela *Otros hombres* se debía, sin embargo, al valor testimonial y documental de la obra, que la diferenciaba mucho de la literatura de la «España inventada» de los escritores exiliados de antaño:[18]

> En el mundo del exilio de los años 50 y en los países de América atentos a la suerte de España, los lectores se encuentran de pronto ante una novela que los acerca a una realidad española a la cual no tenían acceso y, por eso mismo, iba quedando cada vez más lejos y distorsionada.[19]

---

15 Ibíd.
16 Cfr. Pohl 2003: 65. Ni el estudio detallado y estupendamente documentado de Pohl aporta datos más específicos. Se debería añadir que la editorial intentaba desde los inicios diversificar el programa basándose igualmente en autores clásicos y contemporáneos. Sin embargo, ni siquiera los clásicos quedaron exentos de la atención de los censores. Sin decir si se refiere a la censura argentina o a la española, en la página web de la editorial se destaca que «en 1945, por ejemplo, ésta [sc. la censura] consideró ‹inmorales› u ‹obscenos› a autores como Balzac, Ovidio o Zola» (http://www.editoriallosada.com > La editorial > Un largo y difícil camino).
17 Pohl 2003: 65 nota 171.
18 El exilio de Lamana empieza nueve años después de finalizada la Guerra Civil, lo que complica su identificación con el exilio republicano y la «literatura del exilio» (cfr. Macciuci 1998: 161ss.). De manera ejemplar Blanco Aguinaga / Rodríguez Puértolas / Zavala (2000/II: 476) eluden el problema de insertar a Lamana en determinado grupo de exiliados al subrayar que el autor constituye un «caso especial».
19 Macciuci 1998: 161.

Paradójicamente la recepción en España – cuanto menos tardía[20] – parece haber seguido las mismas pautas. Marra-López dice que la novela de Lamana tuvo «cierto éxito fraudulento entre nosotros» porque reflejó «con exactitud el mundo ‹obseso› y unilateral de la clandestinidad [...] al igual que [fue] un documento de la cárcel de la postguerra, con sus durezas, derrotas e ilusiones». Dice «fraudulento» porque encuentra también «demasiada filosofía política» en los personajes de la novela, «y excesivas reflexiones sobre el aspecto de las organizaciones clandestinas, su funcionamiento, etc.»[21] Si bien se entiende que estos aspectos de índole política son los que la España franquista estaba menos dispuesta a tolerar en una novela sobre el pasado inmediato, llama la atención que incluso los críticos franquistas más feroces lean la novela no como un texto de ficción sino como testimonio – hecho a base de «mentiras» que deberían ser contrarrestadas por la «verdad».[22] Tanto en América como en España fueron los pasajes de tintes obviamente autobiográficos y por tanto «veraces» sobre el Madrid gris y triste de los años cuarenta, la penuria – también intelectual –, la clandestinidad, la represión, la cárcel y los campos de concentración los que mayor interés suscitaron o más preocupación e iras generaron, por ser relatados por un testigo ocular absolutamente fiable para unos y difícil de contradecir – si no a través de la calumnia – para otros.

«En Madrid (1945-1946)» – la FUE y la clandestinidad

Manuel Lamana expone en un ensayo sobre la literatura de posguerra – tanto la posguerra mundial como, más específicamente, la española – que pertenece a una generación para la que se quebraron todos los pronósticos de un futuro feliz al empezar la guerra, que sufrió sin poder intervenir activa y voluntariamente en ella. Explica así por qué la literatura de esta generación no puede ser sino comprometida ya que la literatura es en este caso sobre todo la reverberación de la experiencia personal y de un ambiente político cuyos orígenes son anteriores a la vida activa del autor:

> En un país como el mío, cuando un hombre va alcanzando la noción de la exacta responsabilidad y quiere demostrar su disconformidad con tantas cosas, si lo manifiesta no es raro que le encarcelen. [...] Hablo de una situación que incide directamente en la pro-

---

20 Domingo Manfredi Cano publica una crítica de la novela en *Arriba* en mayo de 1962. Jordi Gracia, uno de los mejores conocedores de la época, le confirmó al autor de estas líneas que la novela no pudo circular libremente en la España de la dictadura. No es en absoluto una contradicción que Javier Pradera (2005: 12), a su vez personaje destacado de la oposición antifranquista, exponga en el prólogo a la más reciente edición de *Otros hombres*, haber leído la novela de Lamana «poco después de los llamados *sucesos del febrero del 56* [...].» La existencia de una nueva oposición estudiantil evidencia que la censura tuvo motivo para impedir que muchos lectores llegasen a leer el texto.
21 Marra-López 1963: 513.
22 Cfr. Raquel Macciuci (1998: 162) que se refiere a la crítica ya mencionada de Manfredi Cano.

ducción literaria. A este escritor le encarcelan por una situación anterior a sus hechos presuntamente punibles, y en la que tampoco ha intervenido para que existiera o para que dejara de existir. Ha asistido al cambio de situación, nada más. Después, casi sin saberlo, ha delinquido porque creía en unos valores que al parecer ya no hay.[23]

Es esta una muestra de su pensamiento existencialista: por una parte, con respecto a su función, ya que él considera que uno debe intervenir activamente para cambiar una situación absurda; por otra, con respecto a su conciencia de pertenecer a «una de las dos Españas», la vencida.

Nacido en el seno de una familia de la alta burguesía, ya antes de la guerra se le perfilaba que hasta los niños de la escuela eran divididos en sus juegos en dos bandos: de «derecha» e «izquierda» según la convicción política de los padres.[24] Él pertenecerá a la izquierda como su padre. Éste había sido candidato a diputado por Izquierda Republicana y fue luego, con el gobierno del Frente Popular después de las elecciones del 36, un alto funcionario de la República. A partir del golpe militar que pone fin a una juventud feliz, vive con su familia el desplazamiento del Gobierno de la República a Valencia y luego la fuga a Francia. Cuando en 1941 recibe en la Francia de Vichy «la orden de incorporarse a una compañía de trabajo obligatorio con destino a Alemania»,[25] vuelve a cruzar la frontera española. Se matricula en Madrid en la facultad de derecho ganándose la vida como celador en su colegio de juventud, el Liceo Francés. Junto con unos amigos de su misma promoción del Liceo Francés – los más frecuentemente nombrados integrantes del grupo son Nicolás Sánchez-Albornoz, el propio Lamana, Eugenio García de Nora, Francisco Benet Goitia, Pablo Pintado Ribas y Javier Sáenz Faure – funda en 1946 en la universidad un grupo clandestino de oposición. El grupo muestra una aguda conciencia histórica – la misma que caracterizará la novela de Lamana – al retomar las siglas de la oposición estudiantil de los tiempos de la dictadura de Primo de Rivera, la FUE.[26]

Para entender todo el alcance de esta acción cabe detenerse brevemente en la historia de la FUE. Esta organización estudiantil era de orientación declaradamente laica en la tradición de la Institución Libre de Enseñanza. Se fundó en el contexto de las protestas contra la privación de cátedra y el destierro de Unamuno y la llegada a

---

23 Lamana 1961: 10.
24 Diamant 2004.
25 Texto de la solapa de la edición de Losada. Bértolo escribe que «corrió el riesgo de ser llamado a filas por el Gobierno de Ocupación» (2005: 11) mientras Manfredi Cano (1962) lanza su primer dardo de calumnia empeñándose en dejarle aparecer a Lamana como gandul que rehuye el trabajo.
26 Federación Universitaria Escolar. En un principio esto se debe a la persona que según Lamana fue el iniciador del movimiento, Carmelo Soria Espinosa, nieto de Arturo Soria (1844-1920), creador de la Ciudad Lineal (Lamana apud Bértolo 2005: 12). Lizcano (1981: 15-17) señala que Arturo Soria – hermano de Carmelo – fue uno de los fundadores de la vieja Federación Universitaria Escolar en 1927 y llegó a ser su secretario general en 1931 (cfr. Sánchez Albornoz 1989: 11). Carmelo Soria fue asesinado en Chile en 1976 por escuadras de muerte de Pinochet.

Madrid del cadáver de Ganivet, «en cuyo traslado a la Universidad resonaron los primeros mueras al Rey».[27] En 1928 la FUE libra su primera gran batalla contra el régimen dictatorial con motivo del artículo 53 del Decreto de Reforma Universitaria que otorgaba a determinadas instituciones escolares religiosas, concretamente al colegio de los jesuitas de Deusto y al de los agustinos de El Escorial, el derecho de expedir títulos universitarios de carácter oficial, cosa que los estudiantes de la FUE juzgan anticonstitucional. La protesta desemboca en huelgas estudiantiles a las que contesta el régimen con cierres de universidades y el desposeimiento del derecho de matrícula de los estudiantes. Finalmente – apoyada por algunos catedráticos de renombre como Jiménez de Asúa, Fernández de los Ríos, Ortega y Gasset, Américo Castro y Menéndez Pidal – la protesta sale de los recintos universitarios y logra debilitar el régimen de Primo de Rivera. Aunque el régimen intenta a la postre calmar el ambiente con la anulación del mencionado artículo 53 y la rehabilitación de casi todos los estudiantes y catedráticos sancionados, la FUE ya se había convertido en una de las fuerzas de oposición más poderosas, cuya contribución a la desestabilización de la monarquía no puede sobrevalorarse, lo que también ha determinado su fama posterior. Con la proclamación de la República la organización sobrepasa el punto de máximo esplendor al ser institucionalizada por Fernández de los Ríos como «única representación de los estudiantes». Mientras sus miembros más resueltos le vuelven la espalda, en el 36 – «ya una mera reliquia»[28] – los comunistas se hacen con los escombros de la organización. Las siglas de la FUE siguen ejerciendo tal atractivo que José Antonio Primo de Rivera sugiere la creación del Frente Universitario Español que hubiera permitido asumir estas siglas. Sin embargo, esta unión entre falangistas, católicos y tradicionalistas no llega a producirse.[29]

Ante un profesorado y estudiantado profundamente cambiados tanto por las depuraciones y fugas como por la antes inusitada población de aulas por uniformes militares y de la Falange,[30] en un ambiente, pues, en el que «los diplomas llovieron [...] por mérito de guerra»,[31] y las cátedras se cubrían siguiendo ese mismo criterio, los estudiantes de la FUE reivindican en 1946 la restitución de la universidad – «libre» – de preguerra, lo que en última instancia equivale a la restauración de la República.[32] Saben que en dichas circunstancias no pueden contar con un apoyo masivo

---

27 Lizcano 1981: 16.
28 Lizcano 1981: 26.
29 Lizcano 1981: 31s.
30 Cfr. al respecto de la composición cambiada de profesorado y estudiantado Álvarez Cobelas (2004: 8-34) y también Lamana (2005: 96) que lo trata muy brevemente aunándolo con la reconstrucción arquitectónica de la Ciudad Universitaria: «[...] empezaban a levantarse otros edificios, nuevos, de factura barroca y poco ajustada. En todos ellos, los profesores eran otros. Los alumnos eran otros también [...].»
31 Sánchez Albornoz 1989: 12.
32 Lamana en una entrevista recogida en Diamant 2004.

de los estudiantes, hijos y hermanos de los vencedores o hijos intimidados de los vencidos. Saben además que sólo la filiación con la potente organización estudiantil de los tiempos de la dictadura de Primo de Rivera cundirá los efectos deseados por lo que se empeñan en subrayar y exaltar su descendencia directa de aquella FUE, marcando a la vez la distancia con la otra, la debilitada FUE de la guerra, hegemonizada por los comunistas. Así que en su primera publicación – que devino en la que de él más se conoció – el nuevo grupo se reserva expresamente los derechos «para todos los países, la U.R.S.S. inclusive».[33] Y efectivamente, basta su mera presencia, unas pintadas con las famosas siglas, para demostrar que el régimen y su sindicato único, el SEU, no controlan la totalidad de la universidad y, para probar la existencia de un grupo de gran tradición republicana que invoca la legitimidad usurpada.

En la primera parte de su novela, «En Madrid (1945-1946)», Lamana describe el proceso de formación del grupo clandestino, las discusiones continuas sobre las diferentes evaluaciones de la situación en que se encuentran el país, la sociedad y la oposición, así como la posibilidad de actuación por parte del grupo clandestino. La necesidad acuciante de actuación se personifica en uno de los dos protagonistas y *alter ego* del autor, José Félix Rivas, quien después de la Guerra Civil «veía que perdía la segunda sin haber tenido un fusil entre las manos», y siente «la nueva y tremenda guerra» que califica como «guerra civil avivada».[34] Sin embargo, es este mismo personaje quien niega que la situación de la clandestinidad española sea comparable al movimiento de resistencia francés – «[e]llos estaban en la guerra contra una potencia ocupante y nosotros no»[35] –, un argumento que otros no comparten pero que le sirve para rechazar o al menos restringir el uso de la violencia a una situación «cuando no existe otra manera posible de expresarse y su uso supone una liberación.»[36] Por consiguiente son las publicaciones clandestinas y las pintadas, ya utilizadas por la primera FUE, los que parecen los más adecuados medios. Ambos están estrechamente relacionados con el anonimato, lo que le permite al autor describir mediante el otro protagonista, Javier, el conflicto entre la acción clandestina y la llamada silenciosa al reconocimiento de la acción heroica por su novia, Mari-Pili, quien, sin embargo, – como pertenece al otro bando – no sólo aborrece este tipo de «disturbio» sino que no debe enterarse de la autoría bajo ningún concepto.[37] El hecho de que pertenezcan a mundos bien distintos se hace palpable cuando comentan

---

33   *Pueblo Cautivo* 1946: s.p.
34   Lamana 2005: 33s.
35   Lamana 2005: 64.
36   Lamana 2005: 65.
37   El anonimato es difícil de guardar a largo plazo ya que los autores al fin y al cabo se dejan vencer por la vanidad. Así Eugenio de Nora reveló ser el «poeta sin nombre» de *Pueblo cautivo* (Nora 1997) y el arquitecto Pablo Pintado – descrito por Sánchez Albornoz como «exaltado» – se jactó públicamente de la autoría de las pintadas (Fraguas 2005).

unas detenciones después de la distribución de «periódicos» en la Universidad Central que llevó las autoridades a suspender las clases:

–¿Pero quienes son [sc. los detenidos]? –dijo Javier.
–Ay, hijo, no sé –contestó ella–, se ha armado un escándalo, y a uno le han pegado, y se les han llevado en un coche. Ahora cada cual cuenta lo que quiere.
–¡Qué barbaridad, qué barbaridad! –repitió Javier.
–Sí, parece mentira que haya gente que se dedique a eso –dijo Mari-Pili.[38]

El mayor acto de oposición consiste ya en la mera existencia del grupo y en su visibilidad. Esto lo corrobora la famosa pintada que el grupo realiza en el ábside del edificio de la Facultad de Filosofía y Letras – y otras más pequeñas pero no menos visibles en los edificios de las Facultades de Medicina y Farmacia – de la Ciudad Universitaria que causan casi inmediatamente la desarticulación del grupo. Para la pintada los estudiantes se sirven de un «arma» que – como tantas tácticas – habían heredado de sus predecesores de la primera FUE, que en 1928 habían manifestado su disconformidad con la dictadura y la monarquía con el letrero «se alquila» escrito en grandes letras en la fachada del palacio real:[39] una pintura a base de nitrato de plata que pasa inadvertida de noche y sólo ennegrece – duraderamente – con la luz del día. Mientras los estudiantes esperan que esos letreros «nadie los podría borrar esta vez hasta que hubieran sido vistos y bien vistos», no carece de cierta ironía el hecho de que será precisamente el estado franquista quien otorgue visibilidad perenne a las pintadas. La pintura es tan pertinaz que sólo deja quitarse por la fuerza, es decir por agentes franquistas obligados a picar los letreros sobre la piedra volviéndolos visibles hasta la actualidad.[40]

Llama la atención que Lamana haga un fiel retrato de la escena sin repetir los mensajes escritos – como por ejemplo «¡viva la universidad libre!»[41] – que pueden ser asociados con la FUE. Menciona tan sólo que pintan las «siglas de la Organización»,[42] lo que subraya el significado de las siglas como manifestación de disidencia o consigna de complicidad. A la vez, es una muestra de la superación de diferencias entre partidos y de la colaboración entre los más diversos grupos de la oposición que se ha conseguido en el «interior»,[43] lo que se plasma en los cuatro nombres que es-

---

38 Lamana 2005: 80.
39 Lizcano 1981: 18.
40 Al final de su película, Colomo deja constancia de este hecho en una superposición de imágenes – entre la pintada del filme y estas picaduras – para subrayar la historicidad de su obra. Otra imagen puede encontrarse en Fraguas 2005.
41 Esta capacidad asociativa se pierde como demuestra un artículo en *Tribuna complutense* (Martín 2004) que ya en el título omite la palabra «libre», clave para la comprensión del lema.
42 Sin embargo, las siglas concretas aparecen en clave: «Las siglas de la Organización se iban a ver hasta en las Antípodas. / *Fue* un trabajo hecho a conciencia.» Lamana 2005: 102 (cursiva es mía).
43 En la misma dirección va el aviso del autor anónimo de *El fin de la esperanza*: «L'orga-

criben en la escalinata con la pintura que sobra: «Unamuno, Machado, García Lorca, Hernández. ¡Qué cuatro! ¡Y hay quien dice que la libertad es un mito!»[44]

«La cárcel (1946-1948)» – la represión

La primera parte de la novela termina con que uno de los estudiantes, Tomás, tropieza con un bote de pintura que cae estrepitosamente escalinata abajo, lo que lleva al descubrimiento del grupo *in fraganti*. A continuación Lamana describe en «La cárcel (1946-1948)» las detenciones limitándose a lo estrictamente testimonial sin reparar ni en posibles causas ni en los efectos que las circunstancias de la detención pudieran haber tenido en la sociedad española de entonces. Esto sorprende porque las detenciones fueron tan numerosas que fue, según otras fuentes, imposible silenciarlas.[45] Además los llamados «sucesos del Liceo Francés» – parte del grupo, antiguos alumnos y tutores del Liceo fueron arrestados en el edificio pese a su estatus extraterritorial[46] – incluso causaron un incidente diplomático, lo que el régimen – recientemente fortalecido por el referéndum sobre la «Ley de Sucesión en la Jefatura del Estado»[47] – aprovechó para pasar a la ofensiva y convertir el proceso ante el Tribunal Militar en el primer proceso público.[48]

Si la vida clandestina todavía podía parecer a los lectores de la novela una gran aventura de unos jóvenes idealistas cuyo final consistía inevitablemente en la detención con la única incógnita de si ésta se produciría más pronto o más tarde, las descripciones de la vida carcelaria y de la vida clandestina de un grupo mayoritariamente desarticulado era lo realmente novedoso de la novela. Lo es hasta tal grado que habla por ejemplo todavía del «antiguo Ministerio de Gobernación» o simplemente

---

nisation qui est ici décrite n'est pas historique. C'est une synthèse des trois organisations que l'auteur a connues. Il n'a pas voulu confisquer au profit de telle ou telle étiquette politique la gloire et le danger communs à toutes les forces antifranquistes qui luttent sur le territoire espagnol» (apud Caudet 1998: 11).

44 Lamana 2005: 102s.
45 «La detención del Comité Ejecutivo y de numerosos miembros de la FUE fue uno de los últimos episodios del terror silencioso. Pero la repercusión fue tan grande que el gobierno comprendió que la policía había mostrado un torpe celo y decidió operar con más discreción en lo sucesivo. / Pero las detenciones eran demasiado numerosas y operadas en un medio desmesuradamente vasto y abierto. El rumor pasó de la Universidad a la ciudad entera, sobre todo cuando se efectuó por la Gestapo [*sic*], violando el estatuto de extraterritorialidad, una pesquisa en el Liceo Francés, para detener a un interno a quien se acusaba de ocultar propaganda en su habitación» (Hermanos 1998: 166).
46 Cfr. Álvarez Cobelas 2004: 40 y Lizcano 1981: 57.
47 El éxito aplastante en el referéndum pone a la oposición en una posición delicadísima ya que el resultado – a pesar de su carácter típico y previsible de plebiscito celebrado por un régimen autoritario que sólo pone de evidencia a qué grado asciende la sumisión del país – sirve al régimen de prueba ante el mundo entero de que cuenta con el apoyo amplio de la población. Cfr. Gallo 1972: 193 y Caudet 1998: 68-72.
48 Gallo 1972: 197 y Caudet 1998: 62.

de «Gobernación» para referirse al edificio en la Puerta del Sol que más tarde, con la denominación de Dirección General de Seguridad, se convertirá en auténtico lugar de memoria de la represión franquista.[49] Para formarse una idea de la autenticidad del relato, es revelador echar un vistazo a la reseña aparecida en *Arriba* cuyo autor intenta menoscabar la credibilidad de Lamana. Pone en duda que éste sea el nombre verdadero del autor de *Otros hombres* para pasar a presentarlo como burgués hipócrita que goza de todos los privilegios de su clase – garantizados por el régimen franquista – dedicándose, soñador desagradecido, a facilitarles el juego a los comunistas. El crítico franquista hace burla de la descripción de la presencia policial en las calles, del «rancho nauseabundo a la puerta de las fábricas» y de la supuesta exageración de condenas:

> Todo aquel que estuvo detenido dos meses y un día dice que sufrió una condena de veinte años; quien estuvo condenado a seis años dice que lo fue a muerte; una bofetada se transforma en dos semanas de palizas ininterrumpidas de la mañana a la noche. ¡Cuántos prestigios de este tipo, cuántos «mártires» serían puestos en ridículo si uno se tomara el trabajo de contar la verdad de lo que les sucedió a cada uno. ¡Cuántas condenas a muerte por actividades subversivas quedarían en simples condenas a campo de trabajo por reiteradas e inequívocas manifestaciones de homosexualidad![50]

No obstante las calumnias, como ya se comentó, es interesante ver que el crítico plantea la cuestión de la «verdad» refutando supuestas exageraciones, a la vez que muestra consentimiento con la infracción de derechos humanos ya que no ve inconveniente en el uso de la fuerza ni en la existencia de campos de trabajo que en su exposición grotesca aparecen como instituciones de «resocialización de perversos».[51] Cuando centra su interés en el capítulo sobre el régimen judicial y penitenciario del franquismo, es significativo que pase por alto todo lo que Lamana dice acerca de la ejecución de presos políticos.

Pero es esto lo que Lamana trata con especial ahínco y – a la vez – sarcasmo. Ve cierto progreso – «ya era algo» – en ejecuciones individuales frente al «paseo» en masa, en el hecho de que ya «se destinaba un piquete a cada uno y no una ametralla-

---

49   Es llamativo que una de las voces narradoras y *alter ego* del autor, Rivas, pase por algunas de las prisiones más emblemáticas del franquismo: la DGS, Alcalá de Henares, Carabanchel, y, finalmente, el campo de trabajo forzado de Cuelgamuros, más comúnmente conocido como «Valle de los Caídos».
50   Manfredi Cano 1962.
51   Entretanto se dispone de un buen conocimiento de la vida carcelaria bajo la dictadura y del trato que recibieron los presos políticos, conocimientos que – si hubiera necesidad de tales pruebas – *a posteriori* confirman las descripciones de Lamana hasta en los detalles más nimios. Se remite a los estudios publicados en torno al congreso *Los campos de concentración y el mundo penitenciario en España durante la guerra civil y el franquismo* (Barcelona, 21-23 de octubre de 2002) en Sobrequés / Molinero / Sala 2003. Los estudios que los editores consideraron de mayor interés general fueron también publicados en Molinero / Sala / Sobrequés 2003.

dora a cada cien».[52] Sin embargo, verdadero progreso – que consiste en una vuelta a la normalidad en las relaciones interpersonales – se produce exclusivamente en los mismos presos que, a pesar de las pésimas condiciones de vida, los «‹hábiles› interrogatorios»[53] y otros procedimientos más o menos sutiles de tortura que tienen que aguantar, dejan atrás el embrutecimiento que la guerra les había impuesto. Después de una guerra con un sinnúmero de muertos, de fusilados con o sin condena por un consejo de guerra, ellos vuelven a sentir repugnancia ante un procedimiento antihumano, lo mismo que sentirían los turistas extranjeros si conocieran la realidad detrás de la normalidad fingida de la España franquista:

> ¿Qué podría saber un turista, por ejemplo, si por la calle veía los escaparates repletos y le habían dado un buen cambio en la frontera? ¿Es que el condenado a muerte no es de España también? Es de la España vergonzosa, de la España que no se muestra. El turista se iría sin saber lo que es la España viva (¡viva!...).[54]

Si por un lado Lamana hace aquí una exhortación a promover en el extranjero una imagen veraz de la realidad española bajo el franquismo, por el otro lado el anhelo de normalidad es tal que llega hasta pormenores – desde un punto de vista actual insignificantes y algo pasados de moda – como un trato respetuoso.[55] La reivindicación de los *droits de l'homme* más elementales sirve también para poner de relieve cuánto dista la realidad dictatorial nacional-católica de la doctrina cristiana que aduce en su favor. Todo el sistema carcelario está basado en la idea de redención que los presos pueden conseguir a través del trabajo, de la fe y de la gracia magnánimamente concedida por el régimen.[56] Vale recordar que también fuera de las cárceles y los campos de concentración el control religioso llegó a tales extremos que para viajar dentro del país se necesitaban aparte de salvoconductos un certificado parroquial de haber cumplido el precepto pascual. Ante la situación de una religiosidad a la vez ostensible e imperativa, los presos de la novela de Lamana manifiestan su indignación por la ejecución de tres condenados a muerte durante una misa obligatoria.[57] Interrumpen la homilía del sacerdote denunciando la hipocresía mojigata del régimen reivindicando a coro el quinto mandamiento, lo que el director hace suprimir con saña desencadenando una paliza en masa entre «[u]nos hombres y otros hombres».[58]

Estrechamente relacionada con la prisión está la espera a que se celebre un juicio que determine el porvenir de los presos, y, finalmente el mismo juicio que en

---

52 Lamana 2005: 188.
53 Lamana 2005: 133.
54 Lamana 2005: 155.
55 Buena muestra de ello es el asombro molesto de uno de los protagonistas, Rivas, ante el tuteo general que se emplea en este mundo carcelario (cfr. Lamana 2005: 116).
56 Cfr. Cenarro 2003.
57 Acerca de la vida religiosa en el mundo penitenciario cfr. Vega Sombría 2003: 196-198.
58 Lamana 2005: 161.

caso de los estudiantes es dictado por un consejo de guerra, ya que «los delitos políticos, sin excepción, eran juzgados como rebelión militar.»[59] Este juicio tildado de «pura comedia»[60] revela la arbitrariedad jurídica y el carácter vengativo del régimen. No existe derecho a la libre elección de un abogado. Por consiguiente, la argumentación de la defensa y la fiscalía sólo varían en matices, mientras las condenas que finalmente impone el juez instructor sobrepasan en mucho las penas solicitadas por el fiscal.[61]

Siguiendo la lógica penitenciaria del franquismo los condenados deben redimir sus penas en campos de trabajo. A Rivas – igual que a Sánchez Albornoz y Lamana – se le destina al campo de Cuelgamuros, sitio de construcción del lugar de memoria más emblemático y a la vez polémico de la dictadura franquista, el «Valle de los Caídos».[62] Hasta la actualidad la polémica se centra en dos aspectos: la construcción del mausoleo de Franco llevada a cabo en gran parte por presos, puesta en duda por los defensores del monumento, que a su vez sustentan el supuesto carácter reconciliador del monumento ya que alberga también los restos mortales de algunos combatientes – católicos – del bando vencido.[63] Sirva el discurso de inauguración del general Franco como prueba de que este último aspecto no figuraba en absoluto en los planes originales de la obra.[64] Sin poder entrar detenidamente en las necesidades económicas del primer franquismo, queda patente que el sistema de redención – presentada como misericordia del régimen – se debía a los enormes gastos que suponía el encarcelamiento de grandes partes de la población. De ahí que se prolongara el sistema de explotación de presos establecido durante la guerra más allá del final de la contienda convirtiendo el «derecho al trabajo» en «derecho obligación» para el preso y a la par en «negocio» para el estado.[65]

También para el destacamento penal Lamana da una descripción minuciosa de las condiciones de vida y de trabajo de los presos que no deja dudar de su testimonio. Sin exaltarlo sobremanera está claro que los jóvenes estudiantes componen una

---

59 Lamana 2005: 188.
60 Lamana 2005: 206. El juzgado que dictó el procesamiento el 12 de diciembre de 1947 fue el de «Represión de la Masonería y el Comunismo» cuya base es una ley de la misma denominación de 1940 establecida ante el trasfondo de una teoría de conspiración «judeo-masónico-comunista» (cfr. Rodríguez Jiménez 2003).
61 Cfr. Lamana 2005: 206-207. Sánchez Albornoz subraya que el consejo de guerra llegó a sextuplicar en algunos casos las penas solicitadas por el fiscal (2003: 8) y que este juicio tan duro se produjo por intervención directa de Franco (1989: 15), lo que no parece del todo improbable ya que se juzgaba entre otros al hijo del presidente del Gobierno de la Republica en el exilio.
62 Winter lo describe como «lugar de memoria totalitario por antonomasia», «marcado por el desprecio, la exclusión y el aniquilamiento del Otro» (Winter 2005: 26). Acerca del «Valle» como lugar de memoria véase también Aguilar Fernández 1993.
63 Cfr. el debate «Qué hacer con el Valle de los Caídos» en *El País*, 08-V-2005, p. 17.
64 Una versión íntegra del discurso se encuentra en Sueiro 2006: 327-332 (apéndice 2).
65 Cfr. Cenarro 2003: 136 y Sánchez Albornoz 2003: 11.

clase nueva de trabajadores forzados en Cuelgamuros. Si bien se distinguen delitos y presos «anteriores» y «posteriores» en relación al final de la guerra, todos los presos se saben del mismo bando de los vencidos. Esta «otra España» antepone una versión de un realismo absolutamente terrenal a la visión «posapocalíptica» de la historiografía franquista que mitificó el origen y el *genius loci* del «Valle de los Caídos» como inspiración divina que Franco presumía haber recibido en plena Guerra Civil.[66] Así que son los presos «anteriores» que cuentan que

> [d]urante la guerra la línea de fuego había quedado estacionada largo tiempo en el monte que estaba frente a la boca norte del túnel de la colina; [...]. En la colina misma, una vez que el frente fue roto y luego taponado, habían quedado copadas fuerzas enemigas, y todos los que no se rindieron habían ido muriendo.[67]

El crítico de *Arriba* utiliza esta misma cita para zanjar su argumentación, que apunta a probar cuán poco crédito merece el relato de Lamana. Confía en que el mito fundador del «valle» – ampliamente difundido por el No-Do especialmente con motivo de la inauguración del recinto en 1959 – haya pasado a la memoria colectiva como verdad histórica incuestionable e irrefutable. Efectivamente, será sólo en 1977 cuando Daniel Sueiro publique su estudio *La verdadera historia del Valle de los Caídos* en el que incluye también el testimonio de Nicolás Sánchez Albornoz que sustenta la versión de Lamana con un gran número de detalles – entre otras cosas que fueron milicias de la CNT las que prepararon la emboscada en una de sus primeras operaciones tácticas pensadas, y que luego fueron cenetistas los que lo contaron – alegando que este suceso representaba «realmente una de las derrotas más graves que sufrió el ejército nacionalista al principio de la guerra».[68] En vista de la situación actual en la que el «Valle» sigue generando controversias airadas, como demuestra su inclusión explícita en el «proyecto de Ley de Memoria Histórica»,[69] es fácil imaginarse qué suponía en 1956 una versión alternativa – y además ciertamente verosímil dadas las características topográficas de Cuelgamuros – que contradecía el mito fundador aniquilando de manera indirecta el pilar central en el que se apoyaba la presunta

---

66   Cfr. Sueiro 2006: 26 y Tranche / Sánchez Biosca 2000: 499. Sobre la visión «posapocalíptica» cuya base es la percepción de la Guerra Civil como «cruzada», el caudillaje de Franco «por la gracia de Dios», y que establece analogía entre la victoria de los sublevados y la consumación de la «reconquista», y las respectivas expulsiones de «infieles», cfr. Herzberger 1995: 33s.
67   Lamana 2005: 151.
68   Sueiro 2006: 150s.
69   En el proyecto de ley se determina que «no se podrá hacer ningún tipo de exaltación de la Guerra ni de la dictadura en ningún lugar del recinto» (*El País*, 14-XII-2006, p. 30.), reglamentación necesaria ya que grupos nostálgicos de la dictadura franquista se sirven de la plaza para propagar sus ideario retrógrado cada 20 de noviembre y divulgarlo luego por ejemplo mediante la plataforma http://www.youtube.com (véanse allí los vídeos s.v. «valle de los caídos», sobre «el efecto *YouTube*» el artículo de Moisés Naím en: *El País*, 26-XII-2006, p. 13).

legitimidad del régimen, la inclusión de Franco en la providencia y protección divinas.

«En París (1948-1949)» – el absurdo del exilio

En entrevistas Lamana solía tratar la fuga sólo de paso.[70] Con respecto a la motivación explicaba que «[c]omo todo preso – sobre todo si es político –, lo primero que uno piensa es en fugarse: no hemos luchado por la libertad para que nos metan presos. Hemos luchado por la libertad para seguir siendo libres y ser libres en una cárcel es muy difícil.»[71]

En su novela ofrece una descripción de la fuga sin grandes adornos que deja entrever, sin embargo, la profunda disidencia con la «España eterna» cuando Rivas comenta con sarcasmo acerca del punto del encuentro en el monasterio de El Escorial que «algo había de agradecer a Felipe II».[72] Lo que transmite el relato es la conciencia de los fugitivos y sus ayudantes de «saberse perseguido, buscado para ser exterminado como un animal dañino»,[73] de estar moviéndose en una cresta muy fina entre la libertad y una reclusión posiblemente más larga y más dura que la dictaminada por el consejo de guerra.

En vista del potente aparato represivo de la dictadura emerge la pregunta de cómo fue posible esta fuga, pregunta que adquiere cierta relevancia por estar íntimamente relacionada con el valor testimonial de la novela de Lamana ya que inmediatamente después del incidente el régimen propaló una versión – en un intento de parar en seco la fama creciente de los fugitivos entre otros presos – según la cual las autoridades habían hecho la vista gorda.[74] Aparte de los muchos indicios que vuelven improbable que «hubo tolerancia» – entre otras cosas la represión contra otros miembros del FUE a la postre y el hecho de que Franco había denegado la solicitud del embajador del Perú de indultar a Sánchez Albornoz sólo dos días antes[75] – parece que la estrechez económica del país favorecía bastante la fuga ya que los campos de concentración no contaban con alambradas y el escaso personal circulaba sin armas para no correr el riesgo de ser desarmado por la muchedumbre de los presos. Evidentemente, el régimen confiaba en una «malla invisible» de un gran número de soplos y en el sistema de vigilancia interior.[76]

---

70   Cfr. Aguilar Fernández 1993: 489, nota 3.
71   Diamant 2004.
72   Lamana 2005: 247.
73   Lamana 2005: 267.
74   Cfr. Sueiro 2006: 156.
75   Cfr. Sueiro 2006: 157. Otro indicio es la persecución por las autoridades de Paco Benet, estratega de la fuga, que relatan Probst Solomon 1998: 79 y Marisol Benet en una carta al director de *El País* (18-IX-1998).
76   Sánchez Albornoz 2003: 10.

A pesar de que Lamana se limita en todo momento al conocimiento tasado que pueden tener sus dos voces narrativas homodiegéticas, Rivas y Javier, del efecto que causó la fuga en el mundo penitenciario español, transmite que esta acción singular se convierte, sin intervención de los protagonistas y de manera automática, en cuestión política y propagandística. En París son los representantes de la otra España «oficial», los políticos del exilio que se jactan de haber gestionado la fuga. A continuación Lamana se dedica a describir las discrepancias entre los «otros hombres», la oposición del «interior», y el exilio, la oposición del «exterior», otra vez «dos Españas». Entre los dos grupos que sólo aparentemente persiguen los mismos fines existe una situación de «incomunicación». Javier comenta la actitud de los políticos tan empeñados en aparentar importancia:

> En cuanto a España, todos sabían muy bien cómo estaba (estaba muy mal, muy mal; una situación que no se podía prolongar). De una manera monótona repetían lo que decían los periódicos, frase hecha tras frase hecha. Pero de la España que Javier traía, de los hombres que Javier había dejado cargados de penas y de rabia [...], de todo eso no sabían nada. No sabían nada. Sabían todo. No preguntaban. ¿Para qué? Y si les escapaba una pregunta, la contestaban ellos mismos.[77]

Pero Lamana no se detiene en la crítica del exilio impotente. A diferencia de los hechos reales de su propia fuga con Sánchez Albornoz – los dos estuvieron como trabajadores forzados en el campo de Cuelgamuros – reunifica mediante la fuga novelada dos modelos de supervivencia de activistas de la oposición: el del preso y el del activista que ha logrado esquivar las redadas continuas. Este segundo, Javier, llega a París, ansioso de poder moverse con libertad pero también consciente de haber dejado atrás a los compañeros en una situación precaria. Su ánimo inicial de volver a la acción desde una base fuerte del exilio se desmorona rápidamente al darse cuenta de la debilidad real de la oposición del exterior y las limitadísimas posibilidades de acción. Cuando ante la imposibilidad de una vuelta atrás – a España, su vida clandestina y también a su novia y compañera en la lucha clandestina, Rosa – se da cuenta de su soledad y se enamora desesperadamente de una de las dos americanas, que responde a este amor sólo durante una noche.[78]

Rivas se encuentra de la misma manera ante una situación absurda. También vuelve a enamorarse – de una compañera del exilio, Gloria – y este amor es correspondido. Analiza su situación y la de España, y les propone a sus amigos un proyecto intelectual de iniciar un «diálogo que nos permita encontrar unos ideales por encima de las

---

77 Lamana 2005: 306s.
78 Lamana retrata aquí a Barbara Probst, quien paga con la misma moneda. Mientras reconoce haber emprendido una relación con un exiliado español durante la ausencia de su «novio», Paco Benet, y que este «man remained hurt for long» (1998: 82), reprocha a Lamana haberse olvidado de su novia en Madrid nada más llegar a París donde empezó una relación «with a more available girlfriend, who simply was *there*» (1998: 80).

ideologías políticas»[79] para sobrepasar las hondas fricciones que separan la sociedad española. Este camino de una acción intelectual que parte del análisis de la situación existente ya carece de atractivo para Javier que poco a poco se aleja de los amigos. Mientras Rivas se niega a «cruzar los brazos», Javier acaba suicidándose. Quizás cabría aquí aplicar la teoría del absurdo, tal y como la desarrolla Camus en *Le mythe de Sisyphe* (1942), pero ello reclamaría un estudio monográfico.

Coda

Fue el diálogo «por encima de las ideologías» – impensable en la España franquista de 1956, año de las protestas universitarias contra el régimen – lo que finalmente posibilitó la Transición. Sin embargo, la conciliación y el consenso, basados durante mucho tiempo en el olvido, favorecieron la creación – y la aceptación por un gran público – de productos culturales que pretenden tratar la historia desde un punto de vista «neutral». Mientras novelas como *Soldados de Salamina* de Cercas intentan difuminar las diferencias repartiendo responsabilidades a partes iguales entre ambos «bandos», la novela de Lamana toma partido de la España de los «otros hombres» y muestra que el régimen de Franco se empeñó en perpetuar la división entre las dos Españas.

Lamana por su parte permaneció fiel a sí mismo. Después de una primera docencia en Tucumán, concursó en la Universidad de Buenos Aires y siguió allí, «siempre que no haya habido militares.»[80]

Bibliografía

Aguilar, Andrea (2005): «La editorial Viamonte recupera dos novelas de Manuel Lamana», en: *El País*, 01-XI-2005, p. 42.

Álvarez Cobelas, José (2004): *Envenenados de cuerpo y alma. La oposición universitaria al franquismo en Madrid (1939-1970)*. Madrid: Siglo XXI de España.

Bértolo, Constantino (2005): «Prólogo», en Lamana, Manuel: *Los inocentes*. Madrid: Viamonte, pp. 9-30.

Blanco Aguinaga, Carlos / Rodríguez Puértolas, Julio / Zavala, Iris M. (2000 [¹1978]): *Historia social de la literatura española (en lengua castellana)*. 2 vols. Madrid: Akal.

Caudet, Francisco (1998): «Introducción», en Hermanos, Juan: *El fin de la esperanza. Testimonio*. Madrid: Tecnos, pp. 9-72.

Cenarro, Ángela (2003): «La institucionalización del universo penitenciario franquista», en Molinero, Carme / Sala, Margarida / Sobrequés, Jaume (eds.): *Una inmensa prisión. Los campos de concentración y las prisiones durante la guerra civil y el franquismo*. Barcelona: Crítica, pp. 133-153.

Diamant, Ana (2004): «Manuel Lamana. Un hombre del Atlántico», en: *Encrucijadas* 28 (noviembre) (http://www.uba.ar/encrucijadas/noviembre_4/home.htm).

---

79 Lamana 2005: 352.
80 Lamana en una entrevista recogida en Diamant 2004.

Fragua, R. (2005): «Pintado hizo las pintadas», en: *El País*, 12-XI-2005, p. Madrid 32.
Gallo, Max (1972): *Historia de la España franquista*. Paris: Ruedo Ibérico.
Goytisolo, José Agustín: «Recordando a Manuel Lamana», en: *El País*, 09-VII-1997.
Hermanos, Juan (1998 [1949]): *El fin de la esperanza. Testimonio*. Introducción por Francisco Caudet. Prefacio por Jean-Paul Sarte. Madrid: Tecnos [edición original: «La fin de l'espoir», en: *Les Temps Modernes* 50 (1949), pp. 1040-1088].
Herzberger, David K. (1995): *Narrating the Past. Fiction and Historiography in Postwar Spain*. Durham/ London: Duke University Press.
Lamana, Manuel (1961): *Literatura de posguerra*. Buenos Aires: Nova.
Lamana, Manuel (2005 [1956]): *Otros hombres*. Prólogo de Javier Pradera. Madrid: Viamonte.
Macciuci, Raquel (1998): «Exilio y ficción en la obra de Manuel Lamana», en Aznar Soler, Manuel (ed.): *El exilio literario español de 1939*. Actas del Primer Congreso Internacional (Bellaterra, 27 de noviembre – 1 de diciembre de 1995). San Cugat del Vallès: GEXEL, tomo II, pp. 161-168.
Marra-López, José Ramón (1963): *Narrativa española fuera de España (1939-1961)*. Madrid: Guadarrama.
Martín, Alberto (2004): «Viva la universidad», en: *Tribuna complutense*, 20-IV-2004, p. 24.
Molina Foix, Vicente (1998): «Vidas pálidas», en: *El País*, 22-XII-1998.
Nora, Eugenio de (1997): «Breve historia de *Pueblo Cautivo*», en íd.: *Pueblo Cautivo*. León: Diputación Provincial / Instituto Leonés de Cultura, pp. 13-19.
Pochat, María Teresa (1991): «Editores y editoriales», en Sánchez Albornoz, Nicolás (ed.): *El destierro español en América. Un trasvase cultural*. Madrid: Instituto de Cooperación Iberoamericana, pp. 163-176.
Pohl, Burckhard (2003): *Bücher ohne Grenzen. Der Verlag Seix-Barral und die Vermittlung lateinamerikanischer Erzählliteratur im Spanien des Franquismos*. Frankfurt am Main: Vervuert.
Pradera, Javier (2005): «Introducción», en Lamana, Manuel: *Otros hombres*. Madrid: Viamonte, pp. 9-17.
Probst Solomon, Barbara (1998 [^{1}1972]): *Arriving where we started*. New York: Great Marsh Press.
Rodríguez Jiménez, José Luis: «Una aproximación al trasfondo ideológico de la represión. Teoría de la conspiración y policía política franquista», en Sobrequés i Callicó, Jaume / Molinero i Ruiz, Carme / Sala, Margarida (eds.): *Los campos de concentración y el mundo penitenciario en España durante la Guerra Civil y el franquismo / Els camps de concentració i el mon penitenciari a Espanya durant la guerra civil i el franquisme*. Barcelona: Crítica, pp. 411-420.
Rovira, Jordi (2002): «Entrevista a Barbara Probst Solomon», en: *Capçalera* 111. http://www.periodistes.org/cat/capcalera/111/PubliCapcalera111_10.htm.
Sánchez-Albornoz, Nicolás (1989): «Prólogo», en Lamana, Manuel: *Otros hombres*. Zaragoza: El Día de Aragón / Diputación de Zaragoza, pp. 9-18.
Sánchez-Albornoz, Nicolás (2003): «Cuelgamuros: presos políticos para un mausoleo», en Molinero, Carme / Sala, Margarida / Sobrequés, Jaume (eds.): *Una inmensa prisión. Los campos de concentración y las prisiones durante la guerra civil y el franquismo*. Barcelona: Crítica, pp. 3-17.
Sueiro, Daniel (2006 [1977]): *El Valle de los Caídos. Los secretos de la cripta franquista*. Madrid: La esfera de los libros (edición original: *La verdadera historia del Valle de los Caídos*. Madrid: Sedmay).
Tranche, Rafael R. / Sánchez Biosca, Vicente (2000): *No-Do. El tiempo y la memoria*. Madrid: Cátedra / Filmoteca Española.

Toulouse, años 50.
La España negra vista por la España roja y negra en la prensa del exilio republicano

Lucienne Domergue
(Université de Toulouse-Le Mirail)

A Marie Laffranque †

«Rome n'est plus dans Rome, elle est toute où je suis», exclamaba, en la tragedia homónima de Pierre Corneille, el general romano Sertorio – exilado también él –, que se había refugiado precisamente en Hispania. Este grito podría haber sido *mutatis mutandis* el del exilio republicano. Por cierto bien saben esos hombres derrotados y bastante maltratados por la historia que, allende el Pirineo, han tenido que dejar precisamente a España. Pero en su opinión, pobre consuelo, esta España no es la que vale; la que vale es la de fuera, la transterrada. Forzosamente a lo largo de la vida de su enemigo, la que ha de corresponder con la duración de su propia proscripción, el alma del refugiado republicano – añoranza, ira y pasión – no dejará de oscilar entre ambas Españas: la de Franco – la que está pero no es; la suya – la que es y sin embargo no está... donde tendría que estar.

Para ilustrar todo esto, hemos tomado el ejemplo de *CNT*, «portavoz del Movimiento Libertario de España en el Exilio», un semanario publicado esencialmente en Toulouse durante unos diecisiete años (1944-1961), porque representa lo más florido del pensamiento libertario en aquellos largos años de espera y de lucha. Nos hemos ceñido a un trienio (1950-1953), ya que nos permite tomar el pulso de los refugiados confederales en un momento álgido en que, después de la caída del Tercer Reich, con la entrada de la España de Franco en las grandes organizaciones internacionales (UNESCO y pronto ONU), para el exilio español ya se ha extinguido la ilusión lírica de la *Libération* de Francia (1944), aunque la erosión biológica y la integración de esta categoría histórica – los refugiados – no se han realizado todavía. «Eso va para largo», he aquí lo que ahora se piensa en Toulouse y en otras partes, más o menos lejanas, del orbe republicano. En aquellos años, pues, es cuando se inició verdaderamente la segunda época del exilio republicano, la definitiva.

En las cuatro planas del citado periódico *CNT* España está presente de modo obsesivo; más que todo aparece como la tierra perdida que hay que recobrar. Urgente obligación frente a la historia, después de una derrota total que no puede resentirse sino como culpa, aunque se intente pensar que en cualquier caso los culpables han sido los otros. De todos modos, en el exilio España quedará el centro de todos los recuerdos, de todos los pesares; pero será sobre todo el objeto por excelencia de todos los afectos, el blanco de todos los combates.

Para movilizar las energías al periódico le importa mostrar de modo incansable cómo este paraíso perdido se encuentra martirizado en poder de su nuevo amo. Esbozar a este fin el verdadero cuadro de la «España fascista» figura entre los propósitos esenciales del Movimiento Libertario expatriado y de su órgano *CNT*, tanto más cuanto que la dictadura transpirenaica por su parte maneja con harta eficacia el arma de la censura y de la propaganda. *CNT* tiene, pues, un deber sagrado: despertar la opinión española e internacional mediante el arma de la contra-propaganda a fin de desengañarla.

Enseñando lo mal que lo pasan los españoles del «interior», los cuadros del exilio piensan que podrán conseguir a un tiempo una medicina para los exiliados – ellos dejarán de quejarse de su propio destino – y un aliciente para la lucha de liberación del país: no regatearán su tiempo, su sudor ni su sangre para redimir a sus hermanos infortunados.

Nada extraño, pues, que el régimen franquista se halle invitado en cada número de *CNT* donde aparece bajo un doble aspecto: cruel uno y ridículo el otro. Para obtener el resultado deseado, la prensa anarquista usa ampliamente dos procedimientos o *media* que son perfectamente clásicos: primero, a lo largo de los artículos, la palabra escrita en estilo variado, lo mismo solemne que popular, con algún deje arcaico, pero siempre pedagógico, sencillo y lírico a un tiempo, ya que va dirigido a un lectorado autodidacta para el cual el periódico representa todas sus universidades; segundo, al margen de los textos, la imagen está siempre presente: a veces hay incluso unas fotos que muestran el estado de opresión y abandono en que se halla el país, pero más a menudo son las caricaturas las que abundan, sobre todo en los primeros años, y se reservan casi exclusivamente para Franco y lo que llaman la «España de hoy». Veremos, pues, sucesivamente algunos de estos documentos escritos y gráficos que se proponen contribuir a la leyenda negra que se merece la traición histórica de Franco entre los refugiados españoles y, más allá, en la opinión general.

CNT quiere antes que todo persuadir a sus lectores de que España ya no es una (menos aún, «una, grande y libre», según la fórmula del catecismo franquista), ya que en aquellas alturas Españas hay por lo menos dos, como las hubo en 1936 y a lo largo de la Guerra Civil. En su opinión una de ellas es genuina, falsa la otra; una es buena, la otra mala. Desde luego estas Españas no tuvieron, no tienen y nunca tendrán nada que ver una con otra. Con *CNT* estamos metidos de lleno dentro del universo bipolar de la militancia que no tolera excepciones ni matizaciones.

Para *CNT* España, de hecho y por desgracia, en la actualidad aún es doble: hay la suya propia (la nuestra, «lo nuestro»), la que sigue luchando, *versus* la del otro, la del enemigo, la de «ellos»; por un lado la España popular, la del folclore y del trabajo, la España romántica y bella, la del poeta y del artista; por otro una España rancia, clerical y militar, que es la de la eterna represión. La prensa del exilio tiene, pues, una misión sagrada: rememorar y hacer vivir a la primera, combatir hasta la muerte a la segunda.

La verdadera España, pues, no puede ser sino su España; es la del exilio si se quiere, pero mejor aún es la de la *CNT* exilada; la otra, la intestina, no es sino la advenediza, la intrusa, aunque no se emplee a menudo este adjetivo, quizás porque en la historiografía hispana el gobierno calificado de intruso es el que instaló Napoleón en Madrid cuando, en los albores del siglo XIX, puso a su hermano José en el trono. Adviértase que en 1936 los intrusos también vinieron de fuera, de Canarias y de Marruecos. Pero si los felones lograron vencer, ni qué decir tiene que carecen, por completo y de manera definitiva, de legitimidad.

Pero, como en la prensa confederal no se trata de desanimar a la gente autoproscrita, es preciso dejar de provocarle la náusea con el espectáculo permanente de una España avasallada, y no olvidar nunca de exaltar como se merece a su propia España, su cara España, la libertaria, la de la Revolución del 19 de julio de 1936, la de las colectivizaciones; desde luego todas estas glorias vienen evocadas una y otra vez en *CNT*. Así a menudo vemos en particular a la Barcelona de las luchas obreras, tierra de anarquismo, que siempre ocupará un puesto destacado en el exilio tolosano y en *CNT*.[1] Y naturalmente estas gratas evocaciones de la vida anterior suelen correr parejas con las disquisiciones relativas a la doctrina anarquista: la tan decantada Idea.

Existe un aspecto de España, especialmente entrañable, que *CNT* reivindica y que nunca abandonará a Franco: es la España del terruño, o de los terruños, la madre tierra, que indebidamente y a duras penas han tenido que dejar, pero que a ellos les pertenece con pleno derecho y de modo más legítimo que al usurpador que la está ocupando *de facto*. Menudean las evocaciones de esta inolvidable geografía hispana, donde cultura y naturaleza siempre han estado íntimamente unidas. Miguel Jiménez firma toda una serie de escritos sobre España, sus sierras y sus comarcas. Felipe Alaiz, una «pluma» excelsa del anarquismo, tiene una más larga aún (23 artículos) que titula «Para una reivindicación de las regiones», amena olla podrida de civilización hispana donde se tratan los temas más variados.

El arte del pueblo, el folclore, revisitados a la luz de la Idea anarquista, ocupan el primer rango en la prensa confederal, y lo mismo pasaba en la vida cotidiana de los exilados.[2] Así Ángel Samblancat evoca el cante jondo:

---

1 Juanillo de la Barceloneta canta *La perla del Mediterráneo*: «Barcelona, bella como una flor. Linda, dulce y añorada Barcelona. Impulso, luz y rebeldía que la gloria eterniza. Pueblo laborioso y dinámico, bañado por el ‹Mare Nostrum›. Grata Barcelona, la de los plenos internacionales, como bien dice nuestro maestro Alaiz, que tuvieron lugar en la Barceloneta. Desde el forzado exilio, Barcelona, yo te vivo en recuerdo» (349). Entre paréntesis van los números de *CNT*, Segunda época.

2 F.: «La riqueza folklórico española», en: *CNT*, Segunda época 346. Véase también

El flamenco es esa misma dolora, en que la pena negra del que trabaja y sufre está superada gachonamente por el buen humor cañí. El martinete es el pesado martillo del herrero. Y el aullido que se conoce con la misma denominación recogería el grito del yunque martirizado y el jadeo del que se derrite braceando en un mar de sudor ante el fuego de la fragua. En la sensibilidad exquisita de nuestros tonadilleros del sur se hace carne – fibra y nervio – no sólo la congoja del viñador de Jerez, el salinero de Cádiz, el preso del Puerto de Santa María y las ánimas del Purgatorio de España entera, sino también el gémito y el planto sin consolación del esclavaje todo del Universo Mundo.[3]

En contraste con esta España eterna, la de la Generación del 98 y de la intrahistoria unamuniana, surge, reverso amargo de la moneda, la España contemporánea, España negra, negrísima por lo atrasada. Ella se merece, por parte de los periodistas libertarios, incesantes evocaciones en forma de denuncias; las más veces son mandadas por compañeros que han conseguido entrar en España, sin duda clandestinamente, o por hombres que viven bajo el régimen de Franco y por eso usan seudónimos. Entre estos testimonios los más tienen interés tanto por su contenido como por la fecha temprana (principios de los años 50) en que se redactan: nos hacen pensar en toda esa literatura de viajantes a pie por la Península que va a florecer un poquito más tarde en el país: por ejemplo, *Viaje a la Alcarria* de Cela, *Campos de Níjar* de Juan Goytisolo, *Donde las Hurdes se llaman Cabrera* de Ramón Carnicer.

Los reportajes de *CNT* son más despiadados aún, más directos y esperpénticos que los de los intelectuales «del interior». Así «La España incógnita» firmada por Fontaura y que trata sobre Barcelona; en este artículo incluso se insertan unas fotos sacadas en la zona («Fotos directas para *CNT*»): «Nueva ermita de S. José de la Montaña. Gracias a Dios trogloditas. Rascacielos y rascasueños». Estas tres fotos que ilustran el texto de Fontaura están sacadas en el momento en que ya está empezando el turismo a visitar a la España franquista, tema este que con el tiempo desarrollará con abundancia la prensa del exilio hasta recomendar, sin gran eficacia, a principios de los años 60, el boicot turístico del país:

> Es ya sabido – dice Fontaura – que la gran mayoría de extranjeros que visitan la península observan tan sólo aquello que les han indicado quienes tienen por supuesto un particular interés: falsear la realidad, querer dar la sensación de que los españoles, ricos y pobres, viven felices y confiados.
> En las capitales, en todas las ciudades y pueblos de España, puede el forastero notar el tremendo contraste: fastuosas iglesias, grandes cuarteles, confortables mansiones señoriales, en tanto que familias de trabajadores tienen que malvivir en insalubres covachas, hacinados en barracas y bochinches. Han podido también observar la miseria, el hambre que se sufre, particularmente en algunas regiones. Así por ejemplo en Andalucía y en la provincia de Almería han podido notar viajando en tren, cómo en muchas localidades, al hacer alto en las estaciones, grupos de niños y niñas escuálidos y desharapados van limosneando, recogiendo con avidez lo que tiran los pasajeros: rosigones de pan y las so-

---

Alicia Alted y Lucienne Domergue, *La cultura del exilio libertario en Francia* (de próxima publicación).

3   *CNT* Segunda época 322.

bras de comida que se acostumbra echar a los animales. Y no se trata de mendigos, son criaturas de familias obreras; los padres acuden al campo cuando se les da ocupación; de lo contrario van al monte y arrancan esparto, al objeto de conseguir unas pocas monedas por parte de los almacenistas que, con dicha fibra, hacen su negocio con los fabricantes de alpargatas. Desconocen los turistas las colas de mujeres y hombres, jóvenes y viejos, que hay en la cotidiana visita de los Médicos del Seguro de Enfermedad. Se trata en su gran mayoría de casos de tuberculosis originada por una deficientísima alimentación.[4] No saben quienes recorren el país cuán elevado es el índice de mortalidad, dada la condición depauperada del pueblo.[5]

«Un viaje por España» es el título de otra crónica mandada por A. Rebollero, cuyo relato va cortado con unos diálogos destinados a dar una impresión de verdad y de vida:

Días después en un viaje que hice de Zaragoza a Utrillas, sacando el billete de estraperlo que me costó treinta pesetas más de la tarifa oficial porque no podía esperar más de quince días (tiempo mínimo que tardé para podérmelo agenciar), pude comprobar lo que el labrador humilde me dijo. En el coche que yo viajaba venían varios trabajadores de unos pueblos de la provincia de Jaén, contratados para trabajar en la carretera de Andorra-Teruel. Atrevíme a preguntar a uno que parecía más inteligente que los otros, y me respondió: «Nosotros, señor, procedemos de unos pueblos de la provincia de Jaén. –¿Y van a trabajar? –A Andorra en trabajos de carretera. –¿Bien retribuidos? –Noventa pesetas semanales. Poco es, pero ¡hay tanta hambre! No se crea usted que somos los únicos que trabajamos a tan bajo precio. Es jornal corriente en esta parte de España. –¿Tiene familia? –¿Yo? Sí. Tres hijos. El mayor, ocho años, y todos dependen de mi salario. Puede darse una idea de cómo se vive en obrero honrado. –Luego de esas noventas pesetas, ¿ha de quedarse usted para su mantenimiento y mantener a su familia? –Crudo es decirlo, pero es así. La situación del obrero es horrible, señor. Se trabaja doce o catorce horas diarias y no podemos terminar con la miseria que nos consume. –¿Ante tal situación deben emigrar muchos trabajadores? –Sí, muchos. Antes que morir por consunción se buscan los medios de vivir o se emigra al extranjero. Si yo pudiera hacerlo, ahora mismo me plantaba en el barco. Es triste vernos harapientos, famélicos, cayéndonos de hambre y de miseria. Y no protesta, porque en seguida le amarran y le muelen a palos.[6]

Rebollero en otro número (355) subtitula del modo siguiente la continuación de su viaje por España: «Estación de Atocha. Obreros y pordioseros. He llegado a Madrid. Miseria y compañía».

M. Triguero firma «Un año en la España franquista», una crónica que se prosigue a lo largo de los números 301 a 307.

Al lado de estos numerosos y cuantiosos reportajes, en cada número de *CNT* figuran unos apartados especiales sobre España; los más largos se titulan: *Noticiario ...de la España fascista* y están insertos en el centro del periódico en la página 2 o 3, o bien en la cuarta y última. Hay también otros como los titulados *Tejas al aire* que tratan de España y del mundo, pero más bien de España. Forman como una revista –

---

4 Hay un articulito titulado «La tisis enfermedad franquista».
5 *CNT*, Segunda época 347.
6 *CNT*, Segunda época 346.

selecta desde luego – de la prensa franquista («Prensa española al alcance de nuestra tijera»), donde se denuncia todo lo que va mal en su mísero país, y el cuento es largo.

He aquí unos botones de muestra «…de la España fascista»: «Nueva ofensiva estraperlista»; «Mata más generales la cama que la guerra»; «Más accidentes de avión»; «Como un general cualquiera también Ramper murió en la cama».

«Murió de hambre natural» (358); «Todo el año es Cuaresma en España» (359); «La tiniebla de España no se disipa» (363); «Madrid. La baja en la producción de la hulla» (376); «Un déficit de 500.000 viviendas» (390); «Cómo viven los mutilados republicanos en la España franquista» (391); «La Falange reafirma su tutela sobre los sindicatos» (398); «El Caudillo bajo palio en San Sebastián» (385).

Ante todo es la misma prensa franquista, a la orden expresa del dictador, la que, según los redactores de *CNT*, está hecha un asco. Así Juan Ferrer:

> La prensa de España está imposible. No se puede mirar. Franco y sus inferiores (jefes y jerarcas), Franco y sus superiores (de cardenal a obispo) llenan toda suerte de páginas en textos y en grabados. Literatura manida, soporífera, insoportable, y efigies en huecograbado con más hueco que grabado. Todo un tumulto de gentes nocivas, buenas para el despilfarro e imposibles para la producción. Discursos descolgados de la percha, con inmenso revoloteo de sotanas, con aparatosas exhibiciones de guerreras blancas, como indicadas para prestigiar el carnaval de Niza o la opereta vienesa.[7]

La prensa provincial está incluso peor aún que la nacional. «Mingo de las Delicias» escribe desde Zaragoza:

> En esta desgraciada España sometida al yugo y a los flechazos fascistas no solamente van a menos la economía y la moral de las gentes – indicios de privaciones culturales y de comedor – sino incluso la literatura y las sanas expansiones populares sometidas a las férreas exigencias del militarismo ignaro y del clero brutal e intransigente. En Aragón por ejemplo la prensa de la capital resulta toda insulsa por estar dirigida; se compra menos que en mayo de 1936 a pesar de que Zaragoza, según estadística reciente, cuenta con 225.0000 habitantes contra 110.000 en aquellos tiempos … felices comparados con los de hoy.[8]

«La prensa muere en España»: es el título de un texto de R. Fanjón, que da el ejemplo de Calatayud (350).

Con la prensa avasallada corre pareja la propaganda, especialmente nociva entre la juventud indefensa:

> *De la preparación de la juventud en España.* El régimen dictatorial de España consideró hace algún tiempo que la enseñanza en las escuelas no cumplía suficientemente la «educación» falangista de la juventud española. O si la cumplía era fácilmente contrarrestada por la realidad tan pronto los niños abandonaban la escuela. A tal fin decretó el Ministerio del trabajo una ley obligando a todos los jóvenes de menos de 21 años a la asistencia

---

7 Juan Ferrer: «Ideas y figuras. La balumba», en: *CNT*, Segunda época 377.
8 *CNT*, Segunda época 344.

obligatoria a unas clases llamadas «De formación del espíritu nacional». Las mismas están bajo la organización del frente de Juventudes Falangistas.[9]

La penuria en España constituye un capítulo abundante y los ejemplos de cómo se malvive en este país son innumerables; no dejan de destacarse los testimonios de los extranjeros porque parecen más objetivos, como el que se ha sacado de un periódico de Santiago de Chile:

> De regreso de un largo viaje por diferentes países de Europa, entre ellos España y la zona oriental de Alemania, se encuentra en esta capital el estudiante chileno Luis Alberto Reyes. Ha manifestado haberse podido convencer de que en la «madre patria» se vive en peores condiciones que en los territorios de más allá del telón de acero.

Más impresiones por una personalidad chilena, Rafael Agustín Gamucio, subsecretario de Hacienda, a raíz de un viaje por Europa (sacado de *La Nación* de Santiago de Chile):

> La vida intelectual española produce ganas de llorar. La vieja frase de que Europa llega hasta los Pirineos es la pura verdad; hasta ahí llega ahora la vida intelectual europea. Leí un resumen del año intelectual español el 10 de enero de 1951 en el *ABC*. ¡Da pena! Todavía es el eje el anciano don Jacinto Benavente: ¡la vida del pensamiento español de 1950 giró en torno a Benavente! ¡El pensamiento hispánico de hoy está todavía en eso! Vi pobreza en España. Vi mendigos miserables. Vi a la clase aristocrática gozando de la vida en forma desorbitada. La vida es barata para el turista y para el aristócrata nada más; es cara para el que trabaja o anhela trabajar.[10]

Menudean las informaciones negativas, insertas en el *Noticiario*, que son de tipo sarcástico como ésta:

> ¡Pobre autarquía![11] Madrid. Con motivo de la huelga de los obreros petrolíferos de EE.UU. la aviación civil y militar franquista se ha visto obligada a reducir el gasto de gasolina.

A propósito del descarrilamiento del Talgo cerca de Vitoria, si se menciona primero la versión oficial, luego se hace alusión a un posible sabotaje (348).

En aquellos años suceden en España algunos acontecimientos notables que se comentan muy detenidamente en *CNT*. Uno de ellos lo constituyen desde luego las elecciones municipales de noviembre de 1951: en *Noticiario ... de la España fascista*, el que se firma «El Noi de la Pansa», corresponsal en Barcelona, evoca en varios números la próxima votación:

> *Lo dicen ellos.* Para el 25 de este mes está fijada la celebración del primer turno de las elecciones municipales franquistas. Es un capricho o una veleidad «democrática» que la España franquista se da para que le den morcilla (crédito) desde Wall Street. Muerto Hitler muerta la rabia; a falta de buenos marcos son dólares. Pero el pueblo español no traga elecciones, y ahora menos que antes, puesto que conoce la triste virtud de las mis-

---

9   *CNT*, Segunda época 373.
10   *CNT*, Segunda época 307.
11   Alusión a la famosa autarquía de los primeros años del franquismo (372).

mas, y el máximo escamoteo que se efectúa con el voto que de universal ha pasado a clerical. Más que nunca la farsa electoral se halla presente en España, estando como está dirigida por el sable y el hisopo y controlada por la chulería falangista fuertemente apoyada por la guardia civil. Y pese a la obligación de votar que se aduce en las propagandas oficiales y del «derecho a escoger candidatura» (impuesta por supuesto), «ellos» nos salen con el consabido descuento que todo deducido va más allá del 50 por 100. Ellos lo dicen...

A continuación se inserta un texto oficial titulado «Los electores en los comicios municipales» en que se dan instrucciones para votar, con mención de los «impedidos» (prevenidos judicialmente, encarcelados). «Y sin embargo – prosigue El Noi de la Pansa – a los impedidos van a sumarse los no impedidos antifranquistas, pues con Franco a la vista el ‹No votar› de la FAI se ha hecho extensivo a los sectores que bajo el régimen más o menos democrático jamás se cansaban de votar» (345).

En el apartado *Tejas al aire* Zigla vuelve a evocar las elecciones cuyo resultado es conocido antes de celebrarlas y añade: «Cierto, como asegura *Arriba*, que la ‹democracia clásica está podrida›. La corrupción de la democracia americana así parece confirmarlo.[12] Pero en lo tocante a la democracia orgánica, ¡cualquiera resiste a su fétido aliento!»

Se sigue con las elecciones en el siguiente *Tejas al aire*:

El estado franquista ha fusilado a ciudadanos porque en 1936 votaron, y ahora amenaza fusilar a los ciudadanos que no voten. No es un panorama agradable, pero sí una originalidad. ¡A ver cuánto dan los millonarios yanquis por ella!![13]

Otro suceso notable de este trienio: el Congreso Eucarístico celebrado en Barcelona en junio de 1952, lo que a Federica Montseny y a la redacción se les antoja pura provocación:

Barcelona ha sido elegida expresamente como lugar de concentración católica mundial. Con ello, la Iglesia afirma y evidencia su triunfo. Es ahí en la Barcelona roja y negra; en la Barcelona de las grandes luchas obreras; en la Barcelona de la Revolución; en la Barcelona donde triunfaron la ideas de libertad y de progreso, que vivió la epopeya del 19 de julio; es ahí precisamente donde, como un ¡Trágala!, el catolicismo celebrará este año su Congreso eucarístico. Y la Barcelona que vibró en las gloriosas jornadas proletarias; la Barcelona de la manifestaciones sangrientas y magníficas; la Barcelona de los grandes mitines y las grandes huelgas; la Barcelona del entierro de Durruti; la Barcelona símbolo del espíritu anarquista para España y para el mundo, hoy verá desfilar las manifestaciones religiosas, las sombrías procesiones, las cruces y los prelados internacionales. La Iglesia, con este hecho, dice al mundo: «Al fin hemos triunfado; el enemigo ha sido vencido y es aquí, en el terreno mismo donde fuimos batidos, donde tantas iglesias se quemaron, donde se secularizaron reclusos y cementerios, donde se aireó a las momias y a las monjas, donde se expusieron a la contemplación pública los secretos de los conventos, mostrando los esqueletos emparedados y los instrumentos de tortura; es aquí donde

---

12 Se saca aquí a colación con amargura «la democracia americana» en el momento preciso en que los aliados están a punto de reconocer el régimen franquista (345).
13 *CNT*, Segunda época 346. En Cataluña votó el 20 por ciento (343).

La España negra vista por la España roja y negra en la prensa del exilio republicano 265

nosotros vamos a desfilar, triunfantes, afirmando una vez más nuestro poderío, nuestra influencia, nuestro dominio sobre las conciencias».[14]

En otro lugar (364) se vuelve sobre el tema: «Asalto eucarístico a la capital catalana». De la Iglesia nunca se olvidan en *CNT*, ni un momento. En su crónica «Ideas y figuras» Ferrer firma un texto titulado «La Iglesia nuestra eterna enemiga» (375), mientras un corresponsal del interior, «Critiquillo», cuenta «Las tribulaciones anastásicas del cardenal Segura: el clero censura a un grupo de teatro en Sevilla» (379), y «Mingo de las Delicias» se queja desde Zaragoza a causa de la «clericalización de la jota» (344).

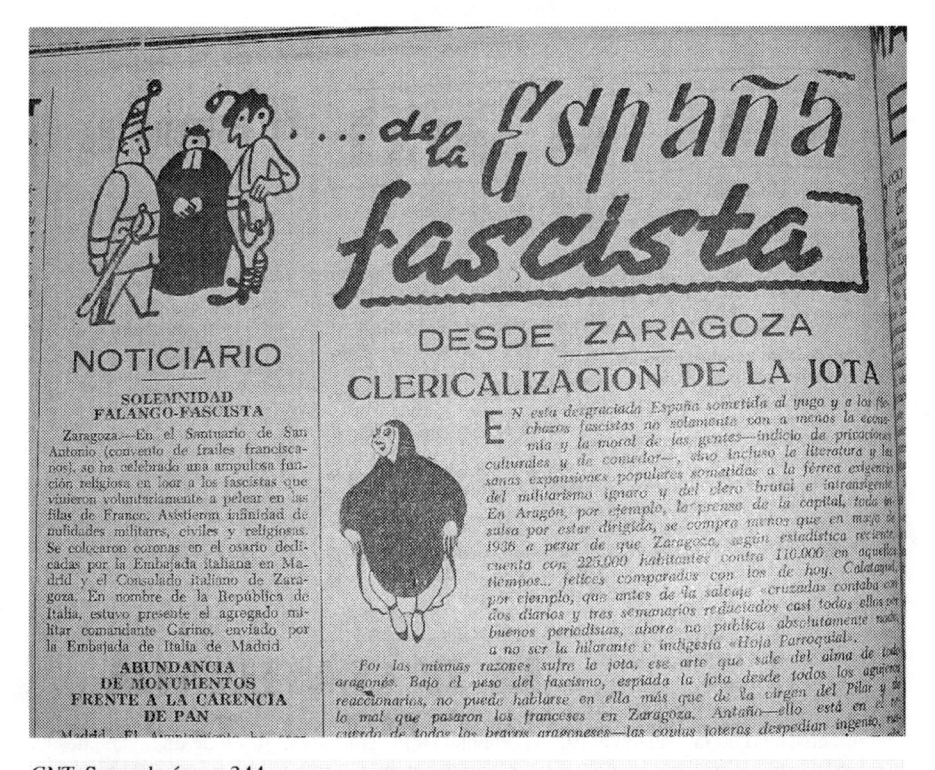

CNT, Segunda época 344

Pero lo que más indigna a los redactores de *CNT* es la represión que más de doce años después de la victoria franquista sigue vigente en el país y se ensaña en los compañeros: «Hablan los presos de la *CNT*»; «Sigue la farsa jurídica. Monstruoso proceso contra treinta cenetistas en Barcelona» (9 penas de muerte); «Para arrancar a los compañeros Antonio Núñez Pérez y Dionisio Rueda de las manos del verdugo»

---

14 Federica Montseny en: *CNT*, Segunda época 372.

(353); «La España negra no se desmiente: Antifascistas condenados a muerte en Barcelona» (357).

> Noticias de Andalucía. De nuevo impera el terror en Andalucía particularmente en las provincias de Granada y Sevilla. Los turistas extranjeros que visitan la Alhambra y el Albaicín están lejos de suponer que a sus pies, en las delegaciones policíacas, gente del pueblo ve destrozadas sus carnes a vergajazos. En Sevilla, la represión es masiva, siendo centenares los obreros detenidos por simple sospecha de formar en la *CNT*. Para evitar malos tratos consubstanciales con el régimen, centenares de obreros han huído de Sevilla. Ser detenido en la mayor parte de los casos es ser candidato a una muerte espantosa. La ley de fugas es constantemente aplicada, sin que el cardenal Segura tenga nada que decir de la institución guardiacivilesca que tiene bendecida.[15]

Más noticias de Andalucía: Gracia Navarro, en «Andalucía bajo el terror franquista», incluye una carta anónima mandada de un pueblo de la provincia de Sevilla:

> Del pueblo de Montellano sabemos que el victimario Benito Sánchez prosigue cometiendo viles fechorías contra los familiares de los elementos de izquierda. Con desplantes matonescos no deja de provocar a aquellos que por sus opiniones le son antipáticos. Sábese que es el autor de la mayor parte de las denuncias recibidas en el cuartel de la Guardia Civil.
> Don José Toscano, el cura trabucaire del mismo pueblo y cuyas fechorías y salvajadas han sido denunciadas en las columnas de vuestra *CNT*, ha fallecido víctima, se dice, de su remordimiento. Este cura indecente había denunciado a muchos ciudadanos a cuyo fusilamiento cínicamente asistió, como en todos los perpetrados por Falange, en las tapias del cementerio para confesar a las víctimas y prodigarles consuelo de cocodrilo. Este delator e inductor de los peores crímenes murió lejos de Montellano, pues se ve que no podía arrostrar la presencia de los familiares de los fusilados.

Las prisiones franquistas, que en 2003 se merecieron una formidable exposición en la España de la democracia, constituyen un verdadero *leitmotiv* en el semanario. Entre muchos copiamos el testimonio de Hans Steinberg sobre el campo de Nanclares de Oca (Vitoria):

> La población penal está compuesta, término medio, por unos 400 presos, pudiendo considerar que el 75 por 100 lo son por delitos políticos, el 10 por estraperlo y el resto por hechos diversos y comunes. Describir los horrores que en Nanclares de Oca ha vivido y presenciado, a Hans se le revela difícil, por abundancia, por acumulación de los mismos. A las cinco de la mañana el campo reanuda su mísera vida al ruido de una diana desatada por clarines y tambores. Luego gritos, insultos, a cargo de los cabos, y limpieza corporal en un lavabo parecido a un abrevadero de caballerías. Todos los prisioneros se visten en silencio, taciturnos, la faz color de aceituna a causa del diario sufrir. En sus hundidas mejillas no florecen las sonrisas. El infierno va a recobrar sus derechos durante DOCE horas durísimas. Cubiertas sus carnes con ropas deshilachadas, estos hombres se reúnen en el patio, un grupo frente a cada barraca, donde esperarán durante una hora que les sirvan una gamela de sopa indecente a título de desayuno y como justificante de cuatro horas y media de trabajo brutal. Picos, palas, mazas, carretillas y vagonetas deben ser movidos durante ese tiempo a un ritmo indescriptible.

---

15 *CNT*, Segunda época 373.

> Al mediodía vuelta al rancho compuesto esta vez de guisantes rellenos (con gusanos), a cuya vista, por mucho que el hambre apriete, la cuchara se resiste a penetrar en la boca, ¡tan poderosa es la náusea que despierta! En este caso ¡ay! demasiado repetido, el preso se contenta con morder, más que comer, el pequeño pan negro de 100 gramos, la ración que el Estado Español concede cristianamente a sus pupilos del Campo de Concentración de Nanclares de Oca.
> A la una treinta minutos es la segunda vuelta al trabajo. De nuevo los picos, las palas, las mazas, las carretillas, las vagonetas en marcha para la zarabanda de la muerte. Con el cuerpo desnutrido, la cabeza vacía, solamente la voluntad de «sobrevivirse», la esperanza de salir de este infierno algún día para reemprender la lucha contra el totalitarismo, aguanta a la mayor parte de estos hombres implacablemente acechados por la Parca. Todos la presienten, todos creen percibir sus siniestros guiños; pero no pierden aliento, pues no es posible que la puerta infame un día no se abra de par en par para que el condenado pueda reposarse sobre brazos fraternales. ¡Imposible que la maldad gane todas las batallas!
> A las seis y media de la tarde el trabajo se paraliza, pues hay que ir a saludar la bandera de Franco. Y a oír una repetición tan cansina como infame: «ESPAÑA ES VUESTRA MADRE PUESTO QUE OS MANTIENE».
> A las ocho siguientes nuevo rancho infecto, agusanado. A los reclusos ya les es imposible adelgazar. A las nueve nochernagas retreta, insultos, bofetones, patadas, cintarazos, que todo ello consta en el programa de todo el día, según el borracho empedernido Andrés García, ex-capitán del Tercio y actualmente comandante jefe del CCYT de Nanclares de Oca (Vitoria):
> «LOS GOLPES Y LOS INSULTOS SON TAN NECESARIOS EN LA VIDA DEL DETENIDO COMO EL AIRE QUE RESPIRA. DIOS LO QUIERE. FRANCO LO QUIERE», y el miserable Ángel García también.[16]

La Prisión Central del Puerto de Santa María es otro lugar muy celebrado en las efemérides del mundo carcelario. *CNT* ofrece una evocación – lírica y por eso algo más imprecisa – de la malamente famosa central sureña, que se mereció el símil de «Montjuich andaluz»:

> En este antro carcelario Falange trató de quebrantar, mediante la tortura y el asesinato, el espíritu revolucionario de Andalucía, y en particular a la Confederación Nacional del Trabajo. En ese rincón gaditano, olvidados, abandonados a la merced de sus verdugos sin otro sostén que la fuerza de sus convicciones que les dan valor moral y coraje yacen infinidad de compañeros nuestros. Y encontraríamos incomprensible que incluso nosotros los defraudáramos. Repliquemos a los encanallados jueces que les condenaron con nuestra solidaridad de antifascistas y confederales,[17]

escribe Pedro Sanz. Esos presos irrumpen en las planas de *CNT* que día tras día quieren reflejar la crueldad de la represión franquista: «Desde España. Hablan los presos de la *CNT*» (375); «La miseria moral del falangismo. No se liberta a los presos de guerra que han cumplido condena» (377); «Penal del Dueso. La supuesta humanidad del penalismo franquista, firma El Duende…», «Ocurrido en la cárcel de Gijón», «Detenciones en Málaga. Hambre en la cárcel de Málaga» (378); «La explo-

---

16 Sic. «Visto y vivido en la España negra», en *CNT*, Segunda época 344.
17 *CNT*, Segunda época 341.

tación de los prisioneros en España: Con grandes aspavientos la prensa franquista loa y exalta insistentemente el trabajo ‹humanitario› cumplido por Fernández Cuesta a base de las disposiciones penales que ha proyectado sobre las casas pálidas de España» (383); «Nuestros presos en España reclaman una constante acción solidaria, moral y económica de todos sus hermanos. ¡No defraudemos sus esperanzas!» (388); «La voz de los presidiarios españoles. El timo del ahorro: El ahorro en las prisiones de que se habla con harta frecuencia en *Redención*, es una pura farsa. Un motivo más de propaganda franquista» (394).

España está entre las manos del dictador y sus gentes, agotada física y moralmente por el hambre y la represión. «Pensad en España», suplica una y otra vez *CNT*.

... de la España fascista

Tomando el título de un apartado de *CNT*, hemos compuesto el cuadernillo que sigue a base de algunas imágenes y caricaturas insertas en el semanario anarquista (números 303 a 435 de la segunda época), lo que puede dar una idea del talento de los dibujantes del exilio y también del hispanotropismo amargo vigente entre los transterrados republicanos. España ha llegado a ser, para los intelectuales de *CNT*, más que una preocupación, un puro remordimiento, una verdadera obsesión a la cual dedican sus cavilaciones y sus textos más sentidos.

Pero los textos que se dirigen a un público tan diverso como era el lectorado del citado periódico, el cual cuenta incluso algunos elementos recientemente alfabetizados y poco literatos, no tienen suficiente impacto si no se ven reforzados por la imagen: ésta constituye el vehículo imprescindible aunque no único del aleccionamiento. La imagen posee una fuerza, incluso una brutalidad, que es propia de ella; ésta no

La España negra vista por la España roja y negra en la prensa del exilio republicano 269

quiere saber nada de las matizaciones ni de la distanciación que incluye – o que puede incluir – el artículo leído y meditado. Bien se conoce – y por eso se aprecia – su violencia simplificadora y reductora. Nada más mirar y con un vistazo ya está juzgado el asunto.

Por eso los primeros tiempos de *CNT*, rediviva después de la guerra mundial, se acompañan de un florecimiento de ilustraciones con las firmas de Lamolla, Guillember, Argüello. Pero pronto el dibujante por excelencia de *CNT* va a ser Joan Call que cada semana a partir de 1946 no deja de mandar sus caricaturas. La España franquista constituye su tema predilecto y Franco su héroe, o más bien su antihéroe, si se tiene en cuenta lo que puede ser un héroe para un caricaturista que es un excombatiente derrotado de la Guerra Civil; por lo menos Franco ha de ser su personaje a menudo único y sobre él se ensaña con preferencia su lápiz: Call lo ve como un homúnculo casi esférico, grotesco y sanguinario. No por eso se olvida el dibujante de sus acólitos: curas, guardias civiles, falangistas y moros. Todo eso puntuado por unas evocaciones de las rejas de las sempiternas cárceles franquistas.

ACTUALIDAD ESPAÑOLA

— ¡Se vende, se vende!...

La España negra vista por la España roja y negra en la prensa del exilio republicano

«Temo que mis convicciones pudieran sufrir una decepción semejante a la que sentirían millones de hombres y mujeres de todo el mundo, que ven en las estrellas y las barras de vuestra bandera el símbolo de la libertad.

» Ningún régimen totalitario debería encontrar protección bajo los pliegues de la bandera de la libertad, puesto que aquellos son los enemigos de la dignidad humana.»

(De la carta del artista Pablo Casals al Presidente Truman.)

Y SIN EMBARGO, EN LA ESPERANZA ESTAMOS DE QUE EL GRAN PUEBLO AMERICANO NO PERMITIRÁ ESO.

«Somos, en 1951, los mismos de 1946, y si las Naciones nos aceptan, es tal como somos.» (De «Arriba», de Madrid.)

DON QUIJANO DE LA MANTA

—Por ahora aún se obtiene este resultado.

La España negra vista por la España roja y negra en la prensa del exilio republicano 273

A Dios rogando...

MÚSICA DE EMPALAGO.—«España no hay más que una...»

La España negra vista por la España roja y negra en la prensa del exilio republicano 275

PENSAD en ESPAÑA

En cárceles y presidios de España centenares de hombres gimen aherrojados por la tiranía franquista.

Son los generosos luchadores vencidos por la confabulación internacional del capitalismo, la abulia de la clase obrera y la incapacidad y el abandono de las democracias.

¡Pensad en ellos!

¡Asociadlos indisolublemente al recuerdo del 19 de Julio!

Manuel Andújar y Pere Vives.
Dos testimonios del exilio republicano en Francia

José Rodríguez Richart
(Universität des Saarlandes)

1. Manuel Andújar: *Saint Cyprien, plage... Campo de concentración*

Manuel Andújar (La Carolina, Jaén, 1913 – Madrid, 1994) es más conocido como novelista, especialmente por su gran trilogía *Vísperas* y por su ciclo narrativo *Lares y penares* pero menos como poeta, a pesar de haber publicado varios volúmenes (*Campana y cadena*, *Fechas de un retorno*, *Sentires y querencias*) y muchísimo menos como autor dramático, no obstante haber escrito doce obras de diferente extensión.[1]

Pero, como les ha ocurrido a otros muchos escritores españoles exiliados, la creación literaria de Andújar, publicada casi toda ella originariamente en México, país de su residencia desde junio de 1939 hasta 1967, año de su retorno definitivo a España, empezó a ser mejor conocida en nuestro país a partir de 1970 en que aparecen las tres novelas que constituyen su trilogía *Vísperas* en Barcelona (Editorial Andorra). En el prólogo, el crítico Rafael Conte habla de la obra de Andújar como de un «descubrimiento»[2] y de que sus líneas prologales sólo pretenden presentar «a este escritor desconocido al público español».[3]

Estas observaciones preliminares vienen a cuento de que *Saint Cyprien, plage... Campo de concentración* corrió la misma suerte que las demás obras de Andújar publicadas en México pero desconocidas, la mayoría de ellas, en España, incluso en nuestros días, a no ser que hayan sido reeditadas en ediciones españolas después de 1970, lo que no siempre ha ocurrido por diversos motivos.[4] La obra sobre el campo de refugiados o de concentración francés, en donde estuvo internado Andújar unos meses,[5] se publicó por primera vez en México, en Ediciones Cuadernos del Destie-

---

[1] Una bio-bibliografía muy completa de Andújar es la de Mancheño Ferreras (1990). En ella se incluyen también las ediciones de las novelas, cuentos, ensayos, poemarios, relatos breves, etc. Para su producción escénica puede consultarse mi artículo (Rodríguez Richart 2001) y la bibliografía incluida en él.

[2] Conte 1970: 17.

[3] Conte 1970: 19.

[4] No lo han sido, por ejemplo, las cuatro primeras obras teatrales sobre el tema de la Guerra Civil publicadas en México en 1942: *El Director General*, *Maruja*, *Estamos en paz* y *Y después, no grites*.

[5] Probablemente desde febrero hasta fines de mayo de 1939, en que fue trasladado al campo de Barcarés para, desde Sète, embarcado en el *Sinaia*, tomar rumbo a México, a donde lle-

rro, en 1942, y en 1990 ha sido reeditada en Huelva por la Diputación Provincial de dicha ciudad.[6] Para esta edición escribió el autor un nuevo prólogo en 1989, que figura junto al de la primera edición, y se han añadido a la misma un interesante epílogo y una amplia y documentada bio-bibliografía. De estas dos últimas aportaciones es autor Antonio Mancheño Ferreras.

En el primer prólogo de 1942 escribe Andújar que «estas líneas [...] se publican rigurosamente como fueron escritas *allí* [...] [y] que lo dicho es insignificante reflejo de lo que [...] sucedió [...] Desde un ángulo de estricta experiencia personal, estas páginas constituyen únicamente un testimonio».[7] Testimonio y, podríamos añadir, también acusación pues al protestar de «la situación de los refugiados españoles en Francia y África [que] ha llegado al grado máximo de desesperación y desvalimiento»[8] no deja de apuntar a uno de los presuntos culpables de esa lamentable situación y hace un llamamiento a la opinión internacional para que se detengan «las manos traidoras de Laval, que quiere entregar a millares de compatriotas [...] al hombre y al régimen que todos los españoles legítimos odiamos, a Franco y a la Falange.»[9]

En el segundo prólogo de 1989 insiste en la «testimonialidad»,[10] como él escribe, en la «autenticidad»[11] de lo descrito y en la «estricta fidelidad al humanismo español que encarnábamos».[12] Como corroboración de lo que afirma, tanto en la edición de 1942 como, aunque menos en número, en la de 1990, figuran en el libro unas estremecedoras fotos del pintor Julián Oliva, tan impresionantes y elocuentes como las que figuran, por ejemplo, en el *Diario de Djelfa* de Max Aub.[13] Encontramos en ella, además, dibujos muy expresivos del ambiente del campo.

En su segundo prólogo, Andújar califica de «crónicas»[14] los textos de la obra que comentamos. Por su parte, Antonio Mancheño estima acertadamente en este contexto que se trata de «testimonios directos, apuntes, dramáticas instantáneas. Todo se encuentra aquí: la injusticia, la bajeza, el heroísmo, la nobleza. Para él [Andújar] Saint-Cyprien fue como un pequeño cosmos, un reflejo miniaturizado de ese macrocosmos que era España»[15] y agrega que, a pesar de destacar el libro por su valor primordialmente testimonial, no carece de una dimensión literaria, defendiendo

---

    ga el 13 de junio. Vid. el epílogo y la bio-bibliografia antes citada de Mancheño Ferreras (1990: 112 y 120, respectivamente).
6   Es la edición que nosotros hemos manejado; a ella se refieren las citas y las páginas del texto.
7   Andújar 1990c: 13-14.
8   Andújar 1990c: 13.
9   Ibíd.
10   Andújar 1990b: 8.
11   Andújar 1990b: 9.
12   Ibíd.
13   México D.F., Unión Distribuidora de Ediciones, 1944.
14   Andújar 1990b: 7.
15   Andújar 1990a: 114.

así al escritor andaluz de los ataques de algunos críticos que le acusaban de haber escrito una obra «en donde la forma casi desaparece frente a la preocupación por el contenido».[16]

En este sentido, interesa constatar algo que llama poderosamente la atención al leer la obra. Ya en estos textos tempranos de Andújar se manifiestan, a pesar de su innegable valor testimonial y documental, algunas peculiaridades de su estilo y de su prosa que se acentuarán considerablemente en su evolución posterior: su conceptismo y su barroquismo formal. «Debo confesarte con absoluta sinceridad que eres un escritor difícil», le expone el autor cubano César Leante en una carta citada en el epílogo.[17] Y continúa: «Y lo eres porque huyes de los estereotipos de la narrativa, te arriesgas por ser innovador [...] tu novela en general – termina el amigo – es una novela conceptual, hecha de reflexiones y no de acciones».[18]

Pues bien, este mismo estilo intelectual, este mismo lenguaje barroco, algo enrevesado y hasta críptico en ocasiones, este mismo conceptismo, y una adjetivación inusual (hipérbatos, arcaísmos, neologismos...), se notan ya perfectamente en estas crónicas y contribuyen, a veces, a darles un tono algo distanciado, lúcido por una parte pero carente de temperatura sentimental o afectiva, lo que no significa que el autor no la sintiera, pero su expresión, en suma, no lo revela, lo que no daña, en absoluto, también hay que decirlo, sus evidentes valores testimoniales.[19]

Veamos más de cerca los textos de Andújar. El libro contiene treinta y dos crónicas, como él las denomina, las más breves de media página, como las tituladas «Unos granos de arena», «La mejor victoria del mar» o «Las obras», y las más extensas de tres («¡Oh, la sanidad!», «Piojos y otras lindezas», «14 de abril», «Aquella encuesta») o de cuatro páginas, como «Peluca, Perejil y Cía» o «Nadie se apercibió». Estas dos últimas, las más extensas de todo el libro, y «¡Oh, la sanidad!», son, para mi gusto, las mejores. La mayoría de ellas, sin embargo, oscila entre una página y una página y media. Y todas son expresión, innecesario es decirlo, de un testimonio crítico y de una intención más o menos abiertamente acusatoria porque todo está visto desde la perspectiva de un refugiado que se siente en una prisión más que en un campo de acogida de refugiados: «semanas de prisión sin muros de piedra, con tabiques de playa, de montañas, de hambre, de nostalgia, de caos epiléptico»,[20] vigilado

---

16 Andújar 1990a: 114-115.
17 Andújar 1990a: 115.
18 Andújar 1990a: 115-116.
19 Con lo que decimos aquí sobre el lenguaje de Andújar en esta obra coincide también José María Naharro Calderón en uno de los pocos artículos que he podido encontrar dedicados a comentarla: «*Saint Cyprien* posee tendencias retóricas que lo aproximan al estilo barroquizante posterior de las narraciones de Andújar» (Naharro Calderón 1998: 316). Nota también en ese lenguaje un «ritmo culterano», a pesar de reconocer, con razón, que la intención del autor, paradójicamente, fue otra: «lo que se busca es una lengua popular, denotativa» (Naharro Calderón 1998: 313).
20 Andújar 1990a: 44.

y controlado en todo momento por gendarmes y militares, rodeado de alambradas y sin poder salir del recinto acotado, amargado como todos los allí recluidos por la derrota en España y vejado y humillado por un trato que considera injusto y hasta denigrante en Francia.

Precisamente por la mayor o menor explicitación de esta intención acusatoria podría proponerse con toda reserva una clasificación trimembre de las crónicas:

a) En primer lugar, podríamos agrupar las más explícitamente y más concreta y contundentemente críticas, las escritas con más mordiente, causticidad y dureza. Pero entiéndase bien que críticas no sólo contra las autoridades francesas o la administración del campo por las precarias, pésimas y hasta , a veces, inhumanas condiciones en que tienen que vivir allí los republicanos internados (como «¡Oh, la sanidad!», «Piojos y otras lindezas» o «Paris Soir», por ejemplo) sino críticas también aceradas contra los propios refugiados españoles, unas veces por un comportamiento indigno y rastrero, humillante y repulsivo – aunque condicionado ciertamente por la más perentoria necesidad – que los demás republicanos sienten como un vilipendio para todos los españoles (como en «Las sobras») o bien contra los cobardes y traidores que «lamían el perdón humillante de Franco (y) rehuían por anticipado la prueba del campo de concentración», como escribe, por ejemplo, en «Plebiscito».[21] O, peor aún si cabe, contra el intérprete primero del campo

> mano izquierda del mando francés [...] que a codazo limpio se aparta brutalmente de los que mamaron su propia leche, vive ostentosamente mejor, es capaz de todas las villanías [...] Habita sin cerrojos ni alambre espinoso en las casetas del mando [y] [...] va derecho a su doble fin: obtener el perdón de los invasores [y] reunir unos centenares de francos.[22]

Casos semejantes, casi inconcebibles en circunstancias normales, los describe también, en situaciones comparables o peores, Max Aub en su estremecedor *Diario de Djelfa*,[23] como ya hemos indicado antes.

b) En segundo lugar podríamos agrupar las crónicas con descripción de escenas del campo, de apariencia más relativamente objetiva, casi de estilo costumbrista en ocasiones, sin virulencia ni acritud, sin ostentar una crítica explícita pero que, por supuesto, la llevan de forma implícita. Creo que son las que forman la mayoría del libro como «Primero, lo de España», sobre la lectura de los periódicos franceses, en corro, por un lector que domina el francés y traduce las noticias de actualidad; «Tratemos del humo», sobre «una aventura, que requiere inventiva, tenacidad, intrepidez»:[24] el fumar, generalmente tabaco de colillas y a veces pasándose en corro el pitillo entre varios; la celebración, clandestina se entiende, porque las autoridades

---

21 Andújar 1990a: 23.
22 Andújar 1990a: 63-64.
23 Vid. nota 13.
24 Andújar 1990a: 49.

francesas las han prohibido terminantemente, de dos fiestas emblemáticas para los republicanos, el 14 de abril y el 1 de mayo, a las que el autor dedica dos de sus crónicas (las tituladas «14 de abril» y «¿Quién lo puede impedir?»); «Protégete en el quicio de la puerta» o «Aquellas encuestas», sobre las actividades culturales en el campo; «Los que se marchan» sobre los que salen, liberados, a países extranjeros, a Inglaterra, la URSS, América... y que hacen notar inevitablemente a los que se quedan «agigantadas de golpe, la soledad y la indefensión»;[25] «Una edición corregida» del Barrio Chino de Barcelona «instalado a la puerta del campamento 13, que alberga a la población civil [...] [y] está consagrado exclusivamente al comercio, a la más desenfrenada compraventa»[26] de todo lo imaginable, etc.

c) Una tercera categoría se centra, sin apartarse de la tónica general indirectamente crítica de las crónicas, en retratos físicos y morales de determinadas personas recluidas en el campo que le han llamado la atención al autor, como los apodados Peluca, Perejil y el Comandante en la que dedica a «Peluca, Perejil y Cía» o «Nadie se apercibió», en forma epistolar, sobre un muchacho fogoso de 17 años, que siempre se batió como un jabato en primera línea, de sangre bulliciosa y torrencial y con la cabeza a pájaros que, ante la inactividad y la parálisis del campo, opta por enrolarse en la Legión francesa, ocultándolo a su hermano mayor, también refugiado; «Despedida» retrata a un chaval levantino, voluntario en la guerra, de conciencia acreditadamente antifascista que, a pesar del riesgo grave que corre, decide volver a España, movido por un impulso superior: «Aguda nostalgia elemental de la compañera, de la hija [...] la tierra madre, el sexo, la paternidad hogareña».[27]

Una de las narraciones quizá más sobrecogedoras y más representativas del libro y a la vez de la situación de los refugiados en el campo es, a mi entender, «¡Oh, la sanidad!» porque el autor, que había sufrido la parálisis infantil y seguía sufriendo sus consecuencias, fue ingresado en la enfermería del campo y desalojado de ella poco después, a pesar de una fuerte disentería, para dar cabida a «nuevas remesas de cadáveres andantes»[28] y, con otros compañeros a los que, como a él, «la vida se nos escapa a chorros»,[29] trata de pasar la noche en un simple hoyo de la arena, cubiertos todos rudimentariamente con los capotes militares y un capisayo que les regaló una caritativa enfermera: «Los cuerpos completaron la calefacción».[30]

Creo que no es necesario seguir y que con los botones de muestra expuestos debería bastar para dar una idea al menos aproximada del espíritu que informó al autor al escribir este libro, tan poco conocido pero tan intensamente vivido, tan significati-

---

25 Andújar 1990a: 75.
26 Andújar 1990a: 73.
27 Andújar 1990a: 105.
28 Andújar 1990a: 21.
29 Andújar 1990a: 20.
30 Andújar 1990a: 22.

vo y exponencial del trágico destino de millares de republicanos españoles internados precariamente en ese campo. Un libro, en definitiva, testimonio fiel y auténtico de una época y de unos sucesos que, aunque la esperanza no sea muy grande, Dios quiera que no se vuelvan a repetir.

2. Pere Vives i Clavé: *Cartes des dels camps de concentració*

El caso de Pere Vives es un caso muy singular. Nacido en Barcelona el 24 de febrero de 1910, en su trayectoria biográfica hasta el fin de la Guerra Civil no hay nada excepcional: estudios en la Escuela de Altos Estudios Mercantiles de Barcelona, empleado después en un banco, estudios de francés y de inglés y más tarde de matemáticas y de filología y profesor titulado de catalán. En 1936 empieza a traducir para la editorial Proa *La condition humaine* de Malraux pero estalla la guerra, ingresa en la Escuela de Guerra y sale de allí con el grado de teniente de artillería. A principios de 1939 cruza la frontera francesa y es internado primero en el campo de refugiados de Argelés y luego en el de Agde, en donde conocerá a Agustí Bartra. De Agde pasa a Saint Cyprien y luego, enrolado en la 109 Compagnie de Travailleurs Espagnols, trabaja en las fortificaciones del ejército francés al comenzar la Segunda Guerra Mundial, primero en Lorena y más tarde en Belfort. Intenta escapar con unos compañeros dos veces a Suiza, en 1940, mientras trabaja en la ciudad fronteriza francesa de Delle, pero es capturado por los suizos, que lo devuelven a Francia.

En su vida hay un vacío de cerca de un año a partir de entonces del que no se tienen informaciones: desde mayo de 1940 a marzo de 1941, en que vuelve a escribir a la familia en francés como prisionero de guerra de los alemanes, desde un fantasmal «Stalag VIc» (Mauthausen); deportado, como se sabrá más tarde, con otros siete mil quinientos españoles, catalanes muchos de ellos[31] y republicanos, acogidos por Francia después de la Guerra Civil, al siniestro campo de concentración o de exterminio de Mauthausen, en Austria, morirá el 30 de octubre de 1941, a la edad de treinta y un años, «de una injecció de benzina al cor», como asegura Montserrat Roig.[32] Uno de sus compañeros del exilio, Ferrán Planes, cuenta en su obra *El desgavell* algunas de las peripecias de Vives mientras estuvieron ambos integrados en las Compañías de Trabajadores Españoles y el escritor y también amigo de Vives Joaquim Amat-Piniella le dedicó su novela *K.L. Reich. Els catalans als camps d'extermini de Hitler*,[33] que es en gran parte la autobiografía del autor.

---

31 Amat-Piniella 1984: 11. La edición que yo he manejado ha sido publicada en catalán en Barcelona, en 1984, conjuntamente por Edicions 62 y Ediciones Orbis. La primera edición en España se publicó en 1963 en Barcelona en la editorial Seix Barral. Hay una edición en castellano (traducción de Antonio Padilla) publicada en Barcelona por El Aleph Editores en el año 2002.
32 Roig 1995: 11.
33 La dedicatoria reza: «A en Pere Vives i Clavé, assasinat pels nazis el dia 31 d'octubre de

Decía antes que el caso de Pere Vives es muy singular porque más que un escritor fue una promesa de escritor o un escritor en ciernes que vio truncada tempranamente su vida sin poder dar los frutos intelectuales que cabía esperar de él. Lo más importante que nos ha legado es su correspondencia con Agustí Bartra y con la familia, con su madre, Concepció Clavé, y con sus hermanas, Carme y Conxita, un conjunto de cuarenta y una cartas y postales en total, escritas la mayoría en catalán o castellano y unas cuantas en francés, que forman el tomito *Cartes des dels camps de concentració*, publicado por primera vez en Barcelona en 1972[34] por Edicions 62 al cuidado de Francesc Vallverdú y con un prólogo de Agustí Bartra, compañero de Vives en el campo de refugiados de Agde, como ya sabemos.

> Tots els qui el van tractar, coincideixen a presentar-lo com un home de gran sensibilitat i d'amplia cultura, i així ho comprovem en la prosa de les cartes: per la seva força emotiva, per la rica humanitat [...] i per la nitidesa i l'exactitud de l'estil. Si a això afegim l'enorme interés documental que tenen aquestes *Cartes des dels camps de concentració*, cal reconèixer la importancia excepcional d'aquest malaguanyat autor

escriben los editores en la página 98 de la edición de 1980 citada antes.

Por su parte, su fraternal amigo Agustí Bartra, que, como ya sabemos, lo convirtió en uno de los cuatro personajes protagonistas – y en el más importante – de su novela *Cristo de 200.000 brazos*, escribe de esas cartas en el prólogo de la citada edición:

> hi ha en elles una riquesa espiritual, un interès humà i de document del nostre temps que crec que pertanyen a tothom i que pertanyen al futur [...] Crec que la qualitat mes convincent d'aquestes *Cartes* és la seva espontània autenticitat, eixida directament del cor d'una tragèdia viscuda per milers de catalans en terres de França. Escrites des de dins mateix d'una situació extrema, n'expressen la circumstància [...] i reflecteixen intensament la conjuntura històrica [...] d'uns fets terribles en la seva desmesura.[35]

Retengamos lo que, a mi entender, es esencial: «Document del nostre temps», «autenticitat, eixida directament del cor d'una tragèdia viscuda per milers de catalans», «reflecteixen intensament la conjuntura històrica. [...] d'uns fets terribles en la seva desmesura.»

Fueron precisamente estas cartas, en todo caso, las que le abrieron los ojos a Montserrat Roig sobre esa tragedia vivida por miles de catalanes, según confiesa ella misma:

> Jo mateixa he de confessar que va ésser un llibret publicat en aquesta mateixa editorial el que em va obrir els ulls. Es tracta de les *Cartes des dels camps de concentració* d'en Pere Vives i amb pròleg de l'Agustí Bartra [...] Ningú te dret mai de matar ningú, però

1941, en memòria d'una amistat fraterna» (Amat-Piniella 1984: 9).
34 La segunda edición, que es la que yo he manejado, ha sido publicada por Edicions 62 en 1980.
35 Bartra 1980: 10 y 12.

en Pere Vives representava per a mi, aleshores, una mica el símbol de la innocència sacrificada per l'irracionalisme sistematitzat a través d'un ordre polític.[36]

Leyendo las cartas de Pere Vives podemos reconstruir aproximadamente su dramática trayectoria en el exilio y los sufrimientos y penalidades de todo género que tuvo que soportar hasta su prematura muerte en el campo de exterminio nazi de Mauthausen. Internado primero, después de cruzar la frontera francesa, en el campo de Argelés, fue trasladado luego al de Agde, de donde proceden las primeras cartas. Allí permaneció, por lo menos, desde el mes de mayo de 1939,[37] según nos asegura Bartra, hasta finales de octubre del mismo año, es decir, unos seis meses, aunque de allí salió unas semanas a trabajar en la vendimia incorporado a la 22ème Compagnie de Travailleurs Espagnols en el pueblo de Alignan-du-Vent (Hérault), en donde hizo también las funciones de intérprete.[38] Al terminar los trabajos en las viñas, sin embargo, no regresa a Agde sino que le envían al campo de Saint Cyprien, en donde sabemos que permanece desde el 1 de noviembre del 39 hasta, por lo menos, el 21 de diciembre del mismo año, fecha de la antepenúltima carta que le escribe a Agustí Bartra.[39]

Enrolado luego en la 109ème Compagnie de Travailleurs Espagnols,[40] les comunica a su amigo y a la familia que deben dirigirle las cartas el «Secteur Postal 390», ubicado probablemente en la Lorena y cerca del pueblo de Frankaltroff.[41] Desde allí debió de pasar a las proximidades de la frontera suiza, pues se sabe que en la primavera de 1940 intentó, por dos veces, escapar al país helvético, desgraciadamente las dos sin resultado.[42]

La última carta que Vives dirige a su familia como integrante de la 109ème Compagnie de Travailleurs Espagnols lleva fecha del 2 de mayo de 1940. La carta

---

36 Roig 1995: 11 y 12.
37 «[...] el nostre primer contacte fou [...] al camp de concentració d'Agde [...] pel maig del 1939», escribe Bartra en el «Pròleg» de la correspondencia de Vives (Bartra 1980: 6).
38 «Tot i que oficialment, essent com sóc, l'intèrpret de la companyia, n'ho tinc l'obligació de treballar, m'he ofert voluntariament», escribe Vives en su carta desde Alignan el 25 de septiembre de 1939 (Vives 1980: 34).
39 Vives 1980: 47. En la carta siguiente, la fechada el 27 de diciembre de 1939, le comunica a su amigo que ya no está en el campo: «Estimat Bartra: Només tinc una idea aproximada del lloc on som, però encara que ho sabés exactament no m'ho deixarien dir» (Vives 1980: 48).
40 «Désignation de la formation militaire: 109ème Compagnie de Travailleurs Espagnols» (Vives 1980: 86).
41 Así escribe, por lo menos, Agustí Bartra: «Nadal del mateix any, viatge amb tren, en un vagó de bestiar, formant part d'una companyia de treballadors militaritzats. Lorena, masia de Frankaltroff» (Bartra 1980: 8).
42 «Primavera de 1940: Delle, vila fronterera francesa, al llindar de Suissa. El 24 de juny entra en la Suissa francesa: Lormond. Són tornats a França, però més endavant ell i els seus companys penetren de nou a Suissa, cercant la salvació, però els suissos els tornen a rebutjar» (Bartra 1980: 8).

siguiente es del 20 de febrero de 1941, es decir, ha pasado casi un año sin saberse nada de la suerte que haya podido correr Pere Vives en ese tiempo; y en la primera postal que envía a su familia, escrita en francés como todas las postales siguientes, hasta la última recogida en el epistolario, fechada el 22 de junio de 1941, aunque sin indicación del lugar,[43] sólo escribe «je suis prisonnier de guerre.»

De la vida en los campos de refugiados ya sabemos algo por los testimonios de Agustí Bartra en su novela *Cristo de 200.000 brazos*. Pere Vives, en sus cartas, añade algunos testimonios más sobre los campos de Agde y de Saint Cyprien en los que estuvo internado; del primero de ellos, por ejemplo, escribe lo siguiente:

> T'escric en un estat d'enfelloniment indescriptible [...] Ens han foragitat del camp 3 i ens han albergat al camp més inhòspit, més odiós i més *hideux* dels altres camps: al camp 1 [...] Déu meu, què devem haver fet![44]

Y cuando en septiembre le cuenta a su amigo que se va a trabajar en la vendimia, añade: «Em fa una il·lusió extraordinària. Tinc la sensació que m'ajudarà a sortir d'aquesta asfixia dels camps que aquests darrers dies s'ha fet insuportablement opressiva.»[45]

Terminados esos trabajos agrícolas y recluido de nuevo, esta vez en el campo de Saint Cyprien, se expresa así: «No t'he parlat del camp, encara, ni ganes. Es més trist, més inhòspit, més morne, més odiós que Argelés.»[46]

Completando esas informaciones a Bartra, escribe más adelante en la misma carta: «Penso que els francesos han decidit liquidar els camps de concentració a finals de mes. Gràcies a Déu, l'infern s'acaba. Per malament que s'estigui en les companyies de treball, per dura que hi sigui la vida, ho prefereixo a restar al camp. I quin camp!»[47]

Y en la última carta de Saint Cyprien, como balance de la breve estancia en ese campo, escribe Vives: «el mes i mig [...] que he passat al camp [...] de Saint Cyprien m'ha fet més mal, m'ha ‹gastat› més que Argelés i Agde [...] ni Argelés ni Agde no van exercir potser una tal influència nefasta [...] després d'Agde [...] i el mes de les veremes [...] la topada brutal amb aquest camp feroç i implacable.»[48]

Cuando, desde el sector postal 390, le manda de nuevo una carta a Bartra el 27 de diciembre de 1939 le cuenta que en la compañía de trabajadores españoles

> Mengem decentment [...] Ja no em calen fer aquells esforços de voluntat per empassar-me aquella gasòfia immunda del camp. Quin alleujament! El que em feia mal [era]

---

43 Sólo en la postal del 5 de abril de 1941 escribe por primera vez que se encuentra recluido en un Stalag. Vives 1980:87.
44 Vives 1980: 19.
45 Vives 1980: 30-31.
46 Vives 1980: 41.
47 Vives 1980: 41-42.
48 Vives 1980: 43.

haver-lo d'en golir per no morir-me d'inanició i que [...] m'havien provocat una neurosi que m'havia deixat fet una calamitat.[49]

No extraña, pues, que en estas terribles circunstancias, sienta Vives la natural añoranza de su tierra natal y de su familia y el deseo de volver a sus lares, motivo que reaparece varias veces en su correspondencia[50] o, como posible salida a su difícil y precaria situación, que reflexione sobre la posibilidad de aprovechar la ayuda del SERE (Servicio de Emigración de Refugiados Españoles) para embarcarse rumbo a América, a pesar de cierto escepticismo que le embarga al respecto:

> Per a mi em sembla tan miraculós això d'anar a Amèrica que no hi crec gaire. Hi crec como quan era infant creia en el cel [...] M'han tornat a venir unes ganes furioses d'anar a Amèrica [...] Les ganes de fugir d'aquesta Europa enfollida, de tota aquesta bestialitat desfrenada [...].[51]

Pere Vives mantuvo también correspondencia con Madame Ausset, a la que cita con agradecimiento repetidas veces en su epistolario porque trató de ayudarle de diversas maneras, por ejemplo dando su nombre a un Comite Británico que se ocupaba de reclamar a prisioneros de guerra o refugiados pero también proporcionándole un puesto de profesor de lenguas en la misma Francia, en una escuela o colegio, gestos de solidaridad que hicieron nacer alguna confianza en el autor, pero en ningún caso, lamentablemente, llegaron a cuajar estos proyectos.[52] Los dos intentos fallidos de refugiarse en Suiza que hemos mencionado antes son también expresión evidente de la perentoria necesidad que sentía Vives de evadirse de una maraña cada vez más complicada, más inextricable; sus esfuerzos, por desgracia, no tuvieron ningún éxito.

En la misma Francia intentó Vives igualmente obtener el derecho de asilo y ésta fue precisamente la causa de que se alistara voluntariamente en las Compagnies de Travailleurs Espagnols para poder salir del campo, que le resultaba cada vez más insoportable, pero también para cumplir una de las condiciones necesarias y previas que se requerían para ello: los seis meses de prestación de servicios militares.[53]

---

49 Vives 1980: 48.
50 Por ejemplo, en la carta del 4 de octubre de 1939: «De vegades tinc moltes ganes d'anar a Catalunya. Potser son moments de feblesa, però l'enyorament i aquest desori espantós del món hi contribuixen» (Vives 1980: 37). O en la de fecha 14 de diciembre de 1939: «Aquests darrers temps havia amanyagat la il·lusió de tornar a casa, a Catalunya. Ja sé que és una il·lusió de derrotat» (Vives 1980: 45). O en la del 27 del mismo mes y año: «aquesta Catalunya que estimo ardentment» (Vives 1980: 50).
51 Vives 1980: 45.
52 «L'Ausset em va contestar ahir. Diu que ha parlat de mi a l'Alcalde de Cambridge, el qual ha donat el meu nom al Comité Britànic», escribe en la tarjeta postal del 26 de agosto de 1939 (Vives 1980: 21). O en la del 25 de septiembre del mismo año: «Junt amb la teva carta me n'ha arribada una de l'Ausset. Em parla de la possibilitat de fer de professeur de langues vivantes en alguna escola o institut de per ací [...] No hi tinc pas massa confiança, però ho provarem» (Vives 1980: 32).
53 «Fa una setmana vaig haver de demanar el dret d'asil i ara vaig a complir els sis mesos

Naturalmente, no todo fue negativo en los campos. Lo más positivo de todo fue, sin duda alguna, encontrar en Agde a Agustí Bartra y trabar con él una amistad auténtica y fraterna. Vives congenió con Bartra por su carácter, por su sensibilidad, por sus gustos y aficiones literarias, por su cultura y por tantas cosas más. Esa amistad le ayudó, además, a soportar su aciago destino de refugiado. Gracias a él y a otros buenos compañeros que encontró en los campos «he fet la descoberta de l'amistat».[54] Precisamente por eso lamenta profundamente la salida del campo de su mejor amigo, como escribe en su carta del 8 de agosto de 1939: «D'ençà que te n'has anat del camp, el buit insubstituible que m'has deixat i, a més d'irreemplaçable, evident a totes hores.»[55] O en la última que le mandó a Bartra, fechada el 27 de enero de 1940, ya «camí d'Amèrica»: «la teva sortida [...] ha tingut per a mi tot l'efecte d'un cataclisme».[56]

La influencia personal que ejerció Bartra en Vives debió de ser bastante fuerte y bienhechora pues Vives tenía un temperamento quizá excesivamente sensible y falto de experiencia y de confianza en sí mismo. Dirigiéndose a su amigo, escribe Vives el uno de noviembre de 1939:

> m'as fet possible la comprensió i l'interès, sobretot l'interès per la vida i per als éssers vivents. Estic [...] descobrint en els altres, i sobretot en mi, una colla de fets [...] que m'apassionen i que potser acabaran donant-me [...] el que m'ha mancat sempre i tu saps de quina dolorosa manera: un sentit a la vida.[57]

Por otra parte, la correspondencia entre los dos amigos nos ayuda a comprender mejor y a comprobar la existencia real de personas y de circunstancias de la novela de Bartra *Cristo de 200.000 brazos*. Por ejemplo, en sus cartas habla Vives en varias ocasiones del famoso «carnet de Vives» que aparece en varios capítulos de la novela, una creación ficticia de Bartra para evocar a su amigo, pero esa «llibreta» existía en realidad, Vives tenía efectivamente un cuaderno que iba llenando con sus pensamientos, con sus ideas y reflexiones, con las citas de sus lecturas o con la copia manuscrita de los poemas de su amigo, que leía después a sus compañeros de infortunio. Esa libreta la cita Vives en su correspondencia en repetidas ocasiones.[58]

En cuanto a los principales personajes de la novela, es Bartra mismo quien, en el «Pròleg» de las cartas, nos revela:

---

    de prestació de serveis militars exigits a tots els estrangers residents a França» (Vives 1980: 46).
54 Vives 1980: 43.
55 Vives 1980: 17.
56 Vives 1980: 53.
57 Vives 1980: 38.
58 «Demà o demà passat, els encolomaré una lectura de la llibreta, que encara no he perdut» (Vives 1980: 17); «La teva deserció m'ha acostat molt als teus poemes, que rellegeixo molt sovint en aquella llibreteta que, ni cal dir-ho, encara no he perdut» (Vives 1980: 20).

el nostre primer contacte fou [...] al camp de concentració d'Agde, que aleshores – pel maig del 1939 – s'estava organitzant amb refugiats de diverses procedències, especialment d'Argelers [sic]. Jo vaig arribar a Agde, amb Tarrés, Puig, Roldós i el gos *Boira*, un migdia assolellat.[59]

De modo que gracias a las cartas de Vives, vamos encontrando los elementos realistas, personas y circunstancias, que el escritor y poeta engarzó hábilmente en su obra novelística, aunque situando la acción de la misma en el campo de Argelés y no en el de Agde, en donde realmente conoció a Pere Vives, como acabamos de ver en la cita anterior.

En esa amistad entre Bartra y Vives, «amistat autèntica en el sentit de fraternitat viril»,[60] tuvieron mucha importancia, además del fervoroso catalanismo de ambos y del consiguiente dominio del catalán culto, los factores literarios, las lecturas, los proyectos de creación de poemas y narraciones que ambos solían discutir durante sus largos y deleitosos paseos vespertinos por el campo, que a veces se prolongaban hasta la madrugada, como recuerda Bartra.[61] Vives debía de tener una sólida cultura literaria, pues en las quince cartas que se conservan de su correspondencia con el poeta aparecen citados muchísimos nombres de escritores y de obras como Faulkner (de quien traduce algunos pasajes de *Soldiers Pay* al castellano para su amigo), Rilke, Malraux, Joyce, Dumas, Gide, Rimbaud (del que tanto admiraba *Une saison en enfer*), Yeats, Thomas Mann, Saint-Exupéry, Giono, Romain Rolland, García Lorca, Unamuno, Alberti y, por supuesto, cantidad de escritores de lengua catalana como Carles Riba, Maragall, Carner, Sagarra y otros más que menciona como sus próximas lecturas al ser nombrado bibliotecario del campo de Agde.[62]

Lo más curioso, pero que en el fondo es perfectamente lógico, es el papel de crítico, literario o de poesía concretamente, que adopta Vives al enjuiciar repetidas veces, sobre todo, los poemas que le manda su amigo directamente al campo o que publica en algunas revistas literarias del exilio y que le llegan a él, como la *Revista de Catalunya* o *Poble Catalá*, o alguna otra, pero también al exponer por escrito opiniones bien razonadas sobre diferentes autores que elogia o critica (Menéndez Pelayo, Cossío, Galdós, López Picó, etc.).[63] No hay que olvidar tampoco, en este

---

59 Bartra 1980: 6.
60 Ibíd.
61 «Solíem trobar-nos a ranvespre, quan els carrers de la ciutat de fusta habitada per deu mil catalans es buidaven i els pavellons s'omplien, després de sopar. Passejàvem donant voltes pel camp fins a la matinada o a l'alba» (Bartra 1980: 7).
62 «He estat nomenat bibliotecari del camp. Hi ha un centenar de llibres i una taula des de la qual t'escriuré abundosament i amb regularitat» (Vives 1980: 21).
63 «Vaig rebre la teva carta i els dos poemes. Messias no té – al meu judici – la més lleu exuberància verbal. Em sembla un dels poemes més cenyits, més estrictes – i més bells – que has escrit fins ara. Més que exuberància verbal hi ha una enorme potència verbal que m'ha produït una impressió formidable. Hi ha un rastre evident de Rimbaud, però hi ha prou coses teves perquè no ens n'hàgim d'avergonyir» (Vives 1980: 20-21). Comparando el poema «Ciudad sin sueño» de Federico García Lorca y «Ciutat sense son» de su

contexto, el poema «Herik el bardo», traducido por él al catalán a partir de una versión castellana y que remitió a Bartra desde el campo de Agde, según le anuncia en la carta del 4 de septiembre de 1939 y que el poeta y novelista, como ya sabemos, incluyó en *Cristo de 200.000 brazos*, en el capítulo tercero de la primera parte (el titulado «El viento, el bardo y el perro»).[64]

De Pere Vives i Clavé, una joven promesa de escritor, de intelectual y de crítico, sólo nos quedan esas impresionantes y sobrecogedoras cartas a su amigo Agustí Bartra y a su familia. Su joven vida quedó irremisiblemente truncada, de una manera brutal y monstruosa, en el campo nazi de Mauthausen, un 30 de octubre de 1941. Con todo, por ese significativo epistolario, reflejo auténtico y fiel de unas situaciones extremas y trágicas en que se encontraron inmersos los republicanos españoles en el exilio, merece nuestro recuerdo y nuestro homenaje.

Bibliografía

Alted Vigil, Alicia / Aznar Soler, Manuel (eds.) (1998): *Literatura y cultura del exilio español de 1939 en Francia*. Salamanca: Aemic / Gexel.
Amat-Piniella, Joaquim (1984): *K.L.Reich*. Barcelona: Edicions 62 / Ediciones Orbis.
Andújar, Manuel (1942): *El Director General, Maruja, Estamos en paz, Y después, no grites*. México D.F.: Ediciones Cuadernos del Destierro.
Andújar, Manuel (1970): *Vísperas*. Barcelona: Editorial Andorra.
Andújar, Manuel (1990a): *Saint Cyprien, plage... Campo de concentración*. Huelva: Diputación Provincial de Huelva.
Andújar, Manuel (1990b): «Prólogo, 1989», en íd.: *Saint Cyprien, plage... Campo de concentración*. Huelva: Diputación Provincial de Huelva, pp. 7-11.
Andújar, Manuel (1990c): «Prólogo, 1942», en íd.: *Saint Cyprien, plage... Campo de concentración*. Huelva: Diputación Provincial de Huelva, pp. 13-14.
Aub, Max (1944): *Diario de Djelfa*. México D.F.: Unión Distribuidora de Ediciones.
Bartra, Agustí (1970): *Cristo de 200.000 brazos*. Esplugas de Llobregat (Barcelona): Plaza & Janés.

---

amigo Bartra, escribe: «Com pots veure, tot i que hi ha un paral·lelisme de forma extraordinari, que potser la idea matriu ha estat la mateixa, la semblança no passa d'aquí. Tot el poema de García Lorca té un aire de provatura glacial que té ben poca cosa a veure amb la punxant i ardent vehemència del teu. Am tota l'honradesa de crític i amb tota la meua sensibilitat de lector et dic que és millor el teu». Vives 1980: 28. «Rebudes també les Paraules a l'Home. Molt bo. Però [...] uns mots del crític repatani que tu mateix has dit que porto a dins. Més de la meitat del poema em sembla fet de versos isolats [...] amb tot, m'hi manca aquell embalament fulgurant de Veu en la nit. El tros que comença ‹Vius per als teus amors...› fins al final em plauen [sic] tant com els millors fragments de Veu en la nit, me l'he sentit, per dir-ho amb els mots de W.B. Yeats: I hear it in the deep heart's core. Tota la primera meitat la sento com un esforç, però l'explosió no ve fins al vers que et dic» (Vives 1980: 34). «Vaig agafar una traducció irresponsable en castellà del Faust [...] al final hi ha uns poemes alemanys de tota mena [...] Per pur atzar al final vaig trobar una cosa que em va trasbalsar. El vaig llegir quinze o vint vegades [...] Te'l copio. Te'l tradueixo» (Vives 1980: 29-30).

64 Vives 1980: 29-30, Bartra 1970: 35-37.

Bartra, Agustí (1980): «Pròleg», en Vives i Clavé, Pere: *Cartes des dels camps de concentració*. Barcelona: Edicions 62, pp. 5-12.

Conte, Rafael (1970): «Prólogo», en Andújar, Manuel: *Vísperas*. Barcelona: Editorial Andorra, pp. 9-19.

Mancheño Ferreras, Antonio (1990): «Epílogo», en Andújar, Manuel: *Saint Cyprien, plage... Campo de concentración*. Huelva: Diputación Provincial de Huelva, pp. 109-116.

Mancheño Ferreras, Antonio (1990): «Bio-bibliografía de Manuel Andújar», en Andújar, Manuel: *Saint Cyprien, plage... Campo de concentración*. Huelva: Diputación Provincial de Huelva, pp. 117-127.

Naharro Calderón, José María (1998): «Por los campos de Francia: entre el frío de las alambradas y el calor de la memoria», en Alted Vigil, Alicia / Aznar Soler, Manuel (eds): *Literatura y cultura del exilio español de 1939 en Francia*. Salamanca: Aemic / Gexel, pp. 307-324.

Planes, Ferrán (1969): *El desgavell*. Barcelona: Selecta.

Rodríguez Richart, José (2001): «El teatro de Manuel Andújar: contribución a su estudio», en: *Revista de Literatura* 126, pp. 493-502.

Roig, Montserrat (1995): *Els catalans als camps nazis*. Barcelona: Edicions 62.

Vives i Clavé, Pere (1980): *Cartes des dels camps de concentració*. Barcelona: Edicions 62.

Entre melodrama y vanguardia.
El teatro de Jardiel Poncela

Harald Wentzlaff-Eggebert
(Friedrich-Schiller-Universität Jena)

Señas de identidad del teatro jardielesco

Cuando uno ve representado una obra dramática de Enrique Jardiel Poncela, se da cuenta inmediatamente de que está presenciando algo inconfundible, un tipo de teatro que no tiene nada que ver ni con las obras maestras – entonces sin éxito – de un Valle-Inclán o de un García Lorca ni con lo que la gente aplaudía en las tablas del Madrid de la época, es decir el teatro neorromántico, benaventino o de Arniches.[1] Gran parte de las piezas jardielescas de los años 30 y 40, sí que tenían éxito y su teatro en su totalidad era concebido «como un arte de diversión para mayorías»,[2] aunque, al mismo tiempo, fuera rechazado por la crítica. Dice Francisco Ruiz Ramón:

> Desde su primera hasta su última obra, Jardiel tuvo que enfrentarse con los críticos teatrales que, con contadas excepciones – lo más notable fue y es la de Alfredo Marqueríe –, atacaron con ferocidad su teatro, en nombre, generalmente, de una concepción tradicional de la escena cómica, que no supo o no quiso ver lo que de original y de nuevo había – como conato, primero, y como realidad, después – en el teatro de Jardiel.[3]

Esta discrepancia entre la reacción del público y la de los críticos se explica en gran parte por las características generales del teatro de Jardiel. Lo que le gustó al gran público era el simple hecho de tratarse de unas obras llenas de sorpresas. Tanto la trama de la acción y las diferentes situaciones que la componen como el carácter y el comportamiento de los personajes son muy poco comunes.[4] Ante todo, Jardiel estaba dotado de una inventiva extraordinaria, que no deja de asombrar al espectador más rutinero. Esa inventiva no se contenta con lo que suele suceder en la vida cotidiana, sino que se atreve con lo más inusitado y lo más inverosímil.[5] Se ha hablado con

---

1   Véanse Alás-Brun 1995: 23-35 y Conde Guerri 1998: 84.
2   Ruiz Ramón 1971: 302.
3   Ruiz Ramón 1971: 299. Por lo que concierne a Alfredo Marqueríe véanse sus libros *El teatro de Enrique Jardiel Poncela*. Bilbao: Ediciones de Conferencias y Ensayos, 1945 y *Veinte años de teatro en España*. Madrid: Editora Nacional 1959: 61-73.
4   Dice Ruiz Ramón (1971: 306-307) acerca de la acción: «Cada tema se convertía en manos de Jardiel en una espléndida caja de sorpresas» y acerca de los personajes: «[...] a todos ellos les une un común aire de familia, que denota el cuño o marca de fábrica, el *made in*: su excentricidad.» Véase también Escudero 1981: 35-46.
5   Véanse las explicaciones que el mismo Jardiel da a este respecto en 1944, citadas por

razón del «desembarazo» y de la «soltura» de Jardiel,[6] con lo que – según José Monleón – «negaba las convenciones de ese naturalismo pequeñito y ordenado en sus audacias, que regía la mayor parte del teatro español representado».[7] El mismo Jardiel declara acerca de sus comedias: «En ellas lo inverosímil fluye constantemente y, en realidad, sólo lo *inverosímil* me atrae y subyuga; de tal suerte, que lo que hay de verosímil en mis obras lo he construido siempre como concesión y con repugnancia».[8] Por esta razón, quien quiere llegar hasta la médula de su dramaturgia tiene que considerar sus obras más dotadas de inverosimilitud, como *Cuatro corazones con freno y marcha atrás* (1936), *Un marido de ida y vuelta* (1939) y *Eloísa está debajo de un almendro* (1940).[9] Paralelamente, es precisamente esa abdicación de lo verosímil lo que explica la incomprensión por parte de los críticos.

Jardiel Poncela quiere pues renovar la praxis española del teatro para mayorías. Declara en 1944:

> Ese fue el propósito que me empujó años atrás a la escena y que en ella me mantiene: renovar la risa. Arrumbar y desterrar de los escenarios de España la vieja risa tonta de ayer, sustituyéndola por una risa de hoy en que la vejez fuera adolescencia y la tontería-sagacidad. Y a esa risa joven y sagaz, cuyo esqueleto estaba hecho de inverosimilitud y de imaginación, inyectarle en las venas lo fantástico y llenarle el corazón de ansia poética.[10]

Para él, poner al día el teatro cómico quiere decir, ante todo, sustituir la tontería por la sagacidad, dando paso a la inverosimilitud y a la imaginación, acompañadas de una fuerte dosis de acontecimientos fantásticos y de sensibilidad poética. Sin embargo, este programa renovador, bastante detallado, no explica su éxito taquillero. Al contrario, Jardiel se da cuenta perfectamente de que «lo original repugna a los públicos. Una comedia jamás gusta por ser original, sino a pesar de ser original». Por eso, «hablar un lenguaje que sólo entienden los selectos quiere decir selección. Hablar un

---

 Ruiz Ramón 1971: 300. Observa Escudero (1981: 20) que en este punto hubo perfecta conformidad entre Ortega y Gasset y Jardiel. Había dicho Ortega: «No admitamos que la boca del telón abra ante nosotros su gran bostezo para hablarnos de negocios, para repetir lo que en su pecho y en su cabeza lleva el público: sólo nos parecerá aceptable si envía hacia nosotros bocanadas de ensueño, vahos de leyenda.» A lo que corresponde la pregunta de Jardiel: «¿Y qué valor puede tener para decirse o para representarse en un escenario lo que piensan todos, lo que les ha ocurrido a todos? ¿Para eso se edifican los teatros?»

6   Alfredo Marqueríe, citado por Ruiz Ramón 1971: 306-307.
7   José Monleón, citado por Ruiz Ramón 1971: 308.
8   Citado por Paco 2001: 24.
9   Véase Ruiz Ramón 1971: 308, con nota 120, Escudero 1981: 69-70, 73, y Conde Guerri 1993: 92. Son justamente estas obras, y algunas más, que han sido repuestas en los años 80 y 90. Véase Oliva / Vilches de Frutos 1999: 563-564.
10 Citado por Ruiz Ramón 1971: 300-301.

lenguaje que entienden los no selectos se llama falta de selección. Hablar un lenguaje que entienden los selectos y los no selectos sólo tiene un nombre: genialidad.»[11]

Es justamente este difícil lenguaje dramático para «los selectos y los no selectos» lo que me ocupará en las páginas que siguen, en las cuales quisiera destacar, principalmente, la gran parte que tiene en este lenguaje una fórmula de teatro bastante antigua, que es la del melodrama francés de principios del siglo XIX.

Afinidades con el «melodrama clásico»

Aparte de querer hacer teatro para la gran mayoría, los autores del melodrama clásico y Jardiel coinciden en que lo que ocurre en el escenario debe ser «lo más diferente posible a lo que pueda ocurrir» en la vida cotidiana de los espectadores. Explica Jardiel:

> [...] en esa especie de alféizar que es la batería el público tiene que apoyarse para contemplar siempre un inusitado espectáculo; esta valla de luz debe ser la frontera que separe dos mundos no sólo diferentes, sino distintos, opuestos, antagónicos: ahí en la penumbra, la vida cotidiana, los problemas domésticos, lo corriente, lo normal; aquí, bajo mil juegos de luz, lo puramente imaginario, lo imposible, lo absurdo, lo fantástico; ahí, la realidad; aquí, el sueño; [...] aquí – como compensación divina ofrecida por el arte –, la despreocupación, las alegrías, la risa renovada.[12]

También el «melodrama clásico» de René-Charles Guilbert de Pixerécourt, de Louis Caigniez, de Jean Cuvelier de Trye o de Jean-Baptiste Hapdé se esfuerza por presentar otro mundo en el escenario, y esto se manifiesta por lo menos en dos niveles. Primero, en el nivel de la acción, caracterizada tanto por la amenaza del mal que crece continuamente, como por la justicia poética, que exige que al final de la obra, el crimen quede castigado y la virtud redimida. Lo que corresponde, en el caso de Jardiel, a una trama que obedece a lo inverosímil, cada vez más patente, que parece haber suspendido la ley de la lógica, la cual cobra de nuevo importancia en las últimas escenas de la obra.

Exigiendo un «inusitado espectáculo», Jardiel alude al segundo nivel, en el que se parecen su teatro y el melodrama, sobre todo cuando se piensa en el sentido etimológico de la palabra «espectáculo».[13] Tanto el melodrama como el teatro de Jardiel se esfuerzan incondicionalmente a captar la atención del público. Prueba de esto son las largas y minuciosas acotaciones para unos decorados tan exóticos como opu-

---

11 Citado por Paco 2001: 24.
12 Citado por Ruiz Ramón 1971: 300.
13 Muchos melodramas franceses llevaban el subtítulo «mélodrame à grand spectacle». Thomasseau (1974: 68) resume así los rasgos esenciales del melodrama: «caractères schématiques, action rapide et rythmée par des scènes à effet et des épisodes pathétiques, coups de théâtre violents, goût du spectacle, costumes et décors saisissants.»

lentos:[14] salas de fiesta o calabozos oscuros en el caso del melodrama,[15] una habitación amueblada a modo de laberinto (Primer Acto de *Eloísa está debajo de un almendro*) o una isla Robinson (Segundo Acto de *Cuatro corazones con freno y marcha atrás*) en el caso de Jardiel.[16] En lo que respecta a acontecimientos espectaculares, un perro puede ser el protagonista de un melodrama (*Le chien de Montargis* de Pixerécourt)[17] o se inventan unas sales que impiden el envejecimiento o permiten el rejuvenecimiento, inventos a los que aluden el «freno» y «la marcha atrás» en *Cuatro corazones* [sc. las de las dos parejas] *con freno y marcha atrás*. Que un perro identifique al asesino y salve así la vida al joven mudo inocente o que un inventor genial llegue a parar o invertir el curso del tiempo, esto no solamente son ejemplos del «imaginario», del «imposible», del «absurdo» o del «fantástico», sino que se trata de verdaderos «sueños» hechos realidad, que pueden ser justamente llamados «compensación divina ofrecida por el arte».

Pero no siempre los autores disponen de algo tan espectacular como la entrada en escena de un perro vivo o el invento de parar y hasta invertir el curso del tiempo, con sus efectos seguros producidos en el caso de Jardiel por el maquillaje correspondiente. Para captar y mantener viva la atención del público, el melodrama francés parte a menudo de un supuesto misterio en la biografía de uno o varios personajes, que se desvela después de graves peripecias, dando lugar a desenlaces tan inesperados como felices. Lo que corresponde a que en cualquiera de las comedias de Jardiel se encuentren «abundantes elementos de lo aceptado tradicionalmente como misterio, intriga policíaca, historias delictivas que rinden culto al melodrama fílmico de acción de los años treinta y cuarenta».[18] Ahora bien: es muy probable que los «ladrones que acaban siendo honrados», las «tristes huérfanas con suerte ya que consiguen casarse con el millonario protagonista», o los «matrimonios en trance de extinción salvados por un adulterio decente», que nos suele presentar Jardiel, provengan del melodrama fílmico de los años 30 y 40 o de «las novelas rosas, el cine por entregas, la alta comedia y demás ornamentos externos de los ‹felices veinte› a la búsqueda del amor y el dinero».[19] Pero no es menos cierto que toda esta «ganga argumental» es heredera del melodrama clásico francés de principios del siglo XIX.

---

14 Pixerécourt no menos que Jardiel, personalmente ha puesto en escena la casi totalidad de sus obras. Véanse Thomasseau 1984: 48 y Escudero 1981: 130-131.
15 Véase Heel 1912: 47-60.
16 Véanse Conde Guerri 1981: 46-49 y Bobes 1993: 166-167.
17 Véase Pixerécourt 1994, que es una de las pocas ediciones recientes de este autor. Escribe Thomasseau (1974: 319) acerca de la aparición de animales en las tablas del melodrama: «On le voit donc, le mélodrame, toujours à la recherche de l'inédit et du bizarre, ne craignit pas de faire appel aux rugissements de toute une ménagerie pour corser ses intrigues, varier l'intérêt, fignoler la couleur locale et faire passer l'effroi dans le dos des spectateurs.»
18 Conde Guerri 1993: 90-91.
19 Conde Guerri 1993: 87.

Basta leer el estudio tan sólido como brillante de Wadda C. Ríos-Font, *Rewriting melodrama, the hidden paradigm in modern Spanish theater*, para darse cuenta de que hasta muy entrado el siglo XX, en España, los autores de teatro no han podido sustraerse a la influencia del melodrama.[20] Y no se trataba de una idea vaga de lo melodramático, sino que se seguía bastante estrictamente el modelo del melodrama francés nacido en 1800 con *Coelina, ou l'enfant du mystère* de Pixerécourt, obra famosa que se respresentó en España ya en 1803 (cap. I). Ríos-Font demuestra que en el teatro de Jóse Echegaray, que dominó en las tablas españolas durante la Restauración, no está menos patente la influencia del melodrama aunque el autor no declare abiertamente esta descendencia (cap. II). Por su parte, era tan fuerte el impacto de la fórmula teatral de Echegaray que, de un modo general, los autores coetáneos – como Eugenio Sellés, Leopoldo Cano, José Feliú y Codina y Joaquín Dicenta – se pueden considerar miembros de la «escuela de Echegaray», ya que su reformismo nunca llegó a poner en tela de juicio la visión del mundo conservador que constituye la base de todo melodrama (cap. III). Según Ríos-Font, hasta la postura antimelodramática de dramaturgos como Enrique Gaspar, Pérez Galdós y Benavente estaba lejos de ser una subversión del paradigma ideológico y artísticamente reaccionario (cap. IV). Así que fue Valle-Inclán el primero en cuestionar los «eternos» valores culturales de moralidad, jerarquía social y patriarquismo propagados por el melodrama. Pero, siendo el teatro español un teatro comercial, la ruptura de Valle-Inclán equivalía a la autoexclusión de sus obras de los escenarios a los que acudía el gran público de la época (cap. V).

Si bien la constante influencia del melodrama es patente en el teatro español desde principios del siglo XIX, los autores no adaptaban indiscriminadamente todos los rasgos que caracterizaban la fórmula melodramática inicial. Esto concierne tanto al acompañamiento musical como a la inclusión de episodios bailados o la pantomima y hasta al sentimentalismo ligado al deseo de alcanzar la virtud por parte de los representantes del mal. Persisten, por otro lado, constantes como la ideología conservadora que lo fundamentan, y el intento de manterner al espectador en un «suspense» continuo.

Lo primordial, en casos tan distantes como Pixerécourt y Jardiel, es siempre mantener viva la atención del espectador, evitando que se escape del mundo artificial puesto en escena. A este fin sirven, en Pixerécourt, ingredientes ocasionales como los desfiles de soldados o bailes y, en Jardiel, escenas como la absurda espera del cartero al comienzo de *Cuatro corazones con freno y marcha atrás* o el viaje por España de Edgardo en *Eloísa está debajo de un almendro*, realizado sin que éste se levante de la cama.[21] Tales elementos ayudan al espectador a relajarse y llegar así a

---

20   Trabajo publicado en 1997, basado en una tesis de la Universidad de Harvard de 1991.
21   Villalba García (1991/1999: 554) destaca el «uso de elementos pertenecientes a otros campos artísticos (circo, cine, music-hall)», característico de su «polifónica concepción

la «despreocupación», a las «alegrías» y a la «risa renovada», características – según Jardiel – del mundo alternativo, en el que tanto él como el melodrama clásico quieren hacer entrar al público por unas horas.

Ya se ve que ni la etiqueta de «teatro de lo inverosímil» ni la de «teatro de humor» dan por sí solos una idea adecuada de la intención básica del teatro de Jardiel. Su preocupación primordial es la ‹despreocupación› permanente del público. Para lograrla le sirven tanto lo inverosímil, como las situaciones cómicas o el suspense. En palabras de María José Conde Guerri:

> Distribuida en los comunes tres actos, la acción avanza milimétricamente, distribuyendo los *gags* humorísticos con los instantes de misterio. El autor esconde las justificaciones del argumento para mostrar sólo una trama compleja en la que situaciones inverosímiles se suceden sin aparente justificación.[22]

Es significativo que no se mencionen los lances amorosos, pero es verdad que el tema amoroso, casi omnipresente en Jardiel, en general no es el eje del argumento, sino solamente un ingrediente más. Esto es otro punto común entre melodrama clásico y teatro jardielesco. Dice Francisco Ruiz Ramón:

> El tema [del amor] es la mayor parte de las veces un pretexto o una ocasión para poner en marcha una serie ininterrumpida de situaciones y de «gags» y un diálogo brillante, riquísimo de ingenio, de frases felices, de sorpresas, de paradojas, de ironías, de equívocos.[23]

Así, y a pesar del título, *Cuatro corazones con freno y marcha atrás* no es una historia de amores. Jardiel solamente explota el hecho del cansancio inevitable entre cónyuges que no envejecen o los efectos previsibles de la juventud recuperada, cuando la pareja vuelve a una edad, en la cual todavía no se conocían. Del mismo modo, aunque en el «Prólogo» de *Eloísa está debajo de un almendro*, el tema sea el cambiante afecto de Mariana frente a Fernando, esto sirve más bien para presentar a los dos como personajes movidos por un misterio que no se saben explicar ellos mismos, ya que al final – si bien se aclara el secreto – ni siquiera se informa al espectador si con esto se han resuelto las dudas de Mariana acerca de su amor hacia Fernando. Por otra parte, en *Le chien de Montargis*, la pasión de dos oficiales – la víctima y el asesino – por la misma mujer, sí que se menciona como uno de los motivos del crimen y también se pone en escena el flirteo inocente entre el mudo falsamente acusado y una huérfana. Pero, aunque el público seguramente suponga –como en el caso de Mariana y Fernando– que después del desenlace feliz los dos jóvenes

---

del fenómeno del humor».
22 Conde Guerri 1998: 91-92. Abbott (1995: 367) demuestra que *Eloísa está debajo de un almendro* «está lleno de elementos que no contribuyen al desarrollo del argumento central». Véase también el pasaje que Oliva (1993: 212-220) dedica a la importancia primordial de la «situación» en el teatro de Jardiel.
23 Ruiz Ramón 1971: 306.

se casarán, Pixerécourt parece no acordarse de ellos y no aprovecha la ocasión para dejar participar al público en el beso de prometidos.

Históricamente hablando, es muy significativo este hecho, porque permite distinguir el melodrama clásico del melodrama romántico, que le va a suceder a partir de 1825 aproximadamente. Ahí, el interés por la pasión amorosa llega al primer plano y el malvado se transforma en un rebelde heroico.[24] Se trata de un cambio decisivo, ya que la pasión amorosa representa un peligro para la sociedad burguesa, dado que por ser pasión no respeta una de sus bases fundamentales, el matrimonio. Un peligro aún mayor lo representa el rebelde romántico con sus ideales de una sociedad formada por individuos iguales y libres.

Mirando bajo esta perspectiva a los textos del melodrama clásico y del teatro jardielesco, nos damos cuenta de que ni los unos ni los otros dan cabida al amor-pasión o a rebeldes de ideas progresistas.[25] Se mantienen dentro del orden social tradicional.[26] Pues políticamente, Pixerécourt y Jardiel nunca han vacilado en sus posturas conservadoras y restaurativas.[27] La palabra «despreocupación», que utiliza Jardiel, adquiere así un segundo sentido, ya que el mensaje implícito para el público es justamente éste: no preocuparse por su situación real, sino dejarse «cautivar» por lo que sucede en las tablas. La estricta separación del «mundo» real y del «mundo» representado, en la que tanto insiste Jardiel, le ofrece al espectador la posibilidad de escaparse por algún tiempo de sus circunstancias concretas de vida (como hoy nos lo prometen en escala mayor las agencias de viajes turísticos), para después aguantar más dócilmente la situación de antes. Esta tendencia conservadora es aún más acusada en el melodrama clásico que en Jardiel. Ahí, los representantes del orden establecido hasta entran en escena de cuerpo vivo, cumpliendo sus funciones de alcaldes, oficiales o jueces.

---

24 Véase Thomasseau 1984: 52-53.
25 Para Pixerécourt, véase Thomasseau 1984: 42; para Jardiel, véase Alemany 1989: 43: «Parece claro, pues, que la radicalización de Jardiel después de la Guerra Civil [...] se limita a catalizar un sustrato ideológico que siempre estuvo latente en su pensamiento y en su obra. [...] su expresa repulsa al Socialismo y al Comunismo son constantes en su literatura». Cita Alemany a Jardiel: «Mandando no se debe explicar el por qué de nada» y «El despotismo de las leyes evita la arbitrariedad de los hombres».
26 Para Pixerécourt, véase Thomasseau 1984: 40-42. Según Escudero (1981: 141), en el teatro de Jardiel persiste «el esencial aproblematismo» y «la ausencia de compromisos que hace que se le califique de teatro evasivo».
27 René-Charles Guilbert de Pixerécourt pertenecía a la baja nobleza y vivió la emigración en Alemania después de 1789. Jardiel Poncela era partidario del franquismo. Así, Monleón (1993: 73) se refiere a Jardiel como «franquista en sus actitudes cotidianas».

La trayectoria del melodrama: De la Revolución Francesa a Hollywood

Aunque políticamente haya sido portavoz del Antiguo Régimen, como forma de teatro el melodrama clásico ha sido resultado de la Revolución Francesa. En 1791 la Asamblea Nacional había derrumbado las prerrogativas del Théâtre Français y de la Ópera, decretando que cada ciudadano podía «élever un théâtre public et y faire représenter des pièces de tous les genres».[28] En los años siguientes las masas revolucionarias de París, que habían jugado un papel activo en el desmantelamiento de la monarquía y que por eso eran conscientes de su importancia política, reivindicaron un entretenimiento teatral a su medida. Se edificaron así varios teatros en los bulevares parisinos, que podían acoger hasta 3.000 personas. Después de tentativas muy diversas fue el melodrama el que logró satisfacer las expectativas del público, al cual se adhirió también gran parte de la burguesía y hasta parte de la nobleza. Pronto, René-Charles Guilbert de Pixerécourt era considerado el «rey del bulevar del crimen». De sus 60 melodramas escritos entre 1800 y 1825 hubo en esta época unas 22.000 representaciones en Francia y el ya mencionado *Chien de Montargis* (1814) llegó por sí solo a unas 1.000 en París y en la provincia. En total, 18 millones de espectadores habrán visto obras suyas, cifra increíble en comparación con los 27 a 29 millones de habitantes que tenía Francia en aquella época.[29]

No es necesario aquí entrar en detalles ni acerca de los personajes típicos ni de la estructura del melodrama clásico.[30] Solamente quiero llamar la atención sobre su tendencia muy notable de integrar a otras artes para aumentar así la ilusión del espectador. Según lo indica la palabra misma, la música tiene un papel importante en el melodrama. No sólo en forma de canciones cantadas en diversas ocasiones, sino también en forma de una orquesta que acompaña la acción y subraya los distintos estados anímicos de los protagonistas. El mismo papel se adjudica a la pantomima, arte muy popular en éste entonces y que adquiere su significación máxima en los personajes mudos, muy frecuentes en el melodrama. Sin embargo, el factor que más influyó en el impacto del espectáculo sobre el público, fue la escenografía. Alrededor de 1800, hubo considerables avances técnicos en el manejo de la luz y en la escenografía debidos a los inventos recientes del «panorama» (1787-1794) y del «diorama» (1820ss.). Se lograba crear una ilusión cada vez más completa del ambiente específico de un lugar, incluso, por ejemplo, de las nubes que pasan y de la cambiante luz del día. En última instancia, se anhelaba dar una ilusión como más tarde la sabrá dar el cine.[31] No es por casualidad que el diorama haya sido inventado por Jaques Daguerre, pionero de la fotografía, y que un libro importante, dedicado a

---

28 Thomasseau 1984: 5.
29 Véase Wehle 1982: 154.
30 Los estudios fundamentales sobre el melodrama son los de Thomasseau 1974 y 1984, Brooks 1976, Wehle 1982, Schmidt 1986 y Ríos-Font 1997.
31 Véase Wentzlaff-Eggebert 1984: 40-45.

los avances de la escenografía lleve por título: *Théâtre et précinema. Essai sur la problématique du spectacle au XIX siècle*.[32]

Hay más. El melodrama no solamente prefigura técnicamente el cine, sino que, además, el cine mudo y después también varios géneros del cine sonoro se han nutrido de él. Esta filiación nos debe extrañar tanto menos, cuanto nos damos cuenta de que el cine siempre ha sido ante todo un intento de «despreocupar» al público, captando su atención tanto por los decorados como por la trama, los caracteres con sus pantomimas reforzadas y un acompañamiento musical que acentúa las emociones. Hay más aún. Enrique Jardiel Poncela ha escrito guiones de cine y ha trabajado en Hollywood en 1932/33 y en 1924/35,[33] con lo que se abren pistas para investigaciones futuras que podrían elucidar las influencias concretas a las que ha estado sujeto Jardiel, y explicar así genéticamente las afinidades aquí tematizadas.[34]

Jardiel y el melodrama

¿Y Jardiel Poncela mismo? ¿En su obra, no hay ninguna referencia al melodrama? Sí, la hay, aunque, con toda probabilidad, Jardiel no conoce el melodrama clásico francés. Jardiel hasta ha escrito uno, o, más concretamente, una «caricatura de melodrama moderno» – así reza el subtítulo de *Madre (el drama padre)* de 1942 –.[35] Para funcionar como caricatura una pieza de teatro tiene que compartir los rasgos fundamentales con la obra o el género caricaturado, es decir que *Madre (el drama padre)* tiene que ser reconocible como melodrama moderno. Por otra parte, estos rasgos melodramáticos, necesariamente tienen que ser exagerados, creando así en el espectador una distancia interior frente a lo que ve representado.

Cuenta Jardiel[36] que quiso caricaturizar los melodramas contemporáneos de Torrado y Navarro, pero que *Madre (el drama padre)* se prohibió por inmoral y que la mayoría de la crítica recibió la obra con marcada hostilidad: «¡por cuántas vicisitu-

---

32 Hassan el Nouty 1978.
33 Véanse Alemany 1989: 13-15, Albersmeier 1999: 58-60 y Díez 2002: 154-158. Parte de sus textos cinematográficos están reproducidos en las *Obras completas*, edición de 1973, tomo IV.
34 Ya Carmen Escudero (1981: 13) hace la observación siguiente: «Es indudable que, después de su estancia en Hollywood, el trabajo de guionista que allí desempeñó influiría, si no de forma directa, sí, al menos, haciendo contemplar al autor nuevos horizontes por los que el espectáculo podría evolucionar [...].» Por su parte, Mainer (1983: 292) menciona «la precisión de sus acotaciones escénicas, el elevado número de decorados y personajes que exigía y [...] un entendimiento muy dinámico del espectáculo, quizá próximo al de aquellas comedias cinematográficas que cultivó como guionista y adaptador español en Hollywood.» Sin embargo, los primeros trabajos concretos y bien documentados son los de Torres Nebrera 1993, Albersmeier 1999 y Díez 2002.
35 Véanse Jardiel Poncela 1965: II, 291 y Escudero 1981: 75-76.
36 Véase la introducción a *Madre (el drama padre)*, intitulada «Lo moral y lo inmoral», en Jardiel Poncela 1965: II, 283-289.

des ha pasado en su vida pública esta obra, desde llegar a ser prohibida por inmoral».[37] Prueba certera de que hubo gente que no podía o que no quería aceptar como decisiva la intención caricaturesca. Dice Jardiel:

> Injusta la acusación, por cuanto en su esencia *Madre (el drama padre)* era – y es – la burla, llevada al último extremo, de una clase de teatro efectivamente inmoral y resueltamente idiota, que acaparaba los escenarios y la atención del público, ideada precisamente para ridiculizar y dejar fuera de combate esa clase de comedias, iniciadas con *La Papirusa*, de Torrado y Navarro, y continuadas luego hasta la situación, ya por los mismos autores, ora juntos, ora por separado, ya por muchos plumíferos, que veían un filón apetitoso e inextinguible en ese llamémosle *género* compuesto a base de nacimientos confusos, hijos naturales, grandes damas de brocha gorda, aristócratas de *doublé*, situaciones violentas sin base, sin razón ni medida, destinadas sólo a suscitar la sorpresa en el espectador [...].[38]

Mirando de cerca *Madre (el drama padre)*, salta a la vista la intención satírica de Jardiel, que pone en escena los problemas que surgen de la descendencia misteriosa no sólo de uno, sino de ocho personajes y que combina las confesiones de no menos de cinco madres y padres implicados para que conste al final que nada impide el casamiento de las cuatro muchachas con los cuatro muchachos respectivos.[39] Para este fin, Jardiel construye relaciones extramatrimoniales de las más inverosímiles, pero eran justamente estas revelaciones de último minuto sobre las que se apoyaron los defensores de la moral pública.

De manera indirecta, la actitud hostil frente a *Madre (el drama padre)* también es una prueba de que en esta parodia se han conservado las características esenciales del melodrama moderno, que seguía exitoso en las tablas madrileñas. Otra prueba es el hecho de que en las piezas no parodísticas de Jardiel no se encuentran ni los «nacimientos confusos» o los «hijos naturales», típicos del ‹melodrama clásico› francés, ni las «grandes damas de brocha gorda, aristócratas de *doublé*» o las «situaciones violentas sin base, sin razón ni medida» del «melodrama moderno» español. Según hemos dicho, Jardiel se esfuerza en actualizar el melodrama en el sentido de impresionar al público de una manera más bien intelectual que emocional. Por otra parte, su desprecio por las «situaciones violentas» que ve «destinadas sólo a suscitar la sorpresa en el espectador», no va dirigido contra las sorpresas escénicas en general: condena las que son «sin base, sin razón ni medida», pero acepta y practica las que son astutamente inventadas.

Es que, al fin y al cabo, Jardiel se dirige al mismo público, al que quiere enajenar del «melodrama moderno» por dos caminos: por un lado ofrece en su propia producción teatral una fórmula inteligente, que se puede considerar sucesora legítima

---

37 Jardiel Poncela 1965: II, 283.
38 Jardiel Poncela 1965: II, 286. En la página 288 habla de «los inmundos melodramas de la escuela ‹papiruesca›.» En 1935, Adolfo Torrado y Leandro Navarro habían estrenado *La Papirusa*.
39 Véase también Escudero 1981: 33-34.

del «melodrama clásico», por otro lado pone en ridículo de una vez el ‹melodrama moderno› a través de su caricatura en *Madre (el drama padre)*. Con todo esto, es muy probable que Jardiel, por la lucha diaria contra el «melodrama moderno», no se haya dado cuenta hasta qué punto también su propio teatro seguía dentro de la dominante corriente del melodrama.

Sentimentalismo de Pixerécourt y comicidad de Jardiel

En resumidas cuentas, las afinidades entre Pixerécourt y Jardiel parecen no solamente accidentales, sino esenciales. Consisten fundamentalmente en que ni Pixerécourt ni Jardiel se hacen portavoces de una crítica social o de ideas nuevas, sino que les importa ante todo la «despreocupación» del público, lo que consiguen con un espectáculo que le corta la respiración y no le deja descansar. Pixerécourt y Jardiel coinciden en la importancia que dan a este objetivo, pero se distinguen en los medios que utilizan para conseguirlo. En concordancia con los preceptos aristotélicos, Pixerécourt apuesta por la emoción del espectador, por su compasión con la inocencia perseguida y su horror del crimen, añadiendo, por supuesto, otros ingredientes, como la música.[40] Jardiel, por su parte, intenta apoderarse más del juicio del espectador que de sus emociones. Hace todo lo posible para tener ocupada la capacidad intelectual del espectador, desorientando y desajustando sus esfuerzos lógicos para formar un todo coherente de los elementos dispares de la acción y de los pocos datos concretos que le ofrecen los diálogos. El espectador falla continuamente en sus intentos y tiene que esperar las explicaciones que se dan al final de la obra. Importa señalar que a veces estas explicaciones, aunque lógicas, resultan un poco decepcionantes. Parecen rebuscadas, lo que confirma la hipótesis de que para Jardiel – al contrario de las novelas policíacas – lo primordial no es la construcción lógica de la trama, sino la acumulación de lo disparatado para no permitir al público tomar aliento en ningún momento. Dice Gonzalo Torrente Ballester:

> Jardiel Poncela acumula durante casi dos actos un número excesivo de acciones y situaciones inexplicables, muchas de ellas sin otro matiz cómico que la pura sorpresa, y, de pronto, al final, todo este batiburrillo cobra coherencia, se pone en pie, se explica y deja al descubierto una trama férreamente trabada, una construcción rigurosa, aunque laberíntica. [...] Sin embargo, los efectos de exuberancia, de confusión, de acumulación persisten, por mucho que el desenlace los aclare.[41]

Basándose en lo que se sabe del modo de trabajar de Jardiel, Carmen Escudero afirma aún con más nitidez que en el teatro de Jardiel no admiramos «el conjunto de la

---

40 Véase Thomasseau 1984: 114-116. Acerca de Jardiel y del uso de la música limitado, pero eficaz, véase Escudero 1981: 129.
41 Citado por Ruiz Ramón 1971: 305.

obra, sino sus magníficas situaciones que él va yuxtaponiendo a lo largo de las comedias llevándonos de un regocijo en otro».[42]

«Espíritu nuevo» y «surrealismo» en Jardiel

Para hablar del vanguardismo de Jardiel, hay que partir del hecho incontestable de que sus obras maestras están llenas de ideas insensatas, de caracteres raros y de acontecimientos inverosímiles. Sabemos que estos ingredientes sirven para captar la atención del espectador y para producir efectos cómicos, pero es tal la acumulación de lo insensato y es tal la incomprensión de los críticos, que parece legítimo preguntarse por explicaciones que superan su mera funcionalidad teatral.

Pero estas manifestaciones de la sinrazón ¿merecen la etiqueta de vanguardismo? Según las reivindicaciones básicas de los movimientos europeos de vanguardia a principios del siglo XX la actitud vanguardista se debe a la impregnación por el «espíritu nuevo», que transforma totalmente al individuo y le confiere una «nueva sensibilidad».

En otra ocasión, he tenido oportunidad de sintetizar lo que era este «esprit nouveau» que Guillaume Apollinaire empezaba a propagar en Paris a partir de 1917:

> Para Apollinaire, el llamado *espíritu nuevo* «a l'ambition de marquer l'esprit universel et [...] n'entend pas limiter son activité à ceci ou à cela». La convicción de presenciar un cambio de rumbo general, que es la base de la famosa conferencia de Apollinaire titulada «L'esprit nouveau et les poètes» (del 26 de noviembre de 1917) se debe probablemente a los enormes avances técnicos realizados antes y después del cambio de siglo: con la invención de la luz eléctrica el hombre había creado otros soles. Convirtiendo la noche en día, era capaz de invertir el orden divino. Del mismo modo, el telégrafo, y después el teléfono se podían considerar medios de comunicación adicionales, en buena parte superiores al habla y al oído. Y por encima de todo: el avión, ave enorme, invento más espectacular y realización de un sueño mítico de la humanidad. Así se explicaría la gran euforia respecto al futuro [...]. Sin entrar en detalles, se puede afirmar que la Gran Guerra reforzaba aún el anhelo de un cambio de rumbo. Así, en 1920, aparece el primer número de la revista *L'Esprit Nouveau* que se dedica a «la estética de nuestro tiempo en todas sus manifestaciones» y se propone contribuir a la creación de la «gran época que todo anuncia». Para Apollinaire, el cometido del espíritu nuevo en literatura es el siguiente: «Il lutte pour le rétablissement de l'esprit d'initiative, pour la claire compréhension de son temps et pour ouvrir des vues nouvelles sur l'univers extérieur et intérieur qui ne soient point inférieures á celles que les savants de toutes catégories découvrent chaque jour et dont ils tirent des merveilles».[43]

Todos los movimientos de vanguardia participan en este espíritu nuevo. Su base es la convicción de formar parte de una época que no tiene nada en común con la historia

---

42 Escudero 1981: 12. En el mismo sentido insiste Francisco Díaz de Castro (1999: 22) en «la cada vez más perfecta gradación del factor sorpresa y de la intensidad de los elementos humorísticos en los distintos actos».

43 Wentzlaff-Eggebert 2000: 13.

anterior de la humanidad y que tiene la capacidad para crear por segunda vez el mundo, superior a la creación divina y debido esta vez al ingenio del hombre. Sin lugar a dudas, Jardiel participa activamente, aunque no de forma abierta, en el «espíritu nuevo». La prueba no hay que buscarla tanto en los recientes inventos técnicos que juegan un cierto papel en varias de sus piezas o en la imaginación del supuesto invento de unas sales que impiden el envejecimiento o permiten el rejuvenecimiento, que sustenta *Cuatro corazones con freno y marcha atrás*. Más importante en este contexto parece el hecho de que, desde 1927, no ha cesado de luchar por un nuevo tipo de teatro que tanto para él como para la crítica representó una ruptura radical: «su producción teatral [...] constituyó una auténtica revolución para el género dramático, [...] en su época debió de suponer una absoluta novedad, una corriente completamente inédita».[44] No extraña que Jardiel haya hecho referencia explícitamente a lo que debe a Gómez de la Serna: «Sin Ramón Gómez de la Serna, muchos de nosotros no seríamos nada. Lo que el público no puede digerir de Ramón se lo damos nosotros bien masticado para ser digerido, y lo acepta sin pestañear.»[45]

La incondicionalidad de su ruptura camuflada se refleja tanto en los contenidos como en la estructura dramática, la concepción de los personajes, y el diálogo, según ha demostrado María José Conde Guerra.[46] Según la ya citada declaración del mismo Jardiel, todos estos planos se conjugan para «arrumbar y desterrar de los escenarios de España la vieja risa tonta de ayer, sustituyéndola por una risa de hoy en que la vejez fuera adolescencia y la tontería sagacidad», y es reveladora esta frase tanto por la serie de antítesis («viejo» – «joven», «ayer» – «hoy», «tonto» – «sagaz») como por la fórmula del comienzo, reforzada por el uso de dos infinitivos en vez de uno, los dos con fuerte valor metafórico. Es decir que Jardiel utiliza aquí el estilo antitético y combativo, típico de los manifiestos vanguardistas. Insiste, además, en la ruptura con lo viejo y lo de ayer, en favor de lo joven y actual. De este modo, participa en el discurso del «espíritu nuevo», regido justamente por la convicción de vivir en una época incomparable. Para Mariano de Paco, «no ofrece dudas que Jardiel y Mihura utilizan lo absurdo en su teatro como un modo de ruptura a rebeldía, de mostrar una visión distorsionada y quebrada de la realidad».[47] Por eso, no es de extrañar que Jardiel declare en una ocasión:

[e]n varias de mis comedias yo he hecho con éxito el surrealismo que antes se había intentado hacer vanamente, y ejemplos de primera línea son *Cuatro corazones con freno y marcha atrás* y *Un marido de ida y vuelta*. Valía la pena de explicar también, para ins-

---

44 Escudero 1981: 9.
45 Citado por Paco 2001: 24.
46 Conde Guerri 1993. En lo que se refiere a la estructura dramática, el procedimiento más espectacular es el juego con las perspectivas de los espectadores como el que se produce entre el Prólogo y el Acto Primero de *Eloísa está debajo de un almendro* (véanse Escudero 1981: 60, Díaz de Castro 1999: 22, Albersmeier 1999: 65 y Díez 2002: 166-167).
47 Paco 1993: 107 y Paco 2001: 24.

trucción de indoctos, lo cerca que está siempre el humor del surrealismo; y cómo ambos, al fin y al cabo, son emanaciones directas de la sinrazón, por lo cual uno y otro les son difíciles de comprender y de estimar a las gentes exclusivamente razonables; a las gentes que no tienen capacidad mental y espiritual bastante para saber huir de la realidad en un momento dado; a las gentes no preparadas para el ensueño y a quienes toda ensoñación repugna; a las gentes cuyo corazón se halla cerrado herméticamente a la poesía; a las gentes sin alma; las gentes que viven, piensan y asisten en todo instante a ras de tierra; a las gentes vulgares; a las gentes adocenadas; a los críticos de teatros, en fin.[48]

Sin duda alguna, Jardiel no era un surrealista en el sentido de los manifiestos de André Breton. Según éstos, no basta con dar cabida en la obra literaria a la sinrazón o al ensueño, sino que hay que buscar caminos adecuados, para dar libre paso a la parte subconsciente de la mente humana que se supone reprimida por la lógica. Caminos como la famosa «escritura automática» o el estudio del funcionamiento de la imaginación infantil, de los sueños o del azar: «Lo lógico siempre es falso», esta frase de Tristan Tzara no la habría suscrito Jardiel. A diferencia de los vanguardistas rebeldes que ponen en tela de juicio la obra de arte como un objeto estético y autosuficiente, Jardiel no cuestiona la noción de literatura como tal. Tampoco se opone al público en general, por su actitud pasiva frente a la representación, sino que solamente articula su desprecio frente al espectador vulgar. Su surrealismo no es el de *El público* de García Lorca, cuya «sinrazón» no se explica en ningún momento.

Aparentemente, Jardiel comprende más bien literalmente la palabra «sur-realismo», refiriéndose a lo que no existe en la realidad – como, por ejemplo, estas sales que impiden el envejecimiento – y al efecto que una obra con tal temática produce en el espectador.[49] Para Jardiel, este efecto es el que había descrito Ortega y Gasset en *La deshumanización del arte* (1925).[50] Es decir, que los personajes pierden su interés humano para el espectador, convirtiéndose en meras funciones dramáticas dentro de un juego intelectual, lo que impide toda identificación emocional con ellos.

En este sentido piezas como *Madre (el drama padre)* representan para él la realización más pura del surrealismo en todo el teatro español de la época:

> [...] como todas mis farsas cómicas de tipo delirante, *Madre* se hallaba – y se halla – fuera de la linde de lo humano; se hallaba – y se halla – concebida de un modo deshumanizado; se hallaba – y se halla –, en fin, justo dentro del campo del surrealismo más puro.[51]

Es verdad que el esquematismo de *Madre (el drama padre)* impide toda identificación con los personajes. Como hemos visto, se trata de cuatro hermanas que quieren casarse con 4 hermanos. Una constelación que por sí sola casi no le permite al espec-

---

48   Jardiel Poncela 1965: II, 285, nota 1.
49   Conde Guerri (1993: 85), dice con mucha razón acerca del surrealismo de Jardiel: «[...] aunque se confundiera de conceptos y hablase en realidad de inverosimilitud imaginativa».
50   Véase Escudero 1981: 139-140.
51   Jardiel Poncela 1965: II, 285.

tador enterarse quién forma pareja con quién. Pero la multiplicación por cuatro de los cambios abruptos entre alegría y aflicción de los novios – según les parece posible o imposible el casamiento anhelado – convierte el espectáculo en una sucesión de efectos escénicos, que simplemente no dejan tiempo al espectador de emocionarse con quien fuese.

Si lo que Jardiel llama surrealismo no lo es en el sentido del movimiento surrealista francés, se trata, sin embargo, de una auténtica manifestación del «espíritu nuevo» de la vanguardia internacional, lo que, otra vez, se puede desprender fácilmente del lenguaje empleado por Jardiel, cuando lamenta de un modo general que no le queda tiempo para detallar sus ideas

> [s]obre surrealismo, sobre esa deshumanización del Teatro, sobre ese delirio fantástico de la Escena, sobre ese chorro de imposibles lanzado contra el tablado, sobre ese conjunto de medidas alteradas, sobre esa inframaginación que es el surrealismo, y que en España sólo intentó Azorín (el artista que menos podía intentarlo, por cuanto carecía y carece de toda cualidad teatral [...]).[52]

Tiene razón Jardiel reclamando haber llegado a un nivel más alto de «surrealismo» en comparación con el teatro de Azorín. Sin embargo, hay que insistir otra vez en el hecho de que todas las características que detalla aquí – a diferencia de *El público* de Lorca –, conciernen a los ingredientes o a la técnica teatral, pero no afectan el concepto básico de su teatro, ya que, a pesar del embrollo enorme que pone en escena, esta confusión solamente es aparente y, al final, se convierte otra vez en orden lógico.[53]

¿Qué es, pues, el jardielismo? Partamos de la conclusión de Carmen Escudero, con la que alude a las dos características básicas, aparentemente contradictorias, que se conjugan en el teatro de Jardiel: «La risa, o la sonrisa que produce un hecho humorístico libera de preocupaciones y angustias, a la par que ayuda a considerarlo todo de una forma nueva».[54] Por un lado se trata de un teatro que quiere dejar al público con la boca abierta delante de un mundo tan extraño como fascinante y liberarle así de sus «preocupaciones y angustias». En esto, el teatro de Jardiel se parece bastante al melodrama clásico, si bien le faltan la música y sobre todo el sentimentalismo, que ha sido sustituido por cantidad de elementos cómicos, tanto en los personajes con sus rasgos de carácter exagerados como en las situaciones inverosímiles o en el nivel lingüístico.

Por otro lado se trata de un teatro con bastante potencial subversivo. «Ayuda a considerarlo todo de una forma nueva», frustrando casi sistemáticamente las expecta-

---

52 Jardiel Poncela 1965: II, 285, nota 1.
53 Para Abbott (1995: 367), al contrario, Jardiel era un vanguardista de primera fila, ya que había dado campo libre a la sinrazón en su teatro. Insiste en la nota 6 en que «el proyecto vanguardista de Jardiel quiere romper con el orden estético tradicional, llevando la inverosimilitud y la sinrazón a la escena».
54 Escudero 1981: 62.

tivas del público en cuanto a la lógica de la trama, al realismo de las situaciones escénicas y al carácter de los personajes. La despreocupación y la soltura de Jardiel, destacados ya por sus coetáneos, se pueden interpretar como facetas del «espíritu nuevo», que constituye la base de los diferentes movimientos de vanguardia.[55] Dice así Francisco Ruiz Ramón: «De 1927 a 1949 Jardiel Poncela produce su teatro impulsado por una voluntad de búsqueda de una nueva dramaturgia equidistante igualmente del teatro público al uso como del teatro de vanguardia de su tiempo»,[56] y Mariano de Paco insiste en que «no cabe, en un sentido estricto, hablar en España de un *teatro de vanguardia* pero sí de un teatro *en la Vanguardia*, esto es, un teatro que, sin acomodarse plenamente a ciertas condiciones estrictas, incorpora determinados aspectos vanguardistas y se propone *ir hacia adelante renovando* los distintos elementos del espectáculo.»[57]

Bibliografía

Abbott, Annie (1995): «Representaciones de la sinrazón: el teatro vanguardista de Enrique Jardiel Poncela», en: *Romance Languages Annual* 7 (West Lafayette), pp. 365-369.

Alás-Brun, María Montserrat (1995): *De la comedia del disparate al teatro del absurdo (1939-1946)*. Barcelona: PPU.

Albersmeier, Franz-Josef (1999): «Enrique Jardiel Poncela oder die hymnische Wirkung von Hollywood auf das Theaterschaffen eines spanischen Humoristen», en Grosse, Sybille / Schönberger, Axel (eds.): *Dulce et decorum est philologiam colere: Festschrift für Dietrich Briesemeister zu seinem 65. Geburtstag*. Berlin: Domus Editoria Europaea, pp. 57-72.

Alemany, Luis (1989): «Introducción», en Jardiel Poncela, Enrique: *La «tournée» de Dios*. Madrid: Biblioteca Nueva, pp. 5-49.

Bobes, María del Carmen (1993): «El espacio dramático en el teatro de Enrique Jardiel Poncela», en: Cuevas García, Cristóbal / Baena, Enrique (eds.): *Jardiel Poncela. Teatro, vanguardia y humor*. Barcelona: Anthropos, pp. 139-169.

Brooks, Peter (1976): *The melodramatic imagination. Balzac, Henry James, melodrama and the mode of excess*. New Haven / London: Yale University Press [2ª edición New York: Columbia University Press 1985].

Conde Guerri, María José (1981): *El teatro de Enrique Jardiel Poncela. Aproximación crítica*. Zaragoza: Institución «Fernando el Católico».

Conde Guerri, María José (1993): «La vanguardia y el teatro de Enrique Jardiel Poncela», en: Cuevas García, Cristóbal / Baena, Enrique (eds.): *Jardiel Poncela. Teatro, vanguardia y humor*. Barcelona: Anthropos, pp. 79-97.

Conde Guerri, María José (1998): «El teatro de humor de Enrique Jardiel Poncela», en: Burguera Nadal, María Luisa / Fortuño Llorens, Santiago (eds.): *Vanguardia y humorismo. La otra generación del 27*. Castelló de la Plana: Universitat Jaume I, pp. 83-93.

---

55 Con mucha razón insiste Heymann (1998: 99-104) en el uso más bien superficial aunque eficaz de procedimientos vanguardistas en la obra narrativa de Jardiel.

56 Ruiz Ramón 1993: 28. De manera similar, para Conde Guerri (1993: 83) «Jardiel es hijo de un ambiente que se mueve entre los rescoldos de una pedestre literatura de consumo popular y el advenimiento de la inquietud de los movimientos vanguardistas».

57 Paco 2001: 23.

Díaz de Castro, Francisco Javier ([10]1999): «Introducción», en: Enrique Jardiel Poncela: *Angelina o el honor de un brigadier. Un marido de ida y vuelta*. Madrid: Espasa (Colección Austral, 478), pp. 9-53.

Díez, Emeterio (2002): «Jardiel y el cine», en: *Cuadernos Hispanoamericanos* 624-626, pp. 153-170.

Escudero, Carmen (1981): *Nueva aproximación a la dramaturgia de Jardiel Poncela*. Murcia: Universidad de Murcia.

Heel, Franz (1912): *Guilbert de Pixerécourt. Sein Leben und seine Werke*. Erlangen [Tesis de Doctorado].

Heymann, Jochen (1998): «La imagen literarizada, la vanguardia y el cine. Ramón – Ayala – Jardiel», en: Wentzlaff-Eggebert, Harald (ed.): *Nuevos caminos en la investigación de los años 20 en España*. Tübingen: Max Niemeyer, pp. 91-105.

Jardiel Poncela, Enrique (1965): *Obras completas*. 4ª edición, 4 tomos. Barcelona: AHR.

Jardiel Poncela, Enrique (1973): *Obras completas*. 7ª edición, 6 tomos. Barcelona: AHR.

Jardiel Poncela, Enrique (1997): *Eloísa está debajo de un almendro. Las cinco advertencias de Satanás*. Madrid: Espasa (Colección Austral, 71).

Jardiel Poncela, Enrique (1999): *Angelina o el honor de un brigadier. Un marido de ida y vuelta*. Madrid: Espasa (Colección Austral, 478).

Jardiel Poncela, Enrique (2000): *Cuatro corazones con freno y marcha atrás. Los ladrones somos gente honrada*. Madrid: Espasa (Colección Austral, 497).

Mainer, José-Carlos (1983): *La edad de plata (1902-1939). Ensayo de interpretación de un proceso cultural*. Madrid: Cátedra.

Monleón, José (1993): «Jardiel Poncela o el teatro de ninguna parte», en Cuevas García, Cristóbal / Baena, Enrique (eds.): *Jardiel Poncela. Teatro, vanguardia y humor*. Barcelona: Anthropos, pp. 65-78.

Nouty, Hassan el (1978): *Théâtre et pré-cinema. Essai sur la problématique du spectacle au XIXe siècle*. Paris: Nizet.

Oliva, César (1993): «El lenguaje escénico de Jardiel Poncela», en Cuevas García, Cristóbal / Baena, Enrique (eds.): *Jardiel Poncela. Teatro, vanguardia y humor*. Barcelona: Anthropos, pp. 195-223.

Oliva, César / Vilches de Frutos, María Francisca (1999): «El teatro», en Rico, Francisco (ed.): *Historia y crítica de la literatura española*. Tomo 8/1: *Época contemporánea: 1919-1975*. Primer suplemento (ed. Santos Sanz Villanueva). Barcelona: Crítica, pp. 559-678.

Paco, Mariano de (1993): «Los inicios teatrales de Jardiel: humor y renovación», en Cuevas García, Cristóbal / Baena, Enrique (eds.): *Jardiel Poncela. Teatro, vanguardia y humor*. Barcelona: Anthropos, pp. 99-118.

Paco, Mariano de (2001): «Jardiel Poncela en el teatro español de la Vanguardia», en: *Ínsula* 660, pp. 23-24.

Pixerécourt, René-Charles, Guilbert de (1971): *Théâtre choisi*. 4 tomos. Nancy 1841-1843. [Slatkine Reprints].

Pixerécourt, René-Charles, Guilbert de (1994): *Le chien de Montargis ou la forêt de Bondy*. (Edición bilingüe francés-alemán de Harald Wentzlaff-Eggebert). Bamberg: Universitätsbibliothek Bamberg.

Ríos-Font, Wadda C. (1997): *Rewriting melodrama. The hidden paradigm in modern Spanish theater*. Lewisburg / London: Bucknell University Press / Associated University Presses.

Ruiz Ramón, Francisco (1971): *Historia del teatro español*. Tomo 2: *Siglo XX*. Madrid: Alianza (El libro de bolsillo, 339).

Ruiz Ramón, Francisco (1993): «Jardiel Poncela: un dramaturgo en el purgatorio», en Cuevas García, Cristóbal / Baena, Enrique (eds.): *Jardiel Poncela. Teatro, vanguardia y humor*. Barcelona: Anthropos, pp. 15-32.

Schmidt, Johann N. (1986): *Ästhetik des Melodramas. Studien zu einem Genre des populären Theaters im England des 19. Jahrhunderts*. Heidelberg: Winter.

Thomasseau, Jean-Marie (1974): *Le mélodrame sur les scènes parisiennes de «Cœlina» (1800) à «L'auberge des Adrets» (1823)*. Lille: Université de Lille.

Thomasseau, Jean-Marie (1984): *Le mélodrame*. Paris: Presses Universitaires de France (Collection «Que sais-je?»).

Torres Nebrera, Gregorio (1993): «Teatro y cine en Jardiel: dos ejemplos», en Cuevas García, Cristóbal / Baena, Enrique (eds.): *Jardiel Poncela. Teatro, vanguardia y humor*. Barcelona: Anthropos, pp. 227-257.

Villalba García, Ángeles (1991/1999): «El humor y la renovación teatral de preguerra» (1991), en Wentzlaff-Eggebert, Harald (1999): *Las vanguardias literarias en España. Bibliografía y antología crítica*. Frankfurt am Main / Madrid: Vervuert / Iberoamericana, pp. 543-561.

Wentzlaff-Eggebert, Harald (1984): *Zwischen kosmischer Offenbarung und Wortoper. Das romantische Drama Victor Hugos*. Erlangen: Universitätsbund Erlangen-Nürnberg.

Wentzlaff-Eggebert, Harald (2000): «El creacionismo puesto en situación: ‹Espíritu nuevo›, ‹nueva sensibilidad› y ‹emoción›», en: *Ínsula* 642, pp. 11-15.

Cervantes y Casona, dos liberales: el cervantismo del *Retablo jovial*

Jesús G. Maestro
(Universidad de Vigo)

Lo que sobra es la ley.[1]

1. Introducción

Los límites de la interpretación literaria son hoy día los límites de la cultura contemporánea. Desde finales del siglo XVIII hasta prácticamente los comienzos de la segunda mitad del siglo XX, la investigación literaria evolucionó prestando atención al curso de las ciencias naturales, a sus descubrimientos metodológicos y a sus logros experimentales. En nuestros días las ciencias de la naturaleza, que parecen buscar para sí mismas nuevas denominaciones, avanzan primordialmente por los terrenos de la cosmología y la biogenética. Una y otra disciplina resultan de difícil acceso a la fragilidad de la epistemología que, en la cultura contemporánea, caracteriza a las tradicionales ciencias del espíritu. Los estudios literarios avanzan actualmente según los criterios metodológicos del culturalismo posmoderno. Probablemente desde los tiempos de la escolástica nunca hemos estado tan lejos del empirismo científico y sus posibilidades de raciocinio.

En las ciencias humanas la interpretación siempre está obligada a trascender los límites del materialismo gnoseológico, cuyo análisis sólo conduce a un formalismo en sí mismo insignificante, al contrario de lo que sucede en las ciencias naturales, cuyo objetivo fundamental reside en el conocimiento material de los hechos, de sus causas y condiciones. Más allá de los formalismos, la interpretación literaria nunca puede incorporar a su discurso explicativo los «objetos reales» del discurso literario. Salvo que nos comportemos como don Quijote, por ejemplo. El discurso interpretativo o hermenéutico no puede dar cuenta metodológicamente de la naturaleza *real* o material de los objetos o referentes literarios, a menos que, desde el punto de vista de la ética de la interpretación, el intérprete se los tome en serio, es decir, crea en ellos firmemente, como si se tratara de verdades o realidades innegables. La ficción tiene sentido porque existe la realidad. El sodio, los astros naturales, o el vacío, son *objetos reales* con los que trabaja la ciencia natural, y forman respectivamente parte esencial y real de la química, la astronomía y la física. Son sus contenidos reales. Las

---

1   Casona 1969: 510. *Sancho Panza en la ínsula*, en *Retablo jovial.* Todas las citas de Casona pertenecen a esta edición, citada en la bibliografía.

ciencias humanas sólo atrapan sus contenidos *formalmente*, mediante palabras, imágenes o conceptos, es decir, mediante ficciones, por más que se trate de ficciones explicativas. Sólo a través del materialismo gnoseológico las ciencias naturales pueden librarse de la concepción de la Ciencia como re-presentación especulativa de la realidad y, en el mejor de los casos, como re-construcción de la verdad. Sin embargo, las ciencias humanas no pueden trascender los límites de un infinito idealismo gnoseológico, cuyo definitivo juez o intérprete, en última instancia, es la ética personal o gremial. Algo así se advierte de forma muy explícita en la interpretación literaria contemporánea, que está sustituyendo progresivamente la *Ciencia* de la interpretación literaria por la *Ética* de la interpretación cultural. Dado que la ciencia no puede ser reducida a «actos de conocimiento», es suplantada por éstos, en el caso de la investigación literaria, desde la moral dominante. Siempre ha sido así, aunque hoy quizás el énfasis es mayor que antaño, como menor es la disimulación moral del intérprete. La ética no ha faltado jamás en la historia de las interpretaciones. Hoy su poder es tal, que incluso ha conseguido subordinar a sus propios intereses algunas dimensiones fundamentales del discurso y la metodología que tradicionalmente pertenecieron a la ciencia.

Tomando como referencia el contexto teórico al que acabo de referirme – toda interpretación literaria está mitificada por la teoría en que se apoya y por la ética del intérprete que la motiva y justifica metodológicamente –, la presente contribución pretende reflexionar sobre la interpretación creativa que Alejandro Casona hace en su *Retablo jovial* de los episodios de la segunda parte del *Quijote*, en que Cervantes narra el gobierno de Sancho Panza en la ínsula Barataria.

2. El teatro de Alejandro Casona

El teatro de Casona ha acusado el paso del tiempo. Lo cierto es que no ha sucedido otra cosa mejor con obras incluso más emblemáticas en su momento que las de Casona: ¿qué ha sido del teatro testimonio de Max Aub?, ¿qué de las piezas políticas de Alberti, con fracasos notables de crítica y público durante las reposiciones de finales de la década de 1970 y en los años 1980 y 1981?, ¿en qué escenarios teatrales se representa hoy día *La camisa* de Lauro Olmo? Con todo, Casona es, junto con Lorca, el dramaturgo español más representado fuera de España.[2]

Durante décadas se ha reprochado al teatro de Casona una tendencia a la evasión y al escapismo, hasta convertir incluso su poética de lo imaginario en un obstáculo capaz de empañar el mérito de sus obras. El dramaturgo criticó con acierto tales reproches:

---

[2] Y tampoco hay que olvidar hoy que el teatro de Casona desempeñó un papel importante en la lucha contra el naturalismo en la escena, al lado de Valle-Inclán y García Lorca, especialmente durante los primeros años de la década de 1930.

> No soy escapista que cierra los ojos a la realidad circundante [...]. Lo que ocurre es, sencillamente, que yo no considero sólo como realidad la angustia, la desesperación y el sexo. Creo que el sueño es otra realidad tan real como la vigilia.[3]

Desde una intensa poética de lo imaginario, el teatro de Casona desmitifica toda ideología que, siempre sofística, pretende justificar un abuso de poder. El dramaturgo censura el artificio de una sociedad gestionada por los medios de producción, cuyo fin no es la democracia, sino la organización de sí misma desde dos grupos dominantes: la oligarquía y los tecnócratas de la información. Su teatro nos revela que la principal fuente de peligro que amenaza una sociedad nace de un sentimiento primario y familiar: el miedo que tiene el ser humano de que sus deseos no queden satisfechos por la comunidad en que vive. Cuando el individuo no vive satisfecho, por la fe, la superstición o la imaginación, no tiene otro remedio que instalarse en la ansiedad. En tales contextos, especialmente sociales, la mitología del miedo, de la ansiedad, se desarrolla en diferentes niveles. Como en la obra de Cervantes, el papel que la imaginación representa en el teatro casoniano es de una relevancia decisiva, y en absoluto puede ser minusvalorado o desestimado. Los planteamientos de su teatro no sólo constituyen una experiencia literaria superior e irreductible al escapismo, sino que adquieren sentido pleno al expresar un contenido ético de signo liberal y laico, en el que la fuerza de la imaginación y la disposición de la fábula dramática contribuyen a iluminar y censurar los aspectos negativos de una sociedad que se pretende mejorar. La educación científica de sus miembros es el principal instrumento de desarrollo que Casona reconoce en su propuesta de progreso social, al conceder al teatro y a la imaginación literaria un papel decisivo como recursos de educación intelectual. Sin duda Casona habría hecho suyas las siguientes palabras de N. Frye, en sus consideraciones acerca del lugar de la imaginación y de la literatura en la educación humana.

> Es esencial que el profesor de literatura, a cualquier nivel, recuerde que, en una moderna democracia, el ciudadano participa en la sociedad principalmente a través de la imaginación [...]. A nuestro alrededor existe una sociedad que exige que nos adaptemos o lleguemos a un pacto con ella. Y lo que tal sociedad nos ofrece es una mitología social. La publicidad, la propaganda, los discursos políticos, los libros y revistas populares, los clichés del rumor vienen con sus peculiares mitos pastoriles, caballerescos, heroicos, sacrificiales; y nada podrá arrojar fuera de la mente esas falsas construcciones, salvo sus formas genuinas. Todos sabemos lo importante que es la razón en un mundo irracional; pero la imaginación en una sociedad que ha pervertido la suya, es más esencial para hacernos comprender que la fantasmagoría de los acontecimientos actuales no es la verdadera sociedad, sino sólo su transitoria apariencia. La verdadera sociedad, el conjunto total de lo que la humanidad ha hecho y puede hacer, se nos revela a través de las artes y las ciencias; nada salvo la imaginación puede abarcar la realidad como un todo; y, en una

---

3   Cano 1961: 5.

cultura tan verbal como la nuestra, nada salvo la literatura puede preparar la imaginación para luchar por la cordura y dignidad en la humanidad.[4]

Todo en el teatro de Casona está orientado a la consecución de estos objetivos. En la mayoría de sus obras, los personajes se sitúan en un espacio que constituye un mundo aparte, un marco o contexto cerrado o aislado del resto del mundo. No se trata en absoluto de utopías: un reformatorio o una comuna en *Nuestra natacha*, una casa para suicidas en *Prohibido suicidarse en primavera*, la primera clase de un trasatlántico en *Siete gritos en el mar*, una aldea aislada en el tiempo y en el espacio en *La dama del alba*... En el conjunto de estas y otras de sus obras hay una serie de rasgos éticos e ideológicos recurrentes. Muchos de estos aspectos nos sorprenden por su analogía con formas y contenidos que están presentes en varios personajes cervantinos, y de modo sobresaliente en la figura de Sancho Panza, viva encarnación de lo popular en sus múltiples facetas, a las que tantas páginas ha dedicado Casona en su teatro, mediante el uso de recursos diversos:

1. rechazo de un mundo sucio, bajo, indigno, en el que a veces se presenta a los personajes de las clases socialmente bajas, picarescas, menos favorecidas;
2. aislamiento de los personajes, sin incurrir en el ámbito de la marginación legal, social o gremial, sino meramente espacial, familiar, aldeana;
3. intento de evasión que, con frecuencia gracias al amor o la amistad, se resuelve en una nueva integración en la realidad, cuya consecuencia es una mejoría de cualidades individuales, más que sociales;
4. la dialéctica de dos mundos: uno reprobable, malvado u opresor, frente a otro afable, a veces excesivamente rosa o dulce, y con frecuencia inocente o ingenuo;
5. exaltación de un mundo popular, laborioso, no mecanizado (nutrido de signos y símbolos: el pan, un árbol, la intimidad familiar, contacto directo con animales o naturaleza), que se presenta como alternativa a un mundo moderno, estamental, financiero, tecnológico;[5]
6. humanización de elementos tradicionalmente malignos o negativos, como la muerte o el diablo, que pueden presentarse respectivamente como un desenlace feliz (*La dama del alba*) o como un personaje simpático (*Otra vez el diablo*); algunas obras, como *La barca sin pescador* – no muy alejada de ciertos parlamentos del Sancho que abandona convictamente su gobierno –,

---

4 Frye 1973: 148.
5 La tendencia de Sancho a expresarse mediante consignas verbales, refranes y frases hechas, tradicionalmente identificadas con la sabiduría popular, el folclore y la sublimación estética de una suerte de cultura conformada al margen de los artificios urbanos, académicos o científicos, es un aspecto que coincide plenamente con los procedimientos del teatro de Casona.

denuncian sin reservas la corrupción y los crímenes de un mundo que crea miles de víctimas para asegurar su exclusiva y persistente riqueza.[6]

3. Alejandro Casona y el *Retablo jovial*

Las obras que integran el *Retablo jovial* fueron compuestas durante los años de la Segunda República española, con el fin de incorporar a las «Misiones Pedagógicas» un repertorio de obras teatrales afín a la literatura y los clásicos españoles.[7] Se trata de un conjunto de breves piezas cómicas o farsas, destinadas a una representación rural y popular en diferentes lugares de la España republicana. Como sabemos, dos fueron las compañías teatrales más populares durante estos años: el «Teatro del Pueblo» y «La Barraca».[8] Así las describe el propio Casona, tomando como referencia inicial la obra cervantina:

> A semejanza de la Carreta de Angulo el Malo, que atraviesa con su bullicio colorista las páginas del *Quijote*, el teatro estudiantil de las Misiones era una farándula ambulante, sobria de decorados y ropajes, saludables de aire libre, primitiva y jovial de repertorio. Formado por estudiantes y consagrado a auditorios sin letras, no podía ser de otra manera. Tanto por sus representantes como por su público, la comedia y el drama hubieran resultado géneros demasiado evolucionados para él. En cambio la farsa, el proverbio y la fábula, con su juego violento y su sabor agraz, eran su expresión natural, así como lo eran en la música el romance coral, la cantiga y la serranilla.[9]

Hay un declarado interés por parte de Casona en los clásicos españoles: «Juan del Encina, Lope de Rueda, el Cervantes de los entremeses, el Calderón de las jácaras y mojigangas, Ramón de la Cruz y el sabroso Molière universal, formaban la nómina de sus autores predilectos».[10] Casona opta por un teatro determinado por una expe-

---

6   En este sentido, también se ha reprochado a Casona que su teatro trata de provocar en el espectador una experiencia ética que tiene su consecuencia en la moral occidental y en una suerte de doctrina cristiana secularizada. Se ha dicho también que sus personajes representan más bien *casos*, y no arquetipos. No estamos ante referentes éticos de carácter social, sino más bien de naturaleza individual y abstracta. Son personajes que no poseen la fuerza suficiente para asumir la representación de mitos legendarios o sociales.

7   Se trata de «cinco farsas en un acto»: *Sancho Panza en la ínsula (Recapitulación escénica de páginas del ‹Quijote›)*, *Entremés del mancebo que casó con mujer brava (Según el ‹enxiemplo› XXXV de ‹El conde Lucanor›)*, *Farsa del cornudo apaleado (Según la historia LXXVII del ‹Decamerón›)*, *Fablilla del secreto bien guardado (Tradición popular)*, y *Farsa y justicia del corregidor (Tradición popular)*. En palabras de Casona (1969: 499), «el *Sancho* subió a la escena profesional en Buenos Aires, en octubre de 1947, al celebrar los artistas españoles el cuarto centenario de Cervantes».

8   Entre las últimas publicaciones habidas sobre este tema, es especialmente recomendable el trabajo de Cipolloni 2003, sobre la labor de Casona y Altolaguirre en torno al teatro y las «Misiones pedagógicas». Vid. también Azcoaga 1981.

9   Casona 1969: 497.

10 Ibíd. Más adelante volverá a insistir en tres nombres fundamentales: «Lope el sevillano, Cervantes, Molière», Casona 1969: 498. Por otro lado, la pieza *Corona de amor y de muerte* (Buenos Aires, 1955) refleja de nuevo su interés en un tema muy popular de la

riencia cómica en la que el humor y la visión crítica, discreta pero incisiva, resultan privilegiados. Su contexto es la literatura y el teatro clásicos. El contenido de estas representaciones apunta hacia una valoración trascendente, casi metafísica, de lo popular universal: «No hacíamos más que devolver al pueblo lo que es del pueblo, o por derecho de invención o por colonización tradicional».[11]

El autor del *Retablo jovial* atribuye a José María de Cossío la propuesta de «escenificar para nuestro teatro ambulante algún capítulo del *Quijote*», y pone en boca de Antonio Machado la formulación de la idea: «Los juicios de Sancho, además de malicia y donaire, tienen ese sentido natural de la justicia inseparable de la conciencia popular».[12] Aquí reside una de las cualidades principales del Sancho gobernador que retrata Casona en su interpretación dramática del episodio cervantino: *el sentido natural de la justicia inseparable de la conciencia popular*.

En este sentido, la composición del *Retablo jovial* constituye una auténtica interpretación creativa de episodios literarios en los que Casona parece inspirarse. El escritor asturiano confiesa muy modestamente:

> Mi trabajo se ha limitado a buscar con el máximo respeto la equivalencia dramática de la narración, sin visibles alteraciones en la fábula y los personajes, y trasladando al diálogo escénico, discretamente remozados, el lenguaje y el tono originales.[13]

Sin embargo, el tratamiento que Casona hace de los temas obliga al lector a reconocer e identificar en las cinco farsas que componen el *Retablo jovial* una interpretación creativa de pasajes y motivos muy superior a la mera «equivalencia dramática de la narración». La valoración semántica de palabras e imágenes no es en absoluto inocente en la farsa de *Sancho Panza en la ínsula*, por muy didáctica y modesta que se nos presente. Casona ha sabido intensificar muy bien muchas de las intenciones cervantinas de este episodio. Consideremos algunos aspectos de esta interpretación creativa.

4. Sancho Panza en la ínsula

Uno de los aspectos más destacados desde el comienzo de esta interpretación creativa del *Quijote* que lleva a cabo Alejandro Casona es el relativo a la justicia. El tema aparece tratado desde el punto de vista de la conciencia popular, ajena a todo artificio legalista o positivo, y se basa en dos condiciones esenciales: la inocencia del juez y la buena fe en la interpretación de la ley. La acotación inicial sitúa a los espectadores ante un Sancho Panza que habrá de comportarse, en la burla preparada por quienes tienen poder y ocio para ello, como juez: «Sala de Justicia en el palacio de San-

---

dramaturgia del siglo XVII español, los amores de Inés de Castro, la «reina muerta» de Portugal.
11 Casona 1969: 499.
12 Ibíd.
13 Casona 1969: 500.

cho».[14] Sancho ejerce un admirable sentido de la justicia en un mundo completamente ficticio, pero de consecuencias supuestamente reales para los litigantes, y también para el propio Sancho, en cuanto al desenlace final de su experiencia como gobernante.

La entrada de Sancho en la ínsula, como casi todos los episodios acaecidos en este espacio, se caracteriza por una expresión grotesca que, autores como E. Urbina, han calificado de «grotesco ingenioso».[15] Sancho resuelve los pleitos que se le ofrecen de forma digna e ingeniosa, quebrando en el lector o espectador toda perspectiva de fracaso. Sin embargo, las condiciones formales en que se desarrolla toda la escena están determinadas por la experiencia de lo grotesco, más que de lo carnavalesco, como integración insoluble de risa y severidad.[16]

El diálogo de los personajes se integra en la referencia de las acotaciones – que remiten a los rebuznos del asno – con la única finalidad de subrayar la presencia grotesca de Sancho, cuyas palabras y fallos judiciales contrastarán vivamente con las perspectivas creadas por el texto y la representación:

> CRONISTA: Allí el pueblo le aclama, la guardia le rinde armas y el Alcaide le besa las manos. (*Cesa la música y se oye el rijo largo de un rebuzno*).
> MAYORDOMO: ¡Qué donosa figura hace nuestro Gobernador en su jumento!

Esta visión metateatral de un mundo *aparentemente*[17] al revés resulta comparable a la que protagoniza Falstaff ante el príncipe Hal en *Henry IV*. El heredero al trono de

---

14 Casona 1969: 505.
15 Urbina (1989), siguiendo a Thomson (1972: 3), define lo grotesco como la yuxtaposición irresoluble entre una experiencia risible y un elemento incompatible con lo risible que, sin embargo, forma parte de esta experiencia. Urbina distingue tres manifestaciones de lo grotesco en el *Quijote*, caracterizadas por lo monstruoso, lo ingenioso y lo ambivalente: «Lo grotesco monstruoso es parte primera y fundamental de la parodia ya que a través de ella Cervantes se propone precisamente satirizar los defectos de estilo y forma que encuentra en los libros de caballerías, es decir, su carácter disparatado y extravagante, su fealdad y deformidad grotescas [...]. Lo grotesco ingenioso es el aspecto representado por el poder de don Quijote en su locura de imaginar experiencias y realidades a las que llama aventuras y de explicar las desventuras de manera igualmente imaginativa a través del recurso del encantamiento [...]. Lo grotesco ambivalente o problemático es el aspecto relacionado con el problema existencial de don Quijote en el *Quijote*, es decir, como personaje creador en y de su historia». Urbina 1989: 674-676.
16 Como todos sabemos, A. Redondo (1978, 1989) ha estudiado, a partir del archicitado Bajtin, aunque desde un punto de vista muy positivista, los aspectos carnavalescos de estos capítulos, en trabajos que las citas sucesivas han hecho célebres.
17 Maxime Chevalier rechaza la posibilidad de ver en estos episodios protagonizados por Sancho la imagen de «un mundo al revés». Basa principalmente su argumento en el hecho de que Sancho renuncia al tratamiento de «don», afirmando de este modo su sentido de la realidad, que no pierde en ningún momento, y su constancia en considerarse, aún gobernador, como una persona cuyo linaje es de condición social humilde y procedencia genuinamente popular: «conviene observar que Barataria no presenta ningún mundo al revés. Lo significan las reflexiones de Sancho tocantes al abuso del *don*, reflexiones acordes con una corriente crítica que circula en los textos entre mediados del

Inglaterra, en medio de pícaros tabernarios, y a pesar de sus inclinaciones lúdicas, no pierde en ningún momento el sentido de la realidad.[18] Por su parte, Falstaff se sirve de la ficción para incidir en la realidad: «Him keep with [Falstaff], the rest banish» («Quédate con él [Falstaff] y destierra a los demás»).

PRINCE: Do thou stand for my father and examine me upon the particulars of my life.
FALSTAFF: Shall I? Content. This chair shall be my state, this dagger my scepter, and this cushion my crown.
PRINCE: Thy state is taken for a joined-stool, thy golden scepter for a leaden dagger, and thy precious rich crown for a pitiful bald crown.
FALSTAFF: [...] Harry, I do not only marvel where thou spendest thy time, but also how thou are accompanied. For though the camomile, the more it is trodden on, the faster it grows, yet youth, the more it is wasted, the sooner it wears. That thou art my son, I have partly thy mother's word, party my own opinion, but chiefly a villainous trick of thine eye, and a foolish hanging of thy nether lip, that doth warrant me. If then thou be son to me, here lies the point: why, being son to me, art thou so pointed at? Shall the blessed sun of heaven prove a micher, and eat blackberries? A question not to be asked. Shall the son of England prove a thief, and take purses? A question to be asked. There is a thing, Harry, which thou hast often heard of, and it is known to many in our land by the name of pitch. This pitch (as ancient writers do report) doth defile; so doth the company thou keepest. For, Harry, now I do not speak to thee in drink, but in tears; not in pleasure, but in passion; not in words only, but in woes also. And yet there is a virtuous man, whom I have often noted in thy company, but I know not his name [...]. A goodly portly man, i' faith, and a corpulent; of a cheerful look, a pleasing eye, and a most noble carriage; and as I think, his age some fifty, or by'r lady inclining to threescore. And now I remember me, his name is Falstaff. If that man should be lewdly given, he deceiveth me. For, Harry, I see virtue in his looks. If then the tree may be known by the fruit, as the fruit by the tree, then peremptorily I speak it, there is virtue in that Falstaff.

---

siglo XVI y mediados del siguiente y que llega a impregnar la sabiduría burlona del refrán («¿Tenéis lumbre, doña Lucía?» «La de Dios, doña Mencía»). Los proyectos administrativos de Sancho no han de desmentir tan clara conformidad con las ideas comúnmente admitidas hacia 1600» (vid. introducción al cap. 45 del *Quijote*, en la ed. de F. Rico). Sería aceptable afirmar que no estamos ante la visión de un mundo al revés, pero resulta inevitable asumir que Sancho es el protagonista de una farsa cómica, es decir, de una ficción risible, sin duda desde el punto de vista de los duques y de cuantos participan conscientemente en tal artificio.

18 Lo mismo sucede cuando Hal pregunta a Bardolph, uno de los compinches que acompañaban a Falstaff en el momento en que el propio Hal, junto con Poins, les arrebata el botín que poco antes habían robado: «Faith, tell me now in earnest». Shakespeare 1993: (I), II,2,l.275, 702. («La verdad dímela en serio». Traducción española de Pujante 2000: 110).

>Him keep with, the rest banish [...]. Banish plump Jack, and banish all the world.[19]

El espacio de Falstaff es la taberna, el lugar en el que se muestra plenamente corrosivo, subversivo, desmitificador. Su nombre podría tener el sentido de *false staff*, es decir, «falso bastón», considerado como «falso apoyo». Algunos críticos han visto en Falstaff un descendiente de ciertos personajes alegóricos del teatro medieval (Vicio, Iniquidad, Guerra, Lujuria, Corrupción...). Su capacidad de corrupción y subversión está fuera de toda duda. Otros autores, sin embargo, han asociado su nombre a la tradición carnavalesca, especialmente a la figura del *Lord of Misrule*, es decir, el rey del caos, del desorden, propio de las fiestas medievales afines al carnaval. Otras figuras, como la del pícaro, o el soldado fanfarrón, encuentran sin duda en Falstaff una realización literaria y teatral de primer orden, al mostrar una voluntad de vivir libre de compromisos serios, y una negativa a someterse a los límites y exigencias de la realidad. De cualquier modo, Falstaff representa la idealización cómica de la libertad, y en cierto modo su destino trágico.

Por su parte, Sancho representa la idealización burlada de un sentido recto y bienintencionado de la justicia, cuya esencia se vincula a la inocencia del espíritu popular. Tal interpretación y ejercicio de la justicia es imposible en el mundo real, y sólo como apariencia, como representación, como ficción, es decir, como algo excepcional, puede resultar tolerable. Paralelamente, la justicia que Sancho ejerce es admirable, mas no exactamente por sus resultados, y quizá en absoluto por su procedimiento, sino por provenir de un hombre sin formación ni preparación para ejercer-

---

19 Shakespeare 1993: (I), II,4,ll.341-345, 360-387 y 431-432, 702-703. («PRÍNCIPE: Tú haz de mi padre y pregúntame por mi modo de vida. / FALSTAFF: ¿Sí? Conforme. Esta silla será mi trono, esta daga mi cetro y este cojín mi corona. / PRÍNCIPE: Tu trono parecerá una banqueta, tu cetro de oro una daga de plomo y tu preciada corona una calva lastimosa. / FALSTAFF: Enrique, no sólo me asombra dónde pasas el tiempo, sino también tus compañías. Pues, aunque la manzanilla, cuanto más la pisan, más rápido crece, la juventud, cuanto más se malgasta, antes se consume. De que eres hijo mío tengo, por un lado, la palabra de tu madre y, por otro, mi propia opinión: me lo confirman, sobre todo, un mísero rasgo de tus ojos y ese labio inferior que te cuelga tan ridículo. Luego si eres hijo mío – ahí están tu señales –, ¿por qué, hijo mío, tantos te señalan? ¿Habrá de hacer novillos el bendito sol del cielo y comer zarzamoras? Pregunta que no ha lugar. ¿Habrá de ser un ladrón y robar bolsas el hijo del rey? Pregunta que sí ha lugar. Enrique, hay una cosa de la que has oído hablar y que en nuestra tierra se llama la pez. Como escribieron los antiguos, la pez mancha, igual que las compañías que frecuentas. Pues, Enrique, no te hablo con licor, sino con lágrimas; no gozando, sino sufriendo; no sólo con palabras, también con penas. Y, sin embargo, hay un hombre virtuoso a quien he visto contigo muchas veces, pero no sé cómo se llama [...]. Uno de espléndida presencia y mucho cuerpo, de aspecto alegre, mirada agradable y porte muy noble. Tendrá unos cincuenta años, quizá vaya para los sesenta. Ahora me acuerdo, se llama Falstaff. Si tirase a libertino, Enrique, mucho me engañaría, pues veo virtud en su mirada. Si al árbol se le conoce por el fruto y al fruto por el árbol, te digo decididamente que en ese Falstaff hay virtud. Con él quédate y destierra a los demás [...]. Desterrad al orondo Falstaff y desterráis al mundo entero». Pujante 2000: 112-114 y 116.)

la. Los burladores esperan de Sancho un desenlace rufianesco, en el que cabe sin duda el cohecho y la bajeza habituales. El lector que simpatiza con el escudero de don Quijote puede temer por la integridad o dignidad de Sancho, rodeado de burladores y tramposos, que poseen y esgrimen poder suficiente para cometer todo tipo de abusos frente a las limitaciones y carencias de su «gobernador». Sancho, sin embargo, cuenta con la protección de Cervantes, en el *Quijote*, y de Casona, en el *Retablo*. Uno y otro autor coinciden aquí en conferir a su justicia un sentido popular e inocente, que por supuesto sólo es posible en la ficción, sin seriedad en sus consecuencias – el lector sabe que todo es una burla, de ahí la naturaleza cómica que reviste todo el episodio –, y precisamente por ser admirable en sus resultados es grotesco en su realización.

Pero la originalidad de Cervantes, tal como Casona nos la interpreta, adquiere nuevas relevancias, especialmente en lo que se refiere al formato y a la poética de la comedia. Los orígenes de la comedia habían situado a las clases humildes, a los personajes de baja condición social, como protagonistas únicos de toda experiencia risible. Frente a ellos, la grandeza de la tragedia estaba reservada de forma exclusiva a los miembros de la aristocracia, la nobleza o la realeza. La preceptiva clásica del Renacimiento confirma plenamente esta tendencia. Cervantes, sin embargo, la rechaza irónicamente. En su tragedia *Numancia* convierte sin reservas a los humildes en protagonistas exclusivos y privilegiados de la experiencia trágica. Nada menos aristotélico. Nada menos clasicista. Con la agonía de las formas clásicas de la tragedia, y su disolución en las formas del melodrama, la burguesía irá asumiendo progresivamente el papel protagonista del conflicto dramático. La tragedia clásica se disuelve así en el melodrama contemporáneo. Sin embargo, un nuevo concepto de tragedia, disidente de la preceptiva clásica y de la poética aristotélica, surge en la literatura y en los escenarios: sólo dentro del desarrollo último de la Edad Contemporánea los seres humanos de condición humilde y común se constituirán de forma definitiva en protagonistas de la tragedia, desde obras como *Woyzeck* (1837) de G. Büchner hasta títulos como *En attendant Godot* (1952) de Beckett, pasando por las piezas dramáticas de Valle-Inclán y las tragedias de García Lorca.

Cervantes en el *Quijote* presenta a Sancho como protagonista de una serie de episodios que sólo resultan cómicos para los duques y sus siervos. El hombre humilde y de escasa o nula formación intelectual se convierte en protagonista de la comedia, pero sólo mediante el engaño y la manipulación degradantes. Sólo así queda convertido en títere o muñeco el hombre que en su humildad es más digno que los dignos, más noble que los nobles, y con cuya inocencia y honradez se mofa y entretiene la honrada y ociosa gentuza de la clase alta. La comedia es así una teatralización, una burla, de las capacidades vitales y de los recursos intelectuales de las gentes humildes. Sin embargo, en esta ocasión, el protagonista no es exclusivamente el hombre común o vulgar – que acaba comportándose como un ser digno y virtuoso –, sino también los espectadores, artífices de la burla y de la comedia, que queriendo entretener su ociosidad, de casta superior, a costa de la degradación ridícula y grotesca de otros seres humanos, acaban por quedar como criaturas indignas de las cualidades que exaltan la exclusividad de su educación – noble – y las virtudes de su religión – católica –. Sancho no representa una comedia, sino la teatralización de una burla que, sólo para la ociosidad aristocrática, *es* una comedia. Advirtamos algunos detalles.

Las palabras del diálogo inicial entre dos subalternos de los duques subrayan la visión displicente y villanesca que muestran, ensoberbecidos, ante Sancho:

> CRONISTA: ¿Es posible que nuestros señores los duques hayan elegido para gobernador a ese villanote de bota y alforja, con trazas de labrador y barba de dos semanas?
>
> MAYORDOMO: Los duques nos le envían, en efecto. Pero habéis de saber que todo esto no es más que una famosa burla. Este gobernador que aquí llega no es otro que el gran Sancho Panza, rústico simple y sin sal en la mollera.[20]

Las palabras que Casona pone en boca de estos dos engolados personajes están tomadas del narrador del *Quijote*, en uno de los numerosos fragmentos en los que este narrador se muestra falaz, cínico o simplemente *infidente*, es decir, en absoluto fiable, según el término propuesto por Avalle-Arce (1991). El lenguaje de estos personajes será desmentido por el comportamiento y el discurso de Sancho, como juez y como gobernador. Los lectores o espectadores del *Retablo jovial* sin duda pueden interpretar fácilmente las palabras del cronista y del mayordomo como el desprecio de una clase superior hacia las formas de conducta y de vida propias del mundo popular y rural, aquí sublimado mediante la representación estética, y bajo el marco de referencia literaria que ofrecen los episodios cervantinos de una novela como el *Quijote*.

En una y otra obra, los ociosos cortesanos ducales pretenden llevar a cabo «la más divertida burla»: «hacerle creer al bueno de Sancho que este lugar es la ínsula prometida, y dejarle que la gobierne durante unos días para ver hasta dónde llega su simpleza, pasando de destripar terrones a administrar justicia y a vivir como señor en un palacio».[21] Sin duda es posible observar en episodios como estos la fuerza de lo grotesco, las formas de lo carnavalesco, la estética de la inversión de valores, etc., etc., etc., pero no podemos limitarnos a describir toda esta serie de categorías, tan bajtinianas, y tan del gusto de los aficionados a la teoría literaria, sin advertir que Cervantes primero, y Casona después en su interpretación creativa del *Retablo*, están teatralizando, como una burla indigna del protagonista humilde y honrado – Sancho en este caso –, características esenciales de lo que, entonces y hoy, en el ámbito de la poética literaria, reconocemos con el digno nombre de *comedia*. Sancho no es Falstaff. Sancho no es un *comediante* que usa la farsa y sus recursos teatrales para imitar

---

20 Casona 1969: 506.
21 Ibíd.

burlescamente al rey de Inglaterra ante las mismas narices de su principesco hijo. No, Sancho es el ser humano común y corriente que la tradición literaria anterior a Cervantes había situado inexorablemente en el formato de la comedia, abstrayendo de él toda cualidad personal para reducirlo de forma simple a un arquetipo, desposeído de toda personalidad propia, y de toda posibilidad de simpatía ante el público. Sancho, muy por el contrario, es un personaje que demuestra la dignidad cómica de los seres humildes, limitados por la educación recibida; es también superior e irreductible a un arquetipo, y lejos de evolucionar como un personaje plano, como un gracioso lopesco o calderoniano, payasete de teatro de masas veterocastellanas seiscentistas, representa la dignidad que no todo ser humano sabe mostrar en el ejercicio de sus limitaciones; y es, finalmente, un personaje que conserva creciente su simpatía ante al lector, así como intacta su inocencia frente a los artificios de las formas de conducta y de los intereses vitales de las clases superiores.

Si los episodios de Sancho en la ínsula no formaran parte del *Quijote*, si esta pieza del *Retablo jovial* de Casona no tuviera su precedente o hipotexto en la obra de Cervantes, es decir, si el lector o espectador no supiera quién es Sancho Panza, quién es el gobernador de Barataria, ese lector o espectador se reiría de Sancho como podrían reírse de él los duques y sus ociosos subalternos. Como podría reírse el público de los pasos y entremés del bobo o simple que los protagoniza. Pero, como hemos dicho, Sancho no es un arquetipo, no es un personaje de comedia, ni mucho menos un bobo o un simple. No está en el *Quijote* para que el lector se ría de él sin más, sino para dignificar la experiencia de la risa en la conciencia y condición de los seres humildes, esos mismos que, hasta Cervantes, habían sido simple combustible de la comedia. Más bien es don Quijote, el hidalgo, y al fin y al cabo el noble, el que constituye el objeto fundamental, o al menos inicial, de la parodia en el libro que lleva su nombre.

Si algo subraya el *Retablo jovial* de Casona como interpretación creativa de estos episodios cervantinos es la dignidad de Sancho como ser humano común y corriente, vulgar, limitado, desprovisto de una educación superior como consecuencia de un mundo organizado en castas y estratos sociales, que se empeña en presentar como simpático al rústico, como objeto de burlas al inocente, como malicioso al villano – como si la maldad fuera exclusiva de la gente socialmente baja –, y como tonto al que no usa la astucia para enriquecerse a costa de los demás. Ésta es la interpretación ética que subyace a la interpretación literaria de Casona, y que inevitablemente se observa en el texto cervantino. Naturalmente, se trata de una interpretación ideal, mítica, de lo popular como algo inocente, rousseauniano incluso, no perturbado por el artificio de la civilización. Hay un indudable maniqueísmo en esta actitud. Pero por muy ideal y maniquea que resulte tal interpretación, estamos ante la subversión ética de una poética, es decir, ante la crítica, desde la creación literaria cervantina y casoniana, de una estética o teoría clasicista de la literatura que reduce los seres humildes a una impersonalidad y a una indiferencia desde la que es posible y segura la risa espontánea e irreflexiva. Al introducir a Sancho como protagonista de estas burlas, Cervantes nos congela la carcajada, nos distancia brechtianamente de los burladores, y nos sitúa ante la posibilidad de reflexionar sobre la legitimidad de una comedia que sólo y siempre decidía acordarse de los humildes para burlarse de ellos. Con la modernidad, personajes nobles, burgueses o poderosos, han sido convertidos progresivamente en objeto público de risa o comedia. Sin embargo, la reina de Inglaterra sigue sin salir representada habitualmente en los muñecos guiñolescos de las televisiones británicas, y en muy pocas viñetas de la prensa española se atreven los humoristas a caricaturizar a los miembros de la familia real. Sean los sabios académicos y los inmaculados intelectuales comprometidos, en ocasiones premiados por las monarquías, quienes respondan a la ingenuidad de mi pregunta.

Esta concepción crítica de los estamentos casticistas del estado está mucho más intensificada en el retablo de Casona que en los capítulos insulares del *Quijote*. La actitud de Sancho, disidente desde la modestia frente a los cortesanos de los duques, refleja la soberbia de los burócratas y cuestiona hasta la desmitificación los prestigios humanos. Así, por ejemplo, los rebuznos del rucio de Sancho dialogan, de forma deliberada, porque así lo dispone el dramaturgo, naturalmente, con las intervenciones del mayordomo, presentado con altivez y desdén:

MAYORDOMO: Mayordomo soy de este palacio, con licencia vuestra.
(Nuevo rebuzo.)
SANCHO: Pues a vos mando en primer lugar, señor mayordomo. Cuidad de ese rucio que me ha traído como si fuera mi propio hermano.
MAYORDOMO: ¿Qué rucio decís?
SANCHO: Mi pollino, que por no avergonzarle con ese nombre vil, le llamo rucio por el color de su pelaje.
MAYORDOMO (*altivo*): ¿Y paréceos que soy yo hombre para cuidar pollinos?[22]

La orden del cuidado del rucio se reproduce casi hasta el infinito, en una discreta parodia de la actividad administrativa y burocrática, del mayordomo al doctor, de éste al cronista, y del cronista al paje, hasta que finalmente «la orden se repite fuera, alejándose, en rigurosa escala de precedencia».[23] Tiene lugar en este contexto una de las declaraciones más desmitificadoras de los honores y rituales humanos, cuando Sancho responde al mayordomo, sobre el cuidado del rucio: «Y llevad entendido que no será el primer asno que reciba honores por méritos que no son suyos».[24] Cuando personajes humildes como Sancho dejan de ser protagonistas de la carcajada, es decir, *objeto* de risa, para convertirse en *sujeto* creador o generador de ella, entonces surge una suerte de *humor crítico*. La risa conlleva cierto descaro, alguna irreverencia no autorizada por el poder, si bien muy tolerada y propiciada por las circunstancias que la motivan. Humor es el nombre que habitualmente damos a esa risa que, de

---

22   Casona 1969: 507.
23   Ibíd.
24   Ibíd.

forma inevitable y recurrente, nos sitúa ante la causa misma que la ha provocado, cuando esa causa no es otra cosa que una experiencia decepcionante, irreparable y acaso superada, que sin duda nos afecta siempre personalmente.

Vengamos al desenlace.[25] A lo largo del retablo casoniano la carcajada disminuye con sorprendente rapidez, y el humor se torna cada vez más grave y menos visible. La declaración final de Sancho, síntesis de la interpretación creativa que Casona hace del texto cervantino, no es simplemente un menosprecio de corte y alabanza de aldea, sino muy especialmente una desautorización, en nombre de la honradez humana, de la ley y de la política subordinadas al ejercicio de la violencia y de la intriga, así como una deslegitimación de la riqueza y del privilegio que se basan en la injusta distribución de los recursos humanos, o en la discriminación social por razones de linaje o posición económica. Sancho renuncia al poder y a la riqueza a cambio de su tesoro más preciado: su paz personal, una suerte de bienestar emocional y laico. Podría hacerse de este desenlace una lectura epicureísta o senequista, pero probablemente estamos lejos de acertar, ya que a Sancho no le mueven impulsos morales, y aún menos creencias éticas de tal o cual signo. Sancho es ante todo un hombre *pacífico*, es decir, alguien que desea vivir en paz con su propia conciencia (separo, por tanto, de la semántica de este adjetivo toda la corrupción que los actuales movimientos pacifistas han vertido sobre la palabra *paz*).

SANCHO: (*Después de una pausa, con una tranquila tristeza*): Digo, señores, que si así es el oficio de gobernar, no es el hijo de mi madre el que nació para esto. (*Comienza a despojarse de sus insignias.*) Si he de mandar ejércitos y velar sobre las armas, y sentenciar pleitos a todas horas para que la una parte se vaya contenta y la otra me saque el pellejo, y vivir con el temor de que me maten enemigos a los que nunca ofendí, y no comer ni beber vino, como manda ese médico verdugo..., si todo eso es gobernar, quédense aquí mis llaves y mis galas, y tómelas el que quiera. A mi trabajo y a mi tierra me vuelvo; que más quiero vivir entre mantas que no morir entre holandas. Devuélvanme mi pollino, mi único amigo fiel, del que no pienso volver a separarme más. Y si algo merezco por lo que hice, sólo pido a vuestras mercedes que me den medio pan y medio queso, que yo comeré de camino a la sombra de una encina mejor que comí en palacio entre manteles brocados. (*Al público.*) Y a vosotros, ciudadanos de esta ínsula Barataria, adiós. Si no os hice mucho bien, tampoco quise haceros mal. Nadie murmure de mí, que fui gobernador

---

25 Desde el momento en que se inicia la secuencia gastronómica, en la que Sancho desea infructuosamente comer todo cuanto el médico le prohíbe, la farsa de Casona adquiere las formas de un entremés clásico de figuras, en el que diversos personajes van desfilando delante de un personaje principal, de forma muy semejante a la que se daba en el propio entremés cervantino de *El juez de los divorcios*. Así desfilan ante Sancho varios litigantes, representados en los arquetipos cervantinos del sastre, el labrador, los viejos que disputan por dinero, un gracioso, una buscona y un ganadero.

y salgo con las manos limpias. Desnudo nací, desnudo me hallo: ni pierdo ni gano. Adiós, señores. (*Telón*.)[26]

El texto cervantino difiere bastante del tratamiento que Casona confiere al Sancho de su *Retablo jovial*. En el *Quijote*, Sancho no anuncia su decisión, sino que la ejecuta. No deja de ser curioso que, en la pieza teatral de Casona, esta secuencia se narre, por boca del propio Sancho, sin que el público llegue a verla representada sobre las tablas, mientras que en la novela cervantina, la misma escena se dramatiza sin narración. Todos los intermediarios del relato desaparecen en el texto para ceder la palabra y el escenario directamente al protagonista Sancho Panza, que a lomos de su rucio, por su propio dueño enalbardado, dice a los cortesanos y burladores ducales:

–Abrid camino, señores míos, y dejadme volver a mi antigua libertad: dejadme que vaya a buscar la vida pasada, para que me resucite de esta muerte presente. Yo no nací para ser gobernador ni para defender ínsulas ni ciudades de los enemigos que quisieren acometerlas. Mejor se me entiende a mí de arar y cavar, podar y ensarmentar las viñas, que de dar leyes ni de defender provincias ni reinos. Bien se está San Pedro en Roma: quiero decir que bien se está cada uno usando el oficio para que fue nacido. Mejor me está a mí una hoz en la mano que un cetro de gobernador, más quiero hartarme de gazpachos que estar sujeto a la miseria de un médico impertinente que me mate de hambre, y más quiero recostarme a la sombra de una encina en el verano y arroparme con un zamarro de dos pelos en el invierno, en mi libertad, que acostarme con la sujeción del gobierno entre sábanas de holanda y vestirme de martas cebollinas. Vuestras mercedes se queden con Dios y digan al duque mi señor que desnudo nací, desnudo me hallo: ni pierdo ni gano; quiero decir que sin blanca entré en este gobierno y sin ella salgo, bien al revés de como suelen salir los gobernadores de otras ínsulas. Y apártense, déjenme ir, que me voy a bizmar, que creo que tengo brumadas todas las costillas, merced a los enemigos que esta noche se han paseado sobre mí [...]. No son estas burlas para dos veces.[27]

Dos veces pone Cervantes en boca de Sancho la palabra *libertad*. En un sentido más dativo que genitivo, es decir, refiriéndose a una libertad *para*, y no a una libertad *de*. Esta última, en su sentido genitivo, expresa una acepción negativa de libertad, según la cual la libertad significa una *negación de dependencia* respecto a algo o alguien, de inmunidad, en suma, respecto a alguna determinación. Ésta es quizá la concepción de libertad que Sancho invoca aquí inicialmente para abandonar la ínsula; sin embargo, el desenlace final de su discurso, tanto en Cervantes como en Casona, apunta hacia una concepción dativa de libertad, una libertad *para* actuar uno por sí mismo. Se trata de una expresión positiva del concepto de libertad, y también metafísica, pues resulta muy difícil de determinar en sus condiciones materiales de realización. Puede entenderse como una libertad de arbitrio, de elección, bien como libertad para hacer algo y decidir no hacerlo (*libertad de contradicción*, de ejercicio), bien como libertad para hacer una cosa u otra (*libertad de contrariedad*, de especificación). De cualquier modo, este último concepto de libertad es metafísico, confuso,

---

26 Casona 1969: 517.
27 Cervantes Saavedra 1998: 1065-1066.

difícil de objetivar, porque la idea dativa de la libertad (*libertad para*) es indisociable de las condiciones materiales que la hacen posible, y porque considerar como equivalentes a todas las condiciones materiales que hacen posible la libertad equivale a retrotraernos a una libertad genitiva (*libertad de*), ya que la *elección libre* es en sí mismo un concepto contradictorio.[28]

En la obra de Cervantes, Sancho regresa a su mundo, torna a su libertad, recupera su *yo* en el seno de su *circunstancia* auténtica y genuina. En el retablo de Casona, las palabras finales de Sancho reflejan su personal renuncia, con un desdén que emana de la indiferencia, al poder político, al privilegio clasista y, sobre todo, a los supuestos valores de un estamento socialmente superior. Tal es el mensaje de la interpretación creativa que Casona nos presenta en el *Retablo jovial* de este episodio del *Quijote*.

Bibliografía

Avalle-Arce, Juan Bautista (1991): «El narrador y Sansón Carrasco», en Parr, James A. (ed.): *On Cervantes: Essays for L. A. Murillo*. Newark, Delaware: Juan de la Cuesta, pp. 1-10.

Azcoaga Ibas, Enrique (1981): «Las misiones pedagógicas», en: *Revista de Occidente* 7-8, pp. 222-232.

Bueno, Gustavo (1992): *Teoría del cierre categorial*. 5 vols. Oviedo: Pentalfa.

Cano, José Luis (1961): «Charla con Alejandro Casona», en: *Ínsula* 191, p. 5.

Casona, Alejandro (^{9}1969): *Obras completas*. Edición de Federico Carlos Sainz de Robles. Madrid: Aguilar.

Casona, Alejandro (1983 [1931]): *Retablo jovial*. Edición de Mauro Armiño. Madrid: Edaf.

Cervantes Saavedra, Miguel de (1998 [1605-1615]): *Don Quijote de la Mancha*. Edición de Francisco Rico. Barcelona: Crítica.

Cipolloni, Marco (2003): «*Aire libre*. Casona y Altolaguirre: traductores intersemióticos del teatro cervantino», en Maestro, Jesús G. (ed.): *El teatro de Miguel de Cervantes ante el IV Centenario. Theatralia* 5. Pontevedra: Mirabel Editorial, pp. 199-215.

Frye, Northrop (1973): *La estructura inflexible de la obra literaria. Ensayos sobre crítica y sociedad*. Traducción española de R. Durbán Sánchez. Madrid: Taurus.

García Sierra, Pelayo (2000): *Diccionario filosófico. Manual de materialismo filosófico. Una introducción analítica*. Oviedo: Pentalfa.

Redondo, Augustin (1978): «Tradición carnavalesca y creación literaria. Del personaje de Sancho Panza al episodio de la Ínsula Barataria en el *Quijote*», en: *Bulletin Hispanique* 80, pp. 39-70 (la primera parte de este trabajo puede leerse en *Otra manera de leer el ‹Quijote›*. Madrid: Castalia 1997, 191-203).

Redondo, Augustin (1989): «El *Quijote* y la tradición carnavalesca», en: *Miguel de Cervantes. La invención poética de la novela moderna*. *Anthropos* 98-99, pp. 93-98.

Shakespeare, William (1993 [1598]): *Henry IV*, en: *The Yale Shakespeare. The Complete Works*. Published under the direction of the Department of English, Yale University. Edited by Wilbur L. Cross and Tucker Brooke. New York: Barnes and Noble.

---

28 Bueno 1992; García Sierra 2000.

Shakespeare, William (2000): *Enrique IV* (Partes I y II). Traducción española de Ángel Luis Pujante. Madrid: Espasa-Calpe.

Thomson, Philip (1972): *The Grotesque*. London: Methuen.

Urbina, Eduardo (1989): «Tres aspectos de lo grotesco en el *Quijote*», en Neumeister, Sebastian (ed.): *Actas del IX Congreso de la Asociación Internacional de Hispanistas*. Frankfurt: Vervuert, pp. 673-679.

La capital dividida entre las dos Españas: Madrid en la literatura de la Guerra Civil

Dieter Ingenschay
(Humboldt-Universität Berlin)

> ¡Madrid, Madrid! ¡Qué bien tu nombre suena,
> rompeolas de todas las Españas!
> La tierra se desgarra, el cielo truena
> tú sonríes con plomo en las entrañas.
> A. Machado, citado por Alberti al final de su
> aguafuerte *Noches de guerra en el Museo del Prado*

1. Introducción

Hace un par de años, propuse utilizar el modelo de las dos Españas para investigar la apropiación literaria de Madrid.[1] Quisiera especificar ahora este concepto, tomando como base algunas novelas urbanas escritas bajo el signo de la Guerra Civil. Que existe un cisma entre las dos ciudades de Madrid ya antes de que el término de las dos Españas se impusiera como categoría histórico-cultural, es decir antes de la Generación del 98 y Ortega y Gasset a lo más tarde, de eso no pueden caber dudas si miramos los relatos de viaje donde se la(s) describe: ya en el siglo XVIII distintos viajeros hablan de la capital española como de una joya arquitectónica y un lugar fascinante, mientras que otros se refieren a ella como un lugar sucio e inhumano. Esto corresponde al espectro antropológico-cultural de cualquier reflexión acerca de la ciudad, que abarca desde el festejo eufórico de la cultura urbana (en Simmel o Klaus Scherpe)[2] hasta el escepticismo disfórico (que empieza con la meretriz bíblica de Babilonia y llega a Nietzsche y Lévi-Strauss).[3]

La idea de leer los Madrid de ambos rivales de la Guerra Civil como expresión de las dos Españas[4] tiene aspectos tentadores. Nunca antes en la historia moderna desde las guerras carlistas los campos progresista y tradicionalista chocaron con tanta fuerza, nunca antes fue la polémica tan marcada, la enemistad tan irreconciliable, la división incluso dentro de las familias y grupos de amigos tan radical; todo

---

1 Véase Ingenschay 2001: 109-128.
2 Cfr. Scherpe 1988.
3 En relación con este escepticismo cfr. Kuhnle 2000.
4 Para el contexto general de la noción cfr. Juliá 1981 y 2004.

esto es sabido y ha sido tratado extensamente por la abundante crítica histórica y literaria.[5]

En el contexto de la literatura madrileña de la Guerra Civil, la planeada proyección podría llevarnos a una equiparación política muy fácil y evidente: la literatura de corte republicano sería la «buena», la profascista la «mala» o ciertamente la «maligna», la literatura de los «vencedores que no han podido convencer», para seguir con el juego de palabras de Mechthild Albert.[6] Una visión diferenciadora deberá encontrar argumentos en tanto se trate de lo empírico del material histórico: aquí es exclusivamente eso lo que me interesa. No me voy a ocupar, por lo tanto, de la estilización ulterior que caracteriza al creciente tratamiento de la temática de la Guerra Civil por parte de autores del franquismo tardío o del posfranquismo (Marsé, Chirbes, Cercas, Chacón...). Esta nueva literatura quiere tomar muchas veces una posición «mediadora». No quiere seguir escribiendo aquella «literatura de los ganadores» (analizada por Regine Schmolling),[7] pero su proyecto fundamental se torna problemático en la medida en que dispone sólo de forma rudimentaria de eso que últimamente se ha dado en llamar «cultura de la memoria».[8] Esta posición mediadora hace que por ejemplo Chirbes trate a los dos bandos de la familia escindida de la misma manera (o por lo menos casi de la misma manera, pues naturalmente el hijo fascista es un poco más tonto). Por el contrario, en la literatura escrita durante la Guerra Civil cualquier posición mediadora parece especialmente complicada y en todo caso improbable.

2. Contexto de investigación

Un primer análisis del estado de la cuestión muestra que la investigación española más reciente trabaja tanto la literatura del lado republicano como la del lado fascista,[9] y también lo hace el conjunto de los artículos del volumen editado por Bannasch y Holm,[10] mientras que, fuera de España, es la literatura profascista la que es tratada

---

5 Martínez Reverte (2004) intenta captar en un libro de impresionante complejidad los acontecimientos históricos de la llamada batalla de Madrid día por día y desde la perspectiva de fuentes y de testigos de ambos bandos.
6 Cfr. el título del libro editado por Albert 1998.
7 Schmolling 1989.
8 La noción está basada en las teorías de Aleida Assmann (cfr. en particular Assmann 1999, cfr. también Nora 1986); su actualidad en el contexto de la Guerra Civil española se refleja en la abundante discusión actual, tal y como ésta se encuentra no solamente en la prensa, sino – por ejemplo – también en el Coloquio Internacional del Instituto Cervantes de Berlín «Culturas de la memoria» (que tuvo lugar en Berlín en junio de 2005). Antes, la noción de memoria histórica se emplea en un sentido más general en Aguilar Fernández 1995.
9 Rodríguez Puértolas 1987, Mainer 1998, Esteban / Llusia 1999, Mañá Delgado 1997.
10 Bannasch / Holm 2005.

de forma más sistemática y rica en facetas.[11] De la abundante literatura crítica sobre la Guerra Civil y sus literaturas, baste destacar en el marco de este artículo la bibliografía comentada de Maryse Bertrand de Muñoz[12] por el motivo siguiente: en su segundo volumen está el detalle de los lugares donde transcurre la acción principal de las numerosas novelas compiladas por la investigadora. Ahí, en la categoría «Guerra vivida», encontramos – en un primer examen del material que entretanto, casi 25 años después de la publicación, debería ser completado en gran medida – nada menos que 29 títulos de novelas cuya acción se centra en Madrid (aun cuando no se trate siempre de relatos urbanos típicos). La base empírica para estas observaciones es bastante menor: elijo seis novelas, tres de cada una de las dos Españas. Pero antes de adentrarme en los textos, quisiera adelantar algunas condiciones básicas sobre un fenómeno clave a la hora de acercarse a la literatura de la ciudad de Madrid: el así llamado «madrileñismo».

3. Madrileñismo

El fenómeno del madrileñismo reúne dos perspectivas fundamentalmente distintas de la ciudad: por un lado, aquella perspectiva que ve a Madrid como un «poblachón manchego» (Pérez Galdós), y por el otro, la que habla de ella como de la nueva metrópolis, el «París español». La sostenida coexistencia de ambas visiones, por demás curiosa, se debe a la ambivalente situación histórica de la ciudad de Madrid (y por ende también de su literatura). El centralismo monárquico y dogmático-católico exige una metrópolis, un escaparate nacional, una sede administrativa y sobre todo – como señala expresamente Joan Ramón Resina – un centro de poder.[13] Así y todo, durante gran parte del siglo XIX, Madrid sigue siendo una plácida aldea, mientras que Barcelona ha adquirido un carácter moderno a través de la industrialización y la edificación. La tematización de la ciudad se incrementa en el siglo XIX bajo el signo del costumbrismo, interpretado por Hans-Ulrich Gumbrecht y Juan José Sánchez como un movimiento conservador primario,[14] cosa que no puede ser confirmada en esta forma para la producción literaria posterior (remito en este caso a ejemplos como Carmen de Burgos y los/as autores/as tratados/as por Michael Ugarte).[15] Lo que debemos retener es que sobre todo el Madrid de la gente simple es descrito tanto por autores conservadores (Baroja) como por autores «semi-proletarios» (José María Rodríguez-Méndez) y que esta circunstancia marca el madrileñismo, que dicho sea de paso no sólo floreció ininterrumpidamente durante el franquismo – recordemos

---

11   Albert 1998.
12   Bertrand de Muñoz 1982.
13   Cfr. Resina 2000.
14   Gumbrecht / Sánchez 1984.
15   Ugarte 1996.

los libros de Cela sobre Madrid[16] –, sino también y más que nada durante la Transición, la Movida y el posfranquismo actual.

Los acontecimientos de la Guerra Civil desestabilizan esta imagen tradicional del Madrid popularmente bueno. De pronto, para cada uno de ambos lados hay «fuerzas malignas» en el interior de esta misma comunidad que con frecuencia es caracterizada con metáforas antropomorfas. La situación histórica concreta, es decir el hecho de que la capital se transformó durante años en el centro de la resistencia republicana en contra de los «libertadores» nacionales, deja a algunos autores profascistas abandonados a un profundo desconcierto. Al mismo tiempo, la literatura «republicana» experimenta un cuestionamiento de sus principios por efecto de la intensidad de una resistencia que también se nutre de las filas de la ciudad misma. Lo que se cuestiona es nada menos que lo que podríamos llamar la «identidad de la ciudad», construida especialmente en el discurso literario.

Dicho en concreto: ambos lados se afanan por crear un discurso de identidad, a sabiendas de que es precisamente eso lo que la situación histórica ha vuelto problemático, cuando no obsoleto. Así es como Giménez Caballero en sus «Exaltaciones sobre Madrid»,[17] publicadas en 1937 en *Jerarquía*, la «Revista negra de la Falange», añora nostálgicamente un Madrid de clases en armonía,[18] como si él perteneciera a la izquierda y no a la derecha. Pero ya veremos, y con esto ya adelanto uno de los corolarios de mi estudio, que esta división es igual de problemática que la oposición de (no más de) dos Españas.[19] Con todas las oposiciones ideológicas, en su apropiación literaria de la ciudad ambos lados se fijan en modelos similares, presentan hallazgos similares y utilizan similares procedimientos.

4. Imágenes fascistas y antifascistas de Madrid
4.a Francisco Camba, *Madridgrado*, y Antonio Sánchez Barbudo, *Sueños de grandeza*: «Madrid no se rinde», ni uno ni el otro

Camba, *Madridgrado* (1939)

Madridgrado de Francisco Camba es clasificada correctamente por Mechthild Albert como novela de ciudad, es decir como un texto que, en el sentido de Volker Klotz,

---

16 Cfr. el hermoso librito de Cela (1966).
17 El título hace referencia a «Exaltaciones sobre España», subtítulo de su famoso libro *Genio de España*.
18 Véase Mainer 1998: 187.
19 En un análisis de las múltiples fragmentaciones dentro de la realidad española, publicado en 1981, Juliá rechazó el concepto de las dos Españas como demasiado estrecho, dado que existen no dos, sino muchas Españas (cfr. Juliá 1981). Sin embargo, vuelve a este concepto tan común después, cfr. Juliá 2004.

tiene a la ciudad como protagonista colectivo.[20] El yo-narrador, en cambio, permanece envuelto por una extraña vaguedad, como personaje y en relación a la ciudad. Ya desde la primera página se destaca de la masa de personajes el político gallego, el gran burgués Pitipá, que fue gobernador bajo la administración de Portela y que arrastra al protagonista dentro del Madrid dominado por el gobierno. Durante las 400 páginas de la novela alternan una y otra vez imágenes de Madrid con los diferentes hilos narrativos, que por lo general sirven para diferenciar a los buenos (o sea, a los religiosos tradicionalistas) de las «hordas rojas». Madrid es caracterizado de forma prototípica con una imagen tomada de Goya:

> Madrid aparece blanco tras las fondas verdiazules de junto al río, como si en vez de sobre el cielo del crepúsculo lo estuviésemos viendo en el lienzo que pintó Goya. Si alguna torre de rascacielo se eleva entre su caserío, no le altera, por fortuna, la graciosa silueta. Con todo el tiempo que ha pasado desde entonces, Madrid, aparentemente, sigue siendo Madrid.[21]

Este Madrid se distingue – como siempre – por la orgullosa voluntad de mantener inquebrantable su idiosincrasia, que se muestra por ejemplo en el festejo. A pesar de que todo indica que el pueblo está armado, Madrid se entrega a la fiesta:

> En la calle de Piamonte, en la de Góngora y la de Gravina, hay, por lo visto, una multitud desharrapada y vociferante a la que se entregan pistolas y fusiles. ¿Cómo se atreven a disponer esto Azaña y Casares Quiroga? ¿El pueblo es, acaso, la chusma? ¿A qué horrores no se va a ver lanzado el verdadero pueblo por haber dejado llegar nuevamente a esos hombres al sitio de donde los arrojó en su único momento de lucidez?
> Por las calles, sin embargo, casi no se nota que vivamos un día diferente al de ayer. Aún hay trasnochadores tras las ventanas de los casinos. Aún en las terrazas de los cafés se comentan regocijadamente los sucesos. Todavía es el Madrid a quien los motines, lejos de quitarle el sueño, le regocijan, por hacerle más interesante en el periódico de la mañana. A altas horas algo le intriga, no obstante. El presidente del Consejo acaba de dimitir. ¿Qué significa esto?[22]

Si para Camba el Madrid oficial de fines de los años 30 se transforma en una «parodia rusa» (200) porque durante los festejos por la Revolución Rusa la ciudad se vuelve un mar de banderas leninistas y estalinistas (y esto mucho después de aquel 7 de noviembre en el que el gobierno dejó la capital), esto debe ser leído sólo en primera línea, no cabe duda, como expresión del anticomunismo ideológico, pero también como expresión de xenofobia:

> Efectivamente, en la Puerta de Acalá, utilizando los huecos, se enmarcaban retratos colosales de Lenin y Stalin; las estatuas del bulevar aprovechábanse para sujetar cartelones con la cara de Stalin y Lenin; Lenin y Stalin tenían un monumento en cada plaza, en cada encrucijada, en cada esquina. Sus efigies colgaban de los balcones de casi todos los

---

20   Klotz 1969.
21   Camba 1940: 12-13.
22   Camba 1940: 38-39.

palacios, y allá arriba, cubriendo el escudo de armas, brillaba el blasón de los nuevos dominadores: la hoz y el martillo, entre banderas rojas que ponían sobre la calle una sombra negra.[23]

En Camba, como en el grueso de las novelas madrileñas de ambos lados, la ciudad castiza de las personas buenas y simples está en el centro, pero a ésta se le agrega aquí el «upper-class Madrid» de los tradicionalistas conservadores, que además se hallan en tan buenas condiciones económicas que todo el tiempo – empezando por el buen amigo gallego Pitipá – sorben champán francés en hoteles de lujo o andan por la ciudad en pomposas carrozas Rolls Royce o Cadillac. La única estrategia de esta novela no precisamente bien compuesta es poner en evidencia el hundimiento de la ciudad bajo el influjo de las «hordas rojas apátridas», mostrando cuán bajo ya ha caído Madrid, cuán grande es el sufrimiento:

> Cuatro Caminos. Calleja de barrio moderno, pero triste. Sórdidas casuchas desventradas por los obuses. Las calles, desiertas. Y ya cerca del taller del señor Antonio, el espanto lo paralizó. Por la ventana abierta salían los gritos de una mujer. Eran unos gritos de naufragio, como cuando desde el puerto la madre o la esposa ve volcarse la lancha donde va todo lo que ella quiere en el mundo. –¡Y a eso ha venido a Madrid! ¡Con tanta ilusión! Yo siempre me opuse. Y, desde que mandan las fieras, bien la animaban a irnos. ¿Por qué me he de callar? ¿Por los asesinos al acecho? Ya no me importa que me oigan. No era mi ama, era como una hija para mí. Mi única hija, y ya no la tengo.
> Y los gritos se detenían en una sola palabra, donde para la pobre mujer iba todo; una palabra de maldición, trágica, ululante, en que parecían temblar los trenos de los antiguos profetas y entraba al cerebro con su aguda sílaba final como un taladro de sierpe:
> –¡Madrid! ¡Madrid![24]

Desde luego, semejante hundimiento sólo puede ser un procedimiento relativo. Curiosamente, el autor olvida sostener el miedo a ser perseguido y el peligro que corre el protagonista (sumado al de su amigo Pitipá); ellos se sostienen junto a todos los «buenos» que secretamente resisten entre los malos reinantes. «Madrid no se rinde» es su armadura mental, pero el concepto de la claudicación misma es revertido: Madrid debe rendirse al lado nacional, que se encuentra dispuesto y no sólo delante de las puertas de la ciudad.

> Madrid no se rinde; el Gran Capitán, el alma de Madrid, no quiere verlo, dije un día. Pero hoy digo, por el contrario: ¡Madrid tiene que rendirse! No es el invasor quien está a sus puertas, sino los que vienen a salvarlo. El invasor hace mucho tiempo que lo tiene dentro de él. Rendirse es, pues, lo noble, lo humano, lo español, lo madrileño. ¿Más sangre aún? ¿Más estrago por no reconocer esta verdad? Eso sólo interesa a los comunistas, a los verdaderos invasores, los que quieren forzar nuestra vida a seguir rumbos cuyo solo pensamiento estremece, arruinando nuestra tradición, destruyendo todo lo que estimamos digno, acabando con el pensamiento, con el sentimiento, con la idealidad.[25]

---

23   Camba 1940: 262.
24   Camba 1940: 321-322.
25   Camba 1940: 377-378.

Camba asegura que escribe «episodios contemporáneos»[26] y con eso hace explícita referencia intertextual a los *Episodios nacionales* de Pérez Galdós, con los que su descripción urbana comparte la confianza en la «ciudad semiotizada». Típicamente madrileño es el hecho de que Madrid – el Madrid de los «malos» incluido – en realidad y en el fondo siempre permaneció bueno. Así es como el protagonista experimenta la «liberación» como una salvación milagrosa:

> ¡Madrid, ese Madrid donde ya se han cumplido para mí dos años de cautiverio, donde he visto la muerte tantas veces delante de los ojos! ¡Sentenciado un día a morir; a merced, por las calles, mi vida del miliciano que quisiera arrebatármela: la checa, con el horror por único compañero; la cárcel, sin otra esperanza de salir que las trágicas levas; el combate, adonde abusivamente se me llevó; las heridas horrendas, de que sólo por milagro pude salvarme; los trabajos forzados de Nueva Baztán; el hambre, la suciedad, la miseria, todo eso se acabó. Dentro de una hora, de media tal vez, libre, entre los míos, los que piensan como yo y sienten de idéntica manera y tienen los mismos anhelos.[27]

Detrás de este patetismo derechista típico de gran parte de la literatura fascista se reconoce que *Madridgrado* pertenece a una fase temprana de la ideología falangista, porque hay algunas críticas muy aisladas a las instituciones eclesiásticas (cuando los malignos rojos son comparados con la Inquisición).

Sánchez Barbudo, *Sueños de grandeza* (1940)

Arturo Saavedra, el protagonista de *Sueños de grandeza*, percibe Madrid desde la perspectiva de la mirada periférica:[28] no en vano está volviendo de la frontera de Córdoba en otoño de 1936 para alojarse en casa de unos parientes cerca del Retiro. Gemma Mañá ha probado que el autor, quien al momento de escribir su novela era redactor de las importantes ediciones republicanas de *Hora de España*, decoró su libro con claros trazos autobiográficos.[29] En principio, Sánchez Barbudo repasa los *topoi* tradicionales de la literaturización de Madrid, el «cielo azul y diáfano» (31). El aspecto central y repetido en todas sus variaciones es la pregunta que atraviesa igualmente toda la literatura fascista (Camba, por ejemplo), la pregunta acerca de si la ciudad ha cambiado o no.

> Al fondo, veíanse los árboles de El Prado y El Retiro. El aire era purísimo, azulado, transparente. ¡Madrid no había cambiado! El cambio, en todo caso, había sido interno y no perceptible a primera vista.[30]

En una segunda mirada, el cambio se hace patente:

---

26   Schmolling 1998: 126, n. 18.
27   Camba 1940: 350.
28   Sobre el concepto de la mirada periférica en la literatura urbana cfr. Ingenschay 2000.
29   Véase Esteban / Llusia 1999: 48.
30   Sánchez Barbudo 1940: 61.

> Paseantes había pocos a esa hora. ¿Los habría más tarde? Después de las elecciones de febrero habíase ya notado un eclipse. Los falangistas habían reprimido su agresividad y no lanzaban esos gritos que producían temor y arrobo en las doncellas elegantes. La palabra se había ocultado para dejar paso a la acción; los jóvenes obreros llenaban con frecuencia la calle de Acalá buscando a los «señoritos». Se vieron miradas de odio y de negro rencor. Los gordos de «la percera», que antes mostraban cada tarde la palidez de su ánimo a través de las vitrinas del Círculo de Bellas Artes ya, prudentemente, no osaban hacer ostentación de su aburrimiento.
> –¡Cuánto ha cambiado todo desde entonces! –exclamó Arturo.
> Y, en efecto, había cambiado. Algo en el aire, un oscuro presentimiento de sangre y de revancha llenó, de febrero a julio, el silencio o el bullicio de las calles madrileñas; como enturbió la claridad de los campos...[31]

Más allá de una corta acción amorosa, la problemática que domina el pensamiento del protagonista es la idea de la lealtad a la patria, y a esto se reduce también la temática central de esta novela pobre en acción. La pregunta gana en actualidad durante la visita a Ricardo, un pariente «de derecha» que se refugió en la embajada de un país habitado por personas rubias y de ojos azules y que intenta repetidamente relativizar la relación irreconciliable entre las dos Españas. Aun cuando a sus amigos Ricardo presenta al protagonista como «un rojo verdadero» (159), Alberto no responde en absoluto al habitual héroe de pensamiento positivo que prima en la prosa republicana. No es un luchador de nacimiento, seguro de sí mismo y de la causa, no llama a resistir al invasor ni enardece los ánimos con sed de victoria, sino que expresa en un gesto disfórico su tristeza por la guerra:

> Nadie dudaba que los fascistas se aproximaban ya a los arrabales de la capital. Los periódicos hablaban de la «voluntad de lucha» de Madrid, de su firme deseo de resistir al enemigo por todos los medios y con toda violencia: hasta el último extremo. Era un grito desesperado. Un toque de campanas que llamaba a la locura. Se presagiaba la catástrofe, la gloria. Era un hundirse y levantarse de nuevo. Una viva zozobra se percibía dentro de esa literatura que exaltaba la próxima defensa heroica de la capital. «Es preciso decirlo: ¡no podemos seguir así!» «Ni un día más.» «Los madrileños como en 1808, como los franceses en el Marne...»[32]

Al igual que la novela «derechista» de Camba, el texto de Sánchez Barbudo se encuentra claramente bajo el paradigma de un madrileñismo nacional. Un paseo por los barrios bajos muestra, entre otros ejemplos, hasta qué punto el protagonista se siente un madrileño sensible al espíritu de la capital antigua y popular:

> Andaba con rapidez dispuesto a cumplir el encargo sin dilaciones, pero al pasar junto al café de San Millán, una sorda llamada (la voz fantasmal de un Madrid en trance de muerte) le hizo detenerse de golpe. No pudo resistir la tentación: entró en el café solemnemente, como si penetrase en un templo.

---

31 Sánchez Barbudo 1940: 82.
32 Sánchez Barbudo 1940: 210.

> Con sus divanes de rojo peluche y sus bolas relucientes; con sus cansados y familiares camareros en los que parecían adivinarse los calzoncillos largos; con sus acreditados solomillos y su público de actores, pesimistas, «chulos», prostitutas y poetas, aparte de alguno que otro funcionario retirado y extrañas parejas, este café, que evocaba todo el Madrid antiguo y popular, hecho ya cuadro, fue siempre para él como un «museo de almas». Y en seguida comprendió, al atravesar la puerta, que el famoso café ofrecía ahora ese encanto y soledad – ese terror silencioso – que ofrecen en días de pago los verdaderos museos.[33]

Poco después, el concepto mismo de madrileñismo es recogido y elevado a parte integrante de una autodeterminación política bajo la que incluso Arturo puede definirse como madrileño:

> La mujer que hablaba con el camarero, era indudablemente una «rabanera», una «placera». Desgreñada y furibunda hacía pensar que los acontecimientos políticos habían logrado sólo aumentar su «madrileñismo» y hacer que se sintiese más segura de sí que nunca. [...]
> Ante aquellas venerables caricaturas, sobre todo ante la rabanera que mostraba a su vez al camarero su desdén con un gesto particularísimo de la boca, y oyendo la respuesta de éste, *filosófica* y extraña, sintió algo más que curiosidad o enojo: se sintió madrileño. Y sintió su alma ligada a ese indefinible complejo que hace *bromista* a la gente de Madrid.[34]

Con el foco en la tensión entre los sueños individuales y los sociales, *Sueños de grandeza* es uno de los textos menos polémicos de los aquí presentados. Sánchez Barbudo se hizo conocido sobre todo como reportero de guerra (por ejemplo por su crónica de los acontecimientos en Yeste, tomados por Goytisolo en *Señas de identidad*); que además sepa hacer uso de otro registro, que integre en un discurso de Madrid los sutiles estados de ánimo dentro de crisis personales y más allá de las personas, constituye lo específico de esta novela madrileña. Esteban / Llusia lo ubican con toda razón como reflexiones de la generación de Rafael Dieste y Juan Gil-Albert, con quienes el autor mantenía una amistad. La literaturización de Madrid presta en ese sentido el armazón para desarrollar la «dialéctica entre una España viva y una España muerta».[35] Entre estas dos Españas se registran ligeros movimientos sísmicos que son expresados de forma sutil:

> Todas las personas se sentían cambiadas, y así era en efecto y muy fundamentalmente, aunque este cambio sólo se percibiese en los más finos matices. No en vano un pueblo entero pasa de la inquietud, de la exaltación y el temor, a la alegría y a la fe. Fue como si un fantasma se alejase derrotado, como si la amenaza hecha cuerpo, convertida al fin en drama, hubiera sido superada por la fuerza invencible de la vida, por la honda voluntad de existir que Madrid afirmó al gritar:
> «¡No pasarán!» [...]

---

33 Sánchez Barbudo 1940: 86.
34 Sánchez Barbudo 1940: 87.
35 Esteban/Lluisa 1999: 49.

El fenómeno afectó a los verdaderos defensores de Madrid, pero también a los tibios y a los «emboscados», e incluso, en cierto modo, a los enemigos, a los que ya entonces eran llamados «quintacolumnistas». Si en unos el tránsito fue de la angustia, del sentimiento de la fatalidad al albedrío, al sentimiento de la propia fuerza; en los enemigos que se encontraban ocultos en Madrid, este tránsito fue de la angustiosa espera al abandono y el olvido, a la desesperación total que encuentra consuelo en sí misma. A partir de noviembre muchos dejaron de ser partidarios de Franco o lo fueron menos apasionadamente.[36]

4.b Agustín de Foxá, *Madrid de corte a cheka* y Ramón José Sender, *El rey y la reina*: perturbaciones de la semiótica urbana

Foxá, *Madrid de corte a cheka* (1938/39)

En un pasaje de la novela de Sánchez Barbudo, preguntan al protagonista qué piensa de las «checas», las cárceles republicanas, y él explica que son un mal aparentemente necesario teniendo en cuenta las actividades que se llevan a cabo en contra del gobierno electo. En dos de las novelas profascistas seleccionadas, las checas figuran en el título, claro indicio de su fuerte papel político y polémico (hasta hoy en día).[37] El autor de la primera, *Madrid de corte a cheka*, Agustín de Foxá, marqués de Armendáriz, «autor de exaltación falangista», como lo llama Rodríguez Puértolas,[38] supo atraer la especial atención de la crítica. Cerstin Bauer-Funke señaló que la lucha por Madrid en esta novela se refiere a la temática de las guerras carlistas,[39] y José Carlos Mainer subraya no sólo el parentesco con Valle-Inclán, sino que apunta, con relación al tópico urbano en este libro de propaganda falangista, que es el Madrid moderno, republicano y antitradicional que se opone al ideal hispanizador y conservador de Foxá;[40] con esta atribución, Mainer está de acuerdo con la posición que representa Juliá cuando destaca que la consecuencia más grave de la guerra civil fue interrumpir un proceso de modernización puesto en marcha durante la 2ª República.[41] Puede que así sea, pero en lo que sigue quisiera mostrar que también la literatura madrileña antifascista suscribe un sistema de valores tradicionales e hispanizantes.

---

36 Sánchez Barbudo 1940: 229.
37 Durante el franquismo, en los años 50/60, se publicaron algunos estudios sobre las checas. La discusión se actualizó en 2003 por el anuncio de un libro de César Vidal (*Checas de Madrid. Las cárceles republicanas al descubierto*, cfr. www.el-mundo.es/cronica/2003/402/1056973784.html, consulta del 9 de dic. de 2005). Un artículo que desenmascara la posición ideológica del autor historiador que «denuncia» a Alberti como comunista notorio se encuentra en www.solidaridad.net/noticias.php?not=742 (consulta del 9 de dic. de 2005).
38 Rodríguez Puértolas 1987: 213.
39 Bauer-Funke 1998: 149-163.
40 Mainer 1998: 183.
41 Cfr. Julià 1981.

José Félix Carrillo, el protagonista ficticio de *Madrid de corte a cheka*, es miembro de la nada ficticia agrupación de intelectuales de derecha del «Corte literario de José Antonio»,[42] del grupo de Sánchez Mazas. Mediante digresiones metaliterarias se describe cómo surge el texto del himno de la Falange «De cara al sol, con la camisa nueva» de una cooperación colectiva de los cerebros del movimiento fascista – entre ellos, al lado de Sánchez Maza, están José Antonio Primo de Rivera, José Mará Haro, Dionisio Ridruejo y el mismo Foxá –. Estas digresiones extradiegéticas sugieren una autenticidad histórica que influye sobre la estilización de la ciudad de Madrid con sus dos bandos enfrentados. Con ello se tematiza el movimiento histórico de una caída y la oposición entre el ayer y el hoy:

> Salió a la calle. Encontró un Madrid desolado, diferente; con los mismos edificios y la misma gente, aquélla era otra ciudad. Se daba cuenta, así, de la fuerza enorme de las ideas. A pesar de la geografía, aquello ya no era España. En la Gran Vía, en Alcalá, acampaba la horda; visión de Cuatro Caminos y de Vallecas, entre los hoteles suntuosos de la Castellana, bajo los rascacielos de la Avenida de Peñalver. [...]
> Quedaban todavía residuos del mundo antiguo: los escaparates, las tiendas, los cafés abiertos. Los milicianos, con las pistolas ametralladoras al cinto, entraban en la Granja del Henar y pedían cócteles.
> Llevaban una vida divertida. Por las mañanas tomaban el aperitivo en el «Chicote».[43]

Que «los rojos» tomen de pronto su aperitivo en el noble bar art-decó Chicote constituye para las élites tradicionalistas un signo de perturbación de la semiótica de la gran ciudad, cuyos habitantes son sentidos como intrusos:

> La multitud invadía Madrid. Era una masa gris, sucia, gesticulante. Rostros y manos desconocidas, que subían como lobos de los arrabales, de las casuchas de hojalata ya en los muros de yeso y cipreses – con olor a muerte en verano – cerca de las Sacramentales, en el borde corrompido del Manzanares. Mujerzuelas de Lavapiés y de Vallecas, obreros de Cuatro Caminos, estudiantes y burgueses insensatos.[44]

A las grises masas rojas se oponen los galeones derechistas, que asisten a los acontecimientos en la ciudad como a una función de teatro. Ellos dividen a la juventud básicamente entre comunistas y fascistas:

> Negraba la multitud por la Gran Vía; en su alero de golondrinas del piso último de la casa de la Avenida de Eduardo Dato, Ernesto Giménez Caballero y Ramiro Ledesma, contemplaban el desfile.
> –Ernesto, algún día esta masa será nuestra.
> Daba el sol, suavizado por el cristal, en la tinta fresca del periódico *La Conquista del Estado*, donde colaboraba la juventud revolucionaria que, a partir de aquel día, iba a dividirse en fascistas y comunistas.[45]

---

42 Carbajosa / Carbajosa 2003.
43 Foxá citado en Rodríguez Puértolas 1987: 261.
44 Foxá citado en Rodríguez Puértolas 1987: 248.
45 Foxá citado en Rodríguez Puértolas 1987: 249-250.

Los resultados electorales concretos contradicen las pretensiones de poder de los derechistas: en las elecciones de 1931, los grupos «de izquierda» alcanzaron cerca del 70% de los votos en los barrios populares, y aun en febrero del 36 el Frente Popular llegó al 54% contra el 1,2% de la Falange.[46] Pero como Madrid se convierte en el escenario de la confrontación directa, la pertenencia ideológica determina la percepción de la ciudad. Así es como también José Félix ve y oye a «su» Madrid:

> Y al coronar una cuesta, vio de repente a su ciudad. La emoción le ahogaba. Contemplaba la Telefónica, el Palacio Real, Santa Cruz, y el Ministerio de Estado, en cuya buhardilla pasó una noche, y el «Cine de Callao» y la mancha del Retiro.
> Estaba en Carabanchel. Aquello ya era Madrid.
> Recorría el adoquinado madrileño, las vías del tranvía y los postes, [...] Y ya el acento a la «elle» madrileña, mal pronunciada, en los bares, en una lechería, en alguna tienda que aún estaba abierta.[47]

La incompatibilidad de la posición ideológica es proyectada sobre la geografía de la ciudad. Como alguna vez en el Berlín dividido, el otro lado del centro de Madrid parece inalcanzable (por ejemplo en la cita que sigue para los soldados profascistas debajo de la ciudad universitaria). Si el centro de Madrid, visto desde esta periferia, queda más lejos que Pekín, entonces se desarticula aquella semiótica que, mediante la metáfora de la legibilidad de la ciudad, permite experimentarla:

> –¡Ahí enfrente, tenemos al Batallón «Rosa Luxemburgo»! En un piso cerca del parapeto, entre unos cojines sacados de una casa, el alférez y los cabos escuchaban Unión-Radio de Madrid con un simple aparato de galena. José Félix cogió el fusil y quitó el guijarro de la tronera para asomar al cañón. Veía la ciudad, bañada en una luz de peligro. Aún se tardaría mucho en entrar en ella. Faltaba por limpiar todo el Norte. Pensaba en sus amigos. Por allí andarían a esas horas, anhelantes, escondiéndose, de casa en casa, como bestias, perseguidos. ¡Qué sería de Pedro Otaño, de Joaquín Mora, de sus amigos de la Facultad! ¡En qué *cheka* juzgaría Sonnia Cherof! Acaso en aquella casa blanca, cercana, cuyos geranios distinguía con los gemelos, miraba hacia sus líneas Julia Lozano.
> Pensaba que hasta Franco quisiera, aquella cuidad era inaccesible. Que era más fácil llegar a Pekín o a Chile que a aquellos edificios que veía con todo detalle.
> Estaba a diez minutos de tranvía de la Puerta del Sol; ahí al alcance de la mano, contemplaba a la ciudad más lejana del mundo.[48]

Sender, *El rey y la reina* (1949)

Distinto a *Contraataque*, su libro más famoso sobre la temática de la Guerra Civil, *El rey y la reina* es una de las novelas menos polémicas de Sender. Ya el título sugiere el tono de un cuento de hadas moderno en el que la princesa aprende a querer al muchacho simple y pobre. La novela – escrita en tercera persona – acompaña la

---

46 Portuondo, Ernesto (1999): 26.
47 Foxá citado en Rodríguez Puértolas 1987: 266.
48 Foxá 1987: 267.

perspectiva del jardinero de la duquesa de Arlanza, quien permanece en el palacio después de que el duque es apresado el día del asesinato de Calvo Sotelo. La duquesa se esconde en un piso superior secreto. Por esto aumenta su dependencia de Rómulo (éste es el nombre excéntrico que lleva el jardinero), a quien ella había recibido la mañana del día de los hechos desnuda en la piscina (explicándole a su doncella que Rómulo no era un hombre...). Sin embargo, a lo largo de su estancia secreta, la duquesa aprende a estimar (quizás a aceptar) a Rómulo, pero no a quererlo verdaderamente. Sólo en la imaginación de Rómulo, él se vuelve un rey y ella una reina, mientras que el libro muestra que – incluso bajo el signo de la guerra – las diferencias de clase parecen insuperables. La pasión de la duquesa está dirigida a un noble, amigo de juventud de ella y hombre de confianza de su marido, persona de la derecha política; él la visita a través de una secreta entrada para la servidumbre, y los dos realizan su *amour fou*. Es decir: el deseo de la duquesa no se dirige a los trabajadores de mono azul u «hombres del pueblo», como por ejemplo el de una embrutecida y decadente dama en la novela de Borrás que será tratada al final.

En la introducción, Sender cita a Mesonero Romanos, lo que sitúa la novela desde el principio en una dimensión madrileñista, aun cuando el hotel ducal se encuentre en Elipa, un barrio periférico largamente no afectado por los acontecimientos. En general, la concretización de nombres y lugares (la entrada de los sirvientes da a la calle Santa Genoveva) constituye la excepción: la atmósfera del cuento de hadas evita los lugares prototípicos de la ciudad tanto como los campos de batalla. Lo que se realza es el cambio de alguna forma mágico el día de las detenciones, pero Rómulo lo vive como si se tratara de una película:

> A las ocho del día siguiente, Madrid era un campo de batalla. A las diez la lucha parecía concentrarse en el Cuartel de la Montaña, [...]. El aire de Madrid, que era un aire de día de labor, parecía de fiesta.[49]

Si la percepción fílmica hace referencia al carácter escénico de la vida de los duques, también la guerra es vista por los protagonistas como un espectáculo teatral, sobre todo por la duquesa, quien hacia el final de la novela deja correr desde una perspectiva elevada una mirada tradicional, desde lo alto, sobre la ciudad y parece percibir las explosiones como fuegos artificiales. Y en esta mirada, la voluptuosidad de la misma mujer se proyecta a la ciudad:

> Una noche [...] se dijo: «Desde la terraza del quinto piso se debe ver todo el costado oeste de Madrid». Nunca había pensado que la guerra podía ser un espectáculo. Fue a la terraza. La noche era muy oscura. No era fácil que ningún vecino la viera. El frío de la noche al aire libre tenía una calidad diferente del frío de las habitaciones interiores. En aquella noche inmensa en la cual los horizontes, las sombras, la alta bóveda, parecían animados y vivos, el frío era una circunstancia última y sin valor y si pensaba en ella

---

49 Sender 1994: 20.

llegaba a resolverse en una especie de voluptuosidad. A lo lejos, en una extensión de quince a veinte kilómetros de Norte a Sur, el horizonte era como una sucesión irregular y constante de estrellas rojas de diferentes tamaños que se encendían y se apagaban sin cesar. [...][50]

Con el sueño de la abolición de las fronteras de clase se atenúa la oposición de ambos bandos y se relativiza el papel del ganador: «Si nosotros hubiéramos ganado seríamos los héroes de la patria, de la cristianidad, etcétera, etcétera. Felices los que han hecho lo mismo en Valladolid. Pero en Madrid no hemos ganado, ¿qué somos?», piensan «los conservadores». Los milicianos parecen relativamente civilizados, los nobles al menos de una cierta (y creciente) humanidad. El retrato vago, como de cuento de hadas, hace que se describa menos lo que percibe el ojo; en su lugar, el texto recurre a los ruidos de fondo de la ciudad solitaria y vacía: «La ciudad iba dando la impresión de estar desierta» (90).

4.c Eduardo Zamacois, *El asedio de Madrid* y Tomás Borrás, *Checas de Madrid*: «Madrid renace en ti», ideología y estética

Zamacois, *El asedio de Madrid* (1938)

La novela de Zamacois, como las otras dos novelas antifascistas tratadas, fue víctima de la censura franquista y por lo tanto estuvo inaccesible por mucho tiempo. Desde una crítica políticamente correcta (es decir los autores nucleados por Gemma Mañá y Esteban / Llusia) ésta es una «voz de los náufragos», como reza el título de una recopilación de artículos, y en todo caso un modelo ejemplar de literatura republicana comprometida. La acción se desarrolla en un medio pequeñoburgués-proletario y en su centro están el taxista Juanito, su joven esposa Purita («tipo ejemplar de madrileña»),[51] vecinos como la señora Fabia, y el jefe «bueno» de Juanito, Lucio Collado. Dentro de la inequívoca escala de valores, el proletario bueno y aplicado se opone a la «chusma nacionalista» (16); el texto didáctico opera con oposiciones claras. Su lugar de acción es por consiguiente el Madrid más castizo, tal como fue explotado en el costumbrismo decimonónico por Larra y Pérez Galdós, con una clara preferencia por los barrios populares como Lavapiés o las calles ubicadas al norte de la Gran Vía (c/ Hortaleza, c/ Fuencarral). Este Madrid es personalizado – como en Balzac, las calles presentan atributos humanos (cfr. 7) – y al mismo tiempo politizado como «nuestro Madrid»:

> El verdadero carácter madrileño se manifiesta en una plaza – que es la Plaza del Sol – y las plazas, al revés de las calles, incitan a detenerse o a marchar lentamente. Las calles se hicieron para andar y las plazas para la contemplación y el grato tertuliar al aire libre. Las primeras estimulan la diligencia del transeúnte, y las segundas le invitan a acortar el

---

50 Sender 1994: 143-144.
51 Zamacois 1976: 13.

paso. Las calles tienen el espíritu vagabundo de los ríos; las plazas la atracción entrañable de los lagos. En aquéllas, las gentes paradas interrumpen, molestan; en éstas, no. Al amigo que en una calle se saluda desde lejos, en una plaza se le estrecha la mano y se le ofrece un cigarrillo.
La Puerta del Sol conserva el carácter pícaro de mentidero que tuvo cuando aún existían las covachuelas de San Felipe el Real, y su emplazamiento la permite tender de Este a Oeste un linaje de frontera que divide espiritualmente la ciudad en dos partes. Los habitantes de la zona Norte ven en la acera donde desembocan las calles de la Montera, del Carmen y de Preciados, una orilla, y ahí se detienen. Los de la zona Sur hacen lo propio en su orilla, que es la acera del Ministerio de Gobernación. Creyérase que entre ambas márgenes duerme un lago: que eso, con su alma de remanso, es la Puerta del Sol, rostro y corazón de Madrid.[52]

Aunque esta descripción de Madrid parece integrarse al discurso urbano tradicional de corte decimonónica, en el mismo texto se encuentra la semilla de metáforas nuevas y osadas, a través de las cuales se exalta la ciudad en guerra:

> Fuera, en las calles flageladas por la metralla, el viento y la lluvia, el público, que sin necesidad de teléfonos ni de «enlaces» –¡oh, desconcertante poder adivinatorio del alma popular!– lo sabía todo, alentaba impávido. Madrid no tenía miedo y siempre que en cualquier lugar de su periferia faltaban hombres enviaba otros. Madrid, heroico, estoico, abrazado fanáticamente a su seguridad en la victoria, cuanto más se desangraba más sangre ofrecía.[53]

En numerosas variaciones el texto muestra qué significa hacer de la ciudad el protagonista colectivo:

> Todos sentían que a su alrededor aleteaba un poder tenebroso, complejo trágico de orgullos satánicos y de felonías, que hasta el último instante hizo cuanto pudo por derrumbar Madrid. Y Madrid, sin embargo, en virtud de nadie sabe qué fuerza emanada de sí mismo, aún estaba en pie. Un mosaico de traiciones, de cobardías, de vanidades personales y de heroísmos quijotescos envolvía la ciudad cercada. ¿Cómo adivinar el desenlace de aquellas horas procelosas, dentro de cuyo misterio el Destino parecía inclinarse a forjar el milagro de la victoria?[54]

Los pasajes se enlazan mediante un argumento patético y una base ideológica incuestionable, la de un socialismo optimista que celebra la Revolución Rusa como modelo de liberación de la esclavitud. Este socialismo es recogido por el madrileñismo tradicional, por ejemplo cuando el texto exige que la Puerta del Sol sea rebautizada de una vez por todas Plaza Roja de Madrid, no bien el trabajador bueno y diligente logre madurar y aprender con la guerra. El patético marco argumental está dado por la advertencia inicial del jefe modelo a Juan y Purita para que no traigan un niño a este mundo. Sin embargo, ellos no prestan atención a su advertencia, y en el

---

52 Zamacois 1976: 40-41.
53 Zamacois 1976: 254.
54 Zamacois 1976: 250.

clímax del asedio de Madrid (evocado en el título), Purita da a luz a su niño, ayudada por su marido, y ambos en plena conciencia de su deber socialista:

> –Sigue, Puri –balbuceaba él–; aunque te despedaces, sigue. Cumple tu deber de parir. *Madrid renace en ti*. En tus entrañas está amaneciendo. Date prisa. En estos momentos sería de mal agüero que nuestro hijo naciese ahogado.[55]

Semejante esperanza, unida a la visión futurista de un Madrid del sol en la que todos los niños aprenden a leer (385), no es obsoleta desde la pluma republicano-izquierdista de Zamacois, puesto que la novela ya estaba terminada en 1938, es decir antes de la caída de Madrid.

Se trata de la novela que sigue con mayor fuerza el modelo de la escenificación literaria de Madrid, atribuyendo a las horas patéticas de la urbe un himno de la muerte (cfr. 226s.). Con todo, la retórica no es siempre absolutamente internacionalista. Las brigadas internacionales son «lo mejor de Europa», pero el carácter nacional de España y de su «raza» (252) es el mejor, aparte de que los buenos soldados alemanes alrededor de Hans Beimler tienen por lástima nombres impronunciables. Por eso todos los Müller y los Schmitz son rebautizados Fernández y Rodríguez, y el texto no ve en ello nada malo.[56]

Detrás del esbozo de un nuevo mundo lleno de esperanza surgido de la revolución por hacer (399), el grado de innovación de la novela queda durante largos tramos retrasado, aunque adquiere un perfil específico siempre que se trata de generar metáforas audaces: la ciudad como virgen y el «estremecedor» escenario de una ciudad preagónica (257).

Borrás, *Checas de Madrid* (1940)

Mechthild Albert puntualiza la estética renovadora de Tomás Borrás haciendo referencia a otra novela de él (en la que nota la prefiguración de la escritura tremendista del mismo Cela). No solamente comparto esta opinión; a mí, Borrás me parece – a pesar de todos sus errores ideológicos – más innovador y muy superior al discurso de un *Pascual Duarte* o a la apropiación de la ciudad en *La Colmena*. Por otro lado, me parece que Albert, en sus anotaciones sobre este autor, no destaca de manera suficiente la horrible dimensión política de Borrás.

La acción de *Checas de Madrid* se centra en Federico, un muchacho secretamente fascista de 16 años, y su madre, aparte de algunos «derechistas» contemporáneos que son perseguidos por los «izquierdistas». Muchas largas escenas tienen lugar entre las filas de los «rojos malos», a fin de poner en evidencia su corrupción desde

---

55 Zamacois 1976: 402 (cursiva mía, D.I.).
56 Sobre el apoyo alemán por parte del bando republicano desde la perspectiva alemana cfr. Bernecker 1999.

una presunta perspectiva interna (cuando por ejemplo un grupo de milicianos promete llevar a las personas ricas con el camión hasta la zona nacional por un precio elevado, pero luego las fusila como a conejos). La historia está dividida en cinco «acciones», dos de las cuales transcurren sobre el final en las checas; volveré a ellas más adelante.

Algunos pasajes son típicos del discurso de la ciudad, una vez más encontramos la metáfora de la colmena que usaron desde Pérez Galdós hasta Cela:

> Con lo grande que era Madrid, con la multitud que bullía en su colmena, y nadie encontró a su hijo, nadie podía consolarla que estuvo en su casa, nadie oyó de él... Nadie. Nada.[57]

Que la apropiación de la ciudad bajo el signo de la guerra adquiere en *Checas de Madrid* la nueva dimensión de una estética de la máxima desesperación se ve claramente en los largos pasajes que reescriben con gran énfasis y expresividad novedosa la geografía literaria de la ciudad:

> El barrio de Argüelles, miradero de la Sierra, era, con sus edificios, murallón y dique; los asaltos rescatadores se petrificaron en oleadas de trincheras que le ceñían duro; en los labios de las zanjas espumas terrosas. Festón que limitaba la carretera de Galicia, clavaba su punta en el Hospital Clínico, y al arañar el paseo de Rosales con reductos en la Cascada y el monumento a los héroes de Cuba, retrocedía hacia el Manzanares, al amparo del Garabitas, cerro desafiador, humoso de cañones. El césped del parque del Oeste y la Moncloa, raído; las arboledas exhibían colgajos de sus brazos y hendiduras fulminantes de rayo. Enmadejamientos de alambradas, y, detrás de sus pelotones de espino, ranuras en la piedra con iris vigilantes de ametralladora. Las casas, con todos sus huecos amordazados por sacos terreros, tejado en astillas, fachadas con la terrible viruela de la metralla. En cada bocacalle, tapia de espesor de a metro, cemento y adoquines, y aspilleras de tirador; y detrás, en todas las esquinas nuevas de los entresuelos; todo el barrio de Argüelles cortado por parapetos en los cruces, tablero de ajedrez con tabique sobre las líneas. En la cuesta de la calle de la Princesa, plataformas a la rasante de la plaza de la Moncloa, descomunales, de casa a casa, y, entre ellas, el paso justo para un hombre; empinadas arriba, gruesas bocas de fuego, retumbo y alarido perpetuos de proyectiles como aerolitos. Y cañones en la plaza de España, detrás de Cervantes y sus protagonistas, lanzando abanicos de resplandor al Garabitas, de pinares que ardían y artilleros soterrados en cuevas. El cuartel de la Montaña, vomitona de escombros cuesta del Príncipe Pío abajo; la cárcel, golpeada por la guerra hasta rasgarle ángulos y saltar en estallido techos de galería y celdas con rezumo de desaparición y asesinato [...] Y gráficos de los mismos intelectuales demostrativos de que las bombas de la aviación eran inofensivas si quien las sufría se colocaba en determinadas posturas. La palabra símbolo de aquel Madrid: incautación. «Edificio incautado» «Incautado por el Radio comunista...» Construcciones en cuero, sin puertas, sin mobiliario ni entarimado. Grupos de hombres apretujados entre el laberinto de los parapetos, hormigas por el pasadizo en zigzag. Palacios de la Infanta Isabel, del de Baviera, de sus cortesanos, de Alba, de Osuna, de la Pardo Bazán, con tropa revolcada, cerco de ronquidos, hoguera en el piso no-

---

57 Borrás 1963: 65.

ble y el miliciano en cuclillas de pastor que la alimenta con pedazos de sillones, vitrinas, pianos, biombos.[58]

Este estilo «expresionista», tanto por su sonoridad como por sus metáforas novedosas, inventa un nuevo lenguaje para la descripción de la catástrofe urbana que ya prefigura los sistemas geométricos y el furor descriptivo de la nueva novela francesa. Pero, más aún, Borrás despliega evocaciones figurativas poderosas más allá de la descripción, en las que se anuncia una estética urbana posmoderna, explotada en la novela de los últimos cuarenta años, baste nombrar los museos de basura en *Terra Nostra* de Fuentes, *Zero* de Ignâcio de Loyola Brandão o la temática del ladrón de cadáveres en la periferia en *Madrid 650* de Francisco Umbral... En relación con el tema metropolitano, es una técnica propia de Borrás abandonar frecuentemente la zona de la descripción concreta y evocar estados de ánimo que no pueden ser adscritos a barrios reconocibles:

> Calles blancas de madrugada, opacas de silencio, vacías de movimiento de carruajes, ajenadas al chorrear de chafarrinones artificiosos de sus paredes, y a las hipérboles políticas estampadas sobre su cal cadavérica y sobre sus heridas de obús; muertas calles suspensas, con lividez de antesol, disfrazadas con las percalinas reteñidas de la propaganda. En el fondo del desfiladero de esas calles con colgaduras litográficas y ristras de letreros, la quieta cuerda de personas, interminable orla de miseria ceñida a los bloques de los edificios, en espera de un puñado de astillas o de lentejas; calambre en el estómago, sabañones en pies, manos y orejas; deshecha la dentura por la avitaminosis, la anemia de la piel, descolor de pus, los ojos mirando con terror al Terror.[59]

Checas de Madrid muestra por sí misma la transición desde la semiótica urbana madrileñista, que tematiza en su significado precisamente los barrios sacudidos por la Guerra Civil (Argüelles, Puerta del Ángel...), hacia una estética del no-lugar, en la que por ejemplo una checa que ha sido instalada en un antiguo palacio adquiere los típicos signos de una heterotopía en el sentido de Foucault.

> Ni noche, ni alba; amaneceres de automóviles siniestros que violaban calles encogidas de espanto; cacería de hombres y mujeres arrancados, medios desnudos, al reposo del hogar, ya vivos sin alma, con los ojos parados en la última imagen de personas convulsas con su cuerpo para impedir que se los llevasen, en el oído la estela infinita de aquel llanto de desconsuelo sin consuelo que sonaba, que venía entre ruido del coche materializado, posado como un copo de dolor. A los madrileños les calaba la medula el lento tránsito de noche a día, recorrido en sus itinerarios por cuerpos de cera helada, paralíticos del terror, entre criminales enrojecidos de pañuelo y coñac. En las checas saben que el espanto de la madrugada rompe la entereza de los presos por la inminencia de la muerte, por el prestigio trágico de la hora superado por el «mal cuerpo» de levantarse en susto, cortando el equilibrio del sueño. Como convalecientes que agotan su reserva de

---

58 Borrás 1963: 164s.
59 Borrás 1963: 173.

fuerza, veían aquel momento de la madrugada, el de fusilamiento, desde que comenzó la revolución, pendiente de una palabra suya.⁶⁰

Borrás anticipa en *Checas de Madrid* los principios y mecanismos del tremendismo, esbozando elementos de un discurso de la ciudad que no hubiéramos esperado de una novela española tan fascistoide. Desde una perspectiva política, sin embargo, Borrás es un ideólogo combativo del fascismo y más tarde del franquismo, y *Checas de Madrid* es un libelo embustero, polémico y malvado, que además conlleva, para también nombrar a este sector, una imagen indecible de la mujer: la madre de Federico es una *Mater dolorosa*, beata y sumisa hasta lo caricaturesco. En busca de ayuda, se encuentra junto a la embajada de un país ideológicamente cercano al de ella con la mujer rubia del embajador, transfigurada en la santa María salvadora. Y mientras en medio de una checa suena música de Chopin, aquí toca la noble y angelical Angélica, que pone en escena su bello cuerpo, pero que escandalosamente se entrega a los jóvenes y vigorosos milicianos en mono azul (por lo que será castigada más tarde con la violación por parte de uno feo y maleducado, con lo cual también Madrid se transforma en una ciudad violada). Cabe destacar también las chocantes y enfáticas escenas de tortura, cuyo carácter cruel y concreto recuerda a la literatura argentina contemporánea.

Borrás ha podido establecerse como autor modelo no solamente para una literatura de corte conservador, pues su novela es también intertexto directo de otra novela madrileña reciente, *Madrid 1940. Memorias de un joven fascista* de Francisco Umbral. En una reseña de la novela, Rodríguez Puértolas acusa a Umbral de utilizar los mismos procedimientos literarios de Borrás: «...buena parte de *Madrid 1940* procede de modo directo [...] de *Checas de Madrid*. Ello con una muy curiosa particularidad: los horrores que en Borrás aparecen atribuidos a los rojos [...], en Umbral se achacan a los falangistas. [...] Mas lo que sucede es que eso no es la represión de la postguerra, sino la pornografía política del terror rojo de *Checas de Madrid*.»⁶¹ Esta polémica nos conduce a ciertas conclusiones sobre la aplicación del modelo de las dos Españas a la literatura madrileña y sobre sus ambigüedades.

Conclusiones

Los seis ejemplos analizados muestran que la novela de la Guerra Civil continúa con la descripción de Madrid (cuya tradición remite a Larra, Mesonero Romanos, Pérez Galdós), empleando la topografía y la semiótica urbanas a fin de glorificar la ciudad. Nuevo es el vuelco hacia los barrios de combate como Argüelles, Casa del Campo, Usera; nueva es también la situación extrema de la guerra que desencadena – a pesar

---

60 Borrás 1963: 383.
61 Rodríguez Puértolas 1994: 11.

de sus horrores – estéticas novedosas. La más llamativa entre ellas es la «estética de la máxima desesperación» en Borrás. Piedra de toque queda el madrileñismo, que por otra parte une a las literaturas de ambos bandos. No sorprende, pues, que un madrileñismo semejante haya sobrevivido a la Guerra Civil y al franquismo para florecer después durante el posfranquismo (aunque esta literatura posfranquista ha perdido, de cara al fin de los grandes ideales, las categorías de grandeza e idealidad que determinan a la novela de la Guerra Civil).

La mirada más intensa descubre que el intento de construir un Madrid único y verdadero es estorbado, cuando no destrozado, por el conocimiento del otro lado de las dos Españas, que está siempre presente de forma implícita en todos estos textos. El canon dado de valores madrileñistas se mantiene en vigor para ambos bandos, pero la retórica teñida de patetismo es sólo en partes idéntica. Desesperadamente se intenta construir una identidad ciudadana no sólo a base de los valores e ideas madrileñistas, sino también de valores politizados: los ideales socialistas como la solidaridad y el (relativo) internacionalismo de un lado, los ideales fascistas como catolicismo y nacionalismo del otro. Pero a través de la ostensible construcción nacional de la identidad ciudadana se llega a la problematización permanente de la misma, y contra esta presencia implícita del otro lado se oponen las retóricas de identidades nuevamente definidas. Se trata para ambos lados de definir grupos solidarios, separar los «buenos» de los «malos», poner la esperanza en el discurso y mantener una idea de grandeza incluso en los campos de ruinas (por ejemplo en un autor republicano como Sánchez Barbudo: «[L]a grandeza de Madrid era ya aire y luz sobre las ruinas», 243).

En líneas generales, la novela más avanzada en el desarrollo de una estética urbana es *Checas de Madrid* de Borrás, y puesto que la misma sale de la pluma de un autor fascista, la cuestión palpitante es ahora situar estas reflexiones brevemente en la discusión de la literatura o del arte fascista. Dos posiciones teóricas sirven para ello: las reflexiones de Susan Sontag, por un lado, y los escritos de Theodor W. Adorno, por el otro. Sontag lamenta la nueva percepción que justifica o excusa al fascismo a través de enfoques estéticos, tal y como ella encuentra en la recepción de las películas de Leni Riefenstahl o en la fascinación por los uniformes; la lúcida crítica estadounidense destaca que tampoco los gustos son inocentes: «Taste is context, and the context has changed».[62] Cuando considero la novela de Borrás estéticamente lograda, no lo hago por motivos de gusto (y menos aún por una silenciada o reprimida fascinación por «lo malo» del fascismo), sino por el hecho de que este autor propone procedimientos literarios absolutamente nuevos a pesar de (y no por) su posición ideológica. Lo hago consciente de la barbaridad de su posición política, con sentimientos ambiguos.

---

62 Sontag 1975, 94.

Respecto a esta ambigüedad, cabe referirse a ciertos conceptos de Adorno y Horkheimer. En la *Dialéctica de la Ilustración* ellos consideran el fascismo como una nueva barbarie, un estado absurdo.[63] Cómo fue posible que la razón y las buenas intenciones se hayan transformado en su contrario es una cuestión que, según estos autores, no es fácil de responder. Aparentemente, esta transformación se debe a la operación de lógicas propias ambivalentes, las cuales deben llevarnos a percibir la modernidad como ambivalente. La experiencia concreta del fascismo obliga al pensamiento a tener en cuenta esta ambivalencia, que se refleja de manera específica en las novelas presentadas. No hay simplemente una ideología buena y otra mala, sino unas lógicas propias y ambiguas que operan en estas ideologías de manera que las novelas aparecen como formas o expresiones de diferentes entramados cegadores (o contextos engañosos, «*Verblendungszusammenhänge*», los llaman Adorno / Horkheimer). La llamada a lo irracional y a un mundo de valores absolutos ha dejado huellas en las novelas de ambos bandos, pero con mucha más persistencia y sustancia en las novelas fascistas, cuyo engaño ideológico se inscribe en una patética visión no sólo nacionalista, sino pseudoreligiosa. Por un lado, las novelas «republicanas» de Sender y de Sánchez Barbudo atribuyen espacios individualistas a los respectivos protagonistas; por el otro, Camba, Foxá y Borrás despliegan más detenidamente dos aspectos que Adorno considera típicos del fascismo: el narcisismo colectivo y la vanidad nacional.[64] La glorificación de la propia nación, ya queda dicho, forma parte también del imaginario republicano, pero éste sitúa esa glorificación en contextos abiertos, mientras que el imaginario fascista nutre su nacionalismo de una marcada ideología anticomunista que en España – más aún que en Alemania – logró imponerse como parte de un discurso público común. Pero advierte Adorno: «[...] el lema de la lucha contra el bolchevismo siempre ha servido de camuflaje a aquellos que no tenían sobre la libertad una mejor opinión que éste.»[65]

El orgullo local, tal y como se refleja en el madrileñismo, no es idéntico con la vanidad nacional fascista, aunque sería falso callar ciertas tendencias conservadoras que se encuentran en su marco, hasta hoy en día. El desarrollo de la novela madrileña posterior – de Cela al posposfranquismo actual – muestra que el discurso urbano sigue investigando nuevos campos discursivos y produciendo nuevos elementos estéticos. Prueba, además, que el grueso de estas novelas – a pesar de la función pública de Madrid como escaparate de las fuerzas en poder y a pesar de las múltiples influencias correspondientes – logra mantener su potencial crítico y despierto.

---

63   Adorno / Horkheimer 1983.
64   Véase Adorno 2003, 60s.
65   Adorno 2003, 58.

Bibliografía

Adorno, Theodor W. (2003): «¿Qué significa elaborar el pasado?», en íd.: *Ensayos sobre la propaganda fascista. Psicoanálisis del antisemitismo*. Buenos Aires: Ed. Voces y Culturas, pp. 52-70.

Adorno, Theodor W. / Horkheimer, Max (1983): *Dialektik der Aufklärung*. Frankfurt am Main: Fischer 1983 (1ª ed. Nueva York 1944).

Aguilar Fernández, Paloma (1995): *La memoria histórica de la guerra civil española (1936-1939): un proceso de aprendizaje político*. Madrid: Instituto J. March / Centro de Estudios avanzados en Ciencias sociales.

Albert, Mechthild (ed.) (1998): *Vencer no es convencer*. Frankfurt am Main / Madrid: Vervuert / Iberoamericana.

Assmann, Aleida (1999): *Erinnerungsräume. Formen und Wandlungen des kulturellen Gedächtnisses*. München: C.H. Beck.

Bannasch, Bettina / Holm, Christiane (eds.) (2005): *Erinnern und Erzählen: der Spanische Bürgerkrieg in der deutschen und spanischen Literatur und in den Bildmedien*. Tübingen: Narr.

Bauer-Funke, Cerstin (1998): «*Baile en Capitanía* de Augustín de Foxá: Poetización de la propaganda franquista», en Albert, Mechthild (ed.): *Vencer no es convencer*. Frankfurt am Main / Madrid: Vervuert / Iberoamericana, pp. 149-163.

Bernecker, Walther L. (1999): «‹Unsre Heimat ist heute vor Madrid›! Der spanische Bürgerkrieg und die deutschen Antifaschisten», en Bremer, Thomas / Heymann, Jochen (eds.): *Sehnsuchtsorte. Festschrift zum 60. Geburtstag von Titus Heydenreich*. Tübingen: Stauffenburg Verlag, pp. 235-248.

Bertrand de Muñoz, Maryse (1982): *La guerra civil española en la novela: bibliografía comentada*. 3 vols. Madrid: J. Porrúa Turanzas.

Borrás, Tomás (^{5}1963): *Checas de Madrid*. Con un comentario de Eduardo Comín Colomer. Madrid: Editorial Bullón (eds. anteriores: *Checas de Madrid. Epopeya de los caídos*, Madrid: Ed. Nacional 1944, y 1ª ed.: Cádiz: Cerón 1940).

Buschmann, Albrecht / Ingenschay, Dieter (eds.) (2000): *Die andere Stadt*. Würzburg: Königshausen & Neumann.

Camba, Francisco (1940): *Madridgrado. Documental Film*. Segunda edición. Madrid: Ediciones españolas.

Carbajosa, Mónica / Carbajosa, Pablo (2003): *La corte literaria de José Antonio. La primera generación cultural de la Falange*. Barcelona: Crítica.

Cela, Camilo José (1966): *Madrid*, Madrid: Alfaguara.

Esteban, José / Llusia, Manuel (eds.) (1999): *Literatura y Guerra Civil. Madrid, 1936-1939*. Madrid: Talasa.

Esteve, Luis A. (1999): «Madrid en la narrativa republicana del 36 al 39», en Esteban, José / Llusia, Manuel (eds.): *Literatura y Guerra Civil. Madrid, 1936-1939*. Madrid: Talasa, pp. 35-54.

Foxá, Agustín de (1993 [^{1}1938]): *Madrid de corte a checa*. Barcelona: Planeta.

Gumbrecht, Hans-Ulrich / Sánchez, Juan José (1984): «Der Misanthrop, die Tänzerin und der Ohrensessel. Über die Gattung ‹Costumbrismo› und die Beziehungen zwischen Gesellschaft, Wissen und Diskurs in Spanien von 1805 bis 1851», en Link, Jürgen / Wülfing, Wulf (eds.): *Bewegung und Stillstand in Metaphern und Mythen: Fallstudien zum Verhältnis von elementarem Wissen und Literatur im 19. Jahrhundert*. Stuttgart: Klett-Cotta, pp. 15-63.

Ingenschay, Dieter (2000): «Großstadtaneignung in der Perspektive des peripheren Blicks», en Buschmann, Albrecht / íd. (eds.): *Die andere Stadt. Großstadtbilder in der Perspektive des peripheren Blicks*. Würzburg: Königshausen und Neumann, pp. 7-19.

Ingenschay, Dieter (2001): «¿A dónde se han ido las abejas? Imágenes de Madrid (antes y después de *La colmena*», en: *Revista de Filología Románica*, anejo III, pp. 109-128.

Juliá, Santos (1981), «El fracaso de la República», en: *Revista de Occidente* 7/8, pp. 196-211.

Juliá, Santos (2004), *Historia de las dos Españas*. Madrid: Taurus.

Klotz, Volker (1969): *Die erzählte Stadt. Ein Sujet als Herausforderung des Romans von Lesage bis Döblin*. München: Hanser.

Kuhnle, Till R. (2000): «Ekelhafte Stadtansichten», en Buschmann, Albrecht / Ingenschay, Dieter (eds.): *Die andere Stadt. Großstadtbilder in der Perspektive des peripheren Blicks*. Würzburg: Königshausen & Neumann, pp. 144-156.

Mainer, José-Carlos (1998): «De Madrid a Madridgrado (1936-1939): La capital vista por sus sitiadores», en Albert, Mechthild (ed.): *Vencer no es convencer*. Frankfurt am Main: Vervuert / Madrid: Iberoamericana, pp. 181-199.

Mañá Delgado, Gemma (1997): *La voz de los Náufragos: La narrativa republicana entre 1936 y 1939*. Madrid: Ediciones de la Torre.

Martínez Reverte, Jorge (2004): *La batalla de Madrid*. Barcelona: Crítica.

Nora, Pierre (1986) (ed.): *Les lieux de mémoire*. Paris: Gallimard.

Portuondo, Ernesto (1999): «Madrid en la Guerra Civil (1936-1939) (Notas de introducción histórica)», en Esteban, José / Lluisa, Manuel (eds.): *Literatura en la Guerra Civil. Madrid, 1936-1939*. Madrid: Talasa, pp. 21-31.

Resina, Joan Ramon (2000): «Madrids Palimpsest. Die Hauptstadt gegen den Strich gelesen», en Buschmann, Albrecht / Ingenschay, Dieter (eds.): *Die andere Stadt. Großstadtbilder in der Perspektive des peripheren Blicks*. Würzburg: Königshausen & Neumann, pp. 122-143.

Rodríguez Puértolas, Julio (1991): «Umbral y los fascistas», en: *El País* 10-IX-1994, *Babelia*, p. 11.

Rodríguez Puértolas, Julio (ed.) (1987): *Literatura fascista española*. Vol. II. Madrid: Akal.

Sánchez Barbudo, Antonio (1940): *Sueños de grandeza*, Barcelona: Anthropos.

Scherpe, Klaus (ed.) (1988): *Die Unwirklichkeit der Städte. Großstadtdarstellungen zwischen Moderne und Postmoderne*. Reinbek b. Hamburg: Rowohlt.

Schmolling, Regine (1998): *Literatur der Sieger: der spanische Bürgerkriegsroman im gesellschaftlichen Kontext des frühen Franquismus (1939-1943)*. Frankfurt am Main: Vervuert.

Sender, Ramón J. (1994 [^{1}1949]): *El rey y la reina*. Barcelona: Destino.

Sontag, Susan (1975): «Fascinating Fascism», en Sontag, Susan: *Under the Sign of Saturn*. New York: Farrar, Straus & Giroux, pp. 73-105.

Ugarte, Michael (1996): *Madrid 1900. The capital as a cradle of Literature and Culture*. Univ. Park, Pennsylvania: Penn State University.

Zamacois, Eduardo (1976 [^{1}1938]): *El asedio de Madrid*. Barcelona: Editorial Ahr.

Diversidad lingüística y cultural de la Iberia republicana: «Las lenguas de España» de Joan Torrendell

Pilar Arnau i Segarra
(Lübeck)

> El regne aont no se parli més qu'una llengua será dèbil, y será tant més fort quantes més llengües se parlin y se componguin més nacions.[1]

1. Introducción

En 1981, en el primer número de la efímera revista *Affar*, el profesor y crítico Damià Pons i Pons afirmaba amargamente – más bien se lamentaba – la ausencia del escritor e intelectual mallorquín Joan Torrendell en la historiografía catalana.[2] Y bien es verdad que Torrendell (Palma, 1869? – Buenos Aires, 1937) – periodista, dramaturgo, novelista, crítico literario y algunas cosas más –, no ha despertado excesivamente el interés de los críticos catalanes – ni de cualquier otro, como podemos ver en la bibliografía –, aunque cabe reconocer que la entrada con su nombre aparece escuetamente en diversas publicaciones enciclopédicas de obligada referencia, a pesar de que se presente con ortografía diferente. Encontramos «Torrendell» en la *Gran Enciclopèdia Catalana*[3] y «Torrandell» en la *Gran Enciclopèdia de Mallorca*.[4]

La bibliografía sobre la vida y obra – ambas estrechamente interrelacionadas – de Joan Torrendell es muy escasa, debido, entre otras causas, a la propia biografía del autor, quien cambió a menudo la residencia entre Mallorca, Barcelona, Montevideo y Buenos Aires. Esto produjo que su obra, ya dispersa de por sí puesto que se editó primordialmente en innumerables revistas y periódicos, se encuentre parcialmente, según su lugar de edición, sólo en una parte u otra del Atlántico. Por lo tanto, la dificultad por congregar sus escritos es sin duda el mayor inconveniente para sacar a la luz el *opus* y el ideario de este intelectual mallorquín que todavía no ha encontrado el espacio que debería pertenecerle entre sus contemporáneos isleños, como Miquel Costa i Llobera (1854-1922) Y Joan Alcover (1854-1926), a quienes estos

---

1 Torrendell 1933a: 8.
2 Pons 1981: 5.
3 *Gran Enciclopèdia Catalana* 1980: 555.
4 *Enciclopèdia de Mallorca* 1991: 224-225.

días la Universitat de les Illes Balears les rinde homenaje con un congreso internacional, autores que protagonizan el espacio literario de la Mallorca de entre siglos en los manuales de historia de la literatura catalana. Torrendell, en cambio, no goza de la misma veneración, y su obra, en Europa, tan sólo ha sido objeto de estudio de dos trabajos del propio Pons: el ya citado de la revista *Affar*,[5] un primer intento, aunque modesto por la limitación de las fuentes, de aproximación historiográfica de carácter descriptivo, y el prólogo que encabeza la edición de la obra teatral *Els encarrilats*,[6] mucho más rico en investigación. Aparte de ello, hemos podido acceder a la correspondencia de Torrendell a Miguel de Unamuno, con quien le unió una gran amistad y admiración, cartas que proceden de la Casa Museo Miguel de Unamuno de Salamanca y que fueron editadas por Carles Bastons y Moisés Stankowich a finales de la última década.[7]

Precisamente para colaborar en la recuperación y difusión del *opus* de Torrendell nos hemos planteado la reedición de algunos de sus trabajos más importantes, iniciando dicha tarea con la publicación de uno de sus textos argentinos de difícil acceso que consideramos más emblemático. Se trata del artículo «Las lenguas de España», que apareció en la revista argentina *Nosotros* en 1933, y que plasma una gran parte del ideario regionalista y a la vez regeneracionista del escritor mallorquín.

2. Apuntes sobre el pensamiento y la obra de Joan Torrendell

Poco sabemos de la biografía de Joan Torrendell que no esté vinculado a su obra. Su biografía oficial afirma que nació en Palma el 31 de agosto de 1869[8] y estudió en el seminario de esa ciudad. En 1888, cuando todavía no había cumplido los veinte años, emprendió una frenética carrera de colaboraciones en el *Seminario Católico, Doctrinal, Científico y Literario*, revista bilingüe de propaganda del movimiento católico más reaccionario de la época. En ese año, el seminarista publicó doce composiciones en verso, once artículos y un cuento de carácter moralizante, textos en los que Torrendell se manifiesta como un católico integrista, un abrandado defensor de los elementos más reaccionarios de la Iglesia católica. Así, «La existencia de Dios» (12-V-1888), «Les nosses de Lleó XIII» (14-I-1888) o «Als frares exclaustrats» (11-VIII-1888) evocan una doctrina católica ferviente, defensora a ultranza de la tradición secular; en «L'obrer català» (15-IX-1888) o «Alcudia» (4-II-1888), el autor se

---

5 Pons 1981.
6 Pons 1998.
7 Bastons / Stankowich 1998.
8 Según todas la publicaciones a las que he podido acceder, Torrendell nació en 1869. Ahora bien, Beatriz Torrendell, nieta de J. Torrendell, historiadora especializada en genealogía de baleares emigrados al Río de la Plata, corrige este dato a partir de la fe de bautismo que obtuvo en la parroquia de la Santa Creu de Palma (tomo I 46, B40 folio 172 Torrendell y Escalas) donde se puede leer que «Juan Francisco Buenaventura Torrendell y Escalas» fue bautizado el 2 de septiembre de 1867.

pone de parte de los más poderosos, y en «A ma patria» (29-IX-1888), su identificación del concepto «catolicismo» con el de «patriotismo» bien podría considerarse como pionero del nacionalcatolicismo.[9]

No cabe la menor duda de que el atractivo de su veintena de colaboraciones reside en el testimonio ideológico que expresan. Torrendell asume y difunde – a menudo con gran virulencia – un vendaval de tópicos católico-reaccionarios que el aparato eclesiástico empleaba para conservar y consolidar el poder y los privilegios históricos. En ese sentido, hemos de tener en cuenta el propio contexto histórico en que se enmarcan dichos alegatos: por una parte, el nacionalismo de raíces burguesas, liberales y a menudo laicas, estaba ganando terreno en la España del último cuarto de siglo XIX; por otra, el creciente movimiento obrero (fundamentalmente en Cataluña) reivindicaba una serie de derechos laborales y sociales que cuestionaban el poder del Estado, del capital y de la Iglesia. Torrendell, con su pluma fervorosa e integrista, emprende una cruzada personal contra cualquier manifestación de ataque o cuestionamiento del poder de la Iglesia, encarnando así la expresión más radical del combate de la Iglesia contra cualquier tipo de «modernización».

Tras esa breve etapa encarnizadamente fundamentalista, Torrendell abandona el seminario en 1889, ya en el último curso de la carrera eclesiástica, y emigra a Montevideo. No sabemos exactamente cuáles fueron las causas por las que el joven mallorquín colgó los hábitos antes de ponérselos, y si el temor a la presión social o familiar le condujeron a la emigración. Sin embargo, cabe recordar que la despiadada crisis agraria que sufría Mallorca en esos tiempos obligó a miles de isleños a emigrar, especialmente a Argentina y Uruguay,[10] por lo tanto no se trataba de un hecho aislado.

El crítico uruguayo Eduardo Ferreira, en su prólogo a la novela *El Picaflor*, de Joan Torrendell, escribía a ese respecto:

> A punto de terminar la carrera eclesiástica, á que se había dedicado más por obligación que por devoción, casi en víspera de tonsurarse, abandonó Palma, embarcándose para Montevideo donde puede decirse que ha cultivado su espíritu y su inteligencia, iniciándose en la nueva manera literaria y estudiando con especial interés el teatro que ha llegado á subyugarle por completo.[11]

Y así fue. El ex seminarista (sobre-)vivió en Montevideo como profesor de latín y colaborador habitual de la prensa, especialmente como crítico teatral en el diario *El Día*, de don José (Pepe) Batlle (otro descendiente de catalanes). *Blandengue*, el seudónimo con que firmaba sus críticas teatrales,

---

9   Pons 1981: 107.
10 La emigración mallorquina ha generado en los dos últimos decenios una extensa bibliografía. En castellano se puede consultar, por ejemplo, Jofre Cabello 1997a, y en catalán los numerosos trabajos del profesor Sebastià Serra.
11 Ferreira 1894: XII.

> [...] tenía un extraordinario prestigio en los círculos literarios de Montevideo. Con una regularidad casi matemática – en todo caso, con constancia y decisión que eran signo, por sí mismas, de todo un carácter – aparecían en *El Día* [...] unos artículos de crítica suscriptos con aquel pseudónimo, que el público devoraba con avidez y que los profesionales temían más que a un terremoto.[12]

Así fue como el combativo integrista católico se convirtió en el severo crítico teatral, cuya fama le haría ganar muchos enemigos entre los dramaturgos rioplatenses.

> En los artículos de crítica – escribía Ferreira – se advierte el poco amor que tiene al estilo pulido, y el deseo, que no oculta, de ser claro y conciso siempre, aun cuando á veces se exponga á parecer brutal y presuntuoso. De ahí que se diga por muchos que Torrendell no sabe escribir y que quiere echárselas de *magister* en todas las cuestiones que diserte ó juzga: lo que no deja de ser un pobre pretexto, porque aquél es, ante todo, un enemigo declarado de todas las fórmulas retóricas, que cuando critica ó discute presenta sus ideas tal como le afluyen al cerebro, en sucesión lógica, eso sí, pero desnudas de todo ropaje ó engarce vistoso. Es fuera de duda que no atrae ni seduce por su estilo, pero también lo es que se impone por la franqueza y buena fe con que combate.[13]

Su descubrimiento del mundo del teatro no sólo se materializaría como crítico sino también como dramaturgo. Durante esta primera estancia en Uruguay (1889-1894) escribió al menos tres obras teatrales, y en abril de 1893 estrenó el drama *La ley y el amor*. Las dos obras narrativas *El Picaflor (Cuadernos montevideanos)* (Montevideo, 1894) y el volumen de relatos cortos *Pimpollos. Novelitas montevideanas* (Barcelona, 1895), ambas de marcado acento costumbrista, se ambientan en los círculos culturales y la alta sociedad de la capital uruguaya. *El Picaflor* ofrece cierto interés testimonial ya que tematiza el ansia de ascenso social de un emigrante a través de la adulación, los contactos sociales... Cabría preguntarse hasta qué punto la crítica contiene elementos autobiográficos, pero la ausencia de fuentes nos dejan en la duda.

Pero Torrendell no rompió nunca con su tierra natal. Bajo el seudónimo de Fernán-González publicaba regularmente la sección «Cartas Americanas» en el diario mallorquín *La Almudaina*.[14] Su lectura nos muestra un articulista mucho menos integrista, pero todavía defensor de la Iglesia católica e incluso de los jesuitas (*La Almudaina*, 26-II-1890), un Torrendell que añora su tierra, su isla nativa, lo cual confirmaba el propio Ferreira en su prólogo a *El Picaflor*:

> Una idea dulce acaricia incesantemente: la de regresar á su patria y dedicarse á la escabrosa carrera de las letras, que aquí, entre nosotros, no ofrece en recompensa más que amargas decepciones.[15]

---

12   AA.VV. 1937: 243.
13   Ferreira 1894: XIII.
14   Entre noviembre de 1889 y diciembre de 1891 hemos encontrado 14 «Cartas Americanas».
15   Ferreira 1894: XVII.

Estas palabras de Ferreira, escritas en agosto de 1893, son como una premonición en la vida del mallorquín: en diciembre de 1894 Torrendell desembarcaba en Palma procedente de Montevideo. No lo hacía solo, lo acompañaba su esposa, Sara Fariña Micoud, una pariente del poeta uruguayo Juan Zorrilla de San Martín.

La pareja residió en Mallorca hasta 1907. Durante esos trece años, Torrendell fundó y dirigió diversas publicaciones periódicas, como *Nova Planta* (1898),[16] *Fígaro* (1899), *La Veu de Mallorca* (1900) o *La Ciudad* (1905). Su fugacidad consta la escasez de recursos económicos de dichas empresas, pero también la falta de recepción de un público lector poco interesado por los ideales regeneracionistas y modernistas. A pesar de ello, y con gran tenacidad e implicación profesional y personal, Torrendell consiguió profesionalizarse como *homme de lettres* gracias a sus innumerables colaboraciones en prácticamente todas las publicaciones periódicas mallorquinas de la época, en las que sucesivamente fue colaborador, director, redactor en jefe, etc. Paralelamente, su carrera literaria como dramaturgo adquiría importancia al publicar y escenificar muchas de sus obras. Su proyección pública, como intelectual, reivindicador del uso público y literario del catalán, era bien conocida en la sociedad mallorquina. Políticamente, Torrendell se acercó en esa época a los grupos republicanos y socialistas isleños. Sus contactos con la clase obrera tenían como objetivo vincular la causa catalanista y republicana a los movimientos sindicalistas y obreros. Torrendell es consciente de la importancia de la lengua catalana para desarrollar la cohesión social, e incluso la construcción nacional, en Cataluña. Sus artículos políticos, sus discursos, sus conferencias, tienden a esa línea. En 1906, en el *Primer Congrés Internacional de la Llengua Catalana* celebrado en Barcelona, Torrendell leyó la conferencia «Trascendencia del periodisme pera la propaganda y consolidació del Renaixement y restauració de la nostra llengua», un alegato del papel del periodismo como medio de divulgación de la lengua y la cultura catalanas, acarreando al periodista catalán la responsabilidad de la «normalización» de la lengua y el reconocimiento de la cultura allende las fronteras.[17]

---

16 Sobre esta publicación puede consultarse Pomar 1976.
17 «El periodista català, per les circunstancies especials de la seva patria, té de cumplir una missió delicadíssima. A tots els racons d'Espanya hi hà gent qui pretén conèixer y jutjar les idees, la conducta y els procediments de Catalunya a travers de lo que diuen els seus periòdichs. A no tardar gaire, aquests meteixos periòdichs formaran l'opinió a l'Estranger respecte de les aspiracions econòmiques, polítiques y socials de la nostra terra. Té, donchs, el periodista català l'alt dever d'acceptar l'importancia que la fè de la munió li concedeix, regonèixer tota la responsabilitat que se'n dedueix d'aquesta situació preeminent, y posarse en condicions de respondre sabiament, patrioticament a les exigencies qu'imposa aqueixa semblant confiança del poble. Del paper que fins ara ha representat la nostra premsa dintre'l moviment catalanesch, se'n pot treure la conseqüència del lloch important aont ha d'ascendir a cada nova avensada.» Torrendell 1908: 556.

Vinculado cada vez más a un regionalismo de carácter modernizador, Torrendell se mudó a Barcelona el 1907, donde ejercerá su labor periodística como redactor en jefe y editorialista de *La Veu de Catalunya*, y como fundador y director de la revista *Cataluña*, la cual, escrita exclusivamente en castellano, era el órgano oficioso de la *Joventut Nacionalista de la Lliga*.[18] La revista *Cataluña* se propuso difundir el pensamiento catalán por Castilla y América Latina, especialmente en Cuba, Argentina y Uruguay, países donde residía una numerosa población catalana y mallorquina.

La intensa colaboración de Torrendell en los órganos de expresión de la derecha regionalista catalana podrían interpretarse como un signo de cambio político del autor, como una derechización de su ideario, una renuncia a los objetivos políticos proclamados unos años antes cuando quiso acercar los ideales catalanistas y republicanos al movimiento obrero mallorquín. Sin embargo, dada la versatilidad ideológica de Torrendell (de católico integrista a regionalista, catalanista, republicano, incluso socialista), más bien me atrevería a suponer que su figura político-intelectual debe analizarse siempre teniendo muy en cuenta cuáles eran los idearios dominantes vigentes en cada época. Su evolución se corresponde a menudo con los cambios políticos del poder, o al menos, con las corrientes ideológicas dominantes. Damià Pons, que ha estudiado buena parte de la obra mallorquina y catalana del autor, afirmaba que Torrendell fue ante todo una especie de «catalitzador dels corrents d'idees que airejaven el medi dins el qual vivia immers».[19] No fue un generador de ideas, ni un intelectual con capacidad de análisis, sino más bien un intelectual combativo, vitalista, que asumió ideas ajenas y las hizo suyas. Por otra parte, no podemos olvidar que Torrendell (y con él su familia) vivían fundamentalmente de la actividad periodística, lo cual, como todos sabemos, implica una cierta servidumbre, la mayor de las veces.

No sabemos si fue a causa de fuertes divergencias con los dirigentes políticos de la *Lliga* que auspiciaban las dos publicaciones dirigidas por el periodista, o si simplemente fue siguiendo los objetivos de la revista *Cataluña* que pretendía divulgar el ideario del partido en América, lo cierto es que Torrendell se embarcaría de nuevo para Montevideo en 1910, donde vivió hasta 1913, cuando se estableció definitivamente en Buenos Aires, y donde residió hasta su fallecimiento en 1937.

De su nueva etapa sudamericana sabemos que dirigió diversas publicaciones dirigidas a los residentes catalanes, como *El Correo de Cataluña* (en Montevideo) o *L'orenella* (en Buenos Aires). Como periodista y crítico literario publicó en numerosos periódicos y revistas, como *El correo de Galicia*, *La Gaceta de Buenos Aires*, *La Nación*, *El Diario Español*, *El Hogar* o *Nosotros*. Durante muchos años colaboró

---

18 La *Lliga Regionalista* era un partido político catalán fundado en abril de 1901. Su propósito era luchar por la autonomía catalana dentro del Estado español. Como vehículo de expresión tuvo el diario catalán *La Veu de Catalunya*, el periódico en catalán de más larga vida hasta nuestros días.

19 Pons 1989: 7.

como crítico literario en la revista *Atlántida,* donde tenía una sección permanente titulada «El Libro de la Semana», y por cuyas columnas pasaron obras de los grandes autores de las letras hispanoamericanas de aquel tiempo, como Leopoldo Lugones, Arturo Capdevila, Horacio Quiroga, Alfonsina Storni o Ricardo Rojas, pero también hubo espacio para jóvenes autores que como Jorge Luis Borges surgían en la Argentina literaria del primer tercio del siglo XX. Del prestigio de sus críticas literarias da cuenta el hecho que en 1934 el propio Torrendell se ocupara de recopilar los comentarios más importantes para publicarlos en un volumen bajo el título de *Crítica menor,* en la editorial Tor, fundada anteriormente por J. Torrendell pero por aquel entonces ya dirigida por su hijo, Juan Carlos Torrendell. En su «Tríptico proemial», el prólogo de tres autores argentinos, podemos leer el significado de los juicios del mallorquín para muchos autores rioplatenses de la época.[20] Leyendo los juicios de Torrendell percibimos el afán del autor por incluir numerosas referencias, ejemplos, comparaciones, etc., procedentes de las letras catalanas. Menciona a menudo a *Xenius,* incluso «el sentido *xeniano*»,[21] Víctor Català,[22] Maragall,[23] «Maria Antonia Salvá, la sencilla y delicada musa de Mallorca».[24] Y comentando la popular reedición de *Tabaré,* de Zorrilla de San Martín, compara Dante, Ramon Llull, Shakespeare, Cervantes, Goethe...

Algo similar ocurre con sus extensos artículos culturales en el prestigioso diario bonaerense *La Nación,* en cuyos textos Torrendell aprovecha cualquier ocasión para divulgar conocimientos de la cultura y la historia catalanas. En una investigación de campo realizada en los archivos del periódico pude incluso encontrar una decena de artículos sobre la obra literaria de autores mallorquines contemporáneos, como Miquel dels Sants Oliver, Gabriel Alomar o Joan Alcover; sobre cuestiones culturales catalanas, y una serie de artículos dedicados a la *Fundació Bernat Metge,* a la cual dedica grandes elogios.

En pocas palabras podríamos resumir diciendo que desde la capital argentina Joan Torrendell elaboró una incomparable labor de divulgación de la cultura catalana en los territorios rioplatenses. Sus innumerables publicaciones dan fe de un inte-

---

20 «Hace un montón de años – ocho, doce, no muchos para quienes entonces tenían treinta, anchos para nosotros que comenzábamos – los autores salían de las imprentas con su libro bajo el brazo, aun tierno en tinta, y corrían a enderezarlo a don Juan Torrendell, a esperas de cuyo juicio del jueves se estaban madrugando en algún café, como queriendo enfrentarle, simbólicamente, a la gloria o al naufragio [...] Y el juicio de D. Juan Torrendell caía en la ansiedad del que lo esperaba como un chubasco, a veces, otras como una voz cordial, pero jamás como una pedrada [...] Y quien esperaba ese juicio sabía, en su fuero interno, que no sería traicionado». Del prólogo de Pedro Juan Vignale a Torrendell 1933a: 5-6.
21 Torrendell 1933a: 196.
22 Torrendell 1933a: 161.
23 Torrendell 1933a: 166.
24 Torrendell 1933a: 180.

lectual preocupado por la difusión y la significación de la identidad de su pueblo, lo cual le remite con frecuencia a enaltecer y elogiar las letras catalanas, mayor signo de la riqueza cultural y espiritual de Cataluña. Torrendell es un ejemplo de intelectual que concibe su obra como un instrumento para difundir un ideario y con ello incidir en la realidad inmediata para contribuir a su transformación.

3. Sobre «Las lenguas de España»

El texto que ofrecemos a continuación se publicó por primera vez en la revista *Nosotros*, publicación periódica eminentemente cultural en la que Torrendell colaboró con asiduidad. Apareció en 1933, en plena discusión regional en la joven República española, cuando las negociaciones sobre los estatutos de autonomía en diversos territorios del estado ocupaban la vida política diaria.

«Las lenguas de España» es un texto de marcado carácter regionalista, un regionalismo basado en las diferencias lingüísticas más que en las políticas, históricas o geográficas. La tesis del autor nos remite a la reivindicación de una España plural, una España que aquí se convierte en Iberia, y que estaría compuesta por tres nacionalidades: la gallega (o galaico-portuguesa), la castellana y la catalana.[25] Tres lenguas o grupos lingüísticos que ponen de manifiesto tres modalidades de la cultura del país. Con la ayuda de las tesis de algunos intelectuales como Ortega, Madariaga o Menéndez Pelayo – unos le sirven para atacar la extendida idea de la uniformidad, otros para defender su propia tesis de la pluricultura – Torrendell arremete contra la pretendida y divulgada noción de España como la España castellana: España sería una suma de regiones lingüística y culturalmente diversas; sólo los caprichos de la historia generaron que Portugal fuera independiente y Cataluña no. Y ésa parece ser, implícitamente, la espina clavada en el corazón de nuestro autor. Cataluña es capaz de los mayores logros culturales – a menudo denominados *del espíritu* – como el renacimiento de una gran literatura, o la publicación de las traducciones al catalán de clásicos griegos y latinos por la Fundación Bernat Metge,[26] cuya colección mereció grandes elogios de diversos críticos que Torrendell reproduce fielmente. La publicación de la Biblia en catalán es otro de los acontecimientos que el autor achaca a la excepcionalidad de la cultura catalana. Pero estos logros culturales no se corresponden con el reconocimiento formal por parte de los creadores de opinión no-catalanes que los ignoran o los silencian.

---

25 En ningún momento se habla de Euskadi y de su lengua.
26 La *Fundació Bernat Metge* inició en 1922 la publicación de clásicos griegos y latinos en versión original y traducción catalana, con introducciones, notas preliminares y aparato crítico del texto clásico. Hasta 2004 se han publicado 324 volúmenes; actualmente el ritmo es de seis volúmenes al año. *Bernat Metge* (Barcelona, 1340/46-1413) fue un excelente escritor catalán, autor de *Lo somni* (1399), lo cual lo convirtió en uno de los mayores prosistas en lengua catalana.

El concepto de cultura defendido por el autor es aquel que perfila la fisonomía de un grupo humano. Es un concepto por tanto multiforme y ecléctico, porque la cultura resultaría así la suma de los elementos que se estructuran dentro de la compleja totalidad. Y para Torrendell la lengua, gracias a ser el vehículo de expresión fundamental de los individuos, se convierte en el factor primordial de la cohesión social, y por tanto, en el elemento identitario de toda sociedad. Así, la identidad catalana estaría determinada y cohesionada por su lengua, y la identidad española estaría configurada por la suma de las tres culturas fundamentales de España, correspondientes a las tres lenguas creadoras de literatura: el portugués, el castellano y el catalán. Porque como afirmaba en una severa reseña a *Nuestra América,* ensayo de su admirado Carlos O. Bunge:

> Partir de principios poco exactos conduce a sacar consecuencias absurdas. Y absurdo es – diremos para terminar – suponer que el vasco y el catalán y el gallego son dialectos del idioma castellano, que con supina ignorancia algunos denominan *lengua española,* [...] tan española es la lengua catalana como la castellana o la portuguesa.[27]

Veamos ahora qué nos dice exactamente al respecto el propio autor en su artículo «Las lenguas de España».

Juan Torrendell: «Las lenguas de España»[28]

Cuando en tiempo de la dictadura española, a D. José Ortega y Gasset[29] le fué permitido romper el forzado mutismo, intentó rebatir la común creencia de que en la gobernación del país lo peor fueran los directores de la política, y por el contrario afirmó su convicción de que mucho más inútil, esteril y degradado había sido el pueblo español, que consintió pasiva, servil, vergonzosamente, el pernicioso juego de los partidos del turno – conservadores y liberales – con todas sus degradantes consecuencias. Entonces el diario *La Veu de Catalunya,*[30] al tiempo de aceptar parcialmente y elogiar la disconformidad del ilustre escritor, vióse naturalmente impulsado a subrayar la deficiente visión de España con que los publicistas de Madrid y, en general, los castellanos, recogen y juzgan los sucesos, la historia misma peninsular. El órgano del catalanismo observaba una vez más el hecho persistente en escritores y políticos de prescindir de Cataluña, de sus ideas y sentimientos, y hasta de sus más acentuados procederes, al estudiar la vida española y deducir de ella postulados, hipótesis y orientaciones. Precisamente de Cataluña habían partido las únicas voces

---

27 Torrendell 1933a: 62.
28 Torrendell 1933b: 225-238.
29 *José Ortega y Gasset* (Madrid, 1883 – 1955). Filósofo y escritor.
30 *La Veu de Catalunya,* diario en catalán de mayor duración hasta la fecha: Barcelona 1-I-1899 – 8-I-1937. En él colaboraron la mayor parte de las plumas intelectuales catalanas de la época, entre ellas el propio Joan Torrendell, que además de articulista fue redactor en jefe y editorialista.

de protesta, y allí se habían concretado los actos de rebeldía contra los constantes errores gubernativos desde hacía más de un cuarto de siglo. En Cataluña surgieron los movimientos políticos de reorganización integral, tendientes a derribar los obstáculos tradicionales de un régimen corrupto, hasta el extremo de mantener – ya que una solución definitiva no podía conseguirse – viva inquietud y febril desasosiego, pesadilla de los gobernantes y también de la inmensa mayoría del resto de España que prefería la calma y el sueño de la resignación. En Cataluña, en fin, ofrecíase el ejemplo altivo y salvador de vencer y anular a los desaprensivos elementos del centralismo con las viejas y enmohecidas armas de una deficiente ley electoral y a pesar del monopolio caciquil ejercido dentro de todas las influyentes instituciones administrativas y sociales, demostrando experimentalmente, que cuando se yergue, decidida, la voluntad popular, no valen las tretas ni las imposiciones de las autoridades, aunque estén servidas por numerosa burocracia y abundante acervo de intereses creados. Si España hubiese adoptado parecida actitud, se hubiera ahorrado la humillación de una dictadura.[31]

Estas afirmaciones son inatacables por su evidencia; sin embargo, D. José Ortega y Gasset esquivó la excepción justiciera para poder uniformar la perspectiva y afianzar con mayor fuerza su argumentación.

Posteriormente se repitió esta limitación óptica y, por tanto, intelectual, en otro excelente publicista, que pretendía analizar la psicología de España sólo a través del alma y la literatura castellanas, incidiendo una vez más en la posición unitaria y en la testarudez hegemónica que llega a unificar la variedad con prescindencia de elementos esenciales. Véase el caso.

Don Salvador de Madariaga[32] da a luz un libro, por otra parte muy notable, en el que traza interesantísimas semblanzas literarias de Galdós,[33] Pérez de Ayala,[34] Unamuno,[35] Baroja,[36] Valle-Inclán,[37] Azorín[38] y Miró.[39] Tales estudios, más profundos que las usuales críticas, impelen al agudo autor a intensificar el análisis de las

---

31 Torrendell se refiere aquí a la dictadura del general Miguel Primo de Rivera, que duró del 13 de setiembre de 1923 al 28 de enero de 1930.
32 *Salvador de Madariaga* (La Coruña, 1886 – Locarno, 1978). Escritor y crítico.
33 *Galdós*, Benito Pérez Galdós (Las Palmas, 1842 – Madrid, 1920). Novelista y político republicano socialista. Dramaturgo, articulista.
34 *Pérez de Ayala*, Ramón Pérez de Ayala (Oviedo, 1881 – Madrid, 1962). Escritor.
35 *Unamuno*, Miguel de Unamuno y Jirgo (Bilbao, 1864 – Salamanca, 1936). Ensayista, articulista, novelista y político.
36 *Baroja*, Julio Caro Baroja (Madrid, 1914 – Vera de Bidasoa, 1995). Etnólogo e historiador.
37 *Valle-Inclán*, Ramon María del Valle y Peña (Villanueva de Arosa, 1869 – Santiago de Compostela, 1935). Escritor.
38 *Azorín*, José Martínez Ruiz (Monóver, 1873 – Madrid, 1967). Escritor, crítico y traductor, republicano.
39 *Miró*, Gabriel Miró (Alacant 1879 – Madrid 1930). Escritor.

causas primeras, tras el cual vislumbra el temperamento que bajo especiales matices los vincula y generaliza. Llega por este procedimiento a establecer teorías sobre el genio español, señalándole caracteres permanentes y, lo que es más, definiendo la ley general de la literatura y de las artes de España. Para obtener esta conclusión, el señor Madariaga acude, naturalmente, a los libros y al idioma que les dió existencia, tanto más cuanto que acepta el viejo apotegma de la lengua es el alma del pueblo. «El estilo es el hombre», dijo Bufón.[40] Lo mismo pudo haber dicho: «el lenguaje es la Nación». Conocidas, pues, las cualidades del idioma, fácil es calcular los valores del genio nacional. De aquí su extrañeza ante el menosprecio de ciertas gentes, – evidentemente poco enteradas, – por el genio español. «La lengua española – dice – debiera ser indicio suficiente de su importancia». Para dar idea de tal grandeza, echa una ojeada a algunos acontecimientos históricos que le sirven de índices cuantitavos con que determinar la escala y proporciones de la aportación de España a la vida espiritual europea. Cita el descubrimiento de América, el Siglo de oro, *Don Quijote*. En la extensa y concienzuda exposición histórica de Madariaga la erudición muévese eficazmente desde el *Romancero*[41] hasta «el género chico»,[42] las dos más distanciadas márgenes de la caudalosa corriente de las letras castellanas, *españolas*, recalca el autor, a pesar de admitir la existencia de los otros dos idiomas inextinguibles de la península hispánica: el catalán y el portugués, que denomina «modalidades del genio español». Porque «España – agrega – no es una unidad simple, sino una unidad compleja, una trinidad compuesta de tres modalidades: la occidental, la central y la oriental, cuyas normas respectivas son Portugal, Castilla y Cataluña. Tres lenguas (o grupos de lenguas) expresan estas tres modalidades de la raza española. Al Oeste, la modalidad atlántica halla su expresión en el portugués, de todas las lenguas latinas la más tierna y melodiosa. En el Centro, la modalidad continental inspira el majestuoso castellano, en el que la fuerza y la gracia se hallan tan armoniosamente combinados como la tragedia y la comedia en el teatro digno de este nombre. Al Este, la modalidad mediterránea da forma al catalán y sus dialectos, lenguas blandas y pastosas como arcilla, vívidas como paleta de pintor, receptivas como las quietas aguas del limpio mar que baña las costas en que se hablan.»

Ahora bien; aceptadas las premisas ¿por qué vías de la lógica puede llegarse a la conclusión de la unidad espiritual en las tierras hispánicas? Ellos dicen: Las lenguas responden a los movimientos biológicos de los pueblos. Agregan: Las lenguas

---

40 *Buffon*, Georges Louis Leclerc, conde de Buffon (Montbard, 1707 – París, 1788). Naturalista.
41 Colección de romances, es decir, poemas épicos-líricos breves que a menudo se cantan acompañados de música.
42 En la época de la Restauración y la Regencia, obras de carácter cómico, con partes cantadas de mayor o menor extensión. Su auge en el último decenio del s. XIX y primero del XX evoluciona hacia temas populares. Su desarrolló sobre todo en Madrid. También se la llamó «zarzuela chica».

que se hablan en España son esencialmente distintas. Y yo concluyo: Luego son distintos los pueblos. Y no se aduzca para mitigar el rigor del silogismo la afinidad de esos idiomas, nacidos simultáneamente de la matriz romana. Prueba definitiva de la diferencia espiritual de los pueblos asentados en la Península, surge del hecho sorprendente de la formación de distintas lenguas después de haberse extendido uniformemente por todo el territorio el idioma del conquistador con tal intensidad que los verbos autóctonos desaparecieron, aunque aparentemente. Al retirarse los ejércitos de Roma cada nación de España construyó nuevamente su idioma en el laboratorio misterioso de su psico-fisiología, y primero quedó elaborado el catalán y luego el galaico-portugués, y casi al mismo tiempo, el castellano. El propio Madariaga destruye el recurso de la identidad de origen para sostener un igual espíritu materno. «No es lenguaje – dice – mera multitud de palabras ordenadas por medio de una gramática, sino fenómeno natural cuya evolución se rige por la acción de fuerzas internas o psicológicas sobre una materia externa o filológica. Mientras esas fuerzas psicológicas son nacionales o autóctonas, la materia filológica puede ser, y generalmente es hoy, extraña y adventicia. Lo que nos interesa, pues, aquí, no es el cuerpo sino el espíritu de la lengua. La clasificación de los pueblos según el origen filológico de la lengua que hablan, reposa sobre una base falsa ... Es evidente que un escocés pelirrojo y un negro de Virginia no tienen nada racial de común, aunque ambos hablen lenguas derivadas de la que hablaba Chaucer.[43] Y tan cierto, aunque no tan evidente, es que el hecho de que del mismo tronco latino, franceses, españoles, italianos y portugueses hayan hecho diverger lenguajes tan distintos en ritmo y carácter, basta para destruir la leyenda de la raza latina, en cuanto esta expresión quiere significar semejanza de genio entre las naciones de habla romance».

Y véase otro aspecto de la cuestión.

Por razones puramente políticas, una supuesta modalidad del genio español, el portugués, toma en las palabras de Madariaga substantividad independiente. Por las razones científicas expuestas, debería la denominación «españoles» desdoblarse, junto al del portugués, en castellanos y catalanes, puesto que los idiomas de ambos son entre sí tan diferentes como el francés y el castellano, el italiano y el catalán. Si por los idiomas que esas naciones soberanas usan y han usado desde su fundación, las consideramos dispares, ¿por qué no han de serlo esas otras nacionalidades que circunstancias puramente fortuitas han mancomunado desigualmente dentro de un mismo Estado político? Sólo por azar de la guerra es hoy Portugal país libre, en vez de serlo Cataluña. Son ahora los historiadores lusitanos los que afirman que su independencia débese al simultáneo esfuerzo que realizaron los catalanes por obtener la suya. Si el suceso hubieses terminado al revés, el nombre de los catalanes ocuparía en la lista de las naciones anteriormente citadas, el puesto de los portugueses. En consecuencia, compónese la unidad geográfica peninsular de tres naciones, y por

---

43 *Chaucer*, Geoffrey Chaucer (??? 1345 – Londres, 1400). Poeta inglés.

esto, resuenan en ella tres idiomas, que responden a tres genios, de donde surgieron tres literaturas. Analizar, pues, una de éstas, para definir la ley general de la literatura y de las artes de España, y establecer los caracteres permanentes del genio español, equivale a tarea ineficaz, porque, a pesar de cualquier intento arbitrario, la argumentación se descompone a la luz de los principios científicos, cada día más potentes e irresistibles. Y una de dos: o no es cierto que el lenguaje sea la entraña del pueblo, o, si lo es, cada idioma denunciará una personalidad única.

Tal es el trágico conflicto de España, espiritual y políticamente. En el terreno de la ciencia, que es el de la verdad, no cabe discusión. El pueblo con lengua propia posee una espiritualidad, y es su deber cultivarla por interés propio y por una colaboración debida a la humanidad, de la que recibe, a su vez, el beneficio de la civilización de los otros. En el terreno de la política, que es el de la conveniencia, sí cabe la discusión. Los intelectuales de Castilla, en polémica razonada, llegan a admitir a España triuna; pero, desvanecido el diálogo, tornan a representarse el genio español solamente a través de la lengua y de la literatura castellanas; que persisten en denominar españolas.

Nos hallamos, después de lo dicho, frente a un interrogante: ¿ha de llamarse española la lengua castellana? Así lo declaró en famosa y acalorada sesión la Academia que entonces se denominaba Real, contra la opinión de muy sesudos académicos, acompañados de un copioso sector de gentes entendidas en la materia.

En la imposibilidad de sostener la tesis favorable a la substitución de castellano por español para designar el idioma nacido en el centro de España, es decir, abandonada la argumentación científica, se recurre a un razonamiento político, de pura conveniencia y acomodo. Y se dice: suprimir el apelativo castellano para el lenguaje de España y preferir el español, equivale a libertar de una dependencia regional a las demás regiones peninsulares. «El nombre de la lengua española – escribió Salaverría – anula toda la posibilidad de subordinación. España no es ningún territorio determinado, sino la expresión ideal del conjunto de todos los territorios». Es «justo que se le despoje a Castilla de ese poder seguir titulando con su nombre a una lengua, que ya no es castellana, sino española; de todos».

Aparte de ser errado, en lo efectivo, que España no sea más que un nombre ideal, – es ésta precisamente la tesis básica de los catalanistas –; puesto que de hecho tal nombre es consubstancial con el de nación («nación española» se escribe a todo pasto y, consecuentemente, es perseguida y castigada la expresión «nación catalana», verbigracia); lo cierto es que el idioma castellano está muy lejos de ser el de todos los españoles. Desde luego se admite que ese lenguaje no pertenece a todos los territorios peninsulares como habla íntima y familiar. Los espíritus inteligentes y serenos – buena parte de los escritores más ilustres castellanos – convienen en que la actual literatura catalana ha alcanzado un alto grado de perfección artística, con méritos suficientes para colaborar en la universal labor de cultura. Luego, ¿cómo es posible asegurar que la lengua castellana ha de clasificarse de española porque es la de todos los españoles, si hay españoles que ni la hablan ni la escriben como no sea circunstancialmente? Española no debe ser mientras haya españoles que no pueden llamarla «nuestra» lengua, la del pensamiento y el corazón, la de los antepasados, la de la vieja cultura, la de los clásicos, tan áureos como cualesquiera otros.

Además, si porque todos los españoles emplean el idioma castellano, éste se ha de llamar español, lógicamente por ser hablado por los americanos, ha de apellidarse «hispanoamericano». A nadie, de responsabilidad científica, se le ha ocurrido convertir en «británica» la lengua inglesa para identificarla con la extensión geográfica del Imperio. En cambio, lo más acomodado a la recelosa psicología de las naciones, y, en definitiva, lo más ajustado a la verdad histórica y filológica es que de usar el mismo idioma, éste se individualice con el nombre de un territorio que no es Estado constituído con vida independiente, y que, por lo contrario, sólo conserva el título étnico de una zona territorial, cuyo dialecto prevaleció sobre sus fraternales, como sucedió con el ático en el pueblo helénico. «Por un uso análogo – escribe Gabriel Alomar[44] – en Italia, el triunfo del toscano sobre sus dialectos congéneres, lo transformó en lengua italiana, como idioma de cultura nacional, por encima de sus múltiples formas populares y vivas... El caso de la lengua francesa es diverso, porque ella recibió el nombre de la Isla de Francia, como la Isla de Francia extendió el suyo generalizándolo a todo el Estado que se formó, sobre la mayor parte de la antigua Galia».

Por fortuna o por desgracia, ni el nombre de Castilla ni su lengua se extendieron por toda la península, llamada desde antiguo España. Dentro de ésta se han yuxtapuesto agrupaciones de tipo diverso con idiomas peculiares, que han conquistado lugares de distinción en la cultura, antigua y moderna. Sacrilegio espiritual es intentar el descuaje de cualquiera de esas fuerzas intelectuales. «En un Estado – ha dicho Azorín –, en que coexisten varias Naciones, ¿cómo podremos hablar de un idioma nacional? Si cada una de esas Naciones, como sucede en España, tiene su idioma, todas serán igualmente nacionales. Y otra cosa será el idioma del Estado, el idioma que sirva para la buena y fácil marcha de la vivienda política y administrativa del Estado. No acertamos a ver relación ninguna entre el patriotismo, y la libre, ubérrima, vida de los idiomas nacionales dentro de un mismo Estado. El uso del idioma oficial del Estado podrá ser una cuestión de convivencia y comodidad: nunca una cuestión de patriotismo».

Quiero, además, repetir las palabras tan dilectas del maestro Menéndez y Pelayo,[45] al referirse a la expresión «lengua española»: «frase malsonante – dice – y rara vez oída de nuestros clásicos que se preciaron siempre de escribir en castellano. Tan

---

44 *Gabriel Alomar*, Gabriel Alomar i Villalonga (Palma, 1873 – El Cairo, 1941). Ensayista, articulista, poeta modernista, político republicano. Excelente amigo de Torrendell.
45 *Menéndez y Pelayo*, Marcelino Menéndez y Pelayo (Santander, 1856 – 1912). Historiador de la cultura, diputado conservador por Mallorca.

española es la lengua catalana, como la castellana o la portuguesa». Por consecuencia, ninguna de ellas puede acaparar el nombre del conjunto.

El tema hace surgir de la memoria un recuerdo que juzgo muy atingente.

El celebrado poeta Fernán Félix de Amador[46] leyó tiempo atrás en la agrupación «Los Amigos de la Ciudad» una conferencia titulada *La España de Felipe, Toledo y el Greco*. Quiero dejar bien afirmado el éxito rotundo obtenido por el ingenioso escritor, conocedor perfecto de la obra del artista cretense y de su influencia marcada en la pintura de los posteriores siglos; todo ello dicho en forma precisa, elegante, profunda a veces, muy bien recogida por el selecto auditorio y aprobado con nutridos aplausos.

Sin embargo, sucedió lo que me temía, dada una experiencia anterior que en la inmensa mayoría de los casos no falla. España quedó reducida a Castilla, sin la menor intención del conferenciante que pretendió hablarnos de las tierras peninsulares de Felipe II.[47] Acudo a los conceptos del propio crítico.

Parécenos, comenzó diciendo, que existe desde antiguo un formidable convencionalismo en la vulgar apreciación de la tierra española, y agregó que tanto la incomprensión extranjera como la complacencia de un arte subalterno la vienen representado como un país de pandereta, alegre y trivial, donde la vida es una romería sin trascendencia, que transcurre bullanguera, en el ambiente absurdo de las flores de papel.

Y, en seguida, definió el carácter de su España con estas mismas palabras:

«¡Cuán lejos estamos con ello de la verdad! Bien saben los artistas y los viajeros comprensivos – que no por ser los menos dejan de ser los únicos viajeros – que la verdadera España es una tierra triste y profunda: triste hasta la desesperación, profunda hasta el renunciamiento. En ninguna otra parte fueron, por cierto, más hermanos el Amor y la Muerte».

La noción reaccionante de esta España castellana no es nueva, puesto que en lo que va de siglo y aun en las postrimerías del anterior, algunos eminentes escritores extranjeros se adelantaron a rectificar un concepto vulgar que se había extendido por Europa y América acerca de una país que se hacía notar por su teatro de zarzuela y aun de género ínfimo, en el que prevalecía lo pintoresco de las costumbres llamadas andaluzas; trazos también bastante diversos de los que constituyen la fisonomía austera, aunque no triste, grave, aunque no trágica, del pueblo castellano.

En la nueva visión de la España triste se plantea y afirma otro convencionalismo que revela falta de estudio y observación. Con ello se cae en una generalidad perezosa y una combinación puramente literaria, que ya ha degenerado en retórica, según un sentido peyorativo de amanerada.

---

46 *Fernán Félix de Amador*, seudónimo de Domingo Fernández Beschtedt (Luján [Argentina], 1889 – 1954). Poeta, periodista, educador, crítico de arte.
47 *Felipe II* (Valladolid, 1527 – El Escorial, 1598). Rey de España entre 1556 y 1598.

La realidad es muy otra. Si España no ha de quedar limitada a las fronteras de Castilla, la España peninsular, – Portugal inclusive según Oliveira Martins[48] y otros historiadores –, no puede ser adjetivada por el carácter prevaleciente en uno de sus territorios. Si es cierto que los idiomas, las costumbres, el derecho público, responden a una congénita naturaleza de los pueblos, forzoso será admitir, como ya hemos visto, que España no constituye una sola personalidad colectiva.

Son muchos los escritores europeos que han puntualizado las diferencias étnicas, históricas y sociales notadas en sus excursiones por la península; también intelectuales argentinos, desde Sarmiento[49] a Manuel Gálvez.[50]

Sarmiento a mediados del siglo XIX en su viaje a España escribió al llegar a Barcelona, después de recorrer detenidamente las provincias castellanas: «Estoy, por fin, fuera de España; como sabéis, nosotros somos americanos y los barceloneses catalanes; podemos, pues, murmurar a nuestras anchas de los que están allí en Montjuich[51] con sus cañones apuntados sobre la ciudad. ¿Os acordáis del buen Rivadeneyra,[52] con aquella boca de extremo a extremo, aquellas cejas negras que sombrean ojos centelleantes de actividad y de inteligencia, pequeño de cuerpo, brazos largos, y empaquetado, enjuto y nervioso? Así son todos los catalanes; otra sangre, otra estirpe, otro idioma. No se hablan con los de Castilla sino por las troneras de los castillos. El aspecto de la ciudad es enteramente europeo... Aquí hay ómnibus, gas, vapor, seguros, tejidos, imprenta, humo y ruido; hay, pues, un pueblo europeo».

El autor de *El solar de la raza*, después de su primer viaje a la península se vió precisado a clasificar sus notas en cuatro secciones que subtituló: «La España castiza», «La España latina», «La España africana» y «La España vascongada». Esto ya es un principio de comprensión. Naturalmente, no puedo suscribir los conceptos de Gálvez sobre la psicología de lo que se llama pueblo español, en un sentido político más que étnico, pero me es grato convenir en que *El solar de la raza* inicia un modo de ver a España con una ilustración más densa que la del mismo Carlos Octavio Bunge[53] a través de su libro *Nuestra América*.

---

48 *Oliveira Martins*, Joaquim Pedro de Oliveira Martins (Lisboa, 1845 – 1894). Historiador y político portugués.
49 *Sarmiento*, Domingo Faustino Sarmiento (San Juan [Argentina], 1811 – Asunción [Paraguay], 1888). Pedagogo, periodista y político argentino. Presidente de la República Argentina entre 1868 y 1874.
50 *Manuel Gálvez* (Paranás, 1882 – Buenos Aires, 1962). Novelista argentino.
51 *Montjuich*, Montjuïc, montaña (173 m.) que domina el camino litoral de Barcelona al Llobregat. Su castillo ha tenido un papel decisivo en la historia militar moderna de Barcelona.
52 *Rivadeneyra*, Manuel Rivadeneyra (Barcelona, 1805 – Madrid, 1872). Editor e impresor.
53 *Bunge*, Carlos Octavio Bunge (Buenos Aires, 1875 – 1914). Escritor, pedagogo e historiador.

Y es inútil decir que, tanto en Castilla como en Vasconia, en Portugal tanto como en Cataluña, se han publicado estudios muy serios que no permiten lanzar afirmaciones de uniformidad psíquica con respecto a la totalidad del territorio hispánico. A las antiguas opiniones de Unamuno que reconoce la diversidad de los cuatro núcleos, se han de agregar las de Rovira y Virgili,[54] a saber:

«Portugal y Cataluña podrían entenderse sin dificultad; pero están alejados en los lados opuestos de la península y sus caminos no son próximos ni se cruzan. Con Castilla, ni uno ni otro de aquellos pueblos ha podido entenderse en el curso de la historia; nada ha cambiado en el fondo de su alma que permita esperar una inteligencia futura. A lo más, entre los pueblos de la península es posible, en vez de un quimérico ideal común, una coexistencia de ideales diversos, si llega a encontrarse la fórmula en virtud de la cual no estorben los unos a los otros. No creemos en la realidad de esa raíz ibérica común de que han hablado Oliveira Martins y Juan Maragall.[55] Iberia, la ancha Iberia, constituída por toda la península, podría quizá llegar a ser un cuerpo político, pero no un espíritu».

Comprendo las molestias que produce, intelectualmente hablando, la estructuración étnica y nacional de la entidad geográfica, denominada España, sobre todo tras esa confusión de los vocablos: patria, nación, estado. El afán de simplificación conduce a la absorción de individualidades, de divergencias y matices. Algunas veces, como hemos podido comprobar ahora, por autores castellanos, han pretendido analizar y fijar el carácter español al trasluz de la literatura castellana. La lengua, se ha dicho científicamente, es el reflejo del alma colectiva. Luego...

España es así. Pero, según se ve por lo dicho, inmediatamente salta a los ojos que existen unas letras galaico-portuguesas y otras catalanas, fruto también de una literatura vernácula, y, por tanto, que, si es cierto lo de que el idioma es el reflejo del alma popular, también las literaturas deben ser irradiación de una peculiar alma colectiva. Y éstas, ¿son o no son españolas? Si no lo son, aciertan los peninsulares que rechazan el patronímico de una nacionalidad única para todos. Si lo son, no cabe hablar de la España psicológicamente una, y se impone, en todo caso, deslindar bien las nociones de cada uno de los pueblos que hoy conviven dentro del territorio peninsular.

He aquí el caso concreto: Castilla – dice Amador – es espiritualmente triste; Cataluña, escribió certeramente Gálvez, es de espiritualidad alegre. Trátase, pues, de dos grupos diferentes; y no cabe que se afirme de España que es triste o alegre según el prisma artístico o literario elegido.

Ahora, si se pretende hablar de la España estricta o castiza, dígase claro; que ello podrá admitirse sin contradicción. Pero de todos modos, sépase que cuando se

---

54 *Rovira y Virgili*, Antoni Rovira i Virgili (Tarragona, 1872 – Perpinyà 1949). Escritor y político nacionalista y republicano.
55 *Juan Maragall*, Joan Maragall i Gorina (Barcelona, 1860 – 1911). Escritor.

analiza la España de Felipe II, con la vista fija en Toledo o el Greco,[56] permanecen fuera de ella muchos kilómetros cuadrados de territorio peninsular, y, sobre todo, vastas zonas de espiritualidad de muy distinta vibración.

La última faz del conflicto es ésta.

Inesperadamente los pueblos de España sienten el agobio de una política asfixiante, y en unas elecciones que debieron ser puramente administrativas, resuelven mostrar su descontento votando las candidaturas republicana y socialista. Sorprendentemente también, ya proclamado el nuevo régimen, surge a la cabecera del flamante gobierno, un hombre reposado y enérgico, verdadero estadista desde la primera hora, que penetra el más serio problema de la renovación peninsular y se propone inmediatamente como inicio de solución devolver a las regiones su personalidad característica, a medida que cada una sienta la conciencia de su vigor físico y espiritual.

Don Manuel Azaña[57] es un castellano recio que conoce profundamente la historia de su país y advierte la necesidad absoluta de asociar a la gobernación las energías regionales concediéndoles libertad, autoridad y responsabilidad. Por esto en la Constitución de la República existe un artículo que ofrece la autonomía político-administrativa a las actuales provincias limítrofes, con características históricas, culturales y económicas, comunes. Y como esas regiones se mantienen con fisonomía propia debido a la lengua peculiar que persiste en vivir a través de los siglos, el reconocimiento de esa autonomía va precedido de una declaración discretísima que afirma ser el idioma oficial de la República el castellano. Este precepto constitucional que llama castellano, y no español, al idioma usado entre las diversas nacionalidades de la Península, presupone la existencia de otras lenguas que el Estado políticamente admite como españolas; para la República tanto da la gallega, la catalana, como la castellana. Sólo por comodidad se designa a esta última con carácter oficial.

Sin detenernos en el análisis de las posibilidades literarias de la lengua gallega, cuyos cultivadores han reanudado con entusiasmo una labor literaria de vastas proyecciones, deseo, para antes de terminar, reproducir unas palabras del admirado y respetado polígrafo Menéndez y Pelayo,[58] quien mostró siempre su convicción honda por la existencia y desarrollo de las lenguas de España. Ya en un tiempo, todavía no tan esplendoroso como ahora para el idioma catalán, recordaba a sus compatriotas las gestas de aquellos almogávares que «hicieron repetir a los ecos del monte Tauro el nombre de la vencedora casa de Aragón y Cataluña y estremecieron los escombros del Parthenón y del Erectheión con los acentos de aquella lengua que

---

56 *El Greco*, Domenico Theotokópoulos (Candia, Creta, 1541 – Toledo, 1614). Pintor castellano de origen griego.
57 *Manuel Azaña* (Alcalá de Henares, 1880 – Montauban, 1940). Político republicano y escritor.
58 *Menéndez y Pelayo*, Marcelino Menéndez y Pelayo (Santander, 1856 – 1912). Historiador de la cultura.

Muntaner[59] (el famoso cronista de Don Jaime I el Conquistador)[60] llama *lo pus bell catalanesc del mon*; lengua ciertamente grandiosa y magnífica, puesto que no le bastó servir de instrumento a los más ingenuos y pintorescos cronistas de la Edad Media, ni dar carne y vestidura al pensamiento espiritualista de aquel gran metafísico del amor que tanto escudriñó en las soledades del alma propia, ni le bastó siquiera dar leyes al mar y convertir a Barcelona en otra Rodas, sino que tuvo la gloria mayor aún y bien malamente olvidada por sus panegiristas, la de haber sido la primera entre todas las lenguas vulgares que sirvió para la especulación filosófica, heredando en esta parte al latín de las escuelas mucho antes que el italiano, mucho antes que el castellano y muchísimo antes que el francés. Tenemos en España esta doble gloria, que ningún otro de los romances neolatinos puede disputarnos. En castellano hablaron, por primera vez, las matemáticas y la astronomía, por boca de Alfonso el Sabio.[61] En catalán habló, por primera vez, la filosofía, por boca de Ramón Llull[62]».

Para que se valorice de una vez por todas la importancia y trascendencia del resurgimiento literario de la lengua catalana, me constreñiré hoy a dos hechos: Cataluña es capaz de editar y absorber una colección de clásicos griegos y latinos vertidos al catalán. Adviértase que obra de tal naturaleza, que presupone numeroso grupo de entendimientos agudos y un público de lectores vasto y comprensivo, sólo ha sido realizada por tres países del mundo civilizado: la llamada Teubner en Alemania, la Oxford en Inglaterra, la Guillaume Budé en Francia; la cuarta es la Bernat Metge, de Cataluña, en curso de publicación. De ella se han escrito elogios fervientes. El profesor alemán Vogel[63] ha dicho «no es envidia, sino acerbo dolor el que sienten los humanistas alemanes al pensar que, tal vez de aquí a unos cuantos años, nuestros estudiantes ya no podrán adquirir las ediciones teubnerianas de Homero y Cicerón, mientras un pueblo casi resucitado en un ángulo de la Península Ibérica, como galardón de su diario trabajo, podrá confrontarse con las aguas de Atenas y de Roma». Y el crítico italiano Ettore de Zuani[64] ha publicado este juicio: «No ya en España, pero ni en Europa tiénese recuerdo de una semejante colección de clásicos: la tudesca es antipática y difícil de leer; la de Oxford es óptima, pero no es del todo práctica ni

---

59 *Muntaner*, Ramón Muntaner (Perelada, 1265 – Eivissa, 1336). Cronista, funcionario y soldado a las órdenes del rey Jaume I.
60 *Don Jaime I el Conquistador*, Jaume I de Catalunya-Aragó, llamado El Conqueridor (Montpeller, 1208 – València, 1276).
61 *Alfonso el Sabio*, Alfonso X el Sabio (Toledo, 1221 – Sevilla, 1284). Rey de Castilla y León entre 1252 y 1284.
62 *Ramón Llull*, Ramon Llull (Mallorca, 1232/33 – (?) 1316). Escritor, filósofo, místico, misionero.
63 *Vogel*, Eberhard Vogel, romanista alemán, doctorado con un tema catalán; *Neucatalanische Studien* (1886); autor del primer diccionario bilingüe (alemán-catalán) moderno, *Katalanisch-Deutsch* (Berlín, 1911); traductor de cinco novelas modernistas. Autor de numerosos artículos sobre literatura catalana en la revista *GOTTESMINE*.
64 *Ettore de Zuani*, no hemos podido acceder a ninguna información.

está al alcance de todos; en cambio esos volúmenes de la *Fundació Bernat Metge* parece que están diciendo: toma y lee. El texto latino, correctísimo en la lección y en la estampa, está sacado de los más autorizados códices... y hasta las traducciones, castigadas y perfectas, inspíranse en criterios artísticos».

El segundo hecho a que me he referido antes, es la publicación de la Biblia en catalán junto con el texto de la Vulgata y con abundantes notas del monje benedictino del monasterio de Montserrat, don Buenaventura Ubach,[65] que para ello recorrió detenidamente la Arabia pétrea, siguiendo las huellas de Israel. La traducción se ha realizado directamente de las lenguas en que fueron inspirados los libros bíblicos según las ediciones críticas más perfectas. El *Génesis*, por ejemplo, tiene por base la de Kittel, derivada del *textus receptus*, impreso en venecia por el judío Jacob Ben Chaiim el año 1525, y que ofrece algunas variantes, comparado con la versión latina, copiada de la edición de Clementina, tal como se halla en la edición crítica de Hetzenauer.

He querido citar estas actividades literarias de tamaña importancia, para sugerir dos conclusiones. La primera, que empresas de esta categoría egregia no se explican más que apoyándose en la fuerte espiritualidad de un pueblo y contando previamente con la vasta obra de escritores autóctonos que con ella han preparado a ese público lector y sostenedor de tan eminentes y difíciles publicaciones; y la segunda, que el idioma productor de semejantes maravillas literarias no puede ser razonablemente extinguido por la fuerza imperialista de otro pueblo hasta ahora hegemónico merced a las vicisitudes de la Histoira. Gracias a tan formidable cultura es posible que se hable de Iberia que hoy contiene políticamente a Cataluña.

Por lo escrito, creo que no resulta excesivamente audaz pretender aclarar un poco la confusión que generalmente existe en torno de las lenguas de España.

J. Torrendell

Bibliografía

AA.VV. (1937): «Juan Torrendell», en: *Nosotros* 12 (marzo), pp. 243-246 (artículo de la redacción de la revista *Nosotros* con motivo del fallecimiento de Torrendell).

Bastons, Carles / Stankowich, Moisés (1998): «La correspondència de mallorquins a Unamuno. Cartes de Joan Torrendell (1869-1937)», en: *Estudis de llengua i literatura en honor a Joan Veny*, a cura de Josep Massot i Muntaner. Barcelona: Universitat de Barcelona / Publicacions de l'Abadia de Montserrat, pp. 355-376.

Ferreira, Eduardo (1894): «Juan Torrendell. Semblanza literaria», en: Joan Torrendell *El Picaflor (Cuadernos montevideanos)*. Montevideo: «Joya Literaria» de Cuspinera, Teix y Ca., pp. VII-XVIII.

---

65 *Buenaventura Ubach*, Bonaventura Ubach (Barcelona, 1879 – Montserrat, 1960). Monje, biblista y orientalista.

Gran Enciclopèdia Catalana (1980). Barcelona: Enciclopèdia Catalana, vol. XIV, p. 555.

Gran Enciclopèdia de Mallorca (1991). Palma: Edicions Promomallorca, vol. XVII, pp. 224-225.

Jofre Cabello, Ana (1997a): *Así emigraron los baleares a la Argentina*. Palma: Govern Balear / Conselleria de la Presidencia.

Jofre Cabello, Ana (1997b): «Joan Torrendell escribe sobre: *Las lenguas de España*». Comunicación inédita leída en «Memorias del I Simposio Internacional sobre O Bilingüismo: Comunidades e individuos bilingües. Universidad de Vigo. Octubre de 1997».

Pomar, Jaume (1976): *L'aventura de Nova Palma*. Palma: Moll (= «Raixa», 107).

Pons i Pons, Damià (1981): «Aproximació a Joan Torrendell (1869-1937)», en: *Affar* 1, pp. 105-118.

Pons i Pons, Damià (1998): «Joan Torrendell, entre el modernisme vitalista i el regeneracionisme d'esquerres», en: Torrendell, Joan: *Els encarrilats*. Ed. a cura de Damià i Pons. Barcelona / Palma: Publicacions de l'Abadia de Montserrat / Universitat de les Illes Balears (= Biblioteca Marian Aguiló, 26), pp. 5-78.

Torrendell, Joan (1908): «Trascendencia del periodisme pera la propaganda y consolidació del Renaixement y restauració de la nostra llengua», en: *Primer Congrés Internacional de la Llengua Catalana. Barcelona 1906*. Barcelona: Estampa d'En Joaquim Horta, pp. 555-557.

Torrendell, Joan (1933a): *Crítica menor II*. Buenos Aires: Editorial Tor.

Torrendell, Joan (1933b): «Las lenguas de España», en: *Nosotros*, 290-291 (julio-agosto), pp. 225-238.

Las Hurdes. Tierra sin pan.
Etnografía de una relación de dependencia social

Karl Braun
(Philipps-Universität Marburg)

1. Inicio de la etnología poscolonial

La caracterización de la película de Buñuel *Las Hurdes. Tierra sin pan* como documento etnográfico ha provocado opiniones encontradas en todos los campos, y especialmente, en el de la etnología.

Mauricio Catani, en particular, defiende la tesis de la no autenticidad de la película desde un punto de vista etnológico. Al respecto, escribe en 1985 el ensayo: *Come e quando accettare l'obbietivo dell'estraneo. Rivisitare luoghi e stereotipi filmici cinquant'anni dopo* Terre sans pain *di Luis Buñuel*.[1] En él se manifiesta Catani contrario a la opinión de quienes otorgan a *Las Hurdes* los atributos propios de un documental. En un estudio suyo de 1989, *La invención de las Hurdes. Una sociedad centrada en sí misma*, apoyado por un amplio estudio de campo, reitera, fortalecida, su tesis primera. Pero, ya en el título elegido, *una sociedad centrada en sí misma*, reconocemos el modelo clásico del estudio de campo iniciado por Malinowski: en el que se selecciona a un grupo de personas que forman una comunidad definida – un pueblo, una isla, en este caso, los habitantes de los cuatro valles de las Hurdes – y se investiga ésta como unidad cerrada, como sistema social de relaciones internas, con una serie de elementos propios de esa sociedad: estructura jerárquica, ideales y creencias, así como formas de comunicación interactiva y de producción. El estudio de campo etnológico clásico hace hincapié en la estructura de conexiones internas, «centrada en sí misma», de la sociedad objeto de estudio. Toda influencia del exterior – por motivos religiosos, relaciones comerciales o formas de comunicación, así como cualquier tipo de dependencia económica y/o social – no es observada, en la mayoría de los casos, con la suficiente atención, pues se intenta perseverar en la idea de unidad que debe caracterizar a esa sociedad.

La Alberca, parte central en la película de Buñuel, apenas es contemplada en el estudio de Catani, y las pocas veces que habla de ella es con carácter anecdótico, por ejemplo, refiriéndose a los hurdanos, escribe: «sino que también tenían sus momentos de alegre convivencia dentro y fuera de la comarca con ocasiones de la fiesta de la Alberca (15 de agosto)».[2]

---

1   Mauricio Catani 1985
2   Mauricio Catani 1989: 17; véase también 22. En la cronología del mismo libro, 47-60,

James Clifford ha denominado a esta tendencia, que es la base estructural de muchos estudios de campo, «alegoría pastoral» de la etnografía, en los que se «intercede» por un mundo pequeño e intacto (o no tanto), que se ha resistido a la corrupción que reina en el exterior, pero al que le será difícil seguir resistiéndose en el futuro. La descripción de Catani sobre la «sociedad centrada en sí misma» hace uso de las estrategias propias de la «alegoría pastoral»; también llega a manifestar, como es propio del género, cierta desazón melancólica por la pérdida en Las Hurdes de una forma de vida rica e intensa en relaciones sociales – si bien pobre en sentido económico – a consecuencia de la modernización.

Verdad es, como ha apuntado Catani, que en ningún momento de la película muestra Buñuel el sistema de relaciones internas de la comunidad hurdana. Seguramente, no era eso lo que intentaba. La visión etnográfica de Buñuel se dirige a otro punto de atención: a las relaciones de dependencia. Ejercita la mirada de etnólogo al analizar la pobreza, ignorancia y atraso general como producto de la explotación económica. El atraso de Las Hurdes no puede entenderse sin tener en cuenta los siglos de dependencia feudal de éstas con La Alberca. Lo que parece expresión de algo natural, se manifiesta como «naturalización» por las condiciones socioeconómicas. La confluencia de diferentes factores históricos se presenta como condición «natural», aunque esa «naturalidad» sea producto de un largo proceso cultural.

La película de Buñuel, ya en su tiempo relevante, sigue teniendo interés etnográfico porque muestra las consecuencias de la dependencia económica en la expresión cultural de una aparente «sociedad centrada en sí misma». Y adquiere una fuerza transgresora, por el hecho de presentar virtualmente la expresión cultural de esa «sociedad centrada en sí misma» como efecto de la servidumbre económica. En este sentido, podríamos señalar a Buñuel como uno de los precursores de la etnología poscolonial.

El tema de *Las Hurdes* no es, bajo este punto de vista, la presentación de los valles de Las Hurdes, sino la dependencia, de carácter feudal, de Las Hurdes con respecto a La Alberca, y los resultados negativos de esa dependencia para los hurdanos y sus sistemas de reconocimiento social.

---

de Luciano Fernández Gómez, está datado, por el contrario, el régimen feudal que ejerce La Alberca sobre los valles de las Hurdes, por ejemplo en 51: «Establecimiento de la división provincial de España y separación de Las Hurdes y La Alberca, que a partir de ese momento formarán parte de las provincias de Cáceres y Salamanca respectivamente. La separación de los dos territorios será una solución formal y administrativa que pondrá, eso sí, punto y aparte a la serie de enfrentamientos y pleitos entre hurdanos y albercanos, pero que no resolverá ninguno de los graves problemas que aquejaban a la región hurdana.»

2. El contexto: «Las Indias interiores». Situación política de 1933

Buñuel escoge un tema de larga trayectoria histórica en España, la representación de Las Hurdes. A finales del siglo XVI, a la región se la denominaba por aquel entonces Las Batuecas, se «descubre» este lugar del interior, y se hablará de él como «una América» en el corazón de «las Castillas», «las Indias interiores». Las leyendas en curso, a las cuales ayudaron a crear expectación autores como Lope de Vega, hablan de «hombres silvestres y bozales, que ignoraban la religión o se daban a la idolatría, que andaban desnudos o vestidos con pieles».[3] A estas leyendas acompaña el hecho significativo de la fundación, en 1599, de un convento carmelita con el nombre de Desierto de San José. Éste se había construido en un lugar apartado de exuberante vegetación.

Feijoo, en su papel de representante de la Ilustración española, investiga con asombroso ímpetu crítico – entre otros «países imaginarios» – la leyenda de Las Batuecas. En el romanticismo español se caracteriza a este lugar como *locus amoenus*, el lugar apropiado para una forma de vida natural.

En 1898, España pierde sus últimas colonias. El choque por la pérdida de la categoría de potencia mundial, marcará a toda una generación de intelectuales, parte de los cuales se implicará en el movimiento regeneracionista en la búsqueda de un «nuevo comienzo» para España. En Las Hurdes, nombre que se irá imponiendo al de Las Batuecas, aquella «América interior», se centrará la atención y el trabajo de algunos estudiosos interesados en mejorar las condiciones de vida en las zonas atrasadas de España; se inicia un proceso de regeneración, que de ser viable, podría extenderse a todo el país. A raíz de este marcado interés, comienzan a publicarse revistas monográficas sobre las Hurdes, y en 1908, se celebra el primer congreso sobre la problemática de la región, el «Congreso de Jurdanófilos», que, aunque tiene lugar en Plasencia, es de carácter nacional.

En 1913 viaja Miguel de Unamuno por Las Hurdes y describe sus valles y poblaciones. En la primavera de 1922 viaja el conocido endocrinólogo y escritor, Gregorio Marañón, a Las Hurdes con el fin de conocer la realidad de la comarca. Regresa ensombrecido por el paisaje de miseria, enfermedades e ignorancia que descubre entre los habitantes del lugar. Marañón alenta, en ese mismo año, a Alfonso XIII a realizar el que sería su primer viaje a Las Hurdes. Este viaje se convertirá en un espectacular caso para la prensa, del que se podía deducir un claro mensaje: si el rey de España se preocupa por los afligidos de las regiones más pobres, no cabía duda de que la situación general del país mejoraría. La visita del monarca fue documentada también fílmicamente. La filmación corrió a cargo del operador Armando Pou, quien muestra al rey con su comitiva, formada, entre otros, por numerosos clérigos y periodistas. El rey atraviesa en su cabalgadura lugares de miseria y calamidades, que

---

3   Vega Ramos 1996: 171.

certifican el atraso de la región, «donde – como el primer texto intercalado en la película dice – más de siete mil habitantes mueren de hambre y abandono».[4] Buñuel debía de saber, probablemente, de la existencia de esta película sobre la visita del rey a Las Hurdes, pero no sabemos si llegó a verla.

Figura central para el conocimiento de Las Hurdes fue el ciudadano francés Maurice Legendre, quien ya en 1910 inicia un complejo estudio sobre la comarca. Legendre suministró información tanto a Unamuno como a Marañón para sus viajes, y por lo tanto, indirectamente, también al rey. En 1927, publica los resultados de largas investigaciones como tesis doctoral bajo el título *Les Jurdes. Étude de Géographie humaine.* Buñuel configura el guión de la película, como él mismo reconoce, a partir de las informaciones de este compendio de geografía humana y etnografía. A través de Legendre – una hija de éste, Ana María, pertenecía al círculo íntimo de Buñuel – podría estar informado sobre el filme de Pou. Pero, antes de analizar las posibles relaciones de intertextualidad, nos centraremos en el contexto político del momento de la filmación, en abril de 1933.

En enero de 1933 declara el pueblo andaluz de Casas Viejas la independencia, y se inicia la colectivización de los latifundios de la zona. La reacción del gobierno no se hace esperar: serán ajusticiadas 21 personas. Extrema medida policial, de cuya puesta en marcha se responsabilizará al presidente de la República, Manuel Azaña. Esta actitud represiva contra el anarquismo marcará la etapa de transición de la República liberal a la reaccionaria, de los dos años de reformas (1931/1932) hasta el llamado «bienio negro», años 1934/1935. Casas Viejas simboliza el fracaso, ya en la primera fase, de la en abril de 1931 proclamada Segunda República. El gabinete liberal de Azaña no supo llevar a cabo con éxito la reforma agraria, y con este problema, pendiente de solución, ha de enfrentarse tanto a las oligarquías privilegiadas, recelosas de perder sus privilegios, como a los campesinos sin tierra, decididos a luchar por sus derechos.

Será justo en ese momento de transición, año 1933, cuando Luis Buñuel filma y prepara el montaje de *Las Hurdes. Tierra sin pan.* La película fue financiada con el dinero que gana en la lotería un amigo de Buñuel, Ramón Acín, con quien compartía ideas e ideales; Acín, además de ser anarquista militante, era artista y pedagogo. Acín acompañará a Buñuel por Las Hurdes en calidad de productor, y con ellos irán varios miembros del grupo parisino Octubre, entre otros Eli Lotar y Pierre Unik, quienes, al igual que Buñuel, habían puesto su arte surrealista al servicio de la revolución. *Las Hurdes / Tierra sin pan* será poco después de rodada, en septiembre de 1933, prohibida por la censura, bajo el mandato de Lerruox, por constituir una «ofensa para España».

---

4   Rótulo en la película de Armando Pou, que tuvimos ocasión de ver en la Filmoteca Nacional, Madrid.

3. Una unidad fílmica, o: La Alberca y Las Hurdes

La película está compuesta por tres partes claramente diferenciadas: 1) La Alberca, en la provincia de Salamanca, 2) el convento abandonado de Las Batuecas y 3) el rodaje en Las Hurdes altas, la visita a las poblaciones de la Aceitunilla y Martilandrán. Esta tercera parte está organizada, a su vez, en tres bloques temáticos: alimentación, trabajo, enfermedad y muerte. La conexión interna entre estas tres partes ha sido, hasta ahora, poco observada en el análisis de los estudios sobre el tema.

La visita del rey a Las Hurdes concluye, en la película de Pou, en La Alberca; donde – como puede leerse en los subtítulos – será recibido por los albercanos con júbilo, viendo en Alfonso XIII a un héroe salvador de Las Hurdes, mientras, en el mismo comentario, se celebra la laboriosidad de los habitantes de La Alberca: «Los campos cultivados, las alegres calles, nos recuerdan que hay otra España fuerte que trabaja».[5] Buñuel filma el camino al revés: comienza en La Alberca, en una Alberca en fiestas. Las primeras secuencias muestran casas de tres plantas y hombres a caballo, la iglesia y, después de ésta, dos cráneos dentro de una urna junto a una cruz. Un pueblo rico y cristiano, un lugar de la muerte. Continúa con imágenes de las calles, inscripciones cristianas en las fachadas y – en una escena fugaz – un sangriento ritual: la muerte de un gallo al ser decapitado por los jóvenes que han contraído matrimonio durante el último año. A este ritual de muerte le siguen grandes festejos, corre el vino; vemos escenas donde se sirve y bebe el vino; aparecen niños de corta edad con ricos adornos; y el lugar se reviste, entonces, de un aura de vitalidad y alegría de vivir, es también un lugar de la vida.

La segunda parte comienza con una vista panorámica de los valles de Las Hurdes, a ésta le sigue una vista del valle de Las Batuecas, con el convento. En la fachada principal del convento observamos en una hornacina la imagen de San José con el niño Jesús en brazos; delante de la fachada vemos la figura, pequeña, de una joven. La escena siguiente es una superposición de la imagen de la joven sobre la imagen de la fachada. La cámara atraviesa el arco de entrada y atestigua sobre el estado en ruinas del convento; nos presenta a sus moradores actuales: sapos y víboras, deambulando entre la exuberante vegetación.

Por fin llegamos a Las Hurdes, primeras imágenes impactantes del paisaje cultural de Las Hurdes, éstas comienzan con una vista panorámica de la Aceitunilla, a su alrededor montes desnudos, las casas del pueblo podríamos confundirlas con rocas, si no estuviera delante de ellas el edificio blanco de la escuela. Las escenas a continuación nos introducen en una pesadilla, un viaje donde la miseria se hace insoportable a la vista: unos niños beben del arroyo en el que unos metros más arriba habían estado retozando los cerdos, y en el que también se lava la ropa; personas engullendo un trozo de pan seco traído de otras partes por los mendigos de Las Hur-

---

5 Ibíd.

des. Buñuel muestra la miseria general, la hambruna y las enfermedades, motivada, además de por la pobreza, por las relaciones endogámicas. En algunos casos, estas enfermedades son consecuencia de la falta de información e higiene.

Buñuel plasma, casi de una forma despiadada, el atraso general en que se encuentran los habitantes de Las Hurdes; pero, por otro lado, muestra con admiración y respeto a los hurdanos cuando, trabajando sin descanso, intentan ganar terreno cultivable construyendo terrazas a orillas de los ríos, que abonan con tierra traída desde lejos o con hojas de madroño recogidas en alta montaña. Observamos también ese carácter infatigable de los hurdanos, cuando, por falta de cementerios en sus localidades, se ven obligados a recorrer largas distancias a pie con el cuerpo de sus difuntos para poder darles sepultura en los cementerios de las zonas bajas.

La población de Las Hurdes representa para Buñuel una España que trabaja hasta la extenuación, pero que no consigue los frutos de ese trabajo, ya que éstos serán disfrutados en otro lugar. En el caso de que observáramos sólo la sucesión de las imágenes: de La Alberca, del monasterio, y, por último, de Las Hurdes – todas ellas sin la voz del comentarista – cabría preguntarnos cómo es posible tanta diferencia entre comarcas limítrofes.

Las Hurdes, por su estructura y composición temática, puede interpretarse como el contraste, en imágenes, de las «dos Españas», la España del amo y la riqueza frente a la España del oprimido y la miseria, esta última abandonada a su suerte. No es una elección al azar el alto en Las Batuecas, punto medio entre los dos extremos, lugar que representa al clero español, metamorfoseado por Buñuel en sapos y culebras.

La fe – como instancia ideológica que mantiene el orden – forma parte de la vida de La Alberca, de la vida cotidiana y de la oficial representativa; son abundantes las inscripciones e íconos cristianos en el espacio público. No ocurre de igual forma en Las Hurdes, en donde Buñuel el único símbolo cristiano que muestra es un retablo sin aparente función alguna. La Iglesia predica la negación al mundo material; con la superposición de la imagen de la joven a la imagen de San José, y las connotaciones sexuales y eróticas que se desprenden de este «acercamiento», Buñuel denuncia la actitud cargada de hipocresía de esta institución.

Buñuel tiene especial interés en mostrarnos esa España rica que goza y a la vez mata. Los «guerreros» de La Alberca – un comentario intercalado en la película de Pou se refiere al ritmo de los bailes en La Alberca, en honor de Alfonso XIII durante su visita, como «de viejas danzas de ritmo guerrero» – son los señores de Las Hurdes. El comentario de Buñuel califica a esta relación entre los dos grupos casi de carácter feudal, pues los habitantes de Las Hurdes tenían la obligación de pagar tributos a La Alberca. Las escenas de la matanza cruel del gallo simbolizarán también la defensa de unos privilegios que tienen como consecuencia el empobrecimiento de Las Hurdes. Los primeros documentos de las ordenanzas de La Alberca sobre las comunidades hurdanas, del año 1515,[6] prohibían a los habitantes de estas últimas preparar el terreno para el cultivo, pues debía garantizarse la producción de miel necesaria para la elaboración de turrones que, después, La Alberca exportaba a toda España. Esta relación de dependencia existe legalmente hasta 1833, de hecho se prolongará más allá de esa fecha. La muerte social – ese continuo bregar y dejarse «apagar», sin salida posible, esa situación en la que viven permanentemente los hurdanos – no es condición natural, sino que es el fruto de la opresión y de un elaborado discurso ideológico (el dibujo de la dama cortesana colgado en una de las paredes de la escuela, o la frase escrita en la pizarra: «Respetad los bienes ajenos»), así como del derecho que se ejerce sobre la vida, justificando este dominio por las «leyes divinas».

Buñuel muestra un burro transportando colmenas de Las Hurdes a La Alberca; una de las colmenas cae al suelo y escapan las abejas, arremolinándose en una nube sobre el burro; éste morirá a consecuencia de las picaduras de las abejas y será después despedazado por perros y buitres. El burro muerto simboliza a Las Hurdes, a la España pobre que se queda en el camino mientras transporta las riquezas para los amos.

4. «Filmé lo peor»

En diciembre de 1933 se presentó al público en la Casa de la Prensa de Madrid – al acto asistió gran parte de los intelectuales de la capital – la película de Buñuel *Las Hurdes. Tierra sin pan*; con la presentación se pretendía influir en la actitud de la censura. Buñuel ha dejado el siguiente testimonio:

> Al acabar la proyección, Marañón me dijo: «Usted ha tomado lo peor. Yo he visto allí carros ubérrimos de trigo...» «Habla Usted como un ministro de Lerroux», le contesté. Y me llevé la película. En cuanto a que filmé lo peor, era verdad. Si no, ¿a qué iba?[7]

Las palabras «Si no, ¿a qué iba?» con las que Buñuel responde al reproche de Marañón de haber «tomado lo peor», apuntan a dos ideas centrales en la gestación de la película:

- por un lado, la de documentación etnográfica, basada en el estudio de Legendre, con una selección consciente de los puntos de atención, que aun tratándose «de lo peor» estaba apoyada con abundante documentación. Sólo de esta manera – Buñuel llevaba grabadas en la mente las imágenes y secuencias que quería filmar – puede explicarse el poco tiempo empleado para el rodaje.

---

6 Pulido Rodríguez 1986.
7 Max Aub: *Conversaciones con Luis Buñuel*, citado por Sánchez Vidal 1999: 46.

- y, por otro lado, la de una representación simbólica de la diferencia entre riqueza y pobreza, entre colonizadores y colonizados como situación provocada por un determinado desarrollo histórico; expuesta, esa diferencia, de forma clara, para el pueblo iletrado en imágenes comprensibles, montadas a partir de una idea central: la oposición entre La Alberca y Las Hurdes.

Las Hurdes es, bajo este prisma, una película documental conceptual, pero no en el sentido como proponía Robert Flaherty, quien realizaba los enfoques utilizando «el principio de la observación participativa de la cámara». En *Las Hurdes*, el sentido estricto de conceptualidad evidencia el carácter surrealista de la película: la radicalidad y la falta de compromiso en la selección de las imágenes sobre la miserable existencia en Las Hurdes de aquel entonces, encuentra su correspondencia en un plano simbólico con la claridad de las imágenes comprometidas con un realismo onírico. Es el empleo de todo tipo de recursos con la intención de inquietar al espectador – tanto en el realismo crudo del descabezamiento del gallo o el morir de hambre, como en la ironía surrealista, por ejemplo, en la caracterización de los monjes como sapos y culebras – lo que le da a *Las Hurdes. Tierra sin pan* su discutido y refutado valor.

El ensayo fílmico de Buñuel, en la encrucijada entre el documento ceñido a un período concreto y, a su vez, válido como metáfora atemporal, conserva su valor de documentación histórica; pero su fin es, sin embargo, opuesto al historicismo: tanto en las imágenes realistas como en las surrealistas mantiene su fuerza subversiva y, por su clara intención provocadora, seguirá actuando de estímulo en el análisis etnográfico de todo tipo de relaciones postcoloniales.

Bibliografía

Catani, Mauricio (1985): «Come e quando accettare l'obbietivo dell'estraneo. Rivisitare luoghi e stereotipi filmici cinquant'anni dopo *Terre sans pain* di Luis Buñuel», en: *Teorie e tecniche di antropologia visuale* (= Quaderni del Laboratorio antropologico universitario núm. 4). Palermo.

Catani, Mauricio (1989): *La invención de las Hurdes. Una sociedad centrada en sí misma.* Mérida: Editora Regional de Extremadura.

Pulido Rodríguez, Soledad (1986): *Las relaciones socio-económicas Alberca – Las Hurdes a través de sus ordenanzas: año 1515.* Cáceres (tesina).

Sánchez Vidal, Agustín (1999): «De *Las Hurdes* a *Tierra sin pan*», en Herrera Navarro, Javier (coord.): *Las Hurdes. Un documental de Luis Buñuel.* Badajoz: Catálogo del MEIAC, pp. 35-75.

Vega Ramos, María José (1996): «Las Indias interiores: Lope y la invención de Las Batuecas del Duque de Alba», en: *Anuario Lope de Vega 2*, pp. 171-194.

El difícil camino hacia la modernidad.
Miradas entrecruzadas, polarizaciones y transacciones culturales en la poesía de Antonio Machado

Vittoria Borsò
(Heinrich-Heine-Universität Düsseldorf)

> Ya hay un español que quiere
> vivir y a vivir empieza,
> entre una España que muere
> y otra España que bosteza.
> Españolito que vienes
> al mundo, te guarde Dios.
> Una de las dos Españas
> ha de helarte el corazón.
>
> «Proverbios y cantares», LIII (*Campos de Castilla*)[1]

El hispanismo sigue siendo un reto para los estudios literarios y culturales. Más allá de la sorprendente apertura a raíz de la transición a la democracia, la elaboración de la historia de España nos enfrenta con el problema básico de la historiografía, es decir, el punto de vista desde el cual se aborda la historia. Cualquier juicio histórico, después de la Ilustración, topa con la ambigüedad del destino de España y con el antagonismo de las imágenes de identidad, tanto si se adopta un punto de vista tradicionalista como progresista. Justamente el marco del volumen en honor a Manfred Tietz se refiere al eje de la identidad histórica de España – un problema que nuestro homenajeado trató varias veces, entre otras en sus estudios sobre la Ilustración –.[2] El tema de las dos Españas centra, de hecho, varias disyuntivas que atraviesan la historia de España: «casticismo» tradicionalista o europeísmo liberal; retorno a los arcaísmos culturales o apertura a la modernización; concepción cíclica del tiempo o ruptura entre pasado y futuro. Propiamente la disyuntiva en la que se desarrollan las crisis históricas de España muestra la necesidad de buscar respuestas paradójicas a las preguntas de la historiografía.

Después de la Ilustración, en el umbral de la modernidad europea, los complejos motivos de la paradoja histórica van repitiéndose en España: por un lado, el adelanto de posiciones (seudo)modernas, por ejemplo la temprana conciencia de la

---
1   Machado 1995: 228.
2   Sin pretender haber considerado todos los estudios de Manfred Tietz sobre la *Aufklärung* y la Ilustración, véanse Tietz 1980, 1981, 1986, 1991, 1992, 1993, 1997, 1998, 2001.

mudanza del gusto (*Arte nuevo de hacer comedias* de Lope de Vega) y de su peculiaridad castellana; por otro, la dificultad de adoptar los discursos historiográficos modernos en el sentido revolucionario de un presente «nuevo», mediador de perspectivas futuras, o, en fin, el retraso en la adopción de la filosofía idealista de la historia, cuya valoración de las fuentes populares (Herder)[3] y del teatro de Calderón (por los hermanos Schlegel) había resultado incómoda a comienzos del siglo XIX, acabando los ilustrados por reinterpretar el pasado bajo la coherencia de un sujeto histórico racional. Cabe, además, mencionar las miradas entrecruzadas en la visión de la cultura española. Pues la primera literatura romántica es una literatura de exiliados. Tanto cuando regresan a España después de 1833 (Antonio Alcalá Galiano) como desde Inglaterra (Blanco White), también la de los románticos es una mirada heterónoma, que influye en las autoimágenes históricas de España. De manera paradójica, la identidad nacional «romántica», que supone la autenticidad de la cultura, se basa en la perspectiva desde la otredad. Dicha paradoja se acentúa en la concepción del Romanticismo popular español proporcionada por Böhl de Faber, quien integra el exotismo alemán con los autoestereotipos españoles. Lo mismo puede decirse de la figura de Carmen, una creación francesa transformada inmediatamente en un producto genuinamente español. Por un lado, España es la pantalla de proyección de la alteridad de los románticos ingleses, franceses y alemanes y de su crítica a los dogmas de la razón; por otro, la postulada innovación, para España, no es contraria a los géneros a los que se inclinan los tradicionalistas: los géneros áureos o la poesía medieval. La España tradicionalista se considera liberada de la pesadilla del afrancesamiento después de la victoria del pueblo español contra la ocupación napoleónica en 1813. La fundación de la nación española se apoya en el tradicionalismo como postura apta para alejar el peligro de la invasión extranjera. La manera superficial con que tiene lugar la transferencia de las *Vorlesungen über die dramatische Kunst und Literatur* (1809-1811) de Schlegel por medio del cónsul alemán en Cádiz, Nicolás Böhl de Faber, es bien acogida. La idea de lo «nuevo» antiaristotélico se introduce en España como apología de Calderón. Böhl subraya de forma exótica la superioridad de España, aludiendo al hecho de que la caballería medieval sobrevivió como forma social viva. Dicha tesis, proporcionada por un extranjero, refuerza las tendencias regresivas del tradicionalismo español, de modo que en el campo de la literatura el tradicionalismo ya se puede considerar como «moderno». Para España esto quiere decir que el retorno a la cultura de la Edad Media acaba por corresponder al retorno a una historia arcaica, considerada como perfecta (*vollendet*) y deseada como condición del presente, una condición necesaria para la fundación de la nación.

Las paradojas históricas de España dentro de la historia de Europa fueron explicadas con la tesis de la otredad («España es diferente»). Es una visión varias veces acompañada por hipótesis ahistóricas y polarizantes, que postulan la interpretación

---

3   Véase Tietz 1994.

unívoca de las fases de la historia o en el sentido de anticipaciones *avant la lettre*, o como un proceso retrasado hacia la modernidad. Ahora bien, en contra de dichos planteamientos, en mis reflexiones propongo la siguiente tesis: con sus disyuntivas que impiden un recorrido «normal» hacia la modernidad, España se opone radicalmente a las alternativas propuestas por el pensamiento moderno: nacionalismo o cosmopolitismo, tradicionalismo o innovación. La historia de España muestra, por ende, que dichas alternativas fueron posiciones aporéticas, desconstruidas a raíz de la «posmodernidad». Frente al discurso historiográfico o político-social, la literatura española muestra el vaivén de contactos entre las culturas y entre innovación y tradicionalismo. Son escritores y artistas de épocas de crisis como Jovellanos, Goya, Larra,[4] Bécquer, Rosalía de Castro, Galdós, Buero Vallejo, quienes muestran que las soluciones a los problemas de España no son necesariamente excluyentes. Lo mismo puede decirse de las otras culturas. Si miramos, pues, a España sin adoptar las premisas eurocéntricas de la historia de la modernidad, si abandonamos una polarización entre tradicionalismo e innovación, si tomamos, por tanto, las transacciones entre culturas y las yuxtaposiciones de innovación y tradición como punto de arranque de la historiografía, el desarrollo histórico en la Península nos sugiere métodos para superar enfoques excluyentes también a escala internacional.

Si bien esta tesis no es nueva y varios estudios han ido elaborando las aporías de la modernidad en base a los alcances literarios de la historia de España – un tema central es el del sujeto –,[5] queda mucho por hacer en este campo. Mis reflexiones pretenden ser un modesto aporte en este terreno, ya bien elaborado por el homenajeado, especialmente con respecto a la disyuntiva entre España y Europa.[6] Esta disyuntiva, que caracteriza los discursos del 98 y que Antonio Machado ve como una necesaria unión de contrarios, ya se establece en la conciencia histórica del siglo XVIII.

---

4   En varios de sus artículos, el diagnóstico de Larra con respecto al fundamento heterónomo de la identidad de España es sumamente lúcido. A título de ejemplo: «Estas reflexiones hacía yo casualmente no hace muchos días, cuando se presentó en mi casa un extranjero de éstos que, en buena o en mala parte, han de tener siempre de nuestro país una idea exagerada e hiperbólica, de éstos que, o creen que los hombres aquí son todavía espléndidos, francos, generosos y caballerescos seres de hace dos siglos [es la visión de los tradicionalistas, ironizada en boca de un extranjero], o que son aún las tribus nómadas del otro lado del Atlante» (Larra 1984: 191).

5   Véanse el volumen editado por Matzat y Teuber (2000) sobre las transacciones de la subjetividad en el Renacimiento, el artículo de Manfred Tietz en dicho volumen, así como el estudio de Teuber (2003) sobre la mística o el artículo de Matzat (2000) sobre la constitución del sujeto en el Barroco.

6   Además de los estudios sobre la Ilustración, cabe mencionar los estudios comparatistas impulsados por Manfred Tietz, por ejemplo Tietz 1985.

La Ilustración española como laboratorio de la futura paradoja de la modernidad: la regeneración entre crítica e identidad nacional

Justamente la cuestión acerca de la peculiaridad de la Ilustración española muestra la imposibilidad de respuestas absolutas. Gracias a los profundos análisis llevados a cabo en los últimos decenios, la Ilustración española y su envergadura no toleran ser borrados ni por juicios anticipatorios ni denigratorios. Las sombras de las luces del siglo XVIII español ponen de relieve también los problemas de otros países que fueron usados como modelos históricos de emancipación ideológica. Baste recordar el veredicto de Kant cuando llamó a la *Aufklärung* época de la Ilustración, y no época ilustrada.[7] Uno de los problemas esenciales de la Ilustración es, de hecho, la relación entre intelectuales y poder, especialmente con respecto a la construcción de la historia. El problema de una historiografía digna de ser considerada ilustrada consiste, según Kant, en la tarea histórica de encontrar un derecho universal contra intereses particulares y nacionales. El siglo XVIII es, como se sabe, el siglo inaugural también con respecto a la historiografía hispánica.[8] Sin embargo, el problema visto por Kant se acentúa en España como consecuencia del dirigismo estatal de los Borbones, quienes vincularon con el proyecto histórico el anhelo de reparar la decadencia que había asomado en la primera mitad del siglo. En vez de una conciencia crítica, la búsqueda de la historia desemboca, pues, en la preocupación por encontrar imágenes históricas idóneas para el fomento de la regeneración, necesaria para la construcción de lo que se llamó patria o nación. El motivo que impulsa la historiografía es, de hecho, la percepción de la decadencia cultural y la búsqueda de compensación en los modelos de los antepasados, que acaban por fundan la conciencia de la superioridad de la cultura nacional. Dicha conciencia es el motivo del desarrollo de un discurso historiográfico.[9] Con razón subraya Antonio Mestre en su estudio sobre Mayans y Siscar el hecho de que la historiografía es el eje de la obra de regeneración y de que «las decisiones del poder político han influido siempre en el quehacer cultural hispano».[10] Conviene mencionar, a título de ejemplo, el discurso histórico de Feijoo. A pesar de su lucha contra la superstición, la concepción de Feijoo acerca del devenir histórico es extremamente moderada: la relación de Feijoo con el

---

7 En *Was ist Aufklärung?*, ensayo aparecido en diciembre de 1784 en *Berlinische Monatsschrift*, Kant advirtió que la posibilidad de lograr la libertad de pensamiento dentro de las instituciones políticas se enfrenta a límites serios. Propiamente, la Ilustración tiene la función, si no de superar, sí al menos de disminuir dichos límites en favor de la elaboración del derecho común (*Gemeinwesen*) dentro de la sociedad burguesa, así como en favor de la educación de los individuos hacia la libertad (Kant 1967).
8 Sobre la necesidad de considerar la toma de conciencia del pasado histórico como uno de los momentos trascendentes que demuestran la existencia de la *Aufklärung* en España, véase Jüttner 1991.
9 Sobre el impulso de Feijoo a la historia de la literatura, véase Baasner 1995: 93.
10 Mestre 1990: 118.

pasado no es el de la irreversibilidad del proceso histórico[11] o la conciencia de una ruptura, es decir, de «revoluciones históricas». En la España de Feijoo, el progreso se entiende en el sentido de la evolución de las bases cristianas existentes y el desarrollo histórico quiere decir pérdida del estado atrasado del saber. De manera más o menos constante, en el siglo XVIII la toma de conciencia de las glorias pasadas compensa el atraso que padece España.

Ahora bien, el alcance de la historiografía en el ámbito público y sociopolítico se da bajo el signo de estrechos límites discursivos, como comenta Juan Goytisolo en su artículo acerca de las dimensiones de la Ilustración y de su obra de desmitificación de la historia española.[12] Si es cierta la observación según la cual la regeneración desemboca en muchos casos en una crítica del casticismo, llevando a cabo estudios historiográficos más diferenciados que los que aportó la historia ortodoxa,[13] también es, pues, exacto el hecho de que, justamente con respecto a la historia, la libertad de pensamiento, al traducirse en discurso público, se enfrenta a varios tipos de censura. La planificación gubernamental en los aspectos culturales, en el área de la docencia y de la mentalidad social, es una actitud que constituye uno de los caracteres específicos de la Ilustración.[14] El compromiso político que brota de dicha situación – ejemplo clave es la relación entre el ministro José Patiño y Feijoo – no solamente hace imposible en España la construcción de un discurso literario discrepante del político – como el que por ejemplo llevó a cabo en Francia Rousseau –, sino que explica también la genealogía de una censura ideológica frente a la historiografía, que abarca también la historia de la literatura y que ha estado presente en España mucho tiempo: aunque las formas del poder y de la expresión sean distintas, el compromiso con la censura política lo hereda el siglo XVIII de la época aureosecular, para después pasarlo a la historiografía moderna, basada en la visión romántica de la nación.[15] No olvidemos, sin embargo, que no se trata únicamente de un problema español.[16] La situación peculiar de España patentiza la ambivalencia inherente de

---

11   De acuerdo con Kosellek, la conciencia de la irreversibilidad de la historia es el momento básico de la concepción moderna de la historia, que, si bien no existe en Feijoo, será un principio clave del pensamiento histórico de Jovellanos. Véase Kosellek 1979.

12   Apuntando que «los mitos fundadores de una nación tienen la piel dura», Goytisolo subraya la ambivalencia de la situación discursiva de la Ilustración: aludiendo al abate Juan Francisco Masdeu (1744-1817), subraya Goytisolo que, a pesar de su señalación de «circunstancias muy dudosas o claramente falsas» interpoladas en las *Crónicas* de la batalla de Covadonga, «el miedo a la Inquisición primero y la alegría a la ‹novedad de discurrir›, tan difundida ayer y hoy en España, institucionalizaron después, en medio de la credulidad colectiva, el mito de Covadonga y Don Pelayo» (Goytisolo 1996: 12).

13   Véase Baasner 1995: 110.

14   Véase Mestre 1990: 118.

15   De esta colaboración nace una nueva forma de censura, que será característica de la España moderna y que, según Juan Goytisolo (1996), es aún vigente hoy en día.

16   Véase el interesante estudio de Joan Ramon Resina (1994: 675) sobre la historia de la

manera más general a la renovación del discurso historiográfico y la constitución de las identidades nacionales.[17] Que las paradojas de la Ilustración española ponen de manifiesto la crisis de la *Aufklärung* que tiene lugar en Europa al final del siglo lo demuestra el desarrollo del pensamiento de Jovellanos, cuyo alcance con respecto al concepto de la historia y la historiografía es grande. El conservadurismo de la búsqueda de razones y de fuentes pasadas para confirmar lo existente o para limitar la decadencia (política y cultural) que se advierte en Feijoo regresará a fines del XVIII, a raíz de la Revolución. Después de la crisis política de los Borbones, también Jovellanos vuelve al pasado y al pesimismo político jansenista, un jansenismo que antes había impulsado el anhelo de reformas del clero y que para Jovellanos, en las postrimerías de aquella centuria, en cambio acabará siendo sinónimo de resignación.

En el discurso académico de recepción en la Real Academia de la Historia, titulado *Sobre la necesidad de unir al estudio de la legislación el de nuestra historia* (1780), Jovellanos había formulado la pregunta de Kant acerca de las condiciones de la *Aufklärung*; y lo hizo, si bien indirectamente, con toda claridad: «¿Cómo, en fin, podrá calcular [el historiador] el grado de libertad política que concede la constitución al ciudadano?»[18] Después de la derrota de las ideas ilustradas frente al terror de la Revolución Francesa, el diagnóstico del escritor desemboca, sin embargo, en un creciente escepticismo acerca de las condiciones de la *Aufklärung*. En la *Oración sobre la necesidad de unir el estudio de la literatura al de la ciencia*, pronunciada en Gijón 17 años después del discurso arriba mencionado, la literatura parece ser el último bastión para el desarrollo de una conciencia crítica.[19] Este tono se acentúa durante la etapa de prisión en Mallorca. *Descripción del Castillo de Bellver* (1804-1806), el largo ensayo en parte autobiográfico, muestra la ruptura entre la razón práctica y la razón crítica. Propiamente frente a esta ruptura ya saltamos las fronteras de España. El destino de la Ilustración española no es más que la mera derrota de la tentativa española de volver a vincularse con la modernidad europea. Más bien, el escepticismo de Jovellanos corresponde, a pesar de los distintos acontecimientos, al de Europa. La formación de una memoria que, a fines del Setecientos, aún en Jovellanos, quien nunca había sido un tradicionalista del tipo de Juan Pablo Forner, representa un regreso a los mitos arcaicos y una renuncia a la razón crítica es el signo

---

crítica y la teoría literaria en España en relación con los problemas generales de la historiografía.
17 Este problema surgirá en Francia a raíz de la guerra con los prusianos en 1870-1871. Véase, por ejemplo, Schulz-Buschhaus 2000.
18 Jovellanos 1987: 100.
19 Su argumentación hace hincapié en las figuras filosóficas que caracterizan el fin de siglo: el «buen gusto», que Jovellanos llama «el tacto de nuestra razón» (Jovellanos 1987: 213), considerado como la facultad sintética de la imaginación, capaz de corregir la razón útil. Sin embargo, la conclusión del ensayo presenta un tono más resignado, un tono de devoción, de herencia jansenista, que es al mismo tiempo una suma acusación contra la situación política contemporánea.

de una crisis que continúa con el irracionalismo romántico. La *Descripción* presenta, pues, una estructura llena de conflictos que corresponde a los de la *Aufklärung*. Frente a este diagnóstico sería fatal desarrollar polarizaciones históricas, por ejemplo entre el aislamiento español o la apertura cosmopolita, que una historiografía basada en los mitos de la modernidad ha proyectado sobre España. Justamente Manfred Tietz ha sido uno de los primeros en impulsar un cambio de la historiografía más atenta a la dualidad que a las polarizaciones.[20] Ya no estamos frente a los mitos de una *España que pudo ser*,[21] sino que más bien tomamos más en serio textos que habían sido excluidos o desconocidos durante doscientos años. En base a la radicalidad de los conflictos en España, el destino de la *Ilustración* sirve como espejo[22] en el que se reflejan las paradojas de la modernidad con respecto a la *Aufklärung* – paradojas que para el resto de Europa fueron visibles sólo después de la Revolución Francesa –. Lo mismo vale para la modernidad en una dimensión más general. Pues, a la luz de la historia española, también las opciones de una historiografía basada en una progresión de la cultura europea nos aparecen de manera distinta. La luz de las ciencias positivas en la genealogía de la modernidad se muestra hoy como el escenario de un teatro que saca luz de las sombras. Sin embargo, la sombra acompañará, como hoy sabemos, la historia de la razón hasta nuestros días. Que el arte y la literatura española fueron un espejo en el que vemos los problemas de la modernidad europea no lo sabemos solamente por nombres como los de Goya, el gran contemporáneo de Jovellanos, Moratín y Cadalso. Ahora bien, en la crisis de fines de siglo XIX, en el debate del 98 acerca del acceso a la modernidad, se repite – aunque con formas históricas distintas – el hecho de que España es un laboratorio de la paradoja de la temporalidad, que la modernidad europea no descubrirá hasta después de la derrota de las Vanguardias. En el umbral del siglo XX, nos enfrentamos, pues, a una concepción del tiempo que, en los textos de los autores de la llamada «Generación del 98», yuxtapone el culto al pasado con un anhelo de regeneración futura, repitiendo asimismo el tipo de elaboración paradójica de la temporalidad que acabamos de observar a fines del siglo XVIII.

---

20   Acerca del cambio de paradigma en la historia de la literatura, véase Tietz 1991.
21   Sobre los discursos historiográficos que desembocaron en la denigración del siglo XVIII y en relación con *La España posible en tiempo de Carlos III* de Julián Marías, véase Torre 1964.
22   Para una posición que establece a España como laboratorio de la investigación sobre la *Aufklärung* en Europa («Testfall für die Erforschung der Aufklärung in Europa»), véase Jüttner 1990.

Antonio Machado: de la crítica de Bergson a una concepción del tiempo radicalmente moderna (crítica del presente absoluto)

En las siguientes reflexiones me alineo junto a los recientes discursos que explican la Generación del 98 dentro de una epistemología de la modernidad europea e internacional,[23] mientras que la crítica nacional acerca de Antonio Machado se vio durante mucho tiempo comprometida ideológicamente.[24] Para superar polarizaciones partidarias cabe considerar la contradicción entre el impulso crítico y la calidad poética de *Campos de Castilla* como una tensión productiva, que transforma la relación entre Europa y España en un puente colgante entre dos fases de la obra de Antonio Machado: la llamada estética modernista de *Soledades, galerías y otros poemas* y la poesía historicista de *Campos de Castilla*, con la que Machado une su voz a la del grupo que se pronunciaba en favor de la formación del mito nacional.

Ahora bien, existen varias contradicciones en la obra de Antonio Machado que dieron lugar al largo debate sobre su posición dentro de los discursos históricos de la Generación del 98[25] y que, sin embargo, no permiten respuestas unívocas: el tono elegíaco sobre las antiguas glorias nacionales destruidas por el paso del tiempo, en contraste con el impacto crítico y pesimista que anima a los poemas o con el lirismo del paisaje de Castilla. En contra, la heterogeneidad de *Campos de Castilla* provocó un interminable debate sobre su unidad.[26] Al favorecer por un lado el lirismo y por

---

23 Ya Ricardo Gullón rescató la llamada «Generación del 98» de la «vocación provinciana» (Gullón 1969: 9), que el autor relaciona con el «sentimiento de inferioridad» de los españoles, según él tan obsesivo hasta finales del siglo XIX (Gullón 1969: 13). Gullón, considerando la tesis generacional como una «invención», niega la realidad del grupo y opta por un concepto de «espacio generacional» a nivel internacional y rechaza el enfoque puramente temático, de arraigo casticista, inaugurado por Ortega y Gasset. En la crítica actual, debemos, entre otros, a Carlos Moreno Hernández haber subrayado nuevos enfoques acerca de Antonio Machado, por ejemplo el de John Butt, quien postula un vínculo estrecho entre la «ética de la estética» machadiana y el Romanticismo de Wordsworth, que aparece también en Bécquer – es una línea de interpretación análoga a la de Ana Lucas y Gutiérrez Girardot, quienes relacionan a Machado con el primer Romanticismo alemán (Moreno Hernández 1998/1999: 7).

24 Con un paradigma de base marxista (Tuñón de Lara, Predmore, Beceiro), la crítica posfascista rescató, por ejemplo, el castellanismo tanto de Machado como de Ortega y Gasset de la apropiación que había tenido lugar por parte de intelectuales falangistas como Ridruejo.

25 Ortega y Gasset, al reseñar la primera edición de 1912, es decir, poco antes de sus artículos de 1913 sobre la Generación del 98, alaba el imaginario castellanista del segundo poemario: la metáfora del camino, la configuración del tópico histórico de «nuestra tierra santa de la vieja Castilla» y su consagración por la alegoría del guerrero, el contraste entre el tiempo histórico de una Castilla dominadora, la Castilla de la Reconquista, representada por el Cid, su fortuna y su opulencia, y la Castilla miserable, es decir, el *locus eremus* contemporáneo (Ortega y Gasset 1961).

26 La heterogeneidad procede, entre otras cosas, de las perspectivas alternantes de la voz narrativa respecto al espacio y al tiempo. Es conocida además la imprecisión causada por Machado con respecto al orden de los poemas, (Ribbans 1995: 20; Moreno Hernández 1998/1999: 7). Una relación sintagmática indudablemente establecida por el autor en la

otro el supuesto casticismo, se perdió de vista la unidad de *Campos de Castilla* y de la obra apócrifa machadiana.[27] Considerar el paisaje castellanista no tanto por su correspondencia temática con el mito del 98 sino más bien por su propia coherencia textual nos ayuda a resolver los problemas de la arquitectura del texto y de la pertenencia a la «Generación del 98».[28] La estética fronteriza de Antonio Machado tampoco permite soluciones absolutas con respecto al 98, no autorizando la discontinuidad entre poesía intimista y objetivismo, o entre las invectivas y los matices afectivos acerca del paisaje, la integración incondicionada a la ideología noventayochista. Si bien Machado se abre más y más a los problemas políticos del país, se adscribe en parte a la intrahistoria unamuniana y al paisajismo detallista de Azorín, distanciándose de la evasión esteticista llevada a cabo por los epígonos del Modernismo, el paisajismo interesa a Machado, sin embargo, sólo para mediatizar una entrada crítica en la historia (Blanco Aguinaga 1970).[29] También en el momento en que el poeta adopta la «objetivación» de la temporalidad en los paisajes de Castilla, avasallados por el tiempo, inclinándose al problema del destino pasado, presente y futuro de España, la ruptura entre pasado y presente – un rasgo ya sobresaliente en *Soledades* – permanece el aspecto esencial y característico de Antonio Machado. El lirismo de los poemas, la temporalidad[30] y un ritmo poético personal predominan, obviamente, junto a la primera persona en el marco de la memoria personal, lo que en los romances épicos como «A orillas del Duero» compone la perspectiva del viajero. Sería, por ende, fatal resolver la discontinuidad del poemario y separar las dos tendencias de *Campos de Castilla*, es decir, la preocupación histórica de los poemas castellanos y la subjetividad inherente al sentimiento del paisaje.[31] La copresencia de lirismo y objetivismo es una de las formas en que se expresa la figura básica del pensamiento de Ma-

---

    edición de 1912 y, a mi modo de ver, importante se encuentra entre el primer y el segundo texto del libro de 1912 («Retrato» y «A orillas del Duero»); el primero representa el discurso poético-personal y el segundo el narrativo-historicista.

27 Véase, en particular acerca del teatro, Romero Ferrer 1997. Coincido con Antonio Fernández Ferrer, quien en su edición de *Juan de Mairena*, apunta: «la superstición propia de todo mito literario ha creado la figura de un Antonio Machado poeta [...] intentando mostrarnos sus escritos apócrifos como mero complemento excéntrico de su producción en verso» (Machado 1986/I: 12).

28 Véase, por ejemplo, Ciplijauskaité 1966.

29 El historicismo machadiano no cambia de una postura crítica inicial a otra de defensa apologética, como tienden a hacer, en cierta medida, Unamuno y Azorín.

30 En su análisis de «A orillas del Duero» John Butt atribuye la discontinuidad de los tiempos (es decir, el cambio del imperfecto al presente «objetivo» y al presente intemporal) a la experiencia de la temporalidad. Lo constatativo inicial se transforma en la meditación personal de un momento efímero (Moreno Hernández 1998/1999: 8).

31 Me refiero no sólo a Gullón (1949) y a Ribbans (1973) sino también a estudios más recientes, como por ejemplo los de Ana Lucas (1989) y John Butt, que en «A orillas del Duero» subrayan la transformación de lo constatativo inicial del poema en una meditación personal de un momento efímero (Moreno Hernández, 1998/1999: 8).

chado, es decir, la contradicción.[32] En *Campos de Castilla,* una nueva preocupación por los objetos contradice el interés todavía existente por la subjetividad. La ruptura entre sujeto y objeto, momento esencial de los poemas, está entonces relacionada con la radical alteridad experimentada por Antonio Machado, cuyo impacto filosófico se encuentra más desarrollado en la filosofía apócrifa de Juan de Mairena. Comparto, por lo tanto, las posiciones de la crítica que insisten en la dialéctica de las obras de Antonio Machado y de sus apócrifos como fundamento de la estética, así como de una ética de la estética machadiana. Ahora bien, la experiencia de la temporalidad es el ansia común en toda su obra, incluida la filosofía apócrifa del autor.[33] En palabras de Juan de Mairena, Machado subraya la importancia del tiempo:

> Ya en otra ocasión definíamos la poesía como diálogo del hombre con el tiempo, y llamábamos «poeta puro» a quien lograba vaciar el suyo para entendérselas a solas con él, o casi a solas; algo así como quien conversa con el zumbar de sus propios oídos, que es la más elemental materialización sonora del fluir temporal. Decíamos, en suma, cuánto es la poesía palabra en el tiempo, y cómo el deber de un maestro de Poética consiste en enseñar a sus alumnos a reforzar la temporalidad de su verso.[34]

Contra la poética tradicional, tanto clásica como romántica, que quiere transformar el tiempo en eternidad, Machado proclama por boca de Juan de Mairena una poesía que sea «palabra en el tiempo» y que refuerce la temporalidad del verso. Mairena insiste en el vínculo intrínseco de la filosofía moderna, existencialista, con la temporalidad,[35] especialmente en relación tanto con la «angustia» de Kierkegaard y de Unamuno[36] como con la «Sorge» (inquietud existencial) de Heidegger.[37] A pesar del fluir del tiempo, Mairena se expresa de manera crítica acerca de la base intuicionista (Bergson) de la fenomenología,[38] adscribiéndose, después del simbolismo de la pri-

---

32 Como señala Gullón con respecto a los apócrifos, el «proceso» de escritura de Machado, y su anhelo constante de corrección, surge de un gesto meditativo, un anhelo en el que Ángel González reconoce, en palabras de Juan de Mairena, «una posición escéptica frente al escepticismo» (González 1997/1998: 5). En Machado, la contradicción – una «manera de pensar, ‹a la contra›» (González 1997/1998: 4) – corresponde a la experiencia de la alteridad situada a un nivel epistemológico. Los diálogos apócrifos de Juan de Mairena muestran el pasaje de la «esencial heterogeneidad del ser» (Machado 1986/I: 296), es decir, de la ontología de lo heterogéneo o «metafísica dialéctica» (Machado 1986/I: 196; cfr. también Machado 1986/I: 182) de su maestro Abel Martín, de la epistemología agónica de la contradicción, que Mairena deduce de la «nostalgia de la esencia otra» (Machado 1986/I: 296).
33 Véase la línea de interpretación de Claudio Guillén (1977), que relaciona la narración, descripción y meditación en *Campos de Castilla* con el recuerdo y asimismo con el diálogo y con una temporalidad múltiple.
34 Machado 1986/I: 111.
35 Machado 1986/I: 263.
36 Machado 1986/I: 292.
37 Acerca de la temporalidad en la poesía, cabe mencionar, además de a Predmore 1981, también a López Morillas 1961 y a Debicki 1977.
38 Juan de Mairena acerca de Husserl y Heidegger; Machado 1986/II: 885.

mera fase modernista, a la complementariedad de poesía y filosofía.[39] Ahora bien, en *Campos de Castilla*, el sujeto ya no mira solamente a los paisajes interiores de *Soledades*, sino que se enfrenta también a un mundo exterior, temporal e histórico. El eje de unión es la temporalización de la historia de España, que parte de la experiencia subjetiva de la discontinuidad temporal, que ya se percibe en *Soledades*.[40] El estribillo de «El limonero lánguido» está, por ejemplo, en función del plano del pasado y de la conjugación de pasado y presente. Es la heterogeneidad de los tiempos atribuida al recuerdo y a la inmersión en el pasado. Ya en *Soledades*, en el eje del discurso autobiográfico, Machado había encontrado en el recuerdo la experiencia de la pérdida. La memoria se había transformado en un trabajo de traducción del trauma originario al que alude Walter Benjamin en su filosofía de la historia. En «El limonero lánguido»,[41] cuyo escenario Machado evoca en «Retrato» de *Campos de Castilla*, la memoria proporciona la conciencia de los espejismos padecidos por el sujeto (filosófica y epistemológicamente) inocente, representado por el niño, aquel sujeto narcisista que confunde el objeto con la imagen reflejada de su propia imaginación. En el paralelismo del comienzo y del final del poema se compone un mensaje importante:

> El limonero lánguido suspende
> una pálida rama polvorienta,
> sobre el encanto de la fuente limpia,
> *y allá en el fondo sueñan*
> *los frutos de oro...*
> Es una tarde clara,
> casi de primavera [...] (vv. 1-7)
>
> Sí, *te recuerdo*, tarde alegre y clara,
> *casi* de primavera,
> tarde sin flores, cuando me traías
> el buen perfume de la hierbabuena,
> y de la buena albahaca,
> que tenía mi madre en sus macetas.
>
> *Que tú me viste hundir mis manos puras*
> *en el agua serena,*
> *para alcanzar los frutos encantados*
> que hoy en el fondo de la fuente sueñan...
> *Sí, te conozco*, tarde alegre y clara,
> casi de primavera. (vv. 23-34; las cursivas son mías)

---

39 Sobre la alegoría (en el sentido de Paul de Man) con respecto a la obra de Machado y Cernuda, véase Silver 1989.

40 Véase, por ejemplo, el análisis del papel especial del estribillo en «Un limonero lánguido», llevado a cabo por Carlos Beceiro (1964: 23-24). También Ángel González señala la estrecha relación entre temporalización de la percepción y la contradicción considerada más arriba. En palabras de Abel Martín, se trata del «esquema externo de una lógica temporal», según el cual «A no es nunca A en dos momentos sucesivos» (en González 1997/98: 4).

41 VII; Machado 1998: 92-93.

Al engaño que al comienzo del poema, para el sujeto filosóficamente inocente representado por el niño, emana tan sólo de los reflejos de las cosas, se opone el desengaño final, en que el poeta, propiamente durante el recuerdo, llega al conocimiento del desajuste entre imaginación y realidad («casi de primavera»), pues al final el sujeto ya sabe que los frutos de la imaginación quedan en el fondo de la fuente, es decir, en el fondo de la memoria.

Ya en este poema podemos observar una distancia con respecto al intuicionismo, que será aún más explícita en *Campos de Castilla*. De hecho, en «Hay dos modos de conciencia» («Proverbios y cantares», XXXV) Machado contrasta una «conciencia de visionario», es decir, la conciencia contemplativa que se abre a las imágenes vitales que el poeta, como en «El limonero lánguido», denuncia como meros espejismos, y aquella conciencia (activa) que se enfrenta a la muerte.[42] Machado no encuentra la síntesis entre el intuicionismo vitalista y la materia mortal. Más bien hemos visto que, tanto en las «Reflexiones sobre la lírica» como en varios pasajes de la filosofía apócrifa de Juan de Mairena, el poeta desemboca en la crítica del sujeto de la intuición poética, concebido como categoría fuerte. También en «Meditaciones rurales (Poema de un día)» dedica unos versos a Henri Bergson,[43] mencionando de manera burlesca el «sujeto libre» de *Matière et mémoire*, y le opone un sujeto vinculado más estrechamente a la carne mortal, a la mortalidad y alteridad de su cuerpo:[44]

> [...]
> Enrique Bergson: *Los datos*
> *inmediatos*
> *de la conciencia*. ¿Esto es
> otro embeleco francés?
> Este Bergson es un tuno;
> ¿verdad, maestro Unamuno?
> Bergson no da como aquel
> Immanuel
> el volatín inmortal;
> este endiablado judío
> ha hallado el libre albedrío
> dentro de su mechinal.
> No está mal:
> cada sabio, su problema,

---

[42] Vv. 8-16: «Dime tú ¿Cuál es mejor? / ¿Conciencia de visionario / que mira en el hondo acuario / peces vivos, / fugitivos, / que no se pueden pescar / o esa maldita faena / de ir arrojando a la arena, / muertos, los peces del mar?» (Machado 1995: 222-223).

[43] CXXVIII; Machado 1995: 191-200. Según Marichal (1995), a partir del 1899 Machado se ve influido por Bergson. No cabe duda de que la filosofía de Bergson fue importante para Machado como para toda la estética en el contexto de la modernidad. Sin embargo, de nuestras reflexiones resulta la necesidad de matizar la supuesta influencia de Bergson.

[44] Con el concepto de *Leib* introduce Husserl la alteridad del cuerpo como parte integrante del sujeto (*Quinta meditación*). Bernhard Waldenfels (1999) subraya que la alteridad del cuerpo es una idea clave a principios de siglo.

y cada loco, su tema.
[...] (vv. 122-136; Machado 1995: 194).

Estos versos contrastan la libertad del individuo con el concepto de transcendencia de Kant, en el que también Juan de Mairena ve la clave de la imaginación (*Einbildungskraft*). Mientras que, sin embargo, para Bergson, la intuición otorga la libertad absoluta del sujeto, Machado, al final del poema, opone al yo la contingencia y el límite de la situación existencial del cuerpo mortal. Así, los últimos versos de «Meditaciones rurales»:

[...]
Sobre mi mesa *Los datos
de la conciencia*, inmediatos.
No está mal
este yo fundamental,
contingente y libre, a ratos,
creativo, original;
este yo que vive y siente
dentro la carne mortal
¡ay! por saltar impaciente
las bardas de su corral (vv. 194-203; Machado 1995: 196-197).

Propiamente por esto el texto de Machado se abre a aquella modernidad, cuya validez llega hasta hoy en día. Para dicha modernidad, el paso del tiempo se graba en la percepción fenomenológica del mundo,[45] de manera que Machado, atento a la temporalidad del ser-en-el-mundo, mientras que se adscribe al inventario castellanista, no solamente encuentra, sino que pone de relieve la historicidad de los mitos del 98. Proyectando ahora la experiencia de la temporalidad del sujeto, eje principal de *Soledades*, en el paisaje y en las cosas en *Campos de Castilla*, Machado llega a la construcción del discurso de la diferencia histórica de España.[46] Dicho discurso explica el 98 como el movimiento en busca de una conexión entre las raíces históricas de España y la modernización de Europa.[47] El principio de contradicción que Mairena

---

45 La temporalización del acto fenomenológico, con la que la fenomenología otorgó a la alteridad un papel fundador (Levinas 1979, Waldenfels 1997: 17; íd. 1999: 30), es un momento clave de la modernidad a finales del siglo XIX. Me remito especialmente a los estudios de Charles Baudelaire y de la cultura de fin de siglo efectuados por Walter Benjamin en *Passagenwerk*, para quien la temporalización implica una ruptura con el pasado y la escisión entre sujeto e historia (Benjamin 1983).

46 De hecho, cabe en el paradigma discursivo que rescata la idea de que el 98 no es solamente una «invención» de Azorín, sino también la construcción de la geografía cultural de un grupo, a cuyo frente se pone Unamuno después de su conversión religiosa y cultural en 1897. El fundamento científico de la geografía cultural se encuentra en la geografía histórica y determinista, implícita en la idea unamuniana de intrahistoria (Moreno Hernández,1998/1999: 4).

47 Ortega y Gasset transforma la geografía cultural del grupo en un vitalismo cultural y en una visión científica, moderna e integrada en Europa. En «La crítica como patriotismo» («Meditación preliminar» de *Meditaciones del Quijote*), Ortega rechaza un «patriotismo sin perspectiva» y propone considerar la tradición cultural en favor de una «España esencial»,

denomina el «alma de nuestro siglo»,[48] y que el propio Machado había mencionado en *De un cancionero apócrifo* (CLXVII), se califica a lo largo de la obra como el principio de la alteridad del yo: «la conciencia llega, por ansia de lo otro, al límite de su esfuerzo, a pensarse a sí misma como objeto total, a pensarse como no es, a *des-serse*».[49] Ahora bien, la desposesión del sujeto reitera la crítica implícita del concepto de la memoria bergsoniana, que Machado mismo expresa en «Reflexiones sobre la lírica»:

> La última filosofía que anda por el mundo se llama intuicionismo. Esto quiere decir que otra vez el pensamiento del hombre pretende intuir lo real, anclar en lo absoluto. Pero el intuicionismo moderno más que una filosofía inicial parece el término, una gran síntesis final del antiintelectualismo del pasado siglo. La inteligencia sólo puede pensar – según Bergson – la materia inerte, como si dijéramos las zurrapas del ser, y lo real, que es la vida (*du vécu = de l'absolu*), sólo alcanzarse con ojos que no son los de la inteligencia, sino los de una conciencia vital, que el filósofo pretende derivar del instinto. En el camino hacia abajo del intelectualismo está Bergson, acaso, en el límite.[50]

En la labor poética de los textos, el trabajo de la memoria como acto de conciencia no lleva hacia un sujeto fuerte de la intuición creadora bergsoniana, que pone al mundo el sello de su libertad.[51] Más bien construyen los poemas una memoria que, frente a la temporalización, es consciente de la ausencia y de la pérdida del pasado. En el poema «Meditaciones rurales»[52] un retrato enmarca otra vez las reflexiones rurales. El poeta reflexiona sobre la inercia del ruralismo español y la receta del vitalismo unamuniano, citado por la metáfora del manantial (vv. 115-121) o del intuicionismo bergsoniano (vv. 125-133), sin que ninguna forma de tiempo interior pueda oponerse a la monotonía del ritmo del tiempo mecánico y del cambio natural de las estaciones. Más bien los procesos poéticos construyen indirectamente la idea clave del poema: la contradicción entre vida y muerte. La contradicción lleva en sí el germen de la diferencia. Pues, en el eje temporal de la lectura, de la percepción del

---

 entendida como historia probable, como «España que pudo ser» y, por ende, como España futura (Ortega y Gasset 1995 [1914]: 172). Como es sabido, Azorín desembocará, no obstante, en una actitud mitificadora con respecto a la «perduración del pasado», que Ortega había apreciado en su reseña sobre *Castilla* (véase «Meditaciones del Escorial. ‹Azorín›: Primores de lo vulgar», publicado en *Los lunes de El Imparcial*, en febrero de 1913, reproducido íntegro en Fox 1995: 53-57, 56).

48 Machado 1986/I: 328.
49 Véase Fernández Ferrer 1986: 270, nota 9.
50 En Ribbans 1995: 279.
51 Véase *Materie und Gedächtnis*, por ejemplo: «Der Geist entnimmt der Materie die Wahrnehmungen, aus denen er seine Nahrung zieht, und gibt sie ihr als Bewegung zurück, der er den Stempel der Freiheit aufgedrückt hat» (Bergson 1991: 250). Reconocemos la posición del Modernismo, en el que el poeta, como hemos visto en «A mi alma», pone el sello a las cosas.
52 El comienzo del poema reza así: «Heme aquí ya, profesor / de lenguas vivas (ayer / maestro de gay-saber, / aprendiz de ruiseñor) / en un pueblo húmedo y frío, / destartalado y sombrío, / entre andaluz y manchego» (vv. 1-7; Machado 1995: 191).

sujeto, el agua del «buen manantial», metáfora del vitalismo, se transforma en experiencia de lo fugitivo.[53] Es en el eje del tiempo, y por lo tanto en su relación con lo otro, con el futuro (con la muerte), donde se desvela el engaño del presente.[54]

La presencia del paisaje de Castilla es, entonces, una etapa en el proceso de experimentación de la temporalidad y de la alteridad, correspondiendo la «realidad» de Castilla a una de las objetivaciones de la alteridad del sujeto frente al mundo y a la historia. La adhesión a los lugares comunes del castellanismo tiene, pues, función doble. El imaginario castellanista sirve tanto para la constitución de una nueva poética que implica una inquietud ética como para la constitución de una memoria histórica cruzada por la alteridad de la memoria personal. Por medio del imaginario del 98, el poeta intenta modernizar el género intimista cuyas formas ya son huecas. Al continuar la experiencia subjetiva que había empezado con *Soledades,* la búsqueda de la memoria personal encuentra ahora también la historia nacional. El inventario del castellanismo, estrechamente entrecruzado con el discurso autobiográfico, sirve de contrapunto a la memoria personal.[55]

Transacciones culturales: *Campos de Castilla* y el descubrimiento de la alteridad de la historia

Para superar el intimismo romántico que, siguiendo las huellas de Jean-Jacques Rousseau (*Revêries*), prescindía del mundo social, Machado usa en el ya mencionado «Retrato» una referencia a los autorretratos de Ronsard. La preocupación por el renacimiento político de Francia es el momento sobresaliente de la poesía de Ron-

---

53 También en los versos inmediatamente anteriores a la alusión a Bergson, «¡Oh agua buena, deja vida / en tu huida!» (vv. 70-71, Machado 1995: 194), «huida» responde a «vida»; es decir, lo fugitivo contradice la vida simbolizada por el agua.

54 No se trata de imágenes contiguas según la ley del movimiento, sino más bien del tiempo, un principio en el que Gilles Deleuze descubrió la esencia del cine a-narrativo (Deleuze 1985). La postura de Machado con respecto al nuevo arte no es «anticinematográfica» *tout court*. Mairena critica más bien la cinematografía «orientada hacia la novela, el cuento o el teatro» (Machado 1986/I: 305), optando por un cinematógrafo que tenga «tanto de arte bello como la escritura», sin ser «vehículo de cultura y de medio para su difusión». Un cine que sea arte es un cine «fotogénico».

55 La hibridación de los géneros, es decir, el individualismo poético y el mito popular, desemboca en una historia crítica, que acaba siendo fundamentalmente distinta de la de Azorín. En su discurso de ingreso a la Real Academia Española, Ángel González relaciona la opción ética de Machado en este poema (estrofa núm. 3, vv. 9-10: «Hay en mis venas gotas de sangre jacobina, / pero mi verso brota de manantial sereno») con el principio de la contradicción y con la «creciente atención a lo otro y a los otros, a la realidad (término que Machado suele sustituir por la palabra ‹naturaleza›) y al prójimo, actitud que le lleva muy pronto a salir del ensimismamiento simbolista, y que acaba imprimiendo una especial tonalidad (social, política) a su discurso [...]. La serenidad está, en principio, reñida con el jacobinismo. Sin embargo, Machado aproxima tal distantes y contrapuestas nociones, y las hace compatibles en su persona y en la proyección de su persona: el verso» (González 1997/1998: 5).

sard – un momento que permite a Machado subrayar el anhelo por la regeneración de España –.[56] «Retrato» sitúa así la memoria en el lugar de la tensión entre subjetividad y vivencia social.[57] La historia del yo, sus recuerdos y sus olvidos no son independientes de la sociedad. Al superar la interioridad romántica, Machado se inscribe, pues, en una modernidad en la que el sujeto está atravesado por los signos de la alteridad del mundo social, de su fragmentación, de su pérdida de unidad, de sus rupturas.[58] Ronsard es igualmente el intertexto de «A un olmo seco».[59] También en este texto la memoria del paisaje castellano se une al recuerdo más personal.[60] Como el espino ronsardiano, el olmo es asaltado por ejércitos de hormigas, está habitado por ruiseñores, avasallado por el tiempo y la intemperie, «hendido por el rayo y en su mitad podrido» (vv. 1-2). Al reforzar las huellas del tiempo, por ejemplo con las imágenes «musgo amarillento» (v. 6), «tronco carcomido y polvoriento» (v. 8), «urden sus telas grises las arañas» (v. 14), los textos de Machado desembocan en una crítica del narcisismo y del intimismo. La elaboración de la alteridad del sujeto se acentúa en los escritos apócrifos. Mairena subraya, de hecho, la importancia de la heterogeneidad ontológica entre sujeto y mundo, haciendo referencia al concepto de una «esencia hermes», que define del siguiente modo: «es la alternante serie de dos esencias, en cada una de las cuales lo esencial es siempre la nostalgia de la otra».[61] Con una concepción fenomenológica deniega la existencia en sí del yo y otorga una autonomía al otro. «Y reparad ahora en que el ‹ama a tu prójimo como a ti mismo y aun más, si fuera preciso›, que tal es el verdadero precepto cristiano, lleva implícita

---

56 Urrutia interpreta dicha declaración de independencia del poeta como parte integrante del diálogo con su hermano Manuel, quien invoca el mismo tópico en su «Retrato» (Urrutia 1976: 923); Ribbans ve en el pasaje la prueba de la tesis contraria, es decir, de que el poema fue escrito antes de 1907-1908 (Ribbans 1995: 26).
57 Ronsard, cuyas reminiscencias son frecuentes en Antonio Machado, hace de la adaptación al francés de Petrarca (en «Amours») o de los clásicos Homero y Virgilio (en el fragmento de la epopeya *La Franciade*) un instrumento explícito de la renovación de la cultura francesa que anhela afirmarse superando los modelos clásicos. El subjetivismo de Ronsard y los rasgos autobiográficos de sus sonetos son vistos al mismo tiempo como un hecho social. El análisis del yo se enfrenta, pues, al análisis del contexto nacional.
58 Aquí encontramos la confluencia con la experiencia de la modernidad. Como demuestra Walter Benjamin, la aceleración de los cambios técnicos, ideológicos y políticos, de los cuales la ciudad es una metonimia, lleva a la ruptura de los conceptos fuertes de identidad, nación e historia. La memoria «moderna» de Walter Benjamin se distingue fundamentalmente de la de Bergson. Mientras que el intuicionismo y la «durée» consiguen una síntesis entre memoria (espíritu) y percepción (materia), Benjamin subraya la diferencia entre «memoria voluntaria» y «memoria involuntaria», con la que Proust contradice a Bergson (Benjamin 1990 [1937-38]: 105).
59 CXV; Machado 1995: 207-208.
60 El intertexto de «A un olmo seco» es «L'aubépin» de Ronsard. Véase el análisis de Luis Cortés Vázquez 1962: 59.
61 Machado 1986/I: 296.

una fe altruista, una creencia en la realidad absoluta, en la existencia en sí del otro yo».[62]

El tema castellano es una de las formas en la que se expresa la alteridad, es decir, la experiencia de la diferencia de lo otro. La extrema alteridad del sujeto, debida a la temporalidad, además de ser representada por los numerosos heterónomos de Machado, es un momento clave de su filosofía apócrifa. A lo largo de los diálogos[63] Machado, en las respuestas de Juan de Mairena al idealismo del ficticio maestro Abel Martín y a su metafísica de lo heterogéneo, desarrolla la idea de la alteridad como principio fundador del yo y como modelo de solidaridad entre las culturas:

> El ateísmo es una posición esencialmente individualista: la del hombre que toma como tipo de evidencia el de su propio existir, con lo cual inaugura el reino de la nada, más allá de las fronteras de su yo [...] Tampoco este hombre cree en su prójimo, en la realidad absoluta de su vecino [...] Cuando le llegue, porque le llegará [...] el inevitable San Martín al *solus ipse*, porque el hombre crea en su prójimo, el yo en el tú, y el ojo que ve en el ojo que mira, puede haber comunión y aun comunismo. Y para entonces estará Dios en puerta [...]. Desde este punto de vista, Dios puede ser la *alteridad trascendente* a que todos miramos.[64]

La contradicción entre el idealismo de Abel Martín y el dialogismo de Juan de Mairena permite concebir, vistos en su conjunto, la posición epistemológica de Antonio Machado.[65] Ahora bien, la experiencia radical de la alteridad del mundo, el evento de la mirada y la fenomenología nómada del yo son efectos de la temporalidad. El sujeto, al enfrentarse al tiempo, experimenta la alteridad. El yo encuentra la transcendencia de otros momentos, de otros yo; los signos de su autenticidad se mezclan con otros signos, su voz es poblada por otras voces.[66] También la historia se trans-

---

62 Machado 1986/I: 287. Ya los objetos no son el reflejo de la imagen del yo: «El culto al yo, como única realidad creadora, en función de la cual se daría exclusivamente al arte, comienza a declinar. Se diría que Narciso ha perdido su espejo, con más exactitud que el espejo de Narciso ha perdido su azogue, quiero decir la fe en la impenetrable opacidad de lo otro, merced a la cual – y sólo por ella – sería el mundo un puro fenómeno de reflexión que nos rindiese nuestro propio sueño, en último término la imagen de nuestro soñador [...]; si el soñador despierta, no ya entre fantasmas, sino firmemente anclado en un trozo de lo real, será el respeto cósmico [...] la fuente de una nueva y severa emoción» (Ribbans 1995: 282). Por «lo otro» entiende Machado lo real en el sentido de la «experiencia vital de cada hombre», lo que es para él fuente de poesía y motivos de crítica y de rechazo del concepto orteguiano de «deshumanización del arte» (González, 1997/1998: 13).

63 Es sabido que el diálogo entre el discípulo Mairena y el maestro Abel Martín que lleva a cabo la filosofía apócrifa de Juan de Mairena se corresponde con el programa de la Institución Libre de Enseñanza. Situar su pensamiento exclusivamente al lado de Mairena sería errar con Machado. La contradicción entre ambas posiciones es el lugar del poeta.

64 Machado 1986/I: 251-253.

65 Véase también: «El yo egolátrico del ayer aparece hoy más humilde ante las cosas» («Proyecto de un discurso de ingreso en la Academia de la Lengua»; Machado 1986/II: 856-57).

66 Estamos en el umbral de la descentralización de los conceptos fuertes en la filosofía del siglo XX, implícita en la modernidad (véase entre otros Lyotard 1988, Welsch 1988, Vattimo 1997) Para la lectura de Machado en el marco de la llamada filosofía posmoderna,

forma en la relación con instantes diferentes, cada uno de los cuales se define por su relación hacia los otros. Machado renuncia a la alianza entre memoria creadora y topografía esencialista y se distancia del narcisismo cultural.[67]

Ahora bien, resumiendo, cabe observar lo siguiente. Al partir del rechazo de la cronología como tiempo mecánico impulsado por Bergson, Machado pone en duda tanto la evidencia del presente como el sujeto fuerte que se constituye a través de la duración en la memoria. Por esta senda, consigue superar a Bergson y encontrar aquella modernidad que sigue estando vigente hoy en día. Pues, para Machado, la verdad no está en la aparente evidencia de los signos; tampoco en los mitos históricos.[68] Frente a esta conclusión, los arcaísmos del poeta son el signo de la diferencia temporal con respecto al presente, son fragmentos que, regresando del pasado, habitan el presente, evidenciando su efímera naturaleza y su permeabilidad con el pasado y el futuro.

Soledades había llevado al poeta al punto axial de la conciencia moderna, es decir, al recuerdo como conciencia de la pérdida y a una memoria que incluye también la traducción del trauma originario. Como vimos en «El limonero lánguido», el recuerdo desemboca en la conciencia de los espejismos, y es propiamente la crítica del narcisismo lo que lleva Machado a la búsqueda de la alteridad histórica en el paisaje castellano. Contra los mitos apologéticos del tardío 98, Machado renuncia a la alianza entre subjetividad, es decir, memoria, y topografía esencialista. Machado adopta una postura crítica con respecto a la polarización entre la modernidad europea y el *topos* del yermo. Denuncia pues la polarización entre las utopías occidentales del *locus amoenus* moderno, es decir, de una modernidad lograda, y la supuesta alteridad de España como la esencia de un *locus eremus*, contrario a la modernidad europea.

Se podría continuar nuestra demostración con respecto a la Vanguardia. Propiamente por el peso de la herencia de las generaciones de 1898 y de 1914, entre cuyos representantes destacan José Ortega y Gasset, Manuel Azaña o Américo Castro – futuro enemigo del surrealismo –,[69] la Vanguardia española, representada por

---

véase Carlos Moreno Hernández 1998/1999; acerca de las conexiones entre la filosofía de autores del 98, especialmente Unamuno, y la posmodernidad, véase Navajas 1988 y Waldenfels 1999.

67 Contrariamente a la tradición, Mairena apunta: «Ese culto a los muertos me repugna. El *ayer* hay que buscarlo en el *hoy*; aquellos polvos trajeron – o trujeron, si le agrada a usted más – estos lodos. Felipe II no ha muerto, amigo mío. ¡¡¡Felipe II soy yo!!! ¿No me había usted conocido?» (Machado 1986/I: 248).

68 En «Del pasado efímero» (CXXXI), Machado presenta una idea equivalente de la historia: «Este hombre no es de ayer ni es de mañana, / sino de nunca; de la cepa hispana / no es el fruto maduro ni podrido, / es una fruta vana / de aquella España que pasó y no ha sido, / esa que hoy tiene la cabeza cana» (vv. 33-38; Machado 1995: 200).

69 El mismo Ortega y Gasset hace de traductor en una conferencia de Einstein en la Residen-

García Lorca y la llamada Generación del 27, suscita sospechas en los críticos europeos. En opinión del resto de Europa – especialmente con respecto al surrealismo –, la Vanguardia española sufre la carencia de una «verdadera revolución», repitiéndose para el contexto estético de la Vanguardia el antiguo veredicto acerca de la Ilustración. Por lo tanto, todavía en 1981, Francisco Aranda tuvo necesidad de demostrar la existencia del surrealismo en España, demostración que ciertamente no carece de acentos apologéticos acerca de la prioridad de un movimiento surrealista de matiz local, andaluz o madrileño, con respecto al surrealismo francés. También en el marco de la Vanguardia, la respuesta a la sospecha de «retraso» inspira las apologías acerca de la «prioridad» o de la independencia del surrealismo español.[70] Ahora bien, más allá de ciertas valoraciones acerca del imperialismo cultural francés y del tradicionalismo español, ya un tanto anecdóticas, las observaciones de Aranda son interesantes porque ponen el acento sobre la existencia de dos vanguardias – una «ortodoxa» y otra «disidente» –, que se encuentran, en cierta forma, en el interior mismo del surrealismo francés. Claro está que el dogma de la Vanguardia revolucionaria es el dogma de André Breton, un dogma político que impone el proselitismo izquierdista y un catecismo estético, vinculado a la escritura automática.[71] El dogma de la revolución surrealista es una falsa respuesta al desafío de la modernidad, porque, al creer subvertir la razón, queda dentro de las reglas de su propio sistema.[72] El surrealismo español comparte muchos aspectos con los disidentes franceses.[73] En vez de proclamar la revolución, la Vanguardia española se basa en la continuidad de un desarrollo estético que no solamente participa de los cambios de la modernidad, sino que además representa aquella modernidad que no se extingue con los fracasos de las Vanguardias revolucionarias como el futurismo o el surrealismo ortodoxo. Hubo, sin embargo, que esperar a las derrotas históricas del siglo XX para reconocer las luces de lo que, a los ojos del «centro europeo», parecía ser la sombra de un retraso cultural y de fracasadas revoluciones españolas.

---

    cia de Estudiantes. También Bergson es un autor muy leído en la Residencia de Estudiantes.

70 El estudio de Aranda sobre el surrealismo (1981) sugiere una importante crítica de la visión exótica, propuesta por quienes niegan la existencia de una «Vanguardia española» por carecer de una idea de revolución social e izquierdista, o la limitan a algunos de sus protagonistas, que se inclinaron hacia la política después de la crisis de 1929.

71 Se trata, por un lado, del surrealismo ortodoxo de Montparnasse, con Breton, Eluard, etc.; y por otro, del surrealismo de los disidentes de la rue Blomet, con Miró, Cocteau, Crevel, Bataille, Artaud, Leiris, los hermanos De Chirico, Giorgio y Andrea (Alberto Savinio).

72 Michel Foucault interpretó dicha crítica a partir del concepto de *transgresión* – desarrollado por Georges Bataille en *L'érotisme* –, pues el erotismo es un movimiento de transgresión cuya ambivalencia está ya marcada por la etimología de lo sagrado: «sacer», un concepto que implica el mal y el bien a la vez (Foucault 1974).

73 Véase Borsò 2004.

Bibliografía

Aranda, Francisco (1981): *El surrealismo español*. Barcelona: Lumen.
Baasner, Frank (1995): *Literaturgeschichtsschreibung in Spanien von den Anfängen bis 1868*. Frankfurt am Main: Klostermann.
Beceiro, Carlos (1964): «Notas para la poética machadiana», en: *Ínsula* 212-213, pp. 23-24.
Beceiro, Carlos (1994): «Las versiones de *La tierra de Alvargonzález*, de Antonio Machado», en: *Revista de Literatura* LVI, 112, pp. 418-436.
Benjamin, Walter (1983): *Das Passagen-Werk*. Frankfurt am Main: Suhrkamp.
Benjamin, Walter (1990 [1937-1938]): «Über einige Motive bei Baudelaire», en íd.: *Charles Baudelaire*. Frankfurt am Main: Suhrkamp, pp. 151-186.
Bergson, Henri (1991): *Materie und Gedächtnis*. Hamburg: Felix Meiner.
Borsò, Vittoria (2004): «Entre lo visible y lo invisible. La autonomía de los objetos en la poesía de García Lorca y en el cine de Luis Buñuel», en Roloff, Volker / Felten, Uta (eds.): *Spielformen der Intermedialität im spanischen und lateinamerikanischen Surrealismus*. Bielefeld: transcript, pp. 33-55.
Butt, John (1991): «Embarrassed Readings of Machado's *A orillas del Duero*», en: *Modern Language Review* 86, pp. 322-336.
Ciplijauskaité, Biruté (1966): «Las sub-estructuras en *Campos de Castilla*», en: *Estudios*, pp. 163-175.
Cortés Vázquez, Luis (1962): «Ronsard y Machado», en: *Strenae. Estudios de filología e historia dedicados al profesor Manuel García Blanco*. Salamanca: Universidad.
Debicki, Andrew Peter (1977): «La perspectiva y el punto de vista en Poemas de Antonio Machado», en Ángeles, José (ed.): *Estudios sobre Antonio Machado*. Barcelona: Ariel, pp. 163-175.
Deleuze, Gilles (1985): *L'image-mouvement L'image-temps*. 2 vols. Paris: Minuit.
Fernández Ferrer, Antonio (1986): «Introducción», en Machado, Antonio: *Juan de Mairena*. Edición de Antonio Fernández Ferrer Madrid: Cátedra, t. I, pp. 9-71.
Foucault, Michel (1974): «Vorrede zur Überschreitung», en Seitter, Walter (ed.): *Michel Foucault. Von der Subversion des Wissens*. München: Fink, pp. 32-53.
Fox, Inman (1995): «Introducción», en: Azorín: *Castilla*. Madrid: Espasa Calpe, pp. 11-96.
González, Ángel (1997/1998): *Las otras soledades de Antonio Machado*. Discurso leído el día 23 de marzo de 1997, en su recepción pública, por el Excmo. Sr. Ángel González y contestación del Excmo. Sr. Emilio Alarcos Llorach. Madrid: Real Academia Española.
Goytisolo, Juan (1996): «Los mitos fundadores de la nación», en: *El País*, 14-IX-1996, pp. 11-12.
Guillén, Claudio (1977): «Proceso y orden inminente en Campos de Castilla», en Ángeles, José (ed.): *Estudios sobre Antonio Machado*. Barcelona: Ariel, pp. 195-216.
Gullón, Ricardo (1949): «Lenguaje, humanismo y tiempo en Antonio Machado», en: *Cuadernos Hispanoamericanos* 11-12, pp. 567-581.
Gullón, Ricardo (1969): *La invención del 98 y otros ensayos*. Madrid: Gredos.
Jovellanos, Gaspar Melchor de (1987): *Obras en prosa*. Edición de José Miguel Caso González. Madrid: Castalia.
Jüttner, Siegfried (1990): «Spanien – ein Testfall für die Erforschung der Aufklärung in Europa», en íd. (ed.): *Spanien und Europa im Zeichen der Aufklärung*. Frankfurt am Main: Lang, pp. I-X.
Jüttner, Siegfried (1992): «Spanien – Land ohne Aufklärung? Zur Wiedergewinnung eines verdrängten Erbes», en íd. / Schlobach, Jochen (eds.): *Europäische Aufklärung(en). Einheit und nationale Vielfalt*. Hamburg: Felix Meiners Verlag, pp. 249-268.

Kant, Immanuel (1967 [1784]): *Was ist Aufklärung? Aufsätze zur Geschichte und Philosophie*. Göttingen: VR-Verlag.
Kosellek, Reiner (1979): «Zur Semantik geschichtlicher Zeiten», en íd.: *Vergangene Zukunft*. Frankfurt am Main: Suhrkamp, pp. 130-143.
Larra, José Mariano (1984): *Artículos*. Edición de Enrique Rubio. Madrid: Cátedra.
Levinas, Emanuel (1979): *Le temps et l'autre*. Montpellier: fata morgana.
López Morillas, Juan (1961): «Antonio Machado y la interpretación temporal de la poesía», en: *Intelectuales y espirituales, Revista de Occidente* y en Gullón, Ricardo / Phillips, Allan (eds.) (1973): *Antonio Machado*. Madrid: Taurus, pp. 251-266.
Lyotard, Jean-François (1988): «Die Moderne redigieren», en Welsch, Wolfgang (ed.): *Wege aus der Moderne. Schlüsseltexte der Postmoderne-Diskussion*. Weinheim: VCH, pp. 204-214.
Machado, Antonio (1986): *Juan de Mairena*. 2 tomos. Edición de Antonio Fernández Ferrer. Madrid: Cátedra.
Machado, Antonio (1995): *Campos de Castilla*. Edición de Geoffrey Ribbans. Madrid: Cátedra.
Machado, Antonio (1997): *Poesías completas*. Madrid: Espasa-Calpe.
Machado, Antonio (1998): *Soledades. Galerías. Otros Poemas*. Madrid: Cátedra.
Marichal, Juan (1995): *El secreto de España*. Madrid: Taurus.
Matzat, Wolfgang (2000): «Barocke Subjektkonstitution in Mateo Alemáns *Guzmán de Alfarache*», en Küpper, Joachim / Wolfzettel, Friedrich (eds.): *Diskurse des Barock. Dezentrierte oder rezentrierte Welt?* München: Fink, pp. 269-291.
Matzat, Wolfgang / Teuber, Bernhard (eds.) (2000): *Welterfahrung – Selbsterfahrung. Konstitution und Verhandlung von Subjektivität in der spanischen Literatur der frühen Neuzeit*. Tübingen: Max Niemeyer.
Mestre, Antonio (1990): *Mayans y la España de la Ilustración*. Madrid: Espasa Calpe.
Moreno Hernández, Carlos (1998/99): «1998: Machado en la Red», en: *Abel Martín. Revista de estudios sobre Antonio Machado*, http://www.abelmartin.com (2 de septiembre 1998).
Moreno Hernández, Carlos (1998): «Castilla, invención y lugar común del 98», en: *Revista de Occidente* 210 (noviembre), pp. 39-64.
Navajas, Gonzalo (1988): *Miguel de Unamuno: Bipolaridad y síntesis ficcional. Una lectura posmoderna*. Barcelona: PPU (= Col. Estudios Universitarios, 1).
Ortega y Gasset, José (^{5}1961): *Obras completas, I: (1902-1916)*. Madrid: Revista de Occidente.
Ortega y Gasset, José (1995 [1914]): *Meditaciones del Quijote*. Edición de Julián Marías. Madrid: Cátedra.
Predmore, Michael P. (1981): *Una España joven en la poesía de Antonio Machado*. Madrid: Ínsula.
Resina, Juan Ramón (1994): «Spanish Theory and Criticism», en Groden, Michael / Kreiswirth, Martin (eds.): *The Johns Hopkins Guide to Literary Theory and Criticism*. Baltimore / London: Johns Hopkins University Press, pp. 675-683.
Ribbans, Geoffrey (1973): «The Unity of *Campos de Castilla*», en: *Hispanic Review* 41, pp. 285-296.
Ribbans, Geoffrey (1995): «Introducción», en: Machado, Antonio: *Campos de Castilla*. Edición de Geoffrey Ribbans. Madrid: Cátedra.
Romero Ferrer, Alberto (1997): «Los apócrifos en el teatro de Manuel y Antonio Machado (1926-1932)», en: *Revista de Literatura* LIX, 118, pp. 483-504.
Ronsard, Pierre de (1969): «Vers biographiques», en íd.: *Poésies choisies*. Paris: Garnier, pp. 429-455.

Schulz-Buschhaus, Ulrich (2000): «Fin de Siècle und choc der Multiplizität», en Borsò, Vittoria / Goldammer, Björn (eds.): *Moderne(n) der Jahrhundertwenden*. Baden-Baden: Nomos, pp. 149-163.

Silver, Philip (1989): *De la mano de Cernuda: invitación a la poesía*. Madrid: Fundación March / Cátedra.

Teuber, Bernhard (2003): *Sacrificium litterae – Allegorische Rede und mystische Erfahrung in der Dichtung des heiligen Johannes vom Kreuz*. München: Fink.

Tietz, Manfred (1980): «Zur Polemik um die spanische Aufklärung», en: *Archiv für das Studium der neueren Sprachen und Literaturen* 217, pp. 75-92.

Tietz, Manfred (1981): «La ilustración española y la investigación alemana. Estudio y bibliografía», en: *Dieciocho. Hispanic Enlightenment – Aesthetics and Literary Theory* 4, pp. 34-50.

Tietz, Manfred (1985): *Romanische Literaturbeziehungen im 19. und 20. Jahrhundert*. Tübingen: Narr.

Tietz, Manfred (1986): «Die Aufklärung in Spanien – eine Epoche ohne Roman», en: *Poetica* 18, 1-2, pp. 51-74.

Tietz, Manfred (1991): «18. Jahrhundert», en Strosetzki, Christoph (ed.): *Geschichte der spanischen Literatur*. Tübingen: Niemeyer, pp. 226-280.

Tietz, Manfred (ed.) (1992): *La secularización de la cultura española en el Siglo de las Luces*. Actas del congreso de Wolfenbüttel (en colaboración con Dietrich Briesemeister). Wiesbaden: Harrassowitz.

Tietz, Manfred (1993): «La investigación reciente sobre el siglo XVIII español», en: *Notas. Reseñas iberoamericanas. Literatura, sociedad, historia* 0, pp. 10-23.

Tietz, Manfred (1994): «Herders Spanien in der Sicht der neueren Hispanistik», en: Bollacher, Martin (ed.): *Johann Gottfried Herder. Geschichte und Kultur*. Würzburg: Königshausen und Neumann, pp. 327-340.

Tietz, Manfred (1997): «Die spanische Presse im Zeitalter der Aufklärung», en Jäger, Hans-Wolf (ed.): *Öffentlichkeit im 18. Jahrhundert*. Göttingen: Wallstein, pp. 229-267.

Tietz, Manfred (1998): «Der Widerstand gegen die Aufklärung in Spanien, Frankreich und Deutschland», en: Maler, Anselm / San Miguel, Ángel / Schwaderer, Richard (eds.): *Europäische Aspekte der Aufklärung (Deutschland, England, Frankreich, Italien, Spanien)*. Frankfurt am Main: Peter Lang, pp. 93-112.

Tietz, Manfred (2000): «Zur Frage der Legitimität der Literatur im Siglo de Oro. Die Thematisierung der Leidenschaften in religiösen und profanen Texten», en Matzat, Wolfgang / Teuber, Bernhard (eds.) (2000): *Welterfahrung – Selbsterfahrung. Konstitution und Verhandlung von Subjektivität in der spanischen Literatur der frühen Neuzeit*. Tübingen: Niemeyer, pp. 267-292.

Tietz, Manfred (ed.) (2001): *Los jesuitas españoles expulsos. Su imagen y su contribución al saber sobre el mundo hispánico en la Europa del siglo XVIII* (en colaboración con Dietrich Briesemeister). Frankfurt am Main / Madrid: Vervuert / Iberoamericana.

Torre, Guillermo de (1964): «El siglo XVIII y la España que pudo ser», en: *Ínsula* 208, pp. 1-10.

Urrutia, Jorge (1976): «Bases comprensivas para un análisis del poema *Retrato*», en: *Cuadernos Hispanoamericanos* 307 (enero), pp. 304-307.

Vattimo, Gianni (1997): *Il pensiero debole*. Milano: Feltrinelli.

Waldenfels, Bernhard (1997): *Topographie des Fremden. Studien zur Phänomelogie des Fremden*. Frankfurt am Main: Suhrkamp.

Waldenfels, Bernhard (1999): *Sinnesschwellen*. Frankfurt am Main: Suhrkamp.

Welsch, Wolfgang (1988): *Wege aus der Moderne. Schlüsseltexte der Postmoderne-Diskussion*. Weinheim: VCH.

Esteticismo neoclásico y vitalismo prefascista.
Felipe Ximénez de Sandoval: *Robinsón*

Mechthild Albert
(Rheinische Friedrich-Wilhelms-Universität Bonn)

> Todo el mundo burgués [...] se derrumbaba con estrépito. Nacía una sociedad nueva entre estampidos de cañón y resplandor de incendios, sociedad que, forzosamente, había de ser la roja [...] o la azul [...].[1]

Ante la sangrienta confrontación de las dos Españas en la Guerra Civil, Felipe Ximénez de Sandoval – «poeta, ensayista, comediógrafo, biógrafo e historiador, además de novelista»[2] – opta sin vacilar por la España «una, grande y libre» de la Falange. Este autor pertenece a un grupo social especialmente propenso a la ideologización de la extrema derecha, a saber, los «universitarios que en gran parte procedían de las clases dominantes, amenazadas por el sesgo populista de la política republicano-socialista».[3] Con su actividad en las filas de la Falange encaja de modo ejemplar en aquella «derechización de amplios sectores de la juventud intelectual»,[4] que Antonio Elorza constata en su ensayo sobre el ideario político y el entorno ideológico de José Ortega y Gasset. La vida de Sandoval es tanto más representativa por cuanto transcurre paralela a la del fundador de la Falange: Felipe Ximénez de Sandoval nace en 1903, en el mismo año que José Antonio Primo de Rivera, quien será su compañero durante la carrera de Derecho, y a cuyo movimiento político se iba a unir. En 1933 entra en el servicio diplomático, al igual que Agustín de Foxá (*1906), su colega escritor y correligionario político, y retrasa por ello, aconsejado por José Antonio, su ingreso en la Falange hasta el otoño de 1934. A partir de entonces pertenecerá a la «corte literaria» del caudillo juvenil; Julio Rodríguez Puértolas lo etiqueta como «notorio falangista del círculo de José Antonio».[5] Como miembro fundador de *Arriba* y redactor responsable de la sección de política exterior, participa desde una posición destacada en la formación de la Falange, de su política y retórica. La ideología y el estilo propios de este movimiento ideológico encuentran su reflejo

---

1   Ximénez de Sandoval 1939: 113.
2   Nora 1962-1963/II,1: 357.
3   Elorza 1984: 214.
4   Ibíd.
5   Rodríguez Puértolas 1986/I: 247.

narrativo en *Camisa azul*, aquel «Bildungsroman» falangista,[6] que ofrece según José-Carlos Mainer una «exposición crítica de la toma de conciencia generacional».[7] Muerto José Antonio, Ximénez de Sandoval le va a dedicar en 1941 una de las primeras biografías,[8] que debido a su partidismo apasionado será amputada de unas diez páginas por el censor y novelista Darío Fernández Flórez.[9] Poco después, en abril de 1942, en el curso de la consolidación del régimen de Franco con la eliminación de los falangistas históricos, se produce la exclusión del partido «por su exceso de celo fascista».[10]

Muy pronto, el joven estudiante de Derecho descubrió su amor por las letras y confesó: «La vocación de escritor es irresistible».[11] En un «autorretrato psicológico» de 1930 describe su formación literaria como un eclecticismo marcado primero por el romanticismo y el modernismo, y más tarde enriquecido por el descubrimiento de los noventayochistas y de contemporáneos modernos como Gabriel Miró, Ramón Pérez de Ayala, Juan Ramón Jiménez y Ramón Gómez de la Serna. Por de pronto, encuentra su identidad artística en una vanguardia entendida como un «intento renovador, sano, vigoroso».[12] En sus novelas – *Tres mujeres más Equis* (1930), *Los nueve puñales* (1936) y *Camisa azul* (1939) – se refleja una trayectoria, común a muchos de sus compañeros de generación, que tiene su origen en la vanguardia humorística, pasa por una variante conservadora del «Nuevo Romanticismo» para desembocar, a la hora de la Guerra Civil, en la apología falangista.[13]

Ximénez de Sandoval también ha dejado una obra dramática en la que destaca su primera pieza, la única que no fuera escrita en colaboración con Pedro Sánchez Neyra[14] y a la que vamos a dedicarnos a continuación. Se trata de *Robinsón. Comedia decorativa*, fechada «Mayo a Mayo 1925-1926» (194) y publicada en 1928 en la prestigiosa editorial Biblioteca Nueva,[15] que pone de manifiesto la originaria impronta modernista del autor.

---

6   Soldevila Durante 1982: 42.
7   Mainer 1971: 51.
8   Véase Ximénez de Sandoval 1941.
9   Abellán 1980: 158.
10 Rodríguez Puértolas 1986/I: 529.
11 Ximénez de Sandoval 1930: 29.
12 Ximénez de Sandoval 1930: 20.
13 Véase Albert 2003.
14 *Orestes I. Burla en nueve cuadros*. Madrid: El Teatro Moderno 1930; *Mercedes la Gaditana. Comedia popular en tres actos*. Madrid: El Teatro Moderno 1932; *Bacarrat. Film sonoro en tres actos*. Madrid: La Farsa 1933; *El pájaro pinto. Comedia en dos partes, divididas en seis cuadros*. Madrid: La Farsa 1936. Todas estas obras deben relativamente poco a Ximénez de Sandoval.
15 A continuación, las indicaciones de página entre paréntesis se refieren a esta edición (Ximénez de Sandoval 1928).

En la larga tradición de los «Robinsones», el Robinsón de Ximénez de Sandoval ocupa un puesto singular y original entre, por una parte, lo que Erhard Reckwitz[16] denomina las «robinsonadas negativas», que constituyen – a través del fracaso del protagonista – una respuesta al darwinismo y, por otra, las críticas a la civilización moderna, típicas del siglo XX (Giraudoux, Tournier). En una perspectiva claramente influenciada por Darwin y Nietzsche, Ximénez de Sandoval se propone invertir el modelo de Defoe, en más de un aspecto. Por una parte, invierte los papeles entre Robinsón y Friday, que ahora están juntos desde el principio de la acción dramática; y el negro Friday, disponiendo de más experiencia existencial y erótica, sirve ahora de protector y mentor a un Robinsón ingenuo y descontrolado. A pesar de esta nueva relación interpersonal, ambos son, en cierta medida, «salvajes» en comparación con los habitantes de la isla, que son quienes representan la civilización en grado supremo. Por otra parte, Robinsón y Friday son pues los bárbaros que desembarcan en la isla, siendo ésta símbolo la civilización, del arte y del orden. A través de las pasiones, el elemento irracional por excelencia, Robinsón, el salvaje ingenuo y arrebatado, termina por destruir la armonía neoclásica que reina en esta isla dedicada al culto de la belleza. Amor y muerte, a través de sus mensajeros Robinsón y Friday, trastornan este universo civilizado – demasiado civilizado – al arrastrar a las jóvenes al impetuoso mar de los instintos, instaurando así el reino del vitalismo. Veamos a continuación, paso por paso, el cambio de paradigma ilustrado por esta obra.

De entrada, los paratextos de esta obra contienen informaciones reveladoras que la sitúan en el contexto estético del fin de siglo. Un compás de *L'Isle joyeuse* de Claude Debussy, citado como epígrafe, alude al tema robinsoniano de la isla, a la vez que hace referencia al impresionismo finisecular. Tanto a través de esta cita musical como por sus reminiscencias esculturales y pictóricas, la presente obra literaria se inscribe en la «hermandad de las artes», cara al esteticismo, y contribuye además, como más adelante veremos, a la reflexión sobre el arte. La dedicatoria «A las muchachas. A las columnas. Al mar» es francamente neoclásica; su carga simbólica se esclarecerá a la luz de la acción dramática. La denominación genérica «comedia decorativa en tres frisos», de resonancias también neoclásicas, se explica en un breve prólogo. En la «comedia decorativa», cuyo valor supremo es la «plasticidad», Ximénez de Sandoval pretende conjugar la «pureza de la Forma» con cierta expresividad:

La comedia decorativa

Aspira a constituir un Teatro plástico; a harmonizar la pureza de la Forma con el mundo – ¿más vivo? – de la expresión; a cincelar las palabras plásticas sobre el mármol sereno de la pura plasticidad. Expresiones «decorativas» sobre decoraciones «expresivas». Tal

---

16 Reckwitz 1976.

es el propósito de este anhelo de cuadro y de escultura para enaltecimiento de la forma literaria de la representación. (9)

En cuanto a la estructura de la obra, cada uno de los tres «frisos» está precedido por la indicación de las «escenas» y de los «motivos ornamentales» que lo constituyen. El tiempo de la acción son nuestros días «– en lo antiguo, en lo futuro – depurados». Es decir que el autor, con vistas a transmitir un mensaje universal, aspira a crear una dimensión atemporal y ahistórica, lo que le lleva a una mezcla de elementos míticos, literarios y filosóficos tanto (neo)clásicos como modernos. La acción, que por lo demás se corresponde perfectamente con las tres unidades, tiene lugar en una isla – no en la de Robinsón, sino en una isla de gusto neoclásico donde viven el escultor Héctor, así como Paolo, maestro de Estética y preceptor de las cinco hijas del artista: Helena, Natalia, Lilian, Baby y Corina –. Esta última ya tiene novio – Tommy, el discípulo predilecto del escultor –, mientras que las demás hermanas, adolescentes ansiosas, están en el umbral de la feminidad. Mientras las muchachas se dedican a los deportes, a la poesía y a la danza esperando el amor, su padre aspira a crear su obra maestra. Esta doble expectación – erótica y estética – apunta a un ingrediente nuevo, agente necesario para poner en marcha ambos procesos:

LILIAN   Medita una obra maravillosa. Quiere hacer en mármol, un himno a la Vida, a la Salud, a la Alegría, a la Fuerza.
BABY   Le faltan elementos en la Isla.
LILIAN   ¿Cuáles?
BABY   Lo que a nosotras. Efebos. Sin efebos, la Fuerza y la Salud no tienen Alegría. Nosotras solas, somos poco material para esa estatua de padre. (20)

En este estado latente, he aquí que providencialmente[17] desembarcan en la isla dos «salvajes», el negro Friday y su señor, Robinsón, herido en la frente por un disco lanzado por las chicas. Friday, traumatizado por una historia dolorosa de amor y de pérdida, quiere preservar a su amo de la experiencia fatal del amor y le apremia una y otra vez a volver a su propia isla, pero Robinsón, literalmente herido de amor, ya está perdido y el destino sigue su curso. Se encapricha precisamente de Corina, ya prometida, y termina por matar a su rival, Tommy. La obra toma un giro sorprendente cuando en el funeral del joven Corina declara su amor a Robinsón, el asesino y vencedor, y junto con él traspasa el estéril recinto estético de la isla para aventurarse al mar tempestuoso. A través del comentario de Paolo, que transmite el mensaje

---

17 Como autor moderno, Ximénez de Sandoval juega evidentemente con la casualidad y necesidad literarias:
HÉCTOR: Si viviéramos los tiempos heroicos, creería que Atenea me los enviaba.
PAOLO: ¿Y renuncias – porque sabes el siglo – a creer la belleza del milagro?
HÉCTOR: Hoy el milagro se llama casualidad. Casualmente han llegado los viajeros a mi playa.
PAOLO: Pues cree en la casualidad si hace milagros, mejor que en dioses que no los hacen ya. Y aprovecha sus dones en tu obra. Te faltaban dos hombres para ella. Ya los tienes. (79-80)

ideológico de la comedia, la obra termina con una profesión de fe vitalista que rompe la armonía del paraíso neoclásico para propagar las pasiones violentas y hasta destructoras representadas por el mar.

La isla como paradigma del esteticismo neoclásico

La isla, lugar de la acción, se describe como recinto armonioso:

> El bosque de una Isla en sus últimos árboles, limitados por un trozo de playa, que se inclina hacia el mar. Tarde en estío. Cantan los pájaros entre las frondas. Con ellos, la harmonía perfecta de las olas sin fuerza. (13)

En el marco de este *locus amoenus* con acentos de idilio pastoril y reminiscencias del *Après-midi d'un faune* parece revivir la antigüedad clásica.[18] De manera característica para el simbolismo finisecular, la isla constituye el espacio privilegiado de una élite dedicada al culto de la belleza: «Para vivir en esta Isla, hace falta reunir muchas cualidades. Fuerza, Belleza, Sensibilidad, Optimismo...» (21). La connotación estética, concretamente neoclásica de este recinto se acentúa al principio del segundo «friso», cuando Héctor aparece por primera vez entre las columnas del pórtico, su taller:

> (FONDO: Interior de un pórtico hexástilo. Las columnas dóricas, esbeltas y ágiles, arrancan del suelo como troncos, sin base, terminando en sencillos capiteles. Tras las columnas, Mar y Cielo, paralelas sus líneas y su azul. Sirve el pórtico de estudio al escultor, y hay cabezas de faunos y torsos de diosas. Sentado al pie de la primera columna, tañe Paolo la siringa, y en la última, modela en bronce una Tanagra, Héctor.
> Clara mañana que hace de oro maduro los blancos mármoles del pórtico. Pausa.) (77)

Dentro de este decorado arcaizante, las muchachas constituyen un ornamento entre otros: «Entre la columnata, las Muchachas son otra columnata lírica, y los pliegues de las túnicas las estrían simétricas» (95-96). En cuanto obras de su padre, las chicas y las columnas son equivalentes: representan la fuerza creadora del escultor y la belleza suprema. Paolo explicará de manera poética esta analogía entre progenitura y arquitectura, colocando a las cinco hermanas entre las seis columnas:

> Las columnas del pórtico / son seis hermanas / de mármol. [...] / Son olas verticales / de un mar tranquilo. / Movimiento quieto. / Son Muchachas, que esperan / venir al amado, de lejos, / del Mar, / tensos los muslos y el vientre, / erguido el tórax de suspiros / y agitados los senos. / ¡Las Columnas son cuerpo / y son alma! / Son como las Hermanas / en la casa. / Unión de cielo y tierra. / Mano que trabaja / y caricia. / ¡Sostén del edificio / y su Gracia! (104-105)

En su porte, sus actividades y su educación, las hijas del escultor, vestidas de túnicas, corresponden al ambiente neoclásico:

---

18   PAOLO: [...] Hé de cortar las rosas rojas para las ánforas de vino. Y hé de recoger los cabritillos dispersos en el prado. Os llamará mi flauta luego para el baile. (33)

Casi desnudas. Túnicas blancas, ligeras, las entrecubren. Sus carnes, doradas de Sol, curtidas de vientos. Brazos y piernas, torneados y vigorosos, mas los músculos firmes han hecho espontánea su feminidad nueva. (13-14)

Al mismo tiempo, las muchachas representan un ideal muy moderno, pues son *girls* deportivas, en cuyo retrato la modernidad se combina con la antigüedad y el mito. Nadan como «Náyades» (16), como «sirenas y tritones» (98), alusión implícita tal vez al famoso cuadro de Böcklin. Al lanzar el disco, la misma Helena comenta: «¿No os parece Grecia nuestra Isla, en este momento? El mar azul, el cielo malva, el viento suave y con perfume de rosas abrasadas. Cuatro hembras fuertes y sanas. El Disco.» (35) Pero no sólo se dedican al deporte, ya que su educación también comprende, según el modelo clásico, clases de retórica y de danza impartidas por su «preceptor» Paolo (28), un personaje tan significativo como ambiguo. El «maestro de Estética» (25) reúne en sí todas las edades del hombre, desde la senectud a la juventud.[19] Siendo el único adulto que habla a las chicas de amor (18) y gracias a su atributo, la siringa (77), es un personaje dionisíaco que evoca a Pan y los sátiros. Por otra parte, Paolo recuerda el juicio de Paris, cuando trae a las chicas sedientas «una poma olorosa y colorada» (22). Evitando de manera salomónica «otorga[r] a la más bella esa manzana de oro» (25), se la promete a la que obtenga «la mejor marca del Disco» (26), no sin antes obligarlas a recitar unos versos sáficos, su tarea de retórica (27). El que poco después va a merecerse el premio de la «manzana de oro» (25) es Robinsón, que sale del mar sangrando en la frente, herido por un disco lanzado por las muchachas: «La mejor marca del Disco la de él – cinta roja en la frente. Y el mejor sáfico él, con sus ojos tranquilos de agua...» (49-50).

Los salvajes

Con la llegada a la isla de Héctor de los dos «salvajes», Friday y Robinsón, se produce un encuentro entre civilización y barbarie que se articula en varios niveles. Uno de ellos es la confrontación entre naturaleza y arte, pues a través de las muchachas se les revela a los dos brutos la belleza como elemento civilizador y meollo de una cultura superior. Las «maravillas» de la isla los ciegan «de Belleza» (105) y «de harmonía» (103) hasta quedarse «en éxtasis sagrado de Belleza» ante muchachas y columnas (96). En otro nivel, la comedia pone en escena a manera de experimento el encuentro entre hombres y mujeres, entre dos machos adánicos y un grupo de jóvenes amazonas. Debido a la ingenuidad de ambas partes,[20] el primer encuentro entre

---

19 «La senectud ha hecho maravillosamente bella su cabeza», posee «la frente y mejillas varoniles» y unos ojos «de juventud ardiente» (22).
20 NATALIA: No seas niña, Baby... ¿Miedo con tus músculos y tu agilidad? ¿Qué puedes temer de ellos?
LILIAN: Vienen aquí... ¡Y son hombres! (40)

los sexos posee cierta comicidad[21] antes de degenerar en tragedia. Invitados por las seductoras muchachas, «dueñas de esta Isla» (45), a la «tierra hospitalaria» (53) de su segunda Citera, «esta Isla – toda ella amorosa» (18), Robinsón y Friday no sólo «[r]etorn[an] a la Vida y a la Civilización» (55),[22] sino que sobre todo vuelven al infierno del amor (Friday) o se inician en él (Robinsón). Debido a su anterior experiencia dolorosa con el amor, Friday es un personaje muy reflexivo que, contrariamente a la constelación en Defoe, sirve de mentor al ingenuo e irracional Robinsón.

Por su temor muy justificado a que el encuentro con las mujeres – y con el amor – llevaría a alguna fatalidad trágica, anunciada por la herida en la frente, Friday quiere volver a su «Isla de paz» (43). A lo largo de toda la acción insta a Robinsón a retornar a su antigua morada, aquella «Isla muy alegre y muy luminosa» (45) que han dejado sin motivo aparente. La isla de Robinsón y Friday es un espacio exclusivamente masculino, de dos hombres en convivencia con la naturaleza. Tratándose de una isla sin mujeres, es por una parte una isla «agreste» y «desierta» (54), pero por otra una isla de paz, ya que allí se desconocen el amor y los celos, la naturaleza sublimando los deseos:

BABY   ¿Y no había mujeres en la isla?
ROBINSÓN   Ni mujeres ni pájaros.
FRIDAY   Pero había reptiles que nos acechaban y teníamos que defendernos de ellos y buscar pedruscos para aplastarles la cabeza. Y había que pescar peces desde las rocas para comer. Y que arañar la tierra para sacar raíces. Y que frotar maderos para engendrar el fuego…¡Y mil cosas más!
NATALIA   Os faltaba el amor…
FRIDAY   ¡Calla! Le besaba la brisa la frente y los labios; le abrazaban las olas del Mar…
BABY   ¿Es puro…? Dime, Robinsón… ¿No soñabas?
HELENA   ¿No anhelabas…?
LILIAN   ¿No sabías…?
FRIDAY   No sabía, no anhelaba, no soñaba…
ROBINSÓN   ¡Sabía que el cielo es azul…! ¡Anhelaba volar hasta el cielo…! ¡Y soñaba encontrar en el cielo…! ¡No sé qué…!
HELENA   ¿Eres tú, Friday, su maestro de pureza?
FRIDAY   ¿Yo? No. La isla en silencio. (55-57)

Guardián feroz de la inocencia de su señor, Friday actúa como un amante celoso, y los acentos homoeróticos de la pareja son evidentes.[23] La puesta en guardia en

---

21 FRIDAY: ¡Mujeres!
    NATALIA: ¡Hombres!
    HELENA: ¡Háblales, Natalia!
    ROBINSÓN: ¡Háblales, Friday! (42)
22 Véase 80.
23 Abundan las descripciones de la belleza del cuerpo masculino, tanto por parte de los mismos personajes (78, 99, 177-178) como en las acotaciones escénicas (162-164). Por ejemplo, en el momento de llegar a la costa, el autor presenta a los dos en bello contraste como grupo escultórico: «Los dos hombres, son de edad en fruto. El uno es blanco, ru-

contra de las mujeres (64), así como el elogio del efebo – «Cuida de vivir siempre en la mañana pura de la luz imprecisa» (66) –, seguido por la unión nocturna de los «amantes»,[24] son otros tantos ejemplos de una idealización del homoerotismo como afectividad pura y «natural» que precede la desgarradora experiencia del amor heterosexual. A pesar del fuerte lazo entre los dos hombres, un día, parecido a Segismundo o Andrenio, Robinsón despierta de su sueño ingenuo y le pregunta a Friday, «con toda el alma en inquietud... ¿Qué son las mujeres?» (63). La inquietud despertada por las hermanas se concretiza al final del primer acto en una escena dramática, verdadero momento de «Iniciación» (72), que sella la perdición de Robinsón. Cuando Friday ya le lleva en brazos al barco para huir de la tentación, Robinsón observa a Corina salir desnuda del mar, nacimiento de Venus[25] y revelación de lo femenino:

> FRIDAY   Basta, señor. Te llevo.
> ROBINSÓN   No, Friday, por piedad... ¡Déjame con ellas! ¡Déjame con ellas...!
> = *Friday – rebelde – se lleva a Robinsón hacia la Nave.* =
> = *De pronto, se detiene con actitud hierática.*
> *Y hasta sus carnes llega el temblor de la carne contraria.* =
> = *Pasa desnuda. (¿La ha creado desnuda la playa?)*
> *Trae las rosas del seno mojadas*
> *De espuma muy blanca...*
> *Pasa rítmica y casta...*
> *Con sus piés vá sembrando un arroyo de luz y de agua...*
> *(Es Corina. Otra hermana).* =
> ROBINSÓN   = *En un grito – de celo – desde los brazos de Friday.* = ¡Ya he comprendido, Friday! ¡Es la mujer con Sol! ¡Es el fruto! ¡Es el ánfora!
> FRIDAY   = *En un tono de voz adolorido y profético.* = Robinsón, huyamos! ¡Desde hoy, sufrirán tus miradas! (71-72)

En este momento iniciático, cuando Robinsón ve desnuda a Corina-Venus, Paolo aparece de manera significativa como alcahuete en guisa de sátiro,[26] y baja el telón.

---

    bio, con la faz serena y claridad de Mar en la mirada. El otro, negro, atlético, con inocencia de marfil en la sonrisa. En su brazo – de bronce – se sostiene el cuerpo desfalleciente de su compañero que trae abierto – en la frente – el sangriento clavel de una herida» (41). Respecto a la ambigüedad sexual en varios autores del prefascismo alemán, véase Meier 1998.

24   La siguiente escena es un evidente precedente de la unión de dos amigos soldados en la noche de las trincheras que Ximénez de Sandoval describe en *Camisa azul* (202): «Friday calla. Sus ojos miran a Robinsón con fuerte ternura protectora. La Luna llena, de luminosa blancura, ha dado dos satélites redondos en los ojos del negro. La Noche ha igualado los cuerpos de Friday y Robinsón, en unidad tonal, que sólo divide [sic] los disparos de los rayos lunáticos.» (66-67)

25   Esta escena se anuncia a través de la sáfica de Helena a propósito de Afrodita: «¡Que calláramos todos, dominados / por el grito del Mar! ¡Que apareciera / Afrodita en el Mar, como la Luna / Nueva al nacer!» (32)

26   «La brisa, / agitando al anciano / los blancos mechones del pelo / fíngele en la frente / cornamenta rizada / de sátiro.» (72-73)

Tipología del amor

Después de la exposición que termina con el flechazo del amor fatal, el segundo friso comienza con un diálogo entre los dos ancianos – el padre Héctor y el preceptor Paolo – que reflexionan sobre la esencia y la fenomenología del amor. De entrada, el escultor proclama sin ambages la venerabilidad de la violación, manifestando con ello un inquietante fondo irracionalista bajo el barniz de su pureza neoclásica. Tanto él como Paolo admiran y añoran este acto de violencia arcaica e instintiva, eliminado por la sociedad burguesa, sacrificado en aras de una civilización afeminada:

> Héctor: La más clásica forma de amar, es – Paolo – la violación. La más antigua y venerable. Es el amor de dioses primitivos, en los cantiles rudos, en las selvas milenarias. La decadencia del amor la trajo el matrimonio. La unión prevista y estudiada. Darse para toda la vida, no es darse para todo el amor. Se acabaron los dioses y los héroes, al casarse los hombres... Mas no creo que surja en este caso la violación heroica. Mis muchachas son ágiles y fuertes. Lanzan el Disco como atletas. Corren veloces como el viento. Doman caballos como Hipólito. Les contendrán el brío con los puños, si se atreven a ellas. Míralos desde aquí sobre la playa. Todos desnudos casi y todos castos. [...] ¿Crees capaces a mis huéspedes, de forzar a su amor a mis muchachas?
> Paolo: Hoy día es difícil calcular la capacidad de violencia en el amor de cada hombre. Los siglos han desfigurado los instintos, suavizándolos mucho. (81-83)

Después de este introito turbador que recuerda semejantes elucubraciones del autor finisecular Tomás Borrás,[27] los dos ancianos comentan y discuten la disposición erótica de los dos «intrusos» (116). Por supuesto es el sátiro Paolo quien mejor sabe analizar la libido de Friday y Robinsón, que según él representan «dos arquetipos de la sensualidad» (83): «Robinsón o el amor deportivo. Friday, el amor... [a]moroso» (88).

A pesar de haber «nacido en un país cálido, abrasador y fértil» (87), Friday no es en absoluto un «don Juan negro» (85), como supone Héctor, sino un «hombre de amor» (86), cuya «educación sentimental» relata Paolo en un cuento oriental:

> Era príncipe de un reino – casi fabuloso – de elefantes y palmeras. Muy joven, heredó la corona de su padre y [...] tuvo cien esposas en su serallo. Y conquistó el amor de todas y a todas supo amar. [...] por la calidad específica de feminidad que cada una poseía. Por esas calidades eran dignas de su amor cada una de sus esposas. Y a todas dió espiritualmente la porción de ternura merecida. (87)

A pesar de este prodigio de sensibilidad, una revolución le priva de su trono y de sus mujeres, que «– ¡condición genérica de la mujer! – [...] se dieron al nuevo señor» (89). Desde entonces, Friday huye de las mujeres: «No por horror a ellas. Por el dolor de perderlas. Por el dolor de ausencia y soledad» (89). Desengañado de sus

---

27 Véanse, por ejemplo, los cuentos «La estrella cautiva» y «Los hijos» en: Tomás Borrás, *Noveletas*, Madrid 1924; véase al respecto Albert 2003: 157-158.

amores, Friday se refugia en la isla desierta, donde encuentra a Robinsón, su «antítesis» (85) en psicología sexual. Él es «puro» (85) a la vez que «sensual» (84), mezcla provocadora que Paolo denomina «pureza deportiva» y que corresponde a un ideal muy popular en los años 20, pues combina varios elementos constitutivos de la civilización de los «roaring twenties», como son el gusto neoclásico, el espíritu deportivo[28] y la emancipación sexual. Paolo describe y explica como sigue este concepto deportivo del amor:[29]

> PAOLO [...] Robinsón en el silencio, en la calma, en la soledad de su Islote, no ha podido – como el hombre social – localizar su sensualidad y la ha ampliado por todo su cuerpo. En los tobillos ágiles como alados; en las rodillas y en los muslos, vigorosos y elásticos; en el brazo potente; en la respiración perfecta y rítmica. Todo su cuerpo es un hermoso objeto amado de sí y para sí mismo. ¡Helénica sensualidad del Disco, de la Jabalina, de bogar a la vela, de tirar el cuerpo al Sol sobre la arena ardiente! Sensualidad de todos los órganos y de todos los sentidos. Sensualidad egolátrica y perfecta.
> Eso es el deporte. Hoy nacerá al amor – tal vez – al ver a las muchachas y el amor será – para él – un juego más de agilidad, salud y fuerza. Nunca una pasión decadente como en la humanidad urbana, pesimista y morbosa. Crear un nuevo amor es el fin del deporte.
> HÉCTOR ¿Amará, pues, a todas las muchachas?
> PAOLO Amará de ellas a la que más azuce su deseo. Amará la resistencia o el desdén. Donde haya que luchar y que vencer se hará su amor, [...]. (84-85)

En efecto, será Corina la que provocará el deseo de Robinsón, precisamente por ya pertenecer a otro, a Tommy (109ss.), conforme al mecanismo anteriormente explicado por Paolo: «a Robinsón [las mujeres] le atraen como un obstáculo de que salir triunfante» (89).

La continuación del experimento es observada con gran interés por parte de Héctor y Paolo, el padre y el preceptor, ya que el enredo amoroso y la creación artística corren pareja: Paolo ve satisfecho que Robinsón está por sucumbir a la belleza del arte y de las hembras – «¡Que se embriague con la luz y el mármol! ¡Que enloquezca de aroma de mujer!» (106) – mientras que Helena, por su parte, ya ve realizándose la obra de su padre, que necesitaba de los dos «navegantes» como modelos plásticos:

> ¡Oh, padre! ¿Esculpirás tu estatua prodigiosa? Robinsón es la línea clásica en toda su pureza. El más raro equilibrio de agilidad y fuerza, preside la Sintaxis de su cuerpo, como en un Partenón. Si su reposo es rítmico, su movimiento centuplica el ritmo. Cada músculo tiene una tal suavidad en su energía, que parece su cuerpo ondear del Mar so-

---

28 Véanse a este respecto Morelli 1994, Gumbrecht 2001. No por casualidad Jacinto Miquelarena, autor entusiasmado de deportes, se mueve en la órbita prefascista; Carbajosa 2003.
29 La «pureza deportiva» se explica aquí como específica de un hombre no socializado; en el fondo, sin embargo, se trata precisamente de un fenómeno característico de la moderna sociedad de masas.

bre la playa, equidistante y sobrio. ¿Querías la salud, la fuerza, la alegría? Nos tienes ya. […] ¡Y a todos nos consume en la Isla, el ansia de Belleza! (106)

Sin embargo, Friday, lleno de muy justificadas aprensiones, quiere abandonar la isla para evitar una desgracia y salvar la pureza de su amo, y pide licencia a su anfitrión, refiriéndose al nexo inevitable entre amor y odio, deseo y bestialidad:

> ¡Permítenos marchar, señor! ¡No dejes que su alma se abrase de pasión! […] Sabrá de amar y aprenderá de odio. ¿No le ves relucir en la mirada un fulgor? ¡Es la potencia odiosa de la carne que despierta! ¡Matará a Tommy, violará a Corina! ¡Aún es tiempo, señor! (119-120)

Pero Héctor, que ve peligrar su obra, no escucha las plegarias del dolorido Friday:

> ¡Calla! ¿Qué importa la pasión? La pasión es la vida, y mi obra, para ser alabanza en piedra de la Vida, ha de ser apasionada. No importa. Tráeme Baby mis lápices. Voy a estudiar a Robinsón, encendido de anhelos que no define aún. (120)

Aquí se pone al descubierto la cara oscura del ideal neoclásico. El culto a la belleza, a la armonía y a la pureza formal tienen por correlato dialéctico una apología de la pasión, de la violencia y de la destrucción, tributaria de una concepción vitalista que terminará por imponerse al final de la obra.

Las amazonas

Cuando los dos hombres están a punto de abandonar la isla, tanto Héctor como Paolo exhortan a las muchachas a detenerlos – el padre en virtud de su obra y el preceptor-sátiro en virtud del destino «natural» de las hembras, incitando asimismo su espíritu deportivo –:

HELENA	Se marchan. ¡Robinsón!
BABY	¡Friday!
HÉCTOR	¡Y con ellos la gloria de mi obra! ¡La gloria del mundo! ¡Corred! ¡Perseguidlos!
PAOLO	¿Así os dejáis vencer, Muchachas? ¡Vuestra belleza espléndida desdeñada por su castidad salvaje! ¡Vergüenza otra vez más, mis muchachas! (123-124)

Baby, «[i]ntrépida y audaz como Amazona» (131), toma la iniciativa y al cabo de una «heroica cabalgata» (134), verdadera «cacería» (133), las hermanas logran captar a los fugitivos, aunque éstos corran con los «tobillos de Hermes» (132), haciéndolos sus esclavos. La vencedora ofrece su botín, Friday, a su padre como modelo para su futura obra maestra[30] y a la dramática, casi cinematográfica cacería

---

30 BABY: ¡Vencí, mi padre! ¡Traigo esclavo al rebelde!
    HÉCTOR: ¡Toda de luz será mi obra! ¡Victoria, Baby! ¡Voces de los Aedas, cantad la gloria de mi hija! ¡Cinceles y martillos, tallad en mármol su carrera! ¡Huecas caracolas de la Mar violeta, resonad el triunfo milagroso! (136-137)

sigue la celebración del triunfo.[31] La victoria de Baby sobre Friday marca una etapa decisiva en el argumento de esta obra que se articula como confrontación entre los sexos, las razas y los conceptos filosóficos. En este momento culminante se celebra el apoteosis de la belleza que domeña los instintos. A través de la mujer blanca que somete al hombre negro, es la bella que domestica a la bestia, sojuzgando lo dionisíaco para instaurar lo apolíneo. Con su acto de rendición, Friday afirma los valores neoclásicos:

> FRIDAY   ¡Esclavizadme, sí! Quiero vivir esclavo de vosotras, Muchachas adorables. Ser esclavo de la brisa, [...]. Y del Mar, luminoso de luceros y luna como un cielo convexo. Y de la Agilidad. Y de la Belleza. ¡Encadenadme, sí! El hombre esclavizado a la Belleza, es libre como el águila, mirando siempre al Sol, en el más alto espacio...
> = *Se postra a las divinas plantas de las Muchachas.* =
> HELENA   Padre... ¡Comienza a dibujar tu obra!
> = *Harmonía de friso que torna a cubrir de grana la cortina.* = (138-139)

El final del segundo acto constituye un momento de tranquilidad entre la vida y el arte, momento que precede al acto de creación estética. Sin embargo, el tercer acto va a romper esta expectativa serena, como ya anuncia el color rojo de la cortina que cubre este cuadro al vivo a la gloria del concepto neoclásico.

Prometeo encadenado, Prometeo liberado

El tercer acto se abre con una imagen emblemática del triunfo logrado, la «bestia» sujeta a una columna dórica, cual Prometeo encadenado: «Sobre la roca, un resto trunco de columna dórica, a la que – con cadenas de hierro – está sujeto Friday, dormido al parecer» (143). Una vez esclavizado el negro, las muchachas mantienen con él una variante frívola y juguetona de la guerra entre los sexos. Una después de otra, Baby, Natalia y Helena van a ver a Friday para provocar su virilidad sojuzgada. Asimismo, a través del diálogo con las muchachas, se ilustran varios aspectos de la psicología de las pasiones, que contribuyen a ahondar en la concepción vitalista que terminará por imponerse.

Baby juega con él a invertir los roles entre amo y esclavo, y le ofrece fresas que «[p]arecen corazones de mujeres. Agrios y pequeñitos» (145). Cuando él la muerde por descuido al coger una fresa, pide disculpas, volviendo a afirmar su condición de salvaje:

> FRIDAY   Perdón otra vez. ¿Ves, niña, cómo debía volver a mi Desierto islote? ¡Soy un salvaje, como antes has dicho! ¡No tengo inteligencia ni delicadeza!
> BABY   No digas eso.

---

31   El «Maestro de Estética» alaba el espectáculo estético-deportivo en los siguientes términos: «¡Bendita la alegría del esfuerzo! ¡Bendita la Belleza del atleta caído! ¡Bendito el Mar azul y el cielo curvo! ¡Bendito el Sol, radiante y cálido!» (136).

FRIDAY   Sí... Es la verdad. Tengo instintos rudos, brutales. Mis voces interiores son tormentosas. Tengo el cuerpo de piedra y el alma de espuma. ¡Soy un salvaje!
BABY   Yo te domaré. ¿Quieres?
FRIDAY   No podrás. Mi instinto desborda toda mi existencia. Soy la pasión, el ímpetu, el huracán. ¿Cómo domar al huracán? (148-149)

Baby no se deja intimidar por el poder de los instintos, sino que, deportiva y competitiva, desafía a Friday a romper sus cadenas, actuando así en el sentido del vitalismo:

BABY   Vamos a hacer la prueba de si es verdad tu fuerza sobrenatural, extrahumana. Yo seré una violeta temprana, si tú aciertas a ser vendaval violento. Si rompes tus cadenas, podrás besar mi frente o mi mano. Intenta romper los hierros. Yo espero en el jardín... ¿Podrás venir a buscarme? (150)

Antes de que Friday logre demostrar el ímpetu de sus pasiones, llega Natalia, que le ofrece agua, pidiéndole a cambio lecciones de amor. Sin embargo, el esclavo acabará por darle una lección de odio como forma suprema del amor, analizando con ello la mezcla de amor y de odio que ella misma siente por él:

FRIDAY: ¡Divina forma del amor, el odio! El odio, es la pasión en activo. El amor, sueña y el odio está despierto. Amor espera lo que el odio busca. Odiándome, pensarás en mí cada momento, espiarás el instante de mi dolor para gozarte en él, y el de mi dicha para enturbiarlo con tu presencia. Conocerás los rincones de mi espíritu mejor que si me amaras, porque el amor es confiado y el odio desconfía y se cerciora. Me apartarás la copa de los labios para aumentar mi sed, y hallarás goce en mi tormento. Como el amado, es el odiado quien nos dá placer...
NATALIA: ¡Calla, calla...!
FRIDAY: No duerme el que odia, porque el odiado le abrasa con su aliento... ¡Como yo a ti te abraso, los labios rojos y resecos...!
NATALIA   = *Poniendo su boca en la de Friday.* = ¡No sigas, Friday...! ¡Bésalos, bésalos! (156-157)

Al huir Natalia, aparece Helena trayendo flores al prisionero. Terminan por discutir sobre el amor a la belleza, único amor verdadero, según Helena, y el amor al amor, destino de Friday que la implora: «No huyas. Es terrible mi destino. Amar. Amar tan sólo. Y padecer de ausencia cuando os vais de mí» (162). Después de estos encuentros humillantes y provocadores, el siervo del amor quiere liberarse de las cadenas no sólo metafóricas en un esfuerzo sobrehumano que da motivo a otro retrato masculino de «plástica belleza» en el conocido decorado neoclásico:

Todo el cielo y el Mar y el Sol detrás de Friday, fingen una hoguera polícroma. Y Friday calcinado de Sol, se rinde a la fatiga. Le tiemblan los ijares y la sangre anúdale las venas hinchadas. Jadea como un león herido y cae al suelo – encadenado – sobre las rosas líricas de Helena, y sediento, se bebe el agua – oro con la mañana – de Natalia... (163-164)

En este momento, cuando Friday procura liberarse, llega Robinsón, manchado de sangre, «lívido y tembloroso» (164), huyendo de la venganza de las muchachas por haber matado a Tommy, crimen del que declina la responsabilidad: «No fui yo.

Fué la Fuerza Sagrada de mis brazos potentes. ¡Fué mi destino negro!» (165). Robinsón, representante del «amor deportivo», había desafiado a Tommy a disputarse a Corina «en lucha noble» (167), atlética, es decir, en natación, lanza de jabalina y, finalmente, en combate de puños. En este combate de hombre a hombre, anticipado por Paolo como «bello espectáculo» (111), Robinsón parece haber vivido precisamente aquellos instintos asesinos de amor y odio que Friday explicaba a las muchachas:

> ROBINSÓN: [...] Me abrasaba un odio feroz, un instinto de fiera, que, jamás – Friday – he sentido. Y le tocaba con mis manos en maza la mandíbula recia que crujía a los golpes impetuosos. No sé qué tiempo duró aquello. Me sangraban la boca y los oídos, y el olor de mi propia sangre me nublaba los sentidos. Las Muchachas y Corina, nos miraban palidísimas, aterradas y nos bruñía el Sol las carnes maceradas y negras como yunques. ¡Y el mirar de Corina, más que el Sol me abrasaba, y más que el dolor mismo, me dolía! (169)

Las palabras de Robinsón hacen patente que en esta lucha feroz de dos machos por una hembra se abre camino el ciego instinto vital, haciéndole actuar como la «fiera rubia» (*blonde Bestie*) de Nietzsche. Desasosegado por la inusitada experiencia de las pasiones, Robinsón le pide consejo a Friday: «¡Y por ti vengo para que me guíes, para que me guardes del dolor que me cubre, que me anega, que me asfixia!» (170-171). Ambos encadenados – el uno de verdad, el otro con «cadena de sangre y lágrimas» – deciden liberarse para huir de la mujer, de las pasiones fatales desatadas en esta isla «hechizada», habitada por «Sirenas y dioses» (174), para buscar refugio en su isla solitaria: «[...] no vacilemos. Suéltame e intentemos marchar a nuestra Isla lejana y reposada. El Mar nos dará paz» (171).

Muerte y vida

Antes de que Robinsón logre romper las cadenas de su compañero, he aquí que se acerca el cortejo fúnebre de Tommy y se celebran sus funerales.[32] En sendos homenajes, Héctor, Paolo y las muchachas evocan al «Discípulo dilecto» (176), y «Efebo» (177), al «Camarada del juego y de la risa» (178), al «amigo» (179), «Confidente» (180) y «hermano mayor» (181). Por último, Corina, en vez de obsequiarle al difunto aquel «planto del amor» (182) que todos están esperando, sólo le ofrece un ramo de flores para rendirse, en cuerpo y alma, al asesino de su novio:

> = *Entra Corina. Al igual que las demás Muchachas, viene de plañidera cubierta de su velo, con rosas en brazadas. Llega hasta el cuerpo frío de Tommy y deposita las flores en torno a su cabeza. Se despoja del velo y en actitud de dolor, parece meditar un plan-*

---

32 El enaltecimiento del joven héroe muerto que el autor celebra en esta escena (175-182) anticipa ya el culto que se rinde en *Camisa azul* al joven militante falangista muerto a tiros y en general a la «muerte buena y bonita de los héroes jóvenes» (60).

to. *Vá a romper a hablar y divisa a Robinsón envuelto en las Muchachas. Y callada viene a él como fascinada y ante él se postra humilde.* =
CORINA: Perdona, Robinsón. ¡No sufras celos! Las rosas para él. Para ti mi alma eterna. Y mi cuerpo. La corona de lirios dorados de mis trenzas. La nieve de mi frente. Las rosas de mis mejillas. El perfume de mis besos. Las rosas para él. Las rosas no son nada. Olor de un día, y luego viento ágil y pasajero. (183-184)

Junto con la restauración de la tradicional repartición de papeles entre hombre y mujer, la mayor de las hermanas amazonas declara su sumisión a la bestia indómita.[33] Ya en vida de Tommy, Corina le había confesado su amor por Robinsón, aquel «salvaje» que, con «la brasa de su mirar me abri[ó] rosas en la sangre» (128): «Tú siempre me has rociado el alma como una fresca lluvia, con tus suaves palabras. ¡Y él, con su lírica furia, con su respeto religioso, con su bárbaro impulso, me há prendido una antorcha en cada nervio!» (129).

Frente a Tommy, el «compañero de la infancia», Robinsón «es el hombre» (129); frente a lo mismo, lo diferente; frente a la identidad, la alteridad;[34] frente a la unión endogámica, casi incestuosa con el discípulo de su padre, el raptor venido de isla lejana representa el triunfante modelo exogámico:

CORINA: Tú eres el hermano. Tu sangre y mi sangre, aunque distintas, me parecen la misma sangre. [...] Nuestro mutuo amor, sería egolatría. Creyendo amarnos, hemos amado el uno en otro, lo que más amábamos de nosotros mismos. Y el amor – pienso ahora – debe ser lo contrario. Amar a los demás por lo que falta en ellos de nosotros mismos. Por lo suyo propio, característico. Por lo que más firmemente se dibuje en su alma. Por lo que más choque con nuestra predilección. Cruce de sangres y de ideas ha de ser el amor, para llenar la vida. (130)

Teniendo en cuenta esta declaración, parece lógico que Corina cometa el acto en apariencia revoltoso de entregarse al asesino de su amado, renegando asimismo de todos los valores relacionados con su casa paterna, es decir, con el paradigma del esteticismo neoclasicista. En este sentido, cuando su padre la pone en guardia contra la bestialidad de su nuevo amante, Corina desmiente su existencia anterior, dedicada a la belleza pura, para articular su nuevo credo vitalista:

---

33 Frente a la inveterada inseguridad del protagonista, resulta bastante paradójica la sumisión de Corina a un Robinsón estilizado en héroe: «Habrá tormenta en la Mar, Robinsón mío. Querrán las olas devorarnos como monstruos hambrientos. Yo temblaré en tus brazos, hecha mujer enamorada y – como tal – miedosa. Tú, para mí, serás, amado, el Héroe. Gobernarás la Nave, recogerás la vela – desgarrada de las uñas del Viento – y el lomo de la Mar herirás con los remos potentes, movidos de tus brazos. Yo dormiré – al fin – sobre tus muslos rígidos. Y el trueno sonará alejado y nacerá un nuevo día sobre el Mar ya en reposo. Y en medio de la Mar – serenada – despertaré. Te besaré. Y allí, solos, nuestro amor brotará espontáneo y eterno. No preguntes. No inquieras. La Vida, te dará el saber de lo que ignoras. No temas. No vaciles. Marcha y confía» (189-190).

34 De manera análoga se concibe la amistad en la novela vanguardista de Ximénez de Sandoval *Tres mujeres más Equis* (véase Albert 2003: 177-179).

HÉCTOR:	Es un salvaje, Corina, que deshará tu delicadeza entre sus zarpas.
CORINA:	Nada me importa, padre. Le amo.
HÉCTOR:	Es locura ese amor.
CORINA:	No es locura, padre. Es Vida.
HÉCTOR:	La Vida no es eso.
CORINA:	La Vida es eso, sí. La que no es vida, es la que hemos vivido, de figuras de mármol, sin sangre en las venas. Hemos vivido sin deseo, padre. ¡Y yo, ahora, abraso de deseo! ¡Bésame, Robinsón! ¡Toma mi boca! (185-186)

Y «febril [d]e vida», apela a sus hermanas a que sigan su ejemplo: «La vida es el amor. ¿No os encendéis, hermanas? ¡Sed mujeres! Dejad de ser estatuas» (186). Frente a esta incitación a la rebelión contra el orden establecido por el padre artista, éste intenta una última defensa de su mundo, evocando el paraíso neoclásico de su isla:

> ¡Calla, maldita! ¡Vas a destruir mi Obra! Esta Isla dichosa, remanso de la vida, toda en calma, con el Mar azul y el cielo azul y la playa de oro. En esta Isla, la belleza es esclava, sumisa y serena. Vosotras sois como ninfas de su bosque pequeño, como nereides de sus arroyos breves... Paolo, un viejo dios, encantador y plácido. (187)

Corina le bate con sus propias armas, legitimándose por el ejemplo de los mitos antiguos, pues «Todas las diosas han renunciado a su divinidad para ser mujeres y dejarse poseer por los hombres» (187). Además, ella plantea la controversia en términos explícitamente filosóficos, al establecer el antagonismo entre arte y vida, esteticismo y vitalismo:

> No te opongas, padre. Nace el amor, la pasión, la vida, y es poca vuestra fuerza a contenerlos. El amor, la pasión, la vida, matan. Tienen sangre y nervios. Lo que no tiene esa fría Estética de vuestra vida de Columnas erguidas, rígidas, estériles. (188-189)

Ya no hay más remedio: A pesar de la prevención del padre – «en el horizonte negrea la tormenta. ¡No marches, hija mía!» (189) –, la hija se va, «raptada» por Robinsón que, una vez más, sigue el consejo de Friday llevándola «en [s]us brazos Mar adentro. Hasta nuestra Isla» (187). En este punto, el mar, hasta entonces uno de los ingredientes poéticos del decorado neoclásico,[35] cambia de valor simbólico (junto con el género gramatical), para pasar a representar la esencia misma de la vida, su dinámica incalculable y su fuerza indómita. Las imágenes marítimas y navales, familiares de la emblemática cristiana, sirven aquí para expresar los diversos aspectos de una concepción vitalista de la existencia: «¡Y ya bombea el Viento, la vela de la Vida!», «¡Ya está la Nave, en el agua del Amor!» (191). Y mientras que Corina y Robinsón se embarcan, Friday en un *élan* panerótico se lanza con las muchachas al elemento fecundo del agua para «[r]enov[ar] la vida de esta Isla, con nueva Belleza y nuevas risas» (192).

Al final es el preceptor Paolo, elemento dionisíaco desde el principio, el que expresa el mensaje vitalista de la obra, ligado a la imagen de la Mar. Reincidiendo

---

35 Se puede hablar de una verdadera poética del mar, véase por ejemplo pp. 96-98.

en la profesión de fe pronunciada por Corina, «La Vida tiene razón siempre y alegría eterna» (133), explica la relación entre vida y muerte en un sentido nietzscheano a propósito de la muerte de Tommy. Ya con motivo de sus obsequios se había apreciado su «muerta belleza adolescente» (178), comentando que el joven «sonríe a la Muerte lo mismo que a la Vida» (176). Ahora la muerte de Tommy, asesinado por rivalidad sexual, se exalta en sentido darwinista como heroico sacrificio en aras de la vida. Arrojar el cadáver al mar significa reintegrarlo al elemento vital, al curso de la naturaleza. Por último, el maestro de estética reniega del mismo ideal neoclásico. La belleza apolínea, a cuyo culto se dedicaba la isla, representa, según el portavoz del vitalismo, un ideal decadente, obsoleto, muerto, destinado a ser superado a través de la ciega energía vital:

> Miremos a la Mar azul de día. Es camino la Mar, de aventura y amor. La Mar esta mañana, arde del fuego de ellos. Miremos a la Nave que se aleja. Pero con optimismo, con el aliento sano que su vela hincha. Esa es la Vida, Héctor, La Mar, azul de día. Oro de amor, el Sol. Ya ves. Tommy sonríe. Su cadáver, bruñido de esta gloria de Sol, es un himno de amor. Sonríe. No le importó morir por el triunfo de la vida. Para que él triunfase, hubiera muerto Robinsón. Los dos son héroes. Y es el amor quien ha vencido. Nosotros – ancianos ya – soñamos esta Isla arquetipo. ¿Arquetipo de qué? De Estética. Era un bosque de Grecia, divino azul, oro divino, muy fría el agua, muy templado el Sol. Mármoles. Columnas. Y sin vida y sin pasión. Una Grecia decadente de civilización con los sentimientos pulidos y las fuerzas del alma, encadenadas. Falseamos la Belleza, Héctor. Antorcha que no quema, es la Belleza que reposa. Era una Isla muerta. Hoy revive. ¡Dejémosla vivir! Miremos a la Mar, azul de día, ejemplo de la vida, recia, vigorosa, tierna, rugiente, muda... Es camino la Mar, de aventura y amor. Y ya que por la Mar se va el amor triunfante, sepultemos en ella el amor vencido. ¡Arrojemos el cuerpo del discípulo! Túmulo inmenso de zafiro, a su cuerpo desnudo.
> = *Y sepultan el cuerpo rígido de Tommy, en la llanura limpia de la Mar Infinita.* = (192-193)

Para situar este credo irracionalista en su contexto histórico, quisiéramos concluir con las siguientes observaciones. La celebración del instinto sexual como afirmación darwinista de la vida, al precio de muertes y violaciones, sitúa a Ximénez de Sandoval en las postrimerías de un modernismo inspirado por Nietzsche,[36] como puede representarlo Tomás Borrás.[37] El culto al joven héroe muerto anticipa la celebración de la «muerte buena y bonita de los héroes jóvenes»[38] y, en concreto, el ceremonial falangista para honrar a los camaradas caídos, que Ximénez de Sandoval describe en *Camisa azul*.[39] Renunciar al helénico ideal neoclásico,[40] como lo hace

---

36   Todavía estamos a la espera de estudios que, siguiendo a Gonzalo Sobejano, detecten más huellas de la recepción de Nietzsche en España.

37   Véase Albert 2003: 157-160.

38   Ximénez de Sandoval 1939: 60.

39   Véase Albert 2003: 424-429.

40   Es natural en este contexto pensar en la revista *Grecia* que, entre 1918 y 1920, refleja

Ximénez de Sandoval a través de las palabras de Paolo, implica un viraje estético-filosófico de un idealismo etéreo a un accionismo irracionalista que anuncia la transición del arte puro al arte sin pureza. Al igual que Defoe, Ximénez de Sandoval pone en escena, en su *Robinsón*, el encuentro entre civilización y barbarie concebido como experimento paradigmático, invirtiendo sin embargo los papeles de ambos protagonistas. Además, en el año 1925, este encuentro se efectúa en sentido inverso, es decir, el mensaje histórico-filosófico del joven dramaturgo español se opone diametralmente al optimismo ilustrado de Occidente con su idea de progreso y perfectibilidad. Esta vez, los salvajes que llegan a las orillas de la civilización traen una barbarie salvadora para hacer tabla rasa con una cultura refinada, decadente, exangüe. Aquí se hace patente la influencia del concepto de Oswald Spengler, de la «decadencia de Occidente», que ha dejado huella en el pensamiento prefascista español.[41] Con su despedida al esteticismo de inspiración neoclásica y su apología de un vitalismo irracionalista, ambos elementos del modernismo finisecular, Felipe Ximénez de Sandoval da con su *Robinsón* un paso decisivo en la formación de un ideario fascista.

Bibliografía

Abellán, Manuel Luis (1980): *Censura y creación literaria en España, 1939-1976*. Barcelona: Ed. Península.
Albert, Mechthild (2003): *Vanguardias de camisa azul. La trayectoria de los escritores Tomás Borrás, Felipe Ximénez de Sandoval, Samuel Ros y Antonio de Obregón entre 1925 y 1940*. Madrid: Visor.
Carbajosa, Mónica y Pablo (2003): *La corte literaria de José Antonio. La primera generación cultural de la Falange*. Barcelona: Crítica.
Elorza, Antonio (1984): *La razón y la sombra. Una lectura política de Ortega y Gasset*. Barcelona: Anagrama.
Giménez Caballero, Ernesto (1931): «Robinsón literario de España», en: *La Gaceta Literaria* 112, 15-VIII-1931.
Giménez Caballero, Ernesto (^{5}1939 [1932]): *Genio de España*. Madrid: Jerarquía.
Gumbrecht, Hans Ulrich (2001): *1926. Ein Jahr am Rand der Zeit*. Frankfurt am Main: Suhrkamp.
Mainer, José-Carlos (1971): *Falange y literatura*. Barcelona: Labor.

---

otro aspecto de este cambio, a saber la transición del modernismo a la vanguardia ultraísta.

41 Véase, por ejemplo, Giménez Caballero 1939: 174: «El hombre se revuelve contra el hombre. Así vamos llegando a estos días nuestros en que Prometeo, de nuevo: sus orgullosas y rebeldes entrañas desgarradas. Como en Grecia, como en Roma, como en la Reforma. *Untergang des Abendlandes*. Decadencia. *Götterdämmerung*, los dioses occidentales se van.» A pesar de ciertas afinidades ideológicas entre Giménez Caballero y Ximénez de Sandoval, el «Robinsón literario de España» no alude al *Robinsón* analizado aquí, sino que se refiere al aislamiento y al anhelo de sobrevivir que caracterizan al personaje creado por Defoe; véase Giménez Caballero 1931.

Meier, Franziska (1998): *Emanzipation als Herausforderung. Rechtsrevolutionäre Schriftsteller zwischen Bisexualität und Androgynie*. Wien / Köln / Weimar: Böhlau.

Morelli, Gabriele (ed.) (1994): *Ludus. Gioco, sport, cinema nell'avanguardia spagnola*. Milano: Edizioni universitarie Jaca.

Nora, Eugenio de (1962-1963): *La novela española contemporánea (1927-1960)*. Madrid: Gredos.

Reckwitz, Erhard (1976): *Die Robinsonade. Themen und Formen einer literarischen Gattung*. Amsterdam: B.R. Grüner.

Rodríguez Puértolas, Julio (1986): *Literatura fascista española*. Madrid: Akal.

Soldevila Durante, Ignacio (1982): *La novela desde 1936*. Madrid: Alhambra, 2ª ed.

Ximénez de Sandoval, Felipe (1928): *Robinsón. Comedia decorativa*. Madrid: Biblioteca Nueva.

Ximénez de Sandoval, Felipe (1930): *Tres mujeres más Equis*. Madrid: Ediciones Ulises, Colección de valores actuales, CIAP.

Ximénez de Sandoval, Felipe (1936): *Los nueve puñales*. Madrid: Imprenta E. Maestre.

Ximénez de Sandoval, Felipe (1939): *Camisa azul. Retrato de un falangista*. Valladolid: Santarén.

Ximénez de Sandoval, Felipe (1941): *José Antonio. Biografía apasionada*. Barcelona: Editorial Juventud.

El sol como Padre y el agua como Madre.[1]
Estructura icónica de *Camino de perfección*

Javier Herrero
(University of Virginia)

Dos hispanistas británicos, Donald Shaw y Francisco García Sarriá, han establecido las bases, en mi opinión definitivas, del marco interpretativo de *Camino de perfección*. Para ambos el texto tiene claramente un sentido religioso. Donald Shaw fue el primero en observar la división de *Camino de perfección* en tres partes. En la primera el héroe, Fernando Ossorio, un joven artista perteneciente a la aristocracia madrileña, es presentado hundido en un marasmo intelectual y moral que culmina en sus relaciones, de un erotismo decadente y sádico, con su tía Laura. Su corrupción sexual y su desorientación espiritual lo conducen a un estado de enervación abúlica que le lleva a abandonar Madrid. Con esa partida concluye la primera etapa de su camino y comienza un proceso regenerador que, tras una peregrinación purificadora por Castilla, culmina en la ciudad imperial y mística de Toledo. Allí, y en lo que constituye una segunda etapa, resiste la tentación de seducir a la joven Adela, venciendo su previo desenfreno y descubriendo en sí la fuerza liberadora de la conciencia ética. Ese triunfo ha sido debido a una revelación súbita de su conciencia moral. En una tercera etapa Ossorio, fundiendo su recién adquirida fuerza moral con la filosofía de Nietzsche, encuentra la salvación en un vitalismo que parece liberarle de la abúlica condición que la tradición católico-aristocrática le había impuesto. Esta etapa culmina en una enérgica afirmación vital ejemplificada en su amor por su prima Dolores y en su victoria contra su rival Pascual.[2]

Siguiendo a Shaw, García Sarriá introduce, mediante un análisis de las imágenes usadas por Baroja a lo largo de la peregrinación del protagonista, una paralela división tripartita del mundo mítico de la obra. García Sarriá nota con admirable agudeza que el *camino de perfección* de Fernando Ossorio consiste en pasar del mundo del fuego al del agua: el comienzo de ese conflicto tiene lugar en los amores de Fernando con su tía Laura, que Baroja describe así: «Muchas veces Fernando, al lado de aquella mujer, soñaba que iba andando por una llanura castellana seca, quemada [...].» Esa sugerencia al calor castellano «inicia uno de los órdenes en torno a los cuales gira la novela, *misticismo*, erotismo y llanura castellana, puestos bajo el

---

1 Los nombres Padre, Madre, Sol, etc., se escribirán con mayúscula cuando son usados para designar realidades naturales que el autor trata como divinidades cósmicas.
2 Shaw 1963: 151-159.

signo del sol ardiente».[3] Fernando se salvará de la angustia producida por ese sol ardiente mediante la transformación que le produce el descubrimiento del mundo del agua. Esa transición implica una mitificación del Agua que se convierte en una presencia salvadora y sagrada que contiene unificadas las personificaciones de la Madre, la Esposa, y la Virgen María, a la que descubre como principio de la feminidad salvadora. La contemplación de *la Madre Celestial* lo libera de la opresión solar.[4]

Yo intento seguir aquí las líneas generales presentadas por Shaw y García Sarriá, es decir, acepto que la obra tiene un carácter religioso y que la visión de Baroja es expresada poéticamente mediante la oposición del fuego y el agua. Pero intentaré mostrar que la intención de Baroja es más radical de lo sugerido por ambos críticos. El título *Camino de perfección* contiene un profundo sarcasmo. Está construido irónicamente sobre los tratados místicos del Siglo de Oro español, en los que el *camino de perfección* cristiano suponía la purificación del alma mediante el paso por tres fases o estados espirituales. En el primero, la *vía purgativa*, el alma, aun poseída por el pecado, se encuentra envuelta por una *noche oscura* en la que ignora la luz de la gracia divina. En la segunda etapa, *vía iluminativa*, el alma, mediante el ascetismo y la oración, se purifica y comienza a recibir una luz, que la ilumina y dirige sus pasos hacia la última unión con la divinidad, que tiene lugar en la tercera y última etapa o *vía unitiva*. Ese proceso de perfección espiritual está paródicamente representado en la novela por la peregrinación del protagonista, Fernando Ossorio, desde Madrid, pasando por varios pueblos de Castilla y la ciudad de Toledo, hasta la costa mediterránea levantina, llegando finalmente a un pueblo de Castellón donde la salvadora revelación de la divinidad de la Madre tiene lugar. Baroja ha usado una serie de símbolos para parodiar el camino de perfección místico. El proceso por el que Fernando se une a la Madre Naturaleza consiste en liberarse de la *noche oscura* creada por el cristianismo, convirtiéndose al neopaganismo nietzscheano.

La *noche oscura*, pues, está representada por la decadente sociedad aristocrática de la corte, a la que el protagonista de la novela pertenece. Esa sociedad, en apariencia deslumbrante y en realidad profundamente corrompida, está dominada por la tradición histórica del absolutismo católico, cuya base profunda es un sentimiento de culpa y pecado, al que acompaña el miedo del castigo infernal. Ese sentido de culpa pervierte la constitución emocional del ser humano. El amor mismo es separado de la naturaleza por el sentimiento de pecado. El acto amoroso, al ser vivido como culpable, enciende en el amante el odio al amado, y la pasión se convierte en un sadismo diabólico, que el narrador ejemplifica en la pasión de Fernando por su tía Laura. Madrid, la corte, el centro de la sociedad aristocrático-burguesa, es también, para el joven anarquizante que era Baroja, el lugar teológico cubierto por la *noche oscura del alma*. Su cultura decadente ha reducido al pueblo entero a un estado de

---

3   Sarriá 1971: 250.
4   Sarriá 1971: 264.

radical abulia, de impotente sensualidad. Tras contemplar el elegante paseo de coches de la Castellana, el narrador, un amigo de Fernando Ossorio, el protagonista de la novela, exclama: «Daba aquel anochecer la impresión de la fatiga, del aniquilamiento de un pueblo que se preparaba para los placeres de la noche, después de las perezas del día».[5]

Hemos visto que García Sarriá ha identificado, correctamente en mi opinión, a la Madre con el agua, pero, al establecer un maniqueísmo del agua contra el sol, y hacer, por tanto, del sol un principio del mal, no explica su fuerza creadora en la segunda parte de la novela. Para él, como hemos señalado, el sol es simplemente un símbolo de la ardiente fuerza opresiva de la tradición castellana encarnada en las fuerzas sociales dominantes en la España de fin de siglo. Pero, como espero mostrar, la función de sol en *Camino de perfección* es mucho más profunda. Baroja propone en su obra, a través de las imágenes naturales del sol y del agua, y de la riqueza vital que de su unión surge, una visión cósmico-teológica en la que ambos elementos, y no sólo el agua, desempeñan el papel de principios creadores, el sol representando el principio paternal y el agua el maternal. Es precisamente la arrogancia absolutista del Sol-Padre, que aplasta (evapora) el poder maternal, lo que lo constituye en principio destructor. Sometido a la poderosa dulzura de la Madre-Agua, reflejado en ella, que templa su ardor, el Sol-Padre se convierte en un principio creador, en una fuerza germinadora.

Un análisis del desarrollo de la novela nos mostrará la transformación del Sol-Padre de cegador principio destructor en benévolo principio creador. Fernando huye de ese Madrid en el que se ve abocado a la locura o al suicidio. Si la *vía purgativa* se inicia en la *noche oscura* de la corte, la *iluminativa* transcurre durante la peregrinación de Fernando por una Castilla encendida por ese sol que, en lugar de iluminar, ciega. Ese sol, como veremos, es el símbolo del Padre eterno, que nos castiga quemándonos en la tierra con las hogueras inquisitoriales y en el infierno con el fuego eterno. En cuanto símbolo de la Inquisición y del terror al infierno, el Sol-Padre lo es de la tradición hispánica. Nos encontramos aquí con una deliberada oposición de Baroja a sus compañeros de generación: si el alma castellana era para éstos la fuente de las virtudes hispánicas, para Baroja lo es de sus vicios, de su radical ceguedad moral.

En el inicio mismo de su peregrinación por Castilla Fernando recibe, a través de su encuentro con un joven alemán, Max Schulze, su bautismo nietzscheano. Fernando observa, al mencionar Schulze al filósofo alemán, que ha oído hablar de su filosofía como una glorificación del egoísmo, a lo que Schulze replica: «–¡Cómo se enga-

---

5   Baroja 1952: 15. Todas la citas de *Camino de perfección* se harán por la edición de Las Américas Publishing Company (1952) porque, desgraciadamente, la de las *Obras Completas*, publicada por Biblioteca Nueva en el volumen IV (1948), fue drásticamente censurada.

ña usted, amigo! Crea usted que es difícil representarse un hombre de una naturaleza más ética que él; dificilísimo hallar un hombre más puro y delicado, más irreprochable en su conducta. Es un mártir». Impresionado por tales alabanzas Fernando exclama: «Al oírle a usted se diría que es Buda o que es Cristo», a lo que Schulze replica: «¡Oh! No compare usted a Nietzsche con esos miserables que produjeron la decadencia de la humanidad».[6]

Tras escuchar ese explícito ataque al cristianismo, Fernando continúa su peregrinación por una Castilla en la que la ferocidad del fuego se intensifica: «Llegó a Segovia con un calor bochornoso [...] el cielo [...] despedía un calor aplastante [...] [los campos] estaban abrasados y secos [...]».[7] Y a medida que Fernando se acerca a Toledo ese ardor crece. El sol ha quemado a Castilla. Sus pueblos, con sus iglesias y casas, parecen los huesos de un gigante devorado por una colosal hoguera: «El pueblo se destacaba con su iglesia de ladrillo y unas cuantas tapias y casas blancas que parecían huesos calcinados por un sol de fuego».[8] No es pues sorprendente que Fernando llegue al momento culminante de su fase iluminativa, su entrada en Toledo, ciego: «enfermo, con los ojos vendados [...]».[9] La ciudad misma parece arder: «[...] sus torres, sus campanarios, sus cúpulas [...] conventos [...] todo calcinado, dorado por el sol de los siglos y los siglos [...] El sol ascendía en el cielo; las ventanas de las casas parecían llenarse de llamas [...]».[10]

Sólo una presencia divina, la Madre, puede aliviar el terror de Fernando a esas llamas paternas que todo lo devoran. Al contemplar el cuadro que encarna el espíritu de la ciudad imperial, *El entierro del conde de Orgaz*, le espantan «Las llamaradas cárdenas de los blandones [que] flotaban suavemente en el aire, dolorosas como almas en pena».[11] Pero sobre esa lúgubre y ardiente oscuridad brilla, en la altura, en la gloria, la dulce imagen de la Madre eterna. En sus brazos Fernando espera escapar del terror del padre: «Algo aterrado de la impresión que le producía aquello, Fernando levantó los ojos, y en la gloria abierta por el ángel de grandes alas, sintió descansar sus ojos y descansar su alma en las alturas donde mora la Madre rodeada de eucarística blancura en el fondo de la Luz Eterna.»[12] El resto de la obra narra la lucha con que el Padre cristiano y la Madre pagana se enfrentan en el alma de Fernando, concluyendo con la aparente victoria definitiva de la Madre.

El segundo recurso que marca la evolución de Fernando es episódico. En su posada, en Toledo, se ha sentido fuertemente atraído por la hija de la posadera, Adela. En un determinado momento consigue llevarla a su cuarto y arrojarla sobre el lecho.

---

6   Baroja 1952: 64.
7   Baroja 1952: 72.
8   Baroja 1952: 87.
9   Baroja 1952: 88.
10   Baroja 1952: 107-108.
11   Baroja 1952: 100.
12   Baroja 1952: 101.

Y en ese instante siente una agitación convulsiva; su conciencia lucha contra su deseo y vence. Como ha sugerido Donald Shaw, ese momento marca la muerte del hombre viejo en Fernando Ossorio, el señorito aristocrático va a dejar lugar al crecimiento en él del hombre moral. Significativamente ese episodio inicia también, al despertar en Ossorio el recuerdo de una vieja culpa y la decisión de repararla, su peregrinación hacia Levante y el mundo del agua.

Esa peregrinación le llevará a Yécora, Marisparza, lugares manchego-levantinos donde aún persiste la sequedad castellana, y finalmente a la costa levantina que se extiende de Alicante a Castellón. Pero antes de llegar a Levante Fernando revive en Yecora, el pueblo donde se educó, el recuerdo de su formación cristiana y el horror de una religión basada en el odio a la vida. Precisamente llega al pueblo cuando se celebra la Semana Santa con sus consiguientes procesiones y en una de ellas, ante la presencia de los nazarenos que rodean y adoran al crucificado, Fernando siente brotar en él una ira que marca su ruptura definitiva con su pasado cristiano: «Ante aquellos pasos llenos de luces, ante aquella tropa de disciplinantes rojos, con su alta caperuza en la cabeza y el rostro bajo el antifaz, se sentía la amenaza de una religión muerta que, al revivir un momento y al vestirse con sus galas, mostraba el puño a la vida». Fernando se indigna ante lo que el considera «aquella horrible mascarada» y rehúsa inclinase ante la cruz y los disciplinantes. Siente entonces todo el peso del odio de aquella religión intolerante: «Vio las miradas iracundas que le dirigían los disciplinantes, al ver su acto de irreverencia, los ojos llenos de amenazador brillo a través de los antifaces, y sintió el odio; [...].»[13] A partir de ese momento su situación en el pueblo se le hace imposible y decide continuar su peregrinación.

En un impulso repentino Fernando toma un tren y, siguiendo otro impulso igualmente espontáneo, se detiene en la estación de un pueblo encantador. Allí tiene la primera experiencia del reino del agua, que de ahora en adelante se convierte en centro temático de la obra. Aquella frescura mística, cuya intuición había tenido en Toledo contemplando a la Virgen Madre en el cuadro del Greco, la encontrará de nuevo en las fecundas acequias y lagunas de la tierra levantina, y finalmente en los brazos de la Madre fecunda que es la diosa de sus aguas. Él mismo, convertido ahora en narrador, describe, con un entusiasmo que muestra el carácter sagrado de su experiencia, la primera visión de la Madre en toda su grandeza. La gran Madre hace su aparición como un agua que es fecundada ahora por un Sol-Padre que la abraza sin quemarla:

> Es la vida, la poderosa vida que reina por todas partes; las mariposas, pintadas de espléndidos colores, se agitan temblando sobre los sembrados verdes; las altas hierbas vivaces brotan lánguidas, holgazanas, en los ribazos; pían, gritan los gorriones en los árboles [...] y el gran sol, padre de la vida, el gran sol bondadoso, sonríe en los campos

---

13 Baroja 1952: 161-162.

verdes y claros del alcacel [...] y va rebrillando en el agua turbia y veloz de las acequias [...].[14]

Y esa visión de grandiosa vida, de una armonía entre los elementos del agua y fuego que, vencida la hostilidad que los enfrentaba en Castilla, se reconcilian en Levante, crea en Fernando un hombre nuevo, sano, renacido en el poderoso seno de la Madre. La presa del terror cristiano al Padre se rompe en su pecho y ese agua que canta gozosamente fuera de él irrumpe ahora, místicamente, en su pecho, fluyendo a través de sus venas y llenándolo de una vida nueva. Comienza, pues, en él la plenitud de la *etapa unitiva*:

> ¡Oh, qué primavera! ¡Qué hermosa primavera! Nunca he sentido, como ahora, el despertar profundo de todas mis energías, el latido fuerte y poderoso de la sangre en las arterias. Como si en mi alma hubiese un río interior detenido por una presa, y, al romperse el obstáculo, corriese el agua alegremente, así mi espíritu, que ha roto el dique que le aprisionaba, dique de tristeza y de atonía, corre y se desliza cantando con júbilo su canción de vida; nota humilde, pero armónica en el gran coro de la Naturaleza Madre.[15]

Desde ese momento el texto multiplica las referencias al fecundo poder creador del agua, poder que se ejerce tanto en el cosmos como en el espíritu de Fernando, llenándolo de una dicha extática: «Como la savia hincha las hojas de las piteras, llora en los troncos de las vides [...], así la corriente de vida en mi alma le hace reír y llorar y embriagarse en una atmósfera de esperanzas, de sueños y de locuras.»[16] Y esa fecundidad de la Naturaleza Madre vence la muerte misma; en el agua innumerables seres se multiplican: «[...] en las aguas pantanosas de las balsas y en las aguas veloces de las acequias brotarán y se multiplicarán miriadas de seres»; de ellos unos pasan, pero otros nacen: «Si la muerte es depósito, fuente manantial de vida, ¿a qué lamentar la existencia de la muerte? No, no hay que lamentar nada. Vivir y vivir..., esa es la cuestión.»[17]

Fernando prosigue su viaje a un pueblo de Castellón donde se hospeda en casa de un tío, médico del pueblo, y se enamora de su prima Dolores. Ésta tiene un novio, Pascual, que lo provoca, pero Fernando que, en su nuevo estado ha adquirido «una voluntad de hierro»,[18] pelea con él y lo vence. Fernando, vencida la abulia que lo poseía en la *noche oscura*, y la impotencia a que la ceguedad causada por el sol de fuego castellano lo condenó, se ha convertido en el hombre de hierro que no teme la lucha, que conquista, en el superhombre nietzscheano. Y ese hombre nuevo encuentra por fin la mujer Madre, la reina del agua que él, con su fuego, podrá fecundar. En una descripción simbólica, verdadera apoteosis de la fecundidad, Fernando presenta a Dolores como una diosa de la Naturaleza, igual a Flora y Pomona, diosas de las

---

14 Baroja 1952: 177-178.
15 Baroja 1952: 178.
16 Baroja 1952: 178-179.
17 Baroja 1952: 179-180.
18 Baroja 1952: 187-188.

flores y los frutos. La pareja ha ido a visitar un huerto de la abuela de Dolores, y Fernando nos describe la entrada al jardín como «un muro verde lleno de flores y de campánulas»; en el centro hay un cenador sobre el que se sostienen «gruesos troncos de un rosal silvestre lleno de hojas, que derrama un turbión de sencillísimas flores blancas y amarillentas». A la entrada del cenador hay dos estatuas, de Flora y Pomona. Dolores sube a una azotea que hay tras el cenador y Fernando la sigue. Apoyada Dolores en un jarrón de barro, ambos contemplan desde esa altura los «marjales divididos en cuadros por anchas y profundas acequias, en cuyo fondo verdeaba el agua»; por la carretera que rodea el huerto pasan carros de naranjas. Allí, entre diosas fecundas, agua, rosas, y apoyada en un recipiente, Dolores se le revela como Madre. Fernando le cuenta sus desventuras pasadas y Dolores le consuela con maternal dulzura: «*Pobret.*– me dijo con una mezcla de ironía y maternidad –; y no sé porqué me sentí niño y tuve que bajar la cabeza para que no me viese llorar.»[19]

La grandeza de la Madre se revela con toda su fuerza en esa impresionante escena: Fernando es ahora el superhombre nietzscheano, pero frente a la Madre es solamente un niño que llora. La grandeza de esta revelación, en la que el gran misterio cósmico se desvela, es acompañada por una apoteosis triunfal que ambos amantes contemplan desde la azotea: enfrente de ellos se extiende la masa azul del Mediterráneo, y en él reflejándose, arde un sol que ilumina el agua con resplandores heroicos: «Bajo las nubes fundidas se ocultaba el sol envuelto en rojas incandescencias, como un gran brasero que incendiara el cielo heroico en una hoguera radiante, en la gloria de una apoteosis de luz y colores». Pero ese gran brasero no incendia la tierra sino que transforma el agua de las acequias en sangre fecunda: «Brillaba el agua con sangriento tono en las acequias de los marjales [...]»; el viento viene «cargado de olor de azahar» y, a lo lejos, supremo signo de la fecundidad levantina, «seguían pasando los carros cargados de naranjas».[20]

Fernando y Dolores se casan, y en el matrimonio finalmente la divinidad de la mujer se le revela. No creo que haya texto en la literatura que estamos examinando, en el que ese culto a la Madre, diosa del agua fecundante, llegue a un grado de exaltación semejante: Fernando «pensaba que él era como un surtidor de la Naturaleza que se reflejaba en si mismo y que Dolores era el gran río adonde afluía él. Sí, ella era el gran río de la Naturaleza poderosa, fuerte. Fernando comprendía entonces la grandeza inmensa de la mujer...». En realidad el gran misterio que Fernando descubre es que esa Mujer-Madre es divina: «Llegaba a sentir respeto por Dolores como ante un misterio sagrado; en su alma y en su cuerpo, en su seno y en sus brazos redondos, creía Fernando que había más ciencia y más vida que en todos los libros, y en el corazón cándido y sano de su mujer sentía latir los sentimientos grandes y va-

---

19 Baroja 1952: 195-196.
20 Baroja 1952: 197.

gos: Dios, la fe, el sacrificio, todo.»[21] Fernando ha encontrado por fin aquella diosa que había vislumbrado en Toledo; pero ha sido necesario vencer al Dios Padre, y a Jesús, el Dios Hijo, para, roto el dique del cristianismo, dejar que fluyan en su espíritu las aguas redentoras y fecundas de la Madre.

Vemos, pues, que, efectivamente, como mostró García Sarriá la Madre figura como una presencia, no sólo dominante, sino sagrada, en Baroja. Pero un lugar igualmente importante es reservado al Padre. Éste es, en cuanto símbolo de un poder autoritario implacable, que Baroja interpreta como la esencia de la tradición católica castellana, un principio destructor. Pero creo haber mostrado que en Sol-Padre, unido a la Madre, se convierte en una divina fuerza creadora. En esta interpretación, no sólo completamos la lectura de García Sarriá, alcanzando una más profunda comprensión del texto, sino que llegamos a una conclusión sorprendentemente distinta. *Camino de perfección* no se limita a una glorificación de la Madre, ni siquiera de la Madre y el Padre, sino que esta unión implica un contenido nuevo: *lo que Baroja glorifica es el matrimonio, la familia.*

En unos artículos anteriores he intentado mostrar que en la literatura de fin de siglo existe una distinción clara entre modernismo y la Generación del 98. Y que la esencia de esa distinción es el mito de la Madre que domina el arte por ella creado. En el modernismo no existe ese mito porque la Madre es incompatible con el erotismo. También el modernismo tiene una diosa, la Belleza, de la que los artistas son acólitos.[22] Pero no hay nada de maternal en esa diosa cruel. Sus pechos de piedra, como nos dijo su gran sacerdote, Baudelaire, asesinan a los que quieren beber en ellos. Su corazón es de nieve, profundo como un abismo, y su alma poderosa para el crimen[23]. En Baroja, como en Unamuno, la Madre se une, como hemos visto, al Padre para formar una familia divina y sagrada. A pesar de que *Camino de perfección* es formalmente un perfecto ejemplo de las técnicas modernistas, esa divinización de la gran familia cósmica ancla a Baroja en el seno de la Generación del 98.

Bibliografía

Baroja, Pío (1952): *Camino de perfección*. New York: Las Américas.
Baudelaire, Charles (1961): *Les fleurs du mal*. Paris: Garnier.
García Sarriá, Francisco (1971): «Estructura y motivos de *Camino de perfección*», en: *Romanische Forschungen* 83, pp. 246-266.
Herrero, Javier (1982): «Spain as Virgin. Radical Traditionalism in Ángel Ganivet», en Amor y Vázquez, José / Kossoff, David (eds): *Homenaje a Juan López Morillas*. Madrid: Castalia, pp. 247-256.
Herrero, Javier (1997): «Ganivet ‹precursor del 98›. La virgen contra la hetaira», en: *RILCE* 13/2, pp. 99-119.

---

21 Ibíd.: 201
22 Herrero 1997: 115-116; ver también Herrero 1982: 250-256.
23 Baudelaire 1961: 24-25

Shaw, Donald (1963): «Two novels of Baroja: An illustration of his technique», en: *Bulletin of Hispanic Studies* XL, pp. 151-159.

Shaw, Donald (1989): «Classifying *Camino de perfección*», en: *Romance Quarterly* 36/3, pp. 353-359.

Shaw, Donald (1997): *La generación del 98*. Madrid: Cátedra.

Ferrer en Bruselas

Bert Hofmann
(Bruxelles/Mainz)

Una avenida ancha y elegante. Zona de embajadas y villas burguesas. Bordeando un extenso parque, el Bois de La Cambre. Acompañando suavemente las ondulaciones del terreno, sus amplias curvas y desniveles. Franklin D. Roosevelt, quizás una de las arterias más elegantes de Bruselas. Burguesía decorosa. Barrio rico: *ici, tout n'est que luxe, calme et volupté*.

    En la vasta franja divisoria de cesped, frente a la universidad más antigua de Bruselas, se yergue una figura masculina que termina, con gran dinamismo, en una antorcha. Se parece, no hay otro parangón posible, a una réplica – en masculino y en desnudo – de la estatua de la libertad en Nueva York. Nos detenemos y leemos en el pedestal:

A
Aan
Francisco Ferrer
Fusillé à Montjuich
Le 13 octobre
Martyr
De la
Liberté de Conscience
Gefusileerd te Montjuich
Op 13 Oktober 1909
Martelaar van de
Gewetensvrijheid

Y por debajo:

L'enseignement rationaliste peut et doit
Tout discuter en mettant au préalable
Les enfants sur la voie simple et directe
De l'investigation personnelle.
Francisco Ferrer
Lettre du 24 janvier 1907

¡Francisco Ferrer en Bruselas!
Resulta demasiado conocido Francisco Ferrer para los lectores de un tomo como éste para tener que presentárselo.[1] Pero sí valga quizás la pena escrutinar cómo su figura

---

1   Ver al respecto por ejemplo la presentación de Ferrer en el *site* siguiente de la ULB:

ha sido apadrinada por la *Université Libre de Bruxelles* (ULB) – una de las instituciones antonomásicas de un país y que significó tanto para la misma «ek-sistencia» de Bélgica en la vida intelectual como la *Société Générale* para su vida económica – y más allá de la ULB, por toda una vertiente del país.

La ULB se fundó en 1834 – no teniendo Bruselas ninguna universidad en el momento de la independencia belga (1830/1831) – como contrapartida liberal y masona a las tres universidades existentes en el país, sobre todo en contra de la Universidad Católica de Lovaina (UCL). Los liberales y masones se vieron espoleados en su decisión al enterarse de que el episcopado había adoptado, en el 1834 igualmente, la decisión de añadir a las universidades católicas ya existentes otra más en Malines, cerca de Bruselas. Para captar el espíritu fundador de la ULB, basta citar dos frases cortas que constituyen el artículo 1 de sus estatutos:

> L'Université libre de Bruxelles fonde l'enseignement et la recherche sur le principe du libre examen. Celui-ci postule, en toute matière, le rejet de l'argument d'autorité et l'indépendance du jugement.

La figura central para el establecimiento de esta Universidad, que inició su andadura el día 20 de noviembre de 1834, fue un tal Pierre-Théodore Verhaegen, abogado por más señas. Desde entonces, los estudiantes celebran cada año el 20 de noviembre (¿resulta conocida esta fecha?) una gran fiesta, popular e irónicamente llamada la «Saint-Verhaegen».[2]

---

http://www.ulb.ac.be//cal/mouvement/touteunehistoire/biographies/franciscoferrer.htm/
Existe también una fundación con su *site* (Fundació Francesc Ferrer i Guàrdia, http://www.laic.org./index.php).
La figura de Ferrer no es el objeto de esta contribución. Sin embargo, quisiera citar la siguiente evaluación que proviene de Pierre Vilar. Bajo el título «Arbeiterbewegung und geistige Krise» («Movimiento obrero y crisis intelectual»), Vilar constata: «Der eindrucksvolle geistige Aufschwung, der sich in Madrid und Barcelona gegen 1900 zeigt, reagiert zweifellos auf die Krise der Gesellschaft, bleibt aber eine Bewegung kleiner Eliten, die sich voll im ‹19. Jahrhundert› befinden. So ist es mit der *Institución libre de Enseñanza*, mit dem Modernismus in Barcelona und selbst mit der anarchistischen *Revista blanca*. Einzig Francisco Ferrer, mit seinen Bizarrerien und Beschränktheiten, hat einen Massenplan: eine wirkliche ‹freie Schule› zu schaffen, die in der Volkserziehung nicht der Kirche den gesamten Vorteil aus der Nachlässigkeit des Staates überließe. Er sollte diese Kühnheit teuer bezahlen.» («El impresionante impulso intelectual que se manifiesta en Madrid y en Barcelona hacia 1900 constituye sin duda alguna una reacción a la crisis de la sociedad, pero queda limitado a un movimiento de algunas reducidas élites que se encuentran de lleno en ‹el siglo XIX›. Vale esto para la *Institución libre de Enseñanza*, para el modernismo en Barcelona e incluso para la *Revista Blanca*, de tendencia anarquista. Únicamente Francisco Ferrer, por estrafalario y limitado que fuera, concibió un proyecto dirigido a englobar las masas: crear una auténtica ‹escuela libre› que no dejara todo el privilegio de la instrucción del pueblo a la Iglesia que se sustituía a la dejadez y la falta de interés del Estado. Esta temeridad tuvo que pagarla bien caro.») Vilar 1975: 57s. (Traducción propia, BH.)

2   Los portadores carnales de este espíritu llevan, en francés, la bonita designación de «libre-exaministes», tal como «tartinistes» o «garagistes».

En grandes trazos, ésta constituyente de Bélgica obviamente necesitaba patrones y modelos; el joven, y desde sus inicios, siempre precario Estado, andaba también a la búsqueda de otros tantos,[3] razón por la cual, por ejemplo, desarrollaba toda una labor que iba a dotar a la capital y al resto del país de un vasto programa iconográfico, materializado en un sinfín de esculturas y monumentos esparcidos en su callejero.

«Nation-building» se diría hoy, en África. Justamente allí, el segundo rey de los belgas había conseguido dotar a su joven reino de un apéndice, cincuenta veces más grande que Bélgica, que tardó en vender a la madre-patria. Bélgica se resistió, durante décadas, a aceptarlo: en 1905, el Parlamento, finalmente y de no muy buen grado, se dejó convencer para convertir el Estado Libre del Congo, hasta entonces propiedad privada de Leopoldo II, en colonia belga. Los horrores que acompañaron la anexión del Congo son dulcemente escatimados en la inscripción de otro monumento: «J'ai entrepris l'oeuvre du Congo dans l'intérêt de la civilisation et pour le bien de la Belgique, Léopold II, 3 juin 1906» leemos como inscripción cabecera y luego, por debajo de una ilustración asaz realista:[4] «L'héroisme belge anéantit l'arabe esclavagiste».[5]

Este monumento se encuentra en el parque del cincuentenario, «Jubelpark» en neerlandés, es decir, de la glorificación de los cincuenta años de la independencia belga – otro intento de darle un sentido al joven Estado –, parque situado hoy en pleno barrio europeo. Allí, a una distancia de cien metros, rivalizan tres ideologías/iconografías por el favor del público: el susodicho monumento, el pabellón de las Pasiones Humanas y la Gran Mezquita de Bruselas. El pabellón, obra de Víctor Horta, contiene una gran escultura en relieve de Jef Lambeaux, adquirida por el gobierno belga en 1890. Inaugurado oficialmente en 1899, el pabellón quedó cerrado definitivamente tres días después de este acto solemne y esto hasta la última década del siglo XX (¡!). No estaba ajena a este cierre tan duradero la Iglesia católica, que se escandalizaba, entre otras razones, de que el crucificado no figurara en el centro exacto del bajo relieve. La mezquita, en cambio, no tiene problemas de acceso ni de afluencia, funciona en plena libertad. Tan sólo se llega a matar de vez en cuando a un imán demasiado liberal, sin que se encuentren nunca a los asesinos.

El conjunto formado por estos tres «lieux de mémoire» no deja de inspirar. Es un lugar que representa bien la competencia entre imaginarios, *Weltanschauungen* y *Sinngebungsmodelle*. Dado que estos tres emblemas son todos de la época fin de

---

3   Morelli 1995.
4   Parece una anticipación de «bulles», otro invento belga, que hoy se llaman «bandes dessinées», vulgarmente *comic strips* o tebeos.
5   La palabra «arabe» se arranca del monumento por fechoría anónima una y otra vez. Luego, las autoridades vuelven a ponerla.

siglo/preguerra, este conjunto forma también una tela de fondo para comprender mejor el clima intelectual de la época.

O sea 1905/1910, momento en que se ejecuta a Francisco Ferrer. No cabe aquí resumir el escalofrío que hizo cundir el espectáculo de esta ejecución. El caso es que, a gran escala, tanto para los socialistas como para los liberales progresistas en Bélgica, palabra que siempre significa: opuestos a la Iglesia, esto fue una ocasión única: allí tenían la prueba fehaciente del oscurantismo clerical y español, prolongación, dentro del ideario de una nación naciente – antigua «colonia» española –, del terror combatido por figuras como Guillermo el Taciturno o sufrido por, entre otras tantas víctimas, los condes De Hoorn y Egmont.[6] En realidad, e ideario aparte, el país, bien dopado por el colonialismo,[7] era, mientras tanto, la segunda potencia económica de Europa. Dotado también de un movimiento obrero que, ya antes del 1914, colabora estrechamente, hasta constituir listas electorales comunes, con los liberales progresistas del país: un industrial liberal como Ernest Solvay financia así las ramificaciones pedagógicas del movimiento obrero.

Ferrer, como es bien sabido, tiene su primer encontronazo con la justicia española después del atentado – fallido – perpetrado en 1906 contra Alfonso XIII por un antiguo bibliotecario de su «*Institución Libre de Enseñanza*», es decir la *Escuela Moderna*. La *Escuela Moderna* queda cerrada y Ferrer pasa algunos meses en la cárcel antes de que le liberen por falta de pruebas.

Lo que quizás sea menos sabido es que Ferrer se dirige inmediatamente después de salir de la cárcel a Bélgica, donde se le recibe con todos los honores por parte de un vasto cenáculo de amigos del alma tipo *Revista Blanca* como por ejemplo Élisée Reclus.[8] Se organizan, por parte de socialistas y liberales, toda suerte de conferencias y mítines para homenajearle. Y es en Bruselas donde funda, en 1908, la revista *L'École rénovée*.[9]

---

6 Quizás sea notable que siga viva una memoria floral de este acontecimiento: en el año de la ejecución del conde De Hoorn (1568), su hermano plantó un tejo, bien visible desde la carretera, en su propiedad de Braine-le-Château/Kasteelbrakel, 20 kilómetros al sur de Bruselas. El magnífico ejemplar todavía sigue de pie, tiene por lo tanto 438 años, y la propiedad sigue siendo de la familia De Hoorn.

7 Reflejado en *Heart of Darkness* de Joseph Conrad (1902) y, en parte, también en *Voyage au Congo* de André Gide (1927). Recientemente, el libro *King Leopold's ghost* de Adam Hochschild (1999) ha desencadenado una nueva polémica sobre la realidad histórica del colonialismo belga/leopoldino.

8 Élisée Reclus, geógrafo francés de vasta obra y profesor universitario en Bruselas de 1894 a 1905, constituyó un lazo importante entre el mundo anticlerical y ateo de Bruselas (es decir, los socialistas y los liberales) y Ferrer. Así, Ferrer se dejó aconsejar por él para el currículo geográfico de la Escuela Moderna y es en la editorial de ésta que se publican, casi inmediatamente después del original, algunas obras de Reclus en versión castellana. Véase al respecto Vicente Mosquete 1995.

9 Nos remite esto al papel central que desempeñaba Bruselas en el siglo XIX para la «heterodoxia francesa». La legislación belga en el dominio de la prensa y de los editoria-

Y es también en Bélgica donde, después de su ejecución,[10] se organiza una recogida de fondos a escala internacional para reunir el dinero requerido para levantar el monumento mencionado al comienzo de este artículo. Este monumento se erige según los planes del arquitecto Adolphe Puissant – ¿tiene que ver con este nombre el que veamos las partes genitales de la antorcha masculina tan gallardamente erecta (y, por cierto, a la altura de las barbas del *molt* honorable Pierre-Théodore Verhaegen, bien arropado él, y saludándole a través de la avenida Roosevelt)? – y lo ejecuta un escultor del dulce nombre belga de Auguste Puttemans. La inauguración se celebra el 5 de noviembre de 1911.

Y es otra vez en Bruselas, donde, para celebrar los 75 años de la ULB, Henri Poincaré[11] viene a pronunciar, el día 21 de noviembre de 1909, en su discurso de homenaje, esta frase que ilustra el principio del libre examen, del libre albedrío:

> La pensée ne doit jamais se soumettre, ni à un dogme, ni à un parti, ni à une passion, ni à un intérêt, ni à une idée préconçue, ni à quoi que ce soit, si ce n'est aux faits eux-mêmes, parce que, pour elle, se soumettre, ce serait cesser d'être.[12]

… más Francisco Ferrer en Bruselas y en Bélgica…

75 años transcurren entre el establecimiento de una entidad claramente anticatólica[13] y la ejecución de un señor catalán que fue ungido, por la ULB y toda una franja de la vida del país, como santo patrón del laicismo. Y 75 años más adelante, el 12 de octubre de 1984, por lo tanto en la víspera de la fecha conmemorativa de esta ejecución y dentro del marco de las celebraciones en torno a los 150 años de existencia de la ULB, se pone sobre su pedestal la estatua erecta en la Av. Roosevelt y se vuelve a izar muy alta la memoria de Francisco Ferrer. Se celebra una gran ceremonia frente a la estatua con ocasión de su levantamiento delante de los edificios centrales de la ULB en la avenida Roosevelt, su paradero actual. La ULB reclama así de manera todavía más fuerte a Ferrer, ya que la estatua, que había sido erigida conforme a una

---

les era de las más liberales de la época. Por lo tanto Bruselas fue, a lo largo del siglo XIX, el lugar donde se publicaba todo aquello que había sido prohibido en Francia.

10 Para caracterizar el proceso, he aquí unas palabras del capitán Galcerán, que actuó como abogado de Ferrer, sacadas del informe de este defensor, leído el 9 de octubre de 1909 (vienen en francés, tal como se encuentran en otra placa en el monumento): «Et je me trouve en face d'un procès / Terminé sans que l'instruction / En quête seulement de charges ait / Un seul moment cherché la vérité.»

11 Físico, matemático y hermenéutico; primo de Raymond Poincaré (presidente de la República Francesa de 1913 a 1920).

12 Citado por «le principe du libre examen» en http://www.ulb.ac.be/docs/ulb-prestige/librex.html

13 Universidad *libre* se había autodenominada ésta. Hoy por hoy, la red de la enseñanza católica se llama en Bélgica «Enseignement *libre*». «Les mots n'ont pas de sens, ils n'ont que des emplois» (Ferdinand de Saussure).

decisión del cabildo de Bruxelles Ville en el centro de la ciudad, se traslada y se levanta en su emplazamiento actual. Leamos la última placa:

> 1834 - 1984 1909 - 1984
> Septante-cinq ans après l'exécution de
> Francisco Ferrer il a été procédé au
> Transfert de sa statue en face de l'U.L.B.
> L'inauguration s'est déroulée en présence
> De M. Hervé Brouhon Bourgmestre de la
> Ville de Bruxelles et de M. Hervé Hasquin
> Recteur de l'U.L.B.
> Le 12 octobre 1984

Hasquin et Brouhon puede sonar a *Bouvard et Pécuchet*. Son en realidad eminentes representantes del liberalismo político en Bélgica, uno el burgomaestre de Bruxelles-Ville – 175 años, o casi, de ininterrumpido mayorato liberal en este municipio – y el otro titular de un pluriempleo político a la altura del complicado entramado institucional de este territorio antaño parte de un imperio que englobaba a España. Después de la Segunda Guerra Mundial, fueron los democristianos (sobre todo su ala flamenca) los que durante cincuenta años constituyeron, a efectos de gobierno, «el eje cristalino alrededor del cual giran los hechos cotidianos» (Ganivet), hoy con los liberales, mañana con los socialistas. Desde hace algunos años, este período terminó, y forman el gobierno federal «pardo» los socialistas «rojos» y los liberales «azules».

¿Una prolongación de aquella mayoría que decidió el 31 de octubre de 1909, en el Cabildo de Bruxelles-Ville, que se levantara una estatua en honor a Francisco Ferrer? De todas formas, está claro que las fuerzas políticas que han forjado el culto a Ferrer en Bélgica no son ni anarquistas ni anarquizantes. Simplemente les hacía falta un «contra-santo» que les pudiera servir en su «cruzada» contra la Iglesia y las fuerzas políticas afines a ella.

Ferrer, se puede concluir, no está muerto en Bruselas, está bien presente allí y, en realidad, en toda Bélgica, con docenas de calles que llevan su nombre, con un gran número de instituciones pedagógicas que también han escogido a Ferrer como denominación onomástica, algunas de ellas bastante conocidas y prestigiosas como la Haute École Francisco Ferrer de Bruxelles-Ville;[14] se organizan exposiciones y concursos de redacciones en la enseñanza básica en torno a su figura, etc. El apego a la figura de Ferrer es tan fuerte y actual que la Haute École Francisco Ferrer anunciaba, en 2002: «La rentrée académique est morte ... Que vive la Journée Ferrer!», especificando: «La traditionnelle cérémonie annuelle de rentrée académique, formule vieillie et banalisée, sera désormais remplacée par un événement moins académique [...] Cette journée, qui aura lieu chaque année aux environs du 13 octobre, date anniversaire de la mort de Francisco Ferrer, vous proposera un grand nombre

---

14 www.he-ferrer.be

d'activités.» Lógicamente, la jornada empieza así: «11h: Hommage à Ferrer (dépôt de fleurs au pied de la statue dédiée à F. Ferrer, av. Roosevelt)».[15]

Otra fecha ha elegido la ULB, la susodicha «Saint-Verhaegen». En su «liturgia laica» mucho más rancia, la estatua de Ferrer tiene su papel claramente definido y consagrado. Cada 20 de noviembre, la comunidad universitaria celebra su fundación. Consiste, por la tarde, en un desfile-comparsa hacia el centro de la ciudad, salpicado por invectivas contra el clero, con cantos numerosos y todavía más numerosas «chopes» de cerveza. La parte más formal transcurre por la mañana:

> Le matin, en effet, c'est au recueillement que se livrent les étudiants, précédés des drapeaux de leurs cercles, devant la tombe du Soldat Inconnu […], devant la statue de l'ardent défenseur du libre examen et de la liberté intellectuelle que fut Francisco Ferrer […], devant le monument Théodore Verhaegen […], devant le monument aux morts dans le grand hall.[16]

Como ilustración del verdadero culto a Francisco Ferrer celebrado en Bélgica[17] he aquí un párrafo de un discurso con el que inició, en 2002, una *Journée Ferrer* la teniente de alcalde de Bruxelles-Ville responsable de la enseñanza. Quizás pueda añadirse que se trata de una señora de nombre Faouzia Hariche y que el autor que cita nació en Orán/Argel:

> Selon les termes d'Albert Camus: «Francisco Ferrer pensait que nul n'est méchant volontairement et que tout le mal qui est dans le monde vient de l'ignorance. C'est pourquoi les ignorants l'ont assassiné et l'ignorance se perpétue même aujourd'hui à travers de nouvelles inquisitions. En face d'elles pourtant, quelques victimes dont Ferrer, seront toujours vivantes.» En effet, si Ferrer a été exécuté il y a 93 ans, son esprit est toujours bien vivant à travers notre enseignement et les valeurs qui le sous-tendent.[18]

... y desde Bruselas, vuelto a aparecer en Barcelona

Dejemos Bruselas, capital de este ente tan simpático llamado Bélgica, y adentrémonos en Bruselas, capital de una entidad algo rimbombantemente llamada UE. Bien representada si que está allí Catalunya, tanto a nivel de Generalitat – con el Patronat –, como de provincia de Barcelona, de Mancomunitat de Barcelona, de Municipio de Barcelona, etc. etc. – todas estas instituciones costeando su representación respectiva en Bruselas –.[19] No puede sorprender que no se le haya pasado por alto a alguien que Francisco Ferrer sí tiene estatua en Bruselas pero no en Barcelona. Cinco años después de la reclamación de la figura de Ferrer por la ULB, es en Barcelona donde, el

---

15 *Info-Ferrer*, núm. 1 (2002), en el *site* mencionado en la nota que precede.
16 Uyttebrouck / Despy-Meyer 1984: 363s.
17 Vergara 1987. Algunas partes de esta tesis se encuentran en el segundo *site* mencionado en la nota 1.
18 http://www.faouzia-hariche.be/echevine.
19 Fue Bruselas también la primera ciudad en acoger un Casal català, ya en el año 1931 (Casal català; Boîte Postale 8; B-1040 Bruxelles, o el *site* http://ccb.nexica.net).

13 de octubre de 1989, se inaugura una réplica del monumento belga, en el Montjuïch. El comité organizador de este evento contó entre sus componentes a Pasqual Maragall, ex presidente de la Generalitat. Leemos en el pedestal de la réplica la siguiente inscripción de Maria Aurelia Capmany:

> Barcelona repara amb aquest monument molt anys d'oblit i d'ignorància d'un home que va morir per defensar la justicia social, la fraternitat i la tolerància.[20]

Una de las dos Españas, ¿ha de helarte el corazón?

Bien trillado me pareció el lema de este libro-homenaje cuando recibí la invitación de colaborar en él. No pude menos que pensar en la frase aquella de que la historia se repite: primero, tragedia – y la ejecución de Ferrer se enmarca, claro está, en lo que se ha llamado Semana Trágica –, y luego, farsa. Y por farsantes no queda.

Que me sea permitido aquí desearle a España (y, desde luego, a los historiadores de su literatura) que salga de una vez para siempre de sus trincheras y que se vuelque con alegría, deteniéndose de vez en cuando para meditar sobre su terrible pasado, en una entelequia que, como este término bien indica, tiene una sola finalidad: el futuro. Europa. Donde todo el mundo va a tener que hablar con todo el mundo, los socialistas con la Iglesia y los democristianos con los «libre-exaministes», para darle peso a esta empresa y así poder influir, sin corazón helado, en los desafíos que nos esperan, a nivel mundial. *Tertium non datur*. O, para emplear el latinajo de nuestra época: TINA – There Is No Alternative.

Bibliografía

Morelli, Anne (ed.) (1995): *Les grands mythes de l'Histoire de Belgique, de Flandre et de Wallonie*. Bruxelles: Éditions Vie Ouvrière.
Uyttebrouck, André / Despy-Meyer, Andrée (1984): *Les cent cinquante ans de l'Université Libre de Bruxelles (1834 - 1984)*. Bruxelles: Éditions de l'Université Libre de Bruxelles.
Vergara, Sofia (1987): *Le culte Francisco Ferrer en Belgique*. Bruxelles: ULB (tesis de licenciatura).
Vicente Mosquete, María Teresa (1995): «La aportación de la geografía al pensamiento anarquista: Elíseo Reclus y España», en Hofmann, Bert / Joan i Tous, Pere / Tietz, Manfred (eds.): *El anarquismo español y sus tradiciones culturales*. Frankfurt am Main / Madrid: Vervuert / Iberoamericana, pp. 393-408.
Vilar, Pierre (1975): «Der spanische Sozialismus von seinen Ursprüngen bis 1917», en Droz, Jacques (ed.): *Geschichte des Sozialismus*. Tomo VI: *Die sozialistischen Parteien Europas: Italien, Spanien, Belgien, Schweiz*. Frankfurt am Main / Berlin / Wien: Ullstein, pp. 9-63.

---

20 El segundo *site* mencionado en la nota 1 contiene una amplia presentación de la presencia de Ferrer en Barcelona.

Mitos de la Generación del 98: Don Juan

Martin Franzbach
(Universität Bremen)

No sorprende que la Generación del 98, tan entusiasta del mito, reivindicara la figura del Don Juan. Cuando Ernst Bloch incluyó al Don Juan, en su obra escrita en el exilio *El Principio Esperanza*, entre los «ideales del instante realizado», lo que pretendía era poner de relieve el carácter utópico del mito del Don Juan y la potencia transformadora de la sociedad que alienta en la utopía. El interés del tema del Don Juan reside en la casuística del honor. La acción está delimitada entre los dos polos del honor perdido y recuperado.

¿Qué era entonces lo más inmediato para los representantes de la Generación del 98 sino vincular este personaje con el honor nacional perdido y las tentativas o sueños para recuperarlo? Pero esta predilección de la Generación del 98 por la figura del Don Juan tiene, además, otra explicación que, junto a la formación estereotípica de mitos, característica de todo *fin de siècle*, incluía también otros personajes literarios como Don Quijote, la Celestina y Segismundo. En conexión con la búsqueda de una nueva identidad individual y nacional, la burguesía insegura se aferraba a una serie de valores, aparentemente eternos, y trataba de interpretarlos como ideales para el futuro.

El objetivo de este estudio será examinar si todos los mitos son creaciones carentes de significado político – como sostiene Roland Barthes – o, por el contrario, son portadores de una dinámica explosiva que echa por tierra la validez de todas las afirmaciones sobre la impotencia de esta «generación de la derrota» (Werner Krauss).

Empecemos con la exploración del paciente. Las versiones del Don Juan, en el marco de la Generación del 98, abarcan todos los géneros: novela, teatro, ensayo y poesía. Su epicentro cronológico son los años 20, durante la dictadura militar de Miguel Primo de Rivera (1923-1930), lo que podría inducir a interpretar el mito como función evasiva.

En primer término aparece la visión del Don Juan en Unamuno, por contraste con la figura de Don Quijote. Ya en uno de sus primeros ensayos *Sobre Don Juan Tenorio* (1908) el pensador vasco-salmantino destaca, como elemento dominante, el arrepentimiento de Don Juan en el seno de la Iglesia católica. Sin embargo, según Unamuno, Don Juan es sólo un cristiano bautizado, que no vive ni ha hecho su fe. Mientras Don Quijote ama platónicamente a su Dulcinea, Don Juan Tenorio se lanza a sus conquistas terrenales por aburrimiento. Por ello, ambas figuras son irreconciliables. «Don Juan vive y se agita, mientras Don Quijote duerme y sueña, y de aquí muchas de nuestras desgracias.»[1]

Cuando Unamuno valora al Don Juan como pernicioso para la evolución de España, se reflejan ahí sin duda sus diversas conversiones, porque a Unamuno, ateo y anarquista, Don Juan le resultaba sospechoso. Ya en la *Vida de Don Quijote y Sancho* (1905) Unamuno renunció a la idea de la europeización de España y se orientó hacia la formación de mitos con mayor intensidad.

El hecho de que el *Don Juan Tenorio* (1844) de José Zorrilla y Moral fuera el punto de partida para las reflexiones de Unamuno no es una casualidad porque, en el apogeo de la romantización del tema, Don Juan se salva en la escena final gracias al amor de una mujer. La puesta en escena de la obra todos los años, el 2 de noviembre, día de Todos los Santos, es un indicio claro de su dimensión cristiana: la intercesión por las almas condenadas al Purgatorio.

En uno de sus últimos dramas, *El hermano Juan o el mundo es teatro* (1929), Unamuno da vida a un Don Juan narcisista que «por un instinto de redención», es fraternalmente amado por las mujeres. La visión barroca del *Theatrum Mundi* representaba el marco de la creación. El público aplaude la representación del personaje pero, a la vez, reconoce en Dios la instancia moral para un comportamiento ético falso. De esta forma, el hermano Juan se salva al final de la obra en su hábito de monje a la puerta del convento, poniendo así término a su personaje para prepararse para el más allá.

El Don Juan de Unamuno es esencialmente problemático. Al contrario de sus antecesores más célebres, reflexiona, medita, se interroga por su destino y su razón de ser. El hermano Juan vive en el temblor de un inminente castigo divino. Es víctima del asedio de la mujer y no, viceversa, como ocurría en todos sus antecesores. Don Juan provoca la conmiseración de la mujer.

Parece que Unamuno se orientó para su obra por el hermano Juan de Azorín, quien, al final de la novela *Don Juan* (1922) deja que su protagonista viva retirado en un monasterio. La cristianización de la figura del Don Juan se explica en Azorín, no como en Unamuno por la expiación de sus pecados, sino por el cambio de vida que se vio obligado a hacer a consecuencia de una grave enfermedad.

De forma distinta a Unamuno, Azorín vincula el destino del Don Juan que envejece con el destino de la pérdida de España como potencia mundial. En una ilustrativa parábola en forma de diálogo, el hermano Juan entona el canto de los valores morales, que son más importantes que todas las riquezas terrenales. Esta argumentación muy generalizada pertenecía, desde inmediatamente después de la guerra perdida del 98, al arsenal de ideas de los círculos nacionales conservadores de derechas. Se trata de una transposición de la ideología cristiana a la esfera política. El diálogo del hermano Juan gira en torno a los conceptos de pobreza, riqueza y honor:

---

[1] Abellán 1968: 436.

«Hermano Juan: ¿por qué es usted tan pobrecito? ¿Es verdad que ha sido usted muy rico?»
«Todos hemos sido ricos en el mundo; todos lo somos. Las riquezas las llevamos en el corazón [...]»
«Hermano Juan: si ha sido usted rico, ¿cómo se puede acostumbrar a vivir tan pobre?»
«Yo no soy pobre, hija mía. Es pobre el que lo necesita todo, y no tiene nada. Yo no necesito nada de los bienes del mundo.»
«Pero sus riquezas, hermano Juan, ¿las perdió usted por azares de la fortuna o las abandonó usted de grado?»
«Mi pensamiento está en lo futuro, y no en el pasado; mi pensamiento está en la bondad de los hombres, y no en sus maldades.»[2]

La instrumentalización del mito aparece más concretamente en el trío de figuras literarias de Ramiro de Maeztu: *Don Quijote, Don Juan y la Celestina* (1926). Maeztu parte de la filosofía popular de Don Quijote y sus enseñanzas diarias a través de los siglos. El libro ha cumplido siempre una triple función:

1. Reconforta y desembaraza la cabeza de ilusiones y patrañas.
2. Nos inclina a sonreírnos y liberarnos de las propias desgracias.
3. Señala el camino hacia la paz espiritual, también para el cuerpo y el alma atormentados del pueblo.

Esta terapia oscila específicamente entre el diagnóstico de Nietzsche, que había dicho «España es un pueblo que ansiaba demasiado», y el análisis de Ganivet: «La carencia de un ideal condujo a la abulia.» Don Quijote, Don Juan y la Celestina reflejaban con la máxima claridad el carácter vegetativo, inconsciente, no sujeto a la voluntad, de la vida española. El espíritu de España, según Maeztu, había encontrado su concordancia en aquel entonces en los hidalgos y las órdenes religiosas. El resto del país se consumía sin vida, afirmaba Maeztu. Don Quijote y Don Juan habían sobrevalorado su energía, simbolizando por eso la decadencia de España.

Al atribuir Ramiro de Maeztu una cualidad sustancial a cada una de las tres figuras literarias – Don Quijote el amor, Don Juan el poder, la Celestina la sabiduría – confrontó las tres características fundamentales del catálogo de virtudes burguesas con las contradicciones de los tres personajes. Para Maeztu, Don Juan tenía un exceso de energía que le condujo finalmente a su ocaso, porque se había topado, no como Don Quijote con los límites de lo terrenal, sino con las fronteras de lo divino.

Frente a los mitificadores del Don Juan aparecen los desmitificadores. Antonio Machado acaba de modo radical sus *Apuntes sobre Don Juan* (octubre 1922) con el mito del Don Juan erótico, atractivo y triunfal. Don Juan está fuera del ámbito del Viejo y Nuevo Testamento: «Don Juan es al amor lo que el español es a la cultura, a saber: un bárbaro, una X preñada de misterioso porvenir.»[3]

De forma iconoclasta parecida trata Valle-Inclán las diferentes interpretaciones del Don Juan en su obra. Al Marqués de Bradomín, un aristócrata decadente, lo

---

2 Abellán 1968: 422.
3 Abellán 1968: 426.

considera un Don Juan actualizado por su sentido de lo estético, al que apostrofa, además, de «feo, católico y sentimental». En una parodia del *Don Juan Tenorio*, de Zorrilla, el propio Valle-Inclán llegó a interpretar, a pesar de su barba, el papel de Doña Brígida. El punto culminante de las variaciones del Don Juan lo representa el *Esperpento de las Galas del Difunto* (escrito hacia 1925), perteneciente a la trilogía de *Martes de Carnaval* (1930). En él, Valle-Inclán compara el militarismo colonial anacrónico del dictador Primo de Rivera con las guerras coloniales absurdas del siglo XIX en Cuba, desde 1868 a 1898.

Por medio del personaje Juanito Ventolera, un soldado andrajoso que se presenta al público como «repatriado de Cubita libre», Valle-Inclán confronta la pérdida de los ideales patrióticos con la «Weltanschauung» frívola del Don Juan. Pues «ventolera» significa «golpe o racha de viento fuerte pero poco duradero» y «dar a alguien la ventolera de algo» quiere decir en lenguaje familiar «metérsele en la cabeza una idea repentina que no tiene explicación lógica».[4]

Las interpretaciones de la figura del Don Juan, en relación con la búsqueda de la identidad española, tienen su expresión más original en la *Introducción a Don Juan*, artículos publicados por José Ortega y Gasset en *El Sol*, en junio de 1921. Ortega y Gasset señala el origen histórico común de las leyendas de Don Juan y el Doctor Fausto, en las que los dos personajes persiguen lo inalcanzable. El carácter piadoso original, con valor ejemplar, de la saga del Don Juan evoluciona pronto sin embargo:

> Pero entonces Don Juan no es un botarate, sino terrible símbolo de una simiente trágica que, más o menos incubada, llevamos dentro todos los hombres: la sospecha de que nuestros ideales son mancos e incompletos, frenesí de una hora embriagada que culmina en desesperación, embarque jovial que una vez y otra hacemos en naves empavesadas, las cuales siempre al cabo periclitan.[5]

Don Juan encarna la condición extremista *par excellence* del español:

> Por eso en esta leyenda hay escenas de mediodía y de medianoche, virginidad y pecado, carne moza y masa cadáver, orgía y cementerio, beso y puñal. Al drama humano asisten cielo, infierno y purgatorio, que, como espectadores de una corrida de toros, no logran contenerse y acaban por tomar parte en la función.[6]

Ocuparse de la figura y las hazañas del Don Juan obliga a tomar partido. En ello residía para Ortega y Gasset su valor intemporal. El péndulo oscila, según él, entre una visión apologética y otra moralizante. Ambas direcciones – la de sus partidarios y la de los detractores del Don Juan – las redujo Ortega al antagonismo entre élite y masa. El hombre-masa ha odiado siempre todo lo que no se acopla a sus normas. De

---

4   *Pequeño Larousse Ilustrado* 2004: 1030.
5   Ortega y Gasset 1958: 124.
6   Ortega y Gasset 1958: 126.

esta forma, Don Juan se ha convertido en una especie de pararrayos para los malogrados.

Estas reflexiones de Ortega y Gasset enlazan, sin duda, con la imagen de Nietzsche del «sobrehombre»[7] y así encontramos en este ensayo sobre Don Juan al filósofo alemán como testigo principal:

> Nietzsche descubrió genialmente el mecanismo del alma rencorosa, lo que él llamó resentimiento. El hombre inepto, torpe, vitalmente fracasado, va por el mundo con su corazón rezumando desestima de sí mismo. Como no logra acallar este menosprecio de sí, que sopla en bocanadas de su propio interior y no le deja vivir, se produce en él una reacción salvadora, que consiste en cegarse para todo lo valioso que hay en torno. Ya que no puede estimarse a sí mismo, tenderá a buscar razones para desprestigiar toda excelencia; no verá sino los defectos, los errores, las insuficiencias de los hombres mejores, cuya presencia equivale para él a una constante humillación. De este modo obtendrá una apariencia de equilibrio entre los demás y él. Emboscado en su resentimiento, espiará a todo héroe con fiero ojo de cazador furtivo, complaciéndose en subrayar sus abandonos y sus descuidos.[8]

A la oposición entre el genio titánico y la masa maliciosa pertenece también la actitud de Don Juan de estar dispuesto en todo momento a sacrificar su vida por sus ideales. Para Ortega y Gasset, Don Juan es lo contrario de un egoísta sensual. El estar dispuesto a morir y la alegría vital están estrechamente unidos en el carácter del Don Juan.

Apenas hay un autor importante de la Generación del 98 – aquí habría que mencionar a Baroja y Manuel Machado – que no haya reflexionado sobre la figura del Don Juan en el contexto de la crisis nacional de España. Si volvemos a nuestro punto de partida y nos interrogamos sobre la creación y destrucción de mitos, se puede responder con mayor evidencia, y de acuerdo con esta exploración literaria, que

1. la figura del Don Juan aparece, casi siempre junto a la de Don Quijote, como portadora de valores nacionales que pueden interpretarse positiva o negativamente;
2. algunos de estos valores – como la desmesura y la insaciabilidad de Don Juan – son considerados como los motivos que condujeron a la decadencia de España. El paralelismo entre el descenso a los infiernos de Don Juan y la pérdida de las últimas colonias de ultramar en 1898 desemboca en el mito de los valores morales del hermano Juan;
3. los escritores liberales del 98, destructores de mitos, abrieron una perspectiva, en el sentido de los regeneracionistas, sobre el futuro de la nación y clausuraron con siete llaves el descenso a los infiernos de Don Juan, para modificar una frase de Joaquín Costa;

---

7 Sobejano 1995: 336.
8 Ortega y Gasset 1958: 135.

4. es el balance de Ortega y Gasset el que vuelve a realzar la figura del Don Juan. Sus reflexiones coinciden con la aparición de dos obras suyas importantes, *España invertebrada* (1920) y *El tema de nuestro tiempo* (1923), y representan el final de la creación de mitos de la Generación del 98.
5. Pero con ello se hicieron patentes las implicaciones políticas de la interpretación de mitos. «Pues la decisión de hispanizar Europa estaba unida a la conservación de los valores tradicionales españoles, a los que pertenecía también el sistema de la monarquía, mientras que la europeización de España implicaba aceptar la introducción de las ideas democráticas de la Ilustración.»[9]

Bibliografía

Abellán, José Luis (ed.) (1968): *Visión de España en la generación del 98. Antología de textos*. Madrid: Editorial Magisterio Español.

Ackermann, S. H. (1956): *Don Juan in the Generation of '98*. Columbus, Ohio: Ohio State University.

Franzbach, Martin (1988): *Die Hinwendung Spaniens zu Europa. Die Generación del 98*. Darmstadt: Wissenschaftliche Buchgesellschaft.

Ortega y Gasset, José (1958): *Obras completas*, tomo VI. Madrid: Revista de Occidente, pp. 121-137.

Sobejano, Gonzalo (1995): «Don Juan en la literatura española del siglo XX (ensayo y novela)», en Salvador Miguel, Nicasio (ed.): *Letras de la España contemporánea. Homenaje a José Luis Varela*. Alcalá de Henares: Centro de Estudios Cervantinos, pp. 329-343.

Strosetzki, Christoph (1997): «Zur Mythenrezeption der 98er-Generation», en Jüttner, Siegfried (ed.): *Mythos und Text*. Frankfurt am Main et al.: Peter Lang, pp. 41-58.

Wittmann, Brigitte (ed.) (1976): *Don Juan. Darstellung und Deutung*. Darmstadt: Wissenschaftliche Buchgesellschaft.

---

9   Strosetzki 1997: 51.

Ramón del Valle-Inclán y las dos Españas teatrales (con unas notas sobre la recepción de la dramaturgia calderoniana)

Marcella Trambaioli
(Università del Piemonte Orientale, Vercelli)

Valle-Inclán, el extravagante y genial artífice de la renovación del lenguaje teatral y literario de la España del siglo XX, no podía hacer menos de reflexionar sobre la dramaturgia, propia y ajena, poniéndola en relación con la tradición nacional, es decir, enmarcándola en las problemáticas de la así llamada, para bien o para mal, Generación del 98. De esta forma, su labor creadora, que le lleva a inventar y teorizar el esperpento como nuevo género teatral, único capaz de representar la corrupta y enclenque España coetánea, halla un adecuado complemento en la crítica despiadada del panorama dramático de su tiempo.

Destaquemos que su prioritario interés por el teatro procede de la honda convicción de que

> [l]as letras españolas son el teatro. Si Cervantes no hubiera existido, o si, por un azar cualquiera, no hubiera escrito *El Quijote*, ¿qué sería la novela española? En cambio, sin Lope, o sin Tirso, o sin Calderón, para no citar más que tres grandes nombres, nuestro teatro seguiría siendo uno de los gloriosos monumentos que tiene la Humanidad. La gran obra de la literatura española es el teatro. La vocación íntima de los escritores españoles es el teatro.[1]

Desde luego, Valle, reacio a toda instancia de sistematización, al igual que todos los escritores de su tiempo - quienes, cada cual a su manera, se oponen a la poética del realismo decimonónico -, no suele disertar sobre el teatro de forma organizada y exhaustiva. No obstante, en las numerosas entrevistas y declaraciones que concedió a la prensa contemporánea se halla diseminada toda una constelación de afirmaciones que, reunidas y analizadas, permiten reconstruir y aislar sus ideas principales acerca del arte dramático en España.[2] Todo ello sin olvidar que el estrafalario don Ramón nos habla del teatro *in primis* a través de su praxis dramatúrgica y que,

---

[1] «La pintura, el teatro, el futuro Madrid» en Valle-Inclán 2000: 341. El dramaturgo repite en términos muy parecidos el mismo concepto en «Lo que debe ser el Teatro Español. Opinión de don Ramón del Valle-Inclán» (Valle-Inclán 2000: 282-283): «España tiene una expresión dramática. No cuenta en su literatura más que con una novela que es *El Quijote*. En cambio tiene muchas obras dramáticas. Y es que el espíritu español es esencialmente dramático».

[2] La primera búsqueda y reunión de este material se debe a Dougherty 1983.

por su temperamento extravagante, histriónico y ambiguo, no deja de emitir sentencias y juicios que, a veces, pueden resultar contradictorios entre sí. Por lo mismo, cabe evaluar dichas declaraciones *cum grano salis* o, nunca mejor dicho, con algo de distanciamiento crítico.[3]

Según veremos en las páginas que siguen, Valle-Inclán distingue y opone dos Españas teatrales: una cargada de valores positivos, diríamos regenerativos, correspondiente al teatro clásico, cuya esencia casticista hay que volver a descubrir y revitalizar para renovar la escena coetánea, y otra connotada de forma absolutamente negativa, la cual coincide con la tradición del teatro burgués que de Moratín llega a Echegaray y a Benavente, con las debidas diferencias que el propio escritor galiciano se esmera en dejar sentadas. Fijaremos luego nuestra atención sobre un aspecto concreto de la actualización del teatro barroco por parte de Valle: su recepción de la dramaturgia calderoniana.

En el amplio repertorio de afirmaciones dispensadas en las más diversas ocasiones a la prensa, destacaríamos de entrada una entrevista concedida en 1927 al *Diario de la Marina* en Cuba. A la pregunta del periodista «¿Qué opina usted del teatro y del superrealismo que Azorín quiere implantar en España?», Valle, contundente, contesta:

> No entiendo qué quiere decirse con eso de superrealismo. *La tempestad* de Shakespeare, *La vida es sueño*, de Calderón, *Las metamorfosis*, de Ovidio, *Los extremeños se tocan*, de Muñoz Seca... Todo eso es superrealismo. Todo el arte es superrealismo. Lo absurdo, lo antiartístico, lo inadmisible es el realismo.[4]

Diríamos que en dicha declaración se expresa el núcleo, el pivote alrededor del cual se construye su concepción dramatúrgica. En primer lugar, don Ramón reconoce que la dicotomía realismo-superrealismo no atañe sólo a su época, sino que se enmarca en el ámbito diacrónico de la literatura universal. Para parafrasear al propio dramaturgo, en el teatro hay dos derroteros posibles: uno, el malo, el condenable, es el que pretende retratar una *tranche de vie*, y otro, el deseable, es el que se pone al servicio de la poesía, del mito, del símbolo, o que trasciende la realidad deformándola como hace justamente el género estrafalario. De todos es conocida la sugestiva formulación de este planteamiento, que Valle nos ha dejado por boca de Maese Lotario en la *Farsa italiana de la enamorada del Rey*:

---

[3] Hay también que tener en cuenta la siguiente advertencia de Joaquín del Valle-Inclán en el prólogo de Valle-Inclán 2000: 9: «este material no debe tomarse al pie de la letra, como si todas y cada una de las palabras del escritor hubiesen sido efectivamente pronunciadas por él, o sin que se haya modificado el contexto y la intención».

[4] «Don Ramón del Valle-Inclán da a la América española las primicias de su obra *El ruedo español*», en Valle-Inclán 2000: 221. Sobre la actitud antirrealista de Valle, ver Sobejano 1968.

> En arte hay dos caminos: uno es arquitectura
> y alusión, logaritmos de la literatura;
> el otro, realidades como el mundo las muestra.[5]

Se trata en el fondo de la antigua oposición de raigambre aristotélica entre historia y poesía, con la cual el autor, contrario a las normas clasicistas, quiere condenar el afán de verosimilitud del teatro burgués, junto con el efecto patético que éste produce en el público. No haría falta subrayar que el *pathos* resulta absolutamente incompatible con toda la estética valleinclanesca, la cual se asienta en «la perspectiva de la otra ribera» con la que don Estrafalario, en el prólogo de *Los cuernos de don Friolera*, pretende observar el mundo.[6] Es notorio que sobre su teoría del punto de vista, Valle diserta con Martínez Sierra en una charla celebérrima de 1928.[7]

Como se puede apreciar, Valle coloca entre los hacedores de un teatro superrealista a los grandes clásicos, tanto extranjeros como nacionales, y a un contemporáneo que él considera un mal dramaturgo.[8] Y lo hace porque lo que le interesa aquí no es tanto valorar a los autores específicos, como distinguir entre distintas poéticas, aseverando a la vez el valor sempiterno del arte superrealista que él mismo profesa.

De manera implícita identifica, por ende, la línea directa que lo une al teatro áureo, línea interrumpida por culpa de lo que define «afrancesamiento» de la escena española, ocurrido en el siglo XVIII con la comedia moratiniana y con los preceptos neoclásicos. En una de las entrevistas más fecundas en cuanto a reflexiones inherentes a la dramaturgia, «Lo que debe ser el Teatro Español», Valle defiende tajante: «El afrancesamiento de Moratín destrozó la estética española. Las tres unidades de tiempo, acción y lugar interrumpen la tradición de nuestro teatro».[9] Cabe señalar que este mismo concepto es un verdadero *leitmotiv* de sus declaraciones. En «Don Ramón habla de teatro a sus contertulios» remacha:

> La técnica francesa [...] ha echado a perder nuestro teatro. Este absurdo decadente de querer encarnar la acción dramática en tres lugares –gabinete elegantemente amueblado, patio andaluz o salón de fiestas– ha hecho de nuestro teatro, antes frágil y expresivo, un teatro cansino y desvaído.[10]

---

5 Valle-Inclán 2002: II, 725.
6 Valle-Inclán 1990: 115.
7 «Hablando con Valle-Inclán», en Valle-Inclán 2000: 259-260.
8 Véase por ejemplo «Valle-Inclán y el teatro Nuevo», en Valle-Inclán 2000: 271: «En la literatura escénica hay tres clases de autores muy malos cuyos tipos podrían fijarse así: Muñoz Seca muy malo, pero con él se refocila el público; Grau muy malo, si bien agrada al vulgo literario, y, por último, Marquina muy malo para el público de todos los pesos. Los productos que elaboran los dos primeros, tomados por un autor de talento, rinden alguna cosa. Molière haría una farsa admirable. En cambio del último nadie saca nada». Es evidente que no es la clase de dramaturgia a la cual se adscribe la producción de Muñoz Seca, es decir el astracán, género desrealizador, el blanco de la crítica de Valle, sino las cualidades de aquél como autor teatral.
9 Valle-Inclán 2000: 281.
10 Valle-Inclán 2000: 419, y unos párrafos después añade: «nuestro género chico constitu-

Según se observa, Valle hace hincapié en la importancia de los distintos espacios dramáticos, es decir en la necesidad de infringir la unidad de lugar. Es un hecho que en la mayoría de sus piezas se suceden múltiples lugares. *Luces de Bohemia*, con sus 15 escenas y sendos ambientes, y *Los cuernos de don Friolera*, mediante el genial aprovechamiento de la dimensión metateatral, la triple reiteración de la situación diegética representada y la variedad de los espacios del pueblo de San Fernando de Cabo Estrivel, son los casos más macroscópicos y extremados de la aplicación concreta de esta idea. En términos metateatrales es Max Estrella quien, en la escena duodécima de *Luces de Bohemia*, antes de morir, se hace portavoz del dramaturgo para dejar sentado este principio: «Mi estética actual es transformar con matemática de espejo cóncavo las normas clásicas».[11]

En esta voluntad de transgredir la unidad de lugar, Valle, en repetidas ocasiones, se descubre heredero de los dramaturgos áureos, y auspicia la vuelta a su práctica teatral para renovar la escena contemporánea:

> El teatro clásico está escrito a base de mutaciones. Para su representación se necesita en el público una fantasía infantil, que acepte como lugares de la acción lo que los actores indiquen.[12]

> Hay una técnica dramática española que se ha perdido. El drama español se caracteriza por «la unidad de acción y la variedad de lugar». [...] Los clásicos la emplean todos. La emplean intuitivamente.[13]

> El nuestro, como ha sido siempre: un teatro de escenarios, de numerosos escenarios. [...] el mejor autor teatral será siempre el mejor arquitecto. Ahí está nuestro teatro clásico, teatro nacional, donde los autores no hacen más que eso: llevar la acción sin relatos a través de muchos escenarios.[14]

Al respecto, el escritor gallego reconoce también la influencia que el cine, el nuevo arte figurativo del siglo XX, ejerce con su preponderante valor visual en su concepción teatral.[15] Así pues, en unas declaraciones de 1933, asevera: «habrá que hacer un

---

    yó un teatro nacional cuando la tradición casticista se había borrado del teatro, desde que Moratín, a espaldas de nuestros clásicos, importó en España la técnica francesa con sus tres célebres unidades».

11 Valle-Inclán 1998:141.

12 «Lo que debe ser el Teatro Español», en Valle-Inclán 2000: 279.

13 «La pintura, el teatro, el futuro Madrid», en Valle-Inclán 2000: 341-342.

14 «Don Ramón habla del teatro a sus contertulios», en Valle-Inclán 2000: 584. A las citas proporcionadas, hay que añadir por lo menos una más, donde Valle toma significativamente como modelo *La Celestina*, acción en prosa en múltiples cuadros: «el gran problema del dramaturgo español consiste en crear escenarios, combinar nuevas formas de espectáculo para regalo y solaz de los ojos. Remontándonos a *La Celestina*, hallamos esa variedad de cuadros que hoy convendría para ciertas obras con asistencia de decorados sintéticos».

15 Cfr. «¡No dice nada don Ramón del Valle-Inclán!», en Valle-Inclán 2000: 265: «Y a los cinemas, ya lo creo que voy. Ése es el teatro nuevo, moderno. La visualidad. Más de los sentidos corporales; pero es arte. Un nuevo Arte. El nuevo arte plástico. Belleza viva. Y

teatro sin relatos, ni únicos decorados; que siga el ejemplo del cine actual que, sin palabras y sin tono, únicamente valiéndose del dinamismo y la variedad de imágenes, de escenarios, ha sabido triunfar en todo el mundo...»[16] De esta manera, Valle une idealmente pasado y presente según una perspectiva de regeneración conforme al ideario noventayochista contaminado por las vanguardias.

En una perspectiva diacrónica, en que vuelve a su manera a actualizar tanto la antigua contraposición entre clásicos y modernos, como la más reciente diatriba entre clásicos y románticos, don Ramón reconoce que estos últimos, contrarios como él a las normas aristotélicas, habían intentado ya revitalizar el arte barroco. A propósito del duque de Rivas, por ejemplo, observa que «se daba cuenta de que en nuestra historia literaria la estética de Moratín – es decir, la estética de Boileau – no era más que ‹una digresión monstruosa›, como diría Azaña. *Don Álvaro*, el final sobre todo, es un ejemplo admirable de obra construida con esa técnica de ‹unidad de acción y variedad de lugar›».[17] No obstante, él no tiene especial aprecio por los representantes del romanticismo histórico del siglo XIX.[18] En su opinión los verdaderos románticos son ingenios barrocos como Lope y Calderón, junto con Goya, el pintor aragonés que tanta importancia asume en su concepción dramatúrgica madura de carácter expresionista.[19] Con notable incongruencia don Ramón defiende al mismo tiempo que «el genio español, cuando llega a su apogeo, no es romántico. Cervantes y Velázquez no son románticos. ¡Se advierte en ellos un reposo, una seguridad de lo que están haciendo, un sofrenarse! Su obra meditada, llena de serenidad, da la impresión de ser obra de viejos. Es lo contrario, exactamente del romanticismo, cuyas creaciones parecen estar animadas por un arrebatado impulso juvenil».[20] En toda esta maraña de ideas confusas, destacan por lo menos dos incoherencias: que Goya sea un genio, pese a ser romántico, ya que su obra no es ni mucho menos «llena de sereni-

---

algún día se unirán y completarán el cinematógrafo y el teatro por antonomasia, los dos teatros en un solo teatro». Sobre el asunto, véase Osuna 1992.
16 «Don Ramón habla de teatro a sus contertulios», en Valle-Inclán 2000: 421.
17 «La pintura, el teatro, el futuro Madrid», en Valle-Inclán 2000: 342.
18 Cfr. «El centenario del Romanticismo: Valle-Inclán cree que no vale la pena celebrarlo», en Valle-Inclán 1994: 299: «Nuestros románticos imitan e imitan a los peores modelos: a Walter Scott, a Víctor Hugo... Claro que en ese siglo XIX, en que todos los españoles se habían vuelto tontos, no es injusto que se destaquen Espronceda y el Duque de Rivas y Zorrilla porque, comparados con Ayala y Echegaray, por ejemplo, resultan grandes figuras: pero la verdad es que no lo son. En el romanticismo europeo nada significan».
19 Cfr. «El centenario del Romanticismo: Valle-Inclán cree que no vale la pena celebrarlo», en Valle-Inclán 1994: 299. A la pregunta «¿Nunca ha habido artistas románticos considerables en nuestra tierra?», contesta: «Ha habido Lope [...] Hasta su misma vida no es menos romántica que la de Byron. También ha habido Calderón... Y en la pintura Goya. El gran pintor aragonés es un caso de furia romántica... Creo en el romanticismo español».
20 «El centenario del Romanticismo: Valle-Inclán cree que no vale la pena celebrarlo», en Valle-Inclán 1994: 300.

dad»; que Calderón, cuya producción sí es «meditada», entre en la categoría del arrebato romántico. En todo caso, Valle se contradice con su propia práctica teatral, al tomar a Calderón como maestro del distanciamiento estético. Volveremos a esta cuestión más adelante.

Los críticos han vertido ríos de tinta sobre los valores iconográficos, pictóricos y plásticos de la escritura dramática valleinclanesca.[21] Más aún, don Ramón llega al extremo de defender que lo importante en una pieza no es el enredo, sino los espacios teatrales que crean por sí solos las situaciones dramáticas. Y nos ofrece la ejemplificación de este principio en las obritas del *Retablo de la avaricia, la lujuria y la muerte*. En *Ligazón*, por ejemplo, el sugestivo ambiente nocturno y las alusiones a la magia parecen transformar a la mozuela en una bruja, dirigiendo los acontecimientos hacia el cruento epílogo. En 1929, en una charla con Martínez Cuenca, el dramaturgo asienta que:

> [t]odo el teatro es creación plástica. La literatura es secundaria. Por esto, lo indispensable es el estudio de los autores para conocer su escenario [...] Es la escena lo primero que hace falta. De la escena surgen luego los conceptos profundos y las bellas frases.[22]

En sus declaraciones y entrevistas, Valle-Inclán no menciona muy a menudo a los censurados representantes del teatro burgués. A Leandro Fernández de Moratín, según queda dicho, le despacha apresuradamente en unas ocasiones como el iniciador de la degeneración dramática de España.[23] A Echegaray sabemos que le considera el más nefasto por su dramaturgia gesticulante, efectista y llorosa. Juan López Núñez, en un artículo de 1915 sobre el inventor del esperpento, asegura que, según Valle «[r]einando Echegaray, todo era arbitrariedad, ampulosa y vana retórica».[24] Pero más que citarlo, prefiere reprobarlo directamente con ahínco iconoclasta en la operación paródica que informa el texto de *Los cuernos de don Friolera*, en relación con *El gran galeoto*.[25]

---

21 Entre la cuantiosa bibliografía, cfr. Nieva 1967; Stembert 1976; Jerez Farrán 1989. Este último por ejemplo apunta que Valle-Inclán «mira, huele, palpa y extrae exclusivamente lo que posee calidad pictórica» (Jerez Farrán 1989: 80).

22 «Lo que debe ser el Teatro Español», en Valle-Inclán 2000: 280. Cfr. «Don Ramón habla del teatro a sus contertulios», en Valle-Inclán 2000: 419-420: «se parte de un error fundamental, y es éste: el creer que la situación crea el escenario. Eso es una falacia porque, al contrario, es el escenario que crea la situación».

23 No obstante, es preciso recordar que Valle, como director teatral, puso en escena *La comedia nueva* en el teatro del Círculo de Bellas Artes. Al respecto observa Rubio Jiménez en la «Introducción» de Valle-Inclán 1996: 31-32: «No sorprende que eligiera para su primer espectáculo *La comedia nueva*, de Moratín, si se tiene en cuenta que era pieza avalada por una larga tradición que la había convertido en pieza emblemática de programas renovadores con su trama basada en la exposición desde el escenario de una crítica de la situación teatral, atendiendo a los distintos componentes que intervienen en la creación de los espectáculos».

24 Valle-Inclán 2000: 78.

25 Cfr. Cabrera 1973.

El caso de Jacinto Benavente es distinto y merece la pena fijarse en él más detenidamente. Bien es verdad que los dos dramaturgos se conocían, y que la producción del autor de *Los intereses creados* comprende algunas obras maestras; sin embargo, su fidelidad a una poética rotundamente burguesa no parecería justificar, de buenas a primeras, los elogios que Valle le reserva en varias circunstancias.[26] Por ejemplo, en ocasión de un almuerzo que se celebró en 1930 en honor suyo y de María Palou, don Ramón le reconoce la categoría de un clásico:

> Al cabo de los años [...] no he dejado de ser su amigo y soy su admirador. Creo que ha puesto en pie todo un teatro. Porque no se es autor dramático por el hecho de haber escrito cuatro o seis bellas comedias, no; se es completo autor dramático cuando se crea todo un escenario. Así, Lope de Vega. Y así, Jacinto Benavente.[27]

En una entrevista de 1915 se halla la justificación de su admiración por este autor; según explica a López Núñez, «la suprema aspiración del arte, y especialmente del teatro, debe ser recoger, reflejar, dar la sensación de la vida de un pueblo o de una raza»,[28] y esto es lo que, en su opinión, Benavente hace en piezas como *El dragón de fuego*.[29] En la misma línea, muestra apreciar incluso a Pérez Galdós, en otras ocasiones ridiculizado,[30] precisamente por su intento de traer a la escena las proble-

---

26 Acerca de la cuestión González López (1967: 10-11), tras recordar el encono que, en general, todos los noventayochistas mostraron hacia Echegaray y los demás dramaturgos de su escuela, se pregunta por qué no ocurrió lo mismo en el caso de Benavente: «La protesta de los jóvenes escritores, más poetas y novelistas y ensayistas que dramaturgos, podía dirigirse igualmente contra un compañero de generación, física pero no ideológica, Jacinto Benavente; pues, su labor, en el teatro, había consistido en hacer que perduraran en la escena española las formas dramáticas del realismo – cuando ya andaban de capa caída en el resto de la Europa occidental –, salvo en las breves escapadas que hizo del cerco realista, en la farsa modernista de *Los intereses creados* y en el análisis de la subconciencia de *La Malquerida*».
27 «Homenaje a María Palou y Jacinto Benavente», en Valle-Inclán 1994: 443. En «¡No dice nada don Ramón del Valle-Inclán!», con respecto al panorama teatral de su tiempo afirma con fuerza: «Sólo sé que existe Jacinto Benavente. Y si no veo sus obras en escena, las veo en el libro» (Valle-Inclán 2000: 266); en «Lo que debe ser el Teatro Español», declara: «Jacinto Benavente podrá estrenar una obra que no obtenga éxito: pero la suma de sus obras es extraordinaria, es de una totalidad tan considerable como la de Tirso de Molina o Lope de Vega. Ha tratado todos los asuntos y todos los ambientes con un concepto de universalidad que le coloca en el propio rango de nuestros autores clásicos» (Valle-Inclán 2000: 282).
28 «Valle-Inclán», en Valle-Inclán 2000: 78.
29 Cfr. Ruiz Ramón 1986: 37-38: «Olvidar la función innovadora que el teatro de Benavente tuvo en los últimos años del XIX y primeros del XX al romper definitivamente con una tradición teatral melodramática y declamatoria fundada en la peripecia y el patetismo, dejar de proclamar su originalidad como comediógrafo y su papel de actualizador de la escena española coetánea, que, mediante él, enlaza con las formas teatrales más modernas de la estética realista de su tiempo, sería incurrir en parcialidad y en error de apreciación histórica».
30 Como se sabe, en la escena cuarta de *Luces de Bohemia*, el modernista Dorio de Gádex echa mano del sobrenombre despectivo con el cual los noventayochistas apellidaban a

máticas casticistas y el espíritu épico que informan los *Episodios Nacionales*. En otras palabras, Valle reconoce que el propio Galdós, el gran representante de la época realista-naturalista, acaba por alejarse de esta poética para ir hacia el espiritualismo de finales del XIX/principios del XX, y por lo mismo le aclama, algo hiperbólicamente, como el precursor de la redención del teatro español.[31] A manera de síntesis don Ramón declara a Martínez Cuenca: «Se debe estrenar en el Teatro Español, pero solamente las obras de autores que puedan unir su nombre glorioso a los de nuestro repertorio clásico, tales como un Galdós o un Benavente».[32]

Por el resto, Valle-Inclán, en sus afirmaciones a los periodistas, habla muy poco del teatro coetáneo. Por un lado, su silencio o desprecio es conforme a su reconocimiento de la degeneración de la España teatral de su época. Para ejemplificar bastaría la siguiente afirmación: «Nuestros contemporáneos todo lo arreglan con frases cursis. No es ése el teatro».[33] Pero no podemos dejar de traer a colación también la celebérrima sentencia de muerte con la cual don Ramón condena de forma tajante el ingenuo realismo naturalista de los hermanos Álvarez Quintero que tantos éxitos cosecharon en su época. Carlos A. Herrero, entre otros, nos revela que

> Si se le pregunta a don Ramón:
> –Maestro, ¿cómo se resolvería la crisis que acaba con el teatro español?
> Don Ramón, indefectiblemente, contesta:
> –Fusilando a los Quintero...[34]

Por otro lado, es curioso que don Ramón no mencione, en ninguna ocasión, aquellos autores que, como García Lorca, para citar al más genial, intentan, al igual que él, renovar radicalmente el lenguaje dramático. Félix Paredes a dicho propósito comenta: «Recordamos haber oído a Valle-Inclán, en cierta ocasión, que no cree en las vanguardias».[35] Lo cual, a primera vista, podría parecer paradójico, de cara al papel que él mismo desempeña en la experimentación estética de la España de la preguerra. No obstante, lo que a Valle, probablemente, no le convence de muchos vanguardistas es su pretensión de ruptura total con el pasado, ya que todos, en su praxis artística y literaria, en realidad siguen echando mano de la tradición. Por lo visto, él prefiere pagar sus deudas.

En cualquier caso, la culpa de la degeneración del teatro coetáneo Valle, tan atento a las cuestiones de recepción estética, no se la achaca sólo a los dramaturgos; en efecto reconoce que el mal gusto del público burgués tiene una gran responsabilidad. En una ocasión se pregunta:

Galdós «Don Benito el Garbancero».
31 «Valle-Inclán», en Valle-Inclán 2000: 78.
32 «Lo que debe ser el Teatro Español», en Valle-Inclán 2000: 282.
33 «Unos minutos de charla con don Ramón del Valle-Inclán», en Valle-Inclán 2000: 303.
34 «Lo que piensa Valle-Inclán de algunos escritores», en Valle-Inclán 2000: 204.
35 «Unos minutos de charla con don Ramón del Valle-Inclán», en Valle-Inclán 2000: 304.

¿Quiénes son espectadores de las comedias? Padres honrados y tenderos, niñas idiotas, viejas con postizos, algún pollo majadero, y un forastero... Por eso los autores de comedias - desde Moratín hasta Benavente - parecen nacidos bajo una mesa-camilla... En sus comedias están todas las lágrimas de la baja y burguesa sensibilidad madrileña.[36]

Y, pensando sin duda en sus propias circunstancias, en una entrevista de 1915 declara:

> El autor dramático con capacidad y honradez literaria hoy lucha con dificultades insuperables, y la mayor de todas es el mal gusto del público. Fíjese usted que digo el mal gusto y no la incultura. Un público inculto tiene la posibilidad de educarse, y ésa es la misión del artista. Pero un público corrompido con el melodrama y la comedia ñoña es cosa perdida. Vea usted el público de la Princesa.[37]

Valle cree firmemente que el dramaturgo tiene que imponerse a los espectadores para educarlos, y que, por ende, de ninguna manera tiene que someterse a sus dictámenes y caprichos. Al respecto, en una entrevista de 1915 aparecida en *La Esfera* de Madrid, al periodista que le preguntaba «¿Qué opina usted del teatro contemporáneo en relación con el pasado?», contesta con su inconfundible tono hiperbólico y burlón:

> Mire usted: si Lope de Vega viviese hoy, lo más probable es que no fuese autor dramático, sino novelista. ¡Habría que oír al *Fénix* cuando los empresarios le hablasen de las conveniencias de escribir manso y pacato para no asustar a las niñas del abono...![38]

Por supuesto, no escoge el nombre del «Monstruo de la Naturaleza» al azar. Si bien éste en su *Arte Nuevo* confesaba irónicamente que «porque, como [las comedias] las paga el vulgo, es justo / hablarle en necio para darle gusto» (vv. 47-48), tenía absoluta conciencia de haber forjado el gusto del auditorio barroco, fascinando a todos los estamentos del XVII.

Finalmente, para completar el circuito comunicativo teatral, el autor gallego subraya la falta de actores que consientan la tan auspiciada regeneración de la escena española de su tiempo. Según él es necesario deshacerse de los anacrónicos comediantes, todavía acostumbrados al patetismo y a la estética realista: «si se trata de crear un teatro dramático español, hay que esperar a que esos intérpretes, viciados por un teatro de camilla casera, se acaben».[39] La ausencia de compañías preparadas

---

36 «Carta a Rivas Cherif», en Schiavo 1980: 10.
37 Valle-Inclán 2000: 89. En «Don Ramón del Valle-Inclán nos pone como no digan dueñas», en Valle-Inclán 2000: 211, reitera los mismos conceptos en la charla con Estévez Ortega: «Yo: ¿En dónde está o radica la causa de la decadencia teatral nuestra? Valle: En el público. Yo: ¿Incultura, acaso? Valle: Peor. Mal gusto. Un público inculto puede educarse. Un público que se cree educado y que está viciado y corrompido, con comedias estúpidas, no tiene remedio».
38 «Nuestras visitas», en Valle-Inclán 2000: 89.
39 «Don Ramón habla de teatro a sus contertulios», en Valle-Inclán 2000: 421. En «Lo que debe ser el Teatro Español» de 1929, una de las intervenciones periodísticas en que más detenidamente trata esa candente cuestión, reitera: «Para el resurgimiento de nuestro Teatro Español se necesita, desde luego, una compañía formada por elementos artísticos

para poner en escena un teatro innovador como el suyo le lleva a afirmaciones sarcásticas y paradójicas como la que ofrecemos a continuación:

> Yo no he escrito, escribo, ni escribiré nunca para el teatro. Me gusta mucho el diálogo, y lo demuestro en mis novelas.
> Y me gusta, claro es, el teatro, y he hecho teatro, procurando vencer todas las dificultades inherentes al género. He hecho teatro tomando por maestro a Shakespeare. Pero no he escrito nunca ni escribiré *para* los cómicos españoles. [...] Los cómicos de España no saben todavía hablar. Balbucean. Y mientras no haya alguno que sepa hablar, me parece una tontería escribir *para* ellos. Es ponerse al nivel de los analfabetos.[40]

En general, Valle se muestra bastante escéptico sobre las reales posibilidades de llevar a cabo el renacimiento deseado, en parte porque no acepta o logra identificar otras tentativas ajenas a la suya. Sin embargo, durante el breve período de la República tiene la fugaz ilusión de que el nuevo gobierno pueda infundir también en el teatro sus ansias de renovación del país. En una entrevista de 1932 dice:

> Lo que yo pido es que el Gobierno oriente, sistemáticamente, con inteligencia, la actividad artística hacia nuevos modos. Hay latentes en el fondo del genio nacional intenciones estéticas que no han podido expresarse del todo o que se han visto arbitrariamente represadas por obstáculos históricos. ¿Por qué no despertarlas? [...] La República debe esforzarse en restaurar la escena nacional.[41]

Ahora bien, sea como fuere, queda claro que, según Valle, la renovación tiene que surgir de la actualización de la «tradicional estética española»,[42] es decir del teatro clásico, a la luz de la experimentación vanguardista.[43] En este sentido don Ramón destaca justamente como uno de los geniales promotores de la revitalización de la dramaturgia aurisecular de la época de la preguerra, junto con García Lorca,

---

    de alta calidad. Es difícil realizarlo con artistas consagrados, porque después de treinta años de realismo se han acostumbrado a esa escuela y no les sería hacedero adaptarse a la modalidad interpretativa de las obras clásicas» (Valle-Inclán 2000: 281).

40 «¿Por qué no escribe usted para el teatro?», en Valle-Inclán 2000: 224. Cardona (1988: 176) nos señala que «estas declaraciones son posteriores a la experiencia de don Ramón como director de teatro con el grupo ‹El Cántaro Roto›, que representó, entre otras obras, su *Ligazón*», de manera que son el producto de su directa y personal desilusión por las condiciones de producción del teatro de su tiempo.

41 «La pintura, el teatro, el futuro Madrid», en Valle-Inclán 2000: 341. En otra charla del mismo año concedida a Miguel Pérez Ferrero, «Esto de los premios literarios», en Valle-Inclán 2000: 347, pretende con sorna: «¡En el teatro tiene que hacerlo todo la República! Calderón, Lope y Tirso, nuestros clásicos, respondieron a las necesidades de una época y un Estado monárquico. Por eso tres tonsurados como ellos debían hacer el teatro. Hoy, según esa misma norma, y al servicio del laicismo y la República, el teatro deberían hacerlo tres masones».

42 «Lo que debe ser el Teatro Español», en Valle-Inclán 2000: 282.

43 Al respecto Jerez Farrán (1989: 97), observa certeramente que las vanguardias «le sirven a Valle-Inclán de acicate para la reinterpretación de un ámbito tradicional que elabora desde una perspectiva moderna». Más en general, según Mainer 1975: 13, la vanguardia española se funda en «innovación rigurosa, pero también reinterpretación de lo tradicional; cosmopolitismo, pero también alta temperatura nacional».

Alberti y Max Aub, para citar los nombres más ilustres. Nieva define oportunamente «barroco» su teatro esperpéntico.[44] A dicho propósito es forzoso recordar que la resemantización vanguardista de la literatura del Siglo de Oro es un campo de investigación donde queda mucho por hacer. No son numerosos los trabajos específicos,[45] y, en muchos casos, en lo poco que se ha dicho pesan unos prejuicios anacrónicos que siguen afectando, en general, al teatro aurisecular.[46]

Si tomamos el caso concreto de la presencia de Calderón en la literatura de las primeras décadas del siglo XX, se ha señalado, entre otras cosas, que Unamuno cuenta con un ensayo sobre *La vida es sueño* y la pieza *El hermano Juan o el mundo es teatro*, Lorca reinterpreta el drama del honor en *La casa de Bernarda Alba* y Alberti escribe la obra *El hombre deshabitado* con ecos de los autos calderonianos.[47] Aub, por su parte, en *El desconfiado prodigioso*, junto con los varios subtextos que actúan positivamente en el entramado de la pieza, echa mano de *El mágico prodigioso*.[48]

Valle-Inclán cita a Calderón y sus obras en distintas ocasiones. En el cuento «La corte de Estella», en el diálogo entre el polaco Soulinake y Cara de Plata, asoma una alusión al concepto del honor como patrimonio del alma expresado en *El alcalde de Zalamea*: «‹¡En este ejército, todos me parecéis españoles de Calderón!› Cara de Plata hizo un gesto de indiferencia: ‹¡Grandeza en los palacios la tiene acá un indiano! Pero tenerla en los pechos, hay que nacer›».[49] En *Luces de Bohemia* se hallan dos menciones de *La vida es sueño*: al principio de la escena II Max entra en la cueva de Zaratustra diciendo irónicamente «¡Mal Polonia recibe a un extranjero!», y en la IV dictamina: «Para medrar hay que ser agradador de todos los Segismundos».[50] Sobre la intertextualidad aún con *La vida es sueño*, Zavala identifica otro rasgo en la *Farsa italiana de la enamorada del Rey*: «el lector percibe un retintín de regusto calderoniano; el teológico ‹Ah de la vida› se transforma en el ‹¡Ah de la casa!› que emite el Escudero».[51] Finalmente, en la jornada II de *La marquesa Rosalinda* la Dueña y el Paje hacen unos comentarios fugaces sobre el teatro del autor barroco:

LA DUEÑA: Prefería
las comedias de antaño, que escribía
Don Pedro Calderón

---

44 Nieva 1967: 234, y remacha: «Su obra, al verterse de lleno en el barroco, entra en el orden del gran teatro y de la gran ambigüedad» (Nieva 1967: 235).
45 En el campo teatral se ha hecho hincapié especialmente en la recuperación de los subgéneros del teatro breve (cfr. Huerta Calvo 1992) y de los grandes autores.
46 Sobre la cuestión de los prejuicios en la recepción actual del teatro del Siglo de Oro, ver Arellano 2004.
47 Ver Flasche 1983: 31.
48 Cfr. Trambaioli 2004.
49 Valle-Inclán 2002: II, 1545.
50 Valle-Inclán 1998: 59 y 82.
51 Zavala 1988: 164.

EL PAJE: El Auto Teológico, os confieso
que era algo oscuro para mi caletre.[52]

El porqué de esta referencia se aclara más adelante cuando la marquesa reconoce hallarse en una situación que recuerda burlescamente la de los dramas del honor: «Pues así no podemos seguir. A mi marido / le entró un furor sangriento que nunca había tenido. / ¡No sé qué mal de ojo le hicieron en España! / ¡Es Castilla que aceda las uvas del champaña! / ¡Son los autos de fe que hace la Inquisición! / ¡Y las comedias de Don Pedro Calderón!».[53]

Además de estas menciones fugaces, en *Los cuernos de don Friolera* Valle echa mano del tema del honor para llevar a cabo una ingeniosa operación de parodia literaria. Al propósito, cabe apuntar que la mayoría de los valleinclanistas sigue convencida de que don Ramón critica a Calderón al igual que a Echegaray, considerándolos afines estéticamente, y cree que el subtexto utilizado es *El médico de su honra*. Por ejemplo, Cardona y Zahareas identifican una «ininterrumpida tradición de ‹honor› y ‹sociedad› que enlaza a Calderón con Echegaray».[54] Pérez Carreño concuerda diciendo: «de Calderón a Echegaray, aludidos directamente en esta obra, el arte ha presentado inevitablemente una falsa imagen de España a través de medios caducos de expresión de viejos valores».[55] Cabrera asimismo remacha: «*Los cuernos de don Friolera* es la parodia de este rígido concepto que a través de Echegaray supone volver hasta Calderón».[56] Y un largo etcétera.[57]

---

52 Valle-Inclán 2002: II, 638.
53 Valle-Inclán 2002: II, 664.
54 Cardona y Zahareas 1982: 132
55 Pérez Carreño 1986: 76.
56 Cabrera 1973: 199.
57 Aznar Soler deja sentado que el creador del esperpento en *Los cuernos* contrapone Shakespeare a Calderón, que lleva a cabo una «caricatura de los dramas decimonónico-calderonianos», y que, en definitiva, el tratamiento esperpéntico del tema del honor es «anticalderoniano». Más en general hace hincapié en que «la tradición teatral española, desde Calderón a Echegaray, se caracteriza precisamente por ‹el enfoque trágico o melodramático del honor conyugal›» y que «doña Tadea, el código de honor militar y la literatura calderoniana son los responsables morales del crimen» (1992: 96, 103, 113-114); Greenfield anuncia que con la acotación de la escena primera del esperpento de *Los cuernos* «comienza la fantochesca burla del melodrama tradicional, sea de Calderón o de Echegaray», y a propósito de la provocadora del escándalo postizo comenta: «la ‹bisnieta› literaria de Calderón de la Barca, doña Tadea, enfoca la pertinacia fosilizada de un lugar común del anciano don Pedro en la obra de la escuela echegaraya» (1972: 250 y 267); Bermejo Marcos señala «la caricatura de los dramas decimonónico-calderonianos» (1971: 246); González 1954: 53: «*Los cuernos de don Friolera* no es tanto una exposición de la situación humana del cornudo como un ataque al tratamiento que este tema recibe corrientemente en el teatro nacional»; Paley de Francescato 1969: 492: «Hay gran crítica del tema del honor y de la tradición española de vengar la honra mancillada con la muerte de los amantes que, como demuestra Valle-Inclán, no soluciona nada. No resulta extraño que doña Tadea, que cumple la función de calumniadora y representa a todo el vecindario murmurador, se apellide Calderón».

Pero a lo largo del presente ensayo hemos constatado de forma contundente que, según Valle, los dos dramaturgos en cuestión representan dos Españas teatrales antitéticas. Echegaray es el último eslabón de una cadena que no empieza con Calderón, sino con Moratín, y el autor barroco forma parte de aquella tradición estética que don Ramón quiere rescatar. Además, tal como he demostrado detenidamente en otro lugar,[58] es *El pintor de su deshonra* el subtexto que funciona de apoyo en la escritura esperpéntica, el que le sirve a Valle para revitalizar la técnica dramática, mientras que los dramas echegarayescos parodiados constituyen el subtexto polémico, el que queda subvertido mediante el proceso intertextual. Dicho de otra manera, Valle, a través del positivo diálogo intertextual que establece con *El pintor*, pieza donde los juegos de perspectiva y la pintura desempeñan un papel fundamental en la arquitectura dramática y en las modalidades de presentar el enredo, muestra haber entendido lo que la crítica calderoniana ha aclarado sólo en fecha reciente, es decir que el gran clásico del XVII presenta los dramas del honor con un distanciamiento estético y plástico parecido al profesado por Valle. En este sentido, el creador del esperpento ha sido el primero en darle a Calderón «la oportunidad de llegar a ser contemporáneo nuestro [...] como lo son Shakespeare o Moliere», en palabras de Ruiz Ramón.[59]

En una de las numerosas entrevistas que ya hemos mencionado, don Ramón comenta:

> Cervantes, Velázquez, Quevedo, Goya mismo, aunque sea romántico, la mayor parte de los artistas españoles consideran a sus personajes criaturas inferiores. El creador no fraterniza con los seres que crea: permanece ajeno a ellos, sobre ellos. La crueldad, tan característica de la literatura nuestra, procede de eso: de que al autor que está por encima de sus personajes le son indiferentes los dolores de los personajes esos; sólo conmueve el infortunio de los iguales.[60]

Se podría objetar que Calderón no entra en la lista de escritores y artistas mencionados por Valle, pero su nombre está vinculado al de ellos en otras circunstancias. Normalmente, forma parte de la tríada representativa de la comedia aurisecular, junto con Lope y Tirso. No olvidemos tampoco que, en opinión de don Ramón, el autor de *La vida es sueño* es un representante del arte superrealista, tal como resulta en la cita con la cual hemos empezado nuestro recorrido. De todos modos, diríamos que la práctica teatral valleinclanesca resulta más elocuente que cualquier declaración extemporánea y ambigua del estrafalario autor.

Así pues, para concluir quisiéramos preconizar que se siga profundizando el estudio de la recepción por parte de Valle-Inclán tanto de Calderón como de los demás autores auriseculares, para desentrañar una faceta sobremanera intrigante de la com-

---

58 Trambaioli 2005.
59 Ruiz Ramón 2000: 27.
60 «El centenario del Romanticismo: Valle-Inclán cree que no vale la pena celebrarlo», en Valle-Inclán 1994: 300.

pleja y articulada contraposición de las dos Españas teatrales, tal como queda documentada en los textos del primer tercio del siglo XX.

Bibliografía

Arellano, Ignacio (2004): «Algunos problemas y prejuicios en la recepción del teatro clásico español», en Díez Borque, José María / Alcalá Zamora, José (eds.): *Proyección y significados del teatro clásico español. Homenaje a Alfredo Hermenegildo y Francisco Ruiz Ramón.* Madrid: Sociedad Estatal para la Acción Cultural Exterior, pp. 53-77.

Aznar Soler, Manuel (1992): *Guía de lectura de* Martes de Carnaval. Barcelona: Anthropos.

Bermejo Marcos, Manuel (1971): *Valle-Inclán: introducción a su obra.* Salamanca: Anaya.

Cabrera, Vicente (1973): «Valle-Inclán y la escuela de Echegaray: un caso de parodia literaria», en: *Revista de Estudios Hispánicos* 7, 2, pp. 193-213.

Cardona, Rodolfo (1988): «Valle-Inclán y el teatro: documentos», en Barbeito, Clara Luisa (ed.): *Valle-Inclán. Nueva valoración de su obra (Estudios críticos en el cincuentenario de su muerte).* Barcelona: PPU, pp. 171-184.

Cardona, Rodolfo / Zahareas, Anthony N. (1982): *Visión del esperpento.* Madrid: Castalia.

Dougherty, Dru (1983): *Un Valle-Inclán olvidado: entrevistas y conferencias.* Madrid: Espiral / Fundamentos.

Flasche, Hans (1983): «Itinerario de la investigación calderoniana durante los últimos decenios», en De Gennaro, Giuseppe (ed.): *Colloquium Calderonianum Internationale (L'Aquila 1981).* L'Aquila: Università dell'Aquila / Instituto Español de Cultura di Roma / Teatro Stabile dell'Aquila, pp. 1-34.

González López, Emilio (1967): *El arte dramático de Valle-Inclán (del decadentismo al expresionismo).* New York: Las Américas Publishing Company.

González, Pedro A. (1954): «Los cuernos de don Friolera», en: *La Torre. Revista General de la Universidad de Puerto Rico* II, 8, pp. 45-54.

Greenfield, Sumner M. (1972): *Anatomía de un teatro problemático.* Madrid: Fundamentos.

Huerta Calvo, José (1992): «La recuperación del entremés y los géneros teatrales menores en el primer tercio del siglo XX», en Dougherty, Dru / Vilches de Frutos, M.ª Francisca (eds.): *El teatro en España entre la tradición y la vanguardia (1918-1939).* Madrid: C.S.I.C. / Fundación Federico García Lorca, pp. 285-294.

Jerez Farrán, Carlos (1989): *El expresionismo en Valle-Inclán: una reinterpretación de su visión esperpéntica.* Sada-A Coruña: Ediciós do Castro.

Mainer, Carlos J. (1975): «Prólogo», en Díaz-Plaja, Guillermo: *Vanguardismo y protesta.* Barcelona: Los libros de la Frontera, pp. 9-17.

Nieva, Francisco (1967): «Virtudes plásticas del teatro de Valle Inclán», en Jacquot, Jean (ed.): *El teatro moderno. Hombres y tendencias.* Buenos Aires: Eudeba Ed. Universitaria de Buenos Aires, pp. 231-249.

Osuna, Rafael (1992): «El cine en el teatro último de Valle-Inclán», en Gabriele, John P. (ed.): *Suma valleinclaniana.* Barcelona: Anthropos, pp. 497-505.

Paley de Francescato, Martha (1969): «Teoría y realización del esperpento en *Martes de Carnaval*», en: *Cuadernos Hispanoamericanos* 236, pp. 483-495.

Pérez Carreño, Francisca (1986): «Literatura e ideología en *Los cuernos de Don Friolera*», en: *Cuadernos Hispanoamericanos* 438, pp. 75-81.

Ruiz Ramón, Francisco (1986): *Historia del teatro español. Siglo XX.* Madrid: Cátedra.

Ruiz Ramón, Francisco (2000): *Calderón nuestro contemporáneo.* Madrid: Castalia.

Schiavo, Leda (1980): «Cartas inéditas de Valle-Inclán», en *Ínsula* 398, p. 10.

Sobejano, Gonzalo (1968): «Valle-Inclán frente al realismo español», en Zahareas, Anthony N. / Cardona, Rodolfo / Greenfield, Sumner (eds.): *Ramón del Valle-Inclán. An Appraisal of his Life and Works*. New York: Las Américas Publishing Company, pp. 159-171.

Stembert, Rodolphe (1976): «Don Ramón del Valle-Inclán y la pintura», en: *Cuadernos Hispanoamericanos* 311, pp. 461-476.

Trambaioli, Marcella (2004): «*El desconfiado prodigioso* y *Jácara del avaro* de Max Aub: estilización del teatro clásico y magisterio de Valle-Inclán», en Monti, Silvia (ed.): *Max Aub de la farsa a la tragedia*. Actas de las Jornadas de estudio (Verona, 13-14 de junio de 2003). Verona: Edizioni Fiorini, pp. 17-33.

Trambaioli, Marcella (2005), «Calderón y Valle-Inclán: reinterpretación de un diálogo intertextual tergiversado: *El pintor de su deshonra* y *Los cuernos de don Friolera*», en Mata, Carlos / Zugasti, Miguel (eds.): *Actas del Congreso Internacional «El Siglo de Oro en el nuevo milenio. Historia, Crítica y Teoría literaria»* (Pamplona, 15-17 de septiembre de 2003). Pamplona: Eunsa, pp. 1655-1665.

Valle-Inclán, Ramón del (1990): *Martes de Carnaval*. Senabre, Ricardo (ed.). Madrid: Espasa-Calpe.

Valle-Inclán, Ramón del (1994): *Entrevistas, conferencias y cartas*. Valle-Inclán, Joaquín y Javier del (eds.). Valencia: Pre-Textos.

Valle-Inclán, Ramón del (1996): *Retablo de la avaricia, la lujuria y la muerte*. Rubio Jiménez, Jesús (ed.). Madrid: Espasa-Calpe.

Valle-Inclán, Ramón del (1998): *Luces de Bohemia*. Zamora Vicente, Alonso (ed.). Madrid: Espasa.

Valle-Inclán, Ramón del (2000): *Entrevistas*. Valle-Inclán, Joaquín del (ed.). Madrid: Alianza.

Valle-Inclán, Ramón del (2002): *Obra completa*. 2 vols. Madrid: Espasa.

Zavala, Iris M. (1988): «Transgresiones e infracciones literarias y procesos intertextuales en Valle Inclán», en: *Valle Inclán. Nueva valoración de su obra (Estudios críticos en el cincuentenario de su muerte)*. Barcelona: PPU, pp. 153-167.

No hay paraíso sin serpiente: mito y folclore en *Electra* de Pérez Galdós

Friedrich Wolfzettel

(Johann Wolfgang Goethe-Universität Frankfurt)

Electra, huérfana de 18 años e hija adoptiva de sus tíos, don Urbano García Yuste, burgués adinerado y su esposa Evarista (50 años), está protegida por el viejo marqués de Ronda y el eclesiástico don Salvador Pantoja. Este último, cura del convento de San José y pasado hombre mundano de 50 años, que se ha convertido a una fe rigorista, querría convencer a la hija vuelta del internado para ingresar en el monasterio. Pero Electra ya quiere al joven científico y físico Máximo, joven viudo de 35 años, que la inicia en los misterios de su laboratorio. Eleuteria, la madre muerta de Electra, había llevado una vida mundana bastante irregular y se puede sospechar que Pantoja ha sido también asesino del padre de la hija, Lázaro Yuste. Pero cuando el conflicto alcanza su punto crítico, Pantoja señala el carácter incestuoso de este amor al sugerir que Máximo es el hermano de Electra. Ésta se vuelve loca de dolor y ya está a punto de dejar el mundo, cuando en el último momento la sombra de la madre muerta rechaza esta mentira. En una entrevista dramática Máximo consigue salvar a su futura esposa del poder de Pantoja: Electra «no huye, no... resucita» (281).[1]

Electra, «*Hernani* del moderno teatro español», es «una de las obras dramáticas de más éxito y resonancia internacional en la historia literaria».[2] El resumen tal vez demasiado sucinto de la bastante sutil intriga psicológica[3] destaca el carácter alegórico del conflicto entre la ciencia y la Iglesia, que Galdós ha convertido en un drama de tesis en cinco actos que fue estrenado el 30 de enero de 1901 en el Teatro Español de Madrid. Ya se sabe que el estreno fue un éxito rotundo y marca un triunfo excepcional del autor que, después de una pausa, inauguró así su llamado segundo período teatral (de 1901 hasta 1910).[4] Según E. Inman Fox la representación teatral constituye «one of the most important happenings in the intellectual history of Spain in the turn of the century»,[5] un acontecimiento que consiguió polarizar a los intelectuales a inicios del siglo XX.[6] Además, con esta obra el autor vuelve a la literatura

---

1 Todas las citas siguen la reimpresión de la edición original de *Electra* en la Colección de Facsímiles de Canarias, 2001.
2 Sackett 1998: 463.
3 Véase a este respecto el análisis semiológico de Sackett 1989: 466-474.
4 Cfr. Catena 1974.
5 Fox 1966: 131.
6 Blanquat 1966 y Elizalde 1974.

comprometida de tesis de sus comienzos, en particular a la trama, muy semejante a la de *Electra*, de *Doña Perfecta*. Finkenthal[7] ha llamado la atención sobre la manera en la cual la obra literaria parece querer influir directamente en la vida social y el clima mental del país caracterizado en medida creciente por tendencias restauradoras bajo la influencia de la Iglesia y los jesuitas. «El teatro español nunca había sido escena de una llamada tan directa a la gente para que reaccionase al insistente problema social del abuso de confianza de la Iglesia».[8] A este respecto el crítico recuerda «la ejecución de Ferrer, fundador de las Escuelas Modernas, los acontecimientos de la Semana Trágica y el intento del clero de recobrar todo el control de la educación primaria y secundaria»[9] – hechos que debían dejar su sello en el clima político de la década siguiente –. De modo más preciso el «caso» de la huérfana manipulada y forzada por un clérigo fanático a entrar en un convento, alude al «caso» real de la señorita Adelaida, influida por un jesuita contra la voluntad de la madre y del hermano, para entrar en marzo de 1900 en el convento de las Esclavas Religiosas del Sagrado Corazón de Jesús. El final milagroso del drama galdosiano prefigura, de hecho, la liberación de Adelaida tras la decisión del Tribunal Supremo en el mes de febrero.

Electra ha sido valorado muy distintamente; los juicios estéticos alcanzan desde la apreciación entusiástica del crítico americano Finkenthal hasta el escepticismo casi desdeñoso del crítico vienés Hans Hinterhäuser.[10] En efecto, *Electra*, cuya reacción a la producción «melodramática» de su tiempo ha sido discutida por Gonzalo Sobejano,[11] está lejos de ser el producto teatral más logrado del autor. No por caso Sobejano prefiere a *Electra* el drama «múltiple»[12] *Realidad* con el que *Electra* tiene en común el tema ibseniano del «descubrimiento de la verdad profunda».[13] Pero lo que constituye el interés particular del drama es, tal vez, la dimensión mítico-religiosa conectada con el desarrollo de este tema, lo que sugiere, además, cierto parentesco con las obras de la última fase de las *Novelas contemporáneas*.[14] Una crítica reciente, María del Prado Escobar Bonilla, ha destacado la dicotomía entre la disposición «bastante clásica» del drama realista de tesis y «un desenlace teñido de misteriosa idealidad».[15] El carácter híbrido del drama estudiado por Theodore Alan Sackett[16] resulta, en efecto, de la superposición del mito y del plano realista de la

---

7   Finkenthal 1980: 111ss.
8   Finkenthal 1980: 155.
9   Ibíd.
10 Hinterhäuser 1988: 283s.
11 Sobejano 1978: 113.
12 Sobejano 1974: 43ss.
13 Sobejano 1974: 42.
14 Cfr. Wolfzettel 1999: 235ss.
15 Prado Escobar Bonilla 2001: 79.
16 Sackett 1989.

acción dramática. En su tesis de 1999 sobre «Benito Pérez Galdós als Mythoklast und Mythograph», quizás la contribución galdosiana más estimulante y fértil de los últimos años, Ulrich Prill[17] ha llamado la atención sobre la dialéctica específica de esta obra que, al criticar los mitos tradicionales se sirve ella misma de elementos de modelos míticos a fin de rechazar los mitos ya hechos. Según este crítico, la novela tardía *El caballero encantado* demuestra claramente[18] hasta qué punto Galdós recurre también a estrategias mítico-fantásticas para alcanzar su objetivo de dibujar una imagen crítica de nociones tradicionales de la realidad. Basta con pensar, en este contexto, en la revalorización reciente de los cuentos fantásticos del autor.[19] En *Electra* tenemos otro ejemplo de semejante dialéctica ilustrativa. La joven Electra es en cierto sentido la hermana más afortunada de Tristana, pero esta reescritura dichosa de la tragedia de *Tristana* parece ser posible tan sólo mediante el recurso a elementos fantásticos y míticos. Finkenthal ha destacado ya el uso de ciertos «tipos de simbolismo»,[20] pero parece obvio que en nuestro caso la función dramáticamente imprescindible del mito va más allá de un procedimiento simbólico más bien decorativo que funcional. No sólo es Electra misma el tipo «de la mujer-niña, tan frecuentado por los autores de entresiglos», sino que, como nos hace notar María del Prado Escobar Bonilla,[21] su salvación por la sombra de su madre se inscribe también en el clima simbolista de la época. Es que, quizás por primera vez, Galdós no se contenta con sugerir cierta ambigüedad mítica para ironizar una realidad insuficiente, sino que necesita el mito para ofrecernos lo que Finkenthal llama «una visión optimista del futuro».[22] A fin de cuentas, esto quiere decir que el autor renuncia a la dialéctica mencionada más arriba. El drama comprometido rompe el equilibrio hasta entonces logrado entre elementos mitográficos y tendencias iconoclásticas para adoptar, al contrario, una estética de lo inequívoco ideológico.

Al discutir este problema, dejemos a un lado las analogías mitológicas propiamente dichas. Aunque claro está que el nombre de Electra sugiere ciertas resonancias míticas en un sentido tradicional, los elementos fácilmente reconocibles del mito griego, sugeridos por el autor mismo por cierto, no bastan para calificar este drama como un «Mythendrama» en el sentido definido por Käte Hamburger.[23] Sea dicho de paso, sin embargo, que el autor de *Casandra* o de *Alceste* debería ser calificado como un precursor de este nuevo tipo de intertextualidad mitológica. Pero *Electra* presenta precisamente un caso algo especial cuyos elementos intertextuales no llevan a la convicción. Hagamos caso omiso, pues, de ciertas analogías muy generales entre

---

17 Prill 1999.
18 Prill 1999: 164ss.
19 Smith (ed.) 1997.
20 Finkenthal 1980: 151.
21 Prado Escobar Bonilla 2001: 82.
22 Finkenthal 1980: 154.
23 Hamburger 1962.

Eurípides y Galdós, visto que el dramaturgo antiguo, según Finkenthal, era «un crítico social al tiempo que un artista, y, como Galdós, expresaba en su trabajo sus convicciones sociales»;[24] tampoco parece concluyente la tesis propuesta por Finkenthal de una «indiscutible» «relación temática entre la obra antigua y la moderna», es decir «la asociación entre justicia y religión y las exigencias de los sentimientos humanos».[25] Más convincentes, pero algo abstractos, son ciertos paralelismos entre las dos heroínas respecto a su ardor por independizarse, o entre las madres Eleuteria y Clitemnestra, ya que «el escandaloso comportamiento adúltero de la Clitemnestra griega durante la ausencia de su esposo»[26] puede ser comparado con el libertinaje de la madre de Electra. En una conversación con el tío de la niña, don Urbano, el marqués lo recuerda: «los íntimos la [a la madre Eleuteria] llamábamos también *Electra*, no sólo por abreviar, sino porqué a su padre, militar muy valiente, desgraciadísimo en su vida conyugal, le pusieron *Agamenón*» (12). En esta perspectiva del pasado, desarrollado en el primer acto, nuestra Electra se opone a la *Electra I*, la madre convertida, que «en San José de la Penitencia murió el 95 regenerada, abominando de su libertinaje horrible, monstruoso», mientras su hija, *Electra II*, sorprende por sus calidades contradictorias, una «candor angelical» así como su carácter loco, porque – como observa don Urbano – hay «momentos en que nos parece la criatura más loca que Dios ha echado al mundo» (13). Finkenthal nos hace notar también paralelismos entre Pantoja y Orestes al ser las dos víctimas «de un concepto erróneo de la religión»,[27] y Michael Kidd ha destacado recientemente cierto parentesco entre Pantoja y Egiste, el que mató a Agamenón, y entre Máximo y Orestes.[28] El crítico está convencido de que «Galdós superimposes the plot of display upon the basic structure of the myth of Electra».[29] Más contundente es quizás la observación según la cual las dos obras tan diversas a primera vista se parecen por su atmósfera de amenazas y de violencia: «La obra de Galdós, como la de Eurípides, es una obra colérica [...].»[30] Pero todo esto no impide que la intriga del drama moderno no sea debida a la del drama antiguo y que los vínculos intertextuales entre la *Electra* de Eurípides y la de Galdós sean particularmente débiles.

Parece, al contrario, que Galdós ha pasado por alto las posibles analogías mitológicas deliberadamente para poder poner de relieve su propio mito, el mito central de la modernidad, trazando al mismo tiempo una línea divisoria entre mitología y mito. Poco después de la conversación concerniente al pasado y a las analogías mitológicas indicadas más arriba, don Urbano va a resumir, en efecto, el sentido de sus

---

24 Finkenthal 1980: 137.
25 Finkenthal 1980: 137s.
26 Finkenthal 1980: 137.
27 Finkenthal 1980, 138.
28 Kidd 1994: 114 y 113.
29 Kidd 1994: 114.
30 Finkenthal 1980: 137.

palabras sobre el «desequilibrio» de la niña con la frase clave: «Tan viva como la misma electricidad, misteriosa, repentina, de mucho cuidado. Destruye, trastorna, ilumina» (14). *Electra* es, pues, la electricidad;[31] y su vida es el drama necesariamente optimista del triunfo de la electricidad, cuya dimensión mítica había inspirado poco antes la obra de Jules Verne[32] y la que debía dar lugar, dentro de sólo unos años, a las grandes manifestaciones del futurismo. En esta perspectiva «futurista», la electricidad desempeña un papel deliberadamente utópico opuesto al mito «mitológico» antiguo de la tragedia griega, al traducir un mensaje optimista de la emancipación frente a la tradición. Como lo sugieren los experimentos de Máximo en torno a la búsqueda de un metal conductor ideal para la electricidad, parece ser alcanzable, por primera vez, la visión de una comunicación directa sin pérdida de energía. Ya sabemos que pocos años más tarde, Marinetti debía proponer su famosa fórmula de una «communicazione senza fili». Una era nueva estaba abierta a comienzos del nuevo siglo. La visión de una sociedad nueva y renovada, visión obstaculizada desde hacía muchos años por el inmobilismo de la Restauración, parecía deber resucitar bajo el signo de la técnica. Por eso, Electra representa la técnica renovadora y «resucita» literal y simbólicamente al final del drama como símbolo de nuevas esperanzas. Es algo como la chispa eléctrica que contribuye al «milagro» técnico de la fusión de metales. A nivel simbólico, Electra es también la chispa que hace estallar el frágil equilibrio restaurador después del desastre político y mental del 98. Es la chispa que va a iluminar la hoguera de la conciencia pública, la chispa eléctrica de una nueva ilustración proclamando la necesidad de una «España nueva» frente al oscurantismo clerical y las tinieblas de la tradición. Se trata, pues, de un gran mito anti-mito cuyos ingredientes sobrepasan con mucho el «simbolismo» destacado brevemente por Finkenthal.[33] Este mito futurista *avant la lettre* es de hecho el mito fundador de la obra galdosiana. El verdadero paradigma «mítico» del drama es el de la oposición entre vejez y juventud, entre tradición y modernidad, entre la España vieja y la España moderna. Como el autor mismo expresa en una entrevista, muchas veces citada, del 7 de febrero de 1901 en el *Diario de las Palmas*:

> En Electra puede decirse que he condensado la obra de toda mi vida, mi amor a la verdad, mi lucha constante contra la superstición y el fanatismo y la necesidad de que, olvidando nuestro desgraciado país, las rutinas, convencionalismos y mentiras [...] pueda realizarse la transformación de una España nueva que, apoyada en la ciencia y en la justicia, pueda resistir las violencias de la fuerza bruta y las sugestiones insidiosas y malvadas sobre las conciencias.[34]

---

31 Por el papel de la electricidad en el Madrid contemporáneo, cfr. Catena 1974: 96s.
32 Cfr. Wolfzettel 1988: 9-27, 125-151.
33 Finkenthal 1980: 151ss.
34 Citado por Finkenthal 1980: 112.

Vista la gran discrepancia de edad entre los personajes, entre Electra y Máximo por un lado y su ambiente por otro,[35] *Electra* es también el drama de las generaciones y de un conflicto entre la España joven y la España vieja.

Por de pronto, pues, *Electra* es el mito de la resistencia y de la renovación. En su análisis arquetípico, basado especialmente en la *Anatomy of Criticism* de Northrop Frye, Sackett destaca un conflicto entre la visión trágica de la dominación religiosa y «el mundo primaveral del *romance*».[36] Según estos criterios arquetípicos el drama describe la transformación del mito de la primavera en el mito del verano, al designar el triunfo del rito de la pubertad sobre la oscuridad y la esterilidad.[37] En una perspectiva político-mental más larga, se trata de nada menos que de salvar el proyecto más o menos fracasado de la ilustración, y la ciencia es el medio *par excellence* de tal obra de renovación. La «justicia» para Electra está conectada con la verdad de la «ciencia» de Máximo, su futuro esposo. Electra, personificación muy joven de la naturaleza y de la «alegría de la naturaleza» (48), y Máximo, personificación del poder supremo y de la ciencia naturalista, van a lograr el matrimonio mítico, el «hieros gamos» – Prill emplea este término en el contexto de *Gloria*,[38] por lo que concierne a Daniel Morton y su esposa – va a unir la naturaleza ingenua, «natural» a la naturaleza científica. La ilustración lograda equivale a una toma de conciencia casi hegeliana. Electra, «un astro de luz tan espléndida» (35), cuya educación por Máximo, según Librada Hernández, sirve para confirmar el «mantenimiento del sistema patriarcal»,[39] se hace consciente de sí misma por el medio de la ciencia, mientras que el científico se regenerará mediante el contacto con esta luz natural. Pero esta ingenuidad de la chica, encarnación de «todas las cosas bonitas que hay en la Naturaleza, las rosas, las estrellas, los corazones que saben amar» (197), está también conectada con un registro popular que parece estar lejos del clima social superior de este drama de la noblesa y alta burguesía. Al estar la verdad de la ciencia ubicada en este ambiente hipócrita, Máximo se quedará sin amparo contra las mentiras insidiosas de Pantoja, el «salvador». Es como si el mito de la modernidad por sí solo no bastase para construir el edificio de la naturaleza reencontrada. Como la intriga social de *Electra* no está lejos de la catástrofe que marca el fin de *Doña Perfecta*, parece ser necesario recurrir a otra estrategia más oportuna para asegurar el triunfo de la verdad natural y científica a la vez. Por esta razón veremos a continuación que la peripecia del drama, constituida por la aparición de la sombra de la madre muerta enterrada en el cementerio del monasterio, representa una estrategia suplementaria imprescindible

---

35 Evarista de García Yuste tiene 50 años, don Urbano García Yuste, 55 años, don Leonardo Cuesta 50 años, don Juan, marqués de Ronda, 58 años, don Salvador Pantoja, 50 años.
36 Sackett 1989: 477.
37 Sackett 1989: 480-481.
38 Prill 1999: 207ss.
39 Librada Hernández 1994.

para el éxito de la intriga. Doña Perfecta, la «Madre Terrible», había traído la muerte, mientras doña Eleuteria, muerta, traerá la vida, por un lado, porque representa la madre convertida, pero, por otro lado, porque representa un elemento popular. En otros términos: sólo la madre muerta ayudante milagrosa garantizará el milagro del triunfo del mito de la ilustración.

Bajo estas condiciones no nos extraña cierta ambigüedad del joven científico Máximo, cuyo papel según María del Prado Escobar Bonilla, «carece de sutileza».[40] El joven viudo ilustra, en efecto, toda la precariedad de sus posiciones en un ambiente caracterizado por los valores tradicionales. A pesar de ciertas analogías con el protagonista Pepe Rey de *Doña Perfecta*, Máximo, cuyo nombre no es simbólico de su vocación, sino del autor mismo, tal vez sea más consciente de lo trágico de la vida «que no es todo alegrías» y en la que «hay también deberes, tristezas, sacrificios» (37). Así el drama de los dos jóvenes amantes es en cierto sentido un drama de formación cuya estructura obedece, como ya demuestra Theodore A. Sackett[41] a las reglas arquetípico-simbólicas de la madurez. Ambos protagonistas deben pasar por la noche para encontrar la luz. El tema de la ilustración tiene sus raíces psicológicas en la trama misma. Si la conciencia de Electra es «como un niño que está todavía en la cuna» (50), para Máximo, como dice, «los caracteres humanos son [...] una escritura que apenas puedo deletrear» (42). Por consiguiente Máximo tiene que aprender lo que es la vida y completar las deficiencias del credo científico. Electra es la que «trae la alegría, la luz a este escondrijo de la ciencia, triste, obscuro» (156), es la alegoría de la naturaleza que «hace de esta aridez un paraíso» (156). A diferencia de lo que pasa en *Doña Perfecta*, el joven científico y físico no es el héroe mesiánico que, al viajar en la provincia de Orbajosa, practica un viaje dantesco al infierno;[42] es, al contrario, un héroe deficiente, viudo de un primer matrimonio infeliz, a la espera de la figura angelical que debe convertirlo en un «marido completo» (205). Electra trae la luz y la alegría al «escondrijo» oscuro de la ciencia. En la fuerte polaridad entre la luz femenina y la ciencia masculina, esta última está caracterizada por las connotaciones de la carencia y la esterilidad. El simbolismo mítico parece tener por objetivo, no salvar el mundo retrasado, sino, al menos por el momento, salvar la ciencia misma. El Pepe de *Doña Perfecta* había sido el protagonista de un cientificismo triunfante cuya derrota trágica personal no afectaba a la dignidad misma de la ciencia. Máximo, al contrario, parece ser el científico después de la famosa «banqueroute de la science» proclamada por Ferdinand Brunetière – un héroe en búsqueda del equilibrio perdido –. Para el marqués, Máximo representa el «aire respirable» (55), «la ciencia» y «la Naturaleza» conjuntas (56), pero para Máximo mismo, esta

---

40 Prado Escobar Bonilla 2001: 83.
41 Sackett 1989.
42 Prill 1999: 63ss.

ciencia es aún deficiente, necesita las cualidades complementarias de la niña, representante de la naturaleza.

Esta problemática constituye el punto de partida del gran tercer acto, el que forma el centro mítico e ideológico del drama. Aquí Máximo irá hasta a poner en duda la importancia de la exactitud en el estudio de la naturaleza: «¡La exactitud! ... ¿Pero crees tú – habla con su discípulo – que se vive sólo de verdades? ... Saturada de ellas, el alma apetece el ensueño, corre hacia él sin saber si va de lo cierto á lo mentiroso, o del error á la realidad» (157). Y un poco más tarde el joven científico va a meditar sobre el papel de las «cosas vagas, indeterminadas, risueñas», independientes de los números exactos. Los lectores de *La Incógnita* y de *Realidad*, dos novelas también dramatizadas, ya debían de conocer a este nuevo Galdós que se burlaba de un positivismo científico estrecho. Electra, la «divinidad casera», es también la diosa de lo poético, las «ideas dulces», las «imágenes sonrosadas, poéticas» que tienen que «refrescar la mente» y este evangelio de las fuerzas espontáneas está opuesto a la «tirana, la exactitud» (158): «¡Oh! Electra, tú juguetona y risueña, ¡cuán llena de vida y de esperanzas, y la ciencia qué yerta, qué solitaria, qué vacía!» (159) Obviamente, en esta perspectiva típicamente vitalista de entresiglos, se trata de redescubrir la verdadera vida, el equilibrio de la exactitud y de lo poético, es decir, nada menos que la totalidad perdida. Se trata para el científico de reaprender el carácter milagroso de la creación y de desprenderse de todo lo artificioso y árido – en pocas palabras: se trata de reingresar en el paraíso. Esto parece ser el mensaje de la pequeña escena del postre. Después de la comida, Máximo coge una manzana, símbolo y «obra de Dios», «hermosa, espléndida, sin ningún artificio» (167). A diferencia de lo que pasa en el relato bíblico del *Génesis* es aquí el hombre el que coge la manzana para darle a la mujer y no hay ni sombra del pecado original, todo lo contrario: «Dios hace estas maravillas para que el hombre las coja y se las coma...» (167). Claro que la manzana implica toda la vida del hombre, incluso la sexualidad y la fertilidad, y es el símbolo de un nuevo evangelio de la plenitud que se opone a la vez a las falsificaciones de la cultura española clericalizada, pero al mismo tiempo a un culto estéril de la ciencia.

He aquí un nuevo sentido de la sublimación – no la mortificación de la carne, sino el encuentro y la coincidencia de los contrarios –. No por ello el viejo Cuesta, admirador de la heroína, nota en la hija «un rasgo de maternidad» (131), y el marqués comenta: «Yo lo tengo por divino» (131). El matrimonio deseado es, pues, la forma más natural de una búsqueda de la totalidad, búsqueda que funciona de un modo análogo a la de la alquimia. Máximo está de hecho ocupado en efectuar la fusión de dos metales, de suerte que Electra observándolo, lo compara al «Mágico prodigioso» (142) y no tarda en compararse a sí misma «con las cualidades de este metal bonito, que es mi semejante. ¡Soy tenaz ... no me rompo» (144). Y un poco más tarde: «Nos fundimos tú y yo... Nos pelearemos medio del fuego» (147). Semejante a la fusión de dos metales, el aluminio femenino y el cobre masculino, la unión de los dos amantes va a crear algo nuevo, sublime: «los dos en uno», «los metales bien juntitos» mediante el fuego del horno, que simboliza, según parece, la acción misma del drama. La escena alquimista, que se sitúa casi en el centro del drama, a finales del acto tercero y que ha llamado naturalmente la atención de la crítica, marca también el centro simbólico del drama. A medida que la luz del día se apaga y se hace de noche, el científico y la chica van a darse cuenta de que algo importante ha pasado: «Unidos en este acto, como lo estaremos toda la vida...», comenta Máximo. El «blanco deslumbrante» de los metales fundidos forma un contraste simbólico con la oscuridad que aumenta afuera: «la fusión está hecha» (192). Se podrán apagar los hornos, porque queda el resultado de esta fusión casi mística que corresponde al «alma luminosa» de Electra, símbolo de la luz transformada por el fuego del amor. «Iluminada la sala del fondo, resplandece con viva claridad toda la escena» (192), nota el autor. «Ya viene la noche», dice el marqués que ha venido acercándose en los últimos momentos de la escena; «es el día... ¡Día eterno para mí!», contesta Electra. La dialéctica de la luz y de la noche está acabada, y los dos últimos actos no tienen sino que obstaculizar la realización inmediata del mensaje mítico. Sackett nos hace notar que «el drama sigue el ciclo solar de las estaciones y los períodos del día» – desde la mañana hasta la noche –.[43] En términos míticos se diría que la noche acude en socorro de la luz, la muerte en socorro de la vida. Se trata de una dialéctica mítica que no deja de recordar la mística de la noche oscura de San Juan de la Cruz,[44] así que el drama podría ser interpretado como una versión secularizada de las viejas paradojas cristianas. La ciencia necesita la vida tal como la vida necesita la ciencia. Todo el tercer acto, alguna vez risueño, otra vez serio, es un himno a la totalidad más allá de la mezquindad de la sociedad contemporánea y de la esterilidad de la ciencia pura.

En su tesis ya citada, Ulrich Prill ha definido el mito literario como la suma de «mitemas» variados y variables, es decir que el mito no existe como tal, sino tan sólo en una serie de transformaciones polivalentes susceptibles de recordar un viejo esquema mítico.[45] Como ya hemos observado, en el caso de *Electra*, el mito central de la ciencia regenerada y regeneradora está obviamente basado en la reescritura del mito del Génesis, reescritura en el sentido de una corrección de la narración bíblica. Si Electra misma funge como una variación de «lo eterno femenino» destacado por Prill[46] y como redentora, Máximo, una figura del redentor también, representa el nuevo asceta de la ciencia, «le saint laïque» de la tradición positivista y científica desde Auguste Comte y Ernest Renan. En su «santuario de la ciencia» (25) el protagonista se opone al «ascetismo falso» (20) de Pantoja. Ya hemos destacado el senti-

---

43 Sackett 1989: 480.
44 Cfr. Sagrario Rollán Rollán 1991 y Mancho Duque 1982.
45 Prill 1999: 31.
46 Prill 1999: 125ss.

do de la manzana, símbolo de un saber total y triunfal. Esta búsqueda del Edén perdido está localizada en el lugar simbólico del jardín cuyas variaciones atraviesan el drama entero. El jardín es, de hecho, un lugar simbólico múltiple; recuerda el jardín sombrío de *Doña Perfecta*, lugar de la sexualidad y de la muerte, pero alude también a tantos otros jardines de la literatura simbolista, especialmente al «jardín umbrío» de Valle-Inclán. En *Electra* la oposición entre el ascetismo antiguo y el ascetismo nuevo corresponde además a la dicotomía entre el jardín-prisión del monasterio en donde está enterrada la madre, Eleuteria, y en donde Pantoja querría encerrar a Electra, y el jardín de Máximo, perteneciente al «santuario de la verdadera ciencia» (25). Este jardín, que es la propiedad del marqués admirador de Máximo, está descrito a comienzos del drama como un «hermoso jardín, parque más bien: arbolado viejo, del antiguo palacio de Gravelinas» (8). Es, pues, el símbolo de la naturaleza al mismo tiempo que el lugar de la tradición representada por el propietario aristocrático. Se trata, por consiguiente, de un jardín-parque abierto que comprende la naturaleza como la historia, el futuro de la ciencia y la tradición aristocrática del país, del mismo modo que Máximo, el «mágico prodigioso», combina los rasgos más profundos del Siglo de Oro y la tradición alquimista con los de la religión positivista de la ciencia. El jardín del marqués se hace así un símbolo totalizador en el que todo lo que es válido en la historia y en la modernidad debe concordar para rechazar el jardín de la muerte y de la esterilidad del monasterio. En la versión galdosiana del discurso edénico se trata de reingresar en el paraíso perdido por culpa del fanatismo religioso.

Pero «no hay paraíso sin serpiente» (21). La reescritura del mito primordial atribuye el papel de la serpiente satánica al ministro de Dios; es el que querría ahogar la luz de la joven, su infantil ligereza y alegría natural: «De la muñeca graciosa, de la niña voluble, podrá salir un ángel más fácilmente que saldría de la mujer» (21). Para los adversarios de la modernidad se trata de impedir que Electra se haga mujer y de sofocar los rasgos «divinos» de maternidad (cf. 131). Pantoja, que sospecha al contrario «el roce de un reptil entre los arbustos» (61) del jardín edénico, es el gran «perturbador» en este relato mítico del triunfo dialéctico de la ilustración. En términos semióticos tiene el papel del adversario que deberá ser vencido por la madre muerta, Eleuteria. Es decir, que Galdós no se contenta con reescribir el mito del *Génesis*; lo corrige, además, al recurrir al cuento popular con vistas a salvar el nuevo evangelio de la ciencia reconciliada con la naturaleza y la historia. Igual que la joven huérfana alcanzará la felicidad, la madre muerta será la gran consoladora, reemplazará en cierto sentido a la Virgen tradicional. Sin embargo, para crear cierta plausibilidad psicológica, el autor, a primera vista, no vacila en recurrir a la ciencia psicológica de su tiempo y en describir a su heroína como a una joven algo neurótica: «Cuando estaba yo muy triste, muy solita ó enferma; cuando alguien me lastimaba dándome á entender mi desairada situación en el mundo, venía mi madre á consolarme» (95). En estas ocasiones, la figura de la madre se hace cada vez más clara, majestuosa. La escena de la niñez, tal como la describe Electra a su tía Evarista, es un ejemplo clásico de un sueño dorado:

> Y mire usted qué misterio, tía: siempre que andaba yo por la huerta, al caer la tarde, solita, con mi muñeca en brazos [...], mirando mucho al cielo, era segura, infalible, la visión de mi madre ... primero entre los árboles, como figura que formaban los grupitos de hojas; después ... dibujándose con claridad y avanzando hacia mí por entre los troncos obscuros... (96)

Pero contrariamente a lo que se espera en un drama de índole naturalista, el autor no prosigue el paradigma psicológico conforme a la ciencia de su tiempo. Las visiones frecuentes de la joven no funcionan como índices de una perturbación mental, no son desmentidas por la realidad, sino que sirven al contrario para preparar el final milagroso de la intriga. Aunque Máximo reprocha a Electra «chiquilla» esta manía que «no es propio de un espíritu fuerte» (137), su propia felicidad así como la de la chica dependerán del milagro secularizado de la buena hada Eleuteria. En la escena final en donde Electra consigue huir del dominio de Pantoja, la «resurrección» de la heroína ya no tendrá nada que ver con el paradigma neurótico antes indicado.

He aquí un elemento nuevo que se agregará a la estructura mítica o mitificante del drama y, además, es un elemento que, a diferencia de las resonancias míticas, es sumamente incompatible con la poetología naturalista. Es que la figura de la madre muerta que acude en socorro de su hija, corresponde obviamente con la tradición folclórica del cuento de hadas, especialmente en las variaciones del cuento de Cenicienta.[47] Galdós recurre al folclore como perteneciente a la esfera de la «historia eterna» proclamada por primera vez en los ensayos sobre el casticismo de Unamuno,[48] como si se tratase de proponer un pacto entre la vieja España popular por un lado y la nueva España regenerada por el cientificismo por otro lado. La madre muerta desempeña aquí el papel del hada ayudante y corresponde muy obviamente también a una personificación del «principio del deseo» en la dialéctica de verdad y deseo propuesta por Michael Kidd.[49] Según la interpretación jungiana de Hedwig von Beit la sombra de Eleuteria es una figura de la Gran Madre,[50] símbolo a la vez de lo maternal, de lo terrenal y del inconsciente. Al contacto con la madre muerta, la chica «holt sich aus dem Unbewußten immer wieder Kraft und Bestätigung»,[51] visto que «ihre neue zukünftige Persönlichkeit, ihr Selbst [...] aus der durch die Mutter

---

47 Cfr. Scherf 1995/I: 41-45. En el *Motif-Index of Folk-Literature* de Stith Thompson 1956/II D-E, encontramos el tema de la madre muerta ayudante bajo el número E 323.2: Dead mother returns to aid persecuted children (types 510 a, 511, 923 etc.). Se trata de una variante particular del tema más variado E 320: Dead relative's friendly return.
48 *En torno al casticismo* fue publicado en 1895.
49 Kidd 1994. Esta hipótesis vale aun cuando, como sugiere Kidd (1994: 112), no se trata de un verdadero milagro, sino que la monja Dorotea desempeña el papel de la madre muerta.
50 Von Beit 1975: 124ss. «Die große Mutter».
51 Von Beit 1975: 131.

dargestellten Sphäre des Unbewußten erwächst».[52] El fantasma folclórico que remonta al totemismo primitivo, representa «die Weiblichkeit und Instinktsphäre»[53] de la mujer y de la naturaleza. La muñeca mencionada más arriba no es, pues, sino el símbolo de la madre misma.[54] Además, si el árbol es también un símbolo de lo maternal y de la materia, «des unbewussten Wachstums und der geistigen Entwicklung»,[55] no nos extraña el hecho de que las apariciones de la madre están íntimamente conectadas con el jardín y los árboles.[56] Lo que Máximo está buscando en la joven querida es, precisamente, esta fuerza del inconsciente que Electra ha recibido de la madre muerta.

Para la nueva Cenicienta, la madre convertida en una figura de cuento de hadas popular garantiza de hecho la verdad de esa otra esfera del pueblo y de la naturaleza. «¡Madre, madre mía ...! la verdad, dime la verdad!» (235), exclama la joven después de estar enterada de las sospechas de Pantoja. Y Electra, como nota una sirvienta, «salió corriendo por el jardín» (235), porque, como ya hemos visto, la madre es la divinidad de la huerta o del jardín. Por eso las mentiras de Pantoja tienen como consecuencia el irrealizar la naturaleza misma: «Estoy soñando ... Todo lo que veo es mentira, ilusión. Mentira estos árboles, esta casa ... es cielo...» (234). La aparición de la sombra restaura, pues, la verdad deseada: «Te doy la verdad, y con ella fortaleza y esperanza» (279s.), dirá la madre a su hija al final del último acto. Aunque la madre muerta esté vestida de monja y trate la mentira de Pantoja piadosamente como «una ficción dictada por el cariño para traerte á nuestra compañía y al sosiego de esta santa casa» (279), claro está que este milagro marca el triunfo de las fuerzas de la naturaleza sobre las ilusiones del fanatismo. A lo largo del drama, Electra había rechazado el atributo angelical. «Llámame lo que quieras, Máximo; pero ángel no me llames» (160), había contestado Electra a su amante cuando éste le había comparado a «un angelito cocinero» (160). En la conversación decisiva con Pantoja, rechaza una vez más este nombre: «¿Parezco un ángel? [...] ¿Sabe usted lo que parezco ahora? Pues un niño muerto» (226). Adornándose el cuerpo con flores dice: «¿Salimos otra vez con la tecla de que yo he de ser ángel ...? Soy muy terrestre, Don Salvador. Dios me hizo mujer, pues no me puso en el cielo, sino en la tierra» (225). Las flores corresponden al registro *terrestre* de la naturaleza que es también el de la madre hada, tal como en el cuento popular.

El milagro folclórico confirma de hecho la verdad de la vida terrestre al reemplazar el mito del paraíso perdido por el ansia de saber por el nuevo mito del jardín

---

52   Von Beit 1975: 727.
53   Ibíd.
54   A este respecto, Hedwig von Beit (ibíd.) nos recuerda que, en el cuento ruso *La hermosa Vasilisa*, la madre agoninzante deja una muñeca a su hija como talismán.
55   Von Beit 1975: 131.
56   Cfr. Horn 1974.

legítimo de los hombres y al justificar al mismo tiempo la curiosidad científica contra toda especie de oscurantismo. Pero esta corrección o reestructuración del mito a favor de la «nueva España» no vale sin la ayuda del cuento folclórico. El jardín *terrestre* parece ser el símbolo de esta otra tradición por medio de la cual la huérfana alcanzará el objeto de su búsqueda y el autor logrará transmitir su mensaje ideológico. El conflicto de las dos Españas se convierte, pues, en una relación casi dialéctica que atribuye un papel decisivo a la España olvidada, la de las creencias populares. El drama ideológico ubicado en la alta sociedad, saturado de recuerdos literarios, parece tener que ser regenerado por el elemento popular que funge como instrumento de salvación. Esta conexión simbólica recuerda por lo demás la trama de *Misericordia* cuya heroína, hija del pueblo, va a salvar literalmente a la familia burguesa fracasada. La madre de Electra pertenece a la buena sociedad, pero en cuanto representa el funcionamiento y las reglas arquetípicas del cuento folclórico, viene a asumir una función simbólica contraria a su estado social y contraria al ambiente de su tumba en el jardín del monasterio. La imperfección del desenlace del drama galdosiano es obvia, tan obvia como la falta de coherencia psicológica, y ha sido criticada desde los principios.[57] Pero este final extravagante y que obedece tan sólo a una lógica arquetípica, denota precisamente la necesidad de una conexión dialéctica de todos los elementos ideológicos del drama. Es decir que las insuficiencias mismas de la intriga destacan el hecho de que cada uno de esos elementos, incluso el mito del progreso y de la ilustración, haya perdido su autonomía. La función imprescindible del cuento popular nos da a entender que, al lado del viejo conflicto de las dos Españas, hay una tercera España, la España folclórica y popular, de modo que la relación simplemente dicotómica va a transformarse en una relación triangular y esta relación triangular está puesta en escena por la estructura misma con vistas a realizar la totalidad mítica deseada. La reescritura exitosa del mito parece depender de esta condición.

Bibliografía

Beit, Hedwig von (^{5}1975): *Symbolik des Märchens. Versuch einer Deutung,* Bern / München: Francke.

Blanquat, Josette (1966): «Au temps d'*Electra* (Documents galdosiens)», en: *Bulletin Hispanique* LXVIII, pp. 253-308.

Cao, Antonio F. (1995): «Intertextualidad mítico religiosa en *Electra* de Galdós», en: *Actas del Quinto Congreso Internacional de Estudios Galdosianos.* Las Palmas de Gran Canaria: Ediciones del Cabildo Insular de Gran Canaria, t. II, pp. 295-301.

Catena, Elena (1974): «Circunstancias temporales de la *Electra* de Galdós», en: *Estudios Escénicos, Cuadernos de Investigación teatral* 18, pp. 79-103.

Elizade, Ignacio (1974): «Azorín, Maeztu y el estreno de *Electra,* de Pérez Galdós», en: *Cuadernos Hispanoamericanos* 291, pp. 582-589.

---

57   Cfr., por ejemplo, Gómez Baquero 1905.

Finkenthal, Stanley (1980): *El teatro de Galdós*. Madrid: Editorial Fundamentos.
Fox, Inman A. E. (1966): «Galdós' *Electra*: A Detailed Study of its Historical Significance and the Polemic between Martínez Ruiz and Maeztu», en: *Anales Galdosianos* I, pp. 758-797.
Gómez Baquero, Eduardo (1905): «El teatro de Galdós», en: *Letras e ideas*. Barcelona: Henrich y Cª, pp. 192-203.
Hamburger, Käte (1962): *Von Sophokles zu Sartre. Griechische Dramenfiguren antik und modern*. Stuttgart: Kohlhammer.
Hernández, Librada (1994): «Electra y su Máximo: Galdós y la libertad de la mujer en *Electra*», en: *Crítica Hispánica* 16,2, pp. 307-320.
Hinterhäuser, Hans (1988): «Benito Pérez Galdós: *Electra*», en Roloff, Volker / Wentzlaff-Eggebert, Harald (eds.): *Das spanische Theater vom Mittelalter bis zur Gegenwart*. Düsseldorf: Bagel, pp. 274-286.
Horn, Katalin (1974): «L'arbre secourable dans le conte populaire allemand», en: *Ethnologie française* 4, pp. 333-348.
Kidd, Michael (1994): «Playing with Fire: The Conflict of Truth and Desire in Galdós's *Electra*», en: *Anales Galdosianos* 29/30, pp. 105-120.
Mancho Duque, María Jesús (1982): *El símbolo de la noche en San Juan de la Cruz. Estudio léxico-semántico*. Salamanca: Ediciones Universidad de Salamanca (Acta Salmanticensia).
Pérez Galdós, Benito (2001): *Electra*. Gran Canaria: Ediciones Canaricard (Colección Facsímiles de Canarias).
Prado Escobar Bonilla, María del (2001): «Análisis desapasionado de la *Electra* galdosiano», en: *Electra de Pérez Galdós. Cien años de un estreno*. Las Palmas de Gran Canaria: Ediciones del Cabildo Insular de Gran Canaria, pp. 73-84.
Prill, Ulrich (1999): «*Wer bist du – alle Mythen zerrinnen*». *Benito Pérez Galdós als Mythoklast und Mythograph*. Bern: Peter Lang (Perspectivas Hispánicas).
Sackett, Theodore Alan (1989): «Electra desde la perspectiva de la crítica semiológica y arquetípica», en: *Revista de Literatura* 51, 102, pp. 463-482.
Sagrario Rollán Rollán, María del (1991): *Éxtasis y Purificación del Deseo. Análisis psicológico-existencial de la noche en la obra de San Juan de la Cruz*. Ávila: Diputación Provincial de Ávila.
Scherf, Walter (1995): *Das Märchen Lexikon*. I-II. München: C.H. Beck
Smith, Alan E. (ed.) (1997): Benito Pérez Galdós: *Cuentos fantásticos*. Madrid: Cátedra (Letras Hispánicas).
Sobejano, Gonzalo (1974): «Efectos de *Realidad*», en: *Estudios escénicos. Cuadernos de Investigación teatral* 18, pp. 41-62.
Sobejano, Gonzalo (1978): «Echegaray, Galdós y el melodrama», en: *Anales Galdosianos* (supp.), pp. 91-117.
Thompson, Stith (ed.) (1956): *Motif-Index of Folk-Literature*. T. II. Copenhagen: Rosenkilde & Bagger.
Wolfzettel, Friedrich (1988): *Jules Verne*. München / Zürich: Artemis.
Wolfzettel, Friedrich (1999): *Der spanische Roman von der Aufklärung bis zur frühen Moderne. Nation und Identität*. Tübingen / Basel: Francke.

De leyendas blancas y negras: los avatares del Colón «póstumo» en la coyuntura de las «dos Españas»

Frauke Gewecke
(Ruprecht-Karls-Universität Heidelberg)

Con motivo del Quinto Centenario de 1992 Pierre Chaunu, quien en los comienzos de su brillante carrera de historiador publicara estudios tan fundamentales e influyentes como lo fueron (entre otros) *Séville et l'Atlantique, 1504-1650* (1955-1960) y *Conquête et exploitation des nouveaux mondes* (1969), después de tres decenios volvió a la empresa americana, desandando lo andado en un fascinante arreglo de cuentas tanto científico como personal. Vistas las circunstancias no lo hizo de mal grado, pero sí con un cierto recelo vista la profusa publicidad que en 1992 se daba en todos los medios al evento y a su protagonista, a pesar de que en el fondo – según Chaunu – bastaría, para relegar a Colón de una vez a su merecida condición de monumento histórico, la siguiente entrada en las enciclopedias:

> Colomb, Christophe, né à Gênes, en 1451, cosmographe, navigateur... Le monde entier se dispute son berceau – sans doute possible génois – , et ses cendres, dont Dieu seul sait où elles sont; a découvert pas mal de choses de 1492 à 1504, sans jamais savoir ni où ni quoi, a connu un immense succès médiatique de 1493 à 1496, est mort et a été enterré à Valladolid, en 1506, totalement oublié en 1507 comme le prouve le nom d'*America* attribué aux îles et morceaux de terre ferme qu'incontestablement il a découverts..., ressuscité au XVIIIe siècle, pour les besoins de la polémique des Lumières, de la *leyenda negra anti-hispanica* [sic], fait un tabac en 1892, s'apprête en 1992 à faire valoir ses droits à la retraite, et à se retirer discrètement en un lieu difficile d'accès, sans téléphone, inconnu des journalistes, en vue d'un repos bien gagné.[1]

Chaunu no le consintió a Colón ese «reposo», volviendo a contar la historia que se cristaliza en aquel *annus mirabilis*. Yo seguiré su ejemplo, pero no para aportar una contribución tardía al Quinto Centenario del «descubrimiento» con el Colón histórico en el momento de su mayor triunfo y gloria. Mi pretexto será otro Quinto Centenario que se acerca, el de su muerte, acontecimiento del cual arranca buena parte de la historia del Colón «póstumo», aquella «leyenda colombina» que fue el gran desafío y reto para los que se vieron involucrados en las celebraciones del Cuarto Centenario, en 1892, tanto por parte de los conservadores como por la de los liberales progresistas. Chaunu no deja de referirse al Cuarto Centenario en su contexto internacional:

---

1 Chaunu 1993: 11.

Le quatrième centenaire (1892) fut celui de l'Amérique revendiquant une forme d'européanité sans rivage, quand l'Europe s'affaire au partage de l'Afrique et que l'épisode de la *Frontier* se clôt aux États-Unis, dans une ravine du Dakota du Sud, sur la peu glorieuse tache de sang de Wounded Knee (le 29 décembre 1890). L'Espagne n'entend pas capituler, à bon droit, elle refuse la *captatio*, et finit par *revendiquer ce Colomb qu'elle avait un peu oublié et dont elle a découvert qu'il fut son héros*.[2]

He aquí un criterio avanzado por el eminente historiador que no comparto, siendo justamente el afán de desprestigiar a Colón, junto con una valoración más «realista» de su empresa, a lo que se dedicaron los más destacados intelectuales españoles en torno al Cuarto Centenario de 1892.

Durante los años que precedieron a aquellas celebraciones, España vivió una grave crisis tanto económica y social como política e ideológica, acentuándose los síntomas de esta última ante el hecho de que el *turnismo*, inaugurado en 1885 por el Pacto de El Pardo, había acarreado, por cierto, alguna estabilidad política – con el acceso indiscriminado, para los dos partidos «dinásticos», a cargos y prebendas –, pero no sin defraudar a aquellos que habían puesto sus esperanzas de democratización y modernización en el Partido Liberal, que después de las reformas progresistas realizadas durante los años ochenta, a finales de la misma década ya no constituía una alternativa al Partido Conservador, representando los dos un sistema de Restauración que carecía esencialmente de legitimidad y credibilidad. Ante el malestar general, el Centenario podía aparecer, tanto a los conservadores como a los liberales, como una estupenda ocasión y plataforma para afianzar la unidad nacional algo menguada, promoviendo al mismo tiempo el prestigio internacional: para los conservadores ante todo mediante la reivindicación de un pasado glorioso y para los liberales prioritariamente a través del proyecto de reanudar los lazos históricos con las antiguas colonias americanas, proyecto que había dado lugar, en 1885, a la fundación de la Unión Iberoamericana como instrumento para potenciar las relaciones mutuas tanto culturales como comerciales.[3]

Pero tanto los unos como los otros tardaron en prestarle al asunto su debida atención. Fueron, finalmente, los dispositivos tomados por Estados Unidos e Italia, naciones que con gran aparato se aprestaban a quitarle el protagonismo del evento a España, lo que determinó al gobierno español a proceder debida y oportunamente, creando una comisión encargada de los preparativos para el Centenario. Esta (primera) Comisión, establecida en 1888 por el jefe de gobierno de turno, que en aquel momento era Sagasta, se proponía «consagrar [una fiesta] al hombre extraordinario, cuya gloria refleja mayor luz sobre España» y «conmemorar la vida y el nombre del genio de quien se valió la Providencia para darles [a las naciones de América] mun-

---

2 Ibíd. (el subrayado es mío).
3 Para la coyuntura de las relaciones entre España y América y la participación de destacados intelectuales latinoamericanos en la celebración del Centenario, entre ellos Juan Zorrilla de San Martín, Ricardo Palma y Rubén Darío, véase Rama 1982: 181ss.

dos en que viviesen». Como presidente ejecutivo se nombró a D. Cristóbal Colón y de la Cerda, duque de Veragua, dando él a la Comisión «el prestigio de la realidad y continuidad del nombre glorioso a quien los trabajos se consagran».[4] Al jefe de gobierno le importaba, por cierto, resaltar la parte que le correspondía a España en aquel evento que se conmemoraba – «La Italia puede jactarse de haberle dado [a Colón] el ser; España le adoptó por hijo y le dio recursos y compañeros y sucesores capaces de poner cima a su empresa» (153) –, pero Sagasta estaba lejos de negarle a aquél el protagonismo ni del descubrimiento de América ni de los festejos que se iban a realizar; de modo que la comisión se estableció «para preparar la conmemoración del *Centenario de Cristóbal Colón*».[5]

La aparente inactividad de la Comisión suscitó muy pronto las primeras protestas. Pero fue una carta abierta publicada, el 30 de julio de 1890, bajo seudónimo en la *Revista Contemporánea* (y difundida posteriormente en varios medios y en forma de folleto), lo que desencadenó una acalorada discusión acerca de los objetivos del Centenario que se iba a celebrar, y con ello acerca del significado que encerraba la fecha conmemorada. El epígrafe de la carta – «¿Es el Centenario de Colón?» – ya podía parecer asaz provocativo; y lo que contenía no dejaba lugar a dudas por dónde su autor pensaba dirigir las miras del público lector (y de la Comisión):

> España, con esos otros pueblos, consagra perpetuamente a Colón la ofrenda de incomparable aprecio; mas llegada que sea la oportunidad de conmemorar la fecha, de premiar los méritos respectivos, tiene que ennoblecer a los argonautas todos, distinguiéndose de las naciones que tributan admiración al Almirante... España habrá de enaltecer entonces primero y ante todo a España, por aceptar la grande empresa, para la cual las otras carecían de aptitud y arrojo, a los Reyes Católicos, representantes de su unidad, árbitros de la iniciación del viaje, a los monjes de la Rábida y los magnates que elevaron hasta las gradas del trono al extranjero de la capa raída, zaherido de loco; a los marineros de Palos que pusieron en sus naves vidas e intereses.[6]

Quien se ocultaba detrás del seudónimo era pronto notorio: Cesáreo Fernández Duro, coronel del Ejército y capitán de navío con unos cuarenta años al servicio de la Monarquía, conocido historiador y académico de la Historia, que desde años anteriores se había empeñado en refutar las tesis de algunos historiadores extranjeros, considerados por él en gran parte responsables de aquella «leyenda colombina», la cual ensalzaba a Colón en perjuicio de España. Y el momento en que publicó su carta no podía ser más oportuno, ya que en el mismo mes de julio se había efectuado el *turno*, instalándose en el poder el Partido Conservador, con Cánovas del Castillo como jefe de gobierno, quien adoptó el proyecto del Centenario (y de Fernández Duro) como asunto de su personalísima incumbencia. En enero de 1891 Cánovas

---

4 Sagasta en el Preámbulo al Real Decreto firmado el 28 de febrero de 1888 por la reina regente, María Cristina; en Bernabéu Albert 1987: Apéndice, p. 154.
5 Real Decreto, en Bernabéu Albert 1987: Apéndice, p. 156; el subrayado es mío.
6 Cit. en Bernabéu Albert 1987: 38.

estableció una segunda Comisión, cuya Junta Directiva él mismo iba a presidir, marginando al duque de Veragua. En cuanto a la meta de la conmemoración, Cánovas se expresó sin ambages:

> Bien notorio es que si Colón rasgó el velo que oculta un Nuevo Mundo al antiguo, pertenece a nuestra patria el honor; que si la Santa Religión Cristiana ilumina hoy las conciencias desde el cabo de Hornos hasta el seno Mexicano, a los españoles se debe; que si los europeos disfrutan de las riquezas sin cuento de la hermosa tierra americana, ante todo, tienen que agradecerlo a los trabajos increíbles y al valor pertinaz de nuestros antepasados.[7]

Los actos que se organizaron a lo largo del año de 1892 en el marco de lo que oficialmente se llamaba el «Centenario de América» o – con más frecuencia – «del Nuevo Mundo», fueron múltiples: exposiciones y congresos, veladas literarias y concursos de verso, desfiles militares y revistas navales, funciones y procesiones religiosas, concursos y discursos, banquetes, bailes, fuegos artificiales... La culminación de todas las solemnidades fue, por la gran atención mediática que suscitó, el viaje que emprendió la reina regente, con el niño-rey Alfonso XIII y un gran séquito, por varias ciudades de Andalucía durante el mes de octubre, asistiendo la reina en el monasterio de La Rábida a la clausura solemne del IX Congreso Internacional de Americanistas, que se celebró en Huelva del 7 al 11 de aquel mes.[8] Hubo, sin embargo, una cierta persistencia por parte de los españoles de la época fuera de los círculos oficiales e intelectuales en asociar la fecha de 1492 esencialmente al nombre del Descubridor, a lo que se respondió, por parte de astutos empresarios, con la creación de caramelos «Colón», salchichas «Colón» y, entre otras chucherías, aquel tabaco «Colón» al que alude Pierre Chaunu. A este Centenario «popular» respondieron también los oradores de turno con el acostumbrado homenaje «al gran descubridor», «tan único [que] nadie á su puesto puede acercarse, ni de lejos, en la historia»; pero Cánovas, quien pronunció estas palabras durante la sesión inaugural de aquel Congreso, fue celoso en realzar los méritos y servicios de otros: fray Juan Pérez, «aquel cenobita inmortal»; la Reina Católica, «magnánima y varonil Princesa»; «los buenos vecinos» de Palos y, ante todo, los hermanos Pinzón, ya que «sin la generosidad, la inteligencia y el valor [de ellos], nunca quizá se hubiera organizado la expedición».[9] Cánovas, ante la concurrencia internacional del Congreso, seguramente consideró oportuno abstenerse de disminuir, de modo directo, el prestigio de Colón, cautela que en otras ocasiones no acataron ni él ni los otros protagonistas de aquel debate, resucitando fantasmas y desenterrando intrigas y rencores, que alimentaron,

---

7   Preámbulo al Real Decreto, 9 de enero de 1891; en Bernabéu Albert 1987: Apéndice, p. 157.
8   Para las festividades que se organizaron durante el viaje real véase Torres Ramírez / Hernández Palomo (1986).
9   Cánovas del Castillo 1894: 24-29.

durante siglos, tanto la leyenda colombina «negra» como la «blanca» o «rosa», habiendo contribuido el mismo Colón a la conformación de las dos.

Ya durante su vida Cristóbal Colón era una figura controvertida, con protectores influyentes que le ayudaron en su empresa y amigos que le quedaron fiel hasta su muerte; y con enemigos: aquellos que lo vilipendiaban por envidia o por el desengaño sufrido ante la realidad «indiana» que correspondía tan poco a sus promesas de ensueño, y aquellos que lo censuraban por sus escasas cualidades de gobernador o que consideraban los privilegios que le habían sido concedidos en las Capitulaciones de Santa Fe y extendidos en Barcelona harto excesivos y – ante la envergadura insospechada que estaba adquiriendo la empresa – en conflicto con las prerrogativas de la Corona. No es éste el lugar para volver a hacer el recuento de los enemigos de Colón ni dilucidar si con sus recriminaciones y recelos estaban en lo cierto. Lo que interesa aquí es la manera como Colón, en sus múltiples cartas y memoriales, reaccionó: en su propia, por cierto, legítima defensa intentando recobrar los privilegios perdidos; pero también en un afán de crearse, mediante una intencionada autopresentación, una imagen que le pudiera compensar de la pérdida de poder y prestigio que ya había sufrido desde 1495, y que resaltara ante sus contemporáneos (y, ¿por qué no?, la posteridad) la trascendencia de su obra.

Esa imagen, escenificada con esmero, tiene esencialmente dos vertientes: una, de preocupaciones que podríamos llamar terrenales y hasta bien profanas; la otra, de preocupaciones espirituales y religiosas, que concordaban con una cierta sensibilidad de la época y estribaron en un egotismo sin par, acompañado de un exaltado misticismo. Nadie puede dudar que Colón fue sincero en sus afirmaciones de creyente, que observaba escrupulosa y devotamente los preceptos de la Iglesia católica, aun cuando las muchas demostraciones que daba al respecto pudieran ser, en sus escritos, segmentos de la retórica al uso o corresponder, en sus actos, a una ostentación calculada de humildad, estrategia que sin duda empleó cuando volvió de su segundo viaje, para defenderse contra sus enemigos, vestido con el poco vistoso atuendo de la Orden Tercera de los franciscanos. En aquel año de 1496 Colón supo congraciarse de nuevo con los reyes, quienes al año siguiente le dieron la autorización para instituir un mayorazgo, como le convenía a «persona de estado y de renta».[10] Pero a partir de su tercer viaje y la sustitución en su puesto de gobernador por Bobadilla, a lo que se sumó, para colmo de humillación, su vuelta en cadenas, Colón dio muestras de una verdadera obsesión: la de encarecer su empresa como obra providencial y cumplimiento de las profecías mesiánicas de la Sagrada Escritura – por lo que compiló, en señal de pruebas, cantidad de citas provenientes de la Biblia y autoridades eclesiásticas[11] – y de atribuirse a sí mismo un papel mesiánico, de elegido y mensajero de

---

10 «Institución de Mayorazgo» (22-2-1498), en Colón 1992: 360.
11 Esta compilación, que Colón redactó en latín entre 1501 y 1502 con la ayuda de un amigo suyo, el monje cartujo Gaspar de Gorricio, y que se conoce hoy como *Libro de*

Dios, cual un nuevo Cristophorus o «Xpo ferens», nombre con el cual firmaba sus cartas durante los últimos años de su vida. Y presentándose como figura mesiánica – «Del nuevo cielo y tierra que dezía Nuestro Señor [...] me hizo mensajero y amostró aquella parte.»[12] – Colón volvió a aquel proyecto con el cual había vinculado, como afirmaba en el diario de su primer viaje, su empresa «indiana»: la conquista de Jerusalén, proyecto muy acorde con las corrientes milenaristas de la época y el fervor renacido de cruzada, además especialmente oportuno en un momento en que los reyes, después de la caída de Granada (y la expulsión de los judíos), se presentaban como los campeones de la cristiandad. No sabemos si esta ocurrencia de «ir a conquistar la Casa Sancta», para lo cual Colón propuso a los Reyes «que toda la ganançia d'esta [su] empresa se gastase»,[13] tenía una base seria o si era (lo que parece ser más verosímil) una trabazón ideada para seducir a Fernando de Aragón, quien en su reino favorecía la propagación de un mesianismo oficial vinculado a su propia persona.[14] En cualquier caso, los reyes, en aquel año de 1492, no lo tomaron en serio – como dice Colón, «Vuestras Altezas se rieron y dixeron que les plazía, y que sin esto tenían aquella gana»[15] – y el obrar del gobernador y virrey no hace suponer que le importaba demasiado tal motivo de devoción y empeño altruista, ya que Colón siempre se preocupaba por hacer prevalecer los intereses económicos de su familia.

Esa preocupación de Colón por los beneficios materiales de su empresa, de la cual se deriva la segunda vertiente, terrenal y profana, de su autopresentación, le indujo durante los últimos años de su vida a escribir cantidad de cartas angustiadas a cortesanos influyentes, a los mismos reyes y a su hijo Diego, que estaba en la corte,

---

    las profecías, lleva en el manuscrito el siguiente título: «Liber seu manipulus de auctoritatibus, dictis ac sententiis et prophetiis circa materiam recuperande sancte ciuitatis et montis Dei Syon ac inuentionis et conuersionis insularum Indie et omnium gentium atque nationum ad reges nostros Hispanos (Ferdinandum et Helysabeth)» (en Colón 1992: 453).

12 «Carta a Doña Juana de la Torre, ama del Príncipe Don Juan» (finales de 1500), en Colón 1992: 430. Colón alude aquí a Isaías (65: 17-18): «[...] porque he aquí que yo [Yahveh] crearé cielo nuevo y tierra nueva; y no se recordarán ya las cosas antiguas ni vendrán a la imaginación, sino que se alegrarán y se regocijarán de continuo por lo que yo voy a crear. Pues he aquí que daré a Jerusalén alegría y a su pueblo regocijo» (Bover/Cantera Burgos 1957: 954).

13 «Diario del Primer Viaje» (26-12-1492), en Colón 1992: 181.

14 Para ese contexto véase la excelente monografía de Milhou (1983); a completar por el no menos sugerente libro de Kadir (1992).

15 «Diario del Primer Viaje» (26-12-1492), en Colón 1992: 181. En una carta que en febrero de 1502 dirigió al papa Alejandro VI – carta de la que no se sabe si fue despachada – Colón volvió al mismo asunto, afirmando que después de su primer viaje les había anunciado a los reyes nada menos «que dende a siete años yo le[s] pagaría çincuenta mill de pie y cinco mill de cavallo en la conquista [de la Casa Sancta], y dende a çinco años otros cincuenta mill de pie y otros çinco mill de cavallo, que serían dies mill de cavallo e çient mill de pie para esto» (Colón 1992: 481).

insistiendo en el pago de lo que le correspondía[16] y lo que, según él, se le escatimaba. Colón siguió cobrando, aunque con algún retraso, la renta que reclamaba (o al menos gran parte de ella); y como atestiguan sus contactos con la más prestigiosa banca de Génova, el Oficio de San Jorge, así como su testamento, sabía manejar sus negocios y no murió pobre. Pero Colón murió amargado y resentido, sintiéndose defraudado. Les había dado a los reyes de España un Nuevo Mundo, como afirmó con orgullo en su testamento, redactado un día antes de su muerte: «yo les serví con las Indias, digo serví, que parece que yo por la voluntad de Dios Nuestro Señor se las di, como cosa que era mía»;[17] pero lo que recibió en pago fue tan sólo ingratitud, particularmente (después de la muerte de la reina) por parte del rey, de quien Colón, resignado, finalmente se convenció de que «no a por bien de complir lo que a prometido por palabra y firma».[18]

La muerte de Colón, acaecida el 20 de mayo de 1506 en Valladolid, no fue noticia en el resto de España, y su fama, ya menguada durante su vida, debió sufrir aún más en los años sucesivos, debido esencialmente a dos factores: las conquistas continentales de un Cortés y un Pizarro que traían aquellas riquezas fabulosas que él había prometido, sin cumplir; y el largo y ruidoso pleito que Diego Colón y sus herederos, en defensa del patrimonio familiar, entablaron contra la Corona. Diego había hecho una estupenda carrera: por arreglo de los reyes – lo que precisamente no era prueba de una desafección para con la familia Colón – él, hijo de un extranjero de humilde extracción, se había casado con doña María de Toledo, sobrina del duque de Alba, que por su parte estaba emparentado con el mismo rey. Por la influencia de la poderosa familia de su mujer y a raíz de un (primer) fallo en su favor, Diego consiguió, en 1508, ser nombrado (segundo) almirante y gobernador de La Española, pero sin que le fueran adjudicados, junto con el título de virrey, los mismos privilegios (hereditarios) del padre.[19] El pleito duró hasta 1564, pero la fase más calentada y de mayor desprestigio para el primer almirante fue la de los años 1534-1536, cuando por la intervención del hijo y heredero de Martín Alonso Pinzón numerosos testigos, que habían participado en el primer viaje, declararon que había sido aquél quien tuvo la iniciativa y a quien se debía, por su actuación durante el viaje, el descubrimiento del Nuevo Mundo.

---

16 Véase, por ejemplo, su cálculo acerca del «ochavo», del «terçio» y del «diezmo», que «ha de ser de todo el oro y otras cosas que se fallan y se adquieren por cualquera forma que sea adentro ese almirantado» («Carta al hijo Diego», del 1-12-1504; en Colón 1992: 513).
17 «Testamento y Codicilo» (19-5-1506), en Colón 1992: 534.
18 «Fragmento de una carta a Fray Diego de Deza» (sin fecha), en Colón 1992: 531.
19 Durante su primera gobernación, que duró de 1509 a 1514, Diego no fue más afortunado que su padre, reprochándole tanto los colonos como el rey que tuviera ante todo interés en hacer prevalecer los privilegios paternos. En 1520 volvió a La Española, ahora con el título de virrey pero con pocos poderes, para regresar desilusionado a España en 1524, donde murió dos años más tarde.

Otro golpe contra su fama de descubridor lo sufrió el Colón póstumo por la pluma de Fernández de Oviedo, quien en la primera parte de su *Historia general y natural de las Indias*, publicada en 1535, profesaba admiración por Colón, pero quien relató aquella historia del piloto anónimo que supuestamente, al morir en casa de Colón, le hubiera revelado la ruta hacia las Indias. Oviedo lo contaba como algún rumor «entre la vulgar gente» y añadió: «Para mí, yo lo tengo por falso [...]».[20] Pero ya estaba puesto por escrito lo que efectivamente circulaba como el «secreto» de Colón; y López de Gómara, quien en la primera parte de su *Historia general de las Indias* se basaba principalmente en Oviedo, recogió el dato contando la historia del piloto anónimo ya no como fabulosa sino verdadera y comprobada. También López de Gómara tributaba a Colón respeto – «hizo cosa de grandísima gloria; y tal, que nunca se olvidará su nombre, ni España le dejará de dar siempre las gracias y alabanza que meresció»[21] –, pero al mismo tiempo dejó bien claro que había sido realmente España a la que se debía gratitud (observando de paso que el mentado piloto anónimo era, de hecho, español). Por lo demás, el Nuevo Mundo no era, durante los Siglos de Oro, entre los letrados fuera de los círculos directamente implicados un tema de especial interés; y como «América» se usaba ante todo como «metáfora de oro y riquezas»,[22] Colón era mucho menos apto que Cortés y Pizarro para desempeñar un papel de héroe de aquella gloriosa etapa de la Conquista. La única comedia que se conoce de las muchas representadas durante los Siglos de Oro y que trata de los comienzos protagonizados por Colón, es *El Nuevo Mundo descubierto por Cristóbal Colón*, de Lope de Vega, escrita antes de 1604, obra que concede a Colón el debido protagonismo tan sólo en el primer acto, sirviendo la escenificación de su papel providencial en el descubrimiento del Nuevo Mundo esencialmente para legitimar su conquista.

El principal sustento de la vida póstuma de Colón en España debía ser, hasta el siglo XIX, la *Historia general* de López de Gómara, que tuvo una amplia difusión, sirviendo de fuente e inspiración a otros tantos cronistas, y responsable de aquella leyenda «negra» colombina que le quitaba a Colón la primacía en su calidad de descubridor y que, para colmo de desgracia, le tildaba de impostor y usurpador. Hubo, sin embargo, intentos de contrarrestar esa visión respaldada por las autoridades, con el propósito de hacerle justicia a él y a su obra, defendiéndolo contra los enemigos que lo habían calumniado durante su vida y que continuaban denigrándolo después de muerto. Ésa fue la meta de Hernando, segundo hijo (ilegítimo) de Colón, quien estando directamente involucrado en el pleito que la familia sostenía contra la Corona, perseguía el fin concreto de descargar a su padre de todas las incriminaciones que se le hacían y alegar con ello pruebas justificativas de la legitimidad de las pre-

---

20 Fernández de Oviedo 1992: 16.
21 López de Gómara 1946: 172.
22 Simson 2003: 96.

tensiones familiares. Y escribiendo la biografía de su padre, para la cual se apoyaba en documentos originales y conversaciones que había sostenido con aquél, Hernando se hizo eco fiel del mismo, reproduciendo esencialmente la imagen «pública» que el propio Colón se había empeñado en cuidar.

De este modo, Hernando adujo todos los elementos que debían constituir la leyenda «blanca» o «rosa» colombina, confundiendo a no pocos biógrafos posteriores: se opuso al supuesto origen humilde de su padre, fabricándole un linaje de «sangre ilustre»[23]; le destacó no sólo como marino experimentado sino también como hombre de letras que hizo estudios en la Universidad de Pavía y sostuvo correspondencia con los más eminentes sabios de su tiempo; y le presentó, con un ademán panegírico, como carácter noble, virtuoso y piadoso, hombre que actuaba bajo el signo de la Providencia y al que nadie podía disputar ni el protagonismo ni la prioridad del descubrimiento de las Indias: ni Martín Alonso Pinzón, quien (según Hernando) «por astucia o malignidad» (96) e «impulsado por su gran codicia» (124) no hacía más que obrar en perjuicio de la empresa; ni aquel piloto anónimo que mencionaba Oviedo y que Hernando descalificaba rotundamente de «tamaña mentira, cuya falsedad me consta» (77). Y Hernando no dejó de relatar, con lujo de detalles, la injusticia de la que su padre fuera víctima: las necesidades y sufrimientos que padeció antes de poder ejecutar su proyecto; las ofensas e insultos que sufrió, «por ser extranjero», ya durante el primer viaje; los agravios y perjuicios que se le causaron a raíz de su gobernación, alegatos que fueron pura calumnia, «informaciones falsas y fingidas quejas» (280); y, finalmente, el haber sido desposeído de sus legítimos privilegios, máxima injusticia que Hernando imputaba al rey Fernando, quien después de la muerte de la reina Isabel, «aunque en la apariencia le recibió [al almirante] con buen semblante y fingió volver a ponerle en su estado, tenía voluntad de quitárselo totalmente» (348s.).

La biografía que Hernando escribió acerca de su padre fue publicada, en una versión italiana, sólo en 1571,[24] pero es de suponer que como medio de propagar los intereses de la familia Colón, circuló en numerosas copias en la corte. De semejante copia disponía Las Casas, amén de documentos originales del propio Colón, y a pesar de las duras críticas que dirigió a éste por su actuación frente a los indios, será esencialmente la imagen difundida por padre e hijo la que iba a reproducir en su

---

23 Colón [Hernando] 1984: 47.
24 El manuscrito de lo que hoy se conoce como la *Historia del Almirante* fue vendido por Luis, el nieto de Colón – el mismo que (contra la voluntad de Hernando) se arregló con la Corona, recibiendo en compensación de los privilegios perdidos el título de duque de Veragua –, a un editor italiano quien debía procurar también una edición del original español. Esa edición no se realizó, y el manuscrito, que en la edición italiana sufrió algunas manipulaciones, está perdido. La primera edición española, realizada en 1749 por González Barcia, es una traducción de la versión italiana, que por ser defectuosa fue reemplazada, para las ediciones subsiguientes, por la traducción de Serrano y Sanz, publicada en 1932.

Historia de las Indias: la imagen del hombre providencial, que destacó tanto por sus virtudes como por su ingenio y saber, y que en vez de ser recompensado con la gratitud que le debía España sufrió angustias y tribulaciones sin par.

Ni la obra de Hernando ni la de Las Casas estuvieron al alcance de un público lector más amplio hasta la segunda mitad del siglo XIX, pero pudieron ser consultadas, antes de su publicación, en forma de manuscrito. Y fue esencialmente gracias a ellos que se difundió la leyenda «rosa» colombina; leyenda que correspondía a una cierta tradición oral y que debía prevalecer durante el siglo XIX, fomentada tanto por autores nacionales como extranjeros. Los de mayor repercusión entre los extranjeros fueron Lamartine con su poema épico *Christophe Colom* (1853) y Washington Irving con su biografía *History of the Life and Voyages of Christopher Columbus* (1828), obra anovelada que poco después de su publicación en inglés salió en una versión española y que recibió el elogio y la recomendación hasta del severo Menéndez Pelayo.[25] Entre los autores nacionales destacaron primero los dramaturgos románticos que, como era de esperar, prefirieron presentar a Colón no en la gloria sino en la desgracia: héroe solitario y angustiado, genio incomprendido y perseguido, en ocasiones tentado por la pasión amorosa – cuyo objeto no será nunca su legítima mujer, sino Beatriz Enríquez de Arana, la madre de Hernando – pero siempre fiel a su alto destino de viajero providencial.[26] Este teatro que presentaba de Colón una visión entre heroica y mística, respondía perfectamente al gusto de la época y al método empleado para el drama histórico tal como lo confesaba José Zorrilla quien, para una obra suya, «había prescindido a sabiendas de la verdad de la historia por la verdad de la tradición».[27] Y hacer prevalecer la verdad histórica no fue tampoco el objetivo de aquellos que durante la segunda mitad del siglo publicaron cantidad de novelas con Colón como protagonista, obras que siguiendo la línea trazada por Irving degeneraron en simples novelas de aventuras.[28]

En el contexto del Centenario de 1892 se publicaron, desde años anteriores, gran cantidad de libros, folletos y artículos, algunos – más bien, muchos – redundando en los tópicos conocidos, otros – los más debatidos y reñidos – con la pretensión de reescribir la historia a la luz de nuevos documentos, hasta entonces desconocidos o inexplorados, y en la perspectiva de una apreciación «realista» del evento celebra-

---

25 Menéndez Pelayo 1942 [1892]: 103s.
26 Entre los autores, en su mayoría poco conocidos, y las piezas de teatro, en gran parte de poco valor literario, destacan Luciano Comella, que con su drama *Cristóbal Colón*, de 1790, se adelantó al movimiento romántico, y Luis Mariano de Larra que con su «juguete dramático» *La agonía* (1861) se inspiró directamente en Lamartine. Para una valoración de esta producción dedicada en su conjunto al enaltecimiento de Colón, véase Regazzoni 1988.
27 Citado por Romero Tobar 1994: 312, nota 52.
28 Para una lista (aproximativa) de esos *Colones* véase Ferreras 1973: 260ss.

do, que acabara de una vez con viejos prejuicios y errores. Idéntico objetivo era el de varios congresos y ciclos de conferencias, entre estos últimos, siendo el de más envergadura tanto por el número de los conferenciantes como por el calibre de los mismos, el ciclo organizado por el Ateneo de Madrid, durante los años de 1891 y 1892: en total unas 50 conferencias de tema americanista, que versaban sobre los más diversos asuntos y que alcanzaron una amplia divulgación siendo publicadas tanto en forma de folleto como en volúmenes colectivos.

La conferencia inaugural, en febrero de 1891, estuvo a cargo de Cánovas del Castillo, quien en su calidad de presidente del Ateneo y presidente de la Comisión del Centenario diseñó las pautas de lo que iba a ser la actitud oficial para enfocar tanto el evento como el personaje histórico que se conmemoraban. Dio comienzo a su discurso rindiendo el debido tributo al descubridor, a «la maravillosa fuerza de [su] espíritu»,[29] su «fe racional, [que] no halló por casualidad el orbe nuevo como tantos han hallado las cosas, sino que decididamente marchó a poner sobre él las manos» (8). Pero, prosiguió Cánovas, no se debía desconocer «el mérito singularísimo» que tuvieron en el Descubrimiento los españoles, y sin «regatear á Colón su gloria única» (9) él iba a restituirlos en su propia gloria, en contra de los errores de aquellos historiadores y literatos que se servían de Colón como «personaje pretexto, símbolo, mero argumento de actualidad» y eran presos de una «pasión sectaria» (10), la cual era tanto más perniciosa cuanto se trataba de extranjeros, entregados al escepticismo y protestantismo o al «mero amor propio nacional» (11). Cánovas no tenía que dar nombres, ya que para su auditorio estaba bien claro a quiénes se refería: por escéptico y protestante ante todo a Washington Irving, por nacionalista al conde Roselly de Lorgues, quien como católico bien sabía apreciar el espíritu de Colón, pero como francés era enemigo de España y debía constituirse en *bête noire* del oficialismo.

Ya desde 1845 con la publicación de su libro *La croix dans les deux mondes ou la clef de la connaissance*, el conde francés se había empeñado en restaurar la imagen de Colón, que juzgaba vilipendiada tanto por los cronistas españoles como por historiadores protestantes, particularmente Irving y Humboldt, a quienes negaba la competencia y la legitimidad para juzgar al «Héroe del Catolicismo». Durante el resto del siglo Roselly de Lorgues iba a consagrar sus esfuerzos – y un sinfín de libros, folletos y memoriales[30] – a esa tarea, la cual iba acompañada por la postulación, ante la Congregación de Ritos, de la beatificación de Colón, causa presentada con el apoyo del papa Pío IX quien le encargó una biografía del futuro beato. Para esa obra, *Christophe Colomb. Histoire de sa vie*, publicada en 1856 y divulgada en numerosas reediciones y traducciones, y que era concebida como acto de «justice

---

29 Cánovas del Castillo 1892: 7.
30 Para un sumario de las obras más importantes, véase Vignaud 1909.

réparatrice», «essai de redressement et de rectification»,[31] el autor se apoyaba en escritos del propio Colón y, ante todo, en la biografía de Hernando, reproduciendo esencialmente aquella imagen que padre e hijo se esmeraron en legar a la posteridad: la imagen del hombre virtuoso y piadoso, que como visionario cumplió con la misión providencial del «Messager du Salut» y «Apôtre de la Croix», siendo «[l]e premier objet de la découverte, dégagé de tout intérêt humain, [...] la glorification du Rédempteur, l'extension de l'Église de Jésus-Christ» (I, 178) y, como último fin de su empresa, «le secret de cette ambition gigantesque» (I, 208), la liberación de Jerusalén.

En la España católica la imagen de un Colón «santo», visionario y providencial, no debía forzosamente molestar, ni perturbar la insistencia de Roselly en el «carácter sobrenatural» de la empresa colombina, según el conde, factor determinante para la comprensión de Colón que naturalmente debía escapar a la «escuela protestante». Mas lo que no se debía sufrir, era la insistencia y la verdadera saña con la que Roselly se cebaba contra España y los españoles, enemigos de un Colón víctima de envidia e ingratitud, aspecto al que Roselly volvió con desenfado en su *Histoire posthume de Colomb* (1885), imputando todos los males que sufriera Colón, en últimas instancias, al rey Fernando «dit le Catholique»: «le plus fourbe autant que le plus ingrat des monarques», «un souverain, dont les calculs sagaces autant que pervers avaient préparé l'anéantissement de la renommée de Colomb, et la ruine de ses pieuses espérances», y esto esencialmente porque «[s]on naturel jaloux et défiant ne pouvait endurer l'éclat d'une renommée qui promettait d'éclipser si fort la sienne».[32]

Para desmentir las «calumnias» de Roselly de Lorgues y desmontar aquella imagen de Colón «mártir» de España, Cánovas, en su discurso, procedió esencialmente según tres líneas de argumentación. La primera enfocaba el personaje histórico de Fernando el Católico, que fue tratado con «desdeñosa injusticia» (11) pero que actuaba como «sagacísimo Rey» (20), ya que el conflicto con Colón – o «las supuestas ingratitud y perfidia de D. Fernando» (24) – tuvieron su origen en la propia naturaleza de las Capitulaciones de Santa Fe, las cuales, junto con las cláusulas extendidas del pacto de Barcelona, otorgaron a Colón y a sus herederos «un feudo ó señorío vastísimo» (21) ya anacrónico y contrario a la razón de Estado. El problema residía,

---

31 Roselly de Lorgues 1856: I, 19 y 30.
32 Roselly de Lorgues 1885: 43, 5, 7. Las otras publicaciones de Roselly de Lorgues, entre ellas el panfleto *Satan contre Christophe Colomb ou la prétendue chute du serviteur de Dieu* (1876), giran esencialmente alrededor de un problema moral que dificultaba la intentada beatificación de Colón: sus amores ilícitos con Beatriz Enríquez de Arana, hecho que Roselly ya había refutado enérgicamente en su *Christophe Colomb*: «Nous protestons formellement contre cette assertion calomnieuse. Nous nions le fait de liaison illicite. Nous nions les détails qui s'y rattachent. Nous affirmons que doña Béatrix Enriquez, de Cordoue, était devant l'Église l'épouse de Christophe Colomb, Génois» (1856: I, 44). Para los variados intentos de conseguir la canonización de Colón, véase Barros Arana 1892; Vignaud 1909; Heydenreich 1995.

en realidad, en «el haberse antes pactado lo imposible» (24), a lo que se añadía el hecho no menos notorio de que en Barcelona Colón «miraba ya el orbe nuevo como hacienda heredada» (20) y que después de su destitución como gobernador se obstinaba, contra toda razón, en mantener «tan absurdo régimen» (23). Pero no se debía desagraviar sólo al rey, sino a todos los otros supuestos enemigos de Colón, pues no sólo le faltaban a éste «dotes de mando» (25); amén de eso – según la segunda línea argumentativa de Cánovas – tenía poco tacto, con un carácter iracundo y violento, buscándose él mismo sus enemigos, «los cuales no le podían tragar porque *sojuzgaba* mucho en su mando á los soberbios y á sus adversarios» (25). Y ese juicio moral que, por supuesto, poco concordaba con aquella visión de un Colón santo y justo perseguido, se agravaba por otro punto débil: Colón, «por su carácter altanero y receloso» (33), «desdeñando y absorbiendo á los demás» (35), se esforzaba en rebajar o difamar a sus compañeros de viaje y especialmente a Martín Alonso Pinzón, a quien él, «un marinero aventurero, mercenario, y de nación extraña» (9), debía todo pero mostraba «que estaba muy lejos de reputarle partícipe en su altísima gloria» (34). Era, pues, el mismo Colón quien pecaba de ingratitud para con España: «la nación única que puso á contribución sus Reyes, sus pilotos, sus marineros, y dió todos los recursos precisos para acometer y cumplir la gloriosa aventura» (16). Debido y justo era, entonces, seguir en esa tercera línea de argumentación y de pesquisa, para sacar del injusto olvido a todos cuantos participaron en el evento, «hijos todos de la Madre España» (36).

En su conferencia inaugural, Cánovas del Castillo había indicado de modo inequívoco el derrotero que debía tomar el debate acerca del significado que encerraba el Centenario del Descubrimiento del Nuevo Mundo: en actitud defensiva refutar las falsas acusaciones, las cuales eran, bien mirado, la manifestación de una nueva «leyenda negra» antiespañola; y en actitud ofensiva reclamar la parte de gloria que le correspondía en aquel evento a la patria. Ese derrotero, con los tres conceptos diseñados por Cánovas como principales asientos, fue seguido por la mayoría de los conferenciantes que disertaban sobre el tema, siendo los más destacados entre ellos Cesáreo Fernández Duro y Luis Vidart, que como aquél, amén de ser un reconocido historiador, tenía un pasado brillante de militar. Fernández Duro, en la primera de dos conferencias que pronunció, en noviembre de 1891, en el Ateneo, se dedicó a un tema para el cual ya tenía fama de especialista,[33] siendo él aquel «docto académico»

---

33 Esta fama se fundaba en dos publicaciones anteriores: *Colón y Pinzón. Informe relativo a los pormenores de* [sic] *descubrimiento del Nuevo Mundo presentado á la Real Academia de la Historia*, de 1883 (ed. 1885), y *Colón y la historia póstuma*, una refutación de la obra de Roselly de Lorgues leída ante la Real Academia de la Historia «en junta extraordinaria», en 1885, y publicada el mismo año, con cantidad de notas adicionales, en un volumen de unas 300 páginas. En este mentís pormenorizado y algo pedante, con largas citas de Roselly traducidas al español, y no carente de interés, el autor exponía el método particular del conde francés: «Sacó de cualquiera de [los documentos] la parte que convenía al plan madurado; tergiversó las contrarias; truncó, adulteró ó compuso á

a cuyas «pruebas diligentes» se refería Cánovas cuando tocó, someramente, el asunto: la participación de Martín Alonso Pinzón en el descubrimiento de América. Desde el comienzo, Fernández Duro manifestó que también él discrepaba de la «leyenda colombina» propagada por los «modernos admiradores de Colón», quienes por la «exultación de su personalidad»[34] habían eclipsado a los otros protagonistas del evento, injusticia que él remediaba en base a documentos aún no explotados. Estos documentos, de los que se tenía noticia a través de algunos extractos incluidos en la *Colección de los viajes y descubrimientos* (1825) de Fernández de Navarrete, eran los legajos relativos a los pleitos sostenidos durante el siglo XVI por la familia Colón, que él había podido consultar y en cuyos pliegos encontró nada menos que «la verdad» (12).[35]

Según la semblanza trazada por Fernández Duro, el mayor de los Pinzones no era solamente «experto piloto, buen capitán, gran marinero, *sabio en mucha manera*» (12), además de «acomodado y rico», disfrutando entre sus paisanos de «prestigio y autoridad» (13), datos sin duda alguna conformes a la realidad y de gran provecho para Colón en el momento de los preparativos de su primer viaje. Pero amén de eso, Pinzón tuvo – según Fernández Duro – una participación en la empresa que era de mucha mayor trascendencia, estando a la base misma del proyecto. Como tenía curiosidad por la Cosmografía y tuvo acceso – con ocasión de un viaje a Roma y «valiéndose de la amistad de un cosmógrafo familiar del Papa» (13) – a cuanto había en la Biblioteca Vaticana de escritos y mapas, Pinzón estaba (por lo menos) tan informado como Colón al respecto. Y cuando se trataba de valerse de influencias para atraerse la voluntad de los reyes, Colón – extranjero desconocido y «advenedizo» (16) – sólo tuvo éxito (siempre según Fernández Duro) gracias a la intervención de Pinzón, quien le costeó el viaje a la corte y quien escribió sendas cartas «á los amigos y aun á los Reyes, recomendando el negocio», cartas que (juntas con las escritas por los frailes de La Rábida) «franqueaban las puertas del palacio [y] abrían á la vez las del Nuevo Mundo» (14). Y Fernández Duro concluyó: «[...] en realidad de verdad pasaba por cosa notoria y pública, como por muchos testimonios consta, que si por Martín Alonso Pinzón no fuera, ni la armada se aprestara, ni Cristóbal

---

su antojo los textos; guardó estudiado silencio respecto de los que no admitían retoque [...]» (1885: 19). Pero al volver a contar la misma historia, Fernández Duro pecaba de tamaño prejuicio, ateniéndose también él a un «plan madurado», que era el de anatemizar a Roselly de Lorgues y desviar «los tiros que su sistemática pasión enderaza sin tregua ni descanso á la dignidad nacional» (118).

34 Fernández Duro 1892a: 6.
35 Estos legajos, en parte ya incluidos por Fernández Duro en su informe de 1885, *Colón y Pinzón*, fueron publicados en 1892-1894 por la Real Academia de la Historia, con una breve introducción por parte del mismo Fernández Duro, como los tomos 7 y 8 («De los pleitos de Colón») de la *Colección de documentos inéditos relativos al descubrimiento, conquista y organización de las antiguas posesiones españolas de Ultramar* (Segunda Serie).

Colón saliera del puerto, ni las Indias se descubrieran. Esta es la verdad [...]» (18). Pero, prosiguió Fernández Duro, la intervención decisiva de Pinzón no terminó allí. Cuando durante el viaje la tripulación amenazó con amotinarse queriendo volver a España, Colón, por falta de autoridad y de ánimo, estaba dispuesto a ceder; de modo que si no fuera por la firmeza de Pinzón – según refirieron los testigos presenciales «con acento de sinceridad» – «la armada se volviera y no se descubriera la tierra» (24). Sin embargo, Colón se mostraba extremadamente ingrato para con Pinzón: no sólo privaba a su «asociado» de lo que – por contrato, afirmaba Fernández Duro – le debía a causa de su «egoísta aspiración de gloria sin extraña participación, émula de la gratitud» (17); amañó, amén de eso, la separación de los navíos durante el viaje como deserción de Pinzón, en tanto que de hecho era imputable a un fallo por parte del mismo Colón, declarando éste a aquél – como no se cansaba de repetir la «fantasía novelesca» de los *colombófilos* – «sin más ni más desertor, cobarde, ingrato y envidioso, abreviando la lista de epítetos indignos» (27).

Pinzón era, según lo presentaba Fernández Duro, en todos los aspectos superior a Colón: por su fuerza de carácter y sus cualidades morales, por su talento de navegante, y hasta por sus conocimientos teóricos y sensibilidad científica, ya que presintió un camino más directo «para hallar lo que se buscaba» (28) y, después de haberlo hallado, supo apreciarlo en otra forma de como lo hizo Colón: «Llegaba éste convencido de haber pisado el Asia; venía el otro seguro de quedar roto el misterio de una tierra nueva» (29). El auditorio de Fernández Duro – seguramente no bien informado ni de las partes implicadas en aquel pleito, ni de la disposición de los testigos citados – habrá quedado admirado ante tanta novedad; y el prestigio del reconocido colombinista habrá alcanzado para convencerle de esa «verdad» tan halagadora para el orgullo nacional, aun cuando el conferenciante, las más de las veces, se contentaba con dar sus afirmaciones por asentadas, pretendiendo resumir «lo que pasa por autoridad de cosa juzgada» (28). La mayoría de los testimonios que sacaba a colación provenían de declaraciones tomadas por el fiscal de la Corona con ocasión de aquel litigio adicional tramitado por el hijo de Pinzón contra los herederos de Colón, habiendo transferido los Pinzones sus derechos a la misma Corona; y aunque Fernández Duro señalaba (en una ocasión) la «pasión» que podía haber en aquel asunto, era él mismo preso de aquella «pasión sectaria» que Cánovas del Castillo, durante su intervención en el Ateneo, había fustigado en los autores extranjeros empeñados en hacer circular aquella «leyenda colombina» perjudicial tanto para la verdad histórica como para el prestigio de España.

A esta «leyenda colombina» se opuso también Luis Vidart en las dos conferencias que pronunció en el Ateneo en diciembre de 1891 y enero de 1892. La primera fue un apasionado homenaje de desagravio a Francisco de Bobadilla, una de aquellas «manchadas figuras» que «á creer la leyenda colombina, merecen la eterna condenación de la justicia y de la Historia»[36] y que, al contrario, no hicieron otra cosa que cumplir con su obligación, como fue el caso de Bobadilla al apresar a Colón, secuestrarle sus bienes y devolverlo en cadenas a España, actuando no como «un juez infame», sino como «un juez que aplicó la ley con el criterio de igualdad que hoy se considera como base inquebrantable de la justicia y del derecho» (27). Y rechazando las acusaciones contra Bobadilla como infundadas – acusaciones que en el caso de Hernando Colón «toca[n] en los límites de la grosería y la insolencia» (36) – Vidart volvía a hacerle a Colón el mismo proceso que le hiciera (supuestamente) Bobadilla, acusándolo «de cruel é injusto gobernante, de malversador de los caudales públicos y hasta de que fraguaba planes de rebelión contra sus Reyes y su patria adoptiva» (14). Colón, por lo tanto, bien merecía el que fuera destituido en la gobernación de La Española; y afirmar que fuera víctima de la «ingratitud» de España, muriendo además pobre y desamparado, era – según Vidart – «una fábula de las muchas que forman la leyenda colombina».[37] Destruir esa fábula era, entonces, el propósito de su segunda conferencia, y refutando, de paso, también aquella otra «leyenda» antiespañola – «[l]a llamada por el P. Las Casas y por los escritores enemigos de España, *destruyción de las Indias*»[38] – Vidart desagravió a la España toda. A Colón, «al eximio navegante», no quiso «amenguar ni en lo más mínimo el tributo de admiración»; pero, prosiguió: «yo no quiero consentir, yo no puedo consentir, que á la gloria de Colón le sirva de pedestal la deshonra de España».[39]

Cesáreo Fernández Duro y Luis Vidart figuraban, indudablemente, como los más prominentes portavoces de la visión oficialista tal como la propagaba la Comisión de Cánovas del Castillo.[40] Pero se levantaron voces contrarias: voces que, como

---

36   Vidart 1892a: 7. La rehabilitación de los «enemigos» de Colón fue también el objetivo de Fernández Duro en la segunda conferencia que pronunció en el Ateneo pocos días antes de la pronunciada por Vidart: enemigos que Colón, por las razones que ya se conocía «se había buscado» (Fernández Duro 1892b: 16).
37   Vidart 1892b: 29.
38   Vidart 1892b: 11. En la versión impresa de la segunda conferencia, se citan en una larga nota final pasajes de un artículo de Fernández Duro, publicado en marzo de 1892 en la revista *La España Moderna*, donde el reputado colombinista establecía la misma correlación entre la «leyenda colombina» y aquella «leyenda negra» provocada por «la Destrucción de las Indias, delirio del P. Las Casas» (Vidart 1892b: 33). Este artículo de Fernández Duro, «Concepto colombino extraviado», fue refundido, junto con las conferencias del Ateneo, en una recolección, donde Fernández Duro (1892c) se empeñó en justificar sus aseveraciones con infinidad de citas complementarias, que a pesar de la erudición desplegada no aportaban nada nuevo.
39   Vidart 1892a: 40.
40   Las conferencias del Ateneo y particularmente las de Fernández Duro y Vidart fueron muy comentadas en la prensa madrileña, y no necesariamente en señal de afirmación. Así, José M. Asensio, el mismo autor de una biografía de Colón (*Cristóbal Colón, su vida, sus viajes, sus descubrimientos*, 1891) los criticó, reprochándoles el haber forjado ellos una «leyenda, muy alejada, por cierto, de la verdad» (Asensio 1892: 195). Y algún

comentaba indignado Vidart, le acusaban a él como a otros «de falta de patriotismo».[41] Y estas voces antagónicas, ¿provenían acaso del sector liberal, de la «otra» España?[42] Veamos, entre los intelectuales más destacados de la época, tres casos: Juan Valera, Emilia Pardo Bazán y Leopoldo Alas «Clarín», que en modo alguno podían ser considerados como intelectuales «orgánicos» del Régimen.

Juan Valera era el único entre los tres que estaba ligado al Centenario de manera formal, actuando como codirector de la revista *El Centenario* que era, según rezaba el subtítulo, «Órgano oficial de la Junta Directiva encargada de disponer las solemnidades que han de conmemorar el descubrimiento de América». En su «Introducción» al primer número, que salió en abril de 1892, Valera, conforme a su función de cronista oficial, enumeraba los eventos previstos, lamentándose de la situación actual de España que era poco propicia para la celebración de tan «glorioso centenario»,[43] ya que política y económicamente el país se debatía en una grave crisis, quedando a la zaga de las otras potencias, «que ponder[a]n de nuevo, el día menos pensado, los títulos y *últimas razones* que tienen que alegar para el predominio o la hegemonía» (947). Este factor de la decadencia de España bien podía explicar, según Valera, el poco interés que los españoles prestaban al evento; pero había otro motivo para la indiferencia del gran público, motivo este que merecía su máxima desaprobación: «la aceptación resignada de cuanto el desdén o el odio ha hecho decir contra nosotros en tierras extrañas» (948). Para combatir «esta ruin manía», «esta filoxera mental que deprime a los españoles» (955) no había, según Valera, mejor ocasión que el mismo Centenario ya que conmemoraba nada menos que «el mayor de nuestros triunfos pasados» (948). Y en esta perspectiva compensatoria no era más que lógico que también Valera considerara el Centenario no como homenaje

---

eco de lo referido llegó también a Francia, donde el conocido colombinista Henry Harrisse calificó las opiniones sostenidas de «niaiserie patriotique» (Harrisse 1892: 62), resumiendo: «C'est qu'en Espagne, la pensée qui préside à cette grande commémoration, à tous ces discours et à toutes ces fêtes, n'est pas de célébrer la mémoire du héros. Il s'agit encore moins de rappeler avec orgueil aux générations nouvelles les services signalés que Christophe Colomb rendit à sa patrie d'adoption. Quatre cents ans de gloire n'ont pu encore lui faire pardonner son origine étrangère et son sang de plébéien. Le stigmate infligé par la morgue et la jactance castillanes, gardant sa cruelle empreinte à travers les siècles, reparaît plus profond, plus injuste que jamais!» (74).

41 Vidart 1892b: 7. El continuo atractivo que ejercía el Colón de la «leyenda» en los contemporáneos se manifiesta en las reediciones que se efectuaron, con vistas al Centenario, de aquellos textos que la propagaban: la *Historia del almirante Don Cristóbal Colón* (2 vols., 1892), de Fernando (= Hernando) Colón; la *Biografía de Cristóbal Colón* (1892) de Lamartine; la *Historia de la vida y viajes de Cristóbal Colón* (1892) de Washington Irving; y el *Monumento á Colón: historia de la vida y viajes de Cristóbal Colón* de Roselly de Lorgues, que apareció en dos volúmenes entre 1890 y 1892 en su 7ª edición.

42 Para las actividades de los liberales, principalmente en torno a la Unión Iberoamericana, véase Pike 1971: 30ss.

43 Citado según la reimpresión en las *Obras completas* (Valera 1958); para esta cita, p. 948.

a Colón – a quien no desprestigiaba como lo hacían otros, pero a quien sólo mencionaba, de paso, como «atrevido e inspirado piloto» (947) – sino como tributo a España, que «era digna de llevar a cabo la hazaña maravillosa, y estaba llamada por el Destino, la Providencia o por la ley que dirige a la Humanidad en su progreso» (949). Y concluía Valera: «Al retraer todo esto a nuestra memoria, siente el amor propio nacional honda satisfacción y se experimenta algún consuelo para los apuros con que hoy vivimos [...]» (950).

La participación de Juan Valera en la celebración del Centenario se limitó esencialmente a su labor de director de la revista responsable de reclutar colaboradores de peso, tarea que fue nada fácil y que le deparó no pocos disgustos, como atestigua su correspondencia. Mayores disgustos se llevó todavía por el lado económico, resultando la revista un fracaso financiero, al contrario de lo que había esperado Valera, cuyo motivo principal para aceptar la dirección había sido al parecer la perspectiva de ganancias en un tiempo en que, después de haber dejado su puesto de embajador en Bruselas, se encontraba en graves apuros económicos.[44] El caso de Emilia Pardo Bazán era distinto: no tuvo ninguna función oficial, pero participó activamente en los eventos, dando varias conferencias, con su presencia – inevitable, diría Clarín – también en el ciclo del Ateneo, donde se puso a tono del criterio ya aplicado por otros, deparando a su auditorio, no obstante, una sorpresa. En su valoración de Colón se colocó, desde un principio, no en el lado de los «apologistas del primer Almirante» que «querían poner á Colón en los altares», sino en el de sus «críticos» que, como precisó, «en justicia» no quería llamar «detractores», aquellos que «encontraban en el bronce de su estatua numerosas partículas de barro y escorias impuras».[45] Para los cargos hechos a Colón, Pardo Bazán se refirió en primer lugar a los que iban dirigidos contra «el hombre», acusaciones graves formuladas por otros pero de las cuales ella, basándose en sus propias «lecturas», podía afirmar «que no carecen de fundamento»: «sus devaneos más ó menos clandestinos, su ambición, su nepotismo, su dureza y crueldad, su prurito esclavista y su sed de oro, rezagos de sus viejas mañas de corsario y *bucaniero*» (16). Bien admitía la condesa que esta «rectificación» de la imagen de Colón era «impopular» y le iba a ocasionar su «parte de censuras» – «Las sumo á otras muchas que me lleva costado mi afición á la estricta verdad, y paso adelante» –, pero era tanto más necesaria cuanto que «redunda en descargo de nuestra patria»; ya que «esos cargos»

---

[44] El contrato firmado entre la Junta Directiva y los dos directores – el otro era Juan de Dios de la Rada y Delgado, director de la Escuela Superior de Diplomática – garantizaba, para 40 números de 48 páginas cada uno en «edición de lujo», una subvención de 60.000 pesos, dejando la comercialización de la revista a cargo y «a riesgo y ventura» de los directores (Redondo 1978: 76).

[45] «Los franciscanos y Colón», conferencia leída el 4 de abril de 1892 (Pardo Bazán 1892a); para la cita, p. 16.

llenan el fin de vindicar nuestra honra nacional; nos limpian del feo borrón de ingratitud, justificando la conducta de España, sus reyes y consejeros, y mostrando que no fué acto de monstruoso desagradecimiento la prisión, embarque y proceso del Almirante; que no le dimos á beber hiel y vinagre, ni le vestimos púrpura de loco, ni le coronamos con espinas en vez de laurel, ni le dejamos expirar clavado á la cruz de la miseria y del desprecio (17).

Cumplir esa función de desagravio era – según Emilia Pardo Bazán – lo que justificaba el alegato del poco valor moral de Colón; pero, por lo demás era él hombre de su tiempo y, preguntaba: «¿por qué la desdeñosa indulgencia que otorgamos á [...] anónimos pecadores, a [...] zánganos que no melificaron nada, no se ha de convertir en tolerancia respetuosísima, al tratarse de hombres como Colón?» (Ibíd.). Para ella, el problema o «cargo que á Colón se dirige» era otro: el hecho mismo del descubrimiento, «interpretado y comprendido hoy de un modo subversivo», hecho que ella iba a aclarar «sin miedo al escándalo» (18). Pues, no fue Colón el que «descubrió» un Nuevo Mundo sino el fraile franciscano Raimundo Lulio quien, realizando – por haber intuido la existencia de un continente al oeste de Europa – un verdadero «milagro intelectual» (22), fuera el que «realmente *descubrió* las Américas, quedando reservada á Colón, en premio de su energía y constancia, la inmensa honra y fortuna de *encontrarlas* dos siglos después» (21).[46]

Es poco probable que esa aserción por parte de la condesa – «atrevimiento», que intentaba «paliar» (21) disertando con gran despliegue de erudición – provocara en su auditorio el «escándalo» que ella misma conjuraba, en un gesto que según Clarín era para «darse tono», pues «Doña Emilia Pardo Bazán *necesitaba* tener su opinión particular en eso del descubrimiento de América».[47] Clarín no participó en ningún evento importante del Centenario, pero se manifestó repetidas veces desde su

---

46   Para esta visión Pardo Bazán se apoyaba esencialmente en el padre jesuita Ricardo Cappa (*Colón y los españoles*, 1885), visión que siguió propagando hasta en 1910, en una de sus tantas crónicas para *La Nación* de Buenos Aires (Pardo Bazán 1999). En 1892, entre agosto y octubre, Pardo Bazán publicó tres contribuciones al Centenario en su propia revista, *Nuevo Teatro Crítico*: amén de su conferencia del Ateneo, una «Crónica del movimiento intelectual en el Centenario del Descubrimiento» (Pardo Bazán 1892c), que es de poco interés, siendo un conjunto más bien circunstancial de reseñas de diversas publicaciones recientes, entre ellas una reseña (positiva) de la *Historia del descubrimiento de América*, de Emilio Castelar; y un artículo publicado en dos partes (Pardo Bazán 1892b), donde sí da una vista de conjunto reveladora de la actividad intelectual en torno al Centenario, reveladora ante todo respecto de su propio criterio «revisionista» cuando elogia a los conferenciantes del Ateneo, destacando ante todo a Cánovas, Fernández Duro y Vidart, y lamentando el efecto pernicioso que tuvo la «leyenda colombina» para la reputación de España: «En versos tan lindos como absurdos, Enrique Heine se queja de que la historia coloque al lado del ‹augusto nombre› de Colón ‹el nombre de bandido› de Hernán Cortés. ¡Colón fué el mártir, el filósofo, el perseguido, el héroe sublime; nosotros los facinerosos, los sanguinarios, y peor que todo eso, los DESAGRADECIDOS, los Luzbeles; el estrépito de los grillos de Colón, al entrechocarse, nos persigue como maldición eterna!» (1892b: 1ª parte, p. 57).

47   Alas 1973: 241.

columna «Palique», que publicaba en varios periódicos madrileños. No intervino en el debate acerca del significado que encerraba la fecha conmemorada, pero sí criticó duramente el rumbo que éste había tomado principalmente por obra de los conferenciantes del Ateneo, «que aun concediendo que en tal y cual punto concreto tuviesen razón algunos de ellos, la obra total resultaría una injusticia que clamaría al cielo, por ser quien era el injuriado y por la inoportunidad del intento» (100). La culpa de que el Centenario no se celebraba en España como se debía, era según Clarín de «los consabidos *señores de la comisión*», cuyo «patriotismo *arqueológico*» les sirvió para «regatearle gloria a Cristóbal Colón y dejarle en paños menores» (236): «los tarascas de toda función», «parásitos de la fama», que «no pudiendo brillar con luz propia la piden prestada a todos los aniversarios dignos de recordación» (238).[48] Y Clarín concluía por su parte:

> La moraleja de esto que no es *cuento propio*, sino historia ajena, consiste en lo siguiente:
> —¡Padre nuestro que estás en los cielos! Si has de consentir que a la sombra de los grandes hombres medren y se den tono tantos majaderos... no críes en adelante más que honradas medianías, sin Centenario posible.
> Para ver lo que estamos viendo *por culpa* del Centenario de Colón, más vale decir:
> «¿Colón dio un mundo a España?
> Bueno; pues devolvérselo» (247).

Bibliografía

Alas «Clarín», Leopoldo (1973 [¿1893?]): *Palique*. Edición, introducción y notas de José M.ª Martínez Cachero. Barcelona: Labor (Textos Hispánicos Modernos, 26).
Asensio, José M. (1892): «La leyenda colombina I. Historia antigua. – Leyenda moderna», en: *El Centenario* II, pp. 193-205.

---

48 La crítica de Clarín iba dirigida particularmente contra Cánovas del Castillo, del que era enemigo acérrimo y a quien consideraba como el más pedante e ignorante de «tantos majaderos» que pululaban en España (1973: 309). Una profunda admiración profesaba, en cambio, hacia Emilio Castelar, en cuyo partido republicano «posibilista» Clarín militó hasta su disolución en 1893 por el mismo Castelar. Éste sí participó en el debate del Centenario con una serie de artículos y con una voluminosa *Historia del descubrimiento de América*, publicada en 1892 y elogiada por Clarín por ser necesaria «para que a Colón se le hiciera la debida justicia» (1973: 99), obra que se esmeraba en dar de Colón una imagen equilibrada, resumiendo Castelar la «gloria de Colón» en esas palabras: «Quien desconozca de Colón las plegarias, las visiones, las profecías, el propósito de una evangelización, el proyecto de recuperar el Santo Sepulcro, la tendencia incontrastable á oracular y á presagiar, desconoce toda una parte del ser suyo; pero quien desconozca su finura de italiano, su mercantilismo de genovés, su diplomacia de siglo décimoquinto, su hidrópica sed natural de riqueza, sus estratagemas de navegante, sus dobleces florentinas de conspirador, su propensión á entregarse al primer potentado con quien topaba en cuerpo y alma, sus continuas sumas y restas, lo desconoce á su vez en otro aspecto no menos curioso que el primero y no menos decisivo para su magna finalidad total y para su creación maravillosa» (1892: 94).

Barros Arana, Diego (1892): «El proyecto de canonizar a Cristóbal Colón», en: *Anales de la Universidad de Chile* LXXXI, pp. 53-87.
Bernabéu Albert, Salvador (1987): *1892: el IV Centenario del Descubrimiento de América en España: coyuntura y conmemoraciones*. Madrid: CSIC.
Bover, José María / Cantera Burgos, Francisco (^{4}1957): *Sagrada Biblia*. Madrid: Biblioteca de Autores Cristianos.
Cánovas del Castillo, Antonio (1892): *Criterio histórico con que las distintas personas que en el Descubrimiento de América intervinieron han sido después juzgadas* [Conferencia leída el 11-2-1891]. Madrid: Ateneo de Madrid.
Cánovas del Castillo, Antonio (1894): «Discurso inaugural», en: Congreso Internacional de Americanistas: *Actas de la novena reunión. Huelva – 1892*. Tomo primero. Madrid: Tipografía de los Hijos de M. G. Hernández, pp. 23-34.
Castelar, Emilio (1892): *Historia del descubrimiento de América*. Madrid: Est. Tipográfico «Sucesores de Rivadeneyra».
Chaunu, Pierre (1993): *Christophe Colomb ou la logique de l'imprévisible*. Paris: François Bourin.
Colón, Cristóbal (^{2}1992): *Textos y documentos completos*. Edición de Consuelo Varela. Nuevas Cartas. Edición de Juan Gil. Madrid: Alianza (Alianza Universal, 320).
Colón, Hernando (^{2}1984): *Historia del Almirante*. Madrid: Historia 16 (Crónicas de América, 1).
Fernández Duro, Cesáreo (1885): *Colón y la historia póstuma*. Madrid: Imprenta y Fundición de M. Tello.
Fernández Duro, Cesáreo (1892a): *Primer viaje de Colón* [Conferencia leída el 23-11-1891]. Madrid: Ateneo de Madrid.
Fernández Duro, Cesáreo (1892b): *Amigos y enemigos de Colón* [Conferencia leída el 14-1-1892]. Madrid: Ateneo de Madrid.
Fernández Duro, Cesáreo (1892c): *Pinzón en el descubrimiento de las Indias, con noticias críticas de algunas obras recientes relacionadas con el mismo descubrimiento*. Madrid: Est. Tipográfico «Sucesores de Rivadeneyra».
Fernández de Oviedo, Gonzalo (^{2}1992): *Historia General y Natural de las Indias*. Tomo I. Madrid: Atlas (Biblioteca de Autores Españoles, 117).
Ferreras, Juan Ignacio (1973): *Introducción a una sociología de la novela española del siglo XIX*. Madrid: Edicusa (Cuadernos para el Diálogo, 9).
Harrisse, Henri (1892): *Christophe Colomb devant l'histoire*. Paris: H. Welter.
Heydenreich, Titus (1995): «Christoph Columbus – ein Heiliger? Politische und religiöse Wertungsmotive im 19. Jahrhundert», en Wawor, Gerhard / Heydenreich, Titus (eds.): *Columbus 1892/1992: Heldenverehrung und Heldendemontage*. Frankfurt am Main: Vervuert (Lateinamerika-Studien, 37), pp. 29-55.
Kadir, Djelal (1992): *Columbus and the Ends of the Earth. Europe's Prophetic Rhetoric as Conquering Ideology*. Berkeley / Los Angeles / Oxford: University of California Press.
López de Gómara: Francisco (1946): *Hispania victrix. Primera y segunda parte de la historia general de las Indias*, en: *Historiadores primitivos de Indias*. Tomo I. Madrid: Atlas (Biblioteca de Autores Españoles, 22).
Menéndez Pelayo, Marcelino (1942 [1892]): «De los historiadores de Colón», en íd.: *Obras completas*. Tomo XII. *Estudios y discursos de crítica histórica y literaria*. Tomo VII. Madrid / Santander: Consejo Superior de Investigaciones Científicas / Aldus, pp. 69-122.
Milhou, Alain (1983): *Colón y su mentalidad mesiánica en el ambiente franciscanista español*. Valladolid: Casa-Museo de Colón / Universidad de Valladolid (Cuadernos Colombinos, 11).

Pardo Bazán, Emilia (1892a): *Los franciscanos y Colón* [Conferencia leída el 4-4-1892]. Madrid: Ateneo de Madrid.
Pardo Bazán, Emilia (1892b): «El Descubrimiento de América en las letras españolas», en íd.: *Nuevo Teatro Crítico* II, 20, pp. 17-64; II, 21, pp. 65-109.
Pardo Bazán, Emilia (1892c): «Crónica del movimiento intelectual en el Centenario», en íd.: *Nuevo Teatro Crítico* II, 22, pp. 83-111.
Pardo Bazán, Emilia (1999 [1910]): «Crónica de España: Colón otra vez», en íd.: *La obra periodística completa en* La Nación *de Buenos Aires (1879-1921)*. Edición de Juliana Sinovas Maté. A Coruña: Diputación Provincial de A Coruña, tomo I, pp. 431-436.
Pike, Fredrick B. (1971): *Hispanismo, 1898-1936. Spanish Conservatives and Liberals and Their Relations with Spanish America*. Notre Dame, Indiana / London: University of Notre Dame Press.
Rama, Carlos M. (1982): *Historia de las relaciones culturales entre España y la América Latina. Siglo XIX*. México D.F. / Madrid / Buenos Aires: Fondo de Cultura Económica.
Redondo, Augustin (1978): «Juan Valera directeur de *El Centenario* (1892-1894)», en: *Bulletin Hispanique* LXXX, pp. 71-87.
Regazzoni, Susanna (1988): *Cristoforo Colombo nella litteratura spagnola dell'Ottocento. Storie da vedere – storie da leggere*. Milano: Cisalpino / Goliardica (Studi di letterature iberiche e americane, 11).
Romero Tobar, Leonardo (1994): *Panorama crítico del romanticismo español*. Madrid: Castalia (Literatura y Sociedad, 56).
Roselly de Lorgues [comte Antoine-François-Félix] (1856): *Christophe Colomb. Histoire de sa vie et de ses voyages d'après des documents authentiques tirés d'Espagne et d'Italie*. Paris: Didier, 2 vols.
Roselly de Lorgues [comte Antoine-François-Félix] (1885): *Histoire posthume de Christophe Colomb*. Paris: Didier.
Simson, Ingrid (2003): *Amerika in der spanischen Literatur des* Siglo de Oro. *Bericht, Inszenierung, Kritik*. Frankfurt am Main: Vervuert.
Torres Ramírez, Bibiano / Hernández Palomo, José (eds.) (1986): *Andalucía y América en el siglo XIX. Actas de las V Jornadas de Andalucía y América (Universidad de Santa María de la Rábida, marzo, 1985)*. Sevilla: Escuela de Estudios Hispano-Americanos de Sevilla (Publicaciones de la Escuela de Estudios Hispano-Americanos de Sevilla, 325).
Valera, Juan (^{3}1958 [1892]): «El Centenario» [«Introducción» al n.º 1 de la revista *El Centenario*], en: *Obras completas*. Tomo III. Madrid: Aguilar, pp. 947-956.
Vidart, Luis (1892a): *Colón y Bobadilla* [Conferencia leída el 14-12-1891]. Madrid: Ateneo de Madrid.
Vidart, Luis (1892b): *Colón y la ingratitud de España* [Conferencia leída el 21-1-1892]. Madrid: Ateneo de Madrid.
Vignaud, Henry (1909): «L'ancienne et la nouvelle campagne pour la canonisation de Christophe Colomb», en: *Journal de la Société des Américanistes de Paris*, Nouvelle série, VI, 1-2, pp. 17-44.

La reacción antifeminista en algunas obras teatrales del siglo XIX español

David T. Gies
(University of Virginia)

«Soy mujer, y aborrezco a todas las que pretenden ser inteligentes, igualándose a los hombres, pues lo creo impropio de nuestro sexo.» Estas palabras, supuestamente escritas por la reina María Luisa a su amigo/amante Manuel Godoy, pueden servir de símbolo de la fuerte resistencia que encontró la mujer moderna que deseaba integrarse plenamente en la sociedad española de los siglos XVIII y XIX.[1]

El estudio del impresionante – y todavía lamentablemente desconocido – elenco de mujeres dramaturgas que participan en el diálogo teatral de la segunda mitad del siglo XIX en España revela una multiplicidad de posturas relacionadas con el candente debate sobre el lugar y la misión de la mujer en dicha época. Es cierto lo que escribe Lou Charnon-Deutsch sobre la dificultad que tiene la mujer decimonónica para acceder a los medios de producción cultural:

> Nineteenth-century Spanish women writers were hampered by limited access to the means of production coupled with a reigning attitude that a woman's mission was to service and strengthen the family unit by working within the confines of the domestic sphere.[2]

Pero también sabemos ahora que docenas de mujeres publicaron y estrenaron dramas, comedias, juguetes cómicos, obras religiosas y otras formas de teatro a lo largo del siglo. Aunque tenemos excelentes estudios sobre la mujer novelista (Aldaraca, Alda Blanco, Bieder), la mujer poeta (Kirkpatrick, Mayoral), la mujer periodista (Sánchez Llama) y la mujer en su ambiente social o literario (Aldaraca, Jagoe) además de utilísimas bibliografías de las publicaciones de estas mujeres (Criado y Domínguez, Ossorio y Bernard, Serrano y Sanz, Simón Palmer, Hormigón), faltan estudios sobre lo que, a mi modo de ver, es una fuente (quizás la fuente más rica y más importante) de valiosa información sobre lo que es la mujer decimonónica, cómo se ve, cómo se interpreta, y cuáles son los puntos de ingreso y de resistencia contra su plena integración en la sociedad (sociedad en sus términos más amplios – es decir, en el ámbito cultural, político y económico).

Como era de esperar, el tema de la mujer provoca reacciones complicadas, desiguales y frecuentemente contradictorias a lo largo del siglo. El propósito del pre-

---

1 Simón Palmer 2003: 746.
2 Charnon-Deutsch 2004: 461.

sente estudio es ver, en sus líneas más generales, claro está, las preocupaciones que dominaban el debate teatral sobre la mujer, tanto en obras escritas por mujeres como en obras escritas por hombres. En ambos bandos – dramaturgas y dramaturgos – veremos cómo se convierte esta cuestión «palpitante» en un discurso teatral que informa y marca las líneas mismas del debate. Nuestro énfasis será no ya el debate protofeminista,[3] sino las obras que reflejan una conciencia anti-feminista, obras que intentaron combatir el progreso de la mujer hacia los derechos sociales que, dentro de un siglo, se aceptarán como derechos universales. Naturalmente, sólo podremos ver unos cuantos ejemplos, pero serán indicativos, creo, del debate y de las contradicciones que dominan el asunto en el siglo XIX.

La mujer dramaturga no es invención del siglo XIX, pero es durante este siglo – y más bien en su segunda mitad – cuando las mujeres acceden, en cantidades estimables, a los espacios públicos que son los teatros. Antecedentes como Ana Caro, Sor Marcela de San Félix, Leonor de la Cueva, Ángela de Acevedo (en el diecisiete) o Gertrudis Conrado, María de Laborda, María Rita de Barrenechea, Isabel María Morón y María Rosa Gálvez de Cabrera (en el XVIII y comienzos del XIX)[4] abrieron camino para las mujeres decimonónicas que ven en el teatro un medio importante para su expresión artística.

¿Quiénes son estas dramaturgas del XIX? Mientras que algunas son ya figuras de renombre como María Rosa Gálvez de Cabrera, Gertrudis Gómez de Avellaneda, o Emilia Pardo Bazán, otras se han quedado en la sombra y en el silencio, por ser sistemáticamente olvidadas por quienes escriben historias literarias o que forman lo que hoy en día llamamos el «canon literario.» No voy a repasar aquí la lista de esos nombres para no repetir lo que ya se ha hecho en otros lugares[5] pero insisto en que todavía queda mucho por hacer si pretendemos comprender lo que es la mujer, cómo se representa en el teatro, y lo que alcanza durante el siglo XIX.

Pero ese camino hacia la integración y la aceptación, es decir, ese camino que lleva a la mujer a las puertas del teatro, no está ausente de baches ni dificultades.

---

3   Soy consciente de los peligros de emplear términos como «feminista», «antifeminista» y «protofeminista» en el estudio de un período en el que dichos términos no se emplearon con el mismo sentido de hoy en día. Sin embargo, son términos que la crítica moderna ha aceptado – véase, por ejemplo, la *Breve historia feminista de la literatura española en lengua castellana* (1996), de Iris Zavala –. Alda Blanco, en su capítulo «Teóricas de la conciencia feminista,» señala que ya en 1869 Concepción Arenal cuestiona «el pensamiento patriarcal en la totalidad de sus manifestaciones» (2001: 446-447) y Geraldine Scanlon (1986) estudia la existencia de un «movimiento feminista» en pleno siglo XIX. Al comenzar el siglo veinte, el término aparece ya en artículos de Gimeno de Flaquer («El problema feminista», 1903) o en obras teatrales (*¡Esas mujeres!... juguete cómico-antifeminista* [1908], de Constantino Ruiz Carnero). Para un estudio de los orígenes filosóficos del debate, ver DiFebo 1974, y para un repaso de la crítica moderna sobre el feminismo, ver Felski 2003.
4   Ver Grinstein 2002 y 2003.
5   Ver Gies 1996 y 2004.

Cada mujer que se gana algún respeto público, que pide y recibe algún reconocimiento de sus colegas, que escribe en los rincones más oscuros y que publica en los lugares más conocidos o desconocidos provoca una reacción por parte de sus contemporáneos.

Los títulos de algunas obras que versan sobre el tema de la mujer en la sociedad decimonónica son esclarecedores porque revelan una ansiedad que puede interpretarse como inestabilidad, es decir, como un deseo de comprender ya por fin qué es y qué quiere la mujer, tema evidentemente discutido durante todo el siglo. (Según María del Carmen Simón Palmer, se publicaron más de dos mil obras que versaban sobre el tema de «la mujer»; Catherine Jagoe confirma que la mujer fue tema «obsesivamente discutido» a lo largo del siglo.)[6] Entre esos títulos (y hay muchos) se encuentran *Una mujer literata* (1851), *Una conjuración femenina* (1852), *La mujer de medio siglo* (1858), *La mujer debe seguir al marido* (1862), *República feminina* (1872), *¡Esas mujeres!*, *¡Lo que vale una mujer!* (1874), *Mujeres que matan y mujeres que mueren* (1881), *La mujer libre* (1882), *Lo que quiere la mujer* (1882), *La mujer igual al hombre* (1885), *Conspiración femenina* (1885) y un largo etcétera de otros títulos, que incluye, en la primera quincena del siglo veinte, *¡Esas mujeres!* (1908), *Congreso feminista* (1912) y *Fotografía feminista* (1915). Aunque estas obras aquí mencionadas fueron todas escritas por hombres, la mujer dramaturga también participa en el debate antifeminista; es decir, la resistencia contra la mujer «moderna» y liberada no tiene una base exclusivamente masculina.

En su comedia *La familia a la moda* (1805), María Rosa Gálvez emplea la figura de la mujer para simbolizar la tensión que existe entre la moda española y la moda francesa, la tradición antigua contra la invasión de nuevas ideas extranjeras, la auténtica nobleza de carácter contra la falsa nobleza de títulos, la nación española contra la nación francesa y el papel que jugará el dinero en el destino de la mujer decimonónica de clase media. Y en esta obra es el cuerpo de la mujer el lugar que simboliza los valores nacionales, es decir, la moda indica el valor moral del personaje que la estrena. Guiomar, la rica viuda provinciana que representa los antiguos valores de la sociedad española del siglo XVIII, sale «ricamente vestida» aunque los otros la consideran «tosca figura» por no ajustarse a la moda más reciente de París (y por ser asturiana). Al contrario, su cuñada, la frívola Teresa, sale «ridículamente vestida», lo que nos indica, desde el principio, que ella – y lo que representa – amenaza la estabilidad de la casa. Teresa se levanta tarde, descuida la casa (es «un desorden muy feo,» según nota Guiomar), juega, y – cosa que revela su superficialidad – habla francés. Gálvez ataca «lo moderno» en esta obra, si «lo moderno» es, como era para muchos individuos de los comienzos del siglo XIX, lo francés y la moda francesa. Aunque es la figura de Teresa la que sale más castigada, ni su marido Canuto ni su hijo Faustino escapan a la crítica de la autora, para quien una «familia a la moda» es una familia

---

6   Jagoe 1998: 23.

desordenada, que juega, que pierde el dinero, que no trabaja, que se levanta tarde y que se disuelve en manos de una mujer insolente y frívola. Pero Gálvez no ataca a la mujer, sino a una determinada clase de mujer que se pierde en distracciones impertinentes. La heroína de esta obra es Guiomar, que sale triunfante al final porque ayuda a la familia a buscar el buen camino; incluso Teresa, a regañadientes, acepta el nuevo orden establecido por su cuñada. Lo interesante de esta obra es que al final es la mujer la que controla la situación y la que tiene la última palabra. Es un modelo que, desgraciadamente, no se va a sostener en los años que siguen.

La dramaturga más prestigiosa y más conocida del siglo es sin duda Gertrudis Gómez de Avellaneda, que escribe – y estrena – una serie de excelentes dramas a lo largo de los años 1840, 1850 y 1860. Sus protestas y quejas contra las dificultades que experimenta para estrenar sus obras (la censura, entre otras cosas) y contra la ignorancia de sus críticos (en buena parte generada tan sólo porque era mujer) son hoy en día harto conocidas. En una carta a su amigo Ventura de la Vega escribe:

> Para mí nada pido, pero pido altamente por la dignidad del poeta. Si se establece una junta censora como la que hubo últimamente en la que al lado de nombres respetables se permitieran colocar los de Cazurro y no sé cuántos aún más oscuros, por mi parte quedaré escluída del teatro; quedaré condenada a quemar mis dramas, porque jamás los sujetaré a la censura de un comité semejante. No me desdeño de ser poeta ni de confesar que necesito del producto de mis trabajos; pero no me desdeño, porque antes moriría de hambre que degradar lo más mínimo la dignidad en que mi concepto alcanza la poesía; porque antes inutilizaría mi talento que rebajar mi carácter. [7]

Se revela como feminista y espíritu rebelde, artista doblemente marginada (por ser cubana de nacimiento y mujer), modelo de la mujer dramaturga que debe poder escribir y estrenar sus obras en los teatros principales de Madrid. Y escritora rechazada por la Real Academia Española por una sola razón: la de ser mujer.

Ésta es la situación en la que se encuentran muchas mujeres decimonónicas que quieren participar en lo que hoy en día llamamos los espacios públicos de la sociedad. De sobra sabemos, por los estudios arriba citados de Charnon-Deutsch, Kirkpatrick, Aldaraca, Blanco, Simón Palmer y otros, que esa sociedad se resistió a abrir la puerta y dejar salir de casa a la mujer literata. La división entre el espacio público y el espacio doméstico vino a ser más rígida en el siglo XIX y la mujer toma posesión del espacio doméstico, subordinando sus deseos a los del hombre. Esa mujer, ese «ángel del hogar», esa mujer pura y apasionada que lo sacrifica todo para apoyar, defender y salvar a su hombre, domina la ideología pública desde su consagración en la Inés de Zorrilla. Pero ya en 1842, anticipando esta posición, Pedro Sabater publica en las páginas del *Semanario Pintoresco Español* su creencia de que «[e]l bello sexo, señores [y notemos que sus lectores son, por implicación, hombres], ha sido arrojado a la tierra para personificar el amor; el orgullo, la vanidad y las demás pa-

---

7   Lozano Guirao 1958: 136.

siones que dominan en su corazón, están subordinadas a éste, que es su todo.» La tradición de referirse como «posesión» del hombre casado – Pilar Sinués *de* Marco, por citar sólo un ejemplo de los muchos que hay – es una costumbre que se generaliza en el XIX, como «sello apelativo de su subordinación doméstica.»[8]

Un caso de la reacción instigada por la insistencia de escritoras como Tula en ser reconocidas por su talento literario es la comedia *Una mujer literata* (1851), de José María Gutiérrez de Alba, que he comentado en otra parte.[9] Cuando por fin arroja sus libros y poesías al fuego, Josefa salva sólo un libro (naturalmente, un libro de cocina). Gutiérrez de Alba no es el único dramaturgo, ni mucho menos, que se resiste a la integración de la mujer literata en el mundo literario.

Unos años más tarde, Francisco Botella, en *La mujer de medio siglo* (1858), vuelve a la figura de la mujer inteligente y con dinero (como Guiomar, en *La familia a la moda*), pero con una diferencia fundamental: si Guiomar es viuda, con dineros de una herencia bien cuidada y guardada, doña Sabina es soltera, es decir, una mujer que nunca ha vivido bajo la protección de un hombre. Es ésta una condición ridícula para Botella, quien presenta a Sabina como una mujer frívola, vana, susceptible a los (falsos) piropos, obsesionada por la moda francesa, preocupada por su belleza y sin hijos (es decir, no cumple con su función femenina). Como le dice a su criada, «[cásate] con el aguador, con el primero que pase, con cualquiera; el caso es encontrar marido; ¡desgraciadas de las solteras que llegan a mi edad!» Anticipa la opinión de Adolfo Llanos, que escribirá en 1864 que la «solterona» es «un aborto de la naturaleza; Capricho de Lucifer.»[10]

Estas comedias confirman la actitud dominante de mediados de siglo. «La misión de la mujer» es dedicarse a la casa, el hogar, la familia, el marido. Es una misión «santa» en la opinión de muchos autores, entre ellos Ángela Grassi. Según Grassi, la mujer debe estudiar, pero sólo «para embellecernos a los ojos de nuestros meditabundos compañeros.»[11] Es decir, le toca al hombre el papel de *pensar*, a la mujer el papel de *ser* bella. Jo Labanyi explica esta dualidad decimonónica al notar que en el siglo XIX el hombre representa la producción mientras la mujer es la reproducción; por eso, en tantas obras (tanto dramáticas como novelísticas) el hombre cobra protagonismo como sujeto y la mujer se convierte en mero objeto de sus deseos.[12] Rafael María Liern y Cerach, uno de los parodistas más perspicaces y populares de su tiempo, invierte este paradigma, pero presenta una visión igualmente misógina de la mujer al escribir su *Doña Juana Tenorio* en 1876. En esta farsa, la figura subordinada es el hombre, don Serafín, hombre sujeto a la fuerza de una mujer agre-

---

8 Kirkpatrick 1991: 66.
9 Gies 1999.
10 Llanos 1864: 72.
11 Grassi 1857: 57-58.
12 Labanyi 1995.

siva, violenta, seductora, voraz, asesina y posesiva. Es más: desde los primeros versos de la obra la mujer es pintada como la fuente de «todo mal»: «Origen de todo mal / dice el santo que es la hembra. / Soy de la misma opinión. / La mujer, Jesús, ni verla!»[13] Su protagonismo, entonces, se ve como una cosa negativa, dañosa a la estabilidad social y que necesita corregirse. Para Jeffrey T. Bersett, la obra de Liern «uses the recoded gender scheme to incite a profound reconsideration of the very nature of seduction as presented by Zorrilla's characters.»[14]

Semejante rechazo de la mujer liberada se ve en el «cuento bufo-político-burlesco» de Calisto Navarro titulado *República femenina* (1872), en el que combina el autor el tema que dominaba el discurso político del día – las ventajas e inconveniencias de la República – con el tema feminista. Al iniciarse la comedia, una tropa de mujeres, todas vestidas «de traje blanco corto, con bandas y delantales tricolores, gorros frigios y medias azules y encarnadas, enarbolando la bandera republicana»[15] canta su reciente «huelga» contra los hombres.

> Hoy hace precisamente
> seis meses, que ya cansadas
> de los hombres, y queriendo
> más luz, libertad más amplia,
> rompiendo nuestras cadenas,
> si bien antiguas, pesadas,
> nos declaramos en huelga
> (permítase la palabra),
> y arrojamos a los hombres
> hasta de sus propias casas;
> y despreciando sus súplicas,
> sin hacer caso a sus lágrimas,
> proclamamos por convenio
> la *república unitaria*.[16]

Aquí tenemos los tópicos ya establecidos en el discurso antifeminista de la época: la mujer brava y liberal, el hombre débil («súplicas», «lágrimas»), la unidad femenina, la mujer encadenada, etc. Ya sabemos desde el principio de la obra de qué van el tema y la acción (obras como *Una mujer literata*, por no hablar de *La fierecilla domada*, sirven de ejemplo y escarnio), pero su manera de desarrollar el tema hace que tengan cierta gracia sus ideas retrógradas. Al «levantarse» hace seis meses, estas mujeres rechazan el concepto de «ama» para «exterminar el sexo / que masculino se llama»;[17] han metido a todos los hombres en la cárcel. Pero algunas de las ciudadanas comienzan a dudar de su dureza porque la situación doméstica se dete-

---

13 Liern 1876: 3.
14 Bersett 2003: 182.
15 Navarro 1872: 5.
16 Navarro 1872: 5-6.
17 Navarro 1872: 7.

riora («ni se friegan los pucheros, / ni se planchan las enaguas») y echan de menos a los jóvenes «que me echaban sus miradas / y me decían: ¡bonita!»[18]

Navarro invierte el patrón al hacer llegar a Pascual «vestido de mujer» (cosa que veremos en otras comedias por el estilo), cubriendo su masculinidad bajo faldas femeninas; las mujeres le han liberado de la cárcel porque es peluquero y las puede embellecer. Rosa, enamorada de él (aunque a escondidas, por ser ilegales estos tratos), le llama «mari-macho».[19] De inmediato, llega la «modernidad» al pueblo en forma de Remigio, en velocípedo desde Madrid, para ser juzgado por un tribunal de republicanas. Pero otra disputa surge cuando Amparo y Luisa, contra las normas de la República, se declaran enamoradas de él. El conflicto entre las dos mujeres se estalla en una petición de duelo entre las dos, pero Pascual (todavía vestido de mujer) sugiere la solución: «hacer de modo / que conozca vuestro afecto; / y el silencio una vez roto, / que elija la que le plazca».[20] Es decir, el hombre le da al hombre el derecho a elegir libremente, mientras que la mujer sigue siendo el objeto de sus deseos. El hombre protagoniza las relaciones íntimas; la mujer las recibe, incluso en esta «república feminista». En fin, poco después esta obra se convierte en una tradicional comedia de enredo, en la que dos mujeres disputan las atenciones de un hombre. Y cuando el pueblo de al lado organiza una invasión de Coria, la única solución que ven las mujeres – incluso la más fiera, Lola, la presidenta de la república feminista – es dejar libres a los hombres para defender el pueblo. Reina la concordia, pero sólo si la mujer vuelve a su sitio y se deja «proteger» por el hombre.

Brígida Aldaraca nos ha enseñado cómo la imagen del «ángel del hogar» marca el tratamiento de la mujer en el siglo XIX. Ese «ángel» sale con frecuencia en el teatro, como estas palabras de Don Fernando en *¡Lo que vale una mujer!* (1874), de Leandro Torromé Ros, nos muestran:

>   Mas si pude ser
> obstinado ... me arrepiento;
> yo ignoraba hace un momento
> la misión de la mujer.
> Ignoraba a la verdad
> lo que vale en la familia
> ese ángel que nos auxilia
> como un ángel de bondad.[21]

El tema de la libre elección de marido, abierto tan brillantemente por Moratín en *El sí de las niñas*, vuelve a verse en *Una conjuración femenina* (1852) (hay incluso un pájaro enjaulado en *Una conjuración*, el mismo símbolo que emplea Moratín), de Ramón de Navarrete. Aquí, don Fabián quiere casar a una de sus tres hijas con su

---

18 Navarro 1872: 8-9.
19 Navarro 1872: 17.
20 Navarro 1872: 19.
21 Torromé Ros 1874: 31.

amigo don Diego, que vuelve muy rico de Filipinas a Madrid para elegir a su esposa. Pero siendo ya viejo (según las tres chicas Paz, Serafina y Mariana, sufre de asma, tos y falta de dientes), las chicas le rechazan e insisten en su libertad de elegir a su propio marido («Primero me tiro por el balcón,» amenaza Mariana.)[22] Fabián insiste, porque quiere que una de las tres herede la sustanciosa fortuna de don Diego. Cuando Fabián describe a sus hijas, la imagen que da es la de ese ideal «ángel del hogar.» Serafina es:

> juiciosa, aplicada y buena cristiana, no se asoma al balcón nunca, ni pone los pies en la calle sino cuando va a la iglesia. Toca el piano como una profesora, cose como una modista, y sabe hacer natillas y huevos moles como el mejor cocinero.[23]

Paz es «humilde, trabajadora, inocente y además lindísima»;[24] Mariana es «un modelo de habilidades y de virtudes: borda en cañamazo, canta de tiple, habla francés y confiesa cada ocho días.»[25] Es decir, según su padre las tres tienen las cualidades de la perfecta mujer decimonónica, la mujer llena de esas virtudes cristianas y burguesas que ha estudiado Alda Blanco en las novelistas Pilar de Sinués, Ángela Grassi y Faustina Sáez de Melgar y que defenderá el padre Antonio Claret en su *Instrucción que debe tener la mujer para desempeñar bien la misión que el Todopoderoso le ha confiado* (1862): humildad, castidad, devoción, prudencia, paciencia, caridad y ocupación. Don Diego las estudiará por un mes y luego hará su selección. Pero dos de las chicas, por humildes y castas que sean, tendrán otras ideas y se presentan delante del viejo decrépito como mal educadas, feas, torpes, sin talento y desobedientes. Nos reímos de ellas, claro está, y el autor intenta que condenemos su mala conducta, pero la lección aprendida es otra: es que estas chicas son realmente listas, que saben defender sus propios intereses con artimañas que van en contra de la norma establecida por la sociedad. Don Diego rechaza a Mariana y a Serafina porque no saben cantar ni tocar el piano ni cocinar ni vestirse con elegancia (es lo que cree él, por lo menos); no son ni «la perfecta casada» ni «el ángel del hogar» que exige la sociedad decimonónica. Pero Paz, la otra hermana, «salva» la situación – «Eres un ángel,» le dice Don Diego cuando ella le sirve una elegante comida y se muestra respetuosa y amable con él –. Paz asume el papel necesario, el papel femenino, pero sólo en parte. Se opone a los matrimonios desiguales (de edad) e insiste en que un anciano no necesita casarse («el matrimonio después de los cuarenta años, es casi siempre un grave error»)[26] sino encontrar su felicidad en la compañía de una mujer/hija y de unos amigos que le cuiden. Como explica ella:

---

22 Navarrete 1852: 7.
23 Navarrete 1852: 9.
24 Navarrete 1852: 9.
25 Navarrete 1852: 9.
26 Navarrete 1852: 25.

Lo que necesita el hombre que en el último tercio de su vida se ve sin esposa, sin hijos, sin nadie en fin, es crearse una nueva familia; tener a su lado un amigo que le ame, una persona que le respete, y que le mime: que le lea las obras que amaba en su juventud, que le cante las canciones que entonces prefería, que vele por él con la ternura de una esposa, con el interés de una hija.[27]

Paz le confiesa que la mala conducta de sus hermanas ha sido «una conjuración femenina, para asustarle a usted, para hacerle desistir de sus proyectos matrimoniales.»[28] Fabián les ofrece la dote de todos modos, acepta que un hombre de setenta y cinco años no debe pretender casarse con una niña de dieciocho, las hijas se casarán con chicos de su edad, y se vuelve a establecer la armonía del hogar. Así, estas mujeres «libres» (libres de ideas, por lo menos) se aceptan todavía, pero sólo si se mantienen dentro de las normas establecidas (matrimonio, casa, obediencia, quehaceres domésticos).

Pero esa «mujer libre» es escarmentada con los años: la resolución de la comedia del mismo título – *La mujer libre* – de Rafael García Santisteban (1882), será otra. Tomasa, candidata a la presidencia de un Club de Mujeres, escribe un discurso que comienza así:

La mujer debe ser libre,
harto entre grillos vivió
subyugada por el hombre
su tiránico opresor.
La mujer es todo gracia,
talento, imaginación,
y es centella desprendida
de la corona de Dios.
¿Y qué es el hombre? un centauro,
una degeneración
del orangután y el oso,
a cual más feos los dos.[29]

Como Josefa en *Una mujer literata*, Tomasa descuida al niño y la familia («¡Ay, mujer, eres atroz! / Sólo piensas en discursos», le dice su marido).[30] Pánfilo, el marido, sabe perfectamente lo que debe ser una mujer, y sus palabras dan eco a las opiniones que han dominado el discurso sobre la mujer en todo el siglo. A saber:

La mujer, en mi concepto,
debe saber el catón,
religión, las cuatro reglas,
toda clase de labor,
saber que París es Francia,
que está en Galicia el Ferrol,

---

27 Navarrete 1852: 25.
28 Navarrete 1852: 26.
29 García Santisteban 1882: 3.
30 García Santisteban 1882: 4.

> y hasta tocar el piano
> y cantar si tiene voz;
> pero es una incongruencia,
> que hasta ofender a Dios,
> que se meta a hacer con faldas
> los oficios de varón.
> Y una mujer discutiendo
> sobre la contra y el pró
> de los derechos políticos
> y de la emancipación
> me hace el mismo mal efecto
> que oir de tiple a un señor,
> y ver fumando a un chiquillo,
> o a un bolerito español.[31]

Como recuerda Cristina Enríquez de Salamanca, «Durante el siglo XIX, libros, periódicos y revistas debatieron el tema de la capacidad política de la mujer. Salvo rarísimas excepciones, estos debates afirmaron que la mujer no estaba capacitada para ejercer funciones en la esfera pública, ya que se afirmó *ad nauseam* que carecía de la racionalidad necesaria para el ejercicio de la ciudadanía.»[32] Es ésta la lección de *La mujer libre*. Sin embargo, la obra es una excelente fuente de información sobre el debate porque los dos protagonistas (¿antagonistas?) Tomasa y Pánfilo discuten, desde varios ángulos, las mismas ideas que se debatieron en los periódicos y en las novelas de la época: ¿Por qué no debe estudiar la mujer? ¿Cuál es su auténtica misión? ¿Puede una mujer ser médica o abogada? (Veremos una respuesta a esta pregunta en la comedia *La mujer igual al hombre*.) ¿Hay diferencia de los sexos? ¿Puede ser una mujer educada y literata buena ama de casa? ¿Puede la mujer española emanciparse como la mujer ya lo ha hecho en Estados Unidos? ¿Es menos «mujer» la mujer metida en política («Si te vuelves hombre / no podré hacerte el amor,» le dice Pánfilo)?[33] ¿Está «mal» la mujer que prefiere escribir y pensar que guisar y planchar? ¿Perjudican la armonía las ideas políticas (en este caso, ideas republicanas)? Y, ¿cómo convencer a Tomasa que vuelva a ser mujer «normal»? Con un toque genial y divertido, García Santisteban introduce a un amigo americano, Martín, que le informa a Pánfilo de una nueva secta norteamericana que permite al hombre tener muchas mujeres. Para provocar los celos de Tomasa, Pánfilo se declara mormón, con el derecho, por tanto, a introducir múltiples mujeres en su vida. Tomasa se da cuenta entonces de que «yo he aprendido a hacer todas / las labores de mi sexo ... Yo no aguanto *mormonadas*»[34] y para evitar que haya competencia de otras esposas, Tomasa renuncia a sus actividades en el Club. Tomasa le enhebra una aguja para coser un

---

31 García Santisteban 1882: 5.
32 Enríquez de Salamanca 1998: 246.
33 García Santisteban 1882: 7.
34 García Santisteban 1882: 27-28.

botón a Pánfilo, saca un pañuelo para limpiar el polvo acumulado, se pone a lavar la ropa, cuida al niño, decide no ir a la gran reunión en el Club esta noche y como le dice Pánfilo, «[a]hora estarás en tu centro»,[35] es decir, en su casa, en ese espacio «femenino» y doméstico que llega a simbolizar a la mujer decimonónica. Así se confirma, una vez más, el rechazo general de la idea de una mujer que pone la vista en asuntos de fuera de la casa.

La Ley Moyano de 1857 provocó cambios importantes para la educación de la mujer en el siglo XIX. Aunque versaba sobre la escolarización primaria (más que sobre la educación universitaria), producirá resultados años después al entrar más mujeres en el sistema educativo del país.[36] Sin embargo, las polémicas sobre la capacidad femenina y su deber social no se aquietan. Como escribe Jagoe:

> En los últimos treinta años del siglo, frente al acceso de las primeras mujeres a una enseñanza más avanzada que la primaria, se diversificaron e intensificaron los argumentos de los detractores de la enseñanza femenina, quienes no estaban convencidos de que la instrucción mejorara la capacidad de la mujer para desempeñar su papel como esposa y madre. Fundándose en el determinismo biológico del filósofo Auguste Comte, alegaban que la función fisiológica de la hembra era parir y cuidar a los niños, y que la mujer se debía dedicar exclusivamente a eso.[37]

María Elena Maseras, la primera mujer admitida a la universidad española en el siglo XIX, se matriculó en la Facultad de Medicina de la Universidad de Barcelona en 1872.[38] Su caso se refleja, aunque muy indirectamente, en una comedia publicada y estrenada en la misma ciudad en 1885 por Armengol Font Sanmartí.

La mujer igual al hombre introduce a Vicenta, médica, cuyas ideas modernas las presenta su criada Jacinta al iniciarse la obra:

> ¡Cómo había de presumir que viniera a ser el criado de un Doctor en medicina!... No hay para que asustarse, el doctor es femenino, es la señorita. Ella fue de las primeras que se metieron a estudiar en las Universidades; porque, lo que ella dice, *la mujer, es igual al hombre*; por consiguiente, nosotras, podemos también tener carrera y disfrutar de los mismos derechos que ellos... En cuanto a deberes, no habla de ninguno, y hace muy santamente porque yo siempre he tenido un gran odio a los deberes.[39]

Pero el truco de la comedia es el escenario, cortado en dos, que representa ambos lados de la división de labor de los sexos. Es una inversión de lo «normal»: a la derecha, el despacho de la médica (normalmente un espacio masculino); a la izquierda, un gabinete de labor con máquina de coser que usa no la mujer sino un hombre (es decir, normalmente un espacio femenino), el marido de Vicenta. Continúa Jacinta:

---

35 García Santisteban 1882: 32.
36 Ver Scanlon 1987.
37 Jagoe 1998: 121-122.
38 Ver Flecha García 1996.
39 Font Sanmartí 1885: 7.

Aquí mi amo hace *crochet, calceta*... Hoy le han traido esta máquina, sin duda quiere coserse él la ropa... Es muy natural, si nosotras ocupamos las plazas de los hombres, que los hombres ocupen las nuestras... Es una grande idea; *la mujer igual al hombre*.[40]

Vicenta, la médica, entra rabiando contra un artículo titulado «Los marimachos, o sea las Marisabidillas modernas», recientemente publicado en un periódico, que critica a «las jóvenes que cursan carreras.»[41] Dichas jóvenes – las que cursan carreras – ya eran tópico de debate en la segunda mitad del siglo. Un caso conocido es el de Nicolás de Ávila y Toro, que en 1866 en un discurso leído en la Facultad de Medicina de la Universidad Central, intentó demostrar que la mujer no tenía la capacidad de profundizar en cuestiones intelectuales, que sólo servía, fisiológicamente, para desarrollar sus dotes sentimentales y virtuosas. Proclama Ávila:

Me he propuesto demostrar, y creo que lo he conseguido, que la mujer, física y moralmente considerada, debe ser y es toda sentimiento, sufrimiento, abnegación, heroísmo y virtud; que los altos destinos que le ha señalado la Providencia son el matrimonio, la maternidad y la formación del hombre; y finalmente, que la educación más conforme con esos destinos será aquélla que, basada en el amor y temor de Dios, la enseña las magnificencias de la virtud...[42]

El autor de *La mujer iguala al hombre* está de acuerdo porque el cambiar los papeles sociales produce «gender confusion» (confusión de género) que desestabiliza la sociedad doméstica. Adolfo rabia de la condición intratable de su mujer:

Esto es insufrible... Me casé con Vicenta creyendo que, en este estado, dejaría sus manías científicas, pero no señor... ¡Qué cabeza de chorlito era mi suegro! ¡Permitir que su hija estudiara medicina!... ¡Las ideas modernas, la rehabilitación de la mujer, ¡y qué mujer!, esto es un hombre![43]

En esta comedia, la mujer educada ni siquiera puede controlar sus pasiones femeniles. Cuando Vicenta le espía a su marido (que ha tomado una profesora para enseñarle francés), la acotación reza: «ha de demostrar la actriz la lucha que se libra en su corazón, la dignidad de que ella se figura estar revestida, con el título de Doctor por una parte, y por otra *la debilidad natural de la mujer* y sobretodo de la mujer celosa»[44] (énfasis añadido). Como el marido de Josefa, en *Una mujer literata*, Adolfo se queja de que «Ella, ¡mi mujer! siempre ensimismada en sus libros, es insensible a los arranques del sentimiento, a los transportes de la pasión.»[45] En este paradigma, una vez más la inteligencia y el estudio cancelan la pasión y el amor, especialmente si la inteligente estudiosa es una mujer.

---

40 Font Sanmartí 1885: 8.
41 Font Sanmartí 1885: 9.
42 Ávila y Toro 1866: 80.
43 Font Sanmartí 1885: 10.
44 Font Sanmartí 1885: 13.
45 Font Sanmartí 1885: 15.

Aunque a lo largo del siglo el hombre ha insistido en el valor del trabajo de la mujer (es decir, el trabajo que hace *en casa*), en *La mujer igual al hombre* Adolfo se siente disminuido por haber aceptado el papel femenino. Se queja de que su mujer «con indiferencia ha presenciado mi afeminación»[46] y le dice a la costurera que «a pesar de que me veas con pantalones, debería llevar enaguas, yo soy la señora...»[47] Lola, la costurera, se ríe de él. Para Adolfo (no digamos para Font Sanmartí y la gran mayoría de los hombres de la época), ser mujer es ser inferior, dedicarse a asuntos de poca monta que no se pueden, ni se deben, valorar con el mismo rasero que el trabajo masculino. Al final de la obra se vuelven a sus propios gabinetes (Vicenta al «gabinete de labor de señora», Adolfo al del médico), con estas lamentables (pero nada sorprendentes) palabras:

> VICENTA: Veo que el mundo aun no está dispuesto para admitir la gran reforma, no está bastante civilizado.
> ADOLFO: No es culpa de la civilización, en todas las épocas sucederá lo mismo, la mujer debe cuidar de la administración de la casa, el marido sostenerla y...
> VICENTA: Es cierto. [...] Perdóname, de hoy en adelante aquél será tu gabinete y éste el mío.[48]

El último ejemplo que voy a mostrar es un caso también característico del siglo que mira a la mujer como el espejo de la virtud, la abnegación, el sacrificio y la maternidad. Y esta obra, como tantas otras, fue escrita no por un hombre fulminantemente antifeminista, sino por una mujer, una mujer que comparte plenamente la ideología doméstica de Grassi y otras defensoras de la «misión de la mujer.» *María o la abnegación* (1854), de Enriqueta Lozano de Vílchez, cuenta la historia de dos mujeres en conflicto. María, la del título, es abnegada, apasionada, enamorada, buena e inocente; Ángela, al contrario, es poderosa, ambiciosa, vengativa y conspiradora. Ángela también es inteligente y alfabeta. Las dos compiten por el amor de Raúl, pero al final es María, resignada e incapaz de defender sus propios derechos, la que se queda «inmóvil» y enloquecida (el destino de muchas mujeres en la literatura decimonónica):

> María ha quedado inmóvil a las últimas palabras del doctor; su rostro debe manifestar la lucha que le agita, y al oir la maldición de su padre lanza una carcajada convulsiva y nerviosa. [...] En la alteración de su rostro y en el desaliño de su traje deja conocer su locura. Después de mirar en torno, dice lentamente y con voz tristísima...[49]

Esta mujer ahora está dispuesta a sacrificarlo todo por el hombre a quien quiere: «quedaré envilecida, deshonrada... / mas le quiero salvar porque le amo.»[50] Pero no basta que se vuelva loca; en este mundo de «abnegación», María tiene que morir:

---

46 Font Sanmartí 1885: 10.
47 Font Sanmartí 1885: 20.
48 Font Sanmartí 1885: 26-27.
49 Lozano de Vílchez 1854: 38, 43.
50 Lozano de Vílchez 1854: 44.

«¡Mas que pálida estás! tu mano fría / a sostenerte trémula no acierta... Tiembla, está yerta.»[51] Es decir, de «culpada» se convierte en «mártir»;[52] ella es el agente de la salvación de Raúl – le da las joyas de su difunta madre, le ofrece perdón por su traición y le regala una mujer (Ángela) –. En este sentido es como la Inés de *Don Juan Tenorio*. Con su sacrificio, puede morir contenta: «¡Ay! Se han salvado / y ya puedo morir.»[53] Semejantes casos se dan en muchas obras escritas por mujeres, entre ellas *La corona del martirio* (1865) de Angelina Martínez de Lafuente, *Luz en tinieblas* (1871) de Constanza Verea y Núñez, *Un pájaro en el garlito* (1871) de Joaquina García Balmaseda, *La ruina del hogar* (1873) de la misma Lozano de Vílchez, *Ethelgiva* (1877), de Elisa de Luxán de García Dana o un largo etcétera de títulos.

Hay más casos, naturalmente, pero creo que hemos visto lo suficiente para notar que la misoginia y la reacción antifeminista en el teatro decimonónico español son impactantes. La imagen de la mujer presentada en estas obras (en docenas de obras, en cientos, en miles de ellas) es la de una mujer frívola, manipuladora, mentirosa, obsesionada por la moda y el matrimonio,[54] en «conspiración» con sus amigas para pescar a un marido, engañarle y tomar posesión de su dinero. Incluso aquellas figuras que tienen su propio dinero y estatus social (viuda rica, por ejemplo, o joven heredera) se vuelcan por integrarse en la sociedad del «ángel del hogar». La mujer inteligente, instruida, bien educada y profesional (escritora, médica, política) sufre la humillación del hombre y se ve forzada a volver a su sitio, volver al hogar para convertirse en la perfecta casada. Eso no es decir que no hubiera muchos hombres y mujeres que combatieran este estereotipo, pero la gran mayoría cae en la tentación de reforzar la imagen del «ángel del hogar». El mismo Miguel de Unamuno le escribe «A una aspirante a escritora» en 1907 que «[l]o femenino tiene más su campo de acción en la esfera privada y doméstica.» Para él, el lenguaje literario es cosa de hombres, no de mujeres, porque «lo civil» es una condición inherentemente masculina. Una mujer que escribe «para el público en lengua literaria masculina es algo así como ponerse los pantalones.»[55] Adolfo, en *La mujer igual al hombre*, decide que para su primer proyecto con la nueva máquina de coser, «haremos pantalones para mi mujer.»[56]

---

51 Lozano de Vílchez 1854: 53.
52 Lozano de Vílchez 1854: 48.
53 Lozano de Vílchez 1854: 56.
54 Podemos añadir a esta idea de la mujer decimonónica otras igualmente perjudiciales: la mujer infantilizada, la mujer enfermiza, la mujer moribunda, la mujer exótica (la «otra»), la mujer distraída, la mujer exhausta, la mujer endemoniada, la mujer abnegada, la mujer santa, etc., etc. Ver las imágenes publicadas en la prensa europea (Dykstra 1986) y española (Charnon-Deutsch 2000) que confirman estos prejuicios.
55 Unamuno 1907: 712.
56 Font Sanmartí 1885: 22.

«Soy mujer, y aborrezco a todas las que pretenden ser inteligentes, igualándose a los hombres, pues lo creo impropio de nuestro sexo.» Estas palabras, pronunciadas al iniciarse el siglo XIX, también sirven, en muchos casos, de triste epitafio del mismo siglo.

Bibliografía

Aldaraca, Brigit (1991): *El ángel del hogar. Galdós and the Ideology of Domesticity in Spain*. Chapel Hill: University of North Carolina Press.

Ávila y Toro, Nicolás de (1866), *Discurso leído en la Universidad Central por el licenciado don Nicolás de Ávila y Toro, en el acto solemne de recibir la investidura del doctor en la Facultad de Medicina*. Madrid: Oficina Tipográfica del Hospicio. [Selección en Jagoe, Catherine / Blanco, Alda / Enríquez de Salamanca, Cristina (eds.): *La mujer en el discurso de género. Textos y contextos en el siglo XIX*, Madrid: Icaria, pp. 78-80.]

Bersett, Jeffrey T. (2003): El burlado de Sevilla*: Nineteenth-Century Appropriations of Don Juan Tenorio*. Newark: Juan de la Cuesta Press.

Blanco, Alda (1998): «Teóricas de la conciencia feminista», en Jagoe, Catherine / Blanco, Alda / Enríquez de Salamanca, Cristina (eds.): *La mujer en el discurso de género. Textos y contextos en el siglo XIX*. Madrid: Icaria, pp. 445-472.

Blanco, Alda (2001): *Escritoras virtuosas: Narradoras de la domesticidad en la España isabelina*. Granada: Universidad de Granada.

Charnon-Deutsch, Lou (2000): *Fictions of the Feminine in the Nineteenth-Century Press*. University Park: The Pennsylvania State University Press.

Charnon-Deutsch, Lou (2004): «Nineteenth-Century Women Writers», en Gies, David T. (ed.): *The Cambridge History of Spanish Literature*. Cambridge: Cambridge University Press, pp. 461-469.

Criado y Domínguez, Juan P. (1889): *Literatas españolas del siglo XIX*. Madrid: Imprenta Antonio Pérez Dubrull.

DiFebo, Giuliana (1974): «Orígenes del debate feminista en España. La escuela krausista y la Institución Libre de Enseñanza (1870-1890)», en: *Sistema* 12, pp. 49-82.

Dykstra, Bram (1986): *Idols of Perversity. Fantasies of Feminine Evil in Fin-de-siècle Culture*. New York: Oxford University Press.

Enríquez de Salamanca, Cristina (1998): «La mujer en el discurso legal del liberalismo español», en Jagoe, Catherine / Blanco, Alda / Enríquez de Salamanca, Cristina (eds.): *La mujer en el discurso de género. Textos y contextos en el siglo XIX*. Madrid: Icaria, pp. 219-252.

Felski, Rita (2003): *Literature After Feminism*. Chicago: University of Chicago Press.

Flecha García, Consuelo (1996): *Las primeras universitarias en España, 1872-1910*. Madrid: Narcea.

Font Sanmartí, Armengol (1885): *La mujer igual al hombre*. Barcelona: J. Oliveres.

García Santisteban, Rafael (1882): *La mujer libre*. Madrid: Cosme Rodríguez.

Gies, David T. (2004): «Dramaturgas españolas del siglo XIX, con un apéndice de autoras y obras», en Garelli, Patrizia / Marchetti, Giovanni (eds.): *Un hombre de bien. Saggi di lingue e letterature iberiche in honore di Rinoldo Froldi*. 2 vols. Alessandria: Edizioni dell' Orso, vol. I, pp. 576-584.

Gies, David T. (1996): «¡Es mucho hombre esta mujer!: Mujeres y teatro (1838-1900)», en íd. (ed.): *El teatro en la España del siglo XIX*. Cambridge: Cambridge University Press, pp. 268-321.

Gies, David T. (1999): «‹Mujer como Dios manda›: Antifeminismo y risa en *Una mujer literata* (1851), de Gutiérrez de Alba», en: *Scriptura* 15, pp. 169-176.

Gimeno de Flaquer, Concepción (1998 [1903]): «El problema feminista», en Jagoe, Catherine / Blanco, Alda / Enríquez de Salamanca, Cristina (eds.): *La mujer en el discurso de género. Textos y contextos en el siglo XIX*. Madrid: Icaria, pp. 530-535.

Grassi, Ángela (1998 [1857]): «La misión de la mujer», en Jagoe, Catherine / Blanco, Alda / Enríquez de Salamanca, Cristina (eds.): *La mujer en el discurso de género. Textos y contextos en el siglo XIX*. Madrid: Icaria, pp. 55-58.

Grinstein, Julia Bordiga (2002): «Panorama de la dramaturgia femenina española en la segunda mitad del siglo XVIII y principios del siglo XIX», en: *Dieciocho* 25.2, pp. 195-218.

Grinstein, Julia Bordiga (2003): *La rosa trágica de Málaga: Vida y obra de María Rosa de Gálvez*, en: Anejo 2 de *Dieciocho*, Charlottesville: University of Virginia.

Gutiérrez de Alba, José María (1851): *Una mujer literata*. Madrid: José María Repullés.

Hormigón, Juan Antonio (1996): *Autoras en la historia del teatro español (1500-1994)*. 2 vols. Madrid: Publicaciones de la Asociación de Directores de Escena de España.

Jagoe, Catherine (1994): *Ambiguous Angels: Gender in the Novels of Galdós*. Berkeley: University of California Press.

Jagoe, Catherine (1998): «La enseñanza femenina en la España decimonónica», en íd. / Blanco, Alda / Enríquez de Salamanca, Cristina (eds.): *La mujer en el discurso de género. Textos y contextos en el siglo XIX*. Madrid: Icaria, pp. 105-145.

Jagoe, Catherine (1998): «La misión de la mujer», en íd. / Blanco, Alda / Enríquez de Salamanca, Cristina (eds.): *La mujer en el discurso de género. Textos y contextos en el siglo XIX*. Madrid: Icaria, pp. 21-53.

Kirkpatrick, Susan (1998): «La tradición femenina de poesía romántica», en Zavala, Iris M. (ed.): *Breve historia feminista de la literatura española (en lengua castellana)*. Vol. 5: *La literatura escrita por mujer: desde el siglo XIX hasta la actualidad*. Barcelona: Anthropos, pp. 39-73.

Kirkpatrick, Susan (1991): *Las Románticas. Escritoras y subjetividad en España, 1835-1850*. Madrid: Cátedra.

Labanyi, Jo (1995): «Liberal Individualism and the Fear of the Feminine in Spanish Romantic Drama», en Charnon-Deutsch, Lou / íd. (eds.): *Culture and Gender in Nineteenth-Century Spain*. Oxford: Clarendon, pp. 8-26.

Liern y Cerach, Rafael de (1876): *Doña Juana Tenorio*. Madrid: José Rodríguez.

Llanos, Adolfo de (1864): «La mujer» en Jagoe, Catherine / Blanco, Alda / Enríquez de Salamanca, Cristina (eds.): *La mujer en el discurso de género. Textos y contextos en el siglo XIX*. Madrid: Icaria, pp. 71-75.

Lozano Guirao, Pilar (1958/1959): «El archivo epistolar de don Ventura de la Vega», *Revista de Literatura* 13, pp. 121-172; 14, pp. 170-197.

Lozano de Vílchez, Enriqueta (1854): *María o la abnegación*. Granada: Imprenta y Librería de D. José María Zamora.

Navarrete, Ramón de (1852): *Una conjuración femenina*. Madrid: Imprenta que fue de Operarios a cargo de D. F. R. del Castillo.

Navarro, Calisto (1872): *República femenina. Cuento bufo-político-burlesco*. Madrid: Imprenta de R. Bernardino.

Ossorio y Bernard, Manuel (1889/1890): «Apuntes para un diccionario de escritoras españolas del siglo XIX», en: *La España Moderna* IX, pp. 169-194; X, pp. 188-207; XI, pp. 181-192; XIV, pp. 201-212; XVII, pp. 183-202.

Sánchez Llama, Íñigo (2000): *Galería de escritoras isabelinas: La prensa periódica entre 1833 y 1895*. Madrid: Cátedra.

Scanlon, Geraldine (1986): *La polémica feminista en la España contemporánea, 1868-1974.* Madrid: Akal.

Scanlon, Geraldine (1987): «La mujer y la instrucción pública: De la Ley Moyano a la Segunda República», en: *Historia de la Educación* 6, pp. 721-740.

Serrano y Sanz, Manuel (1903/1905): *Apuntes para una Biblioteca de Escritoras Españolas desde el año 1401 al 1833.* 2 vols. Madrid: Sucesores de Rivadeneyra.

Simón Palmer, María del Carmen (1974/1975/1978/1979): «La mujer en el siglo XIX: Notas bibliográficas», en: *Cuadernos Bibliográficos* 31, pp. 141-198; 32, pp. 109-150; 37, pp. 163-206; 38, pp. 181-211.

Simón Palmer, María del Carmen (1991): *Escritoras españolas del siglo XIX: Manual bibliográfico.* Madrid: Castalia.

Simón Palmer, María del Carmen (2003): «La mujer lectora», en Infantes, Víctor / Lopez, François / Botrel, Jean-François (eds.): *Historia de la edición y de la lectura en España, 1472-1914.* Madrid: Fundación Germán Sánchez Rupérez, pp. 745-751.

Torromé Ros, Leandro (1874): *¡Lo que vale una mujer!* Madrid: José Rodríguez.

Unamuno, Miguel de (1907): «A una aspirante a escritora», en íd.: *Obras completas.* Barcelona: Aguado, t. IV, pp. 711-719.

El costumbrismo: ¿descripción realista de la sociedad española? Sobre los artículos costumbristas de Ramón de Mesonero Romanos

Ursula Jung
(Ruhr-Universität Bochum)

El costumbrismo y el aquí en primer plano situado artículo de costumbres no suponen ningún campo central de investigación en la filología hispánica. Este diagnóstico se hace evidente en vista del hecho de que las dos monografías más citadas sobre el tema, la de Ucelay, *Los españoles pintados por sí mismos*, y la de Montesinos, *Costumbrismo y novela*, proceden de los años 50 y 60 del pasado siglo. A pesar de algunos títulos recientes como el tomo de congreso *El costumbrismo romántico* (1996) y nuevas ediciones de artículos costumbristas (Mesonero 1987; 1993) se tiene la impresión de que ya hace tiempo que está todo dicho sobre el costumbrismo, que está claramente definido lo que se entiende por costumbrismo y artículo de costumbres y que el costumbrismo es un fenómeno inocente cuando no poco interesante.

A continuación y para comenzar se expondrá, en un primer paso, cómo ha sido definido el costumbrismo en cuanto a forma, contenido y función. En un segundo paso se echará una mirada crítica a los artículos costumbristas del más famoso de los autores, Ramón de Mesonero Romanos, para comprobar si las citadas definiciones son realmente válidas para sus artículos o si estos últimos presentan aspectos importantes hasta ahora no suficientemente tomados en cuenta. Finalmente se esbozarán perspectivas de investigación que permitan describir contenido, función e implicaciones ideológicas del costumbrismo de forma más exacta a lo que hasta ahora se ha hecho.

1. Definiciones del costumbrismo

Ucelay define forma, finalidad, contenido y propósito de los artículos de costumbres, en tanto que recurre repetidamente a las definiciones del propio Mesonero en *Panorama Matritense* (Madrid, 1862):

> Es siempre una composición breve, en prosa o en verso, y que tiene por finalidad «la pintura filosófica, festiva o satírica de las costumbres populares», o en un sentido más amplio «la pintura moral de la sociedad». Sus temas concretos son la descripción de tipos, costumbres, escenas, incidentes, lugares o instituciones de la vida social contempo-

ránea [...]; con escasa o ninguna trama argumental. [...] En su fondo y en su forma representa una fusión feliz del ensayo y el cuento.[1]

Siempre de nuevo se ponen de relieve tres aspectos: el costumbrismo tematiza a) costumbres, usos, ambientes o tipos característicos que, b) pertenecen a una sociedad española contemporánea y regionalmente delimitada y esto c) en modo de descripción, al parecer realista, por lo cual el costumbrismo se convertiría en un precursor del realismo literario.

Así Navas pone de relieve que los autores costumbristas querían pintar un cuadro realista, basado en observación directa y objetiva, opuesto a los tópicos románticos y descripciones falsificadoras de España hechas por los extranjeros:

> [...] los costumbristas se sentían obligados a describir la verdad, a descubrir un país menos deformado por la fantasía romántica o la mala fe. Gracias a ello se desplegó ante los ojos del lector un amplio cuadro de tipos y costumbres que respondían a la realidad, que eran fruto de observación directa y objetiva.[2]

Wittschier llega al punto de otorgar a los artículos de Mesonero firmados bajo el seudónimo «El Curioso Parlante» una fuerza expresiva, casi sociológica, con vistas a la sociedad madrileña y ve en el autor, de forma global, a un escrupuloso cronista de la cultura de la capital:

> Su [de Mesonero] descripción «pintoresca» del ambiente madrileño siempre permite sacar conclusiones sobre la estructura sociológica de la sociedad y sus bien investigadas áreas problemáticas; el «Curioso Parlante» pinta con rico colorido, pero no pinta de color de rosa. [...] Los [...] textos describen la cultura de la capital en la primera mitad del siglo, son testimonios de un escrupuloso cronista [...].[3]

Neuschäfer, por el contrario, ve en Mesonero una limitación a la «clase media, la burguesía (incluida la pequeña burguesía), la clase que en la época de Isabel II fue principalmente favorecida (que también suponía la masa de los lectores de periódicos) [...].»[4] Para Neuschäfer el costumbrismo representa una «mezcla de crítica de España, naciente toma de conciencia de la capital [...] y periodismo político».[5] Remite a precursores de la Inglaterra del siglo XVIII (Addison) y de la Francia del siglo XIX (Jouy), viendo sin embargo «las verdaderas raíces» del género en la propia

---

1 Ucelay 1951: 16s.
2 Navas Ruiz 1982: 144.
3 «Seine [Mesoneros] ‹malerische› Gestaltung des Madrider Ambientes läßt immer Rückschlüsse auf die soziologische Struktur der Gesellschaft und ihre gut recherchierten Problembereiche zu; der ‹Neugierige Plauderer› schildert farbig, färbt indes nichts schön. [...] Die [...] Texte schildern die Hauptstadtkultur der 1. Jh.hälfte, sind bemerkenswerte Zeugnisse eines gewissenhaften Chronisten [...].» Wittschier 1993: 202s. – Traducción de las citas en alemán aquí y las siguientes por la autora.
4 «Mittelklasse, das Bürgertum (einschließlich des Kleinbürgertums), diejenige Klasse also, die in der Epoche Isabels II. hauptsächlich favorisiert wurde (auch die Masse der Zeitungsleser stellte) [...]» (Neuschäfer 2001: 262).
5 «Mischung aus Spanienkritik, entstehendem Hauptstadtbewußtsein [...] und politischem Journalismus» (Neuschäfer 2001: 237).

España: «especialmente en la literatura picaresca, donde hubo en primer lugar la institución del observador ‹descubridor› – una de las características principales de los *Artículos de costumbres* – [...].»[6] Además, se tendría que tomar en cuenta, que en la literatura costumbrista se manifiesta una consciente «búsqueda de una identidad española propia».[7]

Para Escobar el costumbrismo representa una moderna forma de texto en la que por medio de una observación exacta se imita una realidad social ligada a circunstancias y lugares concretos («mímesis costumbrista»). De esta manera se haría visible una fisionomía social que estaría en relación analógica con la verdad histórica.[8]

Finalmente Gumbrecht entiende el costumbrismo como «aquella, en primer lugar periodística, después literaria, práctica de la descripción de ambientes sociales y regionales que tiene un significado sobresaliente en la literatura española del siglo XIX.»[9] En su opinión, se sitúa en la sucesión de los *sainetes* del siglo XVIII ubicados en Madrid y como «interpretación ligada a circunstancias cambiantes»[10] va más allá de una simple función de «reproducción». El costumbrismo adoptaría, a saber, «la nueva función» de interpretación de Madrid, dicho de otra manera, la función de «crear para sus lectores una orientación ante un mundo cotidiano que estaba caracterizado por una diversidad confusa de nuevos fenómenos».[11]

A menudo se resalta que el costumbrismo español de los años 30 y 40 del siglo XIX es un testimonio del cambio histórico social que llevó del Antiguo Régimen de Fernando VII a la Monarquía Constitucional de Isabel II, y que estuvo unido a profundos cambios político-sociales. Especialmente Montesinos subraya el carácter nostálgico del costumbrismo, que pretendía conservar en la literatura, lo que en la realidad ya había desaparecido. Era el deseo de los costumbristas «[...] dar fe de un cambio, de una revolución, de una evolución que ha transformado la faz de todo el país o de alguno de sus rincones pintorescos, y desahogar, entregándose al recuerdo,

---

6 «[...] besonders in der pikaresken Literatur, wo es die Institution des ‹aufdeckenden› Beobachters – eines der Hauptmerkmale der *Artículos de costumbres* – zuerst gab [...]» (Neuschäfer 2001: 261).

7 «Suche nach einer eigenen spanischen Identität» (Neuschäfer 2001: 263).

8 «[...] lo que llamamos aquí ‹mímesis costumbrista› corresponde [...] a una nueva representación ideológica de la realidad que implica una concepción moderna de la literatura, entendida como forma mimética de lo local y circunstancial mediante la observación minuciosa de rasgos y detalles de ambiente y de comportamiento colectivo diferenciadores de una fisionomía social particularizada y en analogía con la verdad histórica» (Escobar 1988: 262).

9 «[...] jene zunächst journalistische, dann ‹literarisch› gearbeitete Praxis der Beschreibung gesellschaftlicher und regionaler Milieus, welche in der spanischen Literatur des XIX. Jahrhunderts herausragende Bedeutung hat» (Gumbrecht 1990/I: 521).

10 «[...] – je standortgebundene – Interpretation» (Gumbrecht 1990/I: 677).

11 «[...] für seine Leser Orientierung angesichts einer Alltagswelt zu schaffen, welche durch eine verwirrende Vielfalt gleichzeitig neuer Phänomene gekennzeichnet war» (Gumbrecht 1990/I: 671s).

la nostalgia de todo lo desaparecido y olvidado.»[12] Montesinos define el costumbrismo como «[t]estimonio de la transformación de España, revelación de una intimidad española que escapa a la historia...»[13] Para él, el costumbrismo representa un fenómeno que simultáneamente impide y promociona la novela contemporánea española y constata: «El costumbrismo *tipifica* casos y personas, mientras que la ficción los *singulariza* [...].»[14] La manera en la que el costumbrismo tipifica la realidad – «lo más lejos posible de toda singularidad»[15] – convierte los caracteres descritos en irreales.[16]

La visión de conjunto de definiciones especializadas del costumbrismo da la impresión de que los artículos costumbristas son textos cortos publicados en periódicos o revistas, que en el caso de Mesonero, dan una descripción tan exacta como posible, a menudo «cariñosa» y teñida de nostalgia, de fenómenos típicos de la sociedad madrileña, o mejor dicho, de la cultura cambiante de la capital, poniendo el acento en la clase media y como réplica, desde una perspectiva nacional, a las descripciones deformadas de los extranjeros. La crítica a usos y costumbres contemporáneos parece limitarse en el caso de Mesonero, «a un cordial [...] paternalismo que sólo se agudiza en el rechazo a situaciones inconvenientes amenazantes del orden.»[17] Junto a la función de orientación para los habitantes de Madrid postulada por Gumbrecht, el artículo costumbrista parece, por un lado, aspirar exclusivamente al entretenimiento del lector, a menudo por medio de una presentación pintoresca, humorística o descriptiva de la realidad, mientras que por otro lado, en forma didáctico satírica intenta conseguir la reforma de la sociedad o de la moral.[18]

A continuación se tratará de aclarar, mediante artículos escogidos, si finalmente las citadas definiciones son válidas para Mesonero o si por el contrario se reconocen en ellos aspectos mucho más interesantes hasta ahora no verdaderamente tomados en cuenta.

---

12 Montesinos 1965: 44.
13 Montesinos 1965: 47.
14 Montesinos 1965: 34.
15 Montesinos 1965: 51.
16 «[...] la realidad que trata de captar el costumbrismo no está sino raramente considerada *en* ella misma, *por* ella misma, sino desde cualquier abstracción moral de la que debe ser un ejemplo; la moral irrealiza tipos y caracteres [...]» (Montesinos 1965: 62).
17 «[...] auf einen freundlichen [...] Paternalismus, der nur in der Zurückweisung von ordnungsgefährdenden Mißständen schärfer wird» (Neuschäfer 2001: 262).
18 «En cuanto a la tendencia de su contenido, presenta un carácter variable: ya es satírico o didáctico, con propósito de reforma de la moral o la sociedad; ya pintoresquista, humorístico, o realista descriptivo, sin preocupación ulterior alguna fuera del puro entretenimiento» (Ucelay 1951: 16s).

2. Los artículos costumbristas de Ramón de Mesonero Romanos
2.1 La autopresentación como autor apolítico

Ramón de Mesonero es visto en la filología hispánica como la variante inocente y jocosa del político costumbrista Mariano José de Larra, una interpretación que el propio Mesonero inició y cultivó y que muy frecuentemente fue asumida sin reservas. Así, en la nota de 1851 de su artículo «Las costumbres de Madrid» (1832), Mesonero describe a Larra, por lo menos en sus inicios, como el sucesor español del francés Paul Louis Courrier, «que por los años anteriores había hecho cruda guerra al gobierno francés de la Restauración [...].»[19] En contraste con el apasionado y comprometido Larra, Mesonero se presenta como un autor totalmente apolítico, al que no le interesa la caricatura política o la sátira, sino exclusivamente la descripción de la vida privada apolítica de la sociedad contemporánea.

El hecho de que Mesonero en sus artículos ceda la palabra a un narrador que al parecer está por encima de todas las cosas, especialmente sobre la cosa política, no se manifiesta en ningún sitio de manera tan clara como en el artículo «El observatorio de la Puerta del Sol» (1836). Aquí, el observador, libre de toda obligación o prejuicio, mira desde su alejada posición en las nubes hacia la verdad: «Dispuse, pues, mi observatorio moral en la región de las nubes, aislado, independiente y libre de toda atmósfera viciada; preparé el telescopio de la experiencia; pedí una pluma a la verdad [...]; ¡Oh qué fortuna!; no ser político, ni revolucionario, ni retrógrado [...].»[20] El punto de observación extraterritorial se justifica con sus intereses específicos de conocimiento. Así, no le interesan en absoluto ni las «pasiones momentáneas», ni las «circunstancias históricas de esta época»,[21] que mueven a la sociedad madrileña del momento, sino la historia abstracto-filosófica, el carácter general del pueblo español. No la «excepción a la regla», sino la «regla general» es de interés:

> [...] las pasiones momentáneas que le agitan [al pueblo madrileño] apenas llegan a la altura en que nos hemos colocado [...] ¿Qué es a la historia filosófica de un pueblo uno, dos, tres, diez años de existencia borrascosa? [...] El cuadro que tenemos a la vista es más inmenso y magnífico que todo esto; él nos pone de manifiesto el carácter, las inclinaciones, las costumbres generales de toda una sociedad; él nos hace considerar también aisladamente las excepciones, y ¡cielos, qué pequeñas se presentan a nuestra vista estas excepciones que allá abajo meten tanto ruido y pretenden servir de pautas a la regla general! Ellas aparecen y desaparecen en un solo día [...].[22]

Es evidente que Mesonero parte de la continuidad del carácter nacional español como también lo hicieron Fernán Caballero y Pérez Galdós.[23] Actualidad política es

---

19 Mesonero 1967/I: 40b.
20 Mesonero 1967/II: 9b, s.
21 Mesonero 1967/II: 11a.
22 Mesonero 1967/II: 10b, s.
23 «Galdós no duda de que existe un pueblo esencial, una identidad constante, ahistórica, global, una ‹manera de ser› compacta en el tiempo y en el espacio, sin diferencias sus-

sólo de importancia para el «Curioso Parlante», cuando se refleja en las costumbres, pues Mesonero aspira a una cierta validez intemporal de sus artículos, de la cual, según el propio Mesonero, da prueba la multitud de ediciones de los mismos.[24]

2.2 La pretensión de Mesonero y su puesta en práctica: «abrazar en la extensión de mis cuadros todas las clases»

En «Las costumbres de Madrid» Mesonero formula las metas que quiere alcanzar con la publicación de sus artículos. Pone de relieve que desde finales del siglo XVIII se pueden observar grandes transformaciones en las costumbres de todos los pueblos europeos. Así también en el pueblo español, donde fueron fomentadas por el intensivo contacto con extranjeros, las invasiones francesas, por una fuerte actividad viajera al extranjero, amplios conocimientos de la lengua y literatura francesas, así como por el entusiasmo ante la moda gala. Especialmente debido a la falta de una «educación sólidamente española» se puede constatar «que nuestras costumbres hayan tomado un carácter galo-hispano».[25] Bien es verdad que autores extranjeros habían pretendido describir las costumbres españolas contemporáneas; pero éstos habían quedado presos en una descripción estereotipada, despreciando monumentos y obras de arte, ridiculizando los «deberes sagrados» del español, a saber, religiosidad, valor, amistad, franqueza y amor constante, y presentando como cualidades del carácter español obstinación, preocupaciones, necedad y pobreza de espíritu. Como respuesta a las descripciones falsificadas, el narrador pretende, según los ejemplos de Addison y Jouy, presentar al público español las costumbres nacionales propias efectuando una equiparación entre la capital Madrid y la nación española: «me propuse [...] presentar al público español cuadros que ofrezcan escenas de costumbres propias de nuestra nación, y más particularmente de Madrid, que, como corte y centro de ella, es el foco en que se reflejan las de las lejanas provincias.»[26] Según Mesonero, en los artículos se deben tematizar las costumbres de todas las clases sociales: «Las costumbres de la que en el idioma moderno se llama *buena sociedad*, las de la medianía y las del común del pueblo, tendrán alternativamente lugar en estos cuadros [...].»[27] ¿Cómo lleva Mesonero a la práctica la pretensión de describir las costumbres de todas las clases sociales?

---

tanciales entre las ‹regiones›, aunque éstas expresen matices de ese carácter» (Álvarez Junco 2001: 572).
24 «[...] vistiendo sus ligeras producciones con las circunstancias del día podría quitarlas el carácter de permanencia que debe preferirse en las obras morales.» «Prólogo» a *Panorama matritense*, Madrid, 1835. (Mesonero 1987: 350).
25 Mesonero 1967/I: 37b.
26 Mesonero 1967/I: 39a.
27 Mesonero 1967/I: 39b.

2.2.1 La aristocracia

Los miembros de la aristocracia se sitúan pocas veces en el foco central del interés. En «Grandeza y miseria» (1832) explica el yo-narrador la vida de su amigo el marqués *a la moda* Ricardo, al que al cabo de los años vuelve a encontrar en Madrid arruinado, debido a su ostentoso estilo de vida, rodeado de gorrones y sin verdaderos amigos. El narrador se presenta como consejero cuya mentalidad burguesa se pone de manifiesto cuando explica al marqués que un carácter virtuoso así como una adecuada formación hubieran podido evitar su destino. Argumenta que la ociosidad le hubiera sido insoportable y hubiera sido mucho más útil por medio de «viajes útiles», «empresas nobles, el deseo de verdadera gloria, que [...] ostentan varios de tu ilustre clase, no desdeñándose de proteger la industria, cultivar las artes y las letras o brillar en el campo del honor.»[28] El yo-narrador aconseja al marqués que evite el placer y la corrupción y que se retire con la familia a su quinta donde debería vivir de la siguiente manera:

> Tus rentas, bien distribuídas, sirvan después de satisfacer tus empeños, a proteger al genio y al trabajo; tu casa, purgada de bajos aduladores, sea el asilo de la franqueza y de la honradez; tus hijos, educados bajo otros principios que tú, aprendan de tu boca las desgracias que el ocio proporciona; tu esposa [...] ayúdete a remediar tu desgracia: y tus súbditos mirándote de cerca, lleguen a conocerte y amarte...[29]

También en el artículo «Antes, ahora y después» (1837) se llevará a cabo, mediante la descripción de tres generaciones, una crítica a la decadente moderna educación en círculos nobles, que finalmente lleva a la disolución del matrimonio tradicional y de la vida familiar. Dorotea, nacida en 1775, es educada todavía en la vieja tradición española: «[...] el respeto a señores padres y el santo temor de Dios eran los únicos pensamientos que alternaban en su imaginación con los juegos infantiles.»[30] Después de la estancia en el convento, sus padres le buscan un marido que la mantiene aislada del mundo fuera del hogar. Al quedarse viuda quiere disfrutar de su libertad compitiendo con su hija Margarita, «desamparada la joven de la tutela y del escudo maternal».[31] La hija, entregada a una «falsa ilustración» y a una «completa libertad»,[32] se casa, contra los deseos de su madre, con un inútil favorito de las mujeres. Al principio Margarita quiere hacerse cargo ella misma de la educación de sus hijos, pero la alegoría de la moda hace su aparición y la aparta de este propósito, así que los niños crecen con nodrizas y en colegios. La familia vive totalmente desligada y los hijos, malcriados y bajo la influencia de lo extranjero, no manifiestan ningún amor a su madre, a la que casi no conocen. Margarita reconoce demasiado tarde la falsa educa-

---

28 Mesonero 1967/I: 122b.
29 Mesonero 1967/I: 122b y s.
30 Mesonero 1967/II: 102a.
31 Mesonero 1967/II: 104b.
32 Mesonero 1967/II: 105a.

ción, tanto la propia como la de sus hijos. Con Herrero se puede constatar en lo que respecta al ambiente aristocrático: «la descripción de las costumbres tiene por fin mantener el principio de autoridad y tradición frente a las perniciosas ideas de libertad que proceden de una Europa corrompida por vientos democráticos.»[33]

2.2.2 La clase media

La mayoría de los artículos está dedicada, como no se le ha escapado a la crítica, a la medianía, a la clase media, dicho de otra manera a las «clases independientes».[34] A esta clase pertenecen fabricantes y comerciantes, terratenientes, letrados y artistas, ricos propietarios y todos aquellos que cuentan con empleos o rentas. Representan a los privilegiados protagonistas de los cuadros de Mesonero, argumentando éste que la clase media española encarna el carácter nacional – contrariamente a Fernán Caballero, que lo ve depositado en la población rural andaluza:

> Un *Panorama moral* semejante [...] ha de abrazar en la extensión de sus cuadros todas las clases sociales; la más elevada, la mediana y la común del pueblo; pero sin dejar de tener presente que la primera se parece más en todos los países por el esmero de la educación, la frecuencia de los viajes y el imperio de la moda; que la del pueblo bajo también es semejante en todas partes por la falta de luces y de facultades; y que la clase media, en fin, por su extensión, variedad y distintas aplicaciones, es la que imprime a los pueblos su fisonomía particular, causando las diferencias que se observan en ellos. Y he aquí la razón por qué en obras tales, si bien no dejen de ocupar su debido lugar las costumbres de las clases elevada y humilde, deben obtener naturalmente mayor preferencia las de los propietarios, empleados, comerciantes, literatos, artistas, y tantas otras profesiones como forman la medianía de la sociedad.[35]

Por ejemplo en «Inconvenientes de Madrid» (1841), para describir las desventajas que tiene que soportar un ciudadano de Madrid, el «Curioso» pide al público que se imagine a un ciudadano de clase media pagador de impuestos y dotado de todos los derechos políticos,

> en el uso de todos sus derechos naturales (incluso el de pagar los de puertas y la contribución de frutos civiles) [...]. Damos por sentado que el tal ciudadano, en usufructo de un empleo o de una renta conveniente, puede soportar sin extorsión el gasto más que mediano de su alimento, habitación y demás necesidades humanas.[36]

---

33 Herrero 1978: 353.
34 «[...] ni el propietario rico, ni el industrioso fabricante, ni el comerciante, ni el letrado, ni ninguna de las otras clases independientes se consideran por sí solas bastante lucidas como no vayan acompañadas *del empleíto*.» «La empleomanía», en Mesonero 1967/I: 67a.
35 «Prólogo» a *Panorama matritense*, Madrid, 1835, en Mesonero 1987: 348s. Anteriormente formulado de manera semejante en *La Revista Española*, núm. 2, del 10-XI-1832 (véase Kirkpatrick 1978: 43, nota 11).
36 Mesonero 1967/II: 186a.

Además se reconoce implícitamente al «Curioso Parlante» como un miembro de la clase media, ya que no se tiene que preocupar de sus ganancias para las que tampoco se ve obligado a realizar un trabajo regular. Los aludidos lectores de los artículos pueden así mismo clasificarse claramente dentro de este segmento social.

Como miembro de la clase media, que dispone de suficientes medios financieros, el yo-narrador encuentra a los – por él descritos como típicos – representantes de su clase en su ambiente socio-cultural, es decir, en bailes de máscaras, en el carnaval, en exposiciones, en el teatro, en el Prado o con motivo de excursiones. Como ya se destacó en los artículos, en los que se situaba en primer plano la crítica al modo de vida aristocrático y paralelamente la propagación de las virtudes burguesas, también se medirá la medianía según las pautas de la burguesía naciente, definidas por la estimación del trabajo, dinero y aumento de capital, propiedad privada y derechos de propiedad individual, comodidad, limpieza, avance material, persecución de los propios intereses, así como orden en la familia y en la comunidad.[37]

Puesto que para Mesonero los representantes de la clase media española encarnan por excelencia el carácter nacional, dicho de otra manera «el colorido propio del país [...], la naturaleza [...] revestida de formas españolas»,[38] no sorprende que en los artículos, que están dedicados a la descripción de sus costumbres, lamente de manera más clara el cambio social y exprese como deplorable la pérdida de viejos, originales así como tradicionales valores y costumbres a favor de la mera imitación de novedades extranjeras, más concretamente francesas, es decir, como decadencia moral. Así se constata en «El sombrerito y la mantilla» (1835), que en las tiendas y en el Prado «[...] telas de todos los colores y dibujos, trajes de todos los tiempos y naciones, han sustituído a la inveterada capa masculina, a la antigua basquiña femenil, y en variedad hemos ganado cuanto perdido en nacionalidad o españolismo.»[39] En el caso narrado a continuación, una prima, tocada con mantilla, aventaja a una rica heredera que quería impresionar al afrancesado aspirante con un sombrero *à la française*.

Cuando Mesonero en «El gabán» (1840) hace un resumen de la moda española a partir del Siglo de Oro, se refiere sin duda a la moda de la mejor sociedad. Se interpreta como expresión de una dominación política propiamente española o como influencia francesa, es decir, como signo externo de la dominación o como falta de una identidad propia y costumbres españolas. La nivelación e infinita variación en la moda actual es para el «Curioso» la expresión de la versatilidad de ideas así como la

---

37 «Valores centrales son el trabajo, el dinero, el progreso material, el orden. En las *Escenas matritenses* aparecen como buenos los que se dedican a un trabajo diario y honrado, aumentando mediante él el capital que heredaron o formando uno nuevo; son malos los que malgastan, los que se dedican a figurar, a diversiones desenfrenadas, terminando por arruinarse. [...] El dinero garantiza el bienestar y la felicidad» (Navas 1982: 210).

38 «Prólogo» a *Panorama matritense*, Madrid, 1835, en Mesonero 1987: 348. Kirkpatrick 1978 fue la primera en poner de relieve este nexo.

39 Mesonero 1967/I: 234b.

desintegración de la frontera social y de clases, en la que las viejas jerarquías dejan de tener valor y en la que el poder de la aristocracia es sustituido por el poder del dinero: «[...] hemos llegado a una época en que no hay creencia en la moda, como no la hay en política, ni en literatura, ni en nada: reina en ella la anarquía, como en la sociedad; [...] se ha destruido toda jerarquía, se han nivelado y confundido todas las clases, como en el mecanismo social.»[40]

El hecho de que también el carácter típico del español – se refiere al de la clase media – ha cambiado en los últimos 30 años, se hace evidente en «1802 y 1832» en la conversación entre el yo-narrador y su vecino. Honradez, virtud, conocimientos sólidos, sinceridad, confianza, bienestar general – que hacía superflua toda ambición especial –, en otras palabras, lo genuino y lo auténtico ya no es apreciado. En su lugar, la sociedad moderna se caracteriza por vicios, rápida y desigual riqueza, reputación usurpada, disolución de las fronteras de vestimenta y clases, intrigas y coquetería, es decir, por un comportamiento no auténtico.[41]

Salta a la vista que en numerosos artículos de Mesonero se tematizan casas, subastas de inmuebles, propietarios, estos últimos representantes por excelencia de la clase media, como en «Las casas por dentro» (1832), donde se describe el poco atractivo interior de una casa de la clase media desde la perspectiva de un visitante de provincias. En la nota escrita en 1851 sobre este artículo, en la que es patente el entusiasmo urbanístico y la euforia en relación al, en general, positivo desarrollo, Mesonero menciona los avances que son constatables desde 1815. El año 1833 representa desde su punto de vista un hito, ya que los años siguientes trajeron consigo la desamortización y la venta de propiedades eclesiásticas así como la demolición de la mayoría de los conventos, complementado todo esto por la acumulación de capitales en Madrid durante la Guerra Civil, el fortalecimiento de las autoridades municipales y el desarrollo del buen gusto. Esta situación provoca un auge de la construcción cuyo punto culminante se alcanza entre 1844 y 1850.[42]

A la vista de la trascendencia del tema inmobiliario es digno de mencionar que Mesonero, como destaca Seco, poseía varias parcelas construidas en Madrid, a saber, su casa natal en la calle del Olivo, una casa en la calle de la Aduana, en la que vivió entre 1836 y 1846, así como una en la calle de la Villa, en la que estuvo alojada temporalmente la redacción del *Semanario Pintoresco Español*. Como destaca Seco, «ha sido [Mesonero] también avisado comprador de ‹bienes nacionales› en el momento preciso.»[43] En 1846 Mesonero se muda a su casa de nueva construcción en la plaza de Bilbao, parcela en la que antes de la modernización de la plaza se encontraba el convento de los Capuchinos de la Paciencia. Además Seco pone de relieve

---

40 Mesonero 1967/II: 274a y s.
41 Mesonero 1967/I: 88b.
42 Mesonero 1967/I: 85b y ss.
43 Seco Serrano 1967: LIX.

que Mesonero fue en 1846 primero secretario y después presidente de honor vitalicio de la *Asociación de Propietarios de España*.[44] Según Seco las mencionadas circunstancias permiten determinar las preferencias políticas de Mesonero:

> [...] Mesonero cuenta entre los beneficiarios de la *revolución de fondo* iniciada por Mendizábal; entre los interesados en consolidar esta situación, en la tranquilidad del Concordato y a la sombra de Narváez. Y como fuerte contribuyente posee la *plenitud de derechos* –la «verdadera libertad» –, cautelosamente otorgados por el sistema censitario, típico, como en la Francia de Guizot y Luis Felipe, en la España de Narváez e Isabel II.[45]

La perspectiva del propietario se manifiesta en un comentario al principio del artículo «Pretender por alto» (1832), en el que se critica la falta de estimación de la clase de los propietarios que no se hacen respetar frente al esplendor de honores, cargos, poder y lujo.[46] En otro artículo se defienden de manera superficialmente jocosa, pero de hecho en posición frontal contra ideas del naciente socialismo y comunismo, los derechos de los propietarios, cuando como ejemplo del dominante «espíritu de asociación» se mencionan inquilinos que se declaran sin vacilar propietarios y usufructuarios de la propiedad: «Otra de las más ingeniosas aplicaciones de esta *sociabilidad* es la que suelen hacer los inquilinos con sus caseros, declarándose dueños *in partibus* de la finca alquilada y usufructuarios *in integrum* de su propiedad.»[47]

En «La posada o España en Madrid» (1839) se tematiza una subasta. El mulo del propietario muere, así que éste, en vista de las circunstancias, quiere dejar la posada en manos más jóvenes. La subasta anunciada en la prensa y que atrae a interesados de todas las provincias españolas, se desarrolla como un torneo medieval, en el que no decide precisamente el dinero, sino el cortejo eficaz de la hija del propietario que sigue la misma desde el balcón. Mediante este recurso a nociones tradicionales literarias que también se puede fijar terminológicamente, ya que se habla de un «desenlace de bastidores»,[48] Mesonero traslada al ámbito de lo privado la práctica de la venta en pública subasta, que desde los años 30 era un hecho usual en el marco de la desamortización.[49] En Mesonero no es el dinero lo importante sino la gramática

---

44   Seco Serrano 1967: LIX, n. 54.
45   Seco Serrano 1967: LIX.
46   «En un pueblo como Madrid, donde las propiedades adquieren un valor enorme reduciendo a un corto número la clase de propietarios; donde la consideración de esta clase desaparece casi del todo ante el brillo seductor de los honores y del poder [...] ¿cómo extrañar que una gran parte de sus habitantes se vea acometida de [...] [la] *empleomanía*?» (Mesonero 1967/I: 129ª).
47   «El espíritu de asociación» (1839), en Mesonero 1967/II: 259a.
48   Mesonero 1967/II: 179b.
49   «En 1834 se producían ya las primeras medidas en este sentido [de la desamortización eclesiástica]. La figura central en la enajenación de los bienes de la Iglesia fue el liberal progresista Juan Álvarez Mendizábal [...]. Con numerosos decretos de 1836 formó el cuerpo jurídico con el que se desarrollaría posteriormente la desamortización eclesiástica. Tres objetivos perseguía Mendizábal: lograr fondos para hacer frente a los cuantio-

parda del provinciano sin recursos, de un castellano viejo, lo que al final se criticará como un azar injusto.

2.2.3 El pueblo bajo

El hecho de que Mesonero no sólo ponga su mirada preferentemente en los usos, costumbres y problemas de la clase media, como manifestaciones de lo genuinamente español, sino que, lo que todavía es más importante, valore siempre desde el punto de vista burgués de la clase media, sale claramente a la luz ante el distanciamiento del pueblo bajo. Cuando en Mesonero se tematiza el pueblo llano, ocurre siempre bajo el recurso a procesos de distanciamiento. Al comienzo del artículo «La capa vieja y el baile de candil» (1833) el «Curioso» se dirige a sus honorables lectores disculpándose pero defendiendo al sujeto del artículo con argumentos estéticos («oponer los contrastes»).[50] No da la palabra a un habitante del barrio de Lavapiés sino a Pascual, que en su juventud fue un calavera en la buena sociedad, antes de decidir convertirse en un «manolo verdadero». Dicho de otra manera, no toma la palabra un «auténtico» manolo, sino un manolo temporal, que se viste con una capa vieja. Pascual cuenta cómo un día perdió su capa en un baile de candil en un tumulto entre manolas y majos y acabó en la cárcel porque al parecer había matado al marido de una manola. Este último, sin embargo, vive y puede testificar su inocencia, así que Pascual aprende la lección y puede distanciarse: «me horroricé de mi envilecimiento [...]. [...] esta lección [...] me hizo renunciar para siempre a aquel género de vida, volviéndome a la sociedad a que pertenecía».[51] El yo-narrador se distancia igualmente de las costumbres de la clase baja y aconseja una vestimenta conforme al nivel social que protegería a su portador ya que evitaría que acudiera a lugares impropios.

En las declaraciones de Mesonero sobre la pobreza y la ayuda a los pobres se reconoce que no está por una caridad pública sin consideración de la persona, sino que esta ayuda se debería orientar mucho más en función de lo que un necesitado pueda devolver a la sociedad. Así, la sociedad caritativa se vería liberada de solici-

---

sos gastos del Estado [...]; desarrollar la idea liberal de una propiedad libre que maximizase los beneficios; y [...] conseguir una base social para el nuevo régimen, creando ‹una copiosa masa de propietarios cuyos goces y cuya existencia se apoyen principalmente en el triunfo completo de nuestras instituciones›. Se disponía, de momento, la enajenación y venta en pública subasta de los bienes del clero regular, cuyos conventos quedaban suprimidos» (Artola 1991: 399b).

50 «¿Ignoran que el secreto del arte consiste en oponer los contrastes de lo alto y de lo bajo, de lo pulido y de lo grosero? ¿Y por qué habré yo de renunciar a esta ventaja si he de hacer formar idea general de las costumbres de todas las clases? [...] No hay remedio, señores míos; si han de conocer la fisonomía particular de las clases que no habitan el centro de esta villa, fuerza será que le abandonen conmigo por un momento [...]» (Mesonero 1967/I: 153°).

51 Mesonero 1967/I: 156b.

tudes molestas de los pobres, los pobres desaparecerían de las calles de Madrid y podrían, en lugar de esto, ganarse la vida de manera decente.[52] Precisamente el aspecto de la visión de mendigos harapientos en las calles de Madrid («aquel repugnante cuadro») es para Mesonero desagradable ya que en los ojos de los visitantes extranjeros España aparece como incivilizada y retrasada.[53] Una institución que contribuyó a que los pobres desaparecieran de las calles del centro de Madrid fue el Asilo de Mendicidad de San Bernardino fundado en 1834.[54] En «Una visita a San Bernardino» describe el «Curioso» una visita a la mencionada casa de caridad. Ya de camino allí encuentra a Tomás, uno de los más viejos del asilo, que se describe como satisfecho y que habla al «Curioso» de uniformes, brigadas, castigos y recompensas, comidas y talleres. La visita al establecimiento que se destaca por limpieza y buen orden, llena al «Curioso» de alegría y entusiasmo. En su opinión, sólo el trabajo puede proporcionar tranquilidad y bienestar, como lo demuestra el informe de la vida del aplicado y virtuoso Tomás – en contraste a su perdido hermano – que conmueve al «Curioso». De sastres y carpinteros tiene una buena impresión ya que parecen llegar al asilo en reducido número y en edad avanzada – frente a los numerosos y todavía jóvenes albañiles y zapateros sobre los que recae la sospecha de la vaguería y la vida como parásitos.

Junto a la mirada del ciudadano próspero – a veces controlador, a veces irritado – sobre el sector específico del pueblo bajo, que representan los empobrecidos, se constata como otro proceso de distanciamiento, el recurso a temas, situaciones o tipos que ya han sido tratados en la literatura. Así en diferentes párrafos del artículo «De tejas arriba» (1838) titulados «Drama de vecindad», «Peripecia» y «Desenlace» aparecen en el punto central los manejos de una alcahueta. Esta última, que quiere llevar a la perdición a una inocente joven, representa, como ya señala Montesinos, el tipo de la Celestina. Según Montesinos, habla como la figura de Rojas, que no obstante se presenta como un ser humano, mientras que en Mesonero sólo como tipo.[55] La convención literaria sustituye al reportaje concreto, «suggesting that this woman

---

52 «Una visita a San Bernardino», en Mesonero 1967/II: 38a, s.
53 Mesonero 1967/II: 38b y s.
54 «[...] fundado en 1834 por el marqués viudo de Pontejos, corregidor de Madrid en aquel año. Se aprovechó para ello el convento de frailes gilitos denominado de San Bernardino, fundado en 1570. Según P. Felipe Monlau [*Madrid en la mano. El amigo del forastero en Madrid y sus cercanías*. Madrid: Gaspar y Roig 1850, 224] ‹los pobres estaban divididos en brigadas y escuadras, destinados unos a la barbería, lavado de ropas, cultivo de la huerta, porterías, cocina y demás servicio interior de la casa, y otro [recte: otros, UJ] al servicio exterior de conducir los enfermos al hospital, dar lumbre para fumar en las calles y paseos, cuidar las sillas en las iglesias y asistir a los funerales a que son invitados›» (Mesonero 1993: 402, nota 409).
55 Montesinos 1965: 68.

is ‹unknown› to our costumbrista as well as his readers, except insofar as she has been represented in a literary medium [...].»[56]

Las fiestas populares representan siempre para Mesonero espectáculos «democráticos» muy profanos, es decir, «bacanal[es] de las clases inferiores de la sociedad».[57] De una manera claramente negativa se expresa Mesonero en la primera edición de su *Manual de Madrid* (1831), en el que en el párrafo «Carácter moral y físico de los habitantes» clasifica al pueblo bajo como gandul y rebelde latente:[58] «When the lower classes cannot be appropriated in terms of literary imagery, they are regarded with suspicion.»[59]

Una mirada crítica a los artículos de costumbres de Mesonero deja claro que no se puede hablar ni de una «observación directa y objetiva» (Navas), ni de una «mímesis costumbrista» (Escobar) a traves de una observación exacta, y bajo ningún concepto de un análisis social. El «Curioso» no sólo describe, sino que también valora las costumbres de la clase media, pero de igual manera las de la aristocracia y las del pueblo bajo según los criterios de la burguesía naciente. Como muestra Kirkpatrick, la clase burguesa vecina del centro de Madrid encarna lo genuinamente español, exactamente igual que Madrid, en Mesonero, encarna la cultura nacional. Los «testimonios de un escrupuloso cronista» (Wittschier) están limitados por miedos al contacto que resultan de la «cara desagradable» de la vida en el Madrid contemporáneo. Así, Mesonero se arredra ante la tematización del delito, es decir, deja de lado con intención escenas «indignas».[60] Tampoco parece haber tenido acceso real al

---

56 Kirkpatrick 1978: 39. Aunque se refiere aquí a la descripción de la trapera en el artículo «Modos de vivir que no dan de vivir» de Larra, esta observación también es válida para el artículo de Mesonero.

57 Vid. «Junio: Toros y verbenas», en: «Un año en Madrid. De Santiago a San Juan (1851-1852)», en Mesonero 1967/II: 333b.

58 Mesonero 1967/III: 23b, s. En la nueva edición *Nuevo Manual de Madrid* (1854) y en el artículo «La vida social en Madrid. Carácter de sus habitantes» contenido en los *Bocetos*, Mesonero cambió su opinión sobre el pueblo bajo, cuyas costumbres, según él, habrían mejorado. Su valoración política, sin embargo, siguió siendo la misma.

59 Kirkpatrick 1978: 41.

60 Él no se ve en la necesidad de describir lo que narran las «emponzoñadas plumas» de los novelistas franceses («La novela», en: *Semanario Pintoresco Español*, Segunda Serie, T. I, 1839, p. 255; citado por Rubio 1995: 174, n. 4): «Nuestra sociedad, afortunadamente, no alcanza aquel grado de magnífica perversidad o refinada *civilización*, al decir de nuestros vecinos transpirenaicos, de que ofrecen espejo fiel sus memorias contemporáneas. Sabemos por ventura poco, y no sentimos la necesidad de envolver nuestros extravíos en esa elegante gasa recamada de oro, en ese perfume oriental, que revelan en la más alta escala de la sociedad parisiense las ingeniosas novelas de Balzac, Dumas, Sand y Soulié. Tampoco la desigualdad de las fortunas es tan extrema, la grosería y el libertinaje tan atroces como los pinta Eugenio Sué en su célebre obra de *Los Misterios de París*. [...] Tenemos unidad de creencia y creemos todos; el disimulo y la hipocresía entran por poco en nuestras costumbres [...]; la ilustración no es mucha en las clases elevadas, ni tampoco demasiada en las ínfimas; hay en unas y otras [...] delitos, pero en todas domina el instinto religioso y cierto buen juicio y rectitud natural.» «El forastero en la cor-

«pueblo». Así debería haber quedado claro que el *Curioso* o bien Mesonero, a pesar de sus repetidas aseveraciones, bien es verdad que no se interesa por la actualidad política diaria pero sin embargo sí defiende una concreta ideología burguesa.

3. Perspectivas de investigación

Para comprender la importancia, es decir, las implicaciones ideológicas que se manifiestan en Mesonero y en general en los artículos costumbristas parece inevitable «to consider how the content of costumbrismo reflects the conjunction of factors which precipitated its popularity as a literary mode at a certain point in Spanish history.»[61] En una de las más detalladas pero poco tomadas en cuenta investigaciones sobre el tema, Kirkpatrick pone de relieve que se debe considerar el costumbrismo como manifestación ideológica de la transición a la sociedad burguesa moderna en España, «expressing, among other things, the perspective and will of the class whose interest it served.»[62] En todo lo dicho hasta ahora se ha hecho evidente la perspectiva de clase inherente al costumbrismo por medio de la confrontación entre la declaración de intenciones de Mesonero y las implicaciones de su práctica. Kirkpatrick describe de manera convincente que el ascenso del costumbrismo estuvo estrechamente ligado al de la prensa moderna en los años 30 del siglo XIX y que este último, por su parte, fue posible gracias al engranaje de desarrollo económico y condiciones políticas.[63]

A principios de la mencionada década la clase dominante en vista de la quiebra del Antiguo Régimen, se dividió, por un lado, en el partido reaccionario de don Carlos, a saber, iglesia y una parte de la aristocracia, y por otro lado, en el bloque predominante que quería defender sus intereses en la transición de las instituciones feudales hacia el capitalismo moderno. Así fue ventajosa para los nobles terratenientes la abolición de las trabas al mercado libre que provenían de la época feudal como la ley de sucesión y la inalienabilidad de los bienes raíces (*mano muerta*) y el hecho de que también la jurisprudencia feudal fuese sustituida por el derecho a la propiedad. Kirkpatrick argumenta que ante este telón de fondo la élite del poder estuvo dispuesta a tolerar instituciones político-culturales dentro de límites concretos que estaban inseparablemente unidos al nuevo sistema económico: junto a la Constitución de Cádiz fue una de éstas la prensa burguesa liberal. En esta década de los 30 son fundados periódicos y revistas por empresarios que quieren llegar a un grupo de consumidores al que quieren vender un producto, y que son redactados por escritores a sueldo. El carácter de mercancía de la prensa determina su contenido, a saber, «an

---

te», en Mesonero 1967/II: 288b.
61   Kirkpatrick 1978: 28.
62   Kirkpatrick 1978: 31.
63   Kirkpatrick 1978: 30.

image of reality which the reading public is interested in consuming.»[64] Esta imagen comercializada de la realidad hace referencia forzosamente a la transformación social en la que está interesado un público procedente de las clases media y alta urbanas y con tendencias políticas desde lo moderado hasta lo liberal. En el caso de Mesonero Kirkpatrick constata: «Mesonero represents the habits, styles, dilemmas, speech, and activities of Madrid's bourgeoisie and petite bourgeoisie as the image of Spanish social life, as ‹naturaleza... revestida de forma española›.»[65] En Mesonero se produce la apropiación del mito de «nacion» por parte de la burguesía, en tanto que se afirma que el naciente *life style* burgués y los valores de la burguesía representan el genuino carácter nacional de España. Esta identificación entre clase media y nación española tiene, según Kirkpatrick, dos funciones. Por una parte sugieren los, al parecer políticamente neutrales, artículos de Mesonero que el incremento de capital, industria y mercados, es decir, el triunfo del nuevo régimen y del sistema capitalista, serían un fenómeno natural inevitable en armonía con el carácter nacional y para provecho de todos. Por otra parte, sus artículos cumplen la función fundamental de contribuir a la formación de la burguesía española: «The disparate and divided groups that might ultimately form a bourgeoisie could find an ideological identity of class and nation structured into the many-sided reflection provided in Mesonero's work.»[66] También una mirada a los artículos de Larra permite la conclusión de que los artículos costumbristas presentan una imagen de la vida social, que refleja exclusivamente la perspectiva de la naciente burguesía, ya que tanto sus productores como sus consumidores pertenecían a las clases pudientes y cultas que querían sacar provecho del nuevo régimen político.

Zavala es la segunda autora que – desde una perspectiva decididamente marxista – pone de relieve que los autores de los artículos de costumbres son incapaces de cumplir sus pretensiones «to transcend class».[67] Lo que le interesa es mostrar, a veces de forma demasiado indiferenciada, todo lo que suprime el «costumbrismo de consolación» en su presentación del pueblo bajo de Madrid, en comparación con la novela de folletín inspirada por el naciente socialismo:

> Este costumbrismo no pinta los colores sombríos de la vida en las casas de vecindad, ni la escualidez ni el hambre del proletariado de los corrales. Tampoco los barrios obreros desvencijados que en cordón de espanto van rodeando y cercando las grandes ciudades, mientras se destruyen sus moradas para reconstruir nuevos edificios que aposentan empresas o la nueva burguesía comercial e industrial.[68]

---

64 Kirkpatrick 1978: 30.
65 Kirkpatrick 1978: 34.
66 Kirkpatrick 1978: 34.
67 Kirkpatrick 1978: 42.
68 Zavala 1989: 110s. Seguramente tenemos que diferenciar entre las grandes ciudades españolas ubicadas en la periferia (País Vasco, Asturias, Barcelona), en las que la industrialización se desarrolló más tempranamente, y la capital Madrid, cuya industrialización

El costumbrismo deja de lado especialmente manifestaciones del incipiente socialismo, es decir, a la clase obrera en vías de formación que reclamaba el derecho de fundación de asociaciones, primeras manifestaciones de solidaridad de clases y exigencias del proletariado. Zavala expresa de forma precisa el limitado punto de vista burgués del costumbrista: «Sí, estos costumbristas españoles se pintan a sí mismos: evaden la España levantisca, por proletaria y por consciente, y romantizan al español envalentonado y jactancioso, al español ‹digno en su hambre› (según ellos), individual (no comunitario o asociacionista ¡pour cause!).»[69] Además pone de relieve el papel de Mesonero como oportunista de la desamortización lo que está en evidente contradicción con el contenido de sus artículos:

> Mientras en la letra escrita Mesonero siente añoranza por el pasado idílico [...] y ataca al vil metal que corroe las costumbres y convierte en prosaicos los rasgos psicológicos nacionales [...], en la realidad, él mismo contribuye a las reformas urbanísticas que aniquilaban el pasado. El Madrid que glorifica por medio de la literatura, lo destruye en la vida cotidiana.[70]

Como desiderátum de la investigación podemos concluir que la clasificación histórico literaria del representante principal del costumbrismo madrileño no debería realizarse en base a sus autodefiniciones formuladas en las notas de sus artículos o en sus memorias. Un primer intento de interpretación crítica de estas autodefiniciones se encuentra recientemente en Fernández (1997) que indica que Mesonero «se pone en escena» retrospectivamente u oculta ciertas circunstancias. Siguiendo a Seco queda por subrayar de una manera todavía más clara la privilegiada posición económico-política en la que se encontraba Mesonero, financieramente totalmente independiente, en comparación con sus contemporáneos y el papel que jugó exactamente como fundador y editor del *Semanario Pintoresco Español* en la prensa capitalista. La pregunta analizada por Kirkpatrick por qué pudo convertirse el artículo costumbrista de los años 30 en un género de éxito, continúa abriendo, al igual que antes, nuevas perspectivas de las que habría que seguir ocupándose. En el marco del planteamiento

---

y expansión comenzaron solamente a finales del siglo (Laumeyer 1986: 105). Así «la construcción de una muralla de barro alrededor de Madrid en el siglo XVII redujo el crecimiento de la ciudad de tal manera que en 1850 seguía teniendo la misma superficie que a finales del siglo XVIII» (67). («[hat] die Umgürtung Madrids mit einer Lehmmauer im 17. Jahrhundert das Wachstum der Stadt derart eingeschränkt, daß die Stadt gegen 1850 immer noch annähernd die gleichen Ausdehnungen hatte wie gegen Ende des 18. Jahrhunderts.») Los barrios periféricos situados en las afueras de la muralla fueron denominados por Laumeyer solamente como «gérmenes de nuevos barrios» (87) («Keimzellen neuer Viertel»). Los parados que acudieron hasta 1850 en masas desde el campo a Madrid como consecuencia de la política de expropiaciones no pudieron sacar provecho de una industria en pleno proceso de desarrollo, así que «la mayoría de los habitantes de los ‹Barrios bajos› tuvieron que ganarse la vida como jornaleros» (105) («daß die Mehrzahl der Bewohner der ‹Barrios bajos› ein Tagelöhnerdasein fristete»).

69   Zavala 1989: 111.
70   Zavala 1989: 112.

de Kirkpatrick el artículo costumbrista se identifica, como hemos visto, como medio a través del cual la naciente clase media en una situación histórica cambiante pudo consumar una imagen de sí misma y desarrollar una identidad como burguesía española distanciándose de la aristocracia y del pueblo bajo así como de la burguesía francesa. Considerado en su específico contexto histórico-literario, el artículo costumbrista no es, con toda seguridad, ese género inocente y jocoso tal y como lo querían dar a entender Mesonero y la mayoría de los críticos. El costumbrismo en Mesonero y Larra no sólo es mero entretenimiento, amable enseñanza y orientación de los lectores, sino que va mucho más allá. Tiene un carácter marcadamente político en cuanto que propaga implícita y explícitamente los valores burgueses como encarnación del carácter nacional español. Como ha mostrado Zavala, este hecho se pone en evidencia sobre todo en la comparación con posiciones ideológicas que casi al mismo tiempo se perciben en la novela de folletín influida por el naciente socialismo (p.ej. W. Ayguals de Izco). Si tomamos en serio las perspectivas de investigación esbozadas, debería ser posible considerar las implicaciones ideológicas que caracterizan los artículos, no sólo de Mesonero sino también de los otros autores costumbristas, ya que su punto de vista no se sitúa precisamente «en la región de las nubes».

Bibliografía

Álvarez Junco, José (2001): *Mater dolorosa. La idea de España en el siglo XIX*. Madrid: Taurus.

Artola, Miguel (ed.) (1991): *Enciclopedia de Historia de España*. Tomo V: *Diccionario temático*. Madrid: Alianza.

Centro Internacional de Estudios sobre el Romanticismo Hispánico / Istituto italiano per gli studi filosofici (eds.) (1996): *El costumbrismo romántico*. Actas del VI Congreso (Nápoles, 27-30 marzo de 1996). Roma: Bulzoni.

Escobar, José (1988): «La mimesis costumbrista», en: *Romance Quarterly*, pp. 261-270.

Fernández, Luis Miguel (1997): «Mesonero Romanos agente de negocios: correspondencia inédita con Remigio García Caamaño», en: *Hispanic Review* 65, 3, pp. 317-328.

Gumbrecht, Hans Ulrich (1990): *«Eine» Geschichte der spanischen Literatur*. 2 tomos. Frankfurt am Main: Suhrkamp.

Herrero, Javier (1978): «El naranjo romántico: esencia del costumbrismo», en: *Hispanic Review* 46, pp. 343-354.

Kirkpatrick, Susan (1978): «The Ideology of Costumbrismo», en: *Ideologies and Literatures* II, pp. 28-44.

Laumeyer, Ulrich (1986): *Costumbrismo und Stadtentwicklung: Mesonero Romanos und Madrid*. Frankfurt am Main: Lang.

Mesonero Romanos, Ramón de (1967): *Obras*. 5 tomos. Edición de Carlos Seco Serrano. Madrid: Atlas (Biblioteca de Autores Españoles; 199-203).

Mesonero Romanos, Ramón de (1987): *Escenas matritenses*. Edición de María del Pilar Palomo. Barcelona: Planeta.

Mesonero Romanos, Ramón de (1993): *Escenas y tipos matritenses*. Edición de Enrique Rubio Cremades. Madrid: Cátedra (Letras hispánicas; 360).

Montesinos, José F. (^{2}1965): *Costumbrismo y novela. Ensayo sobre el redescubrimiento de la realidad española*. Madrid: Castalia.

Navas Ruiz, Ricardo (^{3}1982): *El romanticismo español*. Madrid: Cátedra.
Neuschäfer, Hans-Jörg (ed.) (^{2}2001): *Spanische Literaturgeschichte*. Stuttgart / Weimar: Metzler.
Rubio Cremades, Enrique (1995): *Periodismo y literatura: Ramón de Mesonero Romanos y el «Semanario Pintoresco Español»*. Alicante: Institut de Cultura Juan Gil-Albert.
Seco Serrano, Carlos (1967): «Estudio preliminar», en Mesonero Romanos, Ramón de: *Obras*. T. 1. Madrid: Atlas (Biblioteca de Autores Españoles; 199), pp. IX-XCV.
Ucelay da Cal, Margarita (1951): *«Los españoles pintados por sí mismos (1843-44)». Estudio de un género costumbrista*. México D.F.: El Colegio de México.
Wittschier, Heinz Willi (1993): *Die spanische Literatur. Einführung und Studienführer – Von den Anfängen bis zur Gegenwart*. Tübingen: Niemeyer.
Zavala, Iris (1989): «La literatura: Romanticismo y costumbrismo», en Jover Zamora, José María (ed.): *Historia de España Menéndez Pidal*. Tomo XXXV: *La época del romanticismo (1808-1874)*. Vol. II: *Las letras. Las artes. La vida cotidiana*. Madrid: Espasa-Calpe, pp. 5-183.

La recepción de Larra
en el ámbito cultural de lengua alemana

Ángel San Miguel

(Universität Kassel)

1. Introducción

A principios del siglo XXI Mariano José de Larra (1809-1837) tiene asignado un puesto seguro en el elenco básico de autores críticos españoles. La reputación que le acompañó durante su breve vida, cuando sus lectores esperaban ávidos la aparición de sus artículos, alcanzó la aureola del mito con las circunstancias de su trágico suicidio, la suntuosidad de su entierro y la intervención en él del joven poeta José Zorrilla, quien declamó ante su tumba aquellos versos que le abrirían las puertas de la fama:

> Era una flor que marchitó el estío,
> era una fuente que agotó el verano;
> ya no se siente su murmullo vano,
> ya está quemado el tallo de la flor.
> Todavía su aroma se percibe,
> y ese verde color de la llanura,
> ese manto de yerba y de frescura
> hijos son del arroyo creador.
>
> Que el poeta, en su misión,
> sobre la tierra que habita,
> es una planta maldita
> con frutos de bendición.[1]

Cinco décadas más tarde José Yxart podía seguir dando testimonio de su fortuna literaria con el siguiente comentario:

> Larra es un escritor popular, que no deja de la mano el último aficionado a la lectura, ni olvida nunca en la lista de los primeros escritores contemporáneos el más ignorante crítico.[2]

El renombre de Larra recibe un nuevo impulso a principios del siglo XX, cuando el 13 de febrero de 1901 Azorín y otros compañeros de generación se dirigen al cementerio de San Nicolás, enlutados y con sendos «ramos de violetas» en las manos, a rendir homenaje ante el «nicho» de Larra, a quien consideraban «amigo» y

---

1   Zorrilla 1993: 66-67.
2   Yxart 1885: 366, citado según Pérez Vidal 1997: LXXII.

«maestro».[3] El homenaje se prolonga – por así decirlo – y culmina en 1902 con el traslado de los restos mortales al Panteón de Hombres Ilustres. El interés de algunos noventayochistas por Larra, aunque no exento de crítica, logró revitalizar su obra satírica por encima de la Guerra Civil. A su vez, por los años 60 J. Goytisolo pone nuevamente de relieve la vigencia de Larra, calificándole de «el autor español más vivo, más entrañablemente actual de la hora presente.»[4]

Estos testimonios y estas profesiones de fe en la importancia de Larra en España a lo largo de los siglos XIX y XX se confirman en los innumerables estudios que profesionales de la literatura de todo el mundo vienen dedicando crecientemente a su persona y a su obra. Con la autoridad que le confiere el conocimiento de muchos de ellos, además del suyo propio, J. L. Alborg no vacila en designar a Larra como «el valor más permanente, más vivo y más actual de todo el romanticismo español.»[5]

Muy marginada ha quedado hasta hoy en esta amplia labor investigadora el eco de Larra fuera de España; ello es, en todo caso, válido por lo que se refiere a los países de lengua alemana. Si damos crédito a la sinopsis mejor informada sobre las relaciones culturales del mundo germanohablante con España, podría incluso pensarse que la presencia de Larra en el ámbito cultural alemán es absolutamente inexistente. G. Hoffmeister, en efecto, en su meritorio trabajo, menciona únicamente dos veces el nombre de Larra[6] pero sin preguntarse para nada sobre su posible fortuna en el ámbito cultural objeto de su estudio. Por su parte Agnes J. Aregger, considerando globalmente la recepción de Larra, comenta que, si bien sus artículos le hicieron pronto famoso en España y Latinoamérica, en otros ámbitos culturales apenas fue así. Aregger menciona únicamente la traducción de *El pobrecito hablador* al francés, la de algunas obras dramáticas al inglés, así como la versión de *El Doncel* y de *El arte de conspirar* al alemán.[7] Respecto a los artículos de Larra la autora se había lamentado, ya antes, de la falta total de traducciones al alemán: «Leider gibt es davon keine Übersetzungen ins Deutsche.»[8]

De una loable preocupación ante la exigua presencia de Larra en los países de lengua alemana surge asimismo la sugerencia de W. Floeck:

> Er [Larra] hätte es verdient – wie mancher andere diesseits der Pyrenäen vergessene Schriftsteller –, auch außerhalb Spaniens als Journalist von höchstem literarischen Anspruch sowie als entschiedener Vertreter des politischen Liberalismus und der europäischen Kultureinheit zur Kenntnis genommen zu werden. Für den deutschen Sprachraum wäre der erste Schritt dazu eine Übersetzung seiner wichtigsten Zeitungsartikel.[9]

---

3   Véase «La voluntad» en Entrambasaguas 1958: 854 y ss.
4   Véase Goytisolo 1982: 21.
5   Alborg 1980: 186.
6   Hoffmeister 1976: 42.
7   Aregger 1981: 117 y 280, nota 4.
8   Aregger 1981: 13.
9   Floeck 1987. «Larra hubiera merecido – como otros escritores olvidados a este lado de

Todo esto hace suponer que cuando Thomas M. Scheerer subraya el «interés de los investigadores internacionales»[10] por la obra de Larra no está recogiendo, o al menos no en primer lugar, el eco de los países germanohablantes. De hecho la parte bibliográfica de su artículo no menciona ni un solo título alemán. Únicamente los trabajos científicos sobre Larra glosados en el punto 4b del presente artículo han sido ya parcialmente advertidos, si bien escasamente integrados en la investigación.

Sin la pretensión de ofrecer aquí un estudio exhaustivo sobre la presencia de Larra en el ámbito cultural alemán, trataré de recoger y ordenar algunos hallazgos que me fueron asequibles en la esperanza de que puedan contribuir a esclarecer el tema y, no en último término, motivar a otros interesados a completar la labor aquí iniciada.

2. Comienzo prometedor: comentarios, primeras traducciones y edición en castellano de un artículo de Larra

Probablemente una de las primeras huellas de Larra en los países de lengua alemana, y en todo caso la primera descubierta en estas pesquisas, se halla en el tomo VIII de la *Allgemeine Deutsche Real-Encyklopädie für die Gebildeten Stände. Konversations-Lexikon* del año 1845, es decir, ocho años después de la muerte de Larra. Teniendo en cuenta que la edición por mí usada es la novena de dicha obra, puede suponerse que las primeras noticias del autor madrileño en Alemania se remontan quizás a los años inmediatos a su muerte o incluso a los postreros de su vida. Debe advertirse, sin embargo, que en el *Spanisches Lesebuch* del doctor Huber de 1832, en el que se recogen por ejemplo textos de A. Lista (1775-1848) y de Martínez de la Rosa (1788-1862), el nombre Larra aún no figura.

En las 27 líneas dedicadas a la vida y a la obra de Larra en la *Real-Encyklopädie* Larra se presenta como uno de los escritores españoles más relevantes de la última época, especialmente por sus escritos satíricos. El autor del artículo no se olvida tampoco de mencionar su producción lírica, dramática y narrativa, ni de su amplia labor de traductor.

Nada hay en esta primigenia noticia sobre Larra en Alemania que llame especialmente la atención, como no sea la fecha de su aparición, el afán panorámico y el carácter objetivo y distanciado del artículo. Incluso el suicidio, difícilmente compaginable con el espíritu entusiasta y rebelde de la «Joven Alemania» y del «Vormärz» se resume del siguiente modo: «Después de su gira» (por Europa, se entiende, Alemania incluida) «Larra tomó parte en la redacción de la revista *El*

---

       los Pirineos – ser conocido también fuera de España en cuanto periodista de las más altas exigencias literarias y resuelto defensor del liberalismo político y de la unidad cultural europea. Para el ámbito de lengua alemana el primer paso sería la traducción de sus artículos más importantes.» (Traducción del autor.)

10   Scheerer 1986: 93.

Mundo hasta que el 13 de febrero de 1837, según se cree a consecuencia de un amor infeliz, puso libremente fin a su vida de un pistoletazo».[11]

Cinco años después de la mencionada *Real-Encyklopädie* y trece de la muerte de Larra, es decir en 1850, se publica, no por casualidad en Göttingen,[12] una obra titulada *Die Nationalliteratur der Spanier seit dem Anfang des neunzehnten Jahrhunderts*. La obra constituía la tercera parte de la *Geschichte der Poesie und Beredsamkeit* de F. Bouterwek. Su autor, el doctor Eduard Brinckmeier, hombre polifacético, miembro honorario de la Sociedad de Literatos de Barcelona, de la Junta de Españoles y amigos de la lengua española de París así como de la Sociedad para la Historia y la Cultura de Hessen en Kassel, etc., dedica a Mariano José de Larra diez páginas enteras, que por su gracia y su simpatía contrastan notoriamente con la sobriedad del artículo que acabamos de resumir.

Larra, escribe Brinckmeier dos años después de la revolución de 1848, es el primer escritor español que usa «un lenguaje libre» y que sabe unir a «la socarronería, la amenidad y el buen sentido común de Sancho Panza», la agria «sonrisa de los muertos».[13] Para Brinckmeier la sangre fría de Larra es comparable a la de Paul Louis Courier el primer día de la Asamblea Nacional. Por otra parte, el autor español supo «extraer a la religión católica una ironía capaz de hacer temblar las cenizas de la Santa Hermandad».[14] Larra – continúa Brinckmeier – combatió menos a una dinastía concreta – la de los Borbones – que a toda la sociedad española e incluso a toda Europa.[15] Brinckmeier piensa que fue con motivo de su última estancia en París cuando Larra pasó de Fígaro a Jeremías, «el Jeremías de España», un Jeremías ejemplar por todos escuchado, leído y admirado. «Cada mañana el público tomaba noticia de su dolor; seguía con miedo y paso a paso, entre risas y llanto, la situación de un alma agotada»,[16] hasta que llegó el día de difuntos de 1836 y «toda España» – asegura Brinckmeier – «leyó con pavor el artículo ‹Fígaro en el cementerio›», que no era otra cosa que la visión de la muerte de todo un pueblo. Las relaciones amorosas de Larra con D. Armijo vendrían a envenenar más aún las heridas del hombre público, ya que bajo el manto del melancólico humorista se escondía un auténtico Werther; de aquí que, quien había sido «la alegría de España», pusiera fin a su vida cuando aún no había cumplido los 28 años.[17]

---

11   *Allgemeine Deutsche Real-Encyklopädie für die Gebildeten Stände. Konversations-Lexikon* (^{9}1845): 577.
12   La importancia histórica de Göttingen en relación a la cultura española puede rastrearse en la ya mencionada obra de Hoffmeister (1976: 88).
13   Brinckmeier 1850: 262.
14   Brinckmeier 1850: 268.
15   Brinckmeier 1850: 271.
16   Brinckmeier 1850: 273.
17   Brinckmeier 1850: 279.

Brinckmeier, cuya intención primaria no es la de ofrecer un recuento completo de las obras de Larra, destaca entre ellas su drama *No más mostrador*, de cuyo éxito en España le informó personalmente su amigo Mariano Camprubí, a quien había conocido en 1836 en Braunschweig. Más interesante aún que esta información es la noticia de que un «escritor» alemán, cuyo nombre no revela, hizo por esos años una adaptación de dicha obra de Larra al alemán sin lograr que subiera a las tablas. ¿Adónde ha ido a parar este manuscrito de *No más mostrador*? ¿Sigue empolvado en alguna biblioteca alemana? No lo sabemos, pero sí sabemos que esta pieza de Larra continuaría viva durante mucho tiempo en la memoria de los alemanes.

Las sorpresas del comentario de Brinckmeier no se agotan aquí. Hacia el final del mismo adjunta la traducción casi completa al alemán del artículo de Larra «Fígaro en el cementerio», («Figaro auf dem Kirchhofe»).[18] Probablemente era la primera vez que un texto de Larra se publicaba en lengua alemana.

Tanto por la amplitud, la competencia y la gracia de su exposición, como por la noticia de la traducción o adaptación alemana de *No más mostrador* en la que según algunos indicios pudo tener parte activa el mismo Brinckmeier, y no en último término con la traducción de «Fígaro en el cementerio» a los 13 años de la muerte de Larra, Brinckmeier se constituye en un mediador temprano y excepcional del escritor madrileño en el mundo germanohablante.

Los comienzos de la recepción de Larra en el ámbito cultural alemán corren por este tiempo viento en popa. Tan sólo dos años tras el fervoroso artículo de Brinckmeier, otro alemán, Jul. Ebersberg, inicia la traducción de la obra más voluminosa de Larra, de su novela *El doncel de don Enrique el Doliente*. La traducción se prolonga de 1852 a 1856 siendo publicada en varios tomos en la «Europäische Bibliothek» de Wurzen (números 980-982) bajo el escueto título «Der Doncel», como se constata en el *Brockhaus' Konversations-Lexikon* de 1908.[19] Por contraste debe añadirse que esta traducción, arreglo o adaptación, no debió de alcanzar el eco deseado, ni mucho menos una segunda edición, ya que – salvo pocas excepciones – apenas vuelve a tenerse en cuenta, al menos en el material por mí consultado.[20] Todos mis esfuerzos por conseguirla han sido vanos hasta la fecha. Ahora bien, el hecho mismo de su existencia es una señal más de la importancia que a mediados del siglo XIX se concedía a los escritos de Larra en el mundo de lengua alemana. Lo propio se confirma en la traducción (1854) de la comedia de Larra *El arte de conspirar*, publicada asimismo en la «Europäische Bibliothek» y que es – al parecer – una reelaboración no

---

18 Brinckmeier 1850: 274-278.
19 *Brockhaus' Konversations-Lexikon* 1908: 975.
20 Agnes J. Aregger la menciona también, como ya se ha visto. Aregger 1981: 117 y 280, nota 4.

de Jouy, como cree A. Aregger,[21] sino de Scribe: *Bertrand et Raton ou l'art de conspirer*.[22]

Aún no había concluido Ebersberg su traducción de *El Doncel*, cuando en 1855 Ludwig Lemcke, traductor de *The History of England from the Accession of James II* de Th. B. Macaulay (1852), redacta un amplio comentario sobre Larra en su *Handbuch der spanischen Literatur*, añadiendo en seis páginas más el texto completo en español del artículo «Empeños y desempeños» publicado originalmente el 4 de septiembre de 1832. Tal vez bajo el impacto de la nueva situación política tras el fracaso de la revolución de 1848, Lemcke presenta a Larra como uno de los escritores noveles mejor dotados de la España de su tiempo, miembro de una generación pertrechada de un nuevo espíritu nacional, pero víctima al mismo tiempo de conflictos en que fácilmente incurren los genios, y con una ideología no siempre exenta de errores. En el resumen de la vida y la obra de Larra, al que dedica cuatro páginas, Lemcke, sin olvidar la producción lírica de Larra, menciona su obra dramática (*No más mostrador, Macías*), sus traducciones del francés (Lammennais, Scribe), destacando el valor especial de *El Doncel de don Enrique el Doliente*, que elogia como «una de las mejores obras de este género dentro de la literatura española».[23] Por causas desconocidas Lemcke pasa por alto la traducción de Ebersberg, parcialmente publicada ya por entonces.

La parte más amplia de su exposición la dedica Lemcke a valorar la obra periodística de Larra, que él describe en desarrollo progresivo desde «El duende satírico del día», pasando por «El pobrecito hablador» hasta llegar a las contribuciones larreanas en la *Revista española* y en *El Español*, donde, según Lemcke, conseguiría su «perfecta madurez». Esta visión global queda redondeada con la referencia a dos ediciones de las obras de Larra, una en Madrid (1837) y otra en París (1848). La publicación íntegra en español de «Empeños y desempeños»[24] pone la nota final al comentario de Lemcke. Era la primera vez – siempre según estas primeras pesquisas – que un artículo de Larra veía la luz del día en su lengua original castellana en un libro alemán. Ello daba un matiz nuevo y enriquecedor a la recepción de su obra en el mundo germanohablante.

Aunque Lemcke señala por equivocación 1810 como el año del nacimiento de Larra; aunque parece asimismo desconocer la importancia de la prensa liberal española del siglo XVIII (*El Censor*) y aunque la edición de «Empeños y desempeños»

---

21 Aregger 1981: 280.
22 Véase Brent 1967: 210. Constatemos al margen que en 1865 se publica una traducción francesa de la novela de Larra: *Le damoiseau de Don Henri-le-Dolent.* (*El doncel de Don Enrique el Doliente*). Traduit de l'espagnol de Larra dit Fígaro. Par Marcel Mars. Avec un préambule et des notes de traducteur. Chez Adolphe Nuret, Libraire-Editeur, Chateauroux, 1865.
23 Lemcke 1855: 694.
24 Lemcke 1855: 695-702.

acuse algunos desperfectos, como la omisión de la palabra «engaña» en los versos preliminares de Jovellanos o la confusión del vocablo «ministerio»[25] por el correcto de «misterio», su presentación de Larra tiene el mérito de recoger y modelar elementos fundamentales que servirán para la futura caracterización del autor madrileño y de su obra en este tipo de discurso.

La importancia que, pese a la malograda revolución del 48, seguía concediéndose a Larra en los gremios eruditos y literarios alemanes de signo liberal en la década de los 60, alcanza un nuevo punto cumbre exactamente a los 30 años de su muerte, en la magna obra iniciada por A. Wolff *Die Classiker aller Zeiten und Nationen* cuya tercera parte a cargo de H. Dohm, lleva por título *Die spanische National-Literatur in ihrer geschichtlichen Entwicklung* (1867). En este compendio, publicado no por un editor, sino por Hedwig Dohm, señora de origen judío, defensora de los derechos de la mujer y abuela de la futura esposa de Thomas Mann, se dedican a Larra y a su obra casi diez páginas, en las que, siguiendo la biografía de Larra de Cayetano Cortés (París, 1857) y el artículo de Brinckmeier, a quien menciona reiteradamente, se destaca la precocidad intelectual de Larra, su pasión por el saber y otros muchos detalles de su vida, como por ejemplo, su afición al ajedrez. La autora pone de relieve el talento satírico de «El pobrecito hablador», la gracia de su estilo, que sabe distinguir entre la sátira propiamente dicha y el libelo difamatorio, llegando a ser uno de los apóstoles del romanticismo así como uno de los defensores más fervorosos del liberalismo político. Su originalidad, su agudeza sarcástica y sus felices ocurrencias convirtieron a Larra en el autor favorito de la España de su época y ello a pesar de que, con el tiempo, Fígaro – como se afirma recordando la fórmula de Brinckmeier – acabaría siendo el «Jeremías español».

Junto a la exposición de la obra de Larra, Hedwig Dohm incluye casi íntegra la traducción alemana de «Fígaro en el cementerio» realizada algunos años antes por Brinckmeier. Otros pasajes de los artículos de Larra, vertidos al alemán por el mismo Brinckmeier así como la referencia a la producción novelística y dramática de Larra, cierran un comentario en el que la información se da la mano con el calor discursivo.

Dos obras de carácter general se suman por estos años a los trabajos ya mencionados. La primera, de Ferdinand Wolff (*Studien zur Geschichte der Spanischen und Portugiesischen Nationalliteratur*, 1859) acentúa la «agudeza dialéctica» de la prosa de Larra, a quien se menciona indiferenciadamente junto a Mesonero Romanos, Patricio de la Escosura y Fernán Caballero; la segunda, de 1875, de la pluma de Johannes Scherr – profesor del Politécnico de Zurich – titulada *Allgemeine Geschichte der Literatur*. La obra de Scherr se reduce a señalar la producción dramática de Larra junto a la de García Gutiérrez, Hartzenbusch y Zorrilla, sin apenas mayores explicaciones. No debe olvidarse, con todo, que también estas obras de carácter

---

25 Lemcke 1855: 699.

general, y por lo mismo poco detalladas, contribuían a mantener vivo, o al menos a salvar del olvido, el nombre de los autores en ellas mencionados y que – como se ve por el éxito de la de Scherr, que obtuvo al menos cinco ediciones – eran probablemente más leídas que los estudios especializados.

3. Crisis de fin de siglo y lenta recuperación hasta la Segunda Guerra Mundial: historias de la literatura, comentarios, textos en español

Aunque el nombre de Larra, tras un comienzo prometedor, como el que se ha visto, no podía desaparecer sin más del mapa cultural germanohablante – y así se comprueba en el *Brockhaus* del año 1885[26] –, numerosos indicios obligan a pensar que en los últimos años del siglo XIX sufrió un notable bajón. De otro modo resulta difícil comprender cómo un escritor de su categoría, que venía siendo puesto por las nubes en las obras alemanas del carácter de las ya examinadas, es olvidado por completo en el *Grundriss der Geschichte der spanischen Literatur* del doctor Albert Schmidt publicado en Leipzig en 1887, en el que, por otra parte, se hace mención de escritores coetáneos, como Mesonero Romanos, José Bermúdez de Castro, Joaquín Pacheco o Sebastián Miñano. Pienso, sin embargo, que previamente a una especulación teórica de los porqués de este silencio conviene tener prudencia y esperar posibles nuevos hallazgos.

A principios del siglo XX la recepción de Larra en el ámbito cultural de lengua alemana no mejora sensiblemente y hasta puede observarse en sus contenidos una cierta ruptura con los estereotipos fraguados en la tradición del siglo XIX. Rudolf Beer, lector de español de la Universidad de Viena, en su *Spanische Literaturgeschichte* de 1903, se olvida por completo del Larra novelista tan elogiado años atrás y enlaza su obra dramática con la «comedia de costumbres, de carácter y de intriga»[27] llevada a la perfección, según él, por Tirso de Molina. En el mar de las estereotipias navega Beer por el contrario al considerar los artículos de Larra como la parcela más relevante de su producción literaria. Poco o nada nuevo sobre Larra se ofrece asimismo en la *Geschichte der spanischen Literatur* de 1904 escrita por Philipp August Becker, profesor de la universidad de Budapest, y lo propio puede afirmarse de la *Geschichte der Weltliteratur* de 1914 cuyo autor, Paul Wiegler, menciona la novela de Larra con el título alemán *Der Page Don Enriques des Traurigen*, traducción directa del título español que relega definitivamente al olvido la versión alemana de Jul. Ebersberg.

Habrá que esperar hasta bien entrado el siglo XX para percibir, aunque sea moderadamente, el impulso recibido por Larra, también en el ámbito alemán, por mediación de la llamada Generación del 98. Theodor Heinermann que, en su *Geschich-*

---

26 *Brockhaus' Conversations-Lexikon* 1885.
27 Beer 1903: 178.

te der spanischen Literatur (1923) transcribe dos veces el nombre de Larra y ambas falsamente – una vez convirtiéndolo en María (en lugar de Mariano) y la otra en Manuel[28] –, sitúa a Larra al frente de la línea crítica seguida más tarde por Clarín y Azorín. Por su parte, Helmut Petriconi confiesa en 1926 su simpatía por nuestro autor, señalando *expressis verbis* su placer de poder mencionarle y citarle repetidamente en su obra *Die spanische Literatur der Gegenwart* que, como consta en el título, parte del año 1870. Añadamos que, a su vez, *Der große Brockhaus* de 1932, en su diminuto extracto sobre Larra, no se olvida de seguir señalando la traducción alemana de Ebersberg.[29] Finalmente en 1933 Edmund Schramm vuelve a centrar su atención sobre los artículos de Larra a los que califica de «pequeñas obras maestras» («kleine Meisterwerke»),[30] haciendo hincapié en el liberalismo político del escritor madrileño, cuya importancia – afirma Schramm pasando por alto la euforia con que Larra fue leído entre 1845 y 1870 – no se había reconocido debidamente hasta los últimos años.[31]

Pese a todo, desde la primera década del siglo XX junto a las historias de la literatura y obras similares que venimos observando, la obra de Larra se infiltraba en el mundo germanohablante también por otras veredas. En 1909, el lector de español Fernando Arteaga y Pereira incluía en el método Gaspey-Otto-Sauer *Spanisches Lesebuch* editado en Heidelberg, dos artículos completos de Larra en lengua española: «Yo quiero ser cómico», en el que Larra critica la falta de profesionalidad de los actores españoles, y «El castellano viejo», donde, inspirándose en Boileau, presenta las groseras costumbres de su amigo Braulio. Dado el carácter práctico del «Lesebuch», la publicación en él de dichos artículos se diferencia del editado por Lemcke en 1855 por las notas a pie de página, en las que se vierten al alemán o se explican vocablos y expresiones de difícil comprensión. Las lecturas de textos así organizadas no podían llevar – claro está – a un conocimiento profundo de los autores, pero sí a un contacto puntual y directo que completaba la visión menos personal transmitida generalmente por las historias de la literatura.

Uno de los casos más sorprendentes respecto a los textos de Larra publicados en español por editoriales alemanas es del año 1923. En junio de dicho año el profesor de instituto A. Attensperger edita en Kempten una antología con tres obras dramáticas en lengua española bajo el título *Spanische Bühnenliteratur*. La segunda de ellas, *¡Tu amor o la muerte!*, lleva como autor a Mariano José de Larra, aunque en realidad se trata de una traducción suya de la pieza de Scribe «Être aimé ou mou-

---

28 Heinermann 1923: 120 y 127.
29 *Der Große Brockhaus. Handbuch des Wissens in zwanzig Bänden*, 15. Auflage, Leipzig, 1932.
30 Schramm 1933: 113.
31 También Juretschke (1937: 16ss.) destaca el influjo capital de Larra en autores que van desde Valera y Clarín pasando por la Generación del 98 hasta Salvador de Madariaga.

rir».³² La edición de Kempten se publica acompañada de un vocabulario alemán a pie de página tan abundante y minucioso que, con su ayuda – ésta era al menos la intención de los editores – cualquier lector germanohablante quedaba capacitado para descifrar el sentido del texto original; apenas hay palabra en el texto español que no se traduzca o se explique en la nota correspondiente. Los motivos que indujeron a publicar dicha antología se aducen en el prólogo, cuyo comienzo dice así:

> Die spanische Sprache hat in den letzten Jahren in den deutschsprechenden Ländern eine ungeahnte Bevorzugung erfahren. Abgesehen von den hohen literarischen Werten, die die Kenntnis dieser Sprache vermittelt, ist die täglich wachsende Vorliebe für das Spanische darauf zurückzuführen, daß dieses jetzt und auf lange Zeit hinaus für jeden Vorwärtsstrebenden von allerhöchster wirtschaftlicher Bedeutung ist. Mehr denn je gilt das bekannte Wort Goethes, daß einer sovielmal lebt, als er fremde Sprachen meistert.³³

La selección de las obras editadas se fundaba por igual tanto en el interés del tema como en la calidad del idioma y en el carácter práctico de los diálogos. Sólo autores que reunieran todos estos aspectos tendrían cabida en las publicaciones de la «Gesellschaft zur Verbreitung zeitgemässer Sprachmethoden». Es así cómo el primer texto dramático de Larra (!) se publica en castellano en una edición alemana.

La aparición en español de ¡Tu amor o la muerte! se vio enriquecida en 1926 con dos extractos procedentes de la novela *El doncel de Don Enrique el Doliente* incorporados al *Spanische Lesebogen*³⁴ de Ludwig Meyn. El primero, bajo el título «Un desafío» está entresacado – con arreglos y cortes – del capítulo XVII, el segundo «Una acolada» – de manera similar – del capítulo XXV³⁵ de la novela histórica de Larra. Ludwig Meyn, profesor de instituto en Hamburgo, justifica la inclusión de ambos extractos en su *Lesebogen* por tratarse – como él dice – de «uno de los escritores españoles más conocidos».³⁶ Sin olvidar los artículos críticos del autor madrileño presenta a éste como uno de los pioneros del romanticismo en España. Su *Doncel* estaría escrito – según el antologista – bajo la influencia de Dumas y constituiría un ejemplo característico de la novela histórica española del siglo XIX.

A los artículos de Larra editados en español en 1909 se suma en 1928 la publicación de «Vuelva usted mañana». Este texto, en el que Larra criticaba la ineficacia de la administración española vista y vivida por un francés, fue recogido por A. Hä-

---

32 Sobre este asunto véase Hespelt 1932: 117-134; asimismo Brent 1967: 207-212.
33 Attensperger 1923: 3. «En los últimos años la lengua española ha obtenido una insospechada preferencia en los países de lengua alemana. Fuera de los altos valores literarios que proporciona el conocimiento de esta lengua, la prioridad cada día en aumento que se concede al español se basa en la suma importancia económica de dicha lengua para todo el que quiera ascender en el escalafón social. Más que nunca tiene validez la famosa frase de Goethe de que se vive tantas veces como lenguas se dominan.»
34 Meyn 1926: 3-22.
35 Debe señalarse que los 40 capítulos de que consta *El doncel* de Larra carecen de títulos especiales, yendo encabezados en general por romances de fuentes diversas.
36 Meyn 1926: 20.

¡Tu Amor ó la¹ Muerte!

Comedia² en un acto³
por
Mariano José de Larra⁴.

Personas:

M.⁵ *Monvel*⁶, agente⁷ de⁷ negocios⁷. — *Clotilde*, su mujer. — *Sauvigny*⁶. *Hortensia*⁸ de⁶ *Varennes*⁶, viuda⁹ joven¹⁰. — *Fernando*¹¹ de⁶ *Rancé*⁶, su hermano¹².

1 den	4 Mariano José de Larra, 1809—1837	6 franz. Familienname	8 weibl. Taufname	12 Bruder (hermana, Schwester)
2 Lustspiel, Komödie		7 Handlungsagent	9 Witwe	
3 Akt	5 = Monsieur, franz.: Herr		10 junge	
			11 Ferdinand	

Acto único.

El teatro¹ representa² una sala de una fonda³. Puerta en el fondo. A cada lado, en primer⁴ término⁴, puertas numeradas⁵. Más⁶ allá⁶, de la puerta, a⁷ la⁷ derecha⁷ del actor⁸, un balcón largo que se⁹ ve⁹ de adentro¹⁰. Entre el balcón y la puerta una papelera¹¹. Cerca¹² de¹² la puerta de¹³ la¹³ izquierda¹³una mesa¹⁴ con recado¹⁵ de¹⁵ escribir¹⁵.

1 (Theater) Bühne; Schauplatz	3 Gasthaus; Hotel	6 weiter hin	9 man sieht	13 linker Hand (links)
2 darstellt	4 Vordergrund	7 rechter Hand (rechts)	10 drinnen	14 Tisch
	5 numerierte	8 Schauspieler	11 Papierschrank	15 Schreibgerät
			12 nahe bei	

Escena primera.

Monvel, Clotilde.

(Acaban¹ de¹ almorzar²: un mozo les sirve³.)

Monvel. Decididamente⁴, querida⁵ mia, cada vez me alegro⁶ más del⁷ rodeo⁸ que hemos dado⁹ para venir¹⁰ a esta hermosa ciudad de Ruan¹¹, que no habías¹² visto. Estas fondas¹³ del muelle¹⁴ no¹⁵ tienen¹⁵ nada¹⁶ que¹⁷ envidiar¹⁷ a las más lujosas¹⁸ de París. Salones¹⁹ bien adornados²⁰, hermosas vistas²¹, y muy bien servidos²².

1 sie werden eben fertig mit	4 ganz gewiß	10 kommen (gelangen)	15 nicht haben	19 Gesellschaftssäle
2 frühstücken (dem Frühstück)	5 Geliebte (Liebe)	11 Rouen (Stadt in Frankreich)	16 nichts (etwas)	20 geschmückte
	6 ich freue		nicht nachstehen	21 An-, Aussichten (ver, sehen, visto, gesehen)
3 bedient (servir, bedienen)	7 (von dem) über den	12 du hattest	17 zu beneiden	
	8 Umweg	13 Gasthöfe	18 (luxuriösen) verschwenderischen	22 bedient
	9 gegeben (gemacht)	14 Mole; Hafendamms		

La primera página de la edición de Kempten (Attensperger 1923).

mel en su *Lesebuch der spanischen Literatur des XIX. und XX. Jahrhunderts*.[37] Hämel confiesa haberlo tomado de *Cambridge Readings in Spanish Literatur* (1920) de Fitzmaurice-Kelly.[38]

Una nueva obra del método Gaspey-Otto-Sauer del año 1931 (*Kulturkundliches Spanisches Lesebuch*)[39] renuncia, por el contrario, a incluir textos de Larra y lo mismo ocurre con el *Spanisches Lesebuch* editado por el doctor Huber en Bremen en 1932. Por su parte, A. Hämel, que pocos años antes – como se ha visto – editó «Vuelva usted mañana» ahora, en 1932, en su «Wesen und Werden der spanischen Literatur» hace caso omiso del Larra articulista para mencionar únicamente su novela *El Doncel de Don Enrique el Doliente*. Parece como si el vendaval político que soplaba ya por entonces en Alemania recomendase prudencia ante un autor del calibre liberal de Larra. En cualquier caso el *Neuzeitliches Spanisches Lesebuch* del año 1941, titulado sintomáticamente *El Genio Hispánico*, recoge sobre todo textos de ideología falangista.[40] Larra – claro está – no podía figurar en una obra así concebida.

4. Presencia de Larra tras la Segunda Guerra Mundial:
a) Historias de la literatura, nuevas traducciones de los artículos de Larra

Pasada la Segunda Guerra Mundial e incluidas las décadas de los años 50 y siguientes, la recepción de Larra en el mundo germanohablante[41] se reparte principalmente en dos sectores complementarios: el primero corresponde a las *Historias de la literatura* (y obras similares), el segundo a las traducciones al alemán de textos de Larra. Entre las primeras pueden señalarse la *Geschichte der spanischen und portugiesischen Literatur* de Wilhelm Giese de 1949, la *Geschichte der spanischen Literatur* de Á. Antón Andrés de 1961 así como el *Abriß der spanischen und portugiesischen Literaturgeschichte* in Tabellen (1968) de Martin Franzbach. Como corresponde a la estructura de este tipo de obras, en ellas cada uno de los autores resume a su modo la

---

37 Hämel 1928: 160-164.
38 El propio Hämel editó *A History of Spanish Literature* de Fitzmaurice-Kelly, Londres, 1898, en versión alemana de Elisabeth Vischer bajo el título *Geschichte der Spanischen Literatur*, Heidelberg, 1925. Dentro de la producción periodística de Larra, Fitzmaurice-Kelly centra su atención en un artículo que venía siendo bastante olvidado por los comentadores alemanes. Se trata de «El Día de Difuntos», uno de los artículos tardíos de Larra, el cual – como explica el hispanista inglés – «sigue conmoviendo a sus lectores tanto por la agudeza de su visión como por la acertada aspereza de su estilo» (Fitzmaurice-Kelly 1925: 420).
39 Ruppert y Ajarabi 1931.
40 Berger / Stoye 1941.
41 De las dos Alemanias a partir de 1949 el interés por Larra se concentra más y más en la República Federal. Recuérdese que en un principio una buena parte de la aceptación de Larra en Alemania corresponde más bien a ciudades del Este (Leipzig, Wurzen, etc.).

vida y obra de Larra, añadiendo – como en el caso de Franzbach – algunos datos bibliográficos que sirven de primera orientación y ayuda práctica a los participantes en los seminarios de hispanística.[42]

En cuanto a las traducciones puede decirse que, olvidadas como estaban la de Brinckmeier, la probablemente nunca editada de *No más mostador* así como la de *El Doncel* de Ebersberg y la de *El arte de conspirar*, venían a cubrir ahora una laguna capital en la recepción de Larra en los países de lengua alemana. En esta situación Fritz Schalk edita en 1957, en versión de Horst Baader, la «Carta Segunda escrita a Andrés por el (mismo) Bachiller [Don Juán Pérez de Munguía]» (2. Brief des Referendars Don Juán Pérez de Munguía an Andreas)[43] en la que Larra se mofa de la incultura reinante en las Batuecas, símbolo geográfico de España. Siete páginas de Larra en alemán, precedidas de una breve presentación, en la cual se alinea al autor madrileño en la tradición satírica del Siglo de Oro, en la reflexión ilustrada del siglo XVIII y, como se venía haciendo ya antes de la Segunda Guerra Mundial, emparentando a Larra con el 98. Por fin, el Larra articulista quedaba a disposición del nuevo público germanohablante, sin exigir mayores esfuerzos que el de la lectura. Hans Gerd Rötzer volvería a editar parcialmente esta misma traducción en su obra *Wege der spanischen Literatur. Ein Lesebuch*.[44] Cinco años antes, en 1964, la editorial Neues Leben de Berlín Oriental – quede expresamente constatado – publica una antología de autores españoles (*Klassische spanische Erzähler*)[45] en la que junto a Cervantes, Quevedo, Valera, Alarcón, Béquer y otros, se encuentra también Larra. Quien instigado por el título vaya en busca del único texto *oficialmente* narrativo del autor madrileño, es decir de su novela *El Doncel de don Enrique el Doliente*, se llevará una sorpresa, ya que en lugar de ello lo que de hecho se ofrece al lector es la traducción de dos artículos de Larra: «El castellano viejo» («Der Altkastilier») y – algo acortado – «Vuelva usted mañana» («Kommen Sie morgen wieder»). Veinticuatro nuevas páginas en alemán de dos artículos satíricos publicados ya en Alemania en castellano respectivamente en 1909 y en 1928, como se vio más arriba. El hecho de que el editor (Egon Hartmann) incluya ambos artículos entre textos narrativos nada tiene de particular, si se advierte que muchos de los artículos de Larra cuentan una anécdota que, a menudo, se dramatiza a través de diálogos, en los que el lector –

---

42 A las obras mencionadas pueden añadirse el artículo de Grossman en el *Fischer Lexikon* de 1961, así como el de Á. A. A. (Ángel Antón Andrés) en el *Kindlers Literaturlexikon* (Tomo II del mismo año 1961). Únicamente en la *Kleine spanische Literaturgeschichte. Ein Überblick von den Anfängen bis zur Gegenwart* de Francisca Palau-Ribes (1954), falta el nombre de Larra.

43 Schalk 1957. La traducción alemana se encuentra en las pp. 205-212.

44 Rötzer 1969: 220-225.

45 Hartmann 1964. La traducción de los artículos de Larra se encuentran en las pp. 226-239 y 242-249.

como si asistiera a una pieza de teatro – ve actuar ante sus ojos a los personajes portadores de la acción.

Las traducciones de los artículos de Larra al alemán no finalizan en la década de los 60. Con ocasión de las elecciones al Parlamento Europeo, Hans Hinterhäuser publica en 1979 su magnífica antología *Spanien und Europa. Stimmen zu ihrem Verhältnis von der Aufklärung bis zur Gegenwart*,[46] en una edición de bolsillo en que se incluye parcialmente un nuevo artículo de Larra en versión alemana de M. Rössner con el título: «Für eine neue spanische Literatur» que corresponde al original de Larra «Literatura. Rápida ojeada sobre la historia e índole de la nuestra. Su estado actual. Su porvenir. Profesión de fe.» Suena casi a paradoja que Agnes J. Aregger, tan interesada en dar a conocer al público de lengua alemana al Larra periodista, elija dos años más tarde, precisamente este mismo artículo para incluirlo, anejo y en traducción propia, en su tesis doctoral.[47] Aun así, el volumen de los textos de Larra vertidos al alemán aumentaba en diez nuevas páginas.

La última traducción alemana de un artículo de Larra que ha llegado a mis manos corresponde a «En este país» («In unserem Land») publicado en edición bilingüe por Erna Brandenberger.[48] Por primera vez en la historia de la recepción de Larra en los países de lengua alemana el lector puede comparar de un solo golpe de vista el original del autor madrileño con la traducción.

b) Tesis doctorales y otros trabajos especializados

A partir de los años 70 la hispanística se desarrolla e intensifica crecientemente en las universidades de lengua alemana; el número de estudiantes que desea aprender español llega en las siguientes décadas a cimas insospechadas. Por estos años surge la Asociación Alemana de Hispanistas (Deutscher Hispanistenverband)[49] en la que se incluyen también las universidades de Austria y Suiza; ya con anterioridad se había creado la Asociación Alemana de Profesores de Español (Deutscher Spanischlehrerverband) y la correspondiente fundación de *Hispanorama*. Por estos años se multiplican los congresos, reuniones de trabajo y seminarios de todo tipo en torno a la lengua y la literatura españolas. Consciente de la popularidad del español y de la vitalidad desarrollada por la hispanística en la geografía germanohablante, la Embajada de España en Bonn despliega su apoyo moral y material del que se benefician al menos algunas universidades y entidades similares. Más tarde se crean también los Institutos Cervantes de Múnich y Bremen.

---

46 Hinterhäuser 1979. La traducción de Larra se halla en las pp. 131-137. Un breve extracto de esta traducción se halla en Rehrmann 1991: 109-110.
47 Aregger 1981. La traducción del artículo «Literatura» de Larra se incluye en las pp. 227-237 bajo el título «Literatur. Ihr heutiger Stand. Ihre Zukunft. Bekenntnis.»
48 Brandenberger 1987: 80-95.
49 Véase *Mitteilungen des deutschen Hispanistenverbandes* e.V., 16. (Nov. 1999).

No puede achacarse a pura casualidad que de las siete tesis doctorales dedicadas parcial o totalmente a la obra de Larra, sólo dos se escribieran con anterioridad a estas fechas, mientras las demás surgen precisamente a partir de 1970. Llegamos así a una nueva y fundamental variante de la recepción de Larra en el mundo de habla alemana.

La primera tesis doctoral alemana en que se tematiza a Larra es la presentada por Hans Orschel en 1932 en la Universidad de Greifswald bajo el título *Der Humor in der spanischen Prosa des 19. und 20. Jahrhunderts*.[50] Orschel, para quien Larra es uno de los muchos autores tratados, se opone abiertamente a la visión pesimista de Larra transmitida por Menéndez y Pelayo y Fitzmaurice-Kelly. Para Orschel junto a la visión pesimista de sus últimos años, Larra presenta también – sobre todo en una primera fase – un humor sereno, amable y divertido que fue el que le abrió las puertas del público en el «Pobrecito hablador». El Larra sombrío de los últimos años, con su sátira agria y mordaz, se explicaría por la guerra civil española (Primera Guerra Carlista, 1833-36), incrementándose con los avatares de la vida privada del autor. Incluso en la última época la faceta negra de sus escritos es menos visible, según Orschel, por ejemplo, en sus artículos de crítica literaria.

El trabajo de Ingrit Marcus *Das spanische Bürgertum bei Larra, Mesonero Romanos und Pérez Galdós* se escribió en la Universidad de Hamburgo bajo la dirección de Grossmann y Petriconi en 1951.[51] La autora explora en él la imagen de la burguesía, más concretamente de la clase media baja española, en los autores mencionados en el título. Por lo que a Larra corresponde, Ingrit Marcus examina las formas de vida, la concepción negativa del trabajo y de la profesión, la falta de interés por las ocupaciones mentales, el exagerado patriotismo, las ideas y prácticas religiosas, etc., en personajes como Braulio, Cándido Buenafé, funcionarios, libreros, editores, periodistas, abogados, médicos, pero también sastres, zapateros, e incluso en algunos personajes femeninos, llegando a la conclusión de que, con muy pocas excepciones, la burguesía española sale maltrecha de la pluma de Larra. Sólo muy rara vez se ilumina con colores más claros la imagen sombría dominante.[52] Hay que tener en cuenta sin embargo, como advierte Ingrit Marcus acertadamente, que la imagen larreana de la burguesía española de su tiempo, lejos de ser un retrato fiel de la realidad española, es un producto de la ironía y se define por su subjetividad.[53]

La única tesis doctoral en lengua alemana que versa exclusivamente sobre Larra es la de Eva Konitzer presentada en la Universidad de Maguncia y patrocinada por Edmund Schramm y Theodor Elwert. Su título, *Larra und der Costumbrismo* (1970).

---

50 Orschel 1932.
51 La tesis de Ingrit Marcus puede leerse en el ejemplar escrito a máquina existente en la Universidad de Hamburgo.
52 Marcus 1951: 111. «Nur ganz selten kommt eine hellere Farbe in das sonst so düstere Bild».
53 Marcus 1951: 114.

Eva Konitzer pone en duda, con toda razón, la pertenencia de Larra al género costumbrista que mide la realidad actual de España con los parámetros del ideal histórico y literario del pasado. El costumbrismo al uso relega la crítica a segundo plano y se caracteriza por una visión conservadora, graciosamente bienintencionada, bonachona y moralizante. Larra, por el contrario, si usa del costumbrismo es únicamente como punto de partida para llenarlo de una nueva sustancia por medio de lo que la autora denomina «konspektive Kurzprosa». La reproducción de la realidad en Larra no pasa de ser, sino un constructo, un medio para mostrar los problemas nacionales. En lugar de detenerse a describir la realidad de su tiempo, lo que hace Larra es analizar con juicio crítico estados de conciencia. Estas y otras muchas ideas – en que no es posible detenerse aquí – se encierran en el trabajo de E. Konitzer, que por su competencia y su fuerte trabazón teórica, permite una visión más profunda del «sistema literario» de los artículos de Larra y que bien merecería, si es que no lo ha sido, ser traducida al español.

Cinco años después de la tesis de Eva Konitzer, Larra vuelve a ser objeto de estudio en la de B. Schmidt, *Spanien im Urteil spanischer Autoren* (1975),[54] dirigida por G. Siebenmann en la Universidad de Erlangen-Nürnberg. B. Schmidt dedica 34 páginas a examinar los artículos de Larra, deteniéndose especialmente en el análisis de catorce de ellos, entre los que se encuentran, por ejemplo, «Casarse pronto y mal», «El castellano viejo», «Día de Difuntos de 1836» y «Literatura». Larra – resume al final de su estudio B. Schmidt – se siente seguro de sí mismo sobre la base de su formación ilustrada, oponiéndose por igual a los estereotipos de los extranjeros sobre España como a la crítica injusta y destructiva de sus compatriotas españoles. El autor madrileño – sigue explicando B. Schmidt – cree que en la España después de Fernando VII han mejorado no pocas cosas y, partiendo de la idea de que el carácter nacional es un producto histórico, se esfuerza por cambiar y mejorar la España de su tiempo. Larra aboga por la libertad en literatura, en el arte, en el comercio y en la industria; lucha por la libertad en materia de religión y contra todo tipo de opresión, en especial contra la censura, confiando en la posibilidad de un mejor orden estatal basado en una formación más sólida de la sociedad española en general. Su fe en la ciencia y en el progreso convierte a Larra – según Schmidt – en típico representante de la burguesía liberal de principios del siglo XIX. La medida de su aguda crítica – piensa Schmidt – es sobre todo la consecuencia del subjetivismo de Larra y de su carácter elitista. De aquí que sus sátiras se dirijan fundamentalmente contra las clases bajas de la población sin tocar, o apenas, a las clases superiores.

Otras dos tesis sobre Larra escritas hasta el presente en alemán versan por igual sobre Heine y Larra. La primera es la ya mencionada de Agnes J. Aregger (*Heine und Larra*) escrita en la universidad de Friburgo (Suiza) y publicada en 1981; la

---

54 La tesis de B. Schmidt se editó en español bajo el título *El Problema Español de Quevedo a Azaña*, Madrid, Cuadernos para el Diálogo, 1976.

segunda de Susanne Zantop (*Zeitbilder. Geschichte und Literatur bei Heinrich Heine und Mariano José de Larra*) presentada en la Universidad de Harvard y editada en Bonn en 1988.[55]

Agnes J. Aregger centra su atención en la esencial afinidad entre Heine y Larra y en la congenialidad que une a los dos autores en cuanto escritores satíricos. Ambos se ocupan con ojo crítico tanto del pasado histórico y cultural de sus respectivos países como de los movimientos y acontecimientos del presente. Ambos impugnan la superstición y el fanatismo, la mendacidad y la hipocresía, la represión y el servilismo, las instituciones caducas y las tradiciones que se oponen y frenan el progreso. Ambos abogan por la libertad de la literatura y, por consiguiente, por su insubordinación a la política; ambos asimismo están dispuestos a ejercer la autocrítica y, si es menester, a justificarse ante sus lectores, dando así testimonio de sinceridad. Ambos exigen una literatura referida a los problemas y necesidades de la actualidad, es decir una literatura comprometida con los problemas de su tiempo. Ambos, por fin, usan la prosa periodística como arma, y la ironía, o la estética y la sensibilidad expresiva, como medio, no como fin.[56]

Susanne Zantop, por su parte, trata de exponer «el conflicto entre el discurso histórico y el poético»[57] en la obra de Heine «Französische Zustände» (1832/33) y en la *Colección de artículos dramáticos, literarios, políticos y de costumbres* (1835 y 1837) de Larra. Los diversos nombres que se vienen dando tradicionalmente a la producción literaria de ambos autores (artículos, *feuilletons*, prosa publicista etc.) quedan en el trabajo de Zantop subsumidos en el concepto de «Zeitbilder». Mientras los «Französische Zustände» de Heine pueden interpretarse como un intento de oposición a la idea de una historiografía global propuesta por Ranke y Hegel, que Heine consideraba errónea y engañosa,[58] Larra que, como asegura Zantop basándose en textos del propio Larra, de A. Lista, Forner, Jovellanos y otros, no disponía de un discurso histórico en el sentido de Ranke y Hegel, crea en sus artículos un modelo substitutivo del discurso histórico por medio de sus «cuadros de la época», en los cuales las experiencias individuales y puntuales suplen, ampliándolo, el concepto de historiografía.[59]

El hecho de que las tesis doctorales sucintamente resumidas hasta aquí versen por unanimidad sobre los artículos de Larra es ya de por sí una prueba fehaciente de que la atención despertada por el autor madrileño en el mundo cultural germanohablante radica básicamente en esta faceta de su producción literaria.

---

55 Zantop 1988. El hecho de estar escrita en alemán y la argumentación de la autora justifican su inclusión en el presente trabajo. Lo propio, además de su misma temática, es válido para el trabajo de Agnes J. Aregger.
56 Aregger 1981: 16ss.
57 Zantop 1988: 13.
58 Zantop 1988: 15.
59 Zantop 1988: 111.

El olvido parcial o total en que había caído el resto de su obra en dicho ámbito comenzó a resquebrajarse con la aparición de una serie de trabajos especializados en torno a la novela *El doncel de Don Enrique el Doliente* tan postergada desde hacía más de un siglo. Aun así, en el fondo sigue actuando y dominando el Larra satírico. Pero veámoslo con mayor detenimiento.

Thomas Scheerer, sin rechazar la interpretación psicológica y biográfica de *El doncel*, defendida por Menéndez y Pelayo, recalca no sólo la historicidad de *El doncel*, sino también su ligazón con el presente histórico de Larra; el protagonista queda elevado a «prototipo nacional del amante fracasado».[60] La politización del tema y su actualización enlazaría la novela de Larra con el espíritu de sus artículos.

Especialmente notoria en relación a la novela de Larra es la labor desarrollada en la Universidad de Zurich en torno a los hispanistas Georges Güntert y María Paz Yáñez. En su trabajo «Figuras de la manipulación en *El doncel de don Enrique el Doliente*»[61] Güntert subraya por su parte la actualidad de *El Doncel*, añadiendo que las ideas expuestas por Larra en su novela se encuentran en Spinoza así como «en el debate del siglo XVIII francés», de lo cual se deduce que «la ideología de la obra no es medieval sino contemporánea».[62] Lo propio se constata también observando la intertextualidad entre «los artículos de Larra escritos poco antes o poco después de la novela y la novela misma.»[63]

En otro de sus innovadores artículos Güntert pone de relieve las disonancias entre el «amargo mensaje» del novelista y los «piadosos comentarios» del narrador.[64] Güntert llega incluso a preguntarse, si el marco histórico de la obra no será más que «un hábil recurso para evitar una crítica demasiado directa» de la época en que Larra escribió. Por encima del análisis concienzudo y pormenorizado del «tono estridente», «irónico» y hasta «sarcástico» de *El doncel* Güntert llega a la conclusión de que sus estrategias narrativas confieren a la novela histórica en cuestión «una importancia y una dignidad literarias que, al parecer, han pasado inadvertidas hasta hoy.»[65]

En la misma línea de Güntert, aunque aplicando su objetivo a sectores en parte diferentes, María Paz Yáñez sostiene también que el narrador de *El doncel* se pone en escena «con fines manipuladores».[66] La autora distingue dos tipos de discurso en *El doncel*: uno convencional, superficial y «falso» y otro, a nivel más profundo y corroborado por los hechos, que resulta ser el «verdadero».[67] Para comprender, pues, en su justo sentido las estrategias literarias de *El doncel* hay que admitir – arguye la

---

60   Scheerer 1986: 97.
61   Güntert 1986a: 343-352.
62   Güntert 1986a: 345.
63   Güntert 1986a: 346.
64   Güntert 1986b: 48.
65   Güntert 1986b: 51.
66   Yáñez 1986: 69.
67   Yáñez 1986: 79.

autora – que «existe una inteligencia superior, responsable de todo el texto, a la que damos el nombre de *enunciador*, a cuyas órdenes actúa también el narrador moviendo sus intrigas para cazar al lector, obligándole a identificarse con una ideología perteneciente a un discurso individual, que difiere ostensiblemente de la ideología oficial de la época.»[68] Mención especial merece en este mismo contexto la tesis doctoral de la misma autora titulada *La historia: inagotable temática novelesca*.[69] Sin poder detenerme aquí en los pormenores de la primera parte de este valioso trabajo, en el cual se pone de manifiesto, por ejemplo, la especial dependencia de *El doncel* respecto a la obra de Fernán Pérez de Guzmán *Generaciones y semblanzas*, y limitándome al análisis e interpretación de la novela de Larra expuesta en la segunda parte, creo poder resumir las ideas fundamentales de María Paz Yáñez como se expone a continuación. Yáñez pone en tela de juicio las interpretaciones biografistas de *El Doncel*. Su análisis lleva a la autora a rechazar el tema amoroso como el fundamental de la obra y, en consecuencia, a ver en Macías el sujeto determinante del discurso narrativo. Para Yáñez hay en *El Doncel* dos protagonistas: don Enrique de Villena y Macías. En consonancia con los trabajos que acabamos de ver, Yáñez insiste en que a nivel de la enunciación hay que poner en duda «la sinceridad del narrador» y hay que tener muy en cuenta su ironía, como se observa, para limitarnos aquí a un solo ejemplo, en los temas religiosos. Por encima de todo esto Yáñez destaca que los dos personajes centrales de *El Doncel* son ante todo personajes de la historia de la literatura – no simplemente de la historia – y que la literatura misma es uno de los temas principales de la novela larreana en general y del capítulo XXXII en particular, el cual – a su vez, según Yáñez – es un «microcosmos»[70] de la totalidad del texto. Villena significaría según esta interpretación, el saber ilustrado, mientras Macías simbolizaría la pasión desordenada e irreflexiva. Lo que propone Larra, siempre según la autora, no es un «justo medio» entre uno y otro polo, sino más bien «fundir los dos en toda su intensidad», es decir integrar las pasiones en un universo «útil, progresista y positivo.»[71]

Dejando a un lado aspectos concretos tal vez discutibles en este bien fundado enfoque de *El Doncel* lo que no cabe duda es que la aportación de la Universidad de Zurich a los estudios de la novela larreana serán en el futuro un factor imprescindible con el que la investigación habrá de contar.[72]

---

68 Yáñez 1986: 83.
69 Yáñez 1991. Obsérvese que de las siete tesis doctorales mencionadas cinco proceden de plumas femininas.
70 Yáñez 1991: 227.
71 Yáñez 1991: 243.
72 A los trabajos mencionados surgidos en la Universidad de Zurich habría que añadir los siguientes en los que se completan otros aspectos particulares. Yáñez 1995, Yáñez: 1988, Yáñez 1989. Véanse también en este mismo contexto los siguientes artículos: Gysi-Teiler 1986, García 1986 y la introducción de María Paz Yáñez a su edición de *El*

Más intenso aún que en torno a *El Doncel* ha sido y sigue siendo en el ámbito germanohablante el olvido del teatro de Larra y, en concreto, de su drama *Macías*. Pese a la revalorización larreana de Goytisolo arriba mencionada, pese a las indicaciones de Kirkpatrick[73] y el juicio de J. L. Alborg[74] en el ámbito cultural aquí cuestionado – y no sólo en él – ha tenido escaso éxito. *Macías* no tuvo la suerte por ejemplo de ser incluido por V. Roloff y H. Wentzlaff-Eggebert en *Das spanische Theater. Vom Mittelalter bis zur Gegenwart* (1988) y en la selección realizada por Wolfgang Rössig: *Hauptwerke der spanischen und portugiesischen Literatur. Einzeldarstellung und Interpretation* (1995) no se tematizan ni *El Doncel* ni *Macías*. Con ayuda de internet sin embargo he logrado encontrar un artículo de Torsten Rox (Universidad de Duisburg) bajo el título «Cambio paradigmático y estético en *Macías* de Mariano José de Larra». Pese a las deficiencias idiomáticas que dificultan la lectura del trabajo, vale la pena saltar por encima de ellas y detenerse en su valioso contenido. Rox demuestra que *Macías* representa «una de las piedras de ángulo [sic] del teatro en general y sobre todo del teatro romántico.» Aun teniendo en cuenta el proverbio alemán de que *una golondrina no hace verano,* parece que también el horizonte hacia una nueva evaluación del teatro de Larra en el ámbito de lengua alemana comienza a despejarse. Torsten Rox ha recogido asimismo en internet una bibliografía general sobre Larra en la que por fin se registran también la mayoría de las tesis doctorales aquí comentadas procedentes del ámbito cultural germanohablante.

c) **Vitalidad creciente de Larra en las nuevas historias de la literatura y obras similares**

Volvemos de nuevo – y finalmente – a las historias de la literatura que constituyen, como ya se ha señalado, el bloque de obras que, sin duda, también ha contribuido eficazmente a la divulgación y mantenimiento de la fama de Larra en el mundo germanohablante. G. Siebenmann publica en 1975 *Die Literatur Spaniens*, en la que, dada su particular estructura, el comentario sobre los autores individuales no puede pasar de ciertos límites. Más en la línea tradicional se presentan los *Grundzüge der spanischen Literatur des 19. und 20. Jahrhunderts* (1982) de W. Kreutzer, donde según el autor, los artículos de Larra defienden «una línea liberal, si bien apenas

---

doncel de don Enrique el Doliente (Yáñez 1997: 9-42). Recomendable por su competente visión de *El doncel* dentro del género de la novela histórica es la interpretación global ofrecida por Friedrich Wolfzettel, que ve los «modelos» de la novela de Larra «in der Gräberlyrik der englischen Vorromantik (Thomas Young und James Hervey) und im Schauerroman sowie in *Las noches lúgubres* von Cadalso» (Wolfzettel 1999: 41).
73   Kirkpatrick 1977.
74   «El *Macías* es una pieza capital del teatro romántico español», Alborg 1980: 276.

democrática».[75] El artículo de H. Felten en el *Kindlers Neues Literatur-Lexikon* (1990)[76] y las páginas dedicadas por H.-J. Lope al siglo XIX en la *Geschichte der spanischen Literatur* editada por Ch. Strosetzki (1991),[77] rompen un tanto las estereotipias fraguadas en torno a Larra en este género de discurso, a través de una información más detallada así como del enriquecimiento en la presentación de Larra por medio de citas que ponen al lector en contacto directo con el autor. Una modalidad especial, iniciada por Franzbach y seguida por Felten se halla asimismo en la obra de Wittschier *Die spanische Literatur. Einführung und Studienführer* (1993), en la que se ofrece la más amplia bibliografía sobre Larra en este tipo de obras (p. 404) y donde se indican, como ya lo había hecho Felten, varios trabajos procedentes del ámbito cultural germanohablante.

Por su originalidad en la presentación e interpretación del poeta-mártir a la manera romántica merece destacarse el amplio capítulo consagrado a Larra por Gumbrecht en su *«Eine» Geschichte der spanischen Literatur* (1990)[78]. Un año antes H. Flasche[79] ponía de relieve la formación humanística de Larra recibida de los Escolapios y los Jesuitas, con la consiguiente defensa – según Flasche – de ciertos valores religiosos en su obra. Las páginas de Flasche son, al propio tiempo, un testimonio de la fascinación que el renombrado y recientemente fallecido calderonista alemán siente también por la «satiricomanía» larreana, como puede observarse en los análisis de varios de los artículos del autor madrileño «Mi nombre y mis recuerdos», «El Café», «Quién es el público», «Empeños y desempeños» y otros más. La última historia de la literatura española escrita en alemán hasta la fecha es la *Spanische Literaturgeschichte* de Hans-Jörg Neuschäfer (ed.) 1997: cinco páginas intensas sobre Larra basadas no sólo en el conocimiento de la obra crítica sobre el escritor madrileño, sino – y quizás sobre todo – en la reflexión directa sobre los textos de un autor, en cuya prosa – en palabras de Neuschäfer – «vida y literatura, estética e interés, observación y crítica se mezclan, se condicionan mutuamente y pierden su valor aisladas entre sí».[80] A ello se suma el vivo y detallado análisis del artículo «La Nochebuena de 1836». La década de los 90 – y con ella el fin del siglo XX – se cierra así con una serie de obras de carácter general, en las cuales Larra y sus escritos siguen manteniendo la vitalidad que caracterizó los principios de su recepción en el mundo germanohablante.[81]

---

75 Kreutzer 1982: 72.
76 Felten 1990. El mismo artículo se reproduce en Rössig 1995.
77 «*Fígaro* zwischen Literatur und Journalismus» en Lope 1991: 298ss.
78 Gumbrecht 1990: 628-644 y bibliografía complementaria.
79 Flasche 1989: III, 320ss.
80 Neuschäfer 1997: 265.
81 Una noticia más sobre Larra en el ámbito alemán es la contenida en el «Reader zum Romanistentag (1999)», original de Sabine Friedrich (Bonn) bajo el sugerente título «Fígaro in fabula. Mediale Formen der Selbstbeobachtung bei Mariano José de Larra»

Tras esta exposición, en líneas generales diacrónica, de la presencia de Larra en los países de lengua alemana a lo largo de los siglos XIX y XX, podemos sacar algunas conclusiones, entre las cuales considero dignas de mención al menos las siguientes:

1. La recepción de Larra en los países de lengua alemana acusa, con algunos retrasos temporales y altos y bajos similares aunque no idénticos al eco de su obra en España, una acogida inicial entusiasta, un descenso considerable a fines del siglo XIX y principios del XX, una recuperación lenta y tardía motivada también en los países germanohablantes por el grupo del 98, y una revitalización alrededor de los años 1970 que se mantiene viva hasta el presente.
2. El interés fundamental por la obra de Larra en el ámbito de lengua alemana se centra durante muchas décadas – como en el resto de los países – en su labor crítica o ensayística. Ello se pone de manifiesto tanto en los comentarios aquí recogidos como en las traducciones al alemán y las ediciones en castellano de sus artículos.
3. La sugerencia de W. Floeck de que habría que traducir al alemán, al menos en parte, la labor periodística de Larra, sigue en pie. Los artículos traducidos hasta ahora no son suficientes numéricamente, carecen por lo mismo de la representatividad necesaria y, además, andan dispersos en publicaciones de muy diverso carácter, resultando así de difícil acceso a los lectores. Para contribuir más efectivamente a la recepción de Larra en el ámbito germanohablante sería menester una edición compacta de otros artículos.
4. Junto al interés por la obra periodística o ensayística de Larra el ámbito cultural de lengua alemana muestra también, con amplias lagunas, curiosidad por su obra narrativa y dramática. Notable y pionera es en este orden de cosas la intensa dedicación a la novela de Larra por parte de la Universidad suiza de Zurich desde la década de los 80 hasta el presente. Hasta qué punto este redescubrimiento de *El doncel* crítico será capaz de motivar una nueva traducción al alemán de la novela larreana, sería prematuro conjeturarlo.

Considerada en su conjunto – podemos resumir – la heterogeneidad de factores que caracterizan y condicionan la recepción de la obra de Larra en el mundo germanohablante (comentarios, traducciones, ediciones en español, estudios especializados, menciones en obras de tipo general) demuestra que la obra crítica de Larra, pese a las dificultades de recepción de la moderna cultura española en el ámbito de lengua alemana, se mantiene viva y enriquecida con nuevos impulsos hasta el presente más inmediato.

(Friedrich 1999).

Bibliografía

Alborg, José Luis (1980): *Historia de la literatura española*. Tomo IV: *El Romanticismo*. Madrid: Gredos.

Allgemeine Deutsche Real-Encyklopädie für die Gebildeten Stände (1845). Konversations-Lexikon. Neunte Originalausgabe. In fünfzehn Bänden. Achter Band (Kaaba bis Ligue). Leipzig: F. A. Brockhaus 1845.

Andrés, Ángel Antón (1961): *Geschichte der spanischen Literatur. Vom 18. Jahrhundert bis zur Gegenwart*. München: Max Hueber Verlag.

Aregger, Agnes J. (1981): *Heine und Larra. Wirkungsgeschichte eines deutschen Schriftstellers in Spanien*. Zürich: Verlag Reihe W.

Attensperger, A. (ed.) (1923): *Spanische Bühnenliteratur. Werke von Manuel Juan Diana, Mariano José de Larra, Don Juan Eugenio Hartzenbusch*. Kempten: Gesellschaft zur Verbreitung zeitgenössischer Sprachmethoden.

Azorín, (1958): «La voluntad», en: *Las mejores novelas contemporáneas*, tomo II. Selección y estudios de Joaquín de Entrambasaguas. Barcelona: Planeta, pp. 854-901.

Becker, Philipp August (1904): *Geschichte der spanischen Literatur*. Straßburg: Karl J. Trübner.

Beer, Rudolf (1903): *Spanische Literaturgeschichte*. Leipzig: Göschen'sche Verlagshandlung.

Berger, Wilhelm / Stoye, Johannes (1941): *«El Genio Hispánico». Neuzeitliches Spanisches Lesebuch*. Mit 8 Kunstdrucktafeln. Leipzig: Verlag Otto Holtze's Nachfahren.

Brandenberger, Erna (1987): *Relatos románticos españoles. Romantische Geschichten aus Spanien*. Auswahl und Übersetzung von Erna Brandenberger. Nachwort und Autorenporträts von Manuel Jurado. München: dtv.

Brent, Albert (1967): «Larra's Dramatic Works», en: *Romances Notes* VII, pp. 207-212.

Brinckmeier, Eduard (1850): *Die Nationalliteratur der Spanier seit dem Anfang des neunzehnten Jahrhunderts*. Göttingen: Vandenhoeck und Ruprecht

Brockhaus' Conversations-Lexikon. Allgemeine deutsche Real-Encyklopädie. Dreizehnte vollständig umgearbeitete Ausgabe 1885. 10. Band. Leipzig.

Brockhaus' Konversations-Lexikon. Vierzehnte, vollständig neubearbeitete Auflage 1908. Neue Revidierte Jubiläums-Ausgabe. Leipzig.

Der Große Brockhaus. Handbuch des Wissens in zwanzig Bänden. 15. Auflage 1932. Leipzig.

Dohm, Hedwig (1867) (ed.): *Die Spanische National-Literatur in ihrer geschichtlichen Entwicklung nebst den Lebens- und Charakterbildern ihrer classischen Schriftsteller und ausgewählten Proben aus den Werken derselben in deutscher Übertragung*. Berlin: Verlag Gustav Hempel.

Felten, Hans (1990): «Mariano José de Larra», en Jens, Walter (ed.): *Kindlers Neues Literatur-Lexikon*. Tomo 10. München: Kindler, pp. 22-24; também en Rössig, Wolgang (ed.): *Hauptwerke der spanischen und portugiesischen Literatur. Einzeldarstellungen und Interpretationen*. München: Kindler 1995.

Fitzmaurice-Kelly, James (1925): *Geschichte der Spanischen Literatur*. Übers. von Elisabeth Vischer. Hrsg. von Adalbert Hämel. Heidelberg: Carl Winter (traducción del original inglés *A History of Spanish Literature*. London, 1898).

Flasche, Hans (1989): *Geschichte der spanischen Literatur*. Bern: A.Francke.

Floeck, Wilfried (1987): «‹In Madrid schreiben heißt weinen›. Zum 150. Todestag des spanischen Schriftstellers Mariano José de Larra», en: *Neue Züricher Zeitung* 14./15. Februar.

Franzbach, Martin (1968): *Abriß der spanischen und portugiesischen* Literaturgeschichte in Tabellen. Frankfurt am Main / Bonn: Athenäum-Verlag.

Friedrich, Sabine (1999): «Fígaro in fabula. Mediale Formen der Selbstbeobachtung bei Mariano José de Larra», en: *Romanistik. Geschichte und Auftrag. XXVI. Deutscher Romanistentag, 26.09.-29.09.1999*. Universität Osnabrück. pp. 104-105.

Fritz Schalk (ed.) (1957): *Spanische Geisteswelt. Vom Maurischen bis zum Modernen Spanien*. Baden-Baden: Holle Verlag.

García, Ceferino: «Elvira, Hernán Pérez y Macías», en Güntert, Georges / Varela, José Luis (eds.): *Entre pueblo y Corona. Larra Esponceda y la novela histórica del romanticismo*. Actas de las Jornadas de la Sociedad Suiza de Estudios Hispánicos (Zurich, noviembre 1984). Madrid: Editorial de la Universidad Complutense, pp. 99-106.

Giese, Wilhelm (1949): *Geschichte der spanischen und portugiesischen Literatur*. Bonn: Athenäum-Verlag.

Goytisolo, Juan (^{2}1982): «La actualidad de Larra», en íd.: *El furgón de cola*. Barcelona: Seix Barral, pp. 20-38.

Gumbrecht, Hans-Ulrich (1990): *«Eine» Geschichte der spanischen Literatur*. Frankfurt am Main: Suhrkamp.

Güntert, Georges (1986a): «Figuras de la manipulación en *El doncel de don Enrique el Doliente*», en Garrido Gallardo, Miguel Ángel (ed.): *Crítica semiológica de textos literarios hispánicos*. Madrid: CSIC, pp. 343-352.

Güntert, Georges (1986b): «Estrategias narrativas en *El doncel de don Enrique el Doliente*», en íd. / Varela, José Luis (eds.): *Entre pueblo y Corona. Larra, Esponceda y la novela histórica del romanticismo*. Actas de las Jornadas de la Sociedad Suiza de Estudios Hispánicos (Zurich, noviembre 1984). Madrid: Editorial de la Universidad Complutense, pp. 37-61.

Gysi-Teiler, Simone (1986): «Elvira y la imaginación poética», en Güntert, Georges / Varela, José Luis (eds.): *Entre pueblo y Corona. Larra Esponceda y la novela histórica del romanticismo*. Actas de las Jornadas de la Sociedad Suiza de Estudios Hispánicos (Zurich, noviembre 1984). Madrid: Editorial de la Universidad Complutense, pp. 85-98.

Hämel, A. (1928): *Lesebuch der spanischen Literatur des XIX. und XX. Jahrhunderts*. Halle (Saale): Max Niemeyer.

Hämel, Adalbert (1932): «Wesen und Werden der spanischen Literatur», en: *Handbuch der Auslandskunde*. Tomo V: *Spanienkunde*. Frankfurt am Main, pp. 201-275.

Hartman, Egon (ed.) (1964): *Klassische spanische Erzähler*. Herausgegeben und mit einem Nachwort versehen von Egon Hartmann: Berlin: Neues Leben.

Heinermann, Theodor (1923): *Geschichte der spanischen Literatur*. Kempten: Josef Kösel und Friedrich Pustet.

Hespelt, Hermann (1932): «The translated Dramas of Mariano José de Larra and their French Originals», en: *Hispania* XV, pp. 117-134.

Hinterhäuser, Hans: *Spanien und Europa. Stimmen zu ihrem Verhältnis von der Aufklärung bis zur Gegenwart*. München: dtv 1979.

Hoffmeister, Gerhart (1976): *Spanien und Deutschland. Geschichte und Dokumentation der literarischen Beziehungen*. Berlin: Erich Schmidt Verlag.

Huber, B. A. (1832): *Spanisches Lesebuch. Auswahl aus der Classischen Literatur der Spanier in Prosa und in Versen nebst kurzen biografischen und literarischen Nachrichten und einem vollständigen Wörterbuch. Zum Gebrauch für Schule und zum Privatunterricht*. Bremen: Johann Georg Henze.

Juretschke, Hans (1937): *Das Frankreichbild des modernen Spanien*. Langendreer: Heinrich Pöppinghaus.

Kirkpatrick, Susan (1977): *Larra: El laberinto inextricable de un romántico liberal*. Madrid: Gredos.

Konitzer, Eva (1970): *Larra und der Costumbrismo*. Meisenheim am Glan: Verlag Anton Hein.

Kreutzer, Winfried (1982): *Grundzüge der spanischen Literatur des 19. und 20. Jahrhunderts*. Darmstadt: Wissenschaftliche Buchgesellschaft.

Lemcke, Ludwig (1855): *Handbuch der spanischen Literatur. Auswahl von Musterstücken aus den Werken der Klassischen Spanischen Prosaisten und Dichter von den ältesten Zeiten bis auf die Gegenwart. Mit biographisch-literarischen Einleitungen*. Erster Band: *Die Prosa*. Leipzig: Friedrich Fleischer.

Lope, Hans-Joachim (1991): «Die Literatur des 19. Jahrhunderts», en Strosetzki, Christoph (ed.): *Geschichte der spanischen Literatur*. Tübingen: Max Niemeyer, pp. 281-321.

Marcus, Ingrid (1970): *Das spanische Bürgertum bei Larra, Mesonero Romanos und Pérez Galdós*. Hamburg (tesis doctoral).

Meyn, Ludwig (ed.) (1926): *Spanische Lesebogen* 4: Mariano José de Larra, Fígaro: *El doncel de don Enrique el Doliente* herausgegeben von Ludwig Meyn, Studienrat in Hamburg. Bielefeld / Leipzig: Verlag von Velhagen und Klasing, pp. 3-22.

Neuschäfer, Hans-Jörg (1997): «Das 19. Jahrhundert», en íd. (ed.): *Spanische Literaturgeschichte. Unter Mitarbeit von Sebastian Neumeister, Gerhard Poppenberg, Jutta Schütz und Manfred Tietz*. Stuttgart / Weimar: Metzler, pp. 231-314.

Orschel, Hans (1932): *Der Humor in der spanischen Prosa des 19. und 20. Jahrhunderts*. Greifswald: Druckerei Hans Adler.

Palau-Ribes, Francisca (1954): *Kleine spanische Literaturgeschichte. Ein Überblick von den Anfängen bis zur Gegenwart*. Kevelaer: Butzon und Bercker.

Pérez Vidal, Alejandro (1997): «Prólogo», en Larra, Mariano José de: *Fígaro. Colección de artículos dramáticos, literarios, políticos y costumbres*. Edición de Alejandro Pérez Vidal. Con un estudio preliminar de Leonardo Romero. Barcelona: Crítica.

Petriconi, Hellmuth (1926): *Die spanische Literatur der Gegenwart seit 1870*. Wiesbaden: Dioskuren Verlag.

Rehrmann, Norbert (1991): *Spanien. Kulturgeschichtliches Lesebuch. Texte und Kommentare*. Frankfurt am Main Vervuert.

Rössig, Wolfgang (ed.) (1995): *Hauptwerke der spanischen und portugiesischen Literatur. Einzeldarstellung und Interpretation*. München: Kindler.

Rötzer, Hans Gerd (1969): *Wege der spanischen Literatur. Ein Lesebuch*. Frankfurt am Main / Berlin: Ullstein.

Ruppert y Ajarabi, Ricardo (ed.) (1931): *Kulturkundliches Spanisches Lesebuch*. Heidelberg: Julius Groos.

Scheerer, Thomas M. (1986): «Tiempos infelices. Sobre la novela histórica de Mariano José de Larra», en: *Revista Chilena de Literatura* (Santiago de Chile) 27/28, pp. 93-108.

Scherr, Johannes (1875): *Allgemeine Geschichte der Literatur*. Stuttgart: Verlag Carl Conradi.

Schmidt, Albert (1887): *Grundriss der Geschichte der spanischen Literatur*. Leipzig: Hermann Hucke.

Schmidt, Bernhard (1975): *Spanien im Urteil spanischer Autoren. Kritische Untersuchungen zum sogenannten Spanienproblem 1609-1936*. Berlin: Erich Schmidt Verlag (*El Problema Español de Quevedo a Azaña*. Madrid: Cuadernos para el Diálogo 1976).

Schramm, Edmund (1933): «Nationale Kulturprobleme in der neueren Literatur», en: *Germanisch-Romanische Monatsschrift* XXI, pp. 111-125.

Siebenmann, Gustav (1975): «Die Literatur Spaniens», en Haensch, Günther / Hartig, Paul (eds.): *Handbücher der Auslandskunde: Spanien*. Tomo 2: *Sprache und Literatur*. Frankfurt am Main / Berlin / München: Diesterweg, pp. 86-158.

Wiegler, Paul (1914): *Geschichte der Weltliteratur: Dichtung fremder Völker* Berlin / Wien: Ullstein.
Wittschier, Heinz W. 1993: *Die spanische Literatur. Einführung und Studienführer*. Tübingen: Max Niemeyer.
Wolff, Adolf (1860ss.): *Die Classiker aller Zeiten und Nationen. Geschichte ihres Lebens, erläuternde Charakteristik ihrer Schriften und auserlesene Stellen aus ihren Meisterwerken*. Berlin: Verlag Gustav Hempel.
Wolff, Ferdinand (1859): *Studien zur Geschichte der Spanischen und Portugiesischen Nationalliteratur*. Berlin: A. Asher und Co.
Wolfzettel, Friedrich (1999): *Der spanische Roman von der Aufklärung bis zur frühen Moderne. Nation und Identität*. Tübingen / Basel: Francke.
Yáñez, María Paz (1986): «*El doncel de don Enrique el Doliente*. De la caza política a la caza literaria», en Güntert, Georges / Varela, José Luis (eds.): *Entre pueblo y Corona. Larra, Espronceda y la novela histórica del romanticismo*. Actas de las Jornadas de la Sociedad Suiza de Estudios Hispánicos (Zurich, noviembre 1984). Madrid: Editorial de la Universidad Complutense, pp. 63-84.
Yáñez, María Paz (1988): «Particularidades del marco histórico de *El doncel de don Enrique el Doliente*», en: *Romanticismo* 3-4. Atti del IV congresso sul romanticismo spagnolo e ispanoamericano, pp. 137-144.
Yáñez, María Paz (1989): «Algunas consideraciones sobre el concepto de novela histórica», en: *Boletín de la Sociedad Suiza de Estudios Hispánicos* 34 (mayo), pp. 3-16.
Yáñez, María Paz (1991): *La historia: inagotable temática novelesca. Esbozo de un estudio sobre la novela histórica española hasta 1834 y análisis de la aportación de Larra al género*. Bern et al.: Peter Lang.
Yáñez, María Paz (1995): «Zelindaja, espejo cóncavo de Larra», en: *Romanticismo* 5. Actas del V Congreso *La sonrisa romántica* (Nápoles, 1-3 de abril de 1993). Roma: Bulzoni, pp. 251-261.
Yáñez, María Paz (^{2}1997 [^{1}1995]): «Introducción», en Larra, Mariano José de: *El doncel de don Enrique el Doliente*. Edición de María Paz Yáñez. Madrid: Espasa Calpe pp. 9-42.
Yxart, José (1885): «Prólogo», en Larra, Mariano José de: *Colección de artículos escogidos*. Barcelona: Daniel Cortezo; recogido en íd. (1996): *Crítica dispersa (1883-1893)*. Ed. Rosa Cabrí. Barcelona: Lumen, pp. 366-377.
Zantop, Susanne (1988): *Zeitbilder. Geschichte und Literatur bei Heinrich Heine und Mariano José de Larra*. Bonn: Bouvier.
Zorrilla, José (1993): *Antología Poética*. Edición de Ricardo de la Fuente Ballesteros. Madrid: Colección Austral.

Napoleón, las dos Españas y el levantamiento de Alemania (1806-1813)

Dietrich Briesemeister
(Friedrich-Schiller-Universität Jena / Wolfenbüttel)

El estallido de entusiasmo político-patriótico por España y la admiración por la porfiada resistencia de los españoles a la invasión francesa en 1808 coincide en Alemania con la media vuelta hacia España que se está operando en concomitancia con el redescubrimiento de la literatura española, encabezada por sus próceres Cervantes y Calderón, y la expectativa unida con este viraje de cánones poéticos o estéticos de que se produzca una renovación cultural. La lucha antinapoleónica por la libertad contra los «französische Überziehungskriege», término que Ernst Moritz Arndt usó para las guerras de coalición y las correspondientes invasiones, había resucitado el nombre de España «aus einer gewissen Vergessenheit» reparándolo en Europa.[1]

En un cambio brusco de la mentalidad España se va transformando de un «pueblo de pigmeos» o de «eine wahre Null» (Leopold A. Kaufhold) en «uno de los más nobles del mundo»,[2] en un «pueblo mítico»[3] o en una absoluta necesidad, «ein Muß»[4] al decir categórico de Ernst Moritz Arndt. La revalidación radical produce una mudanza de los estereotipos sobre España y los españoles vigentes hasta ahora en Alemania. Esta alteración es condicionada por circunstancias bélicas, en particular la sublevación del Dos de Mayo de 1808, que sugieren una aparente congruencia de valores morales, intereses políticos y metas comunes después de la desintegración (1806) del Sacro Imperio Romano. Lo que falta, sin embargo, ahora como antes en los territorios alemanes son los conocimientos sólidos de la historia y cultura españolas en general para poder enjuiciar la situación ya confusa en sí y también obtener noticias más detalladas sobre los eventos.

Aquí nos interesa estudiar algunos ejemplos del proceso en que la tradicional imagen negativa de los españoles será sustituida por una exaltación patriotera. Basándose en la visión de dos Españas esta idealización a su vez engendra y fomenta la francofobia, que tendrá una fatal descendencia en la Alemania de los siglos XIX y XX. En el Romanticismo alemán el concepto de España se plasma a diferentes niveles interactivos: la ficción literaria y la poesía, la naciente filología románica y la

---

1 Arndt s.a.: 235 y 239.
2 Schack 1854: 11.
3 Steffens 1842/V: 332.
4 Arndt s.a.: 239.

historiografía, los relatos de viaje y el periodismo *sensu lato*. En sus ideas se compaginan los ingredientes ideológicos de la controversia entablada en España misma sobre la autoconceptualización histórico-cultural del país, pero en forma divergente de los antagonismos «intrahistóricos» españoles. Entre católicos y protestantes, patriotas y nacionalistas, liberales, reformadores y conservadores corren igualmente líneas divisorias en Alemania que causan incongruencias en cuanto a las cosas de España. Aquí la construcción binaria de la imagen de España se apoya, por un lado, en una España soñada ni posible ni real, invención de los propios autores alemanes que en su mayoría no han viajado nunca por España. Por otro lado, se entremezclan ciertos elementos de la autocrítica o de la apología nacional-conservadora de los españoles con los residuos propagandísticos del secular antiespañolismo europeo que es el resultado de los enfrentamientos político-dinástico-religiosos de la temprana Modernidad y, en particular, de los estereotipos y prejuicios franceses ampliamente propagados en el Siglo de las Luces y difundidos también en Alemania.[5]

Los relatos de viaje de Leopold Anton Kaufhold *Spanien, wie es gegenwärtig ist, in physischer, moralischer, politischer, religiöser und literarischer Hinsicht* (Gotha: Ettinger 1797) y Philipp Joseph von Rehfues *Spanien. Nach eigener Ansicht im Jahr 1808 und nach unbekannten Quellen bis auf die neueste Zeit* (Frankfurt: Varrentrapp 1813) reflejan claramente si no una España totalmente imaginada al menos una visión de conjunto entre crítica y favorable, pero no se deciden entre luces y sombras. Rehfues recurre incluso a las *Cartas marruecas* (1793) de José Cadalso y las traduce parcialmente. Abogando por reformas, Cadalso combina con la autocrítica un sentimiento patriótico-nacional.

Para realzar el contraste que mide entre el belicismo alemán atizado por la derrota de Prusia en la batalla de Jena-Auerstedt en 1806 y la beligerancia de los españoles contra los franceses conviene recordar las raíces ideológicas de la sublevación de 1808.[6]

Como lo resalta José Álvarez Junco[7] la lucha en la primera coalición europea con Austria, Prusia, Inglaterra y Holanda contra los republicanos franceses – el preludio a la Guerra de la Independencia – tomó un aire de cruzada en defensa de la religión católica. Francia invadió Cataluña, Navarra y el País Vasco con el intento de quebrantar la unidad territorial de la monarquía. Era la primera de tres irrupciones francesas en el territorio español entre 1793-1823. El capuchino Fray Diego de Cádiz (beatificado posteriormente) lanzó, probablemente en Barcelona, en 1794 su folleto militante *El soldado católico en la guerra de religión* con el largo subtítulo

---

5   Véase Brüggemann 1956, Zimmermann 1997, Hönsch 2000.
6   Para la orientación general sobre el tema véase Wohlfeil 1965, Venohr 1998, Pelzer 2000, Fesser / Jonscher (eds.) 1998, Aymes 1975, Artola Gallego 1953, Esdaile 2003, Esdaile 2004, Álvarez Junco 2001.
7   Álvarez Junco 2001: 340s.

que declara los propósitos reaccionarios del famoso predicador: «Carta instructiva ascético-histórico-política, en que se propone a un soldado católico la necesidad de prepararse, el modo con que lo ha de hacer y con que debe manejarse en la actual guerra contra el impío partido de la infiel, sediciosa y regicida Asamblea de la Francia».[8]

No se trataba, explica Álvarez Junco, de defender a España y su monarquía contra la Anti-España, sino defender la verdadera religión contra los perniciosos franceses, los hijos de Lucifer. En una guerra santa se enfrentan Cristo y Satanás. Contra el grito de los filósofos materialistas y revolucionarios ateos[9] el fraile exige el más estricto deber de obediencia como virtud del soldado y garantía de la victoria. Por algo la obra de Fray Diego de Cádiz fue reimpresa varias veces durante la llamada Guerra de la Independencia y otros correligionarios siguieron justificándola como cruzada, por ejemplo, Rafael de Vélez OFM Cap., que tuvo un enorme éxito con su *Preservativo contra la irreligión o los planes de la filosofía contra la religión y el Estado, realizado por la Francia para subyugar la Europa, seguidos por Napoleón en la conquista de España y dados a luz por algunos de nuestros sabios en perjuicio de nuestra patria* (Cádiz, 1812) y, sobre todo, con su *Apología del Altar y del Trono* (Madrid, 1818). La rabia se dirige indistintamente contra los filósofos que por supuesto son todos liberales, iluminados, libertinos, incrédulos y francmasones. La españolidad se hermana, pues, con el catolicismo como bastión de la ortodoxia.

A raíz de la paz de Basilea (1795) Godoy levantó su anterior enemistad con Francia, firmando el tratado de San Ildefonso (1796) con graves consecuencias para España. El Príncipe de la Paz puso al servicio de los franceses las fuerzas armadas españolas y le prestó ayuda a Napoleón en su lucha contra Inglaterra. En cambio Napoleón insinuó a España la llamada Guerra de las Naranjas para eliminar a Portugal como aliado tradicional de Inglaterra. No obstante, ambos vecinos se alzaron en 1808 contra los invasores. Arndt llamó a Portugal «la joroba de España»,[10] comparando las relaciones conflictivas hispano-lusas desde la perspectiva pangermánica y nacionalista con las aspiraciones de anexionar Alsacia y Slesvig. Sugirió nada menos que una unión ibérica, proyecto tan controvertido en la política de los dos países durante el siglo XIX.

La Carta instructiva de Fray Diego de Cádiz curiosamente hace juego con el *Katechismus der Deutschen, abgefasst nach dem Spanischen, zum Gebrauch für Kinder und Alte. In sechzehn Kapiteln* de Heinrich von Kleist.[11]

---

8   Herrero 1971: 142-147.
9   «Rompamos de una vez los vínculos más Sagrados de sus Leyes [quiere decir la Biblia y los Mandamientos divinos], ... sacudamos y arrojemos para siempre de nuestros hombros el yugo de la subordinación y de su necesaria obediencia» (Edición de Cádiz 1813: 7).
10 Arndt s.a.: 238.
11 Texto en Kleist 1990/III: 479-491. Grathoff 1989, Wülfing 1996, Jeismann 1992.

El poeta, capturado por los franceses en Berlín, era uno de los agitadores implacables contra Napoleón. En su drama histórico *Die Hermannsschlacht*, escrito en 1808, pone en escena la derrota que el jefe de los germanos Arminio infligió a las legiones romanas en el año 9 d.C. Los coetáneos entendían al instante el paralelo histórico entre romanos y franceses *versus* prusianos y queruscos (un pueblo franco). Kleist le había ofrecido el manuscrito al emperador Francisco I de Austria implorándole que cierre el paso al «Mordgeist». Germania convoca a los conciudadanos:

> Zu den Waffen! Zu den Waffen!
> Was die Hände blindlings raffen!
> Mit dem Spieße, mit dem Stab,
> Strömt ins Tal der Schlacht hinab! ...
> Schlagt ihn tot! Das Weltgericht
> Fragt euch nach den Gründen nicht!

La recepción del drama con su protagonista Arminio como símbolo nacional crea una serie de adaptaciones e interpretaciones del texto en el sentido germanochauvinista y racista hasta 1933-1945. El héroe franco tiene su igual en José Rebolledo Palafox y Melci, el discutido campeón de los sitios de Zaragoza, a quien el poeta dedicó un ampuloso poema en alejandrinos solemnes elevándolo a lo sobrehumano.

Kleist redacta el panfleto imitando un folleto anónimo español que se publicó en versión alemana en Viena (1809) con el título *Bürgerlicher Katechismus und kurzer Inbegriff der Pflichten eines Spaniers nebst praktischer Kenntnis seiner Freyheit und Beschreibung seines Feindes*. Existen además traducciones francesa y portuguesa. El original *Catecismo civil y breve compendio de las obligaciones del español y conocimiento práctico de su libertad*, uno de los numerosos catecismos políticos de la época, salió a la luz en Cartagena en 1808.[12]

En Alemania tampoco faltan ejemplos del género, tal como el *Katechismus für den teutschen Kriegs- und Wehrmann, worin gelehrt wird, wie ein christlicher Wehrmann sein und mit Gott in den Streit gehen soll* (1813), de Ernst Moritz Arndt, una clara definición del nuevo nacionalismo que se extiende por toda Europa bajo la consigna de la guerra santa y de cruzada. Este poeta compuso asimismo «Bannersänge und Wehrlieder» recopilados en *Lieder für Teutsche* (1813), que cantan hiperbólicamente las victorias de los ejércitos aliados contra Napoleón con tiradas antifrancesas invocando al «Dios con nosotros» (en «Der Gott, der Eisen wachsen ließ»). El catecismo laico del luterano Kleist se estructura en forma de preguntas sobre el amor a la patria que un niño dirige a su padre. En sus respuestas el padre dictamina sentencias sobre el «enemigo hereditario» francés («Erzfeind», cap. IV) y el odio. El apodo injurioso tiene una larga trayectoria desde el emperador Maximiliano I hasta

---

12 Muñoz Pérez 1987, Wohlfeil 1965: 309ss.; AA.VV.: *Catecismos políticos españoles*, Madrid, Comunidad de Madrid, 1989.

la caída del Tercer Reich. Originalmente designaba al Diablo, después pasó a los turcos como enemigos de Cristo y al final a Napoleón, una encarnación del Anticristo. Napoleón es «un espíritu del mal» («ein böser Geist») que ha destruido y subyugado la patria, es «un hombre execrable, comienzo de todos los males y fin de lo bueno» («ein verabscheuungswürdiger Mensch, Anfang alles Bösen und das Ende alles Guten»). Puede imaginarse como «el espíritu de un parricida salido del infierno» («einen der Hölle entstiegenen Vatermördergeist, der herumschleicht, in dem Tempel der Natur, und an allen Säulen rüttelt, auf welchen er gebaut ist»).[13] Es curioso observar que la religión se sustituye como en el deísmo por el «Templo de la Naturaleza», en la teología política laicizada las Leyes divinas se convierten en columnas que sustentan el edificio del Universo, la «machina mundi». El mensaje del catecismo que enfoca la situación en la Prusia ocupada por las tropas francesas se refiere al modelo español sólo en el título. Es un sermoneo de galofobia, del nacionalismo a ultranza y del odio frenético al enemigo muy en contra del mensaje evangélico a que se refiere el término catecismo. En su reseña del escrito el historiador prusiano Heinrich von Treitschke (que en una carta fechada en Granada 1886 escribirá que en el fondo España es un «Land der Todten») le atestigua a Kleist que «nicht mehr deutsch, sondern spanisch ist die Wildheit des Hasses wider die fremden Dränger».

Una secuela de la apologética militante es la recuperación de un viejo mito y tópico ideológico: el hermanamiento hispano-germano que desde Isidoro de Sevilla sirvió de argumento ambivalente para cimentar alianzas en diversas constelaciones político-dinásticas. La supuesta confraternización remonta a los visigodos (la palabra goda «visu» significa bueno, una etimología que da lugar a especulaciones sobre el carácter nacional), cuyo reino toledano perduró hasta la invasión árabe y la muerte de Rodrigo, el último godo. En el Siglo de Oro este fundamento «histórico» justificaba la dinastía de los Habsburgo en el gobierno del Imperio. Tener sangre de los godos era un título genealógico-racial de nobleza y riqueza; no en vano se convirtió en el apodo despectivo del español conservador y poderoso en la Hispanoamérica independiente. La valentía germana y el espíritu guerrero del español sustentan el poder de la monarquía universal. Aún en la Guerra Civil de 1936-1939 la propaganda fascista celebró la «Waffenbrüderschaft» entre la España nacional y la Alemania nazi invocando los lazos comunes de la germanidad. Por otra parte, Cervantes puso en ridículo la idea de fraternidad en el episodio de Ricote, que pretende haber estado una vez en Alemania. En la francachela uno de los vagabundos chapurrea: «Españoli y tudesqui, tuto uno, bon compaño», y Sancho riposta con ironía: «¿Bon compaño? ¡Jura Di!» (*Don Quijote* II, 54). Sebastián de Covarrubias Horozco, en su *Tesoro de la lengua castellana o española*, recurre a la etimología latina «germanus» (herma-

---

13 Kleist 1990/III: 484s.

no) para los germanos dando una explicación política sorprendente: los germanos forman una confederación de distintas tribus que se han fraternizado.[14]

Pero esta concordia sigue siendo precisamente el gran problema de la política interior alemana del siglo XIX, ganar la unidad nacional después de la liquidación del Heiligen Römischen Reichs Deutscher Nation y del fracaso del Deutscher Bund. A un nivel más espiritual se pregunta el erudito Friedrich Bouterwek:

> Deutsches Gemüt und spanische Phantasie in kräftiger Vereinigung, was kann sie nicht hervorbringen? Was der Spanier, seiner Abkunft nach, immer gern eingedenk, von den Deutschen sagt: Somos hermanos, könnte auf eine ganz neue Art in der deutschen Poesie wahr werden.[15]

Y aun en el dominio lingüístico August Wilhelm Schlegel que, por cierto, dominaba bastante bien el castellano, quiere observar en este idioma «die rauhe Kraft und Treuherzigkeit der Goten».[16]

En una carta dirigida a Francisca Larrea Böhl von Faber, la esposa del hispanista gaditano Johann Nikolaus Böhl von Faber, Schlegel escribe en 1813 con un marcado acento de simpatía política: «Die gemeinsame Sache des politischen Freiheitskampfes wird eine neue brüderliche Gemeinsamkeit zwischen den Spaniern und Deutschen schaffen, die seit jeher mehr Gemeinsamkeiten unter sich gehabt haben als mit den Franzosen und Italienern».[17]

Casi al mismo tiempo el publicista y teórico del Estado Adam Heinrich Müller Ritter von Nittersdorff, recién convertido al catolicismo, constató en su entusiasmo por España que los «innern Genien der deutschen und spanischen Nation sowie der beiden Sprachen womöglich eben so nahe verwandt sind als ihre gegenwärtigen beiderseitigen Schicksale». Así fraternidad y enemistad repercuten y coexisten a un nivel culto.

Durante la guerra peninsular el goticismo produce también en la literatura una reanimación de leyendas y figuras nacionales de la Edad Media. Al lado del caso más notorio del Cid, que desde Johann Gottfried Herder fascina a los estudiosos, traductores y poetas, está Rodrigo, «el último godo». La validez histórica de la leyenda de Rodrigo como fundador y origen de la monarquía hispánica fue cuestionada ya en el siglo XVIII, entre otros, por Benito Feijoo y Juan Francisco de Masdeu. Es curioso observar ahora la inversión de frentes. Mientras que en España Rodrigo,

---

14　Covarrubias Horozco 2006: *sub verbo*.
15　Bouterwek 1804: viii-ix. Ferdinand Wolf, en sus *Studien zur spanischen und portugiesischen Nationalliteratur*, Berlin, 1859, p.5, retoma la fórmula diciendo que el manual de Bouterwek «scheint uns wie eine Erneuerung des geistigen Bündnisses zweier nicht bloß dem Stamme, sondern mehr noch ihrem innersten Wesen nach verbrüderten Nationen; wie eine Erneuerung des altherkömmlichen Grußes der Spanier an die Deutschen: Somos hermanos».
16　Schlegel 1846/VI: 389.
17　Citado por Tiemann 1936: 9-10.

el traidor, se sustituye por Pelayo (Pedro Montengón, *El Rodrigo. Romance épico*, 1793; las tragedias neoclásicas de Manuel José Quintana, *Pelayo*, 1805, y de Gaspar Melchor de Jovellanos, 1815), se exalta a Rodrigo en Alemania e Inglaterra.[18]

En Inglaterra se destacan las obras de Walter Scott (*The Vision of Don Roderick*, 1811), Walter Savage Landor (*Count Julian*, 1812) y sobre todo el patriota conservador e hispanista Robert Southey (*Roderick. The Last of the Goths. A Tragic Poem*, 1814). En Alemania la tragedia *König Roderich* (1873) de Felix Dahn es un ejemplo tardío de cómo perdura durante el siglo XIX la galofobia en conjunción con una imagen de España desvirtuada por los enfrentamientos ideológicos durante el Kulturkampf (la lucha entre la Iglesia católica y el Estado bajo el gobierno de Bismarck liderado por los liberales). El autor de la novela histórica muy leída *Ein Kampf um Rom* (1876) en que se narra la lucha de los ostrogodos contra Roma y Bizancio concibe a Rodrigo como furibundo anticlerical que quiere liberar su reino del predominio de la clerecía. No deshonra a Caba, sino la salva de las insidias de un obispo y del enclaustramiento. A la idea de la unidad del Estado nacional se asocia una fuerte antipatía de los galos («Welschen», en un sentido peyorativo).

Uno de los promotores más activos de la galofobia y a la vez declarado hispanófilo era Ernst Moritz Arndt, catedrático de historia, poeta bélico y publicista político prolífico.[19]

Para comprender la mezcla extraña de odio al enemigo hereditario francés y exaltación del españolismo conviene echar una mirada a su derrotero intelectual. Observando el patriotismo de los franceses estimulado por la Revolución se dio cuenta en su viaje a Francia (1798-1799) de la falta de conciencia nacional entre sus compatriotas. «Weil der Nationalgeist fehlt, ist ein Volk von 30 Millionen der Spott Europas geworden».[20]

August Ludwig von Schlözer, en su *Theorie der Statistik*, comparte este juicio crítico: «Deutsche (als eine Einheit geträumt), eine der 3 großen Nationen, fester als die französische, kultivierter als die russische, sind ... in den letzten 2 Jahren der Spott von Europa geworden».[21] Arndt se consagrará a despertar el «Volksgeist» de los alemanes con el mismo fervor que había experimentado como joven con su mística vocación hispana. En el tomo primero de *Geist der Zeit* (Berlin, 1805) somete la situación alemana a un examen riguroso dirigiendo su elocuencia violenta contra los franceses. Napoleón (nacido el mismo año que Arndt, en 1769), «der Emporgekommene», pasa por hombre fatal («Mann des Verhängnisses»), conquistador genial y demoníaco, destructor de Europa, en suma es «ein erhabenes Ungeheuer». Arndt se

---

18 Menéndez Pidal 1906, íd. 1924, Pujals 1970, Saglia 2000.
19 Para el ambiente político véase Lüsebrink / Reichardt (eds.) 1997, Höpel (ed.) 2001, Wohlfeil 1965: 237-245.
20 Cf. *Geschichtliche Grundbegriffe. Historisches Lexikon zur politisch-sozialen Sprache in Deutschland*, Stuttgart: Klett-Cotta 2004, t. 7, 309-346
21 Schlözer 1804: 39.

refugió en Suecia, cuando las tropas napoleónicas ocupaban el territorio prusiano, pero volvió a Berlin en el invierno de 1809/1810. El año anterior Johann Gottlob Fichte había proferido allí sus clamorosas *Reden an die deutsche Nation* en el *Katechismus für den teutschen Kriegs- und Wehrmann* (1813). Arndt, formado en teología protestante, enaltece el llamamiento a una guerra santa contra los franceses y su malvado emperador igual que Fray Diego de Cádiz con el supremo argumento de la religión, implorando el amor divino y la confianza en Dios: «Drei Jahrhunderte hat der teutsche Löwe geschlafen. Er hat nicht gefühlt, was ein Volk vermag. Er wird erwachen, seine Fesseln zerbrechen und in fürchterlicher Herrlichkeit die Nichtigkeit und Elendigkeit derer offenbaren, die ihn in den Stricken der Hinterlist und Buberei zu halten meinen. Ja, teutsches Volk, Gott wird dir die Liebe und Vertrauen geben, und du wirst erkennen, wer du bist und wer du sein sollst... Auf denn, teutscher Mann! Auf mit der Freiheit und der Treue gegen die Knechtschaft und Lüge! ... Wahrlich, die Franzosen haben nur Schimmer, du aber hast Flammen. Sie haben nur Geschmeidigkeit, du hast Kraft, sie haben nur Lüge, du hast Treue. Du wirst sie verwehen, wie der Wind Stoppeln verweht».[22]

Hay, sin embargo, una diferencia entre el luterano y el fraile que se guía por la institución de la Iglesia católica apostólica romana y su dogmática: el luterano apela a la «schönverbundene Gemeinde» (Friedrich Ludwig Jahn), al espíritu de los feligreses como célula de identidad y núcleo de acción comunitaria, es decir como formación táctica de combate y resistencia del *miles christianus*. «Gott mit uns» era la divisa de los reyes prusianos que apareció aún en el broche del cinturón de los soldados alemanes en la Segunda Guerra Mundial.[23]

La perjudicial alianza entre la soñada España irreal y el actual belicismo sangriento se descubre en la confesión tan ingenua como reveladora de Ernst Moritz Arndt al rememorar cómo se convirtió muy joven al españolismo. En una apóstrofe patética se dirige a

> mein geliebtes Spanien... Mir bist du schon im Knabenalter als ein wundersames Märchenland zufällig angeklungen worden, und wie habe ich aufgehorcht, als eine schöne Dirne meiner Heimat, deren Vater einige Jahre in Kadix gewohnt hatte, mir sang: Nach Hispanien! Nach Hispanien! In das Land der goldnen Märchen! Dieses Märchen sollte dem Manne die glänzendste Wahrheit und das fröhlichste Glück werden.[24]

En Suecia Arndt acogió en 1808 la «Freudenbotschaft von dem Kampf und Aufstand der Spanier in Madrid wie eine Blitzleuchtung der Hoffnung und Rettung». El recuerdo juvenil capta la imagen romántica de un «país de las maravillas». Herder ya hablaba de «Hesperischer Zaubergarten» o de «Zauberland». Hesperien e Hispanien no forman un retruécano, sino que son sustitutivos arcaizantes sin referencia

---

22 Arndt 1913/X: 161s.
23 Cf. Lüsebrink 1996, Remi 1991, Bach 2003.
24 Arndt s.a.

geográfica o histórica precisa. Hesperia se llamaba en la mitología clásica el jardín de las ninfas al extremo occidente de la tierra conocida en la Antigüedad, donde crecían las manzanas de oro robadas por Hércules en una de sus hazañas. Hispania (que significa «tierra de conejos») no corresponde a la España postromana. Ambos territorios sirven de foro para la proyección de añoranzas de un Siglo de Oro maravilloso, como lo expresa la fórmula del «fabelhafte romantische Hesperien» que se asocia con «muchos hübschen romantischen Träumen». Los cimientos del «Märchen» para la percepción de España en un momento tan precario de su historia moderna son muy endebles. En la época en que escribía Arndt aumentó el interés por las consejas o cuentos populares de tradición oral sobre sucesos fantásticos, inverosímiles de libre invención y sin fijación temporal ni espacial. Culmina con los *Kinder- und Hausmärchen* de los hermanos Grimm (1812-1815). Su característica reside en el desacuerdo entre el mundo de la experiencia y el mundo encantado, fabuloso. Aunque Arndt mismo había editado una colección de cuentos descubre España como «verdad más luminosa», como «Märchen», una revelación paradójica tanto más sorprendente en un historiador que sabía manejar críticamente las fuentes y distinguirlas de las ‹leyendas›. Otro rasgo archirromántico en esa fase iniciática de la hispanofilia es el contacto con España a través del *lied* y el encanto por resonancias misteriosas y fortuitas. El texto de la canción refleja modos anímicos de nostalgia de países lejanos como expresa una poesía melosa de Clemens Brentano:

> Nach Sevilla, nach Sevilla!
> Wo die letzten Häuser stehen,
> Sich die Nachbarn freundlich grüssen,
> Mädchen aus dem Fenster sehen,
> Ihre Blumen zu begiessen,
> Ach, da sehnt mein Herz sich hin.[25]

Al mismo tiempo recuerda también las canciones propagandísticas para reclutar a emigrantes al estilo de

> ‹Nach Brasilien!› klang die Losung
> Nach dem Paradies im Westen,
> Wo mit gold'nen Pomeranzen
> Sich die faulen Tiere mästen.

Finalmente Arndt admite el carácter visionario, fantasmagórico de su imagen de España por así decir metafísica al afirmar que existe desde el inicio una *harmonia praestabilita* «gewisser Träume und Anschauungen wie Gesichte und Gebilde einer frühesten Vorwelt». Son pues impresiones arquetípicas y sondables por una psicología profunda del alma del pueblo español que explican la atracción emocional que ejerce el país soñado sobre él.

---

25 Brentano 1852/II: 170.

> Spanien hat mir vom Jahr 1808 bis zu unseren großen deutschen Kriegsjahren viele
> schönste Träume gegeben, aber wunderbar, diese Träume spielten immer in das mittelal-
> terliche, romantische Leben spanischer Ritter, Ritterspiele, Reigen und Zauberschlösser
> hinein, nimmer in die blutigen Wirren und Getümmel der fürchterlichen Jahre von 1808
> bis 1814: ein Beweis, daß selbst aller politischer Zorn nebst seinem politischen Wirr-
> warr in den dichterischen Zaubergärten der Fantasie sich verklärt und erlischt.[26]

Es increíble cómo Arndt aguantó este desfase entre ilusión y realidad. El alemán del Norte profesó un «amor indeleble» a España sin haber viajado jamás al país de sus sueños. «Als Land ist Spanien eine einzige Herrlichkeit in Europa»,[27] mas también una «Absonderlichkeit». La excentricidad constituye una constante del ensayismo sobre España tanto en lo positivo, ejerciendo una fascinación irresistible, como en lo negativo motivando el rechazo y la crítica. El término ‹Absonderlichkeit› es ambivalente expresando no sólo la extrañeza, sino también el aislamiento, la incomunicación. Por de pronto se refiere a la posición geográfica peninsular en la periferia del continente europeo. «Absonderlichkeit» queda el estigma que la propaganda antiespañola atribuía durante siglos a España y los españoles. Se resume en la frase tan proverbial como desatinada de Voltaire, según la cual más allá de los Pirineos comienza África. Por otro lado, en el concepto conservador-nacional de España el aislamiento puede servir de argumento justificativo. En el tratado *España defendida* Francisco de Quevedo analiza la victimización del pueblo elegido, envidiado, rodeado de enemigos, fiel a la religión, etc.[28]

La corrupción de la buena índole de los españoles se debe a la infiltración extranjera. En realidad España no es excéntrica, sino que representa como ningún otro país la *aurea mediocritas*, el término medio y justo entre los extremos tanto en su condición natural como en su talante moral. Para José Donoso Cortés España será en Europa a mediados del siglo XIX lo que es un oasis en el desierto.

El descubrimiento romántico de España y su «otredad» revela también los conocimientos insuficientes sobre el país. Herder atribuye lo «Außerordentliche» y «Abenteuerliche» del pueblo a su herencia romana y cristiana así como a la multirracialidad y habla no sin admiración de «diesem abgeschloßnen Land der Schwärmer». El diplomático Johann Georg Rist, que en 1803 asumió su cargo en Madrid como secretario de legación, observa una «Zahl höchst bedeutender und seltsamer Originale, die auf diesem uralten Boden in unverkümmerter Eigenthümlichkeit wandeln».[29] Lo primitivo representa la originalidad. Friedrich Schlegel constata que

> Spanien, wie schon durch seine geographische Lage und eigenthümliche Entwicklung,
> Verfassung und Sitten, so auch in seiner Geistesbildung und Sprache von dem übrigen
> Europa mehr abgesondert blieb und weniger Einfluß darauf nahm. Daß gleichwohl diese

---

26 Arndt s.a.: 233.
27 Arndt s.a.: 237.
28 Véase al respecto Schmidt 1975: 22-59.
29 Rist 1880/I: 298s.

von dem übrigen Europa abgesonderte Geistesbildung und Sprache eine hohe Stufe von innerer Vortrefflichkeit erreichte, hat man erst in neuern Zeiten mit mehr Gerechtigkeit als ehedem erkannt.[30]

Schlegel pone de relieve la originalidad cultural que resulta del aislamiento, pero subestima la presencia de España en el desarrollo cultural de la temprana modernidad europea.

Arndt adopta la idealización entre los extremos. El tipo español se distingue por su equilibrio entre «Leichtfertigkeit» y «Schwerfälligkeit» que sólo es el privilegio de los hombres más nobles, «die nur in so glücklichen Klimaten entstehen», «eine herrliche Mischung zwischen Feuer und Ernst, von Hoheit und Liebenswürdigkeit». Todos estos atributos, virtudes, características y méritos – y muchos más – se encuentran también en el surtido de las descalificaciones (orgullo, gravedad, lujuria, estupidez, desierto de la Meseta, etc.).

Las especulaciones de Ernst Moritz Arndt sobre el carácter nacional son atrevidas en la mezcla de tópicos contradictorios. En el cotejo de las naciones europeas España figura entre Rusia y Francia, una posición intermedia que podría reflejar el antagonismo político entre el zar – ensalzado como Libertador de Europa en el momento de crearse la Santa Alianza (1815) – y el emperador Napoleón. España marca el primer punto crucial para el declive de Francia. Arndt construye cierto parentesco entre Rusia y España, que desarrolla una caracterología climática absurda.

> Auf Russland folgt ganz natürlich Spanien. Wie durch und über die Russen die Luft Asiens hinweht, so weht eine solche Luft als eine Luft beide Asias und Afrikas über und durch Spanien hin, ja sie weht und haucht fast aus Spanien heraus, viel mehr, als man das von den Russen sagen darf. Hierin haben die beiden großen Völker eine Ähnlichkeit, die Luft selbst aber ist die allerverschiedenste... Der Spanier hat die feinen Winde und Lüfte Asiens geschlürft, er hat noch heute viel von dem Gepräge und dem Schwunge des asiatischen Ritters. Dieser Ritter ist der Araber auf dem fliegenden Hengst der Wüste in voller blinkenden Waffenrüstung.[31]

Sorprende la valoración positiva del caballero asiático, si se considera el temor que durante siglos infundieron Atila – el terrible bárbaro que se vanagloriaba de que no volvía a crecer la hierba por donde había pasado su caballo, llamado azote de Dios, rey de los hunos y vencedor de emperadores de Oriente y Occidente, derrotado por último en los Campos Cataláunicos – y el gran mogul Gengis Kan. Igual revaluación les sucede a los «sarracenos de África» que templan «mit mildem Atem» la cultura y ciencia en suelo hispánico. Arndt comparte la fascinación de los monumentos arquitectónicos «sarracenos» en Granada, Córdoba y Sevilla. La confusión étnico-cultural llega a su colmo con la exclamación: «In solcher Weise, mein geliebtes Spanien, hast du deine ritterliche Zumischung von dem besten arabischen und syri-

---

30 Schlegel 1961.
31 Arndt s.a.: 228s.

schen Sarazenenstoffe erhalten.»[32] Así se forma según leyes hereditarias muy especiales una amalgama de ingredientes espirituales y de fuerzas elementales determinantes. No vacila en atribuir al fenotipo y a la fisonomía moral del español «un algo sarraceno»: «es ist ein starkes, nicht nur durch die ganze Gestaltung und Färbung des Spaniers, durch sein Leben und seine Sprache in Literatur gehendes, sondern auch sein Innerstes durchdringendes sarazenisches Etwas in dem Spanier.»[33] Al mismo tiempo los celtíberos y astures (vascos), «unbezwingliche Heldenherren der Freiheit» (en defensa de los romanos), son en cierto modo los prototipos de los españoles modernos en sus combates contra Napoleón. Con neologismos violentos Arndt detecta en la Guerra de Independencia ciertos rasgos duraderos desde tiempos prehistóricos: «Zeichen eines wahren Sarazenismus und Asiatismus – darf ich sagen Numantismus».[34] Aún más: «In der überschwenglichen Ritterlichkeit jedes Spaniers ist, wenn ihr wollt, eine Art Araber und Türk erschienen»,[35] una reencarnación del todo extraña que extrapola siglos de fieros enfrentamientos jalonados por la toma de Granada y la victoria de Lepanto. En este contexto cabe recordar las frases antiespañolas atribuidas a Lutero como «Malo Turcam hostem quam Hispanum protectorem».[36]

Al celebrar su inveterada hispanofilia – España sería para el nacionalista germano intransigente a la patria adoptiva (en particular Cataluña y Aragón como focos de la resistencia) – Arndt apela a todos los recursos retóricos para crear el telón de fondo sobre que proyectar su furor antifrancés y antinapoleónico. En una conversación con el rey de Suecia Gustavo Adolfo V prognostica:

> In Spanien wird der Weltwürger untergehen. Von da ab hat man wirklich wieder spanische Märchen singen können, als Saragossa, Gerona, Tarragona Numantien wurden und Hannibal-Wellington durch glänzendste Märsche und Siege seinen Zug durch die Pyrenäen vorbereitete.[37]

Cantar «Märchen» es obviamente una paradoja, a no ser que se refiera a *Märe* (en medio alto alemán noticia, relato), originalmente un género de narración oral o cantar de gesta que más tarde adoptó el sentido de ficción, invento, y, en tiempos modernos, incluso de rumor. *Märchen* es el diminutivo de *mærlīn*, cuentecillo inventado. De todos modos, Arndt está apuntando claramente a hechos militares y verdades históricas. Se refiere metonímicamente a epopeyas, romances o baladas heroicas. En efecto, numerosos escritores no sólo en Alemania se pusieron a novelar la guerra truculenta enredando acontecimientos y ficción con el afán de satisfacer la avidez de sensaciones del gran público lector que seguía las noticias de la prensa o los comen-

---

32 Arndt s.a.: 228s.
33 Arndt s.a.: 233.
34 Arndt s.a.: 234.
35 Arndt s.a.: 235.
36 Véase sobre el tema Ackermann 2004.
37 Arndt s.a.: 232.

tarios políticos. Los títulos ya hablan por sí solos: Julius von Voß, *Nino de Santa-Cruz, oder Die Engländer in Spanien. Ein Roman aus dem gegenwärtigen Kriege* (Berlin, 1811); Otto von Deppen, *Die Eroberung von Saragossa oder Ines und Etienne* (Leipzig, 1828) o Maria Bonaventura, *Diana von Montesclaros. Eine Geschichte aus den Zeiten der Befreiung Spaniens* (Braunschweig, 1823). Cuando en los últimos decenios del siglo XVIII y al comienzo del XIX los temas y tipos españoles invaden la literatura amena popular, el paisaje y ambiente adquieren su encanto poético-fantástico. Los límites entre realidad, mito y ensueño literario se habían diluido anteriormente en las descripciones de viajes ficticios o en las ficciones de la literatura epistolar al estilo de las *Briefe über Spanien* (Halle, 1794) de Karl Grosse. En sus *Spanische Novellen* abundan hadas, esqueletos, cuevas espantosas, amores ardientes, lances de honor, raptos, enclaustramientos y pasiones prohibidas. Estos escenarios se transponen fácilmente a la literatura de terror militar con la descripción de las atrocidades cometidas en la «guerra nacional». Soldados franceses embrutecidos acuchillan a mujeres y niños, atropellan, matan, saquean, destruyen sin cuartel. Al desenfrenado ánimo asesino de los «caníbales» franceses se oponen «edle Guerillas Anführer» con un fanatismo que recuerda el ánimo de los holandeses sublevados contra la dominación española o de los indígenas contra los conquistadores[38].

A partir de 1808 surge en Alemania una avalancha de memorias de soldados, diarios de guerra, estudios sobre las campañas peninsulares, reportajes y compilaciones circunstanciales como *Anekdoten aus Spanien und Portugal* (Jena, 1808), Johann Gottfried von Hoyer, *Die Franzosen in Spanien. Ein historischer Versuch nach den besten gleichzeitigen Quellen* (Dresden, 1809), una especie de Zeitgeschichte en forma de noticias periodísticas reunidas a toda prisa, Johann Adam Bergk, *Geschichte des Kriegs in Spanien und Portugal von 1807 bis 1814,* (Leipzig, 1815) o Andreas D.B. von Schepeler, *Geschichte der Revolution Spaniens und Portugals und besonders des daraus entstandenen Krieges* (Berlin / Posen, 1808-1827). El Estado Mayor de Prusia y Carl von Clausewitz estudiaron la táctica guerrillera de las Juntas de defensa españolas, pero el rey y sus consejeros no osaron movilizar la reserva militar por miedo de excesos rebeldes contra el gobierno. Extranjerismos como *Junta, Em-*

---

38 Véase a título de ejemplo August Leibrock, *Carlos de Mansora: Cheff eines spanischen Insurgenten-Corps während des französischen Kriegs in Spanien* (Leipzig, 1830), que describe «ein Schauergemälde wilder Grausamkeit», «eine Saat von Leichnamen waffenloser Bürger» recordando los grabados de los *Desastres de la guerra* de Goya: «Die entmenschten Krieger hatten wehrlose Weiber und Mädchen niedergeworfen, sie mit unersättlicher Wollustgier dem Tode geopfert, und ihre nackten Leiber in den brennenden Schutt gestürzt. Betten und Meublen waren in den Koth getreten, todtes Federvieh und andere Thiere, lagen mit den Leichnamen der gemordeten Einwohner in grässlichem Gemisch». H. Auguste Gräfin von Egloffstein, *Castro Lamego, der edle Räuberchef und furchtare Guerillas-Anführer* (Nordhausen, 1825). Una rica colección de materiales ofrece Ruppert (ed.) 1994: 172-180.

bargo, Guerilla, Kamarilla, Caudillo, Desperado penetraron por aquellas fechas en el idioma alemán.

Entre las numerosas memorias de militares cabe destacar *Die Belagerung von Valencia* (Karlsruhe 1824) de Franz Xaver Rigel así como August Hermann von Staff, *Der Befreiungs-Krieg der Katalonier in den Jahren 1808-1814* (Breslau, 1821). Goethe mismo publicó con una introducción el diario del doméstico weimariano Johann Christian Maempel, *Der junge Feldjäger in französischen und englischen Diensten* (Leipzig, 1826), reeditado varias veces. Este gran acervo de libros, panfletos y artículos apenas estudiado contribuye definitivamente a recrudecer la mentalidad y militancia antifrancesas en Alemania.

La poesía patriotera de guerra evoca igualmente los lugares históricos del heroísmo. Friedrich August Stägemann, consejero de Estado prusiano y poeta de odas bélicas (*Kriegsgesänge aus den Jahren 1806 bis 1813*, Deutschland, 1813) exclama:

> Ha! Am Ebro nicht allein
> ist ein Heldenstamm entsprossen!
> Unververzagt, gleich Saragossen, werden wir dem Tod' uns weihn,
> eh' des Weltverwüsters Reich
> wurzeln soll in teutscher Erde!
> Zu den Waffen, auf! zu Pferde!

Georg Paul Binder, un profesor de bachillerato austríaco, conjura como Arndt el espíritu de los numantinos en su resistencia trágica a los romanos:

> Aus Saguntums Gräbern steiget
> Auf der Menschheit Rächerin (es decir Hispania/España).
> Soll der Freiheit letzter Funken
> Vor der Despotie vergehn?
> Soll in Knechtschaft hingesunken
> Nie Europa auferstehn?
> Cid, du schläfst? Wach' auf und stürme
> Zu der Freiheit Weihgesang;
> Horch, um Saragossas Türme
> Klirret ihrer Waffen Klang.[39]

No es de extrañar que por las mismas fechas (1809) Friedrich Baron de la Motte Fouqué (apodado Don Quijote de la Marca) haya traducido al alemán la tragedia cervantina *Cerco de Numancia* en el metro original. Naturalmente se alza sobre el pavés también al Cid Campeador («Kampfheld ohne gleichen», «Stolz seiner Nation durch Jahrhunderte», «Mann des Schwertes») como precursor de la lucha por la independencia expulsando al enemigo de las tierras patrias. El ciclo *Der Cid. Geschichte des Don Ruy, Grafen von Bivar. Nach spanischen Romanzen* de Johann Gottfried Herder salió en la revista *Adrastea* (vol. 5, 1803/1804); «Die Geschichte Cids auf seinem Feldzuge in Valencia» ocupa los romances 49-70. Tampoco puede

---

39 Citado por Wohlfeil 1965: 234s.; Zimmer 1971.

faltar en la genealogía heroica la alusión al ilustre modelo del caballero español, Don Quijote, recién canonizado, cuyo valor («Nationalwert») como «lebendiges und ganz episches Gemälde des spanischen Lebens und eigenthümlichen Charakters» puso de relieve Friedrich Schlegel en su curso vienés sobre la *Geschichte der alten und neuen Litteratur*.[40] En el poema «Spanischer Geist» Gerhard Anton von Halem dirige una apóstrofe patética a Cervantes *redivivus* como encarnación de la España eterna:

> Herrlicher Rittergeist, zu Thorheit gesellet, belebtest einst
> Spanien. Siehe, da traf, großer Cervantes, dein Pfeil
> Tödtlich der Thorheit Herz! Sie sank, doch sank mit der Freiheit
> Auch der Herrliche hin, dem sie sich innig gesellt;
> Und es erschlaffte das Volk Jahrhunderte. – Mächtiger Zeitgeist,
> Hast Du, wie vieles um uns, neu auch den Ritter belebt?

En su comparación entre franceses y españoles el poeta proclama la revalorización de lo hispánico:

> Größer erscheint uns oft der Franzmann, als er in Wahrheit
> Ist; der Spanier ist größer wohl als er uns schien.[41]

Un caso singular del tratamiento literario del antagonismo hispano-francés presenta el cuento «Der Zusammenhang der Dinge» en *Die Serapions-Brüder* (1819-1821) de Ernst Theodor Amadeus Hoffmann.[42] El autor contrasta en la narración la agitada actualidad– el asedio de Tarragona y Valencia por las tropas napoleónicas – con una visión idealizada de España. Un veterano español que se había retirado en Hamburgo cuando en 1808 el destacamento militar bajo el mando del marqués de la Romana volvió del frente en Dinamarca para asociarse con sus compañeros luchando en España contra los invasores franceses, cantó al son de la «Chitarre» (guitarra) la famosa «Profecía del Pirineo» de Juan Bautista de Arriaza de Superviela, poeta preferido de Fernando VII, que se publicó en sus *Poesías patrióticas* (Londres, 1810 y Berlín 1814 en una edición bilingüe que Goethe poseía en su biblioteca):

> Horch, wie des Leuen Töne,
> Zum Donner in Castiliens Regionen,
> Zum Heulen werden für Asturias Söhne,
> Racheschrei für die, die in Sevilla wohnen,
> Valenzia ist erschüttert,
> Indes Moncayos Boden dröhnt und zittert.

Edgar, uno de los voluntarios alemanes que combatieron en la guerra peninsular tanto en las filas británicas y francesas como españolas, recuerda su llegada a Valencia con estas palabras colmadas de grandilocuencia:

> Wer weiß es nicht, daß die vom Guadalaviar durchströmte Ebene, in der das schöne Valenzia mit seinen stolzen Türmen gelegen, das Paradies der Erde zu nennen ist. Alle

---

40 Schlegel 1961 (11. Vorlesung).
41 Citado por Wohlfeil 1965: 232s.
42 Hoffmann 2001/IV: 1055-1113.

Götterlust eines ewig heiteren Himmels strahlt hinein in das Gemüt der Bewohner, denen das Leben ein ununterbrochener Festtag wird. Und dies Valenzia war nun der Waffenplatz des mörderischen Krieges! Statt der süßen Liebesklänge, die sonst in der stillen Nacht hinauf girrten zu den Gitterfenstern, hörte man nur das dumpfe Gerassel des Geschützes, der Pulverkarren, die wilden Rufe der Wachen, das unheimliche Murmeln der durch die Straßen ziehenden Truppen. Alle Freude war verstummt, die Ahnung des Entsetzlichen, was sich begeben werde, lag auf den bleichen von Gram und Wut verstörten Gesichtern. Die Alameda (ein reizender Spaziergang in Valenzia), sonst der Tummelplatz der schönen Welt, diente jetzt zur Musterung eines Teils der Truppen.[43]

Por lo visto, el pasaje combina el tono de los reportajes de la Guerra de Independencia con los tópicos conocidos del elogio de la ciudad de Valencia que cantó Christian August Fischer en su famoso *Gemälde von Valencia* (Leipzig, 1803). Edgar medita sobre «das dunkle feindliche Verhängnis, das über Spanien zu walten schien». Al mencionar un encuentro con el viejo Baldassare de Luna, el oficial expatriado en Hamburgo le reconoce como su primo. Edgar sigue narrando su herida y la atención médica que le dispensó en el escondite de un convento franciscano el P. Eusebio. El relato dramático pinta una imagen de los horrores del asedio a la manera de Callot. El joven y valiente alemán se salva en Valencia dos veces, primero como amigo de los españoles, gracias al cuidado del fraile, y después, en un momento sumamente peligroso cuando se ve expuesto a la sospecha de complicidad con los franceses, al encontrarse con el coronel La Combe. Había conocido a este hombre honrado, un amigo entre los enemigos hereditarios, «in der verhängnisvollsten Zeit der tiefen Erniedrigung des deutschen Vaterlandes» (en 1806). Para salvarle de la rabia de la soldadesca francesa, el oficial le da un salvoconducto como gerente viajante de una casa comercial alemana con sede en Marseille. Llevado ante el Empecinado, el cruel jefe de los guerrilleros, hace valer su «deutschen Sinn»: «Ihr wißt nicht, daß der deutsche Mut, der in heller Naphthaflamme unauslöschbar fortbrennt, daß die deutsche felsenfeste Treue der undurchdringliche Harnisch ist, von dem alle vergifteten Pfeile der Arglist und Bosheit wirkungslos abprallen».[44] Edgar se une a un grupo de guerrilleros y con el grito «Valenzia!» se lanza al combate cuerpo a cuerpo. «Mit Tigergebrüll folgen ihm die guerrilleros» haciendo una matanza entre los soldados de caballería franceses bajo el mando del general Moncey. En una observación auctorial las sangrientas aventuras guerrilleras se caracterizan – de manera semejante a la confesión de Ernst Moritz Arndt antes citada – como «einem ritterhaften Fabelbuch entlehnt» (1094) y parecen ofrecer en efecto materia para tragedias. E.T.A. Hoffmann inserta las hazañas del combatiente Edgar como narración enmarcada dentro del cuento que plasma su idea fundamental del nexo misterioso entre todas las cosas. En el compromiso entre ficción y comentario por decir «serapióntico» de los sucesos históricos que ocurren en el cuento *Der Zusammenhang der Din-*

---

43 Hoffmann 2001/IV: 1082s.
44 Hoffmann 2001/IV: 1093.

ge al otro extremo de la España soñada, la Binnenerzählung tan sorprendente como desconcertada cobra la función de un eje documental dentro del ciclo narrativo. En una carta dirigida a su editor Johann Friedrich von Cotta (30 de mayo de 1824) Goethe habló de la «spanische Verwirrung» de que no hay manera de desembarazarse pronto.[45]

La sublevación de 1808 en España enciende el nacionalismo español contemporáneo y produce en seguida una profunda repercusión en Alemania que se apoya en el sentimiento de afinidad espiritual y en el combate común contra el imperialismo napoleónico, pero al mismo tiempo España les da a los alemanes el ejemplo vivo de una nación unida (con una historia ‹nacional›, una literatura «nacional», un teatro «nacional») que después de la liquidación del Sacro Imperio y de la Confederación Renana sirve de instrumento coyuntural en la construcción (retrasada) de la unidad nacional. Fomenta el concepto de enemistad hereditaria y una francofobia aún creciente durante el siglo XIX en que perdura paradójicamente el ensueño restaurador de una España romántica amalgamado con la rancia beligerancia ibérica. Los elementos y estereotipos que integran la visión propagandística formulada, entre otros, por Ernst Moritz Arndt tienen una larga trayectoria versátil en la temprana Modernidad europea. El peligro y poderoso atractivo reside en su actualización desatinada y en una coalescencia francamente maniquea de lo bueno y lo malo para definir de modo agresivo y violento la anhelada identidad nacional. El conflicto entre las Dos Españas se prolonga en Alemania de otra forma y a otro nivel. La posición del conservadurismo integrista y antiliberal que destaca la ejemplaridad de España en el proceso de regeneración espiritual y político se vislumbra ya muy temprano en el libro muy leído del diplomático austríaco Clemens Wenzel von Hügel (*Spanien und die Revolution*, Leipzig, 1821) y culmina con la recepción alemana de Donoso Cortés, defensor de un catolicismo de cimitarra, las ideas de Alban Stolz expuestas en *Spanisches für die gebildete Welt* (Freiburg, 1853) y Pius Bonifaz Gams, autor de una *Kirchengeschichte von Spanien* (Regensburg, 1862-1879), quien veía en los españoles los aliados naturales de los alemanes católicos contra la Francia voltairiana, democrática e imperialista.[46]

El calderonismo decimonónico alemán es otro campo de batalla entre dos conceptos de España.[47]

A nivel universitario una percepción de España más abierta o liberal se perfila, por ejemplo, en el hispanista Victor Aimé Huber (*Skizzen aus Spanien*, Göttingen, Bremen, 1828-1833) y el historiador Hermann Baumgarten.[48]

---

45 En Kuhn (ed.) 1979/II: 115.
46 Citado por Brüggemann 1956: 125s. Véase Tietz 1989.
47 Juan i Tous 1989, Briesemeister 2004.
48 Véase Sánchez-Blanco 1989.

Más tarde, en el período polémico del Kulturkampf, la literatura sirve otra vez de prueba de la decadencia total de España como anteriormente había sido la fuente de una España fantástica. Viajando por España el historiador prusiano Heinrich von Treitschke se sintió como en un país de muertos. En la *Geschichte des spanischen Dramas* (Leipzig, 1874) el crítico (y médico) Julius Leopold Klein igualmente califica a España de «sterbende Nation» y «erschöpftes, geistessieches Volk» incapaz de regenerarse del marasmo.[49] La opinión que el público alemán exige «savia germánica» revela un criterio ideológico racista y determinista en la interpretación de la literatura como inspección de cadáveres. La Meseta condiciona la

> öde, gedankenkahle Erhabenheit des Bilderschwulstes, der pomphaft aufgebauschten Phraseologie, jener inhaltsnackten, von afrikanischen Gluthwinden umwehten Perioden-Plateau's des spanischen Sprachstyls, die mit vereinzelten Paradiesen und Hesperidengärten abwechseln... Mit der Beschaffenheit der Gegenden ist der Zustand der Bewohner im Allgemeinen in einem traurigen Einklang.[50]

Volviendo a posiciones ideológicas del siglo XVIII tal «Culturformel» propone exactamente lo contrario del retrato que antaño habían trazado los románticos en su búsqueda onírica de una España ideal.

Bibliografía

AA.VV. (1989): *Catecismos políticos españoles: arreglados a las constituciones del siglo XIX*. Madrid: Comunidad Autónoma, Consejería de Cultura, Secretaría General Técnica.

Ackermann, Eric (2004): «La España de Lutero. Observaciones sobre algunos pasajes de los *Coloquios de sobremesa*», en López de Abiada, José Manuel / López Bernasocchi, Augusta (eds.): *Imágenes de España en culturas y literaturas europeas (siglos XVI-XVII)*. Madrid: Ed. Verbum, pp. 63-74.

Álvarez Junco, José (2001): *Mater dolorosa. La idea de España en el siglo XIX*. Madrid: Taurus.

Arndt, Ernst Moritz (s.a.): «Pro populo germanico», en íd.: *Werke*. Magdeburg: Magdeburger Verlagsanstalt, t. 14, pp. 235-239.

Arndt, Ernst Moritz (1913): *Werke*. Edición de August Leffson y Wilhelm Steffens. Berlin: Deutsches Verlagshaus Bong.

Artola Gallego, Miguel (1953): *Los afrancesados*. Madrid: Sociedad de Estudios y Publicaciones.

Aymes, Jean-René (1975): *La Guerra de la Independencia en España 1808-1814*. Madrid: Siglo XXI.

Bach, Reinhard (2003), «Ernst Moritz Arndt und die Franzosen», en Tietz, Karl-Ewald (ed.): *Ernst Moritz Arndt weiterhin im Widerstreit der Meinungen*. Groß-Schoritz: Ernst Moritz Arndt-Gesellschaft, pp. 66-85.

Brentano, Clemens von (1852): *Gesammelte Schriften*. Frankfurt am Main: Sauerländer.

---

49 Klein 1874/IV,1: 459.
50 Klein 1874/I,6.

Briesemeister, Dietrich (2004): «Die deutsche Calderón-Forschung in der zweiten Hälfte des 19. Jahrhunderts», en íd.: *Spanien aus deutscher Sicht. Deutsch-spanische Kulturbeziehungen gestern und heute*. Tübingen: Niemeyer, pp. 387-397.

Brüggemann, Werner (1956): «Die Spanienberichte des 18. und 19. Jahrhunderts und ihre Bedeutung für die Formung und Wandlung des deutschen Spanienbildes», en Engels, Odilo (ed.): *Gesammelte Aufsätze zur Kulturgeschichte Spaniens*. Münster: Aschendorff, t. 12, pp. 1-146.

Brunner, Otto / Conze, Werner / Koselleck, Reinhart (eds.) (2004): *Geschichtliche Grundbegriffe. Historisches Lexikon zur politisch-sozialen Sprache in Deutschland*. Stuttgart: Klett-Cotta.

Covarrubias Horozco, Sebastián de (2006): *Tesoro de la lengua castellana o española*. Edición de Ignacio Arellano y Rafael Zafra. Frankfurt am Main / Madrid: Vervuert-Iberoamericana 2006.

Egloffstein, Henriette Auguste Gräfin von (1825): *Castro Lamego, der edle Räuberchef und furchtbare Guerillas-Anführer*. Nordhausen.

Esdaile, Charles J. (2003): *The Peninsular War. A New History*. New York: MacMillan.

Esdaile, Charles J. (2004): *Fighting Napoleon Guerrillas, Bandits and Adventurers in Spain 1808-1814*. New Haven: Yale University Press.

Fesser, Gerd / Jonscher, Reinhard (eds.) (1998): *Umbruch im Schatten Napoleons. Die Schlachten von Jena und Auerstedt und ihre Folgen*. Jena: Bussert.

Fray Diego de Cádiz (1813): *El soldado católico en la guerra de religión*. Cádiz.

Grathoff, Dirk (1989): «Heinrich von Kleist und Napoleon Bonaparte. Der Furor Teutonicus und die ferne Revolution», en Zimmermann, Harro (ed.): *Schreckensmythen und Hoffnungsbilder. Die Französische Revolution in der deutschen Literatur*. Frankfurt am Main: Athenäum, pp. 81-105.

Herrero, Javier (1971): *Los orígenes del pensamiento reaccionario español*. Madrid: Edicusa.

Hoffmann, E.T.A. (2001): *Sämtliche Werke*. Edición de Wulf Segebrecht. Frankfurt am Main: Deutscher Klassiker Verlag.

Hönsch, Ulrike (2000): *Wege des Spanienbildes im Deutschland des 18. Jahrhunderts*. Tübingen: Niemeyer.

Höpel, Thomas (ed.) (2001): *Deutschlandbilder – Frankreichbilder 1700-1850. Rezeption und Abgrenzung zweier Kulturen*. Leipzig: Universitätsverlag.

Jeismann, Michael (1992): *Das Vaterland der Feinde. Studien zum nationalen Feindbegriff und Selbstverständnis in Deutschland und Frankreich, 1792-1918*. Stuttgart: Klett-Cotta.

Juan i Tous, Pere (1989): «'Eine wahre Ehrensache für uns Katholiken': Franz Lorinser (1821-1893), traductor y comentarista de los autos sacramentales de Calderón», en Tietz, Manfred (ed.): *Das Spanieninteresse im deutschen Sprachraum: Beiträge zur Geschichte der Hispanistik vor 1900*. Frankfurt am Main: Vervuert, pp. 131-148.

Klein, Julius Leopold (1874): *Geschichte des spanischen Dramas*. Leipzig.

Kleist, Heinrich von (1990): *Sämtliche Werke und Briefe*. T. 3. Ed. Klaus Müller-Salgat. Frankfurt am Main: Deutscher Klassiker Verlag.

Kuhn, Dorothea (ed.) (1979): *Goethe und Cotta Briefwechsel 1797-1832*. T. 2. Stuttgart: Cotta.

Leibrock, August (1830): *Carlos de Mansora: Cheff eines spanischen Insurgenten-Corps während des französischen Kriegs in Spanien*. Leipzig.

Lüsebrink, Hans-Jürgen (1996): «Ein Nationalist aus französischer Inspiration. Ernst Moritz Arndt 1769-1860», en Espagne, Michel / Greiling, Werner (eds.), *Frankreichfreunde.*

Mittler des französisch-deutschen Kulturtransfers 1750-1850, Leipzig: Universitätsverlag, pp. 221-241.

Lüsebrink, Hans-Jürgen / Reichardt, Rolf (eds.) (1997): *Kulturtransfer im Epochenumbruch Frankreich-Deutschland 1770-1815*. Leipzig: Universitätsverlag.

Menéndez Pidal, Ramón (1906): *Leyendas del último rey godo*. Madrid: Real Academia Española.

Menéndez Pidal, Ramón (1924): *El Rey Rodrigo en la literatura*. Madrid: Real Academia Española.

Muñoz Pérez, José (1987): «Los catecismos políticos de la Ilustración al primer liberalismo español 1808-1822», en: *Gades* 16, pp. 191-217.

Pelzer, Erich (2000): «Die Wiedergeburt Deutschlands 1813 und die Dämonisierung Napoleons», in Krumeich, Gerd / Lehmann, Hartmut (eds.): *Gott mit uns. Nation, Religion und Gewalt im 19. und frühen 20. Jahrhundert*. Göttingen: Vandenhoeck & Ruprecht, pp. 135-156.

Pujals, Esteban (1970): «La leyenda del Rey Rodrigo en el romanticismo inglés», en: *Revista de la Universidad de Madrid* 19, pp. 259-288.

Remi, Geoffroy (1991): «Les patriotes allemands et la France napoléenne. L'exemple d'Ernst Moritz Arndt», en Michaud, Stéphane (ed.): *L'impossible semblable. Regards sur trois siècles de relations franco-allemandes*. Paris: Sedes, pp. 41-68.

Rist, Johann Georg (1880): *Lebenserinnerungen*. Edición de Gustav Poel. Gotha: Perthes.

Ruppert, Andreas (ed.) (1994): *Bibliographie der Historischen und Reiseliteratur zur Iberischen Halbinsel. Ein annotiertes Inventar der Fürstlichen Bibliothek Corvey*. Paderborn: Igel.

Saglia, Diego (2000): *Poetic Castles in Spain. British Romanticism and Figurations of Iberia*. Amsterdam / Atlanta: Rodopi.

Sánchez-Blanco, Francisco (1989): «Die Studien von Hermann Baumgarten über das Spanien des 18. und 19. Jahrhunderts», en: Tietz, Manfred (ed.): *Das Spanieninteresse im deutschen Sprachraum: Beiträge zur Geschichte der Hispanistik vor 1900*. Frankfurt am Main: Vervuert, pp. 104-117.

Schack, Adolph Friedrich von (1854): *Geschichte der dramatischen Literatur und Kunst in Spanien*. Frankfurt am Main: Baer.

Schlegel, August Wilhelm (1846): *Sämtliche Werke*. Edición de E. Böcking. Wien (reprint Hildesheim: Olms 1971).

Schlegel, Friedrich von (1961): «Geschichte der alten und neuen Litteratur. Vorlesungen gehalten zu Wien im Jahre 1812», en íd: *Kritische Ausgabe der Werke*. Edición de Ernst Behler, Paderborn: Schöningh, t. 6, pp. 260ss.

Schlözer, August Ludwig von (1804): *Theorie der Statistik*. Göttingen: Vandenhoeck & Ruprecht.

Schmidt Bernhard (1975): *Spanien im Urteil spanischer Autoren. Kritische Untersuchungen zum sogenannten Spanienproblem 1609-1936*. Berlin: E. Schmidt.

Steffens, Henrik (1842): *Was ich erlebte: aus der Erinnerung niedergeschrieben*. Breslau: Max.

Ticknor, Georg (1804): *Geschichte der schönen Literatur in Spanien*. Leipzig: Brockhaus.

Tiemann, Hermann (1936): *Das spanische Schrifttum in Deutschland von der Renaissance bis zur Romantik*. Hamburg: Ibero-Amerikanisches Institut.

Tietz, Manfred (1989): «Das theologisch-konfessionelle Interesse an Spanien im 19. Jahrhundert», en íd. (ed.): *Das Spanieninteresse im deutschen Sprachraum: Beiträge zur Geschichte der Hispanistik vor 1900*. Frankfurt am Main: Vervuert, pp. 93-103.

Venohr, Wolfgang (²1998): *Napoleon in Deutschland. Zwischen Imperialismus und Nationalismus 1800-1813*. München: Herbig.
Wohlfeil, Rainer (1965): *Spanien und die deutsche Erhebung 1808-1814*. Wiesbaden: Steiner.
Wolf, Ferdinand (1859): *Studien zur spanischen und portugiesischen Nationalliteratur*. Berlin: Asher.
Wülfing, Wulf (1996): «‹Heiland› und ‹Höllensohn›. Zum Napoleon-Mythos im Deutschland des 19. Jahrhunderts», en Berding, Helmut (ed.): *Mythos und Nation*. Frankfurt am Main: Suhrkamp, pp. 164-184.
Zimmer, Hasko (1971): *Auf dem Altar des Vaterlandes. Religion und Patriotismus in der deutschen Kriegslyrik des 19. Jahrhunderts*. Frankfurt am Main: Athenäum.
Zimmermann, Christian von (1997): *Reiseberichte und Romanzen. Kulturgeschichtliche Studien zur Perzeption und Rezeption Spaniens im deutschen Sprachraum des 18. Jahrhunderts*. Tübingen: Niemeyer.

Madre España.
Matriarcalismo fantasmático y nostalgia narcisista en la poesía patriótica e ilustrada de Juan Meléndez Valdés

Pere Joan Tous
(Universität Konstanz)

Convienen muchos nombres a un solo amor, a una sola nostalgia: la poesía de Juan Meléndez Valdés no cesa de evocar un bien perdido que cabe recobrar, toda ella fantasea – gime, exige – su regreso. Por diferentes que parezcan ser, y obviamente eran a nivel consciente, las varias y a veces encontradas escenificaciones de su Yo lírico – ora «dulce zagal Batilo», ora enfático profeta ilustrado y otrora víctima inocente de una Historia que le es tempestad y naufragio –, todas ellas articulan en el inconsciente del texto, una misma demanda de gratificación y amparo, demanda regresiva por estar cifrada en la colusión simbiótica con un objeto magnificado en su función de Ideal del Yo. Bien puede el discurso consciente, eso es manifiesto del poema enfrascarse en asuntos axiológicos o anacreontizarse en risas y vinos, el inconsciente textual, en su insobornable autenticidad, continuará siempre explayando el deseo de regresar simbólicamente a la urdimbre afectiva de donde le expulsó la vida.

Batilo, el Yo lírico de Meléndez Valdés, había hecho su primera inscripción poética en cifra anacreóntica, absolutizando su deseo. Parecía puro instinto amoroso. Sempiterno enamorado, no cesaba de entonar su queja y su demanda, empalagando sus versos con referencias a lo «sabroso», «dulce», «regalado» y «tierno» de su amor. Esas Lisis y Dorilas intercambiables que metonimizaban el magno objeto deseado no tenían otra obligación y sentido que los de despertar y saciar su hambre, un hambre inmensa, a la medida de su también inconmensurable narcisismo. El mundo que interpelaban esos poemas no era el mundo real, variado y polisémico, sino un mundo siempre primaveral, idealizado en su capacidad de garantizar la repleción más absoluta, la más eufórica ebriedad. Pero también en la poesía ilustrada de Meléndez Valdés palpita omnipresente y todopoderoso el deseo. También ella fantasea su realización y se niega a aceptar la realidad frustrante, sustituyéndola por otra, donde el sujeto puede alcanzar una plenitud que, de otro modo, no conocería. Sin embargo, a diferencia de la poesía anacreóntica, donde el Yo lírico escenificaba por doquier su amabilidad, la perfección con que asumía el papel de fino enamorado, sus desvelos y quebrantos, su amoroso ardor y su tierno acoso, al metamorfosearse en vate ilustrado pondrá en escena su excelsa moralidad, su cívico afán por «mejorar»,[1] en verso a la sociedad, prestigiándose, además, como quien es capaz de emplazar (eso es fantasear) una alternativa ideal que sobrecompense lo que la realidad histórica frustraba incesantemente: la realización del deseo, un deseo ahora pensado en plenitud de vida moral, en «felicidad pública» y en «bien común».

Es posible fechar, sin apenas margen de error, el paso – casi podría hablarse de sublimación – de la fantasía anacreóntica, cifrada en el erotismo y la corporeidad, a la fantasía ilustrada, subsidiaria de la moralidad y la razón: este paso lo marca aquella égloga en «alabanza de la vida en el campo», que el poeta tituló con su *nom de plume*, «Batilo», y fue premiada por la Real Academia Española en 1780. En esta poesía, Batilo todavía se esparce, al alimón con su amigo Arcadio (eso es José Iglesias de la Casa), en «alegre pradera» (330, v. 10)[2] y «estación florida» (330, v. 60), todavía le embelesan los «pajarillos» (330, v. 24), los «tomillos» (330, v. 21) y el «choto juguetón» (330, v. 117). «Todo el campo es amores» (330, v. 20), todo, «verdor y hermosura» (330, v. 15): Batilo no rompe con el convencionalismo rococó, cuya letanía sinonímica, «manso-dulce-tierno-sabroso», continúa hilvanando, con tesón y monotonía. De nuevo y con renovado ardor, pondera la calidad gratificante de la naturaleza, su calidad de madre amante que sacia en abundancia todas y cada una de las necesidades de sus criaturas:

> Y a mi leche sobrada
> me da y natas y queso
> y su lana y corderos mi ganado,
> mis colmenas labrada
> miel de tierno cantueso,
> y pomas olorosas el cercado. (330, vv. 248-253)

Es desde esta saciedad y esta sobreabundancia que Batilo se exclama:

> Más bienes no deseo,
> ni quiero más fortuna,
> contento con mi suerte venturosa. (330, vv. 261-263)

Vida ésta, la de los campesinos y pastores, «[m]il veces descansada» (330, v. 216), pues en ella, según Arcadio, se posee «cuanto alcanzan los ojos y el deseo» (330, v. 221). Así lo afirma Batilo que canta con igual convicción las excelencias de la «pajiza choza» (330, v. 217), mofándose ambos de los «tristes cuidados» (330, v. 223; vv. 424-425) y del «vano anhelo» (330, v. 222) que, en el ámbito ciudadano, «engendran el poder y los honores» (330, v. 224). Una y otra vez, contrastan la regalada sencillez del campo y la aldea, su mansa paz, con el «tropel y el alboroto» de las urbes, donde los «otros» viven «cercados de sus daños y maldades» (330, vv. 206-208). De hecho,

---

1 Meléndez Valdés 1990: 672.
2 La cifra antepuesta a la referencia de los versos corresponde a la ordenación del poema en la edición crítica de Polt y Demerson (véase Meléndez Valdés 1981-1983). De aquí en adelante se citarán los poemas de Meléndez según este sistema.

esta égloga tiene mucho de repertorio donde se compendian, conjugados, el mito de aquella «dorada edad y siglos dichosos», que ya había cultivado Cervantes en su *Quijote*, y el más que añejo ideologema de la *aurea mediocritas*, concretizada ahora en «menosprecio de corte y alabanza de aldea», siguiendo en ello la tradición popularizada dos siglos antes por Antonio de Guevara. Nada novedoso, pues, en una poesía, en la que el «Beatus ille» horaciano también concurre con ecos secularizados de aquella «Sancta Simplicitas» que Erasmo nobilitó en otro contexto y con otras intenciones. Nada novedoso, desde luego, pero tan a flor de tiempo: basta releer los *Discursos* de Rousseau para no ver ya un mero remedo cervantino en aquellos versos en que Batilo afirma

> que la primera gente,
> como agora vivimos los pastores,
> por los campos vivía
> en la edad inocente,
> antes que del verano los ardores
> marchitaran las flores,
> cuando la encina daba
> mieles, y lecho el río,
> cuando del señorío
> los términos la linde aun no cortaba,
> ni se usaba el dinero,
> ni se labraba en dardos el acero. (330, vv. 444-455)

Basta recordar el fisiocratismo algunas veces harto excluyente que profesaron los ministros borbónicos, para contextualizar ideológicamente en su debida modernidad la miniaturizada idealización de esos «pastorcillos» (330, v. 588) llevando «a pastar sus ganadillos» (330, v. 591) y de esa «vida del campo descansada» (330, v. 130) en «venturosos caseríos» (330, v. 598). Basta evocar las, a todas luces subsidiarias, veleidades campestres con que Carlos IV y sus nobles amenizaban sus no pocos ratos de ocio, rememorar aquel agrarismo lúdico que, no sólo en la corte española, se convirtió en moda, para situar debidamente en su *Sitz im Leben* y en su ejemplaridad pedagógica estos «los más altos señores» (330, v. 457) que, según se maravilla «Batilo el zagal» (330, v. 107),

> vienen a nuestras pobres caserías
> sin pompa ni altiveces
> a gozar los favores
> del campo y sus sencillas alegrías [...] (330, vv. 458-461)

Al esbozar su restauradora utopía rústica, Batilo incurre, sin ciertamente proponérselo, en una problemática apología de la economía agraria estática, centrada en un orden social inamovible e intemporal. Los niveles de producción a que se refiere son bajos e inalterables, propios de una sociedad pre-mercantil y autárquica, cuya única finalidad es el auto-abastecimiento. Más cuidado ideológico y voluntad ilustrada pone en su argumentación ética: lo que prima es la crítica de la civilización por haber instaurado una forma de vida artificiosa, deslumbrada por «hechizos vanos»

(330, v. 276), y rabiosamente utilitaria. De ahí que se estigmatice de «arteros» (330, v. 279) a los ciudadanos, cuyo «corazón roído» (330, v. 288) no sabe cifrar su felicidad sino en riquezas y honores. Es una sociedad profundamente corrompida esta que condena Batilo con ira de profeta bíblico:

> hijos que desespera
> la vida de sus padres,
> muertes, alevosías,
> entre esposos falsías,
> y doncellas vendidas por sus madres. (330, vv. 293-297)

Frente a esta existencia degradada y triste de la ciudad, el campo es nobilitado como «vida inocente» (330, v. 587), que no alborota ningún «lobo fiero» (330, v. 329). Nada turba su sencilla paz, nada pervierte su «descanso seguro y regalado» (330, v. 341):

> Ni el pastor envidioso
> murmura la ventura
> del otro a quien da el cielo más ganado,
> ni el mayoral honrado
> burla al zagal sencillo,
> ni con doblez le trata;
> ni su seno recata
> la amada de su tierno pastorcillo,
> que el amante y la fuente
> gozan de su belleza libremente. (330, vv. 342-351)

De hecho, parece como si Batilo se esforzara en declinar, uno a uno, todos los tópicos de la tradición utópica de sesgo rústico-paseísta, tradición tan arraigada en la cultura española y que cultivaron con especial esmero los humanistas y letrados del Renacimiento. Así, por ejemplo, mientras Guevara, recogiendo él mismo la opinión de Alonso de Castrillo y Alonso de Herrera, afirmaba que «el hombre ocupado y laborioso siempre anda sano, gordo, regocijado, colorado, alegre y contento», siendo pues «privilegio del aldea que vivan los que viven en ella más sanos y mucho menos enfermos»,[3] Batilo contrapone la palidez del «afligido» (330, v. 152) semblante ciudadano a la robusta constitución de los que viven en el campo:

> [...] el sol y helado cierzo
> nos dan salud y varonil esfuerzo. (330, vv. 337-338)

No es sólo la superioridad física y mayor salud las que Batilo encomia en sus pastores. Fiel a la tradición renacentista, para la cual el campo – según sentencia de Alonso de Herrera – «como haze buen cuerpo, haze buen alma»,[4] Batilo extiende la «feliz suerte» (330, v. 481) de sus zagales al nivel moral, al ámbito de la sociabilidad. No sienten, como los ciudadanos, la «envidia fiera» (330, v. 292), ni se creen

---

3   Guevara 1984: 155; 170.
4   Véase Maravall 1976: 182.

obligados a cultivar el «razonar fingido» (330, v. 291) en un obsesivo intento de amasar «el oro que cuidados da sin cuento» (330, v. 94). El pacífico entorno natural en que les es dado morar también templa el carácter de los pastores, casi a modo de un determinismo ambiental *avant la lettre*. Son capaces de sentir el amor y la amistad, son solidarios entre sí, viven en «unión perfecta» (330, v. 336), en «paz» (330, v. 371) unos con otros. De hecho, Batilo ofrece una versión secularizada, teñida de epicureísmo, de lo que el Renacimiento todavía conceptualizaba, en palabras del ya mentado Herrera, como «vida sancta, segura, llena de inocencia, agena del pecado».[5] Ni siquiera se olvida de aludir una y otra vez al sentido musical de la existencia campestre y de consignar este tópico como índice de una superior armonía social y estética. El «amoroso/ balido» (330, vv. 183-184) de la oveja, el «lento susurrar de este arroyuelo» (330, v. 337), la «dulce llamada» (330, v. 482) de la paloma, el «plácido sonido» (330, v. 382) que «del céfiro forma el blando aliento» (330, v. 383), las «blandas quejas» (330, v. 4) de las «parlerillas aves a la Aurora» (330, v. 6): toda esa música natural, que ya evocaron con embeleso renacentista Fray Luis, Juan del Enzina y Gil Polo, es de nuevo instrumentada por Batilo en su «tonada» (330, v. 363) como propia «de la vida del campo descansada» (330, v. 364) y en todo «mejor» (330, v. 358) que «el ronco alarido» (330, v. 361) de las «plazas» (330, v. 362) ciudadanas. Así como la Antigüedad clásica había mitificado el *aureum saeculum* como maravillosa abundancia de poetas-cantores, y la literatura renacentista había vuelto a privilegiar a los pastores y campesinos en su natural habilidad para la poesía y el canto, Arcadio encomia la «voz süave» (330, v. 119) de Batilo y éste el «cantar divino» (330, v. 112), y la «dulce cantilena» (330, v. 259) de su pastoral amigo. Todo es canto y demanda de canto en este poema, repetido y alborozado «son de nuestras flautas» (330, v. 468) y de las «pintadas aves por el viento» (330, v. 380), mejor canto y más armonioso que «las canciones de la villa» (330, v. 359). Fuera del huerto ameno brama muchas veces «en son horrendo» (330, v. 308) «el viento irritado» (330, v. 307) de la violencia, y el «alarido» (330, v. 313) de la cuitas quiebra casi siempre «el corazón» (330, v. 315). No así en la «galana/ vega» (330, vv. 322-323), en este *locus amoenus* de la utopía pastoril que metonimiza el «armonioso/ susurrar» de la «abeja entre las rosas» (330, v. 436-438).

Vida apartada del mundanal ruido en la alborotada ciudad, vida armónica en comunión con la armonía de su entorno, vida libre de toda alienación y, por ello, vida auténtica en que la persona se sabe dueña de sí misma y logra alcanzar – en su cuerpo y en su afectividad – el pleno gozo de existir, vida saturada: la *aurea mediocritas* en el seno de la naturaleza amante es, en verdad, vivencia áurica, remedo de aquella otra que iluminó la primera infancia, de aquella homeostasis («soledad gloriosa» [330, v. 365]) en que nada turbaba el amoroso y exclusivo convivir del niño y su madre. Es una vivencia esta que se resiste a la categoría del tiempo y a su cam-

---

5   Ibíd.

biante paso, que ignora en esencia lo procesual y desprecia toda exigencia de madurez, prefiriendo permanecer «pastorcillo ledo» (330, v. 394). Se trata de una vivencia alelada, sin sobresaltos, «[s]in recelo ni susto» (330, v. 404), autosuficiente, que quiere eternizarse en su limbo y pregunta de buena fe:

> ¿Dónde las dulces horas,
> de júbilo y paz llenas,
> más lentas corren, ni con más reposo? (330, vv. 209-211)

Como el niño amamantado con «leche sobrada» (330, v. 248), como el «corderuelo» que embelesa el «amoroso/ balido de la oveja» al ofrecerle, «dulce», su «teta» (330, vv. 183-185), Batilo no siente correr el tiempo, todo le es dulzura amorosa, tedio satisfecho, «grata suspensión» de su «alma» y «sueño descansado» (330, vv. 388-389). En efecto: de nada sirve pensar el tiempo como proceso, si no existe distancia entre el deseo y su satisfacción, si ambos son simultáneos. El País de Cucaña, que Batilo escenifica, remite, en última instancia, al narcisismo primigenio, a aquel magno objeto gratificador representado por la *imago* materna. Su fantasía se resuelve incluso, sin apenas eufemismos, en *regressio ad uterum*, y por ello no puede sino considerar naufragio la «ceguedad maldita» (330, v. 319) que supone el aventurarse a abandonar ese «valle» y «bosque umbrío», esa «vida venturosa» en «selva entrelazada» (330, vv. 366-368), donde

> [todo] es amor sabroso,
> alegría y hartura,
> y descanso seguro y regalado
> [...]
> [donde] todo es paz y dulzura
> y feliz armonía
> del uno al otro día. (330, vv. 339-341; 372-374)

A su vez, y como corolario negativo, la «ciudad» (330, v. 276), cuya estridencia tanto contrasta con la dulce «tonada» (330, v. 363) campestre, remite a la *imago* de una madre ingrata, la que se desentiende de su hijo, no ofreciéndole sino sus «dañados pechos» (330, v. 283), sus «pechos lisiados» (330, v. 392): «miel envuelta en veneno» (330, v. 290). Madre perversa, pues, ya que madre pervertida, pervertida por «el poder y los honores», por aquellos «tristes cuidados» (330, vv. 223-224) que remiten al *nomos* paterno, aquél que se estructura según el principio de la diferencia y cementa la minusvalidez biológica del hijo, incapaz de competir con su padre y, por lo tanto, obligado a reconocer su prepotencia. De ahí que esta regresiva Arcadia pastoril cantada por Batilo se niegue a acoger tal principio diferenciador y se resuelva en utopía igualitaria en la que todos son iguales: «pastores, ganaderos y zagales» (330, v. 377). Ningún «poder», ninguna búsqueda de «honores» separa unos de otros; ningún sucedáneo paterno («ajeno poderío», «mayoral injusto») entorpece el fraternal *agape* comunitario, la comunión *en* y *con* la naturaleza:

> No ajeno poderío
> nuestro querer sujeta

ni mayoral injusto
nos avasalla el gusto.
Todos vivimos en unión perfecta [...] (330, vv. 332-336)

Lugar abrigado y lleno de paz, comunidad cifrada en la sencillez y en la igualdad más esencial, forma de vida repristinada por el *sequere naturam* – al connotar, valorándolos, todos estos elementos configuradores de la utopía rústica, el poema utiliza las categorías propias de la más genuina oralidad –. En el poema, Batilo y Arcadio subrayan una y otra vez la sabrosidad y la dulzura del idilio campestre, su descanso regalado y su mansedumbre, su suave «alegría» y la «hartura» (330, v. 340) que supone el ver satisfechos sin ningún esfuerzo aparente todos los deseos y necesidades. De este modo, lo que a nivel consciente no deja nunca de ser sino una muy convencional «alabanza de aldea» se resuelve en fantasía de sesgo oral que alegoriza el anhelo de retorno a la quietud gratificante del seno materno como renuncia a abandonar la «hermosura» de esa «tendida vega» (330, vv. 66-67):

> Mejor es la galana
> vega, Arcadio, con planta hollar segura
> tras mis mansas corderas,
> que el ver navíos ni borrascas fieras.
> [...]
>   Ni yo, Batilo, quiero
> ver más que nuestros prados,
> ni beban mis ganados de otro río.
> Aquí no lobo fiero
> nos trae alborotados,
> ni nos daña el calor o hiela el frío. (330, vv. 322-331)

Batilo y Arcadio se resisten a abandonar la «soledad gloriosa» (330, v. 365) de su comunión – «feliz armonía» (330, v. 373) – con la maternal naturaleza; ambos se niegan insistentemente a asumir los peligros («borrascas fieras» [330, v. 325]) que acechan al niño cuando, para hacerse hombre, tiene que renunciar a la beatitud de su primera infancia. Privilegian los lazos afectivos, cifrados en la oralidad, con menoscabo de su voluntad de autonomía y madurez. Temen emprender el viaje vital sobre el alegórico «mar soberbio» que les llena de «pavor» (330, v. 305). Temen «estrellarse» (330, v. 310) y quebrar «el corazón en tal cuïta» (330, v. 315), cual despeñado «choto que su madre solicita» (330, v. 318). Por ello, prefieren pisar con «planta segura» (330, v. 323) la tierra de su perpetuada infancia, seguir siendo «zagales», habitar un mundo que todavía se precia de desconocer «mayoral» (330, v. 334) y «ajeno poderío» (330, v. 332), esos obvios sucedáneos del Padre. En su trasfondo inconsciente el poema escenifica así un universo incestuoso, fantaseándolo a la medida del inconmensurable narcisismo originario. Es éste, pues, un universo en el que todavía no ha resonado la prohibición paterna ni ha sido reconocida la prepotencia de su derecho. Ningún «lobo fiero» (330, v. 329) ha logrado todavía entrar en el huerto ameno de la niñez para «alborotar» (330, v. 330) su plácida armonía y perpetrar su obra de destrucción y desarraigo. Anclado en su pregenitalidad actitudinal, el «zagalejo» Batilo no es capaz de otear otro horizonte que el de esos campos y esa «vida deliciosa» (330, v. 39). Le es del todo extraña la madurez edípica que acepta el principio de realidad y, en su séquito, la procesual distancia que separa todo deseo de su satisfacción. Tampoco logra ver ninguna ganancia en renunciar a su «vida [...] descansada» (330, v. 364), «sin recelo ni susto» (330, v. 404) para aventurarse en una realidad esencialmente distinta por conocer la muerte, la esencial contingencia del ser humano y la inapelable concatenación generacional, aquella que ordena el relevo de una generación por otra en el fluir del tiempo y de las estaciones.

Uno de los poemas en que Batilo con mayor evidencia fantasea este regreso es, sin duda alguna, la silva titulada precisamente «Mi vuelta al campo». En ella, el inconsciente textual se resuelve, sin apenas cortapisas racionalizadoras, en franca alucinación regresiva:

> Ya vuelvo a ti, pacífico retiro.
> Altas colinas, valle silencioso,
> término a mis deseos,
> faustos me recibid; dadme el reposo
> por que en vano suspiro
> entre el tumulto y tristes devaneos
> de la corte engañosa. (328, vv. 1-7)

El campo es «pacífico retiro», «reposo» y, cual se afirma en versos posteriores, «bienhadada/ situación» (328, vv. 58-59): vida regresada a la «paz dichosa» (328, v. 9), vida liberada de aquellas obsesiones en las que «se abisman nuestros breves días» (328, v. 129), «sólo dolor dejando en la memoria» (328, v. 136). En ella no prevalecerán ya fetiches de «gloria», de «alto poderío», de «ominosa riqueza». En «grato olvido» (328, v. 156) caerán todos esos sucedáneos de la prepotencia paterna. La asunción narcisista es cifrada ahora, utilizando todos los registros de la oralidad, como éxtasis, magia, sobreabundancia. Con los tiempos verbales congénitos al Ideal del Yo, el condicional y el futuro, Batilo evoca el embeleso «extático» que le producirán los «cánticos süaves» de las «sueltas aves» al conjugarse en «himno de alborada bullicioso» (328, vv. 33-35). Con anticipada fruición certifica que no podrá sino «admirar contino» (328, v. 67) la belleza de su recobrada patria y que se embriagará de gozo al

> [aspirar] del aura matinal el soplo blando,
> de vida henchido y olorosas flores [...] (328, vv. 30-31)

Cual místico en la euforia de su *unio*, también él anhela poder «celebrar» al magno objeto de su amor con «entusiasmo ardiente» (328, v. 68) y renovar en «corriente pura,/ viva, fresca, esplendente» (328, vv. 110-111) un alma antaño dolorida y «aherrojada» por «graves hierros» (328, v. 63):

> ¡Oh, cómo, vegas plácidas, ya siente
> nuestro influjo feliz el alma mía! (328, vv. 17-18)

Todo será mágica oferta en esa «inmensa llanada» (328, v. 38), todo será regalo para la «vista encantada» (328, v. 36). Como el «ameno huerto deseado», del *Cántico espiritual*, también la «huerta» (328, v. 75) de Batilo, un día abandonada, se volverá «sabor» de

> rama [...] que al paladar convida
> doblada el peso de doradas peras [...] (328, vv. 83-84)

Lo que da inusitada relevancia a este poema no es, claro está, la ya cansina *variatio* de que es objeto el idilio campestre, ni siquiera la evidente fantasía regresiva que de nuevo transporta. Lo que sí sorprende, es la intensidad con que el inconsciente textual parece exigir derecho de ciudadanía en la superficie del discurso poético, su casi negativa a permanecer ignorado, como palpitación oculta, en la estructura profunda del texto. Apenas ofrece ya hermetismo la metáfora paisajística, pues ese «valle silencioso» enmarcado por «[a]ltas colinas» (328, v. 2) imageniza, sin velarlo apenas, la topografía del sexo materno y su promesa acogedora:

> Con vuestra sombra amiga
> mi inocencia cubrid y [dadme] paz dichosa. (328, vv. 8-9)

En algunos momentos del poema, la fantasía de *regressio ad uterum* es tan evidente que ya casi resulta emblemática. Véase si no esta exclamación que Batilo brinda a las «vegas plácidas» (328, v. 17):

> Os tengo, os gozaré; con libre planta
> discurriré por vos, veré la Aurora,
> bañada en perlas que riendo llora,
> purpúrea abrir la puerta al nuevo día,
> su dudoso esplendor vago esmaltando
> del monte que a las nubes se adelanta
> la opuesta negra cumbre [...]. (328, vv. 19-25)

Obvio es, en un contexto incestuoso-regresivo, pormenorizar el significado inconsciente de ese «pie» y de esa «mirada» que toman gozosa posesión de un «valle silencioso», penetrándolo con su sucedaneidad fálica. Igualmente obvio es el sentido simbólico de esa «aurora» vaginal que, en la ambigüedad orgásmica del placer resuelto en queja, baña en «perlas» su deseo y abre la «purpúrea [...] puerta» de su vulva. Quizás tampoco sea necesario recordar toda la misteriosa fascinación («dudoso esplendor vago») que este «esmaltado» acceso a la corporeidad femenina ejerce sobre la fantasía infantil. Por último, no sorprende en demasía que el inconsciente textual, en un ciertamente vano intento de dificultar el rastreo de sus derroteros incestuosos, invierta – de arriba abajo – la topografía del sexo materno, metaforizando la convencional triangularidad del pubis en «monte» que «adelanta» hacia el cielo su «negra cumbre» (338, v. 24) hasta desvanecerla en el nubloso esmalte de la vulva. Por esta puerta regresará, pues, Batilo a la «inmensa llanada» (338, v. 38) de donde le expulsó la vida.

Así como todas las felices «islas» de la tradición utópica están rodeadas de un mar cuya magnitud descorazona a los que quisieran invadirlas, y así como todo *locus amoenus* suele estar clausurado por un alto muro que es frontera a los intrusos,[6] también el «valle» fantaseado por Batilo es inasequible a los demás. Allí están, cual guardianes de su incontaminada armonía,

> allí celando su corriente pura,
> cerrando el horizonte
> el bosque impenetrable y arduo monte. (338, vv. 55-57)

Nada podrá turbar pues la recobrada simbiosis con la naturaleza; nadie, a no ser Batilo, está legitimado a tomar nuevamente posesión de su «huerta abandonada» (328, v. 75). Tal es el contenido de su fantasía incestuosa: acogerse de nuevo al «dulce abrigo» (328, v. 62) maternal, regresar a su «sombra amiga» (328, v. 8) para fijar de nuevo «en medio de ella su morada» (328, v. 66); volver a la beatitud prenatal que perduró en la embelesada vivencia de niño de pecho; volver a disfrutar como antaño la gratificante catexia oral de una «paz sabrosa» (328, v. 141), como antaño «en dulces pensamientos embebido» (328, v. 144). *Regressio ad uterum*, «vuelta al campo»: Batilo insiste en versificar este refugio como planicie. Habla de «frescas praderas», de «vegas plácidas» (328, v. 48), de «niveladas eras» (328, v. 79), de «plácida llaneza» (328, v. 159), de «inmensa llanada» (328, v. 37) por las que puede extender su «vista encantada» (328, v. 36) y discurrir sin pena, «libre vagando en inquietud curiosa» (328, v. 37). Incluso los árboles que sobresalen del «lecho de verdura» son «copados árboles», y el mismo río desmaya su «ondisonante» carrera en raso «lecho de verdura» para recovecar, «lento», su «fuga circulante» (328, vv. 50-54). El mensaje inconsciente de estas imágenes de absoluta planicie es harto evidente. En su insistencia articulan un solo deseo: el de *vaciar* la naturaleza (el claustro materno) de todo aquello que remita al principio paterno.[7]

De ahí que, en el poema, Batilo estigmatice los atributos de la prepotencia paterna, que desprecie la «gloria» y el «alto poderío» – los vástagos sociales del padre –. De ahí que se lamente de sus propias, pasadas aspiraciones como forma errada de vida, como despreciable intento de identificarse con la *imago* paterna, de interiorizarla en

> [...] triste anhelo
> de la loca ambición y ciego mando. (328, vv. 120-121)

---

6 Janine Chasseguet-Smirgel nos ofrece una interpretación psicoanalítica de la isla como espacio utópico en su ensayo sobre «La matrice archaïque du complexe d'Œdipe dans l'Utopie» (1984). Véase Chasseguet-Smirgel 1988: 147-172.

7 También aquí fue Freud (1926) el primero en señalar esas equivalencias: «Der Mutterleibsphantasie stellen sich Hindernisse entgegen, die Angst hervorrufen – die Inzestschranken: Woher kommen sie nun? Vertreten werden sie offensichtlich vom Vater, von der Wirklichkeit, von der Autorität, die den Inzest verwehrt.» Para la cita en su contexto, véase Chasseguet-Smirgel 1988: 123ss.

Batilo se desdice de esta identificación que «sólo dolor» le ha dejado «en la memoria» (328, v. 136). Retrocede ante la madurez edípica que le exigiría postergar indefinidamente la satisfacción del deseo en nombre del principio siempre frustrante de la realidad. Renuncia a sucedaneizar el magno objeto deseado y a aceptar como suficientes las satisfacciones simbólicas, socialmente sancionadas, que le ofrece la cultura instaurada por la prohibición paterna y cifrada en la diferencia. No cabe aquí olvidar que este padre cual lo refleja el *nomos* sociocultural de la «ciudad» no es el esclarecido Padre edípico sino una formación arcaica que condensa proyecciones agresivas pregenitales. Ahora bien: Batilo vive la mayor pesadilla posible, la del individuo que toma conciencia de la fraudulencia y de la malignidad esencial del *nomos* bajo cuyo dictado le ha tocado vivir. No lo vivencia ya como seguridad sino como mundo desordenado, violento y absurdo. De ahí que quiera construirse un universo a la medida de aquel antiguo Yo que desconocía ese *nomos* crispado en rituales absurdos. Será por tanto necesario asegurar que este «campo» idílico sea una *tabula rasa*, como lo era el claustro materno. Ninguna protuberancia deberá perturbar la planicie. Nada deberá haber en ella que recuerde simbólicamente la presencia paterna en la madre, tal la legitima y acepta como prepotencia fisiológica y generacional la madurez edípica. De hecho, la visión del mundo a que Batilo retrocede es analógica a aquellas fantasías sexuales infantiles que anticipan en coordenadas pregenitales el conflicto edípico. En ellas, el claustro materno, ecuación de la realidad y del objeto deseado, es fantaseado contener – en ciertamente terrorífica conjunción – el pene del padre, sus excrementos y el mismo feto: todo aquello que la madre es sospechada de incorporar en el acto sexual con el padre.[8] De ahí que la fantasía infantil, como más tarde la perversa, considere necesario, para restablecer la simbiosis, purificar el claustro materno de todos esos elementos extraños e intrusos que obstaculizan la regresión. Es como remedo ciertamente involuntario de esta lógica que Batilo arremete contra la «ominosa riqueza» que domina por entero la «ciudad» y cuya casi explícita excrementalidad no deberá contaminar la «soledad gloriosa» de su recobrado idilio. Todo lo rastrero y vil que degrada la vida ciudadana, todos sus valores serán negados, expulsados fuera de ese «campo» que también es reino doblemente interior (claustro materno y subjetividad narcisista). Ni uno solo degradará, desvirtuándola, la reconquistada beatitud simbiótica en la que el narcisismo anhela vivenciar su definitiva asunción. Recuérdese el jubiloso, casi aguerrido grito de Batilo al imaginar las «vegas plácidas» de su infancia: «Os tengo, os gozaré» (328, v. 19). Sabe poder gozarlas en plenitud por recobrarlas exentas de todo aquello que aherrojaba a los moradores de la ciudad. Nada entorpecerá su «libre» discurrir por los «fértiles sembrados» (328, v. 39) que habían sido suyos y volverán a serlo. En mucho se asemeja el poema, precisamente, a un nostálgico *tour de propriétaire*, a un

---

8   Puede consultarse al respecto el ya clásico estudio de Melanie Klein: «Criminal tendencies in normal children» (Klein 1927).

volver a tomar posesión de un bien perdido y ahora a punto de ser recobrado. Como tal propietario reinstaurado, Batilo se envanece al evocar la «belleza» (328, v. 67) de lo que, con toda legitimidad, nunca había dejado de pertenecerle. Es con tristeza que considera su

> [...] huerta abandonada
> que apenas ora del colono siente
> en su seno la alzada. (328, vv. 75-77)

Será él quien, desde ahora, la fructifique. Será su mano la que «apoyará oficiosa» (328, v. 81) la vid y el árbol frutal; para él serán la «mies futura» y la «hortaliza sabrosa» (328, v. 78).

Quizás convenga recapitular: en «Mi vuelta al campo», Batilo reitera de nuevo su negativa a aceptar la realidad, feudo paterno, y a vivir según su principio. No *puede* aceptarla porque con ello sellaría su renuncia al magno objeto gratificante que, como hipertrofiado Ideal del yo, su no menos hipertrofiado narcisismo no cesa de anhelar. De nuevo, se niega a interiorizar el *nomos*, a acatar unas normas que, en reactivada exasperación oral, considera degradadas, *excrementales*. Pero tampoco se aviene a alienar su deseo, idolatrando fetiches tan inmundos como esa *«ominosa riqueza»* a la que nunca se olvida de evocar. Prefiere rehacer todo el camino de su individuación, borrar de su universo todo aquello que simbólicamente remita a una instancia paterna, cuya malignidad arcaica no puede sino horrorizarle, y, con la que, en buena lógica, no le sería posible identificarse. Retrocede, pues, al paraíso simbiótico que había sido el suyo, anulando retroactivamente una separación que, al invalidarle su hipertrofiado Ideal del Yo, le había sumido en una existencia confusa, en la que palpitaba la angustia. Regresa a aquel universo mítico donde pueda de nuevo vivir sin crispaciones, ni límites, ni «mayoral injusto» (330, v. 334), ni frustración, ni hambre, ni frío, ni dolor de espera – donde todo sea «regalo», gratificación, plenitud, mágico encanto, comunión.

Ahora bien: también las composiciones más genuinamente políticas de Meléndez Valdés, aquellas que las antologías nunca se olvidan de consignar bajo la rúbrica de «poesía ilustrada», se estructuran en base a la tensión entre la pérdida de la plenitud originaria y su restitución ardorosamente emplazada. Harto paradigmática es, en este contexto, la epístola que Batilo dirigió a Jovellanos con ocasión de «su feliz elevación al Ministerio Universal de Gracia y Justicia». Lo que en esencia exige allí del encumbrado amigo es que actúe como «reparador» (413, v. 49), que promueva la regeneración de «la querida desolada patria» (413, v. 91), regresándola a ser «reino del bien (413, v. 38)»,

> reino de paz y de abundancia y dulce
> holganza y hermandad [...] (413, vv. 35-36)

«Tornar», «volver», son los conceptos claves del poema, presentes incluso allí donde el ideario ilustrado cobra inmediatez pedagógica:

> Vuelve a los campos la olvidada Temis,
> y la igualdad feliz; en pos le ríen
> la oficiosa hermandad y los deleites
> del conyugal amor, de atroz miseria
> hoy cuasi extinta su celeste llama. (413, vv. 78-82)

La epístola se consume en «solícito ansiar» (413, v. 120) de la «gloria» y «felicidad» (413, v. 23) perdidas, la esperanza puesta en que le sea dado a Jovino – a su «celo ardiente», a su «patriotismo», a su «saber profundo», a su «afable probidad» (413, vv. 38-40) – «alentar la virtud» y vencer todos los «torpes monstruos» (413, v. 121) degradadores de la patria. De nuevo anatematiza, como ya lo hiciera en tantos poemas, la «impía calumnia», la «adusta envidia», el «recelar insomne», la «negra ingratitud» (413, vv. 122-124), «de un falaz bien el interés mañoso» (413, v. 127): todo lo que ha enturbiado la «feliz libertad y paz y holganza» (413, v. 174) comunitarias hasta dejarlas asoladas. El señalar las pautas de su restauración recorriendo el ideario ilustrado es, qué duda cabe, la intencionalidad consciente del poema. Por ello, Meléndez declina con aplicación e indudable convencimiento momentos esenciales de aquella Ilustración moderada que configuraba su visión del mundo y proyecto de futuro: magnifica el «sudor noble» (413, v. 71) del campesino, aboga por una reforma de la enseñanza y de la justicia, evoca la belleza ética de una sociedad afanosa, en la que prevalezcan el civismo y la tolerancia. Ahora bien: sin desvirtuar en nada su lógica interna, el discurso ilustrado parece también aquí transportar como doble inconsciente suyo otro discurso que le sirve de caja de resonancia. Es esto observable, sobre todo, en aquellos segmentos del poema, en los que Batilo recurre a una argumentación alegórica:

> [...] Cayó del mal el ominoso cetro [...]
> [...] y el brazo asolador; radiante
> se ostente la verdad, si antes temblando
> ante el hinchado error enmudecía.
> Fue, fue a sus ojos un atroz delito
> buscarla, amarla, en su beldad augusta
> embriagarse feliz. La infame tropa
> que insana la insultó, como ante el viento
> huye el vil polvo, se disipe y llore
> su acabado favor; Jovino el mando
> tiene [...] (413, vv. 52-62)

No es necesario dar por buenos todos los presupuestos psicohistóricos ni aplicar en detalle el instrumentario analítico de la narratología para constatar aquí nuevamente que estos versos, cual ya lo indica su misma densidad metafórica, permiten una redoblada lectura, según se focalice el discurso manifiesto o su doble fantasmático. Lo que, a nivel consciente, es argumentación política – eso es planteamiento de un muy concreto conflicto sociohistórico y esbozo de su solución, también ella pensada en categorías sociohistóricas – no hace, en última instancia, sino remozar las coordenadas de conflictos y soluciones que corresponden a determinados momentos de la evolución psicosexual. La alegórica pugna entre Jovino y el «brazo asolador», entre la «verdad» y el «mal», remite, quizás a modo de caja de resonancia, a otra conflictividad mucho más ancestral que la tematizada a nivel consciente por el poema. El escenario fantasmático que trasunta este segmento es, como en tantas otras composiciones de Batilo, el del conflicto edípico prejudicado por una irredencia narcisista. De nuevo, la instancia paterna aparece estigmatizada en sus sucedáneos simbólicos («ominoso cetro», «brazo asolador», «hinchado error»). De nuevo se especifica la *summa iniuria* cometida por el padre: la de obstaculizar con su prepotencia la pulsión incestuosa, sancionando como «atroz delito» el deseo de «embriagarse feliz» en la individualidad doble configurada por el primer y más «radiante» narcisismo. Esa «verdad» íntima es la que cabe reconquistar. Ella es la que, resolviéndose en nostalgia, alienta la resistencia anti-edípica contra los sucedáneos de la *imago* paterna y legitima la regresión. Ambas son fantaseadas a nivel comunitario. De ahí que Jovino, al vencer y disipar la «infame tropa» que mancillaba la «augusta beldad» del Ideal del Yo, única «verdad» y única «patria» a la medida del narcisismo primigenio, no actúe en nombre propio sino como vicario y paladín de la comunidad fraternal. Habrá que volver a tratar esta sobredeterminada figura del «reparador», tal y como la personifica aquí Jovino.[9] Cabrá entonces detenerse en las repetidas alusiones que, indefectiblemente, se harán de su liderazgo «manso y süave» (413, v. 168). Baste ahora señalar que Batilo hace de su amigo con secularizado énfasis cristológico el vocero y la garantía de otro reino, de otra «ley» muy distinta a la que se crispaba en el «cetro ominoso»:

> [...] Tú así en el mando
> afable ordenarás; verán los hombres
> que no es yugo la ley, que es dulce nudo
> de feliz libertad y paz y holganza. (413, vv. 171-174)

Es la amorosa ley filial, la anunciada por Jovino, que libera y pacifica el seno materno. Ella es quien

> [...] vence, ahuyenta
> el fatal genio que su trono infausto
> en la patria asentó [...]. (413, vv. 202-204)

«Justa» (413, v. 212) es esta ley – «inalterable, igual» (413, v. 212) – lazo que anuda con «estrecho vínculo» (413, v. 225) a todo el «linaje humanal» (413, v. 220):

> [...] de América los hijos,
> y los dichosos de (la) cara Iberia,
> artistas, sabios, labradores, cuantos
> en ella precian y en el ancho mundo

---

9 Puede consultarse mi artículo sobre la «Amistad y añoranza del bien perdido en la poesía ilustrada de Meléndez Valdés» (Joan Tous 1999), así como mi interpretación de su elegía «A Jovino: el melancólico» (Joan Tous 1997).

> las letras, la virtud, el almo fuego
> de la amistad y un corazón sencillo,
> la ansia noble del bien y la indulgente
> solícita bondad [...]. (413, vv. 241-248)

Si, a nivel consciente, Batilo declina por enésima vez los ideologemas esenciales de la Ilustración (desde la igualdad ante la ley hasta la «sacrosanta amistad»), el inconsciente textual se sirve de ellos para imaginar la «gloria» y «felicidad», la «ventura» y los «gozos sublimes» de quienes «en júbilo inefable enajenados» (413, v. 254) recobran – comunitariamente – su plenitud de vida. Una vez caído «el coloso/ del error» (413, vv. 204-205) edípico, la «fraternal unión» guiada por Jovino puede encender la «sagrada hoguera» (413, v. 139) y «celeste llama» (413, v. 82) de la virtud, magnificar en ella su «inocencia» (413, v. 224), «inflamarse» (413, v. 226) en ella. Por doquier subraya Batilo el fulgor y la luminosidad del magno objeto cuya reconquista fantasea: «radiante» es la «verdad», «brillantes» son «las alas» (413, v. 206) de la razón. El «día feliz» (413, v. 229) de la asunción narcisista, aquel en que, por fin, prevalezca el ideario ilustrado, aquél en que el Yo comunitario asuma regresivamente su Ideal, será día iluminado por «fuego celestial» (413, v. 176), fuego en que arden «fino amor y fraternal ternura» (413, v. 178),

> [...] cual en los días
> de mayo el suelo de la blanda llama
> regalado del sol, llama fecunda,
> benéfica, vital [...] (413, vv. 236-239)

Será día de éxtasis y euforia, de «embriagarse feliz» y «alegría inmensa»: «sublime espectáculo de un pueblo» (413, v. 50) devuelto a su primer y más alto destino, a aquella luminosa «verdad» tanto tiempo buscada, tan ardorosamente deseada en su «beldad augusta» y gratificante. Si el fulgurante Ideal del Yo como renovada fuente de maternal gratificación narcisista es diurna «llama fecunda» que inflama la *unio*, antitéticamente la nocturnidad («negra ingratitud» [413, v. 124], «sombra» de un «falaz bien» [413, v. 127]) remite a una *imago* degradada del padre, a un Superyó arcaico anclado en la tópica sombra de la analidad.[10] Como el místico que atraviesa la «noche oscura del alma» hasta que vuelve a sentir en sí la «llama de amor viva» que «calor y luz» da a lo que «estava obscuro y ciego»,[11] también la Ley reinstaurada por Jovino ha disipado las tinieblas en que se debatía el «recelar insomne» de la comunidad amordazada por el «error» y los dolorosos rituales, trasuntos de la analidad. De nuevo es Jovino quien, en su función de vicario, asume y anticipa el luminoso destino comunitario. De él afirma Batilo que, si ahora brilla «augusto como el sol», antes tuvo que disipar

---

10   Para una contextualización psicoanalítica, véase Chasseguet-Smirgel 1990: 55.
11   Juan de la Cruz 1984: 263.

> la niebla vil que tu virtud sublime
> mancillar intentó; cual la deshace
> el dios del día del cenit, do brilla
> rico de luz en el inmenso espacio,
> tú la ahuyentaste así. [...] (413, vv. 27-31)

Por doquier, el discurso ilustrado transporta, a modo de verdad íntima suya, fantasías regresivas crispadas de virulencia anti-edípica. El advenimiento de la Ilustración es ensoñado con metáforas, ciertamente significativas en su monótona recurrencia, que lo imagenizan como teofanía de un comunitario Ideal del Yo, una vez destronado el falaz imperio del Superyó: como justa victoria del principio del placer sobre el de una realidad restrictiva e indigna, como reinstauración de la *hibris* narcisista, como reencuentro con la plenitud cifrada en una *imago* materna de esplendorosa bondad. La quejosa desazón del Batilo ilustrado emplazando una y otra vez la definitiva y plena instauración de las Luces remite, cual lo hacían sus veleidades anacreónticas y su nostalgia campestre, a la avidez propia de la vivencia oral, al ansia de absoluta gratificación y sobrecompensada quietud. Es de buena lógica, pues, que, cuando Batilo, espoleado por las circunstancias históricas, desarrolle un discurso patriótico, lo haga transponiendo de nuevo las coordenadas básicas del conflicto edípico y que, también de nuevo, su discurso inconsciente retroceda a soluciones regresivas para salvar sus aspiraciones narcisistas. Harto paradigmáticos son, en este contexto, sus «Afectos y deseos de un español al volver a su patria» (1814), una oda escrita en el exilio: no cabe olvidarlo.[12] La compuso Batilo con la «inviolable fe» (449, v. 52) de quien, legitimado por tantos años de «noble» (449, v. 52) y «ardiente celo» (449, v. 137) cívico, confía en que se reconsiderará la sinrazón de su destierro y se le permitirá regresar a España, plenamente rehabilitado. Habla en nombre propio y en el de sus «dolientes» compañeros de infortunio, náufragos – como él – de la historia. Para sí y para ellos reclama el derecho de continuar ostentando el blasón de «españoles», al igual de los que, por haberse comprometido en el otro bando, el de los vencedores, no han tenido que sufrir ominoso destierro. Lo reclama porque, unos y otros, obraron por patriotismo, como «españoles todos» (449, v. 42-45) que eran:

> [...] lo fuimos siempre en el amor, lo fuimos,
> bien que en diversos modos
> allí do a España vimos,
> allí a salvarla crédulos corrimos [...] (449, vv. 42-45)

Se trata, bien de nuevo, de una «vuelta» – no ya al «campo» de la infancia, sino a la patria –: un legítimo retorno a lo que había sido y continúa siendo propio, tan propio como aquella «huerta abandonada» de sus primeros años. Cabe, otra vez, remozar el bien perdido, reparar lo que los quebrantos de la historia han destartalado:

---

12 Continúa teniendo plena vigencia la magnífica biografía de Georges Demerson (1971), tan atinada en sus valoraciones como rica en documentación.

>   Vuelva la agricultura
> sus campos a animar; torne el ganado
> a holgarse en la verdura
> del ya seguro prado;
> y su hogar sea al labrador sagrado.
>   La industria, destruida
> de esta guerra letal al soplo ardiente,
> descollando florida
> el comercio alimente,
> y alce el saber su desmayada frente.
>   Nuevos cultos reciba
> la olvidada justicia; de las canas
> la majestad reviva,
> reinando soberanas
> por su pudor las fembras castellanas
>   Reparados los templos,
> ferviente al cielo la piedad se eleve;
> mil sublimes ejemplos
> la moral nos renueve;
> y el patriotismo a la virtud nos lleve. (449, vv. 116-135)

Casi punto por punto, pues, vuelve a ensoñar Batilo todo aquello que ya había emplazado en tantas y tantas epístolas, confiándolo al buen hacer gubernativo de los ministros de la Corona – fueran éstos Jovellanos, Llaguna o Godoy – o a la Corona misma, la ostentara el borbónico Carlos o el napoleónico José: poco importaban esos cambios de destinatario a nivel discursivo, dado que no implicaban variación alguna, ni en la forma ni en el contenido de la argumentación, como tampoco la supone ahora el que afirme estar

>   en uno de sus amores
> con el joven Real que al cetro de oro
> tornó de sus mayores,
> riquísimo tesoro,
> si antes asunto de perenne lloro. (449, vv. 111-115)

Ese «amor» en que, al unísono, palpitan el «joven Real» y los españoles ardorosamente comprometidos en la «empresa» (449, v. 139) de restaurar la *res publica* y asegurar el bien común es amor a la «dulce patria» (449, v. 17):

>   Deja, oh patria querida,
> este grito a mi amor; da a mi ternura
> que anhele embebecida
> que en gloria y ventura
> por siempre brilles con la luz más pura. (449, vv. 61-65)

Es – en la superficie misma del texto – amor de hijo por su «madre» (449, v. 100) («bien, bien mi amor llamártelo merece», [449, v. 102]). Es amor filial y afecto de amante, pasión acicateada por la ausencia y el exilio:

>   Lejos de ti la llama
> de mi fe se avivó, cual se renueva

> más y más en quien ama
> y el hado ausente lleva
> la hoguera dulce en que sus ansias prueba. (449, vv. 66-70)

Batilo vuelca toda su «ternura» (449, v. 62) en este objeto amoroso, toda su fe y razón de vida parecen depender de él. Lo transfigura en Ideal del Yo, lo exalta en su «augusta hermosura» (449, v. 24), en su «belleza», en su «beldad» (449, v. 87), en su «alteza» (449, v. 90), en su «majestad» (449, v. 128) – como si ningún sinónimo bastara para evocar su magnificencia –. «Ansia», «suspira», «ruega», «anhela» e «implora» con la fervorosidad del enamoramiento; «el llanto [sus] mejillas humedece» (449, v. 105) cual queja de un niño de pecho. Batilo escenifica la desvalidez narcisista de quien todo lo espera del único objeto capaz de exorcizar la distancia entre el Yo y su Ideal. Se humilla y empobrece en «español obscuro» (449, v. 53) que nada es, ni nada vale si no fuera por la «hoguera dulce» (449, v. 70) y «fogosa afición» (449, v. 75) que siente por España, su «madre tierna» (449, v. 26). Desde la perspectiva de su fantaseado regreso, el Yo lírico narra cómo, en el pasado del poema que es el presente de su exilio, su «embriagada» (449, v. 75) nostalgia, «con presto vuelo de [...] amor llevada» (449, v. 72), le alucinaba la vuelta a su «querida» (449, v. 61) y «dulce patria» (449, v. 17):

> Gozoso [entonces] en mirarte
> y en llamarme hijo tuyo, me fingía
> tiernamente abrazarte;
> y en mi dulce agonía
> tu nombre apenas pronunciar podía. (449, vv. 76-80)

Así imaginada, esta vivencia dulcemente agónica remite con renovada insistencia hermenéutica al desmayo de la *unio* mística, a aquel «requiebro tan suave que pasa entre el alma y Dios»,[13] cual lo sentía, «abrasada» la visionaria Teresa y lo versificaba Juan de Yepes:

> Quedéme y olbidéme
> el rostro recliné sobre el amado;
> cessó todo, y dexéme [...][14]

Pero, por ello mismo, esos «afectos de un español» también trasuntan un inconsciente textual en el que palpita la nostalgia regresiva, el deseo de regresar la distancia, de anular la separación. Batilo no sólo idealiza a España, sino que se identifica con su patria y la asume en su carne. Sufre su doloroso destino de nación desgarrada por las luchas fratricidas y asolada por la guerra. Siente y gime con ella, por ella:

> Pero ¡ay! qué de dolores
> me has causado a la par!
> [...]

---

13 Teresa de Jesús 1984: 320.
14 Juan de la Cruz 1984: 262.

> Tus voces escuchaba;
> tu hondo gemir y dolorido llanto
> mi seno desgarraba;
> y aun ahora con espanto
> oigo el eco sonar de tu quebranto. (449, vv. 81-82; 91-95)

El Yo lírico, paladín de la Madre, se ensancha en Yo comunitario, delegando sus derechos – y deberes – amorosos al grupo sublimado en fratría. Todos los «españoles» son llamados, como «hermanos» (449, v. 106), a intervenir «solícitos» (449, v. 109) en favor de la «madre patria», a tornarle «el esplendor, el júbilo, el sosiego» (449, v. 15) que la «discordia ominosa» (449, v. 11) no ha cesado de «robarle» (449, v. 16):

> Todos en uno unidos,
> todos en santa paz, todos hermanos,
> lejos ya los partidos,
> lejos los nombres vanos,
> que enconos atizaron tan insanos. (449, vv. 36-40)

En última instancia, lo que Batilo actualiza aquí, transponiéndolo a sus circunstancias históricas, es aquel mítico tránsito de la «horda primitiva» a la «alianza» de los hermanos, cual Freud empezaría a narrarla, a modo de novela histórico-paleolítica, en «Totem und Tabu» (1912): la negación de la prepotencia paterna, la inmolación del Padre primitivo, aquel que impedía a sus hijos la satisfacción de la incestuosidad totémica. Batilo, sin embargo, aporta una solución regresiva – matriarcal – al mito. No acepta la solución edípica, «cultural» en el sentido freudiano, eso es: cifrada en el remordimiento y en la culpabilidad. La muerte del Padre, alegorizada como superación del «error ciego», es precisamente lo que legitima aquí la consumación del incesto, la definitiva toma de posesión del seno materno. No culpabiliza edípicamente sino que hace posible la asunción narcisista de la alianza fraterna, al abrírsele los «brazos clementes» de su único y «fausto amor» (449, vv. 33-34). Es día de «claro sol» (449, v. 10), día «fulgente» (449, v. 2), éste del regreso – *insight* que ilumina la *re-unión* del Yo con su Ideal, el fin de un largo éxodo de «orfandad»:

> Abriste, madre tierna,
> tu seno al fin a tus dolientes hijos,
> que en orfandad eterna
> tras males tan prolijos
> penaban, siempre en ti sus ojos fijos.
> Lo abriste, y obedientes,
> finos, leales a lanzarse vuelan
> en tus brazos clementes;
> tu fausto amor anhelan,
> y en alcanzarlo ahincados se desvelan. (449, vv. 26-35)

Batilo hace hincapié en la necesidad de «estrechar» los «vínculos [...] tan sagrados» (449, v. 50) de la alianza fraterna. Ahora bien: Si Batilo no cesa de emplazar la comunión de «todos en uno» como garantía y *conditio sine qua non* del eufórico regreso, lo hace en consonancia con un silogismo esencial a muchas utopías:

> Puisque personne ne peut garder pour lui seul la Terre-Mère ou la cité idéale, il s'agira de faire en sorte que la horde des frères qui a pris possession de la mère forme une entité unique, un seul corps. [...] [Ainsi, l'] aspiration chrétienne est finalement de réduire l'humanité á une seule personne, á un seul corps mystique. [...] On comprend que cet affect élationnel, mégalomaniaque n'est possible á atteindre que si effectivement il règne dans [la Terre-Mère, dans la cité idéale] un consensus parfait, une harmonie idéale, une «homophonie» [...] absolue. Le moindre obstacle, je n'ose dire la moindre dissidence, menace l'équilibre tout entier du système [...].[15]

Es totalmente obvio que, a nivel consciente, en una España asolada por las discordias civiles y los desastres de la guerra, este ansioso anhelo de fraternal armonía, tal y como lo expresa Batilo en esos «Avisos» de 1814, no significaba una mera racionalización de una nostalgia regresiva. La (obviamente consciente) intencionalidad política era evidente y continúa siéndolo a nivel historiográfico. Ello no invalida, sin embargo, que agazapado en el inconsciente textual, tenga lugar *otro* discurso, en todo simétrico al de la superficie. En esta trama fantasmática, el conflicto en el que se halla involucrado Batilo pierde toda su contingente inmediatez histórica, ideológica e incluso biográfica para repristinarse hermenéuticamente en una estructura conflictiva que enfrenta un Ideal del Yo magnificado en su potencialidad libidinosa a un Superyó crispado en su agresividad. El inconsciente textual no sólo funciona a modo de caja de resonancia, connotando filo- y ontogenéticamente el discurso de superficie, sino que también condiciona la aprehensión consciente del conflicto histórico-biográfico y fija las pautas de su solución. Simplificando lo dicho: el conflicto *Madre España – comunidad de los españoles – política errada y violenta*, tal y como lo tematiza en su concreción histórica el discurso de superficie, refleja, tanto en su planteamiento como en la solución propuesta, el conflicto *Ideal del Yo* (narcisismo) *– Yo-Superyó* (Edipo): una vez erradicados todos los sucedáneos edípicos, el Yo puede regredir a su Ideal narcisista. De ahí que, en el poema, todo lo que remite a la *imago* paterna – esos «nombres vanos» que «enconos atizaron tan insanos» (449, vv. 39-40) – sea estigmatizado como obstáculo a la regresión, a las nupcias jubilosas del regreso. De ahí también que ese «*joven* Real» (449, v. 112),[16] en el que Batilo cifra las esperanzas de todos «los españoles» deseosos de superar el éxodo de la «orfandad», no deba interpretarse como un sucedáneo del padre, sino – muy al contrario – como quien, cohesionando la alianza fraterna en un solo «amor», promueve y garantiza la ilusión del reencuentro entre el Yo comunitario y su Ideal. Es también él quien, como mediador, recupera en nombre del grupo el «riquísimo tesoro» (449, v. 114) de la perdida plenitud narcisista, ese «cetro de oro» (449, v. 112) que antes fuera «asunto de perenne lloro» (449, v. 115) al ser incautado por un «extranjero

---

15 Chasseguet-Smirgel 1988: 160ss.
16 El subrayado es mío.

odioso» (449, v. 86). Tan sólo después de haber sido expulsado del seno materno a ese intruso que, como sucedáneo del padre arcaico, lo ocupaba y asolaba, podrá advenir la asunción comunitaria. El día en que España recobre su «gloria y ventura» (449, v. 64), también será aquel en que la alianza fraterna, reflejándose cual Narciso en «la luz más pura» de la patria, vivirá la teofanía de su propio Ideal:

> Será nuestra memoria
> con alto nombre entre las gentes clara,
> y oficiosa la gloria
> ya de belleza rara
> su inmortal lauro a nuestra sien prepara. (449, vv. 141-145)

Esta apoteosis narcisista del Yo comunitario marcará el fin de toda tensión histórica, el momento radicalmente utópico de la plena realización del deseo: días sin fin de «perenne bonanza» (449, v. 21), días de «gloria y ventura» (449, v. 64) regresivas, arrullados días en la «dulce patria» (449, v. 17), recobrada «madre tierna» (449, v. 26).

Ahora bien: el inconsciente textual desarrolla esta misma trama regresiva en *todos* los poemas de lo que podría denominarse «serie patriótica», independientemente de la fecha y circunstancias en que fueron escritos. En su estructura profunda, nada diferencia, por ejemplo, las composiciones que escribió Batilo como «Alarma española» ante la invasión napoleónica de aquellas otras que versificó en el exilio, precisamente después de haber puesto su pluma y su magistratura al servicio de José Bonaparte. La quizás irritante veleidad política de Batilo – ora leal a la legítima dinastía borbónica, ora comprometido con el régimen de ocupación – se transforma así en continuidad inconsciente que, al ser racionalizada, da incluso sentido a la buena fe con que el poeta, en sus años de exilio, reclamaba para sí el reconocimiento de sus servicios a la patria. Escribiera en verso a Godoy o a Jovellanos, encomiara al rey Carlos, al rey José o al «joven Real» Fernando, Batilo no hizo sino emplazar siempre el advenimiento de la «perenne bonanza» comunitaria, el regreso filogenético a la «paz», «abundancia» y dulce «hermandad» (413, vv. 35-36) de un pasado mítico. Cambiaron, de una circunstancia histórica a otra, los actores del conflicto consciente: Batilo interpeló unas veces el obscurantismo religioso, la falta de tolerancia o la dejadez intelectual y política como obstáculos a la regeneración nacional, otras veces, fueron las tropas napoleónicas o, sin aparente solución de continuidad, sus oponentes en las Cortes de Cádiz quienes eran estigmatizados como «pérfido bando» (161, v. 47) culpable de abismar la patria y hollar su «augusta hermosura» (161, v. 24). Cambiaron, en el traqueteo de los acontecimientos, las proyecciones históricas en las que se condensaba la virulencia anti-edípica del inconsciente textual: el «coloso/ del error» y su «trono infausto» (161, vv. 203-205), el «tirano intruso» cuya «dura planta» hollaba el suelo patrio, la «facción aleve» que «entronóse ufana», coartando el regreso del «suspirado» rey Fernando en «su noble España» (161, v. 30). Mientras el discurso consciente de Batilo iba interpelando uno tras uno a todos los que entorpecían el bien común y «el esplendor, el júbilo, el sosiego»

(449, v. 15) de la patria, el inconsciente textual los descubría y demonizaba como sucedáneos de la ominosa prepotencia paterna, como proteicos obstáculos a la regresión. Ellos eran quienes desvirtuaban el amor filial, ensanchado en alianza fraterna. Pero Batilo no cejó en su imperioso anhelo de simbiótica fusión. Una y otra vez, con sobrecogedora monotonía, imagenizó el «fausto día» (450, v. 106) de la renovada *unio*, aquel día en que la historia llegaría a su más feliz término de plenitud, cuando ya nada ocurriría ni enturbiaría la vivencia sobregratificada del Yo comunitario. Una y otra vez, imagenizó la asunción narcisista de la alianza fraterna como regreso a la somnolencia beatífica del feto en la «perenne bonanza» del seno materno. Pueden así leerse, entre los desconsolados versos que dirigió «A [su] patria, en sus discordias civiles» (¿1812?) otros más luminosos donde, con profesión de fe comunitaria – «cual [...] hermanos nos amemos» (450, v. 114) –, expresaba su esperanza de regresar a la «calma deliciosa» (450, v. 109) de una España ella misma devuelta a su amor de madre: «[En] tu seno felices descansemos» (450, v. 115), tal era el gemido filial en que culminaba el discurso patriótico.

Conviene detenerse en esta oda escrita en los últimos estertores de la Guerra de Independencia, antes de salir el poeta desterrado de España. En ella, menos todavía que en las otras composiciones de la serie patriótica, el discurso liminar apenas logra contener, a fuer de racionalizarla, la crispación del inconsciente textual. Como tantas veces, Batilo comienza emplazando el advenimiento de la «fausta paz» a la que regresará el Yo comunitario en el «augusto seno» de la «patria»:

>   ¿Cuándo el cielo piadoso
> te dará fausta paz, oh patria mía,
> y roto el cetro odioso
> de la discordia impía,
> reirá en tu augusto seno la alegría?
>   Tus hijos despiedados
> alzáronse en tu mal por destrozarte;
> ¿cuándo en uno acordados
> correrán a abrazarte
> y en tu acerbo dolor a confortarte? (450, vv. 1-10)

De nuevo, la consecución del anhelo regresivo presupone la caída del «cetro odioso» de la prepotencia paterna, prepotencia cifrada en la «discordia impía», eso es: en la heterogeneidad. Es éste un principio edípico complementario al de la diferencia y, como tal, subsidiario al principio de realidad que obstaculiza indefectiblemente la realización del deseo: del mismo modo que el padre, en las fantasías uterinas infantiles, obstaculiza, con su presencia, el regreso incestuoso al seno materno.[17]

---

17   Cabe recordar la argumentación psicoanalítica al respecto: «[...] Plutôt que de se référer á la seule différence entre les sexes et les générations comme représentant le roc de la réalité, il conviendrait de penser que la réalité est tout entière la résultante de différences. Le temps, par exemple, peut être considéré comme l'intervalle existant entre le besoin (ou le désir) et sa satisfaction. L'espace implique la prise en compte des différences

Sin apenas transformaciones racionalizadoras, el discurso liminar del poema escenifica la crispación y angustias inconscientes ante la depravación del «augusto seno» de una madre resuelta en patria. Como ya lo hiciera en «Mi vuelta al campo» y en tantos otros poemas, Batilo versifica su desconsuelo ante una morada antes fértil y ahora cubierta de «estériles abrojos» (450, v. 13). Bien de nuevo, la memoria del bien perdido trasunta una nostalgia regresiva, dolorida nostalgia de quien ve convertido el «pacífico retiro», adonde aspira retornar, en un ámbito de violencia y desolación:

>   ¡Mísera! ¿do los ojos
> vuelvas, sin ver allí tu inmenso duelo?
> Estériles abrojos
> cubren el yermo suelo,
> que antes de espigas de oro pobló el cielo.
>   La llama asoladora,
> igualando el palacio y la cabaña,
> tus entrañas devora;
> y en su implacable saña
> en lloro y sangre tus provincias baña. (450, vv. 11-20)

Nótese, ya de entrada, la oposición – evidentemente fálica – entre las «espigas de oro» y la «llama asoladora». Mientras las doradas espigas remiten a la esplendorosa plenitud simbiótica del seno materno al ser poblado incestuosamente por el Yo comunitario, la «llama asoladora» estigmatiza la «implacable saña» de la penetración paterna. En su inconsciente, el poema da fe de una desazón infantil anclada en la pregenitalidad: alucina la fantasmagoría de un falo paterno devorando las «entrañas» de la madre, abrasándolas «en lloro y sangre». Este padre arcaico, «asolador», que Batilo había proyectado otras veces en el «extranjero odioso» (449, v. 86), aparece de nuevo, obsesivamente proteico, identificado ahora en las «discordias civiles», pero continúa siendo fautor de un principio de realidad y diferenciación que obstaculiza la realización del deseo, imposibilitando así la apoteosis del retorno a una plenitud narcisista en la que el Yo comunitario podrá asumir de nuevo, en la más regresiva de las indiferenciaciones, su Ideal. En esta oda, el inconsciente textual no se limita, pues, como tantas otras veces lo hiciera, a reiterar su nostalgia regresiva, de sesgo eminentemente oral. Batilo no se limita, desde su desazonada memoria, a emplazar la reactivación de la simbiosis narcisista. También se muestra ahora confundido por fantasmagorías aterradoras, en las que palpita y se crispa el sadismo de la analidad. En el presente de una patria desgarrada por la guerra y las discordias civiles, el inconsciente textual revive horrorizado la mutación sádico-anal del seno materno. De

---

de situation entre les points qui le composent. La réalité est constituée par un passage de l'homogénéité á l'hétérogénéité. Ceci conduit á examiner le désir de vider le ventre maternel de ses contenus (de refaire en sens inverse le chemin qui va de l'homogénéité á l'hétérogénéité) comme objectivation de la lutte du principe de plaisir contre le principe de réalité.» Chasseguet-Smirgel 1988: 130s.

ser «plácido retiro» pasa a configurar un «hondo abismo» (450, v. 45) donde se acumulan «destrozos» (450, v. 44) y «espantables objetos» (450, v. 73): un lugar desolado y «horrendo» (450, v. 96) que ya no contiene sino excrementales «abrojos» (450, v. 13). Las «entrañas» de la patria, antaño «madre tierna», esas que la oralidad imagenizaba como «augusto seno» de armoniosa «alegría» (450, v. 5) y gratificante plenitud, son ahora fantaseadas como ámbito «pavoroso» (450, v. 38), ensangrentado a fuego y llanto por un falo paterno, «hierro inhumano» (450, v. 39), «fatal bronce» (450, v. 42) crispado en la más ubicua y absoluta de las agresividades. Estos sucedáneos paternos violentan el seno materno convirtiendo su contenido en amalgama excremental: «igualando el palacio y la cabaña» (450, v. 17), «asolándolo todo» (450, v. 43). «Nada, nada» queda «del antiguo esplendor» (450, vv. 90-91); sólo «estragos» (450, v. 95) cubren ya el «yermo suelo» (450, v. 14). Son éstas fantasías propias de la sexualidad infantil, aquella que imagina la penetración como acto de violencia, como «bárbara ruina» (450, v. 62) que abisma el seno materno y «empozoña» (450, v. 55) sus «aguas» (450, v. 54), su «noble sangre mancillando» (450, v. 50). Son fantasías propias de una sexualidad pregenital incapaz de pensar otro falo que no sea el de la analidad y su «fiera saña» (450, v. 58): propias de una visión del mundo en que la realidad es fatalmente vivenciada como obstáculo a la satisfacción del deseo. Ya no puede haber «paz ni acomodo» (450, v. 41) allí donde prevalece el «hacha» (450, v. 40), «hierro [...] homicida» (450, v. 48) y castrante que «tala» (450, v. 40) el placer a la mediocre y «mezquina» (450, v. 64) medida de una realidad ocupada por la *imago* paterna y zaherida por sus sucedáneos. No puede haberlos, mientras el padre continúe usurpando – «mancillando» (450, v. 50) – el seno materno, mientras la «madre patria» no maldiga, «desengañada», el «error» (450, v. 100) de haber alentado ella misma el «delirio» de la discordia fraterna:

> ¿[...] tú el delirio alientas
> contra ti de tus gentes, y en su seno
> los odios alimentas,
> y de mortal veneno
> tú propia el cáliz les presentas lleno?
>   ¿Dó vas, o qué pretendes?
> ¿qué furor te arrebata? ¡Cuánta hoguera
> ¡ay! en tu estrago enciendes!
> ¡Ay! ¡cuál la atroz Meguera
> te aguija impía en tu infeliz carrera!
>   Y con gesto espantable,
> de su crin las culebras desprendiendo
> con su diestra implacable,
> sobre ti en son horrendo
> está sus alas fúnebres batiendo,
>   sus alas, que concitan
> a mil y miles en delirio insano [...] (450, vv. 21-37)

Doble y fatal error este que parece haber sellado la separación del Yo comunitario de su Ideal; «delirio insano» este que acomete por igual a los hijos y a la madre al distanciarse y renegarse mutuamente. Ahí está la patria, víctima propiciatoria, gimiendo haber perdido su mayor bien por haberse negado a sus «hijos»:

> Demandarás tus hijos,
> y «¡Ay! perecieron», sonará en respuesta,
> «los ojos en ti fijos
> en su ausencia funesta.»
> ¡Cuánto ¡ay! tu engaño de virtud te cuesta! (450, vv. 101-105)

Conviene subrayar toda la reivindicación incestuosa que anida en estas inusitadas palabras: «engaño de virtud». Palpita en ellas la protesta anti-edípica de quien, por sentirse legítimo compañero de la madre y, por tanto, capaz de asegurarle su «alegría» (450, v. 5) y «esplendor» (450, v. 92), le incrimina haber aceptado una realidad, la prepotencia paterna, supuestamente inapelable. Pero Batilo también culpabiliza a los «hijos», a este Yo colectivo en el que ha cifrado la plenitud de su propia individualidad. Precisamente por haberse negado a homogeneizarse en comunidad fraterna, en *fratría*, son los hijos culpables de la desvalidez materna. No supieron aunar sus esfuerzos y su amor filial, más bien acataron, sin verdaderamente quererlo, el principio esencial de la realidad edípica, el de la diferencia que los enfrentó unos a otros cuando, subyugados por la prepotencia perversa y pervertidora del padre, volvieron a ser horda desunida, enloquecida, automutiladora. Sus «discordias» configuraron la «trama» que «atizar pudo tan infanda llama» (450, vv. 84-85): la «llama asoladora» (450, v. 16) que abismó en «inmenso duelo» (450, v. 12) el seno materno y, como obstáculo a la regresión, cimentó la «ausencia funesta» (450, v. 104), el exilio lejos de la madre patria, la pérdida del mayor bien. La locura suicida de los hijos potenció la de la madre y ambas cegueras separaron a quienes, en buena ley, debían fundirse amorosamente:

> Hermanos nos herimos,
> y viuda impíos nuestra madre hacemos;
> bajo un cielo vivimos,
> y unas aguas bebemos,
> y a emponzoñarlas bárbaros corremos.
> [...]
> No dure ni en la pluma
> ni en el labio tan bárbara ruïna,
> jamás finible suma
> de estragos, do mezquina
> la patria a hundirse rápida camina.
> ¡Ay, qué plaga ni gente
> de lucha tal ignora los furores
> y el delirio inclemente
> y los ciegos rencores
> con que ilusos doblamos sus errores! (450, vv. 51-55; 61-70)

Obsérvese cómo el inconsciente textual, en estos momentos de mayor exasperación, emerge a la superficie del discurso manifiesto, dislocando – contaminando – sus racionalizaciones: si la alianza fraterna sucumbe en discordia «impía» y en automutilador «delirio inclemente», su muerte hará «viuda» a la madre. A la «orfandad» filial corresponde así la «viudedad» materna – contra toda lógica semántica, pero en infantil presunción de ley –. El inconsciente del poema, anclado en la pregenitalidad, al esbozar un universo en el que el padre es radicalmente negado en su prepotencia edípica, convierte al hijo – y por ende a la alianza fraterna – en único esposo legítimo de la madre. Les une un mismo destino, ninguno de los dos, sin el otro, hallará la «alegría»: el Yo se debe a su Ideal, tanto como el Ideal se debe al Yo si quiere perdurar en su magnificencia, sin amancillarse ni pervertirse en «atroz Meguera» (450, v. 29). El uno se debe al otro, como en la *unio* mística, donde la esposa sólo halla su plenitud beatífica «en el Amado transformada». De ahí que el poema culmine en la versificación de un incestuoso abrazo, en la esperanza de reconciliación materno-filial. Son aquellos versos que estremece el ansia de regresión a la restaurada beatitud y saciada somnolencia del claustro materno:

>   ¡Oh luzca el fausto día,
> oh luzca al fin, en que la paz gloriosa
> te abrace, oh patria mía!
> En calma deliciosa
> torne el cielo tu cólera ominosa;
>   y en tu amor inflamados,
> cual hijos a tus plantas nos postremos,
> do errores olvidados,
> hermanos nos amemos
> y en tu seno felices descansemos. (450, vv. 106-115)

El discurso patriótico de Batilo se resuelve siempre en amor de hijo por su madre, en fantasías de amor correspondido. Lo que anhela incesantemente es, transfigurado en el Nosotros del Yo colectivo, volver a fundirse en un definitivo abrazo con una «España» que ha recuperado, incluso en el mismo texto manifiesto del poema, su faz de Madre amante y gratificadora. Cabe, sin duda alguna, preguntarse qué conclusiones pueden sacarse de esta omnipresente y masiva presencia de la *imago* materna en la poesía de Meléndez Valdés. Poco sentido tendría cuestionar la biografía del poeta y transferir al hombre histórico este narcisismo de sesgo regresivo que su Yo lírico, Batilo, manifiesta con tanta virulencia. Hay, eso sí, momentos significativos en su vida que abogarían en tal sentido, y existe, de hecho, una solución de continuidad en su biografía y es, precisamente, este «infantilismo psicológico» que Demerson quisiera reservar para sus primeros años salmantinos y que «le hacía buscar un refugio o apoyo para su personalidad poco firme.»[18] No son necesarias filigranas exegéticas para hallar la raíz de esta insistente demanda de amparo: fue, sin duda alguna y con brutal banalidad, la muerte de su madre, cuando apenas tenía siete años, lo que debió inscribirse en su personalidad como una inmensa herida, indeleble y escandalosa, por la que sangran tantos y tantos versos suyos sobre el paraíso perdido

---

18 Demerson 1981: 28.

de la infancia o sobre el calor de la amistad. Tampoco son necesarios malabarismos psicológicos, basta sentido común, para ver sucederse en la vida de Meléndez sustitutos de esa madre perdida: desde ese Fray Diego Tadeo González de sus primeros años universitarios, este que se preocupaba de ver a Meléndez «algo malillo y desmejorado»[19] y que no cesaba de «amonestarle» para que tomara «leche de burras»,[20] hasta María Andrea de Coca, su mujer, con quien se casó en 1782, y en quien Demerson ve «el ángel custodio del poeta, cuyas vicisitudes compartió, [asistiéndole] con abnegación inalterable en sus enfermedades y cuya gloria defendió valientemente hasta el último suspiro.»[21] Cabría detenerse en este matrimonio que tanto sorprendió a los amigos del poeta, no sólo por los diez años que llevaba la esposa a su marido, sino también por el secreto y la precipitación con que se llevó a cabo, pero basta dar por válida la apreciación de Demerson:

> No es [...] de extrañar que la joven fuera para el dulce y tímido poeta, para el huérfano privado de ternura maternal, no sólo una atenta esposa, sino también una madre, a la vez exigente y vigilante; en relación con su mujer, Meléndez nunca perderá totalmente ese complejo de adolescente, de «niño», que nos revelan con ocasión de la muerte de su hermano Esteban, cinco años antes, sus cartas a Jovellanos. Edipo se casaba, pues, con Yocasta; quizás por esto su unión fue secreta, y por esto también la esposa, habituada a mandar, tomó la dirección del hogar.[22]

El mismo Demerson no cesa de dar vueltas y revueltas a la ambivalencia caracterológica de Meléndez: se congratula al poder notificar el «vigor»[23] con que supo siempre cumplimentar sus obligaciones tanto profesionales como literarias, pero le inquieta el que «en cada uno de los grandes giros de su vida se comprueba que sufrió una influencia exterior: la de Cadalso; luego la de Jovellanos, al comienzo y a lo largo de su carrera literaria; la de doña María Andrea, con toda seguridad, cuando abandonó la Universidad por la magistratura».[24] El mismo Quintana, en su «Noticia histórica y literaria de Meléndez Valdés», subraya su falta de «entereza» y su «excesiva docilidad».[25] Conocidas son también aquellas agudas dolencias cerebrales que, según sus biógrafos, le causaban desmayos y se daban siempre al tener que tomar decisiones importantes del orden que fuera. Todo ello, obviamente, no permite ma-

---

19 Véase Cueto, que cita la carta dirigida a Jovellanos: «*Batilo* anda al presente algo malillo y desmejorado. Creo que son resultas de haber trasnochado en los últimos días del Carnaval, en que este corregidor permitió baile de máscaras en la casa de la Marquesa de Almarza, y al buen *Batilo* se le ofreció el vestir de abate italiano, y concurrir á sazonar la función con varias gracias que decía á cuantos le preguntaban algo. No sirva esto de acusación. Ello es que *Batilo* trasnochó y se agitó más de lo que permite su delicada complexión» (Cueto 1869-1875/I: CXXXVI).
20 Cueto 1869-1875/I: CXXXV.
21 Demerson 1971/I: 191.
22 Demerson 1971/I: 182.
23 Demerson 1971/I: 183.
24 Ibíd.
25 Quintana 1909: 120a.

yor envuelo anamnético que constatar la mezcla de pasividad y energía en su carácter. El que Meléndez-Edipo se casara o no con María Andrea-Yocasta permanecerá un secreto de su inconsciente. El que sus achaques fueran conversiones psicosomáticas no pasa de ser una sospecha indemostrable. El que quizás careciera hasta tal punto de personalidad propia que necesitara siempre de Otro para saber qué camino seguir[26] y qué papel asumir en el escenario de su vida y de la historia no remite necesariamente a un síndrome específico. Queda en pie, entonces, la pregunta: ¿qué puede inferirse de la obsesiva presencia de la *imago* materna en su poesía, si ésta no se limita a reflejar, por harto inconsciente que fuera, una obsesión de Meléndez, hombre histórico?

Cabe, ya de entrada, constatar que nada individualiza la poesía de Meléndez en el contexto de su siglo. Sus temas son los de su tiempo. Las risas y los bailes de sus anacreónticas no son particularismos suyos, sino que pueblan los tapices de Goya y resuenan, a veces incluso con mayor brío, en los versos de otros poetas. Tampoco es invención suya la Ilustración, ni el afán de enfatizarla en incansables ditirambos. Sus demandas de amparo a la divinidad remozada en deísmo, al amigo como mitad del alma suya, a la naturaleza como ámbito de la libertad, a la virtud y a la razón, al monarca y a sus validos, a la noche y a la soledad: todo ello seguiría caracterizando la poesía dieciochesca sin su concurso, por magistral y paradigmático que éste haya sido. Sin haber perdido a su madre, otros muchos poetas dieciochescos versificaron con aquella sensibilidad excesiva que Demerson quisiera reservar a la orfandad de Meléndez, negando que fuera en él «una actitud dictada por la moda del tiempo»[27]. Incluso espíritus tan secos y circunspectos como el de Jovellanos vertieron lágrimas abundantes y enronquecieron de emoción en desaforados versos. Meléndez Valdés dista mucho de ser un hápax literario, no es un escritor con una personalidad única e irrepetible. Ninguna poética le es exclusiva, ningún desarrollo temático o formal le individualiza. Sin lugar a dudas erraba Cueto al denigrarlo como poeta de «numen flexible», sin «fuerza creadora» ni «originalidad», que se adscribió a todas las modas poéticas de su tiempo, engarzando «circunstancias de diverso y aún contradictorio linaje».[28] Pero si fue, como suele repetirse, el mejor poeta de su tiempo, o por lo menos el «más importante»,[29] su preeminencia fue la de un *primus inter pares*, no la de un genio solitario y discordante. Razón tiene Arce al hacer de Meléndez «el eje, la clave y la síntesis de toda la poesía setecentista española».[30] Son éstas sus cartas de nobleza poética y no una originalidad a la que nunca pretendió. Cabría, pues,

---

26 Demerson vacila, según confiesa, en hablar de «*su* camino» al referirse a las decisiones de Batilo.
27 Demerson 1971/I: 141.
28 Véase Cueto 1869-1875/I: CXXXIss.
29 Checa / Ríos / Vallejo 1992: 188.
30 Arce 1981: 206.

cuestionar toda la poesía ilustrada, por lo menos la que escribieron aquellos que, como Jovellanos y Meléndez Valdés, nunca quisieron socavar los fundamentos del orden establecido, ni como tratadistas ni como hombres políticos: preguntarse por qué en el trasfondo inconsciente de sus ensueños poéticos prevalece el principio del placer sobre el principio de realidad, cuando, a nivel consciente y en su vida pública, pugnaron por incidir en esta misma realidad, procesualmente, según lo dictaban sus convicciones reformistas y esencialmente pragmáticas. Cabe, en verdad, preguntarse qué sentido dar a la virulencia anti-edípica cual la explayan fantasmáticamente por igual la más risueña de las composiciones anacreónticas y la más rastrera de las poesías que Meléndez brindara al soberano de turno, preguntarse qué sentido dar al arcano fantasmático, cifrado en la *imago* de la madre amparadora y gratificante, que subyace, como verdad íntima suya, en tanto verso escrito *ad maiorem gloriam* del despotismo ilustrado o del agrarismo fisiocrático. Y cabría, por último, intentar dar sentido histórico-funcional a esta otra «cara oscura» del Siglo de las Luces,[31] eso es a este peculiar subtexto del ingente «proceso de secularización»[32] que impulsaron de tan decisiva manera los ilustrados españoles, entre los que no cesó nunca de militar el propio Meléndez Valdés. Una respuesta posible es la de valorar el discurso inconsciente de esta poesía como fantasía compensatoria. Conviene aquí recordar con Castilla del Pino, que la «aceptación de la realidad entraña una renuncia al placer de la realización del deseo.» Y sigue así:

> Entonces, la actividad psíquica, el pensamiento, se bifurca: por un lado se dirige a la realidad para operar en ella y adaptarla y adaptarse a la misma; pero un resto se dirige a representar la satisfacción del deseo en una realidad imaginada, en la que el sujeto goza de una libertad que la realidad no le permite.[33]

De ahí que la actividad fantástica, sea un residuo del pensamiento infantil, en el que la frustración ante la realidad era constante, y en el que la omnipotencia frente al adulto sólo podía obtenerse en el nivel de la fantasía. Quizás haya, pues, que interpretar el tesón con que el discurso inconsciente de la poesía de Meléndez niega la realidad degradada y degradante, oponiéndole sus fantasías de pureza y omnipotencias narcisistas, como una compensación fantasmática y, por ello también, como una renuncia: Quienes, como él, renunciaron a pensar la revolución en términos conscientes, quienes, como él, no osaron pensar la muerte del rey, para así dejar de ser súbditos y acceder ellos mismos a la madurez histórica del *citoyen* libre y soberano, pagaron el precio de esta capitulación ante las «cosas como son», ante el Padre y su Ley, viéndose así condenados a eternizarse en la más irredenta de las nostalgias.

---

31 Remito, claro está, al paradigmático ensayo de Guillermo Carnero 1983.
32 Consúltese la conceptualización de esta categoría en la introducción que Manfred Tietz (1992) escribió para las actas del congreso sobre *La secularización de la cultura española en el Siglo de las Luces*.
33 Castilla del Pino 1980/I: 176.

También en este sentido, pues, puede hablarse de «ilustración insuficiente»:[34] No ya como deficiencia o quizás incluso inexistencia de un pensamiento sistemático y crítico en lo filosófico, sino como insalvable contingencia psicohistórica de la Ilustración española.

Post scriptum

Meléndez Valdés – y con él Manuel José Quintana y tantos otros – engarzaron su discurso patriótico en torno a un relato mítico (eso es metahistórico) de rancia tradición hispánica. En su versión más épica, esta narración enfatiza los avatares de un pueblo heroico que, avasallado por un poder intruso, se levanta en armas para reconquistar su independencia y la grandeza de su patria. En su variante más compleja, la epopeya se resuelve en elegía, ponderando ahora la tragedia de una España desgarrada y desunida, traicionada. Desde el humanismo esos dos relatos metahistóricos habían orientado la lectura del pasado, dado sentido al presente y fundamentado perspectivas de futuro. Cada época los remozó bien de nuevo, proponiendo versiones tan encontradas como las que dieran, utilizando casi los mismos materiales históricos, Francisco Quevedo con su *España defendida* (1609)[35] y José Cadalso con la tercera de sus *Cartas marruecas* (1789),[36] trocándose del uno al otro la tan quevediana nostalgia de milicia en muy ilustrada reivindicación de racionalidad económica. De hecho, esta trama narrativa en torno al «mito de la única España verdadera contra la Anti-España espuria y extranjera»[37] continúa siendo potencialmente vigente hasta el día de hoy. No se trata ahora de cuestionarla en sí misma, sino de constatar que fue precisamente la versión que de este relato versificaron Meléndez Valdés y tantos otros vates de aquel entre-siglos donde se pristiniza y vuelve tópica la alegoría de una madre España amancillada en su sin igual belleza por la flaqueza y el encono fratricida de sus hijos. Cabría, pues, preguntarse por qué fue precisamente en aquellas circunstancias históricas y en medio de aquella peculiar efervescencia ideológica, cuando emergió en la misma superficie del discurso esta *imago* materna que,

---

34 Aludo aquí obviamente al magnífico estudio que, precisamente con este título, Eduardo Subirats (1981) escribió sobre la relación entre pensamiento científico y dominación en el siglo XVIII español.

35 El título completo de esta reivindicación de los más fuertes momentos del casticismo cristiano-viejo precisa que esta defensa de España se dirige contra «las calumnias de los noveleros y sediciosos» (Quevedo 1981: 548). Todavía vigente es el cabal estudio de esta obra que nos ofrece Bernhard Schmidt en *El problema español de Quevedo a Manuel Azaña* (1976).

36 Se trata de aquella en que el *Laus Hispaniae* se resuelve en lamento por haber tenido España tantos malos reyes, que, en vez de promocionar el comercio y la industria, dejaron «su pueblo extenuado con las guerras». Véase Cadalso 1984: 86-90, la cita 89.

37 Juliá 2005: 18. El estudio de Santos Juliá sobre las *Historias de las dos Españas* convence tanto por su rigor narratológico como por su espléndida documentación. Sirve obviamente de pauta a estas consideraciones finales.

quizás desde siempre, había sido emplazada en su subtexto. Desde entonces, esta imagen de una España resuelta en madre amante y dolorosa[38] no ha cesado de embelesar fantasmáticamente la poesía española, sobre todo cuando de nuevo han arreciado las discordias civiles que tantas veces han amenazado enlutarla. Suelen volver entonces los poetas a dirigirse a ella, como antaño Batilo, versificando amor filial y esperanza de que nunca deje de ser madre amante, ni se aleje ensimismada de sus hijos, negándoles la belleza y dulzura de sus ojos. Tal lo hizo, entre tantos otros, Luis Cernuda en la «Elegía española» que escribiera en 1937, remozando la vieja lira de marfil melendezvaldesiana. Rezan así sus estrofas centrales, en las que el Yo lírico en nombre de la fratría se dirige a la «esencia misteriosa» de una «patria» resuelta en «madre»:

> No te alejes así, ensimismada
> Bajo los largos velos cenicientos
> Que nos niegan tus anchos ojos bellos.
> Esas flores caídas,
> Pétalos rotos entre sangre y lodo,
> En tus manos estaban luciendo eternamente
> Desde siglos atrás, cuando mi vida
> Era un sueño en la mente de los dioses.
>
> Eres tú, son tus ojos lo que busca
> Quien te llama luchando con la muerte,
> A ti, remota y enigmática
> Madre de tantas almas idas
> Que te legaron, con un fulgor de piedra clara,
> Su afán de eternidad cifrado en hermosura.
>
> Pero no eres tan sólo
> Dueña de afanes muertos;
> Tierna, amorosa has sido con nuestro afán viviente,
> Compasiva con nuestra desdicha de efímeros.
> ¿Supiste acaso si de ti éramos dignos?
>
> Contempla ahora a través de las lágrimas:
> Mira cuántos traidores,
> Mira cuántos cobardes
> Lejos de ti en fuga vergonzosa,
> Renegando tu nombre y tu regazo,
> Cuando a tus pies, mientras la larga espera,
> Si desde el suelo alzamos hacia ti la mirada,
> Tus hijos sienten oscuramente
> La recompensa de estas horas fatídicas.[39]

---

38 Cabe obviamente recordar aquí el excelente ensayo de José Álvarez Junco: *Mater dolorosa: la idea de España en el siglo XIX* (2001).
39 Cernuda 1993: 258s.

No importa ya puntualizar todos los ecos de inspiración e incluso de ritmo poético que en esta elegía de Cernuda remozan el numen de Batilo. El «llanto por la madre España»[40] se intensifica en coro a medida que se hace evidente la derrota republicana. Pocos poetas ha habido sin embargo que, como lo hizo Miguel Hernández, hayan transvasado al discurso manifiesto toda la efervescencia fantasmática y toda aquella violencia de imágenes arcaicas que, en Batilo, todavía quedaban decorosamente relegadas al subtexto inconsciente de sus versos. Véase, si no, aquel telúrico poema precisamente titulado «Madre España», donde ésta se hace «abismo», se hace «entrañas» en que desembocan y «se unen todas las sangres».[41] Y se hace «tierra en la boca, y en el alma, y en todo»,[42] tierra que va «comiendo» y que «al fin ha de tragar[le]»,[43] para «con más fuerza que antes» volver a «parir[le]». Y es así, «abrazado» al «cuerpo»,[44] al «vientre»[45] de esa madre suya, que el Yo lírico arenga a sus «hermanos»: «defendamos su vientre acometido».[46]

Bibliografía

Álvarez Junco, José (2001): *Mater dolorosa: la idea de España en el siglo XIX*. Madrid: Taurus.

Arce, Joaquín (1981): *La poesía del siglo ilustrado*. Madrid: Alhambra.

Cadalso, José (1984): *Cartas marruecas. Noches lúgubres*. Edición de Joaquín Arce. Madrid: Cátedra.

Carnero, Guillermo (1983): *La cara oscura del siglo de las luces*. Madrid: Fundación Juan March / Cátedra.

Castilla del Pino, Carlos (1980): *Introducción a la psiquiatría*. 2 tomos. Tomo I: *Problemas generales, Psico(pato)logía*. Madrid: Alianza ([1]1979).

Cernuda, Luis (1993): *Obra completa*. 3 tomos. Tomo I: *Poesía completa*. Edición a cargo de Derek Harris y Luis Maristany. Madrid: Siruela.

Chasseguet-Smirgel, Janine (1988): *Les deux arbres du jardin. Essais psychanalytiques sur le rôle du père et de la mère dans la psyché*. Paris: Des Femmes ([1]1986: Sexuality and Mind).

Chasseguet-Smirgel, Janine (1990): *La maladie d'idéalité. Essai psychanalytique sur l'idéal du moi*. Paris: Editions Universitaires ([1]1975).

Checa Beltrán, José / Ríos, Juan Antonio / Vallejo, Irene (1992): *La poesía del siglo XVIII*. Madrid: Júcar.

---

40 Véase el correspondiente capítulo del ya mencionado estudio de Santos Juliá, donde se ilustra abundantemente el tópico matriarcal en la elegía patriótica del bando leal republicano (Juliá 2005: 271-274). Todavía falta un análisis que sistematice y contraste el uso de esta peculiar prosopopeya en el discurso poético de ambos bandos, tanto durante la guerra como durante la dictadura.
41 Hernández 1992: 679, vv. 9s.
42 Ibíd.: v. 21.
43 Ibíd.: v. 22.
44 Ibíd.: v. 1.
45 Ibíd.: v. 5.
46 Hernández 1992: 680, v. 29.

Cueto, Leopoldo Augusto de (1869-1875): «Bosquejo histórico-crítico de la poesía castellana en el siglo XVIII», en: *Poetas líricos del siglo XVIII*. 3 tomos. Madrid: Rivadeneyra (BAE LXI, LXIII, LXVII), tomo I, V-CCXXXVII.
Demerson, Georges (1971): *Don Juan Meléndez Valdés y su tiempo (1754-1817)*. 2 tomos. Madrid: Taurus (^{1}1961: *Don Juan Meléndez Valdés et son temps [1754-1817]*).
Demerson, Georges (1981): «Introducción biográfica», en *Juan Meléndez Valdés: Poesías selectas. La lira de marfil*. Edición, introducción y notas de J.H.R. Polt y Georges Demerson. Madrid: Castalia, pp. 7-30.
Freud, Sigmund (1926): «Hemmungen, Symptom und Angst», en Mitscherlich, Alexander / Richards, Angela / Strachey, James (eds.): *Studienausgabe*. Tomo VI: *Hysterie und Angst*. Frankfurt am Main: Fischer 1971, pp. 227-308.
Guevara, Antonio de (1984): *Menosprecio de corte y alabanza de aldea. Arte de marear*. Edición de Asunción Rallo Gruss. Madrid: Cátedra.
Hernández, Miguel (1992): «Madre España», en Sánchez Vidal, Agustín / Rovira, José Carlos (eds.): *Obra completa*. Tomo I: *Poesía*. Madrid: Espasa-Calpe.
Joan Tous, Pere (1997): «A Jovino: el melancólico», en Tietz, Manfred (ed.): *Die spanische Lyrik von den Anfängen bis 1870*. Frankfurt am Main: Vervuert, pp. 551-602.
Joan Tous, Pere (1999): «Amistad y añoranza del bien perdido en la poesía ilustrada de Meléndez Valdés», en Bremer, Thomas / Heymann, Jochen (eds.): *Sehnsuchtsorte. Festschrift zum 60. Geburtstag von Titus Heydenreich*. Tübingen: Stauffenberg, pp. 81-102.
Juan de la Cruz (1984): *Poesía*. Edición de Domingo Ynduráin. Madrid: Cátedra.
Juliá, Santos (2005): *Historias de las dos Españas*. Madrid: Taurus (^{1}2004).
Klein, Melanie (1927): «Criminal tendencies in normal children», en: *British Journal of Medical Psychology* 7, pp. 177-192.
Maravall, José Antonio (1976): *Utopía y contrautopía en el «Quijote»*. Santiago de Compostela: Pico Sacro.
Meléndez Valdés, Juan (1981): *Poesías selectas. La lira de marfil*. Edición, introducción y notas de J.H.R. Polt y Georges Demerson. Madrid: Castalia.
Meléndez Valdés, Juan (1981-1983): *Obras en verso*. 2 tomos. Edición crítica, prólogo y notas por Juan H.R. Polt y Jorge Demerson. Oviedo: Centro del Estudios del Siglo XVIII.
Meléndez Valdés, Juan (1990): *Poesía y prosa*. Selección, introducción y notas de Joaquín Marco. Barcelona: Planeta.
Quevedo, Francisco (1981): *España defendida y los tiempos de ahora*, en: *Obras en prosa*. 2 tomos. Estudio preliminar, edición y notas de Felicidad Buendía. Madrid: Aguilar, tomo I, pp. 548-590.
Quintana, Manuel José (1909): «Noticia histórica y literaria de Meléndez Valdés», en: *Obras completas*. Edición de Antonio Ferrer del Río. Madrid: Sucesores de Hernando (BAE XIX), pp. 109-121.
Schmidt, Bernhard (1976): El *problema español de Quevedo a Manuel Azaña*. Traducción de Carlos y Bárbara Sánchez-Rodrigo. Madrid: Cuadernos para el Diálogo (^{1}1975: *Spanien im Urteil spanischer Autoren: kritische Untersuchungen zum sogenannten Spanienproblem 1609-1936*. Berlin: Erich Schmidt Verlag).
Subirats, Eduardo (1981): *La ilustración insuficiente*. Madrid: Taurus.
Teresa de Jesús (1984): *Obras completas*. Texto revisado y anotado por Fray Tomás de la Cruz, C.D. Burgos: Monte Carmelo.
Tietz, Manfred (1992): «A modo de prólogo», en íd. (ed.) en colaboración con Dietrich Briesemeister: *La secularización de la cultura española en el Siglo de las Luces*. Wiesbaden: Harrassowitz (Wolfenbütteler Forschungen 53), pp. VII-XV.

Aspectos de la imagen utópica de España en la literatura española del siglo XVIII

Helmut C. Jacobs
(Universität Duisburg-Essen)

Desde mediados de los años setenta del siglo XX, al descubrirse en el legado de Pedro Rodríguez, conde de Campomanes (1723-1803), el manuscrito de la anónima utopía *Descripción de la Sinapia, Península en la Tierra Austral* se puso de manifiesto que las utopías literarias y los relatos de viajes ficticios constituyeron un género literario actual y vigente en la Ilustración española. Muchos han sido los textos que se han descubierto desde entonces y algunos de ellos ya han sido reeditados. Éstos han cambiado fundamentalmente la imagen de la literatura de la tan subestimada Ilustración española, pues es precisamente en ellos donde se manifiestan los aspectos innovadores y hasta entonces desconocidos, también subversivos y en parte anticlericales de esta época. Si bien es cierto que además de *Sinapia* fueron escritos otros textos utópicos en la primera mitad de la época de la Ilustración española, el período de esplendor de las utopías españolas se sitúa, sin embargo, en los años ochenta y noventa del siglo XVIII, pues ya entrados en el siglo XIX no se publicaron más textos originales que reflejasen la situación actual de la política y sociedad españolas, sino que se trata de traducciones de textos franceses e ingleses.

Para la censura y otras instituciones oficiales de la época estas utopías representaban un significante peligro público, tal como demuestran las prohibiciones de publicación de algunos textos. De gran intensidad fue la reacción de las instituciones españolas en el año 1778 contra la ucronía *L'An deux mille quatre cent quarante. Rêve s'il en fut jamais* del año 1770, de Louis-Sébastien Mercier (1770-1814), cuya importación fue prohibida bajo la amenaza de graves sanciones, ya que se supuso que el libro estaba dirigido contra las autoridades laicas y religiosas.[1]

La temática de las Dos Españas empezó a tratarse en el siglo XIX; sin embargo, el problema en sí, nacido del antagonismo entre los representantes del progreso, influidos por las ideas y los ideales de la Ilustración, por un lado, y por otro, aquellos conservadores, arraigados en la tradición, estaba latente ya en el siglo XVIII.[2] Este potencial tan conflictivo, que resulta de la oposición infranqueable entre el estanca-

---

1 Cfr. *Novísima recopilación* 1805, Zollinger 1897, Wilkie Jr. 1984: 19.
2 Es significativo que Santos Juliá empiece en el año 1808 su revisión histórica de la problemática de las Dos Españas en su libro *Historia de las dos Españas*, publicado en 2004. Si, por el contrario, se sitúa la cuestión de las raíces en el siglo XVIII se abren nuevas perspectivas muy reveladoras. Cfr. Schlünder 1994, Juliá 2004.

miento y el desarrollo, se articuló en las utopías literarias y los relatos de viajes ficticios, a menudo en forma de imágenes distorsionadas o alternativas de España. Es aquí donde se abre un nuevo e interesante campo de investigación, que en este lugar, sin embargo, tan sólo va a poder ser esbozado.

La utopía social y estatal española titulada *Descripción de la Sinapia, Península en la Tierra Austral*[3] está inspirada en la *Utopía* (Lovaina 1516) de Tomás Moro (1478-1535)[4] y fue escrita en la época de los *novatores*, esto es, entre 1680 y 1720.[5] Es probable que el autor fuera un *novator* valenciano, Manuel Martí y Zaragoza (1663-1737), que ejerció una gran influencia sobre Gregorio Mayáns y Siscar, con quien mantuvo una intensa correspondencia.[6] Sin embargo, José Santos Puerto ha formulado recientemente una tesis basada en una serie de indicios y motivos, según la cual *Sinapia* fue escrita en la segunda mitad del siglo XVIII e incluso, es probable que fuera el amigo y confidente de Feijoo, el benedictino Fray Martín Sarmiento (1695-1771), el que escribiera la obra en los últimos años de su vida, a finales de los años sesenta.[7]

Sinapia es una imagen idealizada de España. El nombre *Sinapia* es un anagrama de *Hispania*, la península geográficamente descrita en función de una España antípoda reflejada en el eje horizontal. Adecuándose al principio de la sustitución y el cambio, constitutivo para este texto, el anónimo describe explícitamente su concepción utópica de una sociedad ideal como contraproyecto a las teorías políticas de Maquiavelo[8] y Tácito[9] y a la política europea de su época. Una singularidad de *Sinapia* es la relación que establece entre elementos antimaquiavélicos y opiniones teológicas que corresponden al reprimido erasmismo español, y contribuyen en no poca medida a fomentar la provocación de un texto que ni su propio autor ni su posterior poseedor, Campomanes, se atreverían a publicar. Tras la Sinapia ideal se esconde una España que es todo lo contrario, no sólo desde el punto de vista geográfico sino también político, social y religioso,[10] aunque ambas presentan también pun-

---

3   Cfr. *Sinapia* 1976, Cro 1994. Cro edita otros tres manuscritos del mismo amanuense de *Sinapia*: un *Discurso de la educación* en sus ediciones de 1975 y de 1994, anotaciones sobre el *Journal des Sçavans* y un inventario *Libros que faltan en la librería*. Sobre *Sinapia* cfr. Guinard 1977: 186-189, Cro 1980, Abellán 1981: 612-614, Laffranque 1981, Lopez 1981 y 1990.

4   Sobre la recepción de Tomás Moro en España cfr. López Estrada 1980 y 1992.

5   La tesis de Avilés Fernández (cfr. *Sinapia* 1976: 64-65) según la cual el texto es original del último tercio del siglo XVIII y que fue escrito probablemente por Campomanes carece de toda base. Lopez (1982) es de la misma opinión que Cro, que supone que el texto fue escrito entre 1682 y finales del siglo XVIII. Posteriormente Lopez (1990) reduce el espacio de tiempo al período 1707-1712, ya que se alude la Guerra de Sucesión.

6   Cfr. Lopez 1990.

7   Cfr. Santos Puerto 2001 y 2002/II: 336-359.

8   Sobre el antimaquiavelismo español cfr. Méchoulan 1998: 449-451.

9   Sobre el tacitismo español cfr. Méchoulan 1998: 453-459.

10   Cfr. *Sinapia* 1976: 134: «[...] en el sitio como en todo lo demás, es esta península per-

tos en común, como la simbiosis entre diferentes culturas o el hecho de que el cristianismo sea la religión del Estado. En Sinapia todo está ordenado en función de la razón. La familia está patriarcalmente organizada y aporta las bases para una monarquía constitucional, también jerárquicamente estructurada y con rasgos democráticos. En Sinapia la educación se convierte en una cuestión de enorme valor.

La clasificación de las ciencias que se presenta en *Sinapia* está inmersa en un marco cristiano, en el que todas las ciencias son vistas como contemplación de la obra divina.[11] En la representación del colegio de Sinapia se puede comprobar y especificar claramente la influencia de la fragmentaria utopía de Francis Bacon, *New Atlantis*, escrita en 1623 y publicada cuatro años después.[12] Así, por ejemplo, la institución del colegio presenta evidentes coincidencias con la *Casa de Salomón*, en la isla de Bensalem, que es un centro de investigación y ciencia descrito en el *New Atlantis*; y el nombre *colegio* parte de la denominación *College of the Six Days Works* que se atribuye a la mencionada *Casa de Salomón*.

Como en la obra de Bacon, política y ciencia están estrechamente relacionadas en Sinapia desde el momento en que los conocimientos científicos influyen en las decisiones políticas. La investigación científica tiene una finalidad pragmática y nacional. Los nuevos descubrimientos científicos del extranjero deben ser utilizados por las instituciones investigadoras de Sinapia y, al mismo tiempo, se le protege de cualquier influjo externo que pueda afectarle negativamente. Pese a todo, la investigación científica no es autónoma sino que está supeditada al poder político central.

Es cierto que el autor de *Sinapia* considera el saber en un marco originalmente cristiano, pero al mismo tiempo defiende una postura contraria a la escolástica y abierta a la recepción de nuevas ciencias naturales experimentales. En este sentido se muestra a favor de una secularización del saber en el que la teología no se considera en absoluto como la ciencia más elevada sino que está relacionada e igualada al resto de disciplinas. La clasificación científica resulta en muchos momentos contradictoria y poco clara, y no acaba de coincidir con las disciplinas que se trabajan en la academia. Contradictoria es, por ejemplo, la atribución de la dialéctica a las ciencias y de la lógica a las artes, pues ambas disciplinas presentan una idéntica tradición. En *Sinapia* se recalca especialmente la práctica del saber. Pese a todas las contradicciones y a unos pasajes ambiguos, la clasificación de esta obra supone el valioso intento, por parte de un *novator* español, de superar el esquema tradicional de *artes liberales* y *mechanicae* y de sustituirlo por un nuevo orden progresivo. El autor de *Sinapia* anticipa temas fundamentales que durante las siguientes décadas provocarán intensas discusiones.

---

fectísimo antípode de nuestra Hispaña». Cfr. Cro 1994: 170.
11   Cfr. *Sinapia* 1976: 124-134, Cro 1994: 156-164.
12   Cfr. Bacon 1859: 119-166.

Políticamente conflictivo es otro texto utópico con elementos alegóricos, escrito probablemente en la primera mitad del siglo XVIII: *El Deseado Gobierno, buscado por el amor de Dios para el Reino del Sol*, donde se esboza un modelo alegórico antagónico a la situación política de España, tratándose la compleja relación entre la Iglesia y el Estado. En él se manifiesta claramente el conflicto fundamental entre la imagen idealizada del Estado secularizado, libre del predominio eclesiástico, y una concepción tradicionalista, que ve el Estado al servicio de la Iglesia católica. Avilés Fernández ya presentó el texto, basándose en un manuscrito anónimo, en dos estudios de 1988 y 1990, sin poder determinar al autor del mismo.[13] Tal como han revelado otros manuscritos firmados con el nombre del autor,[14] éste era el político y escritor Melchor Rafael de Macanaz (1670-1760), muy influyente en el reinado de Carlos II y Felipe V aunque derrocado en 1715, cuyas obras, no obstante, han permanecido en su mayoría sin publicar.[15] Macanaz fue un tenaz defensor de la prerrogativa del rey frente a la Iglesia, apoyando la política del Regalismo. En *El Deseado Gobierno* un viajero sale de España en busca de un país, en el que encuentre sugerencias para reformar su patria, y llega al Reino del Sol. Junto a dos acompañantes, cuyos nombres alegóricos son *Celo-de-el-bien* y *Despecho-fatal*, el viajero llega a lomos de su caballo *Pensamiento-veloz* a un misterioso palacio, donde vive un anciano de nombre *Desengaño* junto a *Ignorancia*, *Irresolución* y *Miedo*. Tras pasar un lago lleno de monstruos, el *Mar de la Envidia*, entran los viajeros en la ciudad *El Gobierno deseado*, cuyo guía es el *Estudio-continuo*. Van a visitar el mercado, una plaza redonda en el centro de la ciudad, del que salen doce calles, en las que se encuentran los talleres de los artesanos y, posteriormente, el palacio real donde les presentan al soberano y a sus consejeros. Aquí se hace patente el espíritu regalista y antijesuita de la utopía, pues aunque la religión del Estado es la católica, es sin embargo el rey la máxima autoridad, también en todas las cuestiones religiosas.

Elementos utópicos y el esbozo de una imagen alternativa e idealizada de España se encuentran también en la novela epistolar *Cartas marruecas* de José Cadalso y Vázquez (1741-1782), escrita entre 1768 y 1774 y publicada póstumamente en 1789. En ella España se presenta desde la perspectiva del huésped extranjero, que es un personaje oriental. En esta novela epistolar, inspirada en las *Lettres persanes* de Montesquieu, la trama se reduce a unos pocos acontecimientos, y en su mayoría se describen encuentros entre personas o bien se reproducen debates sobre los más

---

13 Cfr. Avilés Fernández 1988 y 1990: 110 y 121-124.
14 Cfr. el manuscrito con el título *El Deseado Gobierno, buscado por el amor de Dios para el Reino de España. Por D. Melchor de Macanaz* (Biblioteca Nacional, signatura: Ms. 10.607). El texto coincide en su mayoría con otro manuscrito del mismo título, pero sin indicar el autor (Biblioteca Nacional, signatura: Ms. 2596), y con el texto descrito por Avilés Fernández, cuyo manuscrito, sin embargo, no ha podido ser localizado en la Biblioteca Nacional.
15 Cfr. Kamen 1965, Martín Gaite 1975, Perona Tomás 1988.

variados temas. Aparecen pocos pero muy significativos episodios utópicos en las *Cartas marruecas* tales como el ficticio proyecto de un diccionario, en el que se deben registrar los significados auténticos de las palabras,[16] o bien el idilio de una comunidad pueblerina organizada según unos principios ideales y racionales, que es regida por un terrateniente siguiendo las ideas ilustradas al servicio del bien común.[17]

Una imagen de España muy original se plantea en la novela *Viages de Enrique Wanton a las tierras incógnitas australes y al país de las monas* de Gutierre Joaquín Vaca de Guzmán (1733-1808). Se trata del relato de un viaje ficticio que realiza involuntariamente el inglés Enrique Wanton junto a su amigo Roberto a través del país de los monos.[18] Los primeros dos tomos son una traducción libre de la primera parte de la novela italiana, publicada también en dos tomos, y aparecida en Venecia en 1749 con el título *Viaggi di Enrico Wanton alle terre incognite Australi, ed al paese delle Scimie*, obra del veneciano Zaccaria Seriman (1709-1784).[19] El tercero y cuarto tomo (el *Suplemento*) son, sin embargo, una continuación española original de Vaca de Guzmán, publicados en Madrid en 1778 junto a la traducción española de los primeros dos. En el *Suplemento* se articula la situación actual de España y sus injusticias sociales, trasladándola según el modelo de Seriman, al Estado de los monos parlantes y logrando con ello una visión satírica. Enrique Wanton viaja con el mono Tulipán y su criado Orozúz a través de las provincias y ciudades del país de los monos, conociendo las particularidades de sus caminos, albergues, pueblos y ciudades. Vaca de Guzmán se centra en el *Suplemento* básicamente en la situación actual de España. Apunta a mejorar la situación política, social y económica de su país poniendo en práctica los principios ilustrados y aboliendo las injusticias y los prejuicios. Para ello utiliza la sátira y la visión distanciada que le permiten iluminar estas circunstancias desde una perspectiva inusual. La originalidad del texto se manifiesta en la caricatura que lleva a cabo Vaca de Guzmán de las particularidades típicas españolas.

En efecto, muchos de los nombres fantásticos de las ciudades y provincias del viaje se identifican, ya sea por las características mencionadas o las particularidades geográficas, con las ciudades y provincias reales españolas. Los nombres fantásticos contienen, en parte, las mismas letras que los nombres reales o aluden a las características o a la historia de la respectiva población, como por ejemplo Punicípolis alias Almería hace referencia a su fundación fenicia, la ciudad de los *Púnicos*. *Real Sitio* puede ser interpretada como Aranjuez, detrás de *Polypiticon* se esconde Cádiz, *Fastuaria* se refiere a Sevilla. Si se descifran los nombres de las ciudades y provincias,

---

16 Cfr. Cadalso 1971: 32-34, 50-51, 91.
17 Cfr. Cadalso 1971: 152-157.
18 Cfr. Vaca de Guzmán 1781/1785, Álvarez de Miranda 1981: 370-372, Escobar / Percival 1984a y 1984b, Jacobs 1997.
19 Cfr. Parenti 1948, Maxwell White 1961, Seriman 1977, Quaglia 1983.

el recorrido del viaje de Enrique y Tulipán por el país de los monos se convierte en un viaje por España: el punto de partida del viaje es la capital Simiopolis, que significa ciudad de los monos, es decir, Madrid. Desde allí sigue el viaje en dirección sur hasta el Real Sitio alias Aranjuez, continúa al noroeste por Salamanca y se dirige al sur a través de la cordillera central hasta llegar a Extremadura con su capital Cáceres, a Badajoz y finalmente alcanza Cádiz en la costa atlántica; desde allí sigue al noreste hacia Andalucía con su capital Sevilla, después a la costa mediterránea hasta llegar a Cataluña, pasando por Málaga, Granada, Almería, Murcia, Valencia, Castellón, Tarragona y finalmente Barcelona. El viaje de regreso hacia Madrid se lleva a cabo con una especie de globo aerostático.

La descripción de las ciudades y sus particularidades arquitectónicas permite al lector experto descifrar la geografía real. Se mencionan por ejemplo las torres de Salamanca.[20] La alta torre de la capital de Fastuaria puede identificarse con la Giralda, la torre del campanario de la catedral de Santa María en Sevilla, símbolo de la ciudad.[21] Guzmán de Vaca presenta un tema conflictivo en la Ilustración mediante la descripción de la «lucha de Tigres»[22] en *Fastuaria*, es decir, la lucha de los monos contra los tigres, un evento social muy aplaudido en este país.[23] Detrás de la descripción detallada de Vaca de Guzmán del desarrollo de este acontecimiento se esconde, apenas cifrada, la corrida de toros, tan cultivada en Sevilla y a la que se oponían de forma vehemente numerosos ilustrados, tachándola de superstición irracional y bárbara.

También la novela *Las aventuras de Juan Luis*, publicada en Madrid en 1781, de Diego Ventura Rejón y Lucas (1721-1796) es una sátira de la sociedad española de la segunda mitad del siglo XVIII. Rejón y Lucas transforma España en el país Nogalia, por el que viajará el joven Juan Luis. Como también hiciera Vaca de Guzmán, el autor utiliza la estrategia, según la cual, detrás de los nombres fantásticos se esconden ciertas ciudades españolas.[24] Algunos capítulos de la novela tratan de la isla utópica Fortunaria, a la que va a parar el héroe de la obra.[25] El programa refor-

---

20 Cfr. Vaca de Guzmán 1785/III: 204: «Al cabo de dos jornadas descubrimos inmediato un pueblo, cuyas torres y edificios demostraban que era de alguna consideracion: esa, señores, nos dixo Orozúz, es una ciudad no grande, pero mui ilustre; antiguamente fue bastante populosa, mas ahora está algo destruida; no obstante no dexa de tener algunos monumentos, cuya especulacion satisfará vuestra curiosidad, mayormente la del señor Enrique por su gusto de la instruccion y literatura, porque este pueblo es un estúdio general á donde concurren de todas partes del reyno quantos solicitan aprender fundamentalmente alguna facultad. [...] Polymatia (que asi se llamaba aquella ciudad) [...]».
21 Cfr. Vaca de Guzmán 1785/IV: 139.
22 Vaca de Guzmán 1785/IV: 120.
23 Cfr. Vaca de Guzmán 1785/IV: 120-131.
24 Probablemente debe interpretarse el nombre *Nogalia* como una alusión intertextual a la noble «familia de los Nogales» (Vaca de Guzmán 1785/IV: 72) presentada de manera satírica en la novela de Vaca de Guzmán.
25 Cfr. Guinard 1977: 173-177 y 1990: 58-59, Soubeyroux 1988 y 1991, Álvarez Barrien-

mador presentado a través de este sistema estatal ideal es poco innovador. Mediante las instituciones oficiales del Estado utópico de Fortunaria se llama la atención sobre la posibilidad de mejorar las instituciones sociales. En el hospicio de los pobres de Fortunaria se cuidan los pobres inválidos y los ancianos; en la escuela primaria, en la que los niños aprenden a leer y a contar, se halla integrado un taller artesanal y una manufactura, haciendo con ello hincapié en la revalorización de las *artes mechanicae*. Los que simulan y los que se niegan a trabajar son expulsados del país.

La lucha entre los representantes de las diferentes mentalidades se escenifica en las utopías a menudo mediante una guerra. El padre piarista madrileño Andrés Merino de Jesucristo (1730-1787) escribió varios textos utópicos.[26] Aparte del fragmento de una fábula animal utópica que lleva de título *Monarquía de los Leones*, en el que el espacio utópico Golconda no se especifica más detalladamente,[27] nos ha llegado otra fábula animal utópica con el título *Tratado sobre la Monarquía Columbina*.[28] Aquí en el lugar utópico, la *Ciudad del Sol*, en la que las palomas viven seguras de las aves de rapiña, hallamos una clara reminiscencia a la utopía *Città del Sole* de Tommaso Campanella de 1602. En comparación con Campanella la ciudad de Merino (*Ciudad del Sol*) no está claramente perfilada y queda en gran parte indefinida. Los cercanos *Bosques del Sol* y sus valles se encuentran aislados, son espacios cerrados al mundo exterior y rodeados por una muralla con almenas y un gran torreón. Los enemigos de las palomas, las aves de rapiña, no tienen acceso a este lugar. Elementos característicos del *locus amoenus* – la luz, los aromas, los cálidos vientos céfiros, los riachuelos de aguas cristalinas – sugieren un ambiente paradisíaco como condición indispensable para una sociedad ideal. La oposición entre las palomas pacifistas y las violentas aves de rapiña se presenta como un conflicto bélico. La fundación de la *Monarquía Columbina* tuvo lugar en la época de las guerras de Troya.[29]

Con el seudónimo ‹el Filósofo incógnito› Andrés Merino de Jesucristo publicó en el año 1786 en Madrid la novela de tres tomos titulada *La mujer feliz y dependiente del mundo y de la fortuna*, en la que se dirige expresamente a las mujeres como receptoras de su obra para contribuir a su formación.[30] La acción se sitúa cronológicamente en la Edad Media, en la primera mitad del siglo XIII, y geográfica-

---

tos 1991: 228-232, Barjau Condomines 1992: 55-58, Hertel 2001: 167-168.
26 Acerca de la biografía y la obra de Merino de Jesucristo cfr. Marín Martínez 1973: 1478-1479, Álvarez de Miranda 1990, Palacios Fernández 1991.
27 Cfr. Aguilar Piñal 1989/V: 675, nr. 4772, Álvarez de Miranda 1990: 37-39, Palacios Fernández 1991: 38-39, Álvarez de Miranda 1993.
28 La primera edición anónima fue publicada en el *Semanario erudito* (editado por Antonio Valladares de Sotomayor), t. 30, Madrid, 1790, 61-84. Otras ediciones: Merino de Jesucristo 1895 y 1980.
29 Cfr. Merino de Jesucristo 1980: 19-20.
30 Cfr. Hertel-Mesenhöller 2001: 137-145.

mente en Moldavia, en un territorio que puede localizarse en el este de la actual Austria, en Eslovaquia, Hungría, la zona de los Cárpatos y en Ucrania: en el oeste Olmutz, como lugar central de la trama, al sur de Brin y Viena; en el norte Cracovia, en el sur Buda, en el este el río Dnjestr (Niester) y la ciudad Esniatin. La ciudad Olmutz, la capital, está concebida como modelo de la sociedad urbana ideal. Merino sitúa su ciudad utópica dentro de una geografía auténtica, en una región de Europa que, vista desde España, es muy lejana. Temporalmente se halla en el pasado histórico de las cruzadas.

Sofronia, una condesa viuda, vive en Olmutz y es conocida más allá de las fronteras de la ciudad como una mujer feliz. Para conocerla a ella y su estado de felicidad, Sofia, princesa de Constantinopla, se disfraza de peregrina y se dirige a casa de Sofronia, siendo acogida en ella con mucha hospitalidad. Sofronia y Sofia visitan la ciudad Olmutz junto a otros acompañantes en forma de periegesis. Las largas conversaciones que se llevan a cabo en casa de Sofronia se prolongan en el exterior, siendo las particularidades de la ciudad y sus edificios públicos los desencadenantes de las extensas exposiciones de Sofronia sobre el orden social de Olmutz.

A diferencia de la *Ciudad del Sol* en el *Tratado sobre la Monarquía Columbina* de Merino, en el que se presentaba una casi anárquica forma de convivencia y el principio de igualdad sin propiedad privada, en Olmutz no existe una utopía radical, ya que el sistema social es básicamente clasista, aunque está orientado a hacer feliz a los habitantes y se apoya en el espíritu social de las diferentes y jerárquicas clases sociales. De los 200.000 habitantes de la ciudad 30.000 son nobles y mayorazgos. Un príncipe y un magistrado constituyen el gobierno. Olmutz, una ciudad en paz interior y con el exterior, es una ciudad básicamente pacifista. Su carácter ideal y utópico llama la atención de Sofia, que la compara con la República de Platón: «[...] es el hermoso plan de una Ciudad Filosófica tal, qual la República de Platon [...].»[31] Olmutz es la ciudad de la felicidad, ya que todo aquel que se opone a los principios constitutivos de esta felicidad, como son la razón, el provecho o el bien común, es expulsado de ella. La felicidad resulta de la buena educación, influida por los sistemas de valores del cristianismo que tienen prioridad, donde sin embargo, llama la atención el pequeño papel que desempeña la Iglesia como institución.[32]

Las visitas guiadas de Sofronia por la ciudad ofrecen la posibilidad de presentar el modelo de la sociedad ideal, ya que las instituciones se dan a conocer explicando la función de las plazas públicas y los edificios, pero sin ofrecer una visión topográfica exacta de la ciudad.[33] En el centro se encuentra la gran y noble plaza del merca-

---

31 Merino de Jesucristo 1786/I: 186.
32 Solamente se menciona que Olmutz es la sede de un arzobispo y que la catedral de la ciudad fue construida en estilo gótico. Cfr. Merino de Jesucristo 1786/III: 140 y 234.
33 Sobre la importancia y función de los proyectos ideales de arquitectura y de la ciudad en las utopías españolas cfr. Jacobs 2002.

do en la que se lleva a cabo, de forma sorprendentemente tranquila y pacífica, el comercio y la transacción de mercancías. El magistrado fija los precios, lo que permite garantizar su estabilidad. La visita y la exposición del barrio de los talleres artesanales muestra la positiva valoración de los artesanos en Olmutz y manifiesta, de forma implícita, la opinión del autor sobre la tan discutida temática de la España del siglo XVIII acerca del valor de las *artes mechanicae*, un tema por el que lucharon muchos ilustrados españoles con el fin de conseguir una mayor apreciación de estas artes.[34] Los palacios de justicia de Olmutz sirven para mostrar la mínima plantilla de empleados de la que dispone la administración judicial, ejemplo del buen orden de la comunidad, que debe interpretarse como crítica de los ilustrados a la desbordante administración española, una objeción que ya se encuentra en el *Tratado sobre la Monarquía Columbina* de Merino. Se describe detalladamente el «Hospital de las mugeres»[35] en Olmutz, y su tan ornamentada fachada de estilo corintio, con el fin de demostrar cómo debería ser este tipo de instituciones. Las salas de los pacientes llaman la atención por su extrema pulcritud, resultado de una higiene meticulosa; una «cocina artificial»[36] que se traslada sobre cuatro ruedas permite al enfermo comer sabrosos y calientes platos. Las columnas jaspeadas con base de mármol y capiteles dorados muestran no sólo la riqueza exterior, sino que, en primer lugar, ponen de manifiesto su excepcional función humanitaria como resultado de un proyecto de reforma social muy progresista, cuyo potencial innovador contrasta con el estado real tan desolador de los hospitales españoles de la época.[37]

Uno de los grandes problemas sociales del siglo XVIII era la mendicidad en las ciudades. Tras abolir por ley la ociosidad, expulsando de la ciudad Olmutz a los que se niegan a trabajar, no existen mendigos en las calles. A los pobres se les asigna casas públicas, de forma que su vivienda está asegurada e institucionalizada. Una gran «Casa del Socorro»,[38] con cuyos gastos corren proporcionalmente el magistrado y los ciudadanos ricos, les ofrece apoyo y trabajo. Existe un «Hospital, ú hospedage de peregrinos, que ellos llamaban Xenodochio»,[39] que alberga a los peregrinos y a los viajeros, y que dispone de una «habitacion racional»[40] lujosamente dotada. Se trata en este caso de una clara crítica implícita a la situación desoladora de los alber-

---

34 Cfr. Jacobs 2001: 61-70.
35 Merino de Jesucristo 1786/I: 153.
36 Merino de Jesucristo 1786/I: 167.
37 Cfr. Cabarrús 1965: 563: «Ya veo nuestros hospicios con los mismos inconvenientes que nuestros hospitales, y con resultas todavía más horribles. En nuestros hospitales al cabo se sacrifican los pobres; pero en nuestros hospicios se los degrada y se los pervierte».
38 Cfr. Merino de Jesucristo 1786/I: 182.
39 Merino de Jesucristo 1786/II: 32.
40 Merino de Jesucristo 1786/II: 34.

gues españoles del siglo XVIII, de cuyo estado son testigo numerosos relatos de viaje de la época.

Las actividades de tiempo libre de los habitantes de Olmutz también están organizadas minuciosamente. Un «campo de palestra»[41] para los juegos de pelota y un «Hypódromo»[42] para competiciones y carreras de caballos permiten a los ciudadanos recuperarse espiritualmente ejerciendo una actividad corporal. También sirven para el relajamiento las «alamedas», paseos públicos bordeados de estatuas griegas, plantados únicamente con árboles frutales, de los que puede servirse libremente cualquier ciudadano de la ciudad. La utilidad es uno de los valores más altos de la ciudad y se simboliza con la cosecha de los árboles frutales. Una peculiaridad de la ciudad es la llamada *laguna Naumachia*, un gran lago artificial de forma cuadrangular. La tierra extraída en su excavación sirvió para aplanar la superficie colindante, sobre la que se construyó una instalación semejante a un anfiteatro, provista de una gran galería cubierta donde pueden resguardarse los espectadores en caso de lluvia.[43] Cada medio año se representan allí batallas navales en actos públicos. Sin embargo, no se llevan a cabo representaciones teatrales ya que supuestamente son innecesarias.[44]

El espacio de la ciudad de Olmutz, descrito de manera realista a través de las diferentes periegesis, se completa y complementa con el espacio alegórico del *Mundo simbólico*, tema del relato de Sofronia. Su alegórico viaje de estudios al *Mundo simbólico*, que realizó junto a su educador a la edad de diez años, se efectúa a través de la «imaginacion».[45] El camino les lleva primero a la luna, en la que hallan redomas inscritas, donde se encuentran las capacidades y cualidades mentales, una clara reminiscencia al viaje a la luna de Astolfo en el *Orlando furioso* de Ariosto.[46] La luna no es otra cosa que la cabeza: «la Luna es la botica universal de la cabeza, tanto de la racional, como irracional».[47] Tras un viaje interplanetario a través del espacio se emprende el viaje de regreso a la Tierra. Los viajeros llegan a un río, a cuya orilla encuentran el imponente y enorme palacio del *Mundo simbólico*, compuesto de diferentes palacetes, que están dispuestos en forma semicircular formando un gran anillo exterior. Éste rodea otro interior más pequeño y también semicircular. En el centro del anillo semicircular exterior se halla el «templo de la Fé», a su izquierda el de la «Esperanza» y a su derecha el de la «Caridad». Cinco palacios a la derecha y cinco a la izquierda constituyen los palacios de los Diez Mandamientos y, finalmente, doce palacios a izquierda y derecha forman parte de las Virtudes y los Vicios. En el centro del semicírculo interior se encuentra el palacio de la «Sabiduría» y a su derecha e

---

41 Merino de Jesucristo 1786/I: 239.
42 Merino de Jesucristo 1786/I: 243.
43 Cfr. Merino de Jesucristo 1786/II: 105-111.
44 Cfr. Merino de Jesucristo 1786/II: 144.
45 Merino de Jesucristo 1786/II: 57.
46 Cfr. Debenedetti/Segre 1960: 1196-1198 (Canto XXXIV, 34).
47 Merino de Jesucristo 1786/II: 59.

izquierda respectivamente las cuatro virtudes cardinales *Prudencia, Justicia, Fortaleza, Templanza*. Los palacios y sus correspondientes habitantes son descritos minuciosamente. Motivados por la metamorfosis destructiva del espacio alegórico – terremotos y erupciones volcánicas acaban quemando los palacios – los viajeros regresan a casa. La alegoría del *Mundo simbólico* está consolidada en dos libros ilustrados, en cuya lectura Sofronia encuentra consuelo e instrucción.

Resumiendo, se puede constatar que las propuestas ideales de las utopías españolas y de los relatos de viajes ficticios del siglo XVIII proponen modelos antagónicos que contrastan con la España actual de la época, y ponen de manifiesto un orden social ideal. Estos sistemas ideales contienen una crítica implícita, casi elaborada didácticamente, que se dirige a las condiciones sociales actuales y reales de España y ofrecen, en parte, serias propuestas de reforma e indicaciones prácticas. Constituyen una posibilidad para proyectar un potencial crítico social importante, que sobrepasa con valor la línea de lo permitido en la época. Esta crítica no suele ser abstracta o general sino que se refiere a situaciones típicas españolas. Las utopías españolas y los relatos de viajes ficticios del siglo XVIII se manifiestan como medios para articular ideas ilustradas y reformadoras, y dejan entrever la importante función de la ficticia prosa fantástica en el proceso de la Ilustración española.

Bibliografía

Abellán, José Luis (1981): *Historia crítica del pensamiento español*. T. 3: *Del Barroco a la Ilustración (Siglos XVII y XVIII)*. Madrid: Espasa-Calpe.

Aguilar Piñal, Francisco (1989): *Bibliografía de autores españoles del siglo XVIII*. T. 5. Madrid: Consejo Superior de Investigaciones Científicas.

Álvarez Barrientos, Joaquín (1991): *La novela del siglo XVIII*. Madrid: Júcar (Historia de la literatura española; 28).

Álvarez de Miranda, Pedro (1981): «Sobre utopías y viajes imaginarios en el siglo XVIII español», en: *Homenaje a Gonzalo Torrente Ballester*. Salamanca: Caja de Ahorros y Monte de Piedad, pp. 351-382.

Álvarez de Miranda, Pedro (1990): «El Padre Andrés Merino, autor de la *Monarquía Columbina*», en Étienvre, Jean-Pierre (ed.): *Las utopías en el mundo hispánico*. Actas del coloquio celebrado en la Casa de Velázquez, 24/26-XI-1988. Madrid: Casa de Velázquez / Universidad Complutense Madrid, pp. 19-39.

Álvarez de Miranda, Pedro (1993): «Un relato inédito e inacabado del P. Andrés Merino: La Monarquía de los leones», en: *Dieciocho* 16, 1/2, pp. 13-23.

Avilés Fernández, Miguel (1988): «Una nueva utopía española: *El gobierno deseado*», en: *Homenatge al doctor Sebastià Garcia Martínez*. T. 1. Valencia: Conselleria de Cultura, Educació i Ciència / Universitat de València, pp. 275-285.

Avilés Fernández, Miguel (1990): «Otros cuatro relatos utópicos en la España moderna. Las utopías de J. Maldonado, *Omnibona* y *El Deseado Gobierno*», en Étienvre, Jean-Pierre (ed.): *Las utopías en el mundo hispánico*. Actas del coloquio celebrado en la Casa de Velázquez, 24/26-XI-1988. Madrid: Casa de Velázquez / Universidad Complutense Madrid, pp. 109-128.

Bacon, Francis (1859): *The Works*. Editado por James Spedding / Robert Leslie Ellis / Douglas Denon Heath. T. 3. London: Longman.

Barjau Condomines, Teresa (1992): *La novela en España en el siglo XVIII. Teoría y evolución de un género*. Barcelona: Tesis doctoral presentada en la Facultad de Filología de la Universidad de Barcelona.

Cabarrús, Francisco de (1965): «Cartas sobre los obstáculos que la naturaleza, la opinión y las leyes oponen a la felicidad pública. Escritas por el conde de Cabarrús», en: *Epistolario español. Colección de cartas de españoles ilustres antiguos y modernos*. Recogida y ordenada con notas y aclaraciones históricas, críticas y biográficas por D. Eugenio de Ochoa. T. 2. Madrid: Atlas (Biblioteca de Autores Españoles; 62), pp. 551-602.

Cadalso y Vázquez, José de ([2]1971): *Cartas marruecas*. Prólogo, edición y notas de Lucien Dupuis y Nigel Glendinning, Londres: Tamesis Books.

Cro, Stelio (1980): «La utopía en España: Sinapia», en: *Cuadernos para Investigación de la Literatura Hispánica* 2/3, pp. 27-40.

Cro, Stelio (1994): *The American Foundations of the Hispanic Utopia (1492-1793)*. Volume I: *The Literary Utopia. Sinapia, A Classical Utopia of Spain and the Discurso de la educación*. Newly Revised Edition of the Original Spanish Text With an English Translation by Ann Cro. New Introduction and Notes by Stelio Cro, Tallahassee (Florida): The DeSoto Press.

Debenedetti, Santorre / Segre, Cesare (eds.) (1960): *Ludovico Ariosto: Orlando furioso, secondo l'edizione del 1532, con le varianti delle edizioni del 1516 e del 1521*. Bolonia: Commissione per i Testi di Lingua (Collezione di opere inedite o rare pubblicate dalla Commissione per i Testi di Lingua; 122).

Escobar, José / Percival, Anthony (1984a): «An Italo-Spanish Imaginary Voyage: Zaccaria Seriman (1709-1784) and Joaquín Vaca de Guzmán (1733-1808)», en Gerson, Frederick / Percival, Anthony / Pietropaolo, Domenico (eds.): *The Enlightenment in a Western Mediterranean Context*. Selected Proceedings of the International Conference held at the University of Toronto, May 14-15, 1982. Toronto: Benben Publications, pp. 87-93.

Escobar, José / Percival, Anthony (1984b): «Viaje imaginario y sátira de costumbres en la España del siglo XVIII: Los *Viajes de Enrique Wanton al país de las monas*», en Rössner, Michael / Wagner, Birgit (eds.): *Aufstieg und Krise der Vernunft. Komparatistische Studien zur Literatur der Aufklärung und des Fin-de-siècle* (Festschrift für Hans Hinterhäuser). Wien / Köln / Graz: Böhlau, pp. 79-94.

Guinard, Paul-Jacques (1977): «Les utopies en Espagne au XVIIIe siècle», en: *Recherches sur le roman historique en Europe – XVIIIe-XIXe siècles*. T. 1. Paris: Les Belles Lettres (Centre de Recherches d'Histoire et Littérature au XVIIIe et au XIXe siècles; 9), pp. 171-202.

Guinard, Paul-Jacques (1990): «Aspects utopiques dans le roman espagnol de la fin du XVIIIe siècle», en Étienvre, Jean-Pierre (ed.): *Las utopías en el mundo hispánico*. Actas del coloquio celebrado en la Casa de Velázquez, 24/26-XI-1988. Madrid: Casa de Velázquez / Universidad Complutense Madrid, pp. 57-63.

Hertel-Mesenhöller, Heike (2001): *Das Bild der Frau im spanischen Roman des 18. Jahrhunderts. Im Spannungsfeld von Lebenswirklichkeit und Fiktion*. Frankfurt am Main: Vervuert.

Jacobs, Helmut C. (1997): «Der Roman *Viajes de Enrique Wanton a las tierras incógnitas australes y al país de las monas* von Joaquín Vaca de Guzmán (1733-1808) im Kontext der utopischen Reisebeschreibungen des 18. Jahrhunderts», en Lange, Wolf-Dieter / Matzat, Wolfgang (eds.): *Sonderwege in die Neuzeit. Dialogizität und Intertextualität in der spanischen Literatur zwischen Mittelalter und Aufklärung*. Bonn: Romanistischer Verlag (Abhandlungen zur Sprache und Literatur; 103), pp. 45-65.

Jacobs, Helmut C. (2001): *Belleza y buen gusto. Las teorías de las artes en la literatura española del siglo XVIII*. Traducción de Beatriz Galán Echevarría. Madrid: Iberoamericana.

Jacobs, Helmut C. (2002): «Ideale Stadt- und Architekturentwürfe in den spanischen Utopien und fiktiven Reiseberichten des 18. Jahrhunderts», en Frank, Christoph / Hänsel, Sylvaine (eds.): *Spanien und Portugal im Zeitalter der Aufklärung*. Internationales Symposium der Carl Justi-Vereinigung und des Forschungszentrums Europäische Aufklärung, Potsdam, 19.-22. Februar 1998. Frankfurt am Main: Vervuert (Ars Iberica et Americana; 8), pp. 581-597.

Juliá, Santos (2004): *Historia de las dos Españas*. Madrid: Taurus.

Kamen, Henry (1965): «Melchor de Macanaz and the foundations of Bourbon power in Spain», en: *The English Historical Review* 80, pp. 699-716.

Laffranque, Marie (1981): «La *Descripción de la Sinapia, Península en la Tierra Austral*», en: *La contestation de la société dans la littérature espagnole du Siècle d'Or*. Toulouse: Université de Toulouse-Le Mirail, pp. 193-204.

Lopez, François (1981): «Considérations sur la *Sinapia*», en: *La contestation de la société dans la littérature espagnole du Siècle d'Or*. Toulouse: Université de Toulouse-Le Mirail, pp. 205-211.

Lopez, François (1990): «Une autre approche de Sinapia», en Étienvre, Jean-Pierre (ed.): *Las utopías en el mundo hispánico*. Actas del coloquio celebrado en la Casa de Velázquez, 24/26-XI-1988. Madrid: Casa de Velázquez / Universidad Complutense Madrid, pp. 9-18.

López Estrada, Francisco (1980): *Tomás Moro y España: sus relaciones hasta el siglo XVIII*. Madrid: Universidad Complutense.

López Estrada, Francisco (1992): «Una temprana traducción española de la *Utopía* de Tomás Moro», en Mackenzie, Ann L. / Severin, Dorothy S. (eds.): *Hispanic Studies in Honour of Geoffrey Ribbans*. Liverpool: Liverpool University Press (Bulletin of Hispanic Studies. Special Homage Volume), pp. 43-45.

Marín Martínez, Tomás (1973): «Merino Irigoyen, Andrés», en Aldea Vaquero, Quintín / Marín Martínez, Tomás / Vives Gatell, José (eds.): *Diccionario de historia eclesiástica de España*, t. 3. Madrid: Instituto Enrique Florez, pp. 1478-1479.

Martín Gaite, Carmen (1975): *Macanaz, otro paciente de la Inquisición*. Madrid: Taurus.

Maxwell White, D. (1961): *Zaccaria Seriman 1709-1784 and the «Viaggi di Enrico Wanton». A Contribution to the Study of the Enlightenment in Italy*. Manchester: University Press (Publications of the Faculty of Arts of the University of Manchester; 12).

Méchoulan, Henry (1998): «Das politische Denken in Spanien», en Schobinger, Jean-Pierre (ed.): *Die Philosophie des 17. Jahrhunderts. T. 1: Allgemeine Themen. Iberische Halbinsel. Italien*. Basel: Schwabe (Grundriss der Geschichte der Philosophie. Ueberweg: 17. Jahrhundert 1/1), pp. 430-463.

Merino de Jesucristo, Andrés (^{2}1786): *Poema. La muger feliz, dependiente del mundo y de la fortuna. Novela heroica. Obra original, dedicada á la serenísima señora princesa de Asturias, doña Luisa de Borbon. Su autor: el Filósofo incógnito*. 3 vols. Madrid: Imprenta Real.

Merino de Jesucristo, Andrés (1790): «Tratado sobre la Monarquía Columbina», en: *Semanario erudito, que comprehende varias obras inéditas, críticas, morales, instructivas, políticas, históricas, satíricas, y jocosas de nuestros mejores autores antiguos y modernos. Dalas a luz Don Antonio Valladares de Sotomayor*. Editado por Antonio Valladares de Sotomayor. T. 30. Madrid: Antonio Espinosa, pp. 61-84.

Merino de Jesucristo, Andrés (1895): «Monarchia Columbina. Su gobierno y causa de su ruina», en: *Revista Calasancia* 15, pp. 209-229.

Merino de Jesucristo, Andrés (1980): *Tratado sobre la Monarquía Columbina. Una utopía antiilustrada del siglo XVIII*. Edición y estudio de Pedro Álvarez de Miranda. Madrid: El Archipiélago.

Novísima recopilación (1805): «Prohibicion del libro escrito en Frances, intitulado *Año dos mil quatrocientos quarenta*», en: *Novísima recopilación de las leyes de España*, Tomo IV, Libros VIII y IX. Madrid, pp. 157-158 (Ley X).

Palacios Fernández, Emilio (1991): «El Padre Andrés Merino de Jesucristo y la cultura española del siglo XVIII», en: *Boletín de la Real Sociedad Bascongada de los Amigos del País* 47, pp. 3-42.

Parenti, Marino (1948): *Un romanzo italiano del Settecento. Saggio bibliografico su Zaccaria Seriman*. Florencia: G. C. Sansoni.

Perona Tomás, Dionisio A. (1988): «Un proyecto utópico de política internacional: el testamento político de Macanaz», en: *De la Ilustración al Romanticismo. Cádiz, América y Europa ante la Modernidad – 1750-1850. III Encuentro: Ideas y Movimientos clandestino*, Cádiz, 23-25 abril, 1987. Cádiz: Universidad de Cádiz, pp. 229-239.

Quaglia, Paolo (1983): «Struttura unitaria e caratteri swiftiani nei *Viaggi di Enrico Wanton*», en: *Giornale Storico della Letteratura Italiana* 160, pp. 481-505.

Rexón y Lucas, Diego Ventura (1781): *Las aventuras de Juan Luis*. Madrid: D. Joachîn Ibarra.

Santos Puerto, José (2001): «*La Sinapia*: luces para buscar la utopía de la ilustración», en: *Bulletin Hispanique* 103, pp. 481-510.

Santos Puerto, José (2002): *Martín Sarmiento: Ilustración, educación y utopía en la España del siglo XVIII*. T. 2. La Coruña: Fundación Pedro Barrié de la Maza (Colección Galicia Histórica).

Schlünder, Susanne (1994): «Zur Entstehung des Topos der *Dos Españas* im spanischen Unabhängigkeitskrieg», en Klein, Wolfgang / Sändig, Brigitte (eds.): *Zur Rezeption der Aufklärung in der Romania im 19./20. Jahrhundert*. Beiträge zum Romanistentag in Potsdam 1993. Rheinfelden / Berlin: Schäuble, pp. 47-62.

Seriman, Zaccaria (1977): *Viaggi di Enrico Wanton*. Editado por Gilberto Pizzamiglio. 2 vols. Milán: Marzorati.

Sinapia (1976). *Una utopía española del Siglo de las Luces*. Editado por Miguel Avilés Fernández. Madrid: Editora Nacional.

Soubeyroux, Jacques (1988): «Sátira y utopía de la Corte en *Aventuras de Juan Luis* de Rejón y Lucas (1781)», en: *Carlos III, Madrid y la Ilustración. Contradicciones de un proyecto reformista*. Madrid: Siglo XXI, pp. 379-412.

Soubeyroux, Jacques (1991): «Syntaxe narrative et statut des personnages dans *Aventuras de Juan Luis* (1781) de Rejón y Lucas», en Aymes, Jean-René / Emieux, Annick (eds.): *Mélanges offerts à Paul Guinard*. 2 vols. Paris: Éditions Hispaniques, pp. 205-218.

Vaca de Guzmán, Gutierre Joaquín (1781/85): *Viages de Enrique Wanton a las tierras incógnitas australes, y al país de las monas: en donde se expresan las costumbres, carácter, ciencias, y policía de estos extraordinarios habitantes. Traducidos del idioma inglés al italiano, y de éste al Español*. Por Don Joaquín de Guzmán y Manrique, t. 1 y 2. Madrid: Don Bernardo Alberá 1781; *Suplemento, ó sea tomo tercero de los Viages de Enrique Wanton al país de las monas: en donde se expresan las costumbres, carácter, ciencias, y policía de estos extraordinarios habitantes. Ordenado, y dado a luz de unos antiguos manuscritos ingleses*. Por Don Joaquín de Guzmán y Manrique, &c. Con láminas, que demuestran algunos pasages de la Historia. Madrid: Don Bernardo Alberá

1785; *Suplemento, ó sea tomo cuarto, y último de los Viages de Enrique Wanton al país de las monas* [...]. Madrid: Don Bernardo Alberá 1781.

Wilkie Jr., Everett C. (1984): «Mercier's *L'An 2440*: Its Publishing History During the Author's Lifetime», en: *Harvard Library Bulletin* 32, pp. 5-35 y 348-400.

Zollinger, Oskar (1897): «Eine Utopie des 18. Jahrhunderts vor der spanischen Inquisition», en: *Zeitschrift für französische Sprache und Litteratur* 19, pp. 305-308.

En el «país nebuloso de los mitos físicos»: Alexander von Humboldt y la naturaleza «inferior» de América. Recuerdos de una disputa de la ciencia – casi – olvidada

Norbert Rehrmann
(Technische Universität Dresden)

Alexander von Humboldt escribió en sus *Ansichten der Natur* (*Imágenes de la naturaleza*):

> En ninguna parte nos penetra la naturaleza dejándonos mayor sensación de su grandeza, en ninguna parte nos habla de una forma tan poderosa como en los trópicos, bajo el «cielo de las Indias», como se denominaba en la temprana Edad Media al clima de las zonas cálidas.[1]

El elogio de Humboldt a la naturaleza de la América tropical, que investigó de forma exhaustiva durante su famoso viaje al Nuevo Mundo (1799-1804), debería obtener el beneplácito sin excepción de los viajeros arduos experimentados geográfica y culturalmente. Convertida desde hace mucho tiempo en un imán para el turismo de habitantes del Viejo Mundo hartos del invierno, los exuberantes paisajes naturales de los estados del Pacífico y del Caribe pertenecen, según la opinión del europeo medio actual, a lo más bonito que el globo terráqueo puede ofrecer. A excepción de algunos clichés exóticos de turno, aquí y allí trazados de una forma muy tosca, los habitantes de aquella región han conseguido ocupar puestos aceptables en el *ranking* de las culturas.

Esto no siempre fue así. 50 años antes del comienzo del viaje de Humboldt, el investigador de la naturaleza francés Georges-Louis Leclerc Compte de Buffon (1707-1788), intendente del jardín real, había publicado su *Histoire naturelle*, una obra monumental enciclopédica que debió de hacer furor en el mundo científico. También Humboldt había estudiado los más de tres docenas de tomos de este «gran escritor», como él anota, reconociéndolo, en su *Kosmos*[2] como preparación de su viaje de investigación americano. Pero ya entonces le debieron surgir al declarado empírico alemán ciertas dudas sobre la validez de algunas premisas fundamentales del inventario de Buffon del universo de la naturaleza, sobre todo con respecto al Nuevo Mundo. Puesto que lejos de solamente inventariar y describir la flora y fauna americana, el ilustre jardinero francés se dejó llevar hacia todo tipo de valoraciones, que generalmente empeoraban la naturaleza del continente, dándole notas realmente

---

1 Humboldt 1987: 129.
2 Humboldt 1993/II: 57.

aniquiladoras. Aunque el mundo animal americano era diferente del Viejo Mundo, era, al mismo tiempo, «inferior» o «más débil» que las especies a este lado del Atlántico. Por ejemplo los leones. Aunque Buffon[3] de todos modos concedió que el «león» americano en realidad no era tal, le imputaba a la réplica del gato salvaje de aquel lugar su falta de melena – una señal inequívoca de su «inferioridad», puesto que el gato salvaje sin pelaje, criticaba él, es «mucho más pequeño, más débil, y más cobarde que el león auténtico» –. La versión supuestamente degenerada del rey del mundo animal llevó al investigador de la naturaleza francés, en cierto modo *pars pro toto*, al índice general de su filosofía de inferioridad y debilidad. Todos los tipos de la fauna americana, también aquellos que fueron una vez importados desde Europa, son más pequeños, más débiles o, todavía peor, inexistentes. Por ejemplo el elefante: el campeón de toneladas de peso del Viejo Mundo no solamente brilla por su ausencia; en América, según Buffon, «ni siquiera se puede encontrar un animal que se pueda comparar a él en tamaño y forma física».

Puede ser, como suponen algunos autores,[4] que Buffon concediera mérito a los animales de gran tamaño, pues él mismo era de gran estatura. Como destacado conocedor de la filosofía de la naturaleza de los antiguos debía haber sabido, sin embargo, que la corpulencia en realidad no es ningún motivo de nobleza. ¿No había escrito ya Plinio[5] que el ingenioso carácter de la naturaleza se manifiesta sobre todo en las «más pequeñas criaturas?» En América, según la conclusión de Buffon, son las creaciones de animales en miniatura, sin embargo, mera expresión de la decadencia continental. Puesto que miríadas de enjambres de insectos suponían, en cordial armonía con la población de reptiles igualmente exuberante, los verdaderos señores de la «geografía zoológica» en los trópicos. El filósofo de la naturaleza francés tenía preparada una única explicación para este doble fenómeno de la fauna americana, por una parte de tipos pequeños, débiles y degenerados y por otra de gigantescas plagas y bestias rastreras que pululaban por los trópicos: las condiciones climáticas. América, escribió Buffon[6] con certeza indicativa, se elevó de las aguas del génesis mucho más tarde que el resto del mundo. La calidad de la tierra, la índole del cielo, las elevadas temperaturas, la humedad omnipresente, la altura de las montañas, las enormes acumulaciones de agua, la extensión de los bosques: todo apuntaba a un «estado bruto», en el que se encuentra la naturaleza de América. La denominación Nuevo Mundo, según el principal acusador de la naturaleza americana en su conclusión final, es por ello muy plausible.

Buena parte de las teorías de inferioridad, de las que habla Buffon, se debe a la cuenta de una nueva ciencia, que nació entonces: la geología, que se hizo en primer

---

3 Buffon 1766/I,5: 12s.
4 Gerbi 1960: 16.
5 Gerbi 1960: 89.
6 Buffon 1766/I,5: 60.

lugar un nombre como Historia de la Naturaleza o como «Geognosis». En las especulaciones fantasiosas de la historia de la tierra autores europeos competían por el laurel de una versión secularizada del *Génesis*.[7] Los autores se agrupaban fundamentalmente como partidarios de los «neptunistas» o de los «vulcanistas». Los unos situaban el origen de la tierra firme en el mar. Los otros veían en los volcanes los demiurgos naturales de la creación terrenal. De importancia fundamental para la tesis de una inferioridad natural de América era la suposición de los neptunistas. La superficie actual es, según ellos, el resultado de repetidas inundaciones (incluido el diluvio de la Biblia), por las cuales se elevó el Nuevo Mundo mucho más tarde. Como ante todo Antonello Gerbi ha demostrado en su brillante estudio sobre *La Disputa del Nuevo Mundo*, había, sin embargo, otras premisas centrales de Buffon en las tradiciones generales de la filosofía de la Ilustración. Por ejemplo en los escritos de Montesquieu,[8] una de las fuentes filosóficas principales del autor de la *Histoire naturelle*. Sus análisis de las leyes sociales fueron trasladados directamente por Buffon a las leyes de la naturaleza. Sobre todo la nueva «libertad de crítica a la obra del señor» (Gerbi), que ya no se presentaba como perfecta en todos sus componentes, sino que más bien presentaba creaciones, que eran sólo más o menos logradas, más o menos bien formadas, o incluso degeneradas o mal formadas. Entretanto, la investigación científico-cultural ha mostrado además[9] que las pautas ideológicas *vis-à-vis* de la calidad natural del Nuevo Mundo se remontan en parte hasta la Antigüedad: tradiciones eurocéntricas por las que se orientó también Buffon. A diferencia de las creaciones filosóficas de los «bárbaros» griegas y romanas, que también (re)surgieron con el descubrimiento de América, Buffon fue, no obstante, moderado. En lugar de cíclopes, sirenas, amazonas y otros seres fabulosos, que los autores clásicos suponían al otro lado de Finis Terre,[10] vio en los habitantes indígenas sólo un síndrome de decadencia general, aunque eso sí, muy intenso. Por ejemplo, hablando de su «frigidez sexual»: «En la medida en que la naturaleza le impide la potencialidad del amor», escribe el enciclopedista francés,[11] «la naturaleza lo ha maltratado y atrofiado [al americano, N.R.], más que a todos los demás animales.»

Las antiguas versiones de bárbaros, sin embargo, no tardarían mucho en celebrar su actualidad. En las *Recherches philosophiques sur les Américain* del holandés Cornelius de Pauw, publicadas en Berlín en 1768, se convierten los «hombres diminutos maltratados» de América, en seres casi similares a animales: en «hombres bestias»[12] o incluso, aquí la población originaria norteamericana, en un «pueblo de

---

7   Meyer-Abich 1967: 41.
8   Montesquieu 1951.
9   Zea 1953, Nippel 1990, Alvarado 2001.
10 Todorov 1985: 24.
11 Buffon 1766/I,5: 56.
12 Pauw 1769: 56.

bestias»[13] *in toto* en el que todos los esfuerzos de civilización han fracasado rotundamente. Los rasgos fundamentales de la personalidad de los «salvajes americanos»[14] son descritos por el erudito de la corte de Federico el Grande con apodíctica despiadada: «No es virtuoso ni malvado. ¿Qué motivo tendría para eso? La timidez de su alma, la debilidad de su espíritu [...], la violencia de su superstición y la influencia del cielo le apartan de ello y eso mucho: él, sin embargo, no se da cuenta de eso.» Puesto que «la idiotez [es] el rasgo general de la personalidad de todos los americanos».[15]

Parece difícil, por lo menos desde la perspectiva actual, no ver en estas frases sátiras involuntarias por parte del autor, no en último término porque de Pauw mismo escribe sobre «los siglos de desconocimiento»: «[...] las ciencias estaban enterradas bajo tantos sinsentidos científicos que no se podía suponer verlas surgir tan pronto en una noche, sobre la que no se vislumbraba ninguna luz.»[16] Las injurias verbales abstrusas del erudito holandés tuvieron, sin embargo, una influencia violenta sobre la imagen contemporánea de América. Sus libros, escribe Henry Ward Church,[17] «fueron publicados, una edición tras otra y fueron traducidos del francés al inglés, holandés y alemán». Aunque la malvada caricatura de De Pauw de los americanos estaba bastante lejos de la de Buffon, divulgó, no obstante, las demás fantasías de su maestro francés, es decir, el *topos* de un «clima devastador» y de los cuadrúpedos «débiles y degenerados». Pero en un punto contradijo a Buffon: el estado lamentable del continente no se debió a una creación tardía. Como atestiguaban, por ejemplo, los fósiles, se había debido más bien a la consecuencia de «catástrofes físicas, terremotos horribles y cuantiosas inundaciones».[18] Por lo menos un consuelo, aun cuando pequeño, para los americanos: el Nuevo Mundo no era más joven que el Viejo.

Y también otro consuelo tiene preparado De Pauw[19] para los habitantes del «continente húmedo». Tienen alguna oportunidad de superar el estado de inferioridad y degeneración. Pero para ello necesitan, cómo podría ser de otra manera, una ayuda externa: la de la mano guiadora de Europa. Puesto que «un hombre comprensivo», éste es su ofrecimiento de ayuda, «puede regir muchos tontos pero una sociedad de tontos no se puede regir a sí misma». Las causas variadas de las ficciones europeas del Nuevo Mundo de aquellos años recibe, por lo tanto, un ingrediente nuevo, por lo menos en parte referido a la realidad: un interés colonial. Como muestra de esto está el cañón verbal que De Pauw posiciona contra los «españoles», esos «propietarios fanáticos e insensibles de un país al que devastan como ladrones y

---

13 Pauw 1769: 128.
14 Pauw 1769: 76.
15 Ibíd.
16 Pauw 1769: 7.
17 Ward Church 1936: 178.
18 Pauw 1769: 80.
19 Pauw 1769: 33.

bárbaros».[20] Leopoldo Zea ha descrito el sentido de esta crítica a España de forma concisa y breve: «En el fondo estas tesis no hacían sino justificar la presión que hacían las naciones de la Europa occidental para que España y Portugal les cediesen sus colonias.»[21] Como decían los españoles en el ambiente político del fin de siglo XIX: «¡Quítate tú para que me ponga yo!»

Sea grande o pequeña la dimensión colonial que guiaba la pluma de autores como De Pauw: es seguro que antes de que Alexander von Humboldt desenmascarara las especulaciones de inferioridad como sinsentidos eruditos, éstas habían conseguido un eco muy fuerte en el ámbito de las ideas académicas de Europa. Bastan tres ejemplos pertinentes para sondear ese eco. Inmanuel Kant, por ejemplo, estaba convencido de la lógica del nexo de degeneración hombre-naturaleza, que habían creado ambos iniciadores principales de la polémica de América:

> El pueblo de América no accede a ninguna formación. No tiene móviles: porque le faltan afecto y pasión. No están enamorados, por eso tampoco son fértiles. No hablan casi nada, no se acarician, no se preocupan de nada y son vagos.[22]

A pesar de algunas cautelas – se sabe todavía demasiado poco sobre el Nuevo Mundo – atribuyó también el maestro filósofo de Königsberg la supuesta inferioridad de los latinoamericanos a las condiciones climático-naturales – «los desiertos de América» – y estaba convencido de que el hombre de los trópicos nunca se desarrollaría hasta la perfección europea. Lo mismo se puede decir del mundo animal: los cuadrúpedos más bonitos del Viejo Mundo, por ejemplo los leones y otros gatos salvajes, no existen o sólo de una forma degenerada; y las especies aladas son «bonitas y coloridas»,[23] pero no pueden entonar cantos.

Con un calibre argumentativo similar ataca Georg Wilhelm Friedrich Hegel. También él tiene la «inmadurez psíquica y geográfica»[24] de América por un hecho consumado, puesto que todo tiene «el carácter de un surgimiento tardío». El Nuevo Mundo es a lo mejor el futuro del Viejo, el presente se presenta, claro está, diferente: «También en los animales se muestra la misma subordinación [...]»,[25] así se evidencia Hegel como leal repetidor de las fórmulas de Buffon y De Pauw,

> [...] el mundo animal presenta leones, tigres, cocodrilos. Estos mantienen la similitud con las formas del Viejo Mundo, pero son en toda consideración más pequeños, más débiles y menos poderosos.[26]

---

20 Pauw 1769: 4.
21 Zea 1956: 107.
22 Kant 1831: 353.
23 Kant 1923: 354.
24 Hegel 1994: 199.
25 Hegel 1994: 200.
26 Ibíd.

Pero son especialmente las «disonancias» y «afonías» de los pájaros cantores americanos, a quienes el amante del Belcanto dedica su especial atención. En ellos él ve las tesis de inferioridad de Buffon y De Pauw especialmente confirmadas. Sin embargo, escribe, «la escasa musicalidad» de esta especie es adquirida y por ello también susceptible de ser corregida. Es decir, cuando

> [...] algún día los tonos apenas articulados de los hombres degenerados dejen de resonar por los bosques de Brasil, [entonces] también producirán muchos de los cantores alados melodías refinadas.[27]

El proyectil verbal de mayor calibre que Hegel disparó contra el Nuevo Mundo se encuentra, sin embargo, un par de líneas más adelante:

> De América y su cultura, como se había formado especialmente en México y Perú, tenemos noticias, pero solo noticias que indican que ésta era una cultura muy natural, que tuvo que desaparecer en cuanto el espíritu se acercó a ella.[28]

Incluso en las *Ideen zur Philosophie der Geschichte der Menschheit* (*Ideas para la filosofía de la historia de la humanidad*) de Johann Gottfried Herder, un libro en el que se ocupa en partes extensas de forma pronunciadamente crítica de los mitos de la creación y las teorías de una inferioridad natural de América, se encuentran numerosas resonancias de las tesis lanzadas por Buffon y De Pauw, mezcladas, sin embargo, con algunas restricciones. Así describía Herder por ejemplo el clima, el punto central de los teóricos de la inferioridad como un «caos de causas».[29] Con vistas a América se hizo responsable «sin razón» a la «mala salud» de las condiciones climáticas de la supuesta debilidad de sus habitantes: «La debilidad de los así llamados americanos cultivados en México, Perú, Paraguay, Brasil: no podría entre otras cosas provenir», hizo reflexionar él, «¿de que se les había cambiado la tierra y la forma de vida sin haber podido o querido darles la naturaleza europea?»[30] Como la referencia a los «así llamados americanos cultivados» deja reconocer, el crítico del colonialismo español no estaba especialmente convencido de la cultura de los antiguos americanos. Esto no se debía sólo a la esclavitud, de la cual ellos mismos eran víctimas: «De los negros y los americanos», escribió el filósofo,[31] para el cual la escritura suponía un criterio central,

> [...] no se puede mencionar ninguna escritura propiamente inventada [por ellos mismos] puesto que entre estos no se encumbraron los mexicanos por sus toscos jeroglíficos ni los peruanos por sus cuerdas de nudos [Knotenschrift].

En lo restante, también Herder tenía la opinión de que numerosos animales que redundaban en provecho del Viejo Mundo en el Nuevo no existían, probablemente

---

27 Ibíd.
28 Ibíd.
29 Herder 2002: 254.
30 Herder 2002: 257.
31 Herder 2002: 359.

porque, según referencia a Buffon, «habían emergido de las profundidades del mar más tarde que las otras partes del mundo».[32] Sin embargo, es seguro que los «efectos climáticos», Herder los llama «el comportamiento de las zonas», tuvieron innegablemente «una gran influencia».[33] Puesto que América no pertenecía, según Herder, a la zona más apropiada, los trópicos se encontraban en un rango inferior de la jerarquía geográfico-cultural: «Esto también fue», concluye, «lo que todos los salvajes sintieron, en cuanto conocieron mejor a los europeos.»[34]

Antonello Gerbi hace el balance del debate del Nuevo Mundo, que llega hasta el siglo XX en diferentes variaciones, seguramente de forma acertada, cuando escribe sobre los ejemplos arriba mencionados: «En definitiva, la furia iconoclasta de Buffon y De Pauw ha dado buenos resultados. Ha puesto fábulas, mitos y espejismos seculares bajo el ojo fríamente irónico de la Razón.»[35] De hecho, como parece, una parte no insignificante de estas fábulas y mitos se debe a carteles de viejas ideas que se remontan hasta la Antigüedad y por medio de las tradiciones cristianas occidentales enturbiaron las visiones del Nuevo Mundo a comienzos de la Edad Moderna. Aunque nosotros estamos informados sólo de forma general sobre todas las filiaciones históricas, Gerbi tiene razón cuando escribe: «Los hilos se mezclaron y se torcieron, multicolores, de distinto espesor y de longitud diversa. Algunos de ellos se remontan nada menos que a Aristóteles, cuando no más lejos todavía.»[36]

Muchas de las visiones eurocéntricas que el historiador italiano recopiló de la pluma de los más renombrados autores de los siglos XVIII y XIX suenan hoy día como una parodia involuntaria. Así lo vieron también algunos contemporáneos de la disputa. Cuando, por ejemplo, a mediados del siglo XIX los excrementos de los pájaros peruanos del Guano se convirtieron en un estiércol apreciado en Europa, revalorizó el poeta alemán Joseph Victor von Scheffel los tanto tiempo despreciados pájaros del Nuevo Mundo con versos irónicos: «Dios os bendiga, magníficos pájaros, en las lejanas costas del Guano. / Por mucho que le pese a mi compatriota Hegel, / vosotros creáis los excrementos de mejor calidad!»[37] Aunque las especulaciones filosóficas sobre la supuesta inferioridad de América disminuyeron según crecía la investigación científica empírica, fue también en adelante muy fuerte el impacto de estos estereotipos sobre la naturaleza inferior de América.

Sólo el viaje a América de Alexander von Humboldt produjo un cambio importante: todos aquellos que se habían movido en el país de las tinieblas de mitos físicos lo tuvieron en lo sucesivo más difícil, como señaló el autor del *Kosmos*,[38] para darle

---

32 Herder 2002: 281.
33 Herder 2002: 31.
34 Herder 2002: 327.
35 Gerbi 1960: 306.
36 Gerbi 1960: X.
37 Scheffel 1907/V: 175s.
38 Humboldt 1993/II: 4.

una apariencia científica a sus especulaciones filosófico-naturales. Aunque el «cuadro de la naturaleza» de Humboldt, incluidos sus habitantes, señala aquí y allí visiones equivocadas, elevaciones románticas e incluso distorsiones eurocéntricas, en general, se sustituye la pintura filosófico-cultural en blanco y negro por una imagen real, que posee, además, un marco científico sólido.

Ya al comienzo, en los primeros días en la costa de Venezuela, están Humboldt y su acompañante francés asombrados de la naturaleza del Nuevo Mundo: «Qué árboles», escribe él en su diario de viaje, «palmeras de cocos de 50 y 60 pies de altura, un ceiba del que se hacen 4 canoas, y qué colores los de los pájaros, los peces, incluso los cangrejos (¡azul cielo y amarillos!). Andamos como tontos [...], Bonpland asegura que perderá el sentido si no se terminan las maravillas.»[39] Aunque aquí habla todavía el ímpetu, seguramente perdonable, de las primeras impresiones, la referencia al estado saludable de América debió de atestiguar, sin embargo, un ceño marcado entre los apóstoles de la inferioridad del Viejo Mundo: «El mundo de los trópicos es mi elemento», escribió él a un amigo europeo, «y nunca he estado tan ininterrumpidamente sano como en los dos últimos años.»[40]

No cambiaría nada en los siguientes años, a pesar de todos los tormentos y fatigas que un «viaje aventurero» de este calibre suponía entonces. No cambió nada en el entusiasmo de Humboldt por la naturaleza exuberante de las regiones visitadas – la actual Venezuela, Colombia, Ecuador, Cuba, México y la costa este de los EEUU: «‹Es como en el paraíso›, decía nuestro guía, un indígena mayor de las misiones. Y realmente», escribió él durante su viaje al Orinoco, «todo recuerda aquí al estado original del mundo, cuya inocencia y fortuna mostraba imágenes fiables antiquísimas a todos los pueblos.» Él no ve nunca en la «majestuosidad de las formas de las plantas» ni en la «fuerza orgánica» de la flora ningún rastro de «degeneración», «putrefacción» o «plantas venenosas», que, por ejemplo, De Pauw había visto en los paisajes naturales de América.[41] En lugar de inferioridad – superioridad: «En el hemisferio sur se sorprenderá un europeo atento a las bellezas botánicas», así era su balance cerca del final del viaje, «si ve la vegetación del páramo. En cada altitud encuentra Humboldt tanto verde, tal magnitud y color de las flores, que cree estar en otro mundo, en una región en la que la naturaleza se complace en aunar todos los encantos de sus riquezas.»[42] El discurso de defensa de Humboldt de los acusadores europeos de la flora americana lanza su ataque, por lo tanto, hacia la dirección opuesta: «La fisionomía de la vegetación tiene en el ecuador en general mayor tamaño, majestuosidad y variedad que en la zona moderada.»[43] También el clima, según la visión de los

---

39 Humboldt 1989: 47.
40 Meyer-Abich 1967: 80.
41 Humboldt 1989: 182.
42 Humboldt 1989: 400.
43 Humboldt 1989: 65.

filósofos de la inferioridad la *ultima ratio* de la «decadencia» americana, lo percibe el viajero investigador alemán (1991: 148), a pesar de todo, como sano: «En las zonas cálidas pero secas quizá viven los hombres mucho más tiempo que en las zonas moderadas [...]. Los europeos, que se desplazaron a una edad más madura a las regiones equinocciales de las colonias españolas, llegan allí a una edad impresionante, e incluso en Veracruz [en la costa este de México, N.R.] disfrutan foráneos y ajenos, una vez aclimatados, de la mejor salud [...].» Casi por todas partes, donde le llevan sus extensos viajes de investigación, sea al Orinoco, sea a los valles andinos o a la meseta de Quito, Humboldt registra condiciones climáticas, que son sumamente agradables. Como especialmente agradable encuentra la capital de Venezuela, sobre todo por el aire: «El clima de Caracas se ha denominado a menudo la primavera eterna. [...] Qué puede imaginarse uno más dulce que una temperatura entre 20 y 26 grados durante el día y 16-18 grados durante la noche donde florecen de la misma manera el plátano (Cambury), el naranjo, el cafetal, el manzano, el melocotonero y el trigo.»[44] Qué diferencia con la pintura terrorífica de los autores de la inferioridad que hacían responsable al clima americano de pestilencias de todo tipo, incluso de las «enfermedades venéreas» (De Pauw) más atroces.

En libros posteriores, por ejemplo en el *Kosmos* o en las *Ansichten der Natur* (*Imágenes de la naturaleza*) Humboldt sistematizó los resultados científicos de su viaje a América, entre otras cosas, un herbario con miles de especies desconocidas en Europa, y lo integró todo ello en su concepto general de naturaleza. Y a él le eran completamente ajenas las jerarquías que habían erigido Buffon, De Pauw y sus seguidores. Escribió en el *Kosmos*: Un «lazo común natural y, por eso, eterno [envuelve] a toda la naturaleza viva».[45] Unidad en la diversidad, con base a este pluralismo geográfico-cultural Humboldt podía prescindir perfectamente de envolver «la explicación [de] los efectos naturales [...] en forma de mitos geológicos».[46] Con vistas al supuesto Nuevo Mundo decía: «No era cierta la suposición de que la lucha dañina de los elementos se hubiera deslizado en esta tierra tan antigua de forma irregular en el hemisferio este y oeste, o la suposición de que América hubiera surgido más tarde de las aguas caóticas que el resto del mundo, como un islote empantanado y solo habitado por cocodrilos y serpientes.» El Nuevo Mundo, de esto no tenía Humboldt ninguna duda, no era más joven que el Viejo.

A pesar de todo, Humboldt no se limitó a alabar y demostrar empíricamente la «salubridad del aire», la «exuberancia de la vegetación» y la «abundancia de hierbas terrenales»,[47] también rehabilitó la copiosa fauna de América. Así escribió sobre la continua suposición de los teóricos de la inferioridad de que en el Nuevo Mundo no

---

44 Humboldt 1997/I: 406.
45 Humboldt 1993/I: 17.
46 Humboldt 1987: 9.
47 Humboldt 1987: 133.

había «animales grandes»: «El tamaño absoluto y el grado de desarrollo que alcanzan los organismos (plantas y animales) que pertenecen a una familia, están determinados por leyes desconocidas.»[48] Sean como fueren estas leyes: queda demostrado, escribe Humboldt un par de líneas después, que el mundo animal americano no es en nada inferior a la exuberante abundancia de la flora sino, más bien, especialmente favorecido por las condiciones climáticas: «Con respecto a los animales del lugar», dice por ejemplo, «parece que las excelentes temperaturas, dependientes del grado de latitud, han favorecido genéticamente el desarrollo orgánico. La forma pequeña y delgada de nuestra lagartija se ensancha en el sur hasta ser el cuerpo colosal, pesado y acorazado de un temible cocodrilo.» Aunque esa frase suena como una confirmación involuntaria de las tesis de Buffon y De Pauw, según las cuales sólo insectos y reptiles encontraban un medio de cultivo adecuado, queda contradicho por la siguiente frase: «En los formidables gatos de África y América, en el tigre, el león y el jaguar, se repite la forma de nuestro más pequeño animal doméstico en tamaño mayor.» Humboldt tiene por no menos absurda, dicho sea de paso, la declaración de que los animales domésticos importados por Europa, apenas trasplantados a América, «disminuían» o «se degeneraban». El caso es más bien al contrario: desde mediados del siglo XVI se habrían «reproducido de forma sorprendente» los animales más útiles del Viejo Continente, bueyes, caballos, ovejas o cerdos. Y en la frase a continuación nombra la fuente turbia de la que surgieron estas ideas: «No haría falta rebatir la opinión de Buffon sobre la supuesta degeneración de los animales domésticos, traídos al Nuevo Continente. Estas ideas se extienden fácilmente, porque halagan la vanidad de los europeos y se pueden vincular a las brillantes hipótesis del estado antiguo de nuestro planeta. Pero si se investigan los hechos de forma más exhaustiva, el investigador de la naturaleza puede reconocer la armonía, donde el elocuente escritor solo vio contrastes.»

La polémica contra el *spiritus rector* de los heraldos de inferioridad europeos no se debe entender como falta de respeto a un enciclopedista de renombre, cuya obra voluminosa tiene indiscutiblemente sus méritos. Estos mismos eran también conocidos por el crítico alemán. Esto ilustra por ejemplo su referencia a la obra «de este gran escritor»,[49] o su capacidad para «ilustrar con inimitable veracidad el carácter de algunas latitudes».[50] Tanto más pesa la crítica al jardinero superior real del Antiguo Régimen: se siente, dice Humboldt, «que él nunca abandonó Centroeuropa, que le falta su propia visión de los trópicos que cree describir».[51] Tomando el ejemplo del mundo de los pájaros que, desde Buffon a Hegel, estaban en la mira de los calumniadores de América, concreta él su crítica. Casi por todas partes le acompañó

---

48 Humboldt 1987: 165.
49 Humboldt 1993: 57.
50 Humboldt 1987: 182.
51 Humboldt 1993: 57.

«el canto tempranero de los pájaros»[52] en su viaje, y casi siempre fueron deleites, sobre todo en Colombia: «En ninguna parte de Sudamérica oí cantar a los pájaros de forma tan deliciosa y sonora como en los alrededores de Cartagena. Pero en Europa se imprime y se imprime [...] que en los trópicos todos los pájaros graznan.»

Tras la decidida rehabilitación de flora y fauna que, como algunos ejemplos ilustran, defiende incluso una «superioridad» de la naturaleza americana, cae por su propio peso que Humboldt libera también a los habitantes del Nuevo Mundo de los defectos de su «inferioridad natural», una liberación, desde luego, sobre la que los acusados no se pudieron alegrar del todo. Es indiscutible que el viajero alemán tiene por meras ficciones la supuesta debilidad y la «degeneración» de la población originaria americana. Puesto que casi siempre se encontró hombres «de gran talla» y de «gran musculatura», un dictamen que él percibió «tanto más evidente cuanto menos correspondía al concepto que nosotros nos habíamos hecho a partir de algunos informes de viajes sobre la gran debilidad corporal y la complexión propia de los indígenas».[53] La alabanza a la constitución física de los indígenas, aquí una etnia venezolana, se puede entender absolutamente *pars pro toto*: incluye también a los habitantes de las islas y costas tropicales – «Los caribeños son hombres de talla casi atlética.»[54] – o los descendientes de los aztecas, incluidos los mestizos. En México incluso la complexión corporal de los niños merece la admiración de Humboldt: «Muchachos de diez años con cincuenta kilos sobre la espalda. [En Europa], sin embargo, se habla todos los días de la energía de la raza blanca y se culpa a los indígenas de debilidad!»[55]

Parece, no obstante, que aquí y allí fue enturbiada también la visión empírica del genial investigador de la naturaleza por las quimeras ideológicas de sus contemporáneos. Por ejemplo, donde él atestigua a las «mujeres indígenas» estar «hartas de fríos indios» y «codiciar negros». Por cierto, sólo una variante irrelevante en comparación a De Pauw, según él las indígenas «se alegraron extraordinariamente de la llegada de los europeos porque ellos eran, en comparación con los indígenas, por su voluptuosidad y exuberancia sexual verdaderos sátiros».[56] Se articula otro lengüetazo etnocéntrico cuando en relación con «esta naturaleza grande y salvaje»[57] habla Humboldt de «la escoria de la humanidad» y sitúa a los indios «en el nivel más bajo de la brutalidad animal», términos sospechosos que se mezclan a menudo con referencias a los «salvajes americanos».[58] Similares ambivalencias están presentes en sus descripciones de las civilizaciones precolombinas, por ejemplo la «teocracia de los

---

52   Humboldt 1987: 16.
53   Humboldt 1989: 44.
54   Humboldt 1989: 96.
55   Humboldt 1989: 406.
56   Pauw 1769: 54.
57   Humboldt 1987: 19.
58   Humboldt 1997: 16.

Incas»: «El antiguo peruano», anota en su libro de viaje sobre su estructura social, «era una máquina y nada más.»[59] En semejantes frases, sobre todo sobre la estética de los aztecas, han visto autores actuales «imperial eyes».[60] Tal lectura, si bien se puede apoyar en numerosos indicios, contrasta, sin embargo, con las relativizaciones que Humboldt constantemente efectuó: «Utilizo la palabra salvaje a disgusto [...]»,[61] con tal cautela se manifiesta la convicción de que el llamado «salvajismo» de los indios americanos es, sobre todo, el resultado de su sumisión. El comienzo violento de esta sumisión[62] lo personifica, por ejemplo, en el conquistador del imperio de los incas, el «monstruo Pizarro», en que ve, al mismo tiempo, el comienzo de una «tiranía de esclavitud»[63] del colonialismo español de varios siglos de duración. Y a éste no lo tenía en absoluto por mejor que a sus similares a este lado de los Pirineos. Discutir qué nación trata de forma más humana a los pueblos sometidos, escribió él en su diario, «¡ [...] supone burlarse de la palabra humanidad y preguntar qué es más agradable, rasgarse el vientre o rasgarse la piel a tiras, supone preguntar si España se ha encolerizado de forma más inhumana en Perú o Venezuela que los ingleses y franceses en la India oriental!»[64] Aunque sí hubo diferencias, creo yo – sólo hay que pensar en el «defensor de los indios» Bartolomé de las Casas –, tiene Humboldt, sin embargo, razón cuando hace responsable al régimen colonial, especialmente a «esa gentuza monjil»[65] del estado desafortunado de los indios. Así se explican también la «pereza» y «vagancia» que Hegel atribuía a los indios. Para Humboldt, por el contrario, debido no a una señal de indolencia natural o «estupidez», sino a una fantasía «de malos filósofos».[66]

Ya entonces no era el ilustre viajero de América el único de esta opinión. Desde hacía mucho tiempo autores americanos, especialmente los jesuitas expulsados de las colonias españolas en los años 70 del siglo XVIII, habían retomado la defensa de su continente calumniado. Por ejemplo el mexicano Fray Servando Teresa de Mier, que sobre todo a De Pauw asignaba una «absoluta ignorancia» y que coronó su furioso discurso de defensa de América con las palabras: «Estos son delirios propios de una jaula.»[67] Los ataques de otros jesuitas, por ejemplo del chileno Juan Ignacio Molina[68] apenas se efectúan de forma más sensible. También Humboldt conocía estos ataques fundamentalmente publicados en Italia, de la pluma de autores jesuitas de-

---

59 Humboldt 1989: 342.
60 Pratt 1992.
61 Humboldt 1989: 59.
62 Humboldt 1989: 332.
63 Humboldt 1989: 173.
64 Humboldt 1989: 431.
65 Humboldt 1989: 134.
66 Humboldt 1989: 324.
67 Acevedo 1983: 72.
68 Gerbi 1960: 192ss.

seosos de polémica. En todas partes en sus libros se encuentran referencias a «las observaciones muy sútiles», aquí del mexicano Abbé Clavigero, «sobre la antigua población de México contra Robertson [otro epígono de los teóricos de la inferioridad, N.R.] y Pauw [...].»[69] Humboldt también conocía un segundo grupo, los famosos autores de «Historias» y «Crónicas» de los siglos XVI y XVII y los valora: «Solo los españoles desplazados a América», escribió sobre el grueso de los primeros investigadores de la flora y fauna americana, relativamente objetivos a pesar de su perspectiva colonial, «hacían preguntas más desenvueltas a la Naturaleza porque juzgaron menos en base a teorías falsas.»[70] También Buffon y De Pauw conocían los libros de este «otro tipo de clase de viajero, más pacífico», como se llama en el *Kosmos* al «reducido número de hombres sobresalientes entre los funcionarios municipales, humanistas y médicos [españoles]».[71] Los calumniadores francés y holandés, sin embargo, habían utilizado los estudios de la naturaleza de los españoles fundamentalmente como cantera de datos para darles una apariencia empírica a sus teorías absurdas.

Pero la escasa reputación de que disfrutaba España en la estela de la Leyenda Negra a este lado de los Pirineos, enturbió la mirada hacia un país, que se había hecho valer a pesar de todos los horrores coloniales en la investigación del Nuevo Mundo.[72] Esto también fue así en la fase tardía del colonialismo español: tras la Guerra de Sucesión española a comienzos del siglo XVIII fueron sobre todo los Borbones, bajo cuyo cetro la investigación científico-natural del subcontinente hizo grandes progresos, también bajo participación de científicos criollos, como Humboldt reconoció.[73] Ya que la fama de estos autores, también la de los jesuitas – estos últimos eran americanos pero no investigadores de la naturaleza – se mantuvo limitada, se reservó la futura «nación de vanguardia» en el Norte el papel principal de desemascarar la leyenda de la inferioridad natural de América.

Un papel clave jugó Thomas Jefferson, al que Humboldt visitó al final de su viaje a América en 1804. Viente años antes, cuando era gobernador de Virginia, había lanzado el futuro presidente de los EEUU en sus *Notes on the State of Virginia* una réplica a Buffon. Aunque el hombre de estado norteamericano se limitó al territorio regido por él – «de los indios de Sudamérica no sé nada», escribió, «puesto que las fábulas que se han extendido sobre ellos no merecen ser denominadas conocimiento»[74] –, defendía el indirectamente todo el continente. Por ejemplo contra la acusación general de que en América no había habido nunca «animales grandes».

---

69 Humboldt 1991: 141.
70 Humboldt 1989: 76.
71 Humboldt 1993/II: 255.
72 López Piñero 1982: 280ss.
73 Humboldt 1991: 340.
74 Humboldt 1989: 156.

Puesto que después se pudo demostrar que existían también cuadrúpedos gigantescos, «incluso una creación de un tamaño 5 o 6 veces más grande que el elefante, lo cual también el señor Buffon reconoció», se tambaleó un pilar básico de las teorías de inferioridad: «Esto solo debería haber bastado para defender la región de la tierra que habitaba [el ‹gigante americano›, N.R.] y la atmósfera en la que respiraba del reproche de la impotencia [...] del conocido escritor de la historia de la naturaleza, en el mismo momento en que surgió.»[75] Sin embargo, la profunda humillación provocada por el «conocido escritor» y sus epígonos espirituales la muestra el intento del ilustre norteamericano de convencer a los difamadores europeos de América de sus «equivocaciones» no con polémica mordaz (como hacían los jesuitas sudamericanos) sino con argumentos científicos. A esto pertenecen incluso tablas de larga extensión,[76] en las que los cuadrúpedos americanos son, de una forma muy precisa, pesados y medidos y contrapuestos a sus contemporáneos europeos, con muchos puntos a favor de los primeros. También por las especies humanas Jefferson rompe una lanza: «Si nosotros habremos existido como pueblo tanto tiempo como los griegos, al crear a Homero o los romanos a Virgilio [...] y este reproche debiera todavía dirigirse a nosotros», así rezaba su profecía rebosando de orgullo, «investiguemos de donde viene que otros pueblos europeos y otras regiones no hayan podido presentar todavía un gran poeta».[77] ¿No se tardó 16 siglos, añadió con brío polémico, hasta que Europa alcanzó el nivel griego y creó un Newton?

Cuando Humboldt llegó a Norteamérica en la primavera de 1804, debió de alentarse Jefferson de sensaciones de triunfo: los recientes resultados científicos del conocido investigador de la naturaleza de Alemania, presentado a grandes rasgos a un público asombrado y entusiasta en la capital de EEUU, confirmaban su propia defensa de América y rehabilitaron en último término también el norte del continente del reproche continuo de una inferioridad natural. La *Disputa del Nuevo Mundo* no estaba, sin embargo, finalizada. El filósofo cultural Leopoldo Zea[78] ha demostrado que el eco verbal de los protagonistas de la *Disputa* y de sus epígonos filosóficos llega hasta las filas del «socialismo científico», por los menos en parte en forma de empréstitas explícitas de los autores precedentes. Aunque las finalidades eran diferentes, se utilizaban los mismos medios: desde los filósofos de «raza» y «Occidente» como Houston Stewart Chamberlain u Oswald Spengler, se extendió este eco hasta comienzos del siglo XX. La longevidad de los clichés etnocéntricos llega todavía más allá: recientemente ha seguido Berndt Ostendorf (2003) las pautas ideológicas de los teóricos de la inferioridad hasta el antiamericanismo de derechas de nuestros días. Como se ve, un camaleón ideológico de larga vida.

---

75 Humboldt 1989: 132.
76 Humboldt 1989: 141ss.
77 Humboldt 1989: 166.
78 Zea 1983: 59ss.

Por eso es comprensible que la fama americana de Humboldt sobrepase claramente su valoración en Europa. Especialmente evidente es la admiración del «último erudito universal en el campo de las ciencias de la naturaleza»[79] comprobada mediante innumerables monumentos y estatuas, que se le erigieron al «segundo descubridor» en todos los países en el norte y sur de América. Humboldt, según Meyer-Abich (ibíd.), «se ha convertido en un mito de toda América». Así lo ve también Leopoldo Zea, el *spiritus rector* de la historia cultural moderna y de la historia de las ideas de Latinoamérica: Humboldt, escribió Zea sin exageración, «es un erudito, un gran erudito europeo, que llegó [a América], no solamente para rebatir a Buffon y De Pauw, sino para atestiguar la dignidad de este continente y las capacidades y el genio de sus hombres».[80]

Traducción del alemán (incluidas todas las citas) por Laura Ramírez (Dresde)

Bibliografía

Acevedo, Ramón Luis (1983): «Landívar y Batres Montúfar: Dos visiones arquetípicas de la naturaleza americana», en: *Cultura de Guatemala* 4, pp. 67-87.

Buffon, Goerges-Louis Leclerc Comte de (1750-1782): *Allgemeine Historie der Natur nach allen ihren besonderen Theilen abgehandelt; nebst einer Beschreibung der Naturalienkammer Sr. Majestät des Königs von Frankreich*. 36 tomos. Hamburg / Leipzig.

Caeser, James W. (1997): *Reconstructing America. The Symbol of America in Modern Thought*. New Haven / London:Yale University Press.

Gerbi, Antonello (1960): *La disputa del Nuevo Mundo. Historia de una polémica 1750-1900*. México D.F.: Fondo de Cultura Económica.

Hanke, Lewis (1959): *Aristotle and the American Indians*. London: Hollis & Carter.

Hegel, Georg Wilhelm Friedrich (1994): *Vorlesungen über die Philosophie der Weltgeschichte*. Tomo 1: *Die Vernunft in der Geschichte*. Hamburg: Meiner.

Herder, Johann Gottfried (2002): *Ideen zur Philosophie der Geschichte der Menschheit*. Werke. Tomo III/1. München / Wien: Hanser.

Humboldt, Alexander von (1987): *Studienausgabe*. Tomo V: *Ansichten der Natur*. Herausgegeben und kommentiert von Hanno Beck. Darmstadt: Wissenschaftliche Buchgesellschaft.

Humboldt, Alexander von (1989): *Die Wiederentdeckung der Neuen Welt*. Erstmals zusammengestellt aus dem Reisebericht und den Tagebüchern. Berlin: Verlag der Nation.

Humboldt, Alexander von (1991): *Mexico-Werk. Politische Ideen zu Mexico. Mexicanische Landeskunde*. Herausgegeben und kommentiert von Hanno Beck (Tomo IV). Darmstadt: Wissenschaftliche Buchgesellschaft.

Humboldt, Alexander von (1993): *Kosmos*. Herausgegeben und kommentiert von Hanno Beck. Tomo I/II. Darmstadt: Wissenschaftliche Buchgesellschaft.

Humboldt, Alexander von (1997): *Studienausgabe*. Tomo II,1: *Die Forschungsreise in den Tropen Amerikas*. Herausgegeben und kommentiert von Hanno Beck. Darmstadt: Wissenschaftliche Buchgesellschaft.

---

79 Meyer-Abich 1967: 7.
80 Zea 1956: 104.

Jefferson, Thomas (1989): *Betrachtungen über den Staat Virginia*. Herausgegeben und mit einem einführenden Essay von Hartmut Wasser. Zürich: Manesse.
Kant, Immanuel (1831): *Menschenkunde oder philosophische Anthropologie*. Berlin.
Kant, Immanuel (1923): *Werke*. Tomo IX: *Logik – Physische Geographie – Pädagogik*. Berlin / Leipzig.
López Piñero, José María (1982): *La ciencia en la historia hispánica*. Barcelona: Salvat.
Meyer-Abich, Adolf (1967): *Alexander von Humboldt in Selbstzeugnissen und Bilddokumenten*. Reinbek bei Hamburg: Rowohlt.
Montesquieu, Charles (1951): *Vom Geist der Gesetze*. 2 vols. Tübingen: Laupp.
Nippel, Wilfried (1990): *Griechen, Barbaren und «Wilde». Alte Geschichte und Sozialanthropologie*. Frankfurt am Main: Fischer Taschenbuch Verlag.
Ostendorf, Berndt (2003): «Antiamerikanismus von Rechts? Zum Anschwellen des Antiliberalismus im Zeitalter der Globalisierung» (Internet).
Pauw, Cornelius de (1769): *Philosophische Untersuchungen über die Amerikaner oder wichtige Beiträge zur Geschichte des menschlichen Geschlechts*. 2 tomos. Berlin.
Pratt, Mary Louise (1992): *Imperial eyes: Travel writing and the transculturation*. London et al.: Routledge.
Ramírez Alvarado, María del Mar (2001): *Construir una imagen. Visión europea del indígena americano*. Sevilla: CSIC.
Scheffel, Joseph Victor von (1907): *Gesammelte Werke in sechs Bänden*. Tomo 5. Stuttgart: A. Bonz & Co.
Todorov, Tzvetan (1982): *Die Eroberung Amerikas. Das Problem des Anderen*. Frankfurt am Main: Suhrkamp.
Vitale, Luis (1983): *Hacia una historia del ambiente en América Latina. De las culturas aborígenes a la crisis ecológica actual*. México D.F.: Nueva Sociedad.
Ward Church, Henry (1936): «Corneille de Pauw, and the controversy over his Recherches Philosophiques sur les Americaines», en Waldron Long, Percy (ed.): *Publications of the Modern Language Association of America*. Volumen LI, pp.178-206.
Zea, Leopoldo (1953): *El Occidente y la conciencia de México*. México D.F.: Porrúa y Obregón.
Zea, Leopoldo (1956): *Esquema para una historia de las ideas en Iberoamérica*. México D.F.: UNAM, Imprenta universitaria.
Zea, Leopoldo (1983): «Visión de Marx sobre América Latina», en: *Nueva Sociedad* (Caracas) 66, pp. 59-66.

Recelos y reacciones de los jesuitas desterrados por Carlos III ante «La causa de Palafox»

Inmaculada Fernández Arrillaga
(Universidad de Alicante)

Con el presente trabajo pretendemos acercar al lector a la visión que tuvieron los jesuitas españoles desterrados en las legacías pontificias sobre la causa de canonización del obispo de Puebla y, posteriormente, de Osma: Juan de Palafox y Mendoza. Estos regulares, desde el principio de su expulsión de los dominios de Carlos III, en la primavera de 1767, siguieron con especial interés el mencionado proceso por ser la base de una de las controversias más polémicas del momento. Las críticas que había vertido Palafox sobre la actuación misionera de la Compañía, cuando el prelado ejercía en México, fueron una de las justificaciones que se esgrimieron contra la Compañía de Jesús y a favor de su extinción. Es decir, se trataba de una controversia que, en aquellas fechas, llevaba vigente ya más de un siglo. El P. Manuel Luengo, uno de estos jesuitas expulsos, recopiló en su *Colección de Papeles Varios*,[1] cuantos escritos consideró de interés para exculpar a su Orden de las acusaciones que se esgrimían contra ella y dejó escrito en su *Diario*[2] un puntual seguimiento de los pasos que le llegaban a Bolonia sobre este proceso. Ésta es, pues, la base documental que nos guía para vislumbrar la actitud que tuvieron algunos de estos regulares del proceso a favor de la canonización de Palafox y cuáles fueron sus reacciones.

Juan de Palafox y Mendoza nació en 1600 en el pueblo navarro de Fitero; cursó estudios de derecho en las universidades de Alcalá y Salamanca. Fue fiscal y decano del Consejo de Indias desde 1629, capellán de la emperatriz María de Austria, hermana de Felipe IV, gracias a cuyo cargo viajó por toda Europa; visitador del Real Colegio de Salamanca y, desde 1640, obispo de la Puebla de los Ángeles en México, donde permaneció hasta 1648.[3] En el momento en que Palafox marchó a México, se estaba produciendo el enfrentamiento entre *Propaganda Fide* y la Regalía de la Corona.[4] El profesor Olaechea argumentaba que, bajo el pretexto de la denegación

---

1   Luengo, Manuel: *Colección de Papeles Varios y Curiosos*, inédita. Archivo Histórico de Loyola (AHL), *sección escritos jesuitas s. XVIII*, Azpeitia. El índice completo de esta *Colección* puede consultarse en Fernández Arrillaga 2003: vol. I.
2   Están publicados los dos primeros años de este *Diario*: 1767 y 1768 en Luengo 2002 y el año 1789 en Luengo 2004. También pueden consultarse los índices del total de la obra en Fernández Arrillaga 2003: vol. II.
3   Sobre Palafox véase Arnauld: 1690 y Palafox y Mendoza: 1692.
4   Bartolomé 1991: 10.

de unas licencias para confesar y predicar, latía otro problema político-religioso de mucho mayor calado: el antagonismo entre la «exención» de los jesuitas, directamente vinculados a Roma, y la «jurisdicción» de un obispo, dependiente y protegido por el Regio Patronato de Madrid.[5]

La hostilidad que caracterizó las relaciones entre Palafox y los jesuitas quedó patente en la refutación sobre la labor pastoral de la Compañía en China.[6] Esta amarga discusión comenzó a principios del XVII y continuó hasta bien entrado el XVIII, repercutiendo no sólo en la práctica doctrinal de esta Orden en Oriente, sino en la opinión de numerosos teólogos, filósofos y economistas de toda Europa que centraron sus discusiones en la supuesta asimilación de los ritos chinos dentro de la obra misional de los jesuitas.[7] Palafox apoyó a los franciscanos y dominicos que entraron en aquellas tierras a partir de 1630, ya que hasta aquel momento había sido territorio que monopolizaba la Compañía de Jesús, y criticó con dureza la actitud permisiva que habían tenido los jesuitas, con lo que en su opinión, habían favorecido prácticas rituales sacrílegas, por estar más cercanas a las ideas de Confucio que a las de la Iglesia católica.[8] Por otra parte, el interés del obispo en China tenía raíces de carácter político. Se sentía particularmente responsable de aquellas misiones por ser el obispado de Puebla el más cercano a Oriente, y pretendía encabezar las críticas de otros representantes del clero español. Y es que la opinión era casi unánime: aquellos que estaban en desacuerdo con la política misionera de la Compañía aludían constantemente a la «monstruosa mezcla del cristianismo y de la idolatría»[9] que los jesuitas perpetraban en China e India. Expresiones similares a ésta pueblan los dictámenes de los obispos españoles de 1769 y 1770,[10] trasluciendo el temor de que

---

5 Olaechea 1976: 1080 y 1081.
6 St. Clair 2000.
7 Cummins 1961: 399.
8 El obispo Palafox criticaba «venerar los ídolos bajo la apariencia del cristianismo, o por mejor decir, mancharse la pureza de nuestra santísima fé, bajo la sombra del paganismo», en Cummins 1961: 340.
9 «Idea sucinta del origen, gobierno, aumento, excesos y decadencia de la Compañía de Jesús, con un resumen de sus relaxadas y perniciosas opiniones morales». Anónimo, Madrid, 1768, 136. (Archivo Histórico de la Provincia de Toledo, S.I. [A.H.P.T.S.I.], B-33).
10 «El simultáneo incienso que tributaban estos regulares a Dios y a Confucio» (Martín de Barcia, obispo de Córdoba); «defender y practicar, en unión con los sagrados ritos de la religión católica, los usos y ceremonias sacrílegas de la gentilidad» (Juan Sáenz de Buruaga, obispo de Zaragoza); «las nuevas iglesias de la China que, por la detestable condescendencia o empeño de la Compañía, vieron exaltados juntamente en sus aras a Dios y al Idolo» (Francisco Armañá, obispo de Lugo); «la unión en un mismo culto a Dios y a Belial» (José Javier Rodríguez de Arellano, arzobispo de Burgos); «confusión de Christo con Belial», «mezcla de sagrado y profano» (Rafael Lasala, obispo auxiliar de Valencia); «introduciendo ritos gentílicos en la Iglesia de Dios, procuraron unir la luz con las tinieblas, y a Jesuchristo con Belial» (Juan José Martínez Escalzo, obispo de Segovia).

estos regulares inventasen «una nueva religión de cristianos idólatras»,[11] una religión que hacía compatibles el culto al Dios cristiano con el de otros ídolos, truncándose así el verdadero sentido de las Sagradas Escrituras y de los Santos Padres, según aseveraba el obispo de Córdoba.[12]

De vuelta a España, Palafox dedicaba al rey, en 1652, la *Defensa canónica por la Dignidad episcopal de la Puebla de los Ángeles en el pleito que movieron los padres de la Compañía de aquellas provincias*,[13] con la que pretendía defenderse de las acusaciones que le habían hecho los jesuitas. En Madrid decidieron alejar a Palafox de los lugares de influencia del reino, como demuestra que le fuera concedida la diócesis de Osma en Soria, cuya aceptación suponía quedar imposibilitado para acceder a puestos más relevantes.[14] En efecto, la diócesis de Córdoba había quedado vacante en enero de 1654, por traslado de Juan Francisco Pacheco a Cuenca y la de aquella ciudad le fue concedida al hasta entonces prelado de Osma, Antonio Valdés. Palafox, aunque ofendido, aceptó las ejecutorias para el obispado de Osma el 22 de febrero de aquel año y allí vivió hasta 1659, fecha de su fallecimiento.[15]

Con la llegada de Carlos III al trono, se fomentaron las ideas que, contra la Compañía, había defendido Palafox y su figura cobró una especial relevancia.[16] Prueba de ello es el auto del 15 de abril de 1761 en el que se exigía

> conservar ilesa la doctrina, escritos y respetable memoria de el venerable Obispo Don Juan de Palafox y remover todo pretexto que pueda servir en lo futuro de ocasión a la malicia o a la ignorancia para denigrar su fama.[17]

Lo significativo es que este auto salía para anular uno anterior de fecha 4 de abril de 1759 en el que se confirmaba la quema de un ejemplar de *La verdad desnuda* de Cesar Digner «como perjudicialísimo, pernicioso y del mayor escándalo contra la Sagrada Religión de la Compañía de Jesús, tan digna de respeto, útil y benemérita a la Iglesia»; por el mismo auto de fe de 1759 se ordenaba quemar «un juego de cartas que se nombran del señor D. Juan de Palafox, escritas al P. Andrés Rada [...] y cuatro ejemplares del *Plan del Paraguay*, por la misma razón [...]». La diferencia de planteamientos, entre marzo de 1759 y abril de 1761, queda aquí reflejada con meridiana nitidez.

El P. Luengo, como otros muchos jesuitas, no escatimó esfuerzos en desacreditar las afirmaciones del obispo de Puebla y en censurar a sus valedores. Una de las

---

11 Archivo General de Simancas (AGS), *Gracia y Justicia*, Leg. 686, *Dictamen del obispo de Segovia* (7 de noviembre de 1769).
12 St. Clair 2002: 121.
13 Biblioteca de la Facultad de Filología. Universidad Complutense de Madrid, S: 20581.
14 Soladana 1982: 19.
15 Alcaraz Gómez 1995: 709-730.
16 Bartolomé 1988: 245-258.
17 Biblioteca Pública del Estado (Toledo), Caj. Fol. 4-23182 (15.1): *Auto de 15 de abril de 1771, firmado por Joseph Antonio de Yarza*.

cuestiones que más hizo temblar a los expulsos, cuando conocieron la elección de Clemente XIV para la silla pontificia, fue relacionar a este franciscano con la causa de beatificación de Palafox que se pretendía llevar a cabo, en la que Ganganelli era ponente[18] y siguió siéndolo después de acceder al papado. A este respecto el P. Luengo ironizaba sobre los adeptos a la causa del obispo de Puebla, a quien poco más o menos, ya veía en los altares, pues el proceso contaba con el apoyo de los carmelitas descalzos, de la corte de Madrid y, por si fuera poco, con un ponente de excepción: el sumo pontífice. Evidentemente, ante estos protectores, poco podían hacer los jesuitas, pero las cosas se complicarían más en el verano de 1771, cuando el cardenal Marefoschi fue elegido prefecto de la Congregación de Ritos, es decir de la institución encargada de juzgar esa causa. Para el P. Luengo, Marefoschi estaba más empeñado en canonizar a Palafox que el mismo venerable, y aducía tres motivos clave en hacerle santo: el primero, halagar al ministro español en Roma, José Moñino, muy interesado entonces en acelerar el proceso; el segundo, desacreditar a los jesuitas, poniendo en los altares a un enemigo público y declarado de la Compañía y, en tercer lugar, «servir y dar gusto al partido jansenista, al cual fue muy afecto Palafox y por lo mismo desea verle canonizado por Roma».[19]

Vemos, pues, cómo la causa de Palafox se potenció con la misma fuerza y paralelamente al intento de desarticulación de la Compañía de Jesús. No se pretendía beatificar a un prelado por sus logros eclesiásticos o por su labor pastoral, sino, principalmente, por su lucha contra la política que en misiones había desarrollado el Instituto de San Ignacio. De ahí que fuesen tan ligados los dos procesos: cuanto más avanzaba el procedimiento a favor de la canonización del obispo de Puebla, más se dañaba la imagen de los jesuitas y más cerca parecía su extinción. El P. Luengo, indignado e impotente, se preguntaba qué relación guardaba ser Palafox santo con ser los jesuitas malos y perversos; pero también sabía, perfectamente, los estrechos vínculos que ataban esas dos premisas. Palafox se había convertido en el ejemplo a seguir para todo clérigo que aspirase a puestos de responsabilidad: crítico con la política ultramontana de los que miraban más por Roma que por sus propios gobiernos y luchador vigilante e incansable de las prerrogativas regias. Estar a favor de la causa de beatificación de Juan de Palafox comprometía, explícita e implícitamente, a enfrentarse a la Compañía de Jesús. Y viceversa.

La controversia «palafoxistas-jesuitas» se vio alimentada por una serie de escritos que, en la medida en que pudo, el P. Luengo se dedicó a coleccionar y puntualizar, aunque Luengo no pudo localizar todos los que, amparados por Clemente XIV,

---

18 «Es sabido de todos, que el cardenal Ganganelli es el ponente en la causa de Palafox, que es de tanto cariño y devoción de la corte de España, precisamente, porque el tal Prelado dijo mil horrores contra los jesuitas». Luengo *Diario*/III: 158.
19 Luengo *Diario*/III: 178.

aparecieron contra los detractores del venerable obispo.[20] Pasaremos ahora a comentar alguno de los papeles que reunió el P. Luengo, desde la perspectiva de los juicios que sobre éstos realizó en su *Diario*. En agosto de 1771, el P. Luengo recibió correspondencia de Roma y en ella se informaba de un escrito que corría por la ciudad y que había disgustado mucho a los devotos de Palafox, llegándose a tomar diligencias urgentes para conocer el autor. Se trataba de una carta pastoral, fechada en Utrecht el 17 de diciembre de 1770 y firmada por el arzobispo de esa ciudad, Pedro Juan Mendartz.[21] En ella se felicitaba por los avances en la canonización del obispo de Puebla, de quien parecía hablar con auténtica veneración, hasta el punto de que muchos pensaron que se trataba de un documento auténtico que dirigía el arzobispo a su pueblo. Pero, leyéndola con atención, podía comprobarse que era una sátira dirigida a burlarse de los palafoxianos escrita por un falso prelado. Al P. Luengo le pareció que no por eso perdía gracia, solidez, ni juicio, ya que, en su opinión, se fundaba en principios verdaderos, a saber: Palafox ya estaba canonizado por la «cismática iglesia de Utrech», y los jansenistas querían hacerlo también santo de la Iglesia romana, luego, el supuesto arzobispo de Utrecht tenía motivos más que suficientes para congratularse. Ésa era la quintaesencia de la fingida carta pastoral, cuyo autor se desconocía:

> Pero en general se debe tener por cierto que o es jesuita o alguno de un pequeñito número de afectos a la Compañía que, en medio de las tristísimas circunstancias en que se halla, la conserva ley y cariño.[22]

Al poco, salió una comunicación pública del auténtico arzobispo de Utrecht en la que protestaba por la utilización de su nombre en un papel que jamás había escrito.[23] El P. Luengo dudaba de la autenticidad de las declaraciones del arzobispo, atendiendo a la poca conveniencia política que demostraría en caso de favorecer un proceso que no había acabado, el de la santificación de Palafox, y creía que no interesaba hacer declaración oficial alguna sobre el tema. Dos años más tarde, escribía Luengo en su *Diario* que, efectivamente, el autor de la que se consideraba pastoral del arzobispo de Utrecht no había sido sino Tomás María Mamachi, un dominico enemistado desde tiempo atrás con la Compañía y que también escribió un papel titulado *Ortodoxia*, en el que defendía a Palafox de los insultos vertidos por los jesuitas.[24]

El 17 de septiembre de ese mismo año de 1771, se reunió la congregación que preparaba la beatificación del obispo de Puebla, en presencia del papa. Diez días

---

20 Luengo *Diario*/V: 286ss.
21 En Luengo *Colección*/IX: 187-201.
22 Luengo *Diario*/V: 216.
23 Salió publicada en la *Gaceta de Florencia*, «Notizia del Mondo», n.º 75, el martes, 17 de septiembre de 1771. Se encuentra transcrita en Luengo *Colección*/IX: 203-205.
24 Luengo *Diario*/VII: 106.

antes se había tenido una larga consulta preliminar, que presidió Marefoschi; de ambas parecieron salir pletóricos los defensores de Palafox, pero, según Luengo, tenían poco de qué alegrarse ya que en la reunión del día 17, de treinta y seis votantes que concurrieron, solamente trece fueron favorables a la causa, los veintitrés restantes fueron contrarios o se abstuvieron. La presencia de Clemente XIV en la congregación del 17 y una «fervorosa arenguita en elogio de Palafox» dicha por el santo padre, consiguieron dos votos más, pero seguían faltando nueve para conseguir las dos terceras partes del total, cantidad necesaria para que venciera la causa. Alguno de los que negó su voto a la causa, como el P. Pérez, un religioso trinitario, recibió a los pocos meses una orden de Madrid para que se presentara en aquella Corte a la mayor brevedad, reacción que interpretó el P. Luengo como un castigo de los ministros para apartarle de Roma e ir dejando el camino limpio de desafectos a sus intereses. Al P. Francisco Asquasciati, jesuita consultor de la Congregación de Ritos, se le prohibió expresamente asistir a las consultas. El P. Luengo suponía que temían las declaraciones que podía hacer contra la virtud y santidad de Palafox por el trato que había dispensado a la Compañía: «Pero, en estos tiempos, de furor desenfrenado contra los jesuitas, no serviría de otra cosa [...] que de dar que reír y de que burlarse a los protectores de la causa».[25]

A finales de ese año, Luengo se congratulaba con las noticias que le llegaban de la Ciudad Eterna: se decía que más de cuarenta obispos franceses se habían negado a la causa de beatificación, pero también dudaba de la eficacia que su postura podría tener en el prefecto Marefoschi o en el mismo papa, que sólo sentían «odio por los jesuitas y empeño por lisonjear al ministerio español»;[26] además, estaba el tema de las relaciones España-Francia que, según el diarista, forzarían el giro de la Iglesia francesa por defender la alianza con Madrid.

El empeño de los palafoxistas en simular que la causa del obispo de Puebla y Osma gozaba de todo apoyo en Roma y de que su resolución era poco menos que inmediata, llevó a que los carmelitas descalzos de Lazcano, Marquina y Bermeo celebraran fiestas por el éxito de la congregación. Los expulsos españoles se divirtieron imaginando las celebraciones de estos religiosos mal informados:

> En alguna parte jugaron al toro, como suelen los muchachos, haciendo de toro algún lego fornido y valiente y de toreros otros religiosos, haciéndole sus suertes con las muletas y diciendo al mismo tiempo muchos vivas y aclamaciones a su santo Palafox, y en todas ha habido tamboril, cohetes y hogueras y cuentan muy vivamente las dichas cartas los brincos y saltos que daban por encima de las hogueras los religiosos aun los más graves y más ancianos de los cuales nombran a algunos y aun se dice en una de las cartas que brincaban algunos con tanta fuerza y denuedo que, como no tienen bragas, descubrían mas de lo necesario. Los vítores, los vivas, las aclamaciones, la bulla y algazara en esta ocasión se dejan entender por sí mismas, estando aquellos simples religiosos fuera de sí

---

25 Luengo *Diario*/V: 273.
26 Luengo *Diario*/V: 310.

y locos de contento por haber triunfado a su modo de pensar, en una cosa tan grande y en que tienen un empeño tan furioso.[27]

El P. Luengo pensaba que cuando los carmelitas descubrieran el engaño, sin duda culparían a la malignidad y a la astucia de los jesuitas; enfrentando, una vez más, ambas posturas. Como defensor de la Compañía el popular jesuita Francisco Antonio Sacaría,[28] escribió una obra con la que pretendía impugnar las muchas acusaciones que iban recayendo sobre sus hermanos de Orden por el retraso de la canonización de Palafox. Y, por su parte, los partidarios del obispo patrocinaron la nueva edición de *La vida interior de D. Juan de Palafox* y *La Inocencia vindicada*,[29] una célebre obra que fuera escrita por Fray Juan de la Anunciación, a quien el jesuita P. Butrón[30] llamaba Fray Juan de la Alucinación, apodo que se popularizó rápidamente entre los expulsos. El P. Luengo se quejaba de que no se editaran, al mismo tiempo, las obras que criticaban al venerable, como la del P. Jaramillo que, bajo el nombre de Dr. Matías Marín, censuró el elogio que Señeri hizo de la vida de Palafox, o las críticas de los jesuitas italianos Gerónimo Lagomarsini y el P. Zaccaria[31] contra la carta que dirigió el venerable a Inocencio X denunciando el comportamiento de los jesuitas en las misiones, más conocida como «La Inocenciana».[32]

En 1772 salieron también algunas publicaciones contra Palafox, escritas por Juan Bautista Fauré,[33] bajo el título de *Suplementos a los alegatos del promotor de*

---

27 Luengo *Diario*/VI: 5.
28 Véase O'Neill y Domínguez 2001: 4063.
29 *La inocencia vindicada: respuesta que fray Juan de la Anunciación general de la Orden de Descalzos del Carmen da a un papel contra el libro de la Vida interior del Sr. D. Juan de Palafox y Mendoza.* Sevilla, 1694. (Biblioteca facultad de Filología. Universidad Complutense de Madrid [B.F.F.U.C] 8832).
30 José Butrón Múgica fue autor de *Los Alonsos* y de *El Grande Adalid de Dios y Capitán de la Iglesia san Ignacio de Loyola, fundador de la Compañía de Jesús,* en: Biblioteca Comunale dell'Archiginnasio, Bolonia (B.C.A.B.), Sign.: A.416.
31 *Breve que nuestro muy Santo Padre Inocencio X despachó en contraditorio juizio con intervención del embaxador de Su Magestad, sobre las dudas y diferencias que tuvieron los Padres de la Compañía el año de 647...* Biblioteca Nacional de Madrid: V.E., 196/111, Breve de 14 de mayo de 1648.
32 *Carta del V. Siervo de Dios D. Juan de Palafiz y Mendoza al Sumo Pontífice Inocencio X*, Madrid, 1766, en Universidad de Barcelona, B.7220, R. 96. También en Luengo *Diario*/XV: 114. Véase a este respecto Bartolomé 1985: 55-73.
33 Maestro de teología en Roma, escribió varios papeles contra la causa de Palafox y otros contra Blasi y su intento de desacreditar la devoción al Sagrado Corazón. Fue maestro de Escritura Sagrada en el Colegio romano, realizó unos controvertidos comentarios sobre la «*Ciencia media*» que, en opinión de Ossorio y de Luengo, eran muy extravagantes; fue detenido en el castillo de San Angel en septiembre de 1773. Gozó de gran prestigio como teólogo entre los miembros de la Compañía, y fuera de ella, el propio Clemente XIII dirigió una consulta a Fauré en la que le preguntaba sobre los remedios para los problemas que, tras la expulsión de los jesuitas de los reinos borbónicos, había para la Iglesia. Fauré le contestó a través del *Dictamen sobre la verdad*, pero la muerte del papa llegó antes que los consejos del jesuita. Sobre el P. Fauré consúltese O'Neill y

la fe Monseñor Sampieri en la causa de D. Juan de Palafox,[34] contestando a la defensa que había realizado Domingo Sampieri, de la santidad del obispo de Osma.[35] Fauré centraba sus críticas en varios puntos: la enemistad declarada de Palafox contra la casa de Borbón; la base jansenista de su doctrina; la confrontación con la Compañía de Jesús en su famosa carta Inocenciana,[36] etc. Añadía apelativos desacreditadores de la piedad del obispo de Puebla, asegurando que era hombre dominado por el espíritu de la mentira y argumentaba, bajo supuestos de este cariz, la imposibilidad de que fuera alzado a los altares.

Por su parte, los jesuitas mexicanos iban recopilando todos estos papeles que salían contra el obispo de Puebla de los Ángeles para enviarlos a aquella ciudad. La táctica era dirigirlos a Francisco Fabián y Fuero, obispo de la misma Puebla y devoto de Palafox, quien se suponía que al leerlos los escondería, creyendo que no llegarían más ejemplares, pero, al mismo tiempo, remitían copia a los adeptos de la Compañía para que intentaran hacerlos públicos «[...] y hasta ahora han estado afortunados en la ejecución de este proyecto»,[37] se alegraba Luengo, aunque temía que Roma y Madrid se unieran contra este proyecto. El 8 de julio de 1773, era detenido el P. José Francisco de Isla.[38] Luengo aseguraba que el único delito que había cometido era haber afirmado, en casa del general Pallavicini, que la Compañía de Jesús había hecho un importante servicio a la Iglesia al haber impedido la canonización de Palafox, al que tildó de hereje. El profesor Giménez López, que estudió la correspondencia diplomática de Zambeccari como cónsul de España en Bolonia, nos lo relata así: en el almuerzo había surgido como tema de conversación la espinosa cuestión de la causa de beatificación del venerable Palafox, y el dueño de la casa comentó que quizá fuera demasiada la firmeza con que los jesuitas se habían opuesto a ella, lo que motivó una airada respuesta de Isla, mientras se levantaba de la mesa y se despedía con descortesía:

> «[S]i la Compañía no hubiese algún otro mérito que el de haber descubierto a la Iglesia Católica en la persona del Palafox un Jansenista y un Libertino, esto sólo bastaba para que Ella fuese eternizada con universal reconocimiento.»[39]

Domínguez 2001: 1382.
34 El P. Luengo realiza más comentarios sobre las obras de Sampieri en su *Diario*. Luengo *Diario*/VII: 423 y ss.
35 *Defensa canónica dedicada al Rey Nuestro Señor por la dignidad episcopal de La Puebla de los Ángeles y ... en el pleito que movieron los padres de la Compañía de aquellas provincias sobre no haber querido pedir licencias ... para predicar y confesar en aquel obispado ...* Madrid, por Juan González, 1652. En: Universidad Complutense de Madrid, 20581.
36 Hay una crítica de la carta inocenciana de Palafox en Luengo *Colección*/IX: 19 y algunos comentarios a este respecto en el *Diario*. Luengo 2002/XI: 674 y ss.
37 Luengo *Diario*/VI: 166.
38 Giménez López y Martínez Gomis 1996: 13-26; y O'Neill y Domínguez 2001: 2076.
39 Giménez López 1997: 592.

Luengo afirmaba que el P. Isla se retractó del calificativo que dio a Palafox y del resto se tuvo que defender excusando su tono encrespado por el rumbo que llevaba una conversación que consideraba familiar en casa de un caballero. Junto al P. Isla se detuvo también al P. Janaush, por poseer una copia de la pastoral del supuesto arzobispo de Utrecht ya mencionada «la sátira más fina, más delicada, más acre y más sangrienta [...] contra Palafox», en palabras de Luengo.[40] También fue detenido en la misma cárcel otro jesuita de la provincia de Castilla, Antonio Miguel García López, que había sido pasante mayor de teología el año anterior y se encontraba realizando su Tercera Probación en la casa de Cento.[41]

Tras la elección de Pío VI, en septiembre de 1775, se reunió la segunda Congregación de Ritos en la causa de Palafox. Las esperanzas que tenían los jesuitas con respecto al incipiente papado de Braschi se vieron un tanto nubladas por el soporte a este proceso, aunque diferenciaban el incondicional apoyo y el empuje que recibió con Ganganelli y el desinterés que mostraba ante el tema Pío VI. En esta reunión fueron contrarios a la beatificación del venerable Tomás Agustín Richini, maestro del Sacro Palacio; Fray Cherubin de la Santísima Concepción, carmelita descalzo italiano, y Tomás de Luca. Por su parte, defendieron la causa: Domingo Sampieri, Promotor de la fe; Fray Agustín Antonio Giorgi, agustino calzado y procurador general de las Órdenes. Según Luengo, volvieron a correr por Roma los avances en la causa y la cercanía de la exaltación a los altares del obispo de Puebla, pero éste repetía incansable que no eran sino falsos rumores, pues en ningún momento la causa de Palafox consiguió reunir las dos terceras partes de los votos requeridos.[42]

En la siguiente reunión de la Congregación, aplazada hasta el 28 de diciembre de 1776, coincidieron las causas de beatificación de Palafox y la de María Ana de Jesús de Paredes, popularmente llamada Azucena de Quito, muy afecta a la Compañía y, en consonancia, enemiga del venerable obispo de Puebla, cuya causa, celebrada en la siguiente congregación, tampoco consiguió los apoyos necesarios. Luengo resaltaba la aflicción de los carmelitas españoles, que tanto habían hecho por defender la causa del obispo de Puebla, y contaba un rumor que corría por Roma según el cual, al salir hacia España, Floridablanca, convencido del buen éxito que tendría el proceso de Palafox tras la reunión de la congregación, había encargado una pintura que trasladó a Madrid entre su equipaje para obsequiar al monarca español y celebrar así el supuesto triunfo de la vista.

En la siguiente reunión, efectivamente celebrada el 28 de enero de 1777, se harían públicos los votos favorables y contrarios a la causa de Palafox. En opinión de

---

40 Luengo *Diario*/VII: 457.
41 Luengo *Diario*/VII: 418. El P. García fue acusado de haber esparcido y dado a leer un escrito titulado *Simoniaca elección de Clemente* XIV, y fue desterrado a la ciudad de San Pedro cuando salió de prisión en julio de 1773. Luengo *Diario*/VII: 443 y 457.
42 Luengo *Diario*/IX: 421ss.

Luengo, esa junta se habría convocado por el convencimiento que tenían algunos de que los votos mudarían al efectuarse públicamente y no en secreto, como venía siendo costumbre de la Congregación, pero, al parecer, el resultado siguió siendo negativo para los intereses de los palafoxistas y apareció por sorpresa un escrito que pretendía ser la memoria de aquella congregación de Ritos – y nada menos que en castellano –, para asombro del propio Luengo, que no concedía legalidad alguna al escrito, ni por su pobre redacción ni por su contenido, claramente ofensivo hacia la Compañía.[43] Cuando llegaron a América las negativas noticias sobre el proceso de Palafox, la decepción se adueñó de La Puebla de los Ángeles, que había mantenido siempre esperanzas en su triunfo. Todavía fue peor al sospechar, como se hizo, que la causa había tocado fondo y que, a partir de entonces, se detendría el proceso. De hecho, se sabía por la correspondencia que recibía Luengo de Madrid y de Roma, que desde España se daba por abandonado el caso hasta que las circunstancias fueran más favorables para la celebración con éxito de otro juicio. Pío VI decretó, en 1780, que se guardaran con el mayor rigor todos los preceptos establecidos en el modo de tratar las causas de beatificación de los santos. Para Luengo, el origen de tal llamada de atención a la Congregación de Ritos, sólo podía provenir de las irregularidades que se habían seguido en la causa de Palafox donde «se habían violado con increíble desvergüenza las leyes más sacrosantas» con el fin de santificarlo.

Luengo no volvió sobre el tema de Palafox hasta que el 19 de enero de 1784 regresó a Roma José II. Había tenido el emperador en diciembre una serie de entrevistas con el papa, y en esta su segunda y rápida visita, mantuvo una reunión informal con una serie de personas de sustancial influencia en la capital vaticana: entre los asistentes, se encontraban Bernis, embajador de Francia; Pallavicini, secretario de Estado; Corsini, uno de los miembros de la Congregación de los cardenales que instrumentaron la extinción de la Compañía; Orsini, que fuera ministro de Nápoles, y otros varios, entre ellos el informador del P. Luengo.[44] José II comenzó una larga plática laudatoria hacia la Compañía que sorprendió al auditorio, finalizada la cual pasó a preguntar por el estado de la causa del obispo de Puebla:

> […] respondió el Cardenal Ghilini: estuvo muy desgraciada. Estuvo y lo estará siempre, replicó con aire Su Magestad, no obstante que Roma echó por tierra el embarazo y óbice de los Jesuitas, y tomando desde aquí principio, estuvo hablando una hora larga de relox, y siempre el solo, oyendo todos con sumo silencio […] en especial el Secretario de Estado, que procuraba divertirse tomando polvos de tabaco de España. A la vista de todos presentó los manejos y artes diabólicas que puso en practica Roma para servirse de la causa de Palafox como motivo para oprimir y perder a los pobres jesuitas […].[45]

---

43 El documento puede consultarse en Luengo *Colección*/IX: 231.
44 Luengo guardó copia de la carta que le informó de esta reunión en su *Colección*/XIII: 237, escrita, según aseguraba, por una persona que estuvo presente en la conversación.
45 Luengo *Diario*/XVIII: 55.

Impresionado por estas letras, el P. Luengo se imaginaba el rubor que deberían haber pasado Orsini o Pallavicini y se preguntaba cómo no «cayeron muertos de vergüenza y confusión». Pero también le sorprendió lo que había cambiado con respecto al tema jesuítico el propio José II, ya que él ratificó la abolición de la Orden y la puso en práctica en sus dominios.

Las palabras de José II no iban a sentar nada bien en la Corte española. A los pocos meses de la partida de Roma del emperador, José Nicolás de Azara sustituía al duque de Grimaldi como ministro plenipotenciario en la capital de los Estados Pontificios. Uno de sus primeros proyectos fue la reapertura del proceso de canonización del obispo de Puebla, y para el P. Luengo no había duda de que era una reacción de la Corte madrileña «a la mofa y burla que había hecho el Emperador en Roma de la Santidad y la causa de Palafox»,[46] y al empeño de hacer ver a José II, y a todo el que tuviera dudas, que no era una causa tan desesperada.[47] El P. Luengo ya había recibido algunas cartas de Roma que le informaban que habían llegado a aquella ciudad, en enero de 1785, muchas misivas procedentes de España solicitando la revisión del proceso y, en mayo de ese mismo año, llegaron nuevos avisos de la Ciudad Eterna comunicando un nuevo aluvión de peticiones que, esta vez – suponía el jesuita –, procedían de América.

Estas y otras incertidumbres sobre este pertinaz asunto fueron el testimonio que nos legó Manuel Luengo en ese *Diario* clandestino donde dejó constancia de tantos sucesos como pudo recopilar con un único fin: justificar la inocencia de su Orden, dejarla exenta de tantos cargos como Palafox y otros muchos le habían imputado. Leyendo sus comentarios sentimos su rabia, entre los rectos renglones manuscritos se asoma incansable la indignación y su pluma jamás tiembla para componer los hechos de tal manera que siempre salga victoriosa su querida Compañía, la inocente, la sacrificada, la de Jesús.

Tan sólo en una ocasión Manuel Luengo se regocijó al escribir sobre Palafox y lo hizo de tal manera que se diría que de su letra aflora tímido, mal disimulado, un súbito brinco, una cabriola. Situémonos en 1781 un año difícil en el que las arcas reales se encontraban tan vacías que comenzaban a crecer entre los expulsos los temores sobre una posible interrupción de la ayuda económica que desde Madrid les llegaba trimestralmente. Una pensión que durante más de 40 años les fue puntualmente pagada a cargo de la venta de los bienes que poseía la Compañía en España y que fueron incautados por Carlos III tras su expulsión. Los jesuitas dependían de estos envíos de moneda para sobrevivir ya que eran muchos los religiosos que no tenían ningún otro tipo de ingreso para mantenerse, aparte de esta reducida pensión.[48]

---

46 Luengo *Diario*/XIX: 237.
47 Sánchez Castañer 1970/III: 183-200.
48 Fernández Arrillaga 2004: 54ss.

Pero aquel año, Manuel Luengo tuvo conocimiento de dos cosas: la primera, la inquietante, que de España no estaba llegando ni un peso para su asignación; la segunda, la mejor: que los fondos con los que se iba pagando la pensión a los jesuitas, desde mediados de 1781, provenían de los caudales que la corona española había donado para favorecer la causa del venerable Palafox.[49] Imaginamos al P. Luengo y a muchos otros expulsos regalándose amplias y sigilosas sonrisas conscientes del guiño que la fortuna les había hecho y sintiéndolo como una pequeña victoria sobre tan contumaz enemigo. Quién iba a decirle a Palafox que, a finales del siglo XVIII, además de no conseguir su beatificación, iba a mantener durante casi un año a miles de jesuitas. Eso sí, en el exilio.

Bibliografía

(1652): *Defensa canónica dedicada al Rey Nuestro Señor por la dignidad episcopal de La Puebla de los Ángeles y ... en el pleito que movieron los padres de la Compañía de aquellas provincias sobre no haber querido pedir licencias... para predicar y confesar en aquel obispado...* Madrid por Juan González.

(1694): *La inocencia vindicada: respuesta que fray Juan de la Anunciación general de la Orden de Descalzos del Carmen da a un papel contra el libro de la Vida interior del Sr. D. Juan de Palafox y Mendoza.* Sevilla por Lucas Martín de Hermosilla.

Alcaraz Gómez, J. F. (1995): *Jesuitas y reformismo. El P. Francisco de Rávago (1747-1755).* Valencia: Facultad de Teología San Vicente Ferrer.

Arnauld, Antoine (1690): *Histoire de Dom Jéan de Palafox eveque d'Angelopolis y depuis d'Osme et des differens qu'il a eur avec les pp. Jesuites.* Bruxelles s.n.

Bartolomé, Gregorio (1985): «Polémica sobre una carta de D. Juan de Palafox y Mendoza, Obispo de Osma, al Papa Inocencio X», en: *Celtiberia* 69, pp. 55-73.

Bartolomé, Gregorio (1988): «Carlos III y la canonización del Venerable Palafox», en: *Celtiberia* 38, pp. 245-258.

Bartolomé, Gregorio (1991): *Jaque mate al obispo virrey. Siglo y medio de sátiras y libelos contra don Juan de Palafox y Mendoza.* México D.F. et al.: Fondo de Cultura Económica.

Cummins, J. (1961): «Palafox, China and the Chinese Rites Controversy», en: *Revista de Historia de América* 52, pp. 395-427.

Fernández Arrillaga, Inmaculada (2003): *El legado del P. Manuel Luengo.* 2 vols. Alicante: Instituto de Cultura «Juan Gil-Albert».

Fernández Arrillaga, Inmaculada (2004): *El destierro de los jesuitas castellanos (1767-1815).* Valladolid: Junta de Castilla-León.

Giménez López, Enrique (1997): «La apología del jesuitismo en el exilio: el P. Isla en Italia», en: *Disidencias y Exilios en la España Moderna.* Actas de la IV Reunión Científica de la Asociación Española de Historia Moderna, Alicante, 27-30 de mayo de 1996. Alicante: C.A.M. / A.E.H.M. / Universidad de Alicante, pp. 573-607.

---

49 Azara publicó algunas notas sobre la sesión de la Congregación de Ritos en la que se desestimó la beatificación de Palafox. Por esos escritos se sabe que la corona española había gastado «sumas enormes» para activar el proceso. En Pastor 1937: 287.

Giménez López, Enrique / Martínez Gomis, Mario (1996): «El Padre Isla en Italia», en: *Españoles en Italia e italianos en España*. IV Encuentro de investigadores de las universidades de Alicante y Macerata V (1995). Alicante: Universidad de Alicante, pp. 13-26.

Luengo, Manuel (2002): *Memoria de un exilio. Diario de la expulsión de los jesuitas de los dominios del Rey de España (1767-1768)*. Edición de Inmaculada Fernández Arrillaga. Alicante: Publicaciones de la Universidad de Alicante.

Luengo, Manuel (2004): *El retorno de un jesuita desterrado. Viaje del P. Luengo desde Bolonia a Nava del Rey*. Edición de Inmaculada Fernández Arrillaga. Alicante: Publicaciones de la Universidad de Alicante / Ayuntamiento de Nava del Rey.

O'Neill, Charles / Domínguez, Joaquín (2001): *Diccionario histórico de la Compañía de Jesús*. Roma / Madrid: Institutum Historicum Societatis Iesu / Universidad Pontificia de Comillas.

Olaechea Albistur, Rafael (1976): «Algunas precisiones en torno al venerable Juan de Palafox», en: *Montalban* 5, pp. 324-340.

Palafox, Jean de (1692): *Vida interior del Ilmo. Excmo. y Venerable Sr. D. Juan de Palafox y Mendoza del Consejo de su Majestad y....* Sevilla por Lucas Martín.

Pastor, Ludovico (1937): *Historia de los Papas*. Vol. XXXVIII: *Pío VI*. Edición por Gustavo Gili. Barcelona.

Sánchez Castañer, Francisco (1970): «El embajador Azara y el proceso de beatificación del venerable Palafox», en: *Homenaje a D. Ciriaco Pérez Bustamante*. Madrid: Instituto «González Fernández de Oviedo» / CSIC, vol. III, pp. 183-200.

Soladana, V. (1982): *El Venerable D. Juan de Palafox y Mendoza, Obispo de Osma (1654-1659)*. Soria: C.G.A.P.

St. Clair, Eva M.ª (2000): *Dios y Belial en un mismo altar. Los ritos chinos y malabares en la extinción de la Compañía de Jesús*. Alicante: Publicaciones Universidad de Alicante.

St. Clair, Eva M.ª (2002): «El obispo Palafox y la cuestión de los ritos chinos en el proceso de extinción de la Compañía de Jesús», en: Giménez, Enrique (ed.): *Y en el tercero perecerán. Gloria, caída y exilio de los jesuitas españoles en el s. XVIII*. Alicante: Publicaciones de la Universidad de Alicante, pp. 121-146.

Bibliotecas y archivos consultados

Archivo General de Simancas (AGS), Gracia y Justicia, Leg. 686, *Dictamen del obispo de Segovia* (7 de noviembre de 1769).

Archivo Histórico de la Provincia de Toledo, S.I., (AHPTSI), B-33.

Archivo Histórico de Loyola (AHL), escritos jesuitas s. XVII: *Colección de Papeles Varios y Curiosos, de Manuel Luengo, S.J.*, inédita.

Archivo Histórico de Loyola (AHL), escritos jesuitas s. XVII: *Diario de la expulsión de los jesuitas de España por orden de Carlos III, (1767-1815)*, de Manuel Luengo, S.J., 49 vols., en su mayoría inéditos. (Ver Luengo, Manuel en libros monográficos.)

Biblioteca Comunale dell'Archiginnasio, Bolonia, (B.C.A.B.) Sign.: A.416.

Biblioteca de la Facultad de Filología. Universidad Complutense Madrid: Signs. 20581; 8832.

Biblioteca Nacional de Madrid: V.E., 196/111, Breve de 14 de mayo de 1648.

Biblioteca Pública del Estado (Toledo), Caj. Fol. 4-23182 (15.1): *Auto de 15 de abril de 1771, firmado por Joseph Antonio de Yarza*.

La Antigüedad en triunfo.
El influjo de Winckelmann en el ilustrado Juan Andrés[1]

Enrique Giménez López
(Universidad de Alicante)

Durante los dos meses y medio de 1785 que el abate valenciano Juan Andrés residió en Roma fue testigo, sin alcanzar a prever su trascendencia, de uno de los momentos sobresalientes de la historia de la cultura del Setecientos. Ocurrió en agosto, y lo narró así:

> Corría toda Roma, y yo también fui dos veces, a ver un excelente cuadro que hizo para Francia Mr. David, el cual había sido educado en aquella Academia, y después, habiendo de trabajar un cuadro para el Rey, prudentemente pensó en volver a Roma para hacerlo. Los elogios que los romanos dieron al cuadro francés honraban no menos a los Romanos que al Francés.[2]

El pintor que exponía su cuadro en su estudio[3] era Jacques-Louis David, llegado por vez primera a Roma en 1775, y el cuadro que había conmocionado a toda la ciudad era *Serment des Horaces*, considerado la culminación del neoclasicismo,[4] el triunfo definitivo de la Antigüedad en el mundo del arte, el punto de llegada de un largo camino iniciado en la década de los sesenta por el erudito alemán Johann Joachim Winckelmann, el «intérprete y árbitro de toda la Antigüedad» para Andrés.[5] En el cuadro de David, donde tres hermanos juraban fidelidad a Roma antes de entrar en batalla, se exaltaba la virtud republicana de la Roma antigua y se ligaba la moral al arte tal y como había preconizado el erudito alemán, para quien el arte debía, sobre todo, instruir.[6]

---

1 Este trabajo se ha realizado en el marco del proyecto de investigación «La polémica antijesuita en la Europa del siglo XVIII» financiado por el Ministerio de Ciencia y Tecnología (BHA2002-03416).
2 Andrés *Cartas familiares...*/II: 65.
3 Ceschi 1963: 31.
4 Ludovico Pastor recoge la impresión de Tischbein sobre el suceso: «a su taller en Trinità dei Monti acudían de todas las profesiones, príncipes y princesas, cardenales y prelados, aun simples ciudadanos y trabajadores; hasta en las hosterías se disputaba sobre el valor del cuadro, tan acaloradamente que se llegaba a riñas y cuchilladas. La mayoría estaba por David, se estimaba que había superado aun a Rafael», en Pastor 1940: 76. El éxito sería tan considerable que daría lugar un año después a una ópera, con música de Salieri y libreto de Guillard titulada *Les Horaces*, en Wind 1940-41. Vid. también Broockner 1980, Lévèque 1989, Monneret 1998 y Lee 1999.
5 Andrés *Origen...*/III: 459.
6 Irwin 1980: L-LII.

En esos momentos en que Roma vivía la exaltación del mundo clásico, Andrés tuvo oportunidad de descubrir para sus corresponsales españoles varias ciudades superpuestas, como capítulos de un mismo libro, pues como tal era concebida la Ciudad Eterna por el jesuita valenciano, «un libro es toda ella, llena de eruditas memorias y de agradables lecciones de fino y sólido gusto»:[7] en primer término, desde luego, la Roma antigua, con su columna Trajana, aquella que acogía el Foro, el Coliseo, las Termas, la de los acueductos y sepulcros, y la de las villas campestres, en Frascati y Tívoli; a continuación, la Roma eclesiástica, capital del mundo católico, con su infinidad de iglesias, ante todo San Pedro y el Panteón de Agripa, el gran templo romano cristianizado; tras ella, la exuberante Roma de los museos; y, finalmente, la Roma culta representada por eclesiásticos y seglares que se afanaban en la anticuaria, y la multitud de artistas – pintores, escultores, grabadores – que pululaban ansiosos de encontrar la Belleza ideal en el legado clásico, un paraíso perdido que era posible recobrar.[8]

Era la ciudad un compendio de lo mejor que había dado la humanidad, una «escuela de la erudición anticuaria y eclesiástica, el emporio del buen gusto y la maravilla de todo el mundo»,[9] la madre de las Bellas Artes. Poca atención prestó Andrés a la Roma moderna. Prefería, sin duda, la Roma antigua, cuya arquitectura mostraba una «valentía, grandeza y elegancia» superior a los mejores edificios del Barroco, cuya escultura, incluso «las medianías y menos conocidas de los antiguos»,[10] merecía mayor atención que el *Moisés* de Miguel Ángel o la *Santa Teresa* de Bernini, una escultura afectada, cuya tensión violenta alteraba dramáticamente la postura de los cuerpos representados,[11] que la exageración del ropaje venía a subrayar.[12] No era casual que Andrés eligiera como esculturas representativas de la Roma moderna, y a efectos de comparación, las dos obras cumbre de quienes para el dogma neoclásico suponían el comienzo de la corrupción del arte posrenacentista, con Miguel Ángel señalado por Winckelmann como el culpable originario de la corrupción del buen

---

7   Andrés *Cartas familiares...*/II: 38-39.
8   Assunto 1973: 61-69.
9   Andrés *Cartas familiares...*/II: 36.
10   Andrés *Cartas familiares...*/II: 37.
11   Andrés afirma que contempló el *Moisés* con atención, «admirando la expresión y fuerza en todos los músculos, ropajes, etc.», pero «deseando sólo más nobleza y naturalidad en cara y barba». Sobre la expresividad de la *Santa Teresa* de Bernini, «demasiado viva para una iglesia», el comentario de De Brosses en su visita en octubre de 1739: «Si es éste el amor divino, yo lo conozco», en Brosses 1922: 192.
12   Winckelmann consideraba que el cubrimiento de las figuras con ropajes y los pliegues de éstos era la tercera cualidad que hacía superiores las obras de la Antigüedad, tras la *bella naturaleza* y el *noble contorno*, lo que se había perdido lamentablemente en el Barroco: «en la época moderna se ha hecho necesario poner un vestido sobre otro, pesados vestidos a veces, que no pueden caer formando pliegues tan suaves y ondulantes como son los de los Antiguos», en Winckelmann 1987: 35.

gusto, pues al imitarlo los artistas se desviaron de los modelos antiguos y del conocimiento de la gracia,[13] y la culminación de esa patología con Bernini, situado por el teórico alemán, al que Andrés seguía con admiración no disimulada, en el extremo opuesto a lo antiguo,[14] lo que De Brosses llamaba en 1739 «gusto estrambótico».[15] Incluso la pintura de los Guido, Rafael, Dominichino o el Guercino, comparada con el *Apolo* de Belvedere, el *Laocoonte*, el *Antinoo*, o el *Gladiador*, se encontraban en desventaja: «parece que se halla mayor gusto en la contemplación de las estatuas antiguas que en las pinturas modernas».[16]

En primer lugar Roma era la ciudad de las ruinas, las que daban testimonio fehaciente de su pasada grandeza. Andrés iniciaba su carta X con una cita latina de Cicerón que servía para recordar que, por cualquier parte que se caminara, el viandante ponía sus pies en algún fragmento de historia.[17] Y su entrada en la ciudad se efectuaba en realidad por el Campo Marzio romano, de cuya transformación por los pontífices del Renacimiento León X y Clemente VII nada decía, pese a que León X fue el diseñador en 1513 de la via Ripetta, y Clemente VII el que trazó en 1525 la via del Babuino hasta la plaza de España, complementada por el Corso.[18] Para Andrés no era el Corso sino la via Lata romana, la que le conducía a la plaza Colonna, donde se levantaba la columna conmemorativa de las victorias logradas por el emperador Marco Aurelio y su padre Antonino, en el Danubio, en sus 28 tambores de mármol, aunque fuera llevada hasta allí por Sixto V en 1588. Después transitaba hasta el Citatorio, sin fijarse siquiera en el edificio iniciado por Bernini para palacio de la familia Pamphili, y finalizado en 1697 por Carlo Fontana, a quien Inocencio XII había comisionado para transformarlo en sede de los tribunales papales.[19] Esa otra realidad, visible y barroca, quedaba oscurecida por el recuerdo del pueblo romano llamado hasta allí para dar sus votos en los comicios, o por los pedestales sobre la apoteosis del emperador Antonino, acompañado de su esposa Faustina. De allí, pasaba a admirar las once columnas corintias del templo que Antonino Pío dedi-

---

13 Winckelmann 1980: 71. Se trata de una gracia «fundada en la razón», antítesis de la gracia sensual y frívola del Rococó.
14 Testa 1999: 114-123.
15 De Brosses refiriéndose a Borromini, en Brosses 1922: 160.
16 Ya Winckelmann había señalado la perfección del *Antinoo* y del *Apolo*: «Nuestra naturaleza no producirá fácilmente un cuerpo tan perfecto como el Antinoo Admirandus, ni la razón podrá representarse nada superior a las más humanas proporciones – de una divina belleza – en el Apolo del Vaticano: todo lo que la naturaleza, el espíritu y el arte han sido capaces de producir se manifiesta en él ante nuestros ojos», en Winckelmann 1987: 29.
17 *Quacumque ingredimur, in aliquam historiam vestigium ponimus*, es una cita extraída del texto ciceroniano *De finibus bonorum et malorum*, 5,2.
18 Frommel 1986: 339-365.
19 Portoghesi 1995: 333-334.

có en el 145 d.C. a Adriano, y que ahora quedaban para edificio de la casa de Aduanas del papa.[20]

Trajano fue presentado por Andrés como el modelo más acabado de gobernante impulsor de un arte contrapuesto al pervertido arte Barroco, de formas artificiosas y arbitrarias. Además, era español, lo que suponía un valor añadido de ejemplaridad, siendo españoles los destinatarios de sus cartas.[21] Constructor de puentes, como el desaparecido sobre el Danubio para llegar a los Cárpatos, hacedor de arcos triunfales, como el de Ancona[22] y, sobre todo, el Foro Trajano, con la Basílica Ulpia, todo ello descubierto poco antes de la llegada de Andrés a Roma, y la Columna, a la que le dedicó una amplia atención, no sólo por su «estilo noble y majestuoso, pero natural y sencillo»,[23] sino por su valor documental, tan importante o más para Andrés que todo lo anterior. En sus bajorrelieves se ofrecía información sobre las dos campañas de Trajano en Dacia a principios del siglo II, y sobre «las costumbres y usos de los antiguos en todo lo referente a la vida civil y militar»,[24] todo lo cual había servido al dominico español de la segunda mitad del Quinientos, Alfonso Chacón, para escribir «una docta historia sacada de los relieves de esta columna»,[25] en realidad una exaltación de lo español, pues llegaba a concluir que las tropas de Trajano estaban compuestas de italianos y españoles,[26] glosada más tarde por anticuarios italianos del siglo XVII, como Raffaele Fabretti[27] y, sobre todo, Gian Pietro Bellori,[28] que estuvo al servicio de Cristina de Suecia durante su estancia romana, y que hizo añadidos al

---

20 Moratín rectificó una opinión de Andrés, que supuso que la cornisa era de una sola pieza: «Parece que [Andrés] se inclina a creer que el cornisamento antiguo de la Aduana sea de una pieza, opinión del vulgo, que se desmiente al observar con algún cuidado aquel edificio», vid. Fernández de Moratín 1988: 576.
21 Dice Andrés: «A ningún Emperador deben tanto las nobles artes como a nuestro español el gran Trajano». En el siglo XVI la retórica españolista llamó a Felipe II el sucesor de Trajano por ser ambos españoles y por dominar ambos el mundo.
22 Fue erigido el 115 d.C. como homenaje del Senado y pueblo de Roma al emperador por su victoria en Dacia. Moratín corrigió a Andrés en su afirmación de que el arco era de una sola pieza: «además de ser falso, a cualquiera debería parecer imposible. Esta y otras muchas equivocaciones en que cae, particularmente en todo lo relativo a las artes, hace desear que el autor corrija con algún cuidado su obra, la cual, por otra parte, no carece de mérito». en Fernández de Moratín 1988: 578-579.
23 Andrés *Cartas Familiares...*/II: 8.
24 Haskell / Penny 1990: 63.
25 La obra a la que hace referencia Andrés es *Historia utriusque Belli Dacici a Traiano Caesare gesti ex simulachris quae in columna eiusdem Romae visuntur collecta*, Roma, 1576. Ya hizo referencia a ella en el *Origen...*: «De los bajorrelieves de la columna de Trajano formó él mismo una exacta y completa historia de las dos guerras dacias», en Andrés *Origen...*/III: 451.
26 Dandelet 2002: 108-110.
27 Raffaele Fabretti (1618-1700). Su obra más importante fue *De aquis et aquaeductibus veteris Romae*, Roma, 1680. Hay edición facsímil publicada en 1972 en Portland, Oregon, por Collegium Graphicum en su colección «The printed sources of Western art».
28 Aparece erróneamente en el texto de Andrés como Velón.

texto de Chacón, como dejó constancia el propio Andrés en el volumen III de su *Origen*....[29] Ningún escultor moderno hubiera tenido, según Andrés, capacidad para alcanzar la perfección de las escenas del bajorrelieve de la columna Trajana: «¿cuántos siglos ocuparían a nuestros escultores? Y ¿cómo nos podríamos prometer que llegasen a igualarlas?»[30]

En su recorrido por la Roma antigua, el paso siguiente le condujo a la colina Capitolina, pero sólo para dejar constancia de lo que fue y ya no existía, pues del templo de Júpiter sólo quedaban «algunos pedazos de pared», y poco más del Tabulario, de la biblioteca capitolina y de otros edificios que enumeraba basándose en fuentes clásicas. La siguiente etapa era el Foro, al que llama Andrés *Campo Vaccino*, pues así era conocido por el ganado que todavía sesteaba a la sombra de las ruinas, y de este modo fue denominado en el libro de vistas sobre la Roma antigua de Vasi,[31] publicado un año después de la estancia de Andrés, y conocido como tal hasta las excavaciones ordenadas por Bonaparte y dirigidas por Tournon a partir de 1803, primeras que se efectuaron de manera sistemática. Por esa razón, Andrés mencionaba el arco de Septimio Severo «medio sepultado en tierra», pues no sería desenterrado completamente hasta los primeros años del siglo XIX, y denominaba, «Templo de la Paz», atribuido a Vespasiano, a las ruinas de la basílica de Constantino, como serían conocidas a partir de las primeras décadas del Ochocientos.

Pasmo y admiración causó a Andrés el Coliseo, como a todos los visitantes de Roma. Stendhal, varias décadas después, lo tildó de vestigio más bello de la Roma clásica, y afirmó que «el mundo no ha visto nada tan magnífico».[32] La descripción es minuciosa, y al igual que Goethe, casi contemporáneo a Andrés en su visita romana, lamentaba su estado interior, «arruinado por habérsele arrancado en varias veces las piedras y otros ornamentos, lo que sienten mucho todas las personas de gusto».[33] Pero tanto o más que el Coliseo, Andrés destacó el Panteón de Agripa. No lo incluyó en su descripción y paseo por la Roma clásica, sino que lo incorporó al capítulo dedicado a la Roma eclesiástica por ser templo cristiano. Pero su arquitectura era romana y, además, «la maravilla de los inteligentes»,[34] es decir, ejemplo de una arquitectura basada en la razón, en lo indispensable y en el equilibrio matemático, que había hecho posible su gran cúpula. Para Andrés, la *Rotunda* era grandiosa y elegante, majestuosa y ligera, hermosa y sólida, «prodigio de arquitectura que no se conoce en estos tiempos», una prueba de la superioridad de los antiguos sobre los modernos,

---

29   Vid. Andrés *Origen...*/III: 453-454. Sobre las adiciones al texto de Chacón, en Haskell / Penny 1990: 63.
30   Andrés *Cartas familiares...*/II: 8-9.
31   Vasi 1786.
32   Stendhal 1988/II: 388.
33   El 7 de septiembre de 1786 escribía Goethe: «Lo que los bárbaros dejaron en pie, lo han demolido los arquitectos de la Roma moderna», en Goethe 2001: 145.
34   Andrés *Cartas familiares...*/I: 283.

y a la que sólo las obras arquitectónicas de Palladio, al que Andrés llamaba «el Rafael de la arquitectura», habían logrado asemejarse.

Termas, acueductos y sepulcros completaban la muestra de monumentos romanos que ofrecían la suprema lección de que era posible combinar magnificencia, suntuosidad y riqueza con inteligencia, elegancia y buen gusto. Las grandes termas de Constantino, dotadas de «3.000 lugares para bañarse, una pinacoteca, una biblioteca y qué sé yo cuántas cosas»,[35] y que suponía habían estado ornamentadas con el conjunto escultórico *Alejandro y Bucéfalo* existente en el Quirinal.[36] También las termas de Tito y Caracalla, entre otras, las doce conducciones de agua a Roma, entre las que destacaba las del agua Marcia, Augusta y Claudia,[37] que «daban honor a la arquitectura romana»,[38] los sepulcros de Augusto, Adriano y el de los Escipiones, un sarcófago descubierto el 23 de mayo de 1780 en un viñedo situado junto a la via Appia,[39] y que fue transportado por orden de Pío VI hasta el Vaticano. Andrés, siempre sensible a los nuevos hallazgos, consideró que éste

> ha sido de la mayor importancia para el conocimiento de la antigua topografía de Roma, de la ortografía, de la gramática, de la historia civil, y la de las artes entre los romanos de aquel tiempo[40]

y de hecho el descubrimiento causó en Roma una gran impresión. Según Maurice Andrieux, «las más elegantes damas romanas tuvieron el honor de descender a la excavación y tocar con sus blancas manos la tierra húmeda».[41]

Las lecciones que ofrecía al visitante la Roma clásica no quedaban circunscritas al ámbito de la ciudad, sino que se extendían a los alrededores, especialmente Frascati y Tívoli, donde las grandes familias romanas poseían villas de recreo. En Frascati, la antigua *Tusculum* romana, se encontraba la Villa Mondragone, de los Borghese,

---

35 Andrés *Cartas familiares...*/II: 23.
36 Una noticia equivocada que procedía de la *Augustiniani Reipublicae Romanae Commentariorum* de Onofrio Panvinio (1529-1568), publicada en Venecia en 1558, recogida por Scipione Maffei, de donde probablemente se informó Andrés. Vid. Haskell / Penny 1990: 151-156.
37 Las conducciones de agua a Roma llevan el nombre del cónsul o emperador que las construyó, y eran un total de doce. El *aqua Marcia* corresponde a la época republicana, mientras que la *Augusta* y la *Claudia* se construyeron en época imperial. Vid. Fernández Casado 1985: 303-315.
38 Andrés *Cartas familiares...*/II: 30.
39 Según Castagnoli, eran raras las familias, como los Escisiones, que conservaran la inhumación ante la generalizada práctica de la incineración, en Castagnoli 1969: 116.
40 Andrés *Cartas familiares...*/I: 158. Esta valoración también se encuentra en *Origen...*: «Sólo el sepulcro de los Escipiones, descubierto recientemente e ilustrado por el inteligente y erudito Visconti, ha producido nuevos conocimientos sobre las Artes, sobre el gusto y sobre la lengua de los antiguos romanos, y ha hecho mudar en varios puntos las ideas de los anticuarios» (Andrés *Origen...*/III: 456). El hallazgo causó una impresión extraordinaria.
41 Andrieux 1962: 209-210.

donde se había descubierto un busto en mármol de Antinoo, que llamó la atención de Winckelmann,[42] y en Tívoli se hallaba la villa del emperador Adriano, cuyas ruinas fueron visitadas y descritas por Andrés, así como el templo circular corintio de la Sibila, inspiración para que Bramante diseñara el Tempietto de San Pietro in Montorio, y dibujado por Piranesi, el máximo exponente en el siglo XVIII, junto a Giuseppe Vasi, del arte de la *vedute*.[43]

El auge de la arqueología y la exaltación de la Antigüedad romana que se vivía en la década del ochenta con extraordinaria intensidad, se debió a tres personalidades que fueron citadas por Andrés: Francesco Bianchini, Rodolfo Venuti y, sobre todo, Ennio Quirino Visconti.

Bianchini era seguidor de la metodología maurina, y fue uno de los primeros que en Roma se sirvieron del método crítico para el estudio de los restos arqueológicos, publicando a fines del Seiscientos su *Storia universale provata con monumenti e figurata con simboli degli antichi*. Sus excavaciones en los jardines Palatinos le llevaron a la conclusión de que allí se encontraba el palacio de los Césares, lo que era seguido por Andrés, que conocía bien su obra póstuma *Del palazzo de'Cesari*,[44] aunque Stendhal consideraba sus afirmaciones fruto de su imaginación.[45]

El abate veronés Rodolfo Venuti era considerado uno de los mejores estudiosos setecentistas de la Antigüedad romana, había trabajado junto a Winckelmann y fue miembro de la Royal Society of Antiquaries of London. Dos fueron sus obras más importantes: *Collectanea Antiquitatum Romanorum*, Roma, 1736, y *Accurata, e succinta descrizione topografica e delle antichità de Roma*, cuyos dos volúmenes también fueron publicados en Roma en 1763, cuando ya había muerto, y reeditados en aquella ciudad en 1767. Ambas obras eran muy estimadas por Andrés, en particular la segunda.

Pero era Ennio Quirino Visconti, nacido en 1751 y, por tanto, todavía joven cuando Andrés se encontraba en Roma, el que había elevado la arqueología a disciplina autónoma del arte. Andrés, que lo llamaba «mi amigo» y con el que compartió muchos ratos en la biblioteca Chigi, en la que Visconti ejercía de bibliotecario, y en alguno de los salones a los que asistió en compañía de Antonio Eximeno, lo consideraba el depositario de la herencia intelectual de Winckelmann, lo cual era mucho, dada la admiración sin límites que Andrés sentía hacia el intelectual germano:

---

42   «La gran cabeza del Antínoo de la Villa Mondragon, cerca de Frascati, ejemplar de la más rara belleza», en Winckelmann 1989: 326.
43   Las colecciones de estampas de Piranesi sobre la Roma clásica se publicaron en dos libros: *Della magnificenza el architettura de'Romani*, 1761, y *Accurata, e sucinta descriziones topografica e istorica di Roma moderna*, Roma, 1767, 2 vols. (Hay edición de 1977.) Sobre Piranesi, vid. Brunel 1978 y Cavallaro 1985.
44   Bianchini 1738.
45   Stendhal: 1988: 485.

Roma ve crecer un hombre perfecto en esta ciencia [la Anticuaria] en el joven Visconti, nacido, por decirlo así, anticuario. El uso que desde la infancia hace de las antiguallas, el pleno conocimiento que tiene de la lengua griega y de la erudición antigua, y la vida, digámoslo así que pasa entre los antiguos le hacen dueño y señor de las estatuas, piedras preciosas, monedas y de todas las riquezas de la Antigüedad.[46]

No se equivocó Andrés en sus valoraciones, pues Quirino Visconti fue el mayor anticuario que tuvo Roma en el Setecientos.[47]

Los museos eran el complemento de la Roma monumental clásica, pues en ellos se depositaban, para admiración y estudio, las piezas arrancadas del olvido, y eran escuelas para quienes copiaban piezas de la Antigüedad con el propósito de intentar atrapar el espíritu del verdadero arte.[48] Acompañado del archivero de San Pedro y de Castel Sant Angelo, Gaetano Marini,[49] visitó el Museo Vaticano, y pudo admirar el *Laocoonte*, sobre el que reiteró el juicio de Winckelmann, para quien el grupo escultórico de Laocoonte y sus dos hijos, enroscados por serpientes, probaba la superioridad del arte griego por su «noble sencillez y una serena grandeza [...] Tal es el alma que se revela en el rostro de Laocoonte – y no sólo en el rostro – dentro de los más violentos sufrimientos»,[50] es decir, ejemplo supremo del estoicismo. Admiró el nuevo museo Pío-Clementino, que había reunido las colecciones de escultura antigua de Clemente XIV y Pío VI.[51] Allí pudo ver el grupo del río Nilo, sacado en 1513 de las excavaciones efectuadas en las proximidades de Santa María *sopra Minerva*, y que desde 1523 quedó instalado en el patio del Belvedere,[52] y el del Tíber, encontrado en

---

46   Vid. Andrés *Origen...*/III: 459.
47   En opinión de Hanns Gross, Visconti fue «perhaps the greatest native mind the city produced in the eighteenth century» (Gross 1990: 311), una opinión que también había expresado Stendhal, que lo calificó de *hombre único*: «desde 1700, Roma ha dado algunos buenos anticuarios; el más reciente, Quirino Visconti, es conocido en toda Europa y merece su celebridad. A mi juicio, es un hombre único», en Stendhal 1988/II: 382. Sus obras completas fueron publicadas a su muerte en Milán en 12 vols. en francés: *Oeuvres de Ennius Quirinus Visconti*, Milán, 1818, entre las que destacan su recopilación de imágenes de emperadores, reyes y hombres ilustres de la Antigüedad clásica, y el catálogo de las esculturas de Villa Borghese.
48   Hautecoeur cita que el escultor francés Guiard, al tratar de su aprendizaje en Roma, escribía en 1771: «on peut faire à sa fantaisie cant ont a fair des études après l'antique pendant quatorze ans à Rome et il est permy, comme dite Phidias et Pracsitel, de ne pas faire la nature souvent comme elle est, mais cant on a bien étudié les ouvrages grecs, ont fait la nature telle quel doit estre en prenant les beaux et d'en savoir faire choix pour éviter les partie misérable qui souvent se trouve», en Hautecoeur 1912: 187.
49   Gaetano Marini (1742-1815). Como archivero publicó *I papiri diplomatici*, Roma, 1805. Pío VI le encargó la publicación de las inscripciones de los hermanos Arvali que se hallaron junto a la sacristía de San Pedro: *Atti e monumenti del fratelli Arvali*, Roma, 1795.
50   Winckelmann 1987: 36-37.
51   Consoli 1996.
52   Fue cedida a Francia por el Tratado de Tolentino de 1797, y regresó a Roma en 1816. Vid. Haskell / Penny 1990: 301-302.

la misma excavación un año después, y que se ubicó frente a aquél.⁵³ Estaban por entonces en proceso de edición los tomos que Ennio Quirino Visconti, con ayuda de su hermano Giambattista, dedicaba al museo Pío-Clementino, el primero de los cuales se había publicado en 1782 y el último, y sexto, aparecería en 1796. Andrés ya conocía los dos primeros: del museo «está haciendo una eruditísima descripción en dos tomos en folio grandísimos que ha publicado, y en otros que irá publicando».⁵⁴

Más importancia concedía Andrés al Museo Capitolino, ubicado en el *Palazzo Novo*, proyectado por Miguel Ángel, y convertido en museo por Clemente XII, en 1734, para albergar las colecciones papales iniciadas por Sixto IV, en 1471. Ya le era conocido, pues en otras ocasiones lo había visitado acompañado por el exjesuita Luigi Lanzi, encargado en Florencia de reorganizar la Real Galería, y era conocedor de las obras aparecidas sobre su contenido, como el *Museum Capitolinum*, de monseñor Giovanni Caetano Bottari, que por adscripción filojansenista no fue incluido por Andrés en el elenco de eruditos de su *Origen*,⁵⁵ o los tres tomos sobre lápidas del Canónigo Guasco.⁵⁶ En su entrada se hallaba la estatua en bronce de Marco Aurelio a caballo, que Andrés pudo ver en su pedestal en el centro mismo del Campidoglio, y que elogió vivamente como el mejor modelo posible de estatua ecuestre: «caballo más animado y más vivo, que tenga más movimiento y más alma no sé si se habrá visto antiguamente»;⁵⁷ y, sin mencionarlo, entraba así en la polémica que por entonces era muy viva sobre qué estatua era más perfecta, si la de Marco Aurelio o la ecuestre en mármol de Marco Nonio Balbo descubierta en Herculano en junio de 1746 y ubicada dos años después en la entrada del Palacio de Portici, y que comentaría durante su viaje a Nápoles. El debate levantaba grandes pasiones, y Andrés se limitó en este punto, como en tantos otros, a seguir estrictamente la posición ambigua de Winckelmann, quien

> se limitó a contrastar las diferentes maneras con que los escultores antiguos (y modernos) habían representado el movimiento de los caballos, y estos asuntos, así como otros relativos a la distribución del peso y la cuestión de la vestimenta.⁵⁸

Andrés, en efecto, se refirió, como hemos indicado previamente, al movimiento, pero también al peso:

---

53 Pasó también a Francia en 1797, y hoy está expuesto en el Louvre.
54 Andrés *Cartas familiares...*/I: 162.
55 Sus opúsculos jansenistas y antijesuitas, redactados en colaboración con Pier Francesco Foggini, aparecieron bajo el anagrama de Gino Bottagrifi, y ambos tradujeron al italiano la literatura francesa antijesuita. Vid. Venturi 1976/II: 22-23. Es por esta razón por la que Bottari no aparece citado en el *Origen...* andresiano. Sobre el Jansenismo romano vid. el cap. 12 de Gross 1990: 270-285 y el libro de Damming 1945.
56 Francesco Eugenio Guasco (1725-1798): *Museo Capitolini antiquae inscriptiones*, Romae, Salomoni, 1775, 3 vols.
57 Andrés *Cartas familiares...*/I: 192.
58 Haskell / Penny 1990: 179.

en el caballo de Marco Aurelio me parecía encontrar algún exceso en lo ancho del vientre, lo que puede provenir de haberse con el tiempo y con el peso de la estatua de M. Aurelio viciado el bronce, sin que el artífice tuviese parte en este defecto.[59]

La influencia de Winckelmann volvía a hacerse presente en su visita y descripción de los fondos del *Palazzo Senatorio* y del *Conservatori*, donde quedaban restos de estatuas colosales, entre ellas la de Constantino II, de la que se conservaban únicamente la cabeza, una mano y otros fragmentos. No obstante, lo más destacado para Andrés, además del *Spinario* y de la loba capitolina, era una estatua de gusto egipciaco pero de origen griego datada entre los siglos II y III d.C., que venía a completar otras encontradas en la Villa de Adriano en Tívoli, y que se encontraban en el *Palazzo dei Conservatori,* y en la que creía ver «un monumento de la decadencia del arte entre los griegos de aquel tiempo».[60] Fue muy importante Winckelmann en la manera en que Andrés manifestaba sus valoraciones estéticas. El arte egipcio había sido objeto de atención por el erudito alemán para delimitar mejor el arte griego, núcleo de su concepción historiográfica basada en el platónico binomio modelo-imitación.[61] Para él, los egipcios imitaban la naturaleza pero respetando excesivamente los modelos iconográficos consagrados por la tradición, lo que producía la imperfección estética del arte egipcio. El contacto de los artistas griegos con el manierismo egipcio degradó la perfección clásica. Andrés, buen conocedor de la obra de Winckelmann, hizo suyas la mayor parte de las tesis del historiador alemán, especialmente su defensa del valor objetivo de la belleza absoluta que se encontraba en las obras clásicas y que pretendía recuperar el movimiento neoclásico. Además, la personalidad de Winckelmann resultaba muy atractiva: llegado a Roma en noviembre de 1755 tras su conversión al catolicismo, pasó a ser en 1758 bibliotecario y conservador artístico de su protector, el cardenal Albani, y en 1763 fue designado prefecto de las antigüedades vaticanas, que venía a equivaler a inspector jefe de las antigüedades romanas, catalogando sus fondos antiguos, y decidiendo sobre excavaciones y exportaciones de piezas, hasta que su asesinato el 8 de junio de 1768 en Trieste, cuando regresaba de un viaje a Prusia y Austria, cortó su labor en plena madurez. Lo que la anticuaria era antes de Winckelmann, un mundo caótico sin límites donde se acumulaban los objetos que se descubrían sobre los ya descubiertos, se había convertido tras sus trabajos en un mundo ordenado, unitario y armonioso, donde la cronología había actuado como gran criterio clasificador. Era, a la postre, el mismo ideal que Andrés utilizaba para ordenar la cultura universal. Decía Andrés en su *Origen*:

> El más sólido, más profundo y más perfecto anticuario, que tal vez podrá llamarse por antonomasia el Anticuario, es el célebre Winckelmann: ingenio, gusto y erudición se

---

59 Andrés *Cartas familiares...*/II: 192.
60 Andrés *Cartas familiares...*/II: 194.
61 Stafford 1980, y Testa 1999: 215-298.

juntaron en él felizmente para hacerlo intérprete y árbitro de toda la Antigüedad. El fuego de su fantasía y la viveza de su ingenio le hicieron caer alguna vez en aserciones poco seguras, pero, en sus Monumentos inéditos, ha esparcido tantas luces y ha hecho tan útiles observaciones para la explicación de las figuras y para el conocimiento de las artes, que con razón puede decirse que ha formado una nueva ciencia de de la Anaglíptica. Su «Ensayo sobre la Arquitectura de los Antiguos» y las otras obritas suyas llevan impreso el carácter de la Antigüedad. Pero, singularmente, su «Historia de las Artes y del diseño» es tal vez la más noble e importante obra que ha producido la Anticuaria.[62]

Al igual que en su opinión sobre la estatua ecuestre de Marco Aurelio, también seguía el criterio de Winckelmann cuando se trataba de plantear las distintas disyuntivas que ofrecía la estatua conocida como *Gladiador cadente* por unos, y como *Galo moribundo* por otros, una copia romana de una escultura griega del siglo III a.C., pero que en tiempos de Andrés todavía era considerada original. Andrés seguía la tesis del erudito alemán,[63] que rechazaba que se tratara de un gladiador:

> el docto e ingenioso Winckelmann quiso poner en ello alguna duda, inclinándose a que fuese un araldo muerto por una herida que le hicieron los enemigos, y conjetura que pueda ser un tal Antemócrito pregonero, trompeta, o araldo de los atenienses muerto por los megarenses. En efecto, el cuerno con que llamaban a parlamentar, la soga al cuello y alguna otra señal que existe en dicha estatua convienen más a un araldo que a un gladiador.[64]

También puede apreciarse la influencia de Winckelmann en la escasa valoración que le mereció a Andrés la llamada *Sala de los filósofos,* que reunía cientos de bustos de personajes griegos y romanos, o la *Sala de los Emperadores*, con bustos de emperadores romanos, emperatrices y algunos de sus hijos, ya que para Winckelmann el retrato como reproductor de los rasgos del sujeto individual, en lo que el sabio alemán llamaba «exceso de naturaleza», era una muestra de decadencia, pues se apartaba del retrato ideal clásico, donde el retratado no era reconocible como sujeto particular.[65] Era más atractivo para Andrés describir el mosaico de las palomas trasladado hasta el museo desde la Villa de Adriano en Tívoli en 1765, y que había sido descrito por el cardenal Giuseppe Alessandro Furietti, a quien Andrés consideraba el primer estudioso de los mosaicos por su obra *De Musivis*: «los estudios de los mosaicos y los vidrios se pueden considerar como nuevos y debidos a las eruditas pesquisas de Furietti y de Bonarroti».[66] El mosaico estaba muy extendido entre las artes decorativas desde que lo pusiera de moda Pompeo Savini en Roma. El mosaico de las palomas del Capitolio era reproducido con frecuencia, y el mismo

---

62 Vid. Andrés *Origen...*/III: 459.
63 Winckelmann 1989: 400-401.
64 Andrés *Cartas familiares...*/I: 199.
65 Testa 1999: 88-91. Cuando Tippel realizó el retrato de Goethe se inspiró en un busto de Apolo recientemente descubierto, y la idealización del poeta, al someter el carácter individual al tipo universal del hombre de letras, lo hizo irreconocible, en Hautecoeur 1912: 206-207.
66 Vid. Andrés *Origen...*/I: 371.

Savini lo había utilizado para una mesa que, como presente para el rey de Polonia, había encargado el nuncio en aquel país, monseñor Saluzzo.[67]

La última de las cartas romanas estuvo dedicada a los hombres de cultura que había conocido en la Ciudad Eterna, sus aportaciones más destacadas, y las instituciones culturales, tanto públicas como privadas, más sobresalientes. Además de cardenales de la Curia, prelados y aristocracia romana una atención especial prestó a anticuarios y artistas.

Algunos eclesiásticos estaban estrechamente relacionados con la arqueología. En la residencia del cardenal Archinto coincidió con Pier Luigi Galletti, benedictino, autor de un catálogo de inscripciones romanas en varios volúmenes.[68] Camino de Nápoles, visitó el museo de medallas propiedad de Stefano Borgia, secretario y prefecto de Propaganda Fide, futuro cardenal,[69] e importante coleccionista de antigüedades, que guardaba en el palacio que la familia poseía en la ciudad de Velletri, en el Lacio, y que pasaría a integrarse en el Museo Borbónico de Nápoles. Dos años después de la visita de Andrés, lo haría el pintor y amigo de Goethe Wilhelm Tischbein, residente en Roma desde 1782,[70] pero cuando lo visitó Andrés se encontraba estudiando la colección de monseñor Borgia el anticuario danés Georg Zoega, considerado uno de los fundadores de la arqueología moderna, protegido por el eclesiástico, quien lo colocó de intérprete en Propaganda Fide,[71] y el también danés Jacob Adler, que había publicado hacía poco tiempo, en la misma Roma, el primer volumen de su estudio sobre las medallas arábigas propiedad de Borgia, que Andrés había citado elogiosamente en su *Origen*, y remitido a su hermano Carlos a Valencia para que lo hiciera llegar a manos de Francisco Pérez Bayer, director de la Real Biblioteca.[72]

---

67   Hautecoeur 1912: 214.
68   *Inscriptiones romanae infimi aevi Romae extantes*, Romae, 1760, 3 vols.
69   Se le concedió el capelo cardenalicio en marzo de 1789.
70   El 10 de julio de 1787, el pintor Tischbein escribiría a Goethe: «En Velletri almorzamos en casa del cardenal Borgia y la contemplación de su museo constituyó un placer especial para mí, ya que me fijé en detalles que la primera vez había pasado por alto», en Goethe 2001: 377.
71   En sus trabajos para Borgia, Zoega (1755-1809) publicó *Numi Aegiptii imperatorii prostantes in Museo Borgiano*, Roma, 1787, que describía las monedas romano-egipcias de su monetario a las que hacía referencia Andrés, y un catálogo de los manuscritos coptos propiedad del cardenal, que se publicó en 1810, ya fallecido Zoega. Vid. Pastor 1940: 41-42 y 45-47. En *Origen*... Andrés también hace referencia a la labor de Zoega en el museo Borgiano: «Nuevas e importantes observaciones sobre la Historia Civil y la Natural, y sobre otras partes de la literatura se esperan de la copiosa y selecta colección de las monedas imperiales del Egipto, que posee Borgia y que ahora va ilustrando el danés Zoega», en Andrés *Origen*.../III: 457.
72   *Museum Cuficum Borgianum veliteris*, Romae, Antonium Fulgonium, 1782-1795. Andrés le dedicó un epígrafe en el vol. III de su *Origen*...: «Un buen ensayo de ésta [numismática arábiga] nos ha dado Adler en su museo cúfico borgiano. Él ha formado una breve Historia de las monedas arábigas y ha explicado sus ventajas para poder conocer mejor la Historia de los musulmanes y de los cristianos, la Geografía, el comercio y las

En el capítulo de anticuarios, la relación se iniciaba con un conjunto de exjesuitas encabezados por Francesco Antonio Zaccaria, y que, pese a los golpes recibidos desde 1773 y los intentos de desmantelar los restos de la Compañía, seguían dedicados al estudio «con igual ardor» que en los tiempos anteriores a la extinción. Zaccaria, por años y prestigio, era el abanderado de la cultura de la Compañía, soterrada pero viva. Otros jesuitas, a los que trataba asiduamente en *Il Gesú*, eran Stefano Morcelli, Antonio Maria Ambrogi, Andrea Spagni y Giuseppe Maria Mazzolari. Salvo Morcelli, nacido en 1737, todos los demás pertenecían a la generación de Zaccaria y Lazzeri, pues llegaban a superar los setenta años de edad.[73] Al citarlos, Andrés deseaba mostrar lo que Antonio Trampus ha llamado la identidad sumergida, el sentido de comunidad, la conciencia de pertenecer a un único cuerpo religioso,[74] pese a formar parte de generaciones distintas. Todos los nombrados habían hecho, en opinión de Andrés, grandes aportaciones a la cultura: Ambrogi una «magnífica edición del Virgilio con su traducción en verso italiano», publicada entre 1763 y 1765,[75] Spagni «tiene impresos algunos tomos de materias metafísicas»,[76] de los que sólo hemos podido localizar su *De ideis humanae mentis*, publicado en Roma en 1781; Mazzolari, quien acostumbraba a utilizar el seudónimo de Giuseppe Mariano Partenio, «ha adquirido muy buen crédito por su elegante latinidad».[77] Stefano Morcelli era el más próximo a Andrés en edad, en intereses literarios y en su actividad sin descanso. Destacaban sus obras sobre inscripciones romanas publicadas en los primeros años 80, y más reciente de sermones latinos al estilo de Horacio,[78] y Andrés daba noticia de sus trabajos para la edición «de un autor griego inédito, que es Gregorio Agrigentino, por un códice de la biblioteca Albani, y otro de no sé qué parte,

---

    costumbres, la Paleografía, las cifras numerales y varios otros puntos importantes para la literatura arábiga y para la europea. A él debemos la publicación de muchas monedas, sellos, pateras y otros monumentos arábigos, y nuevas explicaciones que estaban ya publicadas; y éste, en suma, puede ser tenido por el primer verdadero ensayo de Anticuaria y Numismática arábiga», en Andrés *Origen...*/III: 468.

73 Mientras que Zaccaria y Lazzeri habían nacido en 1714 y 1710, respectivamente, Ambrogi lo había hecho en 1713, Spagni en 1716 y Mazzolari en 1712.

74 Trampus 2000: 61-110.

75 *P. Virgilii Maronis Bucolica, Georgica et Aeneis, ex cod. mediceo-laurentiano descripta ab Antonio Ambrogi Florentino S.I., italico versu reddita adnotationibus atque variantibus lectionibus et antiquissimi codicis vaticani picturis pluribusque aliis veterum monumentis aere incisis et cl. virorum dissertationibus illustrata*, Romae, 1763-1765, 3 vols.

76 Andrés *Cartas familiares...*/II: 48.

77 Entre sus obras destacan: *Orationes*, Roma, 1773, y *Diario Sacro*, Roma, 1779-1783, 5 vols.

78 Stefano Morcelli: *De stilo inscriptionum latinarum Libri III*, Roma, 1781; *Inscriptiones conmmentariis subiectis*, Roma, 1783, y *Sermonum libri II*, Roma, 1784.

que ha podido cotejar», y que daría como resultado en 1788 un texto en dos volúmenes.[79]

Otros escritores citados por Andrés también tenían que ver con el creciente interés por la Antigüedad, porque el mundo clásico greco-romano parecía dominarlo todo en los años setenta y primeros ochenta del siglo XVIII. El jesuita Raimondo Cunich había traducido al latín epigramas de poetas griegos y la totalidad de la *Iliada*;[80] el abate Giuseppe Antonio Taruffi, asistente a la Academia del duque de Ceri, escribía sus versos en «elegante latín» a la manera clásica; el canónigo Francesco Eugenio Guasco, que escribiría contra el Sínodo de Pistoya su *Diccionario Ricciano y antiricciano*, traducido al castellano por el marqués de Méritos y publicado en 2 volúmenes en Madrid en 1796, fue citado únicamente por Andrés como «autor de una obra sobre los funerales de los antiguos»;[81] el franciscano francés Dominique Magnan destacaba por sus muchas obras sobre numismática;[82] y el P. Paolo Antonio Paoli había sobresalido por sus escritos «sobre las antigüedades de Pozzuolo, de Pesto y de otras».[83]

La Roma cosmopolita, donde podían encontrarse «sujetos de todas las naciones», también mereció una especial atención en las *Cartas* de Andrés. Algunos habían llegado al tiempo que el propio jesuita, atraídos por la eclosión de una Antigüedad en triunfo, como el joven arqueólogo danés y miembro de la masonería Friedrich Münter, al que Andrés conoció personalmente, y que le confesó que había acudido a Roma a la búsqueda de códices griegos y latinos, lo que, al parecer, no dio los frutos esperados, si atendemos a lo escrito por Goethe en diciembre de 1786 sobre la experiencia romana de Münter:

> Está descontento con los italianos, que no han prestado demasiada atención a las importantes cartas de recomendación que llevaba consigo y que debían servirle para acceder a algunos archivos y bibliotecas privadas; de modo que no le ha sido posible cumplir sus deseos por completo.[84]

---

79 *Menologion ton Evaggelion Eortastikon Kalendarium ecclesiae Constantinopolitanae CD anorum vetustate insigne primitus e bibliotheca romana Albanorum in lucem editum et veterum monumentarum comparatione diurnisque commentaris illustratum cura S.A. Morcelli*, Roma, 1788, 2 vols.

80 *Anthologia sive Epigrammata anthologiae graecorum selecta latinis versibus reddita et animadversion ibus illustrata*, Romae, 1771, y reeditado en Venecia en 1784, y la traducción del texto de Homero *Homeri Ilias latinis versibus expresa a Raymundo Cunichio*, Romae, Joannes Zempel, 1776.

81 Francesco Eugenio Guasco: *I riti funebri di Roma pagana*, Lucca, Benedini, 1758.

82 *Bruttia numismatica*, Roma, 1773; *Lucania numismatica*, Roma, 1775; *Miscellanea numismatica*, Roma, 1772-1774, 4 vols.

83 Andrés se refiere a *Antichitá di Pozzuoli*, Napoli, 1768, y a *Paesti, quod Posidoniam etiam dixere, rudera*, Roma, 1784.

84 Goethe 2001: 168. Friedrich Münter (1761-1830) dejó un libro de impresiones de su viaje a Sicilia: *Viaggio in Sicilia*, versión italiana de Francesco Peranni, Palermo, 1990, 2 vols.

Allí estaban los españoles pensionados por el rey y por la Academia de San Fernando. Algunos contactaron con Andrés, como el alicantino Carlos Espinosa Moya, hijo del también pintor Agustín Espinosa, quien, después de su matrícula en la Academia de San Fernando en 1773, había sido pensionado por Carlos III, o como José Juan Camarón y Meliá, hijo de José Camarón Bonanat, también pintor, pensionado en Roma desde 1779 y que, a su regreso, sería nombrado académico de San Carlos de Valencia, director de pintura de la Real Fábrica de Porcelana y, posteriormente, académico de San Fernando. Pero también era frecuente encontrar jóvenes pensionados de otras nacionalidades. Colbert había creado en 1666 la *Académie de France*,[85] en donde se había formado el pintor David, quien, como hemos indicado, había conmocionado Roma con su *Serment des Horaces*.

Del importante núcleo de pintores alemanes residente en Roma, Andrés mencionó a Christoph Unterberger, Wilhelm Tischbein y Jakop Hacker. Unterberger, al que Andrés conoció personalmente, era compañero de Anton Maron, yerno de Mengs, y ambos colaboraron en la decoración de algunas salas de Villa Borghese.[86] El austríaco Tischbein fue gran amigo de Goethe, al que retrató, y miembro de la masonería. Residía en Roma desde 1782, donde dirigía una academia privada muy renombrada.[87] El prusiano Hackert, considerado el fundador del paisajismo alemán, se asentó en Roma en 1768 tras visitar Paestum y Herculano,[88] y fue visitado por Goethe en Nápoles cuando éste visitó la ciudad en febrero de 1787.[89]

También fueron citados los suizos Jacques Sablet y la famosísima Angélica Kauffmann. Sablet pertenecía a una familia de Laussana de pintores, diseñadores y grabadores, pero con Kauffmann, según Andrés, «el honor del sexo femenil entra en la gloria de la pintura».[90] Andrés, que no pudo conocerla personalmente por encontrarse entonces en Nápoles, donde sí pudo visitarla Goethe,[91] la consideraba *la pintora de las gracias*.

---

85   Pinon / Amprimoz 1988.
86   Felicetti 1998.
87   Mildenberger 1986.
88   Briganti 1986: 56-58.
89   «Hoy hemos visitado al famoso paisajista Philipp Hackert, quien goza de los favores del rey y de la reina. Le han dispuesto un ala del palacio de Francavilla, que ha mandado amueblar con gusto de artista y donde reside satisfecho. Es un hombre muy decidido, inteligente, que sabe gozar de la vida en medio de su incesante labor», en Goethe 2001: 207, y Vasale 1996.
90   Andrés *Cartas familiares...*/II: 66.
91   Goethe coincidió con ella en marzo de 1787 durante su viaje a Nápoles: «Angelika ha empezado a pintar un cuadro basado en mi *Ifigenia*, la idea es muy feliz y la ejecuta a la perfección [...] También aquí es apreciable la finura de sus sentimientos, y cómo Angelika sabe hacer suyo cuanto pertenece a su oficio», en Goethe 2001: 226, y fue mencionada por Moratín en su visita al Palacio de Caserta: «Hay muchos cuadros repartidos por las habitaciones de la familia Real [...] Hay uno muy grande, obra de Angélica Kauffman, en que representó del tamaño natural al Rey, a la Reina y todos sus hijos», en

Se podían encontrar pintores británicos, como el escocés Jacop Moore, que contaba con la protección de Marcantonio Borghese, y que se especializó indistintamente en paisajes con puesta de sol y ninfas, y en auroras con la presencia de Flora en su carro, y Durnow, un pintor interesado en tipos de la Edad Media. Otros pintores italianos eran citados por Andrés en su relación por haber oído que eran buenos, pero sin poder emitir sobre ellos un juicio personal, como Domenico Corvi, que también trabajaba de restaurador de pinturas antiguas, o Tomaso Conca. Pero el gran pintor residente en Roma era para Andrés, sin duda alguna, Pompeo Batoni. «Príncipe de los pintores de Roma», el segundo pintor del siglo para Andrés, pues Mengs ocupaba absolutamente sus preferencias; pero, muerto éste, era Batoni el que se situaba en el lugar de mayor privilegio entre los vivos. Era, a mucha distancia, el pintor más caro de Roma, donde se había establecido en 1728 procedente de su Lucca natal. Tenía abierta una de las Academias más célebres de la ciudad, y dos años antes de la llegada de Andrés había realizado un retrato de José II acompañado de su hermano, el gran duque de Toscana, que se conserva en el Kunsthistorisches Museum de Viena.[92]

Si Pompeo Batoni y David eran los pintores que dominaban la pintura romana, en escultura era Antonio Canova la figura que estaba a un paso de su definitiva confirmación. Canova había llegado a Roma en diciembre de 1780 con poco más de 23 años como pensionado, y fue allí donde se convirtió a las ideas que propugnaban que en la imitación de los modelos de la Antigüedad se encontraba el progreso del arte.[93] Como ha señalado Giulio Carlo Argan, Canova no representaba figuras en sus esculturas, sino que las transformaba en esencia al sublimarlas.[94] Informaba Andrés que se hallaba trabajando en el sepulcro de Clemente XIV para la iglesia romana de Santi Apostoli,[95] un monumento funerario que vendría a suponer en escultura lo que había sido el *Serment des Horaces* de David en pintura: el triunfo absoluto e indiscutible del gusto por la antigüedad,[96] lo que Winckelmann llamaba la «noble simplicidad» clásica en el diseño de la muerte, lo sublime por excelencia.

Fernández de Moratín 1988: 241-242. Sobre Kauffmann vid. Hartcup 1954 y Sandner 1998. Casada con el pintor veneciano Antonio Zucchi, fue enterrada, junto a su marido, en la iglesia romana de S. Andrea delle Fratte en 1807, siguiendo sus deseos: «cosí tanto altri noti ed ignoti la cui memoria rimase nella città che li aveva attirati da lontano per la loro vocazione di artisti, trattenendoli oltre la morte», en Ceschi 1963: 76.

92 Sobre Batoni vid. Anthony Clark 1980 y Cocchetti 1952. El propio Clark publicó el catálogo de sus obras (Clark 1985).
93 Asunto 1973: 26-32.
94 Para Canova la «forma plastica non rappresenta la figura, ma la sublima, ne trasforma l'essenza. Non le crea intorno una diversa dimensione di spazio, un alone prospettico; la cala e l'isola nello spazio reale e, isolandola, la idealizza», en Argan 1970: 475.
95 Andrés *Cartas familiares...*/II: p. 67.
96 Otra referencia de Andrés en escultura va en esa misma dirección. Decía Andrés que en escultura había oído que un tal Monti había logrado grandes elogios de los académicos de San Lucas. El tema que había desarrollado estaba en sintonía plena con el gusto del

Las artes decorativas también participaban de esta exaltación del mundo antiguo, especialmente el grabado. Andrés mencionaba a Pichler del Tirol, en realidad Johann Pichler, el más famoso grabador de piedras preciosas de Europa, nacido en Nápoles, aunque su padre fuera un grabador alemán.[97] Cuando Andrés escribía su carta, Pichler estaba grabando sus más famosos camafeos, que imitaban o copiaban piezas de la Antigüedad.[98] Pero, siendo el más grande, Pichler no era el único: Andrés citaba a Giuseppe Cades, que pronto ingresaría en la Academia de San Lucas y que la acabaría presidiendo en 1795,[99] a Giovanni Wetter, y al inglés Nathaniel Marchant, considerado por Haskell y Penny como «el más grande grabador de piedras preciosas inglés», especializado, durante su estancia en Roma, en la exportación de vaciados de escayola a Inglaterra y en la reproducción de estatuas antiguas sobre gemas.[100]

Grabadores como Giovanni Volpato, Domenico Cunego y Raffaelo Morghen fueron los otros grandes difusores por Europa del tesoro de la Antigüedad romana en sus láminas. Los tres eran recordados por Andrés, haciéndoles un sitio «en el trono de las artes y el emporio del buen gusto» en que se había convertido Roma.[101] En el mismo año en que Andrés escribe sus cartas desde Roma, Volpato, amigo de Canova y de Angélica Kauffmann, había abierto un alfar en la via Prudenziana con la intención de obtener piezas de cerámica imitando en miniatura esculturas clásicas,[102] y Morghen reproducía en grabado[103] las piezas extraídas de Herculano, extendiendo así la afición por el mundo clásico más allá de las fronteras de Italia.

Sobre el resto de los centros culturales romanos, Andrés mencionó únicamente las academias privadas a las que asistió, casi siempre en compañía de Antonio Eximeno, y las consideró más como tertulias que como centros de creación científica o literaria: «si no sirven de mucho para los progresos de las ciencias, son ciertamente

---

momento: «hizo la estatua de una Ninfa con tal primor que los Académicos de San Lucas la tuvieron por copia de alguna estatua griega».
97 Sobre la actividad de los orfebres y grabadores en los pontificados de Pío VI y Pío VII, vid. González-Palacios 1977.
98 Hautecoeur 1912: 217-221.
99 Cades trabajó en la decoración de Villa Borghese bajo la dirección del arquitecto Antonio Asprucci; académico de San Luca desde 1786, que más tarde, en 1795, llegó a presidir. Como pintor dio muestras de su eclecticismo pictórico en sus cuadros *San Giuseppe da Copertino*, en los Santos Apóstoles, y *Beati dell'ordini dei Minimi*, en San Andrea delle Frate, vid. Caracciolo 1992.
100 Haskell / Penny 1990: 113.
101 Andrés *Cartas familiares...*/II: 67-68.
102 Honour 1967: 371-373; Marini 1988.
103 Moratín lo consideraba el más importante grabador romano: «El grabado es una de las artes que más florecen en esta ciudad: ¿quién ignora el mérito de Morghen?», en Fernández de Moratín 1988: 585, pero Stendhal dudaba de su habilidad para el dibujo: «no sabe dibujar», en Stendhal 1988: 402.

útiles para conservar la cultura en la ciudad».[104] A la Arcadia, academia fundamentalmente poética,[105] le dedicó más espacio, y asistió a una de sus funciones en el bosquecillo próximo a *San Pietro in Montorio*, describiendo sucintamente el acto como simple espectador, sin protagonismo alguno, a diferencia de Goethe, quien, a fines de 1787, fue invitado a ingresar en la Academia narrando su experiencia y reproduciendo el diploma que recibió como recuerdo.[106] Para Andrés no fue más que un espectáculo «que me divirtió por la novedad».

Toda esa exaltación del mundo clásico romano, en perjuicio de la Roma barroca, es una constante en la obra de Andrés, y muy habitual de encontrar en los viajeros de la época, interesados más por la Roma imperial que por la pontificia, y para quienes la Antigüedad no era el pasado, sino lo nuevo. Como ha señalado Hautecouer, son momentos en que «los muertos resucitan, y Europa entera se presenta en Roma para contemplar el milagro»,[107] o como Goethe, que afirmaba, en su viaje a Italia en esos mismos días en que escribía Andrés, «nacer otra vez» ante una tierra que ofrecía sus tesoros.

Silenciar las extravagancias y perversiones del Barroco, y potenciar y difundir la armonía útil y simple que presentaban los modelos históricos fue la principal misión de Andrés al narrar sus eruditos paseos por Roma. No había que contemplar Roma únicamente con los ojos, capaces de distinguir tan sólo la belleza individual de cada uno de los miles de tesoros que la ciudad guardaba en sus calles, bibliotecas y museos,[108] sino interpretarla como idea metafísica, lección sublime y permanente del moralismo clásico, y canalizar el entusiasmo en estudio erudito y en experiencia intelectual. Seguía en ello la estela de Winckelmann,[109] para quien la educación del espíritu en la austeridad de las sublimes formas antiguas era el placer más noble y duradero.

---

104 Andrés *Cartas familiares...*/II: 60.
105 Sobre la *Accademia degli Arcadi*, vid. Schippisi 1956: 505-556.
106 En el diploma que recibió podía leerse: «in segno dell' altissima stima, che fa la nostra Pastorale Letteraria Repubblica de'chiari e nobili ingegni e perpetua memoria». Se indicaba que le fue dado «dentro il Bosco Parrasio». Cfr. Goethe 2001: 512-517.
107 Hautecoeur 1912: 111.
108 «No es posible escribir las infinitas cosas que en cada uno de estos ramos he procurado ver», escribía Andrés en el inicio de su Carta VI, la primera dedicada a Roma, para terminar su recorrido, al final de la Carta XI, con esta conclusión: «no se puede decir si es mayor el gusto, o el provecho, el placer, o la instrucción que se logra en aquella singular y única ciudad».
109 Winckelmann afirmaba que «la imitación de lo bello en la naturaleza, o bien trata de un asunto único, o bien reúne los rasgos de diversos objetos particulares, y los presenta en una unidad». Ese segundo supuesto «es el camino hacia lo bello universal y sus imágenes ideales». El arte antiguo ofrecía «la suma de lo que está disperso en la totalidad de la naturaleza», y «mediante la ayuda de las formas sensibles constantemente ante sus ojos, se convertirá en una regla para sí mismo», en Winckelmann 1987: 28-30.

Bibliografía

Andrés, Juan (1786): *Cartas familiares del Abate D. Juan Andrés a su hermano D. Carlos Andrés*. 3 tomos. Madrid: Antonio de Sancha.

Andrés, Juan (1997-2001): *Origen, progresos y estado actual de toda literatura*. 6 vols. Valencia / Madrid: Verbum.

Andrieux, Maurice (1962): *La vie quotidienne dans la Rome Pontificale au XVIIIe siècle*. Paris: Hachette.

Argan, Giulio Carlo (1970): *Studi e note dal Bramante al Canova*. Roma: Bulzoni.

Assunto, Rosario (1973): *L'Antichità come futuro. Studio sull'estetica del neoclassicismo europeo*. Milano: U. Mursia.

Bianchini, Francesco (1738): *Del palazzo de'Cesari*. Verona.

Brigantini, Giuliano (1986): «Paestum and View Painting in the Eighteenth Century», en Raspi Serra, Joselita (ed.): *Paestum and the Doric Revival, 1750-1830*. Florencia: Centro Di, pp. 56-58.

Broockner, Anita (1980): *Jacques-Louis David*. London: Chatto & Windus.

Brosses, Presidente [Charles] de (1922): *Viaje a Italia*. Madrid: Calpe.

Brunel, Georges (ed.) (1978): *Piranèse et les Français*. Roma: Ed. dell'Elefante.

Caracciolo, Maria Teresa (1992): *Giuseppe Cades, 1750-1799, et la Rome de son temps*. Paris: Arthena.

Castagnoli, Ferdinando (1969): *Topografia e urbanistica di Roma Antica*. Bologna: Licinio Capella.

Cavallaro, Anna (ed.) (^{2}1985): *Piranesi e la cultura antiquaria: gli antecedenti e il contesto*. Atti del convegno 14.-17. novembre 1979. Roma: Comune di Roma, Assessorato alla Cultura.

Ceschi, Carlo (1963): *Le chiese di Roma dagli inizi del neoclassico al 1961*. Bologna: Cappeli Editore.

Clark, Anthony M. (1980): «Batoni's Professional Career and Style», en Millon, Henry A. (ed.): *Studies in Italian Art and Architecture. Fifteenth through Eighteenth Centuries*. Cambridge, Mass. / London: MIT Press, pp. 323-337.

Clark, Anthony M (1985): *Pompeo Batoni: a complete catalogue of his works with an introductory text*. New York: New York University Press.

Coccheti, Lorenza (1952): «Pompeo Batoni e il neoclassicismo a Roma», en: *Commentari* 4, pp. 74-289.

Consoli, Gian Paolo (1996): *Il Museo Pío-Clementino: la scenas dell'antico in Vaticano*. Modena: Panini.

Damming, Enrico (1945): *Il movimento giansenista a Roma nella seconda mieta del s. XVIII*. Cittá del Vaticano.

Dandelet, Thomas J. (2002): *La Roma española (1500-1700)*. Barcelona: Crítica.

Felicetti, Chiara (ed.) (1998): *Cristoforo Unterberger: un pintore fiemmese nell'Europa del Settecento*. Roma: Edizioni De Luca.

Fernández Casado, Carlos (1985): *Ingeniería hidráulica romana*. Madrid: Turner.

Fernández de Moratín, Leandro (1988): *Viage a Italia*. Edición de Belén Tejerina. Madrid: Espasa Calpe.

Frommel, Christoph Luitpol (1986): «Papal Policy: The Planning of Rome during the Renaissance», en: *The Journal of Interdisciplinary History* 17, pp. 339-365.

Gaetano Marini (1795): *Atti e monumenti del fratelli Arvali*. Roma.

Gaetano Marini (1805): *I papiri diplomatici*. Roma.

Galletti, Pier Luigi (1760): *Inscriptiones romanae infimi aevi Romae extantes*. 3 vols. Roma.

Goethe, Johann W. (2001): *Viaje a Italia*. Barcelona: Ediciones B.

González-Palacios, Alvar (1977): «I mani del Piranesi-Valadier padre e figlio», en: *Nuove idee e nuova arte nel '700 italiano*. Roma: Accademia Nazionale dei Lincei, pp. 47-61.

Gross, Hanns (1990): *Rome in the Age of Enlightenment*. Cambridge et al.: University of Cambridge.

Guasco, Francesco Eugenio (1758): *I riti funebri di Roma pagana*. Lucca: Benedini

Guasco, Francesco Eugenio (1775): *Museo Capitolini antiquae inscriptiones*. Roma: Salomoni.

Hartcup, Adeline (1954): *Angelica, the portrait of an eighteenth-century art*. London: W. Heinemann.

Haskell, Francis / Penny, Nicholas (1990): *El gusto y el arte de la Antigüedad*. Madrid: Alianza.

Hautecoeur, L. (1912): *Rome et la renaissance de l'Antiquité a la fin du XVIII siècle*. Paris, Fontemoing.

Homero (1776): *Homeri Ilias latinis versibus expresa a Raymundo Cunichio*. Trad. Raimondo Munich. Roma: Joannes Zempel.

Honour, Hugh (1967): «Statuettes after the Antique. Volpato's Roman Porcelain Factory», en: *Apollo* 63, pp. 371-373.

Irwin, David (1980): «Introduzione», en Winckelmann, Johann J.: *Il bello nell'arte. Scritti sull'arte antica*. Torino: Einaudi.

Lee, Simon (1999): *David*. London: Phaidon.

Lévèque, Jean Jacques (1989): *La vie et l'oeuvre de Jacques-Louis David*. Paris: Courbevoie.

Magnan, Dominique (1772-1774): *Miscellanea numismatica*. 4 vols. Roma.

Magnan, Dominique (1773): *Bruttia numismatica*. Roma.

Magnan, Dominique (1775): *Lucania numismatica*. Roma.

Marini, Giorgio (ed.) (1988): *Giovanni Volpato, 1735-1803*. Bassano del Grappa: Ghedina & Tassotti.

Mildenberger, Hermann (1986): *Johann Heinrich Wilhelm Tischbein: Goethes Maler und Freund*. Neumünster: Wachholtz.

Monneret, Sophie (1998): *David et le néoclassicisme*. Paris: Terrail.

Morcello, Stefano (1781): *De stilo inscriptionum latinarum Libri III*. Roma.

Morcello, Stefano (1783): *Inscriptiones conmmentariis subiectis*. Roma.

Morcello, Stefano (1784): *Sermonum libri II*. Roma.

Morecelli, Stefano (ed.) (1788): *Menologion ton Evaggelion Eortastikon Kalendarium ecclesiae Constantinopolitanae CD anorum vetustate insigne primitus e bibliotheca romana Albanorum in lucem editum et veterum monumentarum comparatione diurnisque commentaris illustratum cura S.A. Morcelli*. 2 vols. Roma.

Munich, Raimondo (trad.) (1771): *Anthologia sive Epigrammata anthologiae graecorum selecta latinis versibus reddita et animadversion ibus illustrata*. Roma (reeditado en Venecia en 1784).

Münter, Friedrich (1990): *Viaggio in Sicilia*. Prima versione italiana a cura di Francesco Peranni; presentazione di Romualdo Giuffrida. Palermo: Accademia nazionale di scienze lettere e arti.

Pastor, Ludovico (1940): *Historia de los Papas...*, vol. XXXVIII. Barcelona: Gustavo Gili.

Pinon, Pierre / Amprimoz, François-Xavier (1988): *Les envois de Rome, 1778-1968*. Roma: École française de Roma.

Portoghesi, Paolo (1995): *Roma barocca*. Roma / Bari: Laterza.

Sandner, Oscar (ed.) (1998): *Angelika Kauffman e Roma*. Roma: De Lucca.

Schippisi, Rainieri (1956): «L'Arcadia», en: *Letteratura italiana. Le correnti*, pp. 505-556.
Stafford, Barbara Maria (1980): «Beauty of the Invisible: Winckelmann and the Aesthetics of Imperceptibility», en: *Zeitschrift für Kunstgeschichte* 43, pp. 65-78.
Stendhal (1988): *Paseos por Roma. Obras Completas*. Tomo II. Madrid: Aguilar.
Testa, Fausto (1999): *Winckelmann e l'invenzione della storia dell'arte: i modelli e la mimesi*. Bologna: Minerva.
Trampus, Antonio: (2000): *I gesuiti e l'Illuminismo. Politica e religione in Austria e nell'Europa centrale (1773-1798)*. Firenze: Leo S. Olschki.
Vasale, Giuseppe (1996): *Johann Wolfgang Goethe e Jacob Philipp Hackert*. San Severo: Gerni.
Vasi, Giuseppe (1786): *Raccolta delle piú belle vedute antiche e moderne di Roma*. Roma.
Venturi, Franco (1976): *Settecento riformatore*. T. II: *La chiesa e la repubblica dentro i loro limiti (1758-1774)*. Torino: Einaudi.
Virgilio (1763-1765): *P. Virgilii Maronis Bucolica, Georgica et Aeneis, ex cod. mediceo-laurentiano descripta ab Antonio Ambrogi Florentino S.I., italico versu reddita adnotationibus atque variantibus lectionibus et antiquissimi codicis vaticani picturis pluribusque aliis veterum monumentis aere incisis et cl. virorum dissertationibus illustrata*. 3 vols. Roma.
Winckelmann, Johann J. (1980): «Brevi studi sull'arte antica (1756-1759)», en íd.: *Il bello nell'arte*. Torino: Einaudi.
Winckelmann, Johann J. (1987): *Reflexiones sobre la imitación del arte griego en la pintura y la escultura*. Barcelona: Península.
Winckelmann, Johann J. (1989): *Historia del Arte en la Antigüedad*. Madrid: Aguilar.
Wind, Edgard (1940-41): «The sources of David's *Horaces*», en: *Journal of the Warburg and Courtauld Institutes* 4, pp. 124-138.

Un estudio de la lista de suscriptores a la *Historia de España* de Juan de Mariana, Valencia, 1783, desde la hipótesis de las dos Españas

Antonio Juárez Medina
(Hochschule Heilbronn)

1. Las suscripciones y el público lector en siglo XVIII

De antemano hay que precisar que los datos numéricos para conocer el perfil de los lectores en cuanto a las obras impresas en la primera mitad del siglo de los Borbones, si es que existen, están todavía por descubrir.[1] Este vacío no concierne únicamente los libros impresos; las investigaciones sobre la prensa española del siglo XVIII han tropezado igualmente con una vacío parecido en cuanto a la primera mitad del Setecientos; vacío que ha cambiado poco desde que Paul-Jean Guinard confesaba:

> nous manquons à peu près totalement de données numériques, et devons nous contenter d'hypothèses fondées sur les éléments fournis par les périodiques eux-mêmes, par leurs rédacteurs ou leurs contradicteurs.[2]

En el caso de los libros, ya fueran nuevos o de autores reeditados al conocer ya cierto éxito, o porque podrían tenerlo, tampoco había tales indicaciones acerca de sus lectores, comparables a las que indica Guinard, por ejemplo en la «Introducción» del *Caxón de sastre* (1760) «digesto» editado por Francisco Mariano Nifo (Nipho); éste afirma que su periódico es para «los que miran con sobrecejo a un libro, si se les representa o serio o abultado».[3]

Si con datos numéricos no ha sido posible, hasta la fecha, lograr revelar los diferentes perfiles de los lectores en general en la primera mitad del siglo, a menudo, se pueden descubrir las intenciones de los (libreros) editores por los contenidos temáticos y la forma de presentarlos que traspasan de las páginas de los preliminares

---

1   En la primera mitad del siglo es poco probable que ayuden las listas de suscriptores para ello. Fray Martín Sarmiento, en un texto sobre la situación de las bibliotecas del Reino, se refiere a ese modo de financiación de las impresiones ya practicado en el norte de Europa. Observando a la vez su gran utilidad pero también los peligros que puede representar para el público, si los libreros estafan a los suscriptores añade: «Como este arbitrio aún no está introducido en España, tampoco se ha viciado hasta ahora.» Sarmiento 1789: 218.
2   Guinard 1973: 69.
3   Guinard 1973: 79; (*Caxón de sastre*, «Introducción», página XXXII).

añadidos a la nueva impresión. Dicho esto con un término del glosario publicitario, se puede descubrir un cierto «perfil del lector» de una reedición.

Para la segunda mitad del siglo, en particular a partir de los años 1780, la investigación sobre la sociología de los lectores de periódicos dispone de datos numéricos gracias a las listas de suscriptores que los periódicos suelen publicar con regularidad, y cuya intención publicitaria no escapa al estudioso. Respecto a los libros impresos, la costumbre se da también, aunque sea más rara. Sin embargo, durante las comprobaciones sistemáticas llevadas a cabo para confeccionar en su tiempo un elenco de obras reeditadas en el siglo XVIII,[4] se han encontrado dos listas incluidas en los preliminares de dos reediciones, que no han perdido nada de su actualidad respecto al tema tratado en esta contribución. Una es del librero y editor, Benito Monfort de Valencia, que la imprime en el primer tomo de la *Historia de España* de Juan de Mariana.[5] La otra es la que otro librero y editor, Benito Cano de Madrid, incluye en los preliminares a las *Antigüedades de las ciudades de España*, de Ambrosio de Morales, que corresponden a los volúmenes IX y X de la colección integrada por las obras históricos escritas por Florián de Ocampo, Ambrosio de Morales y Prudencio de Sandoval.[6]

Esta segunda lista no es de gran utilidad para el tema presentado en este trabajo, ya que incluye tan sólo a seis personas, entre las cuales merece mención Antonio de Capmany, entonces secretario de la Real Academia de Historia.[7] Eso no significa que fueran los únicos participantes a la financiación de la colección: Así en la *Gaceta de Madrid* (en 1791 y 1792) se recuerda repetidas veces a los suscriptores a la *Crónica general* y a las *Antigüedades* que vayan a recoger los tomos disponibles y pagar los dos siguientes.[8] El propio impresor Cano hace saber a los suscriptores a finales de abril de 1792 que, como no recojan los libros pagados en el plazo de un mes, los pondría en venta libre, añadiendo: «Con motivo de haber sido tan crecido el número de suscriptores, que pasan de 700, se origina de lo contrario mucha detención y perjuicio para so total y final venta».[9]

En cambio, la lista impresa en el primer tomo de la *Historia* de Mariana es un precioso elemento en la valoración geográfica y sociológica del público aficionado a las rediciones de obras eruditas de los Siglos de Oro, reimpresas en el Setecientos. Al tratarse además de una obra muy polémica por la defensa que su autor hace del

---

4 Juárez Medina 1978: 11-94
5 Mariana, Juan de: *Historia General de España* (continuada por el P. Miñana). 10 tomos. Valencia: Impr. Benito Monfort, 1783-1796.
6 Morales, Ambrosio de: *Las Antigüedades de las ciudades de España*. (Vols. IX, X, de la *Crónica General de España* en XV vols.). Madrid: Impr. Cano, 1791-1792.
7 Morales 1791-1792: (preliminares), s.n.
8 *Gaceta*: 17-6-1791; 23-8-1791; 22-11-1791; 17-2-1792; 20-3-1792; 27-3-1792; 11-4-1792.
9 *Gaceta*: 24-4-1792.

tiranicidio, el estudio de esta lista permite abrir algunos cauces de investigación sobre el estado de la secularización y modernización del país.

Para bien entender la particularidad de la representatividad posible de la lista de suscriptores a la *Historia* de Mariana, es conveniente situarla en su contexto histórico. La España de los años 1780-1790, aunque en materia de libertad de edición todo no fuera satisfactorio, (¿lo era acaso en otros países?), el país ha conocido una evolución a paso resuelto, a marcha forzada, impuesta desde arriba se ha dicho a menudo,[10] pero evolución impresionante que, en comparación con la década involucionista de Juan Curiel, 30 años antes, es valorada por Lucienne Domergue sin ambigüedad:

> La décennie 1780 marque en revanche l'apogée de la liberté [matizada por la autora], une liberté très surveillée, la seule que pouvaient alors, en matière d'impression, comme en tout domaine, escompter les Espagnols.[11]

Cabe apuntar que la mera existencia de las listas de suscriptores denota una incuestionable afirmación de la identidad personal individualista, típica de la ideología burguesa presente ya en otros países. Significa, además, un acto de inversión privada, propio de la sociedad liberal-capitalista en la cual el Estado tiende, en teoría por lo menos, a no intervenir en las iniciativas privadas individuales, ya sean culturales o económicas.

La lista de suscriptores a la *Historia de España* de Mariana, reeditada en Valencia en 1783 por Benito Monfort, que sirve aquí de base analítica, presenta una serie de criterios específicos que le confieren unas características ejemplares y dignas de consideración en el marco del presente trabajo. Se recordará, primero, el entorno histórico, socio-cultural: la década de 1780. Desde el punto de vista estructural, el país vive un proceso de reformas sin precedente. Una de ellas es la reforma de las universidades, emprendida a raíz de la supresión de la Compañía de Jesús. Antonio Álvarez de Morales habla de una «efervescencia proyectista» al respecto.[12] En el plan económico y social, la época se caracteriza por la eufórica empresa de las Sociedades económicas, cuyo «lanzamiento oficial» corresponde a la publicación en junio de 1774 de *Discurso sobre el fomento de la industria popular,* base programática de las Sociedades, costeada para más por la hacienda real, e impresa a 30.000 ejemplares;[13] tirada excepcional para la época como para hoy. Y a mediados de los años 1780, por toda España, en México, Venezuela, y Perú, se han creado *Sociedades económicas de los amigos del país*. Richard Herr, manejando datos de Juan Sempere y Guarinos, avanza la cifra de 56 Sociedades al llegar 1789.[14] Cantidad que

---

10   Domergue 1982: 33.
11   Domergue 1982: 193.
12   Álvarez de Morales 1979: 73.
13   Rodríguez de Campomantes 1975: 337.
14   Herr 1979: 131.

parece corta; pues Aguilar Piñal en 1983 contabilizaba 33, solamente para Andalucía.[15] Para mayor estabilidad interior, la España de los años 1780 logró, tras la Paz de París con Inglaterra (3-11-1783), la paz general: uno de los sueños más anhelados por el primer ministro Floridablanca.[16]

Desde el punto de vista de los movimientos intelectuales, el país, la capital en primer lugar, se caracteriza por las pintorescas polémicas en torno al teatro y al casticismo. Éstas saltan de los salones a los periódicos y de éstos a los púlpitos y cátedras para regresar a los salones (164).[17] Lucienne Domergue cita un texto de Forner, (recordando que Juan Pablo, como polemista, fue «un orfèvre en la matière»), para dar el tono dominante en el ambiente de la época:

> Las befas, dicterios e irrisiones sirven ahora no para la corrección ajena, sino para la ganancia propia; y así la literatura actual está reducida a papelillos de escarnios, silbos y matracas recíprocas, en que se despedazan unos a otros los traficantes de papel impreso, sin que absolutamente se pueda aprender un grano de cosa útil e importante en las innumerables resmas que ensucian.[18]

A las polémicas entre literatos españoles, se añaden las polémicas con los prohombres de la Ilustración francesa en torno al papel desempeñado por España en la conquista de América en la que tercian, incluso, miembros de la Compañía de Jesús que se hacen, desde Italia, los apologistas de España.[19] Esa polémica es reavivada el mismo año de 1783 por el texto de Masson de Morvilliers en la *Encyclopédie Méthodique* que provoca un alza casi unánime de las plumas hispanas contra los «difamadores» galos.[20]

En resumidas cuentas, la época que sirve de telón de fondo a la reedición de la *Historia* de Mariana es un crisol de vitalidad, de entusiasmo, de creencia en el progreso, de confianza en el futuro y de autoconciencia de cara al extranjero. Las polémicas literarias domésticas, así como los enfados con Francia son índices y reflejos de esa vitalidad. Analizando las causas del atraso que el país había acumulado, a finales del siglo anterior, el ministro Campomanes, en el informe que mandó a l'Académie des Inscriptions et Belles Lettres de París en 1788, veía el atraso español principalmente en el hecho de que «quedó en calma la España, sin hacer los programas que ofrecía el ingenio de sus naturales y la instrucción de sus mayores».[21]

---

15 Aguilar Piñal 1983: 9.
16 Domínguez Ortiz / Cortés 1981: 48.
17 Domergue 1982: 128.
18 Forner, Juan Pablo 1787: III-V, apud Domergue 1982: 121.
19 Tietz 1983: 989-1016.
20 Tietz 1985: 127-150. Este investigador observa que incluso después del proceso montado contra Olavide, Diderot siguió creyendo en una evolución muy positiva de la España de los años 1780: «Der nochmalige Sieg der *Inquisición* im Falle Olavide hat Diderot keineswegs sein grundsätzliches Vertrauen in die spanische Aufklärung genommen» (140).
21 García Morales 1973: 103.

Parece evidente que la España de los años 1780 era ya la negación de aquella «calma». No es de extrañar que Denis Diderot, como se ha indicado más arriba, informado de esos cambios, ya en los años 1770, afirmara muy optimista: «Il nous est doux de pouvoir penser, de pouvoir écrire que la condition de l'Espagne devient tous les jours meilleure.»[22]

La efervescencia del país salta también a la edición, y se traduce por un deseo de ser más crítico, más perspicuo en la crítica, más riguroso con los textos publicados que el colega, y competidor potencial. Un episodio de esa «criticomanía» es la polémica editorial entre eruditos valencianos y madrileños respecto a la reedición, casi simultánea (1780 y 1783), precisamente de la *Historia de España* de Mariana. Cada uno proclama, como es de esperar, que su versión es mejor y más fiel al texto original del autor que la del competidor. La polémica reviste un particular interés al tratarse del historiador jesuita, cuya orden acaba de ser expulsada del Reino (con la felicitación de ambos bandos, por cierto), y del cual Richard Herr ha escrito que era sin duda «el historiador español más popular en aquellos días».[23]

En 1780, la Biblioteca Real inicia la publicación de su propia versión, la decimocuarta según reza el prólogo, porque «la última edición que debiera ser la más correcta, es sin duda la más defectuosa».[24] Esa última era la de Amberes de 1751 (16 volúmenes en octavo). Sin entrar en los pormenores de la pugna aquí (se tratará más adelante), no ha salido aún esa edición madrileña, protegida por la Corona, según se alega en el prólogo, que ya circula por la capital, un prospecto de Benito Monfort en el que el tipógrafo valenciano anuncia su intención de imprimir otra edición, basada no en la de 1623 sino en la de 1608, y, completada por la *Continuación a la Historia*, escrita por el P. Miñana a principios del siglo XVIII.

El marco histórico-cultural situado, la lista de suscriptores a la edición valenciana cobra también una singular importancia por el hecho que se trata de un proyecto financiado por fondos privados, contrariamente a la edición «oficial» de la Real Biblioteca. Así, el 17 de noviembre de 1780, la *Gaceta* anuncia una oferta de suscripción a la edición valenciana en la imprenta de Benito Monfort. Se detalla en ella que irá seguida por la «Continuación» del P. Miñana. Anuncio anodino (2/3 de página) en comparación, por ejemplo, con el que Benito Cano haría imprimir 9 años más tarde para anunciar la suscripción a las *Obras completas* de Saavedra Fajardo: un suplemento especial de dos páginas enteras en la *Gaceta*.[25]

El proyecto de Monfort tampoco era barato; pues ofrecía la suscripción a 36 reales por tomo, a condición de pagar 6 tomos de antemano, o 50 sin suscripción

---

22 Tietz 1985: 135; este autor nota de paso que esa frase incluida ya en la edición de 1774 de la *Histoire philosophique*, III, p. 402, fue reproducida fielmente también en el tomo de la *Encyclopédie méthodique*, publicado en 1786 (320 A).
23 Herr 1979: 283.
24 Mariana 1780: «Prólogo de la real biblioteca», s.p.
25 *Gaceta*: 16-XI-1789.

(+28%),[26] mientras que las *Obras* de Saavedra costarían solamente 10 reales el tomo, precio de suscripción. Sin embargo, a pesar del alto precio, y a pesar de las condiciones de suscripción (pagar 6 tomos por adelantado, es decir 216 reales), sin saber exactamente de cuántos tomos se compondría la obra, pues el anuncio de la *Gaceta* estipula en efecto que «al entregar el 3° y 4° se dará noticia del número de volúmenes que completarán la obra»,[27] la suscripción resultaría, como se va a ver, un verdadero éxito.

2. Localización geográfica: repertorio internacional.

Considerando que una edición de 1.500 ejemplares es hoy normal, la suscripción a la reedición valenciana de la *Historia* de Mariana fue un éxito. Nada menos que 702 personas e instituciones incluye la lista incluida en el tomo 1 (1783). Entre ellas, 116 en México y una en Cartagena de Indias; y además los embajadores de Prusia, Joseph von Kaunitz, de Austria, el conde Viudo de Aguilar, y el cónsul de Holanda, Leonardo Stuk; a esos se añaden varios apellidos forasteros, por ejemplo Alejandro Pico de la Mirandola. Se trata, comparada con las listas de suscriptores a periódicos o también a ediciones costosas, de una de las más importantes de aquellos años. Una comparación con algunas listas publicadas por los periódicos, que son las más largas, lo pone claramente de manifiesto. Herr indica para el *Correo de Madrid*, en 1790, 305 suscriptores.[28] El *Semanario erudito* tenía 364 en 1788.[29] El *Espíritu de los mejores diarios* alcanzó 765 suscriptores en 1788.[30] En 1781, la *Gaceta de Madrid* tenía «sólo» 929 suscriptores;[31] lo que no le impedía por lo visto realizar fuertes beneficios; cada número, según Guinard, «rapporte des sommes considérables à l'Etat».[32]

Otro elemento que confiere a la lista estudiada un valor documental relevante para el perfil medio de los lectores de la época es que si se acepta las tiradas normales de 1.500 ejemplares,[33] 736 ejemplares son adquiridos por 702 suscriptores. Lo cual confirma una vez más el enorme interés por el estudio de la historia de España durante el siglo ilustrado; estudio que algunos años más tarde, en plena reacción

---

26 *Gaceta*, 7-XI-1789.
27 *Gaceta*: ibíd.
28 Herr 1979: 161.
29 Guinard 1973: 71.
30 Herr 1979: 162.
31 Guinard 1973: 87.
32 Guinard 1973: 60.
33 Juárez Medina 1988: 96. Simón Díaz 1973: V-VI.

autoritaria, Manuel Godoy consideraría un crisol de subversión, ya que «[n]uestros propios anales desde el tiempo mismo de los Godos, ofrecían ejemplos peligrosos».[34]

Localización geográfica de los suscriptores

	Personas	%
Total de suscripciones	**702**	**100**
Madrid (y provincia)	310	44,16
Nueva España: Mechoacán de Valladolid	48	6,83
Nueva España: Provincia de México	38	5,41
Nueva España: Puebla de los Ángeles	32	4,55
Salamanca y provincia	35	4,98
Sevilla y provincia	29	4,13
Resto Ultramar, extranjero + inseguros	28	3,98
Reino de Valencia	21	2,99
Galicia	21	2,99
Resto de Castilla la Vieja	20	2,84
Barcelona y Cataluña	18	2,56
León y provincia	18	2,56
Zaragoza y Aragón	14	1,99
Resto de Castilla la Nueva	12	1,70
Cádiz y provincia	11	1,56
Reino de Murcia	10	1,42
Valladolid	9	1,28
Granada	8	1,13
Vascongadas	8	1,13
Asturias	4	0,56
Córdoba	3	0,42
Navarra	2	0,28
Málaga	1	0,14
Extremadura	1	0,14
Portugal (Lisboa)	1	0,14

La lista de suscriptores presenta una serie de dificultades, comunes a todas las listas de la época, a la hora de integrarlas en un estudio de socio-literatura, dificultades que limitan parcialmente su valor informativo. La principal de ellas es que ni son listas profesionales, ni son listas estamentales, sino más bien una mezcla de ambas categorías. La localización del suscriptor no es siempre posible, ya que las listas no indican su residencia en algunos casos, en otros, hay varias, y en otros dan un pueblo o un convento, sin añadir a que provincia pertenecen éstos, resultando en algunos casos arriesgado identificar perfectamente al suscriptor. Respecto a estudios sobre la prensa, estas dificultades no han escapado tampoco a Guinard, pues observa que «[l]a qualité, le titre, la profession des lecteur ne sont indiqués, au mieux, que dans la moitié des cas, et souvent dans une bien moindre proportion.»[35]

---

34 Godoy 1965: 116.
35 Guinard 1973: 87.

No obstante se puede compartir la opinión de este autor cuando añade:

> Ces réserves faites, nous croyons que le nombre de ces listes, la convergente des renseignements qu'elles apportent, permettent réellement de penser qu'elles donnent du public une image approximative pour qu'on la prenne en considération.[36]

Respecto a la localización geográfica, se ha tenido que admitir que aquellas personas sin indicación de lugar de residencia, o de cargo que implica necesariamente la residencia en Madrid, corresponden igualmente a Madrid. En efecto, para los demás van indicaciones de procedencia para no menos de 22 provincias o regiones (con ultramar), además de Portugal y del extranjero. En cuanto a las indicaciones de cargos, oficios, de dignidades religiosas, o de actividades profesionales que llevan la mención «en esta Corte», se ha de aceptar la residencia en Madrid; por ejemplo, el «Sr. D. Manuel de Villafañe, del Consejo de S.M. en el de Castilla».[37] El juicio seguido para proceder de esa forma ha sido apuntalado por el hecho que la explícita mención «vecino de Madrid» aparece una sola vez (lo cual resulta inverosímil) en el caso del «Sr. D. Miguel Matías de Sobrerilla, vecino de Madrid».[38] Por otro lado, la frecuente mención de un cargo con la indicación «en esta Corte» obliga a pensar que si la edición es valenciana, la lista de suscripción es confeccionada en Madrid. De hecho, el anuncio de la *Gaceta* ya citado indica que: «[S]e subscribirá en Madrid en la Librería de D. Andrés de Soto frente de S. Genés, y en Valencia en la de D. Manuel Cavero calle de Campeneras».[39]

La obligación de residencia en la Corte para personas titulares de un cargo en Madrid, aunque quizás sean originarios de otra ciudad, la confirma Guastavino Gallent en su estudio, precisamente sobre la Imprenta Monfort. El hijo mayor de la familia, Manuel Monfort, profesor de grabado en Valencia, y académico de mérito de la de San Carlos en Madrid, se ve reprochado por la escuela valenciana el descuidar «sus deberes de académico y profesor en Valencia, y en 1768 la docta corporación valenciana acordaba llamarle la atención por su ausencia».[40]

Finalmente, los 310 suscriptores madrileños contabilizados, aceptando los postulados expuestos, representan el 44,16% del total. Esta cifra no parece exagerada. Richard Herr indica porcentajes superiores para los suscriptores a periódicos procedentes de la capital: 54% para el *Correo de Madrid*, 63% para el *Memorial literario*, 60% para el *Semanario erudito*.[41] Enciso Recio, el estudioso de la *Gaceta*, avanza la proporción de 2/3 de lectores madrileños contra 1/3 de provincias para los 10.000

---

36 Guinard: ibíd.
37 Mariana 1783: «Lista de los señores subscriptores», s.n.
38 Mariana: ibíd.
39 *Gaceta*: 17-XI-1780.
40 Gallent 1947: 48.
41 Herr 1979: 161.

ejemplares que correspondían a una tirada media por esos años.[42] Otro investigador avanza la cantidad de 3/4 para los lectores del *Censor*.[43]

Además de la importante minoría madrileña, la observación digna de consideración en este apartado es la importante diversidad geográfica de los suscriptores «accionistas» de la *Historia*: 23 zonas regionales diferentes (con Portugal), procedentes de ciudades, de conventos, de pueblos y aldeas tan pequeños como Villafranca del Bierzo (León), Burgo de Osma (Soria), Montefrío (Granada), Azaña (Toledo), Marbán (Orense), Valdiña (Logroño). Lo cual indica a su vez el impacto informativo de la *Gaceta* de Madrid como correo bibliográfico nacional que era leído por todo el territorio. Esta diversidad ratifica la popularidad del autor reeditado entre todas las capas sociales del país.

No era la *Gaceta* la única fuente de información bibliográfica del público culto provinciano. La aristocracia, el alto clero, la burguesía acomodada tenían sus redes propias, eficaces y diligentes. Francisco Aguilar Piñal, al estudiar la biblioteca particular del hispalense conde del Águila, señala cómo trabajaba para el bibliófilo sevillano una red de agentes en Madrid, Lisboa, y otras ciudades europeas, que se encargaba de conseguirle libros, y eso ya desde los años 1750.[44] Aguilar Piñal añade que «no sólo se interesa por las novedades sino también por las ofertas de libreros, de ‹segunda mano› o ‹de viejo››».[45] No sorprende que entre los 7.477 volúmenes que poseyó el ilustrado sevillano,[46] también estuviera la *Historia* editada por Monfort; en efecto, su nombre va incluido en el segundo folio de la lista.[47]

Una mención especial hay que hacer igualmente para los 118 suscriptores de México cuya inmensa mayoría son laicos de humilde extracción (77) o cleros de cargos menores (34), el 94%. Tal vez no fuera causal el interés de los mexicanos por la *Historia de España* a menos de 30 años del «Grito de Francisco Hidalgo». No ha sido posible al respecto determinar si los suscriptores mexicanos son criollos o «gachupines», ya que una sola vez se indica el origen criollo: «Sr. D. Antonio Vecino, natural de México».[48]

3. Sociología estamental del público suscriptor: todos quieren su *Historia*

Más incierta resulta una clasificación de los suscriptores por profesiones, cargos, o por estamentos. Sin embargo, se pueden establecer algunos axiomas de partida para adentrarse en el tema. En efecto, de los 702 suscriptores se han renombrado 36 bi-

---

42 Enciso Recio 1957: 116.
43 Guinard 1973: 86.
44 Aguilar Piñal 1978: 144.
45 Aguilar Piñal: ibíd.
46 Aguilar Piñal 1978: 148.
47 Mariana 1783: *Historia*, s.p.
48 Mariana 1783: *Historia*, «Lista de suscritores», (folio 12).

bliotecas, 59 aristócratas para los cuales se indica su título, 15 prelados (obispos y arzobispos) y 227 cleros (es de destacar la minoría que representa el estamento religioso con un 34% de los suscriptores) que corresponden a todas las categorías seculares y regulares de cleros parroquiales y de cleros conventuales (éstos son 54). Entre los primeros se incluyen en las categorías parroquiales los «doctorales», «prebendados», «racioneros», «curas», «canónigos», «arcedianos», «deanes», «vicarios», «presbíteros». Entre los conventuales hay que señalar los benedictinos (22 de los 54). De forma que, si se deducen los estamentos hasta aquí indicados, se encuentra el estudioso con una mayoría de 365 laicos para los cuales no hay posibilidad de saber si se trata de miembros del estado llano o de hidalgos sin otro título. No se puede aceptar por segura la indicación de la partícula nobiliaria en el apellido – 168 –, ya que el no llevarla no indica necesariamente el no ser caballero, hidalgo. Es sabido, por ejemplo, que Félix María Samaniego (sobrino del conde de Peña-Florida) no solía usar la partícula, aunque era titular de un señorío en La Rioja.[49]

De tal manera, las 365 personas que no pertenecen al clero ni a la aristocracia, de forma explícita, pueden ser miembros de la clase media «llana» o de la clase media «noble».

La historiografía ha señalado repetidas veces que el siglo XVIII sigue esencialmente determinado por los valores jurídicos estamentales. Gonzalo Anes piensa que:

> En la España del siglo XVIII no hubo modificaciones sustanciales en lo que se refiere al ordenamiento jurídico que encuadraba, en la sociedad estamental, el orden de los tres estados.[50]

Tras justificar esa afirmación, Anes añade, no obstante, que durante la centuria se produce una disminución del número de nobles y que, sobre todo, los monarcas de la Casa de Borbón tienden de manera muy explícita a «valorar el mérito personal y oponer, así, los merecimientos a la sangre»;[51] ello significa un gran cambio «cuyas implicaciones no han sido convenientemente analizadas en los estudios disponibles sobre el estamento nobiliario durante el siglo XVIII».[52]

Estas consideraciones vienen a significar que si las leyes no han cambiado, las costumbres diarias, por lo visto sí, ya que no se indica ni una vez la calidad de hidalgo o de caballero; mientras que sí se indican los cargos, oficios, incluso los trabajos mecánicos, para 160 de los suscriptores como se verá a continuación. Es un simpota de secularización social.

El postulado arriba expuesto cobra también fuerza por el hecho de que, precisamente el año de 1783, por real documento del 18 de marzo, se declararon honestas todas las profesiones y se abría la posibilidad de ennoblecimiento «a la familia que

---

49   Sempere y Guarinos 1969: 85.
50   Anes 1975: 44.
51   Anes 1975: 57.
52   Anes 1975: 57-58.

durante tres generaciones hubiere mantenido un establecimiento industrial o mercantil de notable utilidad pública».[53]

Véase aquí la clasificación de los suscriptores por estamentos:

Apellidos sin partícula (¿estado llano?)	197	28,06%
Apellidos con partícula (¿hidalgos?)	168	23,93%
Aristocracia con título	59	8,40%
Bajo clero	227	32,33%
Alto clero	15	2,13%
Bibliotecas	36	5,12%
públicas	4	
universitarias, conventuales,		
semanarias	21	
colegiales mayores	11	

Se notará que los ejemplares adquiridos por las bibliotecas son un factor de multiplicación de la lectura de la obra. Entre las adquisidoras se nombrará la biblioteca pública de la ciudad de Teruel, la biblioteca de la Escuela Pía del barrio popular de Lavapiés (Madrid), la biblioteca de la Santa Iglesia Metropolitana de Valencia, la biblioteca del Colegio de Málaga de Alcalá, la biblioteca de los padres benedictinos de San Martín de Santiago, la biblioteca de la Universidad de Salamanca; el vicario general del obispado de Puebla de los Ángeles adquiere diez ejemplares de una vez. Como para las suscripciones individuales, todas las regiones peninsulares, y México, están también representadas.

La indicación de cargo, profesión u oficio va indicada en la lista para unos 160 suscriptores, lo cual, descontando a los aristócratas con título, a los eclesiásticos y prelados, y las bibliotecas, representa el 37,73% de los laicos. No obstante, en los 160, se ha incluido a algunos sacerdotes y aristócratas que también desempeñan algún cargo, principalmente en la docencia o en las órdenes militares (10 suscriptores). Entre los sacerdotes dedicados a la docencia, se mencionará a Francisco Pérez Bayer, en esa época preceptor de los Infantes, y a Vicente Blasco, maestro de los Infantes, y ambos del grupo valenciano afincado entonces en la Corte. Desde luego no es posible conferir a la clasificación por actividad otro valor que el de muestrario, ya que sólo 19 suscriptores indican su profesión (comerciante o librero), de los 365 que con toda probabilidad ejercen un oficio «mecánico» sin mencionarlo.

Los 141 suscriptores restantes, para los que vienen indicados la función o el cargo, están al servicio del Estado (como funcionarios – 12 –), por ejemplo, Bernardo de Iriarte, del Consejo de Indias, o el asistente de Sevilla, Francisco Antonio Domezaín. Los funcionarios de mediana o baja categoría van representados en número mayor – 66, entre ellos 29 en México –; por ejemplo, la lista incluye a «Bartolomé Muñoz de Torres, escribano de Cámara del Consejo», o en México a «Joseph Mateo Herreros, teniente de Guarda Cuños de la Casa de Moneda». Se observará al

---

53   Domínguez Ortiz 1981: 353.

respecto una importante minoría de funcionarios mexicanos empleados en la Casa de Moneda – 12 –. Los militares aparecen como se acaba de decir en la lista – 16 –, así como los funcionarios de administración municipal, regidores y corregidores – 20 –.

Se notará también la presencia de 16 miembros de la Inquisición, empezando por D. Felipe Bertrán y Fuero, obispo de Salamanca, e inquisidor general del cual Juan Antonio Llorente, autor muy crítico, escribe no obstante que en los 29 años que reinó Carlos III:

> fueron sucesivamente inquisidores generales el referido D. Manuel Quintano Bonifaz arzobispo de Farsilla, D. Felipe Bertrán, obispo de Salamanca, y D. Agustín Rubín de Ceballos, obispo de Jaén, los tres dotados de corazón humano, compasivo y benéfico, lo que contribuyó muchísimo a que fuesen disminuyendo los autos de fe públicos; [...].[54]

Bertrán fue tildado por Gregorio Mayans, no obstante, de ignorante que: «[c]uando ha tenido tiempo para aplicarse a los libros de erudición no ha querido dedicarse a ella por considerarla inútil y aun dañosa a piedad».[55]

En este caso, la presencia de Mgr. Bertrán desmiente al erudito de Oliva. Entre los 15 prelados incluidos en la lista, se señalarán además al arzobispo de México, Mgr. Alonso Núñez de Aro, al obispo de Cartagena, Mgr. Manuel Rubín de Celis, uno de los más abiertos, tempranos y raros partidarios del jansenismo español.[56]

Por otro lado, también aparece en la lista el colegio mayor de S. Bartolomé de Salamanca, que se caracterizó pocos años antes por su papel de centro de ofensiva ultramontana contra los regalistas, y de defensor de la Compañía de Jesús.[57]

Se han nombrado ya dos, Pérez Bayer y Vicente Blasco, merece señalar el importante grupo de profesores y doctores dedicados a la docencia – 35 –, entre ellos Juan Meléndez Valdés, entonces «Substituto de la Cátedra de Humanidad en la Universidad de Salamanca», se notará de paso que en el catálogo de la biblioteca de Meléndez Valdés incluido en la monografía de Georges Demerson no va incluida la edición de la *Historia* de Valencia por haber sido redactado el 20 de noviembre de 1782, poco antes de su boda.[58]

Meléndez Valdés no es el único literato ilustrado de la lista, también aparecen Francisco Cerdá, uno de los grandes reeditores del siglo XVIII, Cándido María Trigueros, sacerdote, periodista y poeta,[59] Antonio Cabanilles, el botánico valenciano que se haría famoso por sus *Observaciones sobre el artículo España de la Nueva Encyclopedia*, (Madrid, Impr. Real, 1784), y el abogado Felipe Canga Argüelles, padre del futuro diputado liberal en las Cortes de Cádiz, José Canga Argüelles. En

---

54 Llorente 1980: 87.
55 Mestre 1968: 347.
56 Martín Fernández 1979: 546.
57 Egido 1979: 239-240.
58 Demerson 1961: 72.
59 Guinard 1973: 106-107. Aguilar Piñal 1969: 233-240.

resumidas cuentas, esta lista confirma una pluralidad sociológica (profesional y estamental) de los suscriptores.

4. La popularidad de Mariana y el siglo XVIII: causas y pretextos de polémicas

La polémica que estalló en 1780 y enfrentó crudamente a ilustrados madrileños y valencianos tuvo por origen, y pretexto formal, el determinar cuál de las dos versiones de la *Historia general de España*, del historiador y filósofo jesuita Juan de Mariana era la versión más auténtica y conforme al pensamiento de su autor: la de 1608, o la de 1623. La polémica encendió los ánimos de los bibliotecarios de la Biblioteca Real, de los principales impresores madrileños (Joaquín Ibarra y Benito Cano) y, posiblemente, de parte del equipo ministerial de Carlos III; y en Valencia, los ánimos de los amigos y discípulos de Mayans, el impresor Benito Monfort y el regidor perpetuo de la ciudad, Vicente Noguera y Ramón.[60]

Desde un enfoque que parta de las «dos Españas», en las que se enfrentaran la modernidad o la tradición, es difícil entender las razones de dicha disputa, ya que, en este caso, ambos lados eran partidarios de la transformación ilustrada del reino. Oficialmente, por decirlo así, la polémica estalló porque el propio Mariana, actuando con el descaro propio al genio, no facilitó la tarea a los investigadores y estudiosos de sus escritos, al ofrecer en vida cuatro versiones españolas y tres latinas de su *Historia*, algo diferentes entre sí. Francisco Pi y Margall (quien entre sus profusas actividades fue editor de sus *Obras* escogidas en el siglo XIX), opinaría en 1854:

> Fue, como ninguno, audaz é independiente, no cejó ante el peligro, creció en él, y llamó sin titubear sobre sí las iras de los que mas podían; habló, gritó, tronó contra todo lo que le pareció digno de censura.[61]

Aunque Pi y Margall no ve inconveniente en añadir que «si hubiese nacido en nuestros días tendríamos en él uno de los pocos racionalistas con que contamos en España»,[62] no pasa por alto que antes que nada Mariana era eclesiástico, sacerdote y jesuita, y por eso sentencia que el «soldado de Cristo» buscó

> [s]iempre en el pasado la legitimidad de sus ideas sobre la necesidad de dar al clero riquezas, poder, dignidad, fuerza [...]; sobre este punto, sin embargo, bueno es ya considerar que procedió más por interés de partido [...]; y solo de una manera mezquina y repugnante admite luego que ciertos legos tengan intervención en los negocios de la Iglesia. Mariana está en esto imperdonable: no se ve ya en él un escritor de conciencia, sino un hombre pérfido, un sacerdote hipócrita.[63]

---

60 Sempere y Guarinos 1985-1989: 149-153.
61 Mariana 1950: V.
62 Mariana 1950: X.
63 Mariana 1950: XXXVIII.

No hay que olvidar que las iras anticlericales de Pi y Margall corresponden a la época (la Revolución de 1854) en la que en España se trató de proseguir con la desamortización de los bienes eclesiásticos, en la que Campomanes, una centuria antes, falló en parte.[64]

Puede parecer una paradoja, una de las muchas del siglo XVIII español, que el chantre de la teocracia y del derecho a la insurrección contra el tirano, y de su ajusticiamiento[65] tuviera tan buena acogida entre el público y entre los literatos e ilustrados del siglo, regalista por antonomasia, y eso pocos años depués de la expulsión de la Compañía de Jesús del reino. El «incomparable Mariana» como lo llamaba Antonio Valladares y Sotomayor en 1787 en el «Prospecto» que anunciaba la salida del *Semanario erudito*,[66] fue, en cuanto a su *Historia general de España* se refiere, ampliamente conocido por el público del siglo XVIII. La lectura de su *Historia* interesó a todas las capas alfabetizadas de la sociedad, y en todos los territorios de la corona (como se ha visto más arriba). El investigador francés Guinard señala que el editor de la *Academia de ociosos*, Juan Flores Valdespino, destinada a un público «poco instruido, sin ser ignorante del todo»[67] recomendaba en 1763 a una señora gaditana, de interesarse en primer lugar por autores «tels que Rollin, Mariana, Saavedra Fajardo, le P. Feijoo; point de romans, point de comédies, surtout si elles pêchent contre les règles».[68]

Lo que posiblemente gustara al lector hispano del Setecientos en Mariana fue su franqueza, su audacia en llamar las cosas por sus nombres (cuando lo consideraba útil), su atrevimiento a arrebatar mitos y acciones heroicas de los antepasados de familias prestigiosas, lo que le causó muchos disgustos con los descendientes de esas familias y con sus deudos; no se detuvo ante los peligros que le podía causar lo que escribía, como expresaba Pi y Margall. Aunque sus críticas se dirigieran muy particularmente al poder civil, también arremetió contra las milagrerías y las falsas historias de santos; temas, claro está, llenos de interés para el lector del siglo XVIII. El entusiasmo que Gregorio Mayans y Siscar le prodiga, ya en 1746, es una confirmación al respecto. Citando incluso a Pedro Mantuano, uno de los enemigos de Mariana, Mayans escribe que «el Padre Mariana era Príncipe de los Historiadores de Castilla, sin competencia con ellos, por no admitir igualdad con ninguno, ni con todos juntos».[69]

Es, en resumidas cuentas, la actitud crítica y polémica de Mariana (aunque no siempre objetiva), que gustará en el siglo XVIII español al público ilustrado que

---

64 Jover Zamora 1981: 632-635.
65 Mariana 1950: 477-485.
66 Herr 1979: 286.
67 Guinard 1973: 203.
68 Guinard 1973: 203 (nota 14).
69 Ibáñez de Segovia 1746: «Prefacio» (de Gregorio Mayans y Siscar), 1.

desea agrietar ciertos moldes culturales. Un ejemplo de lo que se acaba de decir lo proporciona el «Prologo» (dirigido a Felipe III) para la edición de 1608. Se podrá juzgar cómo Mariana, en lugar de alabar, y admirar, no se aparta de una escritura grave, respetuosa, pero sin rodeos; dicho de otra forma, donador de lecciones, que no de alabanzas. Comparando las diferentes ediciones latinas y españolas, publicadas hasta esa fecha, explica el jesuita:

> En la traducción no procedí como intérprete, sino como autor, hasta trocar algún apellido, y tal vez mudar opinión; que se tendrá por la nuestra la que en esta quinta impresión se hallare: ni me até a las palabras ni a las cláusulas; quité y puse con libertad, según me pareció mas acertado, que unas cosas son apropósito para gene docta, y otras para la vulgar […]. En dar el Don a particulares voy considerado y escaso, como lo fueron nuestros antepasados. Quien hallare alguno que lo toque, ó se le deba, sin él, póngasele en su libro, que nadie le irá a la mano.[70]

Aún más indicativo de esa afirmación del «yo», de que Mariana da muestra al hablar con el rey, y que es con seguridad otro aspecto del interés del público del dieciocho por su *Historia*, es cuando le recuerda al monarca la segunda edición de su *De rege et regis institutione* (Toledo 1599 y 1607):

> El año pasado presenté a V. Majestad un libro que compuse, de las virtudes que debe tener un buen Rey, que deseo lean y entiendan los Principes con cuidado. Lo que en él se trata especulativamente, los preceptos y avisos, y las reglas de vida Real aquí se ven puestos en practica, y sus vivos colores esmaltados.[71]

Esa afirmación de la propiedad y libertad intelectual, de que usa Mariana en las páginas de su *Historia*, le atrajo en vida agrios percances: pues, si indudablemente afirmaba la potestad de Dios sobre todo lo que existe; y de la Iglesia católica y todos sus ministros como intermediarios, Pi y Margall recuerda que el jesuita se enfrentó contra la intolerancia, y las supersticiones:

> Los poderes de su siglo no hallaban contra las invasiones de la reforma otro medio que el de aterrar con el castigo; el lo encontró inconducente, injusto; y lo dijo aunque indirectamente.[72]

Así hizo, al pronunciarse públicamente a propósito de la controvertida edición *Vulgata* de la *Biblia*.[73] El escolástico Mariana, por amor a la tolerancia y al derecho de crítica, tomó parte por grupo de los hebraístas, como recuerda Vázquez.[74]

Esa actitud crítica, también había que atreverse a afirmarla en el campo de la superstición, de las fábulas religiosas, de las milagrerías, y falsos relicarios. Y lo

---

70 Se ha transcrito de la edición de 1780 porque sobre este texto no hubo polémica entre Madrid y Valencia. Mariana: *Historia general de España*, Madrid: Impr. Ibarra, «Prologo del autor», s.p.
71 Mariana, op. cit. «Prologo», s.p.
72 Mariana 1950: «Discurso preliminar de F.P. y M.», X.
73 Vázquez 1979: 424-429.
74 Vázquez 1979: 425.

hizo Mariana con tal audacia que hasta puso en duda las leyendas tradicionales respecto a la venida a España del apóstol Santiago. Si las relata detalladamente en un capítulo de su *Historia*, en la conclusión, Mariana advierte con gravedad:

> La antigüedad de estas cosas y de otras semejantes, junto con la falta de libros, hace que no nos podamos allegar con seguridad a ninguna de estas opiniones ni averiguar con certidumbre la verdad.[75]

Posiblemente que detrás de la controversia acechan matices políticos, sociales e ideológicos, ya que entre las ediciones de 1608 y 1623 se produjo en Francia el asesinato de Enrique IV de Borbón (en 1610) y como recordó Campomanes en su *Dictamen fiscal* de expulsión de la compañía en 1764:

> [...] demuestra haber sido el padre Mariana, jesuita, por otro lado docto, el primero que propagó en España la doctrina regicida y tiranicida, dando a los pueblos ánimos para atropellar a las potestades superiores.[76]

Sin embargo, los responsables de ambas ediciones parecen conscientes, desde el principio de sus respectivas justificaciones, que están edificando una polémica sobre arena movediza. Por lo cual dejarán «al público por juez de su empresa»; es decir que la mejor sea la que más guste al público. Por ello anotarán en sus respectivas ediciones las diferencias de texto, respecto a la edición que no han seguido. En la edición de Madrid, los responsables indican que «se han notado por menor todas sus variantes, correcciones y adiciones».[77] Por su parte los valencianos si cabe aún más cautelosos que los madrileños indican ellos que «hemos seguido la edición que hizo Marina en 1608 y ponemos al pie las variantes substanciales, y las adiciones que se hallan en las impresiones de [1]617 y [1]623. Con lo cual logra el público tener en una tres ediciones».[78]

5. En buen camino hacia la modernidad social

A partir de los resultados expuestos, la idea principal que se forma el investigador es la de una verdadera pluralidad (heterogeneidad) social de los lectores de obras comparables a la *Historia* de Mariana, reeditadas en la segunda mitad del Setecientos: una masa de lectores, laicos y religiosos, de condición social mediana, aunque con el dinero suficiente para costearse una suscripción cuyo precio elevado alcanza ya los 324 reales (y 216 por adelantado). En el caso específico de la lista de suscriptores a la *Historia*, no se puede hablar, por otra parte, de un repertorio de celebridades, conocidas o estudiadas en su mayoría por los investigadores del siglo XVIII español: nada de la «selecta nata y crema» de la Ilustración. Ese anonimato social le confiere

---

75 Mariana *Obras*/XXX: 90.
76 Rodríguez de Campomanes 1979: 153.
77 Mariana 1780: s.p.
78 Mariana 1783: «Prólogo», s.p.

un valor representativo adicional. La gente «normal y corriente», que puede leer en los años 1780, lee sus clásicos y los paga por adelantado. Por el contenido de esta lista de suscriptores, y por el propio carácter del autor reeditado, no se ve un índice de enfrentamiento entre las dos Españas: la España del pasado (liderada por la Iglesia) y la del futuro (liderada por la sociedad y el poder civil).

Es más, la suscripción, cuyas listas son preciosas para la investigación socio-literaria, es una práctica eminentemente moderna que le va al siglo ilustrado como un anillo al dedo. Si, como se ha visto al inicio de este trabajo, no se practica aún en España en la primera mitad de la centuria, eruditos sagaces la consideraban ya como un método muy eficaz de hacer participar a un amplio público lector (como forma de expresión y de iniciativa privada), en los proyectos de reediciones de las obras antiguas caras. Por ejemplo, Sarmiento escribía en 1743:

> El arbitro de imprimir algún costoso libro por subscripciones, ha sido una de las mejores invenciones para el aumento de la literatura en España. Al principio solo subscribían impresores y libreros; después se introdujo subscribiesen todos los que gustasen aprontando antes el dinero según el plano del la Subscripción.[79]

Para que la empresa fuera un éxito, Sarmiento era consciente de que había que anunciarla en un prospecto publicitario y distribuirlo por todo el país, e incluso en el extranjero: «Ese pliego se había de repartir gratis por España: y aún en países extraños convidando a todos los que gustasen subscribir.»[80]

Como se ha podido observar en la lista estudiada, la mayoría de los suscriptores ni siquiera ejerce un cargo público, tan respetado y codiciado entonces; pues no creen decoroso añadirlo a sus apellidos, lo cual indica la situación modesta de esa mayoría. Además, si una fuerte minoría es madrileña (44,16%), la amplia representación geográfica de España, y de México (16,8%), realza el valor de la lista e indica la ya verdadera difusión de la lectura erudita por toda la superficie nacional. Se notará finalmente que la estanqueidad, por cuanto a la convivencia cultural se refiere, está ya en retirada. ¿Cómo explicar de otra manera que un grande de España como el duque de Alba, o que el arzobispo de México, acepten figurar en una lista, sin ninguna ordenación particular, tres folios después de un comerciante de Cádiz, para el primero, y entre un burgués sin cargo, y un «Guarda-vista de Herrería de la Real Casa de la Moneda», para el segundo. Por lo cual parece que España, en 1780-1789 estaba en un momento histórico extraordinariamente positivo y dinámico, que «los acontecimientos» de Francia de 1789, pararían en seco. Pero eso es tema para otro trabajo.

---

79 Sarmiento 1789: 217.
80 Sarmiento: ibíd.

Bibliografía

Acerenza, Miguel Ángel (1982): *Promoción turística. Un enfoque metodológico.* México D.F.: Trillas.

Aguilar Piñal, Francisco (1969): *Trigueros y su proyecto de una Gaceta literaria de Madrid.* Anales del Instituto de Estudios Madrileños, IV. Madrid: Instituto de Estudios Madrileños.

Aguilar Piñal, Francisco (1978): *Una biblioteca dieciochesca: La Sevillana del conde del Águila.* Cuadernos bibliográficos XXXVII. Madrid: CSIC.

Aguilar Piñal, Francisco (1983): *Cuadernos de Trabajo de Historia de Andalucía, IV. Moderna.* Carpeta IV, tema X. Consejería de Cultura (Junta de Andalucía), s.l.

Álvarez de Morales, Antonio (^{2}1979): *La ilustración y la reforma de la Universidad en la España del siglo XVIII.* Madrid: Pegaso.

Anes, Gonzalo (1975): *El Antiguo Régimen: los Borbones. Historia de España Alfaguara.* Madrid: Alfaguara.

Demerson, Georges (1961): *Don Juan Meléndez Valdés. Une vie espagnole sous le signe de la France 1754-1817.* Paris: Klincksieck.

Domergue, Lucienne (1982): *Censure et Lumières dans l'Espagne de Charles III.* Paris: CNRS:

Domínguez Ortiz, Antonio / Cortés, Antonio Luís (1981): «El reformismo borbónico. La España VIII», en: *Historia 16,* Madrid.

Domínguez Ortiz, Antonio (1981): *Sociedad y estado en el siglo XVIII español.* Barcelona: Ariel.

Egido, Teófanes (1979): «Regalismo y relaciones Iglesia – Estado (s. XVIII)», en Mestre Sanchiz, Antonio (dir.): *Historia de la Iglesia de España.* Madrid: Playor, t. IV, pp. 126-245.

Enciso Recio, Luis Miguel (1957): *Cuentos del Mercurio y de la Gaceta.* Valladolid: Universidad.

Forner, Juan Pablo (1787): *Pasatiempo de D. Juan Pablo Forner en la respuesta a las objeciones que se han hecho a su Oración apologética por la España.* Madrid: Impr. Real.

Gaceta de Madrid; fechas de salida: 17-11-1780; 16-11-1789; 7-11-1789; 17-6-1791; 23-8-1791; 22-11-1791; 17-2-1792; 20-3-1792; 27-3-1792; 11-4-1792; 24-4-1792.

García Morales, Justo (1973): «Un informe de Campomanes sobre las bibliotecas españolas», en: *Revista de archivos bibliotecas y museos* LXXV. Madrid: RABM.

Godoy, Manuel (1965): *Memorias del Príncipe de la Paz, I.* Estudio preliminar de Carlos Seco Serrano. Madrid: Atlas (BAE, LXXXVIII).

Guastavino Gallent, Guillermo (1947): *La imprenta de Benito Monfort (1757-1852), nuevos documentos para su estudio.* Madrid: CSIC.

Guinard, Paul-Jean (1973): *La presse espagnole de 1737 à 1791. Formation et signification d'un genre.* Paris: Centre de Recherches Hispaniques.

Herr, Richard (1979): *España y la revolución del siglo XVIII.* Madrid: Aguilar.

Ibáñez de Segovia, Gaspar (1746): *Advertencias a la historia de P. Juan de Mariana.* Valencia: Impr. Bordazar.

Jover Zamora, José María (1981): *«Edad contemporánea», Introducción a la historia de España.* Barcelona: Vicens Vives.

Juárez Medina, Antonio (1988): *Las reediciones de obras de erudición de los siglos XVI y XVII durante el siglo XVIII español.* Frankfurt am Main: Peter Lang (Studien und Dokumente zur Geschichte der Romanischen Literaturen, 20).

Llorente, Juan Antonio (1980): *Historia crítica de la Inquisición, I- IV.* Madrid: Hiperión.

Mariana, Juan de (1783-1796): *Historia General de España [...]* (continuada por el P. Miñana). 10 tomos. Valencia: Impr. Monfort [ver «Elenco» núm. 29, en Juárez-Medina, Antonio: *Las reediciones*].

Mariana, Juan de (^{14}1780): *Historia General de España [...]. Decimocuarta impresión*. En Madrid, por Joaquín Ibarra, Impresor de Cámara de Su Majestad, 1780.

Mariana, Juan de (1950): *Obras*. Madrid: Atlas (Biblioteca de Autores Españoles, XXX).

Martín Fernández, Francisco (1979): «La formación del clero en los siglos XVII y XVIII», en Mestre Sanchiz, Antonio (dir.): *Historia de la Iglesia de España, IV*. Madrid: Playor, pp. 524-581

Mestre Sanchiz, Antonio (1968): *Ilustración y reforma de la Iglesia. Pensamiento político-religioso de Don Gregorio Mayans y Siscar (1699-1781)*. Valencia: Soler.

Morales, Ambrosio de (1791-1792): *Las Antigüedades de las ciudades de España*. (vols. IX, X, de la *Crónica General de España en XV vols*.). Madrid: Impr. Cano [ver «Elenco», núms. 33-37, en Juárez-Medina, Antonio: *Las reediciones*].

Rodríguez de Campomantes, Pedro (1975): *Discurso sobre la industria popular*. Edición facsímil de John Reeder. Madrid: Instituto de Estudios Fiscales.

Rodríguez de Campomantes, Pedro (1977): *Dictamen fiscal de expulsión de los jesuitas de España (1766-1767)*. Edición, introducción y notas de Jorge Cejudo y Teófanes Egido. Madrid: Fundación Universitaria Española.

Simón Díaz, José (1973): *Bibliografía de la literatura hispánica*, V + VI (apéndices). Madrid: CSIC.

Sarmiento, Martín (1789): «Reflexiones literarias para una Biblioteca Real y para otras bibliotecas publicas escrito por [...] en el mes de diciembre de 1743», en Valladares y Sotomayor, Antonio (ed.): *Sarmiento erudito, XXI*. Madrid.

Sempere y Guarinos, Juan (1969 [1785-1789]): *Ensayo de una biblioteca española de los mejores escritores del reinado de Carlos III, I -VI*. Edición facsímil Madrid 1969. Madrid: Gredos.

Tietz, Manfred (1983): «Amerika vor der spanischen Öffentlichkeit des 18. Jahrhunderts. Zwei Repliken auf De Pauw und Raynal: die *Reflexiones imparciales* von Juan Nuix y Perpiñá und die *México conquistada* von Juan de Escoiquiz», en Heydenreich, Titus et al. (eds.): *Homenaje a Gustav Siebenmann*. 2 tomos. München: Fink, t. II, pp. 989-1016.

Tietz, Manfred (1985): «Diderot und das Spanien der Aufklärung», en Heydenreich, Titus (ed.): *Denis Diderot (1713-1784). Zeit – Werk – Wirkung*. Erlangen: Universität Erlangen-Nürnberg, pp. 127-150 (Erlanger Forschungen, Reihe A, Bd. 34).

Vázquez, Isaac (1979): «Controversias doctrinales postridentinas», en Mestre Sanchiz, Antonio (dir.): *Historia de la Iglesia*, IV. Madrid: Playor, pp. 424-429.

Observaciones sobre las *Odas de Filópatro* (1778-1779) de Pedro Montengón

Hans-Joachim Lope
(Philipps-Universität Marburg)

En 1868, Leopoldo Augusto de Cueto, marqués de Valmar, presenta como sigue las *Odas de Filópatro* de Pedro Montengón a los suscriptores de la *Biblioteca de Autores españoles*:

> Montengón entra sin duda en el camino por donde van los grandes poetas de la civilización y de la gloria. Pero no sabe andar por él. Como el caminante extraviado, que ve una luz lejana en [...] la noche, y no acierta á llegar á ella, [...] divisa las maravillas del mundo material y las grandezas del alma humana; las siente acaso en su entendimiento y en su corazón; pero no tiene color, ni luz, ni tino, ni fuerza para describirlas. Ve la belleza y no sabe cantarla. Es escritor de noble espíritu y de meritoria intención. No es bastante: le falta la llama divina [...]. La posteridad debe recordar su nombre con respeto, pero puede olvidar sus obras.[1]

Para Cueto, las *Odas* de Montengón son bien intencionadas, pero no buenas. Sólo muestran el fallo del autor ante sus propias ambiciones, su fracaso ante el abismo que separa el querer del poder.

Visto este juicio negativo, no extraña que las *Odas de Filópatro* hayan sido eclipsadas, durante generaciones, por las demás obras del autor.[2] *Eusebio* (1786/1788), *Antenor* (1788), *Eudoxia* (1793), *Rodrigo* (1793), la traducción de *Osián* (1800) y los textos épicos y dramáticos – no publicados hasta 1820 – monopolizaron el interés de la investigación tanto nacional como internacional a pesar de los contados dieciochistas que a ello se oponían y no se cansaban de subrayar también la importancia de las poesías de Montengón. Al estallar la Gloriosa de 1868, un año antes del análisis negativo por parte del marqués de Valmar, Gumersindo Laverde

---

1 Cueto (1869) 1952: CXXX-CXXXI.
2 *Eusebio*, 4 vols., Madrid: Imprenta de Sancha 1786-1788; *El Antenor*, 2 vols., Madrid: Imprenta de Sancha, 1788; *Eudoxia, hija de Belisario,* Madrid: Casa de Sancha, 1793; *El mirtilo o los pastores trashumantes*, Madrid: Imprenta de Sancha, 1795; *Fingal y Témora. Poema épico de Osián, antiquo poeta céltico.* Traducido en verso castellano, Madrid: D. Benito García y Compañía, 1800; *Frioleras eruditas y curiosas para la pública instrucción*, Madrid: Oficina de García y Compañía, 1801; *Las tragedias de Sófocles.* Traducidas en [...] castellano, por D. Pedro Montengón, Napoli: G. Battista Settembre, 1820; *La conquista de Mégico por Hernán Cortés. Poema épico*, ibíd., 1820; *La pérdida de España reparada por el Rei Pelayo. Poema épico*, ibíd., 1820; *La pérdida de España por el Rey,* ibíd. 1820. – Más detalles en Blanco Martínez 2001: passim; Carnero 1990: 13-213; Flesler 2001: 85-98.

Ruiz relaciona las «*Odas* filosófico-sociales» de Montengón con una ilustración que para él no significa ni más ni menos que «el lado brillante del siglo XVIII».[3] Y en una historia de la literatura destinada a los alumnos y estudiantes de nuestros días se lee:

> [...], las *Odas* (1778-1779) de Montengón [...] constituyen un paradigma de la poesía ilustrada. El poeta pone su obra al servicio [...] de la ilustración y en sus odas encontramos una exaltación de la paz – requisito imprescindible para el progreso – y la libertad; un canto a los beneficios deparados por la instrucción, el estudio, el trabajo, el comercio, la industria... Asimismo, Montengón defiende virtudes como la modestia, la honestidad, el respeto al prójimo en odas en las que [...] hace revivir líricamente a Pelayo, don Rodrigo, el Cid, Gonzalo Fernández de Córdoba y otros héroes [...]. Otras odas las dedica al tema americano y a la conquista con el mismo espíritu ilustrado y polémico.[4]

Para Guillermo Carnero, las *Odas de Filópatro* son un ejemplo típico de la «poesía ilustrada»[5] del siglo XVIII, Klaus-Dieter Ertler habla de «aufgeklärte Lyrik»[6] y Joaquín Arce las sitúa en el contexto epocal de una «ilustración lírica»,[7] en la que representaría – igual que José de Viera y Clavijo, Cándido María Trigueros y otros – la variante de la «poesía [...] científica y filosófica».[8] Para Elena de Lorenzo Álvarez, las *Odas* materializan la «España del progreso» por antonomasia.[9] Además, la obra excede en cierta medida el contexto hispánico. Publicadas en 1778 en Ferrara, las *Odas* entablan también el diálogo con la Italia contemporánea, a donde Montengón había sido desterrado en 1767 con motivo de la expulsión de los jesuitas de España. Es en Italia donde descubrió, progresivamente, la atracción del discurso ilustrado secular y mundano:[10]

---

3 Laverde Ruiz (1868), en Carnero (ed.) 1991a: 37-63, aquí 57: «Así, ensalza [...] Montengón, conforme a las ideas [...] de su tiempo, todos los grandes principios [...] económicos en que estriba la prosperidad y riqueza de los pueblos, regocijándose con el renacimiento de la industria y de la agricultura nacionales.»
4 Checa / Ríos / Vallejo 1992: 161.
5 Carnero 1990b: 75: «Esta denominación [...] se refiere a los textos poéticos de propósito reformista y regenerador, en los que se tocan cuestiones [...] correspondientes al pensamiento ilustrado [...]».
6 Ertler 2003: 128.
7 Arce Fernández 1981: 257-260.
8 Aguilar Piñal 1996: 122. El término *poesía filosófica* aparece ya en el mismo siglo XVIII, cfr. Abellán 1982: 21-22.
9 Lorenzo Álvarez 2002: 133-152.
10 Fabbri 1972: 15-16: «Il soggiorno italiano [...] portò a maturazione un profondo processo di revisione [...] ideologica che muoveva dall'esigenza, emergente con sempre maggior forza, di verità e di libertà: l'insofferenza per ogni dogmatismo intellettuale e religioso, che già lo aveva spinto ad abbandonare la Compagnie ed il sacerdozio, si trasformò in aperta adesione all'illuminismo e, per quanto riguarda la religione, diede luogo ad un atteggiamento di sostanziale agnosticismo.
Nell'Italia della seconda metà del Settecento [...] Montengón si liberò dai moduli e dai canoni culturali, rivelatisi meschini e [...] insufficienti, che in Ispagna avevano presieduto alla sua formazione culturale e si accostò alle più importanti correnti del pensiero eu-

[...] Pedro potè entrare in dimestichezza con alcuni dei più rappresentativi uomini culturali emiliani, veneti e lombardi, quali il Pepoli, il Gritte, [...], il Conti. [...]. La familiarità con tanti *belli ingegni* e le notate condizioni politiche e culturali del nuovo ambiente en cui era venuto a trovarsi, rendevano ancor più evidente, agli occhi di Montengón, la staticità del mondo intellettuale spagnolo, imbalsamato in academismi fuori del tempo, acorato a strutture pedagogici [...] superate e ad un insegamento universitario che [...] no permetteva lo studio della più moderna filosofia e delle scienze.[11]

Es decir que las *Odas* de Montengón reflejan a la vez la estructura general de una época y el destino concreto de un intelectual del siglo XVIII que comparte las preocupaciones, ambigüedades e idiosincrasias del discurso filosófico de su tiempo. «Esta poesía es expresión del espíritu de una época, del ansia ilustrada de introducir en su patria las medidas que los *filósofos* extendían por toda Europa.»[12]

El título de las *Odas de Filópatro* demuestra ya que la obra se deslinda claramente de la moda del bucolismo contemporáneo. El autor no luce una vestimenta pastoril ni hace de poeta arcádico, a pesar del ejemplo sugestivo de un anacreontismo renovado que Dalmiro-Cadalso acababa de presentar en sus *Ocios de mi juventud* de 1773. *Filópatro* es un *amigo del país*, un patriota comprometido, que transmite un mensaje de interés colectivo.[13] Para eso utiliza un seudónimo que el autor italiano Pietro Giannone (1676-1748) alias *Eusebio Filópatro* había puesto de moda en Nápoles, dos generaciones antes, y que sugiere a Montengón los conceptos emblemáticos del «hombre de bien» (*Eusebio*) y del «amigo del país» (*Filópatro*) patriótico. En efecto, la *Istoria civile del Regno di Napoli* (1723) de Giannone es uno de los libros más controvertidos del siglo XVIII italiano por esbozar un Estado absoluto, gobernado por un despota ilustrado e indiferente en materia de religión. La obra fue puesta en el *Index* y el autor tuvo que refugiarse en la corte del emperador Carlos VI en Viena, donde no tardó en suscitar una serie de controversias literarias, en las que el seudónimo de *Eusebio Filópatro* aparece en varios contextos:

> Dada la coincidencia del uso, por parte de Montengón, de nombres relacionados con este pseudónimo tanto en el *Eusebio* como en las odas, cabe pensar que el jesuita refugiado [...] y miembro de una orden expulsada por diversos estados y suprimida por la bula *Dominus ac Redemptor* en 1773, conociera estas obras y casi cincuenta años después

---

ropeo [...]».
11 Ibíd.: 13-14.
12 García-Saez 1974: 45.
13 Krauss 1973: 60: «Patriotismus ist nicht bloß eine Gesinnung, sondern beständige Tatbereitschaft im Sinne des Fortschritts und der Bürgertugend». Maravall 1991: 47-48: «En el siglo XVIII apenas hay escritor que no emplee con [...] fervor la voz ‹patriota›. Este término, [...] – no anterior al siglo XVII, según parece – empezó no significando más que lo que hoy expresamos con su derivado «compatriota»; los que son de un mismo lugar. Es en el siglo XVIII cuando en todas las lenguas europeas pasa a significar aquel que cumple ejemplarmente sus deberes de ser útil y [...] ‹benéfico› [...] para con [...] la universalidad del grupo humano a que pertenece [...].»

identificara su labor como escritor con la de aquel jesuita ‹patriota› y ‹hombre de bien›, [...].[14]

Podríamos añadir que el jesuita Antonio Fernández de Palazuelos utiliza el seudónimo de *Filópatro* en sus traducciónes de Alexander Pope,[15] y que el rey Federico II de Prusia adoptará la misma identidad para redactar, en 1779, sus *Lettres sur l'amour de la patrie, ou correspondance d'Anapistémon et de Philopatros* (1779).[16] Las *Odas de Filópatro* aluden a los temas más diversos. Encontramos, por ejemplo, poesías dedicadas a representantes destacados de la vida pública contemporánea como Carlos III, Campomanes, Ensenada, Floridablanca y otros al lado de textos referentes a acontecimientos clave de la historia nacional e hispano-americana (Colón, Cortés, Pizarro, Potosí, el «buen salvaje» etc.).[17] La gama temática se ensancha todavía en las ediciones ulteriores: poesías amorosas y de circunstancias, controversias literarias, etc.

* * *

La primera *Oda de Filópatro* se titula *A Carlos III, sobre la Academia Vascuence o de los Amigos del País, en aumento de la Agricultura.* Después de una «renuncia virgiliana a los temas épicos y amorosos en favor de materias superiores», se cantan en tono solemne los progresos de la agricultura en Madrid y alrededores, iniciados por las reformas de Carlos III.[18] No carece de interés recordar que esta apoteosis del soberano se refiere al mismo rey, cuya política anti-jesuítica fue la causante del destierro de Montengón:

> De un pueblo, que te adora
> Soberano piadoso, Rey clemente,
> A cuyo zelo (sic) debe la mejora
> De su industria y riqueza igualmente
> Tu Reyno floreciente. [...]

---

14 Lorenzo Álvarez (2002: 134), menciona también al jesuita Giuseppe Sanfelice, quien había publicado, en 1728, en Colonia, bajo el pseudónimo de *Eusebio Filópatro*, sus *Riflessioni morali e teologiche sopra l'historia del Regno di Napoili, esposte al publico in più lettere familiari di due amici,* dirigidas contra Giannone. Estas *Riflessioni* no se acogieron en el *Index* pero sí fueron prohibidas en 1729 por la censura imperial de Viena: *Zwei amtliche Dekrete über das Verbot der ‹Riflessioni morali e teologiche sopra l'Istoria civile del Regno di Napoli› unter dem Pseudonym Eusebio Filópatro.*
15 Fabbri 1972: 16.
16 Hazard 1963: 443-447.
17 Pedro Montengón: *Odas de Filópatro,* 3 vols., Ferrara: Imprenta Cameral, 1778-1779 (t.I: 1778; t. II: 1779; t. III: 1779). No indicamos las páginas de las odas citadas, se desprenden fácilmente de la sinopsis al final de este artículo.
18 Lorenzo Álvarez 2002: 136. Comparar *Odas* I, 1: *A Carlos III*: «Canten otros la gloria / que al acaico carro o al eleo / dio la veloz victoria, / y el honor del laurel que regó Alfeo, / amartelado amante / de la esquiva, volúbil Aretusa, / y a su Gerón triunfante / en vuelo lleve la tebana musa.»

> De tu pueblo el contento
> Brota ya en nuevas fuentes de riqueza,
> Roto el impedimiento
> De la antigua graveza,
> Y alzando puertas de Oro a la franqueza. (*Odas* I, 1)

Como *Soberano piadoso* y *Rey clemente*, Carlos III encarna el ideal de la *clementia Caesaris*, con lo que se sitúa en un catálogo de valores éticos que recuerda el ejemplo de los emperadores romanos más prestigiosos desde Tito a Trajano. Al mismo tiempo es señor de un *Reyno floreciente*, cuyos progresos se deben, manifiestamente, al esfuerzo de los españoles modernos. Tal una corona, el «ufano Manzanares» cerca la villa y corte de Madrid. Sus aguas canalizadas convierten «eriales» barbechos en «vergeles» florecientes y riegan los altares elevados en honor a la *Industria* que se venera aquí como la diosa todopoderosa de los tiempos nuevos. En esta España del reformismo borbónico, *Dicha* y *Alegría* acompañan el arado de Triptólemo, el fundador de los misterios eleusinos, que había recibido – según cuenta el mito – el primer grano de trigo de manos de Deméter para que la humanidad se hiciera sedentaria y labriega. Hoy en día, *Abundancia* guía sus «coronados bueyes» sobre los campos fértiles de Castilla.[19] La *translatio* que Montengón practica aquí le permite importar el sueño de la Arcadia antigua a una España en la que no cabe duda de que los resultados obtenidos sean debidos, en última instancia, a los españoles que lograron sustituir la «antigua graveza» por «nuevas fuentes de riqueza». El mundo moderno se confronta a un «entonces» que hace sitio a un nuevo concepto del progreso: La «franqueza» prometedora de riqueza, ¿significaría algo como «liberalismo económico» o «libre cambio»?[20]

La segunda *Oda de Filópatro* lleva el título explícito *A la Industria*. Sólo a la *Industria* se debe que el hombre lograra elevarse desde la desorganización primitiva hasta las formas de vida de una civilización desarrollada y refinada, lo que tuvo como consecuencia, sin embargo, que se perdiera la congruencia inicial entre el «lugar afortunado», que es una creación humana, y el *locus amoenus,* que perpetúa el tópico de la mítica naturaleza ‹natural›. El *lugar afortunado* debe (o deberá) su existencia a una *Industria* que nace del esfuerzo humano y alienta al hombre en su larga lucha contra el pauperismo y la ignorancia, así como los ideales ascéticos – cristianos o rousseauistas – de los nostálgicos de la vida sencilla:

> Fija tu rico asiento,
> Industria, hija dichosa

---

19 Cfr. *Odas* I, 1: «La Dicha y la Alegría / Al carro de Triptólemo preceden, / Y la Abundancia guia / Los coronados bueyes. / [...] mi musa [...] / cantará transformados en vergeles / antiguos eriales.»

20 Cfr. *Odas* I, 28: *Al Patriotismo*: «[...] A su gustosa libertad levanta / el alegre Comercio mil altares; [...], / libre puede surcar los libres mares. / De la industria, y trabajo los sudores / acrecientan tu gloria y tu grandeza.»

> De la necesidad y del talento;
> [...] el mortal despojado
> de tu primer rudeza,
> por tí dejó los bosques, y llevado
> en pos de tu belleza,
> trocó la añeja encina,
> que sola antes le daba el vil sustento,
> por la planta eleusina,
> y admiró con contento
> mugir al buey al grave yugo uncido,
> y el suelo, ya surcado
> de verdores vertido,
> dorar tu nuevo fruto sazonado. (*Odas* I, 2)

Estos versos contienen toda una filosofía del progreso. Montengón se declara favorable a la idea de una historia, en la que la humanidad – ayudada por la «Industria» que suscita el contrato social – deja «los bosques» para emanciparse, progresivamente, de la «vil rudeza» de los tiempos arcaicos y dar el paso decisivo del *animal naturale* hacia el *animal civile*.[21] No es la «añeja encina» la que posibilita este progreso, sino el regalo divino de la «planta eleusina» y una organización social que va por nuevas formas de la vida colectiva y, sobre todo, una repartición inteligente del trabajo. En este sentido, la «Industria» es realmente la «hija dichosa de la necesidad y del talento».

* * *

El conocimiento del extranjero es una condición fundamental para superar el atraso español que se explica con frecuencia – y Antonio Ponz lo lamenta en su *Viage de España*[22] – como consecuencia de un aislamiento voluntario a nivel nacional, regional y local. La decadencia de la hegemonía política bajo los últimos Austrias y el papel que el país desempeñó como defensor de un catolicismo agresivo y contrarreformista, han interrumpido por varias generaciones los contactos con los vecinos europeos. En este sentido, la recomendación dirigida a las élites españolas de transpasar las fronteras en descubrimiento de pueblos, tierras y formas de vida ignorados era, aún en tiempos de Montengón, algo más que un tópico a la moda. En la *Oda* I, 10, dedicada a Pedro de Mondoñedo, Filópatro subraya que el viajero hace una serie de experiencias prácticas e insustituibles por cualquier tipo de teoría:

> [...] los tiempos compara,
> las artes, las costumbres de naciones,
> las leyes diferentes,
> el culto y religiones

---

21 Para las variantes españolas de la teoría del contrato social – José Olmeda y León, Francisco Cabarrús, Valentín Foronda y otros – cfr. Lope (en prensa).
22 Puente 1968: 143-154, 217.

de tantos pueblos y diversas gentes.
El talento instruido
Arroja de su pecho
La falta prevención en que embebido
Bajo el materno techo
Limitarse creía
El ingenio y virtud al suelo ibero. (*Odas* I, 10; *Sobre el viajar*)

Hoy como antes, viajar es «la mejor escuela de relativismo, y por lo tanto de tolerancia, en cuanto a costumbres, valores y religiones; también es un antídoto contra el chauvinismo». Sólo el que viaja escapa a la «ignorancia, debida entre otras cosas a no sentir curiosidad por lo que existe más allá de Madrid».[23] Conocer los vecinos europeos y darse cuenta de las soluciones que ellos han encontrado en el Estado, la sociedad y la tecnología es imprescindible para todos los que quieran fomentar el progreso en España. Aun cuando se constate, finalmente, que no todo es ejemplar y digno de imitación, siempre queda la experiencia del extranjero como un desafío para despertar – pacíficamente – las energías durmientes del país. La mirada dirigida hacia las «leyes diferentes», el «culto» y las «religiones» en los países vecinos no dejará de enriquecer la discusión intra-española. «Bátavo se convierte en poderosa potencia, Prusia disfruta una paz holgada y Rusia florece incluso entre los hielos».[24] Sólo una España económica y tecnológicamente abierta volverá a ocupar – y mantener – su sitio en la Europa moderna.

* * *

Otro tipo de transgresión es el que caracteriza el dinamismo desencadenado por una humanidad que se civiliza con la ayuda de su inteligencia tecnológica:

[...] Jasón a un débil pino
los vientos enfrenó, rumpiendo el vado,
y allanando el camino
al gusto, y lucimiento
del ansioso mortal, que enriquecido,
de tu fértil talento, celebra agradecido
en mil artes tu numen poderoso
de hacer ave volante
a Dédalo ingenioso,
y de imitar los rayos del Tonante. (*Odas* I, 2)

Con ser héroes míticos, Jasón y Dédalo representan también el tipo del hombre que se hace dios-«prótesis» al utilizar su razón para unir las *artes* con la *Industria*. Es un hecho: el hombre necesita de «prótesis» bien elaboradas – un navío, un aparato de vuelo – para llevar a cabo las transgresiones («rumpir el vado», «allanar el cami-

---

23 Carnero 1991b: 129.
24 Lorenzo Álvarez 2002: 138.

no») que le permiten, al final, competir con el mismo *Júpiter tonans*.²⁵ Los «rayos del Tonante» mencionados en el texto debían recordar al lector contemporáneo los «impactantes experimentos eléctricos de Benjamín Franklin», quien se sitúa por consiguiente – aun sin ser explícitamente nombrado – al mismo nivel que el jefe de los argonautas y el pionero minoico de aviación. Que a Sir Benjamin se le considere, en este orden de ideas, casi como un Prometeo moderno resulta del acuerdo sugestivo de la idea del progreso tecnológico, condensada en la metáfora del fuego, y la toma de partido, a la vez patriótica y cosmopolita, por la revolución americana de 1776. El busto de Franklin, rematado por Jean Antoine Houdon en 1778, casi paralelamente a las *Odas* de Montengón, lleva la inscripción *Eripuit caelo fulmen, mox sceptra sceptrumque tyrannis*²⁶ y José Viera y Clavijo admiraba al «célebre americano» tanto porque «con su barra le robase / el rayo a Jove, el éter a la esfera» como por el espíritu de rebeldía con que se opuso a Jorge III de Inglaterra.²⁷ En la *Oda* I, 16, *Industria* entra en escena junto con *Talento, Trabajo, Invención* y *Artes ingeniosas*, con los que forma ni más ni menos que un nuevo olimpo que se va sustituyendo al olimpo clásico en la medida en que se impone la victoria del progreso.²⁸

El «fértil talento» (*Odas* I, 2) de la *Industria* dicta también la marcha de la *Oda* I, 3, titulada *A D. Antonio Salinas y Moñino, sobre el Trabajo*.²⁹ Su tema es el trabajo humano que ya no se considera aquí como castigo del pecado original según *Gen. III*, sino – al contrario – como factor principal de producción del beneficio económico e incremento de la riqueza de la comunidad. El «azadón» se convierte en el símbolo de una agricultura a la que el hombre se dedica primero «con el sudor de su frente» para darse cuenta, después, de que se trata de la base misma de su emancipación histórica al fomentar la vida sedentaria, la repartición del trabajo y el despliegue de la civilización. De ahí el himno siguiente al «azadón»:

---

25 Thote 2003: 263-288. Las *artes* de Montengón están más cercanas a la *techné* griega que a la aceptación moderna de la palabra que implica más bien una *finalidad estética*. La construcción del *Argo* se hizo a consecuencia de una orden expresa de Palas Atena, la diosa de la «tecnología».
26 Lorenzo Álvarez 2002: 137-138, cita este texto en la variante *Eripuit caelo fulmen, sceptrumque tyrannis*. La idea ya se encuentra en las *Astronomica* (v. 104) de Marco Manilio, donde se dice de la razón humana: «Eripuit Jovi fulmen viresque tonandi». El *Anti-Lucretius* (1745) del cardinal Polignac hace del verso «Eripuit fulmenque Jovi Phoeboque sagittas» una invectiva dirigida contra Epicuro.
27 Viera y Clavijo 2003: 120-121. Para la historia literaria de la electricidad cfr. Romero Tobar 2003: 85-107; Arce 1981: 292-315. El primer pararrayos utilizable de Franklin data de 1752.
28 *Odas* I, 16: «Las Artes ingeniosas, / el Talento y Trabajo la acompañan, / y a fuentes caudalosas, / que los jarales desmontados bañan, / la Invención abre el vado, / y enriquece la tierra. [...].»
29 Antonio Salinas y Moñino (muerto en 1784): tío del conde de Floridablanca. Ocupaba temporalmente un puesto en la embajada española en Florencia. Ozanam 1998: 423.

> Él rompió de la tierra el seno avaro,
> que el zarzal erizado defendía;
> del bosque echó a la fiera
> y alivióle su hojosa cabellera.
> A él debe Mausolo su memoria,
> su poder Artemisa: él en ciudades
> nos allanó los montes,
> puso al Araxis freno y al Orontes.
> Domada la mar Bátava con diques,
> y de la vasta China la alta frente,
> cual de idea Cibéles,
> de muros coronada, y capiteles,
> ostentan del trabajo el poderío,
> cuando la patria utilidad, y gloria
> empeña sus sudores:
> por él de los pasados vencedores
> la nombrandía eternizada queda
> en portentosos arcos y teatros; [...]. (*Odas* I, 3)

El «azadón» ha cambiado la cara del mundo. Los ríos domados como el Araxes caucasiano y el Orontes sirio lo prueban, igual que la costa neerlandesa, la Muralla China y el mausoleo de Halikarnaso: el mundo habitado debe su aspecto actual a la intervención humana.[30] Atestigua «del trabajo el poderío» y la fuerza de los hombres que se comprometen «con la patria utilidad, y gloria». El «ibero» se ve incitado a dar esfuerzos cada vez más grandes bajo el signo del progreso:

> [...] un nuevo día
> fomenta su desvelo;
> riega el sudor corintio nuestro suelo.
> Con ala respetuosa va ya el tiempo
> Por reales caminos, y canales,
> La gloria eternizando
> De Carlos, nuestra dicha mejorando. (*Odas* I, 3)

Aquí, la idea del progreso se junta al nombre de Carlos III por la «gloria» del rey y la felicidad de los españoles. El «sudor corintio» alude a los juegos corintios mencionados en *Ad Corinthios* I, 9, 24: «Nescitis quod ii, qui in stadio currunt, omnes quidem currunt, sed unum accipit bravium? Sic currite ut comprehendatis.»

* * *

En la *Oda* I, 16, la diosa *Industria* anuncia un amanecer dichoso a los españoles:

---

30 El *Araxes* (georg.: *Rakschi*) es el afluente más importante del *Kury* (= *Cyros*). *Orontes* (= el terco) es el nombre antiguo del *Nar Al-Así* que atraviesa el norte de Siria. El *Mausoleo de Halikarnaso* en Caria lleva el nombre del dinasta Mausolo, cuyo reinado duro de 376 a 352 a. C. A su esposa Artemisa, que le siguió en el poder (352-350), se debe el *Mausoleo* erigido en honor de su marido que se consideraba una de las siete maravillas del mundo.

¿Qué Deidad peregrina
al suelo de mi Patria hoy amanece?
El monte se le inclina,
y a sus pasos el campo reflorece.
Se adorna la Natura
de la brillantez pura de su frente,
y cual la noche obscura
huye del resplandor del nuevo Oriente,
tal el ocio y pereza
se ocultan de su vista, y muestra el suelo
la nativa belleza
que al dormido mortal negaba el cielo. [...].
[...]: ya atraida
de tu fecundo acento
dexó admirar la industria amanecida
su esplendor al iber. [...].
A la patria lo vuelve ciudadano
útil [...].
Entonces adorando
la Industria, que incitó su flaco pecho,
por quien ya descansando,
goza de su riqueza el propio techo,
loará tu talento,
Rodríguez, y en las aras de la diosa,
debiéndote el contento,
pondrá en tu honor anversaria rosa. (*Odas* I, 16)

Una nueva ética del trabajo convierte al súbdito en «ciudadano útil» para gozar de un bienestar que no debe a nadie sino a sí mismo. Si *Filópatro* menciona expresamente a Pedro *Rodríguez* Campomanes en este contexto, se reconoce como partisano de este ministro ilustrado, a cuya obra principal, publicada en 1775, alude ya en el título de la oda citada.[31]

Los tiempos que permitieron a grupos enteros de la sociedad escabullirse del trabajo adquisitivo han terminado, igual que la distinción arbitraria de trabajos honrados y deshonrados o la dependencia de las carreras públicas de la tan mítica como imponderable «limpieza de sangre». Estos conceptos denigran la idea de la patria solidaria, como Montengón demuestra en la *Oda* I, 25, dedicada a *D. Antonio Barceló*:[32]

---

31 *A D. Pedro Rodríguez Campomanes, sobre su libro de la industria popular*. El *Discurso sobre el fomento de la industria popular* (1775) de Campomanes pasa por ser la obra clave del liberalismo económico en el siglo XVIII español, cfr. Llombart 2003: 455-485; Ocampo Suárez-Valdés 2003: 487-516. La admiración de Montengón por Campomanes casi no conoce límites: «Tú a la nación entera / del ocio esclava, y mísera pereza / despertaste del sueño, en que estuviera / dormida todavía, si tu zelo [...] / no le hubiese infundido nueva vida» (*Odas* I, 16).

32 En 1767, Antonio Barceló había capitaneado la escuadra de la marina real, que condujo a los jesuitas expulsados a Italia. Sus éxitos más vistosos los obtuvo combatiendo a los

¡Ó, gloriosa nobleza
por mil ilustres hechos merecida!
De sangre la limpieza
no ennoblece la vida
en ocio ignominioso sumergida.
No siempre de los fuertes
y buenos nace el fuerte y bondadoso;
tal vez de otro Laertes
o Aquiles animoso
nace un Tersites vil y temeroso.
Tuya es la entera gloria
que ilustra y ennoblece tus acciones,
ni a pasada memoria
la debes o a blasones
de grifos mal pintados y leones. (*Odas* I, 25)[33]

Los méritos de los antepasados no justifican de ninguna manera el «ocio ignominioso» de algunos representantes de la nobleza actual. También un Aquiles y un Laertes pueden tener un Tersites degenerado entre sus descendientes.[34] Una sociedad que vive para el futuro no puede permitirse elegir sus directivos según criterios heráldicos.[35] La «pasada memoria», tal como se desprende de los escudos tradicionales de la nobleza, no justifica en absoluto la adjudicación de funciones y responsabilidades públicas en la España actual. Aquí, Montengón está de acuerdo con Trigueros, Jovellanos (*Sátira II a Arnesto*) y Cadalso (*Cartas Marruecas* VII, XII, etc.)[36] en una discusión que remite en definitiva, como es sabido, a Lucano, *Carmen ad Pisonem*, vv. 10-11: «Perit omnis in illo / nobilitas, cujus laus est in origine sola.»

* * *

Para Montengón no cabe duda de que el progreso material es el mejor garante de la paz tanto interna como externa.[37] Por eso dirige las palabras siguientes a una patria que retoma conciencia de su propio valor en tiempos de Carlos III:

---

piratas argelinos que acosaron las costas españolas. «Barceló fue lo que hoy llamaríamos un *self-made man*, y por ello hubo de sufrir la rechifla y el desprecio de la alta oficialidad de la Armada [...]. Montengón simboliza en él la superioridad del mérito y el esfuerzo sobre la apellido [...]» (Carnero 1990b: 78).

33 Cfr. también *Odas* I, 6: *Al Patriotismo*: «¡Dichoso el ciudadano / que de tu templo en el altar precioso / inmola de su mano / la opinión y concepto jactancioso / de su vana nobleza.»

34 Tersites era el hombre más feo en el ejército griego que cercaba Troya. Ulises le castigó varias veces por sus propósitos difamadores y Aquiles le mató porque había deshonrado el cadáver de Pentiseleia, la reina de las Amazonas, dándole en el ojo con una jabalina.

35 Krauss 1973: 95: «nach heraldischen Grundsätzen».

36 Cfr. los materiales citados en Abellán 1982: 24-27.

37 Cfr. el *beatus ille* siguiente que formula con motivo de la canalización del Segura en la *Oda* I, 17, dedicada *A D. Ambrosio Rial, sobre los canales de navegación*: «Dichoso tú,

> Llevado de tu amor el ciudadano
> (mientras Marte descansa de la guerra
> y ve gozoso Janos
> regar la paz el seno de la tierra)
> del fruto ilustre de su docta frente
> o del de sus sudores coronado
> en el templo se ostente
> que Carlos a la industria ha levantado. (*Odas* I, 11)

Este tema conoce una variación en la *Oda* I, 28, en la que aparece la visión de un paisaje floreciente, anhelado por los «labradores» y dominado por Saturno y su esposa Ops.[38] Y en la *Oda* I, 5 – *A D. José Sarmiento, sobre la labranza* – la temática se ensancha aun para formular, finalmente, los ideales de la fisiocracia unidos a los estereotipos de una nueva *aetas aurea*:

> Cantaré yo de espigas coronado,
> Oyéndome las ninfas y Silvanos,
> La edad dorada, y bienaventurado
> Siglo de los romanos;
> [...] el campo transformado en fértil folio,
> y en cetro el grave arado.
> Surca el monarca, y siembra el duro suelo,
> Que fertiliza su sudor glorioso,
> Y el ejemplo ennoblece de tu celo
> El estado dichoso,
> En que el hombre no teme los rencores,
> De envidiosa fortuna, ni desea
> Otro bien, que el que riegan sus sudores,
> Que el campo le granjea. (*Odas* I, 5)

En un contexto anacreóntico, en que sería normal que aparecieran Baco coronado de pámpanos y Venus coronada de mirtos, el «yo lírico» se presenta con una corona de espigas: la «edad dorada» que se evoca está lejos de ser una construcción utópica fuera del tiempo y del espacio. Remite, al contrario, a un momento bien definido de la historia, a saber al «bienaventurado siglo de los romanos» es decir la época augustea. La *aetas aurea* mítica era, como es sabido, una era en que no existía el trabajo, y por eso le atrae mucho menos a Montengón que la visión de un mundo que debe su

---

que ahora, / gozando en paz de más segura estado, / que tu virtud mejora, / ves abrir a los ríos nuevo vado, / y de remotas fuentes / encaminar del arte las corrientes. / Al erial ufano / cubre nueva verdor, gaya hermosura / y el estéril secano / admira la mudanza de natura / hechos ya regadíos / de arroyos sesgos y meandrios ríos. / Engastan las riberas / ya alegres edificios, ya ciudades, / que antes las libres fieras / las hacían temibles soledades; / y en selvas teatrales / coronan alamedas los canales» (*Odas* I, 17).

38 Esta *Oda* I, 28, dedicada *A la España, en la elección a la Secretaría de Estado del conde de Floridablanca* (1777), alude igualmente a la canalización de las aguas del Segura: «Esperan en el suelo / de Saturno otra edad los labradores. / Segura alborozando a la mar niega / de sus fecundas aguas los tributos, / y en tu seno hace entrega / de otros tesoros, y preciosos frutos.»

florecimiento al esfuerzo de los hombres y, sobre todo, de sus monarcas: «Surca el monarca, siembra el duro suelo». Siguiendo el ideal fisiocrático del siglo XVIII, la labranza se presenta aquí como fuente de riqueza. Correspondería a los nobles terratenientes volver al campo y cultivar sus tierras para el bien de todos. El *monarca agricultor* de Filópatro[39] dignifica el trabajo en nombre de una crematística a la que el concepto, adelantado por Adam Smith, del *valor trabajo* ya no es extranjero: «[...] si la unidad de medida [...] para cuantificar el valor de un bien o servicio es el esfuerzo que lleva incorporado, [...] la agricultura ha de ser uno de los bienes más valorados.»[40]

* * *

Al elogio de la agricultura se sigue la apología del comercio, que Filópatro sólo puede concebir a escala mundial. La *Oda* I, 6 se titula *Al Comercio* y recoge el tema de una «globalización» efectuada en nombre del colonialismo renacentista por una España cuya hegemonía – indiscutida durante mucho tiempo – no deja de ser puesta en cuestión en la actualidad por sus rivales residentes en el norte europeo. Se trata de una constelación que impone imperativamente una política de reformas y de consolidación. Después de invocar a las musas para amenizar esa temática seca de las relaciones y balanzas comerciales, Filópatro entra en el asunto:

> Mi espíritu incitado
> de tu numen, ¡oh, musa!, y en las alas
> del deseo llevado
> verá vestir al Támesis las galas
> que el Indo le destina,
> y dar las leyes Londres orgullosa
> en el mar que domina.
> Veré allá levantar su majestuosa
> e inalterable frente
> nueva Bátava, Tiro coronada
> de frutos de oriente,
> al libre de virtud feliz morada. (*Odas* I, 6)

Londres y el Támesis dictan la ley a orillas del Indo y la «nueva Bátava» (Batavia/Jakarta) es considerada como un Tiro nuevo que confiere a los neerlandeses el papel de los fenicios de antaño. El auge de la España de Carlos III dependerá, enton-

---

39 ¿Se trata de una alusión al surco con que Rómulo separó el terreno de los romanos sedentarios del mundo de los nómadas representados por Remo?
40 Lorenzo Álvarez 2002: 142. En 1776, Adam Smith (1723-1790) publicó en Londres su obra fundamental *An Inquiry into the Nature and Causes of the Wealth of Nations* (2 vols.). El *Tableau économique* de François Quesnay (1694-1774), que propaga el fisiocratismo, es de 1758 (París). Para la relacion (y la tensión) entre fisiocracia y mercantilismo, cfr. Krauss 1973: 126-141.

ces, de la capacidad de su marina de responder al desafío de esos competidores,[41] – una perspectiva que casi omite los virreinatos americanos para dar todo su peso al mundo indo-asiático que se ha convertido, para los poderes en cuestión, en la placa giratoria de sus relaciones comerciales y culturales ultramarinas. Para Montengón, el comercio internacional es expresión de una civilización universal, cuyas potencialidades negativas – el imperialismo, la trata de esclavos, el derroche de los recursos naturales, etc. – no se tematizarán hasta el tomo II de sus *Odas*.[42] En el primer libro, publicado en 1778, la confianza que el autor manifiesta en el *laissez faire* y el *laisser aller* del sistema económico global todavía no conoce quebraduras:

> ¡Oh, comercio glorioso,
> que tales templos al caudal levantas
> del mortal industrioso!
> Descubro mil navíos a tus plantas,
> ministros animosos
> de tu gloria y grandeza: ya domados
> los mares tempestuosos
> se rinden a tu imperio: ya obligados
> sirven a tus aumentos,
> sujetos a tu industria, los rencores
> de los opuestos vientos;
> Eolo da tributo a tus sudores:
> Por tí goza en su suelo
> del fruto que le niega la Natura,
> y su contrario cielo
> el mortal, que lo anhela: a la cultura
> sirve el Asia de Europa. (*Odas* I, 6)

Lo mismo que la agricultura, el comercio marítimo es expresión de la cultura del «mortal industrioso». Para Filópatro no cabe duda de que este tipo de contactos «globales» contribuye al refinamiento general de las costumbres en el viejo continente: «a la cultura / sirve el Asia de Europa». La *Oda* I, 7, completa esta visión haciendo hincapié en las expediciones de Vasco da Gama, aquel «atrevido ibero» cuya «victoriosa bandera» no deja de tremolar hoy por el mundo entero. Los pueblos europeos le deben la apertura de un «campo de gloria» lleno de posibilidades insospechadas.[43] La península del Kamtchatka lo prueba igual que el «atónito Chino», las

---

41 Para el trasfondo histórico cfr. Palacio Atard (coord.) 1989.
42 Cfr. los textos sobre la conquista del Perú y la explotación del Potosí en *Odas* II; Carnero (ed.) 1990a: 132: «La llegada de la civilización europea es [...] considerada como fuente de desolación, guerra, muerte y corrupción moral, y Montengón pone el acento en los errores de la colonización española: explotación inhumana de los indios y esclavos africanos; organización económica insensata, que descansa en actividades extractivas y depredatorias, con la nefasta secuela que para la metrópoli supone la confianza en la llegada de metales preciosos, finalmente reexportados sin enriquecer a un país que ha desmantelado su economía obnubilado por el oro americano.»
43 *Odas* I, 7: *A la Navegación*: «Ya Kamskatcha [sic] descubre a sus intentos / nuevo

islas Molucas y la americana California: una vez traspasado el *nec plus ultra* de las columnas de Hércules éstas se trasladan a nuevos fines del mundo donde ya no pueden parar ni el espíritu de la aventura ni el comercio internacional. En adelante, es el *plus ultra* el que definirá un globalismo con el que la España de Carlos III va a conectar.

* * *

Sin embargo, la simpatía que Filópatro manifiesta por el comercio marítimo tiene también sus límites. Si es necesario se combina con las perspectivas de un mercantilismo que no ignora, ni mucho menos, el proteccionismo y el fomento del mercado nacional. El autor no niega que los tejidos flamencos y la porcelana china sean productos altamente deseables y debidamente costosos. Sin embargo, una experiencia específicamente española demuestra, a más tardar desde el siglo XVI, que las importaciones que no van enmarcadas en una balanza comercial equilibrada tienen un efecto francamente nefasto para la comunidad de los ciudadanos. Se trata de una conclusión crematística que, además de imponerse como inevitable, va relacionada con frecuencia, en el siglo XVIII, con la casuística de un debate más bien polémico sobre el lujo en la sociedad contemporánea.[44] Montengón aprovecha estas controversias para pedir el fomento de las fábricas nacionales a fin de contrabalancear la dependencia unilateral de los españoles de sus suministradores extranjeros.

> Sirvan a la grandeza
> de numerosas artes los sudores;
> el gusto, la fineza
> apuren del talento los primores;
> mas ocupen la mano,
> y la industria del propio ciudadano.
> La vajilla de Alcora
> manjares no estudiados me presente;
> a mi mesa desdora
> la fina porcelana del Oriente;
> sin Gante, ni Bruselas,
> Requena me dará nobles manteles. (*Odas* I, 8)

«[...] o superar la industria extranjera, o privarse del consumo»: ésta es la fórmula con la que Gazel, el moro culto de las *Cartas Marruecas* de Cadalso, expresa la idea de un lujo nacional que satisfaría a la vez las preocupaciones éticas del «filó-

---

campo de gloria, y de sudores, / verá atónito el Chino, / por no creídos mares, ni camino, / tremolar victoriosa su bandera. / Ni el Bátavo animoso, ni el Maluco, / domará solamente / los iracundos mares del oriente. / Ni entre la espesa niebla el seno / al atrevido ibero, / que por mar no surcado irá el primero / a dar límite al suelo; y renovando / de su mano el hercúleo monumento, / por Colón destruido, / grabará en él su nombre esclarecido.»

[44] Krauss 1973: 69-80; Lope 1992: 129-150.

sofo» y las finalidades crematísticas del «estadista»,[45] anticipando casi las argumentaciones del joven Carlos Marx.[46] Sin embargo no hay sitio alguno, en Montengón, para el argumento de una moral pretendidamente sencilla y hasta ascética practicada por los antepasados.[47] Habla en nombre de una lógica económica sin manifestar ninguna simpatía por cualquier tipo de ascetismo. Lo que sí admite es sustituir el tejido flamenco y la porcelana oriental por productos salidos de las manufacturas de Alcora y Requena, si son equivalentes y funcionales. Aparte de la defensa de los productos «nacionales», se trata aquí, para Montengón, de ensalzar los méritos específicos de la economía regional valenciano-catalana, cuyos logros se destacan también en otros contextos. Así, por ejemplo, en la *Oda* I, 26, se lamenta la muerte del marqués de la Romana[48] y en la *Oda* I, 14, se enumeran los progresos que hizo Cataluña bajo la tutela del conde Mina, uno de los amigos *del país* más exitosos de la región:

> O si más te agrada,
> Del Catalán la rica industria canta,
> Y a la vega regada
> Del Segre, do levanta
> Cual entre añejo bosque excelsa planta
> Su frente Barcelona,
> Y en su animoso seno el marte ibero,

---

45 José de Cadalso: *Cartas Marruecas* 41, edición de Martínez Mata, 2000: 107-112: «Los autores europeos están divididos sobre si conviene esta variedad o abundancia. Ambos partidos traen [...] argumentos en su apoyo. Los pueblos que por su genio inventivo, industria mecánica y sobra de habitantes han influido en las costumbres de sus vecinos, no sólo lo aprueban, sino que les predican el lujo y los empobrecen, persuadiéndoles ser útil lo que les deja sin dinero. Las naciones que no tienen esta ventaja [...] gritan contra la introducción de cuanto en lo exterior a su sencillez y traje y en lo interior los hace pobres. [...]. No siendo el genio español dado a estas fábricas, ni la población [...] suficiente para abastecerlas de obreros es imposible que jamás compitan los españoles con los extranjeros en este comercio. [...] No quedan más que dos medios para evitar que el lujo sea total ruina de esta nación: o superar la industria extranjera, o privarse del consumo.»

46 Marx 1971: 259: «[...], so antwortet mir der Nationalökonom: Meinen Gesetzen handelst du nicht zuwider; aber sieh dich um, was Frau Base Moral und Base Religion sagt: meine nationalökonomische Moral und Religion hat nichts gegen dich einzuwenden, aber [...]. Aber wem soll ich nun mehr glauben, der Nationalökonomie oder der Moral?».

47 Cfr. la argumentación contraria en *Cartas Marruecas* 88, edición de Martínez Mata 2000: 215-216, donde Ben-Beley exhorta a un joven diciendo: «[...], quítate esos vestidos, ponte uno de lana del país; deja estos manjares deliciosos y conténtate con un poco de pan, vino, hierbas, vaca y carnero; no pases [...] por teatros y tertulias; vete al campo, salta, corre, tira la barra, monta a caballo, pasa el río a nado, mata un jabalí o un oso, cásate con una mujer honrada, robusta y trabajadora.»

48 *Odas* I, 26: «[...]. La patria lo ha llorado, / de su valor privada y su talento, / y del dolor llevado / el Turia violento / fue a tributar al mar su sentimiento.» *Turia*: nombre latino del Guadalaviar, cuyos aguas canalizadas riegan la huerta valenciana.

Y sudante Belona,
Que acicala el acero,
O forja en bronce rayos al guerrero. (*Odas* I, 16)

Sin embargo, los progresos de la región catalana no sólo conciernen el regadío del valle del Segre y el auge – tan importante para el «marte ibero» – de la industria metalúrgica, sino también la navegación comercial, cuyas rutas Montengón sigue hasta «el golfo espumoso de Noruega» (*Odas* I, 16).

* * *

Ante este telón de fondo no extraña que también se mencione el proyecto, realizado bajo Carlos III, de repoblar la Sierra Morena.[49] En esta región, la España del progreso está convirtiendo un *locus eremus* en *locus amoenus* mediante la siembra, en el desierto, de la mies de la «eleusina diosa» Deméter, las vides de Baco y la planta de Palas. Si Montengón evita mencionar el nombre de Pablo de Olavide en este contexto, lo hace probablemente porque estaba al corriente de las dificultades que el intendente de Sevilla tenía con la Inquisición, precisamente durante la fase decisiva de la génesis de las *Odas de Filópatro*.[50] Como es sabido, Olavide fue condenado por el Santo Oficio el 24 de noviembre de 1778, de manera que una mención irreflexiva de su nombre debiera dificultar inútilmente la difusión de esas poesías publicadas casi al mismo momento. Este peligro era concreto ya que Montengón compartía visiblemente, con Pope, Rousseau y otros pensadores ingleses y franceses, las preferencias literarias y filosóficas del intendente de Sevilla. Sin embargo, el poeta no oculta de ninguna manera su simpatía por las actividades de Olavide. Pero las atribuye – presentándolas en toda su explosividad ideológica – a Carlos III como la única persona que no corría el riesgo de verse expuesto a una intervención inquisitorial. El rey Carlos III es el destinatario de la *Oda* titulada *A Carlos III*, que tal vez se hubiera dirigido, en otras circunstancias, al mismo Olavide, siguiendo la costumbre ordinaria del autor de cantar directamente, en sus poemas, a las personalidades más destacadas de la élite ilustrada del reino. En la *Oda* I, 12, es el «gran Carlos» él que encarna como nadie el progreso y la capacidad del país de construirse un futuro, también en la lejana Sierra Morena:

La industria ha ya vencido
En la inculta Morena la hermosura.

---

49 Ertler 2003: 37: «Neue Siedlungen mit [...] Kolonisten aus Bayern, Flandern und Spanien sollten den Keim für [...] landwirtschaftliche Zentren in unbewohnten Gebieten bilden. Das bedeutendste Projekt dieser Art war die Besiedlung [...] der Sierra Morena zwischen 1767 und 1775, deren neu entstandene Dörfer bis 1835 Sonderrechte genossen. [...], Pablo de Olavide leitete das Besiedlungsprojekt, was ihm 1775 einen Prozess vor der Inquisition [...] einbringen sollte. Aus der Haft flüchtete er nach Frankreich, und das ambitiöse Projekt blieb [...] führungslos.» Domínguez Ortiz 1989: 115-119.

50 Perdices Blas 2000: 275-302.

> [...]. Admira levantarse
> ciudades, edificios majestuosos,
> los valles coronarse
> de techos deliciosos,
> y en ocio dulce pueblos industriosos,
> que a la dicha renacen
> antes desconocida de aquel cielo,
> do ahora se complacen,
> gran Carlos, por tu celo,
> tener propicio y agradable suelo. (*Odas* I, 12)

Si se necesitara una prueba más, ésa se da en la Sierra Morena: la España de Carlos III ha abierto un capítulo nuevo de su historia, descubriendo – sin embellecer las cosas – que el discurso general sobre la decadencia, la despoblación, el pauperismo, la desarbolización y la falta de infraestructura corresponden más que a la realidad concreta a un caso retórico, al que era casi inevitable que cada *homme de lettres* añadiera lo suyo.[51] En este discurso «a la moda» ya no se trata de decir la verdad sino de tomar posición ante una ideología que no siempre evita el peligro de cultivar estereotipos y prejuicios corrientes y en gran parte anticuados.[52] Y a veces niega rotundamente, sobre todo en el extranjero, los progresos objetivos que se constatan en campos tan importantes como la reforestación, el abastecimiento de la población y la construcción de caminos, puentes, canales, navíos, etc.

* * *

En las poesías aquí estudiadas, Filópatro se deja llamar la atención por la España realmente existente y se pregunta por las posibilidades de mejorar las cosas en la actualidad. El presente le pide todo el compromiso del que es capaz mientras que la historia sólo tiene interés en la medida en que sirve como *magistra vitae* a los hombres que viven hoy en día. Los poemas que evocan el pasado marcan en general «bisagras» importantes: Rodrigo, Pelayo, El Cid, Covadonga, Clavijo, Las Navas, Granada, Lepanto, etc. Pero nunca sirven para aureolar el pasado *per se* sino para alimentar la reflexión orientada hacia el futuro. Montengón podría decir con Friedrich Schiller que la historia

> [...] heilt uns von [...] der kindischen Sehnsucht nach vergangenen Zeiten; und indem sie uns auf unsere eigenen Besitzungen aufmerksam macht, lässt sie uns die gepriesenen goldnen Zeiten Alexanders und Augusts nicht zurückwünschen.[53]

---

51 «[...] eine Ehrenpflicht des *homme de lettres*», Hinterhäuser 1957: 72.
52 Cfr. por ejemplo el tema de la *despoblación*. La verdad es que la población de España está en un continuo crecimiento durante todo el siglo XVIII. Bajo Felipe V, se cuentan 7.625.000 habitantes. Los censos de 1768, 1787 y 1791 ascienden a 9.160.000, 10.410.000 y 10.541.000 respectivamente; cfr. Domínguez Ortiz 1989: 116; Pérez-Bustamante 1967: 444-446.
53 Schiller s.d.: 323.

También en el caso de las «nuevas poblaciones» de Sierra Morena, la historia y la mitología pueden aportar una serie de imágenes inspiradoras del pasado,[54] pero no facilitan modos de empleo para actuar en una situación concreta. Hoy como antes, la pregunta decisiva no es «¿Qué era ayer?» («Was war gestern?») sino «¿Qué somos ahora?« («Was sind wir jetzt?»).[55] El progreso no nace de la nostalgia del pasado, sino de una visión del futuro estribada en un análisis del presente. Supone la fuerza de tomar decisiones y de superar una realidad que no debe durar, como lo dice el Nuño de José Cadalso: «Cuéntese por nada lo dicho, y pongamos la fecha desde hoy [...].»[56] Más que hacia el pasado las *Odas de Filópatro* están orientadas hacia el futuro, con lo que reflejan una fase importante en el discurso de los ilustrados españoles que vieron, en tiempos de Carlos III, la posibilidad real de dar un comienzo nuevo. Así, la *poesía ilustrada* de Montengón representa un momento tal vez único de la historia de la literatura española del siglo XVIII: «Noi oggi sappiamo che c'è anche una poesia dell'intelligenza e sopratutto sappiamo che ogni testo poetico va esaminato nella sua storicità. Rifacendoci dunque al momento in cui nacque, rileviamo che quella poesia rispondeva a precise esigenze illuministiche e riteniamo che Montengón sia il primo vero poeta, in ordine di tempo, dell'illuminismo spagnolo.»[57]

Anexo

Indicaciones precisas sobre los títulos y la paginación de las *Odas de Filópatro* contenidas en t. I de la edición de Ferrara (1778). Las piezas marcadas con * ya no aparecen en la edición madrileña (Imprenta de Sancha) de 1794.

libr. I, 3-5: Oda I. A Carlos III, sobre la Academia Vascuence o de los Amigos del País, en aumento de la Agricultura (60 vv.)

libr. I, 5-8: Oda II. A la Industria (70 vv.)

libr. I, 8-10: Oda III. A D. Antonio Salinas y Moñino, sobre el Trabajo (56 vv.)

libr. I, 10-11: Oda IV. A D. Luis de Espineda, sobre las artes (50 vv.)

* libr. I, 12-15: Oda V. A D. José Sarmiento, sobre la labranza (80 vv.)

libr. I, 15-17: Oda VI. Al Comercio (56 vv.)

libr. I, 18-19: Oda VII. A la Navegación (48 vv.)

---

54 Lorenzo Álvarez 2002: 150: «Las alusiones al mundo antiguo ensalzan dicha transformación: lo inhóspito de Sierra Morena se acentúa al relacionarla con los montes Ródope y Tracia, que representan zonas bárbaras en la frontera con Grecia; la prosperidad que obtiene Sierra Morena con la colonialización, se simboliza en Feacia, la Esquería de la *Odisea* homérica, isla jónica conocida por [...] el desarrollo de la agricultura y su industria de tejidos; el poder del promotor es similar al de Orfeo, que conmueve a la naturaleza convirtiendo en lugar inhóspito en un vergel. Esta metamorfosis de una zona desértica en una civilización – ahora hay ciudades, edificios majestuosos, techos – demuestra el avance del progreso, que conlleva la felicidad de los pueblos y es el motivo del encomio del rey.»

55 Schiller s.d.: 324.

56 *Cartas Marruecas* 78, edición de Martínez Mata 2000: 194.

57 Fabbri 1972: 28.

libr. I, 20-21: Oda VIII. A D. Ignacio Martínez de Villela, sobre el lujo (48 vv.)
libr. I, 22-24: Oda IX. A la Educación (48 vv.)
libr. I, 25-26: Oda X. A D. Pedro Mondoñedo, sobre el viajar (68 vv.)
libr. I, 27-28: Oda XI. Al Patriotismo (60 vv.)
libr. I, 29-31: Oda XII. A Carlos III, sobre la Sierra Morena (60 vv.)
* libr. I, 31-32: Oda XIII. A D. Miguel Gastón (52 vv.)
libr. I, 33-35: Oda XIV. A D. Pedro Griján, en alabanza del marqués de la Mina y de la Cataluña (50 vv.)
* libr. I, 35-38: Oda XV. Al Marqués de la Ensenada (76 vv.)
* libr. I, 38-40: Oda XVI. A D. Pedro Rodríguez Campomanes, sobre su libro de la Industra popular (52 vv.)
libr. I, 40-42: Oda XVII. A D. Ambrosio Rial, sobre los canales de navegación (60 vv.)
libr. I, 43-44: Oda XVIII. A D. Antonio Pallás, sobre los estudios (58 vv.)
libr. I, 45-47: Oda XIX. A D. Antonio Eximeno (53 vv.)
libr. I, 47-49: Oda XX. A D. Jorge Juan (52 vv.)
libr. I, 50-52: Oda XXI. A D. Francisco Xavier Llampillas (55 vv.)
libr. I, 53-544: Oda XXII. A D. Thomás Serrano, sobre la defensa de Marcial y poetas latinos españoles (60 vv.)
libr. I, 55-56: Oda XXIII. Al Valor (64 vv.)
libr. I, 57-58: Oda XXIV. A D. Luis de Velasco, muerto en la defensa del Morro (54 vv.)
libr. I, 59-60: Oda XXV. A D. Antonio Barceló (70 vv.)
libr. I, 62-63: Oda XXVI. A D. Carlos Caro, en la muerte del Marqués della Romana (50 vv.)
libr. I, 64-65: Oda XXVII. A D. Petro (sic) Cevallos. Presiente el gozo de su triunfo (46 vv.)
libr. I, 66-68: Oda XXVIII. A la España, en la elección a la Secretaría de Estado del Conde de Floridablanca (52 vv.)

Bibliografía
1. Textos del siglo XVIII
Cadalso, José de (2000): *Cartas Marruecas. Noches lúgubres.* Edición de Emilio Martínez Mata. Estudio preliminar de Nigel Glendinning. Barcelona: Crítica.
Montengón, Pedro de (1778-1779): *Odas de Filópatro.* 3 vols. Ferrara: Imprenta Cameral.
Montengón, Pedro de (1782): *Odas de Filópatro.* Publicadas e ilustradas por Joseph Mariano de Beriztain. Valencia: Orga 1782.
Montengón, Pedro de (1794): *Odas.* Madrid: Imprenta de Sancha.
Schiller, Friedrich (s.d. [primera publicación: 1789]): «Was ist und zu welchem Zwecke studiert man Universalgeschichte?», en: *Schillers Werke.* 7 vols. Edición de H. Kurz. Leipzig / Wien, t. IV, pp. 312-328.
Viera y Clavijo, José (2003): *Los aires fijos.* Edición crítica de José Cebrián. Frankfurt am Main: Lang.

2. Trabajos de investigación
Abellán, José Luis (1982): «La ‹poesía filosófica›: un capítulo de la historia de las ideas del siglo XVIII», en Amor y Vázquez, José / Kossoff, A. David (eds.): *De Cadalso a Aleixandre. Homenaje a Juan López-Morillas.* Madrid: Castalia, pp. 21-39.
Aguilar Piñal, Francisco (1996): «Poesía», en íd. (ed.): *Historia literaria de España en el siglo XVIII.* Madrid: Editorial Trotta, pp. 43-134.

Arce Fernández, Joaquín (1981): *La poesía del siglo ilustrado*. Madrid: Alhambra.
Blanco Martínez, Rogelio (2001): *Pedro Montengón y Paret. Un ilustrado entre la utopía y la realidad*. Valencia: Universidad Politécnica.
Carnero, Guillermo (1990): «Estudio preliminar», en Montengón, Pedro: *El Rodrigo*. Edición de Guillermo Carnero. Alicante: Instituto de Cultura Juan Gil-Albert, pp. 13-213.
Carnero, Guillermo (1991): «Pedro Montengón (1745-1824): un poeta entre dos siglos», en: *Hispanic Review* 59, 2, pp. 125-141.
Carnero, Guillermo (ed.) (1991): *Montengón*. Alicante: Caja de Ahorros Provincial.
Checa Beltrán, José / Ríos Carratalá, Juan A. / Vallejo, Irene (1992): *La poesía del siglo XVIII*. Madrid / Gijón: Júcar.
Cueto, Leopoldo Augusto de (1952 [1869]): *Bosquejo histórico-crítico de la poesía castellana en el siglo XVIII*. Citado por la reedición Madrid: Rivadeneira (BAE 69), pp. V-CCXXXVII.
Domínguez Ortiz, Antonio (1989): *Carlos III y la España de la Ilustración*. Madrid: Alianza.
Ertler, Klaus-Dieter (2003): *Kleine Geschichte der spanischen Aufklärungsliteratur*. Tübingen: G. Narr.
Fabbri, Maurizio (1972): *Un aspetto dell'illuminismo spagnolo: l'opera letteraria di Pedro de Montengón*. Pisa: Lib. Goliardica.
Flesler, Daniela (2001): «El Rodrigo de Pedro Montengón y la leyenda de la pérdida de España entre la Ilustración y el Romanticismo», en: *Dieciocho* 24, pp. 85-98.
García-Saez, Santiago (1974): *Montengón, un prerromántico de la Ilustración*. Alicante: Caja de Ahorros.
Hazard, Paul (1963): *La pensée européenne au XVIIIe siècle de Montesquieu à Lessing*. Paris: Fayard.
Hinterhäuser, Hans (1957): *Utopie und Wirklichkeit bei Diderot. Studien zum ‹Supplément au voyage de Bougainville›*. Heidelberg: Winter (Heidelberger Forschungen 5).
Krauss, Werner (1973): *Die Aufklärung in Spanien, Portugal und Lateinamerika*, München: Fink.
Laverde Ruiz, G. (1868): «Apuntes acerca de la vida y poesías de don Pedro Montengón», en íd.: *Ensayos críticos sobre Filosofía, Literatura e Instrucción Pública españolas*. Lugo: Soto Freire, pp. 107-142. Citamos la reedición en Carnero (ed.) 1991: pp. 37-63.
Llombart, Vicent (2003): «Campomanes, ¿economista a la moda del tiempo?», en Mateos Dorado, Dolores (ed.): *Campomanes, dos cientos años después*. Oviedo: Instituto Feijoo de estudios del siglo XVIII, pp. 455-485.
Lope, Hans-Joachim (1973): *Die «Cartas Marruecas» von José Cadalso*. Frankfurt am Main: Klostermann.
Lope, Hans-Joachim (1992): «¿Mal moral o necesidad económica? La polémica acerca del lujo en la Ilustración española», en Tietz, Manfred (ed.): *La secularización de la cultura española en el Siglo de las Luces*. Actas del congreso de Wolfenbüttel editadas en colaboración con Dietrich Briesemeister. Wiesbaden: Harrassowitz, pp. 129-150.
Lope, Hans-Joachim (en prensa): «Politik, Recht, Ökonomie und Moral», en Ueberweg: *Geschichte der Philosophie. Die iberische Halbinsel*. Basel: Schwabe und Co.
Lorenzo Álvarez, Elena de (2002): *Nuevos mundos poéticos: La poesía filosófica de la Ilustración*. Oviedo: Instituto Feijoo de estudios del siglo XVIII.
Maravall, José Antonio (1991): «El sentimiento de la nación en el siglo XVIII. La obra de Forner», en: *Estudios de la historia del pensamiento español (siglo XVIII)*. Introducción y compilación de Carmen Iglesias. Madrid: Mondadori, pp. 42-60.
Marx, Karl (1971 [1844]): «Nationalökonomie und Philosophie», en íd.: *Frühschriften*. Edición de S. Landshut. Stuttgart: Kröner, pp. 223-316.

Mateos Dorado, Dolores (ed.) (2003): *Campomanes, dos cientos años después*. Oviedo: Instituto Feijoo de estudios del siglo XVIII.

Ocampo Suárez-Valdés, Joaquín (2003): «Industria popular y fábricas: la convergencia con las «naciones industriosas»», en Mateos Dorado, Dolores (ed.): *Campomanes, dos cientos años después*. Oviedo: Instituto Feijoo de estudios del siglo XVIII, pp. 487-516.

Ozanam, Didier (1998): *Les diplomates espagnols de XVIIIe siècle. Introduction et répertoire biographique (1700-1808)*. Madrid / Bordeaux: Casa de Vélazquez / Maison des Pays ibériques.

Palacio Atard, Vicente (coord.) (1989): *España y el mar en el siglo de Carlos III*. Sandika (Vizcaya): Marinves S.A.

Perdices Blas, Luis (2000): «Agronomía y fisiocracia en la obra de Pablo de Olavide», en Sobregués, Noemí (ed.): *La Ilustración*. Barcelona: Fundación de las Cajas de Ahorros Confederadas, pp. 275-302.

Pérez-Bustamante, Carlos ([11]1967): *Compendio de historia de España*. Madrid: Atlas.

Puente, Joaquín de la (1968): *La visión de la realidad española en Don Antonio Ponz*. Madrid: Moneda y Crédito.

Romero Tobar, Leonardo (2003): «La electricidad, una imagen recurrente en la literatura moderna», en Schmitz, Sabine / Bernal Salgado, José Luis (eds.): *Poesía lírica y progreso tecnológico (1868-1939)*. Madrid / Frankfurt am Main: Iberoamericana / Vervuert, pp. 85-107.

Schmitz, Sabine / Bernal Salgado, José Luis (eds.) (2003): *Poesía lírica y progreso tecnológico (1868-1939)*. Madrid / Frankfurt am Main: Iberoamericana / Vervuert.

Thote, Heike (2003): «Dios-Sol / Dios-prótesis. – Los primeros poemas de aviación en España y Alemania», en Schmitz, Sabine / Bernal Salgado, José Luis (eds.): *Poesía lírica y progreso tecnológico (1868-1939)*. Madrid / Frankfurt am Main: Iberoamericana / Vervuert, pp. 263-288.

Para la fortuna de Lope en el siglo XVIII[*]

Maria Grazia Profeti
(Università degli Studi di Firenze)

I.

La fortuna del máximo dramaturgo español en el Siglo de las Luces – como la de cualquier autor áureo – se enmarca en el proceso de constitución de la memoria nacional, que el siglo XVIII intentará llevar a cabo; un proceso complejo que implica la evaluación de la Antigüedad clásica[1] – y de la literatura patria – desde el punto de vista de su colocación en el panorama de una Europa identificada como «moderna».[2] En la dialéctica entre nuevo/antiguo el grupo de los alumnos y amigos de Mayans se distingue por un tipo de enfoque erudito, en defensa de la literatura nacional y de su tradición crítica, incluso las del Siglo de Oro, el período más despreciado por el bando de los denominados «afrancesados».[3] Pero quizás sería útil olvidar las categorías de afrancesado, ilustrado, «eruditos a la violeta», que recientemente se han empezado a cuestionar,[4] ya que la difícil integración que se venía intentando en España requiere una visión más flexible, y quizás la elaboración de una taxonomía propia. Un trabajo complejo, que los historiadores han empezado a hacer, y que no siempre se refleja en las páginas de los críticos literarios.

En esta labor de evaluación del «patrimonio» nacional se distinguieron – como se sabe – los jesuitas expulsos, y entre ellos juega un papel relevante el abad Andrés con su *Dell'origine, progressi e stato attuale d'ogni letteratura*,[5] que merecería un estudio detenido, como todas las sistematizaciones llevadas a cabo hacia finales del siglo XVIII. De gran interés es también un folleto anterior, cuya ficha es la siguiente:

LETTERA / DELL'ABBATE / D. GIOVANNI ANDRES /*Al Sig. Comendatore* / FRA GAETANO VALENTI / GONZAGA / CAVALIERE DELL'INCLITA RELIGIONE / DI MALTA /*Sopra una pretesa cagione del corrompimento del gusto Italiano* / NEL SECOLO XVII. / [adorno tipográfi-

---

[*] A Manfred, para seguir un diálogo iniciado ya hace mucho tiempo.
[1] Mestre Sanchís 2002.
[2] Profeti 1999: 7. Una reseña general en Miguel y Canuto 1994.
[3] Para las relaciones entre las poéticas neoclásicas españolas y la tradición literaria nacional cfr. el fundamental Lopez 1976 y el reciente Checa Beltrán 2004.
[4] Sánchez-Blanco 2002.
[5] Andrés 1782-1799. Andrés llega a ser referencia obligada de los defensores del Teatro Nacional: Brunori 2004.

co] / IN CREMONA. MDCCLXXVI. / Appresso Lorenzo Manini, e Comp. / *Con licenza de' Superiori.*

en 8°, 61 ff.

Ejemplares: *Biblioteca Vaticana [Ferraioli V- 7955, int. 9][6]

La estructura del folleto es particularmente interesante, ya que la polémica se basa precisamente en un Lope de Vega corruptor del «buen gusto» literario, que España impondría a Italia:

> Due illustri scrittori [...] appongono alla Spagna la taccia di essere stata la corruttrice del buon gusto italiano, perché *comandando gli Spagnuoli,* dice l'uno, *nell'Italia, il gusto spagnuolo colla potenza e l'armi della Nazione andava occupando le città e provincie, e la dominante nazione sempre amante per indole di precedenza, vantando il suo Lope de Vega,* introdusse *in Italia la scena licenziosa,* e depravò la letteratura italiana *facendola divenire spagnuola.* ([6])

Se notará ya cómo la argumentación de los «italianos» superpone a un juicio literario («essere stata la corruttrice del buon gusto italiano») una visión política, que identifica los reinos y virreinos españoles en Italia como «ocupación» del suelo de la patria: es la argumentación que se irá repitiendo en Italia hasta el «Risorgimento», y cuyo mayor portavoz será Manzoni. Andrés capta la doble vertiente del razonamiento, cuando subraya:

> Misera fatalità della Spagna, destinata sempre a depravare la Letteratura italiana! Se gli Spagnuoli vengono in Italia col comando la depravano, e la depravano pure se vengono sotto il comando degl'italiani! (pp. 6-7)

Para rescatar a su país de la acusación, Andrés analiza, utilizando la autoridad de Mayans – «uomo più erudito che vi sia della letteratura spagnola» (p. 12) – «qual riputar si debba l'introduttore del nuovo gusto in Ispagna tanto in prosa che in verso» (p. 12). Mayans identifica a Paravicino como innovador en la prosa, y a Góngora en poesía; así que «non posso stare al comun sentimento degl'italiani, che d'altro non parlano che di Lope di Vega, il quale ha molti difetti, singolarmente in materia di teatro, ma non può dirsi autore del nuovo gusto di scrivere» (p. 11).

Analiza después las relaciones entre España e Italia desde el siglo XVI, subrayando la protección de las letras en un período de brillante florecimiento de los ingenios italianos: «Con maggior giustizia pretendo io che si debba al governo spagnuolo l'onore di aver fatto fiorire i più bei giorni dell'Italia» (pp. 17-18).

Más adelante Andrés se concentra precisamente en la comedia promocionada por Lope y subraya cómo en la segunda parte del siglo XVI el teatro en España era «ben regolato»; y a la tragedia y comedia españolas del período dedica un *excursus*

---

[6] De este ejemplar cito *infra,* respetando las formas antiguas; la puntuación es interpretativa, la cursiva del autor. Obviamente aquí e *infra* la transcripción de las portadas es diplomática.

puntual (pp. 27-31). Llega así a la comedia española del siglo XVII y al teatro en general, que intenta defender:

> Se la Spagna ha prodotto tali commedie, ha avuto la gloria, qualunque essa siasi, d'inventarle; ma all'Italia altro non resta che il cattivo gusto di scegliere ed abbracciare tali sciocchezze, manifestando la povertà del teatro, che abbisognava di mendicare dalle nazioni estere ed appigliarsi a simili stramberie. Io non pretendo giustificare il teatro spagnuolo, che confesso avere molti difetti, ma non mi fa intrare come gl'italiani possano biasimarlo e intanto addottarlo, e fare le delizie della nazione di ciò che forma l'argomento della loro critica. (p. 33)

Añádase que muchas veces lo que se considera teatro a la manera española es una imitación descabellada debida a cómicos italianos:

> ...Altro non essere simili commedie che un ammasso di spropositi e di accidenti complicati, che gl'istessi comici fondati forse sulla lezione di alcune commedie spagnole inventano di loro capriccio, e vogliono nobilitare di quel nome. Queste commedie dilettano singolarmente il popolo italiano, che se fossero rappresentate in Ispagna tirerebbono addosso a' comici le sassate. (p. 35)

Sigue una nueva análisis y defensa de la prosa y poesía españolas en el siglo XVII y de las excelentes relaciones entre las dos penínsulas (pp. 35-44). ¿Cómo se ha introducido, pues, «questo cattivo gusto» (p. 44)? Demasiado tardíos son Góngora o Calderón para imputarles tal corrupción;

> Resta dunque soltanto di esaminare se il tanto famoso Lope di Vega poteva introdurre nell'Italia un nuovo gusto, e servire di esempio al Marini per intraprendere uno stile non usato nel secolo antecedente. [...] Io vedo uno stile affatto diverso nell'uno e nell'altro: il Marini pecca per affettazione; il Vega per trascuratezza... (pp. 49-50)

Se subraya la gran cantidad de versos y comedias del «monstruo de naturaleza», que por esto tal vez fue «descuidado»; pero también se pone de relieve la grandeza de sus poemas como la *Corona trágica,* los elogios que el Papa le tributa, la *Jerusalén,* escrita siguiendo los consejos italianos:

> Perché dunque non potremo dubitare se come Lope nelle boscherecce si formò sul Sannazaro, così forse negl'altri componimenti seguito abbia il gusto italiano? (pp. 50-51)

En efecto fue así, afirma Andrés: Lope de Vega «imitó» a los «cómicos italianos» y a la «commedia dell'arte» con su «recitare all'improvviso»:

> Io solo dico che da un tale abuso di parlare d'improvviso dovevano facilmente derivare molti disordini al teatro, e che la scena licenziosa, avendo mezzi tanto opportuni per introdursi in Italia, non abbisognava della nazione dominante che vantasse il suo Lope di Vega. Anzi, seguendo le tracce della corruzione del teatro spagnuolo, io trovo questa quanto posteriore nel tempo all'italiana, altrettanto a lei simile nelle cagioni; onde criticamente parlando prendersi piuttosto dovrebbe la perversione spagnuola dall'italiana, che questa da quella. (p. 53)

Andrés demuestra el asunto con fragmentos de Maffei y de Quadrio, con el testimonio de Cervantes, en el prólogo a las *Ocho comedias y entremeses,* y citando el *Arte Nuevo:*

> Questi testimoni per altro potrebbon provare in qualche modo che essendo la perversione del gusto spagnolo nel teatro posteriore a quella dell'italiano, non può dirsi la origine di questa, anziché, venendo amendue dalla stessa cagione, se vuolsi che l'una derivi dall'altra, bisogna considerare piuttosto l'Italia corruttrice della Spagna, che questa di quella. (p. 60)

Andrés, como se ve, utilizando los materiales a su disposición (aunque en la 5 subraya «lontano dalla Spagna io mi trovo senza libri spagnoli e senza mezzi per produrre molti monumenti che farebbono trionfare la causa della patria»), y sobre todo dentro de las categorías literarias e ideológicas corrientes en su tiempo, consigue invertir los juicios coetáneos.

Pequeños ensayos de este tipo, nacidos en el fervor de la polémica, y dirigidos a un público italiano, son muy significativos. Diez años más tarde, en su monumental *Dell'origine, progressi e stato attuale d'ogni letteratura,* Andrés continuará su alabanza de Lope, sobre todo como poeta, pero ahora con una mayor prudencia:

> Allora il famoso Lope di Vega spiegò le ricchezze della sua poesia e fece risplendere quel sovrano ingegno, di cui sì liberalmente l'avea fornito la natura. Io non loderò l'eccessiva sua facilità nel comporre poemi drammatici ed epici; io non gli so perdonare i concetti sottili e i giuochi di parole, che talora introduce, benchè non tanto spesso come da alcuni si crede; ma dirò bensì che quella fluidità, dolcezza ed armonia di versi, quella varietà e bellezza d'immagini, quella ricchezza di sentenze, quella copia e quella proprietà d'espressioni sono un ben giusto compenso de' suoi difetti e poterono meritamente guadagnarli gli applausi non solo della Spagna, ma di tutta la culta Europa. La sventura della poesia spagnuola venne da ciò: che quegl'istessi poeti, che più la potevano illustrare, furono appunto quelli che le recarono maggior danno.[7]

Se subraya la importancia de un teatro que se difundió por toda Europa, llegando a ser apreciado por intelectuales como Voltaire o Holberg en Dinamarca:[8]

> Niun nome illustre contano gl'italiani fra' drammatici del nuovo gusto; niuna delle famose commedie, che hanno empiuti del loro applauso i teatri di tutte le nazioni, è stato parto de' poeti italiani. Il Vega, il Calderon, il Castro, il Moreto e tutti i comici allor celebrati erano spagnuoli, e tutti i pezzi teatrali che riscuotevano l'universale ammirazione, ch'erano in altre lingue tradotti, ch'erano richiesti in tutti i teatri, tutti erano nati nella vivace immaginazione degli spagnuoli; e questo qualunque siasi vanto, è certamente dovuto alla Spagna. [...] La troppa semplicità e pianezza rendeva stucchevoli ed inutili i drammi degli autori del secolo decimosesto; l'ingegnoso e piacevole intreccio, la felice combinazione d'alcune ben preparate situazioni è un pregio dovuto agli spagnuoli del decimosettimo, e che ha servito di guida o di stimolo a' buoni poeti francesi per formare un nuovo teatro. Il maggior merito dunque delle commedie spagnuole consiste, a mio giudizio, nell'intreccio condotto comunemente con ingegno e con felicità; e il loro maggiore difetto è il non dipingere le passioni e gli affetti con quella dilicatezza e verità che la filosofia del teatro richiede. L'intelletto de' leggitori trova pascolo in quelle commedie; il cuore rimane quieto e freddo, né sente quelle profonde impressioni che fanno il più dilicato e soave diletto della drammatica poesia. E tanto basti del teatro spagnuolo,

---

7   Andrés 1782-1799/II: 67.
8   Andrés 1782-1799/II: 299 y 362.

troppo applaudito e ricercato nel passato secolo, e troppo vanamente schernito nel nostro.[9]

Pero Andrés oscila de forma muy evidente en los juicios: si puede olvidar las «unidades» pseudo-aristotélicas, no tolera la ofensa al «buon senso», y termina por recurrir a la excesiva abundancia de los textos para justificar sus «defectos». Textos que ya sólo se leen («leggitori», «leggere»); la gran escena nacional es ya un caudal perdido:

> Che dunque dovremo noi dire per formare un giusto giudizio delle loro lodevoli o detestabili qualità? Io perdonerei sino a un certo segno a' poeti spagnuoli l'infrazione delle leggi dell'unità, su la quale si fanno contra di loro tanti schiamazzi, e si potrebbono ugualmente fare contro tutti i poeti dell'altre nazioni che scrissero in quell'età. Io li lascerei senza troppa ripugnanza mischiare sulle scene i re co' villani, i nobili e seri personaggi co' ridicoli e buffoneschi; io non farei loro un gran delitto del passare da un metro all'altro, e di mettere in un medesimo dramma varie sorti di versi. Ma sofferire non posso il vedere sí mal serbati i caratteri e i costumi, che non si distingue il principe dal privato, la nobildonna dalla plebea, il trovare cotanto strani accidenti, e questi sí poco preparati che urtano e offendono l'immaginazione e il buon senso de' leggitori; e il sentire uno stile sì poco naturale e conveniente alle passioni e agli affetti che non può fare alcuna profonda impressione nel cuore. [...] Il più grave pregiudizio del teatro spagnolo è stato l'esorbitante sua ricchezza: tutte insieme le nazioni europee non hanno forse composti tanti drammi quanti ne abbiamo di solo la Spagna: e chi sarà il dotto e paziente osservatore a cui basti l'animo di leggere tante migliaia di volumi per trovare alcuni drammi passabili, che compensino molti difetti con alcune virtù, e d'immergersi in tanta scoria per ricercare un po' d'oro, e questo ancora non puro?[10]

II.

Son juicios de este tipo los que nos permiten trazar un panorama más difuminado de la dinámica aprecio/menosprecio que el Siglo de las Luces español establece con la centuria anterior. Sobre todo se vislumbran las razones ideológicas que determinan tales opiniones, que parecen cambiar con el tiempo, llegando a ser más radicales hacia finales de siglo. Y ya que la evaluación del teatro áureo resulta particularmente problemática, a la luz de «las reglas» pseudo-aristotélicas de gusto francés,[11] me limitaré a señalar pocos rasgos relativos a la poesía, indicando algunos materiales de trabajo, no siempre conocidos o fácilmente individuables.

De gran interés serán en este sector las antologías de poemas traducidos, como las de Conti y Masdeu;[12] tanto las elecciones de los autores y de los poemas como los mismos criterios de traducción pueden orientarnos acerca de las intenciones de la

---

9 Andrés 1782-1799/II: 298-299 y 301-302.
10 Andrés 1782-1799/II: 299-300.
11 Sobre la dinámica aprecio/menosprecio de los franceses para con el teatro del Siglo de Oro cfr. Lombardi 2000. Un panorama general en Meregalli 1977.
12 Conti 1782-1790, Masdeu 1786; sobre las dos colecciones cfr. Fabbri 1992, Fabbri 1994 y Arce 2001.

operación: la primera apoyada si no promocionada por los ambientes gobernativos (sobre todo por Floridablanca); la segunda fruto de la difícil situación de los jesuitas expulsos.[13]

Por lo que se refiere a Lope es imprescindible examinar las introducciones de Cerdá a los varios volúmenes de la monumental edición de sus *Obras sueltas,* llevada a cabo por Sancha; e integrarlas con el epistolario de Mayans[14] que, como se ha visto, constituye un punto de referencia ineludible. La defensa de la literatura nacional aparece con todo relieve en el *Prólogo del editor* al primer volumen:

> España ha tenido en todos tiempos ingenios excelentes en todo género de ciencias, que no han cedido la ventaja a los extranjeros que tienen mayor nombre en la república literaria; pero o ya sea el descuido que ellos tuvieron de publicar sus propias obras, o el que después ha habido en repetir sus impresiones, vemos con no poco sentimiento que de unos sólo ha llegado a nuestra noticia la de sus nombres y, cuando más, alguno de sus escritos; y de los otros apenas pueden recogerse a costa de muchos años, trabajo y dinero los que consta ciertamente haberse publicado, quedando los demás sepultados en el olvido. Esta desgracia ha sido fatal a la nación, que de aquí han tomado ocasión las extranjeras para objetarnos el corto número de nuestros escritores, sin que los nuestros pudiesen rebatir esta injuria, por falta de tener a la mano los documentos necesarios.[15]

El proyecto, por lo tanto, se propone como empresa *nacional* y *enciclopédica*; en este marco la figura de Lope de Vega adquiere todo su relieve:

> Algunos tal vez extrañarán el que se haya preferido la publicación de las obras de Lope a la de otros escritores, ahora sea en verso, ahora en prosa, que en alguna de estas partes le hacen ventaja; pero fuera de que el ánimo del Impresor es formar una escogida serie de los mejores autores de nuestra nación [...] se hallará en Lope que cuando quiso pulir sus composiciones no es inferior a los más perfectos dechados de nuestra poesía, que en ingenio, invención y pureza de estilo excede a muchos, y en la abundancia dejó a todos muy atrás.[16]

Un programa seguramente no episódico, ni debido sólo a Cerdá;[17] se vislumbran en el fondo, por un lado las intenciones políticas de Campomanes y Floridablanca, y por el otro la «escuela» de Mayans, el cual proporciona a Cerdá consejos y materiales. Alrededor del impresor Sancha se reunían intelectuales celosos del buen nombre nacional, a los que con sorna atacaría Iriarte:

> Por gran fortuna mía
> contaba yo el hallarme tan distante

---

13 Al estudio de las antologías se está dedicando Veronica Vitale, en su tesis doctoral de Lingue e Culture del Mediterraneo (Firenze); a la labor de los jesuitas expulsos Niccolò Guasti (2006), al cual debo muchas sugerencias bibliográficas sobre el Siglo de las Luces.
14 Vega 1776-1779; Mayans 2000.
15 Vega 1776-1779/I: I-II. Aquí e *infra* la transcripción sigue las normas modernas de la RAE, la puntuación es interpretativa.
16 Vega 1776-1779/I: VI-VII.
17 Sobre la actividad de Cerdá cfr. Lopez 1976.

ajeno y olvidado
del semiliterato, del pedante,
del ocioso hablador o del pesado
y otros que junta el mostrador de Sancha,
idólatras del héroe de la Mancha.[18]

Por tanto las categorías de «ilustrados», «afrancesados», «castizos», ya no funcionan en este cuadro: la línea de defensa nacional de los «idólatras del héroe de la Mancha» se unía a una nueva visión «francesa» por lo que se refiere a los criterios filológicos:

> No ha sido menor la diligencia en que saliese correcta la impresión y tan aseada como ella por sí manifiesta. En la ortografía se ha seguido la del autor, o por mejor decir la que usaban los hombres doctos en su tiempo, procurando la uniformidad que se echa de menos en las diversas impresiones, que suelen variar según los parajes en donde se hicieron y las manos por quienes corrieron. Y así se ha procurado, especialmente en los nombres propios, y en cuanto lo ha permitido el genio de nuestra lengua, conservar los caracteres propios de la lengua de donde descienden.[19]

Y la misma mirada enciclopédica, que aparece ya desde la primera página del prólogo, es algo nuevo: no sólo el proyecto intenta abarcar toda la literatura nacional, sino que obra dentro del perfil de cada autor:

> Cuando se emprende la publicación de las obras de algún escritor, nada debe omitirse, como vemos en las que se han hecho por hombres del mayor juicio; sin embargo de que algunas hubiesen quedado imperfectas y otras salido con menos erudición y primor del que pudieran haberles dado sus autores, porque siempre se hallan en ellas rasgos dignos de sus superiores talentos. Y esto es lo que puntualmente se verifica en todas las de Lope.[20]

Control filológico y visión sistemática se suman así a la defensa de la literatura nacional: la línea entre «afrancesados» y «castizos» está muy lejos de ser infranqueable.

III.

Pero más allá de empresas editoriales no sólo ambiciosas desde un punto de vista bibliográfico, sino guiadas por una intención política e ideológica, aparecen otras ediciones interesantes, que revelan proyectos de distinto tipo, pero con algunas características comunes. Examinaré dos casos que se verifican a finales del siglo. El primero es el de las *Poesías espirituales*, Madrid, A. de Sotos, 1779, cuya ficha, presente en mi *Per una bibliografia di Lope de Vega*,[21] se puede completar así:

---

18 Apud Palomo 1989: VIII.
19 Vega 1776-1779/I: X.
20 Vega 1776-1779/I: VIII-IX.
21 Profeti 2002: 437.

POESIAS ESPIRITUALES / *SACADAS* / DE VARIOS AUTORES.

[*Contiene*: f. [1]*v:* en blanco] – [f. [2] POESIAS ESPIRITUALES / *ESCRITAS* / POR EL P.M.F. LUIS DE LEON, / del Orden de S. Agustin; / DIEGO ALFONSO VELAZQUEZ / DE VELASCO; / F. PAULINO DE LA ESTRELLA, / del Orden de S. Francisco; / FRAY PEDRO DE PADILLA, / del de N.S. del Carmen; / Y FREY LOPE FELIX DE VEGA / CARPIO. / *Va al fin el* Indice *de todas las Poesias / contenidas en este volumen.* / CON LICENCIA: / – / En Madrid: En la Imprenta de ANDRES / DE SOTOS. Año de M.DCC.LXXIX. / *Se hallará en su Libreria, calle de Bordadores, / frente de San Ginés.* – [ff. q$_3$*r*-qq$_2$+2*r*:] PROLOGO / AL LECTOR. [...]

en 8°; 360 pp. + 12 ff. preliminares n.n., signaturas q$_4$+4, qq$_2$+2.

*Ejemplar*es: * Colección Rodríguez Moñino, conservada en la Biblioteca de la Real Academia [S-I-201; en buen estado de conservación; encuadernación en pasta española; mm. 148 x 95]; *Fondo antiguo de la Biblioteca de la Facultad de Filología de la Universidad Complutense (ahora en la Biblioteca Histórica Marqués de Valdecillas de Madrid) [29294; en perfecto estado de conservación; encuadernación en pasta española; mm. 138 x 91]; Biblioteca de las Facultades de Filosofía y Geografía e Historia de la Universidad de Sevilla; British Museum [11451.aaa.46]

El *Prólogo al lector* justifica así la impresión:

> Aunque tenemos en nuestra lengua tantos y tan excelentes libros de materias espirituales que no hay en esta parte más que desear, todos por lo regular están escritos en prosa. Sin embargo, como el metro es tan a propósito para ensalzar los asuntos sagrados, apenas se hallará poeta alguno de los mejores que ha producido esta nación que no haya empleado su ingenio en tan noble y tan elevado argumento; pero la desgracia es que suelen andar mezcladas las poesías humanas con las divinas, sin que ninguno se haya dedicado de intento a entresacar éstas, para que se leyesen separadamente; en lo que sin duda hubiera hecho un incomparable servicio a las almas devotas y amantes de su aprovechamiento espiritual.
> El deseo pues de dar una muestra de los muchos tesoros que hay encerrados y se pueden sacar de las minas inagotables de nuestros poetas, es el que ha dado motivo a esta colección; que si fuere bien recibida se podrá continuar dispuesta en varias clases.[22]

La edición, como se ve, tiene un intento religioso-enciclopédico, y sus fuentes eruditas se pueden apreciar en una nota del f. q$_4$*r*:

> El que desee tener noticia del mérito y escritos de León podrá leer la vida que puso al principio de sus *Poesías,* impresas en Valencia en M.DCC.LXI, don Gregorio Mayans y Siscar.

El remate de la recolección son los poemas de Lope, que aparecen en las pp. 319-355; al dramaturgo se le presenta como al máximo poeta de su tiempo:

> En una colección en que se han recogido flores de varios ingenios se echarían menos algunas del que con razón mereció ser llamado en su siglo el fénix de los ingenios de España, Fray Lope Félix de Vega Carpio. Las poesías sagradas de este fecundísimo poeta son de lo más acabado que ha salido de su pluma. Pero como se hallan poco hace reimpresas entre sus *Poesías sueltas,* nos hemos contentado con escoger sus siete *Solilo-*

---

22 Cito por el ejemplar Moñino, f. q3*r-v.*

quios, llenos de sentimientos devotos, y las traducciones, impresas con ellas, de los dos tiernos himnos *Ave maris stella* y *Stabat mater dolorosa.* [...] Sobre la utilidad que puede esperarse de estas obras no nos parece oportuno hablar, cuando podrá cualquiera fácilmente experimentarla en sí mismo, leyéndolas con el espíritu de devoción que merecen. (ff. q$_4$+4*r-v*)

La perspectiva es, pues, puramente devocional; pero ya ha cambiado algo en relación con el texto, como se percibe en un fragmento del *Prológo:*

> De estos *Soliloquios* parece que Lope compuso y publicó al principio los cuatro primeros, y que después los retocó, y añadió los restantes, pues en el ejemplar que comunicó don Gregorio Mayans sólo se ven los cuatro citados, según la impresión que de ellos se hizo en el Tomo XIII de las *Obras sueltas* de Lope, 471 y sigg. Después sin duda añadiría otros tres, la prosa que acompaña a cada uno, y las traducciones que hemos mencionado, y lo publicó todo bajo el nombre supuesto del M.R.P. GABRIEL PADECOPEO (que es anagrama de *Lope de Vega Carpio*) según se lee en el Tomo XVII de la nueva *Colección,* desde la p. 1 hasta la 93. Hemos observado alguna diferencia en el cotejo de ambos ejemplares, y así preferimos la lección que nos ha parecido más conducente. (ff. q$_4$+4*r-v*)

Se reconstruye, pues, la historia textual, en la cual Mayans y la edición Sancha son ya imprescindible y puntual referencia, y se pone en acción una *enmendatio ope ingenii,* según la lección «más conducente». Es una actitud, en suma, que podríamos llamar «filológico-erudita», como antes he denominado «enciclopédica» la perspectiva de un proyecto editorial complejo y amplio, del cual el volumen constituiría el primer eslabón: incluso en las obras de devoción son dos perspectivas que ya no pueden eludirse.

Muy interesante resulta también el proyecto de las *Poesías escogidas,* Madrid, Imprenta de Villalpando, 1796, que continúa una línea de defensa de la poesía áurea, desde una perspectiva abierta a las censuras francesas, que se procuran integrar en su análisis. Completo la ficha que aparece en mi *Bibliografia di Lope de Vega*:

POESÍAS / ESCOGIDAS / DEL DOCTOR / *FREY LOPE FÉLIX DE VEGA CARPIO,* / PRESBÍTERO, DEL HABITO DE SAN JUAN. / CON UN DISCURSO SOBRE LA ODA / *POR MARMONTEL.* / MADRID. / IMPRENTA DE VILLALPANDO. / 1796.

[Contiene: f. [1]v:] *Se hallará en la Librería de Cerro, calle de / Cedaceros, y en su puesto, calle de Alcalá.* – [f. a$_2$:] AL LECTOR [...] – [f. I:] DISCURSO /SOBRE EL POEMA LÍRICO, / U / ODA ANTIGUA Y MODERNA, / SACADO DE LOS ESCRITOS / *DE MARMONTEL,* / CON ALGUNAS ADICIONES. [...]

en 8°; 368 pp. + 4 ff. preliminares n.n., signaturas a$_2$+2 + pp. I-LXIV.

*Ejemplar*es: *Biblioteca Nacional [3.18111; en buen estado de conservación, encuadernación en pasta española; mm. 145 x 93]; Biblioteca Nacional [3.19526]; Nacional [3.19559]; Biblioteca de la Real Academia [38-XI-55]; Fondo antiguo de la Biblioteca de la Facultad de Filología de la Universidad Complutense (ahora en la Biblioteca Histórica Marqués de Valdecillas de Madrid) [5469]; *Biblioteca de la Universidad de Salamanca [T-1590; en excelente estado de conservación; perteneció a D. Torres Villarroel; encuadernación en pasta española; mm. 145 x 95]; Biblioteca Valenciana de Valencia [Lluis Guarner 2744]; British Museum [11451.aa.43]; Hispanic Society; Hannover [IV 9 H].

La advertencia *Al lector* es muy interesante. Su exordio está constituido por una vida de Lope (ff. a_2r-a_2+1v), donde se omiten los lances amorosos del poeta y se le dignifica desde un punto de vista estamental, subrayando la nobleza de sus padres, la fidelidad a sus esposas, los reconocimientos del Papa y las riquezas acarreadas por su trabajo. Este perfil biográfico depende de la biografía debida a Juan Pérez de Montalbán y que apareció en la *Fama póstuma*: como se sabe, Cerdá había vuelto a publicar la *Fama* en el volumen XX de las *Obras sueltas* de Lope, y en efecto el exordio remite a más extensas líneas bibliográficas al alcance del lector:

> Como son muchas las vidas que hay impresas de nuestro Lope de Vega, nos parece inútil dar aquí más de una breve noticia suya por si hubiese algún lector que no la tenga de poeta tan celebrado. (f.a_2r)

Grandísimo poeta, pues; pero... En este punto de inflexión aparece la censura que apunta hacia una «perfección» que los poetas españoles no pudieron conseguir:

> [...] tanta fue la fama que le granjearon sus obras. Pero ni entre sus poesías, ni entre las de la mayor parte de los mejores poetas españoles, se encuentran piezas enteramente perfectas, pues todas pecan ya por un lado, ya por otro. En las que damos a luz hay muy pocas que no se le puedan señalar defectos, sea en la disposición del asunto, sea en aquellos bajíos tan grandes que se encuentran al lado de unas bellezas sencillas y grandiosas que arrebatan y suspenden al lector: bien es que Lope de Vega lleva a todos la ventaja de que sus versos siempre son hermosísimos, armoniosos, gallardos, fluidos, y tal vez los mejores que tenemos; lo que sin duda hace más dolorosos y sensibles estos defectos, que también, a la verdad, se encuentran en él más a menudo que en otro. Lo mucho que escribió es la causa de esta irregularidad que se advierte en sus composiciones; irregularidad ciertamente que casi siempre le hace perder el mérito de sus pinturas tiernas y apasionadas; las cuales, dígase lo que se quiera, son por sí solas excelentes; porque ¿a quién no maravillará ver que sólo en la parte dramática haya compuesto un hombre más de 1800 comedias, con más de 400 autos sacramentales por añadidura? Verdad es que así son ellas y ellos. Estemos en la inteligencia de que Lope de Vega tiene muchos y groseros defectos nacidos de su fluxo de escribir, sin atender a la verisimilitud ni al arte, pero que igualmente tiene bellezas inimitables. (ff. a_2+1v-a_2+2v)

Aquí también se vislumbra la deuda a la vida de Montalbán, por trámite de las *Obras sueltas* de Sancha. Sobre todo, como se ve, es continua la oscilación entre la admiración y la reprehensión : «todas pecan ya por un lado, ya por otro», «aquellos bajíos tan grandes que se encuentran al lado de unas bellezas sencillas y grandiosas», «sus versos siempre son hermosísimos, armoniosos, gallardos, fluidos, y tal vez los mejores que tenemos; lo que sin duda hace más dolorosos y sensibles estos defectos», «irregularidad ciertamente que casi siempre le hace perder el mérito de sus pinturas tiernas y apasionadas», «Lope de Vega tiene muchos y groseros defectos nacidos de su fluxo de escribir, sin atender a la verisimilitud ni al arte, pero que igualmente tiene bellezas inimitables»: una actitud esquizofrénica que no necesita comentarios.

La elección antológica de Lope es muy variada: son presentes sonetos de gusto galante, como «Daba sustento a un pajarillo un día» (p. 11), los preferidos por los autores del siglo XVIII;[23] algunos de polémica anti-cultista como «Cediendo a mi discrédito anhelante» (p. 15); poemas como la *Gatomaquia* (246-364); todavía más curiosa la inclusión de *La selva sin amor* (pp. 183-218), texto teatral, naturalmente, pero que aquí aparece probablemente por su definición de «égloga», enmarcado en un gusto clásico y pastoril-arcádico.

Pero más interesante es la presencia en el volumen (en las pp. I-LXIV), con función proemial, del *Discurso sobre el poema lírico, u oda antigua y moderna, sacado de los escritos de Marmontel, con algunas adiciones*; cuya inserción se justifica así:

> Como nos ha parecido muy bueno el siguiente discurso, y al mismo tiempo muy propio para una obra de esta clase, hemos creído servir al público no omitiendo su publicación: está sacado de los escritos del célebre Mr. de Marmontel, de la Academia francesa, y uno de los hombres más hábiles de Francia. (f. a$_2$+2v)

Presencia curiosa: de hecho este *Discurso sobre el poema lírico* es traducción del capítulo XVI, «De l'Ode», de la *Poétique Françoise* de Marmontel,[24] donde el académico francés se limita a una análisis de los clásicos, a los cuales añade citas de M. de la Farre y de Rousseau. Pero la traducción española, como se ha visto, presenta «*algunas adiciones*», y en ellas se insertan menciones y citas de Fray Luis y Manuel de Villarroel:

> En España, cuya lengua es muy buena para la poesía, se encuentran en sus poetas algunas odas de tono bastante elevado. La de fray Luis de León, que vamos a referir [en efecto aparece en las XVI-XVIII] sobre la invasión de los moros, es excelente en todas sus partes. (p. XV)

> En España el poeta don Esteban Manuel de Villegas, que sobresalió en este género, ha compuesto bajo el nombre de «Cantilenas» un buen número de odas anacreónticas, que no dejan nada que desear a las francesas, y que pueden ponerse al lado del mismo Anacreón. (pp. LX-LXI)

Añádase que de Lope figuran en la antología sólo tres odas, y se tendrá la medida del uso instrumental del texto de Jean-François Marmontel: un autor que había participado en la *Encyclopédie*, y que se había hecho famoso con la novela *Les Incas*: nombre a la moda, por lo tanto, cuya fama «francesa» («uno de los hombres más hábiles de Francia») se podía utilizar para presentar las obras de Lope, llenas de «bellezas sencillas y grandiosas», de «bellezas inimitables», pero también de «muchos y groseros defectos». Ya la duda acerca de un pasado nacional (¿glorioso?) se ha instalado en España, corroyendo las certezas que sólo veinte años antes ostentaba el abad Andrés.

---

23 Profeti 2004.
24 Marmontel 1777/II: 317-352.

Bibliografía

Andrés, Juan (1782-1799): *Dell'origine, progressi e stato attuale d'ogni letteratura, dell'abate D. Giovanni Andrés della Real Academia di Scienze e Belle Lettere di Mantova*. 7 vols. Parma: Stamperia Reale

Arce, Ángeles (2001): «Juan Francisco Masdeu: la ‹buena› intención de un ‹mal› traductor de poesía», en Tietz, Manfred (ed.): *Los jesuitas españoles expulsos. Su imagen y su contribución al saber sobre el mundo hispánico en la Europa del siglo XVIII*. Actas del coloquio internacional de Berlín (7-10 de abril de 1999). Frankfurt am Main / Madrid: Vervuert / Iberoamericana, pp. 103-132.

Brunori, Livia (2004): «Un'inedita difesa del teatro spagnolo: la *Carta al abate don Juan Andrés sobre las comedias españolas y las francesas,* di Diego Antonio Rejón de Silva», en Garelli, Patrizia / Marchetti, Giovanni (eds.): *Un hombre de bien. Saggi di lingue e letterature iberiche in onore di Rinaldo Froldi*. Alessandria: Edizioni dell'Orso, t. I, pp. 99-111.

Checa Beltrán, José (2004): «Apuntes sobre el influjo francés en la poética neoclásica española», en Garelli, Patrizia / Marchetti, Giovanni (eds.): *Un hombre de bien. Saggi di lingue e letterature iberiche in onore di Rinaldo Froldi*. Alessandria: Edizioni dell'Orso, t. I, pp. 259-268.

Conti, Giovan Battista (1782-1790): *Colección de poesías castellanas traducidas en verso toscano, e ilustrada por el Conde d. Juan Bautista Conti*. Madrid: Imprenta Real.

Fabbri, Maurizio (1992): «I gesuiti espulsi in Italia e la polemica sulla traduzione poetica spagnola. L'opera di Giambattista Conti», en: *Italia e Spagna nella cultura del '700*. Roma: Accademia nazionale dei Lincei, pp. 145-172.

Fabbri, Maurizio (1994): «Giambattista Conti, poeta, traduttore, cittadino insigne», en íd. (ed.): *Spagna e Italia a confronto nell'opera letteraria di Giambattista Conti* (Rovigo-Lendinara, 8-9 maggio 1992). Padova: Comune di Lendinara, pp. 19-56.

Guasti, Niccolò (2006): *L'esilio italiano dei gesuiti spagnoli. Identità, controllo sociale e pratiche culturali (1767-1798)*. Roma: Edizioni di Storia e Letteratura.

Lombardi, Marco (2000): «Voltaire e Lope», en Profeti, Maria Grazia (ed.): *Otro Lope no ha de haber*. Atti del convegno Internazionale su Lope de Vega. Firenze 10-13 febbraio 1999. Firenze: Alinea, pp. 129-150.

Lopez, François (1976): *Juan Pablo Forner et la crise de la conscience espagnole au XVIIIe siècle*. Bordeaux: Bibliothèque de l'Ecole des Hautes Etudes Hispaniques.

Marmontel, Jean-François (1777): *Poétique françoise de M. de Marmontel, Historiographe de France, l'un des quarante de l'Académie Françoise*. Liège: Bassompierre fils.

Masdeu, Gianfranco (1786): *Poesie di ventidue autori spagnoli del Cinquecento, tradotte in lingua italiana da Gianfranco Masdeu*. Roma: Pier Luigi Perego Salvioni.

Mayans, Gregorio (2000): *Epistolario*, XVII: *Cartas literarias. Correspondencia de los Hermanos Mayans con los Hermanos Andrés, E. Cerdá y Rico, Juan Bta. Muñoz y J. Vega Sentmenat*. Estudio preliminar, transcripción y notas por Amparo Alemany Peiró. Valencia: Publicaciones del Ayuntamiento de Oliva.

Meregalli, Franco (1977): «Sobre el teatro español en la crítica de Voltaire a los hermanos Schlegel», en: *Papeles de Son Armadans* CCLIX, pp. 5-22.

Mestre Sanchís, Antonio (2002): *Humanistas, políticos e ilustrados*. Alicante: Universidad.

Miguel y Canuto, Juan Carlos de (1994): «Casi un siglo de crítica sobre el teatro de Lope: de la *Poética* de Luzán (1737) a la de Martínez de la Rosa (1927)», en: *Criticón* 62, pp. 33-56.

Palomo, María del Pilar (1989): «La lección permanente de un editor de la España ilustrada», en: *Colección de las obras sueltas, así en prosa como en verso de Frey Lope Félix de Vega Carpio*. Edición facsímil. Madrid: Arco Libros, t. I, pp. V-XXI.

Profeti, Maria Grazia (1999): *I secoli d'oro e i lumi. Processi di risemantizzazione*. Firenze: Alinea, pp. 9-22.

Profeti, Maria Grazia (2002): *Per una bibliografia di Lope de Vega*. T. I: *Opere non drammatiche a stampa*. [Premio Nacional de Bibliografía 1998]. Kassel: Reichenberger.

Profeti, Maria Grazia (2004): «Una traduzione neoclassica di due sonetti di Lope», en Garelli, Patrizia / Marchetti, Giovanni (eds.): *Un hombre de bien. Saggi di lingue e letterature iberiche in onore di Rinaldo Froldi*. Alessandria: Edizioni dell'Orso, t. II, pp. 309-321.

Sánchez-Blanco, Francisco (2002): «¿Una ilustración sin ilustrados?», en Bello, Eduardo / Rivera, Antonio (eds.): *La Actitud ilustrada*. Valencia: Generalitat, pp. 181-194.

Vega, Lope de (1776-1779): *Obras sueltas: Colección de las obras sueltas, así en prosa como en verso de Frey Lope Félix de Vega Carpio*. 21 vols. Madrid: A. de Sancha.

Vega, Lope de (1999): *La selva sin amor*. Introduzione, testo critico e note di Maria Grazia Profeti. Firenze: Alinea.

Cadalso y su visión del problema de la conquista española de América

Rinaldo Froldi
(Università di Bologna)

Hace algunos años, en otro lugar[1] ya observé que, con frecuencia, Cadalso ha sido víctima de interpretaciones que no se ajustan a su realidad objetiva y quedan fuera de su contexto histórico. Se había llegado a leerlo desde perspectivas románticas, e incluso noventayochistas, y a interpretarlo en virtud de sugestiones psicológicas hasta considerarlo como un hombre caracterizado por una «angustiada vivencia» o por sufrir «inseguridad personal».

Creo que la aparente contradicción que emerge de una primera y rápida lectura de sus textos y que induce a unos críticos a considerar a Cadalso un espíritu iluminado y abierto a ideales de innovación y progreso, y a otros un nostálgico conservador de ideales gloriosos que se identifican con la vieja España noble y guerrera, sobre todo deriva de la circunstancia de que a menudo se han asumido apresuradamente como proposiciones de Cadalso algunas afirmaciones suyas expresadas a través de algunos personajes literarios como los de las *Cartas marruecas*. Pero la realidad de Cadalso como hombre no se recoge en la de Tediato de *Noches lúgubres*, como tampoco en uno u otro de los personajes de las *Cartas marruecas*, aunque de él se hallen ciertos rasgos en cada una de estas criaturas literarias. A través de ellas se puede llegar a comprender a Cadalso, siempre que se renuncie a rígidas identificaciones entre autor y personaje literario y se penetre en el juego de las diversas perspectivas de las que se sirve el autor, y siempre que se renuncie a la búsqueda de una rigurosa sistematicidad de pensamiento ausente en sus intenciones: él afrontará las contradictorias realidades de su tiempo usando de vez en cuando la propia razón, generalmente guiada por un sabio y moderado escepticismo.

El «literato» Cadalso, en las *Cartas marruecas*, sobre todo quiso afrontar nuevos temas con gran dedicación, seguramente rechazando el concepto de literatura hedonística para conjugar más un contenido de reflexión con una escritura que, según un ideal de «buen gusto», fuera capaz de captar la atención y la participación del lector. En la «Introducción» a las *Cartas marruecas*, él mismo declara que ha elegido el método epistolar porque hace la lectura más cómoda y facilita un estilo más ameno que permite proponer conceptos «con cierta novedad que gusta».[2]

---

1 Froldi 1985: 141-154.
2 Cadalso 2000: 3.

En el fondo, Cadalso proponía al lector reflexiones en torno a problemas que él no quería resolver directamente, y particularmente deseaba invitarle a que se formara una idea personal. No debemos tampoco dejar escapar la idea de que el pensamiento de Cadalso aparece siempre guiado – y diré casi dominado – por una exigencia moral superior. Las operaciones de su pensamiento no las preside ningún preconcepto de tipo metafísico o norma teleológica alguna, sino siempre una necesidad interior de claridad ética buscada a través de un uso correcto de la razón, guía segura, pero que sabe escuchar igualmente las sugerencias de la sensibilidad, como parte también integrante de la realidad humana.

A menudo, Cadalso se siente disgustado por el ambiente en que él, como noble y militar, debe vivir una vida «oficial» frente a la que realmente ama, una vida que raramente se le concede, en contacto con pocos pero seguros amigos. Sabe que pertenece a una minoría intelectual bastante restringida y considera un deber moral intervenir para intentar un cambio en el seno de la sociedad, pero es consciente de la enorme dificultad de la empresa y juzga escasa la posibilidad de tener éxito, lo cual comporta un fondo de amargura.

Sin embargo, su exigencia moral le aconseja proseguir: el hombre debe obrar no sólo por sí mismo sino también por los otros; en él está vivo el sentido de la participación social. Aspira a ser un «hombre de bien», es decir, un hombre que, por encima de superestructuras metafísico-religiosas y exclusivismos de clase, se impone ser fiel a un principio, el de la virtud, que es compromiso socialmente útil: «No basta ser bueno para sí y para otros pocos; es preciso serlo o procurar serlo para el total de la nación».[3] Es decir, el «hombre de bien» se identifica con el «buen ciudadano», con el «patriota» (entendido no sólo como el que ama la propia patria chica sino también la nación): «El patriotismo es de los entusiasmos más nobles que se han conocido para llevar al hombre a despreciar trabajos y emprender cosas grandes, y para conservar estados».[4]

Este sentimiento es propio de cuantos, amigos entre sí, aspiran al ejercicio de la virtud: ellos son los verdaderos filósofos, es decir, los que se diferencian de esa gran parte del género humano que no piensa. Pero se debe constatar que es imposible «pretender que todos los hombres sean filósofos».[5] La virtud es de pocos y practicarla asume un carácter excepcional y casi heroico, pero es lo único «que es amable cuanto más la conocemos y cultivamos».[6]

Incluso cuando, en su singularidad, el hombre pasa a observar la complejidad de la nación, Cadalso no renuncia a la preocupación moral que está en la base de su reflexión. Es consciente de la condición de decadencia de la España del siglo XVII,

---

3   Cadalso 2000: c. LXX, 175.
4   Cadalso 2000: c. LXX, 177.
5   Cadalso 2000: c. LXXXIV, 208.
6   Cadalso 2000: c. XVII, 60.

pero también de los esfuerzos que en el nuevo siglo la han llevado a acercarse al nivel de quienes tenían «siglo y cerca de medio de delantera».[7] Será necesario que la juventud haga hoy «los progresos que pueda» para que – en la generación siguiente – los jóvenes puedan «enseñar públicamente lo que ahora aprenden ocultos».[8]

Orientador del presente es el conocimiento de la historia bien interpretada. La decadencia del siglo XVII que, desgraciadamente, continúa en el XVIII, había estado precedida por el esplendor del Quinientos. Cadalso admira, sobre todo, la época de los Reyes Católicos, pero no creo que en esta evocación de un momento particularmente glorioso de la historia nacional haya, como algunos han pensado, concesión y carga de nostalgia a un ideal tradicionalista o conservador. Creo que Cadalso – en el plano histórico – simplemente consideró que un guía político seguro permitió a la España de la primera mitad del XVI la afirmación de los más altos valores morales y, por lo tanto, civiles y culturales de la nación. La suya no es una huida hacia atrás, no es culto de un mito, sino una constatación histórica. Casi un querer fijar, con una constante preocupación por los problemas del presente, un punto de partida desde el que moverse para crecer con coherencia en el futuro, según un modelo que proviene de la historia patria y que contribuyó a formar ese «carácter nacional» que no es una realidad metafísica sino un patrimonio que la historia misma nos ha concedido, precioso e ineludible. Cadalso, en quien estas ideas derivan de Montesquieu, cree en la realidad diferenciada de las naciones constitutivas de la compleja unidad del universo humano. Pero cree también que el carácter de cada una de ellas puede ser modificado convenientemente cuando es necesario.

Cadalso precisa su profunda desvinculación de quienes alaban el pasado «sin distinción de crítica», no tanto porque lo entiendan y sepan apreciarlo conscientemente, sino sólo por odio al presente: «Cualquiera virtud de nuestros coetáneos» parece ofenderles porque constituye un argumento contra sus defectos; ellos son hábiles para «buscar las prendas de los abuelos, por no confesar las de los hermanos».[9] Existe en Cadalso la clara conciencia de que algunos – y entre ellos los más potentes – no quieren cambiar nada y que, por lo tanto, el compromiso del cambio se presenta bastante difícil e indudablemente arriesgado.

Cada nación ha adquirido «buenas y malas propiedades [...] es muy justo trabajar a disminuir éstas y aumentar aquéllas»[10] sin ese patriotismo mal entendido que «en lugar de ser una virtud, viene a ser un defecto ridículo y muchas veces perjudicial a la misma patria».[11]

---

7   Cadalso 2000: c. LXXVIII, 194.
8   Ibíd.
9   Cadalso 2000: c. XLIV, 118.
10   Cadalso 2000: c. XXI, 65.
11   Cadalso 2000: c. XXI, 68.

En cambio, un sano concepto de patria e ideas nuevas pueden poner en marcha el rescate: «Pongamos la fecha desde hoy suponiendo que la península se hundió a mediados del siglo XVII y ha vuelto a salir de la mar a últimos del XVIII».[12]

A la reflexión ético-política de Cadalso no le resultó extraño el problema de América y de su conquista por parte de los españoles. Sabido es que en el siglo XVIII hubo una cierta dificultad, casi un estorbo, a la hora de tratar el tema americano. No escribieron nada los cronistas de las Indias Miguel Herrero Ezpeleta y Martín Sarmiento, como tampoco hizo nada la Academia de la Historia, aparte de proyectar la traducción de la *Historia* de Robertson. Pasando por encima de la propia Academia, sólo en 1779 el rey encargó a Juan Bautista Muñoz la elaboración de una *Historia General de América* que no fue más allá de un primer tomo publicado en 1793.[13]

Sin embargo, a lo largo del siglo, el problema de América había preocupado a todos los gobernantes, y aquí podemos recordar las varias *Representaciones, Avisos y Memorias secretas* de políticos y economistas, de Macanaz a Carvajal, de Ulloa a Campillo, de Uztáriz al marqués de la Ensenada, de Gálvez a Romá y Rosell, de Campomanes a Cabarrús, a Arriquibar, Floridablanca, Jovellanos, reflexiones que, inicialmente, se detienen para intentar poner remedio a la falta en España (a diferencia de otros países como Inglaterra) de una eficaz política mercantilista capaz de saber aprovechar los recursos del Imperio, y que después conducirán a una verdadera política colonial armada (piénsese en la intervención de 1762 en la guerra de los siete años) para reafirmar un dominio que se comienza a temer que pueda ceder a las presiones externas e internas. Las reflexiones en torno al problema colonial continuarán en el plano económico orientándose hacia lo que Franco Venturi llamó *mercantilismo tardío*, tiñéndose después de instancias fisiocráticas y liberales. En el plano práctico, las reformas más significativas fueron aquellas que se realizaron en la época de Carlos III: la denominada *visita general* para dar cuenta del estado efectivo de las colonias, la institución de las *intendencias* en territorio americano y, sobre todo, la promulgación, en 1773, del *Reglamento de Comercio libre*, disposiciones todas ellas que confluían en la voluntad de establecer un orden más racional, con predominantes finalidades económicas, en el marco de un equilibrio político-estratégico que permitiera la conservación de las mismas colonias. En realidad éste era el problema de fondo. Tampoco se puede olvidar el proyecto del conde de Aranda (1783), quien preveía el peligro de la disolución del Imperio y, para salvar lo salvable, le propuso al rey que renunciara a sus posesiones a excepción de Cuba,

---

12 Cadalso 2000: c. LXXVIII, 194-195.
13 Sobre los temas aquí indicados acerca del problema de América en la España del siglo XVIII, véanse Ballesteros Beretta 1942; Muñoz Pérez 1955; Hughes 1958; Ezquerra 1962; Glendinnig 1962; Bitar Letayf 1968; Artola 1969; Hughes 1969; Mercadier en Cadalso 1970; Baader 1978; Gerbi 1982; Stiffoni 1984a; Marías 1985; Álvarez de Miranda 1985; Lope 1986; Tietz 1992; Fernández Herrero 1992; Thomas 1994; Yagüe Bosch 2005.

Puerto Rico y otras pocas escalas comerciales americanas, que constituyera reinos autónomos confiados a tres infantes y que asumiera el título de emperador. Todo esto pone de relieve cuánto se debatió el problema de América a nivel político. Por ello es lógico pensar que constituyó un argumento de discusiones en el ambiente que Cadalso frecuentó.

Por otra parte, seguro que él conocía la historiografía de los siglos XVI y XVII sobre la conquista, en particular la de Antonio de Solís que cita como ejemplo de buen historiador tanto en *Cartas marruecas*[14] como en *Eruditos a la violeta*.[15]

Conocía también a los autores extranjeros contemporáneos. Naturalmente a Montesquieu (*Lettres persanes* y *Esprit des Lois*,[16] entre ellas), pero también al Voltaire del *Essay sur les moeurs et l'esprit des nations*,[17] además de Raynal, cuya obra es de 1770. Muy probablemente había leído lo que sobre América habían escrito Buffon (a partir de 1749) y Cornelius de Pauw, obras todas polémicamente adversas a la conquista española que, en cambio, la historiografía local había exaltado apologéticamente pero que, en el extranjero, sobre todo en Francia, se juzgaba como una inhumana violencia consumada contra los indios y determinada por un fanático e hipócrita ideal religioso, el cual se había realizado en una forzada evangelización y, en la práctica, en un aprovechamiento de las poblaciones indígenas y en su reducción a un sustancial estado de esclavitud.[18]

Cadalso es consciente de que España y América son dos realidades históricas que no se pueden separar y su personaje Gazel sustenta que el estudio de la historia de América: «Es un suplemento necesario al de la historia general de España y clave

---

14   Cadalso 2000: c. VIII, 36 y c. LIX, 143.
15   Cadalso 1967: 101, 113, 194.
16   El tono crítico de esta última obra reclama el de la *Lettre 78*, por ejemplo (X, IV): «Quel bien les Espagnols ne pouvoient-ils pas faire aux Mexicains ? Il avoient à leur donner une religion douce ; ils leur apportèrent une superstition furieuse. Ils auroient pu rendre libres les esclaves, et ils rendirent esclaves les hommes libres. Il pouvoient les éclairer sur l'abus des sacrifices humains, au lieu de cela, ils les exterminèrent. Je n'aurois jamais fini si je voulois raconter tous les biens qu'ils ne firent pas, et tous les maux qu'ils firent».
17   Léanse los capítulos CXLV-CXLVIII; es digna de mención la consideración que Voltaire tiene de la figura de Cortés, tanto que llega a afirmar que mientras algunos historiadores han considerado milagrosas las empresas mexicanas, para él «le vrai miracle fut la conduite de Cortés» (Voltaire 1859: VIII, 74).
18   La obra mencionada de Guillaume Thomas Raynal es *Histoire philosophique et politique des établissements et du commerce des Européens dans les deux Indes*, y la de Georges Louis Leclerc, conde de Buffon, *Histoire naturelle, générale et particulière*, que se publicó a partir de 1749 en París. Por lo que se refiere a la otra: Cornelius de Pauw: *Recherches philosophiques sur les Américains ou memoires interesantes pour servir à l'histoire de l'espèce humaine*. 2 vols. Berlín, 1768-1769, Londres, 1771. Sobre el debate europeo en torno al tema americano, véase: Marchetti 1986: esp. 19-49.

precisa para la inteligencia de varias alteraciones sucedidas en el estado político y moral de esta nación».[19]

Al estudiar el problema, Gazel se da cuenta del violento contraste existente entre la interpretación de la conquista propuesta por la historiografía española y la extranjera. La lectura de la primera sugiere una visión heroica y casi mágica de los acontecimientos, mientras que la segunda es crítica y política. Él se propone extraer «una razón media [...] y creo que en ella podré fundar el dictamen más sano».[20] Sirviéndose de su conocido juego de perspectivas, Cadalso pone a Nuño como interlocutor de Gazel. Además, considérese que, en otros lugares de su obra, Cadalso se muestra escéptico hacia la verdad que emana de la historiografía, siempre condicionada por el subjetivismo de los autores. Incluso en un pasaje de las *Cartas marruecas* parece que establece tres hipótesis en torno a tres niveles distintos de historiografía según el público al que va destinada, y algunos críticos han aceptado esta idea como la definitiva de Cadalso, sin prestar atención a que al interlocutor al que la propone Gazel responde reivindicando la necesidad de la verdad como conviene a la condición del filósofo.[21] Por lo tanto, los tres niveles de la historia que aparecen son, más que un programa, una constatación de lo que existe en el campo específico, mientras que adquiere un particular significado para comprender la que era la idea verdadera de Cadalso sobre la historiografía, su afirmación en torno a la posibilidad de una historia universal hecha de autores diversos en cooperación internacional, según un concepto que se iba consolidando en el campo de las ciencias y que se encuentra en la idea misma que Diderot tuvo de la *Enciclopedia*.[22]

Así, pues, del problema de la conquista de América, Cadalso no se limita a los historiadores españoles, ya que es consciente de las instancias retóricas que se encuentran en la base de sus obras y su razón rechaza la concepción providencialista de fondo. Sin embargo, a través de Gazel sostiene que igualmente parcial aparece la historiografía de los europeos no españoles, que sustancialmente se apoya en las acusaciones de «codicia, tiranía, perfidia y otras no menos espantosas».[23] Después, por boca de Nuño viene la puntualización del problema. Si la acusación es de falta de humanidad, se podría decir ¡mira quién habla!:

> Los pueblos que tanto vocean la crueldad de los españoles en América son precisamente los mismos que van a las costas de África a comprar animales racionales de ambos sexos [...] sin más derecho que ser los compradores blancos y los comprados negros; los embarcan como brutos; los llevan millares de leguas desnudos, hambrientos y sedientos; los desembarcan en América; los venden en público mercado como jumentos, a más precio los mozos sanos y robustos, y a mucho más las infelices mujeres que se hallan

---

19 Cadalso 2000: c. V, 23.
20 Ibíd.
21 Cadalso 2000: c. LIX, 143.
22 Cadalso 2000: c. LVII, 137-140.
23 Cadalso 2000: c. IX, 38.

con otro fruto de miseria dentro de sí mismas; toman el dinero; se lo llevan a sus humanísimos países, y con el producto de esta venta imprimen libros llenos de elegantes invectivas, retóricos insultos y elocuentes injurias contra Hernán Cortés.[24]

Mayor falta de humanidad, pues, la de los acusadores, cuyo comercio de esclavos continúa en una época en la que, realmente, con respecto a la de la conquista y tantas otras del pasado plagadas de miserias y horrores – como nos muestra la historia – la presente puede presumir de una mayor «suavidad de costumbres, humanidad en la guerra, noble uso de las victorias, blandura de los gobiernos».[25] La conciencia histórica presente siempre en Cadalso le impide juzgar un siglo lejano con los criterios del actual; en cuanto a las específicas acusaciones a Hernán Cortés, su patriotismo le lleva a dar la cara por él, junto a una búsqueda de verdad operando del mismo modo que cuando había compuesto la *Defensa de la nación española* para protestar contra las afirmaciones no demostradas, a pesar de su cultura, de Montesquieu en la 78ª carta persiana.[26]

Sucesivamente, en las *Cartas*, en veintiún puntos se examinan los comportamientos de Hernán Cortés, desde su primera expedición a la isla de Cozumel hasta el triunfo definitivo de Ciudad de México, y en clave admirativa se subraya el arrojo con el que condujo toda la empresa, pero conjuntamente con el exacto cálculo con el cual se guió, la habilidad política y diplomática que le permite vencer con pocos contra muchos, la fidelidad a un valor superior, el patriotismo, que tiene como símbolo el rey, tanto que el acto de desobediencia a Velázquez (incapaz de tener la superior visión moral y política que guiaba a Cortés) es visto más como un acto heroico que no podía no ser comprendido por el soberano que como acto de rebelión.

De ello resulta el retrato de un hombre de excepcionales cualidades, prudente, sagaz, valeroso, además de generoso e incluso humilde. Conquistador pero consciente de que también los aztecas son un pueblo conquistador, los combate con habilidad táctica y estratégica. Sabe tomar decisiones tempestivas y de extrema audacia; sabe vencer pero también convencer, como sucede con los tlaxcaltecos y con el ejército de Pánfilo de Narváez. Un condotiero que sabe plegar a su propia voluntad a los hombres y las cosas. Estas capacidades, guiadas por una conciencia ética superior que se expresa en la voluntad de forjarse, en libertad, un destino propio, hacen de él un verdadero héroe y encarnan ese ideal moral que era el de Cadalso.

Es verdad que en la última fase de la conquista de la Ciudad de México hubo «lances sangrientos», de los que derivó un «cuadro horroroso», pero es también verdad que se trató de una empresa desesperada en la cual estaba en juego la super-

---

24 Cadalso 2000: c. IX, 39.
25 Cadalso 2000: c. XLVIII, 124.
26 Cadalso 1970.

vivencia que obligó a los españoles a «cerrar los ojos a la humanidad».[27] E igualmente es cierto que en Perú los españoles «anduvieron menos humanos», pero realmente no fue una barbarie superior a la de los traficantes de esclavos, es decir, una barbarie «de que son reos los mismos que tanto lastiman la suerte de los americanos».[28]

Hernán Cortés se nos muestra, pues, como un virtuoso, en el sentido casi renacentista y maquiavélico del término, un hombre que en el ámbito de la realidad de los contemporáneos se desligó de ellos porque era superior a ellos. Un continuador de la sabia y vigorosa acción de los Reyes Católicos, «príncipes que serán inmortales entre cuantos sepan lo que es gobierno»,[29] afirmación de Cadalso que imita la que Maquiavelo había dado de Fernando el Católico: «Per fama e per gloria il primo Re dei Cristiani: e se considerate le azione sue, le troverete tutte grandissime, e qualcuna straordinaria».[30]

Por lo tanto, para Cadalso, el rey Fernando es una personificación ejemplar del *hombre de bien* que ha desarrollado hasta el fondo su *hombría*, llegando a ser un héroe y a constituirse en símbolo de una época gloriosa. Muy distinta fue la época siguiente: Felipe II «murió dejando su pueblo extenuado con las guerras, afeminado con el oro y plata de América, disminuido con la población de un mundo nuevo»,[31] es decir, en una condición de decadencia moral y económica al mismo tiempo que, evidentemente, no permitía el nacimiento de héroes. En gran parte, aparece entregado a esta triste herencia el presente: el recuerdo y la celebración de los héroes del pasado deberían estimularlo.

En la «Carta XVI», Cadalso le hace decir a Nuño que ha proyectado la composición de una *Historia heroica de España* en la que incluiría a los grandes protagonistas de la historia de la nación a partir de Don Pelayo, incluyendo por supuesto a Cortés, «héroe mayor que los de la fábula».[32]

Además, Cadalso está convencido de la eficacia del sistema inglés de recordar a los héroes mediante el alzamiento de monumentos y el enterramiento en las mismas iglesias que son panteón de los Reyes: «¡Qué estímulo – comenta – para nuestra juventud!»[33]

Realmente, como observa Cadalso, nosotros, modernos y más instruidos, no podemos llegar a divinizar a los héroes a la manera de los antiguos «pero hay una

---

27 Cadalso 2000: c. IX, 44-45. También en Cadalso 2000: c. XXXVI, 102, donde apunta a las «crueldades que ejecutaron los soldados de Cortés».
28 Cadalso 2000: c. IX, 45.
29 Cadalso 2000: c. III, 15-16.
30 Niccolò Machiavelli, *Il Principe*, c. XXI.
31 Cadalso 2000: c. III, 16.
32 Cadalso 2000: c. XVI, 59.
33 Cadalso 2000: c. XVI, 58 y 60.

gran diferencia entre este exceso y la ingratitud con que tratamos la memoria de nuestros héroes».[34]

El proyecto de la *Historia heroica* puesto en boca de Nuño fue probablemente un proyecto juvenil de Cadalso, que después no realizó – según cuanto enuncia el propio Nuño – por la dificultad de la empresa, derivada de la vasta materia, la cual habría comportado un empleo de tiempo extensísimo, mas Cadalso sí compuso una serie de epitafios en latín y español en recuerdo de los principales héroes de España, entre los cuales uno está dedicado a Cortés y a sus principales compañeros de la conquista.[35] Una vez más, la historia en función del presente.

Sin embargo, Cadalso, patriota y defensor de la nación española, no omite los aspectos negativos de la conquista. En *Defensa de la Nación Española*, ya reconocía que «no hay página en nuestra historia que no esté llena [...] de sangre»,[36] aun cuando sostenía que «el conquistar un medio mundo con un puñado de aventureros» se debía considerar «hazaña gloriosísima por más que la quieran eclipsar la preocupación, envidia e ignorancia de los extranjeros empeñados en pintarla como una serie de inhumanidades».[37]

En una carta privada a Tomás de Iriarte de 1774 (y sabemos cuánta importancia tiene el epistolario, sin frenos de autocensura, para revelarnos el ánimo de Cadalso), él aún confiesa lo mucho que siempre le ha conmovido la meditación sobre el aspecto cruento y feroz de la conquista: «desde que tuve uso de la razón [...] me ha llenado de espanto la posesión de las Américas y destrucción de unos catorce millones de almas hecha por unos cuantos extremeños, que fueron allá a predicar a cañonazos la ley del Cordero»,[38] así como la indignación que le produce que todavía en su tiempo la Universidad de Salamanca pueda tener en su claustro «unas conclusiones» favorables al concepto de la legitimidad de la reducción de los indios por la espada al dominio hispánico sobre la base de la finalidad de conducirlos a la fe de Cristo.

Y a propósito del significado, en definitiva trágico, del concepto de victoria en la guerra, no se olvide cuanto está escrito en la XIV de las *Cartas marruecas*, donde, en primer lugar, se ironiza acerca de las inexactas relaciones de los generales protagonistas de una sanguinaria batalla: la triunfante retórica del vencedor, las capciosas argumentaciones del vencido que presenta la derrota como calculada retirada estratégica. Después, la ironía se hace más amarga al añadir la noticia de que en ambas Cortes de los contendientes se celebra un *Te Deum* y se organizan fiestas, hasta la triste conclusión: «Y todo queda problemático, menos la muerte de veinte mil hom-

---

34 Ibíd., 60.
35 Foulché-Delbosc 1894, pp. 259-335. El epitafio de Cortés, Foulché-Delbosc 1894: 291.
36 Cadalso 1970: 7.
37 Cadalso 1970: 21.
38 Cadalso 1979: 95.

bres, que ocasiona la de otros tantos hijos huérfanos, padres desconsolados, madres viudas».[39]

Actitud contradictoria, pues, la de Cadalso, ya que, por una parte, exalta la «virtud» del conquistador Cortés y, por otra, se siente consternado frente a las muertes que la guerra causa y a los sufrimientos de los indios. Pero cuando se sabe leer bien los textos no se deberá hablar tanto de contradicción como más bien de ambigüedad, que nace del encuentro de distintas perspectivas y de los diferentes intereses que entran en juego.

Cadalso, que tanta importancia atribuye a la historia, se rebela frente a la distorsión de la misma llevada a cabo por los contemporáneos extranjeros. Como en la *Defensa*, a las acusaciones que Montesquieu expresaba contra la Inquisición y sus hogueras, había rebatido recordando las masacres de la Noche de San Bartolomé, concluyendo que «esos monstruos y sus semejantes no son ni franceses ni españoles, sino una nación de bárbaros llamados fanáticos»,[40] y sus acciones «excesos de unos pocos hombres que ha habido en todas partes en unos siglos más que en otros, según ha reinado la ignorancia o la ilustración»;[41] así como en las *Cartas marruecas* – como hemos visto – a las acusaciones de inhumanidad de los españoles hacia los *indios*, replica echándoles a la cara a los acusadores extranjeros la vergüenza de los mercaderes de carne humana.

No se puede juzgar la historia pasada con la conciencia humanitaria del presente: vista en la realidad histórica de su época, la figura de Cortés es la de un héroe. No como pensaba Feijoo – que incluso juzgaba la conquista como un gran hecho histórico, pero que sobre la base de la historiografía apologética española hacía de Cortés el vencedor de una empresa, guiada por la Providencia, que encontraba su máximo valor en el hecho de haber permitido la evangelización de las gentes del nuevo mundo –,[42] sino como un héroe en el sentido de hombre de singular virtud, él mismo artífice determinante, creador de historia, según un ideal que venía de la historiografía greco-romana y renacentista.

Cambiando el punto de vista y asumiendo el de la conciencia humanitaria y de la sensibilidad contemporáneas, Cadalso puede ver la conquista en su aspecto más trágico y tremendo. Incluso (y nos parece advertir aquí algún eco lejano de la interpretación pesimista del mundo de Buffon y De Pauw) puede llegar a meditar en torno al infeliz destino de esa tierra:

> ¡Extraña suerte es la de América! ¡Parece que está destinada a no producir jamás el menor beneficio a sus poseedores! Antes de la llegada de los europeos, sus habitantes co-

---

39 Cadalso 2000: c. XIV, 56.
40 Cadalso 1970: 28.
41 Cadalso 2000: c. IX, p. 45.
42 Léanse, sobre todo, en el tomo IV del *Teatro crítico* los discursos X y XIII, y acerca del tema Stiffoni 1984b.

mían carne humana, andaban desnudos, y los dueños de la mayor parte de la plata y oro del orbe, no tenían la menor comodidad de la vida. Después de su conquista, sus nuevos dueños, los españoles, son los que menos aprovechan aquella abundancia.[43]

Consideración entre lo moral y lo fatalista que, de repente, surge en el seno de reflexiones de tipo económico allí donde Cadalso, que ya había reconocido entre las causas de la decadencia «los muchos caudales adquiridos rápidamente en las Indias» y el consecuente desprecio por el comercio y las «artes mecánicas»,[44] y «la continua extracción de hombres para la América»,[45] debe constatar que toda la riqueza proveniente de las minas americanas se va al extranjero por la incapacidad de los españoles de organizar una industria nacional.

En el literato Cadalso, América es uno de los muchos temas de su meditación que deviene instrumento de educación, bien cuando él celebra a Cortés como héroe de una época feliz del pasado y lo adapta como modelo de severa virtud (en coherencia con su idea de fondo de que «toda nación se ha establecido por la austeridad de las costumbres»[46]), bien cuando reflexiona sobre la inhumanidad de las guerras o cuando empuña la espada en defensa de su nación contra el injustificado desprecio de los extranjeros o como apoyo de la verdad de la historia contra una instrumentalización política.

De tal modo, con variedad de acentos y de modulaciones, Cadalso contribuye a suscitar un debate de pensamiento en el ámbito de una naciente opinión pública y concurre, al mismo tiempo, en dar a la literatura española un nuevo género, aun cuando no sea totalmente original pero sí un nuevo modelo de prosa.

Bibliografía

Álvarez de Miranda, Pedro (1985): «Proyectos y proyectistas en el siglo XVIII español», en: *Boletín de la Real Academia Española*, LXV, c. CCXXXVI, sept.-dic. de 1985, pp. 409-429.

Artola, Miguel (1969): «América en el pensamiento español del siglo XVIII», en: *Revista de Indias* XXIX, pp. 51-77.

Baader, Horst (1978): «La conquista de América en la literatura española: mito e ilustración», en: *Romanische Forschungen* 90, pp. 159-175.

Ballesteros Beretta, Antonio (1942): «Don Juan Bautista Muñoz. La historia del nuevo mundo», en: *Revista de Indias* III, pp. 589-660.

Bitar Letayf, Marcelo (1968): *Economía española del siglo XVIII. Sus ideas sobre la libertad del comercio con Indias*. Madrid: Cultura Hispánica.

Buffon (i.e. Leclerc, Georges Louis), conde de (1749ss.): *Histoire naturelle, générale et particulière*. Paris.

Cadalso, José (1967): *Los eruditos a la violeta*. Ed. José Luis Aguirre. Madrid: Aguilar.

---

43 Cadalso 2000: c. XLI, 110.
44 Cadalso 2000: c. III, 17.
45 Cadalso 2000: c. XXXIV, 93.
46 Cadalso 2000: c. LXVIII, 168.

Cadalso, José (1970): *Defensa de la nación española contra la Carta Persiana LXXVIII de Montesquieu*. Edición, prólogo y notas de Guy Mercadier. Toulouse: Université.

Cadalso, José (1979): *Escritos autobiográficos y epistolario*. Ed. Nigel Glendinning y Nicole Harrison. London: Tamesis.

Cadalso, José (2000): *Cartas marruecas y Noches lúgubres*. Edición de Emilio Martínez Mata con un estudio preliminar de Nigel Glendinning. Barcelona: Crítica.

Ezquerra, Ramón (1962): «La crítica española de la situación de América en el siglo XVIII», en: *Revista de Indias* 87-88, pp. 159-287.

Fernández Herrero, Beatriz (1992): *La utopía de América*. Barcelona: Anthropos.

Foulché-Delbosc, René (1894): «Obras inéditas de Cadalso», en: *Revue Hispanique*, I, pp. 259-335.

Froldi, Rinaldo (1985): «Apuntaciones sobre el pensamiento de Cadalso», en: *Coloquio internacional sobre José Cadalso*, oct. 1982. Abano Terme: Piovan, pp. 141-154.

Gerbi, Antonello (^{2}1982): *La disputa del Nuevo Mundo. Historia de una polémica, 1775-1900*. México: Fondo de Cultura Económica.

Glendinning, Nigel (1962): *Vida y obra de Cadalso*. Madrid: Gredos.

Hughes, John B. (1958): «Las *Cartas marruecas* y la España defendida, perfil de dos visiones de España», en: *Cuadernos Americanos* 98, pp. 139-153.

Hughes, John B. (1969): *José Cadalso y las Cartas marruecas*. Madrid: Tecnos.

Lope, Hans Joachim (1986): «Cadalso y Hernán Cortés», en: *Dieciocho* IX, pp. 188-200.

Marchetti, Giovanni 1986: *Cultura indígena e integración nacional: la «Historia antigua de México» de F. J. Clavijero*. Xalapa: Universidad Veracruzana.

Marías, Julián (1985): *España inteligible. Razón histórica de las Españas*. Madrid: Alianza.

Muñoz Pérez, José (1955): «Los proyectos sobre España e Indias en el siglo XVIII: el proyectismo como género», en: *Revista de Estudios Políticos* LXXXI, pp. 169-195.

Pauw, Cornelius de (1768-1769): *Recherches philosophiques sur les Américains ou memoires interesantes pour servir à l'histoire de l'espèce humaine*. 2 vols. Berlin (London, 1771).

Raynal, Guillaume Thomas (1770): *Histoire philosophique et politique des établisements et du commerce des Européens dans les deux Indes*. Paris.

Stiffoni, Giovanni (1984a): «Historiografía y política en los historiadores de Indias de la primera mitad del siglo XVIII», en: *Nueva Revista de Filología Hispánica* XXXIII, pp. 133-156.

Stiffoni, Giovanni (1984b): «La questione americana come momento della politica culturale di Feijoo», en íd: *La guida della ragione e il laberinto della politica. Studi di storia di Spagna*. Roma: Bulzoni, pp. 43-66.

Thomas, Hugh (1994): *La conquista de México*. Barcelona: Planeta.

Tietz, Manfred (1992): «La visión de América y de la conquista en la España del siglo XVIII», en Mate, Reyes / Niewöhner, Friedrich (eds.): *El precio de la ‹invención› de América*. Barcelona: Anthropos, pp. 219-234.

Voltaire (1859): *Oeuvres complètes*. Edición de Charles Lahure. Paris.

Yagüe Bosch, Javier (2005): «Defensa de España y conquista de América en el siglo XVIII: Cadalso y Forner», en: *Dieciocho* 28, 1, pp. 121-140.

L'Espagnol selon Martin Opitz, ou l'ennemi de Dieu

Pierre Béhar
(Universität des Saarlandes)

Dans l'étude de l'image de l'Espagnol dans l'Europe du début des Temps modernes, il est un endroit qui, à notre connaissance, n'a pas retenu l'attention des chercheurs. C'est celui où Opitz évoque les Espagnols. À la fin de la Renaissance, Martin Opitz est la figure centrale des lettres allemandes modernes. Il en est le fondateur et, d'abord, le théoricien grâce à son *Livre de la Poésie allemande, Buch von der Deutschen Poeterey,* qu'il composa à l'image de la *Défense et Illustration de la langue française* de Joachim Du Bellay et publia en 1624. Il s'agit d'une des figures les plus curieuses des lettres allemandes. Né en 1597 à Bunzlau en Silésie, province alors incorporée au royaume de Bohême, c'est un sujet des Habsbourg catholiques de Vienne, qui régnaient aussi sur ce pays. Opitz est cependant d'une famille calviniste. S'il est un sujet des Habsbourg, c'est un sujet rebelle. Dès sa jeunesse, il fréquente le «gymnase académique» de Beuthen sur l'Oder, bourgade à proximité de la frontière polonaise de ce temps, où enseignaient toutes sortes d'hérétiques – calvinistes, ariens, Frères Moraves, d'autres encore –: Beuthen était l'un des centres de l'opposition à l'orthodoxie catholique dans le Saint-Empire romain germanique.

Dès cette époque, il écrit en 1617 une première défense de l'allemand à caractère de manifeste: *Aristarchus sive de contemptu Linguae Teutonicae,* conçu sur le modèle des protomanifestes rosicruciens qui, de 1614 à 1616, inspirent la révolte protestante contre le pouvoir des Habsbourg en Allemagne. Ce premier manifeste, paradoxalement composé en latin, est une charge en règle contre cette langue morte indigne de servir de médium littéraire, et qui empêche l'allemand de s'épanouir comme tel. Écrit en ce lieu et à ce moment, ce plaidoyer pour l'allemand revêtait nécessairement un caractère anti-catholique. Depuis que Luther s'était servi de la langue vernaculaire pour propager son message et surtout pour dire le service divin, l'allemand, dans l'Empire, avait aux yeux de l'orthodoxie catholique partie liée avec la Réforme; à telles enseignes que les jésuites, pour leur propagande scolaire, exigeront jusqu'en 1773 que les tragédies données dans leurs collèges soient écrites en latin. Et si le plaidoyer d'Opitz avait un caractère anti-catholique, il avait nécessairement aussi un caractère anti-habsbourgeois: dans toute l'Europe, la dynastie des Habsbourg avait lié son destin à celui de la Contre-Réforme.

Les actes ultérieurs d'Opitz viennent s'inscrire dans la même ligne. Lorsqu'il doit choisir une université, c'est naturellement pour celle de Heidelberg qu'il se décide. Celle-ci dépendait du prince de Palatinat Frédéric V, principale figure du calvinisme en Allemagne et chef de l'Union protestante, qui rassemblait princes luthériens et calvinistes en vue d'une confrontation avec les forces catholiques de l'Empire, regroupées derrière Maximilien de Bavière dans la Ligue catholique. Dans l'Empire en effet règne une situation curieuse. Depuis la Paix d'Augsbourg, conclue en 1555 entre les deux partis exténués, cet ensemble politique se divise en un *Corpus catholicorum* et un *Corpus evangelicorum*. Cette paix n'a été en vérité qu'un compromis. Seul l'épuisement général est parvenu à la faire accepter: mais nul n'en est satisfait. Les visions religieuses du monde, de part et d'autre, ont par principe des prétentions à la vérité totale et universelle: le terme de «catholique» dit tout; les luthériens se déclarent «évangéliques», car ils sont, à leur sens, les seuls à avoir compris le vrai sens du message divin; quant aux calvinistes, ils se disent «réformés», car ils sont persuadés d'avoir rétabli le christianisme dans sa pureté première. Dans un tel cadre intellectuel, il n'est pas possible d'*accepter* l'existence de l'adversaire, dont l'hérésie est nécessairement inspirée par l'Esprit malin qui séduit les âmes pour les mener à leur perdition. Cette existence de l'autre ne peut être à la rigueur que *tolérée*, et cette tolérance n'est elle-même tolérable que si elle est conçue comme passagère. C'est pourquoi la Paix d'Augsbourg ne peut être qu'un armistice.

Ce conflit religieux prend des traits nécessairement chiliastiques. Les protestants ont reconnu dans le pape l'incarnation de l'Antéchrist. Dès août 1518, l'idée que le pape était l'Antéchrist est apparue chez Luther, qui l'a adoptée au plus tard en mars 1519.[1] Cette assimilation, proclamée publiquement, mais encore avec prudence, dans le manifeste de 1520 *À la Noblesse chrétienne de la Nation allemande*, l'avait été ensuite sans réserve aucune; à tel point que, trois siècles durant, le monde protestant ne désignerait plus le pape d'un autre nom que celui d'«*Antichristus romanus*». Le chapitre XVII de l'*Apocalypse*, où l'on considère que saint Jean évoque l'Antéchrist, Luther l'appliqua dans son entier au pape dans la préface à la traduction qu'il en donna. Le pape, et avec lui tous ses Velches, représentait une sorte d'inversion spirituelle, si raffinées que pussent être leurs manières et leur culture; au contraire, ce raffinement n'était que la marque de leur perversion: c'étaient les pompes de Satan. Pétrarque avait fondé sur la culture en général et les belles-lettres en particulier une hiérarchie de valeurs dont l'Italie occupait le sommet et la Germanie la base. La perspective théologique permettait à Luther d'établir une autre pyramide, dont l'Allemand évangélique occupait le sommet et l'Italien mécréant la base. À l'ordre italien et païen de l'humanisme s'était substitué l'ordre allemand et chrétien de la Réforme. Au demeurant, tant s'en fallait que cette identification du pape à l'Antéchrist demeurât l'apanage des seuls luthériens allemands. À la suite de Luther, elle avait également été adoptée par le parti calviniste, notamment par le successeur de Calvin à Genève, Théodore de Bèze.

Nourri de ces convictions, Opitz, installé à Heidelberg, fréquente activement les cercles calvinistes qui soutiennent l'opposition que Frédéric V de Palatinat, croyant

---

1 Cf. Chaunu 1976: 445 et 448.

pouvoir s'appuyer sur son royal beau-père Jacques Ier d'Angleterre, est en train d'élaborer contre le pouvoir des Habsbourg. Cette insurrection va se concrétiser en 1618, lors de la révolte des États de Bohême contre Mathias, leur souverain autrichien. Cherchant un nouveau maître, c'est à Frédéric V qu'ils ont proposé la couronne de Bohême, et celui-ci a accepté. La signification d'une telle provocation à l'égard des Habsbourg est absolument claire aux yeux de toute l'Europe. Le royaume de Bohême ne peut être pour Frédéric V que la dernière marche avant la conquête du titre impérial lui-même. Quand celui-ci aura été arraché aux Habsbourg, ce sera enfin un protestant qui revêtira la magistrature suprême sur cette terre.

C'est pourquoi Opitz, lorsque le prince palatin accepte la couronne de Bohême, le suit dans son nouvel État. Quand, après avoir été couronné à Prague, Frédéric se rend dans les villes de son nouveau royaume, il visite notamment Breslau, la capitale de la Silésie. Il y est reçu par Opitz en personne, qui tient lui-même le discours de réception du souverain, *Oratio ad Serenissimum ac Potentissimum Principem Fridericum Regem Bohemiae,* le 23 février 1620. À cette occasion, il fait en outre don à Ludwig Camerarius, le nouveau vice-chancelier de Bohême, d'un poème qui dénonce les Habsbourg comme responsables de la révolte de leurs sujets, qu'ils auraient voulu déposséder de leurs droits ancestraux. On ne saurait davantage prendre parti dans ce conflit religieux aux traits politiques.

Aussi Opitz est-il emporté dans la débâcle de Frédéric V. Non seulement Maximilien de Bavière, à la tête de l'armée de la Ligue catholique, anéantit l'armée de Frédéric à la bataille de la Montagne blanche sous les murs de Prague, mais en outre le Habsbourg de Madrid, au nom de la solidarité de la *Casa de Austria,* a, sous la conduite de Spinola, envoyé une armée espagnole qui, depuis les Flandres, a descendu la vallée du Rhin et poussé jusqu'à Heidelberg, dont elle s'empare. Frédéric V a dû partir en catastrophe pour les Pays-Bas calvinistes, tandis qu'Opitz, depuis la Silésie, a cherché refuge au Danemark, à la cour du roi Christian IV, nouveau champion de la cause protestante dans le Saint-Empire romain germanique, où il préside le cercle de Basse-Saxe. Les déboires de Christian IV vont ensuite forcer Opitz à chercher asile auprès du prince calviniste de Transylvanie, Bethlen Gábor.

Cet exil ne le fait en rien renoncer à la littérature allemande, au contraire: il la considère comme un moyen de lutte religieuse et patriotique. C'est ainsi qu'il compose son *Livre de la Poésie allemande,* dont il a été question plus haut. Loin de se contenter cependant de théorie, Opitz s'attache à donner à ses contemporains des exemples de cette nouvelle poésie allemande telle qu'il la conçoit. Les plus célèbres aujourd'hui sont ses drames, mais la production d'Opitz ne se borne pas à la scène. Il prétend aussi donner à l'Allemagne un modèle de poésie épique: les quatre livres de sa *Consolation dans les vicissitudes de la guerre, Trostgedicht in Widerwertigkeit deß Kriegs,* qui sera publiée pour la première fois à Breslau en 1633. Cette épopée est conçue comme une épopée à la fois religieuse et moderne. Elle décrit la guerre de religion récente tout comme Agrippa d'Aubigné évoquait les conflits confessionnels de la France du XVIe siècle dans *Les Tragiques,* poème qui servit en grande partie de modèle à notre auteur allemand. Le sujet de l'épopée d'Opitz retrace la campagne en Rhénanie des troupes espagnoles menées par Spinola. Il commence par évoquer la splendeur dont la guerre a déchu l'Allemagne (Livre I, v. 61-68):

> Cette noble Allemagne, que Dieu et la Nature
> Comblaient de tant de dons qu'aucune nation
> Ne pouvait l'égaler avant ces temps de guerre,
> Qui depuis tant d'années portait les arts de paix
> À leur perfection, devint – et est encore –
> Ennemie d'elle-même et proie de l'étranger.
> S'il reste quelque endroit épargné par les armes,
> Il n'en demeure aucun échappant aux alarmes.[2]

Ce pays a été dévasté par un ennemi impitoyable (ibid., v. 121-123):

> Je ne saurais assez dire de l'ennemi
> Toute la cruauté, l'insigne tyrannie
> Jusque-là inouïes.[3]

Mais Opitz, loin de se limiter à cette affirmation, l'illustre dans un grand développement (ibid., v. 142-172):

> Ceux qui ont survécu furent livrés aux mains
> De la pire fureur aperçue du Soleil
> Depuis la création par Dieu de l'Univers.
> Ni les vieillards chenus, ni les enfants en pleurs,
> Ni les lamentations des petits et des grands,
> Ni les clameurs communes des riches et des pauvres
> N'ont pour le moins du monde ému ces bêtes brutes.
> Sans égard pour les titres, sans respect pour le rang,
> Tous étaient condamnés, tous étaient massacrés:
> Ainsi le loup cruel dans une bergerie
> Égorge les agneaux avec sauvagerie.
> L'homme a dû voir souiller sa couche nuptiale,
> Déshonorer ses filles devant ses propres yeux,
> Puis, les assauts de leur rut enfin apaisés,
> Leurs violeurs les abattre sans ombre de pitié.
> La sœur était tuée entre les bras du frère,
> Maîtres et serviteurs égorgés sans quartier.
> Même ceux qui n'avaient point encor vu le jour
> Furent tués. Avant d'avoir été donnée
> Aux enfants reposant dans la nuit des entrailles

---

2   «Das edle Teutsche Land / mit vnerschöpfften Gaben / Von Gott / vnd der Natur auff Erden hoch erhaben / Dem niemand vor der Zeit an Krieges-Thaten gleich' / Vnd das viel Jahre her an Friedens-Künsten reich // In voller Blüte stund / ward / vnd ist auch noch heute / Sein Widerpart selbselbst / vnd frembder Völker Beute. // Ist noch ein Ort dahin der Krieg nicht kommen sey / So ist er dennoch nicht gewesen Furchte frey» (Opitz 1966: 338).

3   «Viel minder werd' ich nun deß Feindes harte Sinnen / Vnd grosse Tyranney genug beschreiben können / Dergleichen nie gehört» (Opitz 1966: 340).

De leur mère, la vie leur fut déjà ravie.
Beaucoup, femmes, enfants même, en fuyant l'ennemi,
Du sommet des rochers, pour écourter leur sort,
Se sont précipités. Que peut-on dire encore
Des malheurs endurés par ceux qui survécurent?
Vous ne mettez pas un comble à l'horreur, païens!
On voit de nouveaux crimes inventés des chrétiens
Si tant est que ce nom convienne à de tels êtres.
Les cadavres eux-mêmes, ils les ont exhumés,
Les membres que la terre et la Nature cachaient,
Ils les ont sans vergogne exposés au grand jour.[4]

De telles abominations ne peuvent être perpétrées que par l'Ennemi de Dieu. La Nature elle-même s'en est aperçue, et, saisie d'horreur, elle a inversé son cours, suscitant des phénomènes contraires à son ordre ordinaire. Et c'est à cet endroit qu'Opitz, pour la première fois, évoque les Espagnols (ibid., v. 239-256):

[....] Ce que nul ne peut ouïr
Sans horreur ni effroi, chez nous a vu le jour,
A déployé ses fastes et a tenu séjour.
L'ordre de la Nature s'est vu bouleversé.
Mues d'une force obscure, les armes entrechoquées
Sans que main ne les touche, sonnèrent et retentirent,
L'onde inversa son cours, et l'argent qui sourdait
Des sources impolues se tourna en sang rouge;
Le père des fleuves même, ce Rhin si beau naguère,
A porté son fardeau: au lieu d'un pampre clair

---

[4] «Was vbrig blieben ist / ist kommen in die Hände / Der ärgsten Wüterey / so / seyt die Welt erbawt / Von Gott / gestanden ist / die Sonne hat geschawt. // Der Alten grawes Haar / der jungen Leute Weynen / Das Klagen / Ach vnd Weh / der Grossen vnd der Kleinen / Das schreyen in gemein von Reich vnd Arm geführt / Hat diese Bestien im minsten nicht gerührt. // Hier halff kein Adel nicht / hier ward kein Stand geachtet / Sie musten alle fort / sie wurden hingeschlachtet; / Wie / wann ein grimmer Wolff / der in den Schaffstall reißt / Ohn allen Vnterscheyd die Lämmer nider beißt. // Der Mann hat müssen sehn sein Ehebette schwächen / Der Töchter Ehrenblüht' in seinen Augen brechen / Vnd sie / wann die Begier nicht weiter ist entbrandt / Vnmenschlich vntergehn durch jhres Schänders Hand. // Die Schwester ward entleibt in jhres Bruders Armen / Herr / Diener / Fraw vnnd Magd erwürget ohn Erbarmen: Ja / die auch nicht geborn / die wurden vmbgebracht / Die Kinder so vmbringt gelegen mit der Nacht / In jhrer Mutter Schoß: Eh sie zum Leben kommen / Da hat jhnen schon das Leben hingenommen: Viel sind / auch Weib vnd Kind / von Felsen abgestürtzt / Vnd haben jhnen selbst die schwere Zeit verkürzt / Dem Feinde zu entgehn. Was darff ich aber sagen / Was die für Hertzenleyd / so noch gelebt / ertragen? // Jhr Heyden reicht nicht zu mit ewrer Grausamkeit: Was jhr noch nicht gethan das thut die Christenheit / Wo solcher Mensch auch kan den Christen-Namen haben / Die Leichen haben sie / die Leichen auffgegraben / Die Glieder / so die Erd' vnd die Natur versteckt / Sind worden vnverschämt von jhnen auffgedeckt» (Opitz 1966: 340-341).

> Les immenses armées des superbes Marranes
> Ont campé sur ses rives, et leurs fiers étendards
> Ont hérissé ses flancs où séjournait Bacchus
> Dont on peut de nos jours voir encor les autels.
> De honte, le beau Rhin se cachant aux regards
> S'est à perte de vue vêtu de froide glace,
> Et les flots où les voiles cinglaient vers la Hollande
> Se tournèrent en plaines portant chevaux et chars.[5]

Cette désignation des Espagnols comme Marranes a un sens profond. Opitz n'ignore aucunement le terme de «*Spanier*» (Espagnol), qu'il utilise à deux reprises, dans le livre III[6] et le livre IV[7]: c'est tout à fait à dessein qu'il emploie le terme de «Marranes» à la place de celui d'«Espagnols». Si les Espagnols sont des juifs convertis seulement en apparence, toute la rage qu'ils déploient contre les vrais chrétiens que sont les protestants s'explique: c'est la rage de l'esprit satanique dans sa lutte contre Dieu. Et il est d'ailleurs normal que ces armées soient animées par l'esprit de l'Antéchrist, puisqu'elles sont au service d'une religion dont le représentant à Rome est l'Antéchrist spirituel: elles en sont le bras temporel. Cette désignation des Espagnols vient s'inscrire dans toute une tradition européenne qui voyait dans les Espagnols des juifs mal convertis.

En France elle se manifeste dès le début du XVIe siècle: au chapitre VIII de *Gargantua*, Rabelais évoquait déjà «ces indalgos bourrachous, marranisez comme diables».[8] Et au sommet de la haine anti-espagnole, lors des guerres de religion en France, Philippe II sera désigné comme «le Marran espagnol».[9] Quant à

---

5 «[....] Was niemand hören mag / Ohn Abschew / Furcht vnd Grauß / ist kommen an den Tag / Hat sichtbarlich bey vns vnd vnter vns gejrret / Die Ordnung der Natur ist worden gantz verwirret: Die Waffen haben selbst auß heimlicher Gewalt / Von niemand angerühret / geklungen vnd erschallt: Das Wasser ward verkehrt / die vnbefleckten Brunnen / Jhr reines Silberquell ist blutig fürgeronnen: Der Flüsse Vatter auch / der sonsten schönen Rhein / Hat seine Last gefühlt / das nun für klaren Wein / Das grosse Kriegesheer / der prächtigen Maranen / An seinem Vfer sey / daß jhre stoltze Fahnen / Nun stünden auffgesteckt / wo vor Thriambus war / Vnd wo man jetzund noch kann sehen sein Altar. // Er hat / der schöne Rhein / auß Scham sich fast verloren / Ist weit vnd breit vmbher durch kaltes Eiß verfroren; / Wo vor das Sägel pflag auff Niderland zugehn / Da kunte man jetzund mit Roß vnd Wagen stehn» (Opitz 1966: 343-344).

6 «Vnd war das minste doch das hier der Spanjer that». *Trost-Gedichte In Widerwertigkeit Deß Kriegs: Das dritte Buch*, in Opitz 1966: 383.

7 «Ob schon der Spanjer Krafft / Vnd Welschen bei jhm stund» («Trost-Gedichte In Widerwertigkeit Deß Kriegs: Das dritte Buch», in Opitz 1966: 397). Le terme de «Spanien» se rencontre au livre II (362).

8 Rabelais 1975: 28.

9 Nous devons cette indication à Vivanti 1974: 133, n.1, qui note: «[...] il termine ‹Marran Espagnol› (per indicare tutti gli spagnoli, naturalmente, e non i soli ebrei convertiti) era usato correntemente nella pubblicistica francese, non solo nel periodo delle guerre di religione, ma ancora nel corso della polemica suscitata dal *Soldat françois*. In un sonetto antispagnolo del 1593 (in BNP, Mss, Fonds Français 17328, 64 r) ‹le Marran espagnol› è addirittura Filippo II.» L'ouvrage di Vivanti contient encore de nombreux exemples

l'assimilation des juifs avec le Diable – implicite dans la phrase de Rabelais –, elle était déjà courante au Moyen-Âge.[10]

En Allemagne, une telle désignation des Espagnols venait en outre s'inscrire dans une autre tradition. En effet, Luther, depuis le siège de Vienne par Soliman le Magnifique, avait reconnu dans les Turcs l'incarnation de l'Antéchrist. L'année même du siège, en 1529, il avait composé son *Sermon à l'armée contre le Turc* (*Heerpredigt wider den Türcken*). Se fondant sur une exégèse de Daniel et de l'*Apocalypse* qu'il avait élaborée avec l'aide de Mélanchthon, il reconnaissait dans les troupes du Sultan Gog et Magog, cette innombrable armée des peuples de la terre conduits par Satan, qui, vers la fin des temps, après avoir assiégé en vain «le Camp des saints et la Ville bien-aimée», serait à jamais précipitée dans l'Étang de soufre où l'attendait la Bête avec le Faux Prophète.

Dès 1530, le *Nouveau Testament* de Wittenberg avait illustré l'*Apocalypse* de gravures sur bois encore plus révélatrices. Celle qui représentait le «Camp des saints et la Ville bien-aimée» assiégée par l'armée de Satan montrait la ville sous les traits de Vienne, reconnaissable à la tour de la cathédrale Saint-Étienne; pour qu'aucun doute ne subsistât pour les lecteurs qui ignoreraient l'aspect de la cité, l'illustration portait l'inscription «WIEN». L'armée qui l'entourait, au-dessus de laquelle figurait l'inscription «GOG MAGOG», était celle des janissaires. La même gravure représentait en outre l'événement qui devait suivre l'échec du siège: la chute de Satan dans l'Étang de soufre. Or Satan, ici, n'était autre que Soliman lui-même, reconnaissable à l'ampleur de son turban et aux brocarts de son caftan. Saint Jean révélant que c'était le Diable lui-même qui mènerait cette armée contre la ville bien-aimée, il n'y avait qu'un pas à faire pour le reconnaître sous les traits du Sultan-calife, et Luther, sur les indications duquel ces illustrations avaient été réalisées, l'avait franchi.

Cette exégèse était encore célèbre au début du XVIIe siècle. Le *Sermon à l'armée contre le Turc*, où le Réformateur avait formulé la version la plus circonstanciée de son exégèse de Daniel et de l'*Apocalypse*, avait en effet joui d'une étonnante fortune: de 1529 à 1601, on n'en avait pas compté moins de seize éditions. Les derniers ouvrages où le *Sermon* figurait avaient été des recueils d'écrits de Luther consacrés particulièrement aux Turcs, tels les *Antiturcica Lutheri* de 1596 ou l'*Ottomanus theologicus* de 1601. Ils n'avaient pu échapper à Opitz.

Ces textes de Luther attestent que considérer des armées étrangères comme les troupes de l'Antéchrist était une conception alors communément répandue, notamment dans le monde culturel protestant. Luther l'avait appliquée aux armées ottomanes, qui semblaient menacer la Chrétienté. Opitz ne fait rien d'autre que reprendre ce schéma de pensée, mais pour l'appliquer aux Espagnols. Le soupçon qu'il s'agit de juifs convertis seulement en apparence permet une accusation analogue: si les Turcs

---

    d'assimilation des Espagnols aux Marranes.
10 Cf. Lévi 1891: XXII; Leschnitzer: 1935; Roth 1938: 171-190; Trachtenberg 1943.

s'en prenaient aux chrétiens, c'est parce qu'ils étaient musulmans; si les Espagnols s'en prennent aux vrais chrétiens que sont les protestants allemands, c'est parce qu'en réalité ce sont des juifs, animés par l'esprit du Diable. Ils ne sont pas de simples ennemis, ils sont l'incarnation de l'Ennemi.[11]

Bibliographie

Briesemeister, Dietrich (1981): «‹allerhand iniurien schmehkarten pasquill vnd andere schandlose ehrenrürige Schriften und Model›. Die antispanischen Flugschriften in Deutschland zwischen 1580 bis 1635», in: *Wolfenbütteler Beiträge* 44, pp. 147-190.

Chaunu, Pierre (1976): *Le Temps des Réformes. Histoire religieuse et système de civilisation. La Crise de la chrétienté. L'éclatement (1250-1550)*. Paris: Fayard.

Hoffmeister, Gerhart (1980): «*Hispanischer Aragonischer Spiegel* (1599). Zur spanischen Gefahr am Rhein und der literarischen Tradition der *Leyendra negra* in Deutschland», in: *Archiv für Kulturgeschichte* 62-63, pp. 195-205.

Leschnitzer, Adolf (1935): *Das Judentum im Weltbild des Mittelalters*. Berlin: Schocken.

Lévi, J. (1891): «Le Juif sorcier», in: *Revue des Études juives*, XXII.

Opitz, Martin (1966 [1638]): «Martin Opitzen Trostgedicht In Widerwertigkeit Deß Kriegs: In vier Bücher abgetheilt / Vnd vor etlichen Jahren anderwerts geschrieben», in id.: *Geistliche Poemata 1638*. Herausgegeben von Erich Trunz. Tübingen: Niemeyer (Deutsche Neudrucke, Reihe: Barock I).

Rabelais, François (1975): *Œuvres complètes*. Éd. par Jacques Boulenger et Lucien Scheler. Paris: Bibliothèque de la Pléiade.

Roth, Cecil (1938): «The Medieval Conception of the Jew», in: *Essays and studies in Memory of Linda R. Miller*. Éd. par Israel Davidson. New York: The Jewish theological seminary of America, pp. 171-190.

Trachtenberg, Joshua (1943): *The Devil and the Jews. The medieval conception of the Jew and its relation to modern antisemitism*. New Haven: Yale University Press.

Vivanti, Corrado (1974): *Lotta politica e pace religiosa in Francia fra Cinque e Seicento*. Turin: Einaudi (Reprints Einaudi; 17).

---

11 Opitz était, comme tout son temps, persuadé de l'existence du Diable. Au premier livre de son épopée, il évoque, à la suite des Marranes, les efforts du Diable – «l'ennemi des pieux» – pour persécuter et séduire les chrétiens (op. cit., I, v. 297-301, p. 345) : «So ist der Frommen Feind der Teuffel auch nicht stille / Sucht allzeit / wie er sich vnd seinen Haß erfülle / Macht Gruben in den Weg / hebt Groll vnnd Streiten an / Stößt Ruh vnd Frieden vmb / thut alles / was er kann / Sieht / wie er wider vns den gantzen Rüstzeug bringet».

Tiburones, caníbales e hijos pródigos: encuentros con el otro y nociones de patria en el primer poema épico novohispano *Nuevo Mundo y Conquista* de Francisco de Terrazas[*]

Verena Dolle
(Katholische Universität Eichstätt-Ingolstadt)

Introducción

«[...] no pudo haber poesía épica cortesiana porque ya la había hecho el propio Hernán Cortés en prosa.»[1] Esta observación del poeta y estudioso de literatura mexicano José Joaquín Blanco puede considerarse, en cierto modo, paradigmática de una actitud despreciadora respecto al género de la épica dentro de la filología hispánica y los estudios coloniales sobre Hispanoamérica. Según esta actitud, la épica culta de los siglos XVI y XVII sobre América (la llamada épica americana) – incluidos los poemas épicos sobre la conquista de México –, carece casi completamente de valor estético y, en consecuencia, no constituye un objeto de estudio más que sumario.[2] En compensación de tal «defecto» de la épica (o para excusar la falta de su tratamiento), los estudiosos suelen referirse al vigor poético inmediato y (más) «auténtico» de las crónicas, relaciones y cartas de testigos presenciales como del propio Cortés, Bernal Díaz, Cabeza de Vaca, etc.[3] Este desprestigio en que la épica culta ha caído se funda,

---

[*] Agradezco a María Martínez y Agustín Corti por su cuidadosa revisión del texto español.
[1] Blanco 1989: 157.
[2] La única excepción a la regla la constituyen los poemas de Ercilla, la *Araucana* (tanto respecto a su valoración como a su estudio) y, dentro de la literatura portuguesa, las *Lusiadas* de Camões, elevados ambos al rango de epopeya nacional, y por lo tanto, imitados por poetas de otras naciones. Cfr. Himmelsbach 1988 y Krüger 1986 para los numerosos ensayos (fracasados) de poetas franceses de escribir un poema nacional de parecida envergadura.
[3] Para este juicio, cfr. Menéndez Pelayo en su *Poesía hispanoamericana*: «No hay duda que Hernán Cortés ha sido, en general, poco afortunado con sus cantores. Cualquiera narración en prosa [...] [se refiere a Solís, Prescott, Gómara, Bernal Díaz, Cortés, V.D.] resulta[n] infinitamente más poéticas que todos los poemas compuestos sobre la conquista de México. La principal razón de esto es, sin duda, que la realidad histórica excede aquí a toda ficción [...]» (1948: 38). El eco de esa opinión se encuentra todavía en Esteve Barba: «[...] no dejará de quedar justificada la opinión de quien ve más auténtica poesía y espontaneidad en las simples crónicas, cuyos autores no tuvieron otra pretensión que relatar lo más fielmente posible cuanto vieron» (1992: 18), o en Avalle Arce 2000: 45s.

por lo menos, en dos razones: 1) una revalorización persistente de la lírica y el lirismo, y 2) un cambio de valores estético-literarios a partir del siglo XIX que descalifican el género como anacrónico y osificado, y prefieren la novela como medio de expresión.[4] No obstante, a lo largo de los últimos veinte años, gracias a los métodos de la teoría del discurso y del New Historicism, ha resultado obvio que este juicio de cuño decimonónico no hace justicia a la importancia contemporánea del género y conduce a una deformación y parcialidad de nuestra mirada actual hacia la producción literaria de los siglos XVI/XVII. A este respecto predomina cada vez más la concepción de que, para analizar lo imaginario, el discurso de una época, será imprescindible y decisivo tomar en consideración cada género literario, incluso el épico con sus modelaciones, estilizaciones, reinterpretaciones de ciertos eventos, personajes, etc. Por estas razones, se observa desde hace algunos años un cambio en el foco de interés, que ya no obedece a criterios estéticos, hacia la épica americana así como la épica española de la época.[5]

A raíz de ese cambio de perspectiva, los estudiosos comienzan a tomar más en consideración la épica sobre la conquista de México, el llamado «ciclo de Cortés», observación válida por lo menos para las obras del siglo XVI.[6] Siguen siendo marginados, sin embargo, los poemas épicos sobre Cortés que datan del siglo XVIII, obras ya consideradas en su tiempo anacrónicas y pasadas de moda.[7] Como excepción remarcable se puede notar la actividad del destinatario de este volumen homenaje dedicándose a una obra tardía del ciclo, la última dentro de la época colonial, el poema *México conquistada* de Juan de Escoiquiz de 1797.[8] En el marco de un campo principal de sus investigaciones, el Siglo de las Luces español, Manfred Tietz analiza las repercusiones españolas de la «disputa sobre el Nuevo Mundo» (término

---

4   Cfr. Lara Garrido 1999: 11-23 y Davis 2000: 1-19 para un esbozo de ese desarrollo.
5   Además de los trabajos ya citados en la nota 4, cfr. las monografías de Nicolopulos 2000, Marrero Fente 2002, y el número especial de *Iberoromania* editado por Karl Kohut (2003), dedicado a «La ficción de la crónica y la verdad de la épica». Eso no quiere decir que no existen ningunos estudios sobre la épica americana, sino que, en general, ha prevalecido una cierta postura negativa como lo muestran las citas en la nota 3.
6   Ese interés se ve, por ejemplo, en la reedición por Nidia Pullés-Linares (2005) del primer poema épico de Lobo Lasso de la Vega, *De Cortés Valeroso y Mexicana*, la primera después de la *editio princeps* de 1588. El estudio del proceso de heroización de Hernán Cortés en las obras épicas entre 1566 y 1665 constituye el objeto de mi proyecto de habilitación.
7   Me refiero, por ejemplo, al paratexto de la *Hernandía*, poema épico del mexicano Francisco Ruíz de León (1755) sobre nuestro asunto, que ya anticipa esas objeciones.
8   En general, se debe notar que la bibliografía sobre Escoiquiz y Ruiz de León (los únicos poemas épicos extensos sobre la conquista de México del siglo XVIII) resulta escasísima. En relación a los poemas épicos más breves escritos para el concurso de la Real Academia Española de 1777 sobre la destrucción de las naves por Cortés y su función como lugar de memoria, cfr. el artículo de Jan-Henrik Witthaus (2005).

acuñado por Antonello Gerbi),[9] sobre la calidad de América, y por lo tanto, los logros de los españoles en cuanto al descubrimiento y la conquista puestos en entredicho por los enciclopedistas. Manfred Tietz destaca que el poema épico de Escoiquiz se debe entender dentro de ese contexto político-cultural como defensa contra los ataques de los extranjeros y que tan sólo aquí desempeña su papel específico.[10]

Mientras que Manfred Tietz se dedicó a la fase tardía del ciclo de Cortés y su dimensión europea, quisiera en este trabajo centrar mi atención fundamentalmente en los principios del tratamiento épico de la conquista de México: es decir, en el primer poema novohispano sobre dicho asunto.[11] Se trata de *Nuevo Mundo y Conquista* del poeta criollo Francisco de Terrazas (ca. 1549-1580), escrito probablemente entre 1570 y 1580,[12] y conservado en una versión incompleta a través de la *Sumaria Relación de las Cosas de la Nueva España* del criollo Baltasar Dorantes de Carranza, quien insertó partes del poema en su propio texto.[13] El texto de Dorantes permanece dentro de una discusión intraespañola (todavía no a nivel europeo) sobre las entonces llamadas «dos Españas», es decir, la metrópoli y la periferia – el virreinato de Nueva España –, y la autopercepción de los criollos como inferiores, discriminados frente a los españoles. Se trata de una relación de la lamentable situación económica de los criollos, descendientes de los conquistadores, y debe ser considerada en el marco de sus intentos de obtener una prolongación del plazo de la encomienda, dis-

---

9   Cfr. Gerbi 1973.
10 Cfr. Tietz 1983, 1004-1010.
11 Hay que resaltar que se trata del primer poema épico que se dedica exclusivamente a este tema de la conquista de México. El *Carlo famoso* del español Luis de Zapata de 1566 trata el asunto en los cantos XI a XV (en total, 294 octavas reales) y tiene por eso la reputación de ser el primer poema en lengua española que trata sobre América (cfr. Reynolds 1984: 3).
12 Georges Baudot (1988: 1086) logró cerrar todas las especulaciones sobre la fecha de la muerte de Terrazas (hacia 1600, según Dorantes de Carranza [1987: 158] – fecha todavía propagada, cfr., por ej., Peña 2000: 46 o Avalle Arce 2000: 45). Baudot se refiere a un documento del Archivo General de Indias (Sevilla) - una carta de la Audiencia de México al Rey del 16 de diciembre de 1580 -, que habla de la muerte de «Francisco de Terrazas [quien] la [=Historia de Yndias] comencó [sic] a hazer en verso de todas las cosas acaecidas en el descubrimiento y conquista de esta Nueva España y provincia della, y aviendo hecho una buena parte falleció [...]». Existe otro documento de 1596 donde el Consejo de Indias nombra al poeta Lupercio Leonardo Argensola como candidato para el cargo de cronista de Indias, y parece que bajo sus deberes se hubiera incluido el de terminar el poema inacabado de Terrazas (Baudot 1988: 1089s.). La datación del texto se basa en las referencias intertextuales a la primera parte de la *Araucana* (1569) como punto inicial y la muerte del autor como punto final. De su obra, se conocen algunas décimas de 1563 y cinco sonetos en el cancionero *Flores de varia poesía* de 1577 (cfr. Peña 2000: 46s.).
13 Dorantes envió en 1604 el manuscrito al virrey, el marqués de Montesclaros, pero fue publicado por primera vez en 1902 (Torrente Vilar 1987: XXXII). El texto de Dorantes de Carranza lo constituyen misceláneos, fragmentos de poemas épicos, prosa, textos suyos basados en diversas crónicas sobre la conquista y la naturaleza de América.

cusión vigente ante todo durante la segunda mitad del siglo XVI, tras las reformas de las Leyes Nuevas de 1542.[14]

Asimismo, la obra de Terrazas es conocida sobre todo por su crítica placativa – a menudo citada – de Nueva España como «madrastra» de los propios criollos y «madre pía a los extraños».[15] Está considerada, en consecuencia, como documento literario temprano de una «incipiente identidad criolla».[16] No obstante, resultaría simplificador reducir la obra de tal modo. Además, la atención se centra en un pasaje no atribuido explícitamente a Terrazas y que, en el fondo, no tiene nada que ver con el tema básico de su poema épico, la conquista de México.[17]

No es mi propósito entrar aquí en una discusión pormenorizada sobre el desarrollo del tema de América en la épica española y novohispana a lo largo del siglo XVI, pero quisiera apuntar dos aspectos. Primero hay que constatar que la producción épica novohispana (Terrazas, *El peregrino indiano* de Saavedra Guzmán de 1599, la *Conquista de Nueva México* de Villagrá de 1610 – en cierto modo se puede alargar la noción también al poeta español Lobo Lasso de la Vega y a sus dos poemas por ser obra de encargo de Martín Cortés, hijo del conquistador y segundo marqués del Valle –) está motivada a menudo por razones político-pragmáticas bastante concretas. En 1566, la llamada «conjuración del marqués» fracasó estrepitosamente con la muerte o destierro y expropiación de los conjuradores. Los descendientes de los conquistadores, como Terrazas (su padre fue mayordomo de Cortés), Dorantes (su padre fue uno de los cuatro supervivientes de la expedición fracasada de Cabeza de Vaca en Florida) o Saavedra Guzmán (bisnieto de Pedro Díaz de Sotomayor y marido de una nieta de Jorge de Alvarado) ven amenazada su existencia por los afanes de la Corona de limitar el plazo de la encomienda. Pero toman medidas menos peligrosas que Martín Cortés, es decir, escriben peticiones o poemas épicos al virrey o/y al rey para convencerles de medidas a su favor.[18] Lo que parece ofrecerse

---

14 Las Leyes Nuevas de 1542 anunciaban el fin de la encomienda con la muerte de sus beneficiarios (Mahn-Lot 1996: 58). En seguida, los conquistadores y sus descendientes trataron de obtener de Carlos V la encomienda a perpetuidad, que se les negó. En los años 90 del siglo XVI hubo cierto auge de peticiones para obtener la prolongación de la encomienda a una 4ª generación, sancionada por la Corona no antes de 1607 (cfr. Brading 1991: 299). Asimismo, en el texto de Terrazas se encuentra la postulación explícita de la encomienda a perpetuidad (1987: 33: «las encomiendas que perpetuas fueran»).
15 Terrazas 1987: 31.
16 Cfr. Brading 1991: 293-295; Peña 1996; Hernández Monroy 1994. Mazzotti distingue dos planos en el poema: uno de discurso de fidelidad a la Corona y otro ligero de «reclamo de una autonomía relativa y reconocimiento político del grupo criollo» (2000: 151).
17 Resulta ilustrativo en este contexto el hecho de que la obra de Terrazas era percibida en su época, ante todo, como «Istoria de Yndias», no como crítica de la situación entonces actual (cfr. cita en la nota 12).
18 Cfr. también Hernández Monroy para esa orientación pragmática de la literatura (1994: 153 y 156). Parece que el fracaso de la rebelión de Martín Cortés tuvo por consecuencia

para estos autores como punto de partida en su argumentación, es la historia exitosa de la conquista de México. Pero hay aún más implicaciones para recurrir a la épica como medio: se debe destacar que, básicamente, el hecho de presentar los acontecimientos tan recientes de la conquista así como a Hernán Cortés, fallecido tan sólo unas décadas antes (en 1547), como héroe en ese género de tan alto prestigio, desempeña evidentemente un papel de autoestabilización, de aumento de la conciencia criolla.[19]

El fragmento épico de Terrazas – basado en la crónica de Indias de Francisco López de Gómara de 1552, la *Historia de la conquista de México*[20] – trata en 167 octavas reales, repartidas en 21 lugares[21] dentro de la Sumaria Relación, lo siguiente: primero, los acontecimientos anteriores a la partida de Hernán Cortés hacia el oeste (las expediciones de Hernández de Córdoba y Juan de Grijalva, su interés por la caza de esclavos para obtener mano de obra para las minas de Cuba); un episodio inspirado supuestamente por la *Araucana* de una pareja enamorada india, Huitzel y Quetzal, con rasgos claramente antihispanos o por lo menos críticos;[22] el aumento de tensiones entre el gobernador de Cuba, Diego Velázquez, y el mismo Cortés. Luego, la partida de Hernán Cortés con su hueste, datos sobre ella y las naves; pérdida y recuperación del timón de Morla durante el pasaje hacia Yucatán, un discurso de Cortés a los indígenas de Cozumel donde les convence fácilmente de dejar su religión pagana, el hallazgo del español náufrago Gerónimo de Aguilar, quien por su

---

una cierta prudencia en cuanto a opiniones y posturas hacia la Corona: por ejemplo la observación de Dorantes, en la que evitaba toda confrontación, de que era mejor para los nietos de Cortés quedarse en España; 1987: 95). No es de negar, a mi modo de ver, la posibilidad de que la épica llegue a cumplir esa función de información y petición sobre todo después de la limitación y monopolización de todas las informaciones sobre América a partir de los años 1560 por parte de la Corona (cfr. Folger 2003). Por medio de un género tan prestigioso como la épica se ofreció la posibilidad de reformular y reescribir el asunto bajo otros aspectos y perspectivas. Dicho de otra manera: ¿Por qué no entender la épica como reemplazo de otros géneros? Eso resulta válido también para el mismo Martín Cortés al encargar (probablemente) al poeta Lobo Lasso en los años 80 que escribiera un poema heroico sobre su padre y la conquista de México. Resultó del encargo o más bien: mecenazgo del hijo y del nieto de Cortés el poema *De Cortés valeroso y Mexicana* de 1588, y como versión cambiada y alargarda por el mismo autor en 1594, la *Mexicana* (cfr. Amor y Vázquez 1970: XVIs. y Pullés-Linares 2005: 35s.).

19   Cfr. también Mazzotti 2000: 145.
20   Esta crónica del capellán del mismo Cortés destaca por primera vez, siguiendo modelos clásicos, a un protagonista individual (Hernán Cortés) como héroe singular.
21   Basado en el orden de sucesos dado por Gómara, Castro Leal (1941) emprendió una ordenación de las octavas conservadas en 21 «cantos» por aspectos de contenido con el fin de transmitir una impresión global de la obra, empresa, sin embargo, de mera raigambre hipotética. Atribuye un total de 175 octavas a la pluma de Terrazas, lo que es, a mi parecer, la cifra máxima, al subsumir también casi todos los pasajes no atribuidos explícitamente a él. Amor y Vázquez, sin embargo, la reduce a 167 octavas por un desliz de cómputo de Castro Leal (1962: 398s.).
22   Cfr. Wogan 1941: 41; Méndez Plancarte 1942, Menéndez Pelayo 1948: 34s.

conocimiento de la lengua maya será el intérprete más importante hasta la llegada al territorio azteca, y la narración de sus vivencias como episodio intercalado, la pesca de un tiburón, la destrucción de las propias naves en Veracruz por encargo de Hernán Cortés, y, al fin, una crítica no atribuida *expressis verbis* a la pluma de Terrazas, del comportamiento de Hernán Cortés hacia sus compañeros y la ya mencionada crítica de Nueva España por preferir a los «extranjeros» venidos de España.

En lo que sigue propongo una lectura de esos pasajes de Terrazas escogidos por Dorantes que modelan episodios centrales de la conquista de México, o más concretamente, de su fase inicial – desde la partida de Cuba hasta los primeros días en Yucatán –. Dichos pasajes plasman el acontecimiento histórico «conquista de México» como «lugar de la memoria» en el sentido de Pierre Nora confiriéndolo cierta significación simbólica de su propia actualidad contemporánea.[23] Son pasajes, ante todo, que tematizan los encuentros con el otro como escenas fundacionales. En contra de lo que se espera normalmente del género épico, que en general trata batallas, confrontaciones bélicas, etc., como tema principal, los fragmentos conservados del poema de Terrazas contienen lo siguiente:[24] 1) encuentros con «monstruos» en senti-

---

23 Sobre la relación dinámica entre «memoria» e «historia» como modos diferentes de recordar y rememorar el pasado, cfr. la siguiente cita de Pierre Nora: «La mémoire est la vie, toujours portée par des groupes vivants et à ce titre, elle est en évolution permanente, ouverte à la dialectique du souvenir et de l'amnésie, inconsciente de ses déformations successives, vulnérable à toutes les utilisations et manipulations, susceptible de longues latences et de soudaines revitalisations. L'histoire est la reconstruction toujours problématique et incomplète de ce qui n'est plus. La mémoire est un phénomène toujours actuel, un lien vécu au présent éternel [...] elle [est] sensible à tous les transferts, écrans, censure ou projections» (1984: XIX). Respecto a la noción «lieu de mémoire», conviene destacar su valor simbólico: «Les lieux de mémoire [...] sont lieux, en effet, dans les trois sens du mot, matériel, symbolique et fonctionelle, mais simultanément... Même un lieu d'apparence purement matériel [...] n'est lieu de mémoire que si l'imagination l'investit d'une aura symbolique» (ibíd.: XXXIV). Cfr. también la definición de Jan Assmann sobre el rol de lugares de memoria para la memoria cultural (1999: 52): «Das kulturelle Gedächtnis richtet sich auf Fixpunkte in der Vergangenheit, die zu symbolischen Figuren gerinnen, an die sich die Erinnerung haftet. [...] Dergleichen Erinnerungsorte können ebenso materieller wie immaterieller Natur sein, zu ihnen gehören etwa reale wie mythische Gestalten und Ereignisse [...].» («La memoria cultural se dirige a puntos fijos del pasado que cristalizan en figuras simbólicas que se graban en la memoria. [...] Tales lugares de la memoria pueden ser de índole material o inmaterial; forman parte de ellos, por ejemplo, personajes y acontecimientos reales así como míticos» [traducción mía, V. D.].).

24 Más abajo discutiré esta carencia – carencia constatada de manera muy diferente por la crítica, pero no explicada –. Castro Leal (1941: XVIIIs.) la denomina explícitamente: «[...] no hay ningún fragmento suyo que nos pruebe que era igualmente capaz de pintar el valor y el heroísmo, la decisión y resistencia de españoles y mexicanos, el choque de las fuerzas en lucha, y todos aquellos episodios sangrientos y gloriosos que son necesariamente el tema central de un poema épico sobre la conquista de México», mientras que Pullés-Linares (2005: 85) resulta poco claro en su comentario. Aunque apunta que en el poema de Terrazas «las hazañas de Cortés son declaradas con entusiasmo en varios pasajes» no indica los pasajes correspondientes. Una lectura más minuciosa demuestra

do amplio (naturaleza, fauna desconocida del Nuevo Mundo, así como caníbales), 2) el encuentro decisivo con Gerónimo de Aguilar (el episodio más largo de todos los conservados, 280 versos) y la *narratio* intercalada de su suerte, en la que aparecen el cacique Canetabo y el supuesto «tránsfuga» a la cultura maya, el español llamado «Guerrero».

I. El monstruoso «otro»: la caza del tiburón o la carnavalización del monstruo

La anécdota de la caza del tiburón cerca del Cabo Catoche se encuentra por primera vez en la relación de 1539 de Andrés de Tapia, participante en la expedición de Cortés; luego es retomada por Gómara[25] así como por los primeros autores de poemas épicos de la conquista: Luis de Zapata y Francisco de Terrazas. Mientras que el cronista centra su atención en los detalles de la pesca del tiburón y el contenido de su estómago, Zapata amplía el episodio plasmándolo según el modelo caballeresco del *Orlando furioso* de Ariosto (y de la *Odisea*, con la lucha de Ulises contra el cíclope y su ceguera), es decir, con las pruebas habituales de tinte maravilloso para los héroes. En concreto, inventa una lucha de Cortés contra bestias que suprimen a los indígenas, contra un tiburón (inspirado en la crónica) y un águila (sin base historiográfica).[26] Así, destaca a Hernán Cortés como héroe principal pero de cuño cristiano, al cumplir sus hazañas extraordinarias en el Nuevo Mundo por encargo de Dios.

Terrazas, en cambio, opta por otro aspecto y renuncia a destacar a un individuo particular. Al principio sigue de manera bastante fiel los detalles de la crónica. Después del miedo inicial causado por la inmensa magnitud del pez desconocido, percibido en primera instancia como «bulto de ballena»,[27] la hueste (no hay diferenciaciones aquí entre marineros y conquistadores) se decide a actuar: echa un carnero como cebo, mata al pez desde un batel, lo hace trozos en el agua y sube los trozos a la nave

---

que, en el fondo, Terrazas no menciona casi ninguna «hazaña» de Cortés (Dorantes, en cambio, sí lo hace, cfr. 1987: 25s.) salvo la rápida conversión de los mayas de Cozumel (Terrazas 1987: 207-211) y su confianza en Dios durante la destrucción de las naves (ibíd.: 26). Aparte de eso se encuentran epítetos como «magnánimo» o «valeroso» sin más detalles sobre sus acciones. Menéndez Pelayo, sin embargo, parece incluso ignorar la falta de luchas cuando habla de los «episodios de amores y escenas campestres, *que templan la monotonía de la trompa bélica!*» (1948: 34; las cursivas son mías.) La ausencia de esas escenas conduce a los críticos a hablar de una preponderancia de lo lírico en el poema (cfr. Castro Leal 1941: XVIII y el resumen en Peña 2000: 50).

25 Cfr. Tapia 1988: 74s. y López de Gómara 1997: cap. XVI, 27.
26 Para los episodios correspondientes, cfr. Ariosto, *Orlando furioso*, cap. XI (lucha de Orlando contra un pulpo gigante) y Zapata 1984: cap. XII, 68-75. Como elemento innovador en comparación con Ariosto, se intercala la prueba en la trama de la acción de la conquista y cristianización de los indígenas. En señal de agradecimiento a Cortés, los indígenas destruyen a sus ídolos y se convierten al catolicismo.
27 Esa referencia lleva a Emilio Carrilla a seguir hablando erróneamente de una ballena (1998: 245).

para analizar su estómago. Al fin, la hueste no come el tiburón, sino las raciones de tocino que el animal había devorado de las naves (habían sido atadas a bordo para quitar la sal en el agua).[28]

El poeta novohispano añade, además, un rasgo completamente nuevo: es el primer autor que demuestra la reacción del colectivo español ante ese encuentro inquietante o, dicho en otras palabras, que parece fijarse más en los afectos del grupo que en el mero episodio de tinte sensacional y maravilloso: «Libres de tantos miedos y embarazos / de todas partes armas han traido; / allí prueban la fuerza de los brazos / con tanta rabia cuanto el miedo ha sido: / dentro en la mar lo hacen mil pedazos / [...].»[29] En efecto, Terrazas destaca los aspectos psicológicos del proceso. Describe cómo el grupo después de matar al animal, reduce su miedo y lo transforma en agresiones haciendo pedazos el cuerpo. Pero el carácter amenazador del monstruo no queda sólo conjurado por el desmembramiento, sino también por el recurso a medidas científicas como la medición de su cuerpo («El pedazo del pez a pies medían», reza un verso) y la disección de su estómago (lo que ya explica quizás los detalles pormenorizados dados en Gómara).

La última octava del pasaje plasma, al fin, la transición desde la agresión hacia el juego y la risa:

> [...] el resto por aquel considerando; / a cada novedad que descubrían / nuevo alboroto y risa levantando. / De lo que antes tan gran temor tenían / hacen ahora juego y van burlando: / la cabeza por sí, ya fría y muerta, / aun daba tenazadas boquiabierta.[30]

Respecto a ese procedimiento, desde la agresión mediante el desmembramiento hasta el juego con la boca y dientes como punto álgido, podemos hablar de una carnavalización del monstruo. Lo que Terrazas demuestra, pues, son estrategias para enfrentar al otro que atemoriza, aquí la fauna extranjera. Este pasaje sirve, además, desde la perspectiva de Terrazas – y también de Dorantes – para demostrar los esfuerzos y éxitos logrados por el colectivo durante el proceso de conquista (que, en sentido amplio, consiste en contactos muy diversos con lo desconocido). En todo el episodio no se habla de una acción individual, sino del colectivo no diferenciado. El conjunto de la tripulación trata al monstruo y vence así su propio miedo.[31]

---

28 Cfr. Terrazas 1987: 122.
29 Terrazas 1987: 122. Amor y Vázquez (1962: 402), uno de los mejores conocedores de la épica novohispana, recalca como función de ese episodio (así como el del timón de Morla y el de la lebrela) mostrar lo maravilloso y extraordinario de ese mundo nuevo. Yo, sin embargo, estoy a favor de una función aún más amplia de ese pasaje.
30 Terrazas 1987: 123.
31 Asimismo, el tiburón concierne y pone en riesgo a toda la hueste de Hernán Cortés, así lo construyó ya Gómara en su texto, aumentando el número de «más de treinta tocinos» al de 500 raciones, lo que corresponde al número de los miembros de la expedición (y Terrazas adopta sus datos; 1987: 123). Blanco caracteriza a Terrazas como «mejor talento» entre los demás poetas de épica novohispana, pero cita el episodio del tiburón para poner de relieve lo inadecuado de su intención (1989: 158f.). El juicio de Blanco sirve a

Pero existe otro aspecto que llama la atención en este pasaje: los claros paralelismos con la segunda escena donde hay contacto con un ser «monstruoso», el episodio intercalado donde Aguilar relata sus trabajos a Cortés y su hueste. A nivel de formulaciones, pues, el tiburón, calificado con atributos peyorativos como «monstruo horrendo», «diabólico pescado»,[32] refiere a otro «monstruo fiero» del texto, a saber, el cacique Canetabo. Éste es tachado de símbolo del diablo, de Anticristo y nombrado además Polifemo.[33] Esta similitud a nivel de significantes se ve complementada en cierto sentido por una temática: la misma suerte que padecen el tiburón y algunos españoles náufragos, cautivos de Canetabo. Ser capturado, matado / sacrificado, hecho pedazos, consumido...: «su cuerpo vi descuartizado / en pequeños pedazos repartido», relata Aguilar de la suerte de Valdivia y de cuatro compañeros.[34]

En la octava final de este pasaje se puede ver la reacción del grupo, como en el de la caza del tiburón, pero esta vez, en apariencia, sin posibilidad de superar el terror frente al relato:

> Los ánimos de todos los oyentes / dejó de un miedo helado casi llenos, / los pelos erizados en las frentes, / los corazones muertos en los senos, / viendo que van a donde se comen gentes, / a donde de piedad tan ajenos, / donde no valen palabras ni razones, / regalos, ni promesas, ni otros dones.[35]

Dados los paralelismos entre ambos pasajes y, ante todo, por el relieve puesto en las reacciones emocionales del grupo, se vislumbra una función más amplia de la primera escena, la caza del tiburón. Al recalcar la transición del miedo a la actuación (agresión y juego) tiene lugar, como ya dijimos, una carnavalización inmediata del objeto, reacción no posible en el segundo caso aunque el miedo y terror parecen mucho mayores. En este sentido, el tratamiento del pez constituye una función de válvula, de escape para conjurar el propio miedo no sólo en relación al tiburón, sino también a otras situaciones parecidas. En la medida de la carnavalización, ese episo-

---

mi parecer de ejemplo para demostrar cómo una interpretación ante todo estética obstruye la percepción de otros aspectos no menos importantes.

32 Terrazas 1987: 121s.

33 «La cara negra y colorada a vetas, / gruesísimo jipate por extremo, / difícil peso para dos carretas, / debió ser su figura Polifemo; / de tizne y sangre entrambas manos prietas, / [...] los dientes y la boca como grana, / corriendo siempre de ella sangre humana» (Terrazas 1987: 131). El nombre del cacique, Canetabo, por lo demás no documentado, parece ser inventado por Terrazas, quizás reminiscencia de un mozo de nombre Caniotaro de la *Araucana* (cap. XXI). Me parece probable que Terrazas escogiera un nombre que mostrara consonancias indígenas y, además, tuviera «can» como sílaba inicial para evocar prácticas caníbales.

34 En cuanto al sacrificio y consumición, Terrazas sobrepasa su fuente. Gómara, pues, renuncia a pormenorizar el suceso, y pone tan sólo las siguientes palabras en boca de Aguilar: «A Valdivia y otros cuatro sacrificó a sus ídolos un malvado cacique, a cuyo poder venimos, y después se los comió, haciendo fiesta y plato dellos a otros indios» (Gómara 1987: 24).

35 Terrazas 1987: 134s.

dio caracteriza una posibilidad de comportarse ante lo otro, lo no civilizado, no necesariamente tan violenta como en el caso del pez. Y, de ese modo, sí resulta una manera de superar el terror frente a las nuevas del desmembramiento de los españoles.[36]

En el segundo nivel – pragmático, con la mira en sus destinatarios (virrey/rey) –, los dos pasajes hacen patente tanto los riesgos y esfuerzos como las hazañas y logros del colectivo, de los conquistadores. Para Dorantes, esos méritos consisten obviamente no tanto en llevar a cabo y ganar batallas sangrientas como en superar su propio miedo frente al otro, frente a un mundo sin las reglas de la civilización.

Pero pasemos de los encuentros con monstruos al otro lado de la frontera entre lo civilizado y lo no-civilizado a los encuentros con figuras que están en ella. En estas últimas situaciones se deja translucir otro objetivo del texto de Terrazas: una reconsideración de lo propio, de la propia identidad y, por lo tanto, de lo que se entiende como «patria».

II. El otro «familiar»: Gerónimo de Aguilar y Gonzalo «Guerrero»

En el contacto con Aguilar y su relato sobre «Guerrero», podemos constatar que las fronteras de la civilización se ponen en tela de juicio junto con el «binarismo logocentrista» que implican.[37] Resulta interesante analizar cómo esas figuras, independientemente de su existencia real (que en el caso de Guerrero es más que dudosa), desempeñan un papel decisivo en el imaginario criollo a lo largo de los siglos.[38] En el texto de Terrazas, cabe destacar la modelación religiosa del primero y una presentación tan positiva como nunca antes del segundo (vale decir: en las crónicas del siglo XVI, por ser Terrazas el primero en plasmar la figura en la épica).[39]

Al cotejar la presentación de Aguilar en los textos de Gómara y Terrazas, se puede constatar un cambio notable: este último se refiere ante todo a reminiscencias

---

36 En cuanto al orden de los episodios, conviene observar lo siguiente: mientras que Gómara narra los hechos cronológicamente – primero, el episodio de Aguilar en Cozumel; después, la caza del pez –, Dorantes opta por un orden climático, no cronológico, y alcanza su punto álgido con el hallazgo del intérprete Aguilar. Relata, primero – en su propio texto – maravillas y fenómenos desconocidos de la fauna novomundana, y luego, maravillas causadas por Dios como obra de la providencia, refiriéndose al encuentro con Aguilar y agregando en su lugar respectivo las octavas de Terrazas.
37 Así lo formula Rico Ferrer 2000: 169s., destacando el rol subversivo de Aguilar y Guerrero en cuanto a la conciencia de sí española no cuestionada, en general, como civilización superior. El segundo personaje obtuvo el nombre «Guerrero» sólo a partir de mediados de siglo, en la crónica de Gómara.
38 Cfr. Adorno 1996, Rico Ferrer 2000 y Schütz 2003: 57-67 para el «destino» literario de esas figuras, salvo en la épica.
39 Zapata menciona solamente a Aguilar y deja a su suerte a los otros seis compañeros escapados con él de una «jaula de hierro gruesa y fuerte / [...] Cuál al mar, cuál al monte huyó esento» (Zapata 1984: cap. XII, 78).

religiosas de la Sagrada Escritura, Antiguo y Nuevo Testamento. Primero, alude a Moisés y Aarón como modelos de Cortés y Aguilar.[40] Dicha alusión se inserta en el marco de la interpretación providencial de ese episodio en concreto (y de la conquista en general) así como del rol de Hernán Cortés como su actor principal.

Pero hay otras indicaciones más fructíferas para la cuestión analizada aquí, como veremos a continuación. Podemos constatar que la escena del primer contacto y de salutación entre Aguilar y los españoles tiene esencialmente dos modelos: por un lado, se refiere a la escena ejemplar virgiliana, en la que Achaemenides, luego de huir del cautiverio de Polifemo, encuentra a Eneas (cap. III, 590-592). Por otro lado, se refiere a varios episodios del Nuevo Testamento, donde Jesucristo cura enfermos y resucita muertos (cfr. Mt 9, 5s., también Mt 9, 18-26). He aquí la versión del primer encuentro con Aguilar en Terrazas:

> Y él los llorosos ojos lastimeros, alzando al cielo juntas ambas manos, / estando en la arena arrodillado, dijo «¡séais, mi Dios, siempre alabado!» // Deshácese llorando de alegría / haciendo gracias al bendito Cristo, / que ya por su bondad libre se veía / del largo cautiverio en que se ha visto, / de la infiel y dura tiranía, / del bárbaro poder del Anticristo: [...]. // Andrés de Tapia llega a levantarlo, / y todos a dar gracias le ayudaron; [...][41]

Podemos hablar así de una contaminación de dos tradiciones literarias: 1) la imitación de la tradición clásica del género y 2) el aspecto transcendental del cautiverio como cautiverio espiritual y su vuelta a la vida verdadera. Pero la ampliación

---

40 «Escoge a Cortés, Dios, por instrumento / para librar su pueblo del profundo; [...] Tuvo Moisés de lengua impedimento; / también lo tiene aquí el Moisés segundo: / al uno proveyó de Aarón, su hermano, / para el otro guardó vivo un cristiano. // ¿Quién no creerá que de él fue permitido / que en tierra de enemigos se perdiese / uno que estando entre ellos oprimido / su lengua y sus secretos entendiese; que Cortés, por el caso referido / con tal peligro a Acuzamil volviese, / y que por la tormenta se tardase / hasta que la canoa allí llegase?» (Terrazas 1987: 128) Cabe destacar que la misma referencia a Moisés y Aarón se encuentra también en la *Historia eclesiástica indiana* del franciscano Gerónimo de Mendieta, en el siguiente subtítulo (y en seguida en el texto): «De cómo en la conquista de D. Fernando Cortés hizo de la Nueva España, parece fue enviado de Dios como otro Moisen para librar los naturales de la servidumbre de Egipto» (1973: L. III, cap. 1, 107s.). Por el momento, resulta imposible determinar la filiación de los textos, dada la incertitud en cuanto a la redacción de ambos (la obra de Mendieta fue escrita probablemente entre los años 1573 y 1597 en varios lugares de Nueva España (publicada por primera vez en 1870; cfr. Esteve Barba 1992: 200s. y Reynolds 1966: 110s.). Pero si tomamos en cuenta la fecha de la muerte de Terrazas, 1580, es probable que este autor inspirara a Mendieta la comparación de Cortés con Moisés (y no al revés, como es la *comunis opinio*). Además, cabe resaltar que Mendieta se refiere en el capítulo mencionado no sólo al AT, sino también a Cortés como antagonista de Martín Luthero (quien repara las pérdidas de almas causadas por él; esta referencia no se encuentra en Terrazas, sino en Illescas, Segunda Parte de la *Historia pontifical*, 1574). Si Terrazas hubiese conocido, sin embargo, esa alusión tajante, no habría renunciado, a mi parecer, a insertarla en su poema.

41 Terrazas 1987: 129. Cfr. López de Gómara: cap. XII, 23.

del encuentro no se limita a ello: mediante un símil épico, Terrazas plasma el saludo de sus compatriotas al español como retorno del hijo pródigo:

> Como venido ya a su propia tierra / es recibido el hijo peregrino, / que tenido por muerto fue en la guerra, y acaba en casa del padre su camino, que el un hermano y otro con él cierra / abrazando al hermano que les vino, / y aún no le dan lugar de ver la madre / ni de besar las manos a su padre.[42]

Por más que el texto hable de «hijo peregrino», no de hijo «pródigo», la reminiscencia a la parábola del Nuevo Testamento resulta obvia.[43] A pesar de ser muy plausible la interpretación de las reminiscencias escriturarias como efecto de sublimación de lo narrado (con el intento de elevar todo el suceso junto con sus actores a un nivel más elevado) – lo que llama la atención es el relieve extraordinario conferido a esta escena. Eso incita a preguntar: ¿adónde vuelve Aguilar? ¿Para qué tanto énfasis? Como respuesta propongo la hipótesis de que esa acentuación tiene que ver con la situación de los criollos: ellos se sentían, en cierto sentido, expatriados y amenazados por la política acogedora de Nueva España hacia los españoles, pero no hacia ellos mismos. Lo que encontramos aquí, pues, es una proyección o, más bien, un contraproyecto de patria para compensar las experiencias cotidianas frustradas del entorno novohispano. Por eso se explican las alusiones tan patéticas a escenas de vuelta o más bien de llegada: la tierra adonde llega Aguilar (la playa de Yucatán) se ve como «arena deseada», por ejemplo.[44] Asimismo, la referencia al Antiguo Testamento, a Moisés y Aarón, quienes conducen al pueblo israelita a la tierra prometida, implica, a mi modo de ver, cierto aspecto espacial, no sólo espiritual. Me explico: además de la interpretación bien conocida y admitida de la conquista como misión, de la vuelta de los indígenas a la fe cristiana, existe la posibilidad de interpretar el territorio novohispano como la «tierra prometida», el destino de Moisés, para contrapesar el sentimiento de marginación por parte de la política virreinal.

Al conferir a Hernán Cortés rasgos de un *pater familias*, como lo sugiere el ya citado símil, se deja vislumbrar ligeramente un mito fundacional para Nueva España con Hernán Cortés como actor principal. Al mismo tiempo, la metáfora paternal se ve relacionada con el mencionado pasaje del poema sobre la postura de Nueva España como «madrastra (rigurosa), ...dulce madre pía a los extraños»[45] y parece ser un contraproyecto del reproche allí formulado de «patria ingrata». Lo que a fin de cuentas se ve plasmado, dentro del famoso hallazgo de Aguilar, es una proyección del autor (Terrazas) en el último cuarto del siglo XVI sobre cómo concebir «patria» y el «retorno» a ella. Se confiere alto valor simbólico a la escena así como a las personas

---

42 Terrazas 1987: 129.
43 Cfr. Lucas 15, 11-32, especialmente este pasaje: «Y levantándose, se vino a su padre. Cuando aún estaba lejos, viole el padre, y compadecido, corrió a él y se arrojó a su cuello y le cubrió de besos» (Lucas 15: 20).
44 Terrazas 1987: 128.
45 Terrazas 1987: 31.

implicadas, valor que destaca la dinámica de la memoria y la nota subjetiva en el proceso de rememorar esos acontecimientos históricos. Se trata de una proyección ideal de un lugar donde no hay reproches, rasgos negativos ni ingratitud; donde todo, en cambio, es armonía acogedora.

Más acentuada aún se presenta la caracterización del otro español, quien es descrito en las crónicas mediante rasgos negativos por ser tránsfuga, traidor de la propia civilización y religión: el llamado «Guerrero» (tan sólo conocido, según las fuentes, por lo que contó Aguilar de él).[46] Para medir el cambio efectuado por Terrazas frente a la fuente de Gómara, reproduzco a continuación los pasajes respectivos en dos columnas. La referencia a Guerrero constituye en ambos casos el final, por no decir el punto álgido en la relación de Aguilar:

Gómara:	Terrazas:
Y no hay sino yo y un Gonzalo Guerrero, marinero, que está con Nachancan, señor de Chetemal, el cual se casó con una rica señora de aquella tierra, en quien tiene hijos, y es capitán de Nachancan, y muy estimado por las victorias que le gana en las guerras que tiene con sus comarcanos. Yo le envié la carta de vuestra merced, y a rogar que se viniese, pues había tan buena coyuntura y aparejo. Mas él no quiso, creo que de vergüenza, por tener horadadas las narices, picadas las orejas, pintado el rostro y manos a fuer de aquella tierra y gente, o por vicio de la mujer y amor de los hijos.	... basta saber que en fin nos acabamos, / y que otro solamente y yo quedamos. // En Chetumal reside ahora Guerrero, / que así se llama el otro que ha quedado; / del grande Nachamcan es compañero, / y con hermana suya está casado: / *está muy rico y era marinero*, / ahora es capitán muy afamado, / cargado está de hijos, y hase puesto / al uso de la tierra el cuerpo y gesto. // Rajadas trae las manos y la cara, orejas y narices horadadas; / bien pudiera venir si le agradara, / que a él también las cartas fueron dadas. / No sé si de vergüenza el venir para, / o *porque allá raíces tiene echadas*; así se queda, y sólo yo he venido, / porque él está ya en indio convertido.[47]

Por más que Terrazas se oriente, incluso en párrafos completos, en Gómara, como demuestra el cotejo, resultan muy significativos los matices que efectúa: así, destaca el aspecto del ascenso social de «Guerrero», desde marinero simple – y pobre, sugerimos –, hasta capitán reputado y rico. Se deja translucir aquí el esbozo utópico de una sociedad abierta y armoniosa donde también los marginados tienen

---

46 Cfr. Rico Ferrer 2000: 170. En cuanto a la existencia de Guerrero, el mismo autor juzga las informaciones sobre él dadas por Aguilar «poco confiables». Indica la posibilidad de que «Guerrero sea una creación suya (de Aguilar) sobre la que proyectó su pasado en una transferencia simbólica» (ibíd.: 180s.). Unas páginas después, nombra a Guerrero como alter ego de Aguilar. Respalda su tesis con el hecho de que no se ha encontrado hasta la fecha ninguna mención de un Guerrero en las crónicas Maya, pero sí una de Aguilar refiriéndose al pasado indígena de él como yerno de un cacique en Cozumel (ibíd.: 184s.).

47 López de Gómara 1987: 24; Terrazas 1987: 134, cursivas mías.

perspectivas y oportunidades de éxito social y económico.[48] Al mismo tiempo, puede interpretarse como una crítica de la sociedad española y novohispana, con su más rígida jerarquía, sin permeabilidad o, mejor dicho, sólo con opciones para los no marginados que son, desde la perspectiva de los criollos, los que vienen de fuera, de España.

Además, llama la atención el relieve conferido al proceso de asentamiento y población que acentúa este pasaje, y eso sin las connotaciones negativas de Gómara. Mientras que este último alega como razones para el no-venir del segundo español:1) vergüenza de su cuerpo «desfigurado» (según pautas europeas), 2) avidez y concupiscencia[49] y 3) única razón admitida como positiva, amor a sus hijos, Terrazas se muestra más equilibrado en su juicio. Admite, al igual que Gómara, la vergüenza como impedimento,[50] pero en cuanto a sus motivaciones emocionales, las presenta bajo una luz mucho más positiva comentando simplemente: «No sé si de vergüenza el venir para, / o porque allá raíces tiene echadas». «Echar raíces», nada distinto hicieron los hijos y nietos de los conquistadores en Nueva España. Ése es su mérito, poblar y asentar, como añade Dorantes en otro lugar[51] distanciándose de personas como Grijalva o Córdoba («en buen romance se llaman fures, ladrones») y de sus intereses meramente materiales, equiparándolos con la práctica contemporánea de los ingleses y exceptuando solamente a Cortés.[52]

Esa postura crítica hacia la práctica de la conquista explica, a mi modo de ver, lo curioso de la selección efectuada por Dorantes. No fijó su atención primeramente en actos bélicos, en la conquista externa de las tribus indígenas, sino en la «conquista» interna, la civilización de la propia psiquis, del propio miedo así como en los actos de población del nuevo territorio. En cierto modo, ambos casos, Aguilar y Guerrero, que se presentaron al principio como ejemplos de «fracaso» desde un

---

48 Álvaro Félix Bolaños (1992) destaca exactamente ese aspecto del esbozo utópico en un relato sobre otro náufrago famoso, el licenciado Alonso de Zuazo en Gonzalo Fernández de Oviedo.
49 Con eso, Gómara demuestra una clara posición crítica del sujeto masculino «Guerrero».
50 Resulta curioso un detalle de Dorantes sobre el cuerpo «indio» de Aguilar. En dos pasajes se refiere a su cuerpo como deformado a la manera indígena («¿Qué diremos habiendo estado cautivo en poder de los indios muchos años, y tenía rajada la cara y narices y orejas horadadas?» Dorantes 1987: 126 y 176), apariencia que en el texto de Terrazas se adscribe sólo al «traidor» Guerrero. Eso respalda, a mi parecer, la tesis de Rico Ferrer sobre la función de Guerrero como la otra cara de Aguilar, quien traslada a éste todo lo que él mismo poseía (ver arriba, nota 46).
51 «[...] entre otras causas y servicios hechos en la tierra fue grande el poblarla y asentarla, y ocupar lo que los conquistadores iban dejando, sólo procurando oro y pueblos de tierra caliente, que lo daban para irse a España y sus naturalezas, teniendo por cosa de burla todo lo de las indias, y esta fue una de las causas que previnieron el poco asiento de la tierra» (Dorantes 1987: 24). El mérito de una colonización duradera Dorantes lo acredita a los venidos después de los conquistadores.
52 Dorantes 1987: 211-213.

punto de vista europeo – el sufrimiento de Aguilar y la negación o, mejor: renuncia a los valores europeos de civilización por parte de Guerrero[53] –, se ven transformados en una historia de éxito: el primero, en tanto sus trabajos resultan una obra de la providencia, es decir, un sufrimiento con fines superiores por desempeñar un papel decisivo en el proceso de cristianización de los indígenas; el segundo, Guerrero, por su ascenso dentro de su nuevo orden social.

Conclusión

¿Qué podemos, a fin de cuentas, concluir de esa presentación de la conquista como «lugar de la memoria», según la selección hecha por Dorantes del texto – probablemente más largo – de Terrazas? Evidentemente nos encontramos frente a ese acontecimiento filtrado por dos subjetividades. Y la que cuenta para nosotros, lectores modernos sin acceso al texto original de Terrazas, es la de Dorantes, su receptor: él omite insertar en su conglomerado de textos las escenas de batallas y luchas, confrontaciones bélicas con el otro (que sí sucedieron a lo largo del viaje hacia México: una famosa en Cintla, con la aparición de Santiago, por ejemplo, como se encuentra descrita en varias fuentes. Y puesto que Terrazas se orientó en la sucesión de acontecimientos según Gómara, podría ser que existiera también una versión suya de esa batalla).[54] No corresponde a la intención de Dorantes destacar lo bélico, lo marcial, lo heroico-épico propiamente dicho como sumo mérito de la conquista. Más bien llega incluso a negar su carácter heroico:

> porque predicar evangelio con la espada en la mano y derramando sangre, es cosa temerosa y que parece acá, al juicio humano, que sus descendientes van haciendo penitencia de esta soltura, porque apenas se hallará hombre de esta cepa que no ande mendigando y aun por ventura por puertas ajenas.[55]

Lo heroico, insisto, no consiste para Dorantes en eso, sino que se ve subvertido en otras hazañas: las del colectivo que se enfrenta a un ambiente nuevo, sea a la fauna (el tiburón), sea incluso a los elementos naturales, como se ve en el episodio sobre la hazaña de Morla, quien recoge el timón del agua: «Morla, diga la Fama, / Morla asiente, borre trofeos, batallas, vencimientos; / que otros vencieron hombres solamente.»[56] Esas confrontaciones y éxitos cuentan, según Terrazas y Dorantes, con más validez que lo heroico convencional, la lucha contra hombres. Lo que los pasa-

---

53   Retomo aquí la noción de Beatriz Pastor, quien ve dos discursos fundamentales sobre América, uno del éxito, otro del fracaso (Pastor 1988: 190-192). Los relatos de fracaso postulan «el valor del infortunio y el mérito del sufrimiento» (191) y forman representaciones desmitificadoras y críticas de América (ibíd.) con la naturaleza como enemigo y la derrota del hombre y el sufrimiento como elemento central, pero ya transformado religiosamente (cfr. ibíd.).
54   Cfr. López de Gómara 1987: cap. XX, 33-35.
55   Dorantes 1987: 28.
56   Terrazas 1987: 158. Cfr. López de Gómara 1987: cap. X, 19s.

jes de Terrazas ponen de relieve, pues, anticipa ya en cierto modo el desarrollo de la épica del siglo XVII con el campo de batalla transformado, es decir, centrado en el individuo y sus afectos.[57]

Para terminar: en cuanto a la validez de la épica cortesiana, se ha considerado normal y dado por descontado que los testigos presenciales describen de modo más auténtico o inmediato los acontecimientos (por muy distantes que sean) y confieren, así, a sus textos en prosa casi automáticamente un valor superior poético. Pero también esa confianza en la supuesta autenticidad o fiabilidad de la memoria en cuanto a los hechos resulta una ilusión si tomamos en cuenta – además de la enorme distancia temporal entre los hechos y el proceso de escribir, por ejemplo en el caso de Bernal Díaz, o la posición estratégica que asume Cortés en sus *Cartas* – los últimos conocimientos de la neurología sobre el funcionamiento del cerebro y de la memoria. La memoria *no* funciona según reglas de reconstrucción, sino de construcción y depende así del contexto, de la situación actual de cada persona que recuerda.[58] Por eso quisiera expresar cierto escepticismo ante cualquier fuente sobre los sucesos de la conquista y quisiera alegar la validez de todos los textos como modelaciones propias. Representan variaciones que se refieren al «lugar de la memoria» conquista, en cada caso bajo una perspectiva, una subjetividad y un molde distintos, lo que hace tan interesante nuestra tarea de estudiosos/as de literatura.

Bibliografía

Adorno, Rolena (1996): «La estatua de Gonzalo Guerrero en Akumal: íconos culturales y la reactualización del pasado colonial», en: *Revista Iberoamericana* 62, 176-177, pp. 905-923.

Amor y Vázquez, José (1962): «Terrazas y su Nuevo Mundo y Conquista en los albores de la mexicanidad», en: *Nueva Revista de Filología Hispánica* 16, pp. 395-415.

Ariosto, Ludovico (1991 [1532]): *Orlando furioso*. Edición de Marcello Turchi. Milano: Garzanti.

Assmann, Jan (²1999): *Das kulturelle Gedächtnis. Schrift, Erinnerung und politische Identität in frühen Hochkulturen*. München: C.H. Beck.

Avalle-Arce, Juan Bautista de (2000): *La épica colonial*. Pamplona: Eunsa.

Baudot, Georges (1988): «Lupercio Leonardo de Argensola continuador de Francisco de Terrazas. Nuevos datos y documentos», en: *Nueva Revista de Filología Hispánica* 36, pp. 1083-1091.

Blanco, José Joaquín (1989): *La literatura en la Nueva España*. México D.F.: Cal y Arena.

---

57 Se denomina ese fenómeno también como crisis de la épica, desarrollo ciertamente no monocausal, pero relacionado estrechamente con la crisis del concepto de virtud como ideal heroico. Cfr. Himmelsbach 1988; Krüger 1986; Wardropper 1976.

58 En cuanto a procesos del recuerdo y a la no-fiabilidad de la memoria (y, por lo tanto, de las fuentes) en general desde la perspectiva de un historiador, cfr. Fried 2004; desde la perspectiva de un neurólogo, Schacter 2001.

Bolaños, Álvaro Félix (1992): «El subtexto utópico en un relato de naufragio del cronista Fernández de Oviedo», en González Stephan, Beatriz / Costigan, Lúcia Helena (coords.): *Crítica y descolonización: el sujeto colonial en la cultura latinoamericana*. Caracas: Ediciones de la Universidad Simón Bolívar / Ohio State University, pp. 109-126.

Brading, David A. (1991): *The First America. The Spanish Monarchy, Creole Patriots, and the Liberal State 1492-1867*. Cambridge: University Press.

Carilla, Emilio (^{3}1998): «La lírica hispanoamericana colonial. La lírica renacentista», en Iñigo Madrigal, Luis (coord.): *Historia de la literatura hispanoamericana*. Tomo I: *Epoca colonial*. Madrid: Cátedra, pp. 237-246.

Davis, Elizabeth (2000): *Myth and Identity in the Epic of Imperial Spain*. Columbia / London: University of Missouri Press.

Dorantes de Carranza, Baltasar (1987 [ca. 1604]): *Sumaria Relación de las cosas de la Nueva España*. Prólogo de Ernesto de la Torre Villar. México D.F.: Porrúa.

Esteve Barba, Francisco (1992): *Historiografía indiana*. Segunda edición revisada y aumentada. Madrid: Gredos.

Folger, Robert (2003): «Die Institutionalisierung einer Institution – oder wie die Autorität in die Geschichten von Amerika kam», en Oesterreicher, Wulf et al. (eds.): *Die Autorität der Form – Autorisierung – Institutionelle Autoritäten*. Münster: LITVerlag, pp. 277-291.

Fried, Johannes (2004): *Der Schleier der Erinnerung. Grundzüge einer historischen Memorik*. München: C.H. Beck.

Gerbi, Antonello (1973 [1955]): *The Dispute of the New World. The History of a Polemic, 1750-1900*. Revised and enlarged edition translated by Jeremy Moyle. Pittsburgh: University of Pittsburgh Press.

Hernández Monroy, Rosaura (1994): «Madrastra de propios y Madre Pía de extraños», en: Granillo Vázquez, Lilia (coord.): *Más de 500 años de Cultura en México*. Azcapotzalco: UAM / Unidad Azcapotzalco, pp. 141-165.

Himmelsbach, Siegbert (1988): *L'épopée ou la case vide. La réflexion poétologique sur l'épopée nationale en France*. Tübingen: Niemeyer.

Kohut, Karl (ed.) (2003): «La ficción de la crónica y la verdad de la épica», número especial de *Iberoromania* 58.

Krüger, Reinhard (1986): *Zwischen Wunder und Wahrscheinlichkeit. Die Krise des französischen Versepos im 17. Jahrhundert*. Marburg: Hitzeroth.

Lara Garrido, José (1999): *Los mejores plectros. Teoría y práctica de la épica culta en el Siglo de Oro*. Málaga: Universidad de Málaga.

Lobo Lasso de la Vega, Gabriel (2005 [1588]): *De Cortés Valeroso, y Mexicana*. Edición, introducción y notas de Nidia Pullés-Linares. Madrid / Frankfurt: Iberoamericana / Vervuert.

Lobo Lasso de la Vega, Gabriel (1970 [1594]): *Mexicana*. Edición con estudio preliminar de José Amor y Vázquez. Madrid: Atlas (BAE; 232).

López de Gómara, Francisco (1997 [1552]): *Historia de la conquista de México*. Estudio preliminar de Juan Miralles Ostos. México D.F.: Porrúa.

Mahn-Lot, Marianne (^{5}1996): *La conquête de l'Amérique espagnole*. Paris: PUF.

Marrero-Fente, Raúl (2002): *Épica, imperio y comunidad en el Nuevo Mundo. Espejo de Paciencia de Silvestre de Balboa*. Salamanca: CEIAS.

Mazzotti, José Antonio (2000): «Resentimiento criollo y nación étnica: el papel de la épica novohispana», en íd. (ed.): *Agencias criollas. La ambigüedad «colonial» en las letras hispanoamericanas*. Pittsburgh: IILI, pp. 143-160.

Méndez Plancarte, Alfonso (1942): *Poetas novohispanos: Primer siglo (1521-1621)*. México D.F.: Edición de la Universidad Autónoma.
Mendieta, Gerónimo de (1973 [ca. 1595]): *Historia eclesiástica indiana*. 2 vols. Estudio preliminar y edición de Francisco Solano y Pérez-Lila. Madrid: Atlas (BAE; 260-261).
Menéndez Pelayo, Marcelino (1948 [1911]): *Historia de la poesía hispanoamericana*. Vol. I. Santander: Aldus (Edición Nacional de las obras completas de Menéndez Pelayo; 27).
Nicolopulos, James (2000): *The Poetics of Empire in the Indies. Prophecy and Imitation in* La Araucana *and* Os Lusíadas. University Park: Pennsylvania State University Press.
Nora, Pierre (1984): «Entre Mémoire et Histoire. La problématique des lieux», en íd. (dir.): *Les lieux de mémoire*. Vol. I. Paris: Gallimard, pp. XV-XLII.
Pastor, Beatriz (²1988): *Discursos narrativos de la conquista*. Hanover, NH: Norte
Peña, Margarita (1996): «La poesía épica en la Nueva España (siglo XVI)», en: *Historia de la literatura mexicana*, vol. 1. México D.F.: Siglo XXI, pp. 450-460.
Peña, Margarita (2000): «Peregrinos en el Nuevo Mundo: tradición épica y manifestaciones novohispanas», en: Kohut, Karl / Rose, Sonia V. (eds.): *La formación de la cultura virreinal*. I. *La etapa inicial*. Frankfurt / Madrid: Vervuert / Iberoamericana, pp. 41-57.
Pullés-Linares, Nidia (2005): ver Lobo Lasso de la Vega, Gabriel.
Reynolds, Winston A. (1966): *Espiritualidad de la conquista de Méjico. Su perspectiva religiosa en las letras de la edad de oro*. Traducción de Antonio Llorente Maldonoado de Guevara. Granada: Universidad de Granada / CSIC.
Reynolds, Winston A. (1984): ver Zapata, Luis de.
Rico Ferrer, José Antonio (2000): «Gonzalo Guerrero: la frontera del imaginario español», en: *Cuadernos Americanos* 81, pp. 169-192.
Ruiz de León, Francisco (1755): *Hernandía. Triunfo de nuestra fe y gloria de las armas españolas, o Conquista de México por el valeroso Hernán Cortés*. Madrid: Imprenta de la viuda de Fernández.
Saavedra y Guzmán, Antonio de (1989): *El peregrino indiano*. Estudio introductorio y notas de José Rubén Romero Galván. México D.F.: Consejo Nacional para la Cultura y las Artes.
Schacter, Daniel L. (2001): *Wir sind Erinnerung: Gedächtnis und Persönlichkeit*. Reinbek bei Hamburg: rororo.
Schütz, Katharina von (2003): *Indio und Konquistador in der hispanoamerikanischen nueva novela histórica (1978-1999)*. Frankfurt: Vervuert.
Tapia, Andrés de (1988 [1538]): «Relación de algunas cosas de las que acacieron al muy ilustre señor don Hernando Cortés, marqués del Valle, desde que se determinó ir a descubrir tierra en la Tierra Firme del Mar Océano», en Díaz, J. / íd. / Vázquez, B. / Aguilar, F.: *La conquista de Tenochtitlan*. Edición de Germán Vázquez. Madrid: Historia 16, pp. 59-123.
Terrazas, Francisco de (1941): «Nuevo Mundo y Conquista», en íd: *Poesías*. Edición, prólogo y notas de Antonio Castro Leal. México D.F.: Porrúa, pp. 23-93.
Terrazas, Francisco de (1987): ver Dorantes de Carranza, Baltasar.
Tietz, Manfred (1983): «Amerika vor der spanischen Öffentlichkeit des 18. Jahrhunderts. Zwei Repliken auf de Pauw und Raynal: die *Reflexiones imparciales* von Juan Nuix y Perpiñá und die *México conquistada* von Juan de Escoiquíz», en López de Abiada, José Manuel / Heydenreich, Titus (eds.): *Iberoamérica. Historia – sociedad – literatura. Homenaje a Gustav Siebenmann*. Tomo II. München: Wilhelm Fink Verlag, pp. 989-1016.
Vergilius Maro, Publius (⁵1980): *Aeneis*. Edición de Johannes Götte. München: Heimeran (Tusculum).

Wardropper, Bruce W. (1976): «The Epic Hero Superseded», en Norman T. Burns / Christopher Reagan (eds.): *Concepts of the Hero in the Middle Ages and the Renaissance*. London: Hodder and Stoughton, pp. 197-221.

Witthaus, Jan-Henrik (2005): «Hernán Cortés en la memoria cultural del siglo XVIII», en Tschilschke, Christian von / Gelz, Andreas (eds.): *Literatura – Cultura – Media – Lengua. Nuevos planteamientos de la investigación del siglo XVIII en España y Latinoamérica*. Frankfurt am Main: Peter Lang (Europäische Aufklärung in Literatur und Sprache; 17), pp. 239-254.

Wogan, Daniel (1941): «Ercilla y la poesía mexicana», en: *Revista Iberoamericana* 3, pp. 371-379.

Zapata, Luis de (1984 [1566]): *Carlo famoso. El Primer Poema que trata del Descubrimiento y Conquista del Nuevo Mundo*. Reimpresión de las partes correspondientes del Carlo Famoso de Luis Zapata. Nueva edición crítica por José Toribio Medina y Winston A. Reynolds. Madrid: José Porrúa Turanzas.

«Aquel segundo que sólo pudo darse a sí tercero»: Cervantes y Felipe II

Jean Canavaggio
(Université Paris X – Nanterre)

Felipe II y Miguel de Cervantes se han convertido en figuras señeras que, con el correr de los siglos, han venido a plasmar, si bien desde distintos enfoques y de diferente manera, una representación emblemática de la España aurisecular. El primero, en virtud de la llamada leyenda negra, ha sido considerado, hasta una época relativamente reciente, como el símbolo de una nación retrógrada, crispada en la afirmación y defensa de sus propios valores, reacia a los cambios originados por el advenimiento de los tiempos modernos.[1] El segundo, tras haber sido exaltado por el cervantismo decimonónico como la máxima encarnación del casticismo hispano, ha suscitado, a impulso de Américo Castro, una amplia remodelación, llegando a perfilarse como el despreciador sutil de todos los conformismos de su tiempo.[2]

Esta doble visión ha sido puesta en tela de juicio, no sin razón, por la labor historiográfica de los últimos decenios. En tanto que la personalidad y el legado de Felipe II se merecen ahora una valoración más equilibrada,[3] las aproximaciones actuales al mundo de Cervantes suelen centrarse, preferentemente, en todo lo que nos aparta de una interpretación unívoca de su obra.[4] Sin embargo, para quienes siguen apegados a una visión mítica del devenir de la monarquía hispana, el Rey prudente y el manco de Lepanto, a pesar de pertenecer a dos generaciones distintas, han llegado a formar una especie de *Janus bifrons*, encarnando de manera contrastiva la tensión de dos Españas de signo opuesto: una cerrada, otra abierta, una ortodoxa, otra heterodoxa, una mayoritaria, otra minoritaria, una que fue, otra que no pudo ser.

No se trata de desacreditar la reunión de estas dos figuras, sino que merece contemplarse desde otra perspectiva que creemos más exacta: en vez de pretender con-

---

1   Una sugestiva aproximación a la leyenda negra antifilipina se encuentra en Pérez 1999: 11-21. Para una visión de conjunto, García Cárcel 1992.
2   Esta remodelación, forjada por Castro 1925, se mantiene, aunque desde nuevos supuestos, en los libros que escribió posteriormente al cambio de rumbo iniciado con Castro 1948, especialmente en Castro 1966.
3   Emprendida en Braudel 1949, esta valoración se comprueba en Braudel 1999. Otras muestras, además del citado libro de Pérez, son Parker 1984 y Kamen 1997.
4   Algo que se infiere del estado actual de los estudios cervantinos, en vista de muchas de las contribuciones publicadas en los últimos diez años, véase, por ejemplo, Guillén 1995.

frontar a dos arquetipos desligados de su respectiva circunstancia, conviene asociarlos como personas, situándolas en el terreno de las relaciones concretas que llegaron a establecer. Dos trayectorias paralelas vertebran, durante treinta años, estas relaciones. La primera, la de los contactos episódicos que pudieron existir – por vía escrita y, desde luego, indirecta – entre el soldado de Lepanto y el Rey prudente, nos lleva de un encarcelamiento frustrado del primero, decretado en 1569 por Real Providencia, a su excarcelamiento efectivo, como consecuencia de una Provisión Real de 1597. La segunda, la de los sucesivos perfiles del monarca que nos ofrecen los escritos cervantinos, se inicia en 1568, con la primera poesía que se conserva de Cervantes, dedicada a la reina Isabel de Valois, para concluir en 1598, con las quintillas que compone en loor del rey difunto. Entre estas dos fechas median cuatro etapas de una vida más bien oscura, durante la cual el futuro autor del *Quijote* no hace más que breves incursiones en el mundo de las letras: una coincide con el período en que asoma al escenario de la «gran historia» (1569-1580); otra se inicia con el regreso a España, después del cautiverio argelino (1581-1587); por fin, las dos últimas abarcan el llamado episodio andaluz (1587-1592 y 1592-1598). Tan sólo después de la muerte de Felipe II, en los primeros meses de 1605, Cervantes se impone como el primer prosista de su tiempo; pero la obra que sella su triunfo lleva, sin la menor duda, la huella de un reinado ya concluso durante el cual forjó su ser y existir.

La partida de Cervantes a Italia, probablemente consecutiva a la Real providencia del 15 de septiembre de 1569, suspende lo que podía haberse convertido en una relación de escritor a mecenas, por culpa de un duelo en que quedó herido – se supone que por él – un maestro de obras llamado Antonio de Sigura.[5] El soneto dedicado por quien no pasaba de ser un poeta novato a Isabel de Valois, esposa del «ínclito rey del ancho del suelo hispano»,[6] había sido preludio a su contribución a las exequias ofrecidas el año siguiente por su maestro, Juan López de Hoyos, a la memoria de la joven reina, muerta a los 20 años.[7] Pero el volumen preparado por el rector del Estudio de la Villa sale de las prensas en 1569, en un momento en que Cervantes se encuentra ya en Roma tras haber escapado, al parecer, de la justicia. Queda así frustrada su tímida entrada en la república de las letras, así como su ingreso en las aulas universitarias, en tanto que, de Roma a Argel, pasando por Lepanto, Modón y Túnez, la vida que lleva en adelante es, primero, la de un camarero del

---

5   Simancas, Registro general del sello 9, leg. de septiembre, año 1569, en Sliwa 1999: 38-39. El que el protagonista de este duelo fuese un homónimo del escritor es opinión defendida por José Manuel Bailón Blancas. Véase Bailón Blancas 2001: 35-41.

6   «Soneto de Miguel de Cervantes a la reina Doña Isabel Segunda», en Cervantes 1999: 1167.

7   *Historia y Relación* 1569: 145-146, 148-149 y 157-162. Las «Cuatro redondillas castellanas a la muerte de Su Majestad» y «La elegía que, en nombre de todo el estudio, el sobredicho [Miguel de Cervantes] compuso» se encuentran en Cervantes 1999: 1167b-1169b.

joven cardenal Acquaviva, luego, la de un soldado de los tercios españoles y, por fin, la de un cautivo de rescate que no consigue evadirse a pesar de cuatro intentos fallidos. Ni su valiente conducta en la batalla de Lepanto,[8] ni las cartas de recomendación que le dieron en Italia don Juan de Austria y el duque de Sessa, ni el trato que pudo mantener en Argel con el rico renegado esclavón Agi Morato, en un momento en que éste resultaba implicado en unas aperturas previas a las grandes treguas hispano-turcas de 1579-1581, parecen haber preparado un contacto directo del humilde Miguel de Cervantes con Felipe II.[9]

Hay que acudir por lo tanto a las ficciones cervantinas para encontrar, en la comedia de *El Trato de Argel*, compuesta pocos meses después de terminado el cautiverio, una súplica a Felipe II. La dirige el cautivo Sayavedra «al gran Filipo», a la hora en que el rey reúne en Badajoz a las tropas que le van a acompañar a Portugal, animándole a cambiar de rumbo para tomar Argel, donde treinta mil esclavos cristianos anhelan en vano su liberación.[10] Por cierto, no tenía el monarca por qué emprender semejante conquista, a todas luces fuera de temporada en un momento en que el Mediterráneo estaba saliendo de la «gran historia»; sin embargo, el interés de esta arenga radica en el compromiso personal del escritor. Confiere a su portavoz un acento conmovedor que se comunicará a su vez a la famosa *Epístola a Mateo Vázquez*, considerada hasta hace poco como una falsificación del siglo XIX, cuyo desconocido autor aprovecharía, para fabricarla, el parlamento de Sayavedra.[11]

Al volver Cervantes a España en 1580, se abre un nuevo capítulo en la historia de sus relaciones con el rey. Esta vez, cabe pensar que bien pudo llegar a comparecer ante él en Tomar, donde Felipe II había ido a reunir a las Cortes portuguesas, a no ser que se limitara a entrevistarse con uno de sus colaboradores directos, Mateo Vázquez o Francisco de Toledo, para ser pronto comisionado a Orán: un episodio documentado por varias cédulas de pago fechadas en mayo de 1581,[12] y al que recordará más tarde en el memorial de 1590.[13] Aunque su objeto exacto siga sin aclarar, hubo de relacionarse con la alarma que desencadenó la llegada a Argel, en julio de 1581, del temido Euchalí, alarma que pronto se esfumó con el regreso a Estambul

---

8 Según el testimonio de dos de sus compañeros, Mateo de Santisteban y Gabriel de Castañeda, Cervantes, a pesar de estar malo y con calentura el día de la batalla, declaró «que mas queria morir peleando por dios e por su Rei, que no meterse so cubierta» (Sevilla, Archivo General de Indias, en Sliwa 1999: 51-52).

9 Acerca de las relaciones que pudo mantener Cervantes con Agi Morato, véase Canavaggio 2000: 39-44.

10 *El Trato de Argel*, jornada primera, vv. 393-462, en Cervantes 1999: 830b-831a.

11 Puesta en duda por Antonio Rodríguez-Moñino, la paternidad cervantina de la *Epístola a Mateo Vázquez* ha sido defendida hace poco con nuevos argumentos. Véase Stagg 2003: 201-214

12 Legajo núm. 2653 de la Contaduría mayor de Cuentas (Sliwa 1999: 120-121).

13 «Miguel de Cervantes Saavedra, sobre que se le haga merced» (6 de junio de 1590), Sevilla, Archivo General de Indias (Sliwa 1999: 224-225).

del almirante turco, en septiembre del mismo año. En esta circunstancia, el alcaide de Mostagán – posible converso o renegado citado a veces como don Felipe Hernández de Córdoba – bien pudo facilitar al enviado del rey informaciones recogidas y traídas por él a la corte, como solían hacer tantos otros correos de avisos urgentes coordinados por los servicios secretos españoles.[14]

Una vez cumplida esta misión, tan sólo testimoniada en sus aspectos materiales, Cervantes parece haber penetrado, aunque fugazmente, en el mundo de las intrigas que se tramaban en la corte entre partidarios y adversarios de una política de colaboración con la Santa Sede: Antonio Pérez y Gaspar de Quiroga, por un lado, y por otro, Mateo Vázquez y Antonio de Eraso. No estamos en condiciones de concretar el papel que pudo desempeñar en este complicado asunto, marcado, en 1578, por el asesinato de Juan de Escobedo, el secretario de don Juan de Austria.[15] Pero lo cierto es que entre aquellos con quienes el escritor llegó a tener un trato directo, cabe señalar, además de Mateo Vázquez, a Antonio de Eraso, miembro del Consejo de Indias y firmante del privilegio de *La Galatea*, publicada en 1585.[16] A Eraso va destinada una carta autógrafa de Cervantes, escrita en 1582 y hallada en 1954 en Simancas, donde declara que se entretiene en «criar Galatea», mientras espera sin mucha ilusión alguna noticia de las plazas vacantes en las Indias.[17]

En este contexto se sitúa, por un lado, la exaltación, en *El cerco de Numancia*, de la incorporación de Portugal a la corona: feliz acontecimiento del que se vale el río Duero, en una profecía *post eventum*, para ensalzar esta vez la conquista – «intento sano» del «segundo Filipo sin segundo»[18] – y celebrar el apogeo temporal y espiritual de España. Esta visión providencial del porvenir de la monarquía hispana sitúa en su debida perspectiva, relativizándola, la destrucción de la ciudad cercada por los ejércitos de Escipión y concluida por el suicidio de los numantinos. Dentro del mismo entorno debe colocarse *La Galatea*, ya que se presta a una lectura en clave que, si bien no agota su significado, no deja de iluminar varios aspectos de la novela: especialmente la presencia, bajo el ropaje pastoril, de personajes de la corte filipina, aquí llamados Larsileo y Astraliano.[19] Al mismo tiempo contribuye a conferir nueva trascendencia a la repentina partida de Cervantes a Andalucía, en un año – 1587 – en que se estaba disolviendo en la corte el partido castellanista tras la muerte de varios de sus miembros.

---

14 «y el miguel de çerbantes fue el que traxo las cartas y auisos del Alcayde de Mostagan...» (Sliwa 1999: 225). Véase al respecto Sola / De la Peña 1995: 156-182.
15 Kamen 1997: 170-176.
16 *La Galatea*, Cervantes 1999: 11-12.
17 Simancas, Guerra Antigua, leg. 123, núm. 1 (Sliwa 1999: 124-125).
18 *Tragedia de Numancia*, jornada primera, vv. 509-512, en Cervantes 1999: 856a.
19 Véase la Introducción de F. López Estrada y M.T. López García-Berdoy a su ed. de Cervantes 1995: 69-76.

Un tercer capítulo, que se inicia con esta partida, nos muestra a Cervantes ya comisario, desempeñando, durante cinco años, actividades de recaudador de trigo y aceite. Estas tareas ingratas, a la par que lo hacen participar, modestamente, en los preparativos de la Armada Invencible, lo apartan casi por completo de su labor de escritor. Pero no le permiten conseguir oficio en el ultramar, entre los cuatro que se atreve a solicitar: su memorial del 21 de mayo de 1590, en el cual pide que se le haga merced de sus servicios, le vale una negativa del secretario del Consejo de Indias.[20] Tan sólo le queda, a título de compensación, el reconocimiento que hace de su valor su superior directo, Pedro de Isunza, en una carta al rey, escrita en enero de 1592, llamándole «hombre honrado y de confianza»:[21] reconocimiento merecido, si recordamos con qué valentía, en una petición de diciembre del mismo año, elevada a Su Majestad, Cervantes asumió la responsabilidad exclusiva de las sacas de trigo y cebada efectuadas en Málaga y Antequera y por las cuales había sido acusado Isunza.[22]

El único testimonio que se conserva entonces de su actividad literaria es precisamente el que nos ofrecen las dos *Canciones* a la Armada contra Inglaterra, de discutida autenticidad. La primera se dice nacida de las «varias nuevas» que se dieron de la expedición, antes de conocer la suerte contraria que tuvo.[23] La segunda, compuesta después de la derrota, es un llamamiento dirigido al monarca, «segundo en nombre y hombre sin segundo, / coluna de la fee segura y fuerte»,[24] para que emprenda, sin tardar más, una nueva expedición, esta vez vencedora, con la ayuda de sus súbditos: un detalle que cobra un sabor un tanto irónico, si pensamos en las pocas ganas con que clérigos y campesinos solían colaborar con Cervantes en sus comisiones, así como el encarcelamiento que éste padeció, en septiembre de 1592, en Castro del Río, por haber embargado varias cantidades de trigo pertenecientes a los canónigos del lugar.[25]

El último capítulo es el que abren las nuevas comisiones desempeñadas por Cervantes en el reino de Granada, esta vez como recaudador de impuestos y alcabalas. Estos años ven surgir otra serie de dificultades con el erario público, las cuales se traslucen en una carta al rey de noviembre de 1594[26] y en una real provisión por la que le contesta el monarca.[27] Más aún, aparecen marcados por nuevos sinsabores, ocurridos a raíz de la quiebra del banquero Simón Freire, en cuya casa Cervantes había depositado el saldo del dinero cobrado. Estos sinsabores culminan con su

---

20   Sliwa 1999: 225-226.
21   Simancas, Secretaría de Guerra, Mar y Tierra, leg. 363 (Sliwa 1999: 240).
22   Simancas, Expedientes de Hacienda, leg. 516, fol. 96 (Sliwa 1999: 259-260).
23   Cervantes 1999: 1174a-1176b.
24   Cervantes 1999: 1176b-1178a.
25   Sliwa 1999: 257.
26   Simancas, Contaduría y Juntas de Hacienda, leg. 324 (Sliwa 1999: 288).
27   Simancas, Contadurías generales, leg. 1745, copia 2 hojas fol. (Sliwa 1999: 288-289).

encarcelamiento en Sevilla, por culpa de un abuso de poder del juez Vallejo. El escritor no tarda en elevar una demanda al rey, a la cual éste contesta, el 12 de enero de 1597, con una provisión por la cual conmina a Vallejo a soltar al prisionero bajo fianza.[28]

Al año siguiente muere Felipe II: acontecimiento del que brotó el famoso soneto *Al túmulo del rey en Sevilla*, reivindicado por Cervantes como «honra principal de [sus] escritos».[29] En él dos bravucones se admiran ante una maravilla que se revela ser el catafalco levantado el 24 de noviembre de 1598, en la catedral hispalense, para honrar al monarca difunto. A la exclamación del primero de los dos valentones:

¡Voto a Dios que me espanta esta grandeza
y que diera un doblón por describilla!

hace eco la respuesta desengañada del compañero, rematada por el comentario irónico del poeta, al tanto de la querella de vana precedencia, entre la Audiencia territorial y la Inquisición, que entorpeció los preparativos del acto:

Esto oyó un valentón y dijo: «Es cierto
lo que dice voacé, seor soldado,
y quien dijere lo contrario, miente.»
Y luego, encontinente,
Caló el chapeo, requirió la espada,
Miró al soslayo, fuese y no hubo nada.[30]

Aquella muerte regia marca luego de su sello las quintillas que se dicen compuestas por Cervantes en memoria del monarca, en las cuales vemos a las claras cómo sus reveses militares corren parejos con el desastre financiero de los últimos años del reinado:

¿Por dónde comenzaré
a exagerar tus blasones,
después que te llamaré
padre de las religiones
y defensor de la fe?

Quedar las arcas vacías
donde se encerraba el oro
que dicen que recogías,
nos muestra que tu tesoro
en el cielo lo escondías.[31]

Esta irónica despedida nos permite apreciar el camino recorrido desde los años en que el río Duero exaltaba, en *El cerco de Numancia*, la misión providencial de Felipe II. ¿Será que Cervantes se dejó llevar por sus desilusiones personales hacia

---

28 Simancas, Contadurías generales, leg. 1745 (Sliwa 1999: 300-302).
29 *Viaje del Parnaso*, Capítulo IV, v. 38, Cervantes 1999: 1199a.
30 Cervantes 1999: 1179b-1180a.
31 Cervantes 1999: 1180a.

una revisión drástica del reinado? No hay por qué afirmarlo. En *La Gran Sultana*, publicada en 1615, un año antes de la muerte del escritor, se hace un nuevo y cálido elogio de «aquel segundo que sólo pudo darse a sí tercero».[32] Si es que hay indirecta en este elogio, sería más bien en contra de Felipe III, cuya figura, aunque también resulte aquí ensalzada, mal podía equipararse con la de su padre. Cervantes compartió, pues, la admiración de sus compatriotas por un monarca que tuvo acceso, como pocos, a una perspectiva global de los problemas con los que tuvo que enfrentarse, llegando a desempeñar, hasta el límite de sus fuerzas, el papel que le correspondía asumir. Pero también supo ver cómo, en la última década del reinado, estos problemas, si bien no tuvieron mayor envergadura que los que habían surgido en los años de Lepanto o de la incorporación de Portugal, al menos llegaron a ser de otra índole. Al mismo tiempo, no dejó de intuir, con innegable perspicacia, lo que pudo ser el peso de la edad y de las enfermedades, así como el de la muerte de tantos seres próximos, sobre un hombre que, con el correr de los años, se reveló prisionero de un destino en el que poco podía hacer.

Sobre este trasfondo se recorta el *Quijote*, cuya primera parte sale de la imprenta de Juan de la Cuesta a finales de diciembre de 1604, siete años después de la muerte de Felipe II, en un momento en que la sede de la corte, por voluntad de su hijo y del duque de Lerma, se encuentra en Valladolid. Por cierto, pocas son las alusiones directas que pueden rastrearse en la novela a la persona y al reinado del Rey prudente: tan sólo Ruy Pérez de Viedma, el protagonista del cuento interpolado del Cautivo, compuesto a todas luces en la última década del siglo XVI, se refiere a «nuestro buen rey don Felipe» al relatar su propio alistamiento en la Santa Liga, confiada al mando de don Juan de Austria, hermano natural del monarca;[33] y, más adelante, al recordar las circunstancias en que se perdió, dos años después de Lepanto, el fuerte de La Goleta, coincide de modo implícito con el sentir del rey: aprueba el abandono de una plaza sin verdadero interés estratégico y la renuncia, por dolorosa que fuera, al reino de Túnez, conquistado, un año antes por don Juan, en contra del parecer de su hermanastro.[34] Ahora bien, más allá de estas referencias esporádicas, la aventura de don Quijote se arraiga en un espacio ficticio que no es calco de la realidad que conoció el escritor, sino síntesis artística de datos dispersos, procedentes de la experiencia viva que este autor tuvo de la España en que vivió. Una síntesis orientada por una doble finalidad artística: por un lado, anclar en lo cotidiano el designio de un hidalgo que pretende resucitar la andante caballería; por otro, manifestar la resistencia de seres y cosas ante este proyecto disparatado. De ahí, en esta representación peculiar de lo «particular histórico», la función clave desempeñada por la parodia de los libros de caballerías: una parodia que no agota el significado de

---

32 *La Gran Sultana*, jornada primera, vv. 1044-1045, Cervantes 1999: 1012a.
33 *Don Quijote de la Mancha*, I, 39, Cervantes 1999: 275b.
34 Ibíd., Cervantes 1999: 276a-277a.

esta representación, sino que coloca en su debida perspectiva el mundo imaginario elaborado por el caballero manchego.

Dicho mundo, como todos sabemos, brota de una contradicción según la cual el ingenioso hidalgo pretende enderezar los tuertos del presente sirviéndose de las armas del pasado. Pero no basta con concluir de esta paradoja que don Quijote, en la confluencia de lo Antiguo y de lo Nuevo, vendría a encarnar los fantasmas de una España petrificada en el ocaso de un reinado ya concluso. A decir verdad, su aventura tiene otro sentido y alcance: es la mediación que, por la magia de una escritura, nos permite dar el salto ecuestre que, como observó Pierre Vilar, nos lleva de los fundamentos históricos del irrealismo español, característico de aquel ocaso, a la autocrítica cervantina, tierna y amarga a la vez, de este mismo irrealismo.[35] Quien fue capaz de hacer posible este salto tenía que pertenecer a la España de Felipe II; pero, para decirlo con palabras de Antonio Domínguez Ortiz, este hombre vivió «lo suficiente para contemplar el tránsito de un siglo a otro y de un reinado a otro, con todos los cambios que comportaba ese tránsito».[36]

Bibliografía

Anónimo (1569): *Historia y Relación verdadera de la enfermedad, felicissimo transito y sumptuosas exequias funerables de la Serenissima Reyna de España Doña Isabel de Valoys, nuestra Señora...*. Madrid: Pierres Cosin.

Bailón Blancas, José Manuel (2001): «Pasos perdidos de Cervantes en Italia (1568-1570)», en Villar Lecumberri, Alicia (ed.): *Cervantes en Italia. X Coloquio Internacional de la Asociación de Cervantistas*. Palma de Mallorca: Asociación de Cervantistas, pp. 35-41.

Braudel, Fernand (1949): *La Méditerranée et le monde méditerranéen à l'époque de Philippe II*. Paris: A. Colin.

Braudel, Fernand (1999): *Carlos V y Felipe II*. Madrid: Alianza.

Canavaggio, Jean (2000): *Cervantes entre vida y creación*. Alcalá de Henares: Centro de Estudios Cervantinos.

Castro, Américo (1925): *El pensamiento de Cervantes*. Madrid: Centro de Estudios Históricos.

Castro, Américo (1948): *España en su historia*. México D.F.: Fondo de Cultura Económica.

Castro, Américo (1966): *Cervantes y los casticismos españoles*. Barcelona: Alfaguara.

Cervantes, Miguel de (1995): *La Galatea*. Madrid: Cátedra.

Cervantes, Miguel de (1999): *Obras completas*. Madrid: Castalia.

Domínguez Ortiz, Antonio (1998): «La España del Quijote», en Cervantes, Miguel de: *Don Quijote de la Mancha*, t. I. F. Rico (ed.). Barcelona: Crítica, p. LXXXVII.

García Cárcel, Ricardo (1992): *La Leyenda negra. Historia y opinión*. Barcelona: Alianza.

Guillén Claudio (1995): *Cervantes, prólogo de –*. Alcalá de Henares: Centro de Estudios Cervantinos.

Kamen, Henry (1997): *Felipe de España*. Madrid: Siglo XXI.

---

35 Vilar 1967: 207-216. Este artículo desarrolla, desde otra perspectiva, los planteamientos básicos de otro trabajo clásico del mismo autor en Haley 1989: 17-29.
36 Cervantes 1998/I: LXXXVII.

Parker, Geoffrey (1984): *Felipe II*. Madrid: Alianza.
Pérez, Joseph (1999): *L'Espagne de Philippe II*. Paris: Fayard.
Sliwa, Krzysztof (1999): *Documentos de Miguel de Cervantes Saavedra*. Pamplona: Eunsa.
Sola, Emilio / Peña, José F. de la (1995): *Cervantes y la Berbería*. Madrid / México D.F.: Fondo de Cultura Económica.
Stagg, Geoffrey (2003): «The Curious Case of A Suspect Epistle», en: *Cervantes*, 23.1, pp. 201-214.
Vilar, Pierre (1967): «Don Quichotte et l'Espagne de 1600. Les fondements historiques d'un irréalisme», en Bahner, W. / Dessau, A. / Krauss, W. / Schober, R. (eds.): *Cervantes-Sonderheft, Beiträge zur Romanischen Philologie*. Berlin: Rütten & Loening, pp. 207-216.
Vilar, Pierre (1989): «El tiempo del Quijote», en Haley George (ed.): *El «Quijote» de Cervantes*. Madrid: Taurus, pp. 17-29.

Más de dos Españas.
La identidad semiótica de las Comunidades Autónomas en comparación con la de otras entidades territoriales

Udo L. Figge
(Ruhr-Universität Bochum)

Introducción

Entidades territoriales como municipios, provincias, estados y también comunidades supranacionales (como, por ejemplo, la Unión Europea) presentan dos clases de fenómenos que son de mucho interés para la semiótica. Por un lado, se trata de los símbolos a través de los cuales se representan semióticamente y, por otro lado, de las lenguas y otras modalidades lingüísticas que consideran como propias de su territorio.

Símbolos forman una clase particular de signos creados por el hombre y como tales se refieren a la idea de una persona o de una cosa. La percepción de un símbolo territorial provoca en un individuo que conoce su significado la idea de la entidad territorial correspondiente. En esta contribución distingo ocho tipos de símbolos territoriales: la bandera (los colores territoriales), el himno, el escudo, el sello, el lema, el animal heráldico, la figura alegórica y la fiesta territorial. A menudo, símbolos actuales o históricos de un estado adornan sus sellos de correo o sus monedas. Un ejemplo son las monedas de Euro de los distintos estados europeos. Así, las monedas austríacas llevan en el reverso los colores austríacos (representados por distintos rayados monocromos); las de Irlanda, el escudo irlandés, el arpa; las de Portugal, diferentes sellos históricos; dos monedas francesas, el lema francés; una moneda griega, la lechuza ateniense; y, finalmente, tres monedas francesas, la Mariana, figura alegórica de Francia.

A menudo, los símbolos y las modalidades lingüísticas de una entidad territorial son el objeto de su legislación o de otros actos oficiales, es decir, de disposiciones semióticas, y también el objeto de información semiótica, especialmente de información semiótica difundida por la web. Las disposiciones semióticas de las diversas entidades territoriales y la publicidad que dan a sus asuntos semióticos hacen un papel importante en mi argumentación. Es que estas entidades pueden distinguirse no sólo por el número de los símbolos de los que disponen, sino también por la intensidad de sus actividades legislativas y publicitarias que desarrollan en el campo de sus asuntos semióticos, es decir, por la intensidad de la manifestación de su identidad semiótica.

Francia, España, Alemania

En lo relativo al perfil semiótico, se puede notar un claro escalonamiento entre Francia, España y Alemania. Comparativamente, Francia cuida más su identidad semiótica. El artículo 2 de su constitución vigente establece lo siguiente:

> La langue de la République est le français.
> L'emblème national est le drapeau tricolore, bleu, blanc, rouge.
> L'hymne national est la «Marseillaise».
> La devise de la République est «Liberté, Egalité, Fraternité».
> Son principe est : gouvernement du peuple, par le peuple et pour le peuple.
>
> [La lengua de la República es el francés. / El emblema nacional es la bandera tricolor, azul, blanco, rojo. / El himno nacional es la «Marsellesa». / El lema es «Libertad, Igualdad, Fraternidad». / Su principio es: gobierno del pueblo, por el pueblo, para el pueblo.]

Esta disposición define tres símbolos de la República Francesa, la bandera, el himno y el lema, y declara el francés por su lengua.

Aparte de eso, la presidencia francesa, el Palacio Elíseo, consagra una de sus páginas web[1] a los símbolos nacionales franceses. En esta página se nombran y se describen, además de los símbolos definidos en la constitución, cuatro más, a saber: el sello, la fiesta del 14 de julio, las representaciones de la Mariana y el gallo gálico. En suma, Francia dispone de siete símbolos estatales. Actualmente le falta un escudo.[2]

El último acto semiótico de la Asamblea Nacional fue la inclusión de una disposición en el código de la educación, aprobada el 2 de marzo de 2005, que hace obligatoria la enseñanza del himno nacional en la escuela primaria.

España no presta atención en su constitución a más que un solo símbolo nacional; a saber: la bandera:

> La bandera de España está formada por tres franjas horizontales, roja, amarilla y roja, siendo la amarilla de doble anchura que cada una de las rojas. (art. 4, § 1)

Además reglamenta en su constitución el uso de las distintas modalidades lingüísticas del país:

> 1. El castellano es la lengua española oficial del Estado. Todos los españoles tienen el deber de conocerla y el derecho a usarla.
> 2. Las demás lenguas españolas serán también oficiales en las respectivas Comunidades Autónomas de acuerdo con sus Estatutos.
> 3. La riqueza de las distintas modalidades lingüísticas de España es un patrimonio cultural que será objeto de especial respeto y protección. (art. 3)

Aparte de eso, la presidencia del Gobierno español ofrece una página web[3] con informes históricos y jurídicos bastante detallados no sólo sobre la bandera, sino

---

1 http://www.elysee.fr/instit/text3_.htm (URL consultado el 12 de enero de 2005).
2 Cfr. http://www.unblasonpourlafrance.com (URL consultado el 12 de abril de 2005).
3 http://www.la-moncloa.es/web (URL consultado el 26 de enero de 2005).

también sobre el escudo y el himno de España. En la web, no se encuentra ningún comentario oficial u oficioso ni sobre el lema *Plus ultra* que lleva el escudo español ni sobre el 12 de octubre, día de la fiesta nacional de España (antiguo Día de la Hispanidad). En suma, España tiene cinco símbolos nacionales. Le faltan sello, animal heráldico y figura alegórica. De su constitución existen, además de la versión castellana, versiones en catalán, gallego, valenciano y vascuence.

Alemania es aún más reservada en lo relativo a la reglamentación o a la explicación oficiales de sus símbolos nacionales. En su constitución, la Ley Fundamental, no hay más que una sola disposición semiótica. El artículo 22 dice muy lacónicamente: «Die Bundesflagge ist schwarz-rot-gold» [La bandera federal es negro-rojo-dorado].

Una página web del Gobierno federal trata del himno federal: fue instituido, en su versión actual, en agosto de 1991 a base de un procedimiento bastante raro, es decir, por un canje de cartas entre el canciller federal Kohl y el presidente federal von Weizsäcker, publicado en el boletín del Servicio Federal de Prensa e Información 89/1991 del 27 de agosto de 1991.[4] Con motivo del 14.° aniversario del Día de la Unidad Alemana, en 2004, el Gobierno federal publicó una página, en la que explica la historia de esa fiesta nacional, celebrada anualmente el 3 de octubre.[5] La discusión que se tuvo en 2004 sobre su abolición o su aplazamiento para un domingo, para ganar un día laboral complementario, indica que el valor simbólico de ese día no es muy alto. Otras páginas oficiales consagradas a símbolos nacionales alemanes no hay. Una página oficiosa, del Instituto Goethe, menciona la bandera, el himno y el escudo.[6] No se encuentran páginas oficiales que traten del Águila Federal (un ejemplar monstruoso del cual adorna el Parlamento Federal) o del lema de la República («Einigkeit und Recht und Freiheit» [«Unidad y Justicia y Libertad»]), que, en Alemania, cada día se puede leer en el margen de la moneda de dos euros alemana. En suma, Alemania tiene seis símbolos nacionales, pero no son objeto ni de una legislación cuidadosa ni de una divulgación oficial completa y detallada.

Las lenguas minoritarias autóctonas que, además del alemán estándar y sus variedades, se hablan en Alemania no son objeto de la reglamentación federal, por no hablar de traducciones de la Ley Fundamental a esas lenguas.

En la Ley Fundamental, Alemania se define como un Estado Federal (art. 20). Está integrada por 16 entidades territoriales (que se llaman «Länder» en plural y «Land» en singular). Todos tienen constitución propia. Asimismo, todos tienen bandera y escudo. Todos, menos uno, consagran un artículo de su constitución a sus

---

4   http://www.bundesregierung.de/Bundesregierung/-,8394/Nationalhymne.htm
    (URL consultado el 12 de enero de 2005).

5   http://www.bundesregierung.de/artikel-,413.19834/Tag-der-Deutschen-Einheit.htm
    (URL consultado el 30 de marzo de 2005).

6   http://www.goethe.de/dll/pro/lkpc/Staatssymbole.htm (URL consultado el 12 de enero de 2005).

colores y/o su bandera y a su escudo; sólo dos mencionan su sello en la constitución. A menudo, sobro todo respecto al escudo, no se trata de una definición de los símbolos, sino de la referencia a una ley que debe definirlos. Todos los Länder, menos uno, consagran una página web a sus símbolos o a una parte de ellos, algunas veces en forma de una publicación de las leyes que reglamentan la configuración y el uso de los símbolos. Algunos Länder conocen canciones más o menos tradicionales que sirven de himnos extraoficiales; ninguno tiene himno oficial. Schleswig-Holstein menciona su himno extraoficial en su página web oficial.[7] Sajonia hace saber que un proyecto de himno oficial fracasó.[8] Los escudos de muchos Länder presentan animales heráldicos, descritos en las leyes correspondientes, en gran parte leones; otros ejemplos son el caballo bajo-sajón y, sobre todo, el oso berlinés. Finalmente, sólo las dos ciudades hanseáticas que al mismo tiempo son Länder, Hamburgo y Bremen, tienen lema; sin embargo, se trata de lemas que no se deben a una ley, sino a una tradición secular. Ningún Land fija un día para celebrar su fiesta. Como máximo, los Länder poseen cuatro símbolos; la mayoría no tiene más que tres.

Las lenguas minoritarias arriba mencionadas son el bajo alemán, el danés y el frisón, que se hablan en el norte del país, y el sorabo (lengua eslava), que se habla en el este. Las constituciones de Brandeburgo y de Sajonia garantizan la subsistencia del sorabo, las de Macklemburgo-Pomerania Occidental y de Schleswig-Holstein la del bajo alemán. La constitución de Baja Sajonia garantiza la subsistencia de las minorías frisona y danesa, pero no dice nada de sus lenguas. Ningún Land declara oficial su(s) lengua(s) minoritaria(s). En Brandenburgo y en Sajonia hay una versión soraba de la constitución, en Bremen y en Macklemburgo-Pomerania Occidental, una versión bajo-alemana.

La identidad semiótica de las Comunidades Autónomas

España comprende 19 Comunidades Autónomas, es decir, entidades territoriales que tienen un Estatuto de Autonomía aprobado por una Ley Orgánica del Congreso Español.[9] En lo siguiente voy a tratar de determinar el grado de autonomía semiótica de cada una de estas Comunidades.

---

7   http://landesregierung.schleswig-holstein.de/coremedia/generator/Aktueller_20Bestand/ Portalredaktion/Informatinen/Schleswig-Holstein-Lied.html (URL consultado el 20 de enero de 2005).

8   http://www.sachsen.de/de/ll/geschichte/symbolisch/index.html (URL consultado el 25 de febrero 2005).

9   Una colección de los estatutos se encuentra bajo el URL http://www.congreso.es/ constitucion/estatutos/index.htm.

En el art. 4, § 2 de la Constitución Española se declara que

> Los Estatutos podrán reconocer banderas y enseñas propias de las Comunidades Autónomas. Estas se utilizarán junto a la bandera de España en sus edificios públicos y en sus actos oficiales.[10]

Todas las Comunidades Autónomas hicieron uso de este derecho. Todas definen en su estatuto por lo menos su bandera. Andalucía, Aragón, Asturias, Cataluña, la Comunidad Valenciana, Ceuta y Melilla ponen de relieve que se trata de una bandera tradicional. Todas, menos tres (Cataluña, las Islas Baleares y el País Vasco), consagran una disposición de su estatuto a su escudo. Andalucía, Aragón, Ceuta, Galicia, La Rioja y Melilla declaran que ya tienen escudo. Las otras Comunidades o definen el escudo en su estatuto o asignan a una ley futura la tarea de la definición. Casi la mitad de los estatutos pasan en silencio el asunto del himno de la Comunidad. Andalucía, Ceuta, Galicia y La Rioja declaran en su estatuto que ya tienen himno. Las demás remiten la decisión sobre el himno a una ley futura. Una sola Comunidad fija en su estatuto el día de su fiesta; es la de Madrid.

En suma, hay cuatro clases de símbolos que usan las Comunidades Autónomas para darse una identidad semiótica: la bandera, el escudo, el himno y el día de la Comunidad. Todas tienen bandera y escudo, y todas celebran una fiesta comunitaria anual. Casi todas tienen himno; actualmente no tienen himno Castilla y León, Castilla-La Mancha, las Islas Baleares y la Región de Murcia. Andalucía se destaca por el hecho de que posee un símbolo, más, un lema («Andalucía, por sí, para España y la Humanidad»).[11]

La mayor parte de las Comunidades presentan sus símbolos en páginas web oficiales. Las excepciones son Asturias, Castilla y León, la Comunidad de Madrid y la Comunidad Valenciana. Andalucía, Canarias, Cataluña y La Rioja presentan todos sus símbolos, su bandera, su escudo, su himno, su día y, además, en el caso de Andalucía, su lema; otras presentan sólo tres o dos. Algunas veces, la presentación se limita a una cita del estatuto o de leyes pertinentes (Canarias, Castilla-La Mancha, Extremadura, Región de Murcia) o no excede a la extensión de una página impresa (Ceuta, Islas Baleares). Las de Aragón, Cantabria, Cataluña, La Rioja, Melilla y del País Vasco y, sobre todo, las de Galicia y de Andalucía son más voluminosas.

Un criterio interesante es la edad que las Comunidades asignan a sus símbolos. Andalucía, Aragón, Asturias, Cataluña, Ceuta, la Comunidad Valenciana, Galicia, las Islas Baleares, La Rioja, Melilla, Navarra y el País Vasco, es decir, más de la

---

10 Otra disposición semiótica de la Constitución Española dice que «Los Estatutos de autonomía deberán contener [entre otras cosas]: La denominación de la Comunidad que mejor corresponda a su identidad histórica» (art. 146, § 2, a). Por el contrario, la denominación del Land Federal Renania del Norte-Westfalia, por ejemplo, se retrotrae, como su existencia, a un decreto dado por el gobierno militar británico en 1946.

11 Cfr. http://es.wikipedia.org/wiki/Lista_de_lemas_de_estado (URL consultado el 25 de febrero 2005).

mitad de las Comunidades, se adornan con una bandera y un escudo cuyo diseño data, por lo menos en parte, del período antes de su establecimiento como Comunidad Autónoma. Andalucía, Cataluña, Ceuta, Galicia y Navarra poseen un himno tradicional. El de la Comunidad Valenciana fue creado como himno oficial de la Exposición Regional celebrada en el año 1909. Las otras Comunidades que tienen himno o elevaron una obra existente, por ejemplo una canción popular, a la categoría de himno o hicieron crear un nuevo himno. Puede que sea aplicable a todos los nuevos himnos lo que dice una página web de la Ciudad de Madrid: «Como curiosidad, aquí tienes el himno oficial de la Comunidad, un himno que nadie canta, ni conoce. Creénos, nadie».[12] Los informes que pude conseguir sobre los días de las fiestas de las Comunidades Autónomas son incompletos. Parece que muchas celebran el día en el que entró en vigor su estatuto o se constituyó su parlamento. En otras Comunidades, este día coincide con el de una fiesta religiosa tradicional (Aragón, Extremadura) o con el de un acontecimiento histórico (Comunidad de Madrid, Comunidad Valenciana). El lema de Andalucía es de la misma edad que sus otros símbolos.

En el cuadro que acabo de trazar se destacan Andalucía, Aragón, Cataluña, Ceuta, la Comunidad Valenciana, Galicia, La Rioja y Melilla. Éstas son Comunidades Autónomas que lograron darse un claro perfil semiótico, actual e histórico.

Andalucía retrotrae sus orígenes semióticos, así como sus orígenes políticos, a los resultados de una reunión de 1918:

> En el punto de partida se sitúa la Asamblea de Ronda de Enero de 1918, en la que se formularon propuestas entre otras, en orden a la adopción de lo que Blas Infante llama «las insignias de Andalucía».[13]

Entre paréntesis, un resultado político de la Asamblea de Ronda fue el envío de un alegato a la Sociedad de Naciones.[14] Además, Andalucía da un sentido particular a los colores de su bandera:

> Andalucía se ha caracterizado casi siempre por emplear históricamente unos mismos colores. A lo largo de toda su historia, el espíritu de la bandera de Andalucía siempre ha sido el mismo, el de representar con sus colores, el blanco y el verde, la paz y la esperanza de un país, el andaluz.[15]

Entre las páginas web de los gobiernos españoles (del Reino de España inclusive) las de Cataluña son, con mucho, las más elaboradas. Además, la Generalitat no asigna su dirección internet a «es». Verdad es que lo mismo se puede decir del go-

---

12 http://www.webmadrid.com/guia/ciudad/simbolos.asp (URL consultado el 2 de febrero 2005). La mayor parte de los himnos comunitarios se encuentran bajo el URL http://www.protocolo.org/gest_web.
13 http://www.juntadeandalucia.es/SP/JDA/CDA/Secciones/Simbolos_de_Andalucia/JDA-Indice_Simbolos/ 0,20314,2,00.html (URL consultado el 22 de diciembre 2004).
14 http://www.arrakis.es/~jmra/blasinfante.htm (URL consultado 22 de diciembre 2004).
15 http://www.juntadeandalucia.es/SP/JDA/CDA/Secciones/Simbolos_de_Andalucia/JDA-Indice_Simbolos/ 0,20314,4,00.html (URL consultado el 22 de diciembre 2004).

bierno del País Vasco («net») y de los de la Comunidad de Madrid y de la Rioja («org»), pero la Generalitat asigna su dirección no sólo a «net», sino a un nuevo dominio «cat», un *top-level internet domain* que la Internet Corporation for Assigned Names and Numbers (ICANN) aprobó el 16 de septiembre por iniciativa de la Associació puntCAT. La Associació lo celebra como «el primer que representa a nivell global un grup lingüístic i cultural, un fet excepcional del qual la nostra cultura pot estar legítimament orgullosa».[16] Es digno de mención, igualmente, que Cataluña cuenta entre sus símbolos el catalán. Como una lengua no es algo artificial, sino algo natural, no puede ser un símbolo en el sentido definido en la introducción. Pertenece más bien a otra clase de objetos semióticos, a la de los rasgos característicos: el hecho de que se oye hablar cierta lengua y se ven inscripciones en esta lengua en un territorio es uno de sus rasgos característicos. Así, Cataluña comete una clara falta semiótica, que, sin embargo, se puede explicar y disculpar como consecuencia de los esfuerzos incesantes que hace para fomentar el uso y el prestigio del catalán.[17]

Nueve de las Comunidades Autónomas incluyeron en sus constituciones disposiciones lingüísticas que determinan la situación jurídica de las modalidades lingüísticas (lenguas y dialectos) usadas en ellas. Esos reglamentos distinguen
1. modalidades lingüísticas dignas de protección y de fomento,
2. modalidades lingüísticas propias de la Comunidad dignas de protección y de fomento,
3. modalidades lingüísticas de la Comunidad oficiales en la Comunidad juntamente con el castellano,
4. modalidades lingüísticas propias de la Comunidad oficiales en la Comunidad juntamente con el castellano.

Según los respectivos estatutos pertenecen
- a la primera categoría el bable (Asturias), el gallego y otras «modalidades lingüísticas» (quiere decir el asturleonés) en zonas donde se usan (Castilla y León) y el aranés (Cataluña),
- a la segunda categoría el alto aragonés y el catalán en zonas donde se usan (Aragón),
- a la tercera categoría el vascuence en zonas donde se usa (Navarra) y el valenciano en zonas donde se usa como lengua propia (Comunidad Valenciana),
- a la cuarta categoría el catalán (Cataluña, Islas Baleares), el gallego (Galicia) y el vascuence (País Vasco).

---

16 Cfr. http://www.puntcat.org/ (URL consultado el 12 de junio de 2006). Agradezco a Gero Arnscheidt que llamó mi atención sobre este nuevo dominio.
17 El homenajeado ha publicado un artículo en el que discute con todo detalle esos esfuerzos y sus consecuencias dentro de un marco más ancho, de modo que el artículo suyo y éste se solapan en varios puntos (Tietz 2005).

Castilla y León muestra una clara preferencia a favor del castellano. Su estatuto lo califica de uno de los «valores esenciales para la identidad de la Comunidad» y le garantiza «especial protección y apoyo, para lo que se fomentará la creación de entidades que atiendan a dicho fin» (art. 4, núm. 1). El País Vasco declara en su estatuto la «Real Academia de la Lengua Vasca-Euskaltzaindia» por «institución consultiva oficial en lo referente al euskera» (art. 6, núm. 4) y, además, establece que

> la Comunidad Autónoma del País Vasco podrá solicitar del Gobierno español que celebre y presente, en su caso, a las Cortes Generales, para su autorización, los tratados o convenios que permitan el establecimiento de relaciones culturales con los Estados donde se integran o residan aquellos territorios y comunidades [de habla vascuence], a fin de salvaguardar y fomentar el euskera (art. 6, núm. 5).

En este contexto es interesante una comunicación del Instituto Cervantes según la cual «la Real Academia de la Lengua Vasca-Euskaltzaindia y el Instituto Cervantes han decidido compartir como objetivos [...] la promoción del *euskara*, junto con el castellano, el catalán y el gallego, mediante la red mundial de centros del Instituto Cervantes».[18]

No quiero pasar en silencio que La Gomera (Canarias) también posee lengua propia. Sin embargo, no se trata de un lenguaje hablado, sino de uno de los muchos lenguajes silbidos. Es el silbo gomero. Claro que no figura en el Estatuto Canario. No obstante, fue objeto de la legislación canaria. Una orden del Parlamento de Canarias de 5 de julio de 1999[19] establece que el silbo gomero sea materia de enseñanza obligatoria en la Educación Primaria y la Educación Secundaria, sobre todo en La Gomera. La motivación principal de esa orden parece ser el «enorme interés» que el silbo presenta «para los estudios del lenguaje», pero la orden lo considera también como elemento de la identidad de las islas.

Lo que resulta de lo precedente es que Cataluña, la Comunidad Valenciana, Galicia, las Islas Baleares, Navarra y el País Vasco manifiestan una identidad lingüística particularmente acusada. Eso coincide con el hecho de que la lingüística no considera ninguna de las lenguas habladas en estas Comunidades como una variedad del castellano.

Más de dos Españas

En esta contribución he tratado de poner en claro varios aspectos semióticos de las 19 Comunidades Autónomas de España: la magnitud del caudal semiótico de cada una, la edad que asignan a este caudal y el grado de intensidad con que manifiestan su identidad semiótica y lingüística en sus Estatutos de Autonomía y otros textos jurídicos y en sus presentaciones en internet.

---

18   *Revista del Instituto Cervantes* 2/9 (2006), 5.
19   http://www.educa.rcanaria.es/General/Legislacion/scripts/Resolucion.asp?Id=1162 (URL consultado el 10 de febrero de 2005).

Se dan un perfil acusado (en orden descendente) Cataluña, Andalucía, Aragón, Galicia y la Comunidad Valenciana. Ese perfil se debe tanto a una clara conciencia que las Comunidades tienen de su riqueza semiótica, en su mayor parte transmitida por la tradición, y, con excepción de Andalucía y menos importante para Aragón, de su autonomía lingüística como a la intensidad con que manifiestan su identidad semiótica. No alcanzan el alto nivel semiótico de Francia, pero desde una perspectiva semiótica se destacan como individuos políticos más que el Reino de España y aún más que Alemania y sus *Länder*. Eso permite hablar de más de dos Españas.

Semióticamente se destacan menos (en orden descendente) Ceuta, La Rioja, el País Vasco, las Islas Baleares, Melilla, Navarra y Asturias, pero, sobre todo en comparación con los *Länder* Federales, no puede negárseles cierta identidad semióticopolítica. Relativamente poco llamativo es el perfil semiótico de (en orden descendente) Canarias, Cantabria, la Comunidad de Madrid, Castilla y León, Castilla-La Mancha, Extremadura y la Región de Murcia. De las siete Comunidades cuyos escudos llevan la corona de los reyes de España en el timbre cinco pertenecen a este grupo.[20] Las Comunidades de este grupo no contribuyen a la multiplicación de España.

Bibliografía

Tietz, Manfred (2005), «‹Die gebietseigene Sprache›. Zum Entstehen und Überwinden von sprachlichen Grenzen im heutigen Spanien: der Fall Katalonien», en Duxa, Susanne / Hu, Adelheid / Schmenk, Barbara (eds.): *Grenzen überschreiten. Menschen, Sprachen, Kulturen. Festschrift für Inge Christine Schwerdtfeger zum 60. Geburtstag*, Tübingen: Narr, pp. 189-208.

URL de las Comunidades Autónomas[21]
http://www.juntadeandalucia.es/ (Andalucía)
http://www.aragob.es/ (Aragón)
http://www.princast.es/ (Asturias)
http://www.gobcan.es/ (Canarias)
http://www.parlamento-cantabria.es/ (Cantabria)
http://www.gencat.net (Cataluña)
http://www.cortesclm.es/ (Castilla-La Mancha)
http://www.jcyl.es/ (Castilla y León)
http://www.ciceuta.es/ (Ceuta)
http://www.madrid.org/ (Comunidad de Madrid)
http://www.gva.es/ (Comunidad Valenciana)
http://www.juntaex.es/ (Extremadura)
http://www.xunta.es/ (Galicia)
http://www.caib.es/ (Islas Baleares)

---

20 Las otras dos son Galicia y La Rioja. Cfr. http://www.dhistoria.com/historia/heraldica.htm (URL consultado el 4 de abril de 2005).
21 Consultados entre el 31 de marzo 2004 y el 12 de abril de 2005.

http://www.parlamento-larioja.org/ / http://www.larioja.org/ (La Rioja)
http://www.melilla.es/ (Melilla)
http://www.navarra.es/ (Navarra)
http://www.ejgv.euskadi.net/ (País Vasco)
http://www.carm.es/ (Región de Murcia)

Dos Españas, dos normalidades: visiones bipolares sobre la situación lingüística en la España actual

Johannes Kabatek

(Eberhard Karls Universität Tübingen)

I.

La posible dislocación temporal y espacial de los procesos de producción y recepción textual que permite la lengua escrita puede a veces ser engañosa y producir efectos de anacronismo no intencionados, y así puede resultar peligroso escribir a finales del año 2004 en el lejano *finis terrae* peninsular sobre un tema de actualidad sociopolítica para un homenaje que saldrá a la luz en el 2006 y que se podrá leer de entonces en adelante. Y el peligro puede ser aún mayor si acepto la propuesta de los editores e intento reducir a la bipolaridad una red compleja de relaciones de poder, de comunicación, de discursos y de objetos. Lo haré, a pesar de todo, con una justificación obvia que es fundamental para las ciencias de la cultura y que las distingue precisamente de las ciencias naturales: mientras que para éstas los objetos de estudio están objetivamente dados en la naturaleza y sólo pueden ser reducidos en su complejidad a través de modelos artificiales, para aquéllas, los objetos de estudio son producto de la propia actividad humana y por lo tanto también de categorizaciones abstractas y reductoras. La bipolaridad (habiendo incluso razones *naturales* para postularlo) es un factor esencial del pensamiento humano, y no resulta extraño, pues, que los productos de la cultura sean frecuentemente productos de bipolarizaciones resultantes de procesos, donde se establecen tales productos por la oposición de extremos.

Así ocurre también en la actualidad de la política española, que vuelve a reactivar los antagonismos entre dos polos nuevamente opuestos en discursos bastante enfrentados, como por ejemplo en el paisaje de la prensa española actual, que incluso en sus corrientes más serias está permitiendo cada vez más la entrada del discurso de opinión o de parcialidad en tipos de texto pretendidamente informativos, siendo así también en el caso del tema al que dedicaré las siguientes líneas: la bipolaridad de los discursos sobre las lenguas de España. En los dos polos del continuo de posibles posturas encontramos, por un lado, el independentismo absoluto que postula, por ejemplo, el monolingüismo catalán en Cataluña y el rechazo al mantenimiento de la presencia del español. Por el otro lado, un jacobinismo monolítico castellanizante que postula la desaparición de las demás lenguas de España salvo el español.

Los dos extremos del continuo casi nunca se encuentran de forma pura ya que se explican sobre todo desde los respectivos polos opuestos. Es decir, es posible encontrar un nacionalista catalán radical que diga que los españolistas quieren acabar con el catalán y un españolista radical que diga que los catalanistas quieren acabar con el castellano en Cataluña, pero es mucho menos probable encontrar defensores reales de tales posturas. A lo largo del continuo caben muchas matizaciones, pero con todo seguirá siendo bipolar, o, por lo menos, bilateral.

II.

Antes de hablar de los antagónicos discursos metalingüísticos en España,[1] quisiera señalar que los antagonismos internos se reflejan también en su visión externa y que, – salvo vivencias individuales excepcionales, como la de ciertos alemanes que antes de aprender el castellano[2] aprenden el catalán o el gallego (y raras veces el vasco[3]) – el proceso de aprendizaje metalingüístico por parte de los extranjeros suele seguir ciertas pautas bien marcadas. Se empieza con la visión de que España es un país donde únicamente se habla español. Una vez que uno se da cuenta de la existencia de otras lenguas, se corrige esta visión simplista, corrección que a veces está acompañada por la pasión por la defensa de alguna de las «demás lenguas españolas», desembocando otras veces en visiones ambiguas, acompañadas en algunos casos de la asunción de los respectivos conflictos lingüísticos. Dicho sea esto sobre todo para combatir desde el inicio el argumento frecuente de la «visión objetiva» desde fuera: los de fuera no vemos de por sí más cosas que los de dentro, vemos a menudo incluso bastante menos, y únicamente vemos quizá más detalles de diferentes realidades cuando nos movemos mucho, teniendo el privilegio de poder viajar por los mundos

---

1   Los nombres propios y su uso evocan ciertos entornos discursivos (cfr. Coseriu 1955-1956), y en la España actual, la introducción de substitutos como Estado español ha creado una situación en la que no quedan denominaciones «neutras». Así, con nombres como *España* o *Estado español*, *Cataluña* o *Catalunya* (con diferentes grafías también en textos en castellano), *País Vasco* o *Euskal Herria*, *Galicia* o *Galiza*, *Valencia*, *València* o *Pais valencià*, etc., se asocian posturas e ideologías, y se multiplican las notas a pie de página como ésta que proclaman la «neutralidad» del uso de los nombres en un texto determinado, aunque se haya cuestionado si una postura neutra realmente resulta posible.
2   De forma parecida a lo dicho en la nota anterior, es ya un lugar común la nota a pie de página políticamente correcta que señala que empleamos «castellano» y «español» como sinónimos. Para la cuestión de los nombres de la lengua cfr. Mondéjar 2004, Kabatek 2003.
3   En los últimos años, el empleo de *vasco* frente a *euskera* o *eusquera* (*euskara* en euskara batúa) ha retrocedido bastante, siendo el último considerado por muchos el término políticamente más correcto. Hubo también reacciones en contra del empleo de *euskera*, y sin por ello ponerme del lado de los que rechazan el nombre porque desprecian la cosa designada, creo que sería más coherente con la tradición del idioma español o bien mantener el tradicional *vasco* (ideológicamente neutro hasta hace poco) o bien integrar el neologismo, como propone la RAE como alternativa (*éuscaro*).

antagónicos sin, por nacimiento, estar incluidos en uno de ellos.[4] Lo de las lenguas de España es complicado y lo es también desde fuera. Para mí personalmente se ha ido complicando cada vez más a lo largo de los años, y ni la vivencia de distintos mundos, ni la vivencia desde dentro de distintas lenguas ni el estudio sociológico, político y no en última instancia lingüístico me han dado verdadera claridad, aunque, eso sí, una cada vez mayor fundamentada desconfianza con respecto a los que presumían tenerla.

III.

La desconfianza deriva del hecho de que representantes de los diferentes polos tiendan a presentar sus argumentos no como una de las posibles visiones del mundo o como posibles propuestas para su futuro, poniéndolos así a disposición del debate, sino que es bastante frecuente topar con opiniones que procuran evitar que se les identifique como opiniones al pretender hablar de hechos y de objetos indiscutibles. Se argumenta, por ejemplo, con la «normalidad» o con el «sentido común» postulando que una determinada postura es correcta y válida para todos y cerrando así retóricamente la puerta a cualquier visión distinta. En ciertos ámbitos de la sociedad, tales discursos han penetrado muy profundamente en la vida cotidiana y ya no se identifican como ideológicos. Términos como el de la «normalización lingüística» o el de la «lengua propia», con valores objetivos discutibles, han penetrado en textos jurídicos e incluso en la propia legislación lingüística. Y el «sentido común», para nada común en materias conflictivas, aparece como apoyo argumental en numerosos debates de la prensa diaria de distinto color, debates cuyo fin es muchas veces más bien la creación de solidaridades y no el análisis o la presentación de hechos. En términos de la pragmática, muchos de los textos que «analizan» las situaciones lingüísticas de España son mucho más *performativos*, creadores de hechos, que *constativos*, descriptores de objetos.

No es extraño, pues, que desde distintas perspectivas, en los últimos años se oigan cada vez más voces críticas. Por un lado, las que desde la perspectiva ideológica

---

4 En este sentido, se me ha entendido mal cuando hace unos años, en un debate sobre el «argumentum ex auctoritate» en materia de lenguas postulé la distancia frente al objeto investigado (Kabatek 1995a; cfr. también Kabatek 1995b), diciendo que era a veces más fácil juzgar las cosas desde fuera. Mi propósito para nada fue el de reclamar el derecho exclusivo a la opinión para los no directamente involucrados (como fue interpretado por algunos); lo que había planteado era simplemente la cuestión de cómo tratar desde fuera materias políticamente sensibles, rechazando el argumento frecuentemente empleado en la discusión del mayor valor del juicio de las autoridades extranjeras. Los investigadores extranjeros debemos saber, cuando argumentamos, que nuestros argumentos se emplearán en el debate político, y por ello debemos ser particularmente sensibles. Pero de ningún modo sabemos más o vemos más sólo por estar lejos; lo que tendremos en todo caso es una perspectiva distinta.

opuesta critican los argumentos de sus adversarios, pero por otro lado también voces con una cierta distancia con respecto a todas las tendencias en juego. Estas voces discordantes coinciden, además, con el auge de distintas orientaciones en el campo del análisis de discurso, que a su vez encuentra en los discursos acerca de las lenguas de España un objeto bienvenido.[5] Con todo, lo que nos importa aquí es menos la mera identificación de la ideología detrás de un discurso pretendidamente objetivo, sino más bien el espacio común que tales discursos evoca, discursos que se presentan de forma bipolar y antagónica con su retórica de la objetividad y la normalidad, con distintos fines en ideologías opuestas. Partimos, pues, del supuesto de que encontraremos esquemas semejantes de argumentación en polos opuestos, y los «buenos» y los «malos», mírese de donde se mire, siguen en el fondo estrategias argumentativas afines.

Por un lado, se suele hablar de la «normalidad» lingüística equiparándola con la normalidad democrática en oposición a la «anormalidad» de la dictadura franquista, una normalidad que permita el desarrollo libre de las lenguas en todos los ámbitos, sin restricciones impuestas. De ahí la denominación general en las comunidades plurilingües de leyes de «Normalización lingüística», término ampliamente difundido también a nivel popular e incluso – muchas veces sin reflexión crítica – en textos de carácter científico. El uso terminológico de «normalización» con respecto a la lengua tiene una larga historia,[6] desde su uso tradicional para designar la creación de normas lingüísticas prescriptivas hasta su uso terminológicamente diferenciado desde la sociolingüística catalana de los años setenta que hace la distinción entre *normalización* y *normativización* (*normalització* y *normativització*) para referirse a la planificación del estatus de una lengua, por un lado, y a la de su corpus, por otro.

Separada terminológicamente de la planificación del corpus, la normalización lingüística implica, pues, sobre todo la planificación del estatus de una lengua entendida como la extensión de su uso a todos los niveles de la sociedad y su empleo en todas las tradiciones textuales – tanto escritas como habladas – existentes. Ahora bien, la repartición de las funciones sociales de diferentes lenguas en sociedades plurilingües no es algo dado por naturaleza ni de por sí «normal» o «anormal» ni corresponde a una necesidad histórica que tenga como finalidad teleológica la llegada a una especie de equilibrio, sino que deriva, cuando las diferentes lenguas son asociables a grupos, de las relaciones poblacionales y de poder dadas en la historia y en la actualidad. Cuando partes de la sociedad postulan cambios de la situación vigente, sus posibilidades de éxito aumentan conforme haya cambiado a su favor la

---

5   Cfr. p.ej. Süselbeck (en prensa). Para la teoría lingüística del análisis de discurso, véase p.ej. Busse 1987; Maingueneau 1991; Wodak 1998; Niehr / Böke 2003.
6   Lo empleaba Pompeu Fabra ya en 1929 en su artículo «La normalització de la gramàtica» (cfr. Vallverdú 1980: 75).

relación de poder y cuando ésta les permite exigir reajustes de la situación dada.[7] Sin embargo, en el debate sobre tales modificaciones muchas veces no se las declara como tales sino que se prefiere hablar de «normalización», como si fuera la vuelta a algo anteriormente dado[8] y únicamente desviado por fuerzas anormales.[9] Es evidente que se trata de un *terme de combat* cuya finalidad es la de postular una situación distinta para el futuro de una lengua. El término deriva de la estrategia común de la retórica política en la que el futuro deseado se presenta como lo normal y según la cual se evita decir que lo que se quiere alcanzar para el futuro es realmente algo distinto y nuevo, con lo cual se evitan posibles argumentos contrarios. Se dice simplemente que lo deseado es lo normal. Y para definir lo normal, se hace uso de una serie de equiparaciones: se deriva lo normal del pasado – antes era así y así tiene que volver a ser – y de un principio de territorialidad de la lengua. Así, varios Estatutos de Autonomía y Leyes de Normalización Lingüística hablan de la *lengua propia* como lengua tradicionalmente predominante en un territorio y un momento dado. Y de la territorialidad de la lengua propia se deriva la proyección hacia una normalidad futura.

Por otro lado, hallamos, en el polo opuesto, una idea parecida de normalidad futura derivada del pasado. Desde este otro polo la idea de normalidad – dado que el término de «normalidad» está bastante ocupado por los «normalizadores» que desde un supuesto «centro» son considerados periféricos[10] –, hace más bien referencia al «sentido común», al «pensamiento moderno», al «realismo lingüístico»[11] o al espíritu de la comprensión mutua, de lo cual podríamos inferir que los que se opongan a tales verdades «objetivas» no tienen sentido común, son anticuados o se niegan a comunicarse. El sentido común se apoya en este caso en el universalismo de la segunda lengua global del mundo occidental,[12] la lengua que en el pasado, en parte desde

---

7 Este tipo de cambios en la relación de poderes lo podemos observar p.ej. si analizamos los diferentes debates sobre legislación autonómica y lingüística desde la Segunda República hasta la actualidad.
8 En la historia y en la comparación con otras situaciones en el mundo podemos encontrar momentos de situaciones más o menos afines a tal o tal «normalidad» postulada para el presente, pero no una causalidad intrínseca que objetivamente favorezca una normalidad determinada y no otra.
9 La extensión de los derechos de una lengua realmente no necesita ni apoyo en una supuesta normalidad medieval ni de otros momentos de la historia; basta perfectamente con la voluntad de un pueblo en el presente.
10 El término «normalización», en cambio, es criticado por los opositores a las «normalizaciones» como eufemismo, cfr. p.ej. Jardón 1993: 335; Lodares 2000: 265.
11 Lodares 2000: 266.
12 Esta expresión algo paradójica no lo es tanto desde la perspectiva del centrismo occidental común en Europa y América, donde el mundo es en primer lugar el mundo occidental, aunque estemos presenciando, en estos años, una profunda transformación de la situación mundial («Asian shift») que puede cambiar la localización de los centros de gravedad.

Alfonso el Sabio y más claramente desde los Reyes Católicos ha sido la dominante en España y que por lo tanto, siguiendo esta ideología, lo tendría que ser también en el futuro. El fundamento histórico de la construcción teleológica del destino de Castilla y, fundamentada en ella, de España, remonta hasta el siglo XIII, época en la que se crea, desde el mito de Fernán González hasta la *Loor de España*, una base ideológica para el predominio «natural» (o, si se quiere, *normal*) de Castilla y del castellano sobre los demás territorios de la Península ibérica. Hasta la filología y la historiografía lingüística del siglo XX se ha prolongado la idea de la «fuerza inherente» que hace del castellano medieval el dialecto primordial entre las distintas variedades habladas en el Norte. Menéndez Pidal deriva la diferencia castellana y el espíritu de rebeldía de la constelación particular en la que se crea Castilla y compara el carácter discordante del dialecto castellano con el espíritu de oposición jurídica castellana contra León.[13]

La consecuencia del mito de la fuerza lingüística inherente al castellano es la naturalidad con la que se mira su expansión por vastos territorios, la supuesta superioridad a la hora de enfrentarse a las lenguas amerindias y una especie de derecho implícito para una futura expansión, por ejemplo en los Estados Unidos. El castellano es la lengua tradicionalmente dominante de la Península ibérica y del predominio plurisecular de esta lengua se deriva su proyección futura.

IV.

Como ya se ha dicho, en ciertos aspectos – aunque no en todos – los argumentos en ambos sentidos son de alguna manera parecidos, aunque referidos a realidades opuestas. Y en ambos sentidos parece evidente que es fácil desmontarlos y criticar su valor de verdad objetiva ya que, si creemos en que los objetos como tales son científicamente identificables como objetos, no podemos admitir que haya descripciones claramente opuestas de la misma realidad.

Así, por ejemplo, es problemática la atribución fija de una lengua a un territorio y la idea, en territorios multilingües, de la existencia de una *lengua propia*, frente a otras lenguas «impropias». Es cierto que en la tradición de la lingüística la conexión entre zonas geográficas y lenguas sea la más común. La geografía lingüística tradicional habla de dialectos o de variedades diatópicas con isoglosas trazables en mapas lingüísticos. Es cierto que los grupos sociales identificados e identificables mediante el uso de un sistema lingüístico común necesitan contacto y que ese contacto tradicionalmente se da en territorios definidos, pero hay que señalar que se trata aquí de una relativa generalidad empírica y no de una necesidad teórica y que en la actualidad los territorios en parte se sustituyen por espacios menos claramente asociados a lugares fijos. Baste con señalar fenómenos sociolectales como el español de deter-

---

13 Para una crítica de los mitos cfr. Kabatek 2005a: 180-183.

minados sectores de la juventud madrileña, presente también en otras ciudades españolas y aún más allá del ámbito meramente urbano. Es difícil localizar esa variedad, aunque Madrid probablemente sea su foco de irradiación más destacado. Hemos propuesto, por lo tanto, para la descripción universal de la variación lingüística, considerar centrales el eje diastrático (como eje no de las «clases» o «capas» sociales sino de los grupos sociales en sentido más general) y el eje diafásico y someter a lo diastrático lo diatópico, ya que en el fondo las variedades diatópicas no son otra cosa que variedades de grupos. Esto se debe a que en la mayoría de las sociedades es común, aunque no sea necesario, encontrar grupos atribuibles a espacios geográficos. En la realidad lingüística europea, es evidente que la asociación lengua-territorio es la más general y que ella marca también la conciencia de los hablantes.[14] Pero la territorialidad no es una necesidad histórica ni implica continuidad necesaria de una lengua en un territorio. Si echamos un vistazo a los mapas lingüísticos históricos nos damos cuenta de que la geografía lingüística ni evoluciona de manera estable, ni tiene la necesidad inherente de continuidad.[15]

Otro ejemplo problemático en la argumentación es la elección de un momento clave en la historia como punto de partida de una supuesta normalidad y el postulado derivado de que habrá que volver a esa situación. Es la misma estrategia argumentativa que la de la hegemonía territorial que busca momentos históricos en los que un territorio determinado tenía mayor extensión.[16]

La historia de los espacios lingüísticos se caracteriza, pues, por un continuo dinamismo de expansión, mantenimiento o reducción, y en la interpretación de ese dinamismo encontramos toda una serie de argumentos equívocos, cuando, por un lado, se dice que la expansión de una lengua es un proceso «natural» y pacífico, y

---

14 Es incluso un principio de la gramática universal identificar, hasta cierto punto, el *yo* con el *aquí* y el *ahora*; y de las sociedades tradicionales deriva la idea de que la lengua de uno es la del lugar. «Tú no eres de aquí» se suele decir a alguien que habla con acento extraño. Esta identificación del «yo» con el «aquí» llega a su extremo cuando el «aquí», p.ej. al viajar, se muda, llevando a confusiones, como cuando una vez una señora madrileña me dijo esta frase en pleno Atlas marroquí y se quedó estupefacta cuando le respondí: «Y tú tampoco.»

15 En este sentido, también parece problemática y parcial la declaración de la UNESCO (Barcelona, 1996) de los «derechos lingüísticos universales» ya que parte del principio de territorialidad y del de la «lengua propia» territorialmente definida. En todo caso, lo que pretende la declaración no es favorecer las lenguas territoriales por encima de otras lenguas sino ofrecer un marco que permita a los hablantes vivir la vida en todos los ámbitos en su lengua materna.

16 Un ejemplo en este sentido son las repetidas declaraciones del lehendakari vasco cuando éste afirma que en el actual territorio vasco siempre se ha hablado euskera y que de ahí deriva un derecho para el presente y para el futuro. En realidad, es uno de los enigmas más oscuros para los vascólogos el de la antigua expansión del territorio vasco, y de los debates hasta la actualidad se debe concluir que se trata de un tema que todavía no ha podido ser resuelto, aparte que realmente no importa para la discusión actual, cfr. nota 10.

por otro lado, cuando se asocia la expansión de una lengua únicamente a la imposición violenta. En el debate acerca de las lenguas de España, encontramos ambos argumentos en los dos polos: por ejemplo, cuando el rey de España proclama en 2001 (y en repetidas ocasiones posteriores) que el castellano nunca fue idioma de imposición o cuando se afirma que la expansión del castellano únicamente correspondió al afán de universalidad de los pueblos que recibieron gratamente esa lengua;[17] pero también cuando se dice que las medidas protectoras de las lenguas de España no son nunca medidas de imposición sino siempre de pura defensa, a veces junto a la dudosa diferencia entre nacionalismo ofensivo y nacionalismo defensivo. La expansión de un espacio lingüístico siempre deriva de dos posibles factores: o del desplazamiento de hablantes de una lengua a espacios nuevos o de la adopción de esta lengua por parte de hablantes de otros espacios. Los factores de adopción son múltiples, desde el ascenso social, la aspiración al bienestar económico y el prestigio de un grupo determinado – o, según la interpretación, la imposición por parte de ese grupo de una lengua determinada – hasta incluso la pura necesidad de salvar la integridad física en situaciones de extrema violencia. En todo caso, tanto la expansión como la reducción de los espacios es bien pocas veces monocausal y deriva casi siempre de un juego complejo en el que intervienen diferentes factores, simplificados, por un lado, en las discusiones, y por el otro enriquecidos con argumentos no comprobables, como por ejemplo cuando autoridades de la lengua española afirman que la expansión del castellano también hay que atribuirla a su estructura lingüística simple y clara y a su sistema vocálico perfecto de cinco vocales cardinales.[18]

V.

El gran malentendido que subyace a todas esas discusiones – y a veces no se trata de un malentendido, sino de una confusión conscientemente provocada – es que en realidad, la cuestión de la expansión, del mantenimiento o del retroceso de espacios lingüísticos es una cuestión objetiva y, si se quiere, científicamente planteable únicamente en la medida en que afecta a la descripción de los hechos: se pueden analizar sociológicamente los espacios sociales ocupados por diferentes sistemas de comunicación; se puede analizar psicológicamente el impacto del cambio de lengua, el abandono de la lengua materna, la relación entre lengua e identidad, etc.; y se puede describir lingüísticamente el fenómeno de la alternancia de códigos, la interferencia o el cambio lingüístico. Incluso se pueden derivar del análisis científico pronósticos para el futuro: estableciendo comparaciones con constelaciones históricas paralelas es posible señalar evoluciones probables. Esas probabilidades incluirán varios posi-

---

17 No sabemos quién asesora al rey en cuestiones lingüísticas, pero es evidente que su discurso no dista mucho del que defiende el vicepresidente de la RAE, Gregorio Salvador.
18 Cfr. Salvador 2000.

bles caminos de evolución, con un centro de la evolución «más probable» y desviaciones en ambos sentidos, hasta llegar, en ambas direcciones, al límite de lo ya no probable (o sólo probable bajo circunstancias absolutamente inesperadas) o incluso de lo imposible, según el siguiente esquema:

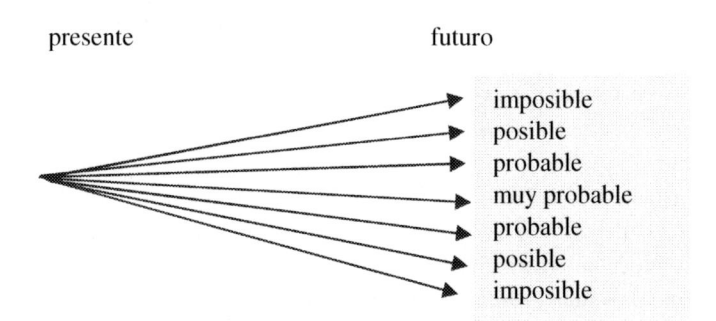

```
        presente                          futuro

                                      → imposible
                                      → posible
                                      → probable
                                      → muy probable
                                      → probable
                                      → posible
                                      → imposible
```

Otra cosa es, sin embargo, el pronóstico volitivo, la búsqueda de un futuro determinado, correspondiente al deseo individual de acuerdo con los deseos de otros individuos con los que el individuo forma un grupo (y no es en última instancia la voluntad común la que define a los grupos como tales). En este caso, ya no se establecen todas las probabilidades y posibilidades, sino que se elige entre ellas una concreta y se señalan las vías para llegar a ella. La actividad correspondiente no es ya analítica, sino que pretende, influyendo sobre los hechos mismos, llegar a lo *posible* dentro de un determinado marco de actuación. Es, pues, una actividad *política* en el sentido más concreto de esta palabra. Ahora bien, cuando se critica el discurso de la voluntad, esa crítica no puede afectar a ese discurso en sí, ya que se trata de un discurso plenamente legítimo e incluso necesario. Lo que criticamos, sin embargo, son los intentos, a veces conscientes, otras veces menos intencionados, de localizarlo en un universo de discurso que no le corresponde.[19] Cualquier grupo o sector de la sociedad tiene todo el derecho a articular sus voluntades y de hacer lo posible para realizarlas, pero no hay que confundir nunca esas voluntades con la objetividad científica cuyo fin ideal es la búsqueda de una única verdad de las cosas o de los estados de las cosas. Evidentemente, es éste un afán utópico, pero el hecho de tratarse de una utopía no impide que pueda haber un idealismo capaz de creer en los objetos y en su descriptibilidad.

La voluntad y el mundo político, en cambio, corresponden a otra finalidad; la voluntad y la correspondiente actividad política son libres y no tienen, dentro de un marco ético más o menos definido, ningún límite. Es decir, tanto los que quieren universalizar el español, como los que quieren expandir las otras lenguas de España tienen objetivamente «razón», ya que expresan libremente sus voluntades de preser-

---

19 Para el concepto de Universo de discurso véase Coseriu 1955-1956.

var o de cambiar el mundo. Dentro de un determinado marco de actuación,[20] todo lo demás corresponde a la libertad, pero no a la libertad absoluta del individuo o de cualquier grupo, sino a la voluntad organizada del juego democrático y la correspondiente forma de estado. No hay, pues, ninguna «normalidad» impuesta desde un análisis objetivo del pasado o del presente, lo que hay es toda una gama de posibles normalidades y una radical libertad en la organización de lo posible según la voluntad del soberano democrático.

En cuanto a la organización de los espacios lingüísticos del Estado español, esto significa que en un principio no hay ningún tabú, y que puede ser igual de legítimo, desde el punto de vista de los grupos que postulen tal situación: desear un monolingüismo en castellano, un bilingüismo «armónico» o un monolingüismo catalán, vasco o gallego. Pero las reglas de la convivencia pacífica imponen que cualquier realización de un proyecto tenga que pasar por el proceso de legitimación, respetando los principios fundamentales mencionados.

Lo dicho también implica algo más: que la libertad de opinión y decisión en cuestiones políticas no precisa de ningún apoyo «objetivo» ya que no pertenece al mundo objetivo de la descripción sino al mundo de la voluntad y de la creación de los objetos. Por ello, aunque podamos discutir sobre la validez de argumentos como el del derecho histórico de una lengua en un territorio dado, el de la necesidad de lenguas de alcance universal, el de la superioridad o la inferioridad de esta o aquella lengua, esas discusiones no impedirán que los hablantes de las diferentes lenguas deseen una determinada política lingüística en el ámbito de su decisión y que tengan el pleno derecho a ello. Desde el punto de vista del historiador de la lengua, del sociólogo o del sociolingüista se puede analizar la situación en el presente y el pasado y poner las informaciones de las que se dispone a disposición del público. Pero no se le puede negar al público el derecho a opinar libremente, y tampoco se le puede obligar a derivar ninguna conclusión inmediata de los análisis.

Una vez separados claramente los mundos de la objetividad y de la voluntad, parece que debería resultar más fácil conciliar las dos Españas de las lenguas: debería ser posible, incluso entre los más antagónicos protagonistas, llegar a acuerdos con respecto al mundo de los objetos, acuerdos sobre la historia de las lenguas, su situación sociológica, etc., para después determinar las diferentes opiniones acerca del futuro, opiniones que serán discordantes pero que corresponden al pleno derecho de cada uno a expresar y defender su voluntad; y debería haber un consenso sobre el respeto de la pluralidad de las opiniones en juego.

---

20 Es cierto que con la mención del «marco aceptado» pisamos un terreno espinoso ya que no está tan claro el límite entre los valores éticos universales, no cuestionables, y el espacio de la libertad de creación; sin embargo, en materia de lenguas, podemos por lo menos establecer un marco mínimo generalmente reconocido, con algunos parámetros como la libertad de expresión, la libertad de la lengua del individuo, el derecho a la lengua materna, etc.

VI.

Todo esto se nos ofrece como algo simple, pero resulta no serlo evidentemente, porque la discusión actual sobre las lenguas de España no es un problema político solucionable de la misma manera que por ejemplo la cuestión de la subida o no de los impuestos. El problema de las lenguas afecta a la identidad misma de las personas, siendo la lengua, no una tradición accesoria de los seres humanos, sino el fundamento, junto con la existencia física, de su identidad misma.[21] Además, a nivel social, es un problema complejo en las circunstancias particulares de la España actual en la medida en que este problema se relaciona con la cuestión misma de la integridad de un estado en el que conviven posturas fundamentalmente opuestas, tan opuestas que algunos cuestionan su reconciliación y otros incluso se oponen abiertamente a ella. A todo ello se le añade, por las circunstancias históricas particulares, la separación de los grupos en juego, la casi total o total falta de comunicación entre ellos y una visión a veces bastante monolítica de lo que debería ser la situación lingüística. Es decir, en la realidad actual, ni hay acuerdo sobre los objetos, ni hay foros de intercambio real de opiniones: los diferentes grupos no conviven, sino que viven separadamente, con foros de intercomunicación bastante reducidos y pocas veces con contactos directos; las redes sociales existentes trabajan de manera independiente y, así, su imagen sobre los «otros» se forma a base de informaciones indirectas.

VII.

Esta incomunicación entre los diferentes grupos de las «dos (o más) Españas» lingüísticas y los contactos que hemos mantenido durante mucho tiempo con diferentes protagonistas de diferentes lados nos incitaron a emprender un experimento: pensamos que si los argumentos de personas pertenecientes a bandos opuestos e incomunicados entre sí nos podían parecer, por lo menos en parte, coherentes y convincentes, debería haber comprensión mutua entre bandos opuestos y que una solución para los conflictos político-lingüísticos de España, si es que la hay, únicamente podría encontrarse enfrentando a representantes de posturas opuestas. Mi idea no llegó al grado de ingenuidad de creer que una «solución» llegaría a reconciliar posturas irreconciliables sino que pensé que se podía llegar a una mayor comprensión de posturas divergentes para después plantear la cuestión fundamental de cómo las distintas posturas podían organizarse políticamente de forma que cada una tuviera su espacio correspondiente.

---

21 Con referencia a Hegel, podemos distinguir dos historicidades: la historicidad de la cultura (p.ej. la tradición de la arquitectura, de la agricultura, de la pintura, etc.) y la historicidad primaria del lenguaje asumida mediante una lengua concreta; esta historicidad primaria es anterior a las demás y es la que nos permite acceder a ellas; cfr. Kabatek 2005b.

El experimento consistió, pues, en ofrecer un espacio neutro, una universidad alemana lejana de la presión de los grupos locales de los diferentes públicos en España,[22] para que personas de trasfondos contextuales diferentes pudieran discutir acerca de las lenguas de España con personas con las que raramente coincidirían en España.[23] No se trataba de reunir a personas de ideologías extremas, por lo que optamos por invitar a lingüistas, sociolingüistas y sociólogos que conocíamos y que, además de no compartir ideologías, eran científicos procedentes de universidades diferentes.[24] El coloquio se desarrolló en un ambiente de gran cordialidad, aunque hubo ciertas tensiones entre algunos de los participantes. A pesar de que el experimento fue valorado en general positivamente, debo confesar que el intento fracasó. Los participantes se trataron con respeto, eso sí, pero mantuvieron sus posiciones e insistieron sobre ellas sin acercarse a los demás. No se llegó ni a acuerdos sobre los hechos ni a un claro respeto por las opiniones divergentes. Lo que sí hubo fueron algunos momentos inesperados en los que personas de distintas posturas tuvieron que reconocer la validez de los argumentos de los demás. Recuerdo, por ejemplo, que el gran crítico de la emancipación de las lenguas periféricas de España, Juan Ramón Lodares,[25] reconoció una cierta importancia del vínculo entre los hablantes y lo que de manera muy imprecisa se llama la identidad,[26] aunque mantuviera sus argumentos principales en contra de la emancipación de las lenguas de España, que a su modo de ver va en contra del universalismo lingüístico y de las tendencias de las sociedades modernas hacia la apertura y la libre circulación de las personas; además, según Lodares, la emancipación corresponde sobre todo a razones económicas, a un proteccionismo de ciertas elites locales que pretenden filtrar lingüísticamente el acceso al poder. Otros participantes opusieron a Lodares que el argumento económico valía exactamente igual para los defensores de la preponderancia del castellano y que en el fondo se trataba de una discusión sobre la repartición de poderes. Tampoco hubo acuerdo sobre la ampliación de los derechos lingüísticos de las lenguas de España: mientras los defensores de una mayor emancipación lingüística tendían a postular mayores privilegios para el catalán, gallego y vasco como condición a la

---

22   Recuerdo el influjo del público claramente visible en dos coloquios sobre las lenguas de España celebrados en 1997, uno en El Escorial y otro en San Sebastián, en parte con los mismos conferenciantes pero con públicos bien distintos. Y recuerdo la enorme diferencia entre las discusiones en aquellos dos lugares.
23   El coloquio del que hablo se tituló *Lenguas de España y normalización lingüística* y se celebró en la Universidad de Friburgo de Brisgovia en diciembre de 2004.
24   Los invitados fueron: Emili Boix (Barcelona), Mónica Castillo (París), Juan Ramón Lodares (Madrid), Xosé Luís Regueira (Santiago de Compostela) y Benjamín Tejerina (Bilbao). Los trabajos presentados están publicados en Castillo Lluch / Kabatek 2006.
25   Lodares, trágicamente fallecido a inicios de 2005, fue el único representante en el coloquio que claramente representó una postura opuesta a los demás participantes, más bien defensores de la emancipación del catalán, gallego y vasco.
26   Para una visión crítica del concepto de identidad lingüística, véase Fernández 1998.

preservación de una cierta coherencia del Estado español, Lodares veía en la ampliación de los privilegios un paso más hacia la desintegración de España, dando a entender que los nacionalismos no se podían parar permitiéndoles más espacio de actuación. Desde el lado opuesto, Benjamín Tejerina presentó datos sociológicos que mostraban, por lo menos en el caso del País Vasco, la relativa desvinculación entre nacionalismo vasco y uso de la lengua vasca.

Nuestro experimento llevó, pues, al enfrentamiento de argumentos, pero no se vislumbraba por dónde podía aparecer una vía de conciliación. Y lo mismo ocurre si observamos la actual situación de los dos polos de la discusión acerca de las lenguas – íntimamente unida a la discusión acerca del modelo de Estado y de la cuestión de la unidad de España –. Es como si en la tremenda modernización económica y social de la España postfranquista se necesitara un contrapeso, una válvula de escape, para desahogarse de todos los mareos de la evolución descontrolada, un espacio para conflictos de identidad y para la actuación política en contra de los poderes anónimos de la economía globalizada.

VIII.

Las dos Españas lingüísticas forman parte de un conjunto socio-político en el que desde el siglo XIX uno de los antagonismos más destacados se proyecta sobre cuestiones de identidad lingüística. No existen recetas para la solución de este conflicto ya que sólo se trata de un conflicto territorial sólo en apariencia. Aunque haya regiones con una relativa unanimidad en las opiniones con respecto al futuro, las hay también donde las posturas opuestas se reparten entre dos mitades de la población. No puede haber, pues, ninguna *apartheid* ni ninguna otra política de separación que no sea de alguna manera discriminatoria. La consecuencia es que, por un lado, habrá que conformarse con que cualquier monolitismo lingüístico sería parcial y sólo correspondería a la voluntad de una parte de la población. Es decir que, guste o no guste, no quedará más remedio que organizar el plurilingüismo ya que no se trata de una opción sino de una *necesidad*. Por otra parte, parece que en los discursos actuales acerca de las lenguas de España frecuentemente se trasluce todavía una visión monolítica heredada de la época de la dictadura, una visión que habría que sustituir por una concepción de pluralismo lingüístico y de convivencia de lenguas, convivencia también en un mismo territorio. El antagonismo entre las diferentes lenguas de España, si se mantiene como antagonismo y no es arrollado por ninguno de los posibles uniformismos, puede considerarse también como factor enriquecedor y no tiene por qué suponer un problema. Por primera vez, tras una historia plurisecular, existe la posibilidad de organizar democráticamente la convivencia de las lenguas de España. Oportunidades como ésta no se suelen repetir fácilmente y es de esperar que se llegue a una organización en la que las «dos Españas», la monolingüe y la plurilingüe, puedan convivir pacíficamente.

Bibliografía

Busse, Dietrich (1987): *Historische Semantik. Analyse eines Programms*. Stuttgart: Klett-Cotta.
Castillo Lluch, Mónica / Kabatek, Johannes (eds.) (2006): *Las lenguas de España. Política lingüística, sociología del lenguaje e ideología desde la Transición hasta la actualidad*. Frankfurt am Main / Madrid: Vervuert / Iberoamericana.
Coseriu, Eugenio (1955-1956): «Determinación y entorno», en: *Romanistisches Jahrbuch* VII, pp. 29-54.
Fernández, Mauro (1998): «Lengua e identidad en el tercer milenio», en Gallardo Paúls, Beatriz (ed.): *Temas de lingüística y gramática*. València: Universitat de València, pp. 23-37.
Jardón, Manuel (1993): *La ‹normalización› lingüística, una anormalidad democrática. El caso gallego*. Madrid: Siglo XXI.
Kabatek, Johannes (1995a): «Sprachwissenschaft und Sprachpolitik: Fortsetzung der Debatte», en: *Zeitschrift für Katalanistik* 8, pp. 131-135.
Kabatek, Johannes (1995b): «Minderheitenforschung und Normalität», in Kattenbusch, Dieter (ed.): *Minderheiten in der Romania*. Wilhelmsfeld: Egert 1995, pp. 25-31.
Kabatek, Johannes (2003): «Las categorizaciones de las lenguas, del lenguaje y de los discursos – teoría y ejemplos iberorrománicos», en Sánchez Miret, Fernando (ed.): *Actas del XXIII Congreso Internacional de Lingüística y Filología Románicas*. Salamanca 2001, Vol. III. Tübingen: Niemeyer, pp. 253-262.
Kabatek, Johannes (2005a): *Die Bolognesische Renaissance und der Ausbau romanischer Sprachen*. Juristische Diskurstraditionen und Sprachentwicklung in Südfrankreich und Spanien im 12. und 13. Jahrhundert. Tübingen: Niemeyer
Kabatek, Johannes (2005b): «A propos de l'historicité des textes», en Murguía, Adolfo (ed.): *Sens et références*. Mélanges Georges Kleiber. Tübingen: Narr, pp. 149-157.
Lodares, Juan Ramón (2000): *El paraíso políglota*. Madrid: Taurus.
Lodares, Juan Ramón (2001): *Lengua y patria*. Madrid: Taurus.
Lozano, Irene (2005): *La guerra de las lenguas*. Madrid: Espasa Calpe.
Maingueneau, Dominique (1991): *L'analyse du discours*. Paris: Hachette.
Mondéjar Cumpián, José (2004): *Castellano y Español. Dos nombres para una lengua, en su marco literario, ideológico y político*. Granada: Universidad de Granada / Editorial Comares.
Niehr, Thomas / Böke, Karin (2003): «Diskursanalyse unter linguistischer Perspektive- am Beispiel des Migrationsdiskurses», en Keller, Reiner et al. (eds.): *Handbuch Sozialwissenschaftliche Diskursanalyse*. Vol. 2: *Forschungspraxis*. Opladen: Leske und Budrich, pp. 325-353.
Salvador, Gregorio (1992): *Política lingüística y sentido común*. Madrid: Istmo.
Salvador, Gregorio (2000): «El futuro habla español», conferencia dictada en la universidad de Gotinga, 27 de septiembre de 2000.
Süselbeck, Kirsten (en prensa): «‹Sprache›, ‹Nation› und ‹Identität› im sprachpolitischen Diskurs Kataloniens», en: *Zeitschrift für Romanische Philologie*.
Vallverdú, Francesc (1980): *Aproximació crítica a la sociolingüística catalana*. Barcelona: Ediciones 62.
Wodak, Ruth (1998): *Zur diskursiven Konstruktion nationaler Identität*. Frankfurt am Main: Suhrkamp.

¿Europeización de los conflictos lingüísticos españoles? Las Españas central y periférica ante la «Carta europea de las lenguas regionales o minoritarias»[*]

Franz Lebsanft
(Ruhr-Universität Bochum)

1. El Estado de las autonomías y la «Carta europea de las lenguas regionales o minoritarias»

1.1 La Constitución de 1978 y el Estado de las autonomías

En 2003 España celebró el 25.° aniversario de la Constitución de 1978. Al explicar en aquel momento el éxito de la Carta Magna, uno de sus padres, Gregorio Peces-Barba, subrayó el hecho de que, por primera vez en la historia del constitucionalismo español, la elaboración de una constitución había nacido «del consenso y del diálogo». Con esta valoración, Peces-Barba se refiere, entre otras cosas, a la cuestión autonómica que fue abordada durante la Transición de una manera que permitió – según él – «acabar con el discurso de las dos Españas». En clave optimista afirma que «ni siquiera ahora los planteamientos más autonomistas deberían suscitar nerviosismo, puesto que la Constitución es garantía suficiente de la unidad de España.»[1] En tono menos tranquilizador, otro experto de la Constitución, Miguel Herrero de Miñón, señala como deficiencia del texto fundacional de la España democrática la falta de criterios «para reconocer la heterogeneidad y asimetría de las diferentes identidades nacionales y regionales». Constata el hecho de que el problema vasco sigue sin resolverse mientras que crece la «insatisfacción catalana».[2] Comparte esta apreciación otro testigo y actor del proceso de la democratización española, Jordi Solé Tura, al afirmar que no está resuelta aún la relación entre el Estado y sus nacionalidades y regiones. Con miras al futuro aboga por una nueva idea de España como «auténtica nación de nacionalidades» que evite la oposición entre «una afirmación nacionalista frente a los nacionalismos y regionalismos internos».[3]

---

[*] El artículo refleja la situación política de marzo de 2005, momento en que se entregó el texto a los editores de este homenaje. Una versión actualizada que tiene en cuenta el debate posterior sobre las autonomías, y especialmente el nuevo «Estatut» catalán (Boletín Oficial del Estado 172, 20-7-2006, 27269-27310 = Ley orgánica 6/2006, de 19 de julio, de reforma del Estatuto de Autonomía de Cataluña), se publicará en otro lugar diferente.
[1] Peces-Barba 2004: 11.
[2] Herrero de Miñón 2004: 132.
[3] Solé Tura 2004: 134. Cfr. Solé Tura 1985.

El socialista catalán es el único que articula su discurso en el marco de la europeización definitiva de España. Una nueva configuración del «Estado de las autonomías» debería responder, según él, a la sensación de inseguridad que los ciudadanos experimentan ante la integración de su país en las nuevas estructuras europeas y mundiales. Mucha gente – dice – busca «refugio en la identidad más cercana que puede ser ciudad y región, y [quiere] afirmar con más fuerza su pertenencia a la misma.»[4]

Cabe aportar a estas afirmaciones matizaciones que ponen en tela de juicio la tesis del fin del discurso de las dos Españas. Si bien es cierto que los cambios en cuestión producen inseguridad, también es evidente que los ciudadanos de determinadas regiones perciben el marco europeo cada vez más como una oportunidad para corregir lo que consideran «injusticias históricas» permitiéndoles realizar aspiraciones «identitarias» que no caben en el modelo tradicional del Estado-nación. Esta nueva perspectiva se ve claramente en el caso de la «Carta europea de las lenguas regionales o minoritarias» que el Consejo de Europa (CE) abrió a la firma de los estados miembros el 5 de noviembre de 1992 en su sede de Estrasburgo.[5] El quid de la cuestión radica en saber si el marco creado por el CE es el instrumento idóneo para trasformar a España en la «nación de nacionalidades» que tanto anhela gran parte de la España periférica.

1.2 El Consejo de Europa y la protección de las «lenguas regionales o minoritarias»

Creado en la primera fase de la posguerra, el 5 de mayo de 1949, el CE tiene por misión promover y reforzar los ideales democráticos y humanitarios en las sociedades de sus estados miembros. A este fin propone convenios y acuerdos que – una vez firmados y ratificados – sus miembros deben llevar a la práctica. La protección y promoción de las lenguas regionales o minoritarias forma parte de este gran proyecto de democratización de los estados y las sociedades europeas. En el «informe explicativo» (*explanatory report*) que acompaña a la Carta, el CE puntualiza que el propósito de la misma no es la protección y promoción de las *minorías* lingüísticas sino de las *lenguas* regionales o minoritarias (§11) que tienen en común una situación de «precariedad» (§ 2).[6] Sin embargo, el CE no ve con malos ojos la posibilidad de que tal protección y promoción pueda contribuir a la solución de problemas políticos en torno a esas minorías. Se trata de mejorar, aunque sea de manera indirecta, la situación de sociedades que se han venido llamando «naciones sin estado»:

---

4   Ibíd.
5   Se accede a todos los documentos utilizados en esta contribución a través de internet; para el texto de la Carta, cfr. http://conventions.coe.int > Treaties > Full list > 148.
6   Cfr. el texto en internet: http://conventions.coe.int > Treaties > Full list > 148 > Explanatory Report.

> While the draft charter is not concerned with the problem of nationalities who aspire after independence or alterations to frontiers, it may be expected to help, in a measured and realistic fashion, to assuage the problem of minorities whose language is their distinguishing feature, by enabling them to feel at ease in the state in which history has placed them. Far from reinforcing disintegrating tendencies, the enhancement of the possibility to use regional or minority languages in the various spheres of life can only encourage the groups who speak them put behind them the resentments of the past which prevented them from accepting their place in the country in which they live and in Europe as a whole (§ 14).

Es evidente el interés que pudo llevar a la España plurilingüe a suscribir la Carta. Efectivamente, España estuvo, junto a Alemania, Austria, Dinamarca, Finlandia, Hungría, Liechtenstein, Luxemburgo, Malta, Noruega y los Países Bajos, entre los primeros estados en hacerlo el 5 de noviembre de 1992. La Carta entró en vigor el 1 de marzo de 1998, después de la ratificación por seis miembros (Croacia, Finlandia, Hungría, Liechtenstein, Noruega, Países Bajos).[7] Sin embargo, España retrasó la ratificación hasta el 9 de abril de 2001. Después de la publicación del «instrumento de ratificación» en el BOE, la Carta entró finalmente en vigor en España el 1 de octubre de 2001.[8]

La Carta consta de un preámbulo y de cinco partes. El preámbulo define como objetivos de la misma la protección y promoción de lenguas amenazadas y la no-discriminación de los ciudadanos por razones lingüísticas. A continuación, la Parte I (Arts. 1-6) define los conceptos de «lenguas regionales o minoritarias». Se trata de idiomas históricamente enraizados en un Estado parte, hablados por grupos «inferior[es] al resto de la población del Estado» y provistos de un territorio. Sin embargo, la Carta prevé también el caso de «lenguas sin terrritorio», siempre que se trate de lenguas «tradicionales» (Art. 1). Por otra parte, la Carta introduce también el concepto de «lengua oficial menos difundida» (Art. 3.1). Una vez especificadas las lenguas objeto de protección y promoción (Arts. 2.2, 3.1), los estados parte se comprometen a aplicar todas las disposiciones de la Parte II así como un mínimo de las medidas concretas que enumera la Parte III (Art. 2.2).

La Parte II (Art. 7) define los objetivos y principios de protección y promoción. Se basan en la exigencia de poner en práctica una política y legislación lingüísticas de reconocimiento y respeto efectivos de las lenguas regionales o minoritarias. La Parte III enumera las medidas concretas para fomentar el uso de las lenguas protegidas en la vida pública. Se refieren estas medidas a la enseñanza (Art. 8), la justicia (Art. 9), la administración (Art. 10), los medios de comunicación (Art. 11), la cultura (Art. 12), la economía y sociedad (Art. 13) y, finalmente, los «intercambios transfronterizos» (Art. 14). Los estados parte están obligados a enumerar, en su instru-

---

7   Rectifico así ligeramente los datos proporcionados en mi artículo Lebsanft 2004.
8   *Boletín Oficial del Estado* 222 (Sábado, 15 de septiembre de 2001), p. 34733-34749, con el texto de la Carta en español.

mento de ratificación, al menos 35 medidas elegidas entre el «menú» de disposiciones de la Parte III. Las Partes IV (Arts. 15-17) y V (Arts. 18-23) regulan los aspectos de implementación y seguimiento de la Carta. Los estados parte deben presentar periódicamente un informe sobre la aplicación de las obligaciones contraídas (Art. 15). Basándose en el informe estatal y, eventualmente, en declaraciones por parte de organismos o asociaciones lingüísticas, un Comité de Expertos a su vez prepara otro informe para el Comité de Ministros (Art. 16). Finalmente, el Comité de Ministros puede hacer recomendaciones al Estado contratante.

De acuerdo con las exigencias (Art. 15.1), España presentó al secretario general del CE el primer informe sobre la aplicación de la Carta el 23 de septiembre de 2002.[9] En su calidad de asociación «legalmente establecida en una Parte» (Art. 16.2), el Observatori de la Llengua Catalana presentó al CE en octubre de 2003 otro informe que se puede leer como un comentario del informe estatal en relación con la situación del catalán.[10] El informe catalán fue objeto de un debate en la Comisión de Cultura del Senado en noviembre de 2004.[11] Con anterioridad, a finales de mayo de 2004, una delegación del Comité de expertos del CE había visitado España. Desde entonces se está a la espera del informe de los expertos europeos y de las recomendaciones eventuales del Comité de Ministros.[12]

La lectura paralela de los dos informes estatal y catalán permite analizar el antagonismo profundo de dos tipos de política lingüística para la España de las autonomías. Con este conflicto se corresponden dos lecturas muy diferentes no solamente de la Constitución de 1978, sino también de la Carta europea de las lenguas regionales o minoritarias. De esta manera, lo que fue un debate sólo entre españoles, entre las dos Españas del Centro y de la Periferia, se convierte en una discusión europea. En la medida en que implica a instituciones europeas en sus problemas internos, España concede a Europa un papel protagonista.

---

9   *Informe sobre la aplicación en España de la Carta europea de lenguas regionales y minoritarias (2002)*, 167 pp.; cfr. en internet http://www.coe.int > Legal Affairs > Local and regional Democracy > Regional or Minority languages > Documentation > 1 Periodical reports [...].
10 Santiago Castellà i Surribas (coord.): *Informe sobre la aplicación por el Estado Español de la «Carta Europea de las Lenguas Regionales o Minoritarias» en relación con la lengua catalana» (2003)*, 97 pp., cfr. http://www.observatoridelallengua.org/docs/informe_castella.doc.
11 *Diario de sesiones del Senado, Comisión de cultura,* Año 2004, VIII Legislatura, 71 (18 de noviembre de 2004), 32 pp.
12 «On the basis of the information gathered, the Committee of Experts will prepare its own report, if necessary proposing recommendations to be made to the Spanish authorities on how the Charter can be better implemented.»; cfr. http://www.coe.int > Legal Affairs > Local and regional Democracy > Regional or Minority languages > Events > Visit Spain (7-3-2005).

2. Dos tipos de política lingüística para España
2.1 El informe estatal: la protección del castellano

Según la Carta (Art. 15.1) el Comité de Ministros determina la forma en que un Estado parte tiene que presentar su informe. Ya en 1998, el Comité adoptó un esquema uniforme para los informes estatales.[13] Según este esquema, el informe debe constar de tres partes. Mientras que en la primera parte se obliga a contestar a un catálogo de siete preguntas, en las otras dos partes se debe comentar la aplicación de los artículos de la Carta que el Estado contratante ha suscrito, es decir el Artículo 7 (Parte II) y el menú de párrafos o apartados elegidos entre los Artículos 8-13 (Parte III). Algunos de los informes estatales citan textualmente las preguntas del Comité de Ministros. Es el caso del primer informe del Reino Unido:[14]

- Part One
1. Please state the main legal act(s) whereby the ECRML has been implemented in your State. If you so desire, please mention the general considerations which have guided your country in the ratification process.
2. Please indicate all regional or minority languages as defined in paragraph (a) of Article 1 of the Charter which exist on your State's territory. Indicate also the parts of the territory of your country where the speakers of such language(s) reside.
3. Please indicate the number of speakers for each regional or minority language. Specify the criteria for the definition of «speaker of regional or minority language» that your country has retained for this purpose.
4. Please indicate the non-territorial languages, as defined in paragraph (c), Article 1 of the Charter, used on your State's territory and provide statistical data concerning speakers.
5. Please indicate if any body or organisation, legally established, exists in your State, which furthers the protection and development of regional or minority languages. If so, please list the names and addresses of such organisations.
6. Please indicate if any body or organisation has been consulted on the preparation of this periodical report. In the case of an affirmative answer, specify which one(s).
7. Please indicate the measures taken (in accordance with Article 6 of the Charter) to make better known the rights and duties deriving from the application of the Charter.
- Part Two
  Please indicate what measures your State has taken to apply Article 7 of the Charter to the regional or minority languages referred to in paragraphs 2 and 4 of part I above, specifying the different levels of government responsible.
  Article 7, 1-5.
- Part Three
  Articles 8-13 (according to the instrument of ratification).

---

13 Cfr. *1st Biennial Report by the Secretary General of the Council of Europe to the Parliamentary Assembly on the application of the European Charter for Regional or Minority Languages (18 October 2000)* (= Doc. 8879), http://www.coe.int > Legal Affairs > Local and regional Democracy > Regional or Minority languages > Documentation > Secretary Genral's Report.

14 Cfr. http://www.coe.int > Legal Affairs > Local and regional Democracy > Regional or Minority languages > Documentation > 1 Periodical Reports.

El informe español sigue este esquema, aunque contesta a las preguntas de la primera parte en dos capítulos («sección preliminar» y «primera parte»). Es de notar que el Gobierno central no ha consultado a las instituciones que fomentan las lenguas regionales o minoritarias (48-50), si bien ha tenido en cuenta informaciones que emanan de las Comunidades Autónomas. Tampoco ha adoptado medidas especiales para mejorar el conocimiento de la Carta (50).

La idea central del informe estatal consiste en la afirmación de que «el régimen actualmente vigente en España sobre el reconocimiento y protección de los idiomas regionales y de las lenguas minoritarias habladas se corresponde adecuadamente con el nivel de protección que establece la Carta [...]» (27). Según el Gobierno, la jerarquización de las normas jurídicas en materia de lenguas (constitución, estatutos de autonomía, leyes estatales y leyes autonómicas), hace que la protección y promoción de las lenguas regionales o minoritarias no incumba al Estado, sino a las Comunidades Autónomas con lenguas propias. En este sentido, el informe estatal afirma que las medidas de promoción «dependen de la voluntad de los órganos institucionales, democráticamente elegidos, de cada Comunidad Autónoma» (52). A continuación declara que «el poder central del Estado permite y no pone obstáculos a que cada Comunidad Autónoma impulse la política específica de defensa y promoción de su lengua que considere adecuada, así como que aplique la misma con la intensidad que estime conveniente en uno u otro campo de actuación, siempre y cuando no menoscabe los principios de igualdad ante la Ley y de no discriminación por razón de lengua» (52-53).

Sin embargo, el informe no oculta el hecho de que la política lingüística autonómica ha generado una «considerable conflictividad» (36). Efectivamente, el Estado vigila por el respeto de las normas constitucionales, planteando recursos de inconstitucionalidad contra determinadas leyes y decretos autonómicos. De esta manera es el Tribunal Constitucional (TC) el que, a través de sus sentencias, decide los límites efectivos de la protección y promoción de las lenguas regionales o minoritarias. Para el período de 1982 a 2000, el informe enumera no menos de 14 sentencias del TC, entre ellas las que se refieren a las leyes de normalización lingüística del País Vasco, de Cataluña, de Galicia y de las Islas Baleares (36-37). En el centro del debate jurídico está la correcta interpretación del Artículo 3 de la Constitución de 1978. Se trata de determinar, por un lado, los conceptos de lengua «oficial» y de lengua «cooficial», y de definir, por otro lado, el alcance del «deber» de conocer la lengua oficial.[15]

Según la sentencia 82/1986 del TC que declara la inconstitucionalidad de determinados artículos de la Ley básica de normalización del uso del euskera,[16] «es

---

15 Cfr. la excelente monografía del jurista Giovanni Poggeschi 2002, esp. 63-96.
16 Ley 10/1982, de 24 de noviembre, del Parlamento Vasco; cfr. http://noticias.juridicas. com > Base de datos de legislación [...].

oficial una lengua, independientemente de su realidad y peso como fenómeno social, cuando es reconocida por los poderes públicos como medio normal de comunicación en y entre ellos y en su relación con los sujetos privados, con plena validez y efectos jurídicos [...]. Ello implica que el castellano es medio de comunicación normal de los poderes públicos y ante ellos en el conjunto del Estado español.» De esta definición se sigue que la cooficialidad lo es «con respecto a todos los poderes públicos radicados en el territorio autonómico, sin exclusión de los órganos dependientes de la Administración central y de otras instituciones estatales en sentido estricto».[17] Por consiguiente, la diferencia entre «oficialidad» y «cooficialidad» reside en el criterio territorial. En cuanto a la obligación de conocer la lengua oficial común, el TC aclara que «sólo del castellano se establece constitucionalmente un deber individualizado de conocimiento, y con él, la presunción de que todos los españoles lo conocen.»[18] Al mismo tiempo que concede privilegios y protege la lengua común, el TC defiende claramente el derecho de las Comunidades Autónomas a regular el alcance de la cooficialidad de las lenguas distintas del castellano. El TC recuerda que las instituciones central y autonómicas no deben «contraponer» las lenguas de España. A diferencia de las alegaciones del informe estatal, el respeto y protección de las lenguas regionales incumbe no solamente a los poderes autonómicos sino también al Estado.[19] Esto implica «el deber de todos [*Nota bene*] los poderes públicos (estatales, autonómicos y locales) radicados en la Comunidad de adaptarse a la situación de bilingüismo constitucionalmente prevista y estatutariamente establecida.»[20]

Para entender bien el concepto del «bilingüismo constitucional», es muy aclaradora la declaración de inconstitucionalidad del Artículo 8.3 de la Ley básica de normalización del uso del euskera:

> No obstante lo preceptuado anteriormente, los poderes públicos podrán hacer uso exclusivo del euskera para el ámbito de la Administración Local, cuando en razón de la determinación socio-lingüística del municipio, no se perjudiquen los derechos de los ciudadanos.

Según la alegación formulada por el representante del Gobierno vasco, con este artículo se intentaba crear zonas monolingües en euskera. El representante admitió que el apartado de la Ley consagraba efectivamente «una discriminación, pero que no está desprovista de justificación objetiva y razonable, en razón a la situación diglósica del euskera, que requiere espacios de utilización preferente».[21] El TC admite el hecho sociolingüístico de que el euskera se encuentre en «situación diglósica»,

---

17 Sentencia del Tribunal Constitucional (STC) 82/1986 del 26/6/1986, Fundamento Jurídico (FJ) 2; cfr. http://tribunalconstitucional.es > Jurisprudencia > Sentencias y Autos desde 1980 [...].
18 Ibíd., FJ 3.
19 Ibíd., FJ 4.
20 Ibíd., FJ 5.
21 Ibíd., Antecedentes 3, alegación d.

pero no puede aceptar, «desde la perspectiva jurídico-constitucional», la exclusión del castellano que la «genérica salvedad de no perjudicar los derechos de los ciudadanos» no logra reducir. Efectivamente, como no hay ningún «deber» jurídico de conocer la lengua cooficial, los ciudadanos pueden válidamente alegar el desconocimiento del euskera.[22] Por otra parte, el TC ha reforzado las políticas de normalización de las lenguas cooficiales al confirmar el derecho de las Comunidades Autónomas a utilizar las lenguas propias como lenguas docentes, siempre que se garantice una enseñanza del castellano que corresponda al deber constitucional de conocerlo. En este sentido, en una sentencia muy discutida por la opinión pública, el TC confirmó la constitucionalidad del Artículo 14 de la entonces Ley de normalización lingüística en Cataluña. Según el TC, el modelo de «conjunción lingüística», es decir del empleo conjunto del catalán y del castellano en la enseñanza, contribuye a la convivencia y coexistencia de las dos lenguas oficiales de Cataluña:

> Este modelo de conjunción lingüística que inspira la Ley 7/1983, del Parlamento de Cataluña, es constitucionalmente legítimo en cuanto responde a un propósito de integración y cohesión social en la Comunidad Autónoma, cualquiera que sea la lengua habitual de cada ciudadano. Al igual que es legítimo que el catalán, en atención al objetivo de la normalización lingüística en Cataluña, sea el centro de gravedad de este modelo de bilingüismo, siempre que ello no determine la exclusión del castellano como lengua docente de forma que quede garantizado su conocimiento y uso en el territorio de la Comunidad Autónoma. Si al término de los estudios básicos los estudiantes han de conocer suficientemente y poder usar correctamente las dos lenguas cooficiales en Cataluña (art. 14.4 de la Ley), es evidente que ello garantiza el cumplimiento de la previsión del art. 3.1 C.E. sobre el deber de conocimiento del castellano, al exigirse en dichos estudios no sólo su aprendizaje como materia curricular sino su empleo como lengua docente.[23]

La defensa del castellano tiene por objetivo mantenerlo como lengua común de todos los ciudadanos. De acuerdo con la Constitución, esto significa que el TC defiende un bilingüismo que asegure al castellano una situación de superioridad no siempre social, pero sí política. En contraste con la serenidad del TC, el informe estatal parece estar seriamente preocupado por la situación de la lengua común en las Comunidades Autónomas con lengua propia. De la lectura de la exposición estatal que pretende informar sobre los avances en la protección de lenguas regionales o minoritarias paradójicamente se desprende la curiosa conclusión de que después de 25 años de reconocimiento de la realidad plurilingüe de España hay que proteger al castellano y no a las demás lenguas españolas.

---

22 Ibíd., FJ 10.
23 STC 337/1994, de 23 de diciembre, FJ 10. Cfr. Lebsanft 2000: 659-660; Poggeschi 2002: 202-231.

2.2 El informe catalán: la protección de las lenguas regionales o minoritarias

En octubre de 2003, el Observatori de la Llengua Catalana publicó un informe sobre el informe estatal. Según este Observatori, el informe estatal es la expresión de la «ausencia de una política [de] pluralismo lingüístico conforme a los preceptos constitucionales» cuyo indicio más llamativo sería la evitación del término «lengua oficial menos difundida» que utiliza la Carta en el Artículo 3.1. De esta forma, el Gobierno central contribuiría a «la perpetuación de una sutil arquitectura normativa, construida durante siglos de imposición del modelo del monolingüismo castellano articulado sobre la represión de la diversidad lingüística» (20).

En sendos capítulos, el informe catalán comenta detalladamente los objetivos y principios (Art. 7, Parte II) y las medidas contratadas (Arts. 8-13, Parte III) de la Carta, dando a sus comentarios la forma de «declaraciones» y de «llamadas de atención», respectivamente. Desde su perspectiva, el Observatori valora la conflictividad lingüística, a la que alude también el informe estatal, como una «intensa tarea de vigilancia y control de la actividad normativa y política llevada a cabo por las Comunidades Autónomas» por parte del Estado (28). A continuación, el informe acusa al Gobierno central de no respetar el área geográfica del catalán al aceptar el «secesionismo lingüístico» de la Comunidad Valenciana (34). Efectivamente, el informe estatal emplea la denominación de «valenciano» al referirse a la variedad de catalán de esta comunidad (17, 19, 22-23, 30, 34, 43, etc.), como si se tratase de otra lengua. Sin embargo, lo hace de acuerdo con las leyes autonómicas.

Las «llamadas de atención» denuncian deficiencias en la protección y promoción del catalán en el ámbito de la enseñanza, justicia, administración, medios de comunicación, actividades y servicios culturales, vida económica y social, y finalmente de los intercambios transfronterizos. En cada uno de estos aspectos, el informe catalán critica el hecho de que la oficialidad del castellano pone freno al uso de la lengua regional o minoritaria. Al mismo tiempo lamenta la falta de actividades del Gobierno central para crear en España una mentalidad favorable a la pluralidad lingüística y a la diversidad cultural (43). Denuncia por ejemplo el hecho de que el Estado ofrece solamente muy pocas posibilidades de aprender el catalán fuera de las regiones catalanohablantes (56-57). Critica también la falta de capacitación plurilingüística de los funcionarios estatales (54, 62, 73).

El informe catalán insiste mucho en el incumplimiento de la Carta por parte del Estado. Por consiguiente le hace al Gobierno central el grave reproche de violar un acuerdo que tiene la naturaleza jurídica de un tratado internacional. Cuando denuncia la ausencia de una política de pluralismo lingüístico «conforme a los preceptos constitucionales que establecen la doble oficialidad de las lenguas» (20), acusa, al menos implícitamente, al Gobierno central de una falta de respeto a la Constitución. Curiosamente, mientras que el informe estatal busca constantemente respaldo en la jurisdicción del TC, el informe catalán lo hace solamente en el caso de los estatutos de las universidades de la Comunidad Valenciana (35). Para referirse a la lengua propia, estos estatutos emplean la denominación «catalán» como sinónimo de «valenciano». El TC confirmó la constitucionalidad de dicha expresión.[24]

Al hablar de la «doble oficialidad» de las lenguas en España, el informe catalán elude el término de «cooficialidad» y pasa completamente por alto la doctrina del TC. La decepción ante la anulación de determinadas normas autonómicas por el TC forma parte de un profundo victimismo difícilmente comprensible para muchos españoles, pero también para observadores europeos.[25] En tono acusador, el informe catalán habla de la «judicialización de que ha sido objeto la cuestión lingüística» (29), como si el respeto de las normas constitucionales fuera una exigencia reprobable. Se llega así a la conclusión de que el informe catalán utiliza la Carta para luchar por un profundo cambio de política lingüística que no cabe en la Constitución vigente. En vez de acusar al Estado de incumplimiento de la Carta, sería más coherente exigir abiertamente una revisión de la Carta Magna.

2.3 El debate político en la Comisión de Cultura del Senado (2004): ¿Una España suiza?

A petición de grupos parlamentarios catalanes, representantes de organizaciones catalanistas de Cataluña, de la Comunidad Valenciana y de las Islas Baleares fueron invitados a comparecer el 18 de noviembre de 2004 ante la Comisión de Cultura del Senado para discutir sobre el informe estatal.[26] En este foro sí hubo el posicionamiento político que se echa en falta en el informe catalán. Los representantes de las organizaciones catalanistas exigieron «la definición y aplicación de una política de pluralismo lingüístico igualitario» (3). Se propuso como medio de identificación de los ciudadanos con el Estado el concepto de «patriotismo constitucional», es decir de un «patriotismo abierto a una pluralidad de identificaciones lingüísticas, culturales y aun nacionales» (4). Este nuevo concepto comportaría el desarrollo de «un nuevo estatuto jurídico del plurilingüismo constitucionalmente abierto a una igualación creciente entre todas las lenguas constitutivas de España» (4). Como consecuencia se pidió «la presencia de todas las lenguas en los organismos e instituciones estatales comunes para todos los territorios lingüísticos» (12). Para dar más peso a estas exigencias, se expresó la amenaza de romper el consenso constitucional: Si el Estado no las satisficiera, se podría tomar la ruta del secesionismo (23).

---

24 STC 75/1997, de 21 de marzo; cfr. http://tribunalconstitucional.es > Jurisprudencia > Sentencias y Autos desde 1980 [...].

25 Cfr., por ejemplo, la monografía polémica de Lodares 2000; cfr. también Poggeschi 2002: 222–223: «È vero che tutte le lingue minoritarie sono più o meno minacciate, ma di esse il catalano è senza dubbio, in tutta l'Europa, la lingua che gode di maggior salute.»

26 *Diario de sesiones* (n. 11).

Es evidente que el catalanismo social y parlamentario exige una profunda revisión de la Constitución, y especialmente de su Artículo 3, para convertir las lenguas regionales o minoritarias «cooficiales» en lenguas plenamente oficiales. Como modelo a seguir, se propone la Confederación suiza:

> La ciudadanía suiza, al igual que la europea, no implica el deber jurídico, ni siquiera la exigencia social, de adoptar una determinada identificación lingüística cultural o nacional. Nadie echará en cara a un individuo suizo un escaso patriotismo por identificarse con la lengua francesa o italiana y no la alemana, por ejemplo. De manera similar, a ningún ciudadano de Europa se le considera escasamente europeo – y menos aún antieuropeo – por no identificarse con la lengua, la cultura o la opción nacional mayoritaria. Al contrario, son los poderes públicos los que asumen sin reservas todas las lenguas, culturas y opciones nacionales, con lo cual la ciudadanía suiza o europea se construyen sobre la base del pluralismo igualitario, la mejor garantía para la solidez de las identificaciones de todos los ciudadanos con las instituciones comunes y la mejor garantía también para la cohesión y la unidad de estos espacios políticos lingüística, cultural y nacionalmente plurales (4-5).

Lo que no dice el interviniente es el hecho de que la base multisecular de Suiza la constituye el cuerpo común que es la «Confederación», concepto y realidad históricas que difícilmente se pueden trasladar sin más a España, país con otra historia muy diferente.[27] En cuanto a las lenguas, la nueva Constitución suiza define efectivamente – como ya lo hizo la antigua Constitución en su Artículo 116 – las cuatro lenguas territoriales como «lenguas nacionales» (Art. 4), pero también como – aunque en menor grado para el romanche – «lenguas oficiales de la Confederación» (Art. 70.1). Para todas estas lenguas oficiales rige el principio de territorialidad (Art. 70.2).[28] Por consiguiente Suiza firmó y ratificó la Carta Europea en virtud del concepto de lenguas oficiales «menos usadas», concepto que aplica al italiano y al romanche.

El primer informe suizo sobre la aplicación de la Carta[29] se extiende sobre el «principio de territorialidad» (10-11), explicando que fuera de su zona de difusión tradicional una lengua oficial no goza «en principio» de ningún apoyo jurídico y político (10). En el mismo informe se anuncia una «Ley federal de las lenguas» (15-16) para sentar las bases de una política cuatrilingüe. El anteproyecto de esta ley, cuyo título exacto es «Ley federal de las lenguas y de la comprensión entre las comunidades lingüísticas»,[30] pretende regular por una parte el uso de las lenguas oficia-

---

27 Cfr. Lebsanft 2000.
28 Cfr. Reposo 2000.
29 Office fédéral de la culture: *Charte européenne des langues régionales ou minoritaires. Rapport périodique présenté par la Suisse. Premier rapport de la Suisse quant à la mise en œuvre de la Charte européenne des langues régionales ou minoritaires (Charte)*, 115 pp.; cfr. http://www.coe.int > Legal Affairs > Local and regional Democracy > Regional or Minority languages > Documentation > 1 Periodical reports [...].
30 *Avant-projet pour la consultation: Loi fédérale sur les langues et la compréhension entre les communautés linguistiques*, 7 pp.; cfr. http://kultur-schweiz.admin.ch > fr > Loi sur les langues [...].

les por las autoridades federales y en las relaciones con ellas, por otra, el fomento de los intercambios lingüísticos entre las comunidades. El objetivo de la ley es doble, a saber, establecer los mismos derechos para todas las lenguas oficiales y para todos los ciudadanos, pero también contribuir a que el multilingüismo de la Confederación suiza sea un multilingüismo de los suizos. Ante el coste elevado que supondría la realización de esta política lingüística, varias instituciones y organizaciones han emitido serias reservas.[31] Volviendo a España y aplicando el modelo suizo a España, esto significaría eliminar primero el castellano como lengua común de todos los españoles para después estimular a los españoles a aprender las lenguas de España – entre ellas también el castellano.

3. Conclusión

Según sus intenciones, la Carta Europea protege las lenguas regionales o minoritarias y no las minorías lingüísticas. En este sentido, la España central considera que la Constitución, los estatutos de autonomía y las leyes de normalización lingüística garantizan el grado de protección y promoción de lenguas que exige el CE. El TC da respaldo a una política lingüística estatal de «bilingüismo constitucional»: la normativa jurídica y la jurisprudencia constitucional construyen un marco en el que el castellano sigue siendo la lengua común de todos los ciudadanos, mientras que las demás lenguas españolas son solamente propias de grupos minoritarios. De esta manera, la Constitución mantiene el monolingüismo de los ciudadanos del centro así como el bilingüismo individual de todos los ciudadanos de la periferia. Sin embargo, este marco constitucional no impediría en absoluto que el Estado pudiera dar mayor proyección a las lenguas autonómicas, dentro y fuera de España. El Estado podría incentivar el aprendizaje de las lenguas periféricas en las Comunidades Autónomas monolingües y podría dar también mayor protagonismo a estas lenguas en los medios de comunicación «nacionales».

Por otra parte, una importante parte de la España periférica rechaza el concepto de «bilingüismo constitucional».[32] Sin embargo, cambiar la situación del bilingüismo de los ciudadanos periféricos por un plurilingüismo estatal, a lo mejor sin bilingüismo de las personas, supondría una reforma radical de la Constitución. Concebir la unidad de España sin una lengua común saldría definitivamente del marco constitucional actual.[33] Ahora bien, si el cambio político propagado por nacionalistas perifé-

---

31 Département fédéral de l'intérieur, *Rapport sur les résultats de la procédure de consultation*, 40 pp.; cfr. http://kultur-schweiz.admin.ch > fr > Loi sur les langues […].
32 En Cataluña sí hay también defensores del bilingüismo castellano-catalán: Santamaría 1999: 121-126; cfr. Lebsanft 2002: 121-126; cfr. también Poggeschi 2002: 148-149.
33 Tolivar Alas (1987: 59-60), cree posible la transición a un sistema de lenguas nacionales según el modelo suizo sin la necesidad de reformas constitucionales. Poggeschi (2002: 86) no comparte esta idea: «A costo di peccare di formalismo, mi sembra improbabile

ricos correspondiese a la voluntad del soberano español, debería ser cosa de debate, de negociación y, eventualmente, de consenso democráticos entre españoles. Sea cual fuere el desarrollo del constitucionalismo español, el ampararse en la Carta Europea para crear una «nación de nacionalidades» o «de naciones» es una estrategia que pretende utilizar un instrumento cultural para lograr fines políticos. Queda por ver si se trata de una estrategia hábil y feliz.

Bibliografía

Herrero de Miñón, Miguel (2004): «La Constitución: balance de 25 años», en Revuelta, José Manuel (ed.): *El País. Anuario 2004*. Madrid: El País, p. 132.

Lebsanft, Franz (2000): «*Nation* und *Sprache*: das Spanische», en Gardt, Andreas (ed.): *Nation und Sprache. Die Diskussion ihres Verhältnisses in Geschichte und Gegenwart*. Berlin / New York: de Gruyter.

Lebsanft, Franz (2002): «Katalanisch», en Janich, Nina / Greule, Albrecht (eds.): *Sprachkulturen in Europa. Ein internationales Handbuch*. Tübingen: Narr, pp. 121-126.

Lebsanft, Franz (2004): «Frankreichs Mehrsprachigkeit. Jakobiner gegen Girondisten: Die Debatte um die Europäische Charta der Regional- und Minderheitensprachen (1996-1999)», en Schmitz-Emans, Monika (ed.): *Literatur und Vielsprachigkeit*. Heidelberg: Synchron, pp. 175-188.

Lodares, Juan Ramón (2000): *El paraíso políglota. Historias de lenguas en la España moderna contadas sin prejuicios*. Madrid: Taurus.

Peces-Barba, Gregorio (2004): «Veinticinco años de Constitución», en Revuelta, José Manuel (ed.): *El País. Anuario 2004*. Madrid: El País, p. 11.

Poggeschi, Giovanni 2002: *Le nazioni linguistiche della Spagna «autonomica». Universalità della lingua castigliana e vitalità delle lingue regionali*. Verona: CEDAM.

Reposo, Antonio (2000): *La revisione della costituzione svizzera*. Torino: Giapichelli.

Santamaría, Antonio (1999): *Foro Babel. El nacionalismo y las lenguas de Cataluña*. Barcelona: Altera.

Solé Tura, Jordi (1985): *Nacionalidades y nacionalismos en España. Autonomías, federalismo, autodeterminación*. Madrid: Alianza.

Solé Tura, Jordi (2004): «25.º aniversario de la Constitución», en Revuelta, José Manuel (ed.): *El País. Anuario 2004*. Madrid: El País, p. 134.

Tolivar Alas, Leopoldo (1987): *Las libertades lingüísticas*. Alcalá de Henares / Madrid: Instituto Nacional de Administración Pública.

---

un'ipotesi del genere in uno Stato che non si dichiari federale. L'esperienza comparata ci mostra che negli stati regionali possono essere ufficiali più di una lingua in certe parti del territorio, ma che l'ufficialità di una lingua «comune» è garantita. Diverso è il caso del modello federale, in cui è possibile una disciplina linguistica di tipo territoriale «puro» ben distinta a seconda delgi Stati membri [...].»

¿De verdad te llamas Jesús? Enseñanza intercultural de lenguas extranjeras. Posiciones y perspectivas

Lieselotte Steinbrügge
(Ruhr-Universität Bochum)

1. ¿Qué significa enseñanza intercultural de lenguas extranjeras?

¿Qué significa enseñanza intercultural de lenguas extranjeras? Ya en 1991 un artículo de Werner Hüllen reza en forma programática: «La comunicación intercultural es el objetivo principal de la enseñanza de lenguas extranjeras. Ésta ha desplazado recientemente a la ‹competencia comunicativa›».[1]

Esto podría sorprender ya que la enseñanza tradicional de lenguas, orientada con el objetivo de lograr la competencia comunicativa, no ha eliminado de ninguna manera la dimensión *cultural* de la lengua objeto. Por el contrario, el conocimiento de los déficits de una enseñanza de lenguas extranjeras orientada puramente hacia la competencia lingüística, así como el cambio programático resultante de ello en los años setenta, ha llevado a que el conocimiento de la cultura se transformara en un elemento constituyente de la adquisición de la competencia comunicativa. La «adecuación al contexto» fue y sigue siendo hoy un concepto importante – aunque no necesariamente bonito – de una enseñanza de lenguas extranjeras orientada en forma comunicativa; y con el contexto no se hace referencia sólo al contexto de situación de las expresiones lingüísticas, sino también a un contexto social, cultural e histórico englobador. Bajo la etiqueta de «estudios de cultura y civilización» entró en forma masiva en el currículo escolar la historia y la cultura cotidiana del país de la lengua objeto. De ahí que, en mi opinión, no se puede hablar de un cambio de paradigmas, como lo sugiere la cita dada anteriormente. La competencia intercultural no elimina en absoluto la competencia comunicativa como objetivo de enseñanza global, sino que simplemente se amplía y pone el acento en otros aspectos. ¿Pero en qué consiste la diferencia?

La diferencia fundamental consiste en que una enseñanza intercultural de lenguas extranjeras toma en cuenta no sólo la cultura objeto, sino también la propia cultura de partida del aprendiente.

La enseñanza *tradicionalista* declara como modelo la comunicación entre hablantes de una misma lengua materna. Los alumnos y alumnas conocen esta comunicación como si la vieran en el teatro; deben sumergirse virtualmente en ese mundo

---

[1] Hüllen 1991: 8: «Interkulturelle Kommunikation ist das vorrangige Ziel des Fremdsprachenunterrichts. Sie hat die ‹kommunikative Kompetenz› seit jüngstem verdrängt.»

extraño y dejar atrás en forma ideal su propia cultura. Por el contario, la enseñanza *intercultural* – y aquí reside el cambio de acento – parte explícitamente del hecho que los aprendientes pasan de su propia cultura a la del otro. En esta transformación debe mantenerse presente la diferencia cultural, ésta incluso se tematiza expresamente. Esto parece ser más realista porque se toma todavía en forma más consecuente la perspectiva del aprendiente.

El manual de español *Línea uno*,[2] que está ampliamente difundido en las escuelas alemanas, es un buen ejemplo de cuáles son las consecuencias que este cambio de acento acarrea en el plano concreto de la realidad de la enseñanza. Barbara, la protagonista que introduce el libro a los alumnos, es hija de padre alemán y madre española. La familia se ha mudado de Hamburgo a Salamanca. Y así comienza la primera lección:

El final de las vacaciones
Barbara: Perdón, busco el Instituto Fray Luis de León.
Jesús: ¿Estudias allí?
Barbara: Sí.
Jesús: Yo también. Yo soy Jesús. Y tú, ¿cómo te llamas?
Barbara: Me llamo Barbara, ¿de verdad te llamas Jesús?
Jesús: Sí. Tú no eres de aquí, ¿no?
Barbara: Sí y no: mi padre es alemán y mi madre es española, de Santander. Ahora mi padre trabaja aquí. Es ingeniero.
Jesús: ¡Hablas muy bien español!
Pilar: ¡Hola!, Jesús, ¿qué tal?
Jesús: ¡Hola! Bien, ¿y tú?
Pilar: Así, así. Y tú, ¿quién eres?
Jesús: Barbara, es alemana y habla muy bien español. Estudia también en el Fray Luis.
Pilar: ¡Hola! Yo soy Pilar y él es Chema. Somos compañeros de Jesús. ¿De dónde eres?
Barbara: Soy de Hamburg.
Pilar: ¿De dónde?
Barbara: De Hamburg, en Alemania.
Pilar: Ah, de Hamburgo. En español no es Hamburg, es Hamburgo.

Se empieza con los nombres de pila: en un contexto cultural alemán es difícil imaginarse que un joven de 14 años se llame Jesús. Por eso inmediatamente la pregunta: «¿De verdad te llamas Jesús?», una pregunta que una compañera española probablemente no haría.

Por otro lado, esta pregunta lleva a Jesús a hacer la hipótesis de que su interlocutor es un «extraño» – aunque Barbara habla español sin acento –. «Tú no eres de aquí, ¿no?» Y para terminar, Pilar no comprende en el primer momento de dónde viene Barbara, ya que para ella «Hamburg» no es un nombre familiar para una ciudad.

---

2   Jaeschke / Navarro González 2000.

Así, ya al principio se tematizan en un diálogo muy simple tres dificultades de comprensión – dificultades que entre personas pertenecientes a un mismo contexto cultural no aparecerían.

2. Comprensión intercultural y hermenéutica

No es difícil imaginarse que – a nivel de la elaboración teórica de la didáctica de la enseñanza de lenguas extranjeras – ésta es la hora de la hermenéutica. En los años noventa aparecieron una serie de conceptos sobre la enseñanza intercultural de lenguas extranjeras en torno al Colegio de graduados de didáctica de la enseñanza de lenguas extranjeras de Gießen sobre la «didáctica de la comprensión de lo extraño», que intentan seguir una orientación *hermenéutica*.[3]

Quisiera brevemente hacer mención a algunos aspectos que se convirtieron en el centro de interés de la investigación en el marco de la didáctica de la enseñanza intercultural de lenguas extranjeras: el principio de la hermenéutica, según el cual lo extraño sólo puede ser asimilado partiendo de una base propia conocida, ha llevado a que se preste más atención a los conocimientos previos del alumno, a su actitud frente a la cultura objeto extranjera. La *activación de los conocimientos previos* y la *reflexión sobre el horizonte de expectativas* son objeto central de la investigación.

Comprender una cultura extranjera implica también un cambio de perspectiva. No la abstracción de las marcas de la propia cultura, sino su reflexión frente a las bases de la cultura de la lengua objeto deben ser objeto de la enseñanza. La pregunta que surge entonces es cómo se puede posibilitar al alumno a *reconocer su propia perspectiva cultural y a incorporar la de la cultura objeto*.

La interacción consciente entre la cultura propia y la extranjera y sus implicaciones didácticas han ampliado y enriquecido la enseñanza de lenguas extranjeras con una serie de objetivos de aprendizaje. Con estos objetivos de aprendizaje la enseñanza de lenguas extranjeras toma también algunos elementos de la *educación moral*, en la que se trata de las *diferencias* culturales y de los *conflictos* sociales resultantes, así como de su solución.

En un manual de enseñanza de lenguas extranjeras Jürgen Krumm resume de esta manera los objetivos de aprendizaje de una enseñanza intercultural:

- aprender a convivir con el ser diferente/extraño
- aprender a tolerarse mutuamente y a comprenderse
- desarrollar una actitud abierta y el interés mutuo por el otro
- aprender a solucionar los conflictos conjuntamente.[4]

---

3   En el marco del Colegio de graduados han aparecido una serie de publicaciones sobre el tema. En este caso y en adelante se hace referencia como caso ejemplar a Bredella 1999.
4   Krumm 1995: 157.

En el mismo manual Meinert A. Meyer puntualiza bajo el concepto de «ciencias de la educación» lo que de un modo u otro se puede leer sobre el tema en muchas publicaciones:

> ¿Dónde si no en la enseñanza de lenguas extranjeras puede la generación creciente aprender a reconocer a otras personas como a sus coetáneos, aun cuando éstos se diferencian de nosotros? ¿Dónde si no se puede aprender a eliminar la agresividad contra el extranjero y el miedo a lo extraño? La diversidad cultural, la empatía por lo extraño y el amor a la lengua y a cultura extranjera como a la propia no son polos opuestos.[5]

3. La cara paradójica de «la comprensión del extraño»: la desaparición de lo extraño

¿Quién podría contradecir estos objetivos de aprendizaje tan honorables? La cuestión es si el «¿Dónde si no en la enseñanza de lenguas extranjeras...?» resulta realmente evidente. Esa certeza se basa en el convencimiento de que la conciencia de las diferencias culturales se ve justamente favorecida por la enseñanza de lenguas extranjeras en forma «natural», como si la «cultural awareness» fuera un efecto secundario necesario de la enseñanza de lenguas extranjeras.

Este supuesto se revela como un poco apresurado. Visto en detalle se puede constatar que puede darse justamente lo contrario. Es el didáctico de la enseñanza de lenguas Hans Hunfeld quien hace referencia a la paradoja de la enseñanza de lenguas diciendo que al aprender una lengua extranjera se pierde la conciencia de lo extraño de la otra cultura.[6] El aprendizaje de lenguas es sobre todo adquisición de destrezas y se presenta como mínimo – según nuestra enseñanza escolar – en un entorno artificial, y en sus comienzos es, desde el punto de vista pragmático, en primer término sólo una etiqueta del propio mundo con un vocabulario en lengua extranjera. Esto le transmite inmediatamente al aprendiente la ilusión de que sólo la palabra correcta es suficiente para hacerse entender con el extranjero y que, por el otro lado, la decodificación de vocabulario alcanza para entender al extranjero.

Interesante en este punto es una entrevista que realizó Gerhard Neuner con alumnos de once años con respecto a sus impresiones sobre el manual de inglés. Se trata de *Learning English*, Orange line, Volumen 1, en el que la familia Pearsons acompaña las lecciones.

E: ¿Hay diferencias entre la familia Pearsons y una familia alemana?
A: No, sólo que hablan inglés.

---

5   Meyer (1995: 49): «Wo sonst, wenn nicht im Fremdsprachenunterricht, kann die nachwachsende Generation lernen, andere Menschen als Mitmenschen anzuerkennen, obwohl sie sich von uns unterscheiden? Wo sonst kann man lernen, Aggressivität gegenüber Fremden und Angst vor dem Fremden abzubauen? Kulturelle Vielfalt, Empathie für das Fremde und Liebe zur fremden wie zur eigenen Sprache und Kultur sind keine Gegensätze.»
6   En este caso y en adelante se cita a Hans Hunfeld 1991 y 1992.

E: ¿Son las ciudades de York y Leeds diferentes de otras ciudades?
A: Bueno, las casas son diferentes, están construidas de otra manera. Si no, no hay diferencias, pero claro, sí que allí hablan inglés.
E: ¿Qué es lo que más te gusta de tu manual de inglés?
A: Uno se puede imaginar cómo hablan entre ellos. Bueno, puedo imaginármelo bien.[7]

Aquí se ve claramente que la adhesión apasionada a la alteridad, que ya casi no falta en ninguna publicación didáctica, se encuentra en una relación paradójica con los manuales de aprendizaje modernos y sus métodos. Con el tiempo se han estilizado perfectamente según las reglas de la lingüística pragmática, de la gramática nociofuncional, de la investigación sobre la frecuencia de la lengua y las teorías de actos de habla – y esto está bien.

Pero esa perfección también tiene su precio. El precio es una cierta pérdida de la extrañeza. Esto puede sorprender en un primer momento, puesto que nunca hasta ahora los contenidos de los estudios de cultura y civilización habían sido tan amplios y nunca hasta ahora se habían pensado tanto ni se había buscado incluso hasta el detalle ilustrativo más minucioso como se ve en los manuales escolares modernos. Hago referencia una vez más a la primera lección de *Línea uno*. Incluso hasta el ruido de los besos del saludo se puede oír muy bien en el CD que acompaña al libro. Sin embargo, este cuidado en los detalles culturales oculta el hecho que la vivencia de alteridad no se presenta tan claramente a los alumnos y alumnas de hoy como era el caso en situaciones de enseñanza en las que se entraba en clase con textos complejos en la lengua objeto (en su mayoría literarios), sin tener en cuenta las dificultades lingüísticas y dejando de lado la vida y el mundo de experiencias de los alumnos.

Los aprendientes de hoy adquieren en la primera lección – cualquiera sea la lengua que aprendan – la destreza de saludar y de presentarse. Este acto de habla cotidiano, cuya utilidad nadie pone en discusión, no proporciona sin embargo ninguna impresión global de diferencia cultural. La terapia de choque cultural de la enseñanza de gramática y traducción de otros tiempos, que, dicho sea de paso, desde el punto de vista de la lengua era relativamente poco efectiva, ha sido reemplazada por el suministro de una buena dosis de medicamentos progresivos de actos de habla. De esta manera, la puesta en escena del choque cultural ha sido reemplazada por una puesta en escena de normalidad globalizada. *Línea uno* es un buen ejemplo de ello. Si bien se tematizan las diferencias entre la vida en España y en Hamburgo, éstas están diseñadas de tal manera que se integran absolutamente y sin esfuerzo en el horizonte de experiencias del aprendiente. La carta de Barbara a su ex compañera de colegio de Hamburgo en la lección 5 es un caso típico. La otra rutina y los pasatiempos diferentes de los jóvenes españoles se adaptan cuidadosamente a las costumbres alemanas cuando, por ejemplo, la redactora de la carta asegura que se va de la discoteca con sus amigos a las diez y media. «Los fines de semana voy... a una discoteca

---

7   Neuner 1999: 270 (E=entrevistador; A=alumno).

con mis amigos españoles y nos quedamos hasta las diez o diez y media.»[8] Las mayores diferencias entre Salamanca y Hamburgo parecen ser: «Aquí no hay mar y tengo menos amigos que en Hamburgo».[9] Este gesto de la «comprensión de lo extraño» se acentúa en la lección 8 cuando hasta la realidad de los chicos de la calle de Guatemala, a kilómetros de distancia de nuestra realidad, es sometida a un discurso racionalizado de manual.[10]

Nos encontramos entonces con la paradoja de que en forma paralela a los discursos sobre la comprensión del extraño tienden a desaparecer en la enseñanza de lenguas extranjeras las experiencias de alteridad de los manuales y con ello también para los alumnos. Cuanto más se habla de alteridad en el discurso didáctico, menos claras aparecen las diferencias en sí mismas.

Me permito entonces plantear la pregunta inquisidora de si no será que el objetivo de aprendizaje de la «competencia intercultural» está tan cotizado en este momento porque las diferencias culturales han desaparecido de la enseñanza de lenguas extranjeras.

4. La labor alternativa para la clase de lenguas extranjeras

Exactamente con respecto a este punto Hans Hunfeld pone algunas trabas. Para él el verdadero desafío para la didáctica intercultural de las lenguas extranjeras reside no tanto en la comprensión de lo extraño, sino en tornar ajeno lo conocido, o mejor dicho: en la transformación en algo ajeno de lo que la enseñanza de lenguas extranjeras torna conocido. De ahí que él proponga una estrategia que va a mano contraria del actual proceso de comprensión intercultural, y que consiste en transformar lo aparentemente conocido justamente en algo desconocido. No se trata para él en primera línea de comprender, sino de crear inseguridad. «Lo más difícil es – según Hunfeld – conocer aquello que ya se cree conocer».[11]

Ese querer insistir en las paradojas de la enseñanza intercultural puede parecer quizás una sofistería teórico-didáctica. Sin embargo no es así, ya que una salida de las mismas tendría consecuencias prácticas y concretas en la enseñanza. Por eso quisiera en este punto hacer una propuesta, incluso corriendo el peligro de quemarme los dedos.

Formulado de una manera extrema, las consecuencias prácticas se verían de este modo: para crear seriamente las condiciones para el desarrollo de las competencias interculturales formuladas más arriba, o sea, la competencia para la empatía, para el cambio de perspectiva, para el reconocimiento del otro y de lo extraño, para la solu-

---

8 Jaeschke / Navarro González 2000: 52 (Una carta de Salamanca).
9 Jaeschke / Navarro González 2000: 52.
10 Jaeschke / Navarro González 2000: 90-91 (¿Toda la vida niños de la calle?).
11 Hunfeld (1991: 51): «Am schwierigsten ist es, das kennen zu lernen, was man schon zu kennen glaubt.»

ción de conflictos, deberían también *acentuarse las diferencias* en la enseñanza de lenguas extranjeras y en cierto modo se debería abstraer lo que hay en común entre la cultura del aprendiente y la cultura objeto. La característica estructural central para la descripción y la percepción de relaciones de extrañeza es entonces *la abstracción*.[12] Y ese proceso de abstracción se denomina *estereotipación*.

El concepto de «estereotipo», tomado de la fabricación de planchas estereotípicas, indica la generalización abusiva de ciertas características de un grupo y sobre todo la subsunción de todas las otras características individuales de una persona en concreto a la característica general del grupo al que pertenece.

Ahora bien, nada podría ser más controvertido en la discusión didáctica que esta forma inversa de reducción de complejidad que reemplaza la nivelación por la estereotipación. Según la opinión reinante, *no* se les debe transmitir más a los alumnos justamente la típica imagen del francés, del inglés o del español; el objetivo de la enseñanza no es conocer *al* francés, español o inglés en general, sino que queremos capacitar a los alumnos y alumnas para comunicarse en un intercambio con un compañero en concreto, con un amigo por correspondencia individual. El contenido de la lengua objeto no es una cultura nacional, sino que el objetivo de nuestros esfuerzos de comunicación son las personas que tienen la lengua y cultura francesa, española o inglesa. No queremos causar una «presuposición» frente a la cultura extranjera, sino capacitar para la apertura. No queremos transmitir opiniones cerradas, sino provocar la curiosidad.

Según este parecer, el estereotipo no es tema de discusión en la didáctica. Es verdad que el concepto aparece en las discusiones de didáctica, pero casi siempre sólo con un significado negativo y corriente de «prejuicio» inaceptable que hay que superar. El estereotipo es algo que se elimina de los alumnos y alumnas en la discusión de la enseñanza de lenguas extranjeras. Al contrario de la imagología diferenciada y de la investigación de estereotipos en las ciencias de la cultura, la función y significado de los estereotipos casi no se problematiza en la enseñanza de lenguas extranjeras, a excepción de, por ejemplo, las propuestas de Ansgar Nünning para la enseñanza del inglés.[13]

Este tabú tiene, en mi opinión, una razón. Reside en la historia de la enseñanza de lenguas extranjeras en Alemania. Ya a principios del siglo veinte se da un viraje hermenéutico. Apoyado en una recepción algo ostentosa de las teorías de Wilhelm Dilthey y Eduard Spranger, el objetivo de este llamado «movimiento de estudios de cultura y civilización» era hacer de este estudio de la comprensión la base de la enseñanza de lenguas extranjeras.

El acceso a una lengua, según la argumentación de los expertos en cultura y civilización, no se obtiene sólo a través de un conocimiento pragmático, sino de un

---

12   Bergmann 1996: 6.
13   Nünning 1994: 346.

conocimiento de la cultura. Y la cultura no se obtiene por medio del conocimiento de hechos, sino a través de aquella expresión del espíritu en la que se manifiesta el carácter respectivo de un pueblo.[14]

Este movimiento tuvo gran apoyo en una docencia de la enseñanza secundaria en su mayoría conservadora, que – con su clásica formación filológica – no tenía ganas de adentrarse en las depresiones de la adquisición práctica de la lengua y en un conocimiento histórico y sociológico auténtico y real, sino que quería seguir dando clases de lengua y literatura según el modelo de las lenguas clásicas. Como se sabe, la enseñanza de cultura y civilización tomó rápidamente un curso desafortunado después de 1918. Ya en los programas del consejero escolar prusiano Richter del año 1925 se ve una tendencia que va de la cultura y civilización a un «estudio esencial» nacionalista, que después – relativamente sin mediaciones – alimentó el nacionalismo con el racismo, de manera que la función de «comprensión del extraño» consistía en definitiva sólo en propagar la supremacía del propio pueblo por encima de la del pueblo extranjero. El resto es conocido.

Partiendo de ese trasfondo histórico es comprensible que la didáctica intercultural de lenguas extranjeras advierta contra los estereotipos. Sin embargo, me parece que es problemático que la función y el significado de los estereotipos no se sigan tematizando en absoluto. Esto me parece problemático porque de este modo no se elimina los estereotipos del mundo. De ahí que yo vea el peligro no tanto en que pensemos en estereotipos, sino en que pensemos que nuestro pensamiento puede trabajar sin estereotipos.[15]

Que esto último no es el caso, lo muestran varias investigaciones que en su momento promovieron que no existe una correlación automática entre el contacto intercultural creciente con el extranjero y la eliminación de prejuicios. Un estudio de James Coleman, que entrevistó a mediados de los años noventa a estudiantes antes y después de una estancia por estudios en el extranjero sobre su opinión acerca del país de estancia respectivo, llega a la conclusión de que el año de estancia en el extranjero sí provocó una clara mejoría en el conocimiento de la lengua extranjera. Sin embargo, ésta no contribuyó en un número significativo de estudiantes a la eliminación de prejuicios con respecto al país de residencia, sino más bien a su consolidación.[16]

Los estereotipos tienen una función orientadora porque generalizan, simplifican; es decir: reducen la complejidad. Esta función la tuvieron abiertamente en los estudiantes encuestados que, hallándose en un entorno extraño, recurrieron a los prejuicios conocidos. Pero el peligro de los estereotipos no reside en la generalización. El peligro reside más bien en que los estereotipos *naturalizan* las características

---

14 Apelt 1967; Reinfried 1999.
15 Steinbrügge 2005.
16 Coleman 1996.

culturales, colectivas; o sea, que prescinden de las condiciones de su surgimiento. La generalización en sí misma no es mala, sino sólo cuando ésta avanza hacia una verdad irrefutable y es considerada inmutable y natural. Antes, una frase como «los franceses beben vino y los alemanes cerveza» tenía una función orientadora y poseía un contenido de verdad. Sin embargo, quien esté convencido de que este hecho reside en la naturaleza de ambos pueblos, debería verse hoy en día ampliamente irritado ante la juventud bebedora de cerveza en Francia, para la que el vino está fuera de moda, y frente a la existencia de las poderosas «fracciones toscanas» entre nosotros. Puesto que, justamente en este punto, entre naturalidad y artificialidad, se traza la frontera entre los modelos de interpretación cultural y el estereotipo. Pues, los estereotipos correctos, tanto negativos como positivos se caracterizan por el hecho de que sugieren siempre una cierta «naturalidad» y están impregnados de un cierto fundamentalismo. «El francés es frívolo, el español es orgulloso» sugiere: esto reside en su naturaleza, casi se podría decir en su sangre, y contra eso no se puede hacer nada. Al contrario de los modelos de interpretación, los estereotipos son fundamentalistas.

5. Propuestas para la enseñanza práctica

De ahí que yo sugiera un tratamiento crítico de los estereotipos. ¿Cómo podría darse? Para ello propongo una vía indirecta.

De ningún modo se trata de transmitir los estereotipos sobre la cultura o las culturas de la lengua objeto desde el punto de vista de las condiciones artificiales de enseñanza de las aulas alemanas; así, sólo se paralizaría muy fácilmente la enseñanza con una simple presentación de estereotipos. En este punto amenazan los peligros de los antiguos estudios de cultura y civilización, que yo naturalmente quiero evitar.

El camino que yo propongo va en un sentido contrario. He seleccionado los llamados heteroestereotipos, es decir, aquellos estereotipos que construyen los habitantes de otros países sobre los alemanes. Se trata al mismo tiempo de un doble reflejo: la cultura propia se refleja en la percepción que el otro tiene de ella.

Estas formas de estereotipos son como mínimo educativas también para la propia cultura objeto. Además tienen la ventaja de que los aprendientes la pueden vincular con su propio campo de experiencias. El cambio de perspectiva tan reclamado podría de este modo experimentar una interesante concretización práctica en la enseñanza. Y lo conocido se podría hacer ajeno de forma extraordinaria. Quisiera dar algunos ejemplos para mostrar en qué dirección apuntan mis consideraciones didácticas.

Pienso, por ejemplo, en guías turísticas y prospectos de viaje. Lo conocido podría parecer extraño a algunos alumnos y alumnas si vieran a su propia ciudad elogiada en un prospecto redactado por un organizador de viajes extranjero. Incluso el navegar por internet nos proporciona hoy en día joyas de este tipo. Cuando por ejemplo el viajero español Julen Erostegui, en una carta al lector enviada a la Deutsche Welle en España, admira la ausencia de controladores uniformados en el metro alemán, y lo explica así: «que los alemanes tienen fama de disciplinados»,[17] de esta manera aprenden los alumnos alemanes más sobre el viajero español que sobre su propio transporte urbano. Como tarea de expresión escrita podría surgir otro tipo de carta. No que Barbara escriba sobre sus experiencias en Salamanca, sino que Julen escriba sobre las suyas en Berlín.

Otro medio es la publicidad. Los textos y los anuncios de publicidad han sido descubiertos ya desde hace tiempo por la enseñanza de lenguas extranjeras porque se adaptan excelentemente a una enseñanza orientada a la comunicación pragmática debido a su densidad lingüística, su cercanía a la lengua hablada y a los temas cotidianos. Poco menos han sido hasta ahora objeto de atención de la enseñanza intercultural de lenguas extranjeras. En este caso, éstos también se adaptan al punto de vista de heteroestereotipación que he escogido porque, del mismo modo que la caricatura, la tipificación y estereotipación se corresponden con las características específicas de la publicidad. Podría ser muy educativo para los alumnos saber cómo se publicitan en el extranjero los productos alemanes. Cuando la BMW en Alemania hace publicidad de su coupé deportiva haciendo una lista de los datos técnicos, en España, en cambio, se lo hace con el siguiente eslógan: «Olvídate del pudor, ya has vivido algunas cosas y sabes lo que te gusta. No es un coche. Es un placer que todavía no has probado. Y que has deseado muchas veces. Tienes la oportunidad de no resistirte». Así, se intenta desmontar en pocas palabras el estereotipo negativo de sentido práctico y de falta de alegría alemana con una irracionalidad cargada de deseo.

La publicidad tiene, como el chiste, también otra ventaja: toma estereotipos y habitualmente los deconstruye a su vez por medio de la parodia. Cuando la marca de cerveza «Schöfferhofer Weizen» en una publicidad televisiva pone su nombre en boca de una erótica voz femenina que lo suspira con marcado acento francés, se parodian dos estereotipos al mismo tiempo: uno, que la cerveza alemana es para los hombres alemanes, y el otro, que las mujeres francesas con acento erótico siempre hablan de amor.

Y justamente este trato juguetón es, en mi opinión, el mejor veneno contra una mutación de modelos de interpretación hacia estereotipos eternos como el tabú, puesto que en el juego con los estereotipos se pone en juego al mismo tiempo uno mismo.

Traducido del alemán por Graciela Russo

---

17 «Viajar en negro cuesta caro», en: www.dw.world.de/dw/article/0,1564,123333335282,00.html

Bibliografía

Apelt, Walther (1967): *Die kulturkundliche Bewegung im Unterricht der neueren Sprachen in Deutschland in den Jahren 1886-1945. Ein Irrweg deutscher Philologen.* Berlin (RDA): Volk und Wissen

Bergmann, Jörg (1996): «‹Ein Engländer, ein Franzose und ein Bayer...› Über ethnische Stereotypen in der Alltagskommunikation», en Bredella, Lothar / Christ, Herbert (eds.): *Begegnungen mit dem Fremden.* Gießen: Ferber'sche Buchhandlung (Gießener Diskurse), pp. 1-20.

Bredella, Lothar (1999): «Zielsetzungen interkulturellen Fremdsprachenunterrichts», en Bredella, Lothar / Delanoy, Werner (eds.): *Interkultureller Fremdsprachenunterricht..* Tübingen: Narr (Giessener Beiträge zur Fremdsprachendidaktik), pp. 85-120.

Coleman, James (1996): *Studying Languages. A Survey of British and European Students.* London: CILT.

Hüllen, Werner (1991): «Interkulturelle Kommunikation – Was ist das eigentlich?», en: *Der Fremdsprachliche Unterricht* 7, pp. 8-11.

Hunfeld, Hans (1991): «Zur Normalität des Fremden», en: *Der Fremdsprachliche Unterricht* 3, pp. 50-52.

Hunfeld, Hans (1992): «Noch einmal: Zur Normalität des Fremden», en: *Der fremdsprachliche Unterricht* 5, pp. 42-45.

Jaeschke, Barbara / Navarro González, Javier (2000): *Línea uno. Lehrwerk für den Spanischunterricht.* Stuttgart: Klett (Estudiando español).

Krumm, Jürgen (1995): Artículo «Interkulturelles Lernen und interkulturelle Kommunikation», en Bausch, Karl R. / Christ, Herbert / Hüllen, Werner / íd. (eds.): *Handbuch Fremdsprachenunterricht.* Tübingen: Francke, pp. 156-161.

Meyer, Meinert A. (1995): Artículo «Erziehungswissenschaft», en Bausch, Karl R. / Christ, Herbert / Hüllen, Werner / Krumm, Jürgen (eds.): *Handbuch Fremdsprachenunterricht.* Tübingen: Francke, pp. 45-52.

Neuner, Gerhard (1999): «Interimswelten im Fremdsprachenunterricht», en Bredella, Lothar / Werner Delanoy (eds.): *Interkultureller Fremdsprachenunterricht.* Tübingen: Narr, pp. 261-285.

Nünning, Ansgar (1994): «Das Image der (häßlichen?) Deutschen. Möglichkeiten der Umsetzung der komparatistischen Imagologie in einer landeskundlichen Unterrichtsreihe für den Englischunterricht», en: *Die Neueren Sprachen* 93, 2, pp. 160-184.

Reinfried, Marcus (1999): «Von der Realien- zur Kulturkunde. Frankreichkundliche Paradigmen als dialogische Konstrukte im deutschen Französischunterricht. Für Herbert Christ zum 70. Geburtstag», en Kemper, Herward / Protz, Siegfried / Zöllner, Detlef: *Schule – Bildung – Wissenschaft. Dia-Logik in der Vielfalt.* Rudolstadt / Jena: Hain Verlag, pp. 199-234.

Steinbrügge, Lieselotte (2005): «Kulturkunde – die verdrängte Tradition der interkulturellen Didaktik», en Schumann, Adelheid (ed.): *Kulturwissenschaften und Fremdsprachendidaktik im Dialog. Perspektiven eines interkulturellen Französischunterrichts.* Frankfurt am Main: Lang, pp. 85-89.

Miscelánea aurisecular

El reformador J. L. Vives en la psicología y pedagogía alemana a comienzos del siglo XX

Christoph Strosetzki
(Westfälische Wilhelms-Universität Münster)

Puesto que el año de nacimiento de Vives fue 1492, en 1892 se presentó la ocasión de celebrar su 400.º aniversario. De hecho, y con motivo de este evento, se publicaron algunas traducciones alemanas de sus escritos.[1] Sin embargo, este hecho en sí no aclara el motivo por el que creció tanto el interés por Vives en torno al 1900 en Alemania, de tal manera que su obra pasó a ser punto central de numerosas tesis doctorales, así como artículos y libros científicos especialmente de filosofía, de pedagogía y de psicología. En todo caso, más allá del mero interés histórico, Vives parecía ofrecer respuestas al estado de discusión de las ciencias de aquel entonces. Posiblemente la situación alrededor de 1900 fuera de cambio paradigmático, comparable al que tuviera lugar de la Edad Media al Renacimiento.

A continuación se mostrará cómo fue la recepción de Vives en el contexto de la filosofía, particularmente de la teoría de la ciencia, antes de pasar a describir el valor que le fue asignado en el ámbito de la pedagogía y de la psicología. Con Harald Höffding se pone de manifiesto que cada una de las disciplinas, tanto en Vives como en la época de 1900, se veía en una relación de interdependencia con las demás. En 1907, en su manual de historia de la filosofía, Harald Höffding reconoce a Vives como «el precursor de la nueva psicología empírica»[2] ya que éste pone la experiencia como base del conocimiento y emancipa la psicología de la metafísica y de la teología al no estar interesado en lo que es el alma sino en qué efectos tiene. Höffding, al igual que Vives, se muestra interesado en el análisis de los fenómenos del alma y sus funciones. Este punto de partida, común en ambos, cobra mayor importancia por cuanto que para Höffding el tratamiento de cuestiones psicológicas es imprescindible para resolver los demás problemas filosóficos. Por eso, en la introducción de su historia de la filosofía, trata en primer lugar la problemática psicológica coincidiendo así con una tendencia filosófica muy extendida en la época que ve la filosofía fusionada con la psicología.[3]

---

1   Wychgram 1883; Kayser 1896; Bröring 1897.
2   Höffding 1907: 7. Las citas alemanas se han traducido al español.
3   A este respecto se debe nombrar a Wilhelm Wundt. Éste entiende el mundo como desarrollo del espíritu, el cual él investiga con métodos experimentales de su psicología fisiológica. Franz Brentano y Theodor Lipps ven en la psicología la base de todas las ciencias filosóficas. Según Wilhelm Dilthey las ciencias humanas están basadas en la

Es la psicología empírica de la que Vives cuenta como uno de sus fundadores. Es considerado seguidor de ese empirismo que rechaza un sistema científico derivado deductivamente. Así lo ve Wilhelm Windelband, el cual, en su obra titulada *Geschichte der Philosophie*, publicada en 1892, caracteriza a Vives como el enemigo de la hegemonía de los conceptos generales, en los que Vives ve la verdadera «razón de la depravación medieval de las ciencias».[4] Vives, como empírico y crítico de la tradición y de la autoridad filosóficas, encuentra incluso un sitio de honor en la obra *Geschichte des Materalismus* de Friedrich Albert Lange. Éste compara a este autor renacentista con Leonardo da Vinci en el sentido de que ambos van más allá de la tradición de la Antigüedad y fundan «una ciencia de la experiencia independiente de Aristóteles y de toda la Antigüedad».[5] De este modo, acentúa la gran importancia que tuvo Vives para su época como reformador de la filosofía y precursor de la crítica de Descartes.

La nada crítica aceptación de las doctrinas aristotélicas se enfrenta, por tanto, a la nueva ciencia de la experiencia asociada a la psicología de la que Vives cuenta como uno de los fundadores. En la octava edición de la obra de Friedrich Überweg *Grundriss der Geschichte der Philosophie der Neuzeit* que Max Heinze revisó y publicó en 1896, se presenta a Vives como antiaristotélico y reformador de la filosofía, puesto que, especialmente en el campo de la psicología, «aspiró a una ciencia de la experiencia que abandonara todas las tradiciones de la Antigüedad y, así, con este nuevo método defendió la investigación filosófica independiente».[6] Especialmente en los campos de las ciencias naturales, la medicina y las matemáticas Vives exigió realizar una investigación independiente, la observación de los fenómenos y experimentar con ellos.

Theodor G. A. Kater presentó en una tesis doctoral del año 1908 la importancia de la crítica aristotélica que se le atribuía a Vives. Afirmó que el mérito principal de Vives estaba en la ordenación histórica de Aristóteles, cuya relevancia hay que situar en su tiempo y en el contexto de la historia de la filosofía, por lo que Aristóteles perdería su prestigio como autoridad atemporal. El logro de Vives en conjunto residiría más en la crítica que en los bosquejos positivos, es decir, en indicar los defectos y en sugerir cómo solventarlos. Asimismo, Kater afirma que la disciplina que para Vives representa punto de partida y fundamento no era la psicología, sino la pedagogía: «todos los hilos de su vida científica convergen en su pedagogía y constituyen un sistema muy bien pensado».[7] Kater añadió otro punto de vista a este respec-

---

  experiencia interior y en la comprensión de los otros y sólo en una psicología que analiza descriptivamente pueden encontrar un fundamento fiable. Véase Heinze 1896: 266 y ss., 274 y 279.
4 Windelband 1892: 284ss.
5 Lange 1974: 189.
6 Heinze 1896: 32.
7 Kater 1908: 3.

to, o sea, la idea de una ciencia unitaria, tal y como en las primeras décadas del siglo XX postuló el círculo vienés,[8] crítico de la filosofía especulativa y de la física. Como Vives, los miembros del círculo vienés tenían como objetivo la separación entre la metafísica especulativa y la ciencia empírica.

La crítica de Vives a la tradición parece, para Kater, ser en primera línea crítica a Aristóteles, al que se descalifica por su egoísmo, afán de disputa, engaño premeditado, ambición y su oscura manera de expresarse. El error fundamental de la física aristotélica – según Vives – reside en que generaliza demasiado rápidamente y que tiende a la especulación en extremo. La lógica de Aristóteles incluiría de modo inadmisible componentes metafísicos y gramáticos. Sin embargo, Kater corrigió y relativizó algunas de las críticas de Vives. Así, se muestra comprensivo con el conciso estilo aristotélico debido a que también otros pensadores «tienen que crear en cierto modo su propio idioma para tratar los enormes problemas con los que deben luchar».[9] Por otra parte, la crítica que Vives practica a la dialéctica «arrolló la lógica aristotélica e introdujo en su lugar los principios de la retórica y la gramática». En definitiva, Kater opina que en Vives no sólo tiene lugar un cambio paradigmático, sino también un giro de la crítica científica a la crítica lingüística. Este tema fue central también en la teoría de la ciencia del círculo vienés pocas décadas después del trabajo de Kater.

Vives no contemplaba las lenguas como finalidad en sí, sino como recurso. El conocimiento de muchas de ellas no significaba, para él, un rasgo de sabiduría. Vives, así como Comenius posteriormente, pensaba que el gran caos babélico de las lenguas era una desgracia y le hubiera gustado más disfrutar de la situación ideal de una lengua única, en la que las palabras expresaran perfectamente la naturaleza de las cosas. Comenius por su parte, así lo acentuó Nebe en 1891, persiguió – siguiendo la línea de Vives – la idea de construir una «muy significativa, muy real lengua»[10] parecida a la protolengua que fuera más indicada para expresar la esencia de las cosas de lo que era el latín.[11]

¿Se puede ensalzar a Vives por ser el fundador del empirismo moderno? A esta sugerencia se le opone al menos la tan extendida opinión de que este honor se lo tendría que llevar Francis Bacon por su obra *Novum Organon* (1620). En todo caso,

---

8   Véase en cuanto a la ciencia unitaria Kraft 1950: 5ss.; en lo que al análisis lógico de la lengua se refiere ver Kraft 1950: 12ss. y sobre el empirismo 77ss.
9   Kater 1908: 48.
10 Véase Nebe 1891: 29ss.
11 Vives no sólo fue apreciado como teórico de las ciencias sino también como humanista. Georg Eulitz pudo hacerse una idea de su habitación de estudios y de su círculo familiar a partir de la correspondencia mantenida durante veinte años entre Vives y Budé. Se ponen de manifiesto los esfuerzos de Vives por actuar de mediador entre Erasmo y Budé con motivo de sus desavenencias. Véase Eulitz 1897. Que en el campo de la pedagogía Vives se vio considerablemente influenciado por Erasmo lo demuestra Burger 1914.

Rudolf Günther intentó en 1912 invalidar esta opinión por prejuiciada. Mostró paralelismos muy claros entre Vives y Bacon sacando así la conclusión de «que Bacon había conocido y leído la obra de Vives [...], así que nosotros con pleno derecho podemos considerar a éste como una fuente importante del autor inglés».[12] Especialmente porque en general Bacon no indica sus fuentes, son las coincidencias más que simples casualidades: ambos critican las ciencias existentes, la preponderancia de la dialéctica, la hegemonía de Aristóteles, la inclusión en las reflexiones naturales de la causa final perteneciente a la teología, la sobrevaloración de los eruditos y la exagerada confianza puesta en la autoridad. Bacon opone la inducción al silogismo escolástico, a la conclusión deductiva. Tanto Bacon como Vives parten de la idea de que todo conocimiento proviene de la percepción sensorial y de la experiencia. Bacon – al igual que Vives – resulta ser un utilitarista puesto que sólo da importancia a la investigación de la verdad en cuanto que se pueda obtener de ella algún beneficio práctico.

La división, de orientación psicológica, de las ciencias según las tres partes del alma – memoria, imaginación y razón – en historia, poesía y filosofía no sólo se encuentra en Vives y en Francis Bacon sino que ya también en Roger Bacon (1219-1292). Además, Francis Bacon separa la teología natural de la teología revelada de un modo más claro que Vives: la primera sería junto con la filosofía natural y la antropología parte de la filosofía. En definitiva, Günther, después de numerosos análisis individuales, llegó a la conclusión de que había multitud de puntos «donde sólo Vives podría ser la fuente del autor inglés».[13]

La misma gran importancia que se le atribuyó a Bacon por ser el gran innovador de los métodos científicos, la tuvo Comenius en el ámbito de la pedagogía. Para J. L. Bohlen es «sin duda uno de los grandes pedagogos del siglo XVII».[14] Así, tanto más relevante resulta la importancia del pedagogo Vives, bajo cuya influencia habrían estado – según Bohlen – no sólo Comenius, sino todos los pedagogos hasta la primera mitad del siglo XVIII. El mismo Comenius en la introducción a su *Física*[15] declara que había recibido de Vives el primer impulso para ese trabajo. Además, pone de relevancia las exhortaciones de Vives acerca de la renovación de la filosofía y el modo de estudio y lamenta que Vives viera mejor lo que faltaba que cómo tendría que ser.

Asimismo, Alsted – que fue el profesor de Comenius en la reformada escuela superior de Herborn, perteneciente al ducado de Nassau – habría llamado la atención a su alumno sobre Vives, al que elogiaba con el siguiente juego de palabras: «Vives,

---

12 Günther 1912: 67.
13 Günther 1912: 65.
14 Bohlen 1906: 1.
15 Comenius 1633.

qui vivet, quoad litterae vivent».[16] August Nebe acentuó en 1891 cuán importante fue la influencia de Vives sobre el pedagogo Alsted.[17] Éste, como Vives, parte de una profunda religiosidad, acentúa el principio de la utilidad en la educación y funda el uso de la didáctica y la pedagogía – frecuentemente utilizando la terminología de Vives – en la psicología, especialmente en la doctrina de la memoria. En todo ello rechaza la autoridad y la tradición en favor de la experiencia inductiva.

Las publicaciones de Paul Hause dirigidas contra Lange[18] en 1890 acerca de la clase de influencia que Vives ejerció sobre Comenius preceden las de Nebe. En ellas Hause cita en primer lugar otras posibles fuentes, especialmente a Quintiliano, y el clima intelectual comparable en ambos autores. Posteriormente, a la lista con los doce paralelismos de Lange añade otros puntos y llega a la conclusión de que es probable «que Comenius, en sus opiniones y principios sobre la pedagogía, estuviera, si no directamente bajo la influencia de Vives, por lo menos sí estimulado».[19]

Lange citó los siguientes puntos en común entre los dos autores: para ambos la religión era el final absoluto de toda formación; ambos deseaban una religión unitaria de un bien entendido cristianismo; exigían que los métodos de enseñanza estuvieran en consonancia con la naturaleza, se debían descubrir los talentos naturales de los educandos, uno no podía darse por vencido ante estudiantes con poco talento, sólo se debía enseñar aquello que fuera de utilidad y que no perjudicara la religión o la moralidad, los profesores no podían ser gruñones, había también que tener en cuenta la lengua materna, los estudiantes tenían que adquirir interés por la materia de estudio sin ser forzados, había que introducir con cuidado los libros de autores paganos, en la enseñanza de cosas materiales se debía partir de las percepciones sensoriales y, finalmente, también la mujer necesitaba aprendizaje. A estos doce puntos comunes de Lange, añadió Hause otros aspectos en los que ambos autores también coincidían: las mujeres embarazadas tenían que prescindir de las comadronas, los pobres también debían ser aceptados en las escuelas, no había que descuidar el cuerpo ocupándose sólo del trabajo intelectual, tenían que animar a la compilación de sentencias, avisar de los malos amigos, acentuar la importancia de los modelos y de empezar cuanto antes con la instrucción y, finalmente, denunciar duramente las inconvenientes de su tiempo. En definitva resultan, por tanto, 21 puntos comunes.

Hause después de considerar el parecer de Vives con respecto a la educación de los niños hasta la edad en que son escolarizados, a la educación en la escuela, a las materias, al comportamiento de los niños, a los recreos, al cuidado corporal y a la diferente educación de niños y niñas, llega a la conclusión:

---

16 Véase Bohlen 1906: 13.
17 Nebe 1891.
18 Véase Lange 1887: 776-851.
19 Hause 1890: 68.

> Y así como todas las sugerencias pedagógicas de Vives estaban fundadas y además eran imprescindibles para aquel tiempo en el que el sistema educativo y escolar se encontraban en una situación muy precaria, así también se deben tomar en consideración en su mayor parte en nuestra época y en nuestra situación escolar.[20]

No obstante, en este pasaje se debe prescindir de la argumentación de Ruhmer sobre la concepción de Vives acerca de la mujer, pues parece:

> como si Vives considerara la formación intelectual del género femenino mucho más necesaria que la del hombre ya que juzga el talento natural femenino de frívolo y principalmente propenso a las malas costumbres.[21]

Pero más importante es la cuestión acerca de qué obras pedagógicas de la Antigüedad tuvo en cuenta el humanista Vives. Que los escritos pedagógicos de Quintiliano fueron trascendentales para Vives, así como para Erasmo y otros humanistas lo probaron A. Messer en 1897 y J. M. Hofer en 1910.[22] Hofer, al contrario que Messer, puso de relieve que Vives rechaza el ideal de la elocuencia de Quintiliano. Mientras que la mayoría de los humanistas apreciaban a Quintiliano como autor clásico de la pedagogía, el mérito de Vives consistiría – según el parecer de Hofer – en haber roto con esta valoración de Quintiliano y, a pesar de los elementos comparables, haber construido «un nuevo sistema pedagógico fundamentalmente independiente del de Quintiliano».[23] Puesto que Vives considera la historia del conocimiento como historia evolutiva, interpreta a Quintiliano, así como al anteriormente ya mencionado Aristóteles, como factor de relativa importancia en el desarrollo histórico. Desde el punto de vista cristiano Vives – a diferencia de Quintiliano – concede prioridad a otros aspectos como, por ejemplo, desterrar el discurso judicial del canon educativo por ser una controversia indecente, rechazar la ambición y validar la elocuencia formal sólo como medio y subordinada al contenido.

¿Cómo pudo Vives convertirse en uno de los puntos de referencia más importantes en la discusión pedagógica de comienzos del siglo XX? La pedagogía era en esta época una disciplina de moda, exactamente igual que la psicología; al menos, de ello evidencia August Baumeister, el editor de la obra *Handbuch der Erziehungs- und Unterrichtslehre für höhere Schulen*. Él constató en 1894 en su folleto que las cuestiones pedagógicas se habían convertido en su época en el «niño mimado de la opinión pública»:

---

20 Hause 1890: 34.
21 Ruhmer 1915: 60. Asimismo tampoco pueden plantearse sus ideas calificadas de modernas por Weitzmann en 1905 acerca de la asistencia a los pobres en la obra *De subventione pauperum*, cuya referencia práctica reside en responder a la cuestión de cuáles son los cometidos que la necesidad de los pobres le plantean a la ciudad y a la administración municipal de manera que su cometido no siga siendo sólo un mero apoyo caritativo de los pobres y los necesitados sino que sea la eliminación de las enfermedades y la miseria. Würkert 1901: 8 y 17.
22 Messer 1897: 457-469; Hofer 1910.
23 Hofer 1910: 219.

Cuestiones como las relativas al valor de las lenguas clásicas para la educación del presente o a la así denominada fatiga excesiva de los estudiantes preocupan a la prensa de todos los partidos; la rivalidad entre el instituto de bachillerato y la escuela secundaria se discute en asambleas y asociaciones públicas.[24]

En este contexto se le atribuye a Vives una gran importancia al ser valorado como modelo de reformador del sistema escolar:

Percibe la corrupción del mismo e investiga ante todo las causas de este desagradable estado tomando en consideración que primero se tiene que reconocer aquélla para encontrar remedio contra ella.[25]

Por ese mismo motivo Franz Kuypers, en su tesis doctoral de Kiel del año 1897, tiene a Vives por el escritor pedagógico más significativo del siglo XVI y constata que

se concentra en él toda la reacción de la incipiente Edad Moderna contra los abusos pedagógicos de la baja Edad Media y que en él se une de modo parecido el germen de las reformas más significativas desde Sturm hasta Rousseau y se encuentran todas de nuevo fundidas en un todo. Él ha sido utilizado más veces de las que se han mencionado.[26]

Vives presentaría la variedad enciclopédica, la orientación hacia lo práctico, la crítica sana, la nominalización y realismo avanzados y la reconciliación del humanismo con la doctrina cristiana.

Para Vives es cometido de la pedagogía fomentar la *pietas* y la *utilitas*. En la educación de la voluntad y de la razón se tiene que tener en cuenta el respectivo carácter individual. En relación con la memoria, Kuypers aprecia que Vives considere la posibilidad de que algo se puede dar por olvidado cuando todavía se encuentra en el inconsciente. Los factores más importantes de la educación que Kuypers observa en Vives son: la predisposición natural, la revelación cristiana, la familia y la escuela. Vives soluciona ese estado de decadencia de la ciencia y del sistema educativo, que él mismo constataría, por medio de la fundación de una academia ideal, cuya organización presenta minuciosamente conforme al tipo y estructuración de las asignaturas para las edades comprendidas entre los 7 y los 15 años, entre los 15 y los 25 años y a partir de los 25 años. Este tercer grupo se ocuparía de «la libre observación de la vida real».[27] Aquí Kuypers acentuó que una estrecha familiaridad con la psicología era imprescindible porque – así argumenta siguiendo la tradición kantiana –: «nosotros no determinamos casi todo según la esencia de las cosas en sí, sino según las cualidades del intelecto».[28]

Si la teoría del conocimiento de Vives parte de la índole del conocimiento, es decir, de la psicología de la adquisición de conocimiento, entonces es natural que

---

24 Baumeister 1895.
25 Baumeister 1895: 105.
26 Kuypers 1897: 5.
27 Kuypers 1897: 65.
28 Ibíd.

también la pedagogía dé importancia a la práctica de la adquisición de saber. Así se explica que Wilibald Kammel concediera a Vives un puesto honorífico en la historia de la didáctica experimental.[29] Si bien Vives no conocía aún la observación estadística y experimental, sin embargo, podemos encontrar ya en él «el germen de la doctrina más relevante de la didáctica experimental moderna»; «en algunos detalles (asociación de ideas, estudio nocturno, cansancio, fluctuaciones de la energía) se muestra significativamente próximo a los caminos de la didáctica moderna».[30] Para Vives el punto de partida es siempre la observación, ya sea de las propias experiencias o de los resultados de observación de sus precursores, de la cual, utilizando métodos inductivos, sabría derivar reglas de validez general. Las reglas, sin embargo, serían valiosas si tuvieran alguna utilidad práctica. La consideración del talento individual del estudiante juega un papel muy importante en la elección de una profesión y en la formación de la memoria.

De la premisa de tener en cuenta la individualidad se deriva la de incluir la propia intervención del estudiante en la adquisición de conocimiento. Paul Ilg. [sic] contemplaba en el año 1932 esta iniciativa propia como principio central en la pedagogía de Vives y el proceso educativo de éste lo veía condicionado tanto por un enriquecimiento de contenidos del intelecto como por la actualización de las disposiciones intelectuales. Puesto que para la transmisión del saber es preciso una iniciativa activa por parte del estudiante, habría que considerar especialmente la individualidad del estudiante. Vives coloca los diferentes tipos intelectuales en una lista, lo que le parecería especialmente moderno a Paul Ilg.[31] Se debería distinguir entre tipos con una atención intensa y débil, fluctuante y fija; entre tipos con un modo de pensar sintético o analítico; entre tipos con talento para pensar productivo y reproductivo a finalmente entre tipos con una vida afectiva tranquila o excitable. Del principio de la individualización de Vives resulta – según Paul Ilg. – el del respecto a la edad e inteligencia del estudiante, en el que, conforme a la doctrina de los afectos, los afectos fundamentales de amor y odio se tienen que interpretar como congruencia o incongruencia. Vives, uniéndose aquí al concepto aristotélico de entelequia, entiende el proceso de aprendizaje como un desarrollo de talentos interiores que presupondría la voluntad y la disposición de aprendizaje y cierta apertura de mente.

Después de Vives, el postulado de tal fundamentación psicológica de la totalidad del trabajo educativo lo retomaría Pestalozzi con el mismo énfasis. El estudiante demostraría su iniciativa propia al observar, pensar y juzgar independientemente, con la propia lectura, al expresarse de modo autónomo y al practicar conocimientos y habilidades. Se trataría de despertar la actividad interior del estudiante y al potenciar este acto de involucrarse activamente, conducirle a una «formación de sí mis-

---

29 Kammel 1913: 36-45.
30 Kammel 1913: 45.
31 Ilg. 1931: 87.

mo». En total, Paul Ilg. ve ya en Vives preformulado el principio metódico de Kerschensteiner, por el que la base de todo aprendizaje residiría en la propia iniciativa.[32]

Hasta aquí se ha demostrado que Vives fue apreciado en el marco de la historia de la pedagogía. Tampoco es menor el valor que se le atribuye en la historia de la psicología. W. Dilthey acentuó brevemente la importancia que supuso la concepción de los afectos de Vives para la historia de la psicología.[33] En 1893 Roman Pade definió en un extenso estudio los afectos, a diferencia de los instintos, como emociones del alma dependientes del cuerpo, a las cuales precede «un reconocimiento y una valoración de lo bueno y lo malo del objeto».[34] Los afectos se influirían recíprocamente:

> Así se origina del amor hacia algo la esperanza de que ocurra, el deseo hacia ello, el miedo de que no ocurra, la alegría por la propiedad alcanzada, la tristeza por no conservarlo o por la pérdida.[35]

Pade presenta en detalle las ideas de Vives sobre las manifestaciones del amor, el egoísmo, y los demás afectos relacionados con el amor: simpatía, respeto y compasión, alegría, esperanza, enojo, ira, odio, envidia, celos, indignación, tristeza, miedo, vergüenza y orgullo. La percepción de que Vives con su doctrina de los afectos había creado algo completamente nuevo, la corrige Pade, sin embargo, mostrando paralelismos con Tomás de Aquino y con la retórica aristotélica. De diferente manera que posteriormente el teórico Descartes, que con su doctrina de los afectos presenta una psicología abstracta o Spinoza, el pensador matemático-apriorístico, el empírico Vives describe los afectos «como él los ha observado en el propio interior, en el frecuente contacto con personas de todas las clases sociales».[36]

Para probar que la psicología de Vives no pudo pasar sin las obras de la Antigüedad y de la Edad Media, Gerhard Hoppe presentó en 1901 en su tesis doctoral de Erlangen los dos primeros libros de *De anima et vita*.[37] Él mostró ahí que se mencionaba frecuentemente a Aristóteles y en parte de manera crítica, que dominaban tanto un componente platónico reforzado a través de estudios patrísticos como la anatomía y fisiología galénicas y que la escolástica estaba presente en segundo plano aunque Aristóteles apenas fuera mencionado.

La sistemática de Vives era, según Hoppe, ontológicamente amplia y diferenciaba en primer lugar entre un mundo inorgánico y otro orgánico. Este último tenía una *vis interna*, que condicionaría el crecimiento o la mengua. Después de las explicaciones sobre la alimentación, el crecimiento, la procreación y sobre los órganos

---

32 Ilg. 1931: 72. Véase Kerschensteiner 1924.
33 Sobre la doctrina de los afectos de Vives, Dilthey 1969: 423- 429; véase también nota 3.
34 Pade 1893: 6.
35 Pade 1893: 8.
36 Pade 1893: 37.
37 Hoppe 1901.

exteriores, la percepción interior se definía como la facultad de operar con objetos ausentes. Constaba de la *functio imaginativa*, que recogería las imágenes proporcionadas por los sentidos; la *phantasia*, que compondría de cada una de las percepciones sensoriales el objeto de los fenómenos y la *facultas aestimatrix*, que sopesaría instintivamente las ventajas e inconvenientes de las impresiones sensoriales.[38] Para Vives el alma sólo sería accesible en una forma enturbiada por la materia, es decir, no en su esencia, sino en sus formas exteriores. Se encontraría «por todo el cuerpo».[39] En el alma racional del hombre, que sería inmortal, se darían las siguientes diferencias: *mens*, o sea, *intelligentia*, voluntad y memoria. Cuando Vives parte de la percepción sensorial, cuya imagen la *phantasia* guarda en la memoria o induce la esencia del objeto con ayuda del entendimiento, le considera Hoppe un nominalista para el que lo universal no existe en la realidad.[40]

Según Hoppe, Vives ve reforzada la memoria cuando en el momento de la aprehensión se añade un afecto. La asociación de ideas resulta cuando dos impresiones fueron percibidas por la fantasía al mismo tiempo y luego la aparición de una impresión tiene como consecuencia la aparición de la otra. En cuanto a la voluntad, Hoppe expone cómo Vives establece la relación con la acción, con el conocimiento, los afectos, la predestinación y la moral. En lo que concierne a la función aliviadora del sueño Hoppe encuentra también conocimientos en Vives:

> Se les debe, por tanto, conceder la posibilidad del sueño, a todos los seres vivos que estén dotados con el sentido interior de la fantasía. Cuando los hombres sueñan, junto con la fantasía actúa el entendiminto; sopesa, busca y encuentra frecuentemente en los sueños soluciones con las que se ha afanado despierto en vano.[41]

No obstante, Hoppe se refiere sólo a la doctrina de los temperamentos orgánicos (los humores), pero no al inconsciente.

En conjunto, Hoppe aprecia la «exigente demanda de un método empírico para la investigación psicológica y en relación con ello el rechazo por principio de un dogmatismo referente a las autoridades»[42] de Vives. A este respecto sería él, por tanto, el fundador de la psicología empírica aunque, por otra parte, en su argumentación, su propio postulado no le haga justicia y sí tome en gran parte la teoría de Aristóteles acerca de las primeras cualidades y de Galen la doctrina del pneuma y de los jugos. Lo mismo sirve para la consideración de Vives sobre la esencia del alma: apoyándose en Aristóteles aparece como *effectio* (*energeia*) del cuerpo y apoyándose en Platón se le adjudica una preexistencia. En los casos en los que Vives trabaja los pormenores – como en la doctrina de la asociación de ideas – le habrían salido bien

---

38 Hoppe 1901: 32-37.
39 Hoppe 1901: 45.
40 Hoppe 1901: 50.
41 Hoppe 1901: 92.
42 Hoppe 1901: 111.

las observaciones por vía inductiva, donde «incluso la más nueva psicología no tendría que cambiar nada esencial».[43] Si bien Hoppe censura los a menudo inconsecuentes eclecticismos de Vives, alaba, sin embargo, que con Vives la psicología niega el servicio a la teología y empieza a constituirse como una disciplina independiente.

Esto no contradice la argumentación defendida por Georg Siske en su tesis doctoral[44] del año 1911. Según ésta, la psicología en Vives, en cuanto se pone en el contexto de la pedagogía, es relacionada inseparablemente con la ética y la teología. Mostró que Vives tiene en cuenta la filosofía y la ciencia primeramente según su importancia práctica como factor moralizante y no según su interés especulativo. El objetivo de la educación no sería la formación del intelecto sino que consistiría «en una educación de la voluntad que tomaría en consideración la vida entera de la psique humana, en harmoniosa formación del carácter religioso-moral».[45]

Puesto que, sin embargo, la autodeterminación también en Vives presupone conocimiento de uno mismo, éste no sería entonces el precursor de un nuevo voluntarismo extremo, como sostiene Fr. Paulsen, sino más bien el precursor de una posición que coordina voluntad y fuerza de conocimiento, en la línea de W. Wundt. De este modo, para Vives las leyes psíquicas tendrían mucha importancia como condiciones previas de las funciones de la voluntad y como bases para los principios de la formación de la voluntad y del carácter. Vives además posibilita percibir las normas pedagógicas y éticas desde una base psicológica segura.

Cuando Vives diferencia la percepción del mundo exterior, la capacidad de imaginar objetos ausentes en la percepción interior y la capacidad de conocer objetos no sensoriales como los tres niveles de conocimiento, entonces esta teoría del conocimiento no estaría subordinada a la *ratio speculativa*, sino a la *ratio practica*.

También la cuestión de las ideas innatas, en Vives mantiene una orientación práctica en cuanto que el hombre en sus creaciones ha conservado una tendencia predominante a lo verdadero y una disposición para lo bueno. Siske considera digno de poner de relieve el intento de Vives de orientar la pedagogía éticamente puesto que esto se volvería a encontrar tras varios siglos en Schleiermacher y no se realizaría a fondo hasta Herbart. Así se demuestra que la ética de Vives es al mismo tiempo objeto de conocimiento y de fe. No necesitaría solamente ser obtenida por la vía de la revelación sino que sus principios básicos se podrían encontrar también por la vía del conocimiento filosófico. La formación de la voluntad y de la personalidad en Vives aparecen para Siske en un punto de intersección de pedagogía, ética, teoría del conocimiento, psicología y teología. Ve claro que, según Vives, las normas pedagógicas y éticas podrían ser percibidas empíricamente por medio de la observación psicológica. Ya que, aparte de eso, también se podrían derivar, o bien de la reflexión

---

43   Hoppe 1901: 117.
44   Siske 1911.
45   Siske 1911: 88.

filosófica, o bien de la revelación religiosa, se muestra al mismo tiempo una división entre revelación, metafísica especulativa y ciencia empírica. De este modo, y a pesar de la interdependencia entre todas las disciplinas, la psicología no sería tampoco en Vives sierva de la teología.

Resumiendo se puede afirmar que las publicaciones en Alemania alrededor de 1900 subrayan de modo muy claro algunas convicciones de Vives. Una idea fundamental era que Vives emancipa la psicología frente a la metafísica y la teología ya que hace de la experiencia la base del conocimiento. Consecuentemente, no se pregunta por el ser del alma, sino por sus formas de expresión. Desde esta perspectiva se planteó también la cuestión filosófica del alma desde el punto de vista de la psicología. Ésta sería muy útil para tratar cuestiones filosóficas. Debido a que ya desde Kant no se planteó más conocer la esencia de las cosas en sí mismas, sino que se partió del modo de funcionamiento de la razón, la psicología apareció verdaderamente como disciplina fundamental. De esta disciplina sería Vives apreciado como pionero, el cual describiría los afectos como los habría observado empíricamente.

El empírico Vives fue considerado crítico de la tradición y de la autoridad filosófica. Tal y como Descartes, demostró ser antiaristotélico; relativizó a Aristóteles como factor importante en el desarrollo histórico y vio su fallo fundamental en tender a la generalización y la especulación, aunque Vives tomara de él algunos elementos. Mientras que Bacon, Comenius y Alsted se encuentran bajo la influencia de Vives, aparece Quintiliano – así como Aristóteles – como un factor de relativa importancia en el desarrollo histórico. Vives rechaza además su ideal de elocuencia por exagerado, ya que a Vives le parecen más importantes la variedad enciclopédica, la individualidad, la iniciativa individual, la orientación práctica, la crítica, el empirismo y el nominalismo como principios pedagógicos. Vives tematiza en su didáctica fenómenos observados empíricamente como, por ejemplo, la asociación de ideas, el cansancio o las fluctuaciones de energía. Además parece ambicionar la fundación psicológica de todo el trabajo educacional y así superar la mera deducción de las reglas de comportamiento de las normas éticas.

Un argumento para explicar el gran interés que se tenía por Vives en torno a 1900 es que la pedagogía y la psicología eran el centro de la atención científica y pública. A esto se añade que en él se veía el punto de partida de importantes tendencias contemporáneas, o sea, tendencias formuladas explícitamente en las primeras décadas del siglo XX, como la psicologización de la filosofía, la pedagogía como disciplina básica, la interdependencia de las disciplinas científicas, la ciencia unitaria y por último, y no menos importante, la teoría de la ciencia como crítica de la ciencia, cuya continuación en el siglo XX como crítica lingüística parecía ya apuntada en Vives.

Bibliografía

Baumeister, August (1895): «Prospekt», en íd. (ed.): *Handbuch der Erziehungs- und Unterrichtslehre für höhere Schulen.* Tomo 1, 1ª parte. Theobald Ziegler: *Geschichte der Pädagogik.* München 1895.

Bohlen, Jann Lücken (1906): *Die Abhängigkeit des Pädagogen Joh. Amos Comenius von seinen Vorgängern* (tesis doctoral, Erlangen). Erlangen: Junge & Sohn.

Bröring, J. (1897): *Die Dialoge des J. L. Vives.* Oldenburg i. Gr.

Burger, Otto (1914): *Erasmus von Rotterdam und der Spanier Vives* (tesis doctoral, Múnich). Kempten 1914.

Comenius Johann Amos (1633): *Physicae ad lumen divinum reformatae Synopsis, Philodidacticorum et Theodidacticorum censurae exposita.* Leipzig: Grossius.

Dilthey, Wilhelm ([8]1969): «Die Funktion der Anthropologie in der Kultur des 16. und 17. Jahrhunderts», en íd.: *Gesammelte Schriften.* Stuttgart: Teubner / Göttingen: Vandenhoeck & Ruprecht, tomo II, pp. 416-492.

Eulitz, Georg (1897): «Der Verkehr zwischen Vives und Budaeus», en: *Jahresbericht des Königlichen Gymnasiums zu Chemnitz für das Schuljahr Ostern 1896 bis Ostern 1897.* Edición de Bernhard Arnold. Chemnitz.

Günther, Rudolf (1912): *Inwieweit hat Ludwig Vives die Ideen Bacons von Verulam vorbereitet?* (tesis doctoral). Leipzig: Borna-Leipzig.

Hause, Paul (1890): *Die Pädagogik des Spaniers Johannes Ludwig Vives und sein Einfluss auf Joh. Amos Comenius* (tesis doctoral, Erlangen). Erlangen: Junge.

Heinze, Max (editor y revisor) (1896): *Friedrich Überwegs Grundriss der Geschichte der Philosophie der Neuzeit.* Berlin: Mittler.

Hofer, Johann Michael (1910), *Die Stellung des Desiderius Erasmus und Joh. Ludw. Vives zur Pädagogik des Quintilian* (tesis doctoral, Erlangen). Erlangen.

Höffding, Harald (1907): *Lehrbuch der Geschichte der neueren Philosophie.* Leipzig: Reisland.

Hoppe, Gerhard (1901): *Die Psychologie des Juan Vives nach den beiden ersten Büchern seiner Schrift «De anima et vita» dargestellt und beurteilt. Ein Beitrag zur Geschichte der Psychologie* (tesis doctoral, Erlangen). Berlin: Mayer & Müller.

Ilg., Paul (1931 [cubierta: 1932]): *Die Selbsttätigkeit als Bildungsprinzip bei Joh. Ludwig Vives (1492-1540).* Langensalza: Beyer (Friedrich Manns Pädagogisches Magazin).

Kammel, Wilibald (1913): «Johannes Ludovicus Vives und die experimentelle Didaktik», en: *Pharus. Katholische Monatschrift für Orientierung in der gesamten Pädagogik.* 4ª promoción 1913, tomo 1, pp. 36-45.

Kater, Theodor Gustav Adolf (1908): *Johann Ludwig Vives und seine Stellung zu Aristoteles* (tesis doctoral). Erlangen.

Kayser, Friedrich (1896): *Johannes Ludovicus Vives' Pädagogische Schriften. Einleitung, Charakteristik, Übersetzung und Erläuterungen.* Freiburg im Breisgau: Herder.

Kerschensteiner, Georg ([2]1924): *Das Grundaxiom des Bildungsprozesses,* Leipzig.

Kraft, Victor (1950): *Der Wiener Kreis. Der Ursprung des Neopositivismus. Ein Kapitel der jüngsten Philosophiegeschichte.* Wien: Springer.

Kuypers, Franz (1897): *Vives in seiner Pädagogik. Eine quellenmässige und systematische Darstellung* (tesis doctoral, Kiel). Leipzig: Teubner.

Lange, A. (1887): «Vives», en Schmid, Karl A. (ed.), *Encyklopädie des gesammten Erziehungs- und Unterrichtswesens.* 2ª edición. Leipzig: Fues, tomo IX, pp. 776-851.

Lange, Friedrich Albert (1974 [²1873]): *Geschichte des Materialismus und Kritik seiner Bedeutung in der Gegenwart.* Tomo 1. Ed. de Alfred Schmidt. Frankfurt am Main: Suhrkamp.

Messer, A. (1897): «Quintilian als Didaktiker und sein Einfluß auf die didaktisch-pädagogische Theorie des Humanismus», en: *Jahrbuch für Philosophie und Pädagogik,* 2ª parte. Leipzig, sobre Vives: pp. 457-469.

Nebe, August (1891): «Vives, Alsted, Comenius in ihrem Verhältnis zueinander», en: *Gymnasium zu Elberfeld. Bericht über das Schuljahr 1890-1891.* Elberfeld.

Pade, Roman (1893): *Die Affektenlehre des Johannes Ludovicus Vives. Ein Beitrag zur Geschichte der Psychologie.* Münster: Aschendorff.

Ruhmer, Wilhelm (1915) *Pädagogische Theorien über Frauenbildung im Zeitalter der Renaissance* (tesis doctoral, Bonn). Bonn: Ludwig.

Siske, Georg (1911): *Willens- und Charakterbildung bei Johann Ludwig Vives (1492-1540)* (tesis doctoral, Breslau). Langensalza: Beyer.

Windelband, Wilhelm (1892): *Geschichte der Philosophie.* Freiburg im Breisgau: Mohr.

Würkert, Georg (1901): «Ludwig Vives' Schrift von der Armenpflege», en: *Jahresbericht der Städtischen Realschule mit Progymnasium zu Pirna* 628, pp. 26ss., numeradas independientemente de la 1 a la 19.

Wychgram, J. (1883): *J. L. Vives´ Ausgewählte Schriften,* en: *Pädagogische Klassiker,* de G. A. Lindner. Tomo XIV. Wien / Leipzig: Pichler.

Acerca de confesión y de contemplación. La escritura autobiográfica de Santa Teresa de Jesús considerada como estética de la existencia mística

Bernardo Teuber
(Ludwig-Maximilians-Universität München)

I. La escondida herencia de Foucault: la «escritura de sí» considerada como etopoética intransitiva

A pesar de sus patentes reminiscencias platónicas, neoplatónicas e incluso heideggerianas, el «cuidado de sí» (*souci de soi*) y la «escritura de sí» (*écriture de soi*) son fórmulas complementarias divulgadas con notable éxito por Michel Foucault en sus últimos escritos filosóficos.[1] Es cierto que tales conceptos han conocido y siguen teniendo una sorprendente resonancia en muchos estudios culturales y literarios.[2] Esto se debe principalmente a que en la investigación literaria, que ha estado preocupada ante todo por las categorías estéticas del juego, de la ficción y de la escenificación, irrumpió de pronto la pregunta por la ética y, en palabras de Sören Kierkegaard, por la «seriedad de la vida» que necesariamente incluye la «seriedad de la escritura». Materialmente esto se comprueba ya en el vocabulario que introduce Foucault en los estudios mencionados. Con respecto a la escritura, emplea varias veces el adjetivo «etopoético» (en castellano, preferiremos el sustantivo «etopoética») y define el término de la siguiente manera:

> Comme élément de l'entraînement de soi, l'écriture a, pour utiliser une expression qu'on trouve chez Plutarque, une fonction *éthopoïétique*: elle est un opérateur de la transformation de la vérité en *ethos*.[3]

> Ces textes avaient pour rôle d'être des opérateurs qui permettaient aux individus de s'interroger sur leur propre conduite, de veiller sur elle, de la former et de se façonner soi-même comme sujet éthique; ils relèvent en somme d'une fonction «étho-poétique», pour transposer un mot qui se trouve dans Plutarque.[4]

Foucault postula una escritura que permita al sujeto equiparse de mejor manera para asumir la verdad y apropiarse de ella con ayuda de un «ethos» o «hábito». Este hábi-

---

1   Compárese Foucault 1974, Foucault 1984a, Foucault 1984b; Foucault 1994. Existe traducción al castellano. Cfr. Foucault 2005.
2   En cuanto a estudios inspirados en el planteamiento de Foucault, cabe mencionar aquí a Hadot 1981, Erdmann / Forst / Honneth (eds.) 1990, Kinzel 2000, Schmaus 2000, Schmid 2000, Moog-Grünewald (ed.) 2004.
3   Foucault 1994: 418.
4   Foucault 1984a: 18s.

to es característico de aquello que Foucault denominó – oponiéndolo al «sujeto epistemológico» de la época cartesiana – el «sujeto ético» de los tiempos premodernos. Este sujeto ético surge especialmente en las sabidurías de la Antigüedad pero también en la Edad Media y, sobre todo, en el Renacimiento.[5] Para Foucault, los géneros literarios en los cuales la función etopoética de la escritura se expresa de manera privilegiada, son la tratadística y los demás escritos prescriptivos, es decir, aquel acervo de textos que los filólogos clásicos denominan las «diatribas cínico-estoicas», dentro de las cuales encontramos a autores tan destacados como Plutarco, Séneca y Epicteto.

Existe la tendencia de emplear el término de *ēthopoiia* relacionándolo únicamente con la retórica: allí significa la elaboración de un discurso ficticio, compuesto según el «carácter» (en griego, *ta ēthē*) del orador al cual se le atribuye el discurso; en latín, el término técnico que corresponde más apropiadamente a este fenómeno es el de la *sermocinatio*. En la manera en que el orador formula un cierto discurso, a la vez construye el carácter de aquel a quien el discurso es atribuido. Pero un carácter, y esto no sólo para Foucault sino ya para los antiguos según la acepción del verbo *ēthopoiein*, del sustantivo *ēthopoiia* y de algunas de sus derivaciones,[6] no se configura únicamente dentro del medio de discursos imaginarios o jamás pronunciados sino que es configurado sobre todo en el marco de la vida real del sujeto.

Dejando de lado su significado trasladado o reducido a la retórica, la etopoética se refiere, en primer lugar, a aquello que dentro del vocabulario alemán se había llamado, desde hace mucho tiempo, por el ya desusado término de «Charakterbildung» («educación del carácter», «formación del carácter» o «conformación del carácter»). Foucault menciona que éste es el significado atribuido a la palabra por Plutarco cuando abarca, por ejemplo, la educación de Temístocles en el relato de su vida.[7] En ese sentido lo emplea también Sexto Empírico cuando menciona la influencia de la música y del ritmo en la formación del carácter del alma.[8]

¿Hasta qué punto entonces se puede considerar la etopoética de Foucault como un concepto nuevo o incluso calificarlo de original? Mencionaremos tres aspectos, en los cuales se observa que el sentido de Foucault sobrepasa y a veces invierte el común entendimiento del término:

    A. Foucault entrelaza la función de formación de carácter explícitamente con actividades como la lectura, la escritura y la recopilación de textos; de esta manera les asigna a la vez un sustrato material y medial. Relevantes para él

---

5   Cfr. Dünne 2003.
6   También existen el sustantivo *ēthopoiēsis* así como el adjetivo *ēthopoios*.
7   Según Plutarco, Temístocles aprendió con gran dificultad «aquellas partes de la educación que conforman el carácter» (*ton paideuseōn tas men ēthopoius*). Cfr. *Plutarchi Temistocles* 2,3.
8   Sexto Empírico habla de «conformar el alma» (*ēthopoiein tēn psychēn*). Cfr. *Sextus Empiricus adversus mathematicos* VI,30.

son aquí dos géneros, por un lado la redacción de los llamados *hypomnē-mata* (en latín, *memorialia*) en los que el sujeto relata sucesos o acontecimientos para su uso personal y, por el otro lado, la correspondencia epistolar, que por naturaleza está dirigida hacia un destinatario y por tal razón se asemeja a un diálogo con el otro, el cual es simultáneamente monólogo. Si queremos reconocer con Foucault en estas manifestaciones de la escritura elementos constitutivos de una temprana forma autobiográfica, entonces la escritura etopoética configura un carácter que no se debe calificar como simple ficción, sino como construcción histórico-biográfica. El carácter del individuo descrito ni precede a su biografía escrita ni se puede separar de ella, pero tampoco es una simple quimera literaria sino que el «yo» autobiográfico «autoescribe» y, por ende, se apropia un carácter ético a través de su actuación, ante todo en el ámbito de la literatura. Lejos de las «teorías de contrato», las cuales se han puesto de moda a base de las investigaciones de Philippe Lejeune,[9] Foucault le atribuye a la escritura autobiográfica una evidente fuerza performativa. La «escritura de sí» (*écriture de soi*) debe ser vista, en primer lugar como una actividad que hace surgir y construye al «yo» del escritor simultáneamente al acto de su escritura.

B. A pesar de que la tarea de conformar el carácter aparece, a primera vista, como una actividad eminentemente heterónoma (el gimnasiarca educa al efebo, el maestro inculca un carácter a su discípulo), Foucault comprende la etopoética de forma contraria, es decir, como una actividad autónoma del sujeto y cuyo efecto se refleja en el sujeto mismo. Para Foucault, la etopoética forma parte de un proyecto cultural más amplio, de todo un conjunto de «artes de sí» (*arts de soi*) dentro del cual el sujeto por medio de una constante práctica – a través de la *askēsis* (lat. *exercitium*) y la *meletē* (lat. *meditatio*) – aprende a dar forma a su propio ser realizando así el «cuidado de sí». Es totalmente lícito que el otro instruya al sujeto en las artes del «cuidado de sí». Pero esta instrucción no puede ni debe convertirse en una responsabilidad ajena, reservada al otro, ya que en última instancia el individuo nunca podrá dispensarse de la responsabilidad de preocuparse por sí mismo; el individuo, por ende, debe llevar «cuidado de sí». En cada lugar y a cada momento en que el individuo madure, se transforme y se forme, está realizando un proceso que va dirigido hacia sí mismo.

C. Relacionándose otra vez directamente con la Antigüedad donde la poesía, la música, la gimnasia y las artes liberales en general eran vistas como herramientas primordiales para la formación del carácter, Foucault halla un vínculo estrecho entre la etopoética y la estética. Por ello habla generalmente de una «estética de la existencia» y por esta razón se tiene que inter-

---

9 Cfr. Lejeune 1975.

pretar el componente «poético» dentro de la construcción «etopoética» en un sentido fuerte. La etopoética, es decir, la conformación de un carácter moral, no consiste en algo vago o difuso, sino que presupone una expresa voluntad hacia la forma y hacia el estilo, pues forma y estilo le brindarán un justo perfil a la ética, haciéndola reconocible e incluso negociable y permitiendo así su transmisión a través del discurso y, en particular, a través de de la escritura.

¿Qué debe entenderse con exactitud bajo una civilización fundada en la etopoética y en el «cuidado de sí» practicado por el sujeto, configuración que Foucault denomina una «cultura de sí» (*culture de soi*)? Sería inapropiado y falso atribuirle a esta cultura un solipsismo del sujeto que gira permanentemente alrededor de sí mismo. Más bien el retorno de Foucault al concepto del «cuidado de sí» proveniente de la Antigüedad griega,[10] permite una sorprendente apertura hacia nuevas perspectivas. Foucault nos remite sobre todo a dos escritos del corpus platónico, en los cuales se define por primera vez el concepto de la *epimeleia heautu* (en latín, *cura sui*): por un lado, la *Apología de Sócrates* en la cual éste hace suyo el derecho de advertir – de manera oportuna o importuna – a los atenienses de la importancia del «cuidado de sí», reclamando el derecho de aprovecharse él mismo de tal «cuidado»;[11] por otro lado, nos remite al diálogo titulado *Alcibiades maior*, cuya autoría fue atribuida ya en la Antigüedad a Platón y que se encuentra extensamente comentado en todas las ediciones de su obra, si bien la autenticidad de esta autoría no ha sido nunca perfectamente comprobada.[12] El *Alcibiades maior* adquiere para Foucault la función de un texto magistral ya que en él se articula el tema del «cuidado de sí» con otras importantes preguntas filosóficas como lo son la justicia y el estatuto del ciudadano dentro la República, el conocimiento de la verdad y de la virtud, y finalmente, la cuestión del erotismo. Como todos sabemos el diálogo se realiza entre Sócrates y el joven Alcibíades de aproximadamente veinte años, quien hasta entonces se encontraba bajo la tutela del Péricles y ahora se prepara para emprender una carrera política. Sócrates se había abstenido hasta ese momento de revelar su amor para con Alcibíades y le confiesa solamente ahora su afecto pero desea al mismo tiempo que esa íntima amistad no se manifieste de forma física, sino que encuentre su realización en la mutua ansiedad por la sabiduría, pues esto es lo único que puede perdurar por encima de la belleza del cuerpo juvenil. Alcibíades, por su lado, anhela poder participar lo antes posible en las disputas políticas de los atenienses, pero debe reconocer pronto que para ello es necesario un conocimiento acerca de la justicia que aún le falta.

---

10   Cfr. Schmid 1996 (artículo «Selbstsorge»).
11   Cfr. *Platonis apologia Socratis* 29 e, 31 b. Véase además el artículo de Wilhelm Schmid, «Selbstsorge», en *Historisches Wörterbuch der Philosophie*.
12   Es cierto, sin embargo, que el diálogo titulado *Alcibiades minor* es espurio.

La conversación pasa a la idea de que únicamente se puede adquirir conocimiento seguro acerca de lo que es justo, si se sigue el mandamiento *Gnōthi sauton* – «Nosce te ipsum» del oráculo de Delfos –.[13] Tal autoconocimiento sólo puede surgir a través de una vuelta del individuo hacia sí mismo, de su esfuerzo por generar un vínculo consigo mismo. Esto es lo que Sócrates entiende bajo el mencionado «cuidado»; una necesidad de todos los hombres que no está dirigida hacia algo exterior del ser humano ni tampoco hacia algo que le pertenece, sino que está vinculada con su verdadero núcleo, de tal manera que se pueda diferenciar y reconocer con seguridad primero, lo que es propiamente *el «sí»*, después, lo que podría denominarse *lo del «sí»* (es decir, las cosas pertenecientes al «sí») y, finalmente, lo que denominaríamos *lo de lo del «sí»* (es decir, las cosas que pertenecen a las cosas pertenecientes al «sí») – *auton, ta autu, ta tōn heautu* –.[14] Para demostrar lo referido, Sócrates emplea la comparación entre el oficio de la zapatería y la gimnasia; a pesar de que el buen arte de hacer zapatos está preocupado por aquello que corresponde al pie, es decir, el calzado, no tiene como objeto suyo al pie mismo; del pie en sí mismo, así como de todo el resto del cuerpo se preocupa la gimnasia. Pero también la gimnasia no tiene aún como objeto suyo al ser humano en sí mismo, sino a algo que es diferente de ese «sí». De esa manera Sócrates y Alcibíades se ponen a preguntar por el núcleo esencial del hombre, es decir, por aquello que está relacionado con este «cuidado de sí»: el alma humana, «así que el hombre no puede ser otra cosa más que alma» (*mēden allo ton anthrōpon symbainein ē psychēn*).[15] Por lo tanto, Sócrates concibe el conocimiento seguro de «sí» como un aprendizaje de virtudes, dirigido hacia el alma como núcleo esencial del ser humano, dentro del cual arde una chispa de lo divino.

Frente a las ideas contenidas en el *Alcibiades maior* es lícito preguntarse si el discurso de Foucault acerca del «sí» corresponde de manera adecuada al concepto de la *epimeileia heautu* que encontramos en Platón, puesto que, para Sócrates, esta *epimeileia heautu* se evidencia en su núcleo como una *epimeleia tēs psychēs*, un «cuidado del alma»,[16] mientras que Foucault, sin relegar totalmente el término «alma», lo reemplaza en gran medida por el término «sí» (en francés, *soi*), procedente de la sociología y la filosofía de la conciencia (en inglés, «self» y, en alemán, «Selbst»).[17] El discurso de Foucault acerca del «sí» (*soi*) resulta así de alguna manera más moderno y también más secularizado que el texto literal del diálogo platónico. Y existe una distinción más entre Foucault y Platón: una parte significativa del *Alcibiades maior*, transmitido por el historiador eclesiástico San Eusebio y, también, por

---

13   *Platonis Alcibiades maior* 124 b.
14   *Alcibiades maior* 133 e.
15   *Alcibiades maior* 130 c.
16   Así también en la *Apología* (comp. *Platonis apologia Socratis* 31 b).
17   Cfr. Taylor 1989.

el erudito Estobeo y que según la opinión de la crítica se revela como una añadidura de tintes neoplatónicos, entrecruza el «sí» del alma con su relación para con Dios. Los interlocutores se preguntan de qué manera el alma puede verse o reconocerse a sí misma sin la ayuda de algún recurso. Sócrates recurre a la analogía del reflejo: el ojo se reconoce a sí mismo de la mejor manera cuando se mira en otro ojo, y así también debe ser con el alma cuyo «conocimiento e inteligencia» (*to eidenai te kai phronein*) es también más reconocible para sí misma si se refleja en un medio extraño. El «espejo más precioso» (*kalliston enoptron*) para el conocimiento y la inteligencia del alma son el conocimiento y la inteligencia de Dios. De esa manera, en la mirada hacia lo divino, el alma aparece y se ve a sí misma como en un espejo.

SÓCRATES: ¿Podemos, entonces, suponer una parte más divina en el alma que aquella en la cual reside el saber y la inteligencia?
ALCIBÍADES: De ninguna manera.
SÓCRATES: Por lo visto, aquello se asemeja a lo divino y quien mirase y reconociese todo lo divino, Dios e igualmente la razón, aquél también podría reconocerse a sí mismo.
ALCIBÍADES: Así parece.
[SÓCRATES: Ahora bien, así como los espejos son más claros que la materia reflejante que está en el ojo, y más puros y más pulidos, ¿no es también Dios algo más puro y más pulido que lo más noble que reside en nuestra alma?
ALCIBÍADES: Bien parece así, o Sócrates.
SÓCRATES: Entonces, si miramos hacia Dios, nos servimos del espejo más perfecto, y entre las cosas humanas, si miramos hacia la virtud del alma. Y esta sería la mejor manera de mirarnos y reconocernos a nosotros mismos.
ALCIBÍADES. Así es.][18]

Independientemente de la cuestión de saber si esta inserción puede ser calificada – en el sentido de autoría histórica – como auténticamente platónica o no (en esta parte central reaparece, en cierto sentido, todo el problema de la autenticidad del *Alcibiades maior*) se evidencia en el pensamiento de este pasaje, al menos para Platón y las escuelas influenciadas por él, que el «sí», comprendido como alma en la cual se encuentra una chispa divina, no consiste en una categoría inmanente, sino que abre una relación hacia una instancia transcendente, en la cual el «sí» se encuentra como reflejado en «el otro». El *Alcibiades maior* enlaza de esa manera el discurso sobre la justicia (política), sobre la verdad (filosofía) así como sobre el deseo por el otro (erotismo) también con el discurso sobre la religión y lo divino (teología). Como quiera que una exégesis de Foucault trate estas controversias, parece importante señalar aquí que las fuentes de Foucault acerca de la constitución y construcción del «sí» ubican el «cuidado de sí» en un contexto mucho más amplio y que será objeto de nuestras siguientes reflexiones. En todo caso se puede postular que la función etopoética del «cuidado de sí» comprende también una vertiente psicopoética que por su lado puede alcanzar incluso lo numinoso.

---

18 *Alcibiades maior* 133 c (nuestra traducción).

Pero ¿cómo es factible imaginar una *epimeleia heautu*, que a través del acto de la escritura sea a la vez constitución y construcción del «sí», más aún, del alma misma? Sin que Foucault lo mencione explícitamente, es indudable una afinidad de pensamiento con otros compañeros del grupo *Tel Quel*, en primer lugar probablemente con Roland Barthes: en dos ensayos altamente influyentes Barthes ha señalado, por un lado, la importancia del medio como un género gramatical del verbo y, por el otro lado, la diferenciación entre la escritura transitiva e intransitiva, entre el sujeto que escribe, el «escribiente» o «escribidor» (*écrivant*), y el «escritor» (*écrivain*).[19] El uso del género medio, como lo conocemos de las lenguas en las cuales se utiliza esa forma gramatical adicionalmente a la forma de activo y pasivo (por ejemplo en griego), contiene una referencia del sujeto activo hacia sí mismo, una autoafección que es causada por la actuación del sujeto sobre sí mismo y que al mismo tiempo excluye que el sujeto afectado sea visto en un sentido común como un simple objeto del acto. Barthes lo expone gramaticalmente con el ejemplo del verbo *thyo* («yo sacrifico algo», en la forma activa del verbo) contrastándolo con *thyomai* («yo sacrifico algo por mí, para mí», en la forma del género medio):

> Selon l'exemple classique, donné par Meillet et Benveniste, le verbe *sacrifier* (rituellement) est actif si c'est le prêtre qui sacrifie la victime à ma place et pour moi, et il est moyen si, prenant en quelque sorte le couteau des mains du prêtre, je fais moi-même le sacrifice pour mon propre compte; dans le cas de l'actif, le procès s'accomplit hors du sujet, car, s'il est vrai que le prêtre fait le sacrifice, il n'en est pas affecté lui-même; dans le cas moyen, au contraire, en agissant, le sujet s'affecte lui-même, il reste toujours intérieur au procès, même si ce procès comporte un objet, en sorte que le moyen n'exclut pas la transitivité.[20]

Barthes aplica a la actividad del escritor moderno la forma del género medio, pues este escritor escribe su obra literaria en cierto sentido por sí mismo y para sí mismo y por lo tanto se constituye en un sujeto que se crea y se afecta a sí mismo a través de la escritura: «Dans l'écrire moyen de la modernité, le sujet se constitue comme immédiatement contemporain de l'écriture, s'effectuant et s'affectant par elle.»[21] Escribir (*écrire*) se convierte de esa manera en un verbo intransitivo o un verbo usado de forma absoluta, la escritura como acción de escribir se vuelve gesto intransitivo, algo a lo que Barthes ya había aludido anteriormente a través de la oposición de la pareja de términos de *écrivain* («escritor») y *écrivant* («escribiente» o «escribidor»). Mientras en el *écrivain* predomina un trato de la escritura en el sentido del género medio y de la intransitividad, de manera que ése pertenece al campo institucional de la literatura, el neologismo *écrivant* designa una instancia más activa, que a través de la escritura busca fijar y retener una referencia específica en el sentido de un testimonio, una explicación o una enseñanza:

---

19 Cfr. Barthes 1993 e íd. 1994.
20 Barthes 1994: 978.
21 Barthes 1994: 979.

> L'écrivain accomplit une fonction, l'écrivant une activité, voilà ce que la grammaire nous apprend déjà, elle qui oppose justement le substantif de l'un au verbe (transitif) de l'autre. Ce n'est pas que l'écrivain soit une pure essence: il agit, mais son action est immanente à son objet, elle s'exerce paradoxalement sur son propre instrument: le langage; l'écrivain est celui qui travaille sa parole (fût-il inspiré) et s'absorbe fonctionnellement dans ce travail. [...] Le paradoxe c'est que, le matériau devenant en quelque sorte sa propre fin, la littérature est au fond une activité tautologique [...].[22]
>
> Pour l'écrivain, *écrire* est un verbe intransitif [...].[23]
>
> Les écrivants, eux, sont des hommes «transitifs»; ils posent une fine (témoigner, expliquer, enseigner) dont la parole n'est qu'un moyen; pour eux, la parole supporte un faire, elle ne le constitue pas [...].[24]
>
> L'écrivain participe du prêtre, l'écrivant du clerc; la parole de l'un est un acte intransitif (donc, d'une certaine façon, un geste), la parole de l'autre est une activité.[25]

No cabe duda de que Barthes simpatiza en esa fase temprana (el artículo fue escrito en el año 1960) con el *engagement manqué* (sic), el «compromiso fracasado» del *écrivain* y que busca distanciarse del *écrivant*, pues considera ingenua su creencia en un mensaje claramente comunicable.[26] Asimismo se puede reconocer fácilmente detrás del proyecto del *écrivant* el programa de Sartre de una *littérature engagée*, la cual es rechazada tajantemente por Barthes.

Lo que Barthes expone con relación a la escritura del escritor y a la literatura moderna, tiene una implicación mucho más amplia si relacionamos estas ideas con los pensamientos de Foucault acerca del «cuidado de sí» y de la «escritura de sí». El «cuidado de sí» comprende, según Foucault, una amplia gama de «artes de la existencia» (*arts de l'existence*) o «técnicas de sí» (*techniques de soi*; en inglés, «technologies of the self»): éstas son aquellas actividades en las cuales el estatuto de sujeto y el de objeto no son fácilmente distinguibles sino que se afectan recíprocamente y en las que se puede leer la historia del sujeto deseante, el *vir desideriorum* («hombre de deseos») como lo denomina el *Libro de Daniel*:

> Il convenait de chercher quelles sont les formes et les modalités du rapport à soi par lesquelles l'individu se constitue et se reconnaît comme sujet [...]: étudier les jeux de vérité dans le rapport de soi à soi et la constitution de soi-même comme sujet, en prenant pour domaine de référence et champ d'investigation ce qu'on pourrait appeler l'«histoire de l'homme de désir».[27]
>
> Par là il faut entendre des pratiques réfléchies et volontaires par lesquelles les hommes, non seulement se fixent des règles de conduite, mais cherchent à se transformer eux-

---

22 Barthes 1993: 1278.
23 Barthes 1993: 1279.
24 Barthes 1993: 1280.
25 Barthes 1993: 1281.
26 Barthes 1993: 1279s.
27 Foucault 1984a: 12.

mêmes, à se modifier dans leur être singulier, et à faire de leur vie une œuvre qui porte certaines valeurs esthétiques et réponde à certains critères de style.[28]

La autotransformación y la automodificación que se realizan dentro del contexto de las técnicas de sí, convierten al sujeto en punto de partida y a la vez en punto final de la acción. Resulta interesante que esta constelación demuestra nuevamente las características semánticas del género medio. En griego y en latín, a los verbos deponentes se les adjudica frecuentemente la función del género medio. Por ello no es casualidad que justamente el llevar «cuidado de sí» se exprese en griego con la ayuda de un deponente: *to heautu epimeleisthai*.[29] De igual manera «la conformación del carácter» puede expresarse con la ayuda del género medio: *tēn psychēn ēthopoieisthai* («que el alma se forme un carácter»).[30] Si se puede considerar el «cuidado de sí» como un patente ejemplo del género medio en cuanto al estatuto implícito del sujeto, entonces podemos hacer lo mismo – y con mayor razón – con respecto a la «escritura de sí». En el mismo acto de la escritura, el sujeto se deja llevar por el «cuidado de sí», transformándose en aquel sujeto sobre el cual él mismo escribe. Por este motivo, el sujeto autobiográfico es hijo y obra de su propio trabajo de escritura, claro está que esa afirmación no vale en un sentido despreciativo como si el sujeto hubiese fingido o meramente inventado una instancia autobiográfica sino en el sentido de una autónoma «práctica de sí» a través de la cual el sujeto se define enteramente como aquel que únicamente puede llegar a ser gracias a su propia escritura. Como ejemplo concreto de un «cuidado de sí» que lleva al sujeto a redactar su autobiografía para poder modelarse a sí mismo, nos serviremos, en la segunda parte de este ensayo, de una de las obras más famosas del género en cuestión, el *Libro de la vida* de Santa Teresa de Jesús.

II. El caso de Santa Teresa: la escritura autobiográfica considerada como místico «cuidado de sí»

Durante muchos siglos, el libro de Santa Teresa de Jesús en el que ella misma relata su vida, ha sido considerado como una de las autobiografías espirituales que mayor influencia han tenido desde los albores de los Tiempos Modernos. La obra fue publicada y adquirió fama bajo el nombre de *Libro de la vida*.[31] El libro narra principal-

---

28 Foucault 1984a: 16s.
29 *Alcibiades maior* 127 e.
30 Cfr. *Plutarchus de Stoicorum repugnantiis*.
31 Nos atenemos a la siguiente edición de Santa Teresa de Jesús, *Libro de la vida,* ed. por Dámaso Chicharro, Madrid: Cátedra, 1979. En todas las citas indicaremos, entre paréntesis, los números del capítulo así como del párrafo y, posteriormente, la página correspondiente. La autobiografía también se encuentra en Santa Teresa de Jesús 1979b. Existe una buena traducción al alemán, publicada recientemente. Cfr. Teresa von Avila, *Das Buch meines Lebens,* ed. y trad. por Ulrich Dobhan y Elisabeth Peters, Friburgo en Brisgovia: Herder 2001. Entre tantos valiosos estudios sobre Santa Teresa véanse prin-

mente el período que abarca los años desde 1515 hasta 1562. 1515 es el año de nacimiento de Teresa, mientras que en 1562 cumple con una primera meta en su camino hacia la reforma de su orden religiosa: la fundación del convento de San José en Ávila, donde se asienta con algunas hermanas para vivir según las reglas reformadas de las carmelitas descalzas. Una versión revisada del texto contiene referencias que llegan hasta el 1565. A partir de este momento, ya no hubo otra revisión ni prolongación. El libro es interpretado generalmente como un elocuente testimonio de la vida ejemplar que Santa Teresa llevó y que a la vez debe servir de ejemplo para sus seguidores. Tampoco cabe duda de que la lectura por así decir «devota» del libro adquirió gran importancia para muchos lectores, sobre todo en la era de la Contrarreforma, pero también en épocas ulteriores. Es famosa la impresionante vivencia de Edith Stein quien en casa de una amiga suya encuentra por casualidad el *Libro de la vida*, lo lee durante toda la noche y tras ello decide definitivamente convertirse a la fe cristiana, mas no como lo había considerado anteriormente al protestantismo sino a la confesión católica y romana para ingresar incluso, mucho más tarde, en la orden de las carmelitas descalzas.[32]

Tales interpretaciones del *Libro de la vida* muestran, sin embargo, rasgos claramente reconocibles de una *lectio facilior*. Pese al éxito en suma relativo que la autora puede acreditarse finalmente con la fundación del convento de San José, el relato de su vida permanece una obra inacabada. El discurso acerca de la experiencia (*espiriencia* en la errónea ortografía de Teresa que reproduce el sonido de la palabra) de la cual la autora habla continuamente y cuya importancia constantemente enfatiza, no refleja tanto el camino que ha transcurrido el individuo que vive una determinada experiencia, sino que se trata más bien de crear un espacio en cuyos confines tal experiencia pueda acontecer. Nuestra tesis, en todo caso, consiste en decir que la casi autobiográfica escritura de Santa Teresa no es en primer lugar la emanación de una mística vivencia anteriormente experimentada para quedar fijada por escrito más tarde, sino que en el caso de Santa Teresa el sujeto autobiográfico se constituye como sujeto místico sólo al momento de redactar su propio texto, es decir, a través de la escritura. La biografía espiritual o mística se convierte de esta manera en campo de un específico *self-fashioning*, como según el concepto de Stephen Greenblatt ocurrió con tantos autores del Renacimiento,[33] si bien en el caso de Santa Teresa este fenómeno adquiere una enfática dimensión espiritual y a la vez femenina. En resumen, a través de su escritura, Santa Teresa se convierte – de acuerdo con las normas que impone la figura retórica de la *ēthopoiia* o *sermocinatio* – en aquella

---

cipalmente Castro 1929, Peers 1948, Behn 1957, Menéndez Pidal 1958, Herbstrith 1971, García de la Concha 1978, Stoll 1994, Swietlicki 1986, Weber 1990, Bilinkoff 1989, Allendesalazar 2002. Sobre la recepción francesa de la autobiografía teresiana y de otros místicos españoles véase Tietz 1973.

32 Cfr. Gerl 1991: 20-25.
33 Cfr. Greenblatt 1980.

mística que tanto impacto tuvo en la historia de la espiritualidad e incluso de la Iglesia.

Bien se podría objetar que el discurso mistagógico de la época tiene como objetivo interpretar la experiencia mística como *gratia gratis data*, como aquella *contemplatio infusa* que se distingue estrictamente de la *comtemplatio acquisita* la cual sólo se consigue a través de un esfuerzo intencional. Adquirir una experiencia mística a través de un aplicado trabajo de escritura sería entonces una contradicción en sí. Sin embargo no es necesario considerar la escritura como instrumento que engendra automáticamente una experiencia mística; quizá resulte más apropiado interpretar la escritura como una estructura que posibilita, que abre, que da cabida a un espacio en el cual la experiencia mística irrumpe a manera de acontecimiento que no se deriva del escrito, pero que sí toma el escrito como su soporte, como requisito. Tal escritura formaría, entonces, parte de un «aparejarse a sí mismo», una «práctica de sí», una *askēsis* con cuya ayuda el sujeto tal vez no «se mistifique» (se vuelva místico) sin nada más, pero sí puede lograr «mistificarse» (convertirse en místico).

No será por casualidad que los más tempranos recuerdos al inicio del *Libro de la vida* evocan una serie de escenas de lectura, a través de las cuales la autora caracteriza al padre, a la madre y a los hijos de su propia familia.

> Era mi padre aficionado a leer buenos libros, y ansí los tenía de romance para que leyesen sus hijos. Éstos, con el cuidado que mi madre tenía de hacernos rezar y ponernos en ser devotos de nuestra Señora y de algunos santos, comenzó a despertarme de edad, a mi parecer, de seis o siete años. Ayudábame no ver en mis padres favor sino para la virtud. Tenía muchas. (*Libro de la vida,* cap. I,1: 119s.)

El padre no sólo es un lector apasionado, sino que posee también una considerable biblioteca de cuya composición uno puede formarse una idea básica gracias a un inventario de 1507 que aún se ha conservado. Predominan allí obras religiosas y de filosofía moral, como una historia de la vida de Jesucristo o el *De officiis* de Cicerón así como obras de Séneca y Boecio. A la madre parecen fascinarle las historias de santos y de ella han heredado sus hijos ese gusto, sobre todo la inseparable pareja de hermanos que son Rodrigo (nacido en 1511) y Teresa (nacida en 1515):

> Eramos tres hermanas y nueve hermanos [...]. Tenía uno casi de mi edad; juntábamonos entramos a leer vidas de santos, que era el que yo más quería, aunque a todos tenía gran amor y ellos a mí; como vía los martirios que por Dios los santos pasaban, parecíame compraban muy barato el ir a gozar de Dios, y deseaba yo mucho morir ansí, no por amor que yo entendiese tenerle, sino por gozar tan en breve de los grandes bienes que leía haber en el cielo, y juntábame con este mi hermano a tratar qué medio habría para esto. Concertábamos irnos a tierra de moros, pidiendo por amor de Dios, para que allá nos descabezasen, y paréceme que nos daba el Señor ánimo en tan tierna edad, si viéramos algún medio, sino que el tener padres nos parecía el mayor embarazo.[34]

---

34 Teresa de Ávila: *Libro de la vida*, cap. I,3-4: 121.

Parece que en este famosísimo pasaje Santa Teresa misma –al igual que su biógrafo, el padre Francisco de Ribera, quien enriqueció la información con detalles suplementarios – comentara con una mirada patentemente irónica la aventura y la tentación infantiles de alcanzar voluntariamente el martirio *en tierra de moros*.[35] La escena de lectura desata en la cándida niña el deseo de una mímesis casi literal, de una imitación ingenua la cual – afortunadamente, diríamos – fracasa. Pero, más adelante, también el deseo de convertirse si no en mártir al menos en eremita tiene que fracasar:

> De que vi que era imposible ir donde me matasen por Dios, ordenábamos ser ermitaños; y en una huerta que había en casa procurábamos, como podíamos, hacer ermitas, poniendo unas pedrecillas que luego se nos caían, y ansí no hallábamos remedio en nada para nuestro deseo.[36]

Podríamos afirmar que el fracaso de las travesías e ilusiones infantiles radica en el hecho de que Santa Teresa intenta imitar – por no decir, remedar – un ejemplo ajeno sin que ella se transforme a sí misma.

Al lado opuesto de estas primeras escenas de lectura que sólo influyen fugazmente y no aseguran un cambio duradero en la lectora, hay que situar las posteriores escenas de lectura y escritura, las cuales inician con la lectura de las *Confesiones* de San Agustín. El libro había aparecido en español en 1554,[37] y llegó probablemente ese mismo año a conocimiento de Santa Teresa:

> En este tiempo me dieron las Confesiones de San Agustín, que parece el Señor lo ordenó, porque yo no las procuré ni nunca las había visto. [...] Como comencé a leer las *Confesiones*, paréceme me vía yo allí: comencé a encomendarme mucho a este glorioso santo. Cuando llegué a su conversión y leí como oyó aquella voz en el Huerto, no me parece sino que el Señor me la dio a mí sigún sintió mi corazón: estuve por gran rato que toda me deshacía en lágrimas, y entre mí mesma con gran afleción y fatiga. ¡Oh, qué sufre un alma, válame Dios, por perder la libertad que había de tener de ser señora, y qué de tormentos padece! Yo me admiro ahora, cómo podía vivir en tanto tormento; sea Dios alabado que me dio vida para salir de muerte tan mortal.[38]

La lectura de San Agustín se convierte en una experiencia clave para Santa Teresa, culminando en la escena de la conversión. Pero esta vez, en lugar de tan sólo

---

35 En su *Vida de la Madre Teresa de Jesús* (Salamanca, 1590), el padre Francisco de Ribera declara lo siguiente: «En fin, lo tomó tan de veras [sc. Santa Teresa], que tomando alguna cosilla para comer se salió con su hermano de casa de su padre, determinados los dos de ir a tierra de moros, donde les cortasen las cabezas por Jesucristo. Y saliendo por la puerta del Adaja se fueron por un puente adelante, hasta que un tío suyo los encontró y los volvió a su casa.» (La cita se encuentra a pie de página apud Chicharro en su edición del *Libro de la vida*, p. 121, nota 5).
36 Teresa de Ávila: *Libro de la vida*, cap. I,5: 121.
37 En fecha del 15 de enero de 1554, Andrés de Portuariis publicó en Salamanca la traducción de Sebastián Toscano bajo el título *Las confesiones de San Agustín, traducidas de Latín en Romance castellano*.
38 Teresa de Ávila: *Libro de la vida*, cap. IX,7-8: 180s.

imitarla exteriormente como en el caso de la búsqueda del martirio, Santa Teresa se deja penetrar interiormente por la escena, se siente conmovida por las lágrimas de San Agustín y, llena de dolor sobre su vida errada, se vuelve hacia adentro, se «ensimisma» y empieza a actuar a partir de aquel momento para su fuero interior: «que toda me deshacía en lágrimas, y entre mí mesma con gran aflección y fatiga».

La máxima de San Agustín «Noli foras ire, in teipsum redi; in interiore homine habitat veritas»,[39] se toma de manera literal, y en vez de emprender una peregrinación imaginaria a tierra de moros emerge el paciente «cuidado» de la autora por sí misma, la paulatina transformación ética del obstinado «yo» de la pecadora hacia el alumbrado «yo» de la mística que ya está convertida e incluso curada, abriéndose cada vez más a la bondad y misericordia divinas.

Algunos admiradores de Santa Teresa entrevieron, desde muy temprano, que ella había realizado un sorprendente desplazamiento alejándose de las peligrosas tentaciones del mundo exterior y acercándose a una práctica puramente mística que percibe al otro únicamente en el interior de su alma y se siente afectada por él. Así por ejemplo, en los versos yámbicos del himno matutino del 15 de octubre, fiesta de la Santa, donde se opone la fracasada salida de la niña para ser martirizada en tierra de moros, a las maduras devociones de la monja las cuales hallan su culminación espectacular en la visión del ángel atravesándola con el dardo de su lanza.[40]

Regis superni nuntia	Como mensajera del sumo Rey
domum paternam deseris	abandonas la casa de tu padre
terris, Teresa, barbaris	llevando, Teresa, a tierra de bárbaros
Christum datura aut sanguinem	o bien a Cristo o bien tu sangre.
Sed te manet suavior	Pero muerte más suave te espera,
mors, poena poscit dulcior:	tormento más dulce te solicita;
divini amoris cuspide	tocada por la lanza del divino amor
in vulnus icta concides.	recibirás una llaga y te desvanecerás.
O caritatis victima,	¡O víctima de la caridad!,
tu corda nostra concrema,	enciende tú nuestros corazones,
tibique gentes creditas	y libra del Infierno a cuantas gentes
inferni ab igne libera.	están confiadas a tu protección.
Te, sponse, Iesu, virginum	A ti, Jesús, esposo, de las vírgenes
beati adorent ordines,	los beatos coros adoren
et nuptiali cantico	y con su cántico nupcial
laudent per omne saeculum.	te alaben por todos los siglos.
Amen.	Amén.

---

39 *Augustinus de vera religione* 19,27,89. Cfr. *Patrologia Latina*, ed. por Migne, XXXIV. («No salgas afuera, vuélvete en ti, en el interior del hombre reside la verdad.»)

40 Citamos según el *Liber hymnarius cum invitatoriis & aliquibus responsoriis* (Antiphonale Romanum, tomus alter), Solesmis 1983, die 15 Octobris, p. 455. El himno fue compuesto por un eximio coetáneo de Santa Teresa, el papa Urbano VIII (1568-1622). En el verso 12, las versiones humanistas del texto llevan «Averni» en vez de «Inferni».

En vez del martirio, en el cual la mensajera de Dios iría a derramar su sangre en tierras extrañas, le espera la mucho más ansiada muerte de amor, que será provocada por la herida de un lanza imaginaria, de tal manera que caerá inconsciente al suelo. Así es sacrificada sobre el altar del amor divino y se convierte, a la vez, en un ejemplo para sus seguidores. En el cielo, ella y todas las vírgenes celebrarán sus bodas con el Divino Esposo, es decir, con Jesucristo. Pero todas estas imágenes que el himno evoca, no provienen ya de un mundo exterior sino de un mundo interior en el cual Santa Teresa se sume cada vez más profundamente.

La escritura constituye una parte significativa en la autotransformación de Santa Teresa. Ella ya no imita la vida de San Agustín sino su lenguaje y su escritura. Siguiendo el ejemplo de San Agustín, ella se convierte en biógrafa de sí misma; ya que a partir de su lectura de las *Confesiones*, en 1554, comienza a hacer apuntes y escribir acerca de su vida, bajo diferentes pretextos. Sin embargo, si observamos con atención las fuentes que se encuentran a nuestra disposición, parece que en Santa Teresa encontramos menos una presión exterior sino más bien una necesidad interior de materializar su vida a través de la escritura. La «escritura de sí», el trabajo sobre la autobiografía espiritual, se convierte para ella en una «práctica de sí» que, al principio, le posibilita una comunicación consigo misma pero, paradójicamente, a la vez con los otros. El origen del *Libro de la vida* data desde los años 1554 ó 1555 y llega hasta los años 1564 ó 1565, extendiéndose por lo tanto sobre un período de casi un decenio.[41] Pero más que a la búsqueda de una forma integral y cada vez más acabada (ya que esta forma integral tampoco la poseerá el libro por así decir «terminado») Santa Teresa parece dar prioridad al acto de fijar por escrito sus experiencias interiores, y es así porque el propio acto de escribir le permite vivir una experiencia interior.

La primera fase consiste en la redacción de la denominada *Parte de mi alma y oración* que le confía al maestro Gaspar Daza, sacerdote abulense, y a su noble pariente Francisco de Salcedo. El efecto sobre los lectores intencionalmente escogidos es contradictorio, ya que el propósito de ganarse al maestro Daza como un nuevo confesor y escuchar su opinión acerca del origen divino o diabólico de sus experiencias extraordinarias falla. Santa Teresa logra, sin embargo, despertar el interés de ambos varones por su camino interior y su relación hacia ellos se mantiene. Según Michel de Certeau, el proyecto místico consiste en crear una «escena de la enunciación» (*scène de l'énonciation*), un espacio en el cual se hace posible el «conversar», es decir, una comunicación en la que los interlocutores intercambian sus experiencias interiores.[42] Por ello parece que Santa Teresa intenta dar aquí un primer paso en esta

---

41 Nos apoyamos en las indicaciones de Chicharro en la «Introducción» a su edición del *Libro de la vida*, p. 65-68. Teresa habla de los mismos acontecimientos en los capítulos XXIII y XXXIIII.
42 Cfr. el capítulo sobre el «conversar» en Certeau 1982: 216-242.

dirección. En un segundo intento, Santa Teresa da a leer al maestro Daza y a Salcedo un ejemplar del capítulo 27 del escrito mistagógico *Subida del Monte Sión* de Fray Bernardino de Laredo,[43] donde ha puesto sus anotaciones al margen y ha subrayado ciertos pasajes que ella piensa corresponden a sus propias vivencias. También este proceder, que en un principio podría parecer extraño, es consecuente en sí, pues gracias al medio del *libro anotado y comentado*, es posible exteriorizar una experiencia puramente interior y fundar un discurso acerca de ella.

En una fase más tardía Santa Teresa realiza un nuevo intento. El confesor de aquella época es el padre Diego de Cetina y para él ella redacta, probablemente en forma de una «confesión general», el *Discurso de mi vida*, texto hoy en día desaparecido. En el año 1560 ó 1561 Santa Teresa entra en contacto con el padre dominico y teólogo Pedro Ibáñez, quien a su vez empieza a confesarla. La monja es ya sospechosa a ojos de la Inquisición, que la está vigilando, y es por esas fechas que ella escribe para su confesor una exposición que titula *Visiones y modo de oración*. El padre Ibáñez responde con un dictamen detallado en el cual exculpa a su hija espiritual constatando que ninguna de sus expresiones contradice la Sagrada Escritura. Esta exposición es probablemente idéntica al escrito que los investigadores suelen denominar *Cuenta de conciencia* o, también, *La manera de proceder en la oración que ahora tengo*. Varios escritos parecidos sucedieron.

En 1562, Santa Teresa se aloja en Toledo en casa de doña Luisa de Cerda, recién enviudada. Siguiendo la recomendación del padre García de Toledo – y aparentemente en base a bosquejos más antiguos – empieza a escribir su *Libro de la vida*. Esa versión culmina en una misiva fechada en junio de 1562. El *Libro de la vida* y la misiva, sin embargo, fueron copiados y complementados nuevamente por la santa unos dos o tres años más tarde, de manera que la versión definitiva que llegó a nosotros y que es la base de todas las ediciones impresas, contiene aún el episodio de la fundación del convento de San José, así que el mes de junio de 1562 puede considerarse como el término *post quem*. Se supone generalmente que esta última versión fue escrita en los años 1564 ó 1565 y que a partir de allí ya no sufrió ninguna modificación.

La detallada reseña de las peripecias textuales que conoció el *Libro de la vida* nos permite comprobar dos aspectos:

    A. Por un lado, el *Libro de la vida* se ubica dentro de la tradición de la llamada *exagoreusis* (en latín, *publicatio sui*), ritual practicado en la Iglesia Antigua y sobre el cual Foucault llamó nuevamente la atención.[44] En oposición a otro rito esencialmente público, el de la *exomologēsis* (en latín, *confessio*) en el cual el reconocimiento de algún delito propio iba unido a la profesión

---

43   El libro apareció en Sevilla en 1535. Santa Teresa se sirvió de la segunda edición, publicada en 1538 igualmente en Sevilla.

44   Cfr. Foucault 1989.

de fe en Dios y en el cual las fechorías no se verbalizaban explícitamente, la *exagoreusis* encuentra su utilidad mayormente en el ámbito monástico:

El monje o la monja se manifiesta y se exterioriza ante su guía espiritual a través de un discurso teóricamente inacabable sobre sí mismo y en el cual busca poner a prueba e indagar su propio «yo»; para este propósito, las actuaciones del sujeto deben verbalizarse. El procedimiento de la *exagoreusis* fue institucionalizado más tarde en las órdenes monásticas en forma de la llamada «confesión general» o «confesión de vida». Esta práctica no puede ser igualada con el propio sacramento de la confesión, el cual, como es sabido, consta en una enumeración exhaustiva aunque limitada de los pecados cometidos durante un determinado período y para los que el penitente pide perdón. Por el contrario, el objetivo de la «confesión general» no es el perdón de los pecados sino la profundización del autorreconocimiento y el permanente perfeccionamiento de sí mismo. La «confesión general», no obstante, puede convertirse ciertamente en un instrumento de control disciplinario externo. Los repetidos escritos de Santa Teresa formulan en cierto modo un enunciado transitivo, cuya veracidad y ortodoxia de contenido podía ser evaluada por parte de los superiores de la orden y los confesores, al igual que por las autoridades de la Inquisición. A través de la lectura de su relato de vida, los superiores intentan formarse una imagen de la carmelita descalza y, a la vez, tienen que averiguar, en complicidad con la Inquisición, si en el caso de Santa Teresa se trata de una charlatana, de una posesa por el demonio o de un edificante ejemplo de gracia extraordinaria. En esta ocasión concreta parece incluso que el examen de la autobiografía exculpó a la autora, ya que no se le pudo recriminar ninguna difusión de doctrinas heréticas.

B. Por otro lado, sin embargo, el ejemplo de Santa Teresa muestra que el aspecto disciplinario y externo parece haber jugado solamente un papel secundario en la redacción del relato de su vida. Pues la «escritura de sí» persigue no sólo objetivos disciplinarios sino también terapéuticos. Estimulada por sus lecturas (en primer lugar, las *Confesiones* de San Agustín), nace en ella el impulso de escribir sus propias experiencias. A través del «escribir de sí» ella quiere adquirir claridad acerca de la calidad de sus propias experiencias. Pero a la vez quiere compartir esa experiencia con un público de personas de pensamiento similar; y más aún, con ayuda de sus escritos, ella quiere crear ese público. Ahora bien, lo importante para este público no deberá ser tanto el conocimiento del «yo» exterior de Santa Teresa sino la búsqueda de una identificación – al menos parcial – con el «yo» interior de Santa Teresa. A través de este objetivo, Santa Teresa modifica la función de la «confesión general»: el foco se traslada desde el enunciado transitivo de una «confesión de vida» hacia la enunciación intransitiva de la continua escritura y reescritura autobiográficas. El propósito de esta actividad ya no es la fijación de una realidad que hubiera existido fuera del escrito sino la apertura de un camino hacia la contemplación, hacia un encuentro con Dios, del cual la escritora y su público pueden ser igualmente partícipes. La «confesión de vida» de Santa Teresa se convierte así en un dispositivo terapéutico y contemplativo del «cuidado de sí», transformándose a la vez en el fundamento de un discurso transferencial que se dirige a la comunidad de los místicos así como a todos los que intentaren serlo.[45]

III. De cómo descodificar una autobiografía premoderna: la experiencia ética considerada como experiencia estética

Con ayuda de su autobiografía, Santa Teresa sienta la base a fin de establecer una mística relación consigo misma y, además, busca fundar una comunidad que comparta con ella tal interés por una relación para consigo. Notamos, entonces, que la «escritura de sí» crea claramente una determinada forma de costumbre, un rasgo de carácter, un «hábito» místico. Visto desde esta perspectiva, la escritura de Santa Teresa adquiere una dimensión eminentemente ética y la podemos denominar con mucha razón una etopoética en el sentido que queda expuesto más arriba. Pero ¿dónde es que el componente ético se manifiesta más claramente en la escritura de Santa Teresa? Los diferentes títulos que la autora dio a los relatos de su vida durante los muchos años de gestación y elaboración, nos remiten a dos ámbitos de experiencia que se sobreponen al núcleo de una autobiografía de floja coherencia y que gracias a su temática complementaria se corresponden mutuamente.

A. Por un lado, Santa Teresa remite de manera constante a sus propias visiones,[46] las cuales han sido detalladamente descritas y claramente ilustradas; estas visiones desplazan necesariamente el acento desde una perspectiva exterior hacia una perspectiva interior del sujeto que escribe. Siguiendo la conocida división de las visiones en tres grupos de distinto valor jerárquico – como ya lo señalaba San Agustín en su comentario titulado *De genesi ad litteram* – el primer grado en una escala ascendente es la *visio corporalis*, imagen materializada que es apercibida por los sentidos exteriores; viene, en segundo lugar, la *visio imaginaria* muy cercana a la experiencia corporal y que es apercibida con ayuda de los sentidos interiores que doblan de dentro los sentidos exteriores; y finalmente se da, en tercer lugar, la *visio intellectualis* completamente abstracta y desprendida de toda corporeidad por-

---

45 Pensamos en una dinámica transferencial que surge desde el analista (maestro) para alcanzar al analizando (discípulo), quien intenta imitarlo. En cuanto al concepto de la transferencia en general, cfr. el artículo «Transfert» en Laplanche / Pontalis 1967.

46 «... y díjele [sc. al padre Ibáñez] entonces todas las visiones y modo de oración [...] con la mayor claridad que pude» (*Libro de la vida*, cap. XXXIII,5: 594).

que ya no es figurativa sino que carece de forma e imagen. La *visio imaginaria* al igual que la *visio intellectualis* ocurren, por su naturaleza misma, en el interior del sujeto. Santa Teresa se concentra básicamente en visiones «plásticas» o «figurativas»; sin embargo, hay ciertas ocasiones en las que las apariciones alcanzan el grado de las visiones intelectuales. En la medida en que el relato de las distintas visiones de Santa Teresa comienza a cubrir la historia de su vida exterior para absorber el interés del lector, el escrito adquiere los rasgos de una autobiografía espiritual cuya escena imaginaria es el «alma» misma de la escritora.

B. Por otro lado, Santa Teresa se esmera en desarrollar un método autónomo de oración. En el verdadero centro del *Libro de la vida* se encuentra cada vez con mayor frecuencia el ejercicio contemplativo de la oración silenciosa – llamada por Santa Teresa «oración de recogimiento» u «oración de quietud» –. La «oración de recogimiento» puede ser vista como complemento de la «oración vocal» pero también como un modo de rezar que está en competencia y rivaliza con la «oración vocal». La «oración vocal» forma parte del oficio y de las ceremonias litúrgicas en los conventos, la «oración de recogimiento», al contrario, no tiene ni hora fija ni lugar institucionalmente definido. Si la «oración vocal» consiste en ejecutar un ritual obligatorio mediante un discurso preestablecido –sobre todo, por supuesto, la recitación de los salmos – la «oración de recogimiento» o la «oración de quietud» se encuentran bajo el signo de una experiencia interior inasignable en la cual el sujeto, frente a su inalcanzable pareja divina, aprende a tener «cuidado de sí». Si bien este tipo de oración no está adjudicado a ningún determinado espacio exterior, logra crear y mantener abierto un espacio interior, un espacio en el cual las voces interiores, las visiones y las inspiraciones se desarrollan, ganan forma y vuelven otra vez a disolverse, porque este modo de rezar aspira a la ausencia de figuras y a la abstracción absoluta.

Así como la vida ordinaria de la autora, a partir de un cierto momento, desemboca en visiones que ella interpreta como «muestras de misericordia divina» o «mercedes», de la misma manera esas visiones están subordinadas al ejercicio de la oración contemplativa. El movimiento es por lo tanto desde afuera hacia adentro, desde lo sensual a través de lo imaginario hacia un mundo no figurativo y sobrenatural. Pero ese movimiento que podría ser interpretado como una mera teleología que domina el transcurso de la vida fenomenal y que la lleva desde un estadio de latencia hacia la manifestación, se revela a la vez y sobre todo como un rasgo estructural del relato autobiográfico. Los capítulos 10 a 22 demuestran esto de forma patente, pues contienen un verdadero *tratado de oración* que diserta sobre las cuatro «maneras» en las que consiste la «oración de recogimiento».

En el relato autobiográfico que precede, la situación enunciativa está profundamente marcada por el hecho de que el sujeto hablante se declara y se confiesa en presencia de un destinatario que al mismo tiempo ocupa el oficio de un «maestro de la verdad» (*maître de vérité*); ante este «maestro» el sujeto tiene que manifestarse.[47] En el *tratado de oración*, sin embargo, la instancia de la narradora ya no se subordina a su interlocutor, sino que ella misma se convierte en maestra que anima implícitamente al lector – a través del relato de sus propias experiencias – a recorrer junto con ella el mismo camino de la oración interior. Haciendo esto, la escritora no ofrece indicaciones explícitas al lector, más bien se esfuerza en representar su tema de manera muy general e impersonal, pero remitiéndose siempre a la importancia que la «oración de quietud» pudo adquirir para su propia vida. Visto de esa manera, la «oración de recogimiento» se convierte, para ella, en verdadera «fuente de sí», y en la medida en que el alma se expone cada vez más a la oración, esta alma aprende a «cuidarse a sí misma». El lector se siente secretamente motivado a emular a Santa Teresa, y ello aún más porque ella no da ninguna instrucción explícita o autoritaria de conducta, sino que engendra, articula e intensifica continuamente su propio deseo de disfrutar de la «oración de recogimiento». En este sentido se demuestra que la autobiografía de Santa Teresa es un discurso de la transferencia y que es capaz de generar en el público el mismo deseo que experimenta la escritora, el deseo de practicar el «cuidado de sí» para poder acceder al estado de la contemplación.

El público que ingresa espontáneamente en la «escuela de oración» cuya maestra es Santa Teresa, sustituye a la autoridad inquisitorial, la cual hubiera podido juzgar sobre la vida u ortodoxia de Santa Teresa, sobre la base de una lectura de su obra. Alison Weber ha descrito cómo Santa Teresa emplea una retórica de sumisión femenina para protegerse de posibles hostilidades y volverse de esa manera intocable.[48] En un sentido metafórico podemos afirmar que Santa Teresa sube al púlpito que había sido destinado a los predicadores para convertirse ella misma en maestra espiritual, escapando de esa manera de las amenazas de ser condenada por sus superiores. Ambas actitudes son tácticas que le permiten apoderarse de una innegable autoridad espiritual, en la medida en que esta autoridad está basada precisamente en el hecho de presentarse como sujeto débil, ya sea como «mujer flaca», ya sea como oradora y escritora extática que se entrega sin reparos a su pareja divina. No por último hay que señalar que aquí se muestra la correspondencia entre la búsqueda mística y el género medio del verbo, pues esta búsqueda no afecta a otro (con lo cual se manifestaría como una activa afección transitiva del otro) ni tampoco es afectada por otro (con lo cual se revelaría como una pasiva afección transitiva por parte del otro) sino que ella se deja afectar a sí misma por la otredad que está en el centro de su alma (con lo cual es una evidente autoafección intransitiva).

---

47   Cfr. Foucault 1976: 76-84.
48   Cfr. Weber 1990.

La ética según la cual Santa Teresa construye su existencia mística contiene necesariamente una dimensión estética. Por esta razón, el *tratado de oración* que está en el centro de su autobiografía, es concebido completamente como una alegoría.

> Habré de aprovecharme de alguna comparación, que yo las quisiera excusar por ser mujer, y escribir simplemente lo que me mandan; mas este lenguaje de espíritu es tan malo de declarar a los que no saben letras como yo, que habré de buscar algún modo, y podrá ser las menos veces acierte a que venga bien la comparación: servirá de dar recreación a vuesa merced de ver tanta torpeza.
>
> Paréceme ahora a mí que he leído u oído esta comparación, que como tengo mala memoria, ni sé adónde, ni a qué propósito; mas para el mío ahora conténtame. Ha de hacer cuenta el que comienza que comienza a hacer un huerto en tierra muy infrutuosa que lleva muy malas yerbas, para que se deleite el Señor. Su Majestad arranca las malas yerbas y ha de plantar las buenas. Pues hagamos cuenta que está ya hecho esto cuando se determina a tener oración una alma y lo ha comenzado a usar. Y con ayuda de Dios hemos de procurar, como buenos hortolanos, que crezcan estas plantas y tener cuidado de regarlas para que no se pierdan, sino que vengan a echar flores que den de sí gran olor, para dar recreación a este Señor nuestro, y ansí se venga a deleitar muchas veces a esta huerta y a holgarse entre estas virtudes.
>
> Pues veamos ahora de la manera que se puede regar para que entendamos lo que hemos de hacer, y el trabajo que nos ha de costar, si es mayor la ganancia, u hasta qué tanto tiempo se ha de tener. Paréceme a mí que se puede regar de cuatro maneras; u con sacar el agua de un pozo, que es a nuestro gran trabajo; u con noria y arcaduces que se saca con un torno (yo la he sacado algunas veces) es a menos trabajo que estotro y sácase más agua; u de un río u arroyo; esto se riega muy mijor, que queda más harta la tierra de agua y no se ha menester regar tan a menudo, y es a menos trabajo mucho del hortolano; u con llover mucho, que lo riega el Señor sin trabajo ninguno nuestro, y es muy sin comparación mijor que todo lo que queda dicho.[49]

La comparación entre un jardín y el alma orante se basa en la imagen del riego. El jardín puede ser regado con la ayuda del agua que se debe sacar con dificultad de un pozo con una cubeta; más fácil es utilizar una noria que se pone a funcionar girando de un torno y por la cual el agua es conducida a través de finos arcaduces hasta las parcelas sembradas; más fácil aún es regar un jardín que queda cerca de un río o de un arroyo; y la manera más fácil de todas es regar un jardín allí donde Dios permite llover mucho, porque entonces ningún trabajo humano es necesario: *que lo riega el Señor sin trabajo ninguno nuestro*. Santa Teresa podía tomar los elementos de esta comparación de la literatura devocional de su tiempo, sobre todo el *Tercer abecedario espiritual* de Fray Francisco de Osuna de 1527, una obra sobre la «oración de recogimiento» que ella estudió con mucho provecho y que más tarde fue confiscada por los superiores de la orden porque el libro había sido incluido en el Índice de libros prohibidos. Sin embargo, el planteamiento de Santa Teresa es original en el sentido de que ella elabora con el motivo de los distintos métodos de riego una ale-

---

49 Teresa de Ávila: *Libro de la vida*, cap. XI,6-7: 192-194.

goría coherente, que en su caso representa la vida contemplativa de oración y las ganancias que en ella se logran.

Es sumamente difícil encontrar correspondencias exactas para el campo alegórico que Santa Teresa evoca y al cual se remitirá en los siguientes capítulos. En un principio parece que el jardín representa el alma, Dios al dueño del jardín que se complace con éste como si el jardinero fuera la persona que se ejercita en la oración y que debe someterse a una rigurosa disciplina cargando el agua. Pero en una parte posterior dice, en el contexto de la descripción de la tercera manera: «Quiere el Señor aquí ayudar a el hortolano de manera que casi Él es el hortolano y el que lo hace todo.»[50] En realidad, el «jardinero» es quizá la figura más conocida, a través de la cual se ha representado a Jesucristo resucitado. De la misma manera la Magdalena a la cual él se le aparece como supuesto jardinero, se puede entender fácilmente en el contexto carmelitano como la personificación de un alma en busca de Dios.[51] La identidad humana (el jardinero que opera en la primera y en la segunda «manera») y la identidad divina (el jardinero de la tercera y de la cuarta «manera») se pueden así relacionar el uno con el otro, ambas son hasta cierto punto intercambiables. Dentro del paisaje interior que imagina el alma como un jardín de amor que está necesitado de riego, coexisten la transitividad del riego y la intransitividad del llover, actividad y pasividad, trabajo y descanso, esfuerzo y placer. Eso significa finalmente que la exhortación ética a la «oración de recogimiento» por parte de Santa Teresa, aparece como una alegoría de alta elaboración estética que no se reduce a los esquemas de la lógica identitaria o la precisión didáctica. Gracias al *tratado de oración* el *Libro de la vida* adquiere los rasgos de la etopoética, en un sentido fuerte. La ética del sujeto contemplativo se articula como una estética: así como en el plano del enunciado, el alma y su amante divino se complacen con las plantas del jardín generosamente regado, así en el plano de la enunciación la escritora y su lector se recrean con el repaso de las figuras retóricas que se encuentran en el relato de su vida. El placer experimentado en la oración por Santa Teresa no sólo se refleja en el placer de su texto autobiográfico sino que el placer de su texto implica una transferencia y suscita, por así decirlo, un placer del «cuidado de sí» y de la contemplación, tanto en la autora misma como también en el lector al que ella se dirige.

A través del acto ético de escribir su autobiografía, la radical heteronomía de la carmelita descalza a quien los superiores como los inquisidores observaban con gran recelo, se transforma paradójicamente en una estructura que produce una autonomía basada igualmente en la estética. El dispositivo disciplinario y posiblemente autoritario de la «confesión de vida» es socavado, en Santa Teresa, por su táctica de aprovecharse del «cuidado de sí», de tal manera que al final ella logra incluso invertir iróni-

---

50 Teresa de Ávila: *Libro de la vida*, cap. XVI,1: 233.
51 La importancia del personaje de la Magdalena para la espiritualidad de la época y, notablemente, para Santa Teresa misma, ha quedado señalada por Stoll 1994.

camente la situación enunciativa de su propio discurso. Aunque su «confesión de vida» debería haber sido formulada frente a un «maestro de la verdad» debidamente autorizado, Santa Teresa se apropia, con ayuda de la «escritura de sí», de la autoridad de una maestra, que codifica la experiencia ética de su existencia mística como una experiencia cabalmente estética. El éxito de su osado procedimiento le ha dado mucha razón; el *Libro de la vida* llegó a ser la autobiografía espiritual más codiciada de la Edad Moderna, y por lo que parece, sigue surtiendo efecto aún más allá de los confines de la Modernidad.

Texto traducido del alemán por Fernando Nina y Fabián Sevilla

Bibliografía

Allendesalazar, Mercedes (2002): *Thérèse d'Avila, l'image au feminine*. Paris: Seuil.
Barthes, Roland (1993): «Écrivains et écrivants» (1961), en íd.: *Œuvres complètes*. Edición de Éric Marty. Paris: Seuil, vol. I, pp. 1277-1282.
Barthes, Roland (1994): «Écrire, verbe intransitif?» (1966; en inglés, 1970), en íd.: *Œuvres complètes*. Paris: Seuil, vol. II, pp. 973-980.
Behn, Irene (1957): *Spanische Mystik. Darstellung und Deutung*. Düsseldorf: Patmos.
Bilinkoff, Jodi (1989): *The Avila of Saint Teresa. Religious Reform in a Sixteenth-Century City*. Ithaca / London: Cornell University Press.
Castro, Américo (1929): «La mística y humana feminidad de Teresa la Santa», en íd.: *Santa Teresa y otros ensayos*. Santander: Aldus, pp. 7-63.
Certeau, Michel de (1982): *La Fable mystique (XVIe-XVIIe siecle)*. Paris: Gallimard.
Dünne, Jörg (2003): *Asketisches Schreiben. Rousseau und Flaubert als Paradigmen ästhetischer Selbstpraxis in der Moderne*. Tübingen: Narr.
Erdmann, Eva / Forst, Rainer / Honneth, Axel (eds.) (1990): *Ethos der Moderne. Foucaults Kritik der Aufklärung*. Frankfurt am Main: Campus.
Foucault, Michel (1974): *La Volonté de savoir* (Histoire de la sexualité 1). Paris: Gallimard.
Foucault, Michel (1984a): *L'Usage des plaisirs* (Histoire de la sexualité 2). Paris: Gallimard.
Foucault, Michel (1984b): *Le Souci de soi* (Histoire de la sexualité 3). Paris: Gallimard.
Foucault, Michel (1989): «Du gouvernement des vivants» (1980), en íd.: *Résumé des cours*, (Conférences, essais et leçons du Collège de France). Paris: Julliard, pp. 121-129.
Foucault, Michel (1994): «L'écriture de soi» (1983), en íd.: *Dits et écrits 1954-1988*. Edición de Daniel Defert y François Ewald. Paris: Gallimard, vol. IV, pp. 415-431.
Foucault, Michel (2005): *Historia de la sexualidad*. Vols. I-III. Introducción y edición de Julia Varela y Fernando Álvarez Uría (I. *La voluntad de saber*. Trad. Ulises Guiñazú; II. *El uso de los placeres*. Trad. Martí Soler; III. *El cuidado de sí*. Trad. Tomás Segovia), Madrid: Siglo XXI de España. (En traducciones anteriores, el segundo volumen llevaba aún el título *La inquietud de sí*).
García de la Concha, Víctor (1978): *El arte literario de Santa Teresa*. Barcelona: Ariel.
Gerl, Hanna-Barbara (1991): *Unerbittliches Licht. Edith Stein: Philosophie, Mystik, Leben*. Mainz: Grünewald.
Greenblatt, Stephen (1980): *Renaissance Self-Fashioning. From More to Shakespeare*. Chicago / London: University of Chicago Press.
Hadot, Pierre (1981): *Exercices spirituels et philosophie antique*. Paris: Études Augustiniennes.

Herbstrith, Waltraud (1971): *Teresa von Ávila, die erste Kirchenlehrerin. Meditation, Mystik, Mitmenschlichkeit.* München: Gerhard Kaffke.

Kinzel, Ulrich (2000): *Ethische Projekte. Literatur und Selbstgestaltung im Kontext des Regierungsdenkens.* Frankfurt am Main: Vittorio Klostermann.

Laplanche, Jacques / Pontalis, Jean-Baptiste (1967): *Vocabulaire de la psychanalyse.* Paris: Presses Universitaires Françaises.

Lejeune, Philippe (1975): *Le Pacte autobiographique.* Paris: Seuil.

Menéndez Pidal, Ramón (^{4}1958): «El estilo de Santa Teresa», en íd.: *La lengua de Cristóbal Colón, el estilo de Santa Teresa y otros ensayos.* Madrid: Espasa Calpe.

Moog-Grünewald, Maria (ed.) (2004): *Autobiographisches Schreiben und philosophische Selbstsorge.* Heidelberg: Carl Winter.

Peers, E. Allison (1948): *Madre del Carmelo (Retrato de Santa Teresa de Jesús).* Madrid: Consejo Superior de Investigaciones Científicas.

Ribera, Francisco de (1590): *Vida de la Madre Teresa de Jesús.* Salamanca.

Schmaus, Marion (2000): *Die poetische Konstruktion des Selbst. Grenzgänge zwischen Frühromantik und Moderne: Novalis, Bachmann, Christa Wolf, Foucault.* Tübingen: Max Nieymeyer.

Schmid, Wilhelm (1996): «Selbstsorge», en: *Historisches Wörterbuch der Philosophie.* T. IX: *Se-Sp.* Darmstadt: Wissenschaftliche Buchgesellschaft.

Schmid, Wilhelm (2000): *Auf der Suche nach einer neuen Lebenskunst. Die Frage nach dem Grund und die Neubegründung der Ethik bei Foucault.* Frankfurt am Main: Suhrkamp.

Stoll, André (1994 [1984]): *Die poetischen Paradiese des Ichs. Teresa von Avilas «Von der Liebe Gottes», Texto y comentario.* Frankfurt am Main: Beltz-Athenäum.

Swietlicki, Catherine (1986): *Spanish Christian Cabala. The Works of Luis de León, Santa Teresa de Jesús, and San Juan de la Cruz.* Columbia: University of Missouri Press.

Taylor, Charles (1989): *Sources of the Self. The Making of Modern Identity.* Cambridge (Massachusetts): Harvard University Press.

Teresa de Jesús, Santa (1979a): *Libro de la vida.* Edición de Dámaso Chicharro. Madrid: Cátedra.

Teresa de Jesús, Santa (1979b): *Obras completas.* Edición de Efrén de la Madre de Dios y Otger Steggink. Sexta edición cuidadosamente revisada. Madrid: Biblioteca de Autores Cristianos.

Teresa von Avila (2001): *Das Buch meines Lebens.* Edición y traducción de Ulrich Dobhan y Elisabeth Peters. Freiburg im Breisgau: Herder 2001.

Tietz, Manfed (1973): *Saint François de Sales' «Traité de l'amour de Dieu» und seine spanischen Vorläufer.* Wiesbaden: Franz Steiner.

Weber, Alison (1990): *Saint Teresa and the Rhetoric of Femininity.* Princeton (New Jersey): Princeton University Press.

Cervantes y la tradición lucianesca: sugerencias temáticas y estructurales en el *Curioso impertinente*

Georges Güntert
(Universität Zürich)

1. Indicaciones de lectura

Aun cuando la fama universal del *Quijote* se deba ante todo a la invención de dos personajes inolvidables, insertos en una realidad prosaica y por eso mismo moderna, creo que muchos cervantistas concordarán conmigo en destacar también el valor de los cuentos intercalados y, en particular, el del *Curioso impertinente*, «una de las creaciones más ambiguas e insondables de su ambiguo e insondable autor».[1] En otros trabajos míos intenté mostrar que la novelita interpolada en los capítulos XXXIII-XXXV de la *Primera parte* ha de entenderse como una irónica *mise en abyme* con respecto 1) al *enunciado* de la novela (por un lado don Quijote, el héroe de la fe, manipulado por los libros de caballerías; y, por otro, el manipulador manipulado, Anselmo, que en la vida carece de fe y que, no pudiendo creer en la virtud de su esposa, acaba siendo «sabrosamente engañado» mediante una representación artística sobre este asunto, que coincidirá con la destrucción de su relación conyugal); 2) a la *enunciación* (la novelita es leída en un escenario que forma parte de un relato a su vez escrito y destinado a la lectura) y 3) al *código*, que aquí entiendo como la conciencia suprema que Cervantes tenía de la fuerza persuasiva del lenguaje tanto en el *Quijote*, como en otras obras suyas.[2]

La reflexión central inscrita en el *Curioso* concierne, por consiguiente, no sólo a la relación entre creer y conocer, entre el árbol de la vida y el de la ciencia, en la medida en que se medita sobre la imposibilidad de encontrar la verdad del alma mediante un experimento, sino también al problema de la perdida identidad entre el lenguaje humano y el ser. De la lectura de este cuento se desprende, de hecho, que la verdad del lenguaje no está basada en una supuesta conformidad entre lo dicho y lo existente (o lo acontecido) y que, por ende, la literatura no puede ser considerada un mero trasunto de lo real. Lejos de proponer una verdad *referencial*, la literatura es un proceso de *veridicción*, que invita a reflexionar sobre los valores afirmados y cuestionados en el texto; y es, al mismo tiempo, un arte persuasivo, capaz de provocar en

---

[1] Ayala 1965: 290; ahora también en Ayala 1974: 143-178. Para un comentario detallado y una bibliografía del *Curioso impertinente* véase Neuschäfer 2004: 77-81.
[2] Remito, ante todo, a mi libro de estudios cervantinos y también a un ensayo reciente: Güntert 1993: 55-77 e íd. 2006: 201-220.

el ánimo del lector una identificación con el simulacro de realidad que el texto le pone delante. Al surtir este efecto, de adhesión emotiva y de vivencia interior, cuaja en una *verdad creída*, consecuencia de esa sabia manipulación que por medio de la palabra comunica vívidas impresiones, imágenes, sentimientos y aun conceptos.

Si partimos de la hipótesis de una doble lectura, ejemplar-moral y metaliteraria, comprenderemos mejor por qué la prosa del primer párrafo del *Curioso* – aunque la del segundo ya mucho menos – resulta tan llamativamente armónica y equilibrada, tendente siempre a la compensación de cualquier desigualdad y a la perfecta medida rítmica. Dado que la vida de los dos amigos, en un principio, transcurre sin alteraciones, la forma del contenido del párrafo inicial sugiere el modo iterativo y el movimiento cíclico, evidentes señales de una vida edénica, aun cuando ésta no tarde en ser arrastrada por el turbión del tiempo. Escuchemos, pues, este notable comienzo:

> En Florencia, ciudad rica y famosa de Italia, en la provincia que llaman Toscana, vivían Anselmo y Lotario, dos caballeros ricos y principales, y tan amigos que, por excelencia y antonomasia, de todos los que los conocían *los dos amigos* eran llamados. Eran solteros, mozos de una misma edad y de unas mismas costumbres; todo lo cual era bastante causa a que los dos con recíproca amistad se correspondiesen. Bien es verdad que el Anselmo era algo más inclinado a los pasatiempos amorosos que el Lotario, al cual llevaban tras sí los de la caza; pero cuando se ofrecía, dejaba Anselmo de acudir a sus gustos, por seguir los de Lotario, y Lotario dejaba los suyos, por acudir a los de Anselmo; desta manera, andaban tan a una sus voluntades, que no había concertado reloj que así lo anduviese.
> Andaba Anselmo perdido de amores de una doncella principal y hermosa de la misma ciudad, hija de tan buenos padres y tan buena ella por sí, que se determinó, con el parecer de su amigo Lotario, sin el cual ninguna cosa hacía, de pedilla por esposa a sus padres, y así lo puso en ejecución (I, XXXIII).[3]

En cuanto a la trama, dos son las relaciones contractuales que marcan la situación de partida y el primer arranque de la novela: la perfecta amistad de Anselmo y Lotario, a los que en Florencia llaman, por antonomasia, «los dos amigos» (expresión ésta, que Cervantes había adoptado ya en *La Galatea* para caracterizar a Timbrio y Sileno), y el matrimonio que Anselmo contrae con Camila, circunstancia nueva que amenaza con distanciar un poco entre sí a ambos amigos, tanto más en cuanto que la discreción de Lotario sabrá respetar el deseo de intimidad de los novios. Ahora bien, lo que llama la atención es la perfecta correspondencia de la palabra «amistad» con el estilo de vida de los dos jóvenes. De hecho, se nos propone aquí, dentro de la ficción literaria, un mundo en donde *el lenguaje todavía se corresponde con el ser* (mientras que en el desarrollo ulterior de la novela y sobre todo al final del capítulo XXXIV observaremos más bien lo contrario: el lenguaje dejará de corresponder al *ser* para convertirse en un signo ambivalente, mediante el cual se puede engañar perfectamente, sosteniendo incluso lo contrario de lo que es). Pese a esto, al princi-

---

3   Todas las citas del *Quijote* se refieren a la edición de Francisco Rico: Cervantes 2004/I: 411-412.

pio nos hallamos en un mundo de puras esencias en el que palabras como lealtad, sinceridad, amistad corresponden efectivamente a lo que dicen y a lo que son, una especie de «paraíso» antes de la caída, la cual, al producirse, destruirá no sólo la confianza entre los amigos y los esposos, sino también la verdad del lenguaje. La causa fatal de la destrucción es la insana *curiositas* de Anselmo, es decir, ese «impertinente» deseo que, según San Agustín, dio origen al pecado de Adán.[4]

2. El «Curioso» y el «Cuento de los dos amigos»

El hecho de aparecer, en el *Curioso*, la expresión «los dos amigos» ha sido interpretado como referencia a la tradición del conocido cuento homónimo de origen oriental, cuya existencia en España se documenta desde los tiempos de la *Disciplina clericalis* de Petrus Alfonsi. Es cierto que Cervantes tiene en cuenta esta tradición, ya que da claras muestras de conocerla desde el libro segundo de su obra pastoril. Con todo, la historia de Anselmo, Lotario y Camila no puede entenderse como una simple variante del mito de la amistad heroica. Sabido es que el «Cuento de los dos amigos» consiste en la narración de dos pruebas, que los autores del siglo XVI presentan en orden diferente al observado por las versiones orientales.[5] Antiguamente, el amigo ideal tenía que estar dispuesto a privarse, en aras de la amistad, no sólo de la mujer amada, sino también de su propia vida, viéndose en el segundo don la prueba más admirable; en la mayoría de las versiones renacentistas, en cambio, mientras tienden a ensalzar el carácter insustituible de la relación amorosa, la renuncia a la mujer amada es considerada el sacrificio sumo.[6] Sigue el orden moderno de las pruebas también Cervantes, en *La Galatea*: un amigo se sacrifica para liberar al otro de una muerte segura y, más adelante, los dos se enamoran de la misma dama, con las consiguientes pruebas de amistad, cuyas complicaciones alcanzan tal grado que serán

---

4   El concepto aparece ya en la Sagrada Escritura: *Ecl.*, 3, 22. San Agustín trata el asunto en varios lugares de sus *Confesiones* V, 3-4 y X, 35.

5   Curiosamente, la versión contenida en el *Decamerón* (X, 8) presenta todavía el orden tradicional, y esta pertenencia de Boccaccio a la tradición medieval no deja de admirar. Es de notar, sin embargo, que la novela de Tito y Gisippo se desarrolla en la Antigüedad grecorromana y que la X Jornada del *Decamerón* comprende sobre todo cuentos contrarios a la ideología afirmada en las primeras siete jornadas, necesitados, por tanto, de una lectura irónica; el ejemplo más elocuente está constituido por la famosa novelita de Griseldis (X, 10), que evidentemente admite una lectura sarcástica.

6   Compárese el comentario de Francisco Ayala, «Los dos amigos», quien escribe: «Dentro del ambiente musulmán originario, el desprendimiento amistoso del comerciante egipcio [que renuncia a una mujer] implica un acto de liberalidad análoga a la que hubiera mostrado regalando a su amigo un esclavo muy amado, un corcel o un galgo apreciadísimo: pero en la sociedad cristiana, basada sobre un régimen de monogamia, y donde la posición de la mujer había sido exaltada mediante la secular construcción del amor cortés y neoplatónico, el acto de cederla tiene que resultar sencillamente absurdo» (Ayala 1974: 156).

necesarios varios libros para relatarlas: la solución del conflicto será posible al existir, al lado de la mujer ideal, una hermana suya, igualmente amable y digna de estima.[7]

Pues bien, en su estudio sobre el célebre motivo de los dos amigos, Juan Bautista Avalle-Arce, después de afirmar que «El *Curioso impertinente* es etapa última en el desenvolvimiento de la historia de los amigos», llega a la conclusión de que «es al mismo tiempo su destrucción».[8] Pero, ojo, el *Curioso* presenta la destrucción de una perfecta amistad y no la del «Cuento de los dos amigos», pues ninguna de las dos pruebas heroicas aparece en esta novela.

También se ha dicho que la fuente principal de la novelita interpolada en los capítulos XXXIII-XXXV del *Quijote* de 1605 se hallaba en los cantos XLII y XLIII del *Orlando furioso*, temáticamente próximos al asunto principal del *Curioso*, ya que presentan análogos conflictos entre creer y conocer con respecto a la relación amorosa de la pareja. De hecho, por las palabras de Lotario venimos a saber que el «prudente Reinaldos», invitado a beber de la copa de oro (era creencia común que quien bebiese de la copa sin verter ni una gota, llegaría a conocer la fidelidad de su esposa), rehusó sustituir la fe por el conocimiento, salvando así no sólo su amor, sino también su integridad moral.[9] En el poema ariostesco, que Lotario recuerda con sorprendente inexactitud (pues mezcla elementos de la historia del caballero de la copa, Adonio, con otros que proceden de la del doctor Anselmo), Rinaldo es el paladín cuya mentalidad se acerca más a la *aurea mediocritas* propagada por Ariosto. Su sabia decisión de poner coto al ímpetu de la *curiositas* estimulará la fantasía de Cervantes también en otros momentos del *Quijote*, por ejemplo cuando se trate de justificar la gran renuncia de Sancho.[10] Con todo, no pasemos por alto las diferencias entre ambos personajes: mientras el aldeano manchego, refugiándose bajo el amparo de las autoridades, vuelve las espaldas al pensamiento crítico de la modernidad, el héroe «mediano» de Ariosto, al aceptar los límites del conocimiento únicamente en el dominio de las relaciones amorosas, acaso entre de pleno derecho en ella.

3. ¿Una trama lucianesca?

Pero volvamos a interrogarnos sobre la génesis de la novelita cervantina. Su eje central lo constituye el deseo impertinente del marido Anselmo, que recuerda la

---

7 Cervantes 1987 (cfr. la continuación del relato, iniciado en el libro II, en los libros III y V).
8 Avalle-Arce 1975: 153-214. Argumenta en modo semejante Roca Mussons 2001: 172.
9 Es cierto que Reinaldos o Rinaldo rehusó someterse a la prueba del vaso, como sostiene de hecho Lotario (*Don Quijote*, I, cap. XXXIII), pero no es correcto establecer un paralelismo, según afirma el mismo Lotario, entre él y el doctor Anselmo, otro personaje de Ariosto, en cuyo cuento no aparece la copa.
10 Güntert 1998.

curiosidad análoga de algunos personajes ariostescos, y en especial la del «doctor Anselmo» (¡nótese la coincidencia del nombre!). Ello no obstante, la intriga del *Curioso* no proviene de Ariosto, porque ni la aventura del caballero desdichado que presenta a Reinaldos la copa, ni, desde luego, la farsa del doctor Anselmo y su voluble mujer (que un barquero le cuenta a Reinaldos al día siguiente), guardan una semejanza directa con el drama de Anselmo, Lotario y Camila.

Pero ¿de dónde proviene entonces este tipo de narración? Digamos de una vez para siempre que, considerando la profundidad reflexiva que entraña y su complejidad semántica, Cervantes concibió una novelita absolutamente original. Por otra parte, si nos limitamos a tener en cuenta la trama y los personajes (dos amigos inicialmente leales y una esposa), es sobre todo en la tradición lucianesca de los siglos XV y XVI en donde aparecen relatos triangulares que podrían haber sugerido a Cervantes algún que otro elemento de la peripecia: aunque no tanto en el libro *Toxaris o De la amistad* de Luciano, del que existía ya, desde 1560, una edición española,[11] cuanto en los escritos de sus imitadores, desde León Battista Alberti hasta Cristóbal de Villalón. Según se supone hoy, Villalón es el autor no sólo de *El Scholástico*, sino también de *El Crotalón*: aunque este último no fue publicado antes del siglo XIX, sí parece haber sido una lectura conocida por Cervantes, dado que mantuvo una relación de amistad con el autor vallisoletano. Los biógrafos, a partir de Navarrete, nombran a Villalón entre los doce testigos necesitados por Cervantes a la hora de tener que presentar sus credenciales ante la Inquisición, con respecto a su conducta en Argel.[12] Mientras la crítica – a partir de Menéndez Pelayo, Schevill e Icaza – ha venido explorando las relaciones entre *El Crotalón* y Cervantes, Maxime Chevalier y, recientemente, Ana Vian Herrero han analizado la deuda que esta obra contrajo con el poema de Ariosto.[13] Helena Percas de Ponseti, por su parte, compara algunos fragmentos del *Crotalón* con la novelita cervantina, llegando a la conclusión de que el autor del *Curioso* acogió sugerencias bien del canto III (donde se pone a prueba la castidad de Ginebra, en una historia que recuerda de cerca la aventura ariostesca de Adonio), bien de los cantos IX y X (el cuento de dos amigos perfectos y de Beatriz, que se enamora del amigo de su marido, aunque sin conseguir destruir esa amistad).[14] Cabe observar, a este propósito, que tanto en Luciano como en sus imitadores del siglo XVI, es siempre la mujer la que viene a estorbar la armonía inicial, mien-

---

11 *Toxaris o De la amistad* de Luciano, León, Sebastián Grypho, MDL, fols. II-LI.
12 Martín Fernández de Navarrete, en su *Vida de Miguel Cervantes Saavedra*, Madrid, Real Academia Española, 1819, resume el testimonio de once testigos, entre los cuales se halla también Villalón; cit. por Fitzmaurice-Kelly 1987: 67.
13 La posibilidad de una influencia de *El Crotalón* en Cervantes es considerada ya por Schevill 1910. Pero los primeros cotejos textuales se encuentran en Icaza 1917. En cuanto a la dependencia de *El Crotalón* de Ariosto, véanse el estudio fundamental de Chevalier 1966, y ahora también el de Vian Herrero 1998.
14 Percas de Ponseti 1975.

tras que Cervantes invierte la situación dando la principal culpa al marido, a la vez que hace de la esposa la figura central de su reflexión metapoética.

4. Relatos triangulares: la amistad perfecta amenazada por la pasión

En el libro *Toxaris* de Luciano de Samósata, un griego y un bárbaro compiten entre sí contándose ejemplos, cada vez más impresionantes, de perfecta amistad. Como ocurre en otras obras de la Antigüedad, tampoco en ésta se produce conflicto alguno entre el ideal de la amistad compartido por dos varones y la relación conyugal contraída por uno de ellos. Antes al contrario: el joven escita, llamado Toxaris, narra a su interlocutor griego el caso extremo de un padre que, sorprendido de noche por un incendio, prefirió salvar antes a su amigo enfermo que a su familia, permitiendo así que uno de sus hijos pereciera en las llamas; y su única justificación fue que la vida acaso podría darle otros hijos, aunque ciertamente no a otro amigo perfecto.[15] Así, pues, en los ejemplos narrados por los personajes de Luciano, ninguna esposa viene a entrometerse en las amistades de su marido: el único caso que podría recordarse, en este contexto, es el de una hetera que arruina y traiciona a uno de los dos amigos, provocando la inmediata intervención del otro (Agáthocles y Dínias).

Los conflictos entre la amistad (masculina) y la pasión (de una mujer o una esposa) se producen, en cambio, con cierta frecuencia en la época premoderna, en la que los autores ya tienen familiaridad con las ingeniosas historietas de adulterio que se cuentan en el *Decamerón* y en la tradición novelística posterior. Con todo, en el ámbito de la burla, o en el de la comedia, no hay lugar para la virtud heroica, ni pueden nacer conflictos serios en torno a los ideales de amistad desinteresada y de fidelidad. Para advertir un cambio hay que esperar a la literatura escrita por los humanistas, que funden, y a veces hacen chocar entre sí, la sabiduría antigua y el espíritu crítico moderno. No extraña, por tanto, encontrar un ejemplo semejante en los diálogos *Intercoenales* (antes de 1440) de León Battista Alberti, quien, además de ser un gran teórico de las artes figurativas, es un importante escritor que se expresa con la misma soltura en latín y en toscano. Sus relatos, aun cuando se inspiren en alguna fuente clásica, destacan por la aguda lógica narrativa y por un espíritu cáustico que es herencia de Luciano.

En el libro XI de sus *Intercoenales*, Alberti nos cuenta la historia de Friginio y Fabelio y de la fascinante – aunque pérfida – esposa de éste, Durimna.[16] El joven Friginio despierta admiración por su virtud y belleza, por lo que se le abren las puertas de las mejores casas y, en especial, la de Fabelio, un noble afortunado y liberal, que no tarda en convertirse en su mejor amigo. Aun después de casarse, Fabelio gusta de invitarle a su casa para escucharle recitar poemas y tañer la lira. Oyendo

---

15 Lukian 1981/II: 263-264.
16 Citamos según la nueva versión italiana Alberti 1998.

cada día los elogios que su marido tributa a este joven, Durimna acaba apasionándose por él. Ahora bien, tanto en Alberti como en Ariosto y Erasmo, la pasión, el vínculo más estrecho que nos ata a la vida, no deja de ser una forma de locura. Son, por tanto, los aspectos más morbosos y, al mismo tiempo, más vitales, ya histéricos, ya histriónicos, los que se ponen de manifiesto en la dramática relación que se establece entre Durimna y Friginio. Éste, por más que se esfuerce en salvar su lealtad, a la larga no resiste la tentación de ocuparse de la mujer dolida y de consolarla con palabras sentidas: y, si bien al inicio su compasión es fingida, andando el tiempo sus discursos se impregnan de sentimientos auténticos hasta el extremo de volverle, a él también, loco de pasión. La paradoja consiste en que el sufrimiento de Friginio se nos antoja mucho mayor que el de Durimna, la cual, además, ayudada en esto por su madre, nunca había dejado de jugar con su presa: al oír que las dos mujeres se burlan abiertamente de él, el joven cae en una profunda depresión. La novelita, lo suficientemente irónica como para poderse tolerar su misoginia, termina subrayando la mala partida que las dos mujeres juegan a la inocente víctima.

Pues bien, aun cuando se descubran en Alberti algunos detalles figurativos que vuelven a presentarse en el *Curioso* (por ejemplo, el modo de recibir al amigo en casa, aun después del matrimonio, para escucharle leer sus poemas, o bien la transformación de la virtud en su contrario, como efecto de la pasión), no creo que Cervantes tuviera la oportunidad de meditar sobre este cuento, por más que los *Intercoenales* conociesen una fortuna europea y circulasen sueltos, desde 1440. He mencionado el cuento únicamente por dos motivos: primero, porque me parece importante notar que, a diferencia de Boccaccio, Alberti no reduce en mera burla la novelita triangular, al hacer intervenir en ella *eros* y *thanatos*, la pasión y la locura; y, segundo, porque, contrariamente a lo que ocurre en los ejemplos aducidos en el *Toxaris*, nos hallamos aquí ante un cuento en el que la pasión se revela como fuerza poderosa e irresistible. Alberti, de hecho, se atreve a mostrar el triunfo de la pasión sobre el ideal de la perfecta amistad, con lo que se aparta considerablemente de la enseñanza impartida por los autores antiguos.

El cuento triangular que se nos narra en el canto XXI del *Orlando furioso* sobre las perfidias de Gabrina (otra esposa que logra desunir a dos entrañables amigos, Filandro y Argeo), se remonta a una tradición distinta, caballeresca y arturiana, y concretamente, a un episodio del *Roman de Palamède*.[17] Se trata de una historia, no tanto de pasión, cuanto de calumnias y traiciones, que poco o nada tiene que ver con la trama de la novela cervantina. Para mantener un sabio equilibrio en su obra, Ariosto compensa la índole traicionera de Gabrina con la heroica constancia de Isa-

---

17 *Orlando furioso*, canto XXI, 3-52. La fuente del episodio ariostesco se halla en una narración del *Roman de Palamède*, edición de E. Lésöth, Paris, E. Bouillon, 1890, p. 454 (Helyados e Helayn). Pero véase también el comentario de Rajna 1975: 339-341.

bela, dos figuras antitéticas de mujeres que aparecen ambas en los cantos centrales del poema.

La narración que encontramos en los cantos IX y X de *El Crotalón* abarca elementos heterogéneos, procedentes de obras diversas: después de citar, ya desde el Argumento, el libro *Toxaris* y de anunciar un cuento sobre «dos amigos fidelíssimos que en casos muy arduos aprobaron bien su intinçión», el autor utiliza fragmentos no sólo lucianescos (Euthydico y Damón), sino también ariostescos (el cuento de Gabrina, Filandro y Argeo, que acabamos de recordar, y la novelita inserta de Julio y Julieta, similar a lo narrado en los cantos XXII y XXV), bíblicos (José en Egipto, calumniado por la mujer de Putifar) y aún otros, derivados del «Cuento de los dos amigos».[18] Al igual que en la novelita triangular de Alberti, el conflicto principal opone a la lealtad de dos amigos, Arnao y Alberto, la pasión que se apodera de la esposa del primero, Beatriz. En *El Crotalón*, sin embargo, la amistad queda intacta,[19] gracias a una invención estructural que le debió de impresionar mucho a Cervantes, ya que, en el momento más dramático de la intriga, el marido «se entró en un retrete junto a la cama» desde donde consigue oír toda la conversación entre Beatriz y Alberto; y cuando Beatriz, tras la fuga de éste, que le ha dejado su capa, intenta calumniar al amigo inocente, Arnao le contesta a secas: «Calla Beatriz, que ya tengo visto que corre él más peligro contigo que tú con él».[20] El motivo del *voyeurismo*, que faltaba en los ejemplos hasta ahora considerados, reaparece sin embargo en el *Curioso*, donde produce nuevas complicaciones (Cervantes distingue entre una situación de *voyeurismo* no prevista y otra predispuesta por los amantes), representando un importante indicio a favor de la tesis que admite cierta influencia de *El Crotalón* sobre la novelita intercalada en el *Quijote*. Con todo, se trataría de meras sugerencias, capaces de estimular la imaginación creadora del autor, sin condicionarle en sus opciones.

En el canto III, además, el gallo del *Crotalón* cuenta otra historia sugerente acerca de un marido curioso, la de Menesarco y Ginebra, en la que se mezclan elementos ovidianos (Céfalo y Procris), ya utilizados por Ariosto en su cuento del doctor Anselmo, con otros, procedentes del *Toxaris* de Luciano. Pero, tampoco aquí, el *Crotalón* reniega de su intención pedagógica: las modificaciones aportadas por el autor subrayan los aspectos negativos del matrimonio concluido por interés: y si el marido comienza a desconfiar de la mujer, es porque no se ha casado con ella por

---

18 *El Crotalón*, cantos IX y X (Villalón 1982: en especial 241-260).
19 Tanto *El Scholastico* como *El Crotalón* poseen un carácter evidentemente didáctico. Mientras en el argumento del libro IX de esta última obra se lee: «Enséñase cuáles deben ser los buenos amigos» (Villalón 1982: 240), el título del cap. V de *El Scholastico* reza: «En el qual el maestre scuela por engrandecer mas las fuerzas de la buena amistad trae un señalado acontecimiento: en el qual un amigo por otro no reuso en admirable oportunidad de morir» (Villalón 1967: 19).
20 *El Crotalón*, canto IX (Villalón 1982: 260).

amor. Evidentemente, la psicología de Menesarco no es la del cervantino Anselmo. Aun así, el tema de la insana curiosidad, originariamente ariostesco, pudo llegarle a Cervantes también a través de esta reelaboración española, de modo que *El Crotalón* mantiene su lugar entre las posibles fuentes indirectas del *Curioso*.

5. Otras presuntas fuentes: maridos imprudentes, y no curiosos

La obcecación inicial del marido, deseoso de sustituir la fe por el conocimiento, es un dato imprescindible de la estructura narrativa del *Curioso*. Al faltar este elemento, nos parece imposible entablar cualquier tipo de discurso sobre las fuentes. Por eso mismo, no nos convence la tesis sostenida por algunos estudiosos, entre ellos Francisco Ayala y Paul M. Arriola, que proponen como fuente más remota de Cervantes un célebre episodio narrado por Herodoto, el de Candaules, rey de Lidia.[21] Casado con una mujer hermosísima y orgulloso de su posesión, este rey comete la imprudencia de mostrarla, desnuda en el baño, a Gyges, su oficial favorito, al que invita a contemplarla desde un escondite. Sin embargo, la reina advierte la presencia de éste y, llamándole, le ofrece la corona y la mano, a cambio de que dé muerte a su esposo. El ejemplo del rey imprudente y poco varón fue proverbial desde la Edad Media y aún durante el período áureo, pues aparece en las *Coplas de Mingo Revulgo*, en *El peregrino en su patria* de Lope y también en una comedia de José de Cañizares (por no hablar de los autores modernos – Théophile Gautier, Friedrich Hebbel y André Gide –, que se han inspirado en el mito del *Anillo de Gyges*).[22] Desde nuestra perspectiva, este cuento a primera vista ofrece ciertas semejanzas figurativas, bien a causa del *voyeurismo*, bien por el «capricho singular» del rey. Pero obsérvese que el acto de espiar a la mujer no es aquí propio del marido, sino del futuro amante, y que la imprudencia de este rey no es equiparable a la obsesión de un marido falto de confianza en su esposa.

Tampoco puede ser considerada como fuente, a nuestro modo de ver, esa «humilde, grosera y olvidada» novelita italiana de Gentile Sermini, recientemente propuesta por Donald McGrady como otra lectura significativa de Cervantes.[23] Según el crítico, la narración del autor sienés (siglo XV) presenta varias semejanzas, incluso estructurales, con el texto del *Curioso*, comenzando por el escenario florentino; a ello ha de sumarse la presencia de dos amigos inseparables y de una esposa inicialmente virtuosa, aunque a continuación atraída por el amigo del marido. Ahora bien, la historia de Papino y Giovanni Bello, obreros en las fábricas de la seda y amigos inseparables (hasta tal extremo que Papino, una vez casado con Lauretta,

---

21 Ayala 1974: 159-160 y Arriola 1971.
22 Véase, para los autores modernos, también el estudio de Arriola 1971: esp. 41-44.
23 McGrady 1994. Hemos consultado el texto de la novelita en una edición del siglo XIX: *Le novelle di Gentile Sermini, da Siena, ora per la prima volta raccolte e pubblicate nella loro integrità*, Livorno, Francesco Vigo, 1874, pp. 120-125.

permite que su amigo continúe frecuentando su casa, aun de noche, y se quede a dormir en la habitación de los esposos) pertenece enteramente, como ya se desprende de los nombres, al género novelesco de la burla, que permite hacer concesiones al juego verbal con el léxico escatológico y dar rienda suelta al erotismo.[24] En realidad, se nos invita aquí a observar la conducta de un marido necio y confiado, así como la de dos jóvenes que confían ciegamente en la constancia de su virtud, hasta que la vida les obligue a reconocer el poder del instinto sexual.

Lo que, desde el punto de vista metodológico, nos convence poco en el trabajo que estamos comentando, es su procedimiento comparativo: limitándose a una lectura sintagmática del enunciado, sin tener en cuenta ni el estilo, ni el género y, menos aún, las aportaciones de la reflexión metaliteraria, McGrady descompone el *Curioso impertinente* en catorce «bloques narrativos» y se pregunta cuáles de esos bloques aparecen en la novelita considerada como fuente. Ante lo restringido de esta perspectiva nos vemos obligados a contestar que el significado de una obra literaria es siempre superior a la suma de los significados de todos los períodos que componen esa obra, al ser leída en orden sintagmático. Las consideraciones sobre el *Curioso impertinente* que expondremos a continuación, servirán para ilustrar esta tesis.

6. Crisis de la ejemplaridad y reflexión metaliteraria en el *Curioso*

La lectura del cuento se inscribe en el espacio textual de los capítulos XXXIII-XXXV, siendo interrumpida sólo una vez, a causa de la irrupción de don Quijote en el escenario nocturno de la venta. Sabemos que, en un principio, Lotario intenta sustraerse a las presiones ejercidas por Anselmo, en nombre de la amistad que les une: y, viendo que sus exhortaciones no son provechosas, antes que traicionar a su amigo prefiere mentirle, limitándose a fingir los requiebros. Este juego continúa algún tiempo, hasta que Anselmo, espiándoles a Lotario y Camila desde un escondite, descubra la total pasividad del amigo y le reproche su comportamiento desleal. Tras esto, mientras la relación de amistad se va desintegrando, comienza una nueva fase del programa de seducción, en la que intervienen, primero en Lotario y después en Camila, el gusto, el deseo sexual, la pasión.

Pues bien, sobre todo en los largos discursos moralizantes de Lotario, pero también en los respectivos comentarios del narrador, domina inicialmente la mentalidad ejemplar: discreción, respeto de las conveniencias sociales, lealtad, fe en la indisolubilidad del matrimonio. El narrador del capítulo XXXIII, a la vez que critica el insano deseo de Anselmo, siempre le da la razón al «virtuoso y prudente» Lotario,

---

24 En el *Decamerón* de Boccaccio hay varias burlas que hablen de dos amigos entrañables, aunque ingenuos como los de Sermini, y una mujer deseada por ambos – por ejemplo, en VII, 10 y VIII, 8 –. ¿Será una casualidad que las parejas de amigos simples, inventadas por el autor florentino del *Decamerón*, sean ambas originarias de la ciudad de Siena, y que los amigos igualmente simples del autor sienés sean precisamente florentinos?

le apoya en sus juicios y le elogia, observando, por ejemplo, «por parecerle a él [a Lotario] – como es razón que parezca a todos los que fueren discretos – que no se han de visitar ni continuar las casas de los amigos casados», o bien «decía él [Lotario], y decía bien», hasta llegar a exclamar:

> Pero ¿dónde se hallará amigo tan discreto y tan leal y verdadero como aquí Lotario le pide? No lo sé yo, por cierto; sólo Lotario era éste, que con toda solicitud y advertimiento miraba por la honra de su amigo, y procuraba dezmar, frisar y acortar los días del concierto del ir a su casa, porque no pareciese mal al vulgo ocioso y a los ojos vagabundos y maliciosos la entrada de un mozo rico, gentilhombre y bien nacido […] en la casa de una mujer tan hermosa como Camila;[25]

Dicho de otro modo, la voz narrante, inicialmente, es la de un narrador *ejemplar*, así como es ejemplar el comportamiento del primer Lotario. En las primeras páginas del capítulo XXXIII, por tanto, el discurso del narrador y el de Lotario resultan moralmente idénticos, pues defienden el mismo orden de valores e idéntica idea de la verdad. De hecho, Lotario compara a la mujer honrada con una joya o un diamante, cuya virtud, generalmente reconocida, no necesita de experimentos ni de pruebas, pues gozará de ella quien sepa apreciar su hermosura y la crea, igual que todos los demás, auténtica. A diferencia de Anselmo que se obstina en descubrir la verdad interior de la persona, sin, previamente, fundarla en una creencia, Lotario sabe que esto es imposible y que el conocimiento de dicha virtud supone un acto de fe que establezca la correspondencia entre la verdad interior y la apariencia virtuosa, esto es, entre *ser* y *parecer*. A esta mentalidad ejemplar le corresponde también la idea que Lotario tiene de la literatura: para él, los cuentos del *Orlando furioso* sobre la relación entre creer y conocer, aun siendo ficticios, enseñan una verdad moral, «que puesto que aquello sea ficción poética, tiene en sí encerrados secretos morales, dignos de ser advertidos y entendidos e imitados».[26] Si la *inventio* de la obra literaria corresponde al *parecer*, la enseñanza moral, o el sentido profundo, equivalen al *ser*.

En el capítulo siguiente, sin embargo, cuando Lotario se haya convertido, de amigo perfecto, en rival y amante adúltero, su concepto de la verdad literaria ya no será el mismo que predicaba antes. En tanto que autor de unos sonetos amorosos le explica a Camila que los poetas – como tales – «no dicen la verdad», y que el contenido pasional de sus versos es lo único que tienen de auténtico:

> Bien le pareció el soneto a Camila; pero mejor a Anselmo, pues le alabó, y dijo que era demasiadamente cruel la dama que a tan claras verdades no correspondía. A lo que dijo Camila:
> –Luego ¿todo aquello que los poetas enamorados dicen es verdad?
> –En cuanto poetas, no la dicen – respondió Lotario –; mas en cuanto enamorados, siempre quedan tan cortos como verdaderos.[27]

---

25 *Don Quijote de la Mancha* I, XXXIII (Cervantes 2004/I: 413).
26 *Don Quijote de la Mancha* I, XXXIII (Cervantes 2004/I: 420).
27 *Don Quijote de la Mancha* I, XXXIV (Cervantes 2004/I: 438).

Su visión de la literatura se acerca ahora a la de Camila, que, en tanto que histrión, deseosa de engañar a Anselmo, miente al tiempo que urde su artificio, pero dice verdad en lo referente a sus sentimientos. Ante una representación tan laberíntica, en la que se superponen la verdad y la mentira hasta tal punto de llegar a crear otra superior «verdad», el propio Lotario comienza a dudar, no sabiendo ya a qué atenerse, y algo análogo le ocurre al narrador que por primera vez parece desorientado, pues se expresa, a su vez, de modo dudoso: «porque [Camila], *viendo* que no podía haber a Lotario, o *fingiendo que no podía*, dijo...».[28] En el desenlace del cuento, en cambio, el narrador deja de moralizar, porque la peripecia final, la de la revelación del engaño y del consecuente castigo, sirve ella misma de escarmiento. Además, con la transformación del «amigo verdadero» en amante inquieto, lleno de celos, la similitud entre narrador y personaje se ha venido desintegrando, y Lotario, de adepto de la ejemplaridad, pasa a ser partidario de otra ideología, propia de quienes estudian los modos de «hacer creer» la verdad, es decir de los retóricos y poetas expertos en el arte de la persuasión.

Por su parte, Camila también sufre una transformación. En el capítulo XXXIII ella *es* y *parece* la esposa virtuosa. A continuación, cuando se dé cuenta del innoble comportamiento de su marido, su honor se reducirá en un mero *parecer*, que, sin embargo, para prevenir el escándalo, deberá ser defendido como tal mediante la disimulación, la mentira y el arte persuasivo, que llega a su cumbre en la representación teatral, en la que la «verdad de Camila» se convierte en metáfora de la «verdad literaria».

La escena en la que la esposa ofendida hace de Lucrecia, hasta herirse con la daga, es de por sí, y por las muchas reminiscencias que evoca, una escena literaria. Camila recurre a un artificio que pueda exculparla ante los ojos del marido. Lo sorprendente en su programa defensivo de *veridicción* es esa mezcla total de elementos fingidos y verdaderos que acaban por fundirse en un nuevo discurso verosímil. Sobre todo lo referente a la realidad conocida contribuye a conferirle fuerza persuasiva y credibilidad: ante los sentimientos auténticos de la actriz – temor, angustia, indignación, enojo –, que otorgan un fuerte efecto de verdad a ciertos pasajes de su monólogo, hasta Lotario y el narrador, como hemos visto, comienzan a dudar de lo que está ocurriendo. Pero el momento dramáticamente más intenso se produce cuando Camila trata de herir con la daga al presunto seductor y cuando, al fallar el intento, acaba hiriéndose a sí misma, de manera que los circunstantes vean correr sangre. Ante este efecto hiperrealista ninguno de los espectadores permanece indiferente: incluso el marido, que ha asistido al espectáculo desde su escondite, está por fin satisfecho y convencido de haber descubierto los secretos del alma de su esposa. Con esta inquietante representación teatral de su propia honra, que *parece* y no *es*, aun cuando im-

---

28 *Don Quijote de la Mancha* I, XXXIV (Cervantes 2004/I: 450).

presione por su carácter verídico, Camila se convierte definitivamente en figura de la verdad literaria, según la entiende Cervantes en su *Quijote*.

Bibliografía

Alberti, León Battista (1998): *Le intercenali*. Trad. e introduzione di Ida Garghella. Napoli: Edizioni Scientifiche Italiane, pp. 224-235.

Arriola, Paul M. (1971): «Varia fortuna de la historia del rey Candaules y *El curioso impertinente*», en: *Anales cervantinos* X, pp. 33-50.

Avalle-Arce, Juan Bautista (1975): «El cuento de los dos amigos», en íd.: *Nuevos deslindes cervantinos*. Barcelona: Ariel, pp. 153-214.

Ayala, Francisco (1974 [1965]): «Los dos amigos», en íd.: *Cervantes y Quevedo*. Barcelona: Seix Barral, pp. 143-178 (primera publicación 1965 en: *Revista de Occidente* III, pp. 287-305).

Cervantes, Miguel de (1987 [1585]): *La Galatea*. Edición de Juan Bautista Avalle-Arce. Madrid: Espasa Calpe.

Cervantes, Miguel de (2004 [1605/1615]): *Don Quijote de la Mancha*. 2 vols. Edición de Francisco Rico. Barcelona: Instituto Cervantes / Galaxia Gutenberg.

Chevalier, Máxime (1966): *L'Arioste en Espagne (1530-1650): Recherches sur l'influence du ‹Roland furieux›*. Bordeaux: Institut d'Etudes Ibériques et Ibéroaméricaines de l'Université de Bordeaux.

Fernández de Navarrete, Martín (1819): *Vida de Miguel Cervantes Saavedra*. Madrid: Real Academia Española.

Fitzmaurice-Kelly, James (1987): *Miguel de Cervantes Saavedra. Reseña documentada de su vida*. México D.F.: Universidad Autónoma Metropolitana.

Güntert, Georges (1993): *Cervantes. Novelar el mundo desintegrado*. Barcelona: Puvill, pp. 55-77.

Güntert, Georges (1998): «Ariosto en el *Quijote*: replanteamiento de una cuestión», en Whicker, Jules (ed.): *Actas del XII Congreso de AIH, 21-26 de agosto de 1995*. 2 vols. Birmingham: University of Birmingham, II, pp. 271-283.

Güntert, Georges (2006): «El *Quijote*, *El Curioso impertinente* y la verdad de la literatura», en: *Versants* 51, pp. 201-220.

Icaza, Francisco A. de (1917): «Miguel de Cervantes Saavedra y los orígenes de *El Crotalón*», en: *Boletín de la Real Academia Española* 4, pp. 32-46.

Lukianos [Luciano] (1550): *Toxaris o De la amistad*. León: Sebastián Grypho, fols. II-LI.

Lukian (1981): *Werke in drei Bänden*. 3 vols. Berlin / Weimar: Aufbau Verlag.

McGrady, Donald (1994): «Otra vez las fuentes de *El curioso impertinente*», en Cerdan, Francis (ed.): *Hommage à Robert Jammes*. 3 vols. Toulouse: Presses Université du Mirail, II, pp. 767-772.

Neuschäfer, Hans-Jörg (2004): «Lecturas del Quijote», en Cervantes, Miguel de: *Don Quijote de la Mancha*. 2 vols. Edición de Francisco Rico. Barcelona: Instituto Cervantes / Galaxia Gutenberg, II, pp. 77-81.

Percas de Ponseti, Helena (1975): «El curioso impertinente. El lenguaje como psicología», en íd.: *Cervantes y su concepto del arte*. 2 vols. Madrid: Gredos, I, pp. 197-202.

Rajna, Pío (1975): *Le fonti dell'«Orlando furioso»*. Ristampa della seconda edizione 1900 accresciuta d'inediti. A cura di Francesco Mazzoni. Firenze: Sansoni.

Roca Mussons, María A. (2001): «El espacio de cristal. Los amigos en las *Novelas Ejemplares*», en íd.: *Contrapuntos cervantinos*. Florencia: Alinea, pp. 169-188.

Schevill, Rudolph (1910):«A note on ‹El Curioso Impertinente›», en: *Revue Hispanique* XXII, pp. 447-453.

Sermini, Gentile (1874): *Le novelle di Gentile Sermini, da Siena, ora per la prima volta raccolte e pubblicate nella loro integrità.* Livorno: Francesco Vigo, pp. 120-125.

Vian Herrero, Ana (1998): *Disfraces de Ariosto:* Orlando furioso *en las narraciones de* El Crotalón. University of Manchester: Department of Spanish and Portuguese.

Villalón, Cristóbal de (1967): *El Scholastico.* Edición de Richard J.A. Kerr. Madrid: CSIC.

Villalón, Cristóbal de (1982): *El Crotalón de Cristóforo Gnofoso.* Edición de Asunción Rallo. Madrid: Cátedra.

Adaptaciones en la España de Ultramar de modelos dramáticos auriseculares: *El entremés de los compadres*, de la colección de Potosí (Convento de Santa Teresa)

Ignacio Arellano
(Universidad de Navarra)

1.

Probablemente hablar de dos Españas sea poco. Una tercera España podría muy bien haber sido la «Nueva España» a la que dedicó su «verdadera historia» Bernal Díaz del Castillo. Otros reinos y virreinatos de Ultramar, a veces llamados colonias con poca exactitud, presenciaron la expansión y adaptación de formas culturales de la España del Viejo Mundo, en especial México y Perú. En el territorio de Charcas destacó durante una época brillante de auge minero la Imperial Villa de Potosí. Debió de haber en ella celebraciones teatrales, entre otras manifestaciones espectaculares, de las que por el momento conocemos pocos detalles, y de las que hemos conservado pocos textos. La colección de manuscritos de piezas breves de teatro conservada en el museo del Convento de Santa Teresa de Potosí supone un corpus muy interesante que aumenta de manera notable los testimonios conocidos y que refleja peculiares modos de adaptación de los modelos originales. Antes de abordar uno de los ejemplos más característicos en el *Entremés de los compadres*, permítanseme unas someras palabras de presentación general del conjunto.

2. La colección de textos dramáticos del Convento de Santa Teresa de la Villa Imperial de Potosí

En agosto del año 2002, en una excursión a la Villa Imperial de Potosí en el marco del III Encuentro Boliviano de Estudios Clásicos, celebrado en Sucre, hallamos en el Convento de Santa Teresa un conjunto de piezas de teatro para las fiestas del Carmelo desde el siglo XVII al XIX. Andrés Eichmann[1] editó una de esas piezas, dando noticia de este hallazgo que describí con más detalle en mi ponencia del Congreso *Temas del Barroco Hispánico* en Valparaíso (noviembre de 2003).

---

[1] Ver Eichmann 2003a. Repito en esta introducción algunos fragmentos de trabajos parciales sobre el corpus potosino que han aparecido publicados desde la primera redacción del presente artículo. Ver Arellano 2004a, 2004b, y la edición del corpus completo en Arellano / Eichmann 2005.

Debemos a la Madre Carmen Álvarez, superiora del convento, las facilidades para estudiar estas piezas manuscritas, de las que nos ha enviado además fotocopias.

La colección, copiada por distintas manos y sin duda a lo largo de cierto tiempo, presenta, creo, un notable interés, pues refleja fielmente el tipo de textos que formaba parte de las celebraciones potosinas (sobre todo de Navidad y la Candelaria), y supone un cierto aumento de las piezas dramáticas conocidas, principalmente auriseculares, conservadas en Hispanoamérica. En especial aumenta de manera notable los materiales de la zona de Charcas.[2]

La colección está compuesta de los siguientes textos:

a) Siete entremeses: *El pleito de los pastores*, *Entremés dedicado a la Verdad*, *Entremés del astrólogo tunante*, *Entremés de los compadres* (dos copias, una de ellas incompleta), *Entremés de los tunantes*, *Entremés cantado del robo de las gallinas*, *Entremés gracioso para la festividad de Nuestra Señora* de 1799.

b) Dos coloquios, seis loas y una denominada *zarzuela*. En realidad todas estas piezas son de dimensión, estructura y técnica semejante, aunque ofrecen algunas variaciones curiosas. La mayoría está escrita para la fiesta de la Purificación o de la Candelaria.

c) Una serie de papeles sueltos y piezas incompletas. Estos papeles corresponden a los textos que un actor debía memorizar y tienen señalados los reclamos (palabras finales de los parlamentos anteriores) que dan pie para la entrada del parlamento de los personajes en cuestión.

Sobre las fechas de composición, como apunta Eichmann, solamente pueden ofrecerse conjeturas muy generales. El convento se fundó en 1687: alguna de las piezas como la *Loa de Nuestra Señora del Carmen* debe de haber sido escrita por alguna monja para el propio ámbito conventual, y es sin duda posterior a la fundación. En la colección se incluye el *Entremés gracioso* fechado en 1799, pero esta podría ser la fecha de la copia preparada para la fiesta de la Candelaria de ese año, sin que el texto necesariamente sea de ese momento. La *Loa para el nacimiento del Niño Dios*, escrita por el devoto Mariano Fernández, sí podemos situarla en la fecha que indica en el título, de 1830.

Sea como fuere, la mayor parte de los textos pertenecen por su estética al Siglo de Oro, extendido en Hispanoamérica durante el siglo XVIII.

De las autorías se puede señalar tan pocos detalles como de las fechas. Los textos religiosos hay que atribuirlos, sin duda, y considerando la tradición carmelita, a

---

[2] Estudio esta cuestión en mi ponencia citada de Valparaíso, publicada en Arellano 2004a. Aquí me interesa sólo la presentación contextualizada de la pieza que edito. Consúltese, en todo caso, Barnadas y Forenza 2000; Wilde 1998; o el libro *América y el teatro español del Siglo de Oro*. Actas del II Congreso Iberoamericano de Teatro.

las mismas monjas del convento, que no consideraron necesario especificar el nombre de la escritora.

Los copistas, igualmente sin identificar, son siempre locales, como evidencian fenómenos reflejados en las copias: seseo, ceceo, fenómenos fonéticos de influencia quechua, etc.

Para establecer el marco del *Entremés de los compadres* conviene revisar las piezas cómicas, dejando a un lado, en esta ocasión, las piezas más estrictamente religiosas (téngase en cuenta, sin embargo, que algunos de estos entremeses, como el que ahora edito, están pensados para la celebración de fiestas religiosas, en este caso la Navidad).

3. Los entremeses

El conjunto de los siete entremeses de la colección resulta sumamente interesante por distintas razones, entre otras la variedad de recursos y los experimentos lingüísticos que permite su escritura en una zona con mezcla de sistemas (jerga – en parte convencionalmente cómica – de negros, lengua indígena quechua, etc.) que goza además de la libertad de toda modalidad jocosa. Algunos entremeses representan adaptaciones de motivos, personajes y modelos lingüísticos indianos, y suponen indudablemente un enriquecimiento de las formas peninsulares del género que merece la pena observar.

El *Pleito de los pastores* es entremés celebrativo de la Navidad, como apunta su calidad pastoril. La comicidad estriba en el enfrentamiento de Bato y Ergasto a propósito de un cordero que reclama Ergasto. Bato reacciona negando la deuda e insultando a la abuela de Ergasto con una paráfrasis de versos quevedianos[3] (romance «Comisión contra las viejas») y llamándola:

> Doña Vida perdurable
> de los siglos sempiternos,
> doña que nunca se acaba
> ni en los Testamentos Viejos.

La riña no llega a más porque, a fin de cuentas, «es de la Navidad / día que trae contentos», pero con todo se intercambian nuevas burlas que introducen la sátira de dos personajes tópicos de la poesía aurisecular y la literatura costumbrista como son el médico y el poeta.

El *Entremés dedicado a la Verdad* presenta una variación importante al introducir personajes alegóricos y un tono moral mucho más serio, aunque no eluda la sátira costumbrista y las burlas jocosas. Uno de los temas principales es el del de-

---

3   Ver núm. 708 de la edición de Blecua: «Doñas Siglos de los Siglos, / doñas Vidas Perdurables» (vv. 8-9).

sengaño y la queja por el dominio de la mentira en el mundo. Eugenio Asensio[4] ha recordado a propósito de Quiñones de Benavente ciertas modalidades entremesiles alegóricas cercanas al auto sacramental, como en *Las cuentas del desengaño*. De esta clase es el de la Verdad al que ahora me refiero. El maestro de ceremonias y director de la acción es el personaje del loco, que es quien tradicionalmente (como los niños) dice las verdades, según recoge el refranero[5] y se insiste en el mismo entremés. Sistemáticamente el loco denuncia las falsedades de los personajes como el poderoso, que es hijo de una remendadora de calzas, o de la dama, que es una antigua fregona y criada de un letrado y de un barbero, al cual le quitó la hacienda... Sólo el pobre conoce a la Verdad. El parlamento del pobre es propio de un auto sacramental más que de un entremés, y desde luego nada tiene de cómico, con sus ecos de Job:

> ¿Hay quien en penas tantas
> la pesades alivie de estas plantas
> desnudas y cansadas
> con holguras y fiestas ya pasadas,
> y del pobre vestido
> roto a las pesadumbres de mi olvido
> alivie su amargura?
> ¿Hay quien mitigue el hambre y desventura
> de este pobre mendigo?
> De tantos como tuve ¿habrá un amigo
> que me dé en su limosna parabienes?

El tercero de la colección no es otro que el *Entremés del astrólogo tunante*, un texto bien conocido de Bances Candamo, dramaturgo oficial de Carlos II y principal continuador de Calderón. Este entremés fue escrito por Bances Candamo para ser representado con el auto sacramental titulado *El primer duelo del mundo*, en las fiestas del Corpus de Madrid del año 1687 (como se muestra en el v. 12 del texto original[6]). El texto de Potosí cambia algunos detalles sin importancia.

El *Entremés de los tunantes* escenifica exactamente un esquema de burladores burlados: los tunantes Gaspacho y Pericote quieren hacer una burla a un «monigote» que es «medio letrado, medio pulpero, medio endemoniado». Oculto bajo la capa de Gaspacho Pericote debe entrar a robar la despensa del letrado mientras Gaspacho embauca al dueño de la casa con una conversación disparatada. Pero el letrado se da cuenta, los encierra y los ata amenazándoles con azotarlos y cortarles las orejas y haciéndolos salir huyendo ridículamente.

---

4   Asensio 1965, 171-172.
5   «Los niños y los locos dicen las verdades. Hayle en otras lenguas.» (Correas, refrán 12.907).
6   Ver Bances Candamo 1722, tomo I, y el texto editado por García Valdés y por mí en *Antología del entremés barroco*: «Dicen que a maravilla / son las fiestas de Corpus de esta Villa» (vv. 11-12).

En el *Entremés cantado del robo de las gallinas*, cuyo manuscrito está realizado por dos copistas, la burla del ladrón Artuz no es el centro de la pieza, sino sólo su desenlace, que permite fundir los dos finales tópicos (palos y baile) en el mismo entremés: cantan y bailan para celebrar la fiesta de la Candelaria, pero también el viejo Onofre apalea a su mujer Garibalda y a su hijo Pilongo por no haber tenido cuidado de las gallinas robadas. El núcleo de la obra es el enfrentamiento de marido y mujer, que se pelean verbal y físicamente dirigiéndose abundantes invectivas. Se rastrean elementos locales – objetos y léxico –: en su testamento jocoso Onofre deja a su familia además de las cincuenta gallinas dos quintales de *charque* o dos ollas de manteca de *chanchos* para que se alimente Pilongo, etc.

Uno de los más interesantes por su tejido lingüístico, a pesar de su fecha tardía es el *Entremés gracioso para la festividad de Nuestra Señora*, es decir, para la Candelaria.[7] Tiene como diseño básico la representación de un marco ambiental de comicidad costumbrista. Los protagonistas son el Negro, la Negra, el Sacristán (que es indio) y un Doctor (en teología). Como señala Eichmann:

> Los efectos cómicos son logrados con recursos variados: entre ellos, los lingüísticos, mediante la imitación del habla de negro y de indio en los personajes Negro y Sacristán. Todos los personajes hablan un castellano retocado por hábitos lingüísticos que los distinguen. [...] En el *Entremés gracioso*, además de la codificación normal del habla de negro, presente en obras de cualquier procedencia en Iberoamérica, se añade la influencia quechua, lo cual hace de la pieza un ejemplo casi único.

Casi único, pero no único. Al menos hay otra pieza de la colección con interesantes exploraciones de estos mecanismos lingüísticos jocosos. Me refiero al entremés que me ocupa principalmente en esta oportunidad, el de los compadres.

4. *Entremés de los compadres en celebridad del nacimiento del Niño Dios*

Con el *Entremés de los compadres en celebridad del nacimiento del Niño Dios* estamos en un territorio indiano, de ambientación local y comicidad grotesca, muy propia del género, y con registros lingüísticos ligados a la sociedad en cuyo marco se produce el texto. Los personajes son dos parejas de Indio/India y Negro/Negra. La India quiere regalar una gallina y unos quesillos a su compadre el Negro Francisco y el Indio se enoja, provocando una escena de disputa conyugal. El matrimonio de los compadres negros trae vino y buñuelos para celebrar la Navidad con gran regocijo, pero el Indio cree que se burlan de él y se pelean. La estructura binaria y repetitiva de las peleas responde a un modelo de mecanización cómica bien conocido y al exceso de gesticulación grotesca. De nuevo se impone la celebración navideña y cesan de reñir para adorar al Niño en Belén, a quien ofrecen al fin los quesillos, la gallina, el vino y los buñuelos, cantándole «el tunus di lus nengritos»:

---

7   Ver para este entremés Eichmann 2003b.

NEGRO	Negritiyo, gente prieto,
	de tamboli dirindín,
	a sevrir al piquinini
	como escravos hoy vinid.
TODOS	Alele, Alele.
[NEGRO]	Y las neclas ¿pol qué no
	en tamboli se han de uní?,
	que aunque prite gente somo:
	es muy cielto y es ansí.
TODOS	Alele, Alele. (vv. 205-14)

El recurso principal de la pieza es la explotación de la jerga de negros[8] y del quechua, modificados cómicamente. No voy a hacer en este momento una descripción completa de los fenómenos fonéticos o morfológicos que definen estas jergas o lenguajes que insertan de manera relevante a los textos en su marco geográfico, social y cultural. Los fenómenos más llamativos son, para los indios, las asimilaciones de timbres vocálicos (e=i: floris, isti, amino, carniros, discanso, Bilín; o=u: cumen, tumar, cumbas, lus quisillus, puntus); concordancias macarrónicas en género y número (la pasto, el guarritillus, un misas, mugir atrigüido, el cenas, tu maridos, il rigalus); conversión de la bilabial en velar sonora con wau semiconsonante (ogüejas, traguajo, guarritillos, guamus, nagüidad, atrigüido, hagüer); y para la jerga convencional de negros, la tendencia a la nasalización (am camsa, nencla, cunmandli, vinno, menjol); lateralización de la alveolar sonora fricativa (colazone, tlaje, polque, pala, flasco); caída de la ‹s› final o interior (vamo, ete, pue, fetejalte, bailalemo); yeísmo (gayina, puyito, aqueya, negritiyo); metátesis (porbe), y fenómenos semejantes a la jerga de indio en las concordancias.

Aparte de estos rasgos, destaca la presencia del quechua en el lenguaje de los indios, que caracteriza este discurso adaptado al medio y las circunstancias: es, por otra parte, significativo del estatuto social que se le atribuye el uso cómico en el entremés de la lengua indígena, que continúa, como uno más, los mecanismos de la comicidad, sobre todo si se tiene en cuenta que los quechuismos están también afectados por el general macarronismo de la expresividad cómica propia del género.

Véanse algunos términos más o menos modificados que caracterizan las hablas de los personajes indios, las más propiamente locales:[9] *guallpita* (gallinita, del quechua *wallpa*, gallina); *esochu* (con el sufijo interrogativo quechua); *cuchi indio* (indio cochino); *mamancheg* (madre de todos, la Virgen); *yana* (negro); *tiquinasus* (probablemente *tanqanasus*, empujones, con terminación castellana *-azo*); *achaca-*

---

8   Ver Weber de Kurlat 1963 y Granda 1971. El lenguaje convencional de negros es semejante en las piezas peninsulares y en las indianas: cfr. con el *Entremés de los negros* de Simón Aguado (Cotarelo 1911, núm. 60).

9   No hace falta insistir en que la acción se sitúa en Potosí: el Indio trabaja en las minas «di isi cierro», o sea en las minas del Cerro de Potosí, etc. Ver las notas al texto para el léxico quechua.

ray (exclamación quechua), etc. Valgan como ejemplos dos intervenciones del Negro y el Indio que reflejan bien el registro asignado a cada uno:

NEGRO   Compardle del colazone,
ya am tu camsa me he viniro
con la nencla tun comagli
a cená los buñuelito.
Tónmati, siñó complagli,
eta flasco den vinito
pala que la navidade
tengamos con legosijo.

INDIO   Cumpagris dil curazona
y amigu tata Flanciscu,
in il almas ti la cuju
il rigalus disis guinos.
Tambín yu isti gualpita
ti lus duy, mi cumpagritu,
para qui isti mi cumagri
ti la haga un bien asadito. (vv. 64-79)

Del entremés hay dos copias manuscritas por manos distintas. Una de ellas (la que llamo B) está incompleta y tiende, como se verá por las variantes que recojo en el aparato crítico, a borrar algunas deformaciones jergales, regularizando parcialmente ciertas palabras o formas: frente a *tumar* lee *tomar* (v. 5); y en otros casos (cito primero la forma que adopto en mi texto y después la que trae B): *tamin/tambien* (v. 12); *cumpagris/compagris* (v. 15); *dandunus/dandunos* (v. 20); *atrigüido/atregüido* (v. 25); *cumpadri/compradri* (v. 26); *inviar/embiar* (v. 35), etc.

Utilizo la versión completa como texto base y señalo las variantes al pie.

Los criterios de edición son los habituales del GRISO.[10] Un problema específico se plantea a la hora de tratar los vocablos quechuas, que suelen revestir en los textos dimensiones macarrónicas, lo que hace más complicado todavía el tipo de solución que debería adoptarse. Para la fijación del texto he mantenido las grafías de trascendencia fonética, conservando las peculiaridades del original. Para los comentarios y las notas, y también para las interpretaciones léxicas o puntualizaciones morfológicas y gramaticales deberán tenerse en cuenta las consideraciones siguientes.

El quechua presenta una verdadera babel de sistemas o «normas». En Bolivia, actualmente, para los textos que edita la Reforma Educativa se sigue la norma adoptada por el Estado por Decreto de 1984. Se puede decir que es una norma vigente en el país y que corresponde a la que en Perú se conoce como «variante Cuzco». Sin embargo, coexiste en Bolivia con otras, por ejemplo la adoptada en los textos que edita la Universidad Mayor de San Andrés. Otra distinta es la que sigue (por ser

---

10   Ver la web http://griso.cti.unav.es

anterior) el *Diccionario quechua* de Herrero-Sánchez de Losada, que utilizo para un buen número de quechuismos.

Una dificultad añadida consiste en que la norma oficial boliviana no está desplegada en un vocabulario, sino que consiste en un sistema gráfico para representar los fonemas y algunas reglas de fonética combinatoria, formación de sufijos, etc. Esto nos deja un poco a la deriva, y estamos a merced de los pocos maestros en el arte de escribir respetando esas reglas básicas que dejan, por lo dicho, márgenes difusos (no olvidemos que las variantes dialectales, en el mismo territorio de Bolivia, son numerosas).

Según esta norma, quechua en quechua se escribe *qhichwa*. En español escribo, naturalmente, *quechua*.

Por lo expuesto, adopto la norma oficial en las notas a pie de página, complementadas en ocasiones con las definiciones del diccionario de Herrero-Sánchez de Losada, o con la información que me facilitan don José Soto, hablante quechua; Alfredo Quiroz Villarroel, escritor y traductor al quechua de textos educativos y otros; Aurora Quinteros, redactora del suplemento *Kimsa Pacha,* del periódico boliviano *La Prensa*. Sin la ayuda de estos amigos, organizada por Andrés Eichman en La Paz, no habría podido dilucidar los pasajes quechuas que tan importante papel desempeñan en esta obra. Conste aquí mi más cordial agradecimiento por las enseñanzas que me han procurado, el tiempo que han empleado en el trabajo y la amabilidad y generosidad con que han ofrecido unas y otro.

No los citaré a cada paso, pero quede aquí señalado que los comentarios sobre el léxico quechua se deben a su aplicación.

Entremés de los compadres en celebridad del nacimiento del Niño Dios

en el que hablan
Un indio.   Una india.
Un negro.   Y una negra.

Salen el Indio y la India, trayendo el Indio una barretilla, con una comba y la India una gallina y unos quesillos.[11]

INDIO   A isti campaña di floris,
               a isti prado, il más amino,
               dondi cumen en la pasto

---

11   *barretilla*: diminutivo de barreta, barra de hierro para sacar el metal de las minas: *Aut* trae un testimonio del P. Acosta que hace al caso: «El metal es duro comúnmente y sácanlo a golpes de barreta quebrantándole»; *comba*: kunwa, mazo de hierro con mango largo [...]. «El peso de la cabeza de esta almádena oscila entre cuatro y veinticinco libras» (*Diccionario quechua*). Se trata del combo grande de minero, con que se golpea la barretilla para hundirla en la piedra.

	mis ogüejas y carniros,	
	vingo a tumar discanso[12]	5
	del traguajo di isi cierro[13]	
	trayendus el guarritillas[14]	
	y el cumbas di mi sustinto.	
	Mogir mía, Maruchilla,[15]	
	¿qui is lo qui istabas hacindo,[16]	10
	pues tinis esa gallina	
	cumu tamín lus quisillus?[17]	
INDIA	Yoca traibamari ari,[18]	
	istus cortus rigalitus	
	para lleguar al cumpagris[19]	15
	qui si llama dum Fracicu,[20]	
	nigrus di la vida mía,	
	puis cuando quiso el guagüita[21]	
	pirisir en el guanundus,[22]	
	il, dandunus un misas,[23]	20
	le causarichu di pristu.[24]	
	¿Anchachus ti mi inojaras?[25]	
	Nochari, mi isposo Quilco.[26]	
INDIO	¿Habrá mayur disvorgüensa	
	qui ista mugir atrigüido?[27]	25
	¿A un nigro qui is mi cumpadri[28]	

---

12 v. 5 «tomar discanso» B.
13 v. 6 «di isi sirro» B; *cierro*: el Cerro de Potosí, donde trabaja el Indio en las minas.
14 v. 7 «guarretillas» B.
15 v. 9 «Mugir» B.
16 v. 10 «qui es lo qui estabas» B.
17 v. 12 «cumu tambien» B.
18 v. 13 *Yoca: nuqa* ‹yo›; *ari*, ‹pues› (en este contexto). *-mari: mari* (o *ma*) es «sufijo aseverativo correctivo con el que se afirma que la verdad de los hechos no es la que cree el interlocutor». Si es el caso de la palabra de nuestro manuscrito, como me hace observar Eichmann, habría que suponer que el indio hubiera dado a entender alguna interpretación diversa o duda sobre lo que hace su mujer, la cual le responde afirmando la verdad de su intención puesta en duda; insistencia que continúa en *ari* ‹así es›.
19 v. 15 «compagris» B.
20 v. 16 «Frasicu» B.
21 v. 18 *guagüita*: niñito; del quechua *wawita*.
22 v. 19 «guanundos» B; *guanundus: wañundus*, ‹pudiendo morir› (José Soto); *wañuy* o *huañuy*, ‹muerte›. ‹Quiso la criatura perecer, estando en peligro de morir›. *Wañundus* aparece con una terminación extraña al quechua, aunque el gerundio de ‹morir› es *wañuspa*.
23 v. 20 «dandunos» B.
24 v. 21 *causarichu: kawsarichun*, ‹revivir›.
25 v. 22 *Anchachus: ancha-*, ‹mucho›; *-chus*, sufijo de duda, ‹tal vez›.
26 v. 23 *chari*: ‹seguramente›; voz quechua. *Quilco* es el nombre del indio.
27 v. 25 «atreguido» B.
28 v. 26 «compradri» B.

	quira haserle el regalitus?	
	Puis carami atura prisa	
	el cenas o el chupisitus,[29]	
	qui para iso ti di platas[30]	30
	qui mi los dio mi miniros.[31]	
INDIA	¡Achacaray! ¿chari fuira[32]	
	qui cun isti salaritus	
	hiciera taripachir[33]	
	para inviar el chupisillas?[34]	35
	Penca cuimanchari ñoca[35]	
	si es qui fuira tu maridos	
	el pirir yancallamanta[36]	
	sin hagüer dado riniro.[37]	
INDIO	Eya, mogir, calla el bocas,[38]	40
	porqui si yo me la irritu[39]	
	con isti llaucana y combas[40]	
	ti castigarí il dilitus,[41]	
	y así pone en el bocas puntus.[42]	

---

29 v. 29 «el senas» B; *chupisitus*: diminutivo de *chupe*, que es «forma genérica con la que se designa a cualquier clase de sopa o caldo» (*Diccionario quechua*).

30 v. 30 «te di» B.

31 v. 31 *miniros*: interpreto minero, dueño de la mina.

32 v. 32 «chari fuera» B; *Achacaray*: exclamación quechua; *chari*: ‹tal vez›. Igual que *chá*, *chari* es «sufijo por medio del cual se expresa algo como posible, probable o a lo sumo como más probable» (*Diccionario quechua*). Sorprende encontrarlo suelto, sin formar parte de una palabra, lo que tal vez se deba a la mezcla del quechua con el castellano. Todo el pasaje interpreto: ‹¿No estaría bien hacer alcanzar este dinero para enviar el caldito? Si yo fuera tu marido tendría ahora vergüenza de pedir sin corresponder gastando algo para dar a quien le debemos favores›. Otra posibilidad: *chari* sería *chay ari* (unidas por sinalefa), ‹eso pues› (también interpretable como ‹acaso entonces›).

33 v. 34 «hisiera» B; *taripachir: taripachiy*, «hacer alcanzar» (*Diccionario quechua*); la forma quechua está contaminada de terminación verbal castellana.

34 v. 35 «para embiar el chupisillus» B.

35 v. 36 *Penca cuimanchari ñoca: p'inqakuymanchari*, con raíz *p'inqakuy-* (‹tener vergüenza›); *-man-* (potencial); *-cha-* (duda); *-ri* (interrogación): ‹¿No podría no tener vergüenza...?›.

36 v. 38 *yanqhallamanta*, (o *yanqhalla y ñanqhalla*), ‹sin razón, injustamente›. Le reprocha que quiera coger favores sin corresponder.

37 v. 39 «rinero» B.

38 v. 40 «Mugir» B.

39 v. 41 «porque» B.

40 v. 42 *llaucana: llawkana*; actualmente, *rawkana*, utensilio para escarbar, instrumento a modo de cuchara para sacar mineral de la grieta de la roca (José Soto). Amenaza con golpearla con el mazo y la llaucana.

41 v. 43 «te castigari» B.

42 v. 44 *en el bocas puntus*: frase hecha; poner punto en boca, callar. Como en otros casos la métrica no es muy rigurosa.

INDIA	Quisás istais ricurrindo	45
	qui istais hablando cun upas;[43]	
	ti ingañasti, cuchi endiyo.[44]	
	¿Nochu, puis, sabías qui huy[45]	
	is il Pascuas, yuyaricuy,[46]	
	qui llaman dil nagüidad,[47]	50
	en qui una gugua ha naciro[48]	
	de la Güirgin la mamancheg[49]	
	qui in Bilín hagüía pariru?[50]	
	Pur isu, puis, al cumpagris[51]	
	li lliguaba istus quisillus.[52]	55
INDIO	Mogir mía, dicis buin:[53]	
	guamus al taripachicu[54]	
	lliguándolis un uviejas,[55]	
	el guallpita y lus quisillus.[56]	
	Ya il par dilos cumpragris[57]	60
	a isti casas si han güinidu:[58]	
	salgamus, mogir mía, loigo	
	a hacir il ricivimintu.[59]	

Salen el Negro y la Negra, el Negro trayendo una botilla de vino y la Negra unos buñuelos.[60]

---

43   v. 46 *upas*: opa, «persona que padece una deficiencia muy profunda de las facultades mentales» (*Diccionario quechua*). La forma *opa* consta en el *DRAE*.
44   v. 47 «cuchi yndio» B; *cuchi endiyo*: indio cochino; *khuchi*, ‹cerdo›.
45   v. 48 «que oy» B; *nochu*: con el sufijo interrogativo quechua, *chu*.
46   v. 49 «qui es el Pasquas» B; *yuyaricuy*: ‹acuérdate›; *yuyariy*, recordar; -*ku*-, sufijo reflexivo; -*y*, imperativo de segunda persona del singular (*Diccionario quechua*).
47   v. 50 «qui llamar» B.
48   v. 51 «en que una guagua» B.
49   v. 52 «de la Guirguen la mamancheg» B; *mamancheg*: madre de todos, la Virgen, quechua *mamanchik*.
50   v. 53 «qui en» B.
51   v. 54 «Pur isu pis al compagris» B.
52   v. 55 «estos» B.
53   v. 56 «disis buin» B.
54   v. 57 *taripachicu*: encuentro (José Soto), elisión de la consonante final de *taripachikuq*. El *Diccionario quechua* da otras acepciones, ninguna coincidente con la dicha, que me parece la más apropiada.
55   v. 58 «lleguandos un uviejas» B.
56   v. 59 «quisillos» B; *guallpita*: gallinita, del quechua *wallpa*, gallina.
57   v. 60 «de los compagris» B.
58   v. 61 «istis» B.
59   v. 63 «a hasir el recivimiento» B, que en la acotación posterior lee: «Sale la Negra y el Negro; el Negro con su botella de vino, y la Negra con sus buñuelos».
60   v. 63 acot. *botilla*: diminutivo de bota, recipiente para el vino.

NEGRO	Compardle del colazone,[61]	
	ya am tu camsa me he viniro[62]	65
	con la nencla tun comagli[63]	
	a cená los buñuelito.[64]	
	Tónmati, siñó complagli,[65]	
	eta flasco den vinito[66]	
	pala que la navidade	70
	tengamos con legosijo.	
INDIO	Cumpagris dil curazona[67]	
	y amigu tata Flanciscu,[68]	
	in il almas ti la cuju	
	il rigalus disis güinos.[69]	75
	Tambín yu isti gualpita[70]	
	ti lus duy, mi cumpagritu,[71]	
	para qui isti mi cumagri[72]	
	ti la haga un bien asadito.	
NEGRO	Yo tambén, conmandle mía,	80
	ten tlaje aquí buñuelito	
	panla que en la nanvidade[73]	
	tengamo la fandanguito,[74]	
	polque como a tura plisa[75]	
	an fetejalte venimo	85
	bailalemo tu anguli[76]	
	al sone de un piquinino.[77]	

---

61 v. 64 «Compadle del colasone» B.
62 v. 65 «an tu casa» B.
63 v. 66 «con la necla tu comagli» B.
64 v. 67 «sena» B.
65 v. 68 «tomati» B.
66 v. 69 «esta flasco de binito» B.
67 v. 72 «Conpagris dil corazona» B.
68 v. 73 «y amigo tata Flansiscu» B; *tata*: ‹padre›; tratamiento popular de respeto, algo así como «don».
69 v. 75 «desis» B.
70 v. 76 «Tambien yo isti» B.
71 v. 77 «compagritu» B.
72 v. 78 «para que» B.
73 v. 82 «Navidade» B.
74 v. 83 *fandanguito*: ‹bailecito›.
75 v. 84 «Porque» B.
76 v. 86 «angoli» B; *anguli*: relacionado seguramente con Angola, pero no veo bien si se refiere a los negros o a un baile de negros.
77 v. 87 *piquinino*: quizá deformación de *pinkillus*, con diminutivo macarrónico *pinkillillo*; quechua, instrumento musical, «flauta indígena de caña que, a diferencia de la quena, tiene una lengüeta y cinco agujeros. Es de timbre más agudo que la quena» (*Diccionario quechua*).

INDIA	Yus pagará sunqui mama[78] y to finisa agradisco purqui chus mi curazuna[79] hoytac quiría lu mismu.[80]	90
NEGRO	Vamo pue tomando angola la vinno del chiquitiyo[81] pala que el compadle biba hecho el menjol cuchinitu.	95
INDIO	Agradiscos il finizas, siñor cumpagri Fracicu,[82] para qui asti nagüidad[83] cun muchu salud lligüimus.[84]	

Estarán tomando el vino.

NEGRO	¿Ynla cunmadli Marucha[85] pol qué no tuma la vino? Vayan, puese, mi cummali,[86] a la salú del nenclito.[87]	100
INDIA	Y yau, puis, siñor compagri, bibirí, y te agradisco di tu amur tucui soncolla[88] sin mintira y virdadiru.[89]	105
INDIO	Cumpagri, vamos ¿qui borlas hasis de esta cumpadrito?[90] Pues foira, foira de casa, que me has hecho el machasquito.[91]	110
NEGRO	Indio de una cariampempe,[92] ¿con que quieles antlevido dalme ete colespondencia[93]	

---

78 v. 88 *Yus pagará sunqui mama*: interpreto *Yus*, ‹Dios›; *paqarasunki*, ‹pagará› (*-sunki*, ‹él a ti›); *mama*: en el contexto ‹señora›: ‹Dios te lo pagará, señora›.
79 v. 90 «corazuna» B; *chus*: sufijo que indica duda, ‹tal vez, quizás›.
80 v. 91 «lo mismo» B; *hoytac*: ‹hoy a su vez›. El sufijo actualmente es *–tá* en Potosí y *–táj* en Cochabamba.
81 v. 93 «chinquitiyo» B; *chiquitiyo*: ‹botella pequeña› (José Soto).
82 v. 97 «Frasicu» B.
83 v. 98 «qui a isti» B.
84 v. 99 «con» B.
85 v. 100 «cumadli» B.
86 v. 102 «comali» B.
87 v. 103 «a la salud» B.
88 v. 106 *tucui soncolla*: *tukuy*, ‹todo›; *sunqu*, ‹corazón› (el sufijo *-lla* es ‹no más›); ‹de todo corazón›.
89 v. 107 «virdaderu» B.
90 v. 109 «de isti» B.
91 v. 111 *machasquito*: ‹me has hecho el machasqa› (con diminutivo castellano), ‹me estás considerando borrachito›.
92 v. 112 cariampepe: no apuro la palabra.
93 v. 114 «dalme este» B.

	a la favole que ha visto?	115
	Pue, toma, inrio capoclu,[94]	
	que yan no puelo suflilo[95]	
	las debelgüensa canaya	
	contla el compladle nencrito[96].	

Embístelo el Negro al Indio.

INDIA	Achacaray, nengra mola,[97]	120
	¿para esochu a tu marido[98]	
	trajiste porque machasen	
	en el nagüidad cun vinu?[99]	
	Cunan mari, pirra nigra,[100]	
	ricunqui lu qui has quiridu. [101]	125
NEGRA	Milen a esta indi, Ungulungu,[102]	
	qui naun puede ririchitu[103]	
	palase polque manchasga[104]	
	¿peleala quiele conmigo?	
	Pues toma pan de peli[105],	130
	que de esta suelte catigo	
	a las indias antlevidas	
	dishaciendo la fusicu. [106]	

Embiste la Negra a la India.

INDIA	Guau, ¿quis istu pues, cumagri[107],	
	en el días más fistivus[108]	135
	de aquel santo nagüidad	
	el macanasus mi has hichu?[109]	

---

94 v. 116 «Pues toma ynrio capuclo» B; *capoclu*: deformación de *caboclo*, mestizo de indio y negra o viceversa.

95 v. 117 «no puedo» B.

96 v. 119 «nengrito» B; y en la acotación siguiente «Embistelo la Negra al Indio».

97 v. 120 «Negra Mula» B; *Achacaray*: exclamación quechua ya anotada.

98 v. 121 *esochu*: con el sufijo interrogativo quechua, *chu*.

99 v. 123 «en el Navidad con la guinu» B.

100 v. 124 *Cunan mari*: en el manuscrito parece dividida en dos palabras; *kunanma*, ‹ahora›, *-ari*, ‹pues›, amenazante (José Soto); *pirra nigra*: perra negra; insulto codificado.

101 v. 125 «queridu» B.

102 v. 126 *Ungulungu*: parece el nombre del negro.

103 v. 127 «qui ni an puede ririchitu» B.

104 v. 128 «porque» B; *manchasga: manchasqa*, ‹asustado/a› (José Soto); o mejor *machasqa*, ‹borracha›, con *n* epentética, muy frecuente en el habla de negro. ‹Mira a esta india que no se puede tener derecha de puro borracha y quiere pelear conmigo›.

105 v. 130 *pan de peli*: interpreto *pan de perro*; «Dar pan de perro. Por pesadumbre y mal trato» (Correas, refrán 6.519).

106 v. 133 «deshaciendo» B; *fusicu*: ‹hocico›.

107 v. 134 «comagri» B.

108 v. 135 «mas festivos» B.

109 v. 137 *macanasus*: ‹golpe, porrazo, empujón›; *maqanasus: maqay*, ‹pegar›; *-nasus*, aumentativo tomado del castellano. Ver v. 142.

	Pues llamarí a mis cachunis[110]	
	para qui salgan dil pristus.[111]	
INDIO	Negra qui yana cucupi[112]	140
	¿güinisti quini cabritu[113]	
	a dar istus tiquinasus[114]	
	a la mogier de esti Quilcu?	
	Puis toma el qui lu buscabas.[115]	
NEGRA	Jesum, Malía y Josefe,[116]	145
	¡ay! que me muenlo, Flasico,[117]	
	pues un golpe en la baliga	
	men la ha daro angolita.[118]	
	Parle mío, Santi Antoino,[119]	
	del Palermo, San Binito,[120]	150
	a esta porbe nencla tuyu	
	que lan socolas te pilo.[121]	
NEGRO	Indio de los cariampempes,	
	si non quieles lerechitu[122]	
	caminá para molili	155
	hecho gayina o puyito,	
	caminemo asia Belena	
	a milá al recién naciro	
	que risen esar anyí	
	con su mama risrunitu[123]:	160
	cun iso yo la peldona[124]	
	ense tu glambe dilitu.[125]	
INDIO	Vaya, cumpagri, y llivimus	
	el gualpita y el quisillus	

---

110 v. 138 *cachunis*: *qhachuni* (sinónimo de *ñuqcha*), ‹nuera› (*Diccionario quechua*); no es seguro que se trate de esta palabra.

111 v. 139 «para que» B.

112 v. 140 B omite «qui»; *yana cucupi: yana*, ‹alma›; *kuku*, ‹fantasma› (José Soto); ‹alma en pena›; el *Diccionario quechua* da como significado de *kuku* ‹especie de fantasma que aparecería en algunas ocasiones con intenciones malévolas›; el sufijo *-pi* no parece apropiado a este contexto.

113 vv. 141-143 B lee: «guinistis a dar tequenasus / a la Mugir de este Quilco».

114 v. 142 *tiquinasus*: quizá *tanqanasus*, empujones, golpes, quechua.

115 v. 144 «Pues toma el que ti buscaba» B.

116 v. 145 «Jesus» B.

117 v. 146 «me muelo Fransicu» B.

118 v. 148 «ha dado» B; *angolita*: ‹ahorita›, diminutivo muy usado en la zona andina.

119 v. 149 «sante» B.

120 v. 150 «Benito» B.

121 v. 152 «te pido» B.

122 v. 154 «non quiles» B.

123 v. 160 *risrunitu*: posiblemente ‹risueñito›, referido al niño Dios en brazos de su madre; quizá ‹reunido, junto›.

124 v. 161 «con eso yo» B.

125 v. 162 «ditu» B.

	para hasirlis il pricintis[126]	165
	al qui is la ricién nacidus.[127]	
NEGRA	Vaya, pues, Gulungu, vaya	
	qui yo también buñuelitos[128]	
	le entlegalé al piquinini	
	juntamente con el vino.	170

Lléganse al portal: el Indio ofreserá la gallina, la India los quesillos, el Negro el vino y la Negra los buñuelos.[129]

INDIO	Siñur, güiracuchi, mi amus[130]	
	aquí tinis a este indiyus[131]	
	apurriado de un cumpagri[132]	
	nengros llamadu el Cachimbo.[133]	
	Este guallpita ti traygus[134]	175
	in vis di dársilo al nigro[135]	
	a vus, y no a il pagarí[136]	
	la tasa del curaquillu.[137]	
INDIA	Yo pus lo mismollatatac[138]	
	a dicirte qui hey vinido[139]	180
	porqui la nengra comagri	
	tambín piliyó cunmigo.[140]	
	Pur isu también esta indiya[141]	
	ti lu traji istus quisillus	
	porqui sin dar al nengras	185
	ti los cumas sulititu.	
NEGRO	¿Hamblá mayor lisbergüensa[142]	
	que aqueste yaya antlevido[143]	

---

126 v. 165 «prisintis» B.
127 v. 166 «resien nasidus» B.
128 v. 168 «buñulitos» B.
129 v. 170 Acotación: «ofrese la», «la Negra buñuelos» B.
130 v. 171 «Señor Guirachosi mi amos» B; *güiracuchi: Wiraqucha*, ‹Señor, Dios›. El manuscrito parece deformar bastante la palabra.
131 v. 172 «esti Yndios» B.
132 v. 173 «aporriado» B.
133 v. 174 «Nigros llamado» B.
134 v. 175 «Eisti gualpita te» B.
135 v. 176 «darselo al nigros» B.
136 v. 177 «a vos» B.
137 v. 178 *curaquillu*: de *kuraka*, ‹superior o cabeza de comunidad, jefe› (Alfredo Quiroz).
138 v. 179 «llatac» B; *llatatac: -lla*, sufijo, ‹no más›; *-taj*, sufijo, ‹también›.
139 v. 180 «disirte aquí ei» B.
140 v. 182 «conmigo» B.
141 vv. 183-86 «Por isu tambin / ti lo traigo el quisillos / paraqui sin dar al Ni / gras tilu cumas soli / titus» B.
142 v. 187 «Ambra» B.
143 v. 188 *yaya*: equivale a tata, título de respeto equivalente a don, ya anotado, aquí utilizado irónicamente.

	venga con la sinlazone[144]	
	a dá la queja al niñito?	190
	Pues, mundili, tomá voso[145]	
	ete flasco den vinitu	
	y sin daye a ese capoclo	
	bébetelo cayarito.	
NEGRA	Ansina pues se catiga	195
	sin que aquestos buñuelito	
	sen lo coman esos indios	
	sino solo el piqui[ni]no.	
	Toma, mundili, y comete	
	y vosotlos, pelos indios,[146]	200
	vengan con este tamboli	
	a bailá a turu ruiro.	
INDIO	Pues guaylandu vamus	
	el tunus di lus nengritos.	

TODOS. *Cantan todos y bailan.*

NEGRO	Negritiyo, gente prieto[147],	205
	de tamboli dirindín,	
	a sevrir al piquinini	
	como escravos hoy vinid.	
TODOS	Alele, Alele.	
[NEGRO]	Y las neclas ¿pol qué no	210
	en tamboli se han de uní?,	
	que aunque prite gente somo:[148]	
	es muy cielto y es ansí.	
TODOS	Alele, Alele.	
LOS DOS NEGROS	Y así vamo a la portali	215
	donde aqueya selafín	
	canta mejó que el nenclito	
	que hoy esá cantanro aquí.	
TODOS	Alele, Alele.	

Fin

Es de advertir que solamente cantarán los Negros los versos, y los Indios responderán únicamente a los estribillos del «Alele», etc.

El cuaderno precente solo es borrador y si se puede entender sirva de original, y de no, se trasladará otro nuevo de prompto y de letra más clara.

---

144 v. 189 B interrumpe la copia en «con la sin».
145 v. 191 *mundili*: no apuro el vocablo.
146 v. 200 *pelos indios*: perros indios.
147 v. 205 *prieto*: de color negro.
148 v. 212 *aunque prite gente somo*: aplica el refrán «Aunque somos negros, gente somos, alma tenemos. Dícese contra los que se desdeñan de juntarse y admitir a otros» (Correas, refrán 3.218).

Bibliografía

Arellano, Ignacio (2004a): «Una colección dramática de Potosí (convento de Santa Teresa)», en: *Temas del barroco hispánico*. Edición de íd. y Eduardo Godoy. Madrid: Iberoamericana, pp. 25-51.

Arellano, Ignacio (2004b): «Piezas dramáticas indianas. Un *Coloquio poético a la Purificación*, de Potosí (Convento de Santa Teresa)», en: *Nueva Revista de Filología Hispánica* 52,2, pp. 489-507.

Arellano, Ignacio / Eichmann, Andrés (eds.) (2005): *Entremeses, loas y coloquios de Potosí*. Madrid / Frankfurt am Main: Iberoamericana / Vervuert.

Arellano, Ignacio / García Valdés, Celsa C. (eds.) (2006): *Antología del entremés barroco*. Madrid: Espasa-Calpe.

Asensio, Eugenio (1965): *Itinerario del entremés*. Madrid: Gredos.

Bances Candamo, Francisco A. de (1722): *Poesías cómicas*. Madrid: Blas de Villanueva.

Barnadas, Josep M. / Forenza, Ana (2000): «Noticias sobre el teatro en Charcas (siglos XVI-XIX)», en: *Anuario 2000*. Sucre: Biblioteca y Archivo Nacionales de Bolivia, pp. 557-575.

Correas, Gonzalo (2000): *Vocabulario de refranes*. Edición digital de Rafael Zafra. Pamplona / Kassel: Universidad de Navarra-Reichenberger.

Cotarelo y Mori, Emilio (1911): *Colección de entremeses, loas, bailes, jácaras y mojigangas. Desde fines del siglo XVI a mediados del XVIII.*). 2 vols. Madrid: Bailly Baillière (Nueva Biblioteca de Autores Españoles; 17-18

Diccionario quechua; estructura semántica del quechua cochabambino contemporáneo. Ver Herrero y Sánchez de Losada.

Eichmann, Andrés (2003a): «*El Coloquio de los Once Cielos*. Una obra de teatro breve del Monasterio de Santa Teresa (Potosí)», en: *Historia y Cultura* (La Paz) 28-29, pp. 95-132.

Eichmann, Andrés (2003b): «Es la agudeza pasto del alma; aproximación a los códigos literarios que operan en algunas obras de Charcas», en: *Memoria del I Encuentro Internacional Barroco Andino*. La Paz: Unión Latina, pp. 315-322.

Granda Gutiérrez, Germán de (1971): «Sobre el origen del habla del negro en la literatura peninsular del Siglo de Oro», en: *Prohemio* 1, pp. 97-110.

Herrero, Joaquín / Sánchez de Losada, Federico (1983): *Diccionario quechua. Estructura semántica del quechua cochabambino contemporáneo*. Sucre: Talleres gráficos Qorillama.

Quevedo, Francisco de (1981): *Poesía original*. Edición de José M. Blecua. Barcelona: Planeta.

Reverte Bernal, Concepción / Reyes Peña, Mercedes de los (eds.) (1998): *América y el teatro español del Siglo de Oro. Actas del II Congreso Iberoamericano de Teatro* (Cádiz, 23 a 26 de octubre de 1996). Cádiz: Universidad de Cádiz.

Weber de Kurlat, Frida (1963): «Sobre el negro como tipo cómico en el teatro español del siglo XVI», en: *Romance Philology* 17, pp. 380-391.

Wilde, M. (1998): «Presencia del Siglo de Oro en Potosí», en Reverte Bernal, Concepción / Reyes Peña, Mercedes de los (eds.): *América y el teatro español del Siglo de Oro. Actas del II Congreso Iberoamericano de Teatro* (Cádiz, 23 a 26 de octubre de 1996). Cádiz: Universidad de Cádiz, pp. 281-287.

Pastores en Tirso (III): El pastor enamorado. El pastor navideño. Textos significativos

José M.ª Díez Borque
(Universidad Complutense de Madrid)

Mi intención en estas páginas es de corto alcance: solamente dar, con breve comentario, algunos textos significativos del pastor enamorado y del pastor navideño – fundamentales en el teatro del XVI de Enzina, Fernández, Vicente y tantos otros – en el teatro de Tirso de Molina. Ya me he ocupado del pastor gracioso[1] y he tratado de entremeses pastoriles en la obra del mercedario.[2] Mi propósito es articular todas estas posibilidades del personaje pastor en el teatro de Tirso en un amplio estudio del conjunto con la bibliografía oportuna y las conclusiones pertinentes. Todo esto es solamente el comienzo del camino.

Retendré algo aquí de lo que escribía a propósito del pastor gracioso en Tirso, porque es pertinente:

«¿Qué fue de los pastores literarios del siglo XVI en el siglo XVII, y, particularmente, de los pastores de églogas, autos, farsas..., de tan repetida presencia en el teatro del primer Siglo de Oro? [...] Creo que son preguntas importantes para la historia de nuestro teatro del siglo XVII, y a las que ya se va dando alguna respuesta particular de la mano de Juan Oleza, José Javier Rodríguez, etc. [...]

El XVI crea una rica tipología del personaje pastor, de la novela a la poesía, y en el teatro – que es lo pertinente aquí – acuña una múltiple variedad de posibilidades y, particularmente, utiliza unos registros de comicidad con recursos tipificados – incluido el lenguaje caracterizador – que se repiten. En consecuencia, insisto en que parece fundamental estudiar cómo llega todo esto al teatro del siglo XVII, [...].

He tomado en consideración el conjunto del teatro de Tirso de Molina – exceptuando autos sacramentales y teatro breve cómico – publicado en la BAE, además de la edición de Cotarelo, y teniendo presente la relación de *Comedias* que da Héctor Urzáiz.[3] Me guío por la relación de personajes que se da en cada obra, aunque pueda

---

1 Díez Borque 2005.
2 Díez Borque (en prensa).
3 Urzáiz 2002/II: 625-632. Relación de obras estudiadas: *El amor y la amistad* (BAE-I); *Averígüelo Vargas* (BAE-I); *El condenado por desconfiado* (BAE-I); *Esto sí que es negociar* (BAE-I); *El pretendiente al revés* (BAE-I); *Privar contra su gusto* (BAE-I); *La prudencia en la mujer* (Vergara); *La ventura con el nombre* (BAE-I); *El vergonzoso en palacio* (BAE-I); *La dama del olivar* (BAE-II); *Los lagos de San Vicente* (BAE-II); *La elección por la virtud* (BAE-II); *La peña de Francia* (BAE-III); *La mejor espigadera* (BAE-IV); *La mujer que manda en casa* (BAE-IV); *Tanto es lo demás como lo de me-*

haber algún aislado desacuerdo. En un conjunto de más de 90 comedias, aparecen pastores – fundamentalmente con funciones de comicidad, aunque con variedad de posibilidades – en, al menos, 24 obras, lo que ya, sin más, nos muestra que es una proporción importante. Como digo, varía no sólo la presencia de pastores en las obras, sino la importancia y posibilidades de su función cómica [y otras]. Encontramos así comedias en que hay sólo un pastor, aunque en algunas su papel sea fundamental, pues desarrolla la función de gracioso, como veremos. Para que se tenga constancia de la presencia de personajes pastores – según la relación que aparece al comienzo de las piezas – daré un ejemplo sólo de cada una de las posibilidades numéricas, pero señalando que en cada caso hay más obras y que, además, no siempre se indica en la relación de personajes inicial. Hay comedias hasta con nueve pastores (*El pretendiente al revés*) y varias con dos (*Esto sí que es negociar*, etc.), con uno (*El amor y la amistad*), con tres (*Privar contra su gusto*); cuatro (*La mujer que manda en casa*); cinco (*La prudencia en la mujer*); seis (*La dama del olivar*); siete (*El vergonzoso en palacio*), etc.

Es ya un dato revelador, pero no me interesa directamente aquí, pues me llevaría a planteamientos comparativos, que no son del caso, con el resto de *dramatis personae*.»[4]

«Para enmarcar las funciones, significados, alcance..., del pastor enamorado y del pastor navideño voy a referirme, brevemente, al pastor gracioso y a los entremeses pastoriles en Tirso, según lo que analizo en mis estudios citados.

En varias obras encontramos la figura teatral del pastor con funciones de gracioso: Carlín en *Esto sí que es negociar*; Fernando en *Los lagos de San Vicente*; Coriolín en *La mujer que manda en casa*; Bartolo en *Antona García*; Brito en *Las Quinas de Portugal*; Carlín en *El melancólico*, etc. Sirve esto no sólo para enmarcar al pastor navideño y al pastor amoroso en el conjunto de posibilidades teatrales del personaje pastor en el teatro de Tirso y constatar la permanencia de tal personaje más allá del teatro del siglo XVI, sino para añadir nuevas perspectivas a la fundamental figura del donaire en el teatro del siglo XVII. Aunque pueda haber también contenidos amorosos, lo fundamental es que el pastor gracioso incide en el plano de personajes superiores con la conocida técnica de la figura del donaire, como muestro en mi estudio citado.

---

  nos (BAE-IV); *La venganza de Tamar* (BAE-IV); *La vida y la muerte de Herodes* (BAE-IV); *Antona García* (BAE-V); *Las Quinas de Portugal* (BAE-V); *La república al revés* (BAE-V); *Todo es dar en una cosa* (BAE-V); *El Aquiles* (BAE-VI); *El melancólico* (BAE-VI).
  BAE-I: Molina 1944; BAE II-VI: Molina 1970-1971; Vergara: Molina 1968. Por el sentido de este estudio no he hecho una búsqueda bibliográfica sobre el tema. Remito al lector interesado a las bibliografías especializadas. Véase el párrafo inicial de este artículo sobre el futuro estudio de conjunto. Cito de acuerdo con la edición utilizada, incluso en las mayúsculas iniciales de los versos.
4 Díez Borque 2005: 167-168.

Hay también obras de Tirso en que aparecen pastores y graciosos, con lo que aquéllos adquieren diversas funciones: se suman, a veces, la comicidad (*La ventura con el nombre*; *El pretendiente al revés*, etc.), o aparecen con «dignidad» y tono serio (*El condenado por desconfiado*).

Encontramos, además, pequeños entremeses pastoriles embutidos en el cuerpo de la obra, como en *La prudencia en la mujer*, o escenas cómicas pastoriles extensas, con cierta autonomía, como en *La peña de Francia*; *Todo es dar en una cosa*, etc.

Como queda explicado la función cómica del personaje pastor, con su variedad de posibilidades, es la dominante en el teatro de Tirso, pero hay que tener presente que, en ocasiones, aparecen distintos niveles de los personajes pastoriles en una misma obra e incluso encontramos pastores cultos en exclusiva en alguna comedia, aparte, claro, del «bucolismo» rústico de amores, fiestas y costumbres y lo pastoril navideño, que es lo que interesa específicamente aquí.

La diferencia de niveles entre los pastores en una misma comedia, en más o en menos, la observamos, por ejemplo, en los contrastes entre Mireno, Tarso y Bato, Denio en *El vergonzoso en palacio*, o entre Pachón, auténtico gracioso, y Tirso, en *La vida y muerte de Herodes*; o entre Bartolo, gracioso, y Centeno y Gila, en *Antona García*; o entre Tarso y Dinampo, en *La república al revés*; o entre Garlín y las pastoras Firela y Leonisa en *El melancólico*, y también entre Carlín y Firela en *Esto sí que es negociar*.»[5]

Acercándonos ya a los terrenos de las pastoriles escenas de amor, encontramos testimonios de diálogos de amor, alejados de tonos y formas de otras intervenciones pastoriles, en parlamentos como los de la pastora Lisis en *La mejor espigadora* (322-323). Pero vayamos ya al teatro pastoril de amor.

Hay que recordar que en el teatro del siglo XVI de Enzina, Fernández, Vicente y en un sinnúmero de églogas y otros géneros teatrales, la vida rústica y costumbres pastoriles, los motivos amorosos, los temas navideños aparecían repetidamente, constituyéndose en rasgos caracterizadores.

Es importante saber que algunos de estos temas y motivos siguen apareciendo en el teatro de Tirso, a veces ya en las intervenciones pastoriles que hemos venido viendo – cuyos contenidos no he podido analizar aquí en profundidad – y de forma destacada en alguna comedia. Naturalmente, hay distancia entre temas, formas y funciones del teatro pastoril de amores del XVI y los «pastores enamorados» de Tirso, y no hay que olvidar las funciones de comicidad y contraste que hay en ello (como ya señalé para el pastor gracioso), pero hay que tener todo esto en cuenta para analizar la evolución de una figura dramática que fue fundamental en el primer teatro renacentista español. Sólo, como ejemplo, recogeré aquí una mínima muestra frag-

---

5   Díez Borque (en prensa).

mentaria. Así el diálogo de amor entre los pastores Tarso y Melisa en *El vergonzoso en palacio*:

Escena IV:

TARSO, MELISA

MELISA ¿Así me dejas traidor?
TARSO Melisa, doma otros potros;
Que ya no me hace quillotros
En el alma vueso amor.
Con la ausencia de medio año
Que há que ni os busco ni veo,
Curó el tiempo a mi deseo
La enfermedad de un engaño.
Dando a mis celos dieta,
Estoy bueno poco a poco;
Ya, Melisa, no so loco,
Porque yo no so poeta.
¡Las copras que a cada paso
Os hice! ¡Huego de Dios
en ellas, en mí y en vos,
Si de subir al Parnaso
Por sus musas de alquiler,
Me he quedado despeado!
¡Qué de nombres que os he dado!
Luna, estrella, locifer...
¿Qué teneis bueno, Melisa,
Que no alabase mi canto?
Copras os compuse al llanto,
Copras os hice a la risa,
Copras al dulce mirar,
Al suspirar, al toser,
Al callar, al responder,
Al asentarse, al andar,
Al branco color, al prieto,
A vuesos desdenes locos,
Al escopir, y a los mocos
Pienso que os hice un soneto.
Ya me salí del garlito
Do me cogistes, par Dios;
Que no se me da por vos,
Ni por vueso amor, un pito.
MELISA ¡Ay Tarso, Tarso! En efeto,
Hombre; que es decir, olvido.
¿Que una ausencia haya podido
Hacer perderme el respeto?
¿A mí, Tarso?
TARSO A vos, y a Judas.
Sois mudables: ¿qué quereis.
Si en señal deso os ponen
En la cara tantas mudas?

MELISA	Así, mis prendas me torna,
	Mis cintas y mis cabellos.
TARSO	¿Luego pensais que con ellos
	Mi pecho o zurrón se adorna?
	¡Qué bobada! A estar yo ciego,
	Trujera conmigo al daño.
	Ya, Melisa, habrá medio año,
	Que con todo di en el huego.
	Cabellos que fueron lazos
	De mi esperanza crueles,
	Listones, rosas, papeles,
	Baratijas y embarazos,
	Todo el huego lo deshizo,
	Porque hechizó mi sosiego;
	Pues suele echarse en el huego,
	Porque no empezca, el hechizo.
	Hasta el zurrón di a la brasa,
	Do guardé mis desatinos,
	Que por quemar los vecinos,
	Se pega huego a la casa.
MELISA	¿Esto he de sufrir? ¡Ay, cielo! *(Llora)*
TARSO	Aunque lloreis un diluvio,
	Teneis el cabello rubio,
	No hay que fiar dese pelo.
	Ya os conozco que sois fina.
	Pues no me habeis de engañar,
	Par Dios, aunque os vea llorar
	Los tuétanos y la orina. (205ss.)

En el diálogo entre Leonisa, Firela y Carlín – en *El melancólico* – encontramos, en clave de comicidad, una «escena de amor» entre pollinos:

CARLÍN	En breve.
	Mi burro y yo...; no va bien,
	que el burro no ha de ir delante:
	yo y mi burro...; ¡qué ignorante!
	Cuantos a un borrico ven
	cargado, ¿no es cosa clara
	que lleva al dueño tras sí
	dándole de palos?
FIRELA	Sí.
CARLÍN	Pues llevando yo la vara
	con que dalle, cuesta arriba
	y cuesta abajo, a compás,
	llevándome a mí detrás,
	el burro delante iba.
LEONISA	¿Y eso importa para el cuento?
CARLÍN	¡Válgame Dios! De aquí arguyo
	que es bien dalle lo que es suyo
	también al pobre jumento.

FIRELA	Pasa adelante.
CARLÍN	¿Quién? ¡Yo!
	Si adelante he de pasar,
	no querrá el borrico andar,
	porque si detrás no vo
	se me eleva al primer paso,
	que es bestia de mucho tiento.
FIRELA	Que pase adelante el cuento
	te digo.
CARLÍN	Vamos al caso.
	La borrica del barbero,
	que venía del molino,
	luego que vio a mi pollino
	(no sé yo quién vio primero
	a quién). Mi burro bajaba
	y la borrica subía;
	la vista el burro ponía
	en cada paso que daba.
	La burra, al sobir la cuesta,
	no le debió de mirar,
	porque nunca suele alzar
	los ojos, que es muy honesta.
LEONISA	Acaba ya.
CARLÍN	No se aburra;
	mas diga: cuando se ven,
	¿quién mira primero a quién,
	amándose, el burro o burra?
FIRELA	Ambos a dos, si en tal caso
	es igual la voluntad. (114-115)

En *La peña de Francia* encontramos una sugestiva escena de amores pastoriles, interesante para lo que aquí venimos viendo:

Escena II:

MELISA Y ELVIRA. DICHOS

MELISA	Sal, Elvira, a la ventana
	y verás el mayo verde
	con que el mal no se te acuerde
	que tienes, y a la mañana,
	que cubiertos los carrillos
	del encarnado arrebol,
	la viene puniendo el sol
	con sus rayos los zarcillos.
	Vuelva a tus labios la risa
	que hasta aquí mos alegraba.
ELVIRA	No puedo aunque quiero.
MELISA	Acaba.
ELVIRA	Duéleme el alma, Melisa.
DORINGO	¡Tirso, Tirso!, a la ventana
	Elvira y Melisa están.

TIRSO	Templad, pues, y escocharán
	las dos el canto y de gana.
TODOS	«Si queréis, etc».
TIRSO	¿Qué decís de la mosica?
	Mi Melisa, ¿haos contentado?
MELISA	Lindamente lo heis cantado.
TIRSO	Ansí mi amor se pobrica
	la mi Melisa agraciada;
	¡pardiez!, que os me asemejáis,
	cuando escochándome estáis,
	a la ventana asomada,
	a la mi yegua que dejo,
	garrida cuando la cincho,
	que alegre escucha el relincho
	del cuartago del concejo.
MELISA	Y a mí la vuesa musquina
	me semeja al dulce son
	que hace con el carbón
	la carreta si rechina.
ELVIRA	¡Ay Dios!
MELISA	¿Agora suspira
	tu dolor, hermosa Elvira?
ELVIRA	Estó muy melanconiosa.
TIRSO	¿Qué tiene nuesa ama Elvira?
ELVIRA	No sé.
TIRSO	¿Quiere que tañamos
	para que se alegre?
ELVIRA	No,
	que antes el canto me dio
	tristeza.
DORINGO	Pues bien cantamos.
TIRSO	¿La musquina no resiste
	el mal que causa la pena?
ELVIRA	No, que alegría ajena
	es tormento para el triste.
	Échalos de aquí, Melisa,
	que tengo que te contar.
TIRSO	¿Queréisme una cinta dar?
MELISA	Después, que ahora estó de prisa.
	Ponte enfrente de la Igreja,
	que en pellizcándote yo
	es señal que te la dó.
TIRSO	Ya es tarde, que la madeja
	del sol las cabezas mira
	de nuestros riscos. ¿Iréme?
MELISA	Sí.
TIRSO	¿Y qué has de her?
MELISA	Tornáreme
	a la cama con Elvira,
	que está mala.
TIRSO	¡Pese al mal!

MELISA	¿A cantar no heis de volver?
TIRSO	Sí; mas ¿por dónde ha de ser?
MELISA	¿Por dó? Por el trascorral.
ELVIRA	Ven, Melisa, que me muero.
MELISA	¿Dónde?
ELVIRA	Bajemos abajo. *(Aparte)* Mi desdicha acá nos trajo al polido forastero. *(Vanse)*
DORINGO	¿Hase cantado bien?
TIRSO	Sí; vamos, daréos de almorzar.
PAYO	¡Par Dios!
TIRSO	Hasta reventar.
DORINGO	¿Y el mayo?
TIRSO	Quédese así. (154-156)

Hay más en las obras estudiadas, y no hay que olvidar los contenidos de amor en algunos de los pastores graciosos que analizo en mi estudio citado. Pero sólo me interesaba aquí – a la espera del estudio de conjunto – dar testimonio de la evolución del amor pastoril, lenguaje caracterizador, «proximidad rústica» de los Mingo, Gil, Bras, Menga, Pascuala, Beringüella..., del teatro de Juan del Enzina, Lucas Fernández y tantos otros, lo que, cuando menos, obliga a repensar la historia del personaje pastor y su camino hacia el personaje labrador.

También son importantes los parlamentos sobre el matrimonio en *La dama del olivar* o en *Los lagos de San Vicente*. Sin embargo, como señalé, doy sólo una muestra sintomática, pues se comprenderá que no puedo realizar aquí un análisis pormenorizado de las más de veinte obras que tomo en consideración. Y lo mismo cabe decir de los motivos de la vida pastoril (ambiente rústico, fiestas, cantos de mayo, costumbres...), que sólo voy a ejemplificar con la cita de dos obras: *La dama del olivar* (294-295) y *La Peña de Francia* (144-145).

Diré, por fin, que, frente a lo que venimos viendo, la presencia del pastor religioso – que tuvo papel importante en églogas, autos, coloquios..., el XVI – es muy poco relevante y significativa en el conjunto de obras de Tirso aquí estudiadas. Apenas cabe citar algunos diálogos de *La dama del olivar* sobre el amor a la Virgen y otros contenidos religiosos, o el pastor navideño que adora al niño Jesús recién nacido, en *La vida y muerte de Herodes*, con sugestivas referencias al juego de cartas:

PACHÓN	El viejo de reales ropas que en la copa al Niño ofrece el incienso me parece que se llame el Rey de copas, y el mozo que sus tesoros rinde al chico y oro abate, de eterna ley y quilate, llamarse puede Rey de oros.

Tirso	Pues el Niño, si a vencer
	viene al mundo y el pecado
	de nuesa flaqueza armado,
	Rey de espadas vendrá a ser.
Pachón	Antes lo viene a ser todo,
	que Dios que el alma me abranda
	hoy profetizar nos manda,
	y así digo deste modo:
	que si la divinidad
	que encubre es el oro rico
	que disfraza en el pellico
	de nuesa mortalidad,
	y es infinita la ley
	del oro de su riqueza,
	según su naturaleza,
	de oros el Niño es Rey.
Fenisa	Después, cuando se desangre
	en el huerto, y el temor
	de la muerte y su rigor
	le obligue a que se dé en sangre,
	bañando flores y ropas,
	y el cáliz de mi ventura
	beba en copa de amargura,
	será entonces Rey de copas.
Tirso	Otro manjar le señalo
	cuando se eclipse la luz
	del sol y sobre la Cruz
	el triunfo le entre del palo.
	Que si allá su Reino muda,
	y con tal basto deshace
	las culpas, contra quien nace
	Rey de bastos es, sin duda.
Bato	Mísero quien le provoca
	y en desgracia suya caiga,
	cuando de dos filos traiga
	la espada puesta en la boca,
	que las almas condenadas
	eternamente al volcán,
	por su desdicha sabrán
	que este Niño es Rey de espadas. (274)

Bibliografía

Díez Borque, José M.ª (1999): «Celebraciones y fiestas populares, La cultura del Renacimiento (1480-1580)», en García de la Concha, Víctor (coord.): *Historia de España Menéndez Pidal*. Dir. J.M. Jover. Madrid: Espasa Calpe, pp. 51-126.

Díez Borque, José M.ª (2005): «Pastores en Tirso (I): El pastor gracioso. Textos significativos», en García Lorenzo, Luciano (ed.): *La construcción de un personaje: El gracioso*. Madrid: Fundamentos, pp. 167-187.

Díez Borque, José M.ª (en prensa): «Pastores en Tirso (II): ‹Entremeses› y ‹autos› pastoriles. Textos significativos» en: *Homenaje a Marc Vitse* (Universidad de Toulouse).

Molina, Tirso de (1944): *Comedias escogidas de Fray Gabriel Téllez*. Juntas en colección e ilustradas por Juan E. Hartzenbusch. Madrid: Atlas (BAE I).

Molina, Tirso de (1968): *Obras*. Edición, prólogo y notas de María del Pilar Palomo. Barcelona: Vergara.

Molina, Tirso de (1970-1971): *Obras de Tirso de Molina*. Edición y estudio preliminar por María del Pilar Palomo. Madrid: Atlas (BAE II-VI).

Urzáiz Tortajada, Héctor (2002): *Catálogo de autores teatrales del siglo XVII*. Madrid: Fundación Universitaria Española.

Los Segismundos de *La vida es sueño* de Calderón según las versiones de Zaragoza y Madrid

A. Robert Lauer

(University of Oklahoma)

Desde la publicación en 1992 de la primera versión de *La vida es sueño* en la *Parte treinta de comedias famosas de varios autores* (Zaragoza, 1636) de Calderón, el insigne crítico José María Ruano de la Haza ha propuesto que ésta es una copia teatral, escrita antes de 1630 y vendida a un autor de comedias para ser representada. La segunda versión, de 1635, primordialmente para ser leída,[1] sería la entregada a los impresores de la *Primera parte* de sus comedias (Madrid, 1636). A la vez, es muy probable que la compañía de Cristóbal de Avendaño representara esta primera versión en Sevilla entre 1627 y 1629, como sugiere Ann L. Mackenzie.[2] En tiempos recientes, la Compañía Zampanó (Compañía Estable de Repertorio de Teatro Clásico), establecida en Madrid en 1980, estrenó la versión editada por Ruano de la Haza los días 4 y 5 de abril de 1992 en el Teatro Cervantes de Almería, un mes después de que se publicara esta edición. Posteriormente, esta versión, adaptada en parte, se representaría a las 20:00 horas tres días a la semana, desde el 4 de octubre hasta el 15 de diciembre de 2004, en el Teatro El Granero, Xavier Rojas, Centro Cultural del Bosque (Campo Marte s/n, Colonia Bosque de Chapultepec Parque Nacional), en México D.F., México. Por 150 pesos mexicanos (10,06 euros), el público del Nuevo Mundo, y del nuevo milenio, volvería a presenciar esa maravilla teatral por largo tiempo olvidada y desdeñada.

Cada representación teatral es en efecto otra versión de la obra, puesto que los directores se valen de su criterio para hacer cambios necesarios o para sugerir, a veces inconscientemente, el momento histórico. Añádase a esto que los actores que hicieron el papel de Segismundo en Sevilla entre 1627 y 1629 (Cristóbal de Avendaño) y en México en 2004 (Juan Carlos Remolina) eran hombres corpulentos. Pedro Mari Sánchez, de la Compañía Nacional de Teatro Clásico (1996), representaría a Segismundo de esta misma manera.[3] No obstante, la crítica, al menos de países anglosajones, espera ver un Segismundo debilucho y melancólico en las tablas. Thomas B. Irving y Lester G. Crocker, por ejemplo, han hecho comparaciones entre

---

1   Ruano 1992: 10.
2   Mackenzie 1993: 203.
3   Véase el cuadro de Pedro Mari Sánchez en http://teatroclasico.mcu.es/anter24.htm.

Hamlet y Segismundo.[4] Más recientemente, Ann L. Mackenzie insinúa que Segismundo no debiera ser representado como lo habría hecho Avendaño (o sea, en forma corpulenta): «Avendaño must have seemed to his public much less physically suited to play the ‹Prince of Poland› than did José Maya to the spectators, several hundred years later, in the Teatro Cervantes at Almería».[5] Ian Clinton, el actor que hizo el papel de Segismundo en el Cityspace Theatre de Oklahoma City desde el 16 de abril hasta el 2 de mayo de 2004 era en efecto el típico hombre delgado que la crítica asociaría con Hamlet. No sorprende que David Pasto, el director de esta última representación, en las notas del programa indicara: «I often compare Calderón's *Life Is a Dream* to Shakespeare's *Hamlet*, which was written about 35 years earlier».[6]

Sin embargo, la decisión de Claudia Ríos – directora de la puesta de escena de *La vida es sueño* en México – de representar al Segismundo de la versión de Zaragoza como hombre corpulento y brutal, fue en efecto óptima. En esta versión, Juan Carlos Remolina, como Segismundo, aparece cubierto sólo de un taparrabo blanco, encadenado y arrinconado en el lado izquierdo del fondo del escenario (el lado derecho del espectador). Una leve luz se enfoca en esta figura, quien aparece de perfil y que da la espalda a las figuras de Rosaura y Clarín (posicionadas en el lado derecho centro). Entre gemidos y susurros, esta figura semihumana («en forma de fiera yace un hombre», como declara Rosaura en 133;1.110)[7] declama su importante primer monólogo, que ocupa 72 versos en la versión Z (133-135;1.116-88) y 70 en la versión M (241-244;102-172), ante el arco del proscenio izquierdo (el lado derecho para el espectador que ve la obra de frente). Consta notar que Luis Iglesias Feijoo, en un discurso plenario dado en Buenos Aires el 15 de septiembre de 2003, había planteado entonces que no debiera haber signos interrogativos en los estribillos de las décimas de este primer monólogo.[8] En efecto, este discurso en décimas ya está repleto de contrastes, paralelismos y de la importante figura de *frequentatio*, tácticas usadas precisamente para conmover.[9] Segismundo conmueve sólo por accidente a Rosaura, quien lo oye incógnita. También conmueve al espectador, pero sólo porque Segismundo no se dirige directamente al público. No obstante, ése no es el propósito de este personaje, al menos como lo representó Remolina. Segismundo se queja en silencio ante un mundo ajeno a él. El acierto de declamar estas líneas a media voz,

---

4   Irving 1952: 7-18 y Crocker 1954: 278-313.
5   Mackenzie 1993: 203.
6   Pasto 2004: sin paginación.
7   Todas las citas a la versión de Zaragoza (Z) siguen la edición de Ruano de la Haza 1992. Asimismo, todas las citas a la edición de Madrid (M) siguen la edición de Germán Vega García-Luengos, Don W. Cruickshank y José María Ruano de la Haza 2000. Las citas en ambos casos se indican según la página, el acto y el verso de la versión indicada (Z o M) y se incluyen en el texto.
8   Iglesias Feijoo 2005: 49.
9   Para el uso de esta figura véase Lauer 2002: 539-547; cfr. también Gerli 1983: 1101-1108.

sin escándalos ni pasiones, ante el proscenio y no ante el público u otros actores, persuadió notablemente al auditorio y a los otros actores, precisamente porque no se sintieron forzados por esas conmovedoras líneas que, con signos exclamativos, habrían sido insufriblemente llamativas. Este Segismundo, lleno de profunda melancolía, declama sólo para sí mismo.

Como contraste, Ian Clinton, dirigido por David Pasto, y valiéndose de la traducción de la versión M hecha por John Clifford, sale del vestuario por el lado izquierdo centro del fondo, encadenado y cubierto completamente de pieles de color oscuro. Su recitación es hacia el proscenio derecho (izquierdo nuestro) y desde la posición central del tablado. Por añadidura, este actor se muestra colérico a lo largo del drama, y eyacula sus quejas en forma airosa y furiosa. Su cuantiosa indumentaria no lo muestra vulnerable, a pesar del tamaño mediano del actor y de su falta de corpulencia. Asimismo, el color oscuro de las pieles, así como la luz brillante del escenario enfocada en su figura erguida y céntrica, nos dan otro Segismundo. Éste es el Segismundo victorioso y calculador de la versión M de *La vida es sueño*. Sus quejas, dirigidas a nosotros, el público, nos conmueven a sentir indignación por el inexplicable mal trato de este individuo. Sin embargo, sería difícil pensar que Ian Clinton nos mueve a conmiserar con él. Su parlamento nos hace pensar en la causa de este castigo; no nos hace sentir los efectos de su sufrimiento.

El primer cuadro del segundo acto de ambas representaciones se presentó sin intermedio. Esa falta de pausa haría casi imposible el cambio repentino de fiera a hombre que se espera de Segismundo. Sin embargo, Claudia Ríos hizo salir a Segismundo del lado derecho de frente, desnudo, con los ojos vendados, con alas y cargado por dos guardias, en clara imitación del cuadro *El ángel herido*, del finlandés Hugo Simberg.[10] El elemento pictórico impresionó mucho y añadió un elemento de *pathos* a la figura segismundiana. En forma lenta y metódica, los guardias visten a Segismundo en la parte central del escenario, mientras éste, todavía sorprendido y asustado, declama, de nuevo para sí mismo, las redondillas que empiezan: «¡Válgame el cielo, qué miro!» (167;2.1218 en Z). Sólo cuando está realmente vestido se empieza a comportar de forma tiránica: amenazando a Crotaldo, acosando a Estrella y Rosaura, desdeñando a Astolfo, defenestrando al criado segundo, e insultando a Basilio. Aquí se vio en forma clara la necesidad de contar con un hombre corpulento para realizar tantas acciones violentas. No obstante, el actor nunca perdió el sentido de duda y de temor que lo hicieron comportarse de esta manera. Ya fuera por estas tácticas del actor o por la representación inicial del cautivador *tableau vivant* del «Ángel caído» de Simberg, Segismundo nunca perdió la simpatía del público.

En la representación de David Pasto, Ian Clinton como Segismundo, vestido y en palacio, simplemente continúa comportándose en la forma colérica como empezó en el primer cuadro de la primera jornada. Lo único nuevo que este actor aportó al

---

10 Este cuadro puede verse en http://www.illusionsgallery.com/Wounded-angel.html.

personaje fue su duda inicial en el primer cuadro. Por su carácter colérico, su incertidumbre nos hizo ver un Segismundo pensativo y dudoso, «hamletiano», por así decir, pero no un personaje por quien el público sintiera simpatía. Por su estatura, Segismundo se vio algo infantil frente a Clotaldo, magistralmente actuado por Rich Bailey. A la vez, Hal Kohlman, en el papel de Basilio, fue inicialmente presentado con cierta simpatía paternal. Por lo tanto, los insultos de Segismundo contra su padre justificarían hasta cierto punto su postrer castigo. El temor de Taylor Davis como Estrella nos hizo ver el lado oscuro de Segismundo. En la versión mexicana esto no se había captado totalmente, ya que la actriz que hizo el papel de la princesa polaca, Carmen Mastache, sonrió al ser abrazada por Segismundo, acaso por haber escapado momentáneamente del escabroso Astolfo, vestido de rojo y actuado serpentinamente por Everardo Arzate. El momento más significativo de este segundo Segismundo ocurrió cuando el príncipe heredero defenestró del lado delantero izquierdo del centro al criado segundo, actuado por una actriz, Bonnie Frances Montgomery. El cambio de sexo en esta producción repugnó al público. No fue así en la producción mexicana, pues el criado, representado en forma amanerada por Luis Maggi, fue defenestrado por Remolina por el lado derecho del fondo, fuera del ámbito del público.

Los sentimientos del público por Segismundo cambiarían en la representación del segundo monólogo de Segismundo al final del segundo cuadro de la segunda jornada. Luis Rábago, el Basilio de la versión de Zaragoza representada en México, se mostró desde el principio como una persona desagradable, vulgar, política, cínica, interesada y temerosa. A la vez, fue un gran acierto de Claudia Ríos hacerlo sentir repugnancia cada vez que se acercaba a su hijo. En efecto, nunca puede darle los brazos, pues empieza a toser y retroceder con asco cada vez que lo intenta. En la versión madrileña representada en Oklahoma, Basilio es presentado como un hombre ingenuo, enajenado y senil, buscando soluciones en libros y en astros y no en el corazón humano. Su figura no ocasionó lástima; pero tampoco odio. Por lo tanto, era indispensable que el segundo parlamento de Segismundo en la versión mexicana se diera en su adecuada brevedad (consiste de 12 versos en la edición de Zaragoza), ya que el público no había perdido su simpatía por Segismundo. Sin embargo, la directora optó por sustituir este lacónico monólogo por el más largo y elocuente de Madrid, de 40 líneas. Esto fue un error, pues de repente, el inocente y «angelical» Segismundo se convirtió en un ser elocuente y filosófico. Ian Clinton, al recitar el largo monólogo de Madrid, sólo hacía necesario hacernos sentir simpatía por él, algo que necesitaba a gritos. Además, dada su condición de hombre razonador y «hamletiano» en esta segunda versión de *La vida es sueño*, su elocuencia no chocaba, sobre todo por el uso de la traducción de John Clifford, quien hace una breve pausa entre los hemistiquios de la última línea, quitándole al parlamento ese sentido de golpe teatral que se espera de la versión española: «What is life? A frenzy. / Life's an illusion. / Life's a shadow, a fiction / And the greatest good is worth nothing at all, / For the whole of life is just a dream / And dreams... dreams are only dreams» (66).[11] Este Segismundo terminaba así un largo proceso de *ratiocinatio* para sí mismo, sin interés en recibir el aplauso de ningún público caluroso.

En el tercer acto, el Segismundo mexicano seguía en su forma indómita e insegura. En el primer cuadro aparece descamisado y pronto se vería que quien tiene más impacto en él es Rosaura (papel magistralmente actuado por la actriz argentina Mariana Giménez). No fue accidental que el programa y el cartel de promoción mostraran en su portada el cuadro de George Frederick Watts llamado *El minotauro*.[12] Si Juan Carlos Remolina era un minotauro, Rosaura era semejante a una Ariadna que lo sacaría de su laberinto. No obstante, después del largo parlamento de Rosaura en la tercera jornada, Segismundo pierde su interés en ella por razones muy humanas: «Fuera de que, aunque me veo / más enamorado agora / de Rosaura, no sé bien / qué veneno o qué ponzoña / en mi pecho ha introducido / la relación de su historia» (224;3.2980-85 en Z). Sólo esta falta de interés puede justificar su afán de tratar de restaurar su honor y de recobrar su corona en la versión Z. Esta terrible omisión de líneas en la versión madrileña hace al Segismundo de M más calculador, más político y menos humano.

En el tercer cuadro de la tercera jornada, el Segismundo mexicano se comporta de forma sublime al vencer a Basilio no sólo física sino psicológicamente. Es de notar que en la versión de Zaragoza, Segismundo se dirige al reino diciendo «Campo ilustre de Polonia» (230;3.3168) en lugar de «Corte ilustre de Polonia» (350;3.3158), como tendríamos en la versión madrileña. Este leve cambio es importante, ya que la segunda línea es usada por el rey Basilio en ambas versiones (148;1.612 en Z, 260;1.602 en M). El Segismundo de la versión M en este momento ha empezado el proceso de «basilización» del cual ya ha hablado la crítica.[13] Sin embargo, el Segismundo de la versión Z sigue siendo él mismo. Fue un acto magistral de Remolina que cuando Segismundo se humilla ante el vencido Basilio, lo hace con un gesto de desafío: «Dame tu mano, que ya / que el cielo te desengaña / de que has caído en el modo / de obligarle, humilde aguarda / mi vida a que tú te vengues. / Rendido estoy a tus plantas» (232;3.3238-43 en Z). Igualmente, fue un gran acierto, sugerido por la actriz Mariana Giménez, que fuera Crotaldo (benévolamente actuado por Fernando Becerril) quien le diera las palabras del texto al rey: «Hijo – que tan noble acción / otra vez en mis entrañas / te engendra –, dame los brazos» (232;3.3244-46 en Z). Cuando Basilio intenta repetir esas palabras, empieza a toser nerviosamente y a retroceder con asco, como había hecho cada vez que intentaba abrazar a su hijo. Quedaba así sin solución la relación entre padre e hijo, tan magníficamente estudiada

---

11 Todas las referencias a la traducción de John Clifford 2001 se incluyen en el texto seguidas de la página.
12 Este cuadro puede verse en http://bertc.com/gf_watts.htm.
13 Lauer 1994: 253-265.

por Alexander A. Parker.[14] Cuando Segismundo se encarga de premios y castigos, es fascinante notar que lo hace sin placer y sin odio. Un cambio fascinante fue mandar a la torre a los dos soldados libertadores, quienes se hincan ante el príncipe antes de ser llevados a prisión. Este caso de *Realpolitik*[15] se justificaría magistralmente en las últimas palabras del príncipe, declamadas en penumbra, donde indica que fue su maestro un sueño y tiene temor de despertar.

La versión madrileña puesta en escena por David Pasto hace ver a Segismundo en forma más maquiavélica y calculadora. Rosaura (Erin Hicks) no será aquí su guía sino una excusa para restaurar el reino, unir a Rosaura con Astolfo (Hill Ledesma) y casarse él mismo con Estrella. De esta manera asegurará el príncipe su poder. Al repetir las líneas de su padre después de la victoria sobre su progenitor, «Famous court of Poland» en la traducción de Clifford (98), el victorioso Segismundo empieza su proceso de basilización. Su humillación ante su padre sería aquí un caso de *noblesse oblige*. Después de todo, Segismundo ha triunfado sobre su padre y sus enemigos. ¿Sería imaginable que el rey vencido se atreviera a tomar las armas contra su hijo de nuevo? ¿Quién lo apoyaría? Es de esperar que Basilio acepte a Segismundo y se «segismundice» para no ser castigado él mismo. Tanto Basilio como Segismundo se honran a sí mismos al «humillarse y perdonarse» uno a otro. Esta «nobleza» es la misma que se mostraría – y el público esperaría ver – entre jugadores de tenis o candidatos presidenciales triunfantes y vencidos. En otras palabras, no significa nada. Es sólo cortesía.

Como hemos podido ver en este breve ensayo, los Segismundos de la versión Z y M son suficientemente diferentes para justificar el hecho de que se postulen dos versiones distintas de esta obra, como ha sugerido José María Ruano de la Haza. Las representaciones teatrales de México y Oklahoma, a pesar de sus cambios de énfasis y adiciones significativas, hicieron ver esto claramente. El Segismundo zaragozano es más ingenuo y menos complejo. El madrileño es más ingenioso y calculador. A la vez, la primera versión de *La vida es sueño* es más teatral y dinámica, así como más clara en su desenlace político. La segunda versión es más compleja y ponderativa, así como más ambigua e interesante, con atisbos filosóficos. Los críticos que hasta el momento han visto en M un tipo de resolución tan contrario al espíritu barroco, deben tomar en cuenta los cambios que se dieron de Z a M en estudios posteriores.

---

14 Parker 1982: 247-256.
15 El maquiavelismo de Segismundo ha sido magistralmente estudiado por Homstad 1989: 127-139.

931

Apéndice

Pedro Mari Sánchez como Segismundo, Madrid, 1996

Ian Clinton como Segismundo, Oklahoma City, 2004

Juan Carlos Remolina como Segismundo, México D.F., 2004

Bibliografía

Calderón de la Barca, Pedro (1992): *La primera versión de* La vida es sueño, *de Calderón*. Edición de José María Ruano de la Haza. Liverpool: Liverpool University Press.
Calderón de la Barca, Pedro (2000): *La segunda versión de* La vida es sueño, *de Calderón*. García-Luengos, Germán Vega / Cruickshank, Don W. / Ruano de la Haza, José María (eds.). Liverpool: Liverpool University Press.
Compañía Nacional de Teatro Clásico (1996): *Montajes 1996. La vida es sueño, de Calderón de la Barca*. En: http://teatroclasico.mcu.es/anter24.htm.
Calderón de la Barca, Pedro (2001): *Life Is a Dream*. John Clifford (ed. y trad.). Londres: Nick Hern Books.
Crocker, Lester G. (1954): «*Hamlet, Don Quijote, La vida es sueño*: The Quest for Values», en: *Publications of the Modern Language Association* 69, pp. 278-313.
Gerli, E. Michael (1983): «Forma interior y forma exterior del primer monólogo de Segismundo: la sistematización de la pasión», en García Lorenzo, Luciano (ed.): *Calderón: Actas del Congreso Internacional sobre Calderón y el teatro español del Siglo de Oro* (Madrid, 8-13 de junio de 1981). Madrid: Consejo Superior de Investigaciones Científicas, tomo 2, pp. 1101-1108.
Homstad, Alice (1989): «Segismundo: The Perfect Machiavellian Prince», en: *Bulletin of the Comediantes* 41, 1, pp. 127-139.
Iglesias Feijoo, Luis (2005): «En el texto de Calderón. Teatro y crítica textual, a propósito de *La vida es sueño*», en Romanos, Melchora / González, Ximena / Calvo, Florencia (eds.): *Estudios de teatro español y novohispano, Asociación Internacional de Teatro Español*

y *Novohispano de los Siglos de Oro*. Buenos Aires: Facultad de Filosofía y Letras, Universidad de Buenos Aires / AITENSO, pp. 23-55.

Irving, Thomas B. (1952): «Hamlet y Segismundo ante la vida», en: *Universidad de San Carlos* 19, pp. 7-18.

Lauer, A. Robert (1994): «El rey Basilio y el discurso del poder», en Flasche, Hans (ed.): *Hacia Calderón*. Décimo Congreso Anglogermano Passau 1993. Stuttgart: Franz Steiner Verlag, pp. 253-265.

Lauer, A. Robert (2002): «Los monólogos de Segismundo en *La vida es sueño* de Calderón», en Arellano, Ignacio (ed.): *Calderón 2000. Homenaje a Kurt Reichenberger en su 80 cumpleaños*. Actas del Congreso Internacional, IV Centenario del nacimiento de Calderón. Universidad de Navarra, septiembre 2000. Kassel: Edition Reichenberger, pp. 539-547.

Mackenzie, Ann L. (1993): «La primera versión de ‹La vida es sueño› Performed in Almería», en: *Bulletin of the Comediantes* 45, 2, pp. 197-210.

Parker, Alexander A. (1982): «Segismundo's Tower: A Calderonian Myth», en: *Bulletin of Hispanic Studies* 59, pp. 247-256.

Pasto, David (2004): «‹Director's Notes›, *Life Is a Dream*, de Pedro Calderón de la Barca, John Clifford (trad.)», en: *Oklahoma City Theatre Company 2003-2004 Season*. Oklahoma City: Civic Center Music Hall Cityspace Theatre. Sin paginación.

Simberg, Hugo (1898-1903): *El ángel herido*, en: Illusions Gallery, http://www.illusionsgallery.com/Wounded-angel.html.

Watts, George Frederick: *El minotauro*, en: Bert Christensen's CyberSpace Gallery, http://bertc.com/gf_watts.htm.

En vez de un bibliografía de Manfred Tietz

Hemos renunciado a detallar la amplia bibliografía del homenajeado. El lector interesado puede consultar

www.manfred-tietz.de

donde se irá actualizando regularmente.

Tabula gratulatoria

Mechthild Albert, Bonn
Pedro Álvarez de Miranda, Madrid
Ignacio Arellano, Pamplona
Pilar Arnau i Segarra, Lübeck
Gero Arnscheidt, Bochum
Urszula Aszyk-Bangs, Warszawa
Beata Baczyńska, Wrocław
Cerstin Bauer-Funke, Saarbrücken/Freiburg
Carmen Becerra, Vigo
Pierre Béhar, Saarbrücken
Rudolf Behrens, Bochum
Walther L. Bernecker, Nürnberg
Gerald Bernhard, Bochum
Ana María Bieritz, Osnabrück
Sieghild Bogumil-Notz, Bochum
Annegret Bollée, Bamberg
Vittoria Borsò, Düsseldorf
Karl Braun, Marburg
Dietrich Briesemeister, Jena/Wolfenbüttel
Juan Cano Ballesta, Charlottesville (Virginia)
Jean Canavaggio, Paris
Wolfgang Dahmen, Jena
José María Díez Borque, Madrid
Verena Dolle, Eichstätt-Ingolstadt
Lucienne Domergue, Toulouse
Elmar Eggert, Bochum
Hanno Ehrlicher, Heidelberg
Manfred Engelbert, Göttingen
Inmaculada Fernández Arrillaga, Alicante
Udo L. Figge, Bochum
Wilfried Floeck, Gießen
Martin Franzbach, Bremen
Rinaldo Froldi, Bologna
Bienvenido de la Fuente, Düsseldorf
Ángel María García Gómez, London
Karsten Garscha, Frankfurt
Wilhelm Geerlings, Bochum
Eberhard Geisler, Mainz
Andreas Gelz, Kassel
Frauke Gewecke, Heidelberg
David T. Gies, Charlottesville (Virginia)
Enrique Giménez López, Alicante
José Luis Gotor, Roma

Max Grosse, Tübingen
Georges Güntert, Zürich
Inke Gunia, Hamburg
Claudia Hammerschmidt, Jena
Javier Herrero, Charlottesville (Virginia)
Titus Heydenreich, Erlangen
Bert Hofmann, Bruxelles/Mainz
Dieter Ingenschay, Berlin
Helmut C. Jacobs, Duisburg-Essen
Pere Joan Tous, Konstanz
Antonio Juárez Medina, Heilbronn
Siegfried Jüttner, Duisburg-Essen
Ursula Jung, Bochum
Johannes Kabatek, Tübingen
Rolf Kailuweit, Freiburg
Volker Kapp, Kiel
Alfons Knauth, Bochum
Karl Kohut, Eichstätt/México D.F.
Georg Kremnitz, Wien
Jutta Langenbacher-Liebgott, Paderborn
A. Robert Lauer, Norman (Oklahoma)
Franz Lebsanft, Bochum
Manfred Lentzen, Münster
Ursula Link-Heer, Wuppertal
Hans-Joachim Lope, Marburg
José Manuel López de Abiada, Bern
Ann L. Mackenzie, Glasgow
Jesús G. Maestro, Vigo
Wolfgang Matzat, Tübingen
Johannes Meier, Mainz
Guido Mensching, Berlin
Santiago Navarro Pastor, Düsseldorf
Ingrid Neumann-Holzschuh, Regensburg
Sebastian Neumeister, Berlin
Hans-Jörg Neuschäfer, Saarbrücken
Wolfram Nitsch, Köln
Heike Nottebaum, Konstanz
Marie-Linda Ortega, Toulouse
Rosamna Pardellas Velay, Duisburg-Essen
Gerhard Penzkofer, Würzburg
Randolph Pope, Charlottesville (Virginia)
Hubert Pöppel, Jena
Gerhard Poppenberg, Heidelberg
Klaus Pörtl, Mainz

Maria Grazia Profeti, Firenze
Norbert Rehrmann, Dresden
Edition Reichenberger, Kassel/Barcelona
Margaret Rich Greer, Durham (North
    Carolina)
Angelica Rieger, Aachen
Christoph Rodiek, Dresden
José Rodríguez Richart, Saarbrücken
Volker Roloff, Siegen
Leonardo Romero Tovar, Zaragoza
Fernando Romo Feito, Vigo
Ana Rueda, Lexington (Kentucky)
Ángel San Miguel, Kassel
Yvette Sánchez, St. Gallen
Ángel Sánchez Pascual, Bern
Jürgen Schmidt-Radefeldt, Rostock
Monika Schmitz-Emans, Bochum
Regine Schmolling, Bremen

Angela Schrott, Regensburg
Barbara Schuchard, Bonn
Michael Scotti-Rosin, Mainz
Gustav Siebenmann, St. Gallen
Ingrid Simson, Oxford
Lieselotte Steinbrügge, Bochum
Christoph Strosetzki, Münster
Bernhard Teuber, München
Alfonso de Toro, Leipzig
Marcella Trambaioli, Vercelli
Inmaculada Urzainqui Miqueleiz, Oviedo
Germán Vega García-Luengos, Valladolid
Klaus D. Vervuert, Frankfurt/Madrid
Harald Wentzlaff-Eggebert, Jena
Ulrich Winter, Marburg
Friedrich Wolfzettel, Frankfurt
Christian von Zimmermann, Bern
Klaus Zimmermann, Bremen

Johannes Gutenberg-Universität Mainz: Romanisches Seminar Fachbereich 05
Ruhr-Universität Bochum: Romanisches Seminar
Universidad de Oviedo: Instituto Feijoo de Estudios del siglo XVIII
Universität Kiel: Romanisches Seminar
Universität Rostock: Institut für Romanistik
Universität Tübingen: Institut für Romanistik
University of Virginia: Department of Spanish, Italian and Portuguese